最新企划规范化管理与操作实务

ZUIXIN QIHUA GUIFANHUA GUANLI YU CAOZUO SHIWU

李笑 / 主编

经济管理出版社

ECONOMY & MANAGEMENT PUBLISHING HOUSE

图书在版编目（CIP）数据

最新企划规范化管理与操作实务/李笑主编 . —北京：经济管理出版社，2016.3
ISBN 978 - 7 - 5096 - 4132 - 3

Ⅰ.①最… Ⅱ.①李… Ⅲ.①企业管理—经营决策 Ⅳ.①F272.3

中国版本图书馆 CIP 数据核字（2015）第 312227 号

组稿编辑：谭　伟
责任编辑：张　马
责任印制：黄章平
责任校对：张　青　赵天宇

出版发行：经济管理出版社
　　　　　（北京市海淀区北蜂窝 8 号中雅大厦 A 座 11 层　100038）
网　　址：www. E - mp. com. cn
电　　话：（010）51915602
印　　刷：北京银祥印刷厂
经　　销：新华书店
开　　本：787mm × 1092mm/16
印　　张：45.5
字　　数：1068 千字
版　　次：2016 年 3 月第 1 版　2016 年 3 月第 1 次印刷
书　　号：ISBN 978 - 7 - 5096 - 4132 - 3
定　　价：188.00 元

编委会

主　编：李　笑

编　委：朱玉侠　　林　侠
　　　　谭　伟　　张元栋
　　　　李全超　　安玉超

前　言

　　企划是一个企业的规划、策划和计划，泛指一切商业里的计划、创意、设计、实施等行为。企划是为企业理性决策提供按效益化原则设计的方案，从而达到规避企业运作风险，追求企业效益最大化的目的。企划又是一个战略系统，广义上牵涉到企业的发展方向、战略决策；狭义上牵涉到企业的市场管理、营销管理和项目管理。根据哈佛定义，企划是一种程序，本质上是运用脑力的理性行为，是针对未来要发生的事情的当前决策，即企划是预先决定做什么，何时做，如何做，谁来做。

　　企划是管理功能中最基本的要素，是启动企业的引擎，是从构思到规划到事实的全过程，是进行企业市场管理、营销管理和项目管理等一切事务的基础。一个公司倘若缺乏规范化的企划管理与操作，势必导致衰败，企划管理与操作的强弱是决定企划成败的关键条件。

　　在新的形势下，企划管理与操作如何与时俱进，在企划管理方法、企划操作技能、企划个人素养上加以提高和完善，是新时期公司面临的重大课题。一个公司中最核心的工作莫过于企划。公司从组织到战略，从公关到销售，从领导到决策，最终都要靠规范化的企划管理来完成。企划管理与操作往往决定着整个公司的发展走向，关系到公司的经济效益和社会效益，进而影响到公司的兴衰存亡，是公司工作的重中之重。

　　在这种背景下，为了公司的健康发展和壮大，我们通过大量的市场调查，研究了国内外企划管理与操作的成功经验，并结合国内公司的实际情况与自身需要，编写了这本《最新企划规范化管理与操作实务》，同时也规避了市场上类似图书所存在的一些问题，在编写体系和内容上都进行了优化，从而使本书更贴近公司企划实际，体现出其规范、实用和可操作性强的特点，符合公司企划管理与操作之所需。

　　本书以公司企划管理与操作为切入点，突出了企划人员在日常工作过程中经常遇到的管理事项，是全面、高效解决企划问题的实用工具书。全书共分为三篇，详细阐述了企划工作与管理、企划运营与操作和营销企划与管理等内容。

　　本书语言通俗易懂，内容全面规范，结构明晰严谨，融理论性与实用性于一体，集创新性与指导性于一身。它具有以下几个特点：一是前瞻性和现代性，内容新颖，贴近现实，具有超强的时代感。二是系统性和全面性，本书组织结构系统科学，丰富全面，突出重点。三是标准性和实用性，编写规范，简洁实用，可操作性强。总之，它涉及企划管理与操作的方方面面，具有很好的借鉴性和参考价值，是企划人员案头必备的最新的企划管理与操作指导用书。

在本书编写的过程中，我们参考了大量书刊、报纸、网站的信息，为企划人员提供借鉴和帮助，也给本书增加了分量，作为编者，我们在此深表谢意。

目　录

上篇　企划工作与管理

中篇　企划运营与操作

下篇　营销企划与管理

上篇　企划工作与管理

　　随着市场竞争的日趋激烈，企业为了在竞争中求生存、谋发展，越来越注重企划部。企划部门工作与管理水平的高低决定着企业的前景。眼光决定未来，思路决定出路，企划人只有加强学习，并与实践相结合，才能企划制胜，赢得先机。

　　本篇主要从企划组织架构与职责、企划战略工作与管理、企划形象工作与管理、企划项目工作与管理等几个方面进行介绍，对企划人做好本职工作有很大裨益。

第一章 企划组织架构与职责

一、企划部门组织架构

（一）含义

组织架构（Organizational Structure），是指一个组织整体的结构，是在企业管理要求、管控定位、管理模式及业务特征等多因素影响下，在企业内部开展业务、搭建流程、组织资源、标准管理的基本要素。

企划部门组织架构是指企划部门结合本企业实际，明确内部各层级机构设置、职责权限、人员编制、工作程序以及有关要求的制度安排。

（二）企划部门组织架构，如图1-1所示

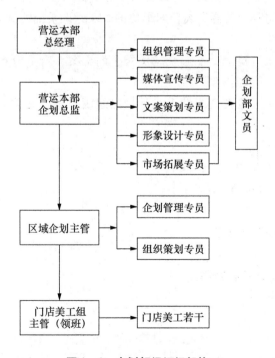

图1-1 企划部门组织架构

二、企划部门主要职能

（一）营运本部企划

1. 部门名称

营运本部企划（总公司策划部门）。

2. 直接上级

营运本部总经理。

3. 下属岗位

媒体宣传专员、形象设计专员、组织管理专员、文案策划专员、市场拓展专员、企划部文员。

4. 下属部门

大区企划部、地区企划部。

5. 部门本职

执行公司重大决策，并按决策要求策划集团公司统一实施的企划方案和 CIS 手册，负责落实、监督、考核整个公司的企划执行和专业人才的培训、选拔和推荐方式。

6. 主要职能

（1）指导培训：指导下属部门的业务管理和专业知识培训工作。

（2）计划制定：制定总公司的企划纲要、工作目标、工作计划和管理制度。

（3）标识系统的制定：负责代表公司形象的 CIS 标识系统的制定和统一实施方案的执行和布置。

（4）企划档案建立、整理：汇编全国优秀企划文案、音像资料和本部公司整体性企划文案资料等，实行分类建档管理。

（5）活动组织策划：负责全国性重大活动的组织策划、文案写作和组织实施、检查考核与总结。

（二）大区公司企划

1. 部门名称

营运大区企划部（大区策划部门）。

2. 直接上级

大区总经理、本部企划总监。

3. 下属岗位

策划宣传经理、业务拓展经理。

4. 下属部门

地区企划部。

5. 部门本职

负责总公司有关重大企划案的落实，制定工作计划，对下属地区公司企划给予指导，整合大区范围内统一企划的实施和企划案的创作收集，按大区公司营运要求完成企划任务。

6. 主要职能

（1）标识系统的统一执行：监督、指挥公司规定的标识系统在大区范围内的全面执行，检查并上报营运本部结果。

（2）优势整合：对大区内优秀企划方案实行交流、整理、汇编后在各地区间进行推广。

（3）执行与培训：对总公司下发全国的企划案督促安排各地区实施及检查落实结果，按计划对所辖大区内企划人员进行目标与专业技能和知识的培训，建立合理的奖惩选才制度。

（4）工作计划制定：根据总公司企划工作纲要，从本大区实际出发，制定大区工作计划，指导地区制定工作计划和具体实施方案，确立工作步骤及部门盈利目标。

（5）资料收集：整理收集大区内企划案和活动音像资料，按不同类别分类建档并上报总部整理存档，为企划资料库提供多方资料。

（三）地区公司企划

1. 部门名称

企划部（地区策划部门）。

2. 直接上级

总经理、大区企划专员。

3. 下属岗位

市场拓展主管（文员）、形象设计主管（文员）、组织策划主管、快讯制作主管（文员）、门店美工主管（领班）。

下属部门：快讯制作组、组织策划组、形象设计组、市场拓展组、门店美工组。

4. 部门本职

按照上级企划布置要求，为地区公司营运提供发展思路及实施方案，组织促销活动、组织快讯制作，宣传企业形象、完善标识管理。

5. 主要职能

（1）发布公司户外和媒体广告，树立统一的公司形象；

（2）制作 DM 快讯；

（3）注重公司店面形象设计的布置和产品陈列宣传；

（4）为各门店提供促销宣传和广告服务，制定并组织各类相关活动；

（5）制定公司（含各分店）的形象设计和发展规划；

（6）建立与当地媒体的合作关系，树立企业形象，减少因管理及销售中带来的不良影响；

（7）有计划、有步骤地为公司企业形象、商品形象做完整的媒体宣传及软性报道；

（8）总经理交办的其他企划个案的制定和实施工作；

（9）组织和实施公司不同时期的促销活动；

（10）进行市场调研工作，及时了解本地区的消费结构和商品状况，制定相关的销售促销策略和方案。

三、企划部门岗位职责

（一）企划总监职责

全面负责公司企划纲要及企划工作计划的制定和落实：

（1）负责全公司企划方案的业务培训及工作指导；

（2）制定企划的组织架构、下属岗位职责、部门发展计划；

（3）制定公司规划提案，为公司领导提供公司发展战略、公司专项个案、公司整合方向、公司盈利开发等专案，提出基本理论数据依据，当好公司参谋；

（4）定期到各地区公司按照企划纲要及工作计划进行目标检查和考核；

（5）全面管理公司标识系统的统一制定、设计和实施规划；

（6）负责企划人员的选拔、培养、考核、推荐；

（7）执行总公司营运方针并按需要组织策划公司统一实施的大型企划方案，以及检查和监督方案的落实；

（8）负责营运本部企划的日常工作管理及企划部与其他部门的协调；

（9）执行总公司规定任务并按要求下发地区公司负责实施方案的落实、检查、监督、总结，上报总经理方案执行结果和执行总结。

（二）企划专员职责

1. 组织管理专员

（1）对全公司企划工作进行总结并制定评定标准；

（2）对各地区公司广告收入及规划细则、企划工作总结、工作计划的建档管理；

（3）负责全国优秀文案及日常企划文件的归档管理；

（4）抓好全国统一实施文案的执行、监督、修正和活动总结；

（5）负责企划人才选拔条件的制定和企划工作的评定、表彰、通报；

（6）负责公司企划组织架构的完善及地区公司组织架构人员增减的考核；

（7）协助总监完成公司规定的各项工作任务，抓好主管的专项业务并向总监汇报任务完成结果；

（8）负责对全公司标识系统统一实施结果的检查和管理。

2. 文案策划文员

（1）按时完成公司营运个案的策划和个案实施总结；

（2）对公司连锁店新开业和重大节日活动的策划文案实行程序范例化；

（3）负责公司企业文化的宣传方案和公司大事记文案的整理编写工作；

（4）组织全公司的策划创意和文案写作培训、组织活动实践的培训；

（5）负责公司日常活动的企划工作，完成公司布置的日常工作，并向总监汇报工作结果；

（6）制定大型活动及一般促销活动的分类考核标准及活动投入与收益的合理要求；

（7）对 DM 快讯主题的策划实行程序范例化；

（8）负责公司大型活动的组织策划及实施细案，制定活动的实施细则。

3．媒体宣传专员

（1）对报纸版面、音像组合、广告内容、广告主题等方面进行规范培训和创意培训；

（2）负责对公司先进事迹、重大事件、公司良好形象典型事件的媒体报道宣传；

（3）建立与媒体的良好合作关系，为公司企业形象的提高组织系列软新闻的专题策划；

（4）负责公司宣传通稿及个案新闻通稿的范文技巧培训；

（5）负责策划公司企业形象、企业文化、大型活动的媒体宣传方式和组织方案；

（6）制定公司总体形象宣传计划及媒体个案策划，制定媒体开发利用实施细则。

4．形象设计专员

（1）负责公司企业形象策划介绍画册的设计和制作；

（2）对 DM 快讯的版面设计、广告收费标准进行统一培训，指导各地区的快讯制作方法；

（3）对公司标识系统的特征、意义、目的、寓意进行文字创作和理论培训；

（4）负责大型企划活动通用的快讯设计稿及媒体广告稿的制作；

（5）负责公司标识系统的设计制作和实施标识系统实施方案的落实；

（6）负责地区公司门店的形象设计；

（7）企划活动中道具的选择及使用说明。

5．市场拓展专员

（1）对全国联采品牌商品实行统一广告谈判，创造收益规模效应；

（2）以公司为依托，拓展盈利空间，实现稳定的收入和构建新的盈利模型；

（3）负责制定企划费用管理制度和收入奖惩制度，把全国企划费用纳入规范化管理；

（4）负责卖场内外的广告布局、收费标准的制定和分积管理模式的系统监督；

（5）负责企划盈利模型、企业形象延伸的开发。

6．大区企划专员

（1）负责对地区公司企划知识培训、操作管理培训、促销活动进行指导；

（2）对各地区公司企划工作组织相互交流，选送优秀企划方案，上报总部归档管理；

（3）制定大区企划工作计划，负责地区公司企划严格按计划要求工作，实行企划岗位管理制；

（4）负责对地区企划人员的选拔、考核、检查、提升进行管理和综合考评，并上报总部企划；

（5）负责执行大区公司和总部企划下达的企划工作任务，协助地区企划按计划实施；

（6）代表总部企划指导和促进地区公司企划工作的正常开展。

7．大区企划管理经理

（1）对地区公司设岗定位给予帮助指导，并制定相应的岗位责任制；

（2）负责标识系统的统一实施，对地区企划进行检查、督促和管理指导；

（3）负责大区企划资料、音像资料的收集整理，上报总部企划建档交流；

（4）协助大区企划专员管理日常企划工作，负责对地区企划人员的业务素质考核及培训；

（5）负责大区企划业务培训计划的制定和日常业务管理，指导地区公司企划的业务管理工作。

8. 大区组织策划经理

（1）直接参与地区公司大型活动的组织策划和具体实施；

（2）根据总部企划要求制定本大区 DM 快讯的全年快讯主题及版面设计要求；

（3）负责促销道具、活动气氛道具、广告道具的选择和使用，制定道具的使用收费标准和公司的道具管理措施；

（4）负责由大区管辖的地区公司全年企划活动计划的制定；

（5）负责地区公司企划文案写作、企划活动组织、企划方案和创意的培训和指导。

（三）地区企划经理职责与权力

（1）负责制定部门的岗位职责，培训部门人员业务知识及学习交流安排。

（2）负责对每个活动的落实状况进行总结分类归档。

（3）负责对本部门的员工进行业务考核、培训和提升的推荐考评。

（4）全面负责企划部的日常工作安排和常规管理的落实。

（5）负责广告媒体发布计划制定，对户外广告位置的考察、广告报批手续，负责资金报价收集、合同拟订及对外联络工作。

（6）负责监督店内、店外自有媒体的开发规划及定价，负责编制店面 POP 视觉规范手册。

（7）制定审核和申报企划部年度、月度企划费用并控制支出。

（8）负责公司重大促销活动的设计制作和实施的领导工作。

（9）领导责任：①对广告发布数量、质量等负责；②对合作商承制手续负责；③对是否为最优价格负责；④负责所有媒体的购买手续；⑤对因部门协调不好引起的损失负责。

（10）主要权力：①有选择合适媒体和制作商的权力；②有对部门有关设备的检查权和支配权；③有代表公司与相关单位联系的权利；④对企划美工及部门主管、广告制作人员有申请调配的权力。

（四）组织策划主管

（1）负责大型活动文案策划和执行活动的部门间协调；

（2）负责重大节日的快讯版面及其内容策划；

（3）指导企划文员的文案写作，做好采购文案的修正和物资落实以及文案活动实施；

（4）帮助经理管理部门开展日常事务工作；

（5）负责"企划部大事记"的采编工作；

（6）媒体宣传的文案拟稿、媒体广告的创意和实施；

（7）策划门店日常促销活动和快讯活动的组织。

（五）快讯、形象设计人员职责

（1）按照公司 CIS 手册统一设计的规范设计广告；

（2）负责对"快讯"的校对工作和有关设计印刷制版方面的洽谈；

（3）记录每期"快讯"的拍照时间；

（4）确保每期"快讯"拍照的准确性并保证采购部门对每一期快讯商品校对的次数和校对的时间；

（5）负责"快讯"制作及其整个流程的操作；

（6）监督制版方对每期"快讯"的保密工作落实情况。

（六）企划文案及文员职责

（1）负责各项店内、外相关设计的文案策划工作；

（2）负责企划部费用支出及报销等的办理手续工作；

（3）协助开展企划部日常工作；

（4）负责每期"快讯"原件的保管工作；

（5）对部门工作中公司往来文件、合同进行保管和整理；

（6）协助快讯商品的拍摄工作，并协助快讯的设计制作；

（7）负责所有活动的文案、图像、样板、照片、录音带收集、整理工作（包含分类、分册、立档、归档）；

（8）协助公司门店大型活动、公关活动、门店促销、公益活动方案的制定和文案的编制归档（包含联络相关部门）；

（9）负责"快讯"制作整个流程的具体实施。

（七）市场拓展文员

（1）协助公司门店大型活动、公关活动、门店促销、公益活动场面制作及监督促进工作；

（2）负责店内外广告牌的售卖管理和收费标准的制定；

（3）展店的气氛设计、跟踪及执行；

（4）负责对地区公司企划及其盈利增长点的开发；

（5）负责对各店企划美工的指导工作，并加强与各店的联系；

（6）负责所管项目的报销手续；

（7）负责各店美工耗材及本部门每月办公用品的申请、预算及报销；

（8）负责公司门店活动现场气氛的指导，督促工作（特殊场景布置，店内陈设，位置规划）。

第二章 企划战略工作与管理

一、企业战略概述

(一) 什么是企业战略

企业战略是对企业各种战略的统称，其中既包括竞争战略，也包括品牌战略、融资战略、营销战略、发展战略、技术开发战略、人才开发战略、资源开发战略等。企业战略是层出不穷的，例如信息化就是一个全新的战略。企业战略虽然有多种，但基本属性是相同的，都属于企业的谋略，都是对企业整体性、长期性、基本性问题的计谋。比如：企业营销战略既是对企业营销的谋略，也是对企业营销长期性、整体性、基本性问题的计谋；企业竞争战略是对企业竞争的谋略，是对企业竞争长期性、整体性、基本性问题的计谋；企业技术开发战略是对企业技术开发的谋略，是对企业技术开发长期性、整体性、基本性问题的计谋；企业人才战略是对企业人才开发的谋略，是对企业人才开发长期性、整体性、基本性问题的谋略。以此类推，都是一样的。各种企业战略有同也有异，相同的是基本属性，不同的是谋划问题的层次与角度。总而言之，无论哪个方面的计谋，只要涉及的是企业长期性、整体性、基本性问题，就都属于企业战略的范畴。

(二) 企业战略的特征

1. 全局性

企业战略是以企业经营的全局为对象，依据企业总体发展的需要而制定的。它所规定的是企业的总体行动，所追求的是企业运营的总体效果。虽然企业战略也包括企业的局部活动，但是这些局部活动是作为总体行动的有机组成部分在战略中具体显现的，它们使得企业战略具有综合性和系统性。

2. 长远性

企业战略是企业对未来较长时期内如何生存和发展的通盘谋划。虽然战略的制定要以外部环境和内部条件的当前情况为出发点，并对企业当前的经营活动进行指导和限制，但是它却着眼于更长远的发展。为适应环境、条件的变化所确定的长期基本不变的目标和方案，属于战略的范畴；针对当前形势，灵活地适应短期变化、解决局部问题的措施，则属于战术的范畴。

3. 抗争性

企业战略就是关于企业在激烈的竞争中如何与竞争对手抗衡的行动策略，同时也是针对来自各方面的许多冲击、压力、威胁和困难的解决方案。应当明确，现代企业总是与激烈的竞争密切相关的。企业战略之所以产生和发展，就是因为企业面临着激烈的竞争和严峻的挑战，因而企业制定战略也就是为了取得优势地位，战胜对手，保证自己的生存和发展。

4. 纲领性

企业战略规定的是企业总体的长远目标、发展方向和重要突破点、前进道路，以及所采取的基本行动方针、重大措施和基本步骤等。这些都是原则性的、概括性的规定，具有行动纲领的意义。它必须通过展开、分解和落实等过程，才能变为具体的行动计划。

5. 应变性

企业战略不是一成不变的，它应依据企业外部环境和内部条件的变化，及时加以调整，以适应变化了的情况，这就是企业战略的应变性。

（三）企业战略体系

企业战略体系主要有：

1. 企业战略思想

它是企业战略理论的基本点，是指导企业进行战略决策的行动准则。其基本特征集中到一点，就是企业领导者能从企业长远利益出发，以变革、发展、创造的理念，引导企业敏锐地抓住外部环境变化的动向，迅速地调整企业发展思路以适应这些变化的行动观念，它引导企业不断向前发展，取得良好的效益。

2. 企业战略方针

它反映企业的战略思想，是企业战略思想的高度概括和总结。不同类型企业的特点与要实现的目标不同，制定出的战略方针也不同。

3. 企业战略目标

它是企业战略思想、战略方针的具体化，是企业经营所要达到的成果。企业确定了战略目标，也就决定了企业的发展方向、经营规模、经营领域和经营效果等。

4. 企业战略措施

它是企业为实现战略方针和目标而采取的影响企业全局和未来发展的长期性政策和措施。

5. 企业战略规划

它是企业战略方针、战略目标与为实现该方针、目标而采取的战略措施加以综合形成的企业发展规划，也称为企业战略策划书。

（四）战略的类型

企业战略通常分为企业总体战略、经营战略和各职能部门战略三个层次。而在那些组织形态简单、经营业务和目标单一的企业，总体战略往往就是经营该项业务的战略，即经营战略。

1. 总体战略

总体战略，也叫做企业战略。在大企业，特别是具备多种业务的企业，总体战略是企业最高层次的战略。它需要正确选择企业所要参与的经营领域，合理配置企业经营所必需的资源，使各项业务相互支持、相互协调。一般来说，总体战略的制定与落实由企业高层负责。

2. 经营战略

经营战略，又叫作经营单位战略。在大企业，特别是企业集团，往往从组织形态上，把一些具有共同战略要素的二级单位（如事业部门、子企业等），或其中的某些部分组合成一个战略经营单位；在一般的企业，如果各个二级单位的产品和市场具有特殊性，也可以看成独立的战略经营单位。所以，经营战略是各个战略经营单位或有关的事业部门、子企业的战略。

企业的经营战略与总体战略的区别如下：

（1）总体战略是有关企业全局发展的、长期性和整体性的战略，它对整个企业的长远发展产生深远影响；经营战略则着眼于企业中有关二级单位的战略问题，影响的是某一具体的二级单位具体的产品和市场，只能在一定范围内影响企业总体战略的实现。

（2）制定总体战略的主要是企业高层；制定经营战略的主要是具体的二级单位（如事业部门或子企业）的经营负责人。

（3）一个企业在一定时期内只能有一个总体战略；与此同时，它的经营战略多寡取决于它有多少个战略经营单位。经营战略是在总体战略的指导和制约下，管理具体经营单位的计划和运营，为企业整体目标服务。

3. 职能战略

职能战略，又叫作职能层战略，它是企业各个职能部门的短期性战略。职能战略可以使各职能部门及其管理人员更加清楚地认识本部门在实施总体战略、经营战略过程中的任务、责任和要求，更有效地行使有关的管理职能，保证企业总体战略目标的实现。

职能战略与总体战略之间的区别主要有以下几个方面：

（1）职能战略用于确定、协调企业的短期经营活动，期限较短，一般为一年左右。这样，职能部门管理人员可以根据总体战略的要求，把注意力集中在当前需要进行的工作上；并能更好地认识本部门当前的经营条件，及时地适应已经变化了的环境。

（2）职能战略比总体战略更为具体。总体战略指出了一般性的战略方向，职能战略则是针对年度目标为管理人员提供具体指导，它能提高职能部门实施战略的能力。职能战略明确了职能部门一定要完成的工作，丰富并完善了总体战略；它向企业高层阐明了职能部门准备如何实施总体战略，增强了企业高层实施、控制总体战略的信心；它还可以说明职能部门之间相互依存的战略关系及其潜在的矛盾，有利于促进相互关系的协调。

（3）在职权和责任方面，企业高层负责制定长期目标和总体战略；职能部门由总部授权，负责年度目标和职能战略的实现。

职能战略包括研究与开发管理、市场营销管理、生产管理、财务管理和人力资源管理等方面。各个职能部门的主要任务不同，战略中的关键变量也不一样；但是每一种职能战略，都要服从于所在战略经营单位的经营战略及其为整个企业制定的总体战略。

（五）企业经营战略企划的内容

1. 企业的战略任务分析

经营战略的企划过程始于明确任务。战略任务规定了业务范围及其发展方向。规模较大的企业，通常划分为若干战略经营单位。它们既是企业整体中的组成部门，又是其中的一个相对独立的战略经营单位。企业的总体战略，要靠各个单位的共同努力去实现。因此，明确任务首先考虑总体战略的具体要求。

在此基础上，经营单位要明确业务活动的范围。与企业整体的战略使命相似，业务活动范围可从市场范围、行业范围、纵向范围和地理范围中引申，但是必须重点说明下列三个问题。

（1）产品或技术。本单位提供什么产品，依靠哪些技术，即从事什么业务达到目的。

（2）顾客。明确本单位重点面向哪些顾客。

（3）需求。明确本单位准备满足哪些需求。

2. 企业的战略环境分析

构成外部环境的因素很多，可分为主体环境因素、地域环境因素和一般环境因素。主体环境因素是指与企业的业务运转有直接利益关系的个人、集团，如顾客、股东、交易关系单位、金融机构、竞争者以及其他有关机构；一般环境因素是指政治法律、社会经济、文化和科学技术等因素；地域环境因素则是就地理范围而言的，包括国际环境因素和国内环境因素。

外部环境有关因素的变化，或者对企业及其活动形成有利的条件，或者产生某些不利的因素。前者是市场机会，后者叫作环境威胁。

在一定的时间内，企业可能面对多个机会，也可能遇到多种威胁。不是所有的机会都同等重要，也不是所有威胁的危害都同样大小。可按照它们成功或发生的可能性，以及潜在的吸引力或严重性，分为不同类型加以考虑。我们用市场机会矩阵和环境威胁矩阵表进行分析，如图2-1所示。

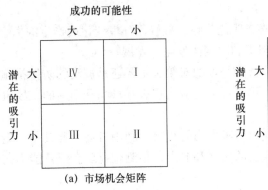
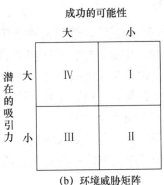

图2-1 机会矩阵与威胁矩阵

就机会来说，对于第Ⅳ象限的机会，企业可以全力开发和利用。对于第Ⅰ象限的机会，企业应当立足于改善自身条件，进一步提高其成功的可能性，再考虑是否开发和利用。对于第Ⅲ象限的机会，大企业应暂时搁置，以便观察其发展趋势；而中小企业则可一试身手。对于第Ⅱ象限的机会，任何企业都应该冷静观察其发展变化趋势。

就威胁来说，对于第Ⅳ象限的威胁，企业应当处于高度警惕状态，并制定相应的措施，尽量减少损失，或使损失量降为最小。对于第Ⅰ、Ⅲ象限的威胁，要予以充分重视，制定应变方案，不能掉以轻心。对于第Ⅱ象限的威胁，企业应当经常注意其变化，如有向其他象限移动的趋势，应当及时采取对策。

将市场机会矩阵与环境威胁矩阵合并，结合具体的企业、经营单位或业务、产品分析，会发现它们必然属于以下四种情况中的一种，如图 2-2 所示。

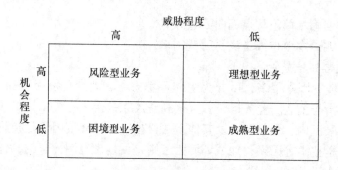

图 2-2　机会/威胁矩阵

理想型业务的机会程度越高，威胁程度越低；风险型业务的机会程度、威胁程度都很高；困境型业务的机会程度低，威胁程度高；成熟型业务的机会程度和威胁程度都较低。

面对重大环境威胁，企业有以下三种对策可供选择。

（1）转移。即将产品转移到其他市场，或转移到其他行业开展经营，放弃原来的业务。

（2）减轻。通过改变经营战略或职能战略，减轻因环境变化而产生的损害程度。

（3）对抗。即试图扭转或限制不利因素的发生、发展。

从战略上说，对环境威胁的分析和采取的对策，主要还是被动的防御措施。企业要增强自身的生存能力，积极发展，更重要的是应当积极寻求和开拓新的市场机会。

3. 企业的战略条件分析

分析外部环境，是为了从中找出有吸引力的机会。利用机会，要具备一定的内部条件。企业或经营单位要认真分析自己的优势和弱点，预测企业现有经营能力与将来环境的适应程度。

能力分析的重点，是将现有能力与利用机会所要求的能力进行比较，找出差距，并制定提高相应能力的举措。

（1）明确利用机会所需的能力结构。找出反映这种能力的具体因素，并对每一因素的相对重要性给予评估。

（2）分析现有能力的实际情况。同样要依据所需能力的结构，对各个因素按其绩效打分。汇总以后，企业或经营单位的最大优势及最大弱点便可一看便知。

（3）进行评价并制定措施。依据现有能力与所需能力提供的数据，在图2－3"绩效/重要性"矩阵中找到相应位置，从而发现不足。企业应当依据所需能力的要求，采取相应的措施。

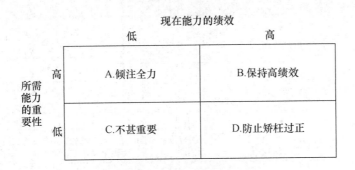

現在能力的绩效

	低	高
高	A.倾注全力	B.保持高绩效
低	C.不甚重要	D.防止矫枉过正

所需能力的重要性

图2－3　绩效/重要性矩阵

如图2－3所示，处于A区的现有能力绩效不佳，所需能力又很重要，必须大力加强；B区的能力因素重要，但现有能力甚好，应力图保持；C区中是一些次要因素，现在能力虽差，但无碍大局；D区由于现有能力较强，要防止因错误判断为优势而造成过度投资的行为。

4. 战略选择

通过对企业战略环境和战略条件的分析，战略任务应该转化为特定的经营目标。战略计划的制定和实施，都要以特定目标为依据。

大多数企业、经营单位或业务，都可能同时追求几个目标。若干目标项目组成了一个目标体系，从不同角度多侧面地反映战略追求及业务活动所要达到的状况。同时，一个较大的目标，通常又可分解为若干个较小的、次一级的目标。所以，需要注意以下两个问题。

（1）目标体系的层次化。分清各个目标之间的因果关系或主次关系，明确各个目标项目的相对重要性，并按照若干层次顺序排列。图2－4为一家电话企业的目标体系。

（2）目标之间的一致性。多个目标之间，有时会不尽协调，甚至存在相互减少和增长的关系。

目标不能只是概念化，必须以数量表达。目标值的决定，要依据外部环境和内部条件，并参照其他标准。一般性竞争战略有以下三种。

第一，成本领先。企业力争使其总成本降到行业最低水平，是战略竞争的基本前提。采用这种战略，核心是争取最大的市场份额，达到单位成品成本最低，从而以比较低的售价赢得竞争优势。实现成本领先的战略目标，要求企业具备良好、通畅的融资渠道，能够保证资本持续不断地投入，产品设计便于制造，工艺过程精简；拥有低成本的分销渠道；实施高效的劳动管理。先进的技术、设备，熟练的员工，高效的生产效率，严格的成本控制体系，严密的组织体系和责任管理，实行严格的数量目标的激励制度，都是重要的战略条件。只有做好其中的一项或多项，企业才能依靠低廉的成本形成战略特色，并在此基础上争取有利的价格优势，在与对手的抗争中也就能够占据优势。

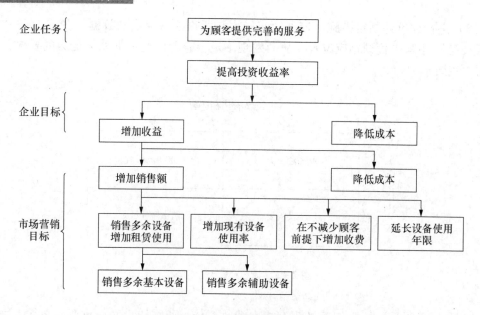

图 2-4 目标体系分层

第二，差别化。实施这种战略，竞争优势主要依托在产品设计、工艺、品牌、款式和顾客服务的某个方面或多个方面，与竞争者相比能有明显的特征。一旦消费者对企业或者品牌树立了较高的信任度，就会为竞争者的进入设置较高的障碍。有效地实施这一战略的前提是，企业在市场营销、研究与开发、产品技术和工艺设计等方面都具有强大的实力；在质量和服务方面，享有良好的声誉。本行业的多年积淀或从事其他行业时积累的独特的经验都有重要作用；来自销售渠道各个环节的大力支持和合作也必不可少。要想保证差别化存在，企业必须能够从事基础研究，吸引高技能的员工、专家和其他创新型人才加盟，建立有助于创新的激励机制。

第三，聚焦。聚焦是把目标放在某个特定的、相对狭小的领域内，争取成本优先或者争取差别化，从而建立相对的竞争优势。它是中小企业常用的一种战略。虽然在整个市场上没有低成本和差异化的绝对优势，但在一个较狭小的领域中，却能取得这些方面的相对优势。只是一旦这种需求发生变化，或强大的竞争者执意一决雌雄，采用这种战略的企业就可能面临较大风险。

在同一市场上采用同一战略的企业之间，事实上形成了一个"战略群落"。由于使用相同的经营策略，运用最佳的企业将获得最高的收益。

二、企业战略策划

企业战略策划是企业通过对外部环境的分析和企业能力的评估和衡量，从全局的高度对企业在一个较长时期内战略取向的谋划。

（一）发展战略的主要类型

企业发展战略强调充分利用外部环境所给予的机会，通过大量投资以求得企业在现有规模基础上向更高一级的期望目标发展。从企业选择发展的经营业务内容和范围来看，可以把企业发展战略主要归纳为以下三种类型：

1. 专一化发展战略

专一化发展战略是指企业以某个特殊的顾客群、某产品线的一个细分区段或某一个地区市场为主攻目标的战略思想。这一发展战略整体是围绕着为某一特殊目标服务，通过满足特殊对象的需要而实现差别化，或者实现低成本。专一化发展战略是以高效率、更好的实践能力为某一特殊对象服务，从而超过面对广泛市场的竞争对手，或实现差别化，或实现低成本，或二者兼得。比如，专为石油开采油井提供钢棒扳手的企业，就是通过钢棒的充足库存、广泛分布服务网点，甚至提供直升机送货服务等优势而成功地实行了专一化发展战略。

（1）专一化发展战略的条件。专一化发展战略通常是集中一点进攻对手的弱点，或是通过专有的业务活动方式以低成本形成对竞争对手的优势，要获得这方面的优势需要具备以下条件：

第一，拥有特殊的备受欢迎的产品。如可口可乐、Dynasty干白葡萄酒。

第二，开发了专有技术。比如，专有的胶粘接技术形成了稳定的车辆减震器市场；瑞士手表以其高质量的生产技术始终控制着名贵手表市场。

第三，不渗透的市场结构。由于收入水平、消费习惯、地理位置、社会习俗等因素的不同，将形成专门化市场，这些市场之间的隔离性越强，越有利于专一化发展战略的实施。例如，专为大型建筑物提供中央空调系统的远大中央空调集团就形成了他们专一化发展的战略优势。

第四，不易模仿的生产、服务以及消费活动链。如为顾客开辟服装专门设计、订制服务的服装企业将拥有自己的专业化市场。

当然，上述构成专一化的战略条件需要企业去寻找和创造，已具备专一化发展战略优势的企业仍需不断改进自身的地位并能巩固已有市场。

（2）专一化发展战略的优势。

第一，以特殊的服务范围来抵御竞争压力。专一化发展战略通常利用时间、地点、对象等多种特殊性来形成企业的专门服务范围，以更高的专业化程度构成强于竞争对手的优势。比如，位于交通要道或人口密集地区的超级商场具有销售优势；口腔医院因其专门的口腔保健服务而比普通医院更能吸引口腔病患者，特别是牙病患者。因此，企业选择适当的产品线或专门市场是专一化发展战略成功的基础。如果选择广泛市场的产品或服务而进行专门化经营，反而可能导致企业失败。比如麦当劳、肯德基满足了工作节奏快、休息时间短的职员或家庭以及旅游者的饮食需要，因而迅速发展了这一专门市场。

第二，以低成本的特殊产品形成优势。如可口可乐就是利用其特殊配方而构成的低成本，在饮料市场长期保持了其竞争优势。这一优势的实质是差别化优势，能同时拥有产品差别化和低成本优势，就一定能够获得超出产业平均水平的高额利润。

第三，以攻代守。当企业受到强大的竞争对手全面压迫时，企业可以采取专一化发展战略以攻代守，往往能形成一种竞争优势，特别是对于抵抗拥有系列化产品或广泛市场的竞争对手有明显效果。如挪威的造船业难以在整体上与欧、美、日等地区和国家实力强大的造船企业竞争，则集中选择制造破冰船而大获成功。另外，针对多品种糕点企业的广泛高层，专营的蛋糕店常能成功占有一席之地。

（3）专一化发展战略的局限性。

第一，容易限制企业获取整体市场份额。专一化发展战略目标市场总具有一定的特殊性，目标市场独立性越强，与整体市场份额的差距就越大。实行专一化发展战略的企业总是处于独特性与市场份额的矛盾之中，选择不恰当就会造成专一化发展战略的失败。与这一对矛盾相对应的是企业利润率降低与销售减少互为代价。比如为愿意支付高价的顾客而进行专门设计加工高档服装的企业，将失去中低档服装市场。有很多企业为了获得专一化优势的同时又进入了广泛市场，这种矛盾的战略最终会使企业丧失其专有的市场。

第二，企业对环境变化适应能力差。实行专一化发展战略的企业往往是依赖特殊市场而生存和发展的，一旦出现有极强替代能力的产品或者市场发生变化时，这些企业则容易遭受巨大损失。比如，滑板的问世对旱冰鞋的市场构成极大的威胁。

第三，成本差增大而使专一化优势被抵消。当为大范围市场服务的竞争对手与专一化生产企业之间的成本差变大时，会使针对某一狭窄目标市场服务的企业丧失成本优势，或者使专一化发展战略产生的差别化优势被抵消。因为这种成本差的增大将降低买方效益或者减少买方使用替代品的转移成本，而使专一化市场与广泛高层之间的渗透增大，专一化发展战略所构成的成本优势或差别化优势则会逐渐消失。过多地依赖广告宣传效果而形成自己市场的产品，如化妆品、保健用品等，容易被面对普通用户的产品借助于专一化产品的广告宣传的高投入而从中获益的入侵。

2. 一体化发展战略

一体化发展战略亦称纵向一体化发展战略或垂直一体化发展战略。它是一种有意在两个可能的方向上扩大企业现有经营业务的发展战略。根据经营业务的扩展方向，它又可分为两种。后向一体化发展战略，是指企业的经营业务向供应方向扩大。比如，汽车制造公司拥有自己的钢铁厂和轮胎橡胶厂；肉类加工企业拥有自己的畜牧场等。前向一体化发展战略，是指企业的经营业务向销售方向扩大。比如，自行车公司拥有自己的销售子公司；某印染企业出资新建或收购服装厂等。

此外，还有水平一体化发展战略或横向一体化发展战略。这种一体化发展战略是指与同行业的竞争者进行联合或合并重组。

（1）一体化发展战略所具有的优势。

将重要的生产过程或阶段纳入本企业，可减少前后向环节对该企业的制约或增加获利的可能性。后向一体化发展战略可以使企业摆脱供应商压力，减少供应商利用市场机会而给企业造成原材料供应的不稳定性；前向一体化发展战略则可使企业向高附加值创新阶段推进，以求高获利性。但从控制成本的角度来讲，后向一体化发展战略要比前向一体化更易于改善投资收益状况。

经营技术前后转移，形成合理生产，并有利于加强成本和质量控制。由于零部件、成品的制造与成品销售归并成一个系统，因而在内部价值创造的前后环节上能形成技术共享，在生产、设计、营销方面能更好地协调，并可减少包装、储运等费用。后向一体化发展战略能控制原材料的成本和质量，进而能控制产成品的成本和质量；前向一体化发展战略则能控制销售环节和销售渠道，有助于消除产品库存积压和生产下降的局势。

发展规模经济和减少交易费用。后向一体化发展战略使产品生产有原材料供应作保证，而前向一体化发展战略则使生产出来的产品具有顾客基础，因而为企业扩大生产规模、提高规模经济效益创造了条件。而且这种以内部计划、组织、控制为基础的管理协调机制的改善能减少企业对市场交易活动的依赖性，因而能使企业在获取市场信息、谈判、履约等方面的交易费用下降。

整体创新。由于从原材料到产品生产再到产品销售已形成一个整体，所以任何一个生产过程或环节的创新都会要求前后生产过程或环节进行与之相适应的变革和创新，从而形成整体创新。这种创新的意义是难以估量的，它完全有可能改变一种产业领域的经营状况。

提高进入障碍，防止竞争对手渗透。正是由于以上优势，一体化程度高的企业具有很高的进入障碍，特别是横向一体化企业，常常以它特有的规模优势阻止了竞争对手的渗透，使行业内的竞争激烈程度趋缓。

（2）一体化发展战略所具有的局限性。

管理的复杂性增加，可能会导致管理的效率下降和管理费用的增加。虽然一体化程度高的企业可以减少对高级交易活动的依赖性，但由于其组织规模庞大、层次繁多，因而也会引起人浮于事、缺乏创新精神、信息沟通困难、控制失灵和对市场反应迟钝等问题，这一切都会导致管理效率的下降和组织管理费用的增加。

风险集中且灵活性下降。纵向一体化发展战略是一种聚集前后经营活动为一体的集中经营战略。当外部环境发生较大变化，特别是当所处行业不景气时，一体化企业由于难以平衡生产能力或转向，所以其承担的风险的压力是很大的。而且在原材料、零部件的外购还是自制的选择上，一体化企业的灵活性是很低的。

不符合市场竞争原则，因而就有可能会受到政府限制。在许多国家，政府为了维护中小企业的利益，制定了许多反托拉斯垄断的法律条款，以防公平竞争的市场环境遭到破坏，同时也是为了抑制国外大企业或跨国公司在国内实行行业垄断和扩展的欲望。在这种情况下，对市场竞争有强烈削弱作用的企业扩展行为，比如横向一体化，显然会受到政府的限制。不过，近年来美国等发达国家为了增强国家竞争能力，已放松了对实行横向一体化企业的控制。

3. 多样化发展战略

多样化发展战略是指一个企业的经营业务已经超出一个行业的范围，并且生产经营具有多种不同经济用途的产品和劳务的一种经营发展战略。有如下两种形式：

相关多样化：以充分利用现有的营销技能、销售渠道、生产技术、顾客需求和品牌等资源为基础，增加同企业现有产品或劳务在经济用途上不相类似的新产品或劳务。比如，制笔公司利用一次注塑成型技术生产出一次性剃须刀。

不相关多样化：增加与企业现有产品或劳务大不相同的新产品或劳务。这种战略是通过企业内部的创新来实现，但更多的是通过外部即对其他企业的合并、收买及合资来进行的。例如，以生产空调闻名的春兰集团，已经拥有家电、电子信息、电动车、国内贸易和海外投资公司五大集群，又由下属的电动车公司兼并了南京专用车制造总厂，从而进入了汽车制造业。

（1）实施多样化发展战略的原因和优势。

寻求新的经济增长点。由于技术进步的影响，导致一批以新材料、新技术、新能源、新工艺为特征的新兴产业出现，这既为企业向新的产业领域发展提供了机会，也为企业开展多样化经营提供了丰富的物质基础。企业可以通过多样化发展战略，进入高增长、高收益、高附加值的新兴产业，以减轻现有产品在市场上的竞争压力。比如，青岛的海尔集团整体兼并黄山电子有限公司，利用黄山电子有限公司新建的大屏幕彩电生产线，生产新一代的海尔"探路者"系列大屏幕彩电及数字型的彩电，计划年产能力为100万台。从战略上分析，海尔集团正是追求新的经济增长点。

资源共享，发挥资源的协同作用。这在相关多样化发展战略的采用上更为明显。企业可以利用研究开发能力的相似性、原材料的共同性、生产技术设备及工艺等方面的关联性，充分发挥技术协同作用，生产跨行业的新产品；也可以利用现有营销技能、销售渠道、品牌声誉和顾客基础，充分发挥销售协同作用，经销不同经济用途的跨行业产品；亦可以雄厚的资本实力，从事跨行业的多元投资活动，以谋取高额风险收益。

能使企业的生命周期与产品的生产周期相分离，因此要进一步分散企业的经营风险，提高企业的应变能力。因为企业生产产品的经济用途不同，所以产品的生命周期也不同，这样，企业的盛衰就既可以不受个别产品的生命周期所左右，也可以规避因行业不景气所带来的风险和竞争压力，甚至可以使企业保持长期稳定的发展。

但是，实行多样化发展战略并不总是成功的。例如，在20世纪80年代末，美国的可口可乐公司拥有哥伦比亚电影公司49%的股份，但因该电影公司经营不善，可口可乐公司只好将其转让给日本的索尼公司。但索尼公司花了高达46亿美元（34亿美元收购金额加12亿美元负债）收购哥伦比亚电影公司后，情况也一直不妙。因此可知，实行多样化发展战略也有其局限性。

（2）实行多样化发展战略的局限性。

开发、创新的代价可能会增大。对于一个意欲实行多样化经营的企业而言，进入一个新的经营领域，需要开发技术、开发市场、建立品牌，并且有可能需要通过兼并或新建的形式以建立自己的生产基地，这一切都需要有雄厚的资本实力做后盾，而一旦不成功的话，企业将会蒙受重大损失。

对管理人员和技术开发人员的要求很高。这是多样化经营成功的关键。但在竞争激烈的时代，高素质、多技能的人才总是短缺的，这就必然妨碍着多样化经营发展的广度和深度，预期的目标也难以实现。如果企业要对现有员工进行培养和提高，又会大量增加企业的培训费用。

管理复杂性增加。多样化经营导致管理复杂性上升，比如组织结构需要调整，管理要求也会随着不同产品的变化而有所不同。当多样化经营的发展超出企业能够控制的限度时，管理的效率就会下降，管理协调的代价也会急剧上升。

选择何种发展战略关系到企业的生存与发展。因此，企业需要在对自己的实力、市场机会和对竞争者的优劣势进行分析的基础上作出选择。

在作出选择前，至少应当回答以下几个基本问题：

政府有关部门是否允许企业实行它所选择的战略？

企业的财力资源是否充裕？

如果由于某种原因，企业在短期内中止该战略，那么其竞争地位是否还能持续？

（二）企业进入方式的选择

企业发展战略的选择总是同其进入方式的选择结合在一起的。当企业采取发展态势时，经常需要对以何种方式进入一种新的行业或进入一个新的发展领域进行决策，这就是企业进入方式的选择问题。下面介绍几种主要的企业进入策略。

1. 内部投资新建

企业通过内部投资新建进入一个行业是指企业在该行业中开展一个崭新的业务，包括为此建造基础设施、雇用新的员工、购买机器设备、开设新的销售渠道等。

2. 合资经营

合资企业是指由两家或更多的企业或经济组织共同管理、共同投资、共享利润和共同承担风险的企业。

合资企业的资源来自不同的企业，存在很强的互补性。合资经营分散经营风险和由于技术进步带来的成本降低，可以增强同第三者相抗衡的竞争能力。此外，合资经营特别适合跨国公司在全球范围内的发展。但是，合资经营分散了企业的权力和控制，管理者之间存在矛盾和文化冲突，而利益分配和权力协调会浪费双方的大量精力。事实上，尽管每一个参与合资经营的企业都可能比不参与合资经营的企业获得更多的收益，然而，正是大家共同分享收益的事实常常使合资企业举步维艰。

合资经营有多种形式：

（1）两家或更多企业共同提供资源组成一家新企业来开发新技术，使成熟技术商品化或开拓新市场；

（2）两家或更多企业将现有的下属企业或业务合并组成一家新企业，从而提高市场竞争力；

（3）一家企业将其下属企业业务或企业的部分股权出售给其他企业；

（4）两家或更多企业联合收购一家现有企业，这样不仅可以分散收购成本，而且还有利于在将来把共同拥有的企业分解，把有关资产分配给需要的企业。

不论哪一种形式的合资经营，成功的关键均在于签订尽可能完善的合资协议，确保建立友好的合作机制，避免潜在冲突，并使合资企业拥有自由灵活的决策能力。

3. 战略联盟

除了至少涉及两家企业外，很难对战略联盟给出准确的定义，因为这种发展战略具有众多形式，而且可以采用许多种不同手段。它为联盟者提供了保障长期业务使用关系的桥梁。战略联盟可能会衍生出技术共享、合资经营、市场与销售协议等发展战略。

当然，战略联盟有着自己的特征，这一点突出表现在合作者之间通常会交叉换股。一定程度上的交叉换股为进一步合作奠定了良好的基础。比如，法国的雷诺公司和瑞典的沃尔沃公司通过购买对方卡车业务的股权建立了战略联盟。从世界范围来看，大型支柱型产业的日益全球化有力地促进了战略联盟的发展。

4. 少数股权投资和风险资本投资

少数股权投资是指一些企业购买其他企业的不超过 50% 的股份，程度不同地参与经营管理，并谋取投资回报。

许多小型企业生产技术领先的边缘性产品，但缺乏开拓业务的资金。于是，一些大企业便会通过购买少量股权为其提供资金，以换取董事会席位和利润回报。但是，这些大企业却很少对它们采取兼并行动，这是因为：一方面被投资企业处于发展阶段，前景难料，少量参股可以降低风险；另一方面被投资企业一旦与大企业合并，很可能已经失去其原有的经营活力和竞争动力。

风险资本投资是指企业将自己一部分资金投资于获利高、风险大的企业或购买证券。风险资本的投资对象既有高收益，又有很大的不确定性。所以，企业往往把实施风险资本战略的部门单独划分出来，并聘用熟悉有关业务的资深管理人员来运作。当企业拥有无法找到适宜投资渠道的富余资金，并为获得一般性投资无法获得的高额回报而甘冒风险时，风险资本投资战略是一种非常实用的辅助发展战略。

5. 技术共享

技术共享是指技术密集型企业或这些企业的各研究开发（R&D）部门之间按照一定协议共同开发新技术、研制新产品，共享利润的一种战略。

这种战略的产生是因为 R&D 成本的不断上升。越来越多的企业难以负担大量的技术开发成本，企业之间开展相关研究领域的合作可以明显节约重复性工作和投资，对没有直接利害冲突的双方来讲，这是一种很好的合作方式。而且，双方可以在此基础上，进一步展开市场与营销协议、许可证业务等战略合作关系。

6. 市场与营销协议

市场与营销协议是指两家或更多的企业依据一定协议相互运用对方的营销渠道，销售自己的产品，从而开拓各自的新市场。

这种发展战略可以使协议企业以最低成本拓展自己产品的分销渠道。协议各方在自己的中心市场中有着独特的营销经验，可以相互提供最有效的帮助。此外，缺乏营销技能或分销网络的企业可以借助与营销力量强的企业联合，以弥补自身的不足。市场与营销协议一般发生在不同国家的企业之间。

7. 许可证业务和特许经营

许可证业务是指一个企业购买生产另一个企业受保护的产品的权利从事生产经营。颁发许可证的企业称为技术输出方或售证企业，购买许可证的企业称为技术输入方或购证企业。

许可证业务的主要运作方式有：

（1）专有技术使用权的转让；

（2）专利使用权的转让；

（3）商标使用权的转让；

（4）其他知识产权的转让。

这种战略常用于企业资产增值或保证营运现金流畅通。它可以加速 R&D 费用的回收，以很低甚至没有成本的代价在远距离市场拓展分销渠道，使成长中的企业将其特别有优势的生产过程和技术扩展成为所在行业的规范与标准，从而巩固和提高其市场竞争地位。此外，商品的使用权可以授予不与自身主要业务相冲突的其他企业，以扩大企业的知名度。但是，作为交换，售证企业必须把因扩展技术或商标使用范围而增加的部分收益转让给购证企业。

特许经营与许可证业务在许多方面都有相似之处，只不过许可证业务主要用于生产型企业，而特许经营则用于服务型企业。比如，美国快餐巨头麦当劳公司和希尔顿酒店都是利用这种方式进行全球扩张的。

这种发展战略具有很强的传统性，没有特许经营历史的企业较难以实行这种战略。特许经营有利于建立起生产企业同销售企业之间的有效的长期稳定的合作关系，有利于树立产品的品牌形象以激发销售企业的积极性。但是，特许企业与承许企业之间的关系很复杂，需要具有特别经营头脑和经验的管理人员。

通过特许经营，特许企业一方将其商标的有限使用权出售给承许企业一方并从中获得巨额支付和利润分享的好处。与许可证业务不同，承许企业一方必须同意接受严格的规定以规范其经营。当麦当劳公司特许某一公司经营时，它一定会要求该公司同全世界各地的麦当劳特许经营者一样经营。

上面介绍的几种企业进入方式，尽管有些更适合大企业运用，但中小企业同样可以根据自己的实力、行业状况和市场机会作出灵活的选择。

（三）企业兼并战略

企业兼并战略也是企业进入方式的一种，在目前经济发展过程中，这种方式也有其特殊的重要性。

企业兼并战略是指在市场竞争机制作用下，兼并方为获取被兼并方的经营控制权，有偿地购买对方的全部或部分产权，以实现资产一体化的经营目标。

按照被兼并方所在的行业来分，企业兼并的方式有纵向兼并、横向兼并、混合兼并三种类型。凡兼并双方属于同一产业部门，其产品属于同一产品市场，这种兼并就称为横向兼并。凡兼并方与被兼并方是前后向生产工序、销售方与生产厂方之间的关系，则此种兼并就叫作纵向兼并。凡兼并方与被兼并方分属不同产业领域，且产业部门并无特别生产技术联系，这样的兼并叫作混合兼并。一个优秀的企业往往是先通过横向兼并以占领市场，立稳脚跟；然后通过纵向兼并以稳定供货和降低销售费用；最后通过混合兼并在激烈竞争的环境变化中分散风险，从而实现经营战略的一体化和多元化目标。

1. 企业兼并在企业发展战略中的地位

从 1994 年以来，以美国为代表的西方国家爆发了历史上最大的并购浪潮，经济学家们称之为"西方企业并购史上的第五次浪潮"。对于企业来说，只要有营运和追求利润的动机存在，扩张性的企业兼并活动就不会终止。

企业兼并是企业寻求竞争优势、向外扩展的一个重要方面。它主要是利用社会现有的但未充分发挥作用的资源来扩大企业的整体经营规模或生产规模。所以，成功的企业兼并战略能使企业的经济实力迅速扩展，战略协同能力充分提高，市场竞争地位不断加强。概括企业兼并在企业发展中的战略地位，主要有：

（1）兼并是企业提高国际竞争实力的主要途径之一；

（2）兼并为企业发展创造了有利条件；

（3）兼并是企业重要的经营战略决策；

（4）兼并是企业实现战略目标的必要手段。

1997 年，地处南京而分别隶属于中央三部委和江苏省的仪征石化公司、扬子石化公司、南化公司和金陵石化公司的合并，揭开了我国国有企业兼并的新篇章。众多兼并案的实施，必将为国有企业的发展创造有利条件。

2. 企业扩张：投资新建还是企业兼并

在没有找到理想的合作伙伴的前提下，投资新建或兼并往往是企业最先考虑，也是最常采用的两种扩张方式。前者侧重于内部扩张，后者侧重于外部扩张。

影响企业在投资新建和兼并两种进入战略之间进行选择的因素主要有以下几个：

（1）进入壁垒。进入壁垒起因于产品差异（如商标优势）、绝对成本优势和规模经济等因素。当进入壁垒很高时，企业会发现通过投资新建战略进入一个行业是很艰难的。在这种情况下，企业需实现高效率并达到规模经济水平的生产工厂，投入大量广告费用以打破现存的市场划分格局和商标信誉，并快速建立通畅的销售渠道。所有这些都是很难实现的，而且需要大量投资。若采用兼并战略，企业则必须设法避免大多数进入壁垒，企业可以收购一个在规模经济和商标信誉中获得了相当收益的市场领先企业。因此，进入壁垒越高，兼并也就越是一种理想的进入战略。

（2）相关性。所要进入的行业与企业已有的业务越是相关，进入壁垒就越低，而且企业已积累的经验对这一行业就越可能实用。这些因素增强了投资新建进入方式的吸引力。如 IBM 公司在 1981 年进入个人计算机市场时，就是通过投资新建战略完成的。这是一个非常成功的进入战略，并使 IBM 公司在两年内获得了全世界最大的市场份额。IBM 公司能够成功地运用这种进入战略，是因为当时的个人计算机市场与其所拥有的计算机系列制造技术具有高度相关性。IBM 公司当时已拥有了很强的销售实力和商标信誉，而且已在计算机行业积累了相当的专门技术和经验。另外，像杜邦公司、Dow 化学公司等企业，也都有通过投资新建战略进入密切相关的化学行业的成功例子。相对来说，一个行业与企业已有的业务越是无关，进入的壁垒就越高。企业选择投资新建战略进入这个行业时，需开发在该行业中能够获得竞争优势的专有技术。在全面了解一个新行业之前，企业有一个相当长的认识过程，而且可能会遇到很多波折。然而，若选择兼并战略进入，被收购企业可能已拥有了在这一行业中参与竞争的丰富经验的管理队伍和专门技术。在兼并时，企业同时也获得了对方的知识经验。因此，企业在向无关领域进行多角化混合扩张时，兼并也是一种较好的进入战略。

（3）速度与开发成本。投资新建企业需要在若干年后才能获得大量收益。新建一个具有竞争优势的企业，代价昂贵而且费时。美国弗吉尼亚大学的 Ralph Biggadike 博士在一项公司投资新建战略的研究中发现，一个大型的新建企业平均大约需要 8 年才能开始获得高利润，10 ~ 12 年才能使投资新建企业的平均收益达到成熟企业的水平。他同时发现，一个大型的新建企业至少在开始的 8 年里会保持负的净现金流。相比之下，兼并则是一个快速获取市场竞争优势和投资收益的方法。企业可以在一夜之间购买一个在所要进入的行业中具有最强竞争力的市场领先企业，而无需花费巨资通过投资新建在若干年后才能成为这样一个企业。因此，对企业来讲，当速度重要时，兼并被认为是一个更好的进入方式。

（4）进入风险。投资新建战略将面临一个具有相当不确定性的过程，而且成功的可能性较低。美国宾夕法尼亚大学的 Edwin Mansfield 博士在他的研究中发现，只有12%~20%的基于高科技的行业以投资新建战略进入的企业才可能是成功的。

企业在实行兼并战略时，同时还获得了被兼并方的已知利润、收入和市场占有率，这在一定程度上避免了进入的不确定性。从根本上来讲，企业投资新建进入涉及创建一个将来既可能会盈利也可能会亏损的"问号"业务，而兼并进入则允许企业购买一个盈利的企业。基于此，西方国家的许多大公司在制定进入战略时往往喜欢选择兼并。

（5）行业的生命周期因素。在一定程度上决定了企业在兼并战略和投资新建战略之间的选择。处于投入或成长期行业的进入壁垒比处于成熟期行业的进入壁垒要低，因为处于投入或成长期行业的企业仍然处于一个持续的学习和认识过程，这一时期企业并不像成熟行业中的企业那样拥有丰富的经验和优势。与进入成熟行业相比，通过投资新建进入一个处于生命周期初期的行业意味着较低的风险，而且就扩张速度来讲也是较快的。所以，在向处于投入或成长期的行业扩张时，内部投资新建是一种较好的进入方式，进入处于成熟期行业则通过兼并扩张战略较好。事实上，许多成功的新建企业都是与进入刚产生的行业相联系的，比如 IBM 公司进入个人计算机行业，John Deere 公司进入铲雪机行业，等等。

通过上述分析，可以得出下面的结论：

（1）投资新建在满足下述条件时是较好的战略选择：①企业能承受时间、开发成本及风险；②进入壁垒较低；③要进入的行业与企业现有的业务密切相关；④要进入的行业处于投入和成长期。

（2）兼并在满足下述条件时是较好的战略选择：①企业不能承受投资新建所涉及的时间、开发成本及风险；②进入壁垒较高；③要进入的行业与企业现有的业务无关或关系不密切；④要进入的行业处于成熟期。

在企业的发展过程中，需要不断地对其组合投资模式进行合理调整。当企业需要在一个处于投入和成长期的行业中开展业务，或需要在一个成熟的行业中建立自己的业务时，兼并则是一个较好的战略选择。

3. 企业兼并的战略选择

（1）企业兼并的形式。从我国实际情况来看，典型的企业兼并方式主要有：

投资转移式。被兼并方的所有者将全部资产以投资入股的方式纳入兼并企业的体系，成为兼并企业的股东，并按股份比例参与利润分配。

控股接办式。兼并方购买被兼并方所有股票或部分股票，并据其所占有股份控制董事会，将该企业纳入自己的经营体系，使其变成兼并企业的子公司。

产权合并式。两个或两个以上的企业通过产权合并，各自放弃法人地位而形成新的企业。

承担债务式。兼并方以承担被兼并方所欠的债务为代价掌握经营权，取得被兼并方资产所有权并取消被兼并企业的法人地位。

出资购买式。兼并方根据被兼并者清产核资的结果支付产权转让费，实行产权有偿转让，被兼并方通常被取消法人资格。

上海纺织系统的苏寿南为了发展"三枪"品牌，连续兼并了7家亏损企业，承担了这些企业3.58亿元债务，并承担了1.5亿元亏损，使"三枪"的资产经营规模扩展了10倍，年销售额猛增几十倍。

（2）战略选择所需考虑的主要因素及应遵循的原则。成功的兼并战略选择，首先可考虑企业的总体战略及企业的战略目标，兼并方一定要拥有很强的核心业务，具备充足的现金流量、经营能力和改善被兼并方业务绩效所需的各类人员。

兼并方要根据自身的条件，对兼并对象及兼并形式的优缺点进行分析，并制定出几套切实可行的行动方案。需要认真考虑以下问题：按照什么程序来进行收购？是先收购实力较弱的公司，还是先收购主要竞争对手？采取哪些能降低收购价格的行动？是否应在竞争对手的核心市场展开价格战？等等。

成功的兼并与时机选择准确性有很大的关系，要善于等待机会。机会包括宽松的政策环境、对方处境的恶化等。但要注意，在等待机会的过程中，要严防兼并方案的泄露。

企业兼并的运作，一定要遵循一些基本原则。首先，优势利用原则：兼并方应当认真考虑，通过兼并在分散风险、扩大规模、扩大销售渠道、提高技术水平、增加优势品牌等方面利用了哪些优势？其次，要对经济利益进行认真分析：在利用优势的同时，自己花费了多大的代价？二者相比，经济利益有多大？最后，在兼并战略的实施中，要对诸多关键问题形成法律文件，务必不要留下后患。

（3）企业兼并后的一体化建设。企业兼并不是目的，它应该是企业谋求外部发展的一种手段。因此，企业所选择的对象不仅要有发展潜力，而且要符合公司发展的战略方向。更重要的是，兼并以后，企业要将并购进来的资产进行重组，并在组织结构上进行衔接，使之与原有企业有机地融为一体，即一体化建设。它包括如下方面：发展战略一体化，会计核算一体化，管理组织和职能一体化，决策体制一体化，信息系统一体化，质量监控一体化，企业文化一体化和人力资源管理一体化等。

在公司并购过程中，应认真考虑并购之后公司文化的相容性，因为这将深刻影响到合并后的管理问题，甚至影响并购本身是否成功。企业并购后管理组织的整合重组也是一个关键问题，企业并购后必须根据企业兼并战略、并购的类型和特点，解决好管理中的集权和分权问题，设计好合适的管理层次及相应的控制范围，还应该认真考虑职能部门与基层单位的横向协调问题。

（四）中小企业发展战略类型的选择

1. 中小企业的特点和战略观

一般而言，各行各业都有中小企业，但大多中小企业都处在分散行业之中。所谓分散行业是指一个行业由众多中小企业组成，其中，任何一个企业都不具有市场占有率上的绝对优势。因而分散行业的市场结构，从微观经济学的角度来看，属垄断竞争型但更接近完全竞争型，其基本特点是缺乏有实力的行业领袖企业。比如服装、零部件或机械加工、食品加工、文教体育用品制造、餐饮服务等行业。所以，中小企业要制定有效的经营战略，首先必须了解自己所处行业以及自身的特点。只有把握这些特点，才能确定正确的战略思想，制定出正确的经营发展战略。概括分散行业和中小企业的特点，主要有以下几个方面：

（1）分散行业的一个重要特点是市场需求多样化和分散化。比如，在服装行业，顾客一般不愿接受标准产品，而希望产品有不同的式样，他们也愿意为之付出更高的价格。在这种情况下，为满足不同顾客的不同需要，大批量生产标准服装显然是不行的，注重服装的档次和时髦的样式对企业来说，则更为重要。

（2）分散行业的另一个特点是进入门槛低。这使许多企业都可以较低的成本自由地进入该行业。特别是当一个有相当经济实力的企业为规避其经营风险而采取多样化战略时，这会给分散行业中的现有中小企业带来很大的威胁。因而在这种情况下，中小企业以各种方式进行重新组合，可能是一种有效的战略。

（3）由于中小企业的规模小，规模效益就不高，而且由于其原材料的供应和产成品的销路受市场供求变化的影响较大，因而中小企业依赖市场协调的代价，即交易费用也较高。但也正是因为企业规模小，组织结构简单，因而中小企业的灵活性大，也易于决策和管理。

（4）中小企业因为生产经营的产品品种较少，市场范围也相对集中，所以更易于接近顾客。这一特点在餐饮、信息、美容美发、咨询等服务行业表现得较为明显。这使中小企业可以根据顾客的特点，制定针对性强的经营策略。

（5）资金相对不足，筹措较为困难，这是中小企业在财务上碰到的普遍问题。对此，中小企业在其战略选择过程中，更应当注重资金的使用效率和收益率，而不要一味追求其市场占有率的领先地位。这对于处在分散行业的中小企业来讲，尤其重要。

因此，中小企业的战略思想应体现其"小、快、灵"的特点，充分发挥其在经营特色、资源产地、"船小好调头"等方面的经营优势，做大企业想不到或不想做的事，并以此来壮大自己，确立自己在市场竞争中的有利地位。

2. 中小企业发展战略类型的选择

（1）资源导向型战略。这是一种把企业发展的基点放在可供利用和开发的资源条件之上的发展战略。采用这种战略能够使企业的发展建立在本地区富有或特有的各种优势资源基础上，从而可以保证原料的供应和较为低廉的成本价格，节省储运费用，依靠资源优势来形成产品优势和企业的优势。

（2）"小而专、小而精"战略。这是按照中小企业规模小、资源有限等特点而制定的一种发展战略。中小企业实力较弱，往往无法经营多种产品以分散风险，但是可以集中企业的现有资源，通过选择能使其发挥自身优势的细分市场来进行专业化的经营。中小企业运用这种战略的好处是可以通过扩大生产批量、提高专业化程度和产品质量来提高规模效益，逐步建立自己的市场竞争优势。但是，也应看到采用这种战略的风险面，因为这种战略往往过于依靠某种产品或技术，一旦市场发生变化、需求下降，就会给企业带来生存威胁。因此，采用这种战略的关键在于：选准目标市场、提高产品的更新和开发能力、拓展销售渠道和寻求新的顾客，也可以考虑采用恰当的价格策略。

（3）"钻空隙"战略。这是根据中小企业机动灵活、适应性强的特点而制定的一种发展战略。中小企业可根据"人无我有、人有我专"的原则，利用市场上的各种空隙，凭借自己快速灵活的优势，进入空隙市场，以求成功。采用这种战略能充分发挥中小企业的灵活性。进，可以扩大空隙，向专业化方向发展；退，可以在别的企业进入后迅速退出，寻求新的市场空间。

（4）经营特色战略。这是根据中小企业比较易于接近顾客而制定的一种经营发展战略。由于中小企业，特别是小企业规模小，因而它们在市场竞争中往往都缺乏低成本的竞争优势，但它们却具有比较容易接近顾客的特点，并据此向某类顾客提供与众不同的产品和服务来吸引顾客，从而获得差异性竞争优势。采用这种战略的好处在于：这种经营特色一旦建立起来，就会具有很强的竞争力，因为独到的产品和服务不易被其他企业的产品和服务所替代，也与企业大小没有直接关系。但是，企业应该注意到，经营特色（包括材料、技术、产品功能、服务等）在无法取得独家经营或生产专利的情况下，易于被竞争对手所模仿，因此对于中小企业来讲，要保持经营特色的长期竞争优势，建立不断创新的机制和能力是企业生存和发展的基础。

（5）联合竞争战略。这是根据中小企业资金薄弱、生产技术水平不高等特点而制定的一种发展战略。中小企业在平等互利的基础上，可以利用企业外部的组织化或建立协作关系，相互弥补物、人、财、技术等方面的不足之处，共同开发市场及其产品，以形成群体优势，提高市场竞争能力。中小企业之间可以运用松散联合的方式，如签订建立生产协作或专业化分工的生产经营合作协议；也可以采取紧密联合的方式，如相互持股或共同出资组建一支销售队伍等。可以建立起企业之间的联合，也可以由企业与科研机构、高等院校联合，甚至可以建立由众多中小企业联合组成的企业群体或企业集团。

（6）依附型战略。所谓"依附"，就是把本企业的生产经营与发展相对固定地纳入或嫁接在某个大企业上，成为大企业系列生产中的一个组成部分，进行专业化的生产和开发。这是按照中小企业力量单薄、产品单一的特点而制定的一种经营发展战略。其好处在于为企业长期的生存和发展提供一个可靠的基础。尤其是对实力较弱、创办时间不长的小企业来说，运用这种战略可以大大减少经营风险。

三、战略策划程序

策划企业战略的传统方法是系统分析的方法。这种方法是经过周密的调查和预测，合理地设计企业未来的目标和行动计划，进而通过对计划的控制来适应未来环境的变化。

根据系统分析的方法，策划企业战略的一般步骤大体可分为三个阶段，如图 2-5 所示。

（一）基础条件分析

在基础条件分析阶段，主要进行四项工作：企业环境分析；企业能力分析；企业业绩分析；战略问题点汇总。

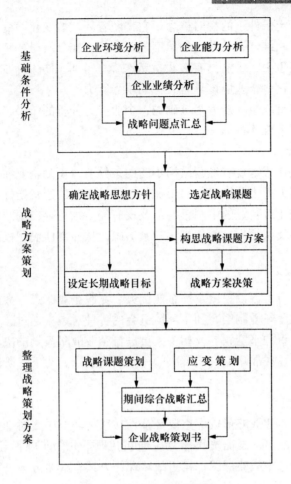

图 2-5　企业战略策划程序

1. 企业环境分析

企业环境分析的目的，在于预测未来环境的变化并分析环境对企业的影响，便于从中发现企业战略的问题点。

在企业环境分析时，首先要对影响企业经营活动的各种因素进行分析，进而通过预测来掌握这些因素未来变化的趋势。在分析时值得注意的是，由于企业和环境之间的作用日益复杂和强化，所以不仅要重视直接影响因素，也要重视间接影响因素。其次在根据过去趋势的延长进行预测时，要注意可能发生的不连续性变化和突发事态。最后要分析未来环境变化将给企业带来什么样的影响，判断这种变化对企业是生存的威胁，还是成长的机会。对于威胁，要考虑防卫的对策；对于机会，要充分利用。

2. 企业能力分析

企业能力是企业所拥有的资源结构及其运用效率的体现，是企业适应环境变化、实现战略目标的基本条件。进行企业能力分析的目的是通过对企业能力的分析和评估，明确企业具备哪些弱点和优势，以便进一步研究在未来环境中企业如何发挥优势、克服弱点的战略课题。

企业能力是在特定条件下的相对概念，它将随着环境的变化而变化。所以，企业能力分析要与环境分析相结合，从动态的角度进行分析。在分析时要特别注意两点：

一是在激烈的竞争中，企业具有多大优势与竞争企业相抗衡；二是对于突发性的、未能预料到的环境变化，企业应该具有怎样的承受能力。

企业战略的实施是以企业能力为基础的，企业能力分析的结果，也将是检验企业战略策划方案可行性的重要依据。

3. 企业业绩分析

企业业绩分析是在假定现有经营结构不变的条件下，预测企业在未来将会取得什么样的效果。这种预测无需十分精确，只要抓住企业最重要的经营指标即可。分析的目的在于强调未来环境变化对企业的不利影响以及现有经营结构存在的问题。通过业绩分析还可以增强企业领导及相关人员的危机感和紧迫感，从而使他们积极地支持和参与企业战略的策划工作。

4. 战略问题点汇总

通过企业能力分析，可以提出发挥企业优势、克服企业弱点的大胆设想；通过企业环境分析，能产生克服环境制约、利用环境机会的各种对策；通过企业业绩分析，能增强企业全员的危机意识并坚定领导及相关人员进行企业战略策划的决心。在以上分析的基础上，认真归纳企业在战略上应当解决的一系列问题点，为下一阶段确定企业战略课题提供基本素材。

（二）战略方案策划

战略方案策划是企业战略形成的重要环节。在这一环节中，对企业适应未来环境的战略方案进行构思与决策。战略方案策划一般包括以下几个步骤：确定战略思想方针；设定长期战略目标；选定战略课题；构思战略课题方案；战略方案决策。

1. 确定战略思想方针

企业战略思想方针是对企业在社会中起什么作用和如何起作用的具体体现，是企业现在和将来应当从事什么事业，应该成为什么样的企业的明确表述，体现着企业的价值观。

2. 设定长期战略目标

长期战略目标是在未来环境中企业形象的体现，它规定了在战略实施期间企业所应当取得的经营成果。设定长期战略目标是企业战略方案策划的出发点，企业战略将为实现这一战略目标而展开。战略目标分为定量指标和定性指标两大类，具体内容包括：对消费者和社会的贡献；事业经营活动领域；企业在未来环境中的市场地位和作用等。

在设定战略目标时，要求企业领导具有明确的经营理念和勇于向未来挑战的气概，同时也要求以企业环境分析和企业能力分析的结果为依据。只有这样，才能在切实可行的基础上设定出富有革新性的高水平战略目标。

3. 选定战略课题

战略课题既是关系企业未来生存和发展的重要问题，也是实现企业长期战略目标的必要手段。

为了选定战略课题，首先要归纳和整理在基础条件分析阶段所提出的战略问题点，然后从各个战略问题点的重要性、解决的可能性以及与企业整体战略的关联性等角度，准确地分析和评估，从中选择最为重要的战略问题点作为战略课题。

4. 构思战略课题方案

战略课题选定之后，要进一步厘清解决战略课题的基本方针和方法，制定战略课题的实施方案。一般每个战略课题应制定若干个方案，以便从中选择最优的方案，作为战略课题的最终决策。在构思战略课题时，必须充分发挥策划者的创造性，利用各种创新构思的技巧，冲破传统观念的束缚。

5. 战略方案决策

企业的整体战略方案决策包括两个方面：一是各个战略课题方案的精确；二是各个战略课题之间的平衡。前者主要是从实施的可能性、预期的收益性和承担的风险性等几个方面进行评价，从中选择最优方案。后者则是从长期战略目标的要求和企业本身的资源能力出发，对各个战略课题进行调整，明确相互之间的关系。

(三) 整理战略策划方案

战略策划方案是企业战略的具体展开，它将主导着企业在战略策划期间的各项经营活动的顺利开展。它包括四个部分：

1. 战略课题策划

战略课题策划一般由专门的课题小组完成。课题小组依据课题方案的要求，通过深入的调查研究，制定若干个实施方案，然后根据优选的实施方案来策划具体的行动计划。战略课题的内容包括：预定的行动内容和进度安排、课题的目标和方针、战略资源的投入和实施组织等。

2. 期间综合战略汇总

战略课题策划是单项行动策划，它涉及企业的各个部门，由于各个课题策划的时间长短不一，所以我们有必要将各个课题在一定的策划期间汇总，编制期间综合经营计划。

期间综合经营计划主要包括销售目标计划、资源分配计划和资金筹措收支计划。在这些计划中，确定该策划期间的销售目标，调整各课题项目实施的先后顺序，合理分配企业的资源，平衡各个部门所需的资金。通过这些计划，使企业各个部门能够在长期战略目标的指导下，顺利有效地开展各项经营活动。

3. 应变策划

由于企业环境变化的不确定性，企业在经营中往往会发生意想不到的事情，从而使制定的基本战略计划，即战略课题策划和期间综合战略汇总无法实现，以致给企业带来损失。为此，根据环境变化的多种可能性，制定不测事态应变计划是非常必要的。

不测事态应变计划是根据最坏的估计所制定的预备性计划。当不测事态发生而迫使基本计划停止时，企业可以有备无患地立即作出应变计划，从而使企业能够灵活地适应环境的变化，保证企业的健康发展。

4. 企业战略策划书

在以上各项工作结束之后，还应当以企业战略策划书的形式进行表述。在企业战略策划书中，应该简要记述制定经营战略的过程、选定战略课题的原则和条件、战略策划方案的可行性分析、各项具体行动策划以及各种分析资料。编制好企业的战略策划书，并将其作为企业战略的指导性文件而付诸实施。

四、方案评价决策

（一）企业战略策划方案的评价

企业战略策划方案评价的实质，是对实施各个战略课题方案的难易程度和实施的结果进行预测。评价的标准主要有以下三个方面：

1. 实施的可能性

各种战略方案的实施，一般都需要有一定的资源条件作保证，例如必要的原材料、技术和资金等；同时也会受到环境条件的制约，比如法律规则、市场需要等。如果所需的资源条件无法获得，或者制约条件不能克服的话，那么该方案付诸实施的可能性就很小，是不可取的。不过在评估时要注意的是，必须充分明确地估计企业的能动作用，因此企业通过自身的积极努力，可以使资源条件乃至环境条件发生转化。

2. 预期的收益性

获取利润是企业生存和发展的重要前提，因此对战略方案的收益性的准确评估十分重要。通常，收益性用预期的资金利润率，也就是方案预期获得的利润与需要投入的资金之比来表示。

在评估方案的收益性时，要留意收益的时间性问题。假如一个方案在实施初期有短期的高收益，而在以后其收益迅速下降的话，那么这样的方案是不可取的。相反，在实施初期虽然收益低，甚至出现亏损，但在以后却可以获得长期的高收益的方案，则是较合理方案。

3. 承担的风险性

由于未来环境的不确定性，就使战略方案的实施具有一定的风险性。也就是说，环境的意外变化会导致方案的失败，使企业遭受重大损失。一般来说，方案的收益性愈大，其风险性也愈大，收益性大而无风险的方案是极少的。企划人员如果害怕冒风险，只求稳妥、安全的话，往往会放弃高收益的方案，以致造成巨大的机会损失。所以在评价战略方案时，既要敢于向风险挑战，又要科学地预测风险，考虑应变的对策。

这里需要强调的是，在评估战略方案时，企业高层领导的价值观念会对战略方案的实施产生重要影响。持有保守的价值观念或革新的价值观念的企业领导将会对战略方案作出不同的选择。无论多么优秀的战略方案，如果违背了企业的基本行动规范的话，是绝对不应当被采纳的。

（二）战略决策的基本要求

企业战略是为了使企业获得长期发展而对经营结构进行的调整和变革。企业战略的性质使战略决策不同于一般的战术性或业务性的决策，有其自身的特点和要求。战略决策的基本要求有以下几个方面：

1. 主动积极地向风险挑战

战略决策是在现在为企业的未来而进行的决策。由于影响战略决策的环境因素很多且为企业所不能控制，而且各个环境因素之间的关系又十分复杂，这就使得战略决策在信息不充分和环境变化不确定的条件下进行。所以，怎样正确对待风险问题就成为战略决策的重要特点。战略决策者在进行决策时，不能因为害怕风险而一味谋求稳妥的保守方案，甚至等待环境的明朗化。与此相反，在充分预测和评估可能发生风险的同时，积极地向风险挑战，才是决策者应当采取的态度。

2. 努力减少企业的机会损失

在战略决策时，因为从多种方案中选择了一个方案，就会舍弃其他方案。被选定的方案所获得的利润是以牺牲其他方案所能获得的利润为代价的。两种方案的利润之差称为机会损失，被舍弃方案所获得的利润称为机会成本。战略决策的基本目的，就是要极力减少机会损失，以使企业能够充分利用未来的市场机会，获取最大的经济效益。所以在战略决策时，不但要提出优质的战略方案，而且要正确地对各个战略方案进行准确评估，努力把机会损失减少到最低的程度。

3. 正确合理使用决策方法

战略决策与各行业务的决策不同，是非程序决策，没有固定的模式，要按照未来环境的变化特点和企业的具体情况选择合理的决策方法。决策方法有很多种，但大致可以分为定量分析和定性分析两大类。定量分析是通过建立数学模型来作出决策的；定性分析则是依靠决策者的知识、经验和判断能力来作出决策的。两类方法各有优缺点。因此，不能过分夸大某一类方法的作用，而应该综合运用多种方法进行比较和论证，从而作出恰当合理的决策。

第三章 企划形象工作与管理

一、企业形象策划概述

现代企业在市场中的竞争手段可谓是层出不穷，企业间的竞争空间也越来越狭窄。为了在市场竞争中谋取一个有利的位置，企业必须寻求新的竞争手段和新的竞争途径来获得更多的竞争优势。目前，企业之间的竞争已经从产品力、促销力的竞争发展到形象力的竞争。国外企业早在 20 世纪 50 年代起即纷纷自塑崭新的企业形象来增加竞争的筹码，到了 20 世纪 70 年代，世界的东方、西方则引发了导入 CIS 的世纪潮。我国企业从 90 年代初逐步由南至北开始导入 CIS 的行动。实施企业形象战略既是由于世界潮流的推动，也是由于市场竞争的需要。对企业形象的策划最早偏重于视觉，之后发展到突出企业文化，我国则把企业形象的塑造提升到企业发展战略的高度。

(一) 企业形象策划兴起的社会经济背景

企业形象是企业的相关者对企业的整体感觉、印象和认知。企业的相关者包括竞争者、消费者、客户、大众媒体、政府、希望就职者、原材料供应者、金融机构、股东、投资者、企业员工、公共团体等。企业形象策划是一种美化企业形象、注入新鲜感、使企业更加能够引起外界注意，进而提升企业的信赖度、知名度和美誉度的经营技法。日本企业策划人把对企业形象的策划通俗地概括为："使企业改头换面，给企业换血强身"，是企业凝聚心的一致与形的发展一致的统一。

企业形象策划通过设计企业识别的三个子系统，强调企业形象的个性特色，强调企业的最终目标和直接目标，以提升企业的传播性。正因为企业形象策划具有其他行为所不能替代的功能，所以人们早就利用它为推动企业的成长和经济的发展服务了。

CIS 的策划和导入最早兴起于第一次世界大战期间，德国的 AEG 公司在其生产的系列电器产品上使用了统一的商标，这是 CIS 的发端；第二次世界大战期间，英国工业设计协会会长费兰克·毕克负责规划伦敦地铁，实施统一字体应用于站牌、车票等处，得到了良好的反响，这时 CIS 开始引起人们的注意。经过几十年的发展，直到 20 世纪 50 年代，企业形象策划才成为企业自觉完善的行为。1956 年 IBM 公司总裁小托马斯·沃森聘请诺伊斯，把"通过一切设计来传达 IBM 的优点和特色，并使公司的设计应用标志统一化"作为目的，设计了一套完整的视觉识别系统。

这套视觉形象系统以 IBM 为核心，造型极富美感，其选用蓝色为公司标准色，标志象征着"前卫·科技·智慧"，同时围绕着这一构思，IBM 公司还设计了统一的标准字体和其他应用系统。这一设计容易使人联想到蓝天和海洋，使人产生透明、崇高、深远、沉静的感觉，它象征着幸福和希望，是现代科学以及知识和力量的表现，同时也体现出一家高科技公司雄厚的技术背景和经济实力，为 IBM 赢得了"蓝色巨人"的美誉。

从 20 世纪 60 年代至今，欧美进入了导入 CIS 的全盛时期，各大公司纷纷导入 CIS，形成了全球性的企业形象策划潮。

（二）企业导入 CIS 的缘由

世界出现企业形象策划潮是形势发展的必然。具体可从以下几方面探求其缘由。

1. 产业发展的社会化趋势导致企业的业际界限不清，企业形象的个性化便于企业被识别和认知

产业发展的社会化推动着企业的成长。当企业还处于幼稚阶段经营乏力时，多采用专业化的经营战略，各种行业间的业际界限是清晰的、分明的。随着企业进入成长期，企业的扩张成为必然，于是企业往往采取多角化经营战略。多角化经营战略是一种跨行业、跨地区、跨领域的战略，发达国家 20 世纪 50 年代就已经进入这种状态。60～80 年代多角化经营得到空前的发展，多角化经营的结果使行业之间相互渗透，业际界限逐渐淡漠，原来企业所属的行业显得模糊不清，而且各类企业经营日渐趋于一致。为了突出企业的个性特色和视觉冲击力，企业需要导入 CIS 进行形象塑造，以适应消费者认牌选购商品、认商号记住企业的行业特征的需求。

2. 企业间竞争的深刻性导致企业的拓展需要借助于对企业形象力的开发

随着企业之间竞争的不断加剧，为了能够更好地生存和发展，企业就不得不寻找新的竞争领域和竞争空间。相应地，企业间的竞争也由产品力的竞争、促销力的竞争发展到形象力的竞争。产品力的竞争是以产品的价格、质量为特征的较量；促销力的竞争是以促销手段、经营方式的对垒为表现形式；形象力的竞争则是树形象、拼实力的全方位的竞争。世界上许多营销有方又有实力的企业，都经历了从树立"质量意识"、"名牌创业"，到强化企业管理、增加对外宣传力度，最后到导入 CIS、塑造企业形象的过程。与产品力和促销力的竞争相比，建立良好的企业形象在创造良好的经济效益的同时，还可以收到相应的社会效果。

（1）领先效果。在市场上独树一帜，先人一步，竞争取胜，发展领先。

（2）缓和效果。在企业处于不利时，易被人们谅解，转危为安。

（3）信任效果。获得社会公众的好感、认同、信赖。

3. 企业形象的导入是推动企业经营机制转换、强化企业管理的动力

企业通过 CIS 导入，进行全面的市场调研，调整企业经营机制以适应市场的千变万化，同时通过内部管理制度的调整，强化管理方式和管理手段；通过视觉形象的塑造，产生视觉冲击力，扩大知名度，为提高企业美誉度、信赖度打好基础。CIS 方案一经实施，还可以给企业带来以下一系列的好处。

（1）企业形象的导入使企业基础长期稳固，它能增强企业内部的向心力和凝聚力，便于企业统一管理、协调发展。

（2）企业形象的导入能激发员工斗志，形成良好的企业风尚与和谐向上的气氛。

（3）企业形象的导入能增强股东对企业的好感和信任，增强广告效果，增强企业

对社会公众的号召力和吸引力。

（4）企业形象的导入有利于企业提高营业额，募集资金，以及推动股票价格上扬。

据国际设计协会 1987 年的估计，企业在形象设计中每投入 1 美元，可以获得 227 美元的收益。发达国家的形象往往是与知名大企业的形象联系在一起的，如奔驰、宝马代表德国，万宝路、通用代表美国，东芝、富士代表日本，皮尔·卡丹代表法国等。

形象力不仅可以提高企业声誉，促进销售，而且本身就具有无形的价值。企业形象力的无形价值往往通过商标体现出来，世界著名商标的价值甚至高出该公司年营业额的数倍。

（三）东西方实施 CIS 的特点比较分析

美国是世界上全面推行 CIS 战略最早的国家。IBM 公司既是其中的首创者，也是推行 CIS 战略的经典范例，其导入 CIS 的初衷是把本公司的开拓精神和创造性的特点有效地传达给社会公众。对此，该公司认为，应该通过一切设计手段来向客户传达企业的特点，并使公司的设计应用统一化。

IBM 的成功影响了一批西方企业，欧美许多公司纷纷效仿，通过塑造企业自身形象，提高企业的经营业绩。其中，有"美国国民共有的财富"之称的可口可乐公司，在 1970 年以崭新的企业标识为核心，全面展开了 CIS 的行动，红色衬底上白色的 Coca－Cola 给市场带来了极其强烈的视觉冲击力，令人耳目一新，使该公司的市场占有率迅速扩大，并在消费者和社会公众心目中树立了良好的企业形象。随后，橘黄色的柯达、以巨大金色拱门为标志的麦当劳都变成了企业形象塑造中的经典设计。

通过以上的分析我们可以发现，欧美的企业形象策划是以视觉系统的率先构建为特征的。究其原因，美国是一个国土面积广大、交通十分发达的国家。在美国人的生活中，汽车和高速公路都有着十分重要的作用。甚至可以说，美国人的各项活动，无一不依靠汽车和发达的公路交通网络。由于高速驾驶车辆时，人们的视觉狭窄，不可能专门注意路边的各种标志，因而设立在公路边上的标志牌、招牌，都必须简洁明了。这类标识的视觉设计，一定要有瞬间识别的效果，才能让目标受众一眼认出，并留下深刻印象。此外，美国是一个多种族构成的移民国家，也是一个多种宗教、多种意识形态、多种语言并存的国家，这就表明，它也是一个非常需要企业标志、标准色、标准字等具有各国共通性符号的国家。在这样的背景下，美国企业极其重视 CIS 战略中视觉传达系统的设计，格外重视企业的标志和标准色，如果标志和标准色的视觉效果不理想，视觉传达就会受阻，在同行业的竞争中就难以争取到应有的优势。所以，在美国，企业的标志、企业名称的标准字体、标准色等企业视觉要素的设计理念新颖，独具匠心，并且可以让人一目了然。这种做法，是美国企业导入 CIS 战略的显著特色。

从整体上看，美国式的注重视觉形象的 CIS 战略，不仅仅是标榜和宣传企业自身，而且注重与环境融合，创造一种良好的地域文化、社会文化和民族文化。那种只为了企业自身形象，不择手段地采用各种吸引人的，甚至是卖弄噱头的宣传手法，在先进的国家和发达地区已经越来越不受欢迎，甚至引发了人们的抵触情绪。在这方面，美国企业的做法非常值得我国企业在准备实施 CIS 战略时予以研究和借鉴。CIS 是企业形象力的体现，也是企业文化的展示，只有在重视企业形象的视觉吸引力的同时，注重企业文化与社会文化的协调、注重企业形象和亲和力的展现，才能符合当今社会发展现状、获得了消费者和社会公众的好评。

20世纪60~70年代，CIS战略传入日本。当时，恰逢日本经济进入飞速发展期，新企业、新产品都迅速增加，并且日本企业在国际市场上的市场占有率迅速扩大，在这种情况下，我们通过实施CIS战略帮助企业获得更多的竞争优势是非常重要的。

从当今的社会背景来分析可以看到，日本无论是在日常生活中还是在企业经营上，都已经非常美国化、国际化了。因此，受到美国式的信息传递手法的影响，日本人的价值观已经从第二次世界大战前的权威主义转变为民主主义，变得非常平易近人了。

从美国引进的经过改造的日本式的企业CIS战略有着自己的特点。

日本作为东方民族的典型之一，其CIS战略不仅汲取了美国等西方国家的精华，同时也融合了日本的民族文化和管理特色，创造了具有本民族特征的CIS战略。

第二次世界大战后，由于引进美国的企业管理制度，同时有一大批日本本土的企业，但是受过美国式教育的企业领导者纷纷掌控着日本的各大企业，他们既懂得西方现代化的管理理论和方法，又了解日本的历史和现状，并且把两者有机地结合在一起，经过消化挪用到日本的企业运营中，从而形成了日本式的企业经营管理制度。

20世纪70年代以后，日本实现了企业经营管理的现代化。日本的企业界认为，东西方的文化融合是一件好事情。日本企业成功的秘诀也在于现代化与民族化的统一。

日本现代企业运营管理的基本特征是：具有浓厚的日本"集团主义"，它既保持了大企业的生产效率，又保证了小企业的生存；既保证了集团内各部门的稳定成长，又保留了集团间的竞争。其中，"家族主义"的企业管理方式，着眼于建立亲缘关系，把企业看成是一个家庭，把员工看作家庭成员。注重培养员工对公司的"忠诚"和"感情"，使企业产生了较强的凝聚力。此外，日本企业竭力提倡制造第一，对制造技术与开发能力较为重视。集体激励、集体决策、全员经营等集体主义的管理思想在日本的企业里已经被广泛地认可。

与欧美的企业相比，日本的企业管理制度具有"硬管理"与"软管理"有机结合的特征。日本人并不因为欧美企业的组织机构、经营战略、管理制度等缺乏"人情味"，就否定其科学性和有效性。他们追求人性精神与无情的效率为一体，把原则与精神和谐统一起来。日本的企业管理者声称，日本的企业文化具有使理性与人性相结合的特征。

日本的企业界历来认为，日本企业文化的精神就是"和"、"同"、"忠"。所谓"和"，就是重视人和。"和"的精神要求在组织中形成人际关系的亲密感、信任感、依赖感及组织内部的和谐气氛。所谓"同"，就是齐心协力。松下公司给员工订的行为准则是：只有经过公司的每个成员的共同努力和合作，进步和发展的目标才能实现。要想做到意见一致和共同努力，必须具有共同的价值观和奋斗目标。因此，企业从战略管理到人事制度，甚至产品制造都是由这一共同的价值观所决定的。所谓"忠"，就是忠诚。注意培养员工的向心力。要求企业员工尽忠职守，努力工作，要有对企业、对社会的使命感、荣誉感、自豪感，要把自己的命运同国家命运和企业命运紧紧联系在一起。

所以，日本企业的CIS战略有着非常突出的日本风格，十分注重企业理念系统在企业 CIS 设计中的重要作用，力求完整地宣传企业整体形象、经营理念和企业文化的内涵。日本式的 CIS 战略不仅仅是企业外观形象的展现，而且也是企业的经营管理战略，其已经上升到文化建设的高度。

综上所述，东西方在进行企业形象策划时，其根本目的是一致的，但在突破点和侧重点上是有所区别的。

欧美企业在进行企业形象策划时，是以视觉为中心，强调视觉对社会公众的冲击力，其被叫作外塑型的 CIS 战略。在 CIS 设计的具体操作过程中，往往按视觉识别系统—行为识别系统—理念识别系统的顺序进行，即把视觉作为 CIS 的突破点和重点。

东方型的 CIS 战略则是文化型或内塑型的企业形象策划，把 CIS 策划当作企业的经营战略来设计并落实。东方型的 CIS 战略十分强调 CIS 与企业文化的结合，并要通过 CIS 来宣传企业文化的内涵。这样就把企业形象策划由表面引申至内层。因此，东方型的 CIS 操作程序是理念识别系统—行为识别系统—视觉识别系统，把企业理念的确定作为 CIS 导入的突破点和侧重点。

（四）具有中国特色的企业形象策划

当前，中国国内市场的发育已经十分成熟，企业间的竞争态势已经进入白热化的程度。同时，我国企业还面临着国外企业在国际市场乃至进入国内市场后更加激烈的挑战。这对于中国企业来说既是某种威胁，也是强化企业竞争活力，全面实践先进的管理理论方法，导入企业 CIS 战略的一个良好的契机。

20 世纪 80~90 年代，太阳神成为我国企业导入 CIS 战略的先驱者。由于太阳神集团导入 CIS 战略给企业带来巨大经济效益的示范效应，中国另一家高科技公司——四通公司，经过长达多年的精心策划，在 1993 年正式发布了《企业标识手册总则》，将四通的企业标识系统而全面地向社会推介。其设计了象征着岩石与坚硬物体撞击发出耀眼夺目光彩的构图，作为企业的统一标识，体现了四通公司不断向高科技的尖端发起冲击、不断创新的企业经营目标。随后，娃哈哈集团、健力宝集团、三九集团、红豆集团等一大批企业也争先导入 CIS 战略，并取得了丰硕的成果。

中国企业导入 CIS 战略确实取得了不俗的成绩。导入 CIS 战略，已成为我国许多企业主动的、自觉的要求和参与市场竞争的有力武器。与企业的积极态度相辉映的是，目前在我国的经济发达地区、省会和中心城市建立了相当数量的专门从事企业形象策划的公司。在政府相关部门和行业协会的组织引导下，举办了一系列研讨会、座谈会、讲座、培训班，为我国企业进一步开展 CIS 战略打下了坚实的理论基础与社会基础。但是由于我国目前经济发达程度仍不是很高以及受各企业的具体情况所限，CIS 战略的导入仍面临着各种各样的实际问题。

1. 不完善的市场竞争规则，已经制约了 CIS 战略的健康发展

从欧美及日本成功发展 CIS 战略的历史来看，CIS 战略往往在市场经济发达、市场法规完善的国家和地区更能发挥出巨大的效力。CIS 战略的成功运用，在某种程度上标志着市场竞争规则的完善。尽管近几年我国政府颁布了一系列有利于市场建设的法律法规，但依据我国的实际情况，形成完善的市场经济体制、竞争秩序，还需要一个长期的过程。

2. 缺乏 CIS 系统理论和专门的从业人员

尽管 CIS 理论进入我国已经有将近 20 年的时间了，但无论企业本身，还是专门的策划公司，对 CIS 的运用都还谈不上达到成熟的程度。尤其是适合我国国情的、专门针对我国企业实际的 CIS 理论及实践，还需要进一步探索和总结。另外，目前我国 CIS 战略策划人才十分短缺，即使是这个行业的从业人员，也大多没有经过专业理论的系统教育。有些地方、有些学校尽管也举办了一些 CIS 战略的讲座和培训班，但大多数不规范、不系统。

3. 策划公司蜂拥而起，难分良莠

由于我国企业对企业形象策划的需求非常迫切，目前各种以帮助企业搞 CIS 战略设计为主业的公司蜂拥而起。这其中，确实有许多有实力、设计水平高的策划公司做出了许多成功的案例，但不可否认的是，仍有一批既无综合实力又缺乏创意的专业人才的策划公司给正处于成长期的中国策划业带来了混乱，使企业对 CIS 战略的效果产生了疑问、认识产生了偏差。

要使 CIS 战略在我国得以推广，就一定要始终坚持一个基本观点，那就是充分考虑我国的传统文化背景、社会环境、经济环境、企业的组织模式、管理制度的特点，以此为基础推进我国企业 CIS 模式的进程。

二、企业形象策划途径

（一）企业形象的内涵

传统的经营观念认为企业的注意力是向内的，企业应当把经营的重点放在企业自身的生产销售过程、产品和服务上。而现代型企业的运营活动是以市场为核心的，以消费者的主观诉求和愿望为焦点的，消费者和社会公众对企业的影响是现代企业目前不得不关注的一个问题。

企业形象是指社会公众和企业员工对企业的整体认识和评价。企业形象由企业的实态形象和企业的虚态形象这两部分内容共同构成。

其中，企业的实态形象包含了企业的实力与规模、企业提供的产品及服务应当达到的水平、企业的创新应变能力和企业的社会责任感等要素；企业的虚态形象是指通过公众态度和公众舆论所反映出来的企业形象，它与实态形象是相互对应的，显示出目标受众的主观性特征。实态形象与虚态形象之间构成以下三种关系：

$$实态形象 = 虚态形象$$
$$实态形象 > 虚态形象$$
$$实态形象 < 虚态形象$$

现代企业经营所面临的一个重要问题是，消费者和社会公众对企业个性化的要求越来越强烈，这反映了消费者对企业及其产品和服务质量评估的主观性所占的比例越来越大。同时也表明，企业在其经营活动中只重视产品的客观性是远远不够的，还要关注消费者的主观偏好和主观意识。也就是说，企业在提高产品和服务质量、降低成本、扩大市场营销力度所作出的各种努力，只是解决了企业经营中某一个方面的问题，另一个方面的问题即消费者的主观偏好及个性需求还有待解决。企业形象设计正是具备了客观性和主观性统一的特征。企业的客观性是通过企业的客观物质如员工、厂房、设备、产品和服务等表现出来的；企业的主观性则是社会公众对企业各项客观要素综合认识之后的结果，是与社会公众对企业的评价标准紧密结合的，而社会公众对企业的评估标准来源于其价值观、利益观和主观偏好。策划企业形象就是企业按照对社会公众和消费者主观性的分析，做出适应目标受众需求的主观性决策，以获取社会公众的好评，树立良好的企业形象，弥补单纯企业经营活动的不足。塑造良好的企业形象可以起到以下几方面的作用。

（1）吸引顾客、扩大市场份额的保证。构建和塑造企业良好的形象，不仅仅是为了迎合目标顾客的主观偏好，使他们对企业产生好感，更为重要的是吸引其对企业的产品和服务产生购买欲望，从而引起购买决策和行为。企业只有不断地吸引顾客的关注度，才能有效地增加销售额，扩大市场份额。

（2）吸引人才、获得社会协助和支持的条件。良好的企业形象不仅能使企业原有的员工发挥出强大的凝聚力和向心力，减少企业内部优秀员工的流失，而且还为吸引外部优秀人才创造了好的前提条件；同时良好的企业形象会在社会上形成对企业十分有利的舆论和评价，使社会各界包括政府、金融机构、投资者、媒体等都会对企业产生信任感，企业由此会获得许多现实的和潜在的协作、支持，甚至是谅解。

（3）可以形成企业的无形资产。企业的商标价值是企业无形资产的重要组成部分，世界上一些著名企业的商标价值已高达几百亿美元。因此，构建良好的企业形象是提升企业商标价值的重要途径，也是企业资产保值、增值的重要途径。

（二）企业形象策划——企业的 CIS 战略

1. 企业形象策划——CIS 战略的含义

企业整体形象策划简称 CIS（Corporate Identity System），译作"企业识别系统"。所谓企业识别即一个企业区别于其他企业的标志和特征，它是企业在社会公众心目中占据的特定位置和确立的优良形象。

企业形象策划也可以称为企业的 CIS 战略，它是企业的总体设计与策划，也就是通过现代设计理论结合企业管理系统理论的整体运作，把企业经营管理和企业精神文化传达给社会公众，从而达到塑造企业的个性、显示企业的精神，使社会公众对企业产生认同感，在市场竞争中谋取有利地位和空间的整合系统行为。

企业形象策划是企业实现自我统一和人格化的过程。自我统一是指通过企业的 CIS 设计与实施活动，使企业的管理者和员工充分认识企业、认识自己，使自我个体完全融入到企业形象之中，使企业的行为准则成为企业员工的自觉的行动准则，使员工素质与企业形象同时得以提升。人格化是指企业将自己的经营过程拟人化，并借助于视觉形象，将企业人格化经营的魅力传达给社会公众，从而反映出企业的整体人格形象并为广大社会公众所接受。

企业形象策划的过程也是企业实施差异化经营的过程，企业导入 CIS 的动机实质上是从战略的高度运用差异化的竞争策略。因此，企业形象策划必须要始终贯彻差异化的理念。获得差异化是企业导入 CIS 的核心内容，可以说，没有企业差异化的需求，就没有企业形象策划存在的有益作用。

2. 企业 CIS 的构成要素

企业的 CIS 战略是个整体系统，它由以下三个子系统构成。

（1）理念识别系统：简称 MIS（Mind Identity System）。

（2）行为识别系统：简称 BIS（Behavior Identity System）。

（3）视觉识别系统：简称 VIS（Visual Identity System）。

企业的经营理念（MIS），是企业在长期的发展过程中逐渐形成的基本精神和具有独特个性的企业价值体系。它既是企业的象征、宝贵的精神财富，又是企业不断发展壮大的原动力。

企业的行为识别（BIS），是指企业在企业经营理念的指导下，对内的教育、管理、规范活动，以及对外的宣传活动、经营活动、公益活动等。也就是说，它是在企业的经营理念指导下逐渐培养起来的企业全体员工的自觉行为方式和工作方法。

企业视觉识别系统（VIS），是指企业将其自身独特的个性和基本精神等通过视觉的表现形式传递出去，达到强调企业个性，塑造优良的企业形象的目的。

企业识别系统的层级关系，如图 3-1 所示。

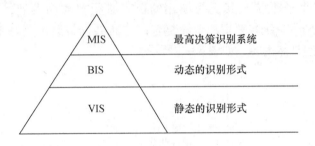

图 3-1　企业识别系统层级结构

其中，MIS 是 CIS 的中心和原动力，是其他子系统建立的基础和根据。但 MIS 又是一个较为抽象的系统，其内涵和实质必须通过企业的行为和视觉标志才能体现出来。BIS 是 CIS 的动态识别形式，它以 MIS 为核心和依据，是 MIS 的行为保障系统，它使企业理念向经营行为渗透，是企业由抽象化思维向具体化操作转变的行为。但由于社会公众对企业的行为规范不可能全面掌握，因此还必须通过视觉识别系统的设计与运作，来传递给社会公众。VIS 是 CIS 的静态识别系统，是企业理念和行为规范的外在表现模式，它是 CIS 中最直观、最具体、最富传播性和感染力的部分。

从企业识别系统层级结构图中，可以明显地看到理念（MIS）是 CIS 系统的中心和依据，能否确立完善的企业 CIS 战略方针关键在于实施企业的经营理念和整体发展战略。企业理念的优良与否、有无个性特征，直接关系到企业的发展方向、未来的前途，直接关系到 CIS 战略能否顺利实施。完善而又独特的理念识别活动是企业一切经营行为的根据。

企业没有经营理念（MIS），视觉传达设计就只能是表面的装饰品。作为企业动态系统的行为识别系统（BIS）和企业静态系统的视觉识别符号（VIS）都是理念（MIS）的具体表现。MIS 是抽象思考的精神理念，难以具体表现其中的内涵，表达其精神的实质。

BIS 是企业的行为过程，其中的大部分是隐匿于企业的日常经营活动中的。只有 VIS 可以用视觉形象的表现来进行个性的识别。所以，在企业的 CIS 系统中，视觉识别系统（VIS）的传播力量与感染力量最为直接，可以达到让消费者识别、记忆、认知的目的。

无论采取什么样的视觉表达模式，企业 CIS 的层级结构中，理念识别系统（MIS）的核心地位都是不可动摇的。企业如果一味追求哗众取宠的表面包装，虽有大量的宣传手段及华丽多样的视觉传达形式，但缺乏企业的精神支柱，向社会公众传达虚假的信息，最终必然会被社会公众和消费者认清真相，到头来对企业的经营发展只会造成负面影响，甚至危及企业生存。

从传达的主要对象考虑，企业 CIS 的识别性强弱与否，与 BIS 和 VIS 出现的频率与冲击力有很大联系。因此，企业必须通过具有强烈视觉冲击力的视觉符号（VIS），以及能够被社会公众和消费者明显感受的企业行为符号（BIS），将企业的信息宣传给社会公众和消费者，从而引起他们的注意——产生兴趣——产生好感——强迫记忆——采取行动等一系列行为，使企业在消费者心目中的良好形象真实地转化为企业业绩的提升和市场竞争实力的提高。

企业 CIS 的三个子系统及其更为细化的要素必须要均衡发展，彼此协调。只有MIS、BIS、VIS 三个子系统各要素的全面整合，才能共同构筑出美好丰富的企业形象。CIS 的三个子系统的具体内容，如图 3 - 2 所示。

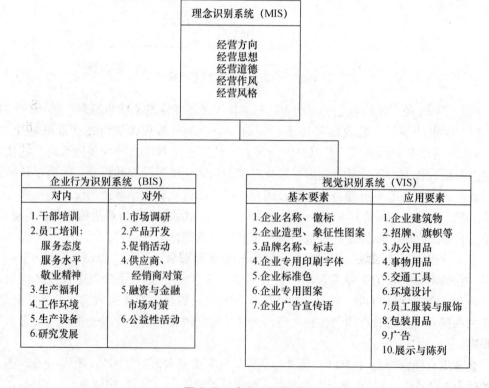

图 3 - 2 企业 CIS 构成

（三）企业理念识别系统（MIS）

企业理念识别系统既是企业 CIS 战略的灵魂，也是整个企业识别系统运作的中心和原动力。企业理念是指得到社会普遍认同的、体现企业自身个性特点的、促使并保证企业正常运作以及长远发展而构建的、反映企业整个经营意识的价值体系。它包括企业的经营道德、经营作风、经营方向、经营思想、经营风格等内容。它是企业在长期的发展中形成的被全体员工认同和遵守的企业精神、企业的道德准则和企业的价值观念体系，具有明确的导向性、广泛的渗透性以及对企业员工的激励作用。

企业理念识别系统的确立，不但直接影响着企业未来的决策与运行，而且也直接制约着企业行为识别系统、企业视觉识别系统的设计水平。因此，企业理念识别系统的设计是企业 CIS 设计中最为关键的部分。

1. 企业理念的来源

企业理念的形成不是靠人们的主观臆断，而是基于企业所处的企业环境、社会文化背景、管理理论的发展以及企业自身的发展历史，经过长期的积淀、修正而形成的。企业经营理念的形成主要基于以下几个要素。

（1）民族文化。企业理念取材于传统民族文化，在不同的发展时期，随着时代精神的变化企业理念被不断地赋予新的内涵。民族文化是一个民族在自身的发展过程中形成的宝贵财富。在我国 5000 年的民族发展史中，形成了以儒家思想为主导的中国传统文化。中华民族传统文化的精髓，不但是我国企业的理念系统的来源，而且还对韩、日等东方国家的企业理念产生了深远的影响。如日本企业把中国传统文化中的"和为贵"思想奉为核心，日立公司的"和"、丰田公司的"温情友爱"、松下公司的"亲"等皆源于此。

（2）社会文化。现实中，社会文化中的许多积极因素也会成为构筑企业文化的重要因素。例如，政府的宏观政策、人们的生活方式、风俗、习惯、宗教等因素，都会被企业吸收和构建理念系统所采用，对企业理念的形成和发展产生重要影响。

（3）优秀企业先进的理念。那些经营成功的和有着先进理念的优秀企业，往往会被其他企业效仿，经过学习、借鉴、改造，融入到这些企业中，与企业具体情况相结合，从而形成它们自己的理念。例如，自我国发展市场经济体制以来，我国的企业争先恐后地向发达国家的企业学习，在各方面特别是在市场意识、竞争意识、创新意识、品牌意识、环保意识等观念方面都有了很大的转变，取得了良好的效果。

（4）本企业的优良传统。每一个企业在发展过程中都拥有大量的、经过企业实践所总结出的宝贵经验，这是企业理念体系构建的又一个重要的要素。设计企业理念识别系统，要积极继承本企业的优良传统，并且在这一基础之上发扬光大。

2. 理念识别系统设计的内容

企业理念识别系统的设计内容包括企业的经营道德、经营作风、经营方向、经营思想、经营风格等具体内容。

（1）经营方向。是指企业经营目标的确定，它是指企业的事业领域（业务范围）和企业的经营方针。企业的事业领域是指企业在哪些行业、领域为社会提供产品和服务；经营方针是指企业实现经营目标的路径和方法。对企业经营方向进行策划时，应当从以下几个方面进行考虑：

设定企业的最高目标；

确立企业的多个目标体系；

确立企业共同的价值观；

完善企业的经营目标系统。

（2）经营思想。是企业经营活动的指导思想和基本原则，是企业领导者的价值观和方法论在企业经营活动中的体现和运用。如惠普公司的企业宗旨：追求最高成就，追求最好；信任人，尊重人；公司的成功靠大家的力量完成，并不是靠一个人的力量；做事情一定要非常正直，不可欺骗用户，也不可欺骗员工，不做不道德之事；不断创新，要有灵活性。

企业的经营思想是从企业长期的经营活动中提炼和抽象出来的，是企业的经营哲学。其来源主要有以下几种途径：

社会普遍遵从的价值观；

企业创始人和历任企业领导者的哲学思维方式；

大多数企业员工共同拥有的人生观和价值观；

企业中英雄人物的人生观和价值观；

其他企业的经营哲学思想。

由此可见，企业经营思想的形成是一个长期的、不断累积的过程。

（3）经营道德。是人们在经营活动中应该遵循的传统习惯、社会舆论和内心信念维系的企业规范的总和。企业道德是约束企业行为的有力手段，所以它也是企业理念设计的重要内容。影响企业道德形成的因素主要有以下几点：

突出行业特色及企业产品和服务特点的道德规范；

符合民族传统的优秀的道德规范；

符合社会大众普遍遵循的社会公德和伦理道德的道德规范。

（4）经营作风。是企业的行为方式，同时也是企业生存的方式。比如，麦当劳为了实现其 Q（质量）、S（服务）、C（清洁）、V（物有所值）的企业理念，所实施的各种管理措施中最著名的是：

SQC——企业各岗位检查清单；

QG——产品质量指南；

MDT——企业管理发展培训。

正是这一系列带有明显特征的"麦当劳行为方式"，使其能够立足于竞争激烈的世界快餐业并被消费者所认识。

（5）经营风格。是企业精神和企业价值观的外在体现。企业精神包括员工对本企业的特征、地位、风气的理解和认同，企业的优良传统、时代精神和企业个性所汇集的企业的共同信念，以及员工对企业未来发展抱有的理想和希望。企业价值观是企业全体员工对其行为意义的认识体系和他们所崇尚行为目标的认同和取舍。

特别说明的是，企业理念识别系统的这五个方面是一个有机整体，并不是截然分开的，在具体的策划和运用中，相互融合、相互交叉。

（四）企业行为识别系统（BIS）

企业行为识别系统是指在企业的经营方向、经营思想、企业经营理念指导下的企业行为的识别活动的综合体。如果说理念识别系统是企业的想法，那么行为识别系统则是企业的做法，即通过企业的经营活动、管理活动、社会活动来传播企业的文化与思想，使它们得到企业内部员工和社会大众的理解、认同与支持，创造有利于企业生存发展的内部条件和外部环境。企业行为识别系统分为内部识别活动和外部识别活动两个互有联系的方面。

1. 企业内部识别活动

企业内部识别活动是规范企业内部组织和群体行为、塑造良好企业形象的主要制约机制。企业行为识别既是企业理念在企业行动上的具体体现，又是企业理念贯彻和实施的保障。对内识别活动主要包括以下七个方面的内容：

（1）工作环境；

（2）生产技术与设备；

（3）企业与各股东的联系；

（4）企业的生产运营活动；

（5）企业的生产生活福利；

（6）管理人员和员工的培训、教育；

（7）企业的组织机构建构与运作模式。

2. 企业外部识别活动

企业对外的识别活动，是指企业通过影响行为、社会公益活动、公关关系活动等，向金融机构、政府主管部门、消费者、社会公众、媒体等所进行的形象传播活动，其目的是使传播对象了解产品和服务信息、企业的经营理念、价值观、企业现状和发展规划，以求得目标受众包括广大消费者的认可，为企业的经营创造理想的外部环境。对外识别活动的内容主要包括以下几个方面：

（1）社会公益活动；

（2）促销活动；

（3）产品开发；

（4）公共关系；

（5）供应商、经销商对策；

（6）市场调研活动；

（7）融资与金融市场对策。

（五）企业视觉识别系统（VIS）

企业视觉识别系统的建立，是将企业的经营理念和战略构想转换成词汇和画面，使抽象理念落实为具体可见的传达符号，形成一整套象征化、统一化、系统化的符号系统。企业视觉识别系统有其自身的构成原理和符号特征，它强调引人注目、简洁明快、寓意丰富、易识易记。视觉识别系统是整个企业形象识别系统中最直观、最具冲击力的部分，它最形象化地表达了企业的特征，是最具感染力与传播力的一个子系统。

在确立了企业理念识别系统的内容后，运用工艺美学设计技能和方法，根据媒体传播和竞争策略的需要，设计企业识别系统的各种视觉符号，可以鲜明地刻画企业个性，突出企业理念，使公众对企业产生一致的认同感。成功的视觉识别系统能够通过独特而富有吸引力的视觉符号，使广大客户对企业的经营理念和战略风格产生联想。

1. 视觉识别系统的构成要素

视觉识别系统的构成要素主要包括两个方面的内容。

（1）视觉识别的基本要素：

企业标准色；

企业专用图案；

企业广告宣传语；

企业名称、徽标；

企业造型、象征性图案；

品牌名称、标志；

企业专用印刷字体。

（2）视觉识别的应用要素：

交通工具；

包装用品；

广告；

展示与陈列；

环境设计；

企业建筑物；

招牌、旗帜等；

办公用品；

员工服装与服饰。

2. 视觉识别系统应当坚守的策划原则

在企业视觉识别系统的组成要素中，企业的标志、标准字体、标准色是其中的核心要素。这些设计内容都必须经过企业整体的形象调研、探讨及塑造，企业经营理念的准确修正，形象抽象概念的转化、创意设计等阶段，才能最终完成企业视觉识别系统的策划与设计。在这个由抽象向具体的转化过程中，需要遵循以下几个原则。

（1）充分反映企业的经营理念。企业视觉识别系统作为传递企业经营理念的载体，应从多角度、全方位来充分表达企业理念系统所包含的全部内容。

（2）考虑民族特色与地域特色。由于不同民族、不同地域的目标受众在审美、偏好等方面存在较大的差异，因此企业在设计自己的视觉系统时，应当考虑到这一因素的影响。尤其是在进入国际市场和进入文化背景不同的国家和地区时，更需注意。

（3）视觉系统的视觉应具有可操作性。这个原则要求在设计企业视觉系统时，应当考虑到制作成本，以及传播媒介的种类选择、时间选择等要素在视觉传播中的效果及其实施的可能性。

（4）统一策划风格。在视觉系统的设计过程中，要求企业理念识别系统与视觉传播系统之间、视觉识别系统的基本要素与应用要素之间、基本要素各细分要素之间、应用要素的各细分要素之间在设计风格上要保持一致、相互匹配，因为这是突出企业理念，强化受众视觉印象的有效手段。

三、企业形象策划程序

（一）CIS 导入的步骤

企业形象策划即 CIS 导入的程序是个系统工程，整个过程分为六大步骤。

1. 调研

调研的内容包括：企业的历史沿革、企业的经营现状、企业的发展策略、企业法人代表及高层管理人员的经营风格、企业组织文化氛围、市场同业竞争形势、市场同类产品竞争形势、企业知名度、市场地位及产品力等问题调查、预测和评估。

2. 策划

企业形象策划主要围绕企业形象的社会定位、市场定位与风格定位，企业形象的表现战略的选择，企业形象的计划实施策划及管理方案等方面进行。

3. 设计

企业形象设计包含企业口号、企业座右铭、经营思想、精神信条、企业歌曲的形成及设计。比如，麦当劳的经营思想是："顾客永远是最重要的，服务是无价的，公司是大家的。"IBM 的经营宗旨是："尊敬个人、服务顾客、追求完美。"第一投资公司的企业精神是："人是我们的第一投资。"声宝公司的口号是："商标就是责任。"统一集团的口号是："你方便的好邻居。"

企业形象设计的基本要素，包括企业标志、标准字体、象征图形及其组合方式、企业标准色等的设计。

企业形象设计的六个应用系统包括办公室内陈设系列、员工制服系列、产品包装系列、办公用品系列、交通工具系列、广告用品系列。

4. 定位

依据设计的企业形象来进行市场定位，以保证企业在社会公众心目中占据适当的位置，赢得顾客的偏爱。

5. 宣传

把拟订的 CIS 实施计划进行整理编订成册，召开新闻发布会，借助各种传播媒体完整宣传企业形象。有计划、有步骤地对企业内员工进行 CIS 系统培训，包括高层管理人员 CIS 沟通研讨、CIS 知识启蒙教导、员工礼仪训练、部门经理培训、企业内外环境改善计划、企业公共关系及公益活动的计划研究等。

6. 保持

CIS 战略的确立不是一朝一夕的事，而是一定要经过长期坚持不懈地维护和发展，才能保持良好的形象不致中途瓦解、毁坏。这就需要完善、健全的企业制度和组织领导机构，以保证企业持之以恒地实施自我约束和自我教育。

（二）CIS 策划与设计文案的规定

1. 调研

（1）企业经营现状（调查、分析）。

（2）企业发展战略（调查、建议）。

（3）企业历史沿革（调查、整理）。

（4）企业法人代表、高层管理人员经营风格与个性（调查、评估）。

（5）市场同类产品竞争形势（调查、分析）。

（6）企业社会知名度、市场定位及产品力（调查、评估）。

（7）企业组织文化氛围（调查、分析）。

（8）市场同业竞争形势（调查、分析）。

2. 策划

（1）企业经营的管理办法（草案）。

（2）企业形象的表现战略的选择（建议书）。

（3）企业形象的计划实施方案（草案）。

（4）企业形象的社会定位（建议书）。

（5）企业形象的风格定位（建议书）。

（6）企业形象的市场定位（建议书）。

3. 设计

（1）企业精神形象设计。包括企业精神信仰、企业理念（经营思想）、企业宣传口号、企业歌曲。

（2）企业视觉形象设计。包括企业标志（画法、企业标志的意义、企业标志使用规范），企业标准字体（企业标准字体、中文标准字体、英文标准字体的意义），企业标志及其企业标准字体的组合系统（组合方式、使用规范），企业标志、企业标准字体、企业象征图形组合系统（组合方式、使用规范），企业标准色调系统（主色系统、辅助色系统、主辅色结合、标准色调及作用、用途及使用规范）等。

（3）企业投资赞助的选项原则及媒体选择。包括选择原则，投资期限（长期、中期、短期），投资方向（教育产业、传统产业、高技术产业、公益事业），赞助项目（公益事业、教育产业、文化体育活动、扶贫、道路修建），媒体选择（媒体的规模、媒体类型、媒体的权威性、媒体的覆盖面），联谊活动等。

（4）企业内部的行为规范。包括员工训练（企业礼仪训练、理念的贯彻、素质训练、工作技能训练），内部机构及管理制度的规范，公关活动规范、外来活动规范等。

（5）企业形象应用系统之一——办公用品系列。包括纸质、用途、颜色、设计式样（中文式、英文式），公司职员识别证，信纸、信封（中文式、英文式），便笺纸，邀请函，贺卡，证书，明信片，赠券（卡），票券（卡），贵宾卡，入场券，贴纸，公文卷宗，笔记本，资料卡，报表，旗帜等。

（6）企业形象应用系统之二——广告用品系列。包括报纸广告（半版、整版、专栏），杂志广告（跨页、整页、半页），邮寄广告，路牌广告，霓虹灯广告，交通工具广告，建筑物广告，电视广告（播出时间段、电视台选择），互联网广告等。

（7）企业形象应用系统之三——交通工具系列。包括车用饰物与提示牌。

（8）企业形象应用系统之四——制服系列。包括公司员工夏季办公制服，公司员工冬季办公制服，礼服，休闲服，员工饰品（徽章、饰物、配件），公文包，档案资料盒等。

（9）企业形象应用系统之五——包装系列。包括包装用封套，手提袋，包装纸，包装盒等。

4. 培训与宣传

（1）指导企业形象管理系统组织机构的建设。

（2）利用各种新闻媒体广泛宣传企业形象。

（3）组织编印《企业识别系统手册》。

（4）系统培训。包括 CIS 知识启蒙训导课程，高层管理人员 CIS 沟通议论会，部门经理 CIS 研讨学会班，员工礼仪训练，公司环境改善活动，公共关系活动计划，公益性活动计划，促销广告策略计划，企业外部环境问卷调查（跟踪调整）等。

（5）召开企业形象方案发布会。

四、导入 CIS 的模式及原则

（一）我国企业导入 CIS 的模式

1. 我国企业导入 CIS 的模式

CIS 的开发是十分必要的，同时企业开发 CIS 必须根据企业的实际情况来选择导入 CIS 的模式。一般而言，企业导入 CIS 主要有三种模式。

（1）预备性 CIS 导入模式。这是针对新建的企业来说的。在筹划创办新企业时，同时要对企业的未来形象及企业文化进行有目的的设计和策划，包括对企业标志、吉祥物、口号、信条、标准色、经营思想、标准字体、企业形象的社会定位、计划实施方案、战略选择、管理办法以及应用系统的计划与策划等的设计和策划。我国在 20 世纪 80 年代后期到 90 年代初涌现出的很多新型企业，成立初期便通过企业形象策划与设计给人以焕然一新的感觉。企业创业初期就进行预备性的 CIS 导入，会给企业带来以下益处。

1）通过一致的价值取向和行为规范的确定，实现规范化管理，增强企业员工的向心力与凝聚力，从而使企业上上下下心往一处想、劲儿往一处使。

2）通过对企业的视觉要素的标准化设计，有利于实现企业信息传播的高效率。企业统一的规范化视觉形象设计，会给目标受众以强烈的视觉冲击力，会使消费者和社会大众对企业产生深刻的印象。

（2）扩张性 CIS 导入模式。该模式是企业在成长过程中为了实现资本扩张，把企业带进新的高一级的发展阶段而导入 CIS 的模式。它是对企业脱胎换骨、洗心革面的改造。这时的企业形象策划应该立足于企业原有基础而着眼于发展层次和境界，对企业形象进行完全创新性的设计和策划。

扩张性 CIS 导入最关键的是要确定企业的战略定位。战略定位的准确与否、适当与否，是决定企业扩张战略成败的首要因素。战略定位的准确，一要靠对企业发展态势的正确评价；二要靠对企业目标市场潜力的正确预测。

进入快速扩张后处于成长期的企业，其企业形象应给人以成熟、有实力、有强烈的进取及创新精神、有强烈的发展欲望的印象。所以，这时的企业形象策划应该以此主线为导向来进行企业形象的设计。

（3）拯救性 CIS 导入模式，或称医疗性 CIS 导入模式。众多传统型企业通过导入 CIS 来实现重塑企业形象，重新调整企业经营理念、经营行为、经营者的视觉形象，以达到维持企业生存与发展壮大的目的。对于我国绝大部分企业而言，在近一段时期里，企业的内外部环境都发生着剧烈的变化甚至是变革，为顺应新的形势需要，就要对传统的企业形象进行医疗性的导入。

而拯救性的 CIS 实施比预备性的 CIS 实施更显困难。因为拯救性 CIS 导入既要创立新的形象又得基于原有的基础，是一个需要对传统形象进行甄别、分析、摄取和扬弃的改造完善过程。在对旧的东西的改造过程中常常会遇到巨大的阻力。这种来自于旧传统的阻力对新形象的树立所起的负效应是不能低估的。所以，拯救性 CIS 导入将伴随着企业组织机构、管理体制的一系列的改革，甚至可能会引发一场深入的企业内部管理制度、经营理念与管理方法的变革。

2. 导入 CIS 的前提条件

无论哪种形式的 CIS 导入，除了需要有丰富专业经验的、有良好信誉的策划公司帮助企业设计新的企业形象并完成全程导入程序外，企业自身的良好认识和条件也是保证企业 CIS 顺利导入并发挥作用的基本前提。这些必要条件包括如下几项。

（1）企划人员的态度。反映了他的认识水平、价值观念和工作能力。它将可能直接影响到企业 CIS 实施的效果。企业 CIS 战略的导入，通常是由决策层认真回顾企业的过去、客观认识现在、科学预测未来后提出的。没有企划人员对企业清醒的认识和了解，就没有真正意义上的企业形象策划。这一条件包括以下几点内容。

企划人员知识面要广，对新事物要敏感，判断力要强。

企划人员要重视战略研究，在导入企业 CIS 时，能够以企业的长远发展战略为导向。

企划人员应具有一定的超前意识，在企业经营上要敢于独辟蹊径，承担风险。

企划人员具有很强的说服力，在推行新的管理方法与策略时，要能够获得来自企业内部的广泛支持。

企划人员要善于鼓励部下开动脑筋，多想敢想，创造性地运用新的经营理念，敢于尝试新方式、新工具。

（2）企业的产品经销与服务质量的提高。产品和服务是企业发展的基础。优质的产品和良好完善的服务，才是企业立足的根本。试想，一个连产品质量都保证不了，连耐心服务和基本热情都做不到的企业，何谈构建企业形象？

企业形象的形成和塑造，首先源于企业自身。策划再完美的"形象"，如果脱离了企业为社会所提供的产品和服务，也只能是"空中楼阁"。一旦社会公众和企业的客户感觉到这种"企业形象"名不副实时，企业这种自欺欺人的做法必将会遭到公众的唾弃。

具体来说，产品和服务质量这一条件应当包括的主要内容有以下几方面。

1）企业技术水平先进，且具有一定的产品开发及创新能力。

2）企业的主导产品已形成一定规模并且质量优异，用户反映良好。

3）企业已经建成完善的售后服务体系，基本上能够满足企业服务政策的落实及用户的需求。

4）企业有比较完备的生产线及其产品结构。

（3）企业的经营管理水平现状。企业的经营管理水平与企业的 CIS 能否顺利展开并且能否取得良好的效果有密切的关系。这一条件应当包括以下内容。

1）企业的管理人员能够充分地运用各种手段对外宣传、对内沟通。

2）企业的组织机构健全且灵活机动，能随企业内外部环境条件的变化做出适当的调整。

3）企业的管理人员与员工应具有竞争意识和对经营风险的认识，可以综合运用各种手段积极地参与市场竞争。

4）企业管理的基础体系和基础性工作比较健全，销售网络顺畅，信息的收集、处理等方面的工作能与企业的正常经营管理活动相适应。

（二）导入 CIS 的原则和时机

1. 导入 CIS 的原则

（1）战略性原则。企业的 CIS 战略是一种全方位推出企业形象的系统整体战略。首先，企业形象设计一经完成，就成为企业运行的战略依据，企业的每一名员工、每一个部门、每一个作业环节都必须严格遵守，践之于行。其次，企业形象设计是企业作出决策的重要依据，在企业今后若干年的经营活动中将起到指导作用。最后，一个完整的企业形象战略设计绝不是朝令夕改的，会持续使用很长的时间，甚至是几十年的时间，因此其战略性的特征是非常突出和重要的。

（2）系统性与统一性原则。企业的 CIS 战略是一项系统工程，要推行 CIS 战略，一定要从企业的行为规范、经营理念以及形象的传达进行全方位的系统设计，忽略了哪个方面，或是放弃了哪个方面，都将严重损害企业 CIS 战略的整体效果。

然而目前在企业界，由于急功近利思想在作怪，有不少企业只对企业形象的视觉传达系统感兴趣，而不在企业的理念设定与贯彻以及强化企业内部行为规范上下功夫，这严重背离了企业形象策划的系统性原则。例如，某一企划人员在为企业进行企业 CIS 战略设计时，连一份完整的 CIS 资料都没有，仅从互联网和报刊上收集到一些零星的资料，凭着一知半解就进行所谓的企业形象设计，结果只是搞了一些员工服装、商标、包装、信封等单纯视觉化的美工设计，就叫作企业 CIS 策划，企业也因此受害匪浅。

CIS 设计的另一个显著特征就是统一性，也就是指企业向外界所传达的任何信息都必须突出统一的形象。这种统一性首先是企业理念、企业规章所传达的统一性；商标名称、企业名称、品牌名称的统一性。只有统一地传达才能突出企业个性，强化社会公众对产品的印象。

（3）个性化原则。CIS 导入与策划必须突出企业的特征与个性，无论是企业风格、经营策略、管理制度、产品和服务，还是企业的品牌、标识、名称、广告等，都应当体现企业自身的特征与个性。只有富于个性化，才能有区分度，才易于社会公众从庞杂的背景中识别企业。"与众不同"、"独树一帜"是企业形象设计者始终一致的指导思想，并且贯穿于企业 CIS 战略策划活动的全过程。

（4）易识别原则。企业导入 CIS，无论采用什么样的方式和策略，都是为了被社会公众接受、认可。因此，企业的 CIS 从设计上要贴近公众，符合社会发展潮流。企业形象的各子系统的设计都要符合易识别原则，企业标识应易辨认，色调应富有强烈的视觉冲击力，企业经营哲学、经营理念的宣传语、广告语等应当易于上口、易于记忆；企业的行为应该顺应目标受众的主观偏好，让人易于接受。

（5）民族性原则。每个国家都有其独有的政治、经济、历史、文化、宗教背景，因而企业形象策划也不可避免地带有民族的痕迹。企业形象设计发源于德国，形成丰富于美国，后来在日本得到广泛的认可。但稍加分析比较就可以发现各国企业在推行企业形象的策划战略时，都有着各自不同的特色，这种特色就是民族化。

比如：美国的企业 CIS 设计偏重制度建设，强调一个"理"字，而日本的企业则偏重理念建设，强调一个"情"字；美国的企业在指导思想上强调个性，但个人要服从制度，而日本的企业在人与制度方面强调协作与协调。韩国自 20 世纪 80 年代引入 CIS 后，结合本国实际情况，形成了有自己民族特色的 CIS 理论体系。他们在 CIS 后面加了一个 P（也就是 Project），其含义是使命和任务，并以此作为韩国企业发展民族产业、参与国际竞争的有力武器。

从这里可以看出，企业 CIS 战略设计和实施一定要考虑民族文化背景的影响，如果不考虑民族性的要素对企业 CIS 战略深刻而长远的影响，只是一味照搬国外的所谓成功经验，就可能会使企业的 CIS 导入失败。

2. 导入 CIS 的时机

（1）导入 CIS 的时机选择。企业一旦出现以下现象，即可通过导入 CIS 以求解脱困境。

当前的营销战略与企业形象无法协作等。

企业知名度低。

企业形象不好，员工士气低落。

企业形象因营销活动中某种事故受到损害并产生负面效应。

旧的企业形象有碍于进军新市场。

在同行业竞争中，本企业形象竞争力处于不利地位。

商品与商标形象产生分歧。

企业形象赶不上国际化形象的潮流。

缺少能代表企业形象的统一性标志。

企业某种特定的商品形象，成为其他商品的障碍。

人才吸引力较差。

企业名称老化，容易被客户误认、误解。

企业实施多角化的经营后，企业形象的一贯性、统一性逐渐丧失。

与其他企业合并后，应当重新塑造企业形象。

上市股票显示，企业处于劣势或遇到障碍。

（2）企业导入 CIS 要寻找好的时机，以下时机可供选择和利用。

经营理念的重新整合。

更换企业领导班子之后。

提升品牌地位或品牌升格为企业商标。

竞争产品个性模糊,品牌差异性不明显。

企业改组或经营高峰更换,全面创新。

新公司成立,以及原有公司合并成企业集团。

创业周年或若干年纪念日。

新产品的开发及其上市。

解除经营危机,停滞的事业得以活络。

企业扩大经营内容,朝着多角化方向发展。

进军海外市场,迈向国际化经营。

消除负面影响,纠正企业失态,树立企业形象,使两者统一。

3. 企业导入 CIS 的方式

企业导入 CIS 的方式分为一次性导入、阶段性导入和以品牌形象为先导的导入三种方式。对于这三种导入方式,企业应当选择哪种方式,则取决于企业自身的状况。

(1) 一次性导入。是指在计划的导入期内,一次性地确定企业理念识别系统、行为识别系统、视觉识别系统的所有内容。此种方式导入的基本设想是:显示出现代化的、先进的、成熟的、国际化企业的风范。采用这种方式导入企业的 CIS 战略,其优点在于导入之后,由于其对目标具有强烈的冲击力,有利于企业形象的迅速提升;但这种导入方式,对企业的要求较高,一定要具有相当的经济实力、技术实力、经营管理水平,以及能在国内和国际市场具有竞争力的产品做后盾,广泛的市场潜力做基础。同时,实施这种方式的 CIS 战略,对企业领导人和员工素质的要求较高,领导者一定要对企业的未来有准确的预见和把握,而员工也应该明确认识企业的经营价值观念,并对企业文化有着高度的认同感。否则系统设计得再好,也难以保证理念与行为的完整统一,企业 CIS 的三个子系统之间会出现严重的背离。

(2) 阶段性导入。它是指企业按照其整体发展战略思路,在一个较长的时间内(通常是 3~5 年甚至更长),分阶段、有步骤地导入 CIS 的各子系统。此种方式导入的基本设想在于:根据企业的实际情况,将长期的 CIS 战略计划划分为若干个阶段,并制定阶段性目标,分期完成,以集中力量,力争取得较好效果。阶段性导入持续时间较长,便于员工逐渐认同和接受,也便于企业随环境的变化随时对设计方案进行调整;但这种导入方式投入的要素多,耗费精力大,因而短时间内难以见到明显的效果。

(3) 品牌形象为先导的导入方式。此方式的特点在于以企业品牌为先导。不少企业拥有自己的拳头产品和著名商标、主导产品、品牌,可以借助较高的品牌知名度与美誉度,统一和强化品牌的优良形象,树立品牌个性,赋予品牌以丰富而深刻的内涵,通过品牌的市场知名度和美誉度,进而将品牌名称和企业名称合二为一,将塑造品牌形象的战略演变为全面完善的企业形象策划战略。这种方式适合我国的许多企业,我国有很多企业产品种类繁多,品牌商标各异,企业的宣传力量分散不能形成统一的市场形象。在这种情况下,企业应当以企业中较为知名的品牌为线索和中心,逐渐对其他品牌进行改进，将其统一在知名的品牌旗帜之下，以知名品牌为龙头，全面开展 CIS 战略的推广活动。

无论是采用哪种导入方式，企业 CIS 战略的策划与实施并不是一蹴而就的事情。在建立了企业的 CIS 体系之后，企业仍要根据内部条件、外部环境的变化，不断地对企业 CIS 战略体系的内容进行调整。

企业在导入 CIS 过程中，由于对 CIS 的目的性、整体性、统一性、科学性的片面认识，常常容易走入误区。比如，单纯靠企业标志图案代替企业形象；企业标志图案运用不合规范；以为完成了 VIS 设计即是完成了 CIS 设计；在对出口商品进行 VIS 设计时忽视了相应的外文标志，或是盲目片面地迎合潮流、忽视企业的个性特色等。CIS 是一个整体战略系统，导入这个系统是企业发展的战略行为，绝不是某种权宜措施。因此，导入 CIS 战略时，一方面要对本企业的历史、现状、未来发展前景有较完备的调研；另一方面要对 CIS 做出整体规划和设计，即对 BIS、MIS、VIS 做出彼此照应的、形成耦合整体的策划，而不是仅仅停留在 VIS 表面上做文章。

经过 CIS 战略策划的企业在市场上依据其发育程度，往往呈现出以下三个层次的状态。

第一层次是成功开发 CIS 战略的最初境界。处在这个层次的企业偏重于 VIS（视觉形象），设计 MIS（理念识别）和 BIS（行为识别）尚处于初始阶段。它们往往致力于对自身新形象的宣传，通过各种媒体把本企业的口号、商标、标志、标准色、企业形象应用系统的特色等外在的东西渗入到公众心目中去，它们给市场、给各种传播媒体带来新气象，显示了经济发展的活力，给人焕然一新之感。

第二层次是成功开发 CIS 的第二境界。在此情境下，企业完成了 VIS 的对外宣传而偏重于 BIS 战略的策划与实施，企业通过若干真心实意地为消费者、为社会服务的重大举措造成社会影响，扩大知名度，提高企业声誉和魅力，从而赢得了社会公众的赞誉、获得了市场份额。

第三层次是成功开发 CIS 的目标境界。企业的 VIS、BIS、MIS 计划的实施均已定型，企业形象牢牢树立在市场和公众心目中，市场占有率扩大，企业拥有大批忠诚的消费者。

这三个层次是循序渐进的。任何企业只要不故步自封，就能把 CIS 开发从表面进入里层，从形式引向实质，从设计到具体实施，从投入引向产出，在 21 世纪的市场上，开创各类展现企业的异彩纷呈的局面。

五、提升企业形象与提高业绩

提升企业形象有助于提高经营业绩，这已经是不争的事实。从 IBM 到麦当劳，从马自达到富士，从台塑到统一，从太阳神到海尔，世界各国和地区的实践都充分证明了提升企业形象构建水平给企业带来的是市场占有率的扩大和经营额度的上升。

提升企业形象少不了它们理性的企业形象策划。企业形象策划是科学行为，是依据事物本身的发展规律进行总结、归纳、梳理并对其加以取舍的过程。人们在进行这项工程时，通过比较、分析、探求、研究，对事物的规律性认识得更为清楚，甚至得到了认识上的升华，以此为基础从而产生了创意，形成新的商机，以推动经营业绩的提高。

企业形象策划的实施需要满足以下三项基本保障条件。

（1）认识保障。企业员工尤其是领导者、管理者既要有导入 CIS 策划的意识，也要有对提升企业形象的迫切要求和信心，还要有对市场竞争态势和企业形象力在竞争中所起作用的明确认识。

（2）组织保障。企业形象策划之前必须成立 CIS 委员会，其负责人和成员需由企业负责人和企划人员及其他成员组成。在其组织领导下设立 CIS 策划小组、执行小组和推广小组，以便从始至终能够起到组织保证作用。

（3）经费保障。CIS 导入过程是一项对企业进行装修、整容的系统工程，它无疑需要一笔经费作保证。CIS 策划费用包括企业调查费、策划费、CIS 方案设计开发费、实施管理以及维持费用，策划方案确定后，企业还要追加 CIS 策划手册制作费、培训费、对外推广宣传费及其他实施 CIS 策划方案所必需的费用。

（一）企业形象策划的投入和产出

按照美国市场营销协会的统计，美国企业实施企业形象策划的投入产出之比为 1:227。企业形象提升后给企业带来经营业绩的提高最终表现为市场份额的扩大和营销额与利润的增长，但经营业绩不单从这个指标体现。正如对提升企业形象的投入是多方面的一样，其产出的经营业绩也是多方面的，如图 3-3 所示。

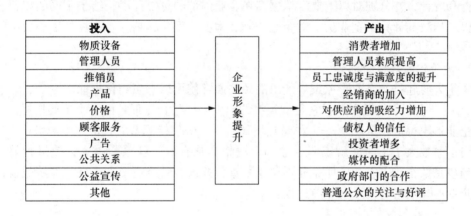

图 3-3　企业形象的投入与产出

企业的经营业绩既要体现出企业的经济效益，也要体现出社会效益。一个没有社会责任感，靠污染环境来获取高额利润的企业形象是不都能在社会公众中获得首肯的。只有既能获得正常利润，又能有高度的社会责任感的企业才是形象与业绩俱佳的企业。

提高企业经营业绩不能走旁门左道，只有通过提升企业形象来提升企业经营业绩的道路才是唯一正确的道路，也是行之有效的道路。

（二）企业形象策划效果评估指标体系

1. 企业形象的定性评价

（1）企业形象认知度（知名度）。这是一个重要且常用的指标，可以反映大众对企业形象的了解程度。它是通过调查对象给企业打分来确定企业认知度的得分，按照公众对企业的了解程度由高到低，可以使用五级分制。

只知道该公司的名称　　1分

对该公司的一切都不了解　　0分

大致了解该公司提供的产品及服务　　3分

非常了解该公司提供的产品及服务模式　　4分

知道该公司部分的产品及服务　　2分

（2）企业形象评价度（美誉度）。这个指标反映了公众对企业的评价，也可以用上面的方法进行统计调研分析。

企业形象一般　　2分

企业形象很差　　0分

企业形象不好　　1分

企业形象非常　　4分

企业形象比较好　　3分

（3）员工满意度。这个指标反映了企业员工对企业形象的看法。它是企业行为识别系统能否顺利落实的基础。这个指标的具体操作是：对企业员工进行企业领导、企业实力、工资水平、工作环境、企业文化、福利待遇、企业的产品及服务等几方面的评估的调查和统计，并分别对以上要素依据其在企业内部的重要程度，给予不同的权数，采用加权平均法，计算出企业员工对企业的满意程度。得分越高，企业在员工心目中的形象就越好。

2. 简约化的评估指标

为了方便起见，企业形象策划效果的评估通常使用以下简约化指标。

（1）企业形象价值系数。它是从经济的角度来评估企业形象的一个重要指标。

企业形象价值系数＝销售（利润）增长率÷广告宣传等形象宣传支出的增长率

当该系数大于1时，就说明企业CIS战略实施有效，且系数越大，效果越好；反之，当该系数小于1时，说明企业形象策划宣传并没有给企业带来良好的经济效益，应检讨企业CIS战略的设计与实施过程。

（2）企业经济效益增长率。

企业经济效益增长率＝（CIS策划后3年平均效益－前3年平均效益）÷CIS策划前3年平均效益×100%

企业经济效益统一以企业利润作指标或统一以销售收入作指标。

（3）企业形象策划贡献率。

企业形象策划贡献率＝CIS策划贡献总额÷平均资产总额×100%

（4）商标价值提升额。商标价值可以运用下面的计算公式进行计算。

商标价值 ＝ $\sum A + B + C + D$

其中，A为商标所附产品当年产值的5%加上该产品从诞生之日起累计产值的5%加上该产品今后10年潜在经济效益的5%；B为企业培育商标信誉所付出的广告宣传费；C为设计、注册商标所付出的费用；D为保护商标所应当付出的费用。

商标价值 = 商标知名度 + 市场占有率 + 相应的价格 + 消费者认可的质量 + 企业盈利能力 + 市场规模 + 营销支出 + 广告支出 + 穿透力 + 忠诚度 + 产品线数量 + 分销实力 + 与销售商关系的强度 + 经销商存货 + 市场领先地位 + 价格弹性 + 客户满意度

商标价值提升额 = CIS 策划后的商标价值 - CIS 策划前的商标价值

（5）市场份额扩大率的公式为：

市场份额扩大率 = 策划后的市场份额 - 策划前的市场份额

3. CIS 评估指标体系

为了更为科学、正确地评估 CIS 策划效果，可以设定一套完整的指标体系。该体系由企业内部效果评估指标子系统和企业外部效果评估子系统构成。

（1）企业内部效果评估指标的子系统。企业内部效果评估指标子系统是用以衡量企业凝聚力强弱的指标系统。操作时可根据不同时期、不同行业、不同规模的企业，由评估小组决定各项内部评估指标的权重，并计算出各指标的分值，然后累计获取总分值。

企业内部效果总分值 = 劳动效率分值 + 人员流动性分值 + 人气分值 + 认同度分值 + 参与度分值

其中，劳动效率一般用人均产值、人均利润等指标衡量；人员流动指标以企业人员净流出量与净流进量来衡量；人气状况以及员工出勤率和员工关系融洽程度来衡量；认同度以员工对企业的历史与现状的认同程度来衡量；参与度一般用员工对企业的关心与活动参与状况来衡量。

（2）企业外部效果评估指标子系统。企业外部效果评估指标子系统是用以衡量企业导入 CIS 后，在社会公众中的形象状况的指标体系。操作时类似内部效果评估指标的计算方法，由评估小组确定各项指标的权重，逐一计算出分值，然后予以累加。

企业外总效果总分值 = 技术形象分值 + 市场形象分值 + 企业风气形象分值 + 经营者形象分值 + 社会责任分值

其中，技术形象包括研究开发能力、技术水平、新产品开发力度；市场形象包括服务周到程度、顾客满意度、广告宣传力以及销售网点完善程度和国际竞争力强度；企业风气形象包括企业的现代感、办事负责任程度、令人产生亲切感等；经营者形象包括经营者的素质、观念的新颖和经营力的强弱等；社会责任包括对社会、对环保的重视，对文化的贡献以及对公害的防治等。

当企业的 CIS 战略计划面向企业内部和外部发布和实施后，企业的形象得到了提升。企业建立起了良好的形象之后，经济效益必然因此会增加。同时，以企业形象为核心的无形资产价值也会随之增值。只有把这一系列的指标都测算完毕后，确定了企业形象策划的收益率，企业的 CIS 系统工程才能够完成。

六、塑造企业形象的投资决策

CIS 的投资规模问题，多年来一直是困扰企业运作 CIS 系统的一个重要问题。如果投资过多，超越了实际需要，会造成企业投资的浪费；如果投资过少，不能保证 CIS 的运作达到最佳状态，则起不到导入 CIS 所应起的作用。因此，在 CIS 的投资规模问题上，我们应当要考虑投资内容、投资原则，并在此基础上寻求适宜的投资计算方法。

（一）企业形象塑造活动投资决策的基本原则

按照经济学的要求，企业 CIS 投资的总体原则，是争取投入与产出的合理比例，希望做到以最小的投入取得最大的投资效果；以合适的投入取得最佳的投资效果。具体讲，应遵循经济性原则、长期性原则、规范性原则和效益性原则等。

（二）企业形象塑造活动投资的基本内容

企业的营运导入与运作 CIS 的资金投入可分为三部分。

1. 导入性投资

导入性投资是企业在决定导入 CIS、确定导入方式与导入运作步骤以后所进行的投资。导入性投资由于所确定的导入方式不同、导入运行程序不同，其投资的内容和投资的分配也不完全一致。

（1）企业 CIS 导入的方式。企业 CIS 导入的方式主要有自我启动型导入、专家创意型导入、咨询公司推进型导入三种策略。

（2）导入性投资的内容。企业导入 CIS 系统过程中需要做的工作主要包括：平面设计、策划论证、CIS 总报告、建规建制、调查、创意、编制各类手册以及教育、培训工作等。所以，导入性投资可以划分为以下内容：①平面设计投资；②建规建制投资；③调查投资；④CIS 总报告投资；⑤创意、策划、论证投资；⑥建立各项手册的投资；⑦对企业管理人员、全体员工进行 CIS 导入教育、培训的投资。

2. 运行中投资

企业在导入 CIS 系统以后，即进入到 CIS 的实施与运行阶段。CIS 的运行是一个长期的过程，它是将 CIS 在导入中提出的各项创意、策划、所制定的各项规则、手册付诸实施的过程。因此，贯彻落实 CIS 思想，开展各项活动，对内、对外的各种传播均属于 CIS 运行投资的范围之内。

企业 CIS 运行中的投资主要包括企业内部 CIS 运行投资和企业外部 CIS 运行投资。

（1）企业内部 CIS 运行投资范围。

第一，新的企业理念传播。新的企业理念的传播主要是通过在企业员工内部进行广泛的讲解和宣传，以使理念的基本内涵为每一位员工所理解，并深入到每一位员工的心里，贯彻到每一位员工的日常行为中。

新的理念传播分为专项传播和日常传播两种。专项传播要求组织企业内部员工专门学习、讲解、讨论。讲解人员应是理念创意专家和企业总经理以及企业文化工作的负责人等。日常传播是继专项传播之后，在更多的人充分理解、认同、接纳企业理念的基础上，将理念内涵与理念口号当作员工的日常工作用语，时时约束员工的行为。比如，有些企业的员工每日上班后的第一件事就是背诵企业信条或店训、厂训等。

第二，新的行为系统的内部推广。新的行为系统的内部推广是将 CIS 系统导入中所确定的规则与各项手册的内容及要求传达给相关的执行者。规章制度约束到企业内部哪部分人，那部分人就要认真理解那部分规章制度的要求及处理方式。各项手册的基本规定是：岗位手册也叫作管理者手册，是管理者的行为规范，应当在管理者各岗位成员中进行贯彻落实；营销手册是营销人员在市场营销运作中各项营销活动的开展和人员行为及各项营销工作落实的依据，应当在企业市场营销人员的工作中得到贯彻落实，必要时应该将营销人员召集在一起进行认真解释、传播，以保证执行得更好；员工手册是企业全体员工行为的规范，在各种手册中它所涵盖的范围最广，涉及企业的所有工作人员，所以应该列入 CIS 运行中对内传播的重要工作内容。新行为系统的内部传播其要旨并不在于传播本身，而在于传播以后的如何贯彻落实。为此，企业应当成立一个专门的监督机构，在日常工作中专门监督企业内部工作人员的集体与个体行为，以保证行为的规范、统一，使其能真正体现 CIS 系统导入给企业带来的新风尚、新变化。

第三，新的视觉识别的内部推广。新的视觉识别的内部推广工作的主要内容包括：①企业标志说明。其中最重要的是关于企业标志、标准字、标准色的象征意义说明，使广大员工对其产生情感上的共鸣。②设计应用说明。对企业产品商标的设计意义及其相应的品牌内涵进行解释与说明；同时，对不同工作性质的工作人员，应当详细介绍各应用设计项目的意义、推广方式和使用方式。

以上三项内容均为 CIS 导入后的企业内部传播工作。有时，为了保证传播的效果更加理想化，以统一内部员工的行为，坚定企业内部的不屈意志，企业还要配合内部传播工作开展一些公关活动。比如：让员工参与一些喜欢的游戏，将企业视觉识别系统融入游戏之中，让员工在轻松中理解其深刻的内涵；开展内部文艺活动，将企业理念要求、行为要求编成文艺节目演出；开展内部体育比赛，丰富员工的日常文化生活，这样可以增强员工对企业的认同感，从心理上、精神上使员工爱岗、敬业。

企业内部 CIS 运行，投资规模不会很大，其投资旨在保证内部各项传播工作的质量、传播内容的落实和传播效果的最优化。

（2）企业外部 CIS 运行投资范围。

第一，CIS 系统导入后的对外发布。企业 CIS 系统导入后，应当在一定的时间内将企业导入 CIS 的状况、内涵等信息对外进行发布，以完成 CIS 导入的传播使命。

企业 CIS 系统导入后对外发布的基本内容，因导入内容不同而有所不同。一般应当包括：新理念、新标志、企业的新形象识别系统，企业的新名称、新设计系统、新行业标准，企业导入 CIS 的成果、企业新的风尚、成效，新的规则等。

企业 CIS 导入后对外发布信息的时间不宜拖得太长，应借 CIS 导入后的相关活动安排其发布时间。例如，企业名称的更改，商标的注册、企业标志等，应当在法律手续办完之后，尽早确定对外公布的时间，并对持续不断的对外宣传作出适当的安排。

企业 CIS 导入后对外发布的受众主要有：地方公众团体、社会各类公众、国际社会、政府、金融机构、产品经销商、企业、消费者、原材料供应者、股东等。

选择的媒体可以有大众媒体：户外专栏、直邮资料、电视、报刊、广播、宣传册等。

第二，广告活动的开展。企业 CIS 系统导入以后，所有对外的广告传播均应予以改进，做到统一形象、统一标志、统一色泽、统一口号等。

企业 CIS 导入后通过广告对外传播的主要内容有：企业理念，主要有经营宗旨、经营方针等；企业服务准则；企业价值观、行为准则；企业风格；等等，比如，海尔集团早期的一句广告语"海尔真诚到永远"，就是对其经营宗旨的传播。这句广告语家喻户晓，深入人心，引起了用户及社会公众对"海尔"的青睐。企业行为的传播，将企业对外所要求表现的行为通过广告的形式传播出去，如服务行为、营销行为等。如"海尔"的"立即反应，马上行动"，就是海尔人通过自己的行为对用户的一个服务承诺。企业的视觉识别传播，将企业 CIS 导入后的标准色、标准字、商标、标志、包装等通过广告画面展示给社会公众，以增强社会公众对企业视觉系统的感性认识。

企业 CIS 导入后通过广告对外传播的形式有：路牌、霓虹灯、宣传册、电视、报刊、企业介绍广告等。

第三，公关活动的开展。CIS 导入后的公关活动应当以传播 CIS 信息、塑造企业形象为主线，目的在于追求企业市场的扩大，企业发展中对外吸引力的加强，社会公众对企业的接纳及支持，保证企业走向更大的市场，创造出世界级的品牌。

企业 CIS 导入后，除以上三项对外传播活动外，企业还可以通过各项营销活动、各类业务活动等开展对外传播工作，使社会公众从多个角度、运用多种途径接受企业的 CIS 信息，以实现良好的传播效果和综合性塑造企业形象的目的。

3. 调整性投资

调整性投资是指企业导入 CIS 系统以后，在运行过程中为适应环境发展的需要而对企业 CIS 系统运作内容进行调整所需要进行的投资。调整性投资也要根据不同的调整方法确定不同的投资内容和投资分配比例。

与 CIS 导入方法相同，CIS 调整方法也分为自我调整型、专家协助调整型和咨询公司推进型三种模式。根据 CIS 运行中表现出的形态以及所作出的调整比例，CIS 调整可以分为简单性调整、改良性调整和革命性调整三种类型。

（1）简单性调整。是指在 CIS 整体框架、整体思路、基本内涵不发生变化的情况下，只对部分理念系统的表述、行为系统的表达或视觉系统的表现作的调整。这种调整对 CIS 整体运作没有任何影响，社会公众如果不对其进行细心观察，则很难发现有调整的痕迹。如企业将企业精神从原来的"牺牲精神"改为"奉献精神"，将企业的工作作风从"锲而不舍，孜孜以求"改为"顽强拼搏，追求卓越"等，社会公众不会对其有惊讶的感觉。再如，某企业在 CIS 导入后的运行中发现其标准色社会公众认为无特色、不明晰，有似曾相识的感觉，后经过征求设计专家的意见将其标准色进行了改进，既保持了原有的图案、字型等特色，又能够使改进后的标准色富有印象感和冲击力，社会公众也会很容易地接受并产生好的感觉。

应当指出的是，企业在 CIS 运行中任何一个小小的变化都是一种调整。企业对 CIS 进行简单性调整的投资，其投资规模极小，只在企业 CIS 运行中对投资进行适度的倾斜就可以了，无须对 CIS 调整进行预先计算。

（2）改良性调整。是指在 CIS 整体框架、整体思路不发生大的变化的情况下，对其部分内涵进行调整。调整后部分的表现形式、表述方式和表达内涵都要有一定的变化。这种调整比 CIS 简单性调整的幅度要大，发生变化的比例要大。比如，企业在 CIS 导入后，发现其整体的视觉识别系统不能充分表达理念系统的要旨，需要对部分或全部进行内容调整和重新设计。再如，企业对行为系统的要求进行大的调整，形成新的行为约束条件或相应的规章制度等。

这里需要指出的是，对企业理念识别系统，在没有大的原则性问题的情况下，可以作出简单性调整，尽量不作或少作改良性调整。而对行为识别系统和视觉识别系统可作部分改良性调整，这是因为改良性调整是对 CIS 整体系统动的手术，如果手术过大，会影响到企业 CIS 导入后前期运行投资的效果，同时也会使社会公众对企业产生一定的看法，认为企业行为与视觉不统一，不连续。同时，又由于企业理念系统是企业 CIS 运作的中心，是指导 CIS 运作的思想，如果企业理念系统的调整幅度大，就等于对企业的特性、风格、指导思想进行全面的调整，这就势必要引起对行为识别系统与视觉识别系统的调整。这样大幅度的调整，会使得企业调整后的 CIS 出现不伦不类的现象，即调整的部分与未调整的部分出现不和谐的音符。与其这样调整，不如对企业 CIS 系统进行整体的调整，即进行革命性的调整。

对企业 CIS 进行改良性调整，需要适度进行投资预算，尤其是请专家、设计师或委托咨询公司来进行时，还应当需要有一定比例的投资。

（3）革命性调整。是指企业导入 CIS 以后，经过一个相当长历史阶段的运作，为了适应新的形势发展的需要和企业扩大发展的战略要求，对 CIS 的所有内容进行调整。我们称这种调整为革命性调整，或叫企业重新导入 CIS 系统或再次导入 CIS 系统等。

一个企业的发展过程分为不同的发展阶段，在不同的发展阶段企业会有不同的企业理念、指导思想、经营战略和发展目标。而企业在不同的阶段导入 CIS，所体现的上述内容会有相当大的不同。所以，企业从一个阶段向一个新的阶段迈进，需要有新的 CIS 战略作为支撑点，从而要求对原有 CIS 战略内容进行革命性的调整。

一个企业在发展过程中所处的经营环境和制约因素也要发生一定的变化，经历了从计划经济到有计划的商品经济，从有计划的商品经济到市场经济的初级阶段，再从市场经济的初级阶段到发展了的市场经济阶段，又从发展了的市场经济阶段到完善的市场经济阶段，企业在每一阶段的经济状况、经济内涵都进行着较大的变革，每一个新的阶段对企业均会提出不同乃至更高的要求。为适应这种变化，企业也要对自己的指导思想、企业理念、经营战略及发展目标进行调整或重新界定，从而要求对 CIS 战略实施革命性调整。

企业对 CIS 战略进行革命性调整，和企业重新导入 CIS 一样，需要进行系统的投资预算，进行实际投资，并希望和力争得到良好的投资回报。

（三）企业形象塑造活动投资的决策方法

企业形象塑造活动投资分为导入性投资、运作中投资和调整性投资三种。其中：导入性投资属于一种开发性投资，一次性投资额度大，并具有延期性效果。运行中投资，属于一种系统性投资，其投资额度在 CIS 运行的过程中或期间分布具有相对的均匀性，或多或少有一定的起伏性，但总体上都围绕着企业 CIS 投资均线移动。调整性投资具有以上两种投资类型的双重性效果，简单性调整投资将投资额与投资内涵放置到系统性运行投资中即可，因其投资额度小，无需进行单独预算；改良性投资介于导入性投资与运行中投资二者之间，它比导入性投资的发生额要少，又要比运行中投资的发生额要大，只要在预算中寻求和确定一个投资系数即可；革命性调整投资与导入性投资性质一样，但因为革命性调整投资属于 CIS 的二次、三次乃至更多次的导入性投资，原则上由于企业规模的壮大，企业所处环境较原来更具有复杂性，因此其投资绝对额度要大于导入性投资或前一次革命性调整投资，但其相对额度要有较大幅度的缩小。

CIS 投资可以采取的方法主要有三种：

1. 销售额综合比例法

CIS 投资额度 = 上年实际销售额 × 本年预计增长率 × (5% ~ 10%)

销售额综合比例法是指企业在确定 CIS 投资计划时，根据企业总体的销售状况，按实际的销售额（一般以前一年的实际销售额度确定新一年的销售额目标值）达到程度确定的百分比，作为当年 CIS 投资额度的经费预算。根据企业的发展规模、经营运作情况、CIS 的目标期望值等多种因素，企业 CIS 投资额度的比例有所不同。如果企业的发展规模庞大，经营运作状况良好，CIS 目标期望值较高，并经过预测分析，企业 CIS 投资的市场回报率会非常可观，则企业 CIS 投资额比例应当适度提高。另外，企业 CIS 投资还要分为是导入投资还是运作投资，导入投资应当在运作投资比例中占有一定的份额。

经验数据表明，企业的 CIS 运作投资一般的比例应当在销售额总体实现程度的 5% ~ 10%。比如，企业预计实现销售额 2 亿元人民币，当年用于 CIS 运作的投资应在 1000 万 ~ 2000 万元。若是在 CIS 导入年进行投资预算，则应当走其上限或接近上限，其中总投资额度的 10% 应用于 CIS 导入投资，即企业确定某年 CIS 运作投资为 2000 万元。如果当年是企业 CIS 导入年，则企业用于 CIS 导入的投资应确定在 200 万元左右。如果企业已经进行了 CIS 导入的全面策划而进入到了正常的 CIS 执行与实施阶段，则企业 CIS 投资预算应当走其下限或再向下浮动一定的比例，因为正常的 CIS 导入执行与实施就不存在 CIS 导入的经费支出了，企业可确定在 1000 万 ~ 1800 万元的 CIS 投资额度。

这里需要指出的是，销售额指标是一个综合性的指标，它既有社会属性也有经济属性。从其社会属性的角度来分析，销售额是以一定的销售量为基础的。企业产品销售量的实现程度，一方面是企业生产、经营、管理各项工作综合运作的结果；另一方面又要体现出企业对社会的贡献，对社会需求满足的量和一定的满足程度。因此，企业的销售量实现程度越高，越有利于消费者需求的满足和社会的发展。而企业进行 CIS 投入又必然会带来企业销售量的扩大，从而提高企业对社会的贡献能力和贡献水平。从其经济属性的角度来分析，销售额又是以单位产品的价格为基础的。企业产品价格的确定，依据产品的成本、所确定的利润和消费者所能接受的能力等。如果在一定的产品价格支撑下，企业销售额扩大会使得企业经济效益提高。其结果，一方面是企业向国家上缴利税增加，体现出企业对国家贡献能力的增强；另一方面也使企业的收益增加，加大企业的发展后劲。从这个角度来分析，企业 CIS 投入所带来销售额的扩大既有利于国家，也有利于企业自身的发展。

采用销售额综合比例法计算企业的 CIS 投资，只能匡算出企业年度 CIS 运作投资的总额，因此这种方法只适用于企业年度的 CIS 实施与执行经费的预算。

2. 项目作业综合法

CIS 投资额度总额 $= \sum\limits_{i=1}^{n} C_i$

项目作业综合法是指在一个计划年度内先列出一年中 CIS 项目活动计划；然后再将每项 CIS 活动所需的费用细目和数额列出，核定单项 CIS 活动预算；最后将年度内各项 CIS 活动项目预算进行汇总，便可得出全年 CIS 系统活动经费预算总额。

这种方法具体、准确，既适用于年度 CIS 活动经费的预算，又适用于 CIS 活动项目经费的预算；既可以在 CIS 导入年、改良年、调整年进行其经费预算，又可以在正常的 CIS 执行年实施其经费预算。但采取这种方法会导致 CIS 投资总额难以控制的情况发生，同时如果企业遇有需要进行年度预算以外的 CIS 活动投入，会导致企业没有回旋的余地。对于第一种情况，企业在进行 CIS 年度投资预算时，应当从总额上适度加以控制，控制的方法可采取销售额综合比例法。对于第二种情况，企业在进行 CIS 项目预算时应该适当留有余地，使企业在 CIS 投资项目的选择与调整中能够运用自如。

下面是某企业进行 CIS 年度投资预算时所做的 CIS 项目作业预算计划。

某企业根据企业的发展现状，选择了企业成立 5 周年之际作为 CIS 导入年，并且希望同年能进行 CIS 执行中部分活动的运作，其投资预算项目可分类如下：

（1）企业 CIS 委员会工作投资。

专项器材费用；

专项资料费用；

劳务工时报酬；

实际活动经费；

行政办公费用。

（2）企业聘请专家进行 CIS 导入项目投资。

CIS 手册（VI 部分）；

CIS 总报告；

CIS 理念创意策划；

CIS 手册（MI. BI 部分）；

CIS 行为创意策划；

CIS 视觉设计；

企业实态调查（外部调查）；

CIS 管理、营销创意策划；

企业实态调查（内部调查）；

CIS 广告、公关创意策划。

（3）CIS 导入培训投资。

导入后规章制度、企业形象培训；

导入前 CIS 理论培训；

导入后理念、行为、视觉培训。

（4）CIS 导入后论证与发布投资。

通过新闻发布会对外发表 CIS 导入宣言；

聘请专家、官员、社会知名人士对 CIS 导入进行论证。

（5）CIS 广告投资。

电视广告的播出；

广播广告的制作与播出；

标牌、路牌、霓虹灯制作；

报纸广告的制作与刊载；

电视广告的制作。

（6）CIS 公关活动投资。

专题研讨会；

新闻传播活动；

参加社会公益活动；

赞助文体活动。

（7）CIS 市场推广投资。

营销公关活动；

折价让利活动；

赠品活动；

有奖销售活动。

（8）其他。

在以上的企业 CIS 导入与运作投资项目分类中，对每一具体项目的内容都要进行细致策划，并预算其投资额，确定其执行时间，这样既可以保证预算的准确度，避免投资浪费，又能做好充分的投资准备，使企业有限的资金得以更好地周转和运用。

3. 平均发展速度法

本年 CIS 投资额度 = 上年 CIS 实际投资额 × 平均发展速率

平均发展速度法是企业运用历史上各年 CIS 投资资料，计算出 CIS 经费实际开支总的发展速度，由此可以计算出平均发展速度。依照这一平均发展速度确定计划期 CIS 活动经费预算数额。

采取此方法，可以保证企业 CIS 活动经费每年都有所增加。这对于极其重视 CIS 活动的开展，并已经积累一定活动经验的企业比较合适。但采取这种方法进行经费预算，必须是那些开展 CIS 运作已经多年的企业，至少要保证在 3 年以上，所以它的适用范围受到一定的限制。凡是刚刚开始实施 CIS 导入与运作的企业都不能采取这种方法。

采取平均发展速度法实施 CIS 投资预算的基本程序是：首先，计算出在一定观察期内（如前 5 年）预测目标时间数列的逐期环比系数，即每年的发展速度；其次，利用逐期的环比系数求出几何平均数，也即平均发展速度，以此作为预测期投资的发展速度；最后，以预测期的前一期观察值为基数，乘以预测期的发展速度，就可以得出所需预测期企业 CIS 导入的投资额。

平均发展速度法和销售额综合比例法计算企业 CIS 投资有一定的不同之处，也就是说它只能计算出年度企业 CIS 运作投资的总额，不能计算出其中的详细项目，因此它只适用于年度企业 CIS 执行与实施经费的投资预算。具体项目投资还要在这一大框架的范围内，按照项目作业综合法进行计算，以保证投资分配结构的合理性。

第四章　物流企划工作与管理

一、物流企划概述

（一）物流的定义

自从人类进入文明社会以来，就产生了物流活动。传统的物流概念是指物质实体在空间和时间上的流动，我们长期以来称这种"流动"为"位移"。通俗地说，传统物流就是物品在运输、装卸和储存等方面一系列的活动过程。

人们对物流的最早认识就是从流通领域开始的。从经济运行的角度看，经济由生产、消费和流通组成，在生产和消费之间存在着社会间隔（生产者和消费者不同）、空间间隔（生产地和消费地不同）、时间间隔（生产时间和消费时间不同），是流通将生产和消费之间的这些间隔紧密联系起来。流通是以货币为媒介的商品交换行为。在具体的流通活动中，消费者用货币取得商品所有权的过程，即购销过程，也叫作商流过程。而买卖成交、商流完成之后，还需要把商品运送到消费者所在地，这个过程就是物流过程。

然而，从发生的领域看，物流已经远远超越流通领域，几乎成为人类所有社会活动的基础。物流不仅发生在流通领域中，它同样也是生产和消费等经济活动的重要组成部分。除了经济活动外，教育、体育、军事、文化、医疗卫生、公共安全等活动也同样离不开物流。

直观地说，物流是指一切物质资料（包括货物、商品、物资、物料、物品和废弃物等）从供给者到消费者的物理性运动和时间转换。物流的最初含义是连接供给和消费，克服时空差异，实现物的价值的经济活动。物流涉及包装、装卸、运输、储存、流通加工、配送和信息服务等活动。

随着人类经济活动的深入发展，新的理念和新的管理方法不断地应用于物流领域，所以物流的内涵也在不断地丰富和发展，在 20 世纪 80 年代产生了现代物流。现代物流是相对于传统物流而言的，它是在传统物流的基础上，引入高科技手段，通过计算机进行信息联网，并对物流信息进行科学整理，从而加快物流速度，提高准确率，降低成本，减少库存，延伸并且扩大物流的职能。

目前，世界上并没有一个统一的、为大家所公认的物流定义。由于物流实践的差异，不同国家对物流含义的理解不尽相同，几乎各国的物流管理协会对此都有自己的定义。即使在同一国家，物流定义也不尽相同。比如，日本的物流定义就达 10 余种；在美国，就有从技术、管理、军事和经营等多个不同角度的物流定义，形成了管理、工程、军事和企业四大派别，如表 4 - 1 所示。

表 4 - 1　美国不同业界对物流的定义

派别	年份	给出定义的组织	定义
管理派	1998	美国物流管理协会	物流是供应链的一部分，其专注于服务、物品及相关信息，从起始点到消费地的有效流通及储存的企划、执行与控管（即管理），以达成顾客的要求
工程派	1974	美国物流工程师学会	物流是与需求、设计、资源供给与维护有关，以支持目标、计划及运作的管理、科学、工程及技术活动的艺术
军事派	1981	美国空军	物流是计划、执行军队的调动与维护的科学。它涉及与军事物资、人员、装备和服务相关的活动
企业界	1997	美国 EXEL 物流公司	物流是与计划和执行供应链中商品及物流的搬运、储存及运输相关的所有活动，包括废弃物品及旧品的回收利用

2001 年，中华人民共和国国家标准《物流术语》（GB/T 18354—2001）对物流方面的有关术语进行了统一。在此，物流（Logistics）定义为"物品从供应地向接受地的实体流动过程。根据实际需要，将装卸、搬运、包装、运输、储存、流通加工、配送、信息处理等基本功能实施有机结合"。我国的这一定义直观地描述了物流活动的过程，易于初学者理解物流概念。

（二）物流的发展历程

物流实践活动与人类的生产、生活始终联系在一起，和人类的历史一样悠久。但是，人们对物流的认识以及传统物流向现代物流的转变却是 20 世纪的事情。物流的发展不仅与社会经济和生产力的发展水平有关，同时也与科学技术发展的水平相关。按照时间顺序，物流的发展大体经历了以下四个阶段。

1. 初始阶段——从 PD 到 Logistics

将物流活动真正上升到理论高度，并开始加以研究和分析的是 20 世纪初的美国。1901 年，约翰·F. 格鲁威尔（John F. Crowell）在美国政府报告《农产品流通产业委员会报告》中，第一次论述了对农产品流通产生影响的各种因素和费用，在理论上开始了对物流这种经济活动的认识，从而揭开了人们对物流活动认识的序幕。1922 年，美国著名营销专家弗莱德·F. 克拉克（Fred F. Clark）在他所著的《市场营销的原则》一书中，将市场营销定义为由于商品所有权转移所发生的各种活动以及包含物流在内的各种活动，将物流纳入到市场经营行为的研究范畴之中，并用实物分配（Physical Distribution, PD）一词作为要素来研究企业经营活动中的储存、运输等业务活动。此时，虽然物流已经开始得到人们的普遍重视，但在地位上仍然被作为流通的附属机能来看待。

1941～1945 年"二战"期间，美国及其盟军为了战争的目的，需要在横跨美洲、欧洲、大西洋的广大范围内进行军需物品的补充调运。在军队人员调动、军用物品装备的制造、运输、供应、战前配置与调运、战中补给与养护等军事后勤活动中，研究运用了一系列的技术和方法，使得这些后勤活动既能够及时保障供给、满足战争的需要，又能达到费用最省、时间最短、成本最低，同时还要能安全、巧妙地回避对方的攻击。因而，在美国军方形成了关于后勤管理（Logistics Management）的完整思想、技术和方法体系，通过对采购、运输、仓储、分发进行统筹安排、优化调度的全面管理，以求费用更低、速度更快、服务更好地实现军队、辎重和给养物流过程的组织保障。

第二次世界大战以后，军事后勤（Logistics）的运作理念和方法被应用于企业界，但仍主要沿用 PD 概念，并被叫作"市场营销的另一半"。

2. 快速发展阶段——"物流术语混乱期"

20 世纪 60 年代以后，世界经济环境发生了深刻的变化。随着科学技术的发展，尤其是管理科学的进步，生产方式的改变，大大促进了物流的发展。物流逐渐为管理学界所重视，企业界也开始注意到物流在经济发展中的作用，并且将改善物流管理作为激发企业活力的重要手段。这一阶段是物流快速发展的重要时期。

1963 年，全美实物分配管理协会（NCPDM）成立，定义 PD 为"是指有计划地对原料、在制品和制成品由生产地到消费地的高效运动的过程所开展的一系列功能性活动，包括：订单处理、货物的物料搬运、防护包装、运输、仓储、存货控制、工厂和仓库选址、市场预测和客户服务等"。

20 世纪 60 年代中期和 70 年代初期是日本经济高速增长、商品大量生产和大量销售的年代，巨大的物流需求促进了物流理论和实践的发展。早在 20 世纪 50 年代中叶，日本在经济恢复中非常重视学习西方科学技术。1956 年，日本政府向美国派出了"搬运专业考察团"（也称为"流通技术考察团"），此举对日本未来物流的发展起到了积极的推动作用。日本于 20 世纪 60 年代正式引进了"物流"这一概念，并且将其解释为"物的流通"或"实物流通"的简称，并用它取代了从英语中引用过来的 PD 概念。从此，物流革新思想开始渗透到日本的整个经济社会，日本政府开始在全国范围内实施了高速道路网、港口、流通聚集地等基础设施的建设。20 世纪 70 年代，日本成为世界上物流最发达的国家之一。

20 世纪 60～70 年代，世界各国都出现了多个术语描述企业的物流活动，包括"物资管理"、"营销后勤"、"供应管理"、"后勤工程"、"商业后勤"、"分销管理"等。因此，这段时期也被叫作"物流术语混乱期"。

3. 物流合理化阶段——"客户服务"和"物流整合"

20 世纪 80～90 年代初是现代物流概念的真正形成时期，被叫作物流合理化阶段。1985 年，NCPDM 更名为美国物流管理协会（CLM）。CLM 统一了有关企业物流活动的术语，将物流的名称从 PD 正式改为 Logistics，并且为之下了一个迄今仍然被认为是经典的定义：物流是以满足客户需求为目的，以高效和经济的方式来组织原料、在制品、制成品以及相关信息从供应到消费的运动和储存的计划、执行和控制的过程。相应地，企业物流管理活动就增加了"分销配送、物流采购、配送中心选址、零配件和技术服务支持、退货处理、废弃物和报废产品的回收处理"等内容。

该定义与以往的物流定义相比，其最大变化在于，把物流从企业自身的策划性的"功能性活动"上升为"以满足客户需求为目的"的"计划、执行和控制"的管理过程了。企业的物流运作也要在满足产品生产需求的基础上，向企业生产过程的上下游延伸，同时也增加了产品的售中和售后服务等多方面的内容。这体现了企业物流运作的中心在向客户服务倾斜，也反映了客户服务在企业竞争战略中已经上升到主导地位。如果说把 PD 概念引入市场营销领域促进了企业客户服务和客户满意度的发展，为后来物流理念的确立奠定了坚实的基础的话，那么 CLM 将物流从 PD 变为 Logistics，不仅要把军队后勤服务保障的理念全部移植到企业界，而且进行了物流管理理念的创新。因此，1985 年 CLM 的成立和 Logistics 定义的诞生被看作是传统物流和现代物流的分界线。

现代物流管理的重点已经从物流运作转移到对物流战略的研究上，突出了两个核心理念：一是客户服务理念；二是物流整合协调。除强调运输、仓储方式的集成化运作外，物流整合还表现为物流管理的内容从企业内部向企业外部延伸。1991 年，CLM 将1985 年定义中的"原料、在制品、制成品"修改为"产品、服务"。这样，物流管理从生产制造企业扩大到所有输出产品和服务的企事业单位，包括医院和银行，甚至是政府部门。1998 年，CLM 又在 1991 年定义的开头补充了"Logistics 是供应链过程的一部分"。这实际上不仅把物流纳入企业间互动协作关系的管理范畴，而且要求企业在更广阔的背景下考虑企业自身的物流运作，要求所有供应链上的成员企业为了共同的客户目标协调行动，直至建立稳定牢固的合作伙伴关系。

4. 信息化、智能化、网络化阶段

随着新经济和现代信息技术的迅速发展，现代物流的内容仍然在不断地丰富和发展。信息技术特别是网络技术的发展，也为物流的发展提供了强有力的支撑，使物流向智能化、信息化、网络化的方向发展。为了适应这一变化，CLM 把 2000 年的年会主题定位在"电子商务条件下的物流"。

物流信息化是指商品代码和数据库的建立、物流中心管理电子化、电子数据交换技术以及国际互联网的应用、电子商务和物品条码技术应用等。现代物流在信息系统的支撑下，实现了信息共享，使信息的传递更加快捷、方便、准确，改善和提高了物流作业的质量和效率，提高了整个物流系统的经济效益。

在信息化的基础上，物流自动化的设施和设备得到广泛的应用和推广，如条码/射频自动识别系统、自动存取系统、自动分拣系统、自动导向车、货物自动跟踪系统等。物流智能化就是以物流自动化和信息化为基础，通过智能化的专家系统解决物流作业过程中大量的运作与决策问题，如库存水平的确定、运输（搬运）路径的选择、自动导向车的运行轨迹和作业控制、自动分拣机的运行、物流配送中心运营管理决策支持等。物流智能化已经成为新经济时代物流发展的一个新潮流。

21 世纪是网络的世纪，经济活动的网络化是其突出特征，作为新时代朝阳产业的现代物流充分体现了这一特征。物流网络化因而具有双重含义：一是物流配送系统的计算机通信网络，主要指物流配送中心和供应商、制造商以及下游顾客之间的联系实现计算机网络化。二是物流组织的网络化，主要包括企业内部组织的网络化和企业之间的网络化。物流网络化不仅提高了物流行业的自动化水平，更重要的是在于它体现了企业内部各职能部门之间、企业与企业之间通过合作来共同应对复杂多变和竞争日趋激烈的市场环境。比如，制造企业通过与物流企业建立长期的网络关系，充分利用物流企业的网络来销售产品和拓宽市场，使物流企业和自身都获得了规模经济，从而降低了产品成本，提高了企业的市场竞争力。

综观物流的发展历程，我们对物流至少有以下几点进一步的认识：

（1）物流理论的形成和发展与社会生产、企业管理、市场营销的不断进步密切相关。

（2）现代物流概念与实践最早始于军事后勤，而"物流"一词没有仅限定在商业领域还是军事领域。物流管理应当对公共企业和私人企业活动都适用。

（3）物流的功能主要由装卸搬运、配送、运输、储存、包装、流通加工以及信息处理等构成。

（4）现代物流突出两个核心理念，即客户服务和物流整合。物流已从简单的功能性活动提升为具有战略意义的管理活动。

（5）现代物流一定要以现代信息技术为基础，信息化、智能化和网络化是现代物流的发展方向。

（三）物流功能

物流具有运输、储存、包装、装卸搬运、流通加工、配送和信息处理七项功能要素。其中，运输与储存分别解决了供应者和需求者之间在场所和时间上的分离，造就了物流的空间效用和时间效用。信息处理起到了物流运作支撑平台的作用，是促使物流合理化的功能要素。配送最能体现物流系统最终的总体服务功能。包装、装卸搬运对优化物流活动、完善物流系统必不可少，但是也增加了成本支出，是影响物流成本的基本要素。

1. 运输

运输是指"人"和"物"的载运及输送。这里专指"物"的载运及输送，即利用各种设备和工具，将物品从一个地点向另一个地点运送的物流活动，其中包括搬运、中转、集货、分配、装入、卸下、分散等一系列操作。运输是物流各环节中最重要的部分，是物流的动脉。运输方式主要包括公路运输、铁路运输、水路运输、航空运输和管道运输五种方式，每种方式都有各自的运行特点，如表4-2所示。

表4-2 五种运输方式的相关运行特点

运行特点	铁路	公路	水运	管道	空运
速度	3	2	4	5	1
可得性	2	1	4	5	3
可靠性	3	2	4	1	5
运输能力	2	3	1	5	4
频率	4	2	5	1	3
综合得分	14	10	18	17	16

注：得分最少者为最佳。

从宏观角度来说，运输是国民经济的基础和现行条件。马克思将运输叫作"第四个物质生产部门"，即将运输看成是生产过程的继续，没有运输，生产过程将无法最终完成。由于运输活动占用时间长、距离远、消耗大，在社会物流总成本中约占50%的比例，所以运输也叫作"第三利润源泉"。

运输创造空间效用，是物流的主要功能要素之一。同时，运输是物流服务的主要手段，世界物流企业的前10强以空运、快递、陆运等业务为主要背景的公司居多。例如，UPS的陆运和空运业务分别占54%和19%，FedEx的空运和公路运输业务分别占83%和11%，日本通运的汽运和空运业务分别占44%和16%，TNT的邮政和速递业务分别占42%和41%，Panalpina的空运和海运业务分别占45%和31%。传统运输强调单一的运输方式，提供"站到站"的服务，现代运输追求多式联运，提供"门到门"的物流服务，包裹递送和多式联运等以运输业务为核心的物流服务将具有非常广阔的发展前景。

2. 储存

产品在离开生产线后到最终消费之前，通常都要有一个保养、存放、维护和管理的过程，这就是储存。储存又叫作保管，它是克服季节性、时间性间隔，创造时间效益的活动。

储存是物流的主要功能之一，是社会化大生产的必要条件之一。例如，工厂为了维持连续生产必须进行原材料储存、零部件储存；流通企业为了保证供应、避免脱销一定要进行商品储存；在回收和废弃物流过程中，为了进行分类、加工、运送和处理也需要临时性的储存。此外，为了有效地应对战争、地震、自然灾害、海啸等人类不可抗拒事件的发生，还需要进行战略性储备。科学合理的储存必须是既能保证生产和经营所需的周转，又能使储存的数量降至最低。"零库存"就是一种尽量降低库存水平，减少原材料库存和资金积压的先进理念。

储存的过程通常发生在配送中心、物流中心、物流据点或流通中心的仓库中。在宏观上要做到合理储存，即储存量合理、储存结构合理、储存时间合理、储存分布合理。而对储存的具体要求是：库存多（充分利用仓容），保管良好，进出货快，损耗量少，费用节省，确保安全。

3. 包装

包装是为了在流通过程中方便储运、保护产品、促进销售，运用一定的技术方法而采用的容器、材料及辅助物的总体名称，也指为了达到上述目的而在采用容器、材料和辅助物的过程中施加一定的技术方法等的操作活动。

按照功能的不同，包装可大体划分为两类：一类是商业包装，或叫作销售包装、小包装；另一类是工业包装，或叫作运输包装、大包装。商业包装的主要目的就是吸引消费者，促进销售，其特点是造型美观大方，进行过必要的修饰，包装的单位适合顾客的购买及商家柜台摆设的要求。工业包装以满足运输储存要求为主要目的，具有保障产品安全，方便装卸和储运，加速交接、点验，强调包装的实用性和费用的低廉性。在物流学科中，人们则主要研究工业包装。

包装既是生产的终点，又是物流的起点，在整个物流的过程中起着重要作用。所以，在设计包装的时候必须依据包装对象的具体内容，合理选择包装材料运用包装技术、包装容器的形状和尺寸，同时符合包装的相关标准的要求，以实现通过包装的合理性提高物流效率的目的。

产品集装化是一种新型的包装操作，是集装运输的基础。产品集装化又叫作组合化或单元化，即将一定数量的散装或零星物件组合在一起，在保管、装卸、运输等物流环节中作为一个整件来处理。集合包装是指将若干个相同或不同的包装单位汇集起来，最后组成一个更大的包装单位或装入一个更大的包装容器内的包装形式。集装容器主要有集装箱、集装袋、托盘等。

4. 装卸搬运

装卸搬运是物流过程中的"关节"，它是对运输、储存、配送、包装、流通加工等活动实施连接的中间环节，若没有装卸搬运，物流就会中断。装卸搬运作业在物流作业中所占比重很大，特别是在现代物流中，顾客往往要求企业提供此门到彼门的送货服务，装卸搬运作业发生的频率也就大大增加。因此，必须重视装卸搬运这个作业过程，防止物流成本的增加。

如果装卸搬运工具、设施、设备不先进，装卸搬运效率低，商品流转时间就会延长，商品就会破损，从而加大了物流成本。装卸搬运要合理化，首先必须实现作业的机械化和自动化，其次要运用科学合理的装卸搬运方法，比如日本的"六不改善法"（不让动、不让想、不让等、不让碰、不让找和不让写）等。

5. 流通加工

流通加工是流通过程的辅助加工活动，是为了弥补生产不足或是为了满足客户的需求、促进销售、增加流通部门效益、提高物流效率的一些辅助性加工活动。常见的形式有剪板加工、集中开木下料、配煤加工、农副产品的精制加工和分选、产品的分装和零部件的组装加工等。流通加工必须要坚持以客户需求为中心的原则。

流通加工的经济效益具有广阔的前景。服装业就是流通加工最好的例子，企业生产的布匹在消费者手中，其布料的平均利用率大约为80%，而服装企业批量生产，特别是套裁、拼裁的实施使布匹的利用率达90%以上。又如，将原木或大规格锯材直接给使用部门，其平均利用率不到50%，而在流通部门中实行集中下料，按照客户的不同要求供应不同规格成材，使原木的利用率提高到97%以上。目前，世界上许多发达国家和地区在物流过程中都伴有流通加工业务。日本的大阪、东京、名古屋等地区的90多家物流公司中有一半以上开展流通加工业务，其规模非常大并取得了很好的经济效益。

6. 配送

配送是在经济合理的区域范围内，根据客户要求对物品进行加工、包装、拣选、分割、组配等作业，并按时送达指定地点的物流活动。配送强调满足客户的需要，是多种物流业务的有机结合体，可简单归纳为"配货"与"送达"两个环节。从运输的角度看，配送是一种支线的、末端的运输。

配送是宏观物流产生社会经济效益之根本。通过配送中心计划配送，统筹安排，能够使迂回运输、重复运输、空载运输等不合理运输现象减至最低，提高末端运输的效益。同时，通过集中库存使企业实现低成本或零库存，从而使得社会总的库存水平降低。

7. 物流信息

物流信息是反映各项物流活动内容的资料、图像、知识、数据和文件的总称。物流信息是联结运输、储存、装卸、包装各个环节的纽带，没有各物流环节信息的通畅和及时供给，就没有物流活动的时间效率和管理效率，也就失去了物流的整体效益。物流信息是物流系统整体运作的中枢神经。

在物流作业过程中，不仅要对物流作业产生的各类信息不断地进行收集、加工、筛选、分析和研究，还要掌握商流信息如销售状况、合同签订、批发与零售等信息，同行业企业商流、物流信息，乃至一个国家的政治、文化信息及经济政策（包括政治事件、重大项目计划，保险、股市、金融、国民经济重要指标、失业率等信息）。在经济全球化的背景下，对于"无国界的物流"而言，建立一个庞大而又十分灵活的信息管理系统，无疑是非常必要的，同时也对所有物流服务的提供商提出了挑战。

（四）物流的作用

1. 物流的价值增值作用

物流作为一种社会经济活动，对社会生产和生活的效用不仅表现为创造空间效用和时间效用两个方面，同时还可创造一定的占有效用和形式效用。

（1）物流创造时间效用。物品从供应者到需求者之间本来就存在着一段时间差距，由改变这一时间差所创造的价值，叫作时间效用。物流获得时间的效用形式有以下几种：

1）缩短时间差。缩短物流时间可以获得多方面的好处，如加速物品的周转、减少物资损失、降低消耗、节约资金等。物流周期的结束是资本周转的必要条件。这个时间越短，资金周转越快，表现为资本有较高的增值速度。从全社会物流的总体状况来看，加快物流速度，缩短物流时间，是物流活动必须遵循的一条经济规律。

2）弥补时间差。在经济社会中，需求和供给之间普遍存在着时间差。比如，粮食产出是有季节性的，但是粮食消费是一年 365 天，天天有需求，因而供给和需求之间会出现时间差。类似情形不胜枚举。正是有了这个时间差，商品才能取得自身的最高价值，才能获得非常理想的效益，才能起到"平丰歉"的作用。但是商品本身不会自动弥合这个时间差，必须依靠科学和系统的物流活动来弥补。

3）延长时间差。在某些具体物流活动中也存在着以人为的延长物流时间来创造价值。比如，窖藏的陈年老酒就是通过延长物流时间来创造其独特的价值。再如，配合待机销售的囤积性营销活动的物流便是一种有意识地延长物流时间、以增加时间差来创造价值的活动。

（2）物流创造空间效用。供应者和需求者一般处于不同的空间，物品从供给者到需求者之间有一段空间差距，由改变物品的空间存在位置而创造的价值称为空间效用。物流创造空间效用是由现代社会产业结构、社会分工所决定的，具体有如下几种形式：

1）从集中生产地流入分散需求地。现代化大生产的特点之一，通常是通过集中的、大规模的生产以提高生产效率，降低成本。在一个小范围集中生产的产品可以覆盖大面积的需求地区，有时甚至可覆盖一个国家乃至若干个国家。通过物流将产品从集中生产的低价区转移到分散于各处的高价区，形成了空间效用。

2）从分散生产地流入集中需求地。这种与上述相反的情形在现代社会中并不少见，最为典型的是粮食生产是在分散的、广阔的农村，而城市的消费需求则是相对大规模集中，又如一个大汽车厂的零配件生产也分布得非常广，但却集中在一个大厂中装配。从分散生产到集中需求，物流便获得了空间效用。

3）从低价值生产地流入高价值需求地。现代社会中供应与需求的空间差现象比比皆是，十分普遍。除了由大生产所决定之外，有不少是由自然地理和社会发展因素所决定的。比如，北方生产高粱而异地于各地消费，农村生产的蔬菜、粮食而异地于城市消费，南方生产荔枝而异地于各地消费，等等。物品在生产地和需求地之间的价值是有差异的，物流通过弥补空间差取得了利益。在经济全球化的浪潮中，国际分工和全球供应链的构筑，一个基本选择就是在成本相对较低的地区进行生产，在价值高的地区销售，使得物流创造空间效用的作用越来越大。

（3）物流创造形式效用。是指通过生产或加工增加产品的价值，比如当原材料以某种方式构造成产品时，形式效用就产生了。例如，灌装企业将糖浆、水和碳水化合物组合在一起就生产出了饮料。将原材料组合在一起生产饮料这一简单过程表述了增加产品价值的产品形式变化。现代物流也可产生一定的形式效用。比如，在配送中心开仓卸货和产品组合，会通过改变产品的装运规格和包装特性来改变一个产品的形式。流通加工中心的卷板开平、配煤加工、木材下料、玻璃裁剪、组装加工乃至农副产品分拣等都能创造一定的形式效用。

（4）物流创造占有效用。主要通过产品或服务促销方面的基本营销活动而形成，可以将"促销"定义为通过直接或间接地接触消费者来增加其拥有商品或得到服务的愿望的行为。物流在经济中的作用取决于占有效用的存在，因为时间或空间效用只有在产品或服务的需求存在时才有意义。同样，营销的实现也取决于物流，因为占有效用仅在提供了时间和空间效用时才起作用。订单履行是关键环节，通常也是满足消费者需求的最后环节。

2. 物流对企业的作用

（1）物流是企业生存和发展的重要保证。从企业这一微观角度看，物流对企业的作用有三点：①物流为企业创造经营的外部环境。一个企业的正常运转，一定要有这样一个外部条件：一方面，要保证按企业生产计划和生产节奏提供和运达原材料、燃料、零部件等物品；另一方面，要将产品不断地运离企业送到消费者手中。这个最基本的外部环境正是要依靠物流及相关的其他活动来提供保障。②物流是企业生产运行的保障。企业生产过程的连续性和衔接性，靠生产工艺中不断的物流活动，有时候生产过程本身便和物流活动结合在一起，物流的支持保证作用是不可缺少的。③物流是企业发展的主要支撑力量。企业的发展，要依靠产品和服务的质量、成本节约和新产品创新等手段，物流作为全面质量的一环，是接近用户阶段的质量保证手段。

（2）物流合理化降低企业的生产和经营成本。物流是保证生产和经营正常进行所必需的经济活动，对于一般的生产和流通企业来说，物流是一个成本单元，在提供一定物流服务水平的前提下，物流成本的节约也就是企业成本的节约。发展企业物流产业，使社会物流合理化，能够有效降低社会流通成本，从而降低企业供应及销售成本；同时，企业生产过程的合理化，又可以降低企业的生产成本。

（3）物流为企业创造利润。物流活动的合理化不仅能够通过降低生产和经营成本来间接提高企业利润，而且企业的物流部门能够为用户提供物流服务，直接成为企业的"利润中心"。对于专门从事物流经营活动的物流企业来说，物流活动更是直接为企业创造利润。

从发达国家企业竞争焦点的转移可以看出，物流已成为"企业的第三利润源泉"。20世纪60～70年代，发达国家的企业大多把追求利润的竞争焦点放在生产领域，千方百计降低物质资源消耗获取"企业的第一利润源泉"，千方百计地提高劳动生产率获得"企业的第二利润源泉"。然而，由于受到科学技术发展水平的制约，生产领域的这两个"利润源泉"呈现出边际效益递减的趋势。进入20世纪80年代，面对全球激烈的市场竞争，人们便开始把搜寻利润的目光从生产领域转向非生产领域。被视为"企业第三利润源泉"的物流，成为市场竞争的一个新焦点。

（4）物流是企业能够占据竞争优势的重要来源。一个拥有卓越物流能力的企业，能够通过向客户提供优质的服务获得竞争优势，这种服务有利于企业参与市场竞争，有利于树立企业和品牌的形象。一个物流管理技术娴熟的企业，如果在存货的可得性、递送的及时性和交付的一贯性等方面都领先于同行业的平均水平，就能够成为有吸引力的供应商和理想的业务伙伴。因此，良好的物流服务能力是企业获得长期竞争优势的重要来源，对企业的发展具有战略性的意义。

3. 物流对国民经济的作用

（1）物流是国民经济的动脉系统。物流连接社会经济的各个组成部分并使之成为一个有机的整体，是国民经济的动脉系统。在现代经济中，由于社会分工的日益细化和经济结构的日趋复杂，各个产业、部门、企业之间的交换关系和相互依赖程度也越来越错综复杂，物流成为维持这些复杂交换关系的"纽带"和"血管"。物流通过不断输送各种物质产品，使生产者不断获得原材料、燃料以保证生产过程的正常进行，又不断地将产品运送给不同的需求者，以使这些需求者的生产、生活得以正常运行，物流使国民经济成为一个有内在联系的整体。所以，物流是国民经济的基础。

（2）在一定条件下，物流是国民经济的支柱。在世界上有许多国家和地区，由于特定的地理位置或在特定的产业结构条件下，物流在国民经济和地区经济中能够发挥带动和支持整个国民经济的作用，能够成为国家或地区财政收入的主要来源，形成主要的就业领域，成为科技进步的重要发源地和现代科技的应用领域。比如，中国香港地区、美洲的巴拿马、欧洲的荷兰、亚洲的新加坡等，特别是在以流通立国的日本，物流的支柱作用显而易见。

（3）物流产业能够提高国民经济的运行质量。物流产业可以合理配置各种物流要素，提高国民经济的运行质量。当物流分散在不同企业和不同部门时，各种物流要素很难充分发挥其应有的作用，比如仓储设施的限制等。随着物流活动从生产和流通领域中分化出来，各种物流要素也逐渐构成市场资源，专业化物流企业可以根据各种物流活动的要求在全社会范围内进行各种物流要素的优化组合和合理配置，从而最大限度地发挥各种物流要素的作用，增强了全社会的物流效率，降低了社会物流总成本，从而提高了国民经济的运行质量。

（4）物流产业可以有效地改善我国产业结构。由于我国国土面积大，经济发展同物流的关系就显得更为密切，物流产业发展尤为重要。由于过去没有引起我国经济界应有的重视，物流产业发展迟缓，物流产业对国民经济的瓶颈制约作用非常明显，如果不能得到及时解决，对我国未来经济发展是极其不利的。所以，只有建立一个新的、与其他产业相适应的物流产业，才能使我国国民经济合理、协调地发展。

（五）物流的分类

为了方便分析和管理，需要对物流进行分类。依据物流服务的领域、物流业务在企业中的地位、物流作业执行者、物流作业对象、物流活动所属的产业以及地域范围等方面的不同，能够将物流活动划分为不同的类型。

1. 按物流服务的领域分类

（1）军事物流。是指为确保迅速、可靠和有效，对支持军事力量（调度和驻防）操作能力的所有方面和它们的装备进行的设计和组合。

（2）企业物流。是指供应链中为满足顾客需求，对商品、服务及相关信息从产地到消费地高效、低成本的流动和储存所进行的计划、操作和控制过程。如流通企业物流、工业企业物流等。

（3）事件物流。是指为将发生的事件及事后的有效退出，组织、调度和配置资源所需要的组织、设备和人员组成的网络。如奥运物流、各类应急物流等。

（4）服务物流。是指为支持和维护服务业务或服务企业对资产、人员和物资实施采购、调度和管理。如与医院、银行、政府、学校、餐饮、理发等相关的物流。

对流通企业物流、工业企业物流以及军事物流，人们一直较为关注，这些物流领域的研究较多。随着经济的发展和产业结构的升级，事件物流和服务物流越来越频繁，占整个物流中的比例会越来越大，应该引起人们足够的重视。

2. 按物流业务在企业中的地位分类

（1）销售物流。是指企业出售商品时，物品在供方和需方之间的实体流动。

（2）生产物流。是指生产过程中，原材料、在制品、半成品、产成品等在企业内部的实体流动。

（3）供应物流。是指为生产企业提供原材料、零部件或其他物品时，物品在提供者与需求者之间的实体流动。

（4）回收物流。是指不合格物品的返修、退货及周转使用的包装容器从需方返回到供方所形成的实体流动。

（5）废弃物物流。是指将经济活动中失去原有使用价值的物品，按照实际需要进行加工、包装、收集、分类、搬运、储存等，并分送到专门处理场所时所形成的物品实体流动。

3. 依照物流作业执行者分类

（1）第三方物流。是指由供方和需方之外的第三方来完成的物流运作方式。

（2）自营物流。也称直接物流，是指生产或销售企业自己组建物流配送公司，比如我国的海尔集团就是企业自营物流的典型代表之一。

从物流作业的执行者角度看，也有人把物流作业分为第一方物流、第二方物流和第三方物流。第一方物流是指由货物的供给方负责完成的物流，第二方物流是指由货物的需求方负责完成的物流。第一方物流和第二方物流都属于企业自营物流。

4. 依照物流作业对象分类

依照物流作业对象的不同，可分为原料物流、材料物流、机电产品物流、日用品物流、自然资源物流、能源物流、农产品物流、文化产品物流、废旧物品物流、医药产品物流、垃圾物流和其他物流（包括特殊产品物流和军事物流）十二大类。每一大类还可进一步细分到每一种具体物品物流。

物品的性质决定了物流活动应有的特点。比如，物品有不同的形态（固态、液态和气态）、不同的形状和尺寸、不同的物理和化学性能（如易爆、易碎、易燃、易腐烂变质等），对于某些物品就需要特殊的保管条件、包装容器、装卸搬运工具和运输设备与之相适应，需要采用各种技术和管理手段符合物品的特点。因此，研究物流活动要以物品的性质为基础。

5. 依照物流活动所属的产业进行分类

依照物流活动涉及不同的国民经济产业，可分为第一产业物流（农业、林业、牧业、渔业物流等）、第二产业物流（工业物流和建筑业物流）、第三产业物流（商业物流、服务业物流及军事物流等），也可以根据各产业中的具体业态对物流活动进行再划分，如连锁业物流、建材业物流、钢铁业物流、餐饮业物流等。

同产业的物流活动，在流量、物品、载体、流向与流程方面具有某种规律性，同产业的物流整合运作具有较好的规模经济性，同时也为产业内企业物流的发展提供了可以参照和借鉴的东西。隶属于不同产业的物流活动，在这些方面有各自的特点，相互之间的差异较大，对物流服务的需求也各不相同。

6. 依照物流活动的地域范围分类

依照物流活动的地域范围不同，可以分为国际物流和国内物流。国际物流是指不同国家（地区）之间的物流。而国内物流又可分为区域物流和城乡物流，前者又可细分为行政区域物流和经济区域物流；后者又可细分出城镇物流和乡村物流。

国际物流是指服务于国际贸易和跨国生产的物流，随着互联网、电子商务和经济全球一体化步伐的加快，国际物流成为现代物流系统中发展很快、规模最大的一个领域。而国内按区域划分的物流却日益受到人们的关注，如我国长三角物流区、珠三角物流区、环渤海物流区，是我国比较发达的区域物流。此外，城市物流也成为人们关注的重点目标。

依照地域范围划分物流对分析物流与区域经济的关系具有重要作用。通过分析选定区域物流的现状、构成，可以分析该地区物流对地区经济发展具有带动作用抑或制约作用，进而可以通过改善地区物流环境促进地区经济的可持续发展。

（六）物流企划内容与体系

1. 物流企划的含义

简单地说，就是对物流的发展实施规划和设计，是对物流进行比较全面的长远的发展计划，是对未来长期性、整体性、基本性问题的思考、考量和设计未来整套行动方案。广义的物流企划，是指人类基于对物流变化规律的认识，依据现存条件，对未来物流活动进行有意识、有系统的安排，也可以说是人类的一种特有能力，就是对未来物流的一系列步骤与措施。狭义的物流企划，是指制定或实施某种物流计划的过程。

2. 物流企划的要素

（1）体制、制度。物流系统的体制、制度决定物流系统的组织、结构、领导、管理方式，国家对其控制、指挥，管理方式以及这个系统地位、范畴，是物流系统的重要保障。有了这个支撑条件，物流系统才能确立其在国民经济中的地位。

（2）法律、规章。物流系统的运行，都不可避免地涉及企业或人的权益问题，法律、规章限制和规范物流系统的活动，使之与更大系统协调，给予保障。权益的划分，合同的执行，责任的确定要依法律、规章维系。

（3）行政、命令。物流系统和一般系统的不同之处在于，物流系统关系到国家军事、经济命脉，因此，行政、命令等手段也常常是支持物流系统正常运转的重要支持要素。

（4）标准化系统。是保证物流环节协调运行，保证物流系统与其他系统在技术上实现联结的重要支撑条件。

3. 物流企划的重要性

这些年的发展表明，人们对物流企划的重要性形成了共识。就物流领域来说，规划更具有重要的意义，这和物流本身的特殊性有关。

（1）物流的涉及面非常广泛，需要有共同遵守的规划。物流涉及生产领域、流通领域、军事领域、消费及后消费领域，涵盖了几乎全部社会产品在社会上与企业中的运行过程，是一个非常庞大而且复杂的领域。仅以社会物流的共同基础设施来说，我国相关的管理部门就有航空、仓储、交通、铁道、外贸、内贸六大领域分兵把口，更涉及这些领域的更多行业。

（2）物流过程本身存在"背反"现象，需要有规划的协调。物流过程往往是一个很长的过程，一个过程经常由诸多环节组成，物流系统的一个重要特性，就是这些环节之间常常存在"效益背反"现象，如果没有共同的规划可以遵循制约，各个环节各自独立去发展，就可能使"背反"现象加深。

（3）物流领域容易出现更严重的低水平的重复建设现象，需要有规划的制约。物流领域进入的门槛比较低，而发展的门槛也比较高，这就使物流领域容易出现在低水平层次的重复建设现象，特别是最近几年的"物流热"引发一定的"寻租"问题，并且加剧了物流领域低水平的重复建设。

（4）物流领域的建设投资，尤其是基础建设的投资规模巨大，需要遵循规划的引导。物流领域大规模建设项目的规划尤其应该引起我们的重视。由于投资规模巨大，如果没有有效的规划，就不能有效地利用资源，就可能受到巨大损失。

（5）要跨越低水平的发展阶段，实现我国物流跨越式的发展，需要遵循规划的指导。我国物流系统建设刚刚起步，已经与发达国家产生了几十年的差距，要迅速追赶，需要跨越发达国家曾经用几十年时间发展的低水平阶段。

（6）就生产企业来说，在暴利时代结束之后，"轻资产"运行的新型企业，需要改变过去大量投资于生产能力旧的投资方式，而将大量制造业务外包，这样就一定要建立诸如"供应链"之类的物流系统，形成以联盟为新的组织形式的、虚拟的企业。这就一定要对物流系统进行新的构筑，或者对企业的整个流程从物流角度实施"再造"。

4. 物流企划的特性

（1）综合性：反映在物流影响因素的复杂性和物流要素、物流资源的多样性等诸多方面。物流的影响因素包括技术、运输、社会、经济、地理环境等。

（2）动态性：是一个不断地适应物流发展的动态规划。

（3）战略性：是指对未来一段时间内的物流活动作出的战略性决策。

（4）前瞻性：以构思和安排未来的物流活动为核心，把握当前和前景的关系是编制物流企划的关键。

5. 物流企划的体系

物流企划的体系由物流战略规划、物流系统空间布局规划、物流信息平台规划、物流运营管理体系规划等组成。

（1）物流战略规划。主要是确认系统的社会和历史使命，明确该系统的目标，制定该系统的发展战略和系统的总体方案，着眼系统发展的总体的、长期的、全面的规划。其中，包括国家和区域的物流战略规划和企业物流的战略规划。

（2）物流系统空间布局规划。是在一定层次和一定范围内确定物流网络合理的空间布局方案，包括物流节点的规划和物流通道的规划。

（3）物流信息平台规划。主要是为物流商品信息化、物流信息采集自动化和标准化而进行的规划，包括了企业的物流信息系统规划、物流园区（物流中心）信息平台规划和公共物流信息平台规划。

（4）物流运营管理体系规划。是为了落实和实现战略规划要求，对各自独立但有某种联系的物流相关活动进行集成化、一体化的管理规划，包括了物流运营网络规划、物流运营人力资源规划、营销系统规划、物流运营绩效评价系统规划等。

二、物流信息与管理

物流信息是指与物流活动相关的一切信息。物流信息贯穿于物流活动的整个过程，决定着物流的方向、规模与结构等，是对物流活动进行有效控制与管理的关键。往往将物流信息称为现代物流的中枢神经。

（一）物流信息在现代物流中的地位

现代物流的第一个目标就是要向顾客提供满意的服务，即在适合的时间、通过适合的方式把适合的货物运送到顾客指定的地点；第二个目标就是要实现物流总成本的最低化，也就是说，要消除物流活动各个环节的浪费；第三个目标就是要实现物流的高效率。要达到这三个方面的目标，关键的一点就是要实现物流信息的畅通与充分运用，因为物流信息决定着物流的方向、规模与结构，是实现对物流活动实施有效的控制与管理的关键。

（二）现代物流信息的特点

随着需求向个性化、多样化以及高频化方向的转变，物流过程也向着高频率、多品种、小批量的方向发展，物流信息在现代物流的过程中的特点主要表现在以下几个方面。

（1）来源更加广泛。在现代物流中，物流信息不仅来自于物流活动本身所具备的信息，而且也来自于外部其他活动所具备的信息；不仅来自于企业经济活动所产生的信息，而且也来自于政府、消费者活动所产生的信息；不仅来自于国际经济活动所产生的信息，而且也来自于国内经济活动所产生的信息；等等。

（2）信息量不断增加。一方面，物流信息来源的广泛性带来了物流信息数量的大幅度增加；另一方面，各方面活动的复杂性，也使物流信息呈现出多样性的变化。

（3）随着信息更新速度加快，消费者需求的多样化、个性化以及高频化，引起了经济活动以及物流活动的快速化，也使得物流信息的更新速度越来越快，更具有动态性。

（三）物流信息的作用

大量即时、准确、全面的信息是实现物流有效管理的重要前提。任何信息的遗漏和错误都将直接影响物流系统运转的效率和效果，进而影响企业的经济效益。所谓物流信息的作用，主要表现在以下两方面：

（1）物流信息可以使企业对物流活动的各个环节实施有效地计划、协调与控制，以实现系统整体优化的目标。

（2）物流信息有助于提高物流企业科学管理决策水平。现代物流管理主要是通过促进供应链中各活动和实体间的信息交流与协调，使物流保持畅通高效。

（四）物流信息系统

1. 物流信息系统的概念

根据国家物流术语标准，物流信息系统（Logistics Information System，LIS）是由人员、软件、计算机硬件、网络通信设备及其他办公设备组成的人机交互系统，其主要功能是进行物流信息的传输、收集、存储、加工整理、维护和输出，为物流管理者及其他组织管理人员提供战略、战术及运作决策的支持，以实现组织的战略最优，提高物流运作的效率与效益。物流信息系统所要解决的问题主要包括以下几个方面：

（1）回答有关信息咨询；

（2）提高成本核算与控制能力；

（3）为确定合理库存提供支持；

（4）缩短订单收集、传输、处理以及发送等时间，减少订单等工作量；

（5）提高接收订货和发出订货精度，减少配送、发货差错；

（6）提高搬运、运输、装卸作业效率；

（7）调整需求和供给。

物流信息系统解决上述问题的目的都是为了提高对顾客的服务水平、提高物流效率、降低物流成本。

2. 物流信息系统的基本功能

信息将物流系统的各个环节、各个层次紧密联系在一起，一般而言物流信息系统需要具备以下几个基本功能。

（1）信息的输出；

（2）信息的存储；

（3）信息的处理；

（4）数据的收集和录入；

（5）信息的传输。

随着社会以及科学技术特别是互联网的不断发展，物流信息系统朝着采集的在线化、传输的网络化、存储的大型化、处理的智能化以及输出的图形化方向发展。

3. 物流信息系统的内容及其发展

和物流实体作业方式发展阶段（人工阶段、机械化阶段、自动化阶段、集成化阶段）相对应，物流信息系统也可以划分为四个阶段：

（1）人工作业阶段；

（2）合理化和计算机阶段；

（3）自动化信息整合阶段；

（4）智能化信息整合阶段。

在不同的阶段，物流信息系统具备不同的功能，发挥着不同的作用。物流信息系统在不同阶段所包括的内容及其发展，如表4-3所示。

表4-3 物流信息系统的不同发展阶段

信息系统发展阶段	状态说明	主要内容
人工作业阶段	1. 人工制单 2. 具有简易管理功能 3. 人工转账 4. 用人工方式进行数字统计、汇总	1. 制作结算单 2. 制作财务、会计凭证 3. 制作出入库凭证 4. 人事薪金计算和制单 5. 人工填写库存账册 6. 人工制作会计账目
合理化和计算机阶段	1. 事务作业合理化 2. 报表、单据合理化和标准化 3. 引进计算机制单 4. 计算机汇总统计 5. 计算机结算 6. 计算机提供各项管理报表 7. 各计算机之间彼此独立、拥有独立的数据库	1. 订单信息处理系统 2. 出入库处理系统 3. 库存管理系统 4. 会计总账系统 5. 人事管理系统 6. 采购管理系统 7. 账款管理系统 8. 票据管理系统
自动化信息整合阶段	1. 计算机软硬件集成化 2. 建立数据库管理系统 3. 做信息统计分析、制定各类决策 4. 系统对外联网，做信息接收、储存、转换、输出	1. 订单信息处理系统 2. 销售预测系统 3. 物资管理系统 4. 车辆调派系统 5. 运输线路系统 6. 供应商管理系统 7. 财务成本核算系统 8. 银行结算系统 9. 绩效管理系统

信息系统发展阶段	状态说明	主要内容
智能化信息整合阶段	1. 引人人工智能 2. 引入专家系统 3. 经营决策计划	1. 建立后勤支持系统 2. 物流动线分析系统 3. 安全库存量自动控制系统 4. 仓库规划布局系统 5. 车辆运输自动调度系统 6. 仓库软硬件设备、人力使用分析控制系统

三、商品采购与管理

（一）商品采购的含义与目标

商品采购就是将货币转化为商品的过程，即 G（货币）—W（商品）。由于商品采购是企业进行生产经营活动的开始，所以对企业生产经营活动有着重要的保障作用。

一般而言，商品采购主要包括四个方面的目标，分别是经济性目标、适用性目标、及时性目标和齐备性目标。经济性目标要求采购商品的价格要尽可能的低廉、费用要尽可能小；适用性目标要求所采购商品的功能要满足客户需要；及时性目标要求采购的商品要满足时间上的需要；齐备性目标要求所采购商品的品种、规格要齐全。

（二）商品采购过程

一般而言，商品采购主要包括以下几个方面的内容：采购什么、价格如何、采购多少、向谁采购、怎么采购、怎么进货等。依据商品采购的内容，结合商品采购的类型，商品采购过程，如表4-4所示。

表4-4 不同采购类型的商品采购过程

阶段	内容	全新采购	更改重购	直接采购
决策阶段	1. 认识需要	需要	可能需要	不需要
	2. 确定需要	需要	可能需要	不需要
	3. 说明需要	需要	需要	需要
	4. 寻找和判断供应商	需要	可能需要	不需要
	5. 接受和分析供应商报价（投标）	需要	可能需要	不需要
	6. 评价报价和选择供应商	需要	可能需要	不需要
实施阶段	7. 选择订货程序	需要	可能需要	不需要
	8. 进货	需要	需要	需要
评价分析阶段	9. 执行情况反馈和评价	需要	需要	需要

（三）计划期采购商品品种和采购总量的确定

1. 计划期采购商品品种确定

计划期采购商品品种主要是依据客户需要来进行确定的。对于生产企业而言，其主要是依据企业的生产需要来确定的，对于流通企业来说，其主要是根据销售需要来确定的。

在确定计划期商品品种时，一个关键的因素就是要确定所购买商品的功能价值。如果采购商品的功能价值高了，就会增加企业的采购成本（包括价格与费用）；如果功能价值降低了，就会影响所生产产品的质量。一般而言，商品的功能价值主要是通过其品种规格与数量来表现的，作为衡量标准主要可以从适应性与经济性上考察。对此，可以采用价值分析（VA）的方法来确定采购商品的品种规格与数量。

所谓采购商品的价值分析，主要是对所采购商品的功能成本进行分析，即试图用最低的成本实现必要的功能，借以提高价值（经济效益）的技术经济方法。其计算公式如下：

$$V = F \div C$$

式中：V 表示价值（也可以理解为性价比）；C 表示成本，包括采购商品价格及支付的其他费用；F 表示功能的最低成本（必需成本），是为获得某一功能最少要付出的货币量，通常用货币量来表示。

在 V = 1，即 C = F 的情况下，说明实现某项功能的目前成本与最低成本相符合，是一种比较理想的状态。

在 V < 1，即 F < C 的情况下，说明实现功能的目前成本高于最低成本。此时，应当设法降低目前成本，以提高功能价值。降低成本所期望达到的目标叫作改善期望值（C − F）。

在 V > 1，即 C > F 的情况下，说明目前成本低于规定的最低成本。此时产生两种情况：一是目前采购商品的功能不足，需提高采购商品的功能，以适应需要。二是功能的最低成本规定得太高，需重新分析最低成本、降低 F 值。

一般而言，价值分析主要包括功能分析、方案制定、对象选择、信息收集、分析与评价方案、进行决策等步骤。

2. 计划期商品采购总量的确定

一般而言，计划期采购商品总量的确定既可以按年来计算，也可以按季、月来计算。以年为单位时，主要按大类或类别商品计算；以季、月确定时，主要按具体规格型号计算。其计算按下列公式进行：

$$R = M + C2 - C1 - D$$

$$C1 = E + F1 - F2$$

式中：M 表示计划期该种商品需要总量；F1 表示预计期的计划收入量；F2 表示预计期的计划发出量；D 表示计划期该种商品其他资源量；C2 表示计划期末该种商品储备量；R 表示计划期某种商品采购总量；C1 表示计划期初该种商品库存量；E 表示编制计划时一定时点的实际库存量。

（四）供应渠道与供应商的选择

采购商品的品种与总量确定之后，就需要准选择供应渠道与供应商。

1. 供应渠道的选择

供应渠道通常有两种基本类型，即直接供应渠道与间接供应渠道。

直接供应渠道就是在没有中间环节情况下的供应渠道，即用户直接向生产厂家购买所需要的商品。其基本形式为：需求者（用户）→供应商（生产厂家）。

间接供应渠道就是经过中间环节的供应渠道，即用户经过中间商购买所需要的商品。其基本形式为：需求者（用户）→中间商（经营者）→供应商（生产厂家）。

在实际采购过程中，是选择直接渠道还是选择间接渠道，其衡量标准是看哪种渠道更有利于企业的利益。如果选择直接渠道获得的利益大于选择间接渠道获得的利益，那么就选择直接渠道进行采购；反之，则相反。

2. 供应商的选择标准

科学合理确定供应商的选择标准，对保障供应、降低采购成本有着重要的作用。

确定供应商的选择标准可主要从两个方面来进行考察：一方面是对供应商的供应情况进行考核，内容包括商品质量、费用、价格、交付与服务状况等；另一方面是对供应商的基本情况进行考核，内容包括企业的规模、员工的素质、管理水平等。

3. 供应商的选择方法

供应商的选择方法有很多，不同的方法具有不同的特点。在实际操作过程中，各企业应当依据自身的情况来选择供应商。一般而言，选择供应商的方法主要有以下几种。

（1）直观判断法。就是采购者根据自己的经验来确定供应商的方法。这种方法的质量取决于客户所掌握资料的正确性、完整程度和决策者的分析判断能力与经验等。

（2）评分法。在确定对供应商若干评估标准的基础上，按优劣程度给出不同档次的分数数值（一般来说，优秀程度越高，分值越大），由评分者根据供应商的情况选出各项对应的分值，最后进行综合评分，选择得分最高（低）者。采用该种方法，一是要确定好各项目的分值，二是要确定好评估项目（标准），三是要确定好评分者。该种方法在使用时通常采用表格的方法进行，常见的形式，如表 4-5 所示。

表 4-5　供应商评价表

供应商 评价项目	A			B			C		
	优秀	良好	一般	优秀	良好	一般	优秀	良好	一般
X_1	A_{11}	A_{12}	A_{13}	B_{11}	B_{12}	B_{13}	C_{11}	C_{12}	C_{13}
X_2	A_{21}	A_{22}	A_{23}	B_{21}	B_{22}	B_{23}	C_{21}	C_{22}	C_{23}
…	…	…	…	…	…	…	…	…	…
X_n	A_{n1}	A_{n2}	A_{n3}	B_{n1}	B_{n2}	B_{n3}	C_{n1}	C_{n2}	C_{n3}

（3）采购成本比较法。主要是依据采购成本来选择供应商的方法。通常是选择成本最低的供应商，采购成本主要包括采购的价格与费用。

（4）加权综合评分法。是一种拥有多个目标的决策方法。其基本思路是综合考虑多方面的因素来选择供应商。具体程序是：①依据确定的项目对供应商实施评估；②确定各项目的重要程度（权重）；③确定评估供应商的项目（标准与指标）；④选择供应商；⑤计算各供应商的综合得分。

例如：根据表4－6所给的数值，选择供应商。

表4－6 供应商综合评价表

供应商评价项目	重要程度	A	B	C
产品价格（元/单位）	0.4	2000	1980	1960
产品质量（合格率%）	0.3	98	97	96
进货费用（元/单位）	0.2	100	98	95
交货及时率（%）	0.1	95	98	99

在表4－6中，由于各个指标不能直接进行比较，就需要对其进行转换，形成一个统一的基准，以直接进行计算。在实际中，转换的方法有很多种，一种方法是从供应商的角度来考虑，将其各项指标都转化为正向指标。在所给的评估项目中，对于供应商而言，价格越低越有利，若将价格最低的供应商C的价格得分定义为1，则供应商A和B的价格得分分别为1960/2000、1960/1980；同样的方法，供应商A、B、C的产品质量得分分别为98/98、97/98、96/98；进货费用得分分别为95/100、95/98、95/96；交货及时率得分分别为95/99、98/99、99/99。表4－7就是按照上述方法转换的结果。

表4－7 供应商综合评价表

供应商评价项目	重要程度	A	B	C
产品价格（元/单位）	0.4	1960/2000	1960/1980	1960/1960
产品质量（合格率%）	0.3	98/98	97/98	96/98
进货费用（元/单位）	0.2	95/100	95/98	95/96
交货及时率（%）	0.1	95/99	98/99	99/99

按照表4－7，计算如下：

$A = 0.4 \times 1960 \div 2000 + 0.3 \times 98 \div 98 + 0.2 \times 95 \div 100 + 0.1 \times 95 \div 95 = 0.978$

$B = 0.4 \times 1960 \div 1980 + 0.3 \times 97 \div 98 + 0.2 \times 95 \div 98 + 0.1 \times 98 \div 99 = 0.986$

$C = 0.4 \times 1960 \div 1960 + 0.3 \times 96 \div 98 + 0.2 \times 95 \div 95 + 0.1 \times 99 \div 99 = 0.990$

按照上面的计算，可以看出C的综合得分最高，则C为所要选择的供应商。

此外，当采购单位的订购量大、供货单位较多时，可以运用招标法；在可供单位较多、采购单位难以抉择时或者在时间紧、投标单位少、竞争程度低的情况下也可运用协商选择方法，该方法是由采购单位先选出供应商条件较为有利的几个供应商，同他们分别进行协商，而后确定合适的供应者。

4. 向一家订购和向多家订购的决策

在实际采购过程中，采购单位经常面临的一个问题是：选择一家供应商还是多家供应商。

选择一家供应商实施订购的优点是：能密切供需双方的关系，如果所采购商品的质量稳定，费用较低，就可获得价格折扣。其不足是：无法与其他供应商进行比较，可能失去质量较高、价格更便宜的供应来源；采购的机动性小；如果供应商的生产或供货出现问题时，就会影响企业的经营活动。选择多家订购，其优缺点与选择一家供应商的优缺点相反。

在实际操作过程中，究竟是选择一家供应商还是选择多家供应商，企业应当依据自身的情况来确定。

（五）订购批量与订购时间的确定

供应商确定之后，采购单位就需要确定每次的订购批量与订购时间。一般而言，订购批量与订购时间的确定方法主要有定量订购与定期订购两种。

1. 定量订购

定量订购是指每次订购数量虽相同，但订购时间和订购周期不确定的订购方法。定量订购包括订购点法与经济批量法。

在定量订购情形下：

订购批量 = 订购总量 ÷ 订购次数

（1）订购点法。订购点法是通过确定订购点而确定订购时间的方法。所谓订购点，就是需要提出订购时的库存量标准（或水平）。其计算公式为：

订购点 = 备运时间需要量 + 保险储备量 = 平均备运天数 × 平均一日需求量 + 保险储备量

备运时间也叫作前置时间，是指从提出订购至商品到货所需要的时间。通常包括订购时间、发货时间、运输时间和验收时间等。

（2）经济批量法。经济订购批量（Economic Order Quantity，EOQ）是指总费用最小的一次订购量，简称经济批量。经济订购批量法是通过确定经济批量来确定订购批量的一种方法。一般而言，总费用主要由物资总价、运杂费、订购费用以及储存费用等构成。在需求均衡、稳定，计划期内的采购总量一定；每次采购数量不受限制，能确定供货日期；商品单价和运费率不变；不允许缺货；在仓储条件和商品使用储存寿命不受限制；资金条件不受限制等情况下：

总费用 = 订购费用 + 储存费用

即：$S = \dfrac{RG}{Q} + \dfrac{hQ}{2}$

式中：S 表示计划期（一般以年为单位）总费用；h 表示单位商品计划期（年）保管费用；Q 表示经济订购批量；G 表示一次订购费用；R 表示年采购总量。

要使 S 最小，则有：

$Q = \sqrt{2RG/h}$

如果该类商品的年储存费率为 H，商品的单价为 C。则有：

$$Q = \sqrt{2RG/CH}$$

H =（该类商品年总储存费÷该类商品年平均库存额)%

上述关系可用图 4 – 1 来表示。即当计划期订购费用与计划期储存费用相等时，其所对应的订购批量就是经济批量，此时总费用最小。

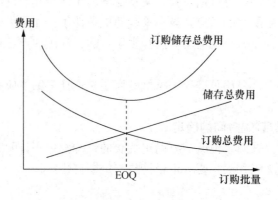

图 4 – 1　经济批量

2. 定期订购

定期订购是指订购时间和订购周期固定，而订购批量却不确定的一种订购形式。定期订购的订购批量通常按以下方法进行计算：

订购批量 = 定期订购需要量 + 备运时间需要量 + 保险储备量 – 现有库存量 – 已订未交量 =（订购周期天数 + 平均备运天数）× 平均一日需要量 + 保险储备量 – 现有库存量 – 已订未交量

3. 订购批量和订购时间的调整

在实际采购中，受多种因素的影响与条件的制约，企业需要按照现实情况对订购批量与时间进行调整，并选择相适合的订购方法。

如果需求表现为均衡、持续的状态，既可以运用定量订购的方法，也可以运用定期订购的方法；如果表现为不均衡的状态，且各周期变动比较大，一般可选用定期订购的方法。

在储存能力和储备资金受到限制的情况下，可以按照储存能力和储备资金的可能性来调整订购批量，适当减少各类商品的同时进货。

如果供方生产和供货呈现为集中和季节性供货的状态，可以适当加大订购批量。在有订货、发货限额限制的情况下，如果订购批量低于限额，则以限额为标准来调整订购批量或订购周期。

当市场供求向着供给小于需求的方向发展，预期的价格会升高，可以适当加大订购批量；反之，则相反。

（六）订购方式

订购方式有很多分类，正如前面所述的定量订购与定期订购，直接订购与间接订购等，此外也可分为网上订购和网下订购。在此，我们主要阐述网上订购方式。

　　网上订购是指通过互联网所进行的采购。协同采购理念的形成、信息化程度的提高以及互联网与供应链的发展，为企业进行网上采购奠定了良好的基础。通过网上的协同化采购，企业不仅可以缩短采购周期、提高供货准确率和存货周转率，增强供货稳定性，而且也可以促进与供应商的长期关系、降低采购成本。

　　一般而言，网上订购流程，如图 4－2 所示。

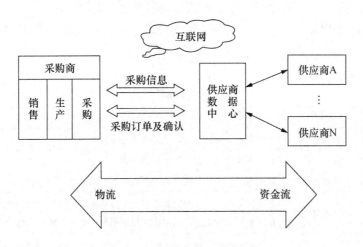

图 4－2　网上订购流程

　　在网上采购过程中，建立与供应商的协同与信任的关系是非常重要的。这种协同与信任在实施过程中，主要表现在以下三个方面：

　　（1）采购计划协同：采购商（包括制造商和零售商）通过互联网将自己的采购计划定期下达给供应链的上游供应商，供应商可以按照该采购计划安排生产计划和备货，以提高交货的准确性和及时性；

　　（2）采购订单的执行协同：采购商通过互联网把采购订单下达给供应商，供应商把采购订单的执行情况及时转达给采购商，使采购商能够对采购订单的执行情况有比较明确的了解，安排好自身的生产经营计划；

　　（3）异常情况的协同：在实际运作过程中，由于其他因素特别是非正常因素的影响，采购商与供应商的生产经营计划可能会发生变化与调整，在此情况下双方应当及时进行沟通协调，对自己的生产经营计划进行合理的调整。

　　采购商进行采购时，既可以直接向供应商订购，也可以通过委托第三方来进行采购。究竟采用哪种方式，既取决于采购商自身的情况，也取决于外部环境。

（七）进货

　　进货是商品采购的最后一个环节。通常包括商品的接收、装卸搬运、检验、入库等过程。

　　在实际过程中，对于采购商而言，进货环节既可以由自身来完成，也可以采取委托方式由第三方来完成。

四、仓储与库存管理

(一) 仓库与仓储设施

1. 仓库及其种类

仓库是保管、储存物品的建筑物和场所的总称。在现代物流理念中，人们还认为仓库是从事包装、分拣、流通加工等物流作业活动的节点设施。

从不同方面来划分，仓库有不同的种类。表4-8是按照不同标准划分的仓库种类。

表4-8　仓库的种类

划分标准	类别	说明
使用范围	自用仓库	企业为自身生产经营活动需要而建立的仓库
	营业仓库	企业为经营储运业务而建立的仓库
	公用仓库	国家或主管部门建立的为社会服务的仓库
	出口监管仓库	是经海关批准，在海关监管下，存放已按规定领取了出口货物许可证或批件，已对外买断结汇并已向海关办完全部出口海关手续的货物专用仓库
	保税仓库	是经海关批准，在海关监管下，专供存放未办理关税手续而入境或过境货物的场所
保管物品的种类	综合库	可存放多种不同货物的仓库
	专业库	存放一种或某一大类货物的仓库
保管条件		普通仓库，冷藏、保温、恒湿恒温仓库，特种仓库（一般存放危险品）
建筑形式		封闭式仓库、半封闭式仓库和露天仓库
库房建筑结构		高层货架仓库、罐式仓库、平房仓库、楼房仓库、简易仓库等
建筑材料		钢筋混凝土、砖石和木结构仓库、特殊仓库等
库内形态		货架型仓库、地面型仓库、自动化仓库等
仓库功能		加工中心、储调中心、配送中心、集货中心、分货中心、转运中心、物流中心

2. 仓库设施

由于功能及定位等方面原因，不同仓库的设施也都存在一定的差异。一般而言，仓库的设施主要包括以下几个方面。

(1) 员工设施；

(2) 储存与维修设施及其工具；

(3) 停车场；

(4) 办公用地的选择；

(5) 可以储存损坏货物的空间；

(6) 垃圾或者维修损坏货物的空间；

(7) 接货与装载空间的设置；

（8）设置退货或者回收货物加工区等；

（9）临时性储存空间；

（10）危险品、高附加价值、仓库设备或者货物所需要的其他专门的搬运设备的储存空间；

（11）对废物和边角余料进行堆积和打包的空间；

（12）设立设备储存和维修的空间；

（13）商品再包装、贴标签和定价等空间。

3. 数码仓库与网络仓库

（1）数码仓库。就是用网络技术、现代信息技术以及计算机技术等对商品进行储存与管理的仓库。数码仓库的出现与发展，可以使人们对仓库实施虚拟化、动态化与实时化的管理。数码仓库的作用则主要表现在以下几个方面。

第一，可以有效地实现仓库资源的配置。动态化、虚拟化与实时化的管理，一方面可以使管理者在最短的时间内掌握仓库设施与设备以及人员的配置情况，并根据需要实时地对这些资源实施合理的配置；另一方面，可以根据未来的计划，通过虚拟的方式对未来的经营活动进行模拟，实现资源的合理配置，提高设施与设备的利用效率和劳动效率。

第二，可以有效地降低库存。动态化、虚拟化与实时化的管理，可以使经营人员准确、及时地掌握和了解库存状态，并根据需要合理地对库存进行安排。

第三，可以为用户提供更高质量的服务。数码仓库的建立与管理，也可以使用户运用在线方式准确及时地掌握货物状态与库存状况，合理地安排自己的生产经营活动。

（2）网络仓库。是一种与传统仓库在概念上截然不同的商品储存方式，它并不是一个具体的、看得见摸得着的仓库，而是一个借助于先进的通信设备，能随时实施物品调动的若干仓库的总和。网络仓库覆盖的地域较大，其可依据用户的需求和所处的地理位置，通过信息系统在最短的时间内作出决策，选择一个距用户最近且有足够商品库存的仓库向顾客发货。网络仓库的出现，可以减少商品在不同仓库之间的调货次数，商品从出厂到最后的消费可能只需要一两次的运输，减少了运输费用。

网络仓库的出现，改变了传统仓库的运作方式与经营理念模式，使仓库的运行模式更加合理，作业效率更高。虽然这种商品存储形式可能会在一定程度上增加一些仓库的仓储费用，但是从物流的总体过程来看，它可以减少运输费用，为顾客提供及时高效的服务，提高了顾客的满意度，塑造了良好的企业形象。

（二）仓储业务流程

1. 仓储的功能与作用

仓储的功能与作用主要应当包括以下几个方面：

（1）满足消费者的个性化消费需求。

（2）降低运输成本，提高运输效率。

（3）解决商品的生产与消费在空间上的差异。

（4）通过商品在消费地的存储，可以达到更好的客户满意度。

（5）解决商品生产与消费在时间上的差异。调节商品的时间需求，进而消除商品的价格波动。

2. 储存流程

商品储存流程主要包括入库、保管和出库等阶段，各阶段包括的环节与主要任务，如表4-9所示。

表4-9 商品储存过程

阶段	环节	主要任务
入库	接运	接运准备、装卸搬运作业
	交接	外部业务交接、内部业务交接
	验收	核对业务凭证、实物验收、验收准备、填制验收单、建立入库账卡
	入库	建立货物的明细账、保管卡片以及货物业务技术档案等
保管	是仓储作业的一个中心环节，主要工作包括保管维护、检查、堆码、盘点	
出库	出库	核对资料凭证、出库复核、备料出库、点交等
	交接	内部交接、外部交接
	托运	包装装车作业、办理托运

3. 商品储存合理化

（1）储存合理化的标志。可以从结构、分布、质量、时间、费用等方面来进行衡量。质量标志就是在商品储存期间，确保商品的质量不遭受损失；时间标志是储存时间要合理；结构标志就是对于有相关需求的商品，必须要保持一定的存储比例；分布标志是要实现商品储存在空间分布上的合理性；费用标志就是在保证需要与供应的前提下，使储存总费用降到最低。

（2）实现商品储存合理化的措施。主要包括以下几种：

第一，实行科学管理；

第二，选择合理的储存模式；

第三，做到商品储存的信息化；

第四，合理布局商品储存网络与设施。

4. 储存企业的考核评价指标

储存企业的考核评价指标不仅是衡量储存企业绩效的重要标准，而且也是增强储存企业活力，促进储存企业发展的重要因素。储存企业的考核评价指标，如表4-10所示。

（三）库存管理

库存有狭义与广义之分，狭义的库存主要是指处于储存状态的物品，或者是指储存在仓库中的物品，属于静态的库存。广义的库存还包括处于制造加工状态和运输状态的物品。在此，我们主要论述狭义的库存。

表 4 – 10 储存企业的考核评价指标

类别	指标	含义与计算
生产成果数量指标	吞吐量	吞吐量 = 入库量 + 出库量 + 直拨量
	库存量	通常指计划期内日平均库存量 月平均库存量 = (月初库存量 + 月末库存量) ÷ 2 年平均库存量 = 各月平均库存量之和 ÷ 12
	存货平均余额	存货平均余额 = (年初余额 + 年末余额) ÷ 2
	存货周转率	存货周转率 = (物资销售成本 + 存货平均余额) × 100%
生产作业质量指标	收发正确率	收发正确率 = [(吞吐量 – 收发差错总量) ÷ 吞吐量] × 100%
	完好率	完好率 = 完好商品总量 ÷ 吞吐量 × 100%
	业务赔偿费率	业务赔偿费率 = (业务赔罚款总额 ÷ 业务总收入) × 100%
	账、卡、物相符率	账、卡、物相符率 = (账、卡、物相符数 ÷ 账、卡、物总数) × 100%
	货物苫盖率	货物苫盖率 = (平均苫盖数量 ÷ 平均应苫盖数量) × 100%
	缺货率	缺货率 = 缺货次数 ÷ 用户要求次数 × 100%
储存作业物化劳动和活劳动消耗的指标	库存消耗指标	库存消耗 = 消耗量(年) ÷ 平均库存量(年) 能源消耗水平 = 能源消耗量(年) ÷ 平均库存量(年)
	平均验收时间(天/批)	平均验收时间(天/批) = 各批验收天数之和 ÷ 验收批数
	发运天数	整车平均发运天数 = 各车发运天数之和 ÷ 发运车总数 零担平均发运天数 = 各批零担发运天数之和 ÷ 零担车总数
	作业质量系数	作业质量系数 = 装卸作业总量 ÷ 进出库物资数量 1 为最理想
	成本	单位进出库成本(元/T) = 年进出库费用 ÷ 年进出库总量 单位储存成本(元/T) = 年储存费用 ÷ 各月平均库存量之和
储存作业物化劳动效率的指标	仓库面积利用率	仓库面积利用率 = 仓库实际利用面积 ÷ 可利用的面积 × 100%
	仓容利用率	仓容利用率 = (实际利用容积 ÷ 可利用的容积) × 100%
	设备利用率	设备利用率 = (实际利用时间 ÷ 可利用的时间) × 100%
储存作业劳动效率指标	全员劳动生产率	全员劳动生产率(元/人) = 总收入 ÷ 年职工平均人数 × 100%
	经销劳动生产率	经销劳动生产率(元/人) = 总收入 ÷ 年经销职工平均人数 × 100%
反映储存生产经济效益的指标	人均利税率	人均利税率(元/人) = 利税总额 ÷ 总收入 × 100%
	费用水平	总费用率 = 费用总额 ÷ 总收入 经销费用率 = 经销费用 ÷ 销售收入
	储存费用率	储存费用率 = 储存费用总额 ÷ 储存业务收入

1. 库存的种类

按照不同角度来划分，有以下几种常见的划分。

（1）按库存在再生产过程中所处的领域划分，有制造库存、流通库存和国家储备。制造库存主要是为了满足生产需要而实行的库存；流通库存主要是指为满足生产和生活需要、补充生产和生活需要的不足所实行的储备；国家储备主要是指为应付自然灾害、战争和其他意外情况等所实行的储备。

（2）依照库存在企业中的用途划分，有在制品库存、原材料库存、维护/维修作业用品库存、包装物和低值易耗品库存、产成品库存等。

（3）按库存目的划分，有安全库存、周转库存和季节性储备。周转库存也叫作经常库存，是指在正常经营情况下，企业为满足日常生产及生活需要而建立的库存；安全库存是企业为防止和减少因订货期间需求率增长或到货期延误所引起的缺货而设置的库存；季节性储备是由于季节原因而实行的库存。

2. **库存的作用与不足**

（1）库存的作用。从宏观角度来说，库存能够解决社会生产与消费在时间、空间上的矛盾，防止意外情况的发生；从微观上来说，库存有利于保证生产的需要、防止缺货的发生。

（2）库存的不足。库存的不足主要表现在以下四个方面：一是会占用大量的流动资金，如果不良库存过多，甚至会影响到企业生产经营活动的正常开展；二是会增加物品的管理成本，降低企业的竞争能力；三是会加大物品的损耗，有形损耗会降低物品的使用价值，无形损耗则会降低物品本身的价值；四是会形成对社会设施与设备的占用。

3. **库存管理的目标**

库存管理的目标主要包括两个方面：一方面是要减少和制止不良库存；另一方面是要确定适当库存。

一般而言，不良库存主要包括商品积压、报废物资、库存过剩、库存闲置、呆滞品等，减少和制止不良的库存会减少资金的占用、降低库存费用。确定适当库存包括两方面的内容：一是应当确定合理的库存结构（包括时间结构、品种结构、空间结构等）；二是应当确定合理的库存规模。

4. **库存管理方法**

目标是通过一定的方法来实现的。要有效地减少和制止不良库存，就需要运用科学的管理方法对库存实施管理。库存管理方法很多，在这里我们主要介绍以下几种常用的管理方法。

（1）定额管理法。主要是通过确定库存储备定额来实施对库存管理的一种方法。所谓储备定额，就是在一定的生产经营技术条件下，合理储存的物品数量标准或水平。储备定额是确定储备量、检查与评价储备量是否合理的主要标准。

储备定额的种类有很多，一般而言，主要包括以下几个方面。

依照技术单位划分，储备定额有相对储备定额和绝对储备定额。相对储备定额以储备天数为计算单位，表示可供多少天使用的物品。绝对储备定额以实物单位（吨、台）为计算单位，主要用于计划编制、库存量控制和仓库保管面积的计算等。两者的关系可表示为：

绝对储备定额 = 平均一日需要量 × 相对储备定额

依照作用划分，储备定额有经常储备定额、保险储备（安全储备、缓冲储备）定额和季节性储备定额。经常储备定额是为保证在两次进货的间隔期内正常供应需要的储备数量的标准；保险储备定额是为了应对意外情况而确定的储备定额；季节性储备定额是由于季节原因而确定的储备定额。

依照综合程度划分，储备定额有个别储备定额和类别储备定额两种模式。个别储备定额是按物品的具体规格型号确定的储备定额，一般是确定储备定额的重点。类别储备定额是按物品大类品种确定的储备定额。两者的关系为：个别储备定额是类别储备定额的基础，它们的关系可以表示为：

类别储备定额 = 经常储备定额之和 × 调整系数 + 保险储备定额之和（调整系数一般在 0.5 ~ 0.8）

（2）分类管理法。分类管理法就是按照一定的标准将库存物品划分成不同的类别，然后对不同类别物品进行不同管理的方法。

ABC 管理法。ABC 管理法是分类管理法中最为常见的一种管理方法。其管理的基本方式是将库存物品依照品种数和所占金额划分为 A、B、C 三类，分别对其实施管理。一般而言，A 类物品的品种占库存品种数目的 20% 左右，资金占库存总金额的 70% ~ 80%，在管理中，要对其实行重点管理，尽可能降低其库存量；B 类物品的品种占库存品种数目的 30% 左右，资金约占库存总金额的 15% ~ 25%，在管理中，对其进行次重点管理；C 类物品的品种占库存品种数目的 50% 左右，资金约占库存总金额的 5%，在管理中对其实行一般管理。

ABCD 分类管理法。ABCD 分类管理法就是将库存物品按照周转速度和销售额划分为 A、B、C、D 四类。一般把周转速度很快、销售额度很大的物品划分为 A 类；把周转速度较快、销售额较大的物品划分为 B 类；把周转速度较慢，销售额较小的商品划分为 C 类；而把滞销及呆销的物品划分为 D 类。管理的重要程度依次为 A 类物品、B 类物品、C 类物品和 D 类物品。该种管理方法比较适合于商业企业的库存管理。

关键因素分析法。关键因素分析法（Critical Value Analysis，CVA）就是把某一因素当作关键因素，并以此对库存物品进行划分。在实际管理中，由于企业的类型与经营性质等存在着差异，对关键因素的选择也各不相同。常用的一种选择是按照缺货损失来进行分类，如表 4 - 11 所示。

表4 -11 基于缺货损失的库存分类

缺货损失	要 求	特 点	类 型	管理级别
大	不许缺货	生产经营中关键的、基础性的物品，不能迅速得到补给的物品	最高优先级	高
中	允许在一定范围内缺货	生产经营中比较重要且可迅速得到补给的物品	优先级	中
小	允许缺货	生产经营中需要的物品，有可替代的物品	一般	一般

五、企划运输与管理

降低运输成本的基本做法就是将小批量货物集聚成较大批量货物。专门经营女装的美国零售商巴恩服装公司运输主管亨利·斯纳尔说道："如果我们采用40英尺的集装箱运货，我们的运费是采用20英尺集装箱货运费用的75%。"

（一）运输的内涵

运输是用设备和工具，将货物或商品从一个地点向另一个地点的运送过程。其包括：集中货物、中转货物以及分散货物等一系列活动。

运输是物流的主要功能之一，可以创造"空间效应"和"时间效应"，是第三利润的主要来源。通常将运输称为物流的"动脉"。

（二）运输方式

运输的基本方式有水路运输、公路运输、铁路运输、管道运输以及航空运输。每一种运输方式都有自身的特点，提供的服务内容和服务质量也各不相同，成本也存在着一定的差异。为了有效地发挥不同运输方式在不同区域环境下的优势，人们开展了联合运输，以避免采用单一运输方式所存在的不足。

1. 运输基本方式

（1）铁路运输。就是火车所进行的运输。铁路运输的优点是运输能力大、运行速度快、受自然条件影响小、能够连续运输，通用性好、可以适用于不同货物，平均运距高于公路、运行平稳安全可靠，且运输成本与能耗较低；不足是投资大、建设周期长、占地多。通常适用于距离远、运输量大的货物。

铁路运输符合规模经济和距离经济的要求。规模经济的特点是随着装运规模的增长，单位重量的运输成本就会降低。也就是说，用铁路进行运输，一次运输的物品规模越大，单位物品的运输费用也就越低。而距离经济是说随着运输距离的增加，单位物品的运输费用也会相应减少。所以在通常情况下，对于大批量和远距离的运输情况而言，铁路运输费用就会比较低，一般要低于公路运输的费用；但对于小批量的货物和近距离的大宗货物而言，铁路运输的费用则比较高。

铁路运输的货物主要有钢铁、石油、矿建材料、矿石、谷物、煤炭、水泥等。这些物品都有一个共同的特点，就是价值较低、密度较高，且运输成本在商品售价中所占的比重比较大。

铁路运输通常可以分为整车运输和集装箱运输两种类型。整车运输就是包租一节货车的运输形式，适用于大批量、大规模或是单个长度、重量、容积等特别长大的货物的运输。集装箱运输是一种利用集装箱进行运输的形式，有时也包括将集装箱当作货物进行托运。集装箱运输是在发货人的门口把货物装入集装箱后，一直到收货人的门口，将货物从集装箱中取出，中途不再进行货物倒装的一种运输方式。

（2）公路运输。主要是指依靠载重汽车在公路上实施的货物运输，也可以叫作汽车运输。公路运输是配送货物的主要形式，一般而言，公路运输可以用来运输任何物品，但依据公路运输自身的特点，公路运输主要是用来运输制造产品。制造产品的特点就是价值比较高，包括橡胶与塑料制品、纺织及皮革制品、仿金属制品、通信产品及照相器材等。

公路运输的优点是机动灵活（可以进行门到门的运输）、速度快、可靠性高、投资少、对物品损伤较小。不足是运输能力小、成本高、消耗高、生产率相对较低。通常适合于距离较短、批量较小、门到门的货物运输。

（3）水路运输。由船舶、航道和港口所组成，它是一种历史悠久的运输方式，也叫作船舶运输。

水路运输的优点是运输能力大、费用低、运距长；缺点是运营范围和运输速度受到限制，且易于受气候的影响。通常适合于运距长、数量大、价值低的货物运输。

（4）航空运输。是利用飞机或其他飞行器所实施的货物运输，是国际货物运输的一种重要方式。

航空运输的最大优点是运输速度非常快，对于急需的、易腐烂与易变质的货物都可以考虑采用航空运输。此外，航空运输可以减少对货物的震动和冲击，因此被运输的货物只需要简单进行的包装即可，有利于节省包装费用。

航空运输的局限性主要表现在以下几个方面。首先，运输费用高。在美国，平均每吨货物每英里的运价，航空运输是铁路运输的 12～15 倍，是公路运输的 2～3 倍。其次，场所受到限制。航空运输通常需要机场等设施。最后，容易受到气候的影响。恶劣的天气情况会对航空运输造成很大的影响，影响航空运输的及时性。

（5）管道运输。运用管道运输的大部分物品都是一些流体的能源物资，如天然气、石油、成品油等。现在，随着技术的发展，也可以运用管道来传递一些固体物品。

管道运输的优势就是成本低廉，受天气情况的影响小，可以长期稳定地使用，安全性能比较高，此外其运距也长、运输能力也大，货物损失极少。

管道运输的局限性主要表现在：一是运输物品的品种受到限制，并且使其适用性也受到一定的影响；二是运输方式不够灵活，只有接近管道的用户才能够使用；三是运输的速度较慢；四是商品造价昂贵。

目前，铁路与水路运输仍然是我国运输的主要方式。

2. 联合运输

联合运输是把多种运输方式和运输工具联合起来所实施的运输，也可以理解为是基本运输方式的组合。联合运输可以真正地实现门到门（door to door）的运输服务，有利于实现物流的及时性和准确性。其具有一次托运、一个计划、一票到家、统一理赔、一次收费、全程负责的特点，方便了托运人，如图 4-3 所示。

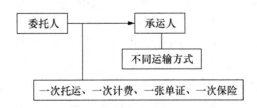

图 4-3　联合运输的过程

3. 运输方式与承运人的选择

（1）运输方式的选择。每种运输方式都有其自身的优势与不足，在实施过程中，到底哪种方式最好，这不仅取决于所运货物的性质、要求的成本，而且也取决于运输的速度、性能、可靠性、容量以及距离等。

　　不同物品对运输有着不同的要求，考虑到货物品性质时，主要考虑物品的容积、形状、重量、危险性和易腐性等。不同运输方式具有不同的运输特征，委托人和承运人应充分考虑自身的具体情况，选择不同的运输方式。各种运输方式的特征，如表 4 - 12 所示。

表 4 - 12　不同运输方式的特征

项目 运输成本	铁路	公路	水路	航空	管道
运输成本	中	中	低	高	较低
运输速度	快	快	较慢	很快	很慢
运输频率	高	很高	有限	高	连续
运输可靠性	很高	高	有限	高	很高
运输可用性	广泛	有限	很有限	有限	专业化
运输距离	长	中、短	长	长	长
运输规模	大	较小	大	小	大
运输能力	强	强	最强	较弱	最弱

　　（2）承运人的选择。承运人是向社会或市场提供运输服务的市场组织。包括公路承运人、铁路承运人、水路承运人和航空承运人等。

　　委托人在选择承运人时，通常要考虑运价、运输效率、运输可靠性、运输能力以及可接近性等。

　　运价是承运人向委托人提供运输服务的收费标准，对委托人而言，一般要选取收费标准低的承运人。

　　运输效率通常可用运输时间来衡量，是指从托运人准备托运货物到承运人将货物完好地移交给收货人之间的时间间隔。其中包括接货与送货、中转搬运和起讫期间运输所需要的时间。

　　可靠性主要包括运输时间的可靠性、服务质量的可靠性以及运输的安全性等。可靠性对委托人的生产经营活动有着重要的影响，如果委托人为用户，可靠性直接影响着企业的库存和缺货损失；如果委托人为供方，可靠性则直接影响着企业的服务水平。

　　运输能力是指承运人提供运输货物所需要的工具与设备的能力。运输能力越强意味着承运人提供服务的能力越强；反之，则相反。

　　可接近性是指承运人为企业运输网络提供服务的能力，也就是承运人接近企业物流节点的能力。可接近性越高，企业越容易获得承运人的服务。

　　在实际操作过程中，为了使以上各因素更容易具备衡量性与可操作性，有些企业依据自身的现实情况，设计了不同的考核标准与项目。表 4 - 13 是一家企业在选择承运人时的考核项目与标准。

表 4-13　选择承运人的项目与标准

承运人项目	权重	承运人 A	承运人 B	承运人 C
承运人的地理覆盖范围	f_1			
承运人的营销能力	f_2			
现有的设备与清洁度	f_3			
客户服务	f_4			
定价	f_5			
账单精确性和及时性	f_6			
丢失和损坏的处理	f_7			
承运人财务的稳定性	f_8			

（3）货运代理人。是为客户提供货运代理服务的一种经济组织形式，介于托运人和承运人之间，专门为那些非满载货运的托运人提供收取和递送服务。从严格意义上来说，货运代理人不是承运人，而是作为经纪商来进行经营的。货运代理人一般不提供长途运输服务。对企业来说，货运代理人主要发挥了运输部门的作用。

（三）运输合理化

在整个物流活动中，运输成本与效率对物流成本与效率产生着重要的影响，运输的合理化不仅有利于降低物流成本和提高运输的效率，而且对物流合理化有着重要的作用。

1. 运输合理化的标志

一般而言，衡量运输是否合理可主要从运输距离、费用、环节、时间、工具等方面来判断，即运输距离是否最短、环节是否最少、时间是否最短、费用是否最低、工具是否合理等。

在具体操作过程中，要实现单一目标或某一方面的合理化是较为容易的。但现实的问题并不是要实现单一目标或某一方面的合理化，而是要实现整个运输过程的合理化。在此情况下，就需要对运输的各个目标做统一的考虑，实现系统最优。

在分析的过程中，要注意处理两个关键的问题：一是要考虑到企业的实际需要；二是要有效地解决合理化标志存在的问题。

2. 不合理运输的表现

不合理运输主要是指在运输过程中，未能实现运输费用最省、距离最短、环节最少、时间最短、工具合理的运输。其主要表现在以下几个方面：

（1）空驶。是指行驶的运输工具没有装载任何货物，是最为严重的不合理运输。

（2）分散货流。是指把本来可以集中的货物加以分散。即可以按整车发运的却按零单发运，可直达运输的却中转运输。

（3）迂回运输。是指没有选择最短线路所进行的运输，如可以走直线距离却走曲线距离等。

（4）过远运输。是指本可从较近的地点进行运输，但却选择了较远的地点进行运输。

（5）对流运输。也称相向运输，是指在同一运输线路上，沿正反方向，运输同一规格、同一品种的货物或相互替代的货物。对流运输包括明显对流和隐蔽对流两种方式，明显对流是在同一运输线路上的对流，隐蔽对流是不在同一运输线路上的对流。

（6）无效运输和虚糜运输。无效运输是指运输的货物中含有的杂质较多。虚糜运输是指车（船）的几何容积和标记载重量没有被充分利用。

（7）重复运输。是指对一批货物或其中一部分货物进行两次以上的发运，引起运量重复计算的运输。即一批货物在运输过程中，在某一中转站卸下，不进行任何加工和处理，又重新装车运往别处，造成货物在流转过程中没有必要的中转。

3. 实现运输合理化的措施

运输合理化对提高运输效率、降低运输成本有着重要的作用。一般而言，运输合理化的措施主要包括以下几个方面。

（1）开展联合运输和集装箱运输。

（2）合理规划生产力布局和运输网络的配置。

（3）合理选择运输工具与运输方式。

（4）严格按照合理流向图组织运输。合理流向图（标准流向图）是按照某种货物资源和消费的分布状况，运用运筹学方法和电子计算机，制定货物中转量最小的供需联系方案，并结合各地区各种运输方式的能力，对该货物的供应范围和调运路线，经济合理地加以划分和确定，用流向图规定下来，作为运输部门组织供销与运输的共同依据。

（5）组织直达运输和"四就"运输。直达运输是将货物直接从生产地运抵消费地，中间没有中转环节的运输。通常适合于运输里程较远、跨地区、批量较大的运输。"四就"是指就厂直拨、就车站（码头）直拨、就库直拨、就车（船）过载，通常适合于运输批量较小、里程较近、在大中城市批发站、中转站的运输。

（四）运输线路

合理地确定运输线路对于提高物流效率、降低物流成本有着重要的影响。一般而言，运输线路的确定程序包括以下几个方面。

1. 确定目标

一般来说，影响运输线路的因素主要包括运输工具、时间、距离、环节、费用等。其确定目标可以从效益、成本、准时性等方面来加以考虑，也可以具体从路程、运力利用以及劳动消耗等方面来考虑。

2. 确定运输线路的约束条件

一般而言，运输线路的约束条件主要包括以下几个方面：

（1）政策环境方面。在允许通行的时间中进行运输并符合环保的要求等。

（2）运输工具方面。各运输线路的货物量不得超过车辆容积及载重量的限制。

（3）收货人方面。主要包括收货人对货物规格、品种、数量以及时间与费用的要求。

（4）运输的距离与路面质量。

（5）发货人方面。主要包括地点、时间、运输方式以及费用等的要求。

3. 选择运输线路的确定方法

运输线路的确定方法有很多，经常使用的有方案评价法、模型法和节约里程法等。

方案评价法也称为综合评定法，是当运输线路的影响因素较多，难以用某种确定的数学关系式表达或难以以某种单项依据评定时，可以使用该法。其确定步骤为：①提出运输线路的地点，车型等具体参数，拟定运输（或配送）路线方案；②对各个方案引发的数据（主要包括成本、距离、时间等）应当进行计算；③确定评价项目（主要包括成本、时间、车辆数等）；④对方案进行综合评价；⑤选择最佳方案。

数学计算法。按照已知的条件（变量）建立数学模型，使其在满足约束条件下，实现最优化（参见运输线路的规划技术）。

节约里程法。以运输里程最短为目标，根据约束条件，寻找出最短里程。

（五）运输技术

1. 运输装载技术

运输装载技术的主要目的是提高货物的装载量。一方面是要最大限度地利用好运输工具的载重吨位；另一方面是要充分地利用运输工具的装载容积。货物的装载技术主要包括轻重配载技术、解体运输技术和堆码技术。

2. 运输线路的线性规划技术

通常我们把目标函数及约束都是线性表达式的规划问题叫作线性规划。满足约束条件的解一般叫作线性规划的可行解，使目标函数达到最优的可行解叫作线性规划的最优解。

运输线路的线性规划技术就是将线性规划方法应用于运输线路的选择问题。按照已知的条件（变量），建立数学模型，使其在满足约束条件的情况下，目标函数达到最大值或最小值（最优解）。通过求解方程，寻找最佳的运输线路。其数学模型通常如下：

目标函数：$minZ = \sum_{i=1}^{m} \sum_{j=1}^{n} C_{ij} X_{ij}$

约束条件：$\sum_{i=1}^{m} X_{ij} \leq A_i$

$$\sum_{i=1}^{m} X_{ij} \leq B_i$$

式中：Z 表示将物品从 m 个起运地运到 n 个目的地的运输总费用；i 表示起运地，$i=1，2，\cdots，m$；j 表示目的地，$j=1，2，\cdots，n$；C_{ij} 表示从第 i 个起运地运到第 j 个目的地的单位运费；X_{ij} 表示从 i 地到 j 地的运输量；A_i 表示 i 地的供应量；B_i 表示 j 地的需求量。

3. 网络分析技术

网络分析技术也叫作网络分析法、统筹法、关键线路法或计划评审法，是一种组织管理技术，基本原理就是将组成系统的各项任务，按照各个阶段和先后顺序通过网络形式，根据工作进度和任务的轻重缓急，统筹规划、统一安排。其经常以运输工序所需的工时为因素，依据运输工序之间的关系，映射出整个运输过程和任务的网络图，通过计算，找出对全局有重大影响的关键线路。据此对运输任务的各个工序进行安排，对整个系统实施控制和调整，使运输系统能在最短的时间，以较小的人、财、物等运输资源的消耗，来更好地完成运输目标，一般而言，网络分析方法在货物运输过程中的应用流程主要应当包括以下几个方面。

（1）找出关键线路。

（2）计算各次运输工序的机动时间。

（3）设计运输网络图。

（4）计算各次运输工序最早和最迟开工时间。

（5）计算每次运输工序所需时间。

（六）运输的其他知识

1. 提单

提单有两种，一种是直接提单，一种是订货提单。直接提单通常打印在一张白纸上，并在适当的地方注明收货人的姓名，承运人按照严格的法律义务条款将货物送往提单中注明的收货人，而非其他人。订货提单通常打印在一张黄纸上，没有指明收货人（即还没有买主）。

海运单。是履行国际海上货物运输合同和货物由承运人接管或装船以及承运人保证将货物交给指定的收货人的一种不可流通的单证。其基本作用主要有三：一是承运人收到的货物收据；二是运输合约的证明；三是解决经济纠纷时当作货物担保的基础。

2. 运输付款和审计服务

在双方约定的时间内，托运人一定要付款给承运人。为了保证公司的利益、确保收费的合理性以及避免高收费和差错，托运人有必要对运费情况进行审计。一般而言，运费审计主要可从两个方面来进行。一是内部审计，即由公司自己的人员来实施的审计；二是外部审计，即由第三方来进行审计。

3. 变更卸货地和变更收货人

由于市场的不断变化以及客户可能对订货发生变化，在有的情况下，商户可能会变更卸货地和收货人。变更卸货地是指在货物到达目的地之前，托运人通知承运人货物目的地的改变。变更收货人是指托运人通知承运人对收货人的变更。在实际运作中，经常发生货物到达目的地后，承运人才收到托运人变更收货人的信息。

4. 跟踪

跟踪是对货物所实施的监控。跟踪有助于解决货物的丢失或者延误。当托运人确定一批货物不能及时到达目的地时，就可以和承运人联系，并要求承运人对货物实施跟踪。

目前，随着计算机技术、通信技术以及其他现代技术的发展，很多承运人都运用电脑系统来监督货物的运输过程。同时承运人也为托运人提供免费的跟踪服务，如果承运人具备相应的条件，他们也可以及时地对运输中的货物实施监控，收货人可以确切地知道自己货物所在的位置以及能够在什么时间到货。

5. 丢失与损坏

相关资料显示，货物的丢失与损坏通常相当于货物平均价值的 2.7%。由于可能出现货物的丢失和损坏，就必须对出现的丢失和损坏进行处理。对于承运人而言，如果运输的货物发生丢失或损坏，就需要进行赔偿；而对于托运人来说，如果货物发生了丢失或损坏，就需要得到赔偿。关于赔偿的数额，在很多情况下，是按照双方的合同或契约来落实的；如果对于丢失和损坏双方发生分歧，具有不同的看法，当双方协商不能解决时，可以申请仲裁机构来进行协调解决；如果不能协商解决时，可以通过司法程序。

6. 转运优惠

转运优惠是由一些承运人所提供的，允许货物在最初发货地和最终目的地的中途进行停留，实地装卸、储存以及再加工，之后重新进行装载后运往最终目的地。

7. 滞期费和延误费

延误费是指承运人对托运人或收货人没有能在规定的时间内将运货的货车车皮归还给自己所收取的一种费用（也有人认为是一种罚款）。滞期费基本与延误费相同，只不过常常用于卡车方面。

8. 集运小货物

在很多情况下，小批量的货物需要支付较高的费用同时还不能得到较好的服务。为了避免这种情况，运输主管人员就需要对于运送的小货物实施集运。也就是要将较小批量的货物积聚成较大的货物批量进行运输。一般而言，其可以采用以下两种方式：一是在企业之间进行货物的集结；二是在企业内部进行货物的集结。

六、包装、装卸搬运、流通加工管理

（一）商品包装——物流的起点

商品包装，就是依照一定的技术方法使用容器、材料以及辅助物等将物品包封并予以适当的装饰和标志工作的总称。简单地说，就是包装物和包装操作的总称。在社会的再生产过程中，商品包装处于生产过程的末尾和物流过程的开端，它既是生产的终点，也是物流的起点。

1. 商品包装的功能

商品包装的功能概括起来主要有：方便物流、保护商品、促进销售和方便消费等。

保护商品是商品包装的主要功能之一，其目的就是让包装的商品不受损伤。因而在设计商品的包装时，一定要做到有的放矢。比如说，为避免商品在运输的途中可能会受到外力的碰撞、侵袭，那么就需要对商品进行防震包装或缓冲包装；如果商品比较容易生锈，就要采用防锈包装，如防锈油方法或真空方法；如果商品比较害怕蚊虫的侵蚀，那么就可以在商品中加入一定量的防虫剂。

方便物流主要是方便物流的各作业过程，以实现物流作业的高效率与低成本。该功能要求在设计包装时要更加注重包装的实用性，重点主要放在商品的外包装上。物流中的包装主要包括货物的分装、拼装，并实施对包装的加固和换装等。

包装是促进销售的重要因素之一，因此定要使它的外表美观大方，具有一定的吸引力。美国杜邦化学公司通过对自身产品调研发现，63%的消费者是依据商品的包装来进行购买的。而国际市场和消费者是通过商品来认识企业的，因此，商品的包装就是企业的面孔，优秀的、精美的商品包装应当能够在一定程度上促进商品的销售，提高企业的市场形象。

为了吸引顾客，商品包装应当方便顾客的使用，同时还要考虑到顾客使用时的搬运、存储方便等。

2. 商品包装的种类

（1）按照在物流中发挥的作用划分，包装分为商业包装和工业包装。

商业包装也叫作消费者包装或内包装，其主要目的就是为了促进销售，吸引消费者。一般而言，在物流过程中，商品越接近顾客，越要求包装起到促进销售的效果。因此，商业包装要求造型美观大方，拥有必要的修饰，附有对商品的详细说明，包装的单位要适合顾客的购买、消费以及商家柜台摆放需要。在 B2C 商务模式中，商业包装是一个重要的环节，由于顾客在购买商品之前，在网上最先能够看到的就是该种商品的包装。

工业包装也叫作运输包装或外包装，是指为了在商品的存储、运输、装卸的过程中保护商品所实施的包装。工业包装更强调包装的实用性和费用的低廉性，在 B2B 商业模式中，工业包装是非常重要的一个环节。这是因为，企业在购买其他企业的产品之前，已对该产品的各项性能有了基本的了解，购买的目的就是为了生产产品服务，所以，企业更应当注重商品包装能否保证商品的质量不受损失。在现今，许多知名的大企业越来越重视商品的工业包装。一方面工业包装的好坏在一定程度上对商品的质量有着重要的影响；另一方面如果工业包装合理，则有利于提高企业的形象，降低产品的成本，巩固企业在市场中应有的地位。

（2）按包装材料的划分，包装分为塑料制品包装、纸制品包装、木制容器包装、玻璃陶瓷容器包装、纤维容器包装、金属容器包装、复合材料包装和其他材料包装。

纸制品包装是指用纸袋、硬质纤维板容器、瓦楞纸箱作为包装工具，对商品进行包装。这一类的包装占到了整个包装材料使用量的 40%。纸制品包装的透气性好、成本低廉，而且印刷装饰性较好。

塑料制品包装是指利用塑料袋、塑料薄膜、塑料容器进行产品的包装。塑料包装的材料主要有聚乙烯、聚丙烯、聚氯乙烯、聚苯乙烯等。通常而言，塑料包装的综合性能比较好。

木制容器包装是指使用普通的木箱、木条复合板箱、花栏木箱、金属网木箱、桶等木制包装容器对商品进行包装。木制容器通常用在重物包装以及出口物品包装等方面，现在有很大一部分已经被瓦楞纸箱所代替。

金属容器包装是指用马口铁、铝箔、黑白铁、钢材等制成的包装容器对商品进行包装。主要有铁桶、罐头和钢瓶等。

玻璃陶瓷容器包装主要是指利用耐酸玻璃瓶、耐酸陶瓷瓶等对商品进行包装。这种包装耐腐蚀性较好，而且比较稳定，耐酸玻璃瓶包装还能直接看到包装物。

纤维容器包装是指采用维尼纶袋、麻袋对商品进行包装。

复合材料包装主要是指采用两种以上的材料复合制成的包装。主要有纸与塑料、纸与铝箔和塑料。

此外，还有利用其他材料所进行的包装，比如藤、竹、苇等制成的包装。

（3）按照保护技术划分，包装有防潮包装、防腐包装、防震包装、防锈包装、防虫包装、危险品包装等。

3. 商品包装合理化

（1）影响商品包装的因素。

第一，消费者的使用方便性；

第二，商品包装的经济性；

第三，被包装商品的重量、体积，以及它在物理和化学方面的特性；

第四，被包装商品在流通过程中需要的保护，或商品包装的保护性。

（2）商品包装的合理化。

第一，对于不规则外形的商品，通常要做方体化配置以适应装箱的要求；

第二，要注意合理地利用资源、节约包装用料；

第三，包装设计要依据包装对象的具体内容和商品的不同性质，选择不同的包装材料和技术；

第四，最大限度地利用运输、搬运工具和仓储空间，要考虑包装容器的形状、尺寸等，包装的长宽比例要符合数模化的需求。

（二）商品装卸搬运——物流的节点

在物流中，商品装卸搬运实施的频率最高，所占作业量的比例也很大，因而商品装卸搬运作业是实现物流活动的效率化、降低物流费用，提高顾客满意度的一个重要方面。

1. 商品装卸搬运的功能

装卸搬运的功能主要包括两个方面：一是实现对物流其他环节的有效衔接；二是完成物品的上下位移与同一场所内的水平移动。

2. 装卸搬运作业合理化的标志

装卸搬运作业作为物流活动中出现频率最高的一个环节，其效率的高低直接影响着整个物流活动的效率，因而实现其合理化就显得十分重要。一般而言，衡量装卸搬运是否合理可主要从其模式、方式以及流程等方面来加以分析。

就一个具体过程来看，衡量装卸搬运合理化的标志主要有以下几个方面：

（1）各作业环节衔接是否流畅；

（2）装卸搬运距离是否最短；

（3）库存商品或货物的装卸搬运活性指数是否较高、可移动性是否较强；

（4）装卸搬运次数是否最少。

3. 装卸搬运活性指数

装卸搬运活性指数是指物品便于装卸搬运的程度，用 0~4 表示，如表 4-14 所示。活性指数越大，意味着货物越容易装卸搬运。在实际工作中，对于周转速度快的货物要尽可能提高其活性指数。

表 4 - 14 活性指数的类别及其含义

活性指数	含 义
0	散放于地的商品或货物
1	存放在普通容器中的商品或货物
2	存放在托盘上和集装箱的商品或货物
3	放置在车辆上的商品或货物
4	放置在输送机上的商品或货物

4. 装卸搬运组织管理

装卸搬运过程的组织管理主要包括调度指挥管理、准备工作管理、安全管理、评价分析管理四个环节。

准备工作管理是对装卸搬运各项准备所实施的管理。主要包括装卸搬运场地面积、设备台数、工作人员与费用等的确定。

装卸搬运设备台数通常是根据装卸搬运作业任务量、所使用装卸搬运设备生产定额等决定的。其计算公式为:

$$Z = Q \div M$$

式中:Z 为所需设备台数;Q 为作业任务量;M 为所使用设备的生产定额。

在实际工作中,装卸搬运设备的作业有间歇性和连续性两种,间歇作业设备台数计算公式为:

$$Z = Q \div M$$

$$M = [(T \times K_1) \div t] g \times K_2$$

式中:T 为完成任务需用的时间(小时);K_1 为时间利用系数;t 为一个循环作业所需时间(小时);G 为设备的额定载重量(吨/台);K_2 为设备载荷利用系数。

连续作业设备台数计算公式为:

$$Z = Q \div (M \times T)$$

式中:T 为输送机的生产效率(吨/平方米)。

装卸搬运是需要一定场地的,合理地确定装卸搬运场地,不仅可以装卸搬运效率的提高、提高仓储场地的利用率,而且还可以减少装卸搬运费用,提高安全性。对于仓储场所而言,装卸搬运场地面积(包括储存)可由下列公式确定:

$$S = Q \div (Ne \times a)$$

式中:S 为场地面积;Q 为到货数量;Ne 为货物的仓容定额;a 为面积调整系数(小于1)。

(三)流通加工

1. 流通加工的内涵与特点

流通加工是指物品在从生产地到使用地的过程中,依据需要施加包装、分拣、分割、计量、刷标志、组装等简单作业的总称。

流通加工是相对于生产加工来说的,与生产加工相比较,既有共同之处又有不同的特点。一般而言,流通加工和一般的生产型加工在加工方法、加工组织、生产管理等方面并没有显著区别，但在加工对象、加工程度方面却存在着较大的差别。其差别主要表现在以下几个方面。

（1）加工对象不同。流通加工的对象是进入流通过程的物品，具有商品的属性；而生产加工的对象不是最终产品，而是零配件、原材料、半成品。

（2）复杂程度不同。流通加工大多是简单加工，而不是复杂加工。一般而言，如果一定要进行复杂加工才能制成人们所需的商品，那么这种复杂加工应专设生产加工过程，生产过程应当完成大部分加工活动，流通加工对生产加工则是一种辅助及补充，但还不是对生产加工的代替。

（3）价值取向不同。生产加工的目的在于创造价值及使用价值，而流通加工的目的则在于完善其使用价值，并在不做大的改动情况下提高其价值。

（4）承担者不同。从加工单位来看，流通加工的承担者，主要是流通加工企业以及物流企业等，而生产加工则应当由生产企业完成。

2. 流通加工的作用

（1）提高原材料利用率。按照用户的需求，利用流通加工环节集中下料，可以优材优用、小材大用、合理套裁，增加原材料的利用率。

（2）方便用户。流通加工是以用户需要为核心所实施的加工活动，其更能有效地满足用户的需要。

（3）提高加工效率和设备利用率，弥补生产环节加工活动的不足。流通加工是集中的加工，其加工效率，即加工的生产率远比分散加工的生产率要高得多。

（4）提高物流的附加值。流通加工既方便了用户，又弥补了生产加工的不足，还提高了商品的使用价值。

3. 流通加工的管理

流通加工管理是指对流通加工过程的组织、计划、指挥、协调与控制，包括加工计划的制定，加工任务的下达，人力、物力的组织与协调，加工进度的控制等。实施流通加工管理是为了更好地配置流通加工资源、优化流通加工的均衡性和连续性、增加加工效率，实现流通加工的合理化。

在流通加工管理中，要实现流通加工的合理化，在做好组织、计划、协调与控制等工作的同时，一是要合理设置产品加工地点；二是要科学选择产品加工模式；三是要实现产品加工与其他物流环节的有机结合；四是合理选择产品加工方式与流程等。

第五章　企划项目工作与管理

一、项目管理概述

（一）什么是项目

1. 项目的含义

人类早在能进行有组织的活动之时就已经产生了项目活动。比如，史前人类围猎巨兽的活动就是一个项目。而现代项目管理学意义上的项目，则以曼哈顿计划为开端。

如果继续追根溯源，可以说，项目来自于人类有组织的活动的分化。随着人类的发展和社会的进步，有组织的活动渐渐分化为两种类型：一类是连续不断的、周而复始的活动，人们通常称之为"作业"或"运作"，如企业的日常生产经营活动等；另一类是临时性的、一次性的活动，人们通常称其为"项目"，如企业的技术改造活动等。

那么，到底什么是项目呢？对此，许多专家、学者都有各自与众不同的说法。

联合国工业发展组织《工业项目评估手册》从投资者的角度分析道："一个项目是对一项投资的一个提案，用来创建、扩建或发展某些工厂企业，以便在一定周期时间内增加货物的生产或社会的服务。"

世界银行也从投资者的角度分析道："所谓项目，一般系指同一性质的投资，或同一部门内一系列有关或相同的投资，或不同部门内的一系列投资。"

我国建筑业从建设的角度对"建设项目"下的定义是："在批准的总体设计范围内进行施工，经济上实行统一核算，行政上有独立组织形式，实行统一管理的建设单位。"

美国项目管理协会则认为，项目是为提供独特的产品或服务而进行的一种临时性的工作安排。

美国专家约翰·宾认为："项目是在一定的时间内，在预算规定的范围里，达到预定质量标准的一项一次性任务。"

一般而言，无论哪一领域内的项目都是一种复杂的、非常规的和一次性的努力，它总是要受到时间、预算、资源以及设计用来满足客户需要的质量特征的限制。确切地说，项目的定义实际上包含以下三层含义：

（1）项目是一项有待完成的任务，它具有特定而实在的环境与要求。这一点清晰地呈现出了项目自身的动态概念，也就是说，项目只是一个过程，而不是过程结束后所形成的成果。比如，人们把一个新图书馆的建设过程称为一个项目，但不会把落成后的新图书馆本身称为一个项目。

（2）项目是在一定的组织机构之内，利用物力、人力、财力等有限的资源，在规定的时间内完成任务。不可否认，任何项目的实施都会受到一定外在条件的约束，这些条件是来自多个方面的，包括环境、资源、理念等，这些都会成为项目主管在努力实现项目管理具体目标过程中的制约因素。在众多的约束条件中，质量（工作标准）、进度、费用往往是一个项目普遍存在的三个主要的约束条件。

（3）项目一定具有一个明确的目标。不论是在暑假结束之前完成某某学校的建设，还是在 6 月 30 日前实现地铁×号线的全面通车，都是项目应当完成的明确目标。项目总是要满足一定性能、质量、数量、技术指标等的要求，这就实现了项目的一个个具体目标。项目是否能真正完成，能否交付使用，必须达到事先规定的目标要求才行。功能的实现、质量的可靠、数量的充足、技术指标的稳定，是一切项目在交付之时必须满足的需求，在项目合同中对于这些内容都有严格而具体的要求。

2. 项目的特征

总而言之，项目有许多特征，如果综合各个方面的见解，大概可以将其归纳为以下几个主要方面：

（1）一次性，项目的一次性通常又被称为项目的时限性。它是指每个项目都有自己明确的起点与终点，因此没有任何疑问，项目都是一次性的，也是有始有终的。英文中的项目"project"一词，有"抛出、投出"的含义，而无论何种事物一经"抛出"自然就无法收回了，可见这个词本身就有一次性的含义。在"时效性"中，一个项目的起点就是该项目开始的时间，而一个项目的终点就是该项目终止的时间。项目终止的时间由两种情况决定，一种是因项目目标得到实现而终止，另一种是项目实施过程中因为某种原因致使目标无法实现而被迫终止。项目的一次性与项目持续的时间长短无关，同时也与项目的成败无关，也就是说，不管项目持续多长时间，也不论最终能否实现目标，它都是有始有终的。比如，装修一间房子这个项目持续的时间较短，但建造一座大桥所用的时间就比较长了，然而有一点是相同的，就是这两个项目都有自己的起点和终点。这就是项目的一次性。项目的这种特性使得项目成功的机会大多是一次性的，所以对于项目的管理一定要比对其他事务的管理更为严格，要争取把遗憾和隐患排除在未发生之前。项目的一次性特征也是它不同于日常运作的重要特性之一。

（2）整体性，又叫作系统性。一个项目就是一个整体，它是为实现特定目标而展开的多项任务的集合，也是一系列活动的有机结合，还是一个完整而系统的过程。项目的整体性主要表现为过程与目标的有机统一，以及时间与内容的有机结合。我们在按照需要配置生产要素时，必须做到数量、质量、结构的总体优化，只有各个环节优化了，才能最终实现整个系统的最优化。

（3）目标性，又称目的性。应该说，任何项目最终都要实现一定的目标。譬如，"京九"项目的目标就是分阶段地修建铁路，要在 3 年之内将贯穿南北的交通大动脉全程贯通，其质量要符合建设部和铁道部的要求，全部成本要在预算范围之内。项目的目标需要遵循 SMART 原则，即可测量性、可实现性、具体性、全员相关性以及期限性。一般情况下，项目的目标一旦确定，就不应当轻易修改和变动；但在特殊情况下，如果项目的环境（包括外部环境和内部环境）发生了巨大的变化，项目的目标也会随之作出必要的调整或发生实质性的变化。一旦项目的目标发生了实质性的变化，那么它就不再是原来的项目了，而是变成了一个新的项目。

（4）独特性。即指项目的目标和项目产出物以及工作内容等要素与其他项目和产品或服务相比所具有的独特之处。没有任何疑问，任何一个项目的目标、产出物和工作内容，在某些方面总是会与其他的项目、产品或服务之间存在着这样或那样的不同，因为每个项目都会有一些方面是全新的和独特的。举个例子，每个人的婚礼都是一个项目，因为每个人的婚礼总是与别人的婚礼有着许多不同的地方。虽然按照各个地区的习俗，人们的婚礼会有一些相同的成分在里面，但是每个人的婚礼一定都会有自己的独特之处。这些独特之处，既可以表现在内容上和形式上，也可以表现为人物、时间、地点等各个方面的特点。再比如，人们建造了成千上万座办公大楼，但你如果认真比较就不难发现，这些大楼之间都有着与众不同的独特性，其中包括不同的承包商、不同的设计、不同的业主、不同的位置和方位、不同的施工方法和施工时间等。所以，尽管许多项目都有一定的共性，但是项目的独特性才是项目之间相互区别的根本特性。

（5）寿命周期性。任何项目都有它自己的寿命周期，这主要表现为启动、规划、执行和收尾四个阶段。

项目的生命期划分为四个阶段，具体表现如下：

第一，启动阶段。项目启动阶段是确立项目和最终可交付成果的阶段。在这个阶段中，主要的工作任务是：项目识别、项目团队或组织根据客户需求提出需求建议书、项目立项。在这个阶段中形成的文字资料主要有项目建议书或可行性研究报告等。

第二，规划阶段。项目规划阶段主要是界定并且改进项目目标，从各种备选方案中选择最佳方案，从而实现项目事先预定的目标。在这一阶段中的主要工作任务是：解决如何、何时、由谁来完成项目的目标等一系列问题，即制定项目计划书，确定项目工作范围，进行项目工作分解；合理估算各个活动所需要的时间和费用，做好进度安排和人员安排；建立质量保证体系等。

第三，执行阶段。项目执行阶段是指利用协调人员和其他资源来执行计划。在这一阶段中的主要工作任务是：采购项目所需的资源；跟踪执行过程和进行过程控制；具体实施解决方案，执行项目的计划书；实施计划；合同管理；进行进度控制、费用控制和质量控制等。

第四，收尾阶段。当项目的目标已经实现，或者相反，在项目的目标已经不可能实现时，项目也就进入了收尾阶段。这一阶段中的主要工作包括：质量验收、项目资料整理与验收、最终可交付成果、费用决算和审计、项目交接与清算等。

但是，项目生命期的阶段划分并不是唯一的。最为典型的就是以上的四阶段划分法，但除此之外还有其他的划分方法。根据项目的不同，有些项目的生命期可能划分得很笼统，而有的则需要划分得很详细。如有些项目的生命期可以分为五个、九个甚至更多的阶段，如建设类项目生命期与非建设类项目生命期的阶段划分相差很大。

应该说，项目的生命期与产品生命期的含义是不尽相同的。例如，某一新产品的生命期就包含了产品的设计、研发、制造、销售、使用直至报废的全过程。该新产品的研发工作则可以视为一个项目，作为研发项目它有自己的生命期（规划、启动、执行、收尾），而研发只是该新产品生命期中的一个具体的阶段而已。

（6）多目标性。项目的总目标是单一的，而项目的具体目标常常是多方面的。项目的目标一般可以分为成果性目标和约束性目标两大类，成果性目标具体体现为提供某项实物或服务，而约束性目标则是体现为质量、时间、成本等一些可以量化的约束性条件，不同的目标之间既可能是协调的、相辅相成的，当然也可能是不协调的、互相制约的。此外，项目必然要满足各种利益相关者的需要，各种需要的不同，自然也就导致了项目具体目标的多样化。

（7）制约性。是指每个项目都可能在一定程度上受到项目所处的客观条件和资源的制约，这种制约可以涉及项目的各个方面和项目所需的各种资源。其中，项目资源的制约性是关于项目成败的重要特性，这方面的制约包括财力资源、人力资源、时间资源、物力资源、技术资源以及信息资源等多种因素。另外，每个项目都会有各种各样的限制条件，这包括人员限制、技术限制、时间限制、预算限制、信息限制、设备条件限制等方面的制约。很显然，这些制约条件就是源自于项目所处环境的制约因素，它们和项目资源的制约共同构成了项目的制约性。项目的制约性既是决定一个项目成败与否的关键特性之一，也是项目管理一定要关注的项目基本特性之一。

（8）风险性。是指由于项目各种条件和环境的发展变化以及人们认识能力所限而造成的项目后果出现损失或者产生收益的可能性。可以说，实际上每个项目都有一定的风险性，追究它的原因，这种项目的风险性常常是由于项目环境和条件的不确定性以及人们决策的失误等因素引发的。正是因为项目的各种条件和环境会引起种种变化（不确定性），所以当项目条件向着有利的方向发展时项目就会获得额外的收益，而当项目条件向着不利的情况发生转变时项目就有可能会遭受额外的损失。比如，一个需要露天施工的建筑项目，如果在施工期间实际下雨天数比预计的多就有产生损失的可能，如果实际下雨天数比预计天数少就有节约成本的可能，这就是这一项目的风险性所在。应该说，项目的风险性是使项目不同于人类其他活动的最主要特性之一，也是形成项目管理不同于其他管理的关键性所在。

（9）其他特性。项目除了上述八个特性以外还有其他一些特性，包括项目的创新性、项目后果的不可挽回性和项目组织的临时性与开放性等。这些项目的特性是相互影响、相互关联和共同作用的，从而决定着项目的成败。例如，正是由于项目的创新性才引发了项目的不确定性和风险性，也正是由于项目的独特性、制约性和一次性直接导致了项目的风险性。实际上，一个项目的独特性一定要求项目进行不同程度的创新，然而只要创新就会包含着各种难以估量的不确定性，最终就可能造成项目的风险性。除此之外，项目组织的临时性和开放性也主要是由项目的一次性造成的，因为一个项目的实施活动一旦结束，项目团队的相关成员就需要离去或遣散，这也就造就了项目团队的临时性和开放性的特性。同时，由于项目均为一次性的而不是重复性的，所以项目或项目阶段的成果一旦形成以后多数情况是无法改变的，这就造成了项目后果的无法挽回性。

3. 项目的分类

项目的类型是多种多样的，有科技项目、建设项目、社会项目等，从不同的角度来看，可以对项目进行不同的分类，例如：

（1）按照项目的规模分类，可以将其分为宏观型项目、中观型项目与微观型项目三种。我国的西电东输工程即可视为宏观型项目；而某城市的城市改造工程可以视为中观型项目；一家企业的新产品推广项目便可以看作微观型项目。

（2）按照项目实施的主体分类，可以将其分为内控型项目、引进型项目与外包型项目。例如，一家建筑公司为自己的员工建造宿舍楼项目是内控型项目；而某家电信运营商引进国外先进的通信系统或者由一家电信制造商开发一套新型的网管系统，可以看作引进型项目；某家建筑公司把承揽的工程中的一部分转包给另一家建筑公司，转包的这部分即可以看作外包项目。

（3）按照项目所属的主体分类，可以将其分为私人项目和公共项目。比如，企业为了增强收入而进行的新产品开发项目，可以视为私人项目；而政府为增强国防实力而进行的新型武器系统研制项目，则可以看作公共项目。

（4）按照项目的作用分类，可以将其分为进取型项目与守成型项目。比如，一个企业进行职工宿舍的改扩建，就是一个守成型项目；而企业进行技术改造，扩大生产规模或是进行新产品开发可以认定这些属于进取型项目。

（5）按照项目的周期分类，可以将其分为长周期项目和短周期项目。短周期项目的周期可以是 1 天或几天；长周期项目的周期可以是 10～20 年，甚至更长的时间跨度。

（6）根据项目的风险性分类，可以将其分为高风险项目、中度风险项目和低风险项目三类。将高风险项目转化为低风险项目的能力直接体现了项目管理水平的高低。

（7）依照项目的成果分类，可以将其分为有形产品和无形产品。比如，建设工程项目主要提供有形产品，而电信网络工程项目则主要提供的是服务、信息、数据等一些无形产品。

（8）依照项目的地位分类，可以分为以下三类：

必需项目是指组织按照相应的法律法规一定要进行的项目，常被叫作"必须做的"项目。紧急项目是指处于紧急状态或解除状态必不可少的项目，必需项目和紧急项目如果不实施可能就会面临惩罚。

运作项目是指维持现有运营所需的项目，这些项目用来降低产品成本或改进配送系统的效率等。

战略项目是指直接支持组织长期使命的项目，战略项目往往是为了增加企业收入或扩大市场份额，如研发项目、新产品开发项目等。

（9）按综合性分类。

按照项目的产业门类，可以分为商业型、工业型、农业型、服务型等；

按照项目的服务对象，可以分为生产型、生活型、科研型、服务型等；

按照项目的规模，可以分为小型、中型、大型；

按照项目的期限，可以分为短平快项目、紧急项目、长远项目、一般项目；

按照项目的参与人的多少，可以分为单一型与合作型；

按照项目的区域性，可以分为跨地区性、地区性、国际性等；

按照项目的资金筹措，可以分为独资项目、集资项目、合资项目、国家项目、地方项目；

按照项目的性质不同，可以分为更新改造项目和新建项目。

（10）按投资特点分类。

按照投资用途分类，可以分为基础性项目、竞争性项目和公益性项目；

按照投资性质分类，可以分为施工项目、收尾项目、预备项目、筹建项目、投产项目；

按照资金来源分类，可以分为银行贷款项目、国家预算拨款项目、自筹资金项目、外资项目。

4. 项目的组成要素

（1）项目的质量；

（2）项目的费用；

（3）项目的范围；

（4）项目的时间进度；

（5）项目的组织。

在项目目标的五要素中，项目的范围和项目的组织是最基本的，而质量高低、时间进度、费用可以有一定的变动，它们是依附于项目范围和组织的要素。

福琼和彼得斯在《从失败中学习：系统解决》一书中指出，"失败，简单地说是某事出了问题，超越这个简单论断可以发现失败有四种类型：未达到目标；出现不希望得到的负面效应；设计失败；目标不合适。"福琼和彼得斯指出，"几乎所有关于失败的论断都是主观的，它们被个人看法、环境以及各种期望所渲染，当项目涉及多个干系人时更是如此，某些人认为是成功的项目而另一些人却认为是完全失败的项目。"

认识到项目的成功或失败是十分重要的，假如一个项目在技术目标方面达到了令人满意的程度，也许它已经超出了预定的成本和时间目标，在回顾它的时候，有关各方基本也会认为它是一个成功的项目。例如，尽管一个项目比客户原来的设想消耗了更多的成本、耗费了更长时间，但如果客户可以欣然接受这种情况，认为成本和时间的透支是不可避免的，认为超出预设目标有充分而合理的理由，觉得收到了投资应有的价值，那么这个项目仍然会被看作是成功的。评定一个项目成功或失败的标准在于项目的发起者、业主、客户和其他相关各方，包括项目主管的母公司对项目的最终结果是否满意。

导致项目失败的原因往往是多方面的，也是十分复杂的，项目的失败通常是由几个原因联合作用引发的结果。避免项目失败的方法当然是尽量避免出现错误，同时还要遵循以下几条打造成功项目的基本准则：

第一，透彻分析项目目标，获得客户许可，并且加以准确定义和恰当的规划，从而方便项目相关人员交流和沟通。

第二，配备最佳的项目团队成员，配备适合的资源。

第三，注重以下项目成功的三项标准并在项目团队中予以全面贯彻：①使项目得到委托人和客户的赞誉；②项目的准时完成；③项目预算控制在既定范围以内。

第四，项目的委托方要主动介入和参与项目活动。

第五，项目的落实应当运用市场的运作机制。

（二）项目与日常运营的关联与不同

根据项目的特性及其分类，我们可以进一步将人类的活动划分为两大类。

一类是在相对封闭和确定的环境中所开展的具有重复性、持续性、周而复始的活动，人们通常将这种活动叫作日常运营或常规工作。比如，铁路与公路客运系统的经营与运行、企业定型产品的生产与销售、政府的日常办公等都属于常规工作这一范畴。

另一类活动是在相对开放和不确定的环境下所开展的活动的独特性、一次性的活动，我们一般将这种活动称之为项目。诸如，建筑物的建设、奥运会的组织、新药的研发等都属于这一类活动的范畴。

上述两类不同的人类社会活动存在着许多本质上的区别，充分认识这些差别之处将有助于增加人们对于项目和项目管理的认识与掌握。项目与日常运营这两种人类活动最主要的不同之处大致包括如下几个方面：

1. 项目与日常运营的关联

设计并完成项目的根本目的是为了创造具有某种特殊性的新成果，所以又有人将其叫作"独特性任务"。然而，日常运营的根本目的却是使用相关项目所生成的成果去开展周而复始的工作，并因此而获得相应的回报。这里既包括对于日常运营活动的回报，也包括对于相应项目工作投入的回报。实际上，纵观人类社会，往往都是先有项目的投入，后有日常运营的开展以及对于前期投入的回收。即人类社会的活动总是先有项目，然后才有对于项目成果的利用和运营。比如，人们只有在完成工厂建成项目的基础上才能投产运营，人们只有建成了运动场馆才能使用和运营，人们只有完成新产品开发项目这个前提，才能投入新产品的生产和经营。可以这样说，在人类社会中，没有任何日常运营活动是不需要先行完成项目工作并且取得一定成果就能开展的，但是却存在着只有项目而没有日常运营的情况，而且这种情况还经常出现。比如，奥林匹克运动会对于任何一个主办城市而言都是一个伟大的项目，但是没有哪个主办城市专门做奥林匹克运动会的日常运营工作。

2. 项目与日常运营的差别

（1）二者的目的与作用不同。就某个具体事项来说，项目和日常运营之间总是具有某种直接的关联和严格的相互关系，这种关系如图 5 - 1 所示。可以看出，从广义的角度来说，人类的社会活动都属于项目的范畴。我们可以将这种广义的项目进一步分成项目建设期和项目运营期，二者共同构成了一个项目的完全生命周期。如果从狭义的角度来说，项目指的就是项目建设期的全部活动。而日常运营则是指项目建成后使用项目成果所开展的一切运营活动。需要特别强调和注意的是，有些特殊项目是没有运营期的，此时狭义的项目和广义的项目是完全一致的，这两种项目的成果都是一次性的。

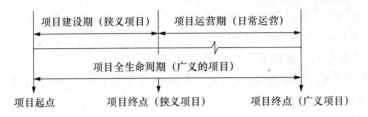

图 5 - 1　项目和日常运营的关联和相互关系

（2）二者的结果和收益模式不同。项目工作的结果就是力争取得创新性的成果，这种成果可能是一次性的，同时还有可能是供给日后日常运营使用的。比如，每一届奥林匹克运动会的成功举办都是这一项目的一个伟大成果，但是在这一伟大成果当中，相关比赛成绩那部分都是一次性的成果。然而由于举办奥运会所留下的场馆设施，在奥运会闭幕后可以继续投入运营使用，而且人们一定要通过使用和经营这些场馆来收回建设场馆时的大量投入。日常运营工作的结果是使组织通过这种运营活动获得收益和收回前期投入到项目中的成本。一般来说，这种获得收益和收回项目投入的运营工作一定要是周而复始的，要持续一段较长时间的，而且是要在一定的经营目标或指标的指导下开展的，直到最终达到全部目标或者意外终止为止。

（3）二者的工作性质与内容不同。一般情况下，在日常运营中总是存在着大量的程序性、确定性、常规性和不断重复的活动；然而在项目中则存在着较多的一次性、创新性、非程序性以及具有某种不确定性的活动。正是由于日常运营是周而复始的，所以不难理解，日常运营工作基本上是重复进行的常规性和程序化的作业。但是，因为每个项目都是独具特色的和一次性的，因此说项目中的许多工作还是开创性的。这可以看出，二者在工作性质与内容上也有很大的差异，这种种不同直接导致了二者的管理也具有许多差别。例如，大多数企业的日常生产经营工作内容多半是相同的，只有在出现某种异常时才会有一些发展或变化，那么这些发展变化本身如果有创新成分的话，它就可以被看作一个崭新的项目。但是，企业在新产品研发项目中的工作内容总是千差万别的，可以说每一个新产品的研发都是一次创新性的工作，而且如果没有创新或不需要创新也就不会有这种新产品的研发项目了。

（4）二者的工作环境与方式不同。一般来说，日常运营的环境多是相对封闭和相对确定的，而项目的环境常常是相对开放和相对不确定的。正因为日常运营的很大一部分工作是在组织内部开展的，所以说它的运营环境是相对封闭的。比如，企业的生产活动大多都是在企业内部完成的，因而它的内部环境也是相对封闭的。同时，日常运营所涉及的外部环境也是一种经过多次重复以后，逐渐由不确定变得相对确定的。比如，企业产品的销售环境在经过一段时间的熟悉以后就会相对确定了，虽然也会不时有一些变化和竞争，但相对而言还是比较确定的。因为日常运营环境的这种相对封闭性和确定性，也就使日常运营管理方法相对比较固定。然而，项目就不同了，项目基本上都是在组织的外部环境下开展的，因而也就决定了它的工作环境是相对开放性的。比如，多数工程建设项目只能在露天的外部环境中完成，众多新产品研发项目主要面对的也是外部市场和顾客全新的需求等外部的环境变化情况。正是由于项目所处的不确定的环境变化也就使得项目具有较高的不确定性和风险性，因为人们对全新的尝试很难作出确定性的预测和准确到位的分析，无法全面掌握事物发展的差异。

（5）二者的组织与管理都不同。从二者的组织来看，由于日常运营是重复性的和相对确定的，因此一般开展日常运营的组织是相对稳定不变的，因此日常运营的组织多数是基于各种分工的直线职能制组织。然而因为项目是一次性的和相对不确定的，所以项目的组织基本上都是相对变化的和临时性的，因此项目的组织形式大多数是基于合作的团队。此外，日常运营的管理模式一般是以基于职能的管理和直线指挥管理相结合的形式为主，而项目管理模式则主要是以基于过程和基于活动的管理为主。比如，一些企业产品的生产管理基本上是按照供应、生产、销售等职能部门的供产销及其由此所带来的财、人、物和信息等去开展管理和控制的。但是那些工程项目的管理则基本上是围绕可行性分析、项目立项、工程设计、工程施工、完工交付等诸多环节和阶段所构成的项目过程以及对于这些阶段中的各项具体活动的管理而展开的。二者的管理主体、管理模式、管理方法和管理内容都有着太多的不同，只有充分认识到这些不同点才能真正避免现在人们经常犯的"使用日常运营的方法去管理项目"这种低级的管理错误，才会减少工作中的失误。

（三）项目参数与有关名词

1. 项目参数

成本、时间、范围、质量、资源，五个参数组成了一个周密的系统，制约着每一种项目的方方面面。它们是一个相互关联的整体，其中任何一项的变化都会引起其他项的变化，以此来恢复和保持项目的平衡。如果想保持项目的平衡，就一定要首先保证这五个参数的平衡。它们是事关项目成败的重要因素，通常称其为项目参数或项目要素。

（1）范围。是对项目界限的表述。这些界限不仅规定了要求项目做什么，同时也给出了不能做什么的限定。在信息系统业界，范围一般叫作"功能规范"。而在工程专业中，人们通常把它叫作"工作说明"。此外，范围还被称为谅解文档、项目启动文档、范围陈述、项目需求表等。所有随后的项目工作都是以事先界定的范围为基础和依据的，所以范围的正确性是非常关键的。

（2）质量。总而言之，每个项目中都包含两种类型的质量。首先是"产品质量"，它是指项目的可交付成果的质量。其次是"过程质量"，它是指项目管理过程本身的质量，其焦点在于项目管理的整个过程进行得如何以及如何改进。没有任何疑问，持续质量改进和过程质量管理是用来衡量过程质量的两个十分重要的工具。

（3）成本。是定义项目中的另一个变量。在设计一个项目之前，通常先要确定一个项目的成本预算，这个预算对于那些项目可交付成果而言，尤其是对于那些用于商业销售或交付给外部客户的项目而言是非常重要的。在项目管理的整个生命周期中，成本是一个重要的考虑因素。

（4）时间。每一个项目都是有时间限制的，客户通常会给出一个项目必须完成的时间框架或者是最后期限。在一定程度上，成本和时间成反比的关系。完成某一项目的时间可以适当减少，但作为结果，项目的成本将会随之增加。时间是一个有趣的资源，它无法被储存起来。无论我们是否使用它，它都会自行流逝。项目主管的目标就是尽量合理、有效率地使用分配给完成项目的那些将来的时间。将来时间是可以在项目中或者项目间交换的一种无形资源。

（5）资源。包括设备、设施、人力、资金之类的资产。资源的数量是有限的，可以被规划，也可以从外部租用。有些资源是固定不变的，而有些资源从长期的角度来讲是可变化的。然而无论哪种情况，它们都是计划项目活动以及有序地完成某一项目的绝对核心。

2. 项目有关名词

某些类型的工作与项目相似，而且两者之间还有着十分密切的联系，但它们之间的区别通常不太容易界定，为此特在这里作出如下说明：

（1）计划。是一组互相协调管理的项目。当然，有些计划之中还包括一系列可以不断展开的周期性运作过程。例如，中国 20 世纪末叶的高科技研发计划（"863"计划），就包含了许多个涉及当时科学前沿的科研项目。企业或机构内部的年度经营计划，常常涉及组织内许多项目的运作。报刊的业务也是一种计划，它本身就是一种定期的从组稿、编审、出版到发行，逐步推进的持续性工作，但是具体到每一期的内容和制作又是独有的，便自成一个项目。

（2）子项目。人们一般将一个大项目划分为多个容易管理的部分，叫作子项目。这些子项目一般会分派给组织内部的单位或外包给组织外部的承包人。子项目和其他整体项目一样都要有可交付成果，它们之间的区别仅仅在于子项目的成果往往是阶段性的、局部性的，不像整体项目成果那样能够独立地、完整地发挥效用和效益。不过，这个区别也是相对的，主要取决于对顾客需要的效用和效益的界定。

下面是几个子项目的例子：

药剂研制项目中的动物试验、新药配制等都是整体项目中必不可少的子项目。

软件开发项目中的流程设计、系统分析、编程、测试等都构成整体项目的子项目。

施工项目中的上部结构、地基处理、内装修等都是整体项目的子项目。

一般而言，子项目是项目的子集，项目又是计划的子集。不过，在一些特殊的时候，计划也可以是某个大项目的子集。比如，在某个环境治理项目中也可以包括一个为进行公众环境意识宣传教育而设立的环保杂志出版计划等。

根据内涵和隶属关系的不同，我们可以将项目及其组成部分分为以下六个层次：

大型项目。是指能够实行统一管理的一组相互联系的项目，它的特点是可以获得单个项目无法获得的收益。一般大型项目都设有项目管理经理，他们不仅负责单个项目的管理，而且还要负责多个项目在不同时间内的协调工作。

项目。是指为创造独特的产品或服务而进行的一次性努力。项目通常都有独立的项目产品和完整的生命周期。

子项目。项目经常被分解为几个更容易管理的子项目，它们是总项目的更小的组成部分，可以发包给外部单位或母体的职能部门予以完成。

活动或任务。是组成子项目的元素。

工作包。组成活动或任务。

工作单元。组成工作包。

计划、项目和子项目的关系如图 5-2 所示。

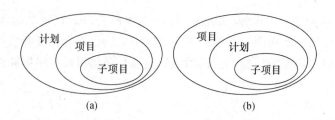

图 5-2 计划、项目和子项目的关系

（3）工程。在汉语中，通常以"工程"一词来称呼计划、项目或子项目。例如，地基工程、希望工程、长江三峡工程、"211"工程等都是如此。在某些应用领域中，工程管理、计划管理和项目管理往往被视为可以通用的同义词；但是在另外一些场合，一个项目则是另一个的子集。这些名词在含义上的多重性，便要求我们在特定场合使用时必须对每一个术语的定义作出明晰的约定。

（四）什么是项目管理

1. 项目管理的定义

现代项目管理理论认为，项目管理是运用各种相关的知识、技能、方法与工具，为满足或超越项目有关各方对项目的要求与期望，所开展的项目起始、组织、计划、控制和结束等程序管理活动。在这一定义中，项目管理所运用的各种相关知识、技能、方法以及工具的意义十分广泛，它既包括各种管理方面的相关知识、技能、方法与工具，也包括项目所属专业领域中的各种有关技能、知识、方法与工具。此外，在项目相关各方的要求与期望中，既包括了明确的要求和期望，也包括隐含的要求和期望这两个层次。同时，在项目相关各方的要求与期望中也隐含着两方面的意义，既包括了项目各方对项目各自的要求与期望，也包括项目各方对项目的共同要求与期望。其中，项目管理中所开展的项目起始、组织、计划、控制和结束活动，既包括与日常运营管理共有的组织、计划、控制活动，也包括针对项目所需的项目起始和结束活动。

在这个关于项目管理的定义中，应该说，通过开展项目起始、计划、组织、控制和结束活动去满足和超越项目相关利益主体对于项目的要求和期望是项目管理的根本目的。项目相关利益主体之所以要开展一个项目，完成预定的目标，最根本目的是要实现他们这一系列的要求和期望所代表的项目相关利益主体的共有利益。

一般来说，项目相关利益主体会对一个项目的范围、时间、成本和质量等方面有相对较为一致的要求与期望，而对于其他方面，各个利益主体之间也会出现一些不同的要求和期望。这是具体项目相关利益主体自己的要求和期望，主要包括项目供应商、承包商、分包商、业主、客户、项目团队、项目所在社区、项目的政府管辖部门等各自不同的要求与期望。这些不同的要求和期望之间有时会相互矛盾或发生冲突，从而出现各种问题和纠纷，因此对这些要求和期望实行必要的管理和约束是必要的。在众多的管理方法中，最重要的是合同约束，因为合同是一种对于人们的权利和义务作出明确规定的法律文件，具有无可辩驳的法律强制性。

在项目的要求中，通常既包括明确说明的要求，又包括没有明确说明但是隐含的要求。其中，前者是由项目各方达成共识后使用由项目文件明确规定出来的项目要求，例如成本、项目工期和质量等方面的要求以及对项目工作的具体规定等。后者一般是项目各方并没有使用项目文件明确说明的要求，但是这些要求却是项目必须要达到的要求，如国家明文规定的环保和质量标准要求以及相关法律规定等。

另外，PMI 对项目管理的定义为："项目管理是通过应用和综合诸如起始、计划、实施、控制和结束的项目管理过程。"为此他们提出了一整套现代项目管理知识体系，该项目管理知识体系主要由九个部分组成，分别涉及项目的时间、沟通、成本、质量、集成、范围、人力资源、风险和采购管理。同时，国际标准化组织还根据 PMI 的《项目管理知识体系指南》提出了自己对于项目管理的定义："项目管理包括在一个连续的过程中为达到项目目标而对项目各方面所进行的规划、组织、监测和控制。"应该说，这些关于项目管理的定义分别从不同的角度确定了项目管理的内涵和特性。

综上所述，项目管理就是为了实现上述项目既定目标所开展的项目起始、计划、组织、控制和结束等程序的管理活动。

2. 项目管理的目的

前面说过，开展项目管理活动的最终目标就是"满足或超越项目有关各方对项目的需求与期望"，因为好的项目管理活动应该不仅能够满足项目各方的要求和期望，甚至还应该追求达到使得项目各方"大喜过望"或"喜出望外"的结果。但是反之，如果项目管理得不当，失误、纰漏颇多，就会出现使项目相关各方"大失所望"甚至"绝望"的严重后果。所以，开展项目管理必须使用正确的方法和工具，才有可能最终实现完美的项目管理结果。

可以这样说，每个项目相关方或项目相关利益者都对项目有着各自不同的要求和期望，这是毋庸置疑的，否则他们就不是项目的相关方或相关利益主体了。但是仔细分析，每个项目相关利益主体的要求和期望又是截然不同的。项目业主的要求和期望一般是以最小的投资获得最高的收益或最佳的项目功用；至于项目承包商或实施者的基本要求或期望则是以最小的成本获得最大的项目承包收入和利润；而项目供应商的要求或期望是能够获得更多的销售收入和利润；项目所在社区又要求和期望项目能够给社区带来好处而不能对环境造成破坏或污染；而项目政府主管部门的要求和期望是扩大就业和提高社会福利等。因此，项目管理就要努力使这些来自不同方面的要求和期望能够很好地得以实现，并且最终能够使项目成果最大限度地满足和超越项目全体相关利益主体的要求和期望。这些既是现代项目管理的关键和难点之所在，同时也是项目管理的作用和职能的外在表现。

3. 项目管理的根本任务

是运用各种技能、方法、工具和知识开展项目起始、组织、计划、控制和结束等程序的管理活动，从而最大限度地满足或超越项目所有相关利益者的要求和期望。项目管理的根本任务是开展项目起始、计划、组织、控制和结束等各个步骤的管理工作，这些项目管理工作共同构成了项目管理的全过程，这种管理过程不但贯穿于整个项目过程之中，而且还贯穿在项目的各个不同阶段之中。这些在项目管理的过程中所采用的管理知识、技能、方法和工具与人们在日常运营管理中所使用的知识、技能、方法和工具是完全不同的，这是由二者所管理的对象不同而决定的。具体地说，项目管理的对象是具有一次性、独特性和相对不确定性的项目，然而日常运营管理的对象是具有常规性、重复性和相对确定性等特性的日常运营，两种对象的不同可见一斑。

项目管理所需要运用的技能、方法、管理知识和工具，主要包括用于对项目成本、范围、时间、质量、采购、风险、沟通等各个项目专项管理的技能、知识、方法和工具，同时也包括具体项目本身所涉及的专业领域的专门知识、技能、方法和工具。其中，所谓"知识"就是人类对以前成功经验的总结和人们对于客观规律的认识。"方法"即指人们按照这些客观规律去分析问题和解决问题的程序和做法。"工具"则是指人们在分析和解决具体问题时所使用的手段。"技能"就是指人们自身掌握和运用知识、方法和工具的能力。正是因为项目本身存在的独特性、一次性和不确定性等特性，所以项目管理需要运用各种广泛的知识、技能、方法和工具，以便人们能够更为科学地管理好具体项目。

4. 项目管理特性

为了更好地认识项目管理，人们除了要弄清楚上述项目管理的基本定义以外，还应当进一步深入探讨有关项目管理的基本特性。现代项目管理理论认为，项目管理的基本特性有如下六个方面：

（1）普遍性。项目是一种具有一次性、独特性和具有某些不确定性的社会活动，它普遍存在于人类社会之中，甚至我们可以十分肯定地说，人类现有的各种物质文化成果最初都是通过项目方式开始的。因为现有的各种日常运营所利用的设施与条件都一定要依靠项目活动的建设或开发这一先决条件，因此项目本身的普遍性便使得项目管理也具有明显的普遍性。在人类社会中，项目随处可见，小到个人的婚礼，大到阿波罗登月计划都属于项目的范畴，没有不需要通过项目管理去实现组织既定的项目目标的。实际上，不管是某个企业、政府、社团，还是某个人，只要人们有一个新的想法并开始将这种新想法付诸实践，人们就有了一个项目，随后便需要开展各种项目管理了。

（2）目的性。项目管理的一个非常重要的特性是这种管理的目的性，即一切项目管理活动都是为了实现"满足或超越项目各方对项目的要求与期望"这一目的而努力的特性。其中，项目各方基于项目的要求明确规定了项目的目标或指标，而项目各方对于项目的期望是一种人们潜在的愿望和追求。项目管理的目的就是希望通过实施项目管理活动去保证满足或超越项目各方明确提出的那些项目目标或指标，以及尽一切力量去满足或超越项目各方潜在的愿望和追求。例如，有一个私人的住宅装修项目，业主提出了一些项目的具体要求和指标，然而在这些要求和指标之上，他们还是期望将房子装修得再好一些，这二者都是这个项目的主管应该努力运用自己的知识和技能去设法满足并且超越的要求和期望。

（3）独特性。就是说项目管理既不同于一般企业的日常运营管理，也不同于常规的政府行政管理，而是一种与众不同的管理活动。项目管理既有它自己独特的管理对象和内容，又有它自身独特的管理目标和方法。虽然，在项目管理中也会结合运用某些一般管理的原理和方法，但是可以说，每个具体项目的管理都会有许多自己独特的内容、要求、方法和工具。比如，在项目时间管理中所使用的关键路径法和项目成本管理中所使用的挣值管理方法都是项目管理中独特的技术方法。另外，在工程设计项目管理中所使用的"三段式"设计管理方法和在研究生培养项目中所使用的"四阶段"学位论文管理方法都是一些具体项目中离不开的独特管理方法。实际上正是由于项目本身的许多独特性，则直接导致了项目管理也具有很强的独特性。

（4）集成性。是指项目一定要依据项目各要素或各专业间的配置关系去做好综合性管理的特性，项目管理一般不能够孤立地开展项目某个专项或专业的管理。应该说，项目管理的集成性相对于日常运营管理的职能性是有很大不同的，在日常运营管理中成本、供应、生产、质量、市场营销等都是按照职能管理的方法由职能部门自己来开展的，人们按照职能分工去对企业或组织的日常经营活动某方面的职能开展管理工作，由于日常运营的循环往复使人们可以依据职能分工开展管理。但是项目管理要求管理者按照基于团队合作的集成性管理去做好项目质量、风险、范围、时间、成本、采购等各要素的集成管理，做好各子项目、工作包和活动等全过程的集成管理。虽然项目管理也有一定的专业分工，但是就整个项目的管理而言必须是集成管理的。

（5）创新性。包括两层含义：其一是指同类项目的管理也没有一成不变的管理模式和工作方法，因此人们一定要通过管理创新去实现对具体项目的有效管理；其二是指因为项目管理对象（项目）本身具有的创新性，所以要求项目管理也必须具有创新性。在所有社会的现实生活中，即使十分相似的工业或民用建设项目，也因其建设项目的地点、项目业主或客户、项目所用的建设材料与施工方法、项目实施环境条件等各种因素的不同，并且每个具体的项目仍然需要开展各种管理创新活动才能实现有效的项目管理。对于那些新产品研发之类的独特性、创新性和不确定性很强的项目，就更需要人们开展管理创新和运用创新性的项目管理策略了。

（6）过程性。又被称为项目管理的渐进性，这是指由于项目是由一系列的阶段所构成的一个完整过程，因此项目管理也一定要分阶段地开展而且还要贯穿于项目的全过程，因而项目管理具有过程性的特性。项目管理的过程性必然要求人们在项目管理中不但要分阶段地对不同性质的项目工作进行管理，而且还要不断地根据项目的发展变化灵活地实施项目的管理活动。因此，项目管理的过程实际上就是一个学习和变更的过程，其不但给我们演示出了各种项目完整的学习过程和学习曲线，而且也形象地表明了项目全过程不断获得信息和作出决策进行变更的过程。所以我们说，项目管理的过程性是项目管理很重要的一个特性，它表明没有哪一个项目是可以不经历学习和跟踪决策的过程而能够实现的。

除了上述六种特性，项目管理还有许多其他的特性，如项目管理的变更性、预测性、团队性等。这些项目管理特性都直接决定着项目管理的成败，因此人们一定要很好地认识这些项目管理的特性才能做好项目管理的一切工作，最终实现"满足和超越项目各方的要求和期望"的项目管理目标。

5. 项目管理与日常运营管理的差异

为了更深刻地认识项目管理，人们还需要通过比较项目管理与日常运营管理的各种不同，从而更好地认识现代项目管理的一些特性与内涵。实际上，像前面所表述的那样，项目和日常运营之间在本质上有着许多不同之处，因此项目管理与日常运营管理也就有了很多的不同点。二者之间的不同主要表现在如下六个方面：

（1）管理对象不同。由于项目管理的对象都是比较具体的项目，因此项目管理的主要内容就是关于项目的组织、计划、领导和控制。而日常运营管理的对象是企业或组织的日常运营活动，所以日常运营管理的主要内容就是关于日常运营的组织、计划、领导与控制。正是因为项目管理的对象是一种一次性的、独特性的项目活动，而日常运营管理的对象是重复性的、经常性的日常运营活动，所以必然使这二者的管理在各个方面都会有所差异的，也正是源于这些许多不同点使得现代项目管理独立出来成为一个专门的学科。

（2）管理原理不同。因为项目管理和日常运营管理的对象不同，因此项目管理与日常运营管理的原理也就必然有所差异。确切地说，项目管理是一种基于活动和过程的管理，而日常运营管理却是一种根据分工和职能的管理。因此，我们可以认定，项目管理是依照活动和过程的非程序化和非结构化的管理原理开展的，而日常运营管理则是按照基于分工和职能的程序化和结构化的管理原理开展的。所以项目管理主要强调的是集成管理和团队合作，而日常运营管理却更加强调专项管理和职能管理。由此可见，项目管理与日常运营的原理之间最大的差别，就是二者在管理的程序化和结构化程度上的不同，由于项目管理比日常运营管理在原理上更显得非程序化和非结构化，从而也就更具有相应的独特性与创新性。

（3）管理方法不同。由于项目管理和日常运营管理的原理不同，因而此二者的管理方法也就大大不同。特性决定方法，项目管理的方法是针对项目的一次性和独特性以及项目管理的集成性和创新性等特性而形成的，再说日常运营管理的方法是针对日常运营的重复性和经常性以及日常运营管理的职能性和程序性而形成的，两种方法截然不同。比如，在项目计划管理中使用的是针对一次性活动与过程的项目计划评审技术与方法，而在日常运营计划管理中采用的是针对重复性活动的滚动计划方法；在项目人力资源管理中使用的是高效快捷的人员激励和开发的方法，而在日常运营的人力资源管理中使用的是长效持续的人员激励与开发的方法。所以项目管理与日常运营中的管理所使用的方法有着很多的不同之处，而其中最大的不同就是，前者通常使用针对具体项目的具体方法，而后者使用的是针对长期日常运营的常规方法。

（4）管理目标不同。项目管理和日常运营管理之间的不同，还常常表现在二者所管理的基本目标的不同上。项目管理的主要目标是如何使用最小的成本去按时生成项目的产出物，并且能够使其发挥出最大的作用或实现项目的目标。简单地说，项目管理的根本目标直接决定项目本身的成败。而日常运营管理的根本目标是保证项目正常的日常运营，争取在收回项目投资的基础上，获得更多的利润。也就是说，日常运营管理的根本目标关系着日常运营本身的正常与否以及能否持续正常运营并盈利。所以，可以这样说，项目管理的目标是一次性和独特性项目的成败，而日常运营管理的目标是重复性和持续性的日常运营的正常开展。

（5）管理内容不同。由于上述各种差异的存在，所以使得项目管理的内容自然不同于日常运营管理的内容。项目管理包括项目的定义与决策、设计与计划、实施与控制以及完成与交付等不同阶段的管理，项目管理的主要内容包括：项目时间、成本、质量、范围、集成、采购、沟通、人力资源和风险等方面的管理。而日常运营管理则包括组织、计划、领导、控制等方面的管理。其中，它的主要管理内容包括销售、人事、财务、物资、供应、生产或服务、信息等方面。所以二者在管理内容上同样有着很大的差别。

（6）管理的周期不同。项目管理的周期只是某一个项目的生命周期，时间相对比较短暂，而日常运营管理的周期相对来说是比较长远的，多数企业都希望能够持续长久经营，希望自己的企业能够通过科学有效的管理持续经营下去，基业长青。所以，我们说，项目的计划管理周期是整个项目从定义和决策一直到项目完工交付这段时间之内，而日常运营管理的计划周期一般比较长，可以是一年、三年、五年，甚至更长时间。此外，项目的成本管理都是针对整个项目的，而日常运营的成本管理多是针对某一个产品的。这些都是因为项目管理的周期与日常运营管理的周期不同而造成的。

尽管项目管理和日常运营管理有许多不同之处，但同时我们也应该认识到它们在管理原理上也存在着一些共性或相似之处。例如，项目管理和日常运营管理都具有科学性和艺术性这两种特性，还有项目管理和日常运营管理都需要考虑组织活动的经济性和社会效益等，这些都是不容忽视的。

6. 项目管理的重要性

当前，项目管理已经不再是一项特殊需要的管理，它正迅速转变为一种商业上的标准方法，许多公司都把越来越多的精力投入到项目运作中去。随着经营复杂性的日益增加，项目在公司战略上的重要性必将得到进一步提高。一位有影响的项目管理学者——David Clelend 曾经宣称：未来将是"项目管理的时代"。下面将讨论这一理论产生的原因。

（1）产品生命周期的压力。项目管理发展的一个重要推动作用是缩短了产品的生命周期。全球信息的瞬时间流动使新投入市场的产品很容易被别人模仿，从而大大降低了新产品的竞争优势。计算机辅助制图（CAD）和计算机辅助制造（CAM）也对众多产品的生命周期的长短施加了巨大的压力。比如，今天在高科技领域内，一个产品的平均生命周期只有 1.5～3 年。而在 30 年之前，生命周期为 10～15 年的产品比比皆是。由于产品的生命周期大大缩短了，所以一家公司要想长久立于不败之地，就一定要保持一个稳定的新产品线，争取把每一种新产品在你的竞争对手之前推向市场。在全球高新技术产品领域有一个众人皆知的通则：如果一个项目推迟半年的话，将减少 33% 的产品收益。由于技术变化的速率大大提高，会缩短产品的生命周期的新产品推向市场的时间对任何组织来说都显得尤为重要。速度成了一项至关重要的竞争优势，越来越多的组织依靠跨职能的项目团队和项目管理方法来尽量迅速推广它们的新产品和服务，并以此来争取尽可能多的市场份额。

（2）全球竞争。在 20 世纪 70 年代，通过从国家经济或区域经济再到全球经济的开拓与发展，带来的不仅是巨大的技术革新，同时也给质量提高和成本控制带来了非常大的压力。今天，开放的市场要求更便宜、更优质的产品和服务，因而由此引发了全球的质量运动。ISO9000 认证成为企业生产的必备条件。ISO9000 是一系列质量管理和保证的国际标准，其中涵盖了工艺、设计、质量保证和运输过程，涉及从银行到生产制造的每一个行业。质量管理和持续改进的产品质量不可避免地要涉及项目管理，标准与产品的最初结合是在车间中。降低成本的压力不仅迫使美国的许多企业将产品的生产加工转移到了墨西哥和远东地区（这本身也是一个重大项目），同时也引发了相关组织对于如何达到目标的思维方式的转变。越来越多的工作被分成一个个项目，职责落实到个人，严格要求在一定的预算和限期内完成一个个特定的目标。因此，格外关注时间、成本和绩效三个方面的项目管理正好为我们提供了一种灵活的方法来完成任务。

（3）知识爆炸。新知识的不断产生大大增加了项目的复杂性，比如，30 年前修一条马路是一个非常简单的工程，然而今天，每个部分的复杂性都有了很大的提高，包括代码、美学、材料、工程设计、设备和专家。不仅是基本的项目过程变得更趋复杂，要求更大程度的协调，而且现有产品和服务在技术上也变得更加复杂了。产品的复杂性必然要求我们应当科学合理地整合各种技术，必然呼唤着项目管理作为完成这个任务的一门重要学科而出现。

（4）企业小型化。企业在经历了若干年的迅速发展之后，很多组织开始面对残酷的现实，即规模扩大了成本也会相应地提高。在未来 10 年之中，许多组织都将经历巨大的重组。小型化和坚持核心竞争力成了目前许多公司生存的必要手段。如今，在更扁平和精益求精的组织中，变化随时随地发生着，中层管理已成为过去式，在众多企业中项目管理已经取代了中层管理来确保任务的完成。公司小型化给组织处理项目的方法带来了巨大的变化，现在很少有哪个大项目是完全出自于一家公司的，部分工作外包为越来越多的企业所采用。项目主管的任务不仅是管理自己的员工，还要管理好来自不同组织的同行们。

（5）客户需求多样化。竞争的加剧为产品达到客户的满意度增加了额外费用。现如今，顾客不再需要普通的产品和服务，他们要的是根据他们个性化的特殊的要求而定制的产品和服务，这种需求就要求供应商和顾客之间要保持更加亲密的关系。当财务执行官和销售代表为满足客户的那些特殊要求而工作时，实际上他们还承担着项目主管的工作。这种变化的结果是推动并加速了产品和服务定制要求的发展。比如说，在 10 年前购买一家高尔夫俱乐部是比较简单的事情：你只需考量价格和凭借感觉来购买即可。但是现在，有专门为高个子和矮个子服务的高尔夫俱乐部，还有专门为顾客提供打斜线球和曲线球的俱乐部，还有以充分运用新的冶金技术来增加距离的高新技术的俱乐部，等等。可见，项目主管在产品和服务定制的发展及与顾客保持密切的关系中都起着非常重要的作用。

（6）小项目中的大问题。公司为了保持竞争力，或者仅仅是跟上竞争的步伐不掉队，组织中渐渐出现了这样一种情况：几百个项目同时进行。这种情况既产生了一个多项目的企业环境，也引发了层出不穷的新问题。怎样实现多个项目同时共享和安排资源的优先顺序，就是当前一些高层管理面临的主要的挑战。管理小项目常常比管理大项目要面对的问题更多。因为通常组织文化并不支持多样化的小项目，也没有相应的控制系统。数以万计的产品制造公司和服务公司在经营上总是会遇到各种各样的项目，然而遗憾的是，目前很多公司并没有意识到对小项目实施无效率的管理所带来的一系列问题。但是，小项目通常会带来和大项目同样多甚至比大项目更多的风险。通常小项目被认为对公司几乎没有什么影响，因为它们对稀缺资源或资金的占用都不是很多，再加上管理层的管理意识十分薄弱，即使无成果、无效率也不去测量。这样，很多的小项目累积在一起就会用去大量的资金，每年在这些组织中，几百万元就这样通过一个个小项目损失掉了。同样，很多小项目虽耗用了公司的一部分人力资源却并没有被计算在会计的隐含成本中。可以想象，一个同时进行很多项目的组织，必定面临着许多项目管理的问题，其中一个最主要的问题就是怎样创建一种支持多项目管理的组织环境。这一过程需要列举出支持组织目标的若干个小项目，并能够科学安排好它们的优先次序。

总之，有太多的因素在今天的商业环境中互相作用，使各行各业对有效的项目管理的需求逐步增加。

二、项目机会研究

（一）一般机会研究

1. 一般机会研究的含义

项目机会研究分为一般机会研究和具体项目机会研究。一般机会研究是项目机会选择的最初阶段，是投资者通过占有大量信息，并经过分析比较，从错综复杂的事物中鉴别发展机会，最终形成确切的项目发展方向或投资项目意向的过程。

一般机会研究的步骤及结构，如图 5－3 所示。

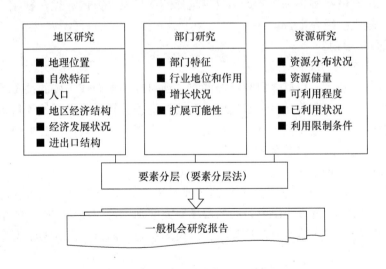

图 5－3 一般机会研究的研究结构

2. 一般机会研究的主要内容

一般机会研究是一种全方位的搜索过程，需要对大量信息数据进行收集、整理和分析。根据联合国工业发展组织推荐纲要，可以通过下列研究寻求项目机会：

（1）地区研究。指通过分析所处地区的人口、自然特征、地理位置、地区经济结构、经济发展状况及地区进出口结构等状况，选择投资或发展方向。

（2）部门研究。指通过分析部门特征、经营者或投资者所处部门（或行业）的地位和作用、增长情况、能否作出扩展等，进行项目的方向性选择。

（3）资源研究。指通过分析资源储量、分布状况、已利用状况、可利用程度、利用的限制条件等信息，寻找项目机会。

3. 一般机会研究的依据

一般机会研究所做的部门、地区、资源三个方面的研究，需要拥有下列信息及数据的支持：

（1）进出口结构及趋势分析。

（2）部门发展情况及其生产增长率。

（3）地区资源状况及数量。

（4）地区社会发展现状及预测。

（5）地区经济发展及产业结构预测。

（6）相关法律法规等。

4. 一般机会研究运用的方法与工具

一般机会研究可以运用要素分层法。要素分层法是一种将一般机会研究所涉及的各方面要素列举出来，并区分类别，对各要素重要程度给出权重，并通过评分的方法找出关键要素，确定项目方向的方法。

5. 一般机会研究提供的结果

一般机会研究最终将为决策者提出可供选择的项目发展方向和投资领域，它的成果形式通常为一般机会研究报告。

（二）项目机会研究

1. 项目机会研究的含义

项目机会研究是在一般机会研究已经确定了项目发展方向或领域的情况下，做进一步的调查研究，经方案筛选，将项目发展方向或投资领域转变为概括的项目提案或项目建议。与一般机会研究相比较，特定项目机会选择更深入、更具体，更加切合实际。

项目机会研究结构，如图5-4所示。

2. 项目机会研究的主要内容

（1）市场研究。指对已选定的项目领域或投资方向中若干项目意向进行市场调查和市场预测。在特定项目机会研究阶段的市场研究区别于可行性研究阶段的市场调查和预测，这个阶段不需要具体研究市场与项目规模的关系，而是从宏观的角度把握市场的总体走势及动态。

（2）项目意向的外部环境分析。外部环境分析需要研究除市场之外的其他与项目意向相关的市场环境，如具体政策的鼓励与限制等。

（3）项目承办者优劣势分析。是指分析承办者所选定的项目意向的优劣势，以及这种劣势是否能转化为优势；也可以先寻找项目发展的"机会"和"问题"，再分析将

"问题"转化为"机会"的途径，然后进行优劣势的评价。

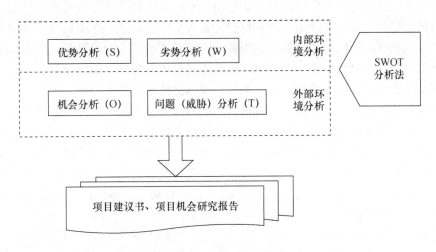

图 5-4 项目机会研究结构

3. 项目机会研究的方法与工具

项目机会研究可以选用 SWOT 分析法。这是一种可以供我们在做机会选择时选用的方法，即通过对投资者所处的内外部环境的分析，找出投资者自身的优势和劣势，同时找出投资的机会和面临的威胁，进而进行对比分析后确定是否可以选做投资机会。

4. 项目机会研究的结果

最终能够为决策者提供具体项目建议或投资提案。同时提出若干粗略的待选方案和论证的依据，其结果形式通常为特定项目机会研究报告或项目建议书。

（三）项目市场分析

项目市场研究是项目机会研究中的重要组成部分，因而对项目的市场状况进行仔细的分析是选择项目的必要过程。项目市场分析是通过系统地收集市场情报，对项目的产品供需进行研究，为项目投资决策提供数据资料。市场分析将依据市场的有效需求，在一定市场范围内，按一定价格研究和确定项目产品和服务的总购买量，预测可能占有的市场份额，然后制定项目产品或服务的销售方案、生产计划，确定项目的收益水平，由项目决策人依据收益水平确定项目的取舍。

在现代项目管理过程中，市场分析的主要作用是研究新技术、新产品的开发和新项目对市场的影响，为项目投资提供各种市场情报数据。实施项目市场分析，可以防止因开发没有市场需求的产品和服务而浪费投资，也可以协助开发研究那些市场真正需求的产品和服务。在世界经济一体化进程加快的今天，由于国际市场竞争日益激烈，原材料价格和服务价格以及科学技术不断发展变化，因而产品寿命的周期越来越短，用市场分析来促进新技术、新产品的开发，已成为项目成功与否的关键。据美国市场协会调查，美国开展市场分析的风险投资公司已占 90% 以上，市场分析已经成为风险投资者发现和跟踪市场动向的风向标，成了项目获得成功的金钥匙。

1. 市场分析的职能机构

公司内部一般会设立专门的市场分析小组，专门系统地收集和分析市场情报，制定长远的销售计划和市场开发计划，为项目的开发提供市场信息，并提出在广告宣传方面的对策等。企业对市场研究人员的要求很高，不仅要求他们一定要具备生产方面的专业知识，熟悉相关产品的情况和动向，能够熟练地进行市场调查和市场分析，还应该要求他们了解商品的流动方向和费用计算，掌握各种预测技术。除此以外，市场分析人员还一定要具备从社会和公开的文献中获得情报的能力以及独立思考和分析表达的能力。如久负盛名的英国咨询局化工中心，有市场分析研究人员四五十人，大都是取得学位的化学家和化学工程师，而且其中很多人还在化工部门工作多年，有着丰富的实践经验和扎实的专业知识基础。研究人员平时经常阅读大量的科技书刊，了解世界各国化工方面的最新动态，同时还经常与一些市场研究专家、工业专家、大公司的经理及营销人员接触，以系统地收集情报。

2. 市场分析的作用

（1）按照市场需求情况，发现和寻找新产品和服务，为新的项目提供决策依据。在估计市场需求总量和获利可能性的基础上，进一步发掘新产品或新服务的性能和特征优势，完善其设计，确定有关生产量，使之适应消费者的需要，保证新产品或新服务得以迅速开发并能够获得成功。

（2）预测市场对新产品或新服务需求的增长率。通过市场分析，预测市场对新产品或新服务的需求量及其增长率，以确定项目的生产规模和增长幅度，有效避免产品的积压或脱销。

（3）明确新产品或新服务的市场分布区域和范围。通过市场分析，根据新产品（或服务）的用途、特性、市场的需求潜量以及消费者分布情况等资料，明确项目产品（或服务）的市场发展空间和布局密度。

（4）发现购买者和竞争者的动向。项目的成功，取决于发现和了解购买者的动向，通过市场分析，发现和了解购买者的动机和习惯等；同时，还应当通过分析发现竞争者的动向，以研究确定积极的竞争对策。

（5）提供市场咨询。一般情况下，风险投资公司总是在了解市场行情和在有利可图的情况下才会投资的。市场分析可以为风险投资者提供市场咨询，帮助投资者深入了解购买者多样化的需求和竞争者动向，以提高决策的有效性。

3. 市场分析的基本内容

市场分析的重点在于怎样引导项目产品或服务从生产流向消费，以满足消费者的需要。市场分析是以研究项目产品或服务能满足需要为出发点，一直到确信项目产品或服务已充分满足需要为止的整个过程。"满足需要"是项目市场分析的出发点和落脚点。项目分析的内容，就是研究怎样满足这种需求，因此必须根据历史消费量来预测未来的需求量及满足未来需求的供应量，在市场分析中要确定供需的差额，并以此作为风险投资决策的指南。

项目市场分析的基本内容包括以下几个方面（以生产产品为例）：

（1）项目产品计划。就是对新老产品的性能、用途、结构进行分析研究。具体包括：

对新产品开发经费预算的研究；

对现有产品系列的维持和扩充的研究；

对某些特殊产品包装改良的研究；

对产品系列中产品项目增减的考虑。

（2）项目产品价格变动。受消费者购买量的影响，并对不同产品的价格需求进行弹性分析，具体包括：

进行产品生命周期不同阶段定价原则的研究；

运用价格变动促进销售的研究；

进行市场供求情况的研究；

进行项目产品价格变动因素的研究。

（3）项目产品的营销渠道。是对直接推销或中间商代销产品的研究。具体包括：

批发商、零售商推销状况分析；

销售商品的运输方法研究；

怎样划分市场区域；

存货中心与销售网点的设置问题。

（4）有关项目产品的推销对策的研究，具体包括：

对效果的测算；

对目标市场进行选择研究；

用何种广告手段、口号和主题进行宣传；

运用何种媒体，在不同媒体中如何分配预算经费。

以上市场分析的主要内容，归纳起来应当包括以下几种类型：一是对产品需要时间的预估；二是对各区域市场需要量的分析；三是对产品的全部市场需要量的分析；四是对达到市场占有目标的销售手段的分析。

在项目市场分析中，市场调查是市场分析的前提，市场调查运用得好坏对于项目的整个市场分析结果的影响重大。

（四）市场调查

市场调查作为市场分析的基础，是对市场供求变化的各种因素及变化趋势进行专门的调查，是运用科学的方法，有系统、有目的地收集和分析项目产品或服务的市场情报，并以此作为市场预测的前提和基础。

1. 市场调查的主要内容

（1）销售趋势调查。包括企业行销策略变化的销售反应、消费者需求趋势、竞争者的销售变化趋势等。

（2）市场调控因素调查。包括价格、产品（品种和规格）、销售渠道、销售促进等。

（3）市场环境调查。包括经济因素、社会因素、文化因素、技术因素、政治因素、法律因素、环保因素等。

（4）购买行为调查。包括购买动机分析、采购程序，新购和重复性购买、介入购买的人员和品牌选择、角色作用、流行趋势分析，特征（尺寸、色彩、造型、功能）、类型（周期性、瞬时、永久性）、流行群体（年龄段、性别、收入水平）等。

（5）行业市场需求调查。包括行业景气状况分析、产品普及率分析、同业市场现存和潜在销售量、企业产品市场现存和潜在销售量、分地区市场现存和潜在销售量等。

（6）竞争情况调查。包括：

职工人数、研发队伍、技术设备、领导层素质；

同业购并、重组情况及趋向；

新产品开发和储备、投放市场时间；

竞争对手行为对本企业的可能影响等；

销售力量、销售渠道、价格政策、服务网络、广告活动；

产品构成、主要销售地区、销售增长率、市场占有率；

同业成功经验与失败教训；

产品在色彩、包装、质量、外形、商标、价格等方面的优缺点；

员工培训、设备投资、技术引进、合资联营。

2. 市场调查的方法

市场调查是取得市场信息、了解市场的最基本的方法。这种方法分为直接调查和间接调查两类。直接调查是指调查者用走出去或请进来的方式，直接与各方面接触，了解情况，这样调查取得的数据可靠性较大；间接调查是通过调查表、发信函，或从杂志、报纸、广告等途径取得市场资料，这种方法能节省人力、物力，但可靠性较低一些。

市场调查的方法较多，常见的有试验调查法、询问调查法、典型调查法、观察调查法、重点调查法、抽样调查法、专访法等。

（1）询问调查法。又称为调查表法、访问法，是市场调查的主要方法。该方法是将所要调查的问题事先设计成调查提纲或表格，然后按照目标进行调查。这种方法手段多种多样，往往能达到不错的效果，具体包括：

电话访问，通过电话进行调查，使用这种方法比较快捷；

邮寄访问，将需要调查的问题以问卷形式，通过邮寄或刊登在报纸杂志上，再通过回收答卷进行统计，周期较长；

个人访问，由调查者依据调查提纲与被调查者通过面谈来进行调查，可多次进行；

小组访问，以开小组会议的形式进行调查，也可多次进行。

表5-1给出了四种方法优缺点的比较。

表5-1　四种方法的优缺点比较

项目	个人访问	小组访问	电话访问	邮寄访问
灵活性	高	中	一般	差
信息范围	中	大	差	一般
费用	一般	低	中	高
询问表长短	长	中	短	一般
询问表复杂性	中	高	低	一般
速度	一般	慢	快	中

（2）观察调查法。调查者以旁观者的身份从侧面观察被调查对象的活动，进而取得相关资料的调查方法。运用这种方法进行调查时，由于被调查者不一定意识到自己正在接受调查，不会产生顾虑和约束，得到的资料具有较强的客观性。这种调查不仅可以由观察者本人进行观察，还可以借助照相机、计算机、录像机等来实施，不过有时需要注意个人隐私的处理。

（3）试验调查法。选择一两个营销因素，在某些环境条件下进行小规模的营销试验，并对结果进行分析，确定后可以用于大规模推广，比如：

改变产品陈列方式；

改变产品价格；

改变产品包装；

改变产品品种。

（4）抽样调查法。是指在全部抽查对象中，选择其中一部分样品进行调查，从而推算总体情况的一种抽查方法。该方法主要适用于不可能或不必要进行全面调查而需要获得总体资料的情况。在实际应用中极其广泛地采用这种方法。抽样调查方法，如图5-5所示。

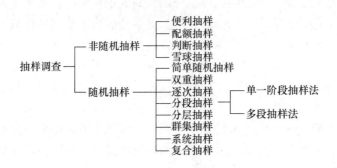

图5-5　抽样调查方法

随机抽样，就是在抽样时，总体中每一个抽样单位被选择为样本的概率相同。随机抽样具有完整的统计理论基础，可用概率理论加以解释，是一种客观而科学的抽样方法，在市场调查中通常都用随机抽样。

非随机抽样，就是在抽样时，抽样单位被选择为样本的概率是不可知的。

随机抽样的种类有：

第一，简单随机抽样。假设总体分布是均匀散布的，即每一个体被抽出的概率不但已知而且相等。简单随机抽样是其他各种随机抽样方法的基础。简单随机抽样法如何选取样本呢？是在对总体编号后利用随机数表抽取而产生的。例如，假定有2000名调查对象，以随机数表随机抽取150名样本，其抽样步骤如下：

将2000名调查对象，由0001～2000作2000个连续编号。

由随机数表，利用抽签方法选取号码开始点。例如，选取第十五行第四列。

由设定的起始点，选取号码，选取号码与调查对象的编号位数相同：即1475，

9938，4460，0628，…，有效号码样本在 2000 以下。

若抽样单位与随机数表抽样号码条件相同即为样本，大于调查编号，跳过不取。

如果遇到重复号码，也跳过。

依上述方法，连续采用 150 个号码，即完成样本选用。

该方法通常用于：单位访问成本不受样本单位所在地远近的影响；总体小，总体名册令人满意且为总体信息唯一来源。

第二，双重抽样。先对总体做一次初步抽样，搜集一些有关总体的信息，然后依据所获得的信息，再做一次比较精密的抽样。通常在对总体认识极为匮乏的情况下，可用本方法。第一次抽样，因所要信息较少，故样本数一般较大。第二次进行比较深入调查，样本数较小。

第三，分段抽样。先由一总体中抽取 n 个单位随机样本（PUS），再由 PUS 中抽出 m 个单位（SSU），就 SSU 进行调查，称二段抽样。若继续对 SSU 抽取更小单位做调查，称为三段抽样。三段以上，称多段调查。

分段抽样之调查费用节省且处理方便，应用范围很广，且对有限总体或无限总体均可采用。

第四，逐次抽样。这种方式的抽样，开始只抽取少量样本，根据少量样本的结果来确定是否接受某一假设，或应继续抽取样本，直到能够决定接受或摈弃假定为止。

逐次抽样法是费用较低且较实用的一种方法。

第五，分层抽样。先假定按照抽样目的和某种分类标准而划分成若干组或若干类，此组类称为层，然后将总体的各个体分别编入相应层中，再由各层中以简单抽样或系统抽样法选取适量样本的方法。

分层的基础有赖于抽样设计者的经验和判断。理想上分层的数目愈多愈好，因为层数愈多，每层的样本单位越相似，样本估计值的精确度就愈高。但出于成本和概率的考虑，层数不宜超过六层，如图 5 - 6 所示。

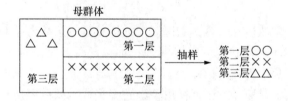

图 5 - 6　分层抽样

第六，群集抽样。按照本方法抽样是随机选出一群，以群为单位，不是以个为单位。群集抽样的优点是简便易行，经济省事。但是抽样误差很大，如图 5 - 7 所示。

第七，系统抽样。将总体的每单位加以编号，先计算样本区隔，在 1 ~ N/n 间随机抽出一个号码作为第一个样本单位，依定距循序抽出样本。

此法的优点是抽样操作简单，缺点是有发生抽样误差的可能性。

第八，复合抽样。将总体分为若干层，用系统抽样法选取样本。因此，有分层抽样及系统抽样的优点。

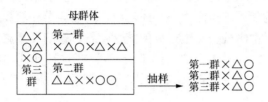

图 5 − 7　群集抽样

非随机抽样的种类，主要有以下四种：

第一，便利抽样。在选择样本时只考虑到接近样本或衡量便利。如访问过路行人即为一例。

第二，配额抽样。先选择某种"控制特征"，当作总体细分类的标准。然后，将总体细分为几个子总体，按比较分配总体样本数大小，访查员有较大的自由去选择子总体中的样本个数，只要完成配额调查，即告完成。这种方法因为调查偏好及方便性，可能会丧失精确度。配额抽样分配表由访问员确定，可以不做任何修正，如表 5 − 2 所示。

表 5 − 2　配额抽样分配表　　　　　　　　　　　　　　　　　（％）

收入所得	年　龄		合　计
	34 岁以下	35 岁以下	
10000 元以下	21	27	48
10001 元以上	12	40	52
合计	33	67	100

第三，利用随机方法或社会调查选出原始受访者，再依据原始受访者提供的信息去确定其他受访者。这种方法在总体很难寻找或十分稀少时使用。比如单亲家庭的抽样就属于这种。

第四，判断抽样。在总体的构成极不相同且样本数很小时，根据抽样设计者的判断来选择样本个体，设计者一定要对总体有关特征具有相当的了解。比如在编制物价指数时，有关产品项目选择及样本地区的决定，即用于判断抽样。

（五）市场预测

市场预测是以市场调查为基础，以其信息资料为依据，依据定性分析或定量分析的方法，全面系统地对引起未来市场需求和需求结构变化的诸多因素进行分析研究，掌握未来市场发展方向及变化程度。在项目机会研究阶段，市场预测的结论是制定项目方案、确定项目建设规模的根据。如果预测的结果表明项目生产的产品没有市场或市场很小，则应及时中断可行性研究，以节省财力、物力、人力、时间，避免造成决策的失误。

1. 市场预测的主要内容

（1）市场需求变化的预测。是对产品购买力及其趋势的预测。除研究整个社会经济在市场上购买产品的货币支付能力外，还需要研究社会潜在的购买力。潜在购买力有两种情况：一是居民手中的现金和银行里的储蓄存款。这笔巨额储蓄存款是一股潜在的购买力，也是市场潜在的冲击力。二是由于受货币支付能力的限制而未能实现的需求。例如，某地区电视机普及率只达到40%，假定饱和普及率是80%的话，则还有40%的潜在购买力。

预测市场需求的变化，就要研究人们的货币收入与支出。人们的货币收入并不全部形成购买力。例如，储蓄存款、非产品性的支出和库存现金，都不能形成或暂时不形成购买力。地区之间货币的流进流出，也会影响当地的产品购买力。农业的歉收、交通条件的改变、人口因素的变化、基本建设的扩大或缩小、社会风尚的改变等，都会影响市场需求。因此，预测市场需求，就得研究人民生活水平的提高程度、工农业生产的发展趋势、储蓄与消费的比例变化、储蓄基金与消费基金的分配方式以及它们的使用方向、基本建设的规模、历年结余的购买力等，用来判断市场的需求变化。

（2）购买力趋向的预测。就是市场需求结构的预测。指产品购买力在各类产品之间的分配比例。一般按产品性质和用途分类，比如通常按衣、食、住、行等分类。商业统计资料则分为衣着类、食品类、日用品类、文具用品类、中西药医疗器材类、书报杂志类、燃料类等，每一类都包括若干种产品。因为人们生活水平的不断提高，产品的更新，产品价格结构的调整与变化等种种因素，消费者对产品的需求在种类上、数量上是千变万化。比如，对有些产品需求量变化比较快，有些产品需求量变化比较慢，有的产品需求量变化逐年上升，有的产品需求量逐年下降。所以，在一定时期内，购买力的趋向变化必然引起产品需求量以及各种产品的消费结构的变化。居民货币收入水平的不同会直接影响购买力趋向的变化，对同类产品的品质要求也随之不断变化。比如，当今中、高级日用产品的比重越来越大，高级营养食品和嗜好品的需求也越来越大。总的产品需求结构趋势是由粗转精、由低转高、由将就到讲究，向多样化、高级化、微型化方向发展。

预测消费结构变化，不但要研究人们的购买力、消费偏好、生活习惯，还需要研究消费者的心理状态和社会风气的变化。例如，不同地区、不同消费者，对产品的需求是有所不同的。有的注重产品质量、寿命，有的追求式样、花色。在产品供过于求的情况下，挑选性强度就会增大，人们会犹豫观望，不急于购买；在产品供不应求时，就会出现竞购、争购甚至抢购现象。消费者的需求心理会发生变化，引起需求结构的变化。人们的收入增加和产品供需状况的变化会影响消费者心理状态的变化；同时，后者反过来又会影响市场产品需求的变化，两者是相互影响着的。

（3）销售预测。是指经济社会的产品需求量，这是总体预测。销售预测，是指企业本身的产品销售量，包括规格、花色、种类、式样等的预测，以便使产品销售顺畅，满足消费者的需要，这是个体预测。

对一个企业而言，一定要对所经营的产品在某一时期内的市场需求量进行预测。同一种产品从几处进货，有外地产品，有本地产品，各占多大比重？顾客欢迎外地的还是本地的产品？从而选择进货渠道并为生产部门提供市场信息，以利于安排生产和促进产品供应。通过销售预测，可以了解消费者的具体需求，并可找出产品销售在市场上存在的问题，从而研究改进，提高经营管理水平。在同一地区，几个企业经营同一种产品，在预测整个市场产品需求量的同时，一定要预测本企业所经营的产品销售量在整个市场产品需求量和销售量中所占的比例，这就是通常所说的市场产品占有率的预测。从市场占有率的增加或减少，可以看出本企业的经营状况，从而分析和纠正经营中存在的问题，使外部压力变为动力。通过销售预测，了解消费者需求的新动向，研究开拓市场，制定行销策略，包括市场发展策略和销售组合策略、选择目标市场的策略等。销售组合策略是为占有目标市场所制定的策略，主要是为了开拓市场，扩大销售，促使企业不断地变化发展。

就某一种产品而言，通常是市场需求预测等于或接近于市场产品销售预测。不过，某种产品的市场需求量是一个可变量，它会随着广告、价格、包装、新产品的出现，社会风尚等各种因素的变化而变化。所以，要通过销售预测，深入地分析影响市场需求量的各种因素，准确判断产品需求变化的趋势，以便有计划、有目的地展开产品的行销活动。

（4）产品资源预测。市场的两个主要因素是供与求。在对市场产品需求进行预测的同时，应当对产品资源发展趋势进行预测。这既关系到产品购买力与产品可供量的平衡问题，也关系到国民经济的平衡问题。对供不应求产品的销售预测，不仅要考虑市场需要，还通常要依据产品资源的可能情况来决定销售量。

为了保证市场供应，必须进行产品资源预测。需要调查各种产品的生产技术、设备条件、生产能力、生产组织、生产状况以及资源、能源、水源、交通条件、科学研究等，并预测它们的潜在能力和发展趋势；要研究科学技术的发展对各类产品生产的影响和变化；要研究国家经济体制的改革和重大经济策略，以及价格政策对某些产品的影响程度。

产品资源的预测，要重视关联性产品的相互变化和新产品的销售与需求的预测。例如：洗衣机的需求量增加，就会涉及洗衣粉的需求变化；洗衣粉的增加，肥皂的需求量就将减少。又如布鞋、皮鞋、胶鞋之间的比例变化，此消彼长，发生产品资源的变化。随着科学技术的进步，新工艺、新技术、新材料的不断涌现，新产品生产时间缩短、速度加快，产品生命周期越来越短。合适、适时、流行性产品将会刺激需求，吸引顾客。由于产品更新速度加快，销售周期越来越短，假如不了解市场产品资源和销售变化的形势，还在继续生产已过时的产品，势必会给企业经营带来危机。随着经济的发展，我们也必须注意到工业所需产品的预测。

（5）产品寿命周期的预测。工业的任何产品与其他事物一样，有其产生、成长、发展和衰亡的过程。具体来说，就是产品从实验成功进入市场直至被淘汰退出市场的全部过程。经济学界将这一过程叫作产品寿命周期。各种产品不断地产生和衰亡、新旧更替、新陈代谢，一种新产品投入市场销售之后，它的寿命周期就开始了；直到另一种新产品的出现，在功能、价格、效用及流行性、适时性等超过了它，因而被淘汰退出市场。接着另一种新产品又代替了前一种产品，如此不断地更新，促使生产不断发展。产品寿命周期可分为自然寿命和经济寿命周期，任何产品都有一个自然寿命周期，即自然使用周期。这是指针对其实体的消耗磨损、耐用度而言。有的产品物质形态仍然存在，仍有一定的使用价值，自然寿命并没有结束，但在市场中已被淘汰，失去了经济寿命。从企业经营管理角度而言，应着重于产品经济寿命周期的研究。产品经济寿命周期，主要是从销售量、获利能力的变化上来进行分析，是研究产品的需要和利润随时间变化而变化的趋势。这一过程还受价格、科学技术进步、国民经济发展、市场竞争、供需平衡等多种因素的影响。产品的经济寿命周期，一般分为试销期、成长期、成熟期、衰退期四个阶段，可用一条曲线来表示，如图5-8所示。

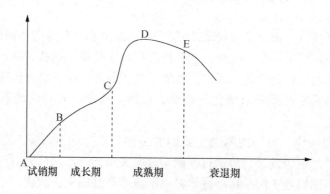

图5-8　产品寿命周期曲线

作为经营产品的企业，无论是从新产品应用产品化还是需求预测而言，应当着重研究B—C—D，即产品从试销期到成长期到成熟期的过程，而不应该不进行调查研究就去赶热闹，到成熟期的D点时才去研究。D点是个转折点，它既是产品销售量的高峰，同时也是销售量下降和被淘汰的起点。有的企业看到某些产品正处于畅销高峰，认为有利可图，大批地抢购进货，结果很快地就走下坡路，造成积压，最后只好当作廉价品来出售。西方国家的企业在产品经营中，越来越重视产品的经济寿命周期的分析和研究。企业为了提高竞争能力，加强经营管理也一定要进行产品寿命周期的预测，并对新产品投入市场的发展前景进行预测。

产品寿命周期各阶段的特征分析如下：

试销期：产品正在试制和试销，由于生产这种产品的企业很少，市场竞争者也很少，产品设计还未定型，质量不够稳定，需要广泛地征求消费者的意见，提高产品质量。由于试销，生产量小，成本高，废品率也较高，利润很低，甚至会发生亏损。

成长期：消费者对这个产品的性能和特点，已经较普遍地有所了解，销售量迅速增加，并且上升幅度很快。随着生产量的增加，生产成本相对降低，销售费用相应减少，利润也随之迅速增加。由于利润的大增，吸引了一些企业竞相仿制这一产品并积极投入市场，从而市场竞争加剧。

成熟期：产品供应量基本上达到了市场容量所能够接受的程度，市场需求相对减弱，销售量上升缓慢，市场竞争激烈，利润逐步下降，有时甚至需采取降价措施以增加产品销售。一般而言，这一阶段要比上两期时间长得多。进货时要慎重考虑，不得大批地盲目购进。

衰退期：产品销售量下降，利润降到最低水准，非名牌产品首先被淘汰退出市场。随着新产品的出现，许多企业生产的旧产品，相继陆续退出市场一直到这个旧产品的寿命结束。

研究产品寿命周期，有利于企业作出比较正确的经营决策和经营计划，以促使产品销路顺畅，减少产品积压；有利于促进新产品的研制和发展，扩大市场。此外，依据产品寿命周期各阶段的特征，应重点加强销售措施，从而促进产品销售。

（6）市场产品供需平衡的预测。市场产品供需矛盾可能会出现三种情况：①供不应求；②供过于求；③供需平衡或基本平衡。前两种情况对改善人们生活、发展生产、稳定市场等方面都是不利的。所以，要求全国和某一地区的市场产品供需平衡或基本平衡，便需要进行市场产品供需平衡的预测。市场产品供需的预测，可以为安排市场、调整各大类别主要产品比例关系提供客观基础；为产品储存与货币流通量的调节提供基本资料；也便于通过分析研究具体产品供需情况，进行调节，以防止和克服盲目生产，防止市场销售不足或积压。

市场产品供需平衡的预测内容包括以下几个方面：

货币流通量与产品供应量是否配合的预测。这是中央银行调节货币发行量的重要依据。

产品零售总额与产品购买力总额平衡的预测。两者平衡与否，综合反映了市场供需发展变化的总趋势。

产品零售供应量结构与产品购买力趋向是否平衡的预测。在产品供需总额基本平衡的情况下，也可能有某类产品或某些主要产品的供需不平衡。所以，要估算产品可供率（可供率＝可供量÷需求量×100%）、产品供求差率等，便于采取调节措施。

以上所说的主要是对总体经济进行分析。作为一个企业来说，应当对所经营的产品或某一类产品的供需平衡的可能性以及产品需求的满足程度进行分析、预测，以作为企业制定计划和各项经营决策的参考依据。

（7）经济效果的预测。企业在完成产品经营过程中要付出一定的劳动。以最小的劳动成本获得最大的经济效果，是每个企业共同的期望。企业经济效果预测，就是对未来一定时期内企业经营活动所获得的收益和付出的成本两者进行预测，为企业经营与管理决策提供依据。它对改善企业经营管理能力，扩大经营业务范围具有重要的作用。

预测企业经济效果的主要指标有劳动生产力、产品销售额、资金占用及资金周转率、流通费用及利润和利润率、流通费用率、设备利用率等。企业不但要在经营后和经营中进行分析，而且还需要进行预测分析。例如，进行经营成本额预测分析、毛利额和毛利率的预测分析、资金周转率的预测分析、成本期预测分析、费用水准的预测分析、劳动效率的预测分析等。利润是企业经营结果的综合反映，也是衡量企业经营管理水准的一个重要指标。对它的发展趋势进行分析和预测，对提高企业经营管理水准，扩大经济效果，具有十分重要的意义。

市场预测除上述内容外，全国生产形势发展变化对市场产品供需影响的预测，能源政策、价格政策和信用、工资、税收、货币发行等因素对市场影响变化的分析和预测，也是十分必要的；此外，科学技术发展对产品流通影响的分析预测也不应该忽视。是否要进行这些方面的预测，需要视实际而具体的情况而定。

2. 市场预测的步骤和要求

预测：工作包括确定预测目标、掌握资料、选用预测方法、拟订决策方案四个阶段。

（1）对象要具体、准确、清楚。要确定预测的目标是短期的预测还是长期的预测，是需求预测还是销量预测、是成本预测还是盈利预测等。有了明确的目标，方才便于制定预测计划、成立预测小组、收集资料、选择预测方法等。

（2）要进行市场预测，就一定要重视市场的调查研究，重视资料的收集和研究工作，掌握充分的历史资料和现实情况。拥有的资料越充分，分析就越深刻、越详细，预测的准确度就越高。

（3）选择预测的方法。应依据预测的内容和目标、市场供需形态和所掌握的资料情况选择恰当的预测方法。比如，对属于稳定型的产品，可选择百分比递增法、平均法；对趋势形态的产品需求，可采用回归分析、趋势预测法等；对季节形态的产品需求，可采用移动平均数、季节系数法等。假如产品上市时间不长，缺乏足够的历史资料，可采用市场调查。选择预测的方法时，要注意资料的连贯性，地区的可比性、产品的可比性、客观条件的可比较性，因变量和自变量的相关性以及对因果关系、时间关系、结构关系等演变趋势的研究分析。因为市场现象的错综复杂，影响因素太多，瞬息万变，应当采取定量与定性分析交错使用，并且采取几种预测方法进行比较、验证。在预测中应当剔除降价和涨价等可变因素，还必须估计预测到可能出现的误差。

（4）市场预测的作用之一是为制定市场营销决策提供依据，因此预测工作的最后阶段就是提交决策建议方案。

3. 预测方法

据不完全统计，目前有几百种预测方法可供使用，每种方法都有其特点、原理、用途和适用范围，主要分为定性的和定量的两大类。定性市场预测主要用于推理判断。它主要解释一个问题质的方面，如大政方针，或具有或不具有某些特性。而定量分析则把这种预测具体赋予量的特征。常见的一些预测方法如下：

（1）因果关系类。首先筛选出影响预测的主要因素，再确定原因与结果的数量关系模型，在预测原因基础上得出预测值的结果。

回归分析法。就是从各种经济现象之间的相互关系出发，通过对与预测对象有联系的现象变动趋势的分析，推算预测对象未来状态数量表现的一种预测法。它是研究某一个随机变量（因变量）与其他一个或几个变量（自变量）之间的数量变动关系。由回归分析得出的关系式通常叫作回归模型。依据自变量个数的多少，回归模型可以分为一元回归模型和多元回归模型。依照回归模型是否线性，回归模型可以分为线性回归模型和非线性回归模型。所谓线性回归模型，就是指因变量和自变量之间的函数关系是直线型的。

需求弹性分析法。如依据消费者收入变动、价格波动、替代品情况，对需求的影响实施观测等。

（2）时间分析类。依据过去若干年的历史数据，通过数学公式运算来预测未来状态。目前这些方法已经编成程序，做成软件包，可供直接应用。

直接趋势法。该方法根据预测对象随时间呈线性变化或呈递增的趋势而定。常见的是年平均增长百分率情况，每年在上年基础上乘以增长比率；但其仅适用于稳定的、随机变化小的场合。

时间序列法。将过去若干年数据经过运算得出数值作为未来预测值，具体有算术移动平均法、加权平均法、指数移动平均法、自适应等，从最简单到最复杂的方法都有。

季节变动分析法。分解出长期趋势、中期季节波动与短期随机波动，然后进行预测。

曲线方法。包括运用产品寿命周期曲线、S曲线、抛物线模式，计算得出相关参数后，得出预测值。

（3）直观预测类。以主观经验判断预测为主，总体上预测误差较大，但预测法则相对简便易行。

市场试销法。根据个别典型地区试销结果，推算总的销售趋势。优点是比较准确，缺点是速度较慢。

专家意见法（德尔菲法）。通过不见面通信联络方式，对选定的专家发函，提出预测问题并附上背景材料，对收回的专家意见分析其分散程度，再经几轮反馈得到相对集中的预测结果。优点是结果比较可靠，能够发现新的问题；缺点是周期长、速度慢、费用高。

综合加权法。将公司营销、管理人员或经理、科技人员等各自的预测结果加权平均作为预测结果。

（六）项目建议书

经过项目的机会研究，形成了一个初步的结果，该结果最后表现为项目建议书的形式。

1. 项目建议书的形成

项目建议书是建设项目决策最初阶段的工作，它是对建设项目提出一个大概设想，主要是从宏观上来考虑建设项目的建设必要性，看其是否符合国家长远规划方针和要求，同时初步分析项目建设的条件是否具备，是否值得投入物力、人力去作进一步的深入研究。

2. 项目建议书的作用

项目建议书是建设程序的首要环节，同时又是立项的前提条件。其作用主要表现在以下几个方面：

（1）涉及利用外资的项目，在批准立项以后，才能对外开展工作。

（2）项目建议书是进一步进行可行性研究、选择厂址等的依据。

（3）项目建议书是企业选择建设项目的根据，只有批准项目建议书才能列入建设前期的工作计划。

3. 项目建议书的内容

（1）项目的必要性和依据。①引进技术和进口设备的项目，还要说明国内外技术差距和概况及进口的理由。②对改扩建项目要说明现有企业概况。③说明项目提出的背景、拟建地点，提出与项目相关的长远规划或行业、地区规划资料，说明项目的必要性。

（2）产品方案、拟建规模和建设地点的初步设想。①产品方案设想。包括主要产品和副产品规格、质量标准等。②建设地点论证，分析项目拟建设地点的自然条件和社会条件，建设地点是否符合地区布局的要求。③产品的市场预测，包括对国内外同类产品的生产能力、销售情况分析和预测、产品销售方向和销售价格初步分析等。④确定产品的年产量；一次建成规模和分期建设的设想（改扩建项目还需说明原有生产情况及条件）以及对拟建规模经济合理性的评价。

（3）建设条件、资源情况、协作关系和引进国别、厂商的初步分析。①主要专用设备来源，如拟采用国外设备，要说明引进理由以及拟引进国外厂商的概况。②主要生产技术与工艺，如拟引进国外技术，要说明引进的国别以及与国内技术的差距、技术来源、技术鉴定及转让等大概情况。③主要协作条件情况，项目拟建地点，水电及其他公用设施、地方材料的供应分析。④拟利用的资源供需的可能性和可靠性。

（4）投资估算和资金筹措设想。投资估算根据掌握数据的情况，可进行详细估算，也可以按单位生产能力或类似企业情况进行估算。投资估算中应包括建设期利息、投资方向调节税，并且考虑一定时期内的涨价因素影响；流动资金可以参照同类型企业情况进行估算。在资金筹措计划中应当说明资金来源，利用贷款需附上贷款意向书，分析贷款条件及其利率，说明偿还方式，测算偿还能力。

（5）项目的进度安排。①项目建设需要的时间。②建设前期工作的安排，包括涉外项目的考察、询价、谈判、设计等计划。

（6）经济效果和社会效益的初步估计，包括国民经济评价和初步的财务评价。①对于项目的社会效益和社会影响的初步分析。②计算项目全部投资内部收益率、贷款偿还期等指标及其他必要的指标，进行清偿能力、盈利能力的初步分析。

项目进行机会研究以后，将进入到可行性研究阶段，将更具体地研究项目是否可行。

三、项目方案策划

（一）项目方案策划的含义

方案策划是指为实现一定目标而进行决策、谋划的活动，即人们针对某一特定问题，从若干种可供选择的有关未来事件的设想方案中作出一种选择或决定以及为这一决定而进行的规划、构思、论证、设计、比较和选择等一系列行为过程。

项目方案策划是指为把握投资机会、构思投资项目、确定投资目标、设计投资方案、得到投资回报而依据有关理论和原则，采取科学的方法和手段，进行规划设计、项目构思、论证比较、决策实施等一系列谋划和决策活动。

项目方案策划在项目发展周期中非常重要。项目投资方案策划得好坏，直接关系到能否真正把握投资机会、获得理想投资、规避投资风险的效果。

（二）项目方案策划的原则

1. 客观性原则

项目方案策划要符合客观实际，否则方案策划也就不可能成功。所以，方案策划活动要在对方案策划主体的现实状况进行深入全面的调查，取得尽可能准确、全面、客观资料的前提下进行，把客观、真实的问题及其正确的分析作为方案策划的依据，在方案策划中努力寻找、把握定位点，从而提高方案策划的准确性。

2. 无定势原则

常言道：兵无常势，水无常形。世上没有相同的两片树叶，人不能两次踏入同一条河，世界万事万物都在运动变化中。任何项目的策划方案也都是处于高度的机动状态，最忌一成不变，墨守成规。所以方案策划人员一定要有动态意识，从思想深处自觉地建立起灵活机动方案策划的观念，在方案策划过程中及时准确地掌握方案策划对象及其环境变化的信息，及时调整方案策划目标并修正完善策划方案。

3. 整体性原则

是指项目方案策划要从全局出发，使局部服从全局，以全局带动局部，为了全局甚至不惜牺牲和舍弃局部；立足眼前，放眼未来，照顾眼前利益与长远利益的关系；同时方案策划还要有层次性，对不同层次的系统，就应当有不同的方案策划。现代项目规模越来越大，影响因素越来越多，项目方案策划的整体性原则显得更为重要。

4. 时效性原则

在项目方案策划中，随着时间和条件的变化，方案策划的价值也将变化。把握好时机，处理好时机与效果之间的关系在方案策划过程中非常重要。因此，在项目方案策划中，要尽可能缩短方案策划到项目实施的周期，努力使方案策划发挥效用的寿命更长一些，长远效果更好一些。同时，方案策划的实际效果还与客观条件是否成熟有关，只有当客观条件成熟时，方案策划的实施才能取得预期的效果。还应当注意，项目方案策划一定要具有超前性，没有超前性的方案策划就不能认为是好的方案策划。

5. 利益性原则

一般而言，利益是方案策划的动机，任何方案策划活动，都是在谋求利益，没有利益的项目方案策划，就不是一个好的方案策划。利益性既是项目方案策划活动的一个出发点、立足点，又是评价一项方案策划活动成功与否及成果佳否的基本标准。利益可分为眼前之利、长远之利、权利之利、钱财之利、发展之利、实物之利、享乐之利，等等。同时请注意，项目方案策划不仅应当注重经济效益，更应当关注它的社会效益，经济效益与社会效益的有机结合才是项目方案策划的利益性的真正意义所在。此外，由于利益形式的多样性，既决定了利益竞争的复杂性，也决定了方案策划的复杂性。

6. 出奇制胜原则

"出其不意，攻其不备"大都能获得成功，项目方案策划人员都十分重视这一思想。出奇制胜的核心在"奇"上，而"奇"则表现在出人意料，且具有突然性和创新性，这也是方案策划的出发点和立足点。

7. 可行性原则

可行性在项目方案策划中非常重要，可行性原则贯穿于方案策划的全过程。在进行每一项方案策划时都应当充分考虑所形成的方案策划的可行性，重点分析、考虑方案策划可能产生的效果、利益、危害情况的风险程度，全面衡量利害得失、综合考虑。方案策划是否以最低的代价取得最优效果，方案策划中的各方面关系是否能够高效率地实施等问题，是否能够和谐统一。

（三）项目方案策划内容

（1）明确投资目的。项目投资的目的多种多样，比如：改善投资经营结构，拓宽投资领域；追求某领域的高投资回报；改善投资区域分布，转移投资方向；用活存量资金、通过投资实现资本增值目的；规避资金风险，投资长线稳定行业；发挥独特资源和特定投资优势；扩大再生产和技术改造；市场需求巨大，以需求拉动投资等。

（2）项目调研。主要是指对项目的市场潜力、竞争性、未来经济趋势的分析预测。

（3）构思初步方案。初步拟订项目方案，包括资金来源、设备选型、工艺流程、建设规模、产品方案、投资核算、经济效益，并预测可能存在的投资风险。每个单项内容和项目整体构思均应拟定两个以上方案，以供比较和优选。

（4）技术要素分析。主要分析以下要素：设备安装调试；工艺流程和工艺路线；设计方案与土建规划；设备选择，包括国外引进设备或国产设备的价格及其先进性、数量、适用性、型号、可操作性；辅助配套、调节监控系统；技术方案比较。

（5）投资估算。是指对项目建设投资、建设期利息、流动资金进行较准确的分析估算。

（6）资金投入计划及建设进度安排。是指资金的投入数量和时间要与建设进度相匹配。

（7）资金筹措。资金的筹措渠道和方式，资金成本分析（机会成本、贷款利息、筹措费用）。

（8）选择投资形式和投资组合。投资形式有贷款项目投资，入股项目投资，中外合资、联营或完全自主式投资等。投资组合是指将有限资金集中投资于某一项目或分散同时投资多个项目。

（9）财务效益分析。主要包括测算投资利润率、投资回收期、财务内部收益率、借贷偿还期等。

（10）项目风险分析。主要是指项目盈亏平衡状况、风险因素定性分析预测等。

（11）方案比较。主要有单目标、单方案比较，选址比较，多目标多方案比较，工艺线选择，建设方式比较和整体综合效益的比较分析。

（12）决策与实施。根据方案比较结果，选择最优整体投资方案，决定投资。同时按项目建设程序组织实施方案。

（13）项目后评估。项目投入运营后，通过运营效果反馈来验证项目投资方案策划的准确性和科学性，并针对存在的问题提出解决办法。

（四）项目方案策划应考虑的因素

1. 政治法律环境

（1）政府的产业政策。比如，需要扶持的产业，政府在征地、税收、贷款、动迁和报批方面会提供很大的优惠；急需发展的产业，产品的销售量将可能稳定增长。

（2）法律环境。政府法规是强制性的，一旦有关法规出台都会给企业在某个领域内提供机遇。

2. 社会文化环境

是指一个国家或地区的价值观、宗教信仰、民族特征、文化传统、教育水平、社会结构和风俗习惯等情况。各国或各地区有不同的社会文化，就有不同的价值观和消费观念。即使在同一地区，随着社会的发展，社会文化环境也在不断地变化之中，而它的变化也将直接导致人们的收入水平及结构、教育水平、消费观念、价值观的变化，一方面将淘汰人们对一些产品的需求，另一方面将引发许多新的需求。比如：就业竞争日益激烈导致学历教育、各种短期教育和技能教育的增长；经济的增长导致享乐主义抬头，从而可以带来各种酒店、消遣场所和夜总会项目；实行双休日、五一和十一长假制度，带动了各种旅游与休闲项目；生活节奏加快，可以带来快餐、速食和微波炉项目等。

3. 经济环境

主要是指当地的人均收入水平、劳动力价格、交通能源条件、金融体制和商业设施、人口数量及质量、自然和其他资源条件、原料供给能力与价格水平、与项目相关的配套生产能力、经济政策和投资环境等，这些对项目方案策划都有较大的影响。

4. 技术环境

是指一个国家或地区的技术政策、技术水平、新产品开发能力以及技术发展的动向等。科学技术的进步、新发现、新能源和新材料、新研究成果、新技术的运用，都会对项目方案策划产生巨大的影响。

（五）顾客的需求

顾客的需求是项目成功的基础。随着社会的发展变化、人们收入的增加，消费观念也会发生变化，会引起消费者的需求变化，导致传统产品生命的终结，从而又会引发许许多多新项目的开发。方案策划人员只有抓住这种变化趋势，并成功地开发出满足新趋势的产品，才会取得巨大的商业成功。同时，要注意探索隐蔽在顾客内心深处的潜在需求，以方案策划出消费者想要的东西。

四、项目论证管理

（一）项目论证的概念与作用

"先论证，后决策"是现代项目管理的基本原则。项目论证对于项目的成败与价值有着重要意义，项目论证是项目概念阶段的核心内容，是项目确定的基础，项目论证更强调客观性、科学性与规范性。项目论证涉及多个学科领域的知识与背景，一定要具备以下几个条件：一套科学的方法；能够进行可行性研究的专门人才；一套完整可靠的资料数据；一套先进的工具；一定数量的资金。

1. 项目论证的概念

项目论证是指对拟实施项目技术上的适用性、先进性，经济上的盈利性、合理性，环境上的安全性以及实施上的风险性、可能性进行全面科学的综合分析，为项目决策提供客观依据的一种技术经济研究活动。

项目论证要回答的问题：

（1）需要多少资金？筹资渠道如何？能否筹集到全部资金？

（2）项目规模有多大？需要多长时间能建立起来？地址选择的指向性是怎样的？

（3）需要多少物力、人力资源？项目产品或劳务市场的需求怎样？

（4）技术上是否可行？项目采用的工艺技术是否先进适用？项目的生命力如何？

（5）经济上是否合理？财务上是否有利可图？是否有益于企业？

2. 项目论证的作用

（1）资金筹措、贷款的依据。

（2）确定项目能否实施的依据。

（3）编制计划、采购、设计、施工以及机构设置和资源配置的依据。

（4）同时也是防范风险、提高项目效率的重要保证。

（5）项目审批的主要根据。

（6）与利益相关各方合作的依据。

（二）项目论证的阶段

项目论证分为五个阶段，各个阶段的工作内容和侧重点有很大不同。

（1）特定项目机会研究。主要是依据大量的一般机会研究报告以及进一步的研究分析，筛选项目，提出项目建议，其比一般机会研究更具体而深入。

（2）一般项目机会研究。主要是通过基本的调查研究与分析，鉴别与发现投资机会，形成投资意向，提供可选择的项目发展方向和市场投资领域。

（3）方案策划。根据特定项目机会研究的成果，对项目的目标与功能要求进行具体研究，进行项目的总体规划与设计，可作为可行性研究的前提与实施依据。

（4）初步可行性研究。对项目进行初步的论证和估计，管理与制度问题、分析前途、关键技术、判断项目是否能盈利，确定有关研究与工作。

（5）详细可行性研究。在决策前对与项目相关的经济、技术、工程、文化、环境、政策条件做详尽、系统的全面调查、研究与分析，对各种可能的方案进行准确选择，评价各种效益。可行性研究是项目评估与决策的主要依据。

（三）项目论证的一般步骤

项目论证是一个连续的过程，一般分为以下七个步骤：

（1）明确项目范围和业主目标。主要是明确问题、确定论证范围以及业主的目标。

（2）收集并分析相关资料。包括实地调查和技术研究以及经济研究等。

（3）拟订多种可行的，并且能够相互代替的方案。

（4）多方案分析与比较。运用各种方法，在运行费用、投资费用、收益、投资回收期、投资收益以及敏感性分析等方面进行综合评价。

（5）选择最优方案，做进一步详细的论证。包括进行深入的选址、辅助设施、市场分析、工艺流程、组织与经营管理、现金流与财务分析、劳动力与培训、附加效益等。

（6）编制项目论证报告、环境影响报告以及采购方式的审批与申请报告。

（7）编制资金筹措计划与项目实施进度计划。

以上只是进行项目论证的一般步骤，而不是唯一的步骤。在实际工作中，应当依据所研究问题的性质、条件、方法的不同，采取相应的研究步骤。

五、项目可行性研究

项目可行性研究是项目投资前期最重要的一项工作，从项目市场需求的预测开始，通过拟订多个方案进行比较论证，研究项目的规模、原材料供给、动力供应、工艺、技术方案、设备选型、资金筹措与偿还、厂址选择、投资估算、生产成本等各种项目要求与制约因素。然后，进行项目的详细规划。最后评价项目的盈利能力和经济上的合理性，提出项目可行或不可行的结论，从而回答项目是否要实施的问题，为投资者的最终决策提供准确客观的科学依据。

（一）可行性研究的含义

对一个拟选项目进行周密、详细、客观、全面的调查研究和技术经济分析论证，预测评价其投资效果、可行性程度，为投资决策提供具有最佳经济效果的项目方案的全过程称之为可行性研究。

（二）可行性研究的阶段划分

1. 投资机会研究

可行性研究的初始阶段，是项目投资方或承办方通过分析确定投资方向，最终形成明确的项目意向的过程。投资额的数据通常用类比法估算，估算精度为 ±30%。投资源共享机会研究的内容主要有以下几个方面：

（1）地区研究。通过分析民族特征、人文习俗、地理位置、自然特征、经济发展现状、地区经济结构、进出口结构等状况，来选择投资或发展的方向。

（2）行业研究。通过分析行业的特征，经营者或投资者在行业中的地位与作用、所处的位置、效益增长情况等进行项目的方向性选择。

（3）资源研究。通过资源分布状况、资源储量以及经营者或投资者的资源占有情况等，寻找项目机会。

2. 初步可行性研究

是介于投资源共享机会研究和详细可行性研究之间的一个中间阶段，是在项目意向确定之后，对项目的初步估计和分析。研究的主要目的在于判断投资机会研究提出的投资方向是否正确，其研究的主要内容如下：

（1）项目需要多少人、财、物及其相关资源。

（2）项目需要多长时间完成。

（3）投资成本与收益估算。

（4）机会研究得出的结论是否有发展前景。

（5）项目发展在经济上是否合理健康。

（6）项目进度与时间应该怎样安排。

（7）项目发展有无必要等。

在初步可行性研究阶段中，项目投资额的估算精确程度一般达±20%，虽然比投资源共享机会研究在内容的深度、广度和精度上进了一步，但一般仍然不能满足项目决策的要求，对决定项目取舍的关键问题还需要实施专题研究或辅助研究。专题研究或辅助研究可与初步可行性研究同步进行，也可分开进行，其研究结果可以否定初步可行性研究。

3. 详细可行性研究

是可行性研究的重要环节，是在项目决策前对与项目相关的经济、技术、工程、社会影响等各方面条件和情况进行全面调查和系统分析，为项目建设提供经济、技术、生产、商业等各方面的依据并进行详细的比较论证，最后对项目成功后的经济效益和社会效益进行预测和评价的过程。详细可行性研究投资计算精度在±10%，是项目进行评估与决策的依据。

进行详细可行性研究的目的主要是解决以下四个问题：①项目实施所需要的条件；②项目建设的可行性；③项目建设的必要性；④进行财务和经济评价。为此，详细可行性研究主要研究的内容为：

（1）项目可操作性分析。

（2）项目实施风险分析。

（3）生产条件和原料需求。

（4）工艺技术方案设计与安全分析。

（5）市场研究与需求分析。

（6）经济效益和社会效益分析。

（7）资源需求状况分析。

（8）新产品方案与规模要求。

（9）经济合理性分析。

（三）可行性研究的作用

（1）作为安排科学试验和设备制造的依据。

（2）作为向当地政府申请执照和向环境保护部门申请建设的文件。

（3）作为项目投资决策的依据。

（4）作为开展下一阶段工作的依据。

（5）作为向银行申请贷款的依据。

（6）作为各有关部门签订协议、合同，建立协作关系的依据。

（四）可行性研究的步骤及原则

1. 可行性研究的步骤

（1）开始阶段。在这一阶段承办单位要详细讨论可行性研究的范围，明确业主要达到的目标，与业主讨论项目的范围与界限。

（2）调查研究阶段。调查研究的内容要包括项目的各个方面，如市场机会与市场需求、价格与市场竞争、产品选择与分析、能源动力供应与运输、工艺技术方法与设备选择原材料的供给、建设与使用、环境保护等。每个方面都要作深入调查，全面地占有资料并进行详细的分析评价。

（3）优化与选择方案阶段。将项目的各个方面进行组合，设计出各种可供选择的方案，然后对备选方案进行详细讨论、比较，要使定性与定量分析相结合，最后推荐出一个或几个备选的优秀方案，指出各个方案的优缺点，供业主选择。

（4）详细研究阶段。对选出的最佳方案进行更详细的分析研究工作，明确项目的具体范围，进行投资及收入估算，并对项目的经济与财务情况作出评价；同时进行风险分析，表明成本、价格、销售量等不确定性因素变化对经济效益所产生的影响。在这一阶段得到的结果一定要论证出项目在技术上的可行性，条件上的可达到性，资金的可筹措性，并且要分析项目的实施风险的大小。

（5）编制可行性研究报告。可行性研究报告的编制内容，国家有相关的规定，如工业项目、利用外资项目、技术改造项目、技术引进和设备进口项目、新技术新产品开发项目等都有相关的规定。每一项目要依据项目自身的特征并结合国家的一般规定，编制相应的可行性研究报告。

（6）编制资金筹措计划。项目的资金筹措在项目方案选优时，都已做过研究，但随着项目实施情况的变化，也会导致资金使用情况的改变，这就需要编制相应的资金筹措计划。

2. 可行性研究的原则

承担可行性研究的单位或部门在可行性研究中，应当遵循以下几个原则：

（1）公正性原则。可行性研究要尊重现实，尊重事实，不能弄虚作假，按领导旨意办事。

（2）客观性原则。要坚持实事求是、从实际出发的原则，可行性研究要根据项目的要求和具体条件进行分析和论证，以得出可行和不可行的结论。所以，项目所需条件必须是客观存在的，而不是主观臆造的。

（3）科学性原则。要求按客观规律办事，这是可行性研究工作必须遵循的基本原则。因此，在进行可行性研究时必须做到：

可行性研究报告的结论不能掺杂任何主观成分。

要求每一项技术与经济指标，都有科学依据，是经过认真分析计算得出的。

用科学的方法和认真负责的态度来收集、分析和鉴别原始的数据资料，以确保数据、资料的真实性、可靠性和完整性。

（五）可行性研究的分析方法

可行性研究的内容涉及面广，既有专业技术问题，也有经济管理与财务问题。运用的分析方法主要有以下三种：

1. 决策分析方法

决策就是作决定，是人们为了实现某种特定的目标，运用科学的理论与方法，通过对各种主客观条件的系统分析，提出各种预选方案，并从中选取最佳方案的过程。

项目决策分析主要解决"项目可不可以做"的问题。决策分析方法主要有：确定型决策分析方法、不确定型决策分析方法和风险型决策分析方法。

2. 风险分析方法

风险是因不确定性引起的可能带来损失的可能性。项目风险分析法主要解决"项目如果要做，可能的风险是什么"的问题。风险分析的方法主要有：概率分析法、蒙特卡罗分析法、盈亏平衡分析法、敏感性分析法、模拟分析法等。

3. 价值分析方法

价值分析主要从资金的角度来分析项目的可行性，主要用于解决"项目能不能盈利"的问题。从企业的角度来看，项目能不能为企业带来收益，是最直接也是最重要的问题。一个项目合理与否的标准就在于：是否能以较少的投入获得较大的经济回报。价值分析就是从企业的角度来分析项目是否可行的方法。

价值分析的具体方法包括以下几种：

（1）静态分析法。主要适用于那些规模小、投资额小、计算期短的项目或方案，也可用在技术经济数据不完备和不精确的项目初选阶段。此外，在大型项目的初步经济分析或方案筛选时也常使用。静态分析法的主要优点是使用方便，计算简单，直观明了。缺点是没有考虑资金的时间价值，分析比较粗糙，与实际情况相比会产生一定的误差。

用静态分析法分析项目时，会用到以下几个概念：

投资回收期。是以项目的净收益来抵偿总投资所需要的时间。主要用于衡量项目的经济效益和风险程度，它是反映项目在财务上偿还总投资的真实能力和资金周转速度的重要指标，一般情况下越短越好。投资回收期依据投资规模、项目的类型及建设周期的不同而不同。在同类项目中，投资回收期越短，该项目资金周转越快，资金利用率越高，相应的风险也就越小。但因为不同类型项目的投资规模及建设周期不同，所以投资回收期也必然不同。因而在项目周期不同的情况下，使用投资回收期就不一定是好的选择。

投资收益率。是指项目达到方案设计的生产能力后，在一个正常生产年度内的年净收益额与项目投资总额的比值。它反映项目投资支出的获益能力。适用于项目初期勘察阶段或者那些投资小、生产简单、变化不大的项目的财务盈利性分析。这一方法因为舍弃了更多的项目寿命期内的经济数据，所以一般仅用于技术经济数据不完整的初步研究阶段。

借款偿还期。是指依照国家的财政规定及项目的具体财务状况，在项目投产后可以用作还款的利润、折旧及其他收益额偿还固定资产投资本金和利息所需要的时间。可以用来反映项目本身的清偿能力，借款清偿期越短，说明项目偿还借款的能力越强。

（2）动态分析法。不仅考虑到资金的时间价值，还考虑到项目发展时可能出现的变化。这对投资者和决策者合理评价项目，提高经济效益具有十分重要的作用。所以，动态分析法是较静态分析法更全面、科学的分析方法。当然所需要利用的资源和占用的时间也就相应地加大。常见的动态分析法有：

动态投资回收期法。是指在考虑到资金时间价值的情况下，按设定的基准收益串收回投资所需要的时间。它克服了静态投资回收期未考虑时间价值的缺点。但是动态投资回收期因为没有考虑回收期后的经济效果，所以不能全面反映项目在寿命周期内的真实效益。一般只用于辅助性分析与评价。

净现值法。是指项目在建设期和生产服务年限内每年收入与支出之差（净收入）的现值，是反映项目在建设期和生产服务年限内获利能力的综合性动态评价指标。净现值指标有财务净现值、经济净现值和外汇净观值，分别适用于项目的财务评价、国民经济评价以及涉外项目评价。三类指标的计算方法是相同的。

内部收益率法。是指项目在建设和生产服务年限内各年净现金流量现值累计（净现值）等于零时的折现率。内部收益率法是利用净现值理论，寻求某项目在整个计算分析期内的实际收益率的一种技术经济分析方法。它是反映项目的获利能力的一种最常用的综合性的动态评价指标，常作为一项主要评价指标来对项目的经济效益作出评价。

获利能力指数法。也叫作投资收益比，是经营净现金流现值与初始投资现值的比值。表明项目单位投资的获利能力，便于在投资额不等的多个项目之间实施比较和排序。

（六）可行性研究报告的编写

可行性研究的结果形成可行性研究报告。

1. 编写可行性研究报告的依据

（1）国家经济和社会发展的长期规划，部门与地区规划，经济建设的指导方针、产业政策、任务、投资政策和技术经济政策，以及国家和地方法规等。

（2）国家颁布的建设项目经济评价方法与经济评价参数等。

（3）市场调查报告。

（4）已批准的项目建议书和项目意向性协议等文件。

（5）国家进出口贸易和关税政策。

（6）相关国家、地区和行业的工程技术、经济方面的法规、标准等资料。

（7）拟建厂址的当地的自然、经济、社会等基本资料。

（8）国家批准的资源报告，国土开发整治规划、区域规划和工业基地规划。另外，对于交通运输项目建设要有相关的路网规划与江河流域规划等。

2. 可行性研究报告的主要内容

可行性研究报告是在制定某一项目之前，对该项目实施的有效性、可能性、技术方案及技术政策进行深入、具体、细致的技术论证和经济评价，以求确定一个在技术上合理、经济上合算的最优方案和最佳时机而作的书面报告。

可行性研究报告主要内容是要求以系统、全面的分析为主要方法，经济效益为核心，围绕影响项目的各种因素，运用大量的数据资料论证拟建项目是否可行。对整个可行性研究提出综合分析评价，指出优缺点和建议。为了结论的需要，常常还需要加上一些附件，如论证材料、试验数据、计算图表、附图等，以增强可行性报告的说服力。

可行性研究是确定项目是否具有决定性意义的工作，是在投资决策之前，对项目进行全面深入的技术经济分析论证的科学方法，在投资管理中，可行性研究是指对项目相关的自然、经济、社会、技术等进行调研、分析比较以及预测建成后的社会经济效益。在这基础上，综合论证项目的必要性，财务的盈利性，以及经济上的合理性，技术上的先进性和适应性以及建设条件的可能性和可行性，从而为投资决策提供科学依据。

3. 可行性研究报告的基本构架

第一章：项目总论；

第二章：项目的环境分析；

第三章：行业投资分析；

第四章：市场状况分析；

第五章：企业竞争分析与项目规模选择；

第六章：项目的组织与实施；

第七章：投资估算与资金筹措；

第八章：项目经济的可行性分析；

第九章：风险分析及规避；

第十章：可行性报告的结论与建议；

第十一章：附件。

4. 可行性研究报告需要重要阐述的内容

可行性研究报告的基本内容就是报告的正文部分所要体现的内容，它是结论和建议赖以产生的基础。要求以全面、系统的分析为主要方法，以经济效益为核心，围绕着影响项目的各种因素，运用大量的数据资料论证拟建项目是否可行。当项目的可行性研究完成了对所有系统的分析之后，应对整个可行性研究进行综合分析评价，指出优缺点和建议。

为了结论的需要，往往还需要加上一些附件，如论证材料、试验数据、计算图表、附图等，以增强可行性报告的说服力。可行性研究报告通常由一个总论和几个专题构成。

（1）总论。即项目的基本情况。在可行性研究报告的编制中，这一部分尤其重要，项目的报批、贷款的申请、合作对象的吸引主要靠这一部分。总论的内容通常包括项目的历史、项目的背景、项目概要以及项目承办人四个方面。总论的实质就是对项目简明扼要地做一个概述，对项目承办人的形象和思想作相应的描述。在许多情况下，项目的审批、评估、贷款以及对合作者的吸引，其成败在一定程度上取决于总论写作质量的优劣。所以，写作时一定要尽心尽力，既要保证总论的内容完整、重点突出，又要注重与后面内容相照应。

（2）基本问题研究。可行性研究报告的基本问题研究，是对各个专题研究报告经过汇总统一、平衡后所作的较原则、较系统的概述。项目不同，基本问题研究的内容也就不同。目前，较有代表性的有三个：工业新建项目的基本问题研究，技术引进项目的基本问题研究和技术经济政策的基本问题研究。其中，工业新建项目的第一方面是市场研究，着重解决项目新建的必要性问题；第二方面是工艺研究，着重解决技术上的可能性问题；第三方面是项目经济效益的研究，重点解决项目的合理性问题。在具体写作过程中，人们常把这三个问题分成十个专题来写。这十个专题为：市场情况与企业规模；项目技术方案；厂址选择方案；工厂管理机构和员工方案；资源与原料及协作条件；项目实施计划和进度方案；资金筹措方案；环保方案；经济评价；结论。

5. 写作要求

（1）设计方案。可行性研究报告的主要任务是对预先设计的方案进行论证，所以一定要设计研究方案，才能明确研究对象。

（2）内容真实。可行性研究报告涉及的内容以及反映情况的数据，一定要绝对真实可靠，不许有任何偏差及失误。可行性研究报告中所运用的资料、数据，都必须经过反复核实，以确保内容的真实性。

（3）论证严密。是可行性研究报告的一个显著特点。一定要做到运用科学的分析方法，围绕影响项目的各种因素进行全面、系统的分析，既要作宏观的分析，又要作微观的分析。

（4）预测准确。可行性研究是投资决策前的活动。它是在事件没有发生之前的研究，是对事物未来发展的情况、可能遇到的问题和结果的估计，具有预测性。所以，一定要进行深入的调查研究，充分地占有资料，运用切合实际的预测方法，科学地预测未来前景。

六、项目评估与决策

（一）项目评估的概念及分类

1. 项目评估的概念

评估可以简单地定义为我们所重视的事物和所重视的标准之间的对比。对于项目的评估来说，重点在于项目开展活动之后的一些变化，或者可以说是项目实施后与实施前进行的对比。

项目评估是按照一套标准对项目的目标、运作过程及其结果、影响等进行客观、公正、系统的评价，以促进项目的改进，为决策者提供项目扩大还是缩小、推广还是放弃的信息建议。项目评估其实是一个信息汇集并作出解释的过程。在这个过程中，要试图解决指定的、相关项目实施和效果的一系列问题，所以涉及评估的一个重要方面，就是确定评估一定要解决的问题。

2. 项目评估的分类

（1）按照评估在项目执行阶段的时间顺序，可以将评估分为前评估、中期评估和后评估。在项目计划阶段实施的评估叫作前评估；在项目实施过程中实施的评估叫作中期评估；在项目即将结束或已经结束时实施的评估叫作后评估。

（2）按照评估者的来源，可以将项目评估分为内部评估和外部评估。内部评估是指项目评估人员都来自项目人员内部，按照项目计划来进行评估，评估的目的是找出项目做得好的和做得不好的地方，以便在以后的项目活动中扬长避短，并作为定期分析和监控信息评估的组成部分。与内部评估相比，外部评估是指评估人员来自项目以外，主要由专家或其他经验丰富的相关人员组成，评估的目的之一是检验项目的效果，总结项目的经验和教训。外部评估强调运用更为公允的眼光进行合理科学的评估。

（3）按照项目所要评估的问题划分。

第一，过程评估。可以简单地理解为在某一个项目活动正在实施时对该项活动的评估，而不是在该项目活动结束之后实施的评估。过程评估也可以称为结构评估，这种评估特别重视对具体的项目活动进行说明和记录，例如，做了些什么？数量多少？为了谁做，什么时候做，由谁实施的？霍尼克把过程评估定义为一个了解项目是如何实现它的目标或者为什么没有实现它的目标的调查过程。斯塔佛比姆与辛克菲尔德则认为，过程评估重点比较项目计划与实际活动之间的差距，这表明过程评估是一种监督方式，能够监测项目在多大程度上按计划实施。此类评估往往都与项目的执行与控制相联系。

第二，理论评估。每个项目都应当以合理的设计为基础，依据项目目的、目标和活动，提出有效的工作构想，达成一系列假设和预期，我们把它叫作项目理论。如果理论不完善，那么无论项目构思得多么精致，项目都不可能获得成功。项目理论评估是项目初期（项目的设计和计划阶段）最基本的工作。而且，对于已经实施的项目来说，项目理论评估也是适用的，尤其需要说明项目在何种程度上实现了预期目标。

第三，结果评估。就是对项目产生的长期作用进行评估，如评价水利项目对环境的长远影响等。

第四，经济学评估。无论是应用在何种领域的经济学评估有两个特点。首先，经济分析权衡了投入和产出，也称为成本和结果。没有人愿意支付那些内容不清楚的物品的特殊价格，同样也不会不问价格就去付款，即使那些服务和物品是我们需要的和知道的。所以，经济学分析将上述两种情况下成本和结果联系起来进行权衡，从而达到目标。其次，由于资源的稀缺性所致，经济学分析本身所强调的就是对项目的选择性。这种选择性是由许多标准而决定的，有时这些标准是明显的，但通常是隐含的。经济学分析就是寻找一套有用的方法来选择和确定如何使用有限的资源。

从经济学分析的这两个特点，我们可以将经济学评估定义为对不同行动过程的成本和结果的比较分析，因此任何一种经济评估的基本任务是识别、测量、估价和比较不同行动方案的成本和结果。通常采用的项目经济学评估方法有三种：

第一，成本—效益分析（Cost – benefit Analysis）。不同方案的成本和效益都用货币来进行比较分析，可用效益与成本之比（效益除以成本）来评估一个项目，如它大于1，从经济学角度来看，这个项目值得实施。

第二，成本—最小化分析（Cost – minimization Analysis）。是通过经济学评估找到不同方案的最小成本。例如，不同的产品开发项目，由于开发方案不同，其成本是不同的。可以通过应用成本—最小化分析来对项目成本进行比较和分析。

第三，成本—效果分析（Cost – effectiveness Analysis）。有些项目的产出是无法用货币来衡量的。例如，有些社会公共项目（如艾滋病防治项目）中无法将治疗或救治的病人的生命货币化。因此，对于此类项目的评估则以货币为单位来表示成本，而效果则选用项目产出的效果指标（如发病率的减低）来表示。

评估除了以上几种分类以外，根据评估是否有外部人员参加，可将评估分为独立评估和一般评估；根据评估的时间限制，可将评估分为快速评估和深入评估；根据评估的领域及评估的方法，可将评估分为专业评估和社会评估；根据评估是否有项目利益相关者参与，可将评估分为参与性评估和常规评估。当然，根据不同的评估领域，不同的评估者以及不同的评估方法，评估还有许多其他的分类。

（二）项目评估的内容

1. 项目评估的原则

项目评估是投资决策的重要手段，决策机构、投资者、金融机构以项目评估的结论作为实施项目、决策项目和提供贷款的主要依据。所以，项目评估应当遵循以下原则：

（1）客观公正原则。要求项目评估人员实事求是地对拟建项目进行评审与估价。投资项目评估一定要全面、真实、客观地反映项目的全貌，去粗取精，去伪存真。在项目评估工作中坚持实事求是的态度，首先要求项目评估人员深入调查研究，全面系统地掌握可靠的消息和资料；其次要求按照项目评估的科学方法对拟建项目进行客观的分析论证。同时，项目评估人员必须保持公正而客观的态度。

（2）系统性原则。是指评估人员进行评审和估价时，应该从投资项目内部要素的内在联系、内部要素与外部条件的广泛联系实施全面的动态的分析论证，并由此来判断项目的优劣。从项目的内部环境来看，项目无论大小都存在着诸如产品的建设条件、市场需求、生产条件、生产工艺等问题；从项目的外部环境来看，有与项目的行业规划问题、协作配套问题、城市改造问题，有与项目有关的生态平衡、环境保护、综合利用等问题，还有与项目效益密切联系的税收、信贷、市场、价格、利率等问题。所以，在进行项目评估时，必须系统而全面地考虑各方面的问题。

（3）综合评价、比较择优的原则。投资项目评估不仅要运用较为精确的数学模型和严谨的逻辑推理，而且要运用行为科学和社会科学等方面的知识和方法，分析各个项目或方案完成后可能产生的经济效果、社会效果、生态效果及综合效果；最终则必须以经济效益为中心，进行综合考虑，全面评价，选择出最优的项目或方案。因此，综合评价和比较择优就成为项目评估一定得坚持的原则。

（4）定性分析和定量分析相结合原则。项目评估如果仅有定性分析却缺乏定量分析，就不能准确地衡量各种经济效果的大小，各方案之间的比较、优选以及各方案间的优化组合评估也都因失去量的依据而无法实现。相反，如果仅有定量分析而没有定性分析，也不能使项目评估成为一个完整的过程。因为对任何项目的评估，都无法超过定性分析这一基础性工作，进行定性分析后才可能通过定量分析的优选，对未来的备选方案进行定量的比较、筛选。

（5）指标的统一性原则。项目评估中所使用的参数及指标应当统一标准化。国家计委于1993年正式颁布实施的《建设项目经济评价方法与参数》（第二版），是项目评估工作的基础。

（6）适时与有效原则。项目评估需要在分析的完整性、精确性与研究的时间安排之间寻找一个平衡点。评估者与决策者不仅在研究的目的上应达成共识，而且对实用性的评判标准也应达成一致，还要对研究发现的结果与预期值的吻合程度作一个判定。

2. 项目评估的内容

项目评估的内容是由评估的要求所决定的，不同的评估部门有不同的要求，其评估内容也就不尽相同，但是一个完整的项目评估报告应当包括以下几个方面的内容：

（1）项目的概况评估。重点研究项目提出的背景、项目设想、项目的进展概况和项目评估文件审查。其中包括：评估项目是否符合国民经济平衡发展、国家的产业政策、技术政策和区域经济发展的需要；评估项目发起人单位状况和项目方案提出的理由，以及项目的投资环境；评估项目的建设地址、市场条件、生产建设条件；评估项目的生产能力和产销、总投资和资金来源；评估项目投产后的销售收入、销售税金、成本和利润，项目实施的进度及计划，项目方案选择和风险等。

（2）项目建设必要性评估。项目建设的必要性，受各种因素和条件的制约和影响，主要从宏观与微观两个方面对项目建设必要性进行评估。宏观必要性评估涉及项目建设是否符合国民经济发展与社会发展长远规划的需要、区域经济发展的需要和国家的产业政策的要求。微观必要性评估涉及项目产品市场供求和竞争能力的审查、分析和评估；对项目建设规模的评估；项目是否有利于科技进步的评估；项目建设是否符合企业自身发展的需要；以及对项目的经济效益、社会效益和环境效益的评估。

（3）市场的评估。包括产品市场概况、产品供给方面的分析、产品需求方面的分析、产品市场供求的综合分析，其目的明确项目产品是否适应市场的需求，是否有竞争能力和足够的销售市场。

（4）工艺、技术与设备评估。包括对技术的来源及其水平分析，设备先进性、实用性分析，工艺流程的合理化程度进行可行性分析，引进工艺、技术、设备是否合格以及是否与国内配套设备和操作技术水平相适应，新技术、新工艺、新设备是否经过科学实验和鉴定等，从而确定拟建项目能否正常投产或交付使用。

（5）项目实施计划评估。分析项目从提出、批准一直到竣工投产全过程的时间安排以及分段实施计划。分析可行性研究的承办单位、负责人、工作起止时间、项目实施计划安排的主要内容。具体说明项目前期准备工作、安装调试工作以及正式投产的时间安排，并对其进行科学分析，以考察其是否切合实际。

（6）组织及管理评估与人力资源分析。组织结构对于企业内部的人力资源管理的定位，起着决定性的作用。项目的管理者及其工作人员的优劣，是一个项目能否成功的主要因素，直接影响着项目的整体效率和效益（评估就是为了实现项目的目标而对其组织及其人力资源所实施的一种具体的衡量手段）。

（7）投资估算与资金筹措。主要包括：项目总投资额（包括建设投资、流动资金投资与建设期利息等）的估算，资金筹措方式的选择，资金成本的分析，以及资金流量的预测和估算等内容。此外，还需制定相应的资金筹措方案和资金使用计划。

（8）财务数据预测分析。预测涉及产品的成本估算，包括生产、制造、销售和管理方面的费用，产品单价，销售收入和税金估算。涉及所得税和利润估算，包括所得税的税率及其减免情况，利润的形成和分配，贷款和利率的综合分析等。该项分析的目的是为分析企业经济效益和国民经济效益做准备。

（9）财务效益的评估。肯定拟建项目财务上的可行性，其结论是从微观经济效益的角度判断拟建项目取舍的依据。按照预测的财务报表计算相关经济指标，并就项目的盈利能力、偿债能力和外汇平衡能力作出说明。

（10）国民经济效益的评估。是从国民经济全局的角度出发，以影子价格为基础，分析比较国民经济为项目建设和经营付出的全部代价和项目为国民经济作出的全部贡献，以此判断项目建设对国民经济的合理性。其结论是从宏观经济效益的角度判断拟建项目取舍的依据。

（11）不确定性分析。为了减小出于主、客观原因的预测数据和实际情况的偏差，增强项目的抗风险能力，找到合理的应变措施，需要就项目面临的不确定因素展开分析。其包括盈亏平衡分析、敏感性分析和概率分析等。

（12）总评估。在对以上各个方面的评估基础上，归纳出分析结果和评估意见。对拟建项目必要性以及财务上、技术上、经济上的可行性进行总的评价，并最终敲定该项目的最优方案。

3. 项目评估的依据

（1）国家计委颁发的经济评价的方法与参数。

（2）审批的可行性研究报告、初步设计说明书。

（3）正式的项目评估工作单。

（4）有关部门颁布的项目评估方案。

（5）与项目相关的法规、规定、方针、政策、办法等。

4. 项目评估的主要步骤

尽管项目评估有多种方法，但具体到一个项目来说，评估的步骤则基本相同，可分为三大步骤：

第一大步骤：计划与准备。

评估的计划与准备主要包括四个方面的内容：

（1）成立评估小组。评估实践证明，在开展项目评估之前，确保有一个富有经验的、受过培训且具有相应资格的小组来做评估，为执行评估过程做准备，是十分必要的。评估小组成员一般包括：评估专家、决策制定者及项目的利益相关者。

一般来说，可接受的评估小组最小规模是4个成员（包括小组领导者），最大规模是9个成员。所有小组成员之前必须接受有关评估方法的培训。总而言之，评估小组应当在评估组织内部所使用的项目生命周期里具有代表性的经验。在任何特定的项目生命周期阶段，评估小组至少应有两名成员具有从事这方面工作的经历和经验。

第一，评估成员的产生。通过评估小组的准备工作，将产生一支富有经验的、受过培训的且定位准确的小组准备承担评估任务。该小组的成员应当获得了完成他们各自的任务所必备的知识，或者他们之前所拥有的知识被证实足以完成相关任务。评估小组成员应该在相互了解的基础上开始计划他们如何协调一致地工作。无论评估小组领导者是从头培训一支全新的评估小组，还是通过从富有经验的小组成员中选择来组建一个小组，确保他们与评估小组领导者能组成一个成功的团队都是十分重要的。

第二，选择评估小组领导。评估主办方有责任选择一个评估小组的领导者，这个人应当拥有足够的经验、知识、技术来负责和领导评估活动。一般而言，一个评估小组的领导者必须具备专业知识及相应的实践经验，同时一定要以良好的状态作为评估过程的一名成员。在任何已开展的评估中只能有唯一一名正式的评估小组领导者。他是唯一能判断给评估小组成员委派何种重要任务的人，但是他不能赋予其成员有关评估活动是否成功完成的领导职责和最终职责。特定评估小组中多重领导评估者对该评估小组的领导具有十分重要的作用。但是，唯一指定的评估小组领导者必须履行其领导和管理评估过程的职责。

第三，关于项目评估相关的准备工作。评估小组要充分考虑评估所需的资源，包括设备、人员、工具以及有权使用的信息。具体的行为有：确定设备和工具；确定评估组成员；确定评估所需的费用、后勤、组织的背景信息以及日程安排；确定项目利益相关者；确定所需的其他评估资源。

（2）确定项目利益相关者。任何评估都应当有若干项目利益相关者。项目利益相关者是指其利益直接受到项目绩效状况影响的个体、群体和组织（如资助者和主办方，决策权威直接作用的个体、管理者和人事部门，群体和组织，客户或潜在的受益者）。

第一，项目利益相关者分析。是识别项目的重点项目利益相关者，评价他们的利益，这些利益影响项目的风险和发展的方式。项目利益相关者分析也有助于确定项目利益相关者参与项目评估的恰当方式。

第二，项目利益相关者分析在项目评估中的作用如下所述：①项目利益相关者分析有助于找出和分析项目利益相关者的各种利益与项目拟解决的问题之间的关系，或者是与项目目的之间的关系，从而能指出一些主要的假设以及潜在的风险。②有助于找出项目各利益相关者之间的利益冲突。③有助于找出项目各利益相关者之间的关系，这些关系可以被加强，并可能有利于形成联盟从而促进项目评估。④有助于决定在项目周期的后续阶段各个项目利益相关者参与的恰当类型和方式。

第三，如何进行项目利益相关者分析。一般包括以下几个步骤：①起草一份"项目利益相关者"分析表。②评估每一个项目利益相关者对项目成功的重要性和他们在项目中的相对权力或影响。③指出影响项目成功的风险和假设。④当然，评估要照顾到任何一个项目利益相关者是不现实的。然而，在进行评估的过程中，需要尽可能地咨询更多的项目利益相关者，并给他们以反馈意见。

（3）确定评估问题。是由评估者、评估主办方以及其他项目利益相关者所提出的一系列问题。这些问题界定了评估调查的范围，通过运用评估者能够使用的方法得到答案。

合理地评估问题一定要紧扣项目的实质，使其能够完全揭示项目的本质，并且能够围绕着项目利益相关者所关心的问题展开。这些问题必须让评估者能用自己所熟悉的评估方式来回答，同时还必须被明确地阐述出来。所以，一套恰当的评估问题是整个评估过程的核心。

第一，评估问题的种类。较好的评估问题在评估环境中往往十分具体、详尽。同时好的评估问题必须是合适的、能够回答的。大体上说，评估的问题需要从以下几方面来考虑：

有关项目活动需求的问题，包括需要什么样的项目活动；需求人群的特征是什么；需求问题的本质与范围是什么；人群的需求是什么；所需项目活动的规模有多大，在什么时候需要等。

有关项目的概念化或设计的问题，包括对项目活动而言，最好的实现途径是什么；项目的目标是什么；项目活动的内容有哪些；应当怎样组织项目；对于项目而言，怎样的资源是必需而又合适的。

有关项目执行过程的问题，包括在项目实施过程中，是否针对需求完成了项目；项目母体组织、项目团队以及个体的功能是否得到了充分的体现。

有关项目结果的问题，包括结果所需要达到的项目的目的和目标是否已经达到；项目活动对项目利益相关者的影响是怎样的；项目活动对项目利益相关者是否有负面的影响；项目活动是否实现了创新；希望改善的问题或是情况是否有所改善。

有关项目经费和效率的问题，包括资源是否被充分利用；与收益最大量的比较，成本及费用是否合理；是否还有其他的方法能帮助降低成本并获得同样的结果。

当然，这些评估问题的种类并不是缺一不可。在几个种类或所有种类中的问题，都一定要与项目的评估目的和目标有关。根据不同项目的要求，这些问题的范围有时需要缩小，有时需要扩充。总之，评估者要选出与项目最息息相关的问题，而且这些问题同时也应该是各项目利益相关者所最关心的。

第二，确定评估问题应该注意的方面。最切合实际的评估问题首先要体现评估主办方和项目利益相关者所共同关心的问题。在制定评估方案时，评估者往往会发现自己会遇到一些持不同意见的项目利益相关者的反对，有时这些人对评估或项目的意见会与评估者的完全冲突，这是因为他们的利益会受到评估结果的影响。在这种情况下，评估者可在条件允许下尽可能地向所有的项目利益相关者咨询，并优先考虑他们合理的意见，尽量作出一份能反映所有相关方面意见的评估计划。

（4）形成评估方案。对项目评估来说，最具挑战性的一点就是没有"通用"方法。每项评估的环境都有其独一无二的特点。因此，进行评估设计时，一方面要考虑项目利益相关者的相互影响，另一方面必须考虑评估者的方法、技术和概念的全面运用。好的评估设计既能适合评估环境又能找到解决问题的可信和有效方法，最终达到改进项目方案的目的。

第一，评估设计的准备及要求。了解评估目的及具体任务；了解项目概况；进行认真的文献学习；必要时回顾相关理论及模式、方法；提出并凝练评估的重点问题；进一步了解项目的相关要素；必要时向相关领域专家咨询请教；设计并细化评估方案（含工作计划和组织计划）；可将评估当作一个"项目"来设计；必要时对评估方案进行审评、修订；在评估设计的准备及要求过程中，经常需要对项目进行现场考察、调研和体验，与项目受益者和相关者开展相互交流或协调，进行各种数据或资料的收集和分析。

第二，评估方案包括的内容。

评估要解决的问题。项目所涉及的问题往往都很多，包括项目客户以及各项目利益相关者的需求和他们是否被充分地顾及，项目的管理和操作，项目活动的结果如何等。没有一项评估能够囊括以上各个方面。评估的一项重要内容就是将评估的基本目的和与基本目的相关的问题细致化。与评估相关的问题一般包括：

何时要评估？

谁要评估？

为什么要评估？

有哪些资源可以用来评估？

适合用怎样的方式评估?

项目利益相关者是谁?

评估中用来解决问题的方法和程序。评估者的一项重要专业技能就是,知道怎样掌握各项目利益相关者表现出的有效的、及时的、可信的信息。评估设计必须选择适当的方法来解决问题,并在评估活动中进行详细描述和组织。

评估者与项目利益相关者关系的性质。在项目评估的过程中,尽管评估者假定各项目利益相关者对评估内容都会感兴趣,但项目利益相关者对评估结果的认同和应用从来都不是自觉的。如何做到评估者与项目利益相关者的有效互动,是决定一项评估能否成功的重要因素。

第三,评估设计应该考虑的问题。在评估活动中,项目和评估环境的很多因素都会影响评估的设计。因此,开展评估设计就要对评估活动进行仔细分析。一般情况下,需要考虑的重要因素有三类,即评估目的、评估可用的资源、项目结构和条件。

第二大步骤:组织与实施。

(1) 项目利益相关者参与。评估的循环过程从鼓励项目利益相关者参与评估开始。项目评估一定要确保项目利益相关者参与评估,以确保他们的观点是被尊重并被考虑的。如果项目利益相关者不参与其中,评估可能无法明确项目的目标、运作和成果等重要因素。这样,评估就可能会被忽略、批评或反对,因为这个评估不能阐明项目利益相关者所关心和认为有价值的东西。而当涉及其中之后,项目利益相关者就会协助其完成项目评估。

项目利益相关者参与评估的机会和程度在每一次的项目评估中是不同的。不同的评估活动反映出对项目利益相关者参与的不同要求。权力共享和解决冲突有助于防止过于强调各项目利益相关者中任何一方所持的价值观。各项目利益相关者之间的相互信任是非常重要的。

(2) 收集资料。评估应当努力收集能够全面反映项目的资料,这样各项目利益相关者才会认为评估结果是可信的。虽然任何类型的数据都有其局限性,但采用多种方法联合收集、分析和解释数据能提高整个评估的可靠性。影响资料收集可靠性的方面包括指标、质量及数量、资料的来源。

(3) 整理、分析资料。是对项目评估活动中得到的资料进行归纳、总结,分析影响项目评估的各种因素。

(4) 分析资料应当注意的问题。①判断的标准。判断是关于项目优点、价值或重要性的是非的陈述。由于一个项目中可能采用多种标准,各项目利益相关者可能会得到不同的甚至矛盾的判断。②项目利益相关者的价值观。项目利益相关者只有在认同了评估结果是正确的以后,才会有信心利用评估结果。因此,当支持结论资料的收集和判断是违背项目利益相关者的价值观时,就要判断项目评估的结论是否正确合理。在评估活动中,各项目利益相关者明确阐述和商定的价值观可以用来衡量项目是否成功,是否有能力执行,或者是否失败。

第三大步骤:评估报告。

(1) 总结、推广评估获得的经验。从评估活动中得到的经验教训并不会自动转化成信息充分的决策和恰当的行动。需要我们做目光长远的工作来确保评估的成果被应用和推广。

总结、推广经验应当注意的问题包括：

推广。是指将评估活动中得到的经验教训及时、准确和持续地与相关人士相互交流的过程。不管如何进行交流，推广的目的是取得完全公开和公正的报告。形成评估报告要考虑的一系列条款包括剪裁报告内容以适合受益者，阐述评估的焦点及其局限性，列举出项目评估的长处和弱点。

随访。是指在评估过程中及各项目利益相关者收到评估结果以后，给他们的在技术上和感情上的支持。对于提醒项目利益相关者对评估的预期利用，积极的随访是必要的。

反馈。是指发生在项目所有各方之中的交流。给出和收到反馈可以在各项目利益相关者之间营造信任的氛围，它也通过让有关人员了解评估如何进行的相关信息来保证项目不偏离方向。各项目利益相关者反馈是评估的组成部分，特别是对确保评估结果的使用来说。

（2）形成评估报告。内容应当包括评估报告概要、项目简介、评估程序与方法、主要发现、结论和建议及附录等。评估报告通常包括正式报告和内部报告。特别是内部评估报告应做到：尖锐、直率、分析风险、坦言不足、可行性分析。在进行数据分析和撰写报告时，应当重新回顾项目的目标及预期产出、各项目利益相关者的需要、留意意外的发现、使定量与定性的结果相互验证、相互补充和相互解释，适当利用对比分析的方法来判断偏倚的方向。

（三）项目评估的方法

在项目评估中，可以用一系列定性和定量的方法来展开评估。各种类别的项目评估方法是不一样的，这里主要介绍在对项目的社会影响评估时常用的评估方法。

1. 定性方法

（1）常用方法。项目社会影响评估中常用的定性方法包括：小组集中讨论，个人深入访谈，非参与式观察与参与式观察等。通过访谈、观察等活动收集的资料主要为文字叙述形式的，而不仅仅是数字。

（2）定性方法的适合条件。了解目标人群的复杂行为。设计定量评估的一个步骤，探索行为分类、确定目标人群、辅助问卷设计等。收集目标人群的意见，产生假设，提供评估依据。帮助了解定量评估的结果，解释原因。

（3）定性资料的整理、分析和报告的撰写。用定性方法评估项目的影响收集到的资料往往是一大堆的照片、图片、笔记、磁带、录影带等，怎样才能从这些原始记录中发现隐含的问题呢？这就需要评估者对这些资料进行整理、归纳、分类后，再做进一步的分析。

熟悉并理解原始资料。反复阅读原始记录、听录音、看照片、看录影带、看图片等。

审查补充。看资料是否完整、明确，这一步需要在调查完成后及时进行，以免时间久了以后发生遗漏或错误。

　　为了让资料条理化和系统化，需要对资料进行分类：因为目标人群常常具有各种属性，如民族、职业、性别、年龄、收入、社会地位、文化程度等，评估的问题也涉及多个层面。

　　2. 定量方法

　　开展项目工作时常用的收集定量资料的方法包括量表法和问卷法，收集的资料主要为数量化、以便进行计算及统计分析。开展定量研究主要是为了了解某"现象/事物"存在的程度及一事物与另一事物之间量化的关系。

　　（1）常用方法有量表法（测验法）和问卷法。量表法是问卷法的一种，但又有一些不同，可以看作是问卷法的特例。量表是一种测量工具，通过调查对象对量表中一系列问题的回答，而测量他们的某种状态、能力和对某些知识的掌握程度。问卷分为访问问卷和自填问卷。访问问卷法即问卷调查法，一般包括问卷首页、开场白、问题、填表说明四个部分。

　　（2）定量方法的适用条件：评估者预获得某现象的精确测量；预获得评估事物之间量化的关系；变量是数量或可以数量化的指标；评估者能估计出问题和答案的范围，而问题是目标人群所熟悉并能够回答的。

　　（3）收集资料中应该注意的问题。一般需要对 3%～5% 的调查对象进行重新调查，计算一致率，从而确定调查资料的可靠性。调查中要有专人作为调查指导员，及时检查完成问卷的质量，发现问题（如回答不完整、不合逻辑等）以及时重新访问。调查员要经过培训，不管他们是专业人员还是非专业人员。涉及的调查问卷一定要在经过试调查之后再用于正式调查。

　　在对具体项目的评估过程中，可根据项目的目的、目标、评估问题的类型及目标人群的实际情况等选择适宜的评估方法，可以把定性方法和定量方法结合运用。

　　3. 德尔菲法

　　德尔菲原是一处古希腊遗址，是传说中可预卜未来、神谕灵验的阿波罗神殿的所在地。在 20 世纪 40 年代，美国兰德公司与道格拉斯公司协作，研究如何通过有控制的反馈更为可靠地收集专家意见的方法时，以"德尔菲"为代号，德尔菲法因此而得名。

　　德尔菲法是一种集体的预测性调查方法，它是在专家调查法的基础上发展产生的，其核心是通过匿名信的方式进行多轮函询，征求专家的意见，然后将这些意见经过综合、整理、归纳后再反馈给每个专家，供他们分析判断，提出新的论证。如此经过多轮的分析和专家论证，意见逐渐趋于一致，从而得出结论。因此，德尔菲法又被叫作函询调查法。

　　美国兰德公司首先采用德尔菲法就科学的突破、人口的增长、自动化技术等六个方面的问题开展了预测，此方法很快就被广泛地应用于技术预测、决策分析和编制规划等诸多领域。一般而言，德尔菲法的整个工作过程包括五个基本步骤：①组成预测评审小组；②编制征询调查表；③选择专家；④轮回预测；⑤结果整理、分析。应用德尔菲法进行项目评估具有以下的优点与局限性：

　　（1）预测（应答）结果定量性。对预测（应答）结果作定量分析是德尔菲法的一个重要特点：对结果进行定量统计的方法，可较精确地反映出全部专家的意见。比如，根据专家们的回答可统计出评分的中位数上下四分位数，中位数代表全体专家的评价意见，而上下四分位数间距则表示专家意见的偏差。

（2）信息反复地反馈与沟通。参与应答的专家们从反馈回来的上一轮的征询调查表的分析结果中，可以得到集体的意见和明确目前状况，以及同意或反对各个观点的理由，并据此作出各自新的判断。同时这种信息沟通反馈不是一次，而是多次。

（3）集体性。通过德尔菲法获得的结果不是个别专家的看法，而是若干个专家集体智慧的结晶。

（4）匿名性。在进行德尔菲法的过程中，预测评审小组与专家之间，专家与专家之间都是以书面形式联系，应答可以不公开地改变自己的意见，从而可以充分地发表不同的论点和自由地改变自己的意见。

由于具有以上特点，德尔菲法在项目评估中具有以下三个主要的优势：

（1）可以得到定量化的结果，结论更加可靠、科学、有说服力。

（2）通过反复地反馈、沟通各方面专家的意见，可以相互启迪，深化思想，充分发挥集体智慧的作用。而且，通过多次反馈，各种意见日趋明确、集中，正确意见更加突出。

（3）被咨询的专家在整个研究过程中不直接见面，这样可以使个人意见得到充分的发表，避免了集体小组座谈和专题小组讨论时常发生的一些弊端，如迷信权威或以权威自居、劝说倾向等。所以，使调查结论能更准确地反映被调查专家集体的共同意见。

执行项目往往涉及多视角、多学科，而利用德尔菲法可以保证多学科不同学术背景的专家就项目充分地发表意见，发挥集体智慧的作用，可见德尔菲法在项目评估领域具有相当的应用价值和广泛的应用前景。

同时，德尔菲法本身也存在着许多缺点与局限性，如果许多专家不熟悉此种方法，或不了解有关预测问题的背景材料，因而就难以作出正确的预测；专家们的应答通常是建立在直观的基础上，缺乏理论上的严格论证，因而专家预测的方案结论有时是不稳定的；有的专家在获得前一次预测结果的反馈资料后，再次预测时常常会出现简单地向中位数靠拢的趋势等。

（四）项目评估的作用

评估在项目周期的每一个阶段都能够发挥作用。英国国际发展部的经验已表明，如果在项目周期的早期由多学科的队伍进行评估，项目将会更有效果和效率。在项目周期中，进行评估的时间越早，则越有空间发挥其作用。下面将主要依据英国国际发展部的观点简要介绍评估在项目周期各个阶段的作用。

（1）评估在问题识别阶段的作用。是帮助人们从项目环境的角度来理解发展问题，并且在特定的环境中找出最需要解决的问题及在将来能够带来最大效益的项目。

（2）评估在项目设计阶段的作用。评估可用于分析、评估项目假设的正确性，各种方案的可行性，以及项目的风险，并提出降低风险的对策，实现项目的价值最大化。

（3）评估在项目实施阶段的作用。主要用于监测项目的实施情况。它可以用于评估项目的进展情况并提出建议，同时也应当考察项目对项目利益相关者的影响。

（4）评估在项目最终评估中的作用。正式的评估是在项目快结束时进行的，或者在一个阶段结果时进行的。

（5）其他作用。通过项目评估可以使自身能力得到提高，如项目投资者可以通过评估得到与项目运作情况相关的信息，为决定是否在该项目上继续投入或为将来投资新的项目提供参考；项目团队可从项目评估中提升个人及其团队的管理水平。

总而言之，项目的评估不仅是一条完善计划、一种管理手段和实施过程的途径，而且能为决策制定提供指导性信息；对项目进行解释与说明；还能为未来的项目质量和影响提供依据，以用于指导下一步的资源分配，满足更多的需求，实现更大的项目价值。

（五）项目投资决策

1. 项目投资决策的定义

项目投资决策是指投资者依照自己的意图，在调查分析、研究的基础上，对投资方向、投资规模、投资结构、投资分配以及投资项目的选择和布局等方面进行技术经济分析，决断投资项目是否必要和可行的一种选择。项目投资决策是一个过程，其核心工作是项目评估和项目论证。

2. 项目投资决策的要素

（1）决策主体。即决策者，可以是自然人、法人或各级政府。在项目决策时，首先要把投资决策效果的风险与决策者的个人利益结合起来，以便投资项目决策者在决策时采取严肃和科学的态度，并注意自我约束；然后在项目决策时，都要依靠团队智慧，经过智囊咨询，最终通过主要决策者的思维进行综合、判断与决定。由于现代项目决策系统的复杂性，仅仅依靠个人的学识能力是难以达到理想的决策目标的。

（2）决策的客体。即决策对象，决策对象是现代投资项目。决策时要掌握决策对象的特点，从项目特点出发。由于现代投资项目都具有其自身的特点，假如出现决策错误，就会给企业带来较大损失，有些甚至还将直接影响整个国民经济的发展。

（3）决策的目的。是指决策者的意图，也是决策要取得的效果。每一个系统都具有其目的，虽然投资项目决策的目的是获取投资主体的利益，但是也要求达到宏观经济效益和微观经济效益相统一。宏观经济效益是指投资项目在全国范围内从整个国民经济或某一地区范围内，通过对投资结构、投资规模、投资的微观经济效益即项目的财务效益，通过微观费用——效益判断作出项目选择或决定。

（4）决策的手段。是采用科学方法，即运用经济的、定性的、技术的、定量的诸如数学模型、计算机以及其他现代化科学手段。

（5）决策信息。是决策的重要因素，决策离不开信息，只有通过研究信息，过滤意见、比较利弊才能作出正确合理的决策。

3. 投资决策的程序

我国投资决策的程序，如图5-9所示。

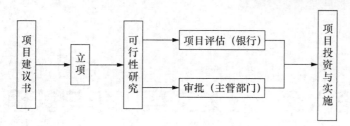

图 5 - 9　投资决策流程

4. 投资项目决策的原则

（1）市场导向原则。因为市场是项目是否具有生命力的决定因素，所以投资项目的决策首先考虑到市场需求。同时要预测未来的市场需求，要适应未来市场变化。

（2）符合国家产业政策的原则。国家的产业政策通常在一个较长时期内是具有战略意义的资源优化配置的宏观经济指南。国家对要扶持和急需发展的产业，一般在进出口、税收、贷款、审批等方面给予优惠政策，对限制行业则有相应的限制政策。产业政策也指明了未来市场的需求状况。

（3）系统优化原则。从系统的观点来看，项目是一个大系统，它包含许多子系统，但子系统最优并不能保证大系统最优，而大系统最优也不意味着每一个子系统最优。

（4）定量与定性分析相结合的原则。定量分析与定性分析都有各自不同的优点和适用范围，但单独一个又是不全面的。应该把二者结合起来综合运用。

（5）责任、利益、风险对称的原则。项目决策者既是责任人、利益获得者，同时也是风险承担者。"谁决策，谁负责；谁受益，谁承担风险。"这样，才能真正激发决策者的积极性和责任心，使项目获得预期效果。

（6）决策程序科学化、民主化的原则。要以科学的决策程序进行决策，建立决策的监督机制、民主机制，坚决避免少数领导随意决定的现象，减少授意研究和先定调子的情况。要集思广益，实行决策的民主化、科学化。

5. 项目投资决策体系

项目投资决策是指作出是否投资的决断的全过程。决策过程中的每一环节，既相互独立，又都作为投资决策系统中的一个有机联系的部分而存在。如果将决策体系作为系统，则各环节又是投资体系中的子系统。项目投资决策的规划系统、信息系统、咨询系统、决定系统和监督与反馈系统整合起来，就构成了投资项目的决策保证网，即投资决策保证体系。

第六章 企划文案工作与管理

一、公司企划文案含义及表达

(一) 什么是公司企划文案

所谓公司企划文案，就是公司从事企划工作的人员把企划创意及内容用文字（或文字加图案）完整地表达出来，就成为公司企划文案（或称公司企划文书）了。企划文案是一个新文种。企划被用在从大的方面决定工作内容，如开发新产品、管理品牌形象、设计企业的经营运作模式、设计营销管理模式、设计促销管理模式，等等。从大的方面来看，企划是提出严密的构思，经过完整的论证然后被采用、实施、评估的过程。企划接近于管理咨询，一家公司的企划班子，不仅是公司的战略核心智囊团，还是公司策略的监督控制机构。

(二) 企划文案的表达技巧

企划文案做好后要呈现给大家看。公司企划人员要做的企划很多，当然离不开企划文案，了解企划文案的细枝末节，也是公司企划人员必须具备的功课。

1. 数值化技巧

为了证明方案的可行性，免不了要收集许多相关资料。然而，这些原始资料的格式项目不见得与自己的企划需求相符合，如果未经过加工整理就不能直接引用。因而，每个公司企划人员都应当更进一步地学习数值化技巧。

统计图表是数值化最常用的技术。善用平均数、变异数、饼图、长单数等统计观念，可以使企划接受者更加明确地了解企划文案所要表达的理念，并成为企划文案有力的解说者。

基本统计观念大家一定都有，但不一定都能适时、适度地运用到企划文案中。如果所收集到的资料性质相似，还包括时间序列上的关系，就可以进行统计分析，并且以统计图的方式加以呈现，从而有效地加强了企划文案的说服力。

2. 图像化技巧

所谓图像化技巧系指多利用流程图、关联图或实体模型等非文字表达意念。此外，美化版面也是其中一部分。非完全文字的图示可以用来弥补纯文字叙述的不足，更能将内容的逻辑关系准确、简便清晰地表现出来。所以，这项技巧的训练着重于逻辑与因果的思考能力。现在，可利用现有的文字处理或排版软件比较便捷地进行企划有关内容的图像化。

3. 灵活的表达力

企划文案是公司企划人员思想的表达与陈述，因而，语言通顺、富于逻辑性的表达能力是公司企划人员不可缺少的素质。书面表达的成果是外界接触企划文案的第一步，行文流畅、主题明确、简明扼要是书面表达的要点。有时，高层主管抽不出空余时间来详细研读企划文案，只得靠边看简报边听公司企划人员的报告来接触并了解企划文案，因而口头表达的技巧也不容忽视。

二、制定公司企划文案的方法

虽然，不同的企划文案可能会有不同的内容。但是，我们还是可以从中找到企划文案创作的一般规律，即：企划导入；企划概要；企划背景；企划意图；企划方针；企划构想；企划设计；附录。

（一）企划导入的写法

企划导入的主要目的是引起企划文案的读者对某一企划文案的关心与兴趣，企划文案的写作者一定要时刻充分考虑读者的需求。

一般来说，企划文案的导入包括企划文案封面、前言和目录三部分内容。相对而言，前言的写作在文案创作中更为重要。

1. 封面的写法

（1）封面的作用。一本商业杂志，读者对它的兴趣诚然取决于杂志本身的内容，但改变它的封面也同样可能会引起读者的关注、关心。匠心设计的封面是引人入胜的良好开始，企划文案封面的作用也同样如此。一份正式的企划文案，封面应当是必不可少的。封面作为企划文案的首页，它最先映入读者的眼帘，因而给予读者最先且较大的影响。封面的具体作用一般包括：

封面可以弥补文案的不足、起到修饰企划文案的作用；

一般地，封面可清晰地标明企划的标题；

封面可以通过标题传达企划内容的主要信息；

有些不宜在正文表述的内容，可以在封面中方便地进行表述。

（2）封面的构成要素。企划文案的封面通常应当包括以下内容：

提出单位，指提出企划文案的单位及部门。

企划者。有时，要具体写出创作企划文案的个人姓名、所属部门、家庭地址及电话号码等企划者个人资料。

企划名称，即企划的名称。企划的名称要正确且简洁。一般企划名称可用主、副两个标题表达。主标题是企划文案的总名称，它应当是文案主要内容的集中表述，副标题则用来具体表现企划文案的中心思想、展示企划文案的目的、反映企划文案的背景及由企划所带来的利益。有时，副标题甚至可以直截了当地指出企划的最吸引人之处。

标明写作日期，即企划文案的完成日期。

机密程度，指企划文案的机密程度。一般地，企划文案可分为绝密、机密、一般等不同层次。

标明企划文案的页数。

当然，由于企划者的风格、爱好不同，封面的构成要素及书写方式会有差异。但必须注意的一个基本原则是，封面的构成及风格一定要与企划内容的格调相一致。

（3）封面设计的要点。由于封面是企划文案的脸面，对其进行精心设计是值得的。设计封面时，一般应注意以下几点：

封面的设计风格应当与企划文案的其他页面版面相一致，进而形成与企划内容的相互协调一致的风格。

为了增加企划文案的魅力，封面不要仅限定于使用白纸，可使用质地不同的彩色纸。

面向其他企业宣传的企划文案封面应该与面向企业内部公开的企划文案封面有所区别。

封面应该充分展示企划文案的个性。

设计封面时应该牢记，封面是读者所见到的企划文案的第一页，所以应当起到先声夺人的效果。

图 6 - 1 给出了一个简单的企划文案封面的实例。

绝密

呈×××公司

×××□□□□企划书

——□□□□□□□□

2015 年××月××日

×××股份有限公司

图 6 - 1　企划文案封面实例

2. 文案目录的写法

（1）目录的作用。企划文案的目录可以展示企划文案的整体面貌。所以，通过目录可以为读者了解企划意向、检索相关企划内容提供方便。另外，由于企划文案的策划步骤与企划的结构往往是一致的，因而读者通过目录就可以轻松地了解企划的作业程序。并且，透过目录可预先把握企划的思路，从而为进一步理解、接受企划做好准备。

总而言之，目录要呈现给读者企业经营策划的相关内容以及与企划文案有关的各类知识，防止出现企划文案作者与读者认识上较大的差异，并帮助读者充分理解企划及企划文案的内容。

（2）目录的写法要点：

1）在目录中通常要写上企划文案各部分的标题以及与其相对应的页码。为了更详细地表明企划文案的构成，必要时可将各部分下的具体内容的标题及对应页码标示清楚。

2）由于目录清楚地列举了企划文案的各组成部分的标题，因此，往往在企划文案创作之初就会写好目录中企划各部分内容的标题，而其对应的页码则往往在整个企划文案全文完成之后才予标上。

3）为了便于读者清晰明白地了解企划文案的内容，可以在目录空白之处，加上与企划文案的主题相关的宣传图片。

4）当企划文案内容简单、页数较少时，可以将企划文案的目录、前言均放在企划文案的封面上。

企划文案目录实例：

目 录

3. 前言的写法

（1）前言的作用。前言是企划文案的开篇，是整个企划文案的主要内容的缩写。因而，企划文案的前言就显得十分重要了。前言的作用，主要表现在以下两方面：

1）前言应该清楚地表明企划文案作者的基本思想。在前言中企划文案作者往往可以比较自由地表述自己对企划的思考，及其对企划主题的基本态度及理解。

2）引起读者的关心。前言是读者首先接触到的企划文案的具体内容，如果前言部分抓不住读者的心、不吸引人、不能引起读者的兴趣就有可能造成读者对整个企划失去信心，甚至就此打住，放弃对企划的进一步关注。因此，前言应力求精练简明、有趣，并且能够给予读者足够的"承诺"，以打动、吸引读者的关注。

（2）前言的构成。前言不宜过长，应以精练简明的语言，鲜明生动地叙述以下内容：

企划的背景及目的（企划提出的原因及一般的利益）；

企划文案主要内容的基本概括性论述；

企划及企划文案的特色（与其他相比的长处或优势，以及能带来的重要的承诺）；

对各相关人员表示感谢。

（3）前言的写作要点。

1）前言一定要精当简练、有趣，在这里不能详细说明企划的内容，因为前言过长，会减弱读者对企划文案及其内容的关心。

2）前言可以在企划文案写作之初写作，但必须在企划文案完成之后进行修改。正因如此，有人建议前言的写作也可以放在企划文案写作完成后再来进行。

3）若前言部分文字内容较少，可在空白之处加上与企划主题相关的宣传图片。

4）当企划文案内容比较简明扼要、页数较少时，也可以将企划文案的目录、前言都放在企划文案的封面上。

（二）企划概要的写法

企划文案导入之后，紧接着的部分就是企划概要。在此部分，一般要用一两张纸的篇幅及图示的形式浓缩企划的整体内容，并清晰地表述企划的思路、过程。

（1）企划概要的作用。

1）企划概要可以明确清晰地揭示企划文案的结论。作为企划者，自然对企划的内容了如指掌。但是，企划文案阅读者则不然。使企划文案阅读者快速、全面深入地了解企划文案内容，就是企划概要的任务之一。企划概要放在企划文案的开头直观鲜明地向企划文案阅读者提示企划的结论，从而令阅读者把握企划整体，帮助其更好地理解企划文案在此之后的内容。

2）企划概要可以简洁明了地介绍企划内容。企划概要可以起很好的引见作用。通常企划文案的阅读者（上司或委托方）往往因为繁忙而不能有太多的时间充分了解企划文案的全部内容，因此，他们可以同时也愿意通过企划概要获取来自于企划文案的进行经营决策的必要信息。事实上，在企划文案的写作实践中企划概要的重要性日渐加强。并且，有人夸张地认为，企划文案的内容可以浓缩在一张纸——企划概要上的趋势。可见企划概要在企划文案中的地位。

3）企划概要是检索企划文案内容的有效工具。因为企划概要在较小的篇幅内明示企划的整体内容，所以，很容易通过它发现企划前后观点、结论是否一致，企划文案是否周到细密，有没有可能存在的错误等企划文案内容上的诸多问题。

（2）企划概要的写作要点。将企划整体内容进行简要归纳、整理，并用简洁明了的图示表达出来。

1）企划概要的写作方法。一般来说，企划概要的写作方法有两种，即在整个企划文案写作完成之前或完成之后写作。前者一般是通过首先固定企划概要，然后逐渐补充概要的各项内容，最后完成整个企划。这种方法有利于企划内容的写作。后者则是在整个企划文案内容完成之后，再按由前至后的顺序将各部分内容进行认真总结。这种方法近似于机械化操作，写作概要比较方便。在具体的企划文案写作实践中，究竟采用何种方法写作企划概要，企划文案作者可以依据自己的习惯、爱好来确定。

2) 企划概要是整个企划的骨架。由于受篇幅限制，企划概要只能简明扼要地说明企划文案的内容，而不能展示企划的细节内容。重要的是，要通过企划概要使阅读者头脑中留下企划的整体印象。显然，在概要中过多地说明企划的细节内容，会与之后的企划文案内容形成重复。所以，企划概要一定要能够提纲式地表达企划整体内容。

3) 用图示的方式写作企划概要。企划概要中各部分内容之间的关系常常用图示的方法来表明。直观简洁的图示，可以有利于阅读者对企划内容的理解。企划概要实例，如图 6-2 所示。

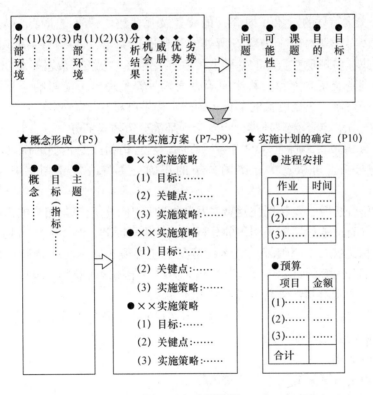

图 6-2 企划概要

(三) 企划背景的写法

从企划背景开始，就进入了企划文案的正文部分。企划背景的主要内容包括对企业现状的分析和形成企划文案的原因和依据两大部分。通常，我们可以把企划背景看作企划的"出生证明"。

1. 企划背景的作用

（1）企划背景一定要阐述说明企划的必要性。企划并非空想的结果，而是在进行充分的客观实际调查的基础上进行周密的现状分析产生的。"为什么要进行企划?"这是企划背景必须要回答的基本问题。这一问题的答案，显然必须要通过对企业现状的分析，使企划者与阅读者产生共识，从而寻找出进行企划的必然性来给出。

（2）企划背景提示企划的前提条件（制约条件）。在企划背景中，作者要站在委托者的立场上揭示实施企划方案的前提条件（约束条件），从而使企划方案的实施更具可能性、合理性。

2. 企划背景的构成要素

（1）企划对象（内容）的背景；

（2）企业的现状分析及其现状分析的结论；

（3）企划的契机或动机；

（4）形成企划文案的前提条件（制约条件）及其影响。

3. 企划背景的写作要点

（1）企划文案策划的对象（内容）的背景及其写法。背景应全面、简洁而富有条理。通常，可以对企划对象（内容）所处的背景进行综合、概括性的描述。分析背景时，应该在收集、整理现有资料的基础上关注有关的书、报纸、杂志等媒介提供的二手资料，即从查询企业相关资料、数据库等方面入手，整理出可能影响企划的因素及数据，为企划的必要性、企划的目的及目标的确定提供可靠有效的依据。

（2）现状分析。包括微观环境分析及宏观环境分析两大部分。

因为市场分析直接影响企划的内容。所以，与营销相关的企划的微观环境分析主要是进行市场分析。可以认为，市场分析的正确与否将决定企划文案策划的成功与否。

在进行市场分析时，要特别注意事实及数据的运用，它应该与相应的市场调查与研究紧密结合，并有效地运用市场调研的分析及其结论。因此，为了完成市场分析，除了要收集、分析相关的二手资料外，大多数情况下还必须有通过实际调研获得的一手资料。通常，这部分内容的素材可以自己组织人力进行市场调研获得，也可以付费通过委托专门的调查公司实施调查研究来获得有用的资料。

市场分析的内容众多，应尽可能灵活运用客观的事实及数据进行分析。其中，需要重点进行分析的内容包括如下几点：

市场规模的变化；

分析企业市场占有率的现状及其变化趋势；

市场结构现状及其变化与变化原因；

分析未来市场的发展潜力；

购买者分析；

其他相关要素。

进行现状分析，在必要的时候还必须进行宏观环境分析。六大宏观环境分析，如图6-3所示。

图 6 - 3 企划的宏观环境因素

（3）企划的契机或动机。主要是通过分析企业面临的市场竞争机会与威胁，发现企业的优势与劣势来实施。通常，此部分分析内容又可分为三部分。

企业经营能力评价。具体项目见表 6 - 1。当然，企划文案作者也可以根据自己的思路对这些项目进行取舍。通过企业经营能力评价，寻找出企业的优势与劣势，并进一步确定、表述为与本企划相关的优势与劣势。

表 6 - 1 企业经营能力评价

分析	（评价）	企业的优势与劣势		与企划相关的优势与劣势	
	项目	优势	劣势	优势	劣势
	企业理念				
	经营领域				
	基本战略				
战略要素（经营资源）	产品价格 渠道销售 技术研究 开发生产 人才信息 资金				

SWOT 分析。在对企业经营能力实施评估的基础上，进行 SWOT 分析。

SWOT 分析，即 S（strength）——优势、W（weakness）——劣势、O（opportunity）——机会、T（threat）——威胁分析。这种分析方法，就是参照领导（目标）企业对本企业的各种技术、产品等重要因素及其在市场上具有的各种能力和水平进行细致的定量评价。SWOT 分析的基本内容，如图 6 - 4 所示。

核心能力分析。是指本企业所独有的、别的企业所无法模仿的特殊资源与独特能力。一般来说，企业的核心能力可以包括其技术能力、经营管理能力、组织能力及制度等内容。世界上众多知名企业之所以在市场中持续存在并发展，与其出色的核心能力密切相关。如果一个企业不具备这种独特的核心能力，其生存就必将受到威胁。核心能力是一个企业的战略支柱，企划之初需要对此进行仔细分析。

在实施对企业现状及制定企划方案的有利时机或动机分析时一定要注意：

第一，现状分析中必须合理使用数据。必要的数据有助于增加企划的可信性。处理、引用数据最好的方法是使用图（曲线图、柱形图、面积图等）和表。通过图表数据分析，可以有助于分析过程的实施及结论的得出。同时，也有助于阅读者的阅读。

第二，现状分析一定会涉及大量的数据，但不能将全部数据资料都列入一篇企划文案中。满篇数据的企划文案很可能会降低阅读者的阅读兴趣。所以，一般建议将非必要的数据放入企划文案的附录中，以备读者查找阅读。

第三，通过现状分析，必须明确其结论。即必须明确机会与威胁、优势与劣势，并最终将结论分条列出。

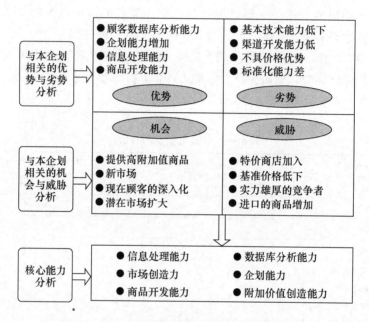

图6－4　SWOT分析及核心能力分析

4. 企划的前提条件

在企划背景部分，还需要简明扼要地说明本企划的前提条件，这是企划文案能够落实的基础。如果没有切合实际的实施基础，企划只是空中楼阁。举世闻名的三峡工程，在孙中山时期就有类似的企划文案。然而，由于当时严重缺乏实施条件，所以真正意义上的企划及其实施却是在当今的时代。因此，在实际中也许有比本企划文案更好的企划，但却是在现有条件下无法实施的，而这样的企划文案是没有意义的。所以，在企划背景中应当简明扼要地说明企划文案的前提条件。比如，企划对象的人员、组织、费用等实际情况；企划实施的技术要求；企划实施的时机；等等。

确定企划的前提条件时，我们一定要注意以下几点：

（1）书写方式应该简单、明了。

（2）企划方案的前提条件只需要列举出条件，不必要提出应对措施及解决方案。

（3）前提条件的提出必须与现状分析紧密结合。

（四）企划意图（设定企划目标）的写法

"企划背景"部分完成之后，进入"企划意图"部分。企划意图部分要充分发挥企划文案作者的分析判断能力，提出理论结论的部分，这一部分是企划文案前段的高潮部分。

1. 企划意图的作用

企划意图的主要内容是进行企划目标及目的的确定。所以，企划意图的主要作用是以企业现状分析结果为基础，由企业的威胁及劣势中寻找出存在的问题；同时，由企业的机会和优势中把握企划的可能性，从而最终确定企划方案一定要达到的目标。由此可见，"现状分析"是创作企划文案的出发点，而"目标设定"则是企划的目的地。

2. 企划意图的构成要素

（1）明确存在的问题及企划的可行性；

（2）明确企划文案策划的主要内容；

（3）设定企划的目的和目标。

3. 企划意图的创作方法

（1）企划意图的具体内容。

存在的问题与企划的可行性。是指企业目前所存在的与本企划文案的策划内容相关的各项问题，这些问题是企业实施企划文案的策划内容的障碍。在实际中，往往通过对现状分析结果中的威胁与劣势的分析来寻找问题。

明确课题。在分析存在的问题及企划可行性的基础上，需要明确提出本企划的主要内容。这一阶段就如同医生为病人看病的过程，医生首先通过对病人的仔细诊察，获取第一手资料，并对这些资料进行客观的整理（这一过程就如企划的"现状分析"）；接着，医生一定要依据诊察对病人作出正确的诊断（这就是企划意图的过程）。医生的职责并非仅找出病人生病的原因（问题），而必须根据病人及医疗技术的状况找出病人得以治愈的"可能性"并确定为了使患者达到理想的健康状况（目的和目标）究竟应该做哪些工作，即直截了当地提出课题。显然，公司企划人员是否为"名医"，关键在于课题的提出。

概括地说，"明确课题"就是灵活运用文案策划的"可行性"分析方法解决实际存在的问题，并明确提出为实现目标所必须做的事情。

文案策划课题的提出是企划文案前一部分的重点。特别是受外部委托的企划方案，企划文案作者能否获得委托者的信赖及认可，很关键的因素就是课题提出的正确与否。如果企划者能获得委托者的信任，则可以与之建立良好的长期关系。

目的与目标的设定。目的与目标略有差异。"目的"是企划目标的粗略、定性的表述；"目标"则是企划目的的具体、定量化的表述。比如：确定具体的市场占有率为25%，等等。目的是企划努力的方向，而目标则是企划必须实现的具体程度。我们在设定目的与目标时，应当考虑到以下四个事项：

一是目的与目标应该在对企划实施成果的科学预测基础上慎重确定。目的与目标定得过高，将不具有实现的可能性；反过来，目的与目标定得过低，则不能提高士气，甚至给人以消极影响。

二是制定目的与目标应尽量考虑企划委托方、因素的需求、顾客等相关对象、企业自身、利益、动机及条件。

三是企划目的的设定应当尽可能地从宽广而水平较高的角度出发，使之起到"一石多鸟"的良好效果。例如，企业的一个事业企划的目的，自然可以是扩大销售。但除此之外，还可设定革新现有技术、培养人才、建立客户数据库等目的。但是一定要注意，相关目的的设定只是为了更好地实现企划的中心目的。

四是企划目标一般可以采用图表的方式表述，以求直观且更具表现力。

（2）企划文案创作意图的写作实例。图6-5所显示的是某方便面企业对其新品种方便面的销售企划中所制定的目的与目标。该企业的这种新品种方便面起初推向市场时销售状况良好，但近来却出现了销售不力的状况。这一企划文案的策划就是为了改善销售不力而制定的。通过该实例，可以了解"企划意图"的基本写法。

为了充分发挥本商品的优势，迫切需要对本商品的市场销售情况进行更细致、深入的认识，从而对本商品进行正确的定位。

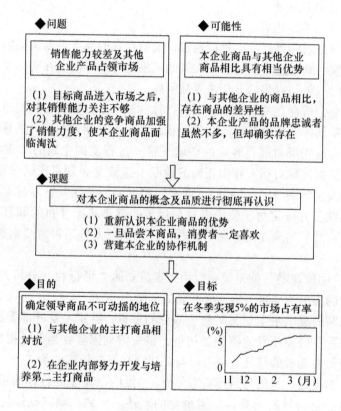

图6-5 企划意图

（五）企划方针的写法

企划方针就是对商品、事业或市场等企划对象进行定义，也就是进行概念的形成。
企划方针的主要内容包括以下几点：
（1）KFS；
（2）目标；

（3）定义；

（4）主题。

通过这几部分，明确企划文案的内容方向，并大概提示企划的实施策略。

1. 企划定义

（1）企划定义的作用。对企划的对象如企业的事业、商品作出定义是非常必要的。如果定义不同，将会使企划的方式、方法及其他具体内容发生很大的差异。实际上，对企业的事业、商品的定义不同，肯定会使企业的市场结构、营销方式等发生了重大变化。比如，某化妆品生产企业将企业的事业确定为"生产与销售化妆品"和"生产与销售美的希望"，效果是截然不同的。

世界上一些著名的品牌企业对自己的事业都有完美的定义：

IBM——适应企业界解决问题的需要（四海为家的解决之道）。

美国电报电话公司——提供了快捷有效的通信能力。

壳牌石油公司——满足人类的能源需要。

施乐公司——我们帮助提高办公效率。

开利公司——为家庭提供舒适的气候。

所以，在企划中科学、准确地对企划对象（企业的商品或事业等）作出定义非常重要。其意义具体表现在：定义是企划理想状态的体现。企划最终可以实现的理想状态可以通过企划定义来体现。并且，通过定义可以方便地引出企划的实施策略。因此，企划定义是企划作者与阅读者的共鸣器。企划定义作为企划的向心力，可以与企划的具体实施策略目标一致。因此，可以认为企划的内容是由企划定义所决定的。

（2）企划定义的写作要点。

对企业的商品或事业作出定义时，应该避免仅仅从产品或技术的角度寻找答案。比如，"IBM是生产计算机的企业"、"本企业是生产复印机的企业"，等等。按产品或技术导向进行的定义，对企业今后的发展、扩展十分不利。因为，产品或技术随着时间的推移，有可能因为过时而被市场淘汰。相对来说，市场的基本需求却是长存的。因此，企业在对商品或事业定义时，首先必须考虑市场的需求及顾客的利益。只有这样，才有可能使企业时刻关注市场需求动向，并及时开发出可以更好地满足市场不断变化的需求的新产品、新事业，从而使企业持久地保持竞争、发展活力。

企划定义应当与企业的竞争对手及参照企业的相关事业产品定义存在着明显的差异。

进行企划定义时，应建立一个定义体系，即在总定义之下划分出若干个分定义，并最好添加上相应的客户利益，以增加企划文案的说服力。

图6-6给出了一个企划定义体系的实例。

2. 明确KFS及目标市场

（1）KFS（Key Factor for Success），是通过"现状分析"及"目标设定"，把握住令企划走向成功的关键要素。这些关键要素是企划文案顺利实现的钥匙。

（2）目标市场。这里，对目标市场的描述是指为了提高企划效果，对令企划发挥效用的对象市场实施具体表述。例如，对商品的营销目标市场的具体表述（购买者与使

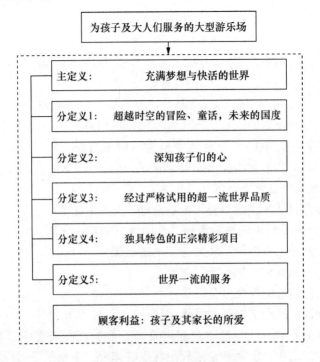

图6-6 企划定义体系

用者，购买者的年龄与性别）。

一般来说，对目标市场的分析应当包括分析中心目标市场、分目标市场、市场定位、当前目标市场等内容。

3. 设定企划主题

企划文案主题既是企划文案定义的具体化，也是使企划文案定义具体实施策略展开的统一主题。

图6-7给出了一个以前述方便面企业为对象的企划的"企划方针"的实例。

（六）企划构想的写法

"企划构想"包括确定实施策略的结构及具体实施策略两个部分。

1. 企划实施策略的结构

（1）作用及构成。一定要简明扼要地提出为了实现企划目标而制定的具体策略。实际上，这一部分内容是企划整体实施策略的索引。可以由实施文案提出策略的策略构成、策略方法及策略结构三部分组成。

（2）写作要点。在企划文案的写作中，一般在具体叙述每一项策略之前，有必要对其策略的主要思路给予整体概括，使读者对其实施策略的结构有一个整体概要的认识。因此，在写作实施策略结构时，不仅要显示出企划策略的整体结构，还要尽可能地使读者明白怎样使各项策略相互协调配合从而产生乘数效应。

在写作这一部分时，还应当注意实施策略的结构同具体实施策略之间的关系。通常，

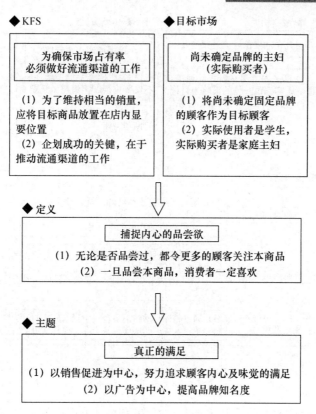

图 6 – 7　企划方针

这两部分的关系应该是具体实施策略的整体与细节的关系。这种关系不仅可以通过文字，还可以通过图表来使读者对相关内容有一个了然于胸的理解。

（3）实施策略的结构实例，如图 6 – 8 所示。

2. 具体实施策略

（1）具体实施策略的意义及其结构。必须对每一策略进行具体说明。

具体实施策略是企划文案中最精彩的部分，也是企划文案写作中分量最重的部分，它囊括了企划的中心内容，因此也是企划文案的核心。企划者提出的实施策略决定企划的可操作性及实际水平。

具体实施策略往往在很重要的程度上影响读者对企划文案的最终评价。在企划文案的写作中有些部分是可以省略不写的，但这一部分不可或缺。实际上，企划委托者往往根据此部分的内容来决定是否采用企划。

一般来说，企划文案的具体实施策略应当包括实施策略的目标、实施策略的要点以及具体实施策略三个部分。

（2）写作要点：

公司企划人员为了使所提出的实施策略具有较强的说服力，应当事先予以归纳并准确地表述其策略的目标及要点。

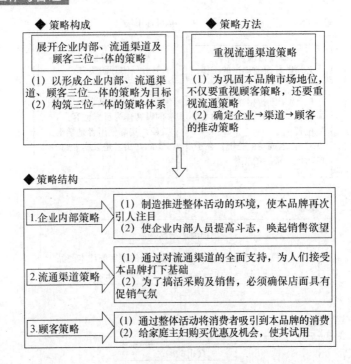

图6-8　实施策略的结构

　　实施策略的表述应当具有生机和魅力。实施策略是公司企划人员智慧的结晶，只有将其有效地传达给阅读者才能真正地发挥作用。因此，应尽量使实施策略表述得富有生机与魅力，引人入胜。

　　具体实施策略可以尽量多地使用图表等视觉化方式来表述。在实际的企划文案写作中，实施策略并不是仅用文字来表述。一般地，文字附加图表等视觉元素，可以有效地增加沟通效果。比如，商品企划中的设计图、广告企划中的素描、展览会企划中的示意图，等等。视觉化方式贯穿于企划实施策略之中是非常必要的。当然，公司企划人员对不同类型的企划，其实施策略的表述应采取不同的手法。但一般情况下，从传递效果来看视觉化元素的运用比单纯的文字表述更具效用。

　　实施策略一定要具有一定的抗风险能力。企划策略的实施过程中，由于有些条件、因素及其变化的不可预见性或不可控性，可能具有一定的风险或出现一些意外。因此，具体实施策略应对可能的风险及意外进行预测并提出应有的对策。例如，户外集会如果是雨天应该怎么办，玩具如果被婴儿吞食如何解决，等等，诸如此类的问题都应预先设计好对策，以使企划策略更好、更现实地实现。

　　(3)"具体实施策略"实例，如图6-9所示。

　　(七)　企划设计的写法

　　企划设计就是要具体制定企划实施策略的实施计划，即策划好实施策略的具体时间、人员、费用等资源分配计划。

　　(1)　企划设计的作用：

◆策略目标　　　　　　　　　◆策略要点

强化企业战斗力
（1）统一所有相关者的思想，强化目标商品的战斗力 （2）以营业部门的负责人为对象，充分理解活动的宗旨 （3）发挥每一个营业人员的干劲

吸引及训练销售人员
（1）为培训销售员进行外销活动准备必要的工具 （2）设定销售目标、销售理想状况，吸引销售人员加入 （3）保持销售力持久旺盛

◆具体实施策略

（1）教育		（2）激励	
名称	销售特别研修	名称	销售竞赛
时间	2000年10月	时间	2001年1月至2月
会场	本公司研修中心	对象	全体销售人员
对象	企业销售部门科长、各分店销售部负责人	内容	根据实现销售目标的不同实施不同奖励： 经理奖 月奖 年终奖 销售状元状
内容	统一思想；理解活动宗旨；商品试品尝		
备注	准备"销售指南"等销售资料，并在研修时灵活运用	备注	安排宣传画、销售会议等宣传活动，3月份召开奖励大会
费用	1万元	费用	1万元

图 6 − 9　具体实施策略

企划设计要正确分析企划实施策略的可行性及其有效性。为了实现这一目的，需要对企划项目的效益与成本进行比较。一般地，究竟是否采用企划，首先取决于企划实施策略，其次取决于企划实施计划的可行性与有效性。

企划设计要作出实施企划策略的程序安排、资源预算及体制。步骤顺序安排、资源预算及体制一般被叫作企划实施计划的三要素。三要素的安排应越严谨越好。如果企划实施策略较多、规模较大，三要素在企划文案中至少要各占一页篇幅。

实施计划的制定，实际上是企划文案制定过程的最后阶段。实施计划要对企划具体实施策略的时间、费用、人员等各方面进行全面论证，从而经过分析确定其可行性。如果实施计划不可行，不论如何优秀的企划文案都毫无意义。

（2）企划设计的内容构成，基本内容有：

日程—资源利用的进度安排是对企划的实施策略给予时间、资源上的分配、使用进程及其衔接安排，即确定怎样在有限的时间、资源下，合理安排每一项作业及其相互关系。

制定日程—资源利用的进度安排，最好的方法就是"甘特图"。这种方法简便宜易行，而且易于将计划与实际进行对比。如果策略实施涉及日期较长，可以使用箭线图或计划评审术（统称网络图）来安排日程与资源。

资源预算。是对企划文案的实施策略作出费用和其他资源的预算。在进行资源、费用预算时，首先必须确定企划的预算总额（总量）。实际操作时，有时会根据每一项实施策略的资源、费用来计算得出总资源、费用，但这种预算可能会得出脱离现实的结果。如果委托进行企划文案策划，往往只提出各个阶段所需资源及费用；如果委托方没有资源、费用上的指示时，可以参考以前的企划或其他企业的企划来进行预算。另外，促销企划及广告企划的费用预算通常可以根据实际销售额或目标销售额的一定比例来计算。预算总额（总量）确定之后，必须对应分配于各项具体策略。此时，要注意不能在各项具体策略之间进行机械性的比例分摊，而应当依据实际情况有重点地给予分配，使有限的预算尽可能地获得更好的效益。实际中，委托方或企划读者可能对诸如"各项策略是否可以在规定的预算中实施"、"预算分配是否合理"等问题存有疑问，公司企划人员事先应当有与之相适应的合理的解释或说明。

体制安排。是对企划实施策略给予人员、组织等方面的安排。企划要想顺利实施，合理安排与之相适应的组织体制是必不可少的。因此，必须预先确定好实施企划所涉及的所有内、外部人员及其构成和作用。同时，站在企划文案策略实施的角度对相关人员的权、责、利要有清晰、合理的界定。要尽量避免将过大的责任只集中在少数的某些人身上。企划文案中，往往可以用组织图来直观地表示整个企划的体制安排。

（3）设计的一般格式。确定实施计划，针对企划文案策略实施的日程—资源利用的进度安排、预算及组织，进而确定实施计划。如表6-2～表6-4所示。

表6-2　日程—资源进度安排

作业	时间/资源							
	×月	×月	×月	×月	×月	×月	×月	×月
（1）×××								
（2）×××								
（3）×××								

表6-3　预算

作业费用	资源	补充	金额	
（1）×××				
（2）×××				
（3）×××				
合　计				

表6-4　组织

作业	补充	人数
（1）×××		
（2）×××		
（3）×××		
合　计		

（4）企划设计实例。确定实施计划，以大抽奖活动为销售高潮而作出日程—资源利用的日程安排，并实施大致预算。如表6-5、表6-6所示。

表6-5　日程—资源安排

实施策略（作业）		10月	11月	12月	1月	2月	3月
企业内部策略	教育	☆					
	激励		销售竞赛开始				表彰
			2人，场地，1.5万元				
流通渠道策略	对中间商促销	赠送商品，样品×万元					
	促销			5包一套陈列			
				10人，2.5万元送促销装（商店）			
				10人，2.5万元			
顾客策略	大抽奖			宣传大抽奖			抽奖
				6人，10万元			
	现场表演			店内试品尝			
				10人，5万元			
				专供出差试品尝			
				5人，5万元			

表6-6　预算

实施策略		费用（万元）	人员（人）	其他
企业内策略	（1）促销特别研修（2）销售竞赛	××	××	
流通渠道策略	（1）中间商试品尝（2）5包一套（3）赠促销装	××	××	
顾客策略	（1）大抽奖（2）店内试品尝（3）专供出差试品尝	××	××	
合　计		××	××	

（八）附录的写法

1. 附录的作用

一般来说，在企划文案的最后常常有必要附上一些与企划相关的资料，形成企划文案附录。在企划文案中，附录的作用主要有两方面：

（1）证明企划的客观性。通过企划附录，可以说明整个企划是依据充实的资料而客观实施的。并且，通过展示这些资料，还可以有助于阅读者理解企划内容。

（2）说明企划文案所使用数据的时间、出处。数据的构成要素包括标题、内容及其出处、时间。调查数据则还包含样本。这些内容显然在企划正文中无法一一表明，可以在附录部分详细列出。

2. 附录的写作要点

（1）文案附录中的参考资料可以另附在企划文案的后面，也可以单独成册。当现状分析、制定实施策略的参考资料、数据不太多时，通常将"参考资料"放在企划文案最后。但是，当数据资料比较多时，则往往将其单独成册。数据资料愈多，数据版面的设计就愈复杂。数据资料一般采用图表的方式来表示，并加上适当的注释。如果是单独成册，建议加上相应的资料目录。

（2）添加资料要尽可能精简。企划文案中的数据应尽可能单纯化及视觉化，将资料列得过细，反而令人难以理解其真实意图。因此，附录部分列出的数据、资料只要可以有利于阅读者作出判断即可。

三、公司企划人员守则及禁忌

（一）公司企划人员的守则

公司企划人员要做好企划案，就一定要遵循公司企划人员的守则，只有这样才能成为一个对公司有存在价值的企划高手。

1. 加强充实自己的学理知识

公司企划人员的第一件事，就是要不断持续地充实自身的知识与时俱进。企划案的分析、搜集、撰写、评估及判断等，都或多或少会用到根本的学理知识。如果这方面的根基不够扎实，那么在分析力道、策略建言与正确判断性上，都会显得很肤浅。如果要拿给投资机构、银行或拿给私募对象看，都会有难以出手之感，因此公司企划人员要加强学理知识的学习。

2. 不断吸收工作上多层面实务知识

除了上述学理知识外，另外一个十分重要的是，企划文案作者本身所在公司内部常会有很多种不同的会议，例如：

（1）每周各部门联合主管会报。

（2）各种特定专业企划文案会议。

（3）本身部门的自行会议。

（4）每月全公司经营绩效检查联席会议。

（5）跨公司、跨部门协调会议。

（6）跨集团各公司资源调整协调会议。

这么多的大大小小会议，公司企划人员应该多多出席聆听、做笔记并吸收成为自身的工作知识与技能，这是十分重要的。因为每个部门都会指出它们的工作状况、工作问题及其解决对策，这些都是充实自己的机会。因为，有这么多各具专长与经验的主管的口头报告以及书面报告呈现在你眼前，是很好的知识与经验的体现，公司企划文案创作人员应好好把握良机。

3. 加强外部人际关系

很多公司企划人员常常默默待在自己的公司里，和其他公司的往来并不多，人际关系也不是很好。这是有待加强改善的。

因为撰写企划案时，往往会碰到搜集资料的困难，特别是要面对的不是自身产业或行业公司的时候，或是需要异业结盟合作的时候，更需要外部人力的支援，才能明了不同的行业。否则企划案会写不下去，或是缺少真实感与正确性。

所以，公司企划人员应多多参考外部研讨会、演讲会、EMBA 班、学分班、训练班、各协会会员或是上游供应商及下游通路商等，建立广泛有效的人际关系网络，以备"用在一时"的需求。

4. 随时了解外部环境的变化

外部环境的变化，无论对企业有利或是不利，都一定会影响公司的业绩及其整体的营运发展。包括政府法令变化、国际法令变化。海内外的经济环境、经贸往来、供应商环境、通路商环境、技术环境、跨国企业发展竞争者环境，以及金融证券市场及银行环境的变化，都会对企业产生一定影响。研究拟订企划案时，应该多做小组讨论，集思广益，使其更完整。

公司企划人员初步研究拟订企划案时，在小组内或部门内，应该与其他成员多做讨论，相互脑力激荡，集思广益，使案子的层面更为周全，可行性也会更高。毕竟每个企划人员的生活方式、背景、想法、经验都有些不同，但这些不同融合在一起，也将会使企划文案创作得更好。

5. 做好跨部门沟通协调

许多的企划文案都会涉及其他部门的作业配合，都会对其他部门的绩效加以分析评估。因此，企划部门如果没有得到其他部门的认同或者事前予以知会或邀请他们共同参与讨论，则其他部门主管可能不会认同，甚至会不予配合或是相互予以掣肘。

因此，公司企划人员做企划案撰写的过程中，必须与案子内涉及的相关部门充分沟通协调与密切开会讨论，寻求他们对此企划文案的认同、支持与配合，这样，这个策划方案将来才能顺利实现。

做好沟通协调固然是必要的基本原则，但也不能全部听从对方部门的所有意见、看法与做法，否则为什么要设立企划部呢？公司企划人员最后都应当有自己特定的见解与思考，最好还是能够融合双方的意见。当不能融合时，则可能必须表达两种不同的方案，供最高经营者做最后裁示选择采纳哪一种方案。

公司企划人员会常常与业务部、生产部、采购部、法务部、财务部、研发部、技术部、资讯部、稽核室或海外各据点或广告公司或通路商等，产生协调沟通的需求。

6. 精进电脑文书的制作及简报的美编应用能力

企划案最终必然会以静态的书面表现出来。不管这是 PowerPoint 简报或是 Word 文字版，公司企划人员对于如何定正标题、副标题，以及字型、间距、彩色版面制作等细节问题，都应当提高电脑的实用水平，让阅读者看起来非常耀眼、清爽、明确，想看下去。

电脑文书处理得好，就好像穿上了一套漂亮的衣服，让人更加欣赏。企划案如果能够做到内外皆美，将是最好的企划案。

7. 自我不断进步、超前公司的发展步伐，力求创新

最难得、最高层次与对公司贡献最大的公司企划人员，就是能够随着公司的发展而不断进步，逐步成长。而能够超前公司的发展步伐，显然必须要能够力求创新，并以国

际行业及国际大公司的发展历程与经验作为根据，证明这个方向、策略与目标是最正确的企划文案策划方案。

8. 要成为对公司有生产力价值的幕僚人员

基本上，除了少部分的公司企划人员是属于企业业务的骨干人员外，大部分的公司企划人员，还是企划辅助人员形态。

因此，企划辅助人员也需要发挥其脑力思考、分析、评估、规划与建议的生产力价值出来，才能在公司里面存活下去，并且得到其他部门对企划部门及公司企划人员的认同。当其他部门都经常主动请公司企划人员协助时，就代表着企划部门的存在价值，否则企划部门企划人员阵亡率就会比较高。

企划部门及公司企划人员的存在是绝对有必要的，但他们对公司与集团作用与贡献的大小，则要看两项因素：

（1）这个企划部门员工是否具有很强能力。公司企划人员如果能力不强，那么企划部门的企划人员在公司部门内的重要性排行榜，将会是排在最后面。

（2）高层企业经营者是否重视企划部门，是否会使用企划人员，是否支持企划部门，是否经常交付重要任务给他们负责及让他们有表现的机会。

有一些公司的企划部门，都是总经理或是董事长领导带领他们的，或是直接隶属于董事长或总经理的，这样企划部门更能发挥效益。但是，重点仍在于公司的企划部门内的企划成员是不是都是强将强兵。

（二）公司企划人员的禁忌

在实务上，公司企划人员应当避免下列禁忌，才能顺利实施企划案，成为一个受欢迎的合格的公司企划人员。

1. 切忌纸上谈兵

公司企划人员常常被批评为纸上谈兵、不切实际，只会写 Paper Work，对公司并没有多大贡献。当然，这只是片面的批评与抱怨，偶尔也是会有这种情形。但是，真正好的企划部及公司企划人员都会避免纸上谈兵。有几点可做参考：

（1）公司企划人员应该多参加公司内部各种会议，以掌握公司各部门的最新发展动态、问题点与市场营销机会，以及公司最高经营管理者的决策动向与经营方针。如果连这种最基本的工作都做不好，那么就根本没有资格成为高阶企划幕僚人员。

（2）公司企划人员也应该经常到第一现场去考察，才能亲身体验，包括生产现场、销售现场、拍广告现场，或是国际参展考察等。

（3）公司企划人员应该具有搜集及整理海内外最新市场情报、产业情报、技术情报、新产品情报及商机情报的能力。因为这些新发展及新趋势情报，对于忙于当前业绩的业务部门是无法得知的，但这些发展情报，对企划人员的确是有帮助的。

（4）公司企划人员应该比其他部门人员更有见解与创意才对。这些非凡且具胆识的见解与创意，若获得业务部门主要负责人的赞许，就不会被称为纸上谈兵了。

（5）公司企划人员应搜集或主动对外进行民意调查、市场调研以科学化及客观化的数据资料，作为企划案强而有力的根据，使其他部门人员无可非议。

2. 切忌只做规划，而不关心其他部门执行的情况

失败的不负责任的公司企划人员，常说他们只负责文案策划，不负责执行，执行是属于其他部门的事情。

这是严重误解了企划部门的角色及功能，也是极为错误的想法。企划→执行→考核→再企划，是一种连结的循环关系。虽然在不同的公司里，可能会把企划部门与执行部门区别开来分得很清楚，但是这并不代表公司企划人员能够不关心其他部门的执行情况。

相反地，公司企划人员最好能够持续关心其他部门人员的执行状况，并予以必要的支援协助，或是做调整修正。

所谓企划案的成功，不是写出一个很漂亮的企划案就算成功，真正的成功，是要等到执行完备，并经评估分析，确定是成功绩效时，此企划案才算是完成，公司企划人员才可以全身而退，再展开另外一个案子。这是公司企划人员一定要拥有的最重要的经营理念。

3. 切忌一案到底，随时提出调整方案

企划案不应该是"一案定终身"，而是一定要具有连续性及机动灵活性的功能。

很多广告案、价格案、促销案、投资案、商品案等，在推出一段时间后，销售并无起色，显然当初的企划构想与执行结果或者无法获得消费者的认同及满足顾客的需要，或是无法胜过竞争对手的品牌，此时，就应当马上喊停，快速进行原因调查及修补转向动作，待规划完整后，即刻再推出市场。这就是能够迅速回应市场需求的"顾客导向"。

很多商品的经营企划案与行销企划案，都是"在错误中摸索前进"的。能力强的公司企划人员，应该可以减少错误，或是避免错误，因为他们从过去的多个教训中吸取经验了。他们也累积过去数十个、数百个的市场企划经验以及对市场营销活动的敏感性，从而能够推出成功的企划案。而这也需要时间、人力、投入与进步的智慧才行。

4. 切忌高高在上，防止其他部门的不予配合与互相掣肘

公司企划人员应忌讳自己高高在上，以为直属某董事长室、总经理室或总管理处，便姿态很高，好像是上级单位在指挥下级单位，这是一种很要不得的心态。如此心态将会招致各部门一级主管的反对与掣肘，不仅不愿配合企划案，而且在执行时，也故意执行不力，表示此案行不通，结果很难堪。作为公司企划人员，要树立这样的观念，越是处在老板身边的高级企划辅助人员，越应当言行谨慎。如果做好了各部门协调工作，就是一个很好的工作团队，各有各的一片表现空间，各有各的专长分工，然后力量可以凝聚在一起。这才是成功与成熟的高层次公司企划人员所应当拥有的为人处世态度与原则。

总而言之，公司企划人员应该赢得各部室人员对其尊重、感谢支援与赞许，才对董事长、总经理有帮助。

5. 切忌避免完全呼应老板的一人说了算的现象，应当有自己独立的思考与见解

成功的公司企划人员，应注意避免完全呼应老板的一言堂，应有自己独立的思考与见解。老板毕竟不是圣人，他们犯决策错误的可能性也很高，身为公司企划人员不应事事只听老板的一言堂。如果是错误的一言堂，会对公司造成重大损害，公司企划人员应该挺身而出，以技巧性的方式与渠道，向老板呈报指出这是错误或是有风险的，对不明确的企划决策方向，应该改变选择、收回指示。

6. 切忌匆匆提出不成熟的企划案误导大家

公司企划人员对于上级交办的企划案例，不应当在极短或不合理的时效内，匆匆提出不成熟的企划案而误导公司决策方向。

如果上级的需要时间确实太短，则应当说明原因，要求调整延长完成申报时间，切忌不敢向上级反映，因为这反而会误了大家。

7. 不能道听途说，应要求证

不少公司企划人员在搜集资料情报时，往往会随便道听途说，没有经过求证，就将这些素材纳入企划报告内，这是很危险的，会导致做出许多错误决策。

尤其是对于重要的数据，更不能凭着道听途说而随意提供给上级错误的资讯情报。包括营收额、获利额、价格走向、技术研发突破化、新品上市期、市场占有率、策略联盟、大顾客变化、投资新厂规模、产品成本结构、产能利用率、技术授权与全球竞争者动态等重大影响数据决策项目。

四、企划文案失败的原因与分析

企划文案成功的案例虽不少，但失败的案例也有不少，而且其中平庸的企划文案更是不计其数。

因此，探索企划案为何失败，对公司企划人员制定正确的企划案至关重要。企划案的失败，不仅浪费人力资源、浪费时间，更使公司整体竞争力降低。高层经营者及公司企划人员应了解企划失败的原因并引以为鉴。

企划失败的原因，可以区分为以下四大类。

（一）人的因素

企划文案策划失败，归根结底人的因素的确占有很大的比例，因为人是促进企划与执行的重要成员。而人的因素，又可区分为八个细节原因。

1. 来自老板一人说了算的盲目决策，缺乏民主决策

部分公司的老板是采取权威式的一言堂决策，缺乏民主讨论决策，常以老板的意志与决断，就敲定了企划案的重大内容与决定。但这种决定，未必每一件事情都是正确的，其中还是会存在一些风险。尤其在有一言堂风气的企业文化中，公司企划人员只好顺从老板的决策去规划及撰写企划文案。

2. 公司企划人员不够强

在公司的各部门中，大概是企划部门的主管最难做了。公司企划人员如果没有很强的综合能力或受到很大赏识与支持，寿命就会比较短，要不然就是部门的地位在公司最弱。那么，一个最弱的部门，如何能够做好什么企划文案呢？可想而知，更多就是做一些小型企划案罢了。所以，总之一句话：公司企划人员能力不够强，其他部门都不会好好配合企划部门的工作与召开会议。

3. 公司企划人员能力不足

通常企划文案都是公司企划主管人员交代下面企划专员去协调各部门撰写，或是专员自己撰写，但是企划专员年纪都很轻，工作经验与阅历并不算丰富，再加上其他部门主管有时候也不是很愿意跟他们交谈或讨论，因此，偶尔会有碰壁的现象发生。

4. 创意（创新）不足，内容乏善可陈

由于公司企划人员经验与能力的不足，又缺乏第一线工作的历练，假如是遇到高难度的企划文案，则由于他们的创意（创新）不足，内容显得乏善可陈，无法对症下药。因此可以想象执行的结果，必然不可能会创下好成绩。

5. 市场调研不足

很多企划案的失败，都是由于市场调研或市场研究不足造成的。特别是对于促销案、价格战案、广告 CF 拍摄案、品牌塑造案、新商品上市案、产品定位案、顾客服务案和新事业经营评估案等，如果没有精细且深入不断地做市场调研，那么就不可能真正掌握消费者的需求与心思，更别论如何抓住消费主流或市场主流了。一个有效、完整、准确的市场调研，将会提供很多很好的行销决策，包括推广、促销、通路、品牌设计、商品设计、定价策略、广告及服务等内涵之设计。

6. 外部情报，掌握不足

所谓外部情报，主要是指同业内的竞争者情报、国外相关技术情报，以及新产业信息、新行业发展的外部情报而言。当公司企划人员对外部情报掌握不足时，很可能做出错误的决策或是根本无法做出决策，只是因为信息情报的"不对称"所造成的。

7. 工作小组缺乏领导人物

一般情况下公司一个大的企划文案，必然要组成一个专案工作小组或专案委员会，并且指派一名高级公司企划人员负责带动。如果这名召集人、主任委员或专案负责人在公司并未拥有很大的权力与地位，那么是不可能带好这个工作小组的。这也就是为什么公司很多大的企划文案，都是由董事长或总经理亲自上阵督军，才能使其他部门的一级主管有效地动起来投入配合。

8. 竞争分析不足

很多的现象都是因"敌我分析"或"竞争分析"不足，导致盲人摸象，不能全面了解情况。但重要的是必须区别与竞争对手的差异在哪里，目标市场区隔在哪里，独特销售卖点（USP）在哪里，价格竞争力表现在哪里，品牌竞争力表现在哪里。如果企划人员对竞争力分析不足或是肤浅，就不可能真正击中竞争对手的痛处，企划执行效果就会跟着变差。

（二）组织的因素

除了人的因素之外，组织问题也常常是造成企划失败或是执行效果大打折扣的重要因素。

1. 各部门协调不当，搭配不足

在组织文化或企业文化官僚气十足或是理念老化严重的大企业体系之中，往往会看到部门之间的协调性差。本位主义现象到处可见，搭配不足还是小事，权力斗争倾轧则是大事与大害。

有些部门主管往往站在本位立场与利己立场来看待事情，只要是对自己不利或无益的企划文案，就会暗中反对、反弹或不予配合，或嘴巴讲好但实际不动。当然，有时候

这也是公司企划人员的协调沟通做得不够好与不够多造成。

2. 执行过程中，权责不一

企划文案在执行过程中，务必要注意做到权责合一才行。有责任的执行单位，一定要给他权力才行，即使他们是幕僚单位。如果没有权力，要人没人，要钱没钱（预算），要武器没武器，那么案子如何执行下去。所以，不管哪个部门负责执行某一企划案，都应该拥有全部的权力，并且给予其全力的支援，促成目标责任的如期达成。

（三）外部环境的因素

企划文案之所以失败或平淡无奇的原因，还存在着许多外部环境的因素。

1. 对市场预测过于乐观

有时候公司的企划人员为了讨好老板或是迎合老板的喜好而"报喜不报忧"，以免被老板骂。那么，在企划报告内对于市场潜力规模或成长性的数据预估，或是本公司可以达成的市场占有率或销售数据，常常都会夸大预估，提出乐观的数据目标。但在实际运作中，市场根本没有这么乐观。可能执行后的一个月、一季、半年过去了，业绩目标只达成原来的几成而已。

另外，有一种相反的情况，是企划或执行单位一直想要通过某个企划文案，以从中得到一些好处，如更大的权力、更多的奖金、更多的人马等，因此怕老板会否决掉本案，因此特别提报很好看的数据与未来远景，争取得到老板的同意。

2. 外部环境突起变化

有时候，人算不如天算，外部环境突然发生了一些重大变化，使要推出的企划案遭到不可抗拒的变化力量，无法达成原先预期的目标。外部环境的突起变化，显然是公司企划人员不可控制的因素。

3. 推出时机不对

企划案推出时机的掌握很重要。推出太早，市场还没成熟，消费者的使用条件还不到位，很可能叫好不叫座，并以失败收场。推出太晚，则市场可能已经不具备执行企划案的能力了，竞争力度和进入障碍都要大很多。

4. 新市场发展仍很混沌，难以预测

公司企划人员有时候面对的是一种新的市场发展趋势，可是还很模糊不清，具体有多少数字，则难以预测与评估。

此项难题，对于年轻公司企划人员是一种高难度的挑战，显然很难做好这种评估与预测。在这时候，唯有靠睿智的老板，站在战略角度全方位地来分析此种发展，并做下带点风险的决策。

（四）公司因素

最后一个大类的失败因素，则是由于公司的因素。

1. 规划时间太仓促，准备不够周全

有时候公司上层领导要求的规划时间十分短促，使整个准备工作都做得不够完善、丢三落四，显得杂乱无章，各部门也抱怨连连。这种企划案执行，必然会出现不少漏洞，整体效果也会打一个很大的折扣。

2. 公司预算不足

有些公司老板对于重大企划案，应当投入的经费预算，经常七折八扣，使得推动的力度不足，加上诱因也不足，因此效果没有出来，白忙一场。其实，有些企划投资不能只看眼前，还要看周边及未来前景。比如像促销案或降价案或打品牌广告预算或新产品上市经销预算，或是技术研发预算，等等，如果预算不足，是很难做出漂亮成绩的。

3. 公司产品（或服务）竞争力不足

最后一个公司的因素，是公司产品（或服务）本身缺乏竞争力。特别是在面对众多强力竞争品牌的压力之下，如果公司自身的产品在品牌、服务、价格、功能、品质、设计等多项基本比较条件都较竞争者差很多时，那么做任何企划案都不容易产生效果。最重要的是先培养好自身的各种条件，才有竞争力到市场作战。这是本质问题，本质问题不解决，做其他细枝末节的事情，并不会有多大的效果出来。

总而言之，企划失败的原因，大致可以区分为公司内部因素（包括人的因素、组织的因素及公司因素），以及公司外部（即环境）因素。但总的来说，公司内部因素是比较可以掌握的因素，而外部环境因素则较难掌握。因此，只要公司高级经营者及公司企划人员共同努力改善公司的内部因素，应当可以把企划案失败的风险降到最低程度。

第七章 企划团队工作与管理

一、团队理论知识概述

（一）团队的概念

如果留心观察，就会常常见到这样的情形：有些企业在创业时几个人都能相互配合，鼎力互助，在没资金、项目的困难条件下都能取得成功。可是，当企业发展壮大后，个人英雄主义开始膨胀，在有资金、有人才、有项目的情况下，企业却垮台了，怎么会这样呢？不用说就可以明白，没有组织的概念，没有团队的精神，组织充其量也只是一个集合体。

那么，到底什么是团队呢？它的基本特征是什么呢？

团队是由两个或两个以上的人组成的，通过这些人相互之间的影响、相互之间的作用，在行为上有共同规范的一种介于组织与个人之间的一种组织形态。其重要特点是，团队的成员间在心理上有一定联系，彼此之间相互影响。那些萍水相逢，偶然会合在一起的一群人，即使在时间、空间上有一些相似的特点，在心理上也无相互影响和相互作用，因此不能叫作团队。

比如，每年在美国的职业篮球大赛结束以后，常会从各个优胜队中挑选最优秀的球员，组成一支"梦之队"赴各地参加比赛，以为可以掀起另一轮的高潮，可是结果总让球迷大失所望，往往是胜少负多，这是为什么呢？其原因就在于他们不是真正意义上的团队。虽然他们都是顶尖的篮球高手，但是他们均为各个不同的球队效力，没有办法临时地培养团队精神，形不成有效的团队出击。

因而，团队并不是一群人的机械组合，这和群体不同，一个真正的团队应该有一个共同的目标，其成员的行为之间互相依存，互相影响，而且可以默契配合，不断创造和追求团队的业绩。简而言之，团队不是简单的"$1+1=2$"，而是"$1+1>2$"。团队成员因为有共同使命感和责任感而共同努力，所以会产生大于个人努力之和的群体业绩，然而简单的群体是"一个和尚挑水喝，两个和尚抬水喝，三个和尚没水喝"。

个人的计划再精彩，能力再出众，如果没有团队合作的精神，可能也不会让自我价值成功实现。中国有句谚语叫"一个篱笆三个桩，一个好汉三个帮"，讲的即是这个意思。"物以类聚，人以群分"，如果将组织看成是一个完整的人体，团体就是构成人体的各类系统，如消化系统、循环系统等，个人则是组织或团队的最基本的细胞。每个人均不是孤立的，人都是生活在社会组织或群体中，并以组织或者团队的身份和他人交往，在交往过程中，形成了类型各异、规模不同的各式各样的团队。

若想区分一个工作小组是工作群体还是工作团队，要从目标、合作、责任、技能等方面来判断和区别。工作群体中可能并没有明确的长期或短期目标，而在团队中，团队的企划管理者运用领导力去促进目标趋于一致，进而明确目标，并对团队的总业绩进行考核。

工作团队的成员比工作群体成员在合作上更有积极性。在工作群体中责任是归属于个人的，而在团队中，既存在个人责任，也存在共同责任。在工作群体中，个人的技能往往是随机组合的，而在团队中，团队领导为了快速高效地完成团队的终极目标，通常选取个人技能相互补充的成员组成团队。

（二）团队的要素

一个高效的团队必须具备以下显著的要素：

1. 共同的清晰的目标

一个共同的长远的目标对队员们来说是不能缺少的，而且大家都清晰地知道目标是什么。为完成共同目标，成员之间彼此合作，这是构成和维持团队的基本条件。实际上，正是这种共同的目标，才体现了团队的性质。

只有具备了一致的团队目标，才会在团队中产生一种高于团队成员个人总和的认同感。这种认同感为如何解决个人利益和团队利益的碰撞提供了有意义的标准，使得一些威胁性的冲突有可能顺利地转变为建设性的冲突，也正由于团队目标的存在，队员们才清楚个人的坐标在哪儿，团队的坐标在什么位置。

2. 成员之间相互依赖

从行为心理上来说，成员之间在行为心理上相互作用，直接接触，彼此相互影响，和团队其余成员形成了一种默契和关心。

3. 成员具有团队归属感

团队中的成员不会有孤军奋战的感觉，每个成员都具有团队意识，都有归属感，情感上有一种认同感，意识到"我们是这一团队中的人"，"我是这一群体中的一员"，每个人都会感到团队中有他人的陪伴是件乐事。

团队成员彼此心里放松、工作愉快，由此可见，团队意识和归属感，形成了团队的牢不可破的精神基础。

4. 具有责任心

所有高效的团队，其队员都要共同分担他们在达到共同目的中的责任。世界上没有任何一个团队中的成员是不承担责任的，如果大家都不承担责任，达成共同的目标无疑是一种不可能实现的。

仔细想一下"老板让我负责任"和"我们自己负责"这两句话，就会发现有重大区别。前者可以导致后者，但是没有后者，就不会有团队。"我们自己负责"是多么简练的一句话，却道出了一个核心问题，那就是团队成员对团队的承诺，以及团队对团队成员的信任。

5. 高效的企划管理者

一个想要取得高绩效的团队，需要具有果敢高效的企划管理者，高效的领导可以使团队成员与自己共渡最艰难的时期，可以为团队指明前途方向。他们向成员阐明变革的可能性，鼓舞团队成员产生自信心，帮助他们更充分地了解自己的潜力。优秀的企划管理者不一定非得指示或控制。高效企划管理者往往担任的是教练和后盾的角色，他们为团队成员提供指导和支持。

（三）团队与群体的区别

团队与群体二者有很大的区别。

群体是指两个或两个以上相互依赖的个体，为了达成某一特定的目标而聚集在一起。在群体中，成员通过相互作用，来共享信息，做出决策，帮助每个成员更好地承担起自己的责任。而团队就要承担必要的发生矛盾冲突的风险，承担开发共同产品及集体行动的风险。

在团队中，通过其成员的共同努力能够产生积极协同作用，其团队成员努力的结果使团队的绩效水平远远大于个体成员绩效的总和即 $1+1>2$ 的结局。然而在群体中，成员不见得非要到集体中才可以工作，他们也不见得有机会这样做，在业绩上，群体仅仅依赖的是"个人绩效"的总和，也就是 $1+1=2$ 的模式。

（四）团队的类型

团队是指一群为了达到目标而相互需要的人。他们的结合可能是长期或短期的，可能赋有特定的或一般的目的，成员拥有不同的或是类似的背景。

斯蒂芬·罗宾斯从团队存在的目的，掌握自主权的大小出发，将团队分为四种类型：

1. 问题解决型团队

问题解决型团队中的成员往往就如何改进工作程序、方法等问题阐述不同的观点，而且就怎样提高产品质量、生产效率及改善工作环境等问题发表意见。

在问题解决型团队中，团队的主要责任是通过调查研究、集思广益理清组织存在的问题，制定策略或执行方案。

问题解决型团队的不足之处是不能充分调动员工参与决策过程的积极性。

2. 自我管理型团队

自我管理型团队是自然形成的工作小组，被赋予了很大的自主权，同时，他们也被要求控制自己的行为，取得重大的成果。集计划、命令、监督和控制行动和培训于一体，因此这些团队和许多其他类型的团队大相径庭。该类型团队拥有广泛的自主权和自由。

自我管理型团队是一种真正独立自主的团队，他们不仅探讨问题怎么解决，并且亲自执行解决问题的方案，还需要肩负工作的全部责任，一般由管理部门批准。这种类型的团队通常由 10~16 人组成，他们的工作是聚集在一起解决一般性的工作问题。

一般情况下，自我管理型团队的责任范围包括控制工作节奏、决定工作任务的分配、安排工作休息。彻底的自我管理团队甚至能选取自己的成员，并使成员彼此之间进行绩效评估。

自我管理型团队也被称为高绩效团队、跨职能团队或者超级团队。其影响是巨大的，他们能提高 30% 或更多生产力并且极大地改善产品服务质量。他们从根本上变换了工作的组织模式,使一种更高水平的领导实践成为可能。一种高水平的团队授权常常通过自我管理团队得以实现。引进自我管理团队将裁减 1~2 个管理层,由此出现了扁平式的组织结构,这在很大程度上提升了工作效率。

如今,像人们所熟知的美国著名的百事可乐、通用汽车公司、惠普公司等,实行的都是自我管理型的团队。美国的 L-S 电子电镀公司,整个工厂是按照自我管理型团队来经营的,他们制定自己的工作日程表,自己轮换工作,设定生产目标,制定和能力相匹配的工资标准。

3. 多功能型团队

多功能型团队由来自同一等级、不同工作领域的员工组成,他们来到一起之后,使组织内(甚至组织之间)员工之间交换信息,从而激发出新的观点,解决遇到的问题,互相协调完成复杂的项目。

比如,20 世纪 60 年代,IBM 公司为了开发卓有成效的 360 度系统,组织了一个大型的任务攻坚队,攻坚队成员来自于公司的多个部门。任务攻坚队实际上就是一个临时性的多功能型团队。

但是,需要留心的是,实行这种团队形式,由于团队成员知识、背景、经历和观点不同,再加上需要处理复杂多样的工作任务,所以,实现有效的合作需要花费一番工夫。

4. 虚拟型团队

虚拟型团队是随着现代通信技术的发展进步应运而生的,其通过电子邮件或是视频会议等设备共同完成任务。除了与其他类型团队一样要具备团队的目标和成员要素外,虚拟型团队更加重视技术系统的应用。在虚拟型团队运行过程中,三大类技术经常被用到:①桌面视听会议系统(DVCS);②合作软件系统;③网络系统。

虚拟型团队只用电子邮件和电话系统就可以工作。但是桌面视听会议系统重新塑造了传统团队面对面交流的某些方面。这种技术使成员间更为复杂的水平交流成为可能。DVCS 是一种相对简单的操作系统,在电脑显示屏上放置一架小型相机做系统的电脑录影仪器,声音可经由一台移动通信系统和麦克风设备传播。同一团队成员之间的接触,能通过电脑中的软件控制系统。

虚拟型团队使用的第二类技术是合作软件系统。合作软件系统的设计是为了扩大活动类型和培育团队工作的类型。如莲花软件——一种盛行的合作软件产品,是特意为非同时工作的团队成员(如不同时间工作或独立工作的团队成员交流及数据分享)所设计的,包括计划、电子信息和数据文件的分享。

虚拟型团队使用的第三类技术即网络技术。组织利用网络优势来传递消息,加强成员之间的交流,所有这些又能保持系统的安全性。虚拟型团队通过网络获取文件、视听及数据资料。网络技术还能使虚拟型团队的利益共有者(供应商和客户以及组织的其成员)时刻关注团队的工作进行过程。

(五)团队发展的阶段

1. 第一阶段——形成期

团队刚建立之时,成员常常由不同动机、需求与特性的人组成,此阶段缺乏共同的目标，彼此之间的关系也尚未建立起来，人与人的了解与信任不足，彼此之间充满着谨慎和礼貌。整个团队还没有建立起规范，或者对于规范还没有形成一致的看法，这时的矛盾很多，内耗很多，一致性很少，花费很大的力气，也没有收到应有效果。

这时，管理人员的主要任务是以下两个方面：

（1）初步构成团队的内部框架。在团队成立开始，组织管理者需对团队的每个要素了如指掌，包括团队的定位、目标、职权、人员和计划。其团队内成员的角色应如何分配，工作人员怎样取得，均是在团队的组建期设定的。

（2）建立团队与外界的初步联系。建立起团队与组织其他工作集体及职能部门的信息联系与相互关系；确立团队的职权范围，如自由处置的权限、须向上级报告请批的事项、资源使用权、信息接触的权限等；建立对团队的绩效进行激励与约束的制度体系；争取获得对团队的技术（如信息系统）支持，高层领导的支持，专家指导及经费、物资、精神方面的支持；建立团队与组织外部的联系和协调关系，如建立与企业客户、企业合作者的联系，争取与社会制度和文化取得协调等。

除此之外，管理人员必须立即掌握团队，快速让成员进入状态，降低不稳定的风险。

此阶段团队的关系方面要强调互相支持，互相帮助，此时期人与人之间的关系尚未稳定，不可能太过坦诚。这时期的领导风格需要采取控制型，不可以放任，大致目标由企划管理者自己确立（但是要合理并经过大多数成员的认同），清晰直接地告知队员想法和目的，不能让队员自己想象和猜测，否则容易走样。此时也要尽快建立必要的规范，不需要十全十美，但是需要能尽快让团队进入轨道。

2. 第二阶段——激荡期

过了组建阶段后，团队隐藏的问题渐渐显露，团队内部冲突加剧，虽然说团队成员接受了团队的存在，但对团队加给他们的约束仍然加以抵制。在这一阶段，热情往往让位于挫折和愤怒。抗拒、较劲、嫉妒是常有的现象，那些团队组建之初就确立的基本原则也许会像狂风中的大树一样被击倒。

激荡由成员与成员之间、成员与环境之间、新旧观念与行为之间三方面的组成。

（1）成员与成员之间的激荡。团队进入激荡期后，成员之间因为观念、立场、方法、行为等方面的差异必然会产生各种冲突，什么工作行为、任务目标、工作指导等统统忘却于脑后。此时，人际关系陷入紧张局面，甚至出现敌视、强烈情绪及向企划管理者挑战的情况。最终结果是，有的人或许暂时回避，一些人准备退出。

（2）成员与环境之间的激荡。这种激荡体现在成员与组织技术系统之间的激荡。如团队成员在新的环境中可能对团队采用的信息技术系统或新的制作技术不熟悉，经常出差错。这时最重要的是进行技能方面的培训，使成员迅速掌握团队采用的技术。成员与组织制度系统之间的激荡。在团队建设中，组织会在其内部建立可能与团队运作相协调的制度体系，如考评制度、人事制度、奖惩制度等。但是，由于这些制度是在组织范围内制定和实施的，相对于小范围的团队来说，未必有效，也就是说，针对性差，所以制定出适合团队发展的行为规范已刻不容缓。团队在成长过程中，与组织其他部门要发生各种各样的关系，也会产生各种各样的矛盾冲突，需要进行很好的协调工作。团队与社会制度及文化之间的关系同样需要协调。

（3）新旧观念与行为之间的激荡。团队在激荡期会发生新旧观念、行为之间的激荡。要做好心理准备的是，在传统组织中进行团队建设将不得不面临着一系列行为方式的激荡与改变，在这一过程中，团队建设可能会碰到很多阻力。比如，成员也许会由于害怕责任、惧怕未知、害怕改变等而拒绝新的团队行为方式。此时需要实行一系列手段来促进团队的发展。

3. 第三阶段——凝聚期

团队经过一段时间的激荡后将逐渐走向规范。组织成员开始以一种合作方式组合在一起，并且在各派竞争力量之间形成了一种试探性的平衡。经过努力，团队成员渐渐清楚了企划管理者的想法与组织的目标，建立了共同的愿景，互相之间也产生了默契，对于组织的规范有了了解，违规的事情减少，这使日常工作能够顺利进行。但是组织对企划管理者的依赖非常强，还不能够形成自治团队。

此阶段最重要的是形成有力的团队文化。如何形成有力的团队文化，促成共同价值观的形成，调动个人的活力和热忱，增强团队的向心力，培养成员对团队的归属感、认同感、一体感，营造成员间互敬互爱、互相合作、关心集体、互相帮助、努力奉献的氛围，将成为团队建设的重要内容。团队能否顺利渡过凝聚期以及团队形成的规范是否真正高效有力，将直接影响到团队建设的成功或失败及最终的绩效。

此外，还应该确定更广泛的授权与更明确的权责划分。

在成员能接受的范围内，提出善意的建议，如果有新进的人员，必须让其尽快融入团队之中，部分规范成员可以参与决策。在授权的同时，需要维持控制，不能一次给太多权力，否则回收时会引起成员士气受挫，配合培训是此时很重要的事情。

4. 第四阶段——收获期

在这个阶段，团队结构已经开始充分地发挥作用，并已被团队成员完全接受。团队成员的注意力已经从尝试相互认识和理解转移到信心十足地完成手头的任务。正所谓"养兵千日，用兵一时"。至此，人们已经学会了如何建设性地提出不同意见，能经受住一定程度的风险，并且能用他们的全部能量去面对各种挑战。大家高度互信、彼此尊重，也显现出接收团队外界新方法、新输入及自我创新的学习性状态。整个团队已熟练掌握怎样处理内部矛盾的技巧，也掌握了团队决策和团队会议的各种方法，并可以通过团队追求团队的成功。在执行任务的过程中，团队成员彼此之间了解加深了，增进了友谊，除了高度的相互信任外，还可以退后一步，让团队显示自己巨大的能量。

5. 第五阶段——修整期

对于经过以上各阶段的努力还未能成为真正的高效团队，在执行期表现勉强使人满意的团队，进入修整期时，可能会被勒令整顿，即通过努力消除一些假团队的特质，经过"回炉处理"，希望锤炼成真正的团队。于是出现新的一轮的团队建设。对团队实行整顿的一个重要内容是优化团队规范。此时可以用皮尔尼克（S. PILNICK）提出的"规范分析法"。首先是明确团队已经形成的规范，尤其是那些起消极作用的规范，如强人领导而非共同领导，分别负责任而非联合责任，互相攻击而不是互相支持等假团队的特征。其次是制定规范剖面图得到规范差距曲线。再次是听取各方面的对这些规范进行改革的意见，经过充分的民主讨论，制定系统的改革策划方案，包括信息、交流、责任、反馈、奖励和招收新的员工等。最后是对改革措施实现跟踪评价，并且做出适时的调整。

这时的管理者更需要运用系统的思考，通观全局，并保持危机意识，持续学习，持续成长。

以上五个阶段反映的是团队建设的一般性过程，但是实践中的团队建设过程常常有所偏差。团队建设过程会出现跳跃现象，或是会出现各个阶段的融合。比如，在团队发展的前期和后期可能发生激荡，在前期出现激荡或许是团队成员定位之前的混乱思想导致的，而后期出现的激荡可能是奖酬分配过程中出现了"不公平"的现象引发的。

总而言之，如果团队建设过程顺利，它通常会表现出如下特征：团队行为与组织目标所规定的方向日趋一致；团队绩效逐渐提高；团队的自我管理、自我调节和自我完善能力不断增强；团队越来越能兼顾组织、团队和个人三者的利益，并把它们有机地结合起来；团队可以不断学习提高。

团队的发展都会经过这五个阶段，经过这五个阶段后，团队的效率或许会下降，因为同一群人工作太久，团队内部缺乏新意，没有新鲜血液补充进来。作为一个不断改善的团队，要不断进行批评与自我批评。一个项目做到一定阶段，可以做一个评估。每一个成员必须认真倾听别人的意见，虚心接受他人的批评，重要的是要学习他人的优点，在学习中不断完善和提升自己。由于所有人都有优缺点，所以团队最好的搭配就是互相取长补短，所有内部的意见要进行充分的讨论，最后形成团队的共识。

（六）团队成员的角色

团队成员互不相同，作为一个团队，必须了解不同类型的团队成员，他们的优缺点是什么，必须明确他们的角色，发扬他们的长处，大家相辅相成，一起达成目标。这样才能使团队高效运作。一个团队的成员通常有以下几种类型：

实现者：这种类型的人比较保守，做事尽心尽责，喜欢按部就班，同时对工作有一定的预见性。优点是拥有一定的组织能力和实践经验，努力工作并且自我约束能力强。然而缺乏灵活性，对未知的概念缺乏兴趣。

合作者：这种类型的人做事比较镇静、自信，自我约束能力强。能够从别人的优点出发，不带任何偏见地对待和接纳所有有潜力的人，做事的目标性很强。然而这种人的智力和创造力却很普通。

塑造者：这种类型的人有很强的组织能力，对人友好，思维敏捷。但有一种向习惯势力、效率不高、安于现状的现象，缺乏挑战的动力。这种人易发怒和急躁，容易引起挑衅。

高智商者：这种类型的人个人主义严重，办事虽然认真，但有一定的叛逆心理。这种人具备天才的素质，有丰富的想象力，智商很高，知识渊博。但这种人自负，看不上一般的工作，无视团队的纪律。

协调者：这种类型的人性格外向，待人热情，好奇心强，善于与人交流，能够把大家集中起来去探求新鲜事物，能够对外界的变化做出及时的反应。但是工作的魅力一旦削减，对工作也会很快失去兴趣。

监控执行者：这种类型的人做事比较冷静和谨慎，不带有任何感情色彩。这种人有很强的判断力，做事踏踏实实，但缺少灵感或激发别人的能力。

团队的建造者：这种类型的人有一定的社会地位，能够起导向作用，性格温和，比较敏感。这种人对团队成员和出现的情况可以做出及时的响应，能够鼓舞整个团队的精神。但在重要时刻常常优柔寡断。

完美主义者：这种类型的人做事有秩序，尽心尽责，并且渴望工作。这种人能够圆满完成任务，追求十全十美的工作。但由于这种心理，使他们过于拘泥于小节，不会让任意一件事情随便通过。

二、怎样培养团队精神

若一个企业中的大部分人，甚至是全体成员都具有团队精神，这样的企业通常会取得辉煌的成功；否则，即使企业人数再多也是一盘散沙，得不到预期的绩效。

（一）团队精神的表征

判断一个团队是否具有团队精神，可以从以下几个方面去观察。

1. 团队成员表现出强烈的归属感

团队成员强烈地感受到自己是其所在团队的一个有机组成部分，是该团体的一分子，并且由衷地把自己的命运和团队的前途联系在一起，乐意为其所在团队的利益和目标而竭尽全力，合力拼搏。而且，团队成员对其所在团队还具有无限的忠诚，绝不允许任何对团队的发展和利益有所损害的事情发生，并极具团队荣誉感，常常为团队的成功而骄傲兴奋，为团队所面临的困境而忧心忡忡。在团队利益和个人利益发生冲突时，团队成员会毫不犹豫地采取团队利益优先的原则，个人服从团队，牺牲私利与小利以维护公利和大利。

2. 团队成员对团队事务全心投入

团队成员在具有团队精神后，对团队事务的态度上是用尽心力、全力投入的，团队成员衷心地把团队的事视为自己的事，工作积极主动，不仅尽职尽责，而且尽心尽力，认真勤勉，充满活力与热情。

3. 团队成员彼此视为"一家人"

具有团队精神的团队成员，在团队成员之间的关系上，彼此视为共同体，互相视作"一家人"，他们同舟共济、相互依存、患难与共、肝胆相照。

团队成员之间相互宽容，彼此容纳对方的独特性、差异性，在发生过失时，见大义容小过，互敬互重，待人礼貌谦逊，待人真诚，互相信任，遵守承诺。相互帮助与支持，不仅在工作上相互协作、共同提高，在生活上也能彼此关怀、相互慰藉。在利益面前互相礼让，相互理解。

在互动过程中，团队成员逐渐形成了一连串的行为规范，一方面他们和谐相处，充满凝聚力；另一方面他们又彼此促进，相互提高。为了团队的成功，他们常可以彼此指出对方的不足之处，并开展对事不对人的争论。固然，其终极目标是为了达成更好的合作，追求团队的整体绩效与和谐。

（二）团队精神的培养

可以从以下几个方面入手培养团队精神，把企业建成一个战斗力很强的团队。

1. 建立明确共同的目标

一只猎狗把兔子赶出了窝，一直追赶它，追了很久仍没有抓到。一个牧羊人看到此种情景停下来，讥笑猎狗说："你们两个之间小的反而跑得快很多。"猎狗回答说："你们不知道我们两个跑的目标是完全不同的！我只为了一顿饭而跑，但它却为了性命而跑呀。"

这个故事揭示了：兔子与猎狗做一样的事情，都在拼命地跑，然而，它们的目标是不同的，其目标不同，致使他们的动力也会不同。在团队管理中，不同角色的成员的目标是不一致的。企划管理者直接面向客户，需要按照承诺，保质保量地按时完成项目目标。团队成员可能是打工者心态，干一天就能拿到一天的工资，加班需要发奖金，当然，做项目中可以学到新知识、新技能就更好。

团队中不同角色由于地位和看问题的角度不同，对工作的目标和期望值会有很大的区别，这是一点也不奇怪的事情。好的企划管理者善于捕捉成员间不同的心态，懂得他们的需求，帮助他们制定共同的奋斗目标。劲往一处使，促使团队的努力形成合力。

所以，作为企划管理者应该明确以下三个问题：

（1）怎样对目标进行分解，使每一部门、每一个人都知道自己所应承担的责任和应做出的贡献，把每一部门、每一个人的工作与企业总目标紧密结合为一体。

（2）是否有导向明确、科学合理的目标。有的企业提出"以质量取得顾客信赖，以满足顾客需求去占领市场，努力提高市场占有率，通过扩大市场份额去追求效益和发展"。这就比那种单纯提销售额增加多少、利润增加多少的目标更清楚详细，知道劲往哪里使。

（3）是否已将战略、经营目标、经营观念融入每个团队成员头脑中，成为团队成员的共识。

2. 增强企划管理者自身的影响力

虽然企划管理者因为其地位和责任而拥有一定的权力，但是仅只依靠权力发号施令以权压人，是形不成凝聚力的，而重要的是要靠其威望、影响力令人心服，才会形成一股魅力和吸引力。这种威望，一方面取决于企划管理者的人格、品德和思想修养；另一方面取决于企划管理者的知识、经验、胆略、才干和能力状况。除此之外，还取决于企划管理者是否严于律己，以身作则，率先垂范，能否身体力行地投入事业，是否公平、公正地对待他人，与团队成员同吃苦，共患难等。

3. 引导全员参与管理

全员参与式管理这种形式，吸引着所有团队成员直接参与多种管理活动，使全体成员不仅贡献劳动，而且贡献智慧，直接为企业发展出谋划策，则会形成更强大的凝聚力。

4. 建立系统科学的管理制度

建立一整套科学的制度，使管理工作和团队成员的行为规范化、制度化、程序化，是生产经营活动协调有序、高效运行的重要保证，没有有效的制度和规范，就会出现无序和混乱，就不会产生秩序井然、纪律严明、凝聚力很强的团队。

5. 运用物质利益强化团队意识

物质利益则包括奖励、工资、福利待遇等各个方面，就是通过创建有效的物质激励体系，形成一种同甘共苦、同舟共济的企业命运共同体。

6. 良好的沟通和协调

沟通主要是通过信息和思想上的交流达到认识上的一致，协调是取得行动一致的途径，两者都是形成团队的必要条件。部门之间、上下级之间、团队成员之间，认识和意见不一致是常有的事，彼此之间产生误会、猜疑甚至成见也时有所见，因此沟通工作是大量的、经常的。

协调则包括利益关系的协调、工作关系的协调、人事关系的协调等诸多方面，应通过大量工作，把各方面关系理顺，以确保各项活动的衔接与配合。

7. 激发人的潜能，促进每一位成员的成长

探索每个团队成员的潜力、才能、专长、志向，帮助每个人规划设计他们自己的人生之路，并合理分配人才，用其所长，使人尽其才。同时为不断提高团队成员的素质，开发他们的潜在能力做出积极努力。

8. 建立和谐的人际关系

人是具有社会性的，每一个人在工作和生活中，会和许多人沟通，必然会遇到人际关系问题，并且一个人每天八小时甚至更多的时间，是在工作单位度过的，因而企业内的人际关系更为重要。

发挥团队精神，就需要倡导友谊和爱心，彼此信任、尊重、关怀，相互理解、谦让、体谅，互相学习，一起进步，营造一个到处充满爱的氛围，这对企业的发展是一种极大的助推力。

9. 把尊重每一个人作为企业经营的最高宗旨

每一个团队成员，都应当该受到尊重，当一个团队成员被充分肯定、被信任、被赏识时，他就会用自己的最大努力去完成自己那一份工作，无限忠诚地对待事业，献身于事业。

10. 树立全局观念和整体意识

一个系统、一个团队所最终追求的是整体的合力、凝聚力和最佳的整体效益，因此必须树立以顾全大局的整体观念，不斤斤计较个人利益和局部利益，自觉地为增强团队整体效益做出贡献。

（三）让团队精神渗入整个组织中

一个组织的成功主要源于三个层次的因素，最基层是其成员必须能力强，素质高，具有足够的"潜力"；中间层是必须充分调动各个成员的主动性、积极性、创造性，让成员提供的"分力"尽可能大；最高层是其成员具备团队精神，通过很好的合作将各个"分力"整合成强大的"合力"，以达成组织共同的目标。

这三个层次的因素没有主次之分，对组织的成功都至关重要，并且这三个层次是互相影响、互相促进、不能偏废的。在一个组织中，如果中间层的因素很强，其他"分力"很大，但分力的方向不一样，甚至相反，其合力必然很小，组织难以成功；倘若最

高层的素质很好，各个分力都方向一致，但中间层不行，各分力本来就弱，其合力也不会很大，组织也一样不能成功，中间层与最高层也是相辅相成的。

一个组织即使有最高层的团队精神并且业绩也不错，但不能使个人很好地发展并满足个人需求，那么，该组织纵有"效果"也是没有"效率"的，团队精神与组织最终也会瓦解。反之，如果一个组织开始能充分强化中间层的因素，个人也能充分发挥，但如果缺乏最高层的团队精神，那么，在个人只有与他人合作才能取得成绩的今天，一个人处于这样的环境下终究做不出什么成绩，其积极性也一定会遭受打击。

所以，组织对中间层和最高层的因素需要两手抓，两手都要硬，互相配合，互相促进，这样团队精神才可以发扬光大。

三、怎样提高团队士气

除了培养团队精神的基本方法外，企业要想获得长久有效的发展，还必须采取有效手段来强化团队精神，提高团队士气。

（一）加强团队成员间的信任与合作

团队精神强的团队，其特点之一就是团队成员之间相互高度信任。从这个角度强化团队精神，提升团队士气可以从下面六点着手。

1. 让所有成员都敞开心扉

所有人都关心自己的利益，可是在一些重要的事情上，必须让团队中的人员知道彼此真实的动机。信任和诚实是实现团队繁荣的手段。

2. 维护团队和成员的利益

当团队或团队成员遭受外来者攻击时，要挺身而出，用实际行动来维护团队的利益。

3. 给予团队成员自主空间，培养其独立自主性

一个良好的团队管理者设计的团队规则应该体现"上知下行"的规则，团队管理者应该常常和团队同事交谈，要保证他们乐于从事正在做的工作。注意发现他们对正在干的事情有没有什么疑问，要告诉他们为什么要那么干，给他们一个解释。如果他们不高兴，要采取有关安抚措施。

然而，对团队成员要给他们充足的施展空间，对于不同层次的团队成员要设计出不同的"规则"。事实上，很多企业在涉及企业制度时，让一些骨干产生了"手脚"被捆住的感觉，因此，他们开始寻找可以"施展自己才华"的公司。

4. 让团队成员明白自己的价值

当人的价值得不到体现时，积极性往往容易受挫。人们总希望有这样一种感觉，那就是他们正在干的事情会对顾客有所裨益。不应该让团队中的任意一个人有这样的感觉："我耗费了两个星期的生命，什么也没创造。"实际上，这种工作往往要求企划管理者具有很高的素质，必要的时候，他应该咨询外部专家，什么是最有价值的活动？实现我们这个企业的价值，每个部门和每个岗位的员工关键的价值贡献是什么？把握这一关键，相信他们，引导他们，关注他们。

5. 尊重并信任团队同事

这种尊重不仅仅是言语行为上的礼貌，还意味着不要求别人做自己不愿意做或没有做到过的事情，所谓"己所不欲，勿施于人"。

作为一个普通员工，当自己在办公室里加班的时候，若感觉自己的上司也在"共同作战"，心里的感受要好得多。而且对团队成员的信任也十分关键，有的新兴公司对团队成员不信任，担心员工掌握企业的关键技能后离开公司，总是考虑员工该为公司做什么，而忽略了公司应该给予员工些什么。

6. 奖惩公平

在进行绩效评估时，应该公平公正，不偏不倚。在分配奖励时，应该注意分配的平等性。而且这个达成平等的原则应该事先与团队成员商定，这样在奖惩中才可以做到心服口服。

信任建立之后，就要促成团队的合作。合作可以给人带来好处，但如果愿意合作的人少，那么合作中的问题就会很多。这里面既有过程和具体方法方面的不同意见，还有利益分配上公平性的认知，另外，为了达成一个最终的目标，个人都需要舍弃一部分自己的利益。

员工间要有补充意识，团队的事是大家的事，应该由某个成员负责的事出现了职能缺乏，其他人应该积极地补充，团队要以一个整体的形象对外，要尽可能消除不必要的工作界限。

如订立一条规则：如果任何人经过一张空桌子，此时桌上的电话铃响了，他们都应该接这个电话，即使他们所能做的仅是捎个口信而已；倘若一个团队成员有个紧急任务要完成，就要集合所有可用的人花 15 分钟把它做完。

（二）用情感强化团队精神

有的企业在经历了劳资矛盾后，终于悟出了"爱员工，团队才会被员工所爱"的道理，因而采取软管理办法，的确也创造出了"家庭式团结"的团队。在团队中有如此和谐、相互关心的成员关系，成员怎么会不努力工作呢？

通用电气公司的前任 CEO 杰克·韦尔奇讲解他庞大的商业机器是怎样取得成功的：因为部门众多、分支繁杂、生产规模巨大、员工数目巨大，如何克服官僚主义，发挥小企业一样的积极性就成为了集团公司成败的关键。因此，有必要将企业集团的各种工作任务都编进小型的团队当中去，所有人均属于一个小团队，并在该团队中一起完成一项或是若干项业务。个人的业绩往往先在所在的团队中体现出来，同时因为人际空间的压缩，人们会主动地去与自己的团队成员分享各种情感。有的时候，同事会选择一起度周末，甚至各自带上了自己的家庭成员，这样，不但改善了家庭内生活的枯燥性，同时还增强了家庭间的友谊关系，共同营造一种大家庭式的和睦氛围，进而增强了团队成员彼此之间的熟悉、合作和信任程度。用这种办法，这位 CEO 就成功地将一种小公司所拥有的精神融入巨型的集团公司当中，从而摈弃了传统企业的保守思维，并以此保持着其高昂的战斗力。

关爱的激励作用靠的是感情的力量，它体现的是人与人之间的相互尊重、相互关心的良好人际关系。它从思想方面入手，用家人般的关心体贴，达成情感、思想上的交流和对问题的共识。感情的力量还可以从精神上鼓励人们努力克服工作中遇到的曲折和困难，帮助他们解决生活中的实际问题，从而激起他们自觉干好工作的热情。

作为一个团队的企划管理者，当强化团队精神时，应该以真心去关心他们，用真心领导他们。作为团队的企划管理者，首先要清楚自己的每一个员工可能出现的问题，其次是要善于帮助员工解决问题。具体来说，可以从以下四个方面对员工施以情感上的关心。

1. 关心员工的家庭生活

对员工家庭的关怀往往比对员工自身的关怀更能抓住员工的心。比如，当员工或员工的家庭成员病了需要照顾时，公司给予时间和财物上的支持。总的来说，为自己的员工解决困难是最实际的爱，也是最可以体现激励的关爱。

2. 给予员工适当的支持

员工在团队工作中做得好可能会引起其他人的嫉妒，做得不好通常会丧失自信心，这时作为企划管理者要采取适当的支持措施，不要给员工有"多做多错，少做少错，不做不错"的错误理念。要强调这样的理念：我们在一起，我们是一个团队。

3. 给员工提供舒适的工作环境

工作条件是否舒适是员工在选择工作团队时的一条重要参考因素。办公地点的选择、办公环境的布置、上下班班车的舒适与否及员工专用停车位的设置等，均是员工所要考虑的因素。

4. 关注员工的健康

员工的健康不但关系到员工本人，还关系到其工作和企业。对团队成员的关怀和体贴，会使成员内心深处感到温暖，从而增强员工的使命感和奉献精神，激发团队成员强烈的责任心，使其愿意尽心尽力地工作。受到关怀的成员会觉得这样的团队是一个温暖的有吸引力、向心力的团队，成员心中产生的归属感是成员愿意充分发挥自己才能的重要源泉。

因此不管从哪个角度说都应该关心员工的健康问题，可以为员工的健康制定计划，从健康讲座到公司全员的健身计划。其中最为普遍的是为员工提供午餐，对午餐的营养搭配、品种选择都要给以关注。必要的时候，应该邀请专门的营养师进行营养配餐。

（三）提升团队士气

一家经营保健品的公司，早期从中科院购买了一项专利并迅速将其投入了市场，市场发展好得出乎人的意料，公司业绩在最开始两年里翻了两番。然而，伴随着企业的逐步做大，创业者开始关注自己的"财产"如何不被别人侵蚀，同时，聘请了一家咨询公司为企业设计了各种严格的规章制度。规章制度看起来很科学，公司员工的收入是比较高的，但是，企业费心劳力招聘来的人才却大多待不了几个月就提出辞职了，甚至有的在马上就要成为业务骨干时，脱离公司而去。用中层负责人的话讲，留下来的往往是企业不想留的，而走的又通通是企业不希望走的。其实，三年内，企业的骨干走了将近30%，其中相当一部分被竞争对手挖走，对这家公司形成了一种致命的打击。不到两年的时间，该企业在当地保健品的市场占有率从原来的30%下降到了10%以下，以后企业开始出现了亏损。

这个企业的经理并不是抵制团队，相反对团队精神的重要性有着深刻的认识，之所以出现这种情况让他怎么思考也无法理解。在经过深入分析后看出，影响团队士气下降的原因主要有下面三个。

1. 团队或者组织的目标没有能够达成共识

组织有它的发展目标，而每一位个体也都有个人的目标，只有彼此目标一致的情况下，团队的合作和士气才可以达到最好的状态。团队成员不可以参与决策的执行，因为信息的不对流，成员价值观和个人利益角度的不同，使目标被肢解，最终丧失其应有的功能。

例如，美国康宁公司在十几年团队运作实践中发现团队作为组织形式之一，完成目标的概率仅为3%，其中失败原因为目标迷失的比例为51%。更令人深思的事情是，实际上很多企业内部目标不能达成共识的原因不是由于彼此目标不一致，而是缺少一种有效的沟通机制，当团队或者组织渐渐走向"成熟"以后，每个成员自己的"行为模式"开始产生影响，而在这个时候，恰是需要企业采取措施巩固和强化"目标共识"的时候。

2. 团队"合作规则"与"灵活性"的矛盾

一个团队或组织在一步步成熟以后，就有了成文或者不成文的"游戏规则"。

团队的经理希望每一名团队成员遵循自己习惯的团队规则。但是，团队的外部环境决定其必须具有高度灵活性和适应性，不然团队就会变得僵化。团队成员差异较大，其动机、态度和个性难以一致是一种客观事实。在运行过程中，团队领导与成员的"搭便车"心理和矛盾冲突使注意力内敛，使团队对外边信息反应速度减慢。团队成员只有在达成一致后，才能使组织具有对外部环境变化的反应能力，这也延缓影响外部环境的能力。多数情况下，因为缺乏一种有效的机制，使经理太过强调自己习惯的"团队规则"而忽视了其他团队成员的需求，导致团队危机的产生，而在"团队规则"和团队灵活性之间维持平衡对企划管理者提出了更高的挑战。把握关键，保持对员工的充分尊重，给予团队成员足够的灵活性和施展空间，是留住团队精英的重要因素。

3. 缺乏有效的激励

每个人天生都需要激励。若缺乏有效的激励，团队或者说组织的生命就难以长久。而有效激励是企业长久保持团队士气的关键。有效激励要求给予团队成员以合理的"利益补偿"。利益补偿往往分为两种形式：一是物质方面，比如钱、工作环境；二是心理收益，比如受到尊重、工作成就感、认可和友爱等。

有效激励的一个先决条件是正确认识团队成员的"利益需求"。其实，不同层次的人的利益需求是不完全一样的，作为管理者和普通员工对精神利益和物质利益的态度存在较大区别，人们在获取自己的效益的时候，是富有创造力和天分的。人们不仅会为了钱，也会为了获得忠诚、爱等心理收益想各种办法，人们当然希望物质和心理收益都最大，可是在一定的收益条件下（如确定的奖金数额等），人们会选择适当行动的组合获取最大的效益。这要求团队的企划管理者必须要针对问题的原因采取合理的激励措施，根据对问题的分析判断是要加强员工的交流和参与，还是要提高基本工资，或是对奖金的奖励条件做出修改、举办各种团队文娱活动等。

总之，管理者要针对需求，把握原则，设计出有效的激励方案。比如在一家企业中，由于新产品的推出，需要原来的一部分销售人员做新产品的销售。那么，这个市场总监首先要思考的一点是：新产品给予的提成是不是和老产品相当？要求付出的努力与老产品相比是不是相匹配？不然的话，很难产生有效的销售行为。

管理者希望有效激励员工，同样是为了获得期望的收益。设计的激励方案应在执行之前。

（四）获取员工的忠诚

国际管理咨询公司——帕林公司所进行的一项调查显示，员工关注的问题主要集中在管理效果上。以前，一般员工都不太了解团队的发展战略、赢利和竞争市场等全局问题。如今的团队都在和员工共享业务与财务信息，帮助他们与团队联在一起，对他们的工作和工作方式给予更为详细的指导。

由此可见，影响员工真诚奉献的关键问题有如下几个：员工是否了解团队的发展目标？他们能否直接影响企业的成功？能否明晰他们的职责？

1. 职业指导

员工的需求是双重的，一方面是物质保障，另一方面是精神保障。他们需要得到管理层的切实支持，给他们提供完成工作所需的信息。他们想清楚自己在企业中所扮演的角色。如果每个人对此都含含糊糊，员工与管理层间的关系就会破碎。

调查显示，人们都觉得自己在努力工作，但并不总觉得别人也同样勤奋。超过一半的被调查者感到他们企业内的员工"推卸责任"。随着工作负荷和压力的增大，员工感到需要保持住自己的技能水平和业绩。因此，若同事工作中粗心大意，有关经理人放任自流，他们则会变得忍无可忍。

洛迪恩公司计划通过以下四个方面赢得员工的忠诚奉献，使员工加强合作：①提供具有意义的工作任务；②实施最高的职业道德标准；③通过培训和开发促使员工个人成长和能力的提高；④承认个人和团队的贡献。傅莎美解释说，公司内的所有工作群体一定要对自己的成功负责，制定远景支持计划，并实施季度核查。公司每年制定领导期望计划。公司培养领导的活动主要以领导艺术、质量文化和持续学习等为核心。

2. 稳固合作

团队越是鼓励加强员工与其上级之间的沟通，员工对整个企业的归属感就越强。毕竟员工每天都要上班，并且与之交往的是他们所在的团队，而不是庞大的企业整体。所以，团队越是加强和调整这种密切关系，员工与其上级间的合作就会越稳固。

员工更愿意为制胜企业尽心竭力，都希望成为获胜团队中的一员。制胜企业可以通过各种形式显示出它们的与众不同，比如员工调查、媒体、基准借鉴、国家及地方奖励等。

昂恩全球咨询公司下属的诚信研究所所长斯达姆说："我们发现一种现象，当员工们对公司的发展方向抱有信心时，他们便会更加愿意为公司工作。他们觉得公司将成为全球市场上的赢家。"这个时候，员工和经理人、经理人和团队之间的关系变得更加重要起来。员工愿意留在团队内，不会接受其他单位的聘用，因为他们和上级之间建立了一种非常稳固的关系，担心在其他单位无法建立这种关系。

3. 更多、更强的参与感

诱人的远景经常会让员工产生更强烈的归属意识。但今天的员工希望被委以驾驶火车的重任，而不只是站在边道之外目送它呼啸而过。所有专家的研究都证实了这一点，他们认为，在驾驭企业的发展方向上，让员工参与越多，企业就越能快速地达成目标，而且企业中的每个成员都可以共享胜利成果。

做到这点的一个关键措施是为变革提供场景和支持。对多数员工来说，企业重构或合并等文化变革使人感觉好像企业启动了"快进"键，致使企业的发展失控。除非员工清楚实际发生的一切，否则他们眼中看到的将是一团糟。

昂恩公司的专家提议，为了使任何变革努力取得更大的成功，你需要了解手下员工的期望，为员工进言提供机会，支持并且奖励员工在改进工作方面展现首创精神，还要改善沟通，尤其是企业巨变状况下的沟通和交流。只要你更加努力地完善和切实实施门户开放政策，你的员工就能与你患难与共。

具体来说，你可通过以下的具体方式来培养员工的忠诚。

（1）设立高期望值。激情昂扬的员工爱接受挑战。如果企业能不断提出高标准的目标，他们就会留下。设立高期望值能为那些富于挑战的有贤之士提供更多机会。留住人才的关键是，不断提高要求，为他们提供新的成功机会。

密歇根的一家医疗设备公司——施萨克公司深谙这个道理。该公司要求各部门利润年增20%，没有一点商量的余地。成功者喜欢这种环境，员工都希望留下，希望取胜。

（2）经常交流。员工其实潜意识里是愿意把自己当成所在组织的主人翁的，他们讨厌被管理人员蒙在鼓里。没有什么比当天听说公司很有前途、第二天却在报上读到该公司可能被吞并或卖掉更能打击员工的士气。

有一个好办法，公开你的账簿。Springfield Re Manufacturing Corporation 正是这样做的。该公司的员工流失率不超过7%。他们的所有员工都可以随时查看公司的损益表。这可以让他们清楚他们对公司利润有何影响，比如一位需自行购买工作用品的看门人能看到他的支出如何影响了公司的利润变化。如果企业不想那么透明，也有许多其他交流方法。Dale Carnegie&Associates 公司每6周就会给世界各地的办事处邮寄录像带，录下某些员工就公司方针向他提出的问题和对公司一些具体决策所要求的解释。

（3）授权、授权、再授权。倘若说授权是管理中一个最响亮的口号，那也有其缘由。毕竟员工最喜欢这种具有授权赋能的公司。至少惠普公司是这样的。对惠普来说，授权意味着不必由管理人员做每一项决策，而是可以使基层员工做出正确的决定，管理人员在当中只做支持和指导角色。

（4）提供经济保障。员工需要长久的安全感。许多人对金融市场账户和公共基金等一点都不了解，所以只得自己为自己安排退休费用。他们从现在起就需要帮助。很多企业即使不提供养老金，至少也会在员工的黄金年代给他们些现金或股票，霍尼韦尔公司准许其员工拿出15%以下的薪金进行一个存款计划，与此同时还允许员工半价购买等值于自己薪金4%的公司股票。另外，员工能在公开股市上购买霍尼韦尔股票，而且免收佣金，这项政策旨在使所有霍尼韦尔员工都拥有公司的股份。假如你是当家做主的，就和公司及公司的未来休戚相关了。倘若你理财有道，就可以培养一批有高度自信心的员工，人们往往在感到自己被关心的时候才会感到自信，他们希望这种关心可以用金钱或者无形的方式表示。只要他们感觉到你在关心他们，他们就会跟随你，为你卖力工作。

（5）多表彰员工。如果你不能给员工提供工作保障，那么至少该满足他们希望得到赞赏的心理。你能向员工做的最有力的承诺之一就是在他们工作出色的时候给予肯定。霍尼韦尔公司为提升全球 5000 名员工的士气，制定了一系列奖励制度。他们每年都给员工颁发几个主席成就奖，员工可以互相提名，奖金 100 美元。除此之外，公司年年还设有最佳经理奖（奖金为 3000 美元）、最佳销售员奖（免费度假旅游）和最佳技术服务员奖（奖金 1000 美元）。

为何要投入巨额奖金呢？薪资只能保障员工的生活，买不到员工的忠诚。成就奖励是满足个人需求的一个重要组成部分，可以鼓励员工热情工作。

（6）辅导员工发展个人事业。还记得你刚进入一家公司时候的情景吗？不知所以然的晋升和部门调动已使你迷失了方向。所以，员工需要一张地图指点迷津，免得今年做个主管，明年是研究主任，5 年后谁知道呢？一般情况下，员工更愿意为那些可以给他们以指导的公司卖命。留住人才的最佳策略是，尽力在公司里扶植他们。在员工业绩评估和日常谈话中问员工，他们心中有什么职业发展目标，然后就帮他们制定计划以达成目标。

（7）教育员工。如果在这个竞争的社会里生存下去，就一定要锐化自己的技能。大多数员工都清楚，学习绝不会耗费光阴，而是一种切实需求。一家促销代理商为其员工开设了一间"午间大学"，当中设有一系列内部研讨会，由外部专家亲临讲授，涉及的课题有直接营销和调研。另外，如果员工要考更高学位，而这些学位又与业务有关，员工也可以考到好成绩，公司就会全额资助。惠普公司允许员工脱产攻读更高学位，学费 100% 报销，同时还主办时间管理、公众演讲等多种专业进修课程，通过拓宽员工的基本技能，让他们更有价值。

四、提高团队管理艺术

管理艺术的威力是处处可见的，一些拥有顶尖管理人才的公司总能首先洞察商机，胜过其竞争对手，即使后者拥有更强大的实力。那些拥有强有力的企划管理者的企业总是能招募到更多的人员，把他们培养成独当一面的人才，进而可以为更多的人提供服务。即便在技术性很强的行业，管理艺术也是团队得以获胜的无价法宝。

那么，如何才能提升管理艺术呢？怎样才能让管理水平日臻完善呢？下面就介绍一些有助于提升管理艺术的小方法。

（一）建立信任感

建立团队成员的信任感特别关键。因为团队成员不会跟着一个他们不信任的人，不会跟着一个双面的人，不一致的人，或者一个只为自己着想不替团队谋福利的人。

下面这五种行为对建立和保持企划管理者在团队中的信任和号召力大有帮助。

1. 做人要正直诚实

作为企划管理者在建立信任的行为中最重要的就是正直诚实，诚实意味着说了就要做。那些说一套做一套，或者被证明不诚实，或者没有遵照诺言去做的人，被认为是不诚实的。作为企划管理者没有诚信也是没有影响力的。因此企划管理者要做"走在言语上"的人，言出必行，说到做到。

2. 表达清晰，做事有始有终

作为企划管理者要能清晰明确地表达想要干什么。缺乏决心或者不能坚持你的观点将会影响到信任的建立。清晰的观点更有效。做事要善始善终，不能半途而废，虎头蛇尾。

3. 要乐观积极

作为企划管理者要坚持乐观的态度，坚持赞扬的原则。当团队中是一种批评的氛围、消极的氛围时，大多数的团队都不会有高的绩效。当乐观的、积极的、赞扬的和进步的氛围存在时，个人与团队都会做得更好。人们愿意被正能量所吸引。作为一名企划管理者，若是令人愉快的，乐观向上的，那么团队成员也就倾向于积极的。

当然，这并不意味着盲目乐观。

4. 给予鼓励，提供指导

最能预测团队领导有效性的因素之一就是给团队成员以鼓励。鼓励就是指帮助其他人有勇气去解决不确定性的问题，超越他们现有的绩效，打破现有的状况。

鼓励团队成员不只是赞扬和支持，还包括指导和帮助。指导的含义是帮助找出方法，给出建议或者提供信息，按照人物要求帮助团队成员，然而并不是指企划管理者的控制和接管。有效的鼓励并不仅仅是带领啦啦队，它意味着积极有力的意见和有效的建议及方向。

5. 共享信息

企划管理者需要广博的知识，才可以做好工作获取信任。重要的是明确团队中的各种人才与团队面临的任务。建立信任是指理解团队成员的想法，以及对他们才华和智谋的了解，了解团队的成员是成功企划管理者的关键。

信任也能通过对任务和对团队外部环境的学识来建立。然而，重要的是学识共享才能建立起信任。企划管理者应当不断增加和扩展关于团队以及外部环境的知识。

（二）做团队招牌

优秀的企划管理者会用自己的行动为员工做出榜样。他们有一种"先发制人"的魅力，他们在探讨问题、进行决策、与团队成员恳谈或交往时，似乎总能保持着自己的优势地位，总能牵动无数只眼睛，这不单是因为他们是团队的企划管理者，更重要的是他们对自身的形象有着良好的塑造能力，言谈举止、服饰打扮构成了形象魅力的基本要素。

否则，如果团队成员在私下交谈时围绕的论题都是关于企划管理者怎样不修边幅就堂而皇之地出入团队内外，又是怎样在与他们说话时抓耳挠腮或是冷不丁地冒出几句粗话，这样的企划管理者能赢得团队成员的信赖与仰慕吗？他们可以与团队同甘共苦吗？

企划管理者就是团队移动的招牌，因为无论他们走到哪里，代表的始终是一个团队，代表着团队成员的精神面貌。没有人愿意被无端地伤害，当企划管理者的举止言行殃及团队成员时，他们一定会对企划管理者"惧而远之"。

作为企划管理者，衣着雅致美观，外表整洁端庄是十分重要的。问题的关键并不在于单纯追求美观和漂亮，而是要用企划管理者的外表来证实企划管理者对企业组织的重视和尊重，对生活在这里的人深深的敬意。

企划管理者得体的言谈、谨慎的举止会使商界的朋友、竞争对手对该团体萌生敬意。

作为企划管理者，多参加一些组织生活，多和团队成员在一起，不但对企划管理者丝毫没有坏处，反而会让企划管理者与团队成员的心拉得更近，友好、和谐的人际氛围就十分容易形成，不过企划管理者还是要注意态度和语言，谦虚、随和适时用一下，人们自然会感受到一种亲切感。

企划管理者"光鲜"的形象在团队成员中形成明显效应，是团队成员效法的对象和偶像，促使整个团队蓬勃向上。

（三）身先士卒

俗话说，"将心比心"，人与人之间的关系是相对的，彼此之间的感情交流非常微妙。要使团队成员付出诚意，企划管理者就一定要先付出自己的诚意。

鱼类有这样一个现象：当鱼群之中任何一尾鱼感到有危险而不安地离开鱼群时，其他的鱼全部都会感染到不安，就会跟着游开。领头的鱼看到其他的鱼全都跟着而来探究不安的原因，就会忽左忽右地察看危险所在。如果它在离开了鱼群之后，见到其他的鱼并没有随它而来，就会再游到鱼群之中。

生理学家赫尔斯特，把淡水鱼从鱼群中取出后，用手术的方法取出前脑。没有前脑的鱼在水中边看边吃边游，看起来并没有什么不对，只有一点不一样，就是当它离开鱼群之后，其他的鱼没有跟来它也毫不在乎，左顾右盼悠闲地游来游去，这时其他的鱼群却跟着游过来。

即使在鱼的世界里，大家也要先看看带领群众的先锋的选择是否正确，如果先锋不理会他人的看法而勇往直前，那么其他的鱼还是会追随它。人也一样，企划管理者的决心如果不够坚决就无法领导下属。身先士卒、以身作则，则会唤起团队成员的崇敬感。

随着文明的进步，人们对自由的追求越来越强烈，尤其是现在的年轻人大多不喜欢被管理，而且把企划管理者视为管制一方的代表。假如企划管理者行为使团队成员产生疑虑，迟早会引起他们的反感而遭到背叛。所以，身为企划管理者一定要真正地革新意识才可以让下属信服。

团队成员期待的企划管理者，是在非常时期能够表现得与众不同，且能够断然地做出决定，迅速敏捷地做出行动。只有这样的企划管理者，才能强有力地支配下属。人类的本性会在危急时刻所采取的行动中表露无遗。平时说话声音大、表现爽朗的人，一旦面临危急之时，也许会狼狈不堪，平常刻意掩饰的缺点在这个时候完全地表露出来。团队成员若是看见自己的企划管理者在危急时刻惊慌失措，一定会非常失望，以致不理会他所说的话。

动物学家曾经在动物园进行过一项测验，让该园饲育动物的人利用狮子皮装成狮子进攻黑猩猩群。

黑猩猩群刚开始觉得害怕而哀号，不久黑猩猩的首领就拾起身边的树枝，做出勇敢地向狮子挑战的样子。实际上它也很害怕狮子，但却没有逃跑，勇敢地率先向狮子挑战。倘若黑猩猩老大在这时临阵脱逃，就一定会被同伴鄙视，再也不可以做首领了。

所以，作为企划管理者，身先士卒、以身作则是提升领导水平的一个重要方法。

（四）洞察成员的真正所需

海尔集团首席执行官张瑞敏说过这样一段话："要让员工心里有企业，企业就必须时时惦记着员工；要让员工爱企业，企业首先要爱员工。"

单纯的领导和被领导模式在团队中早已被抛弃，爱护团队、关心团队、珍惜人才、尊重人才，已成为团队建设、管理和激励过程中不可缺少的重要部分。这就要求企划管理者从小事着手，关心和体贴团队成员，使团队富有人情味。

具体来说，作为企划管理者可以从以下几个方面入手来给团队成员想要的东西。

（1）公正对待团队成员。大多数团队成员都希望他们的工作能够得到公平的回报，也就是同样的工作得同样的报酬。团队成员不期望同工不同酬，他们希望自己的收入符合正常的水平。

（2）给团队成员以足够的重视。团队成员希望自己在企划管理者的眼里显得很重要，他们希望自己出色的工作能得到承认。企划管理者如果能适时地鼓励几句，拍拍肩膀或提高工资更能有助于满足这种需要。

（3）给予员工晋升的机会。所有团队成员都希望在工作中有发展的机会，没有前途的工作会使团队成员心怀不满，最终也许会导致团队成员辞职。除了有提升机会外，团队成员还希望工作有保障，对于身为一家之主并有沉重的家庭负担的团队成员来说，情况更是如此。

（4）给予舒适的环境，提供员工感兴趣的工作。很多团队成员将这一点排在众多要素之前，团队成员大都希望有一个安全、清洁和舒适的工作环境。但是，如果团队成员对工作不感兴趣，再舒适的工作场所也没有作用。然而，不同的工作对每个不同的团队成员有不同的吸引力。所以，企划管理者应该认真负责地替团队成员选择和安排工作。

（5）让员工具有归属感。所有的团队成员都渴望团队赏识他们，甚至需要他们共同来讨论工作，讨论可能出现的变动或一些新的工作方法。因为他们希望得到社会的认可和同事的赞成，如果得不到这些，他们的士气就可能低落，使工作效率降低。团队成员需要感到自己归属于团队，是团队的一部分。当然，每个团队成员的需要是不完全相同的，作为企划管理者，应该了解这类人的需要，认识到团队成员对这类需要有不同的侧重。对一位团队成员来说，从事自己感兴趣的工作是头等重要的；而对另一位团队成员来说，可能把晋升排在自己工作的首位。需要注意的是，团队成员嘴上说想要什么，与他们真正想要什么可能不同。比如，他们也许口头上抱怨工资不高，但是他们实际需要的很可能是得到其他成员的认可，或想获得归属感。优秀的企划管理者不应该被"假象"迷惑，要注意到成员真正的所需。

（五）保持距离不炫耀

与团队成员适度保持适当的距离，不炫耀手中的权力就是提高领导艺术水平的一个有效手段。

企划管理者和下属保持距离，具有许多独到的特点：

（1）能够避免团队成员之间的嫉妒和紧张。假如与某些团队成员过分亲近，一定会在其他团队成员之间引起嫉妒与紧张的情绪，从而人为地造成不安定的因素。

（2）与团队成员保持一定距离，可以减少团队成员对企划管理者的恭维、奉承、送礼、行贿等行为。

（3）倘若和团队成员过分亲近，可能使上一级的主管人员对成员的认识失之公正，从而干扰用人原则。

作为一名企划管理者，要善于把握和团队成员之间的远近亲疏关系，让自己的领导职能得以发挥其应有的作用，这一点是十分重要的。

距离产生美，近了就会有摩擦。有些企划管理者想把所有的团队成员团结成一家人似的，这个想法其实是不能实现的，如果有人现在正在做这方面的努力，还是尽早舍弃吧。退一步说，即使所有团队成员都与企划管理者八拜结交，亲如同生兄弟。然而，想过没有，既然是团队的企划管理者，那么，和团队成员之间除去有亲兄弟般的关系外，还有一层上下级的关系。当团队利益与亲如兄弟的团队成员利益发生冲突、矛盾时，又该怎样处理呢？和团队成员建立过分亲近的关系，并不利于团队的工作，反而会引发许多不容易解决的难题。

当然，为了提升领导水平，除了保持一定的距离外，还要注意，不要炫耀自己手中的权力。

其实，每个人都不要炫耀自己，作为企划管理者特别不可以炫耀自己。

中国有句古语，"桃李不言，下自成蹊"，也就是说，桃树和李树虽然不会说话，但花朵的美艳和果实的甘甜却引来了许多人，以至于树下的泥土都被踩成了小径。同样道理，企划管理者如果有本事，用不着炫耀别人也会看到。一味地炫耀自己，效果会适得其反。

（六）用乐观热情感染团队

作为一名企划管理者，需要时时保持乐观健康的心情，因为企划管理者的心情会影响到团队成员的心情，企划管理者的态度会影响到大家的态度。假如企划管理者每天垂头丧气的，那么团队成员肯定也会精神不振。

企划管理者的言行往往具有很大的感召力，在必要的时候，能够敞开胸怀，乐观豪放，相信下属也会平添无穷的力量，增加对企划管理者的信任感，同心同力，一起去创造美好的明天。

作为企划管理者，自己的情绪要由自己来控制，只要意识在努力，快乐的情绪就不难得到。要是连自己的情绪都无法控制，那么，肯定也不会去关心团队成员，这是必然的。

作为企划管理者不但要控制自己的感情，还要用自己的好心情去感染团队成员。因此，可以从以下七个方面入手：

（1）对于新来的人，不管是男还是女，应该主动地和对方握手，用力不宜太重或是太轻，只要能让对方感觉到热诚就足够了。

（2）当走进公司的时候，别忘记清清楚楚地跟团队成员说："你好！"让人觉得你充满朝气，性格开朗。

（3）所有团队成员都愿意受到别人的重视，应该多向团队成员提出问题，以示对他们很感兴趣。不但可以提出一些私人问题，也可以问对方一些比较深入的问题。

（4）在与团队成员交谈时要尽量争取直视对方，大家目光相接的一刻，很容易拉近彼此的距离。

（5）平常要多留心时事和新消息，使自己可以有多方面的话题跟团队成员交流，建立一个博学的自我形象，令团队成员感觉跟企划管理者在一起，眼界顿开，深受熏陶。

（6）每个人都有自己的长处，企划管理者应该努力挖掘团队成员与众不同的地方，要鼓励员工努力发挥自己的专长。

（7）与团队成员谈他的个人奋斗史或成功的故事，这会使员工很感兴奋。

优秀的人力资源还要懂得员工的心理，知道管理和交流中的禁忌，不要经常用"你不可以……"这样的说法，而要多用"你可以这样……"这种的言语。当企划管理者对团队成员说"你不能这样做"、"你怎么可以那样呢"的时候，其实是在打击团队成员积极的工作态度，从而使团队成员出现了消极的工作态度。

对于一个企划管理者来说，不仅在自己工作时要乐观积极，更重要的是，要用积极的态度去感染团队成员。在吩咐团队成员工作时应当说："如果各位做到了这些，就能做成这件事。"然后积极地指导这件事具体该怎么做。

用积极乐观的好心态感染团队，不仅可以提升领导水平，而且会为团队营造出一种别样的温馨感。

（七）以小见大，凝聚人心

"巨作于细"，大事通常是在小事的基础上成就的。如果企划管理者能在许多看似平凡的时候，勤于在细小的事情上与团队成员交流情感，常常用"毛毛细雨"去滋润每个成员的心灵，他们会如禾苗一般生机勃勃，茁壮成长，最终结出丰硕的果实。

这些小事，可以从以下场合中寻找。

1. 团队成员生日时要及时道贺

现在的人都习惯庆祝生日，生日这天，一般情况下都是家人或知心朋友在一起祝贺。智慧的企划管理者则会"见缝插针"，使自己成为庆祝者中的一员。

有些企划管理者惯用此招，每次都可以给团队成员留下难忘的印象。给团队成员庆祝生日，可以给其发点奖金、买个蛋糕、请吃一顿饭，甚至送一束花，作用都很好，倘若再加上几句赞赏和助兴的话，就更能收到锦上添花的效果。

2. 团队成员住院时要及时探望

优秀的企划管理者对于团队成员来说应该不只是上司，还是亲人和朋友。在普通的团队成员生病住院时，会亲自去探望，并诚恳地说："平时你在的时候忙忙碌碌的，没觉得什么，现在没有你在岗位上，就感觉工作好多都没了头绪，乱了手脚。你的位置是没有人可以替代的，安心地把病养好，我等着你尽快回到工作岗位上。"这样说的话效果肯定不错。

3. 关心团队成员的家庭生活

家庭是团队成员工作的坚强后盾。如果他们家里出了事情，或者生活很拮据，企划管理者当作没看见，那么对团队成员再好的赞扬也是虚假的、华而不实的。

有一个公司的企划部门，员工和企划管理者大多数都是单身汉或家在外地，就是这些人凭着满腔热情和辛勤的努力把这个部门经营得红红火火。这个团队的企划管理者十分高兴也很满意，但是企划管理者没有只是口头表扬，而是注意到员工们没有条件在家做饭，吃饭很不方便的困难，于是申请自办了一个小食堂，排解了员工们的一个难题。当团队成员们吃着公司小食堂美味的饭菜时，能不意识到这是企划管理者为他们着想吗？能不感激企划管理者的爱护和关心吗？

4. 对"新旧"成员都要表示欢迎

员工是一种资源和财富，无论其是否在职。由于现在工作流动频率很快，员工来来往往已经见惯了。一些粗心的企划管理者往往对此忽略，没有及时对新员工给予欢迎，使他们在一开始就心存不满。

优秀的企划管理者善于体贴和关心团队成员，与那些口头型的企划管理者大相径庭。当新成员来报到上班的第一天，口头型的企划管理者只会过来招呼一下："小张，你是复旦的高才生，来我们这里好好干，肯定有用武之地，先好好把办公用具收拾一下，之后就开始工作吧！"可是智慧的企划管理者则会悄悄地把新成员的办公桌椅和其他用具收拾好，然后才说："小李，大家都很欢迎你来和我们同吃苦共患难，办公用品都给你准备齐全了，你看看还需要什么尽管提出来。"

所以，表示欢迎，诚意也很重要。上面的企划管理者，一个空洞无物，华而不实；另一个却没有任何恭维之词，但企划管理者的欣赏早已落实在无声的行动上，孰高孰低一看就明白了。

（八）推拉有度

"推"是团队领导活动中一项非常有用的领导手段。

（1）基本含义。在推行既定目标或新的举措过程中，对所遇到的许多障碍因素不采取直接的消除措施，而是利用时空的自然跨度，促使障碍因素自我化解或消除。

（2）"推"的艺术。不等于犹豫不决。"推"的艺术既有明晰的目标，又有实现目标的行为。"推"的艺术的产生和运用，在主观上不是企划管理者的主观冲动，也不是企划管理者的无能失控，恰恰相反，是企划管理者全盘把握、合理操控的高超策略和审时度势的能力在行为上的集中反映。

（3）"推"的艺术运用。范围非常广泛，大到战略问题，小到一次谈话，长到一个时期，短至几分钟，甚至几十秒钟都可以成为"推"的艺术运用的时空。作为团队领导人，判断一个事物可以不可以"推"，主要是看这一事物的发展规律是否得以显现，解决这个问题的主客观条件是否成熟，"推"就是选择最好时机、最好环境。

当有人提出某件事情要求解决时，企划管理者在对这件事情一点都不了解的情况下，不能简单地给予肯定或否定的回答。这时可以说："让我了解一下情况再答复你。"

"推"的目的是为了把事情的来龙去脉搞明白，然后再做出决定。当然，企划管理者不可以对事情推而不管，置之不理，失信于团队的成员。

企划管理者运用"推"的艺术要根据客观实际，灵活地采取适当的方法。当企划管理者对推行意图过程中的问题不太了解、不熟悉，或是所遇到的矛盾十分尖锐，或者在讨论会上一时达不成相同的意见，或是团队成员对企划管理者意图暂时不能服从，就要采取"悬球法"，将问题搁置起来，过一段时间，待眉目清晰，不同之处有了统一的基础，再进行处理。

在工作中，作为企划管理者，首先要看事实，视事而定。必须要分清事情的轻重缓急，对急需解决的事情，就应马上解决，不可随便硬推，推了可能要误事，因此，该自己办的事，不要推给别人，该现在办的事，不要拖延时间。

"推"还要看对象，有些问题的处理，还要因人而异，要考虑到当事人的个性，看其接受程度如何，"推"是否能取得预期效果，达到"推"的目的。

"推"不是一推了之，放手不管，而要密切注意观察其发展变化情况，把握好火候，适时进行处理。

五、怎样加强团队学习

一个团队要想成为一支高绩效的学习型团队，需要通过平日的练习来培养默契，养成良好的学习习惯，特别是注意使用适当的方法才能达到。

（一）团队的工作技巧学习

要打造一个成功的高效的学习型团队，团队成员需要学习有关团队运作的人际关系技巧和工作技巧。

在工作技巧方面，可以提供给团队成员思考或讨论的项目主要有下面几项：团队与传统组织结构的区别，界定团队的形态以及团队的定义，团队成员和企划管理者在团队中的角色，怎样举行有效的会议，怎样做好团队的协调者，团队怎样达成共识和解决问题，怎样设定团队的策略和目标，对团队表现的评估和奖励，怎样加强团队的自我管理，成功举办团队成果的发表。

（二）团队学习的方法

团队要想获得良好的学习效果，一定要注意采用适当的方法才可达到，团队的学习方法可以分为以下几类：

1. 内部训练

那些负担不起外部企业训练费用的团队和公司，比较适合采用内部训练的方式。

内部训练的关键是谨慎选择担任这些训练课程的老师，这些老师必须具备这样的条件：对于学习理论有充分的了解，受过各种专门训练且对担任老师有兴趣，处理多种突发情况的应变能力强，具有良好的口才、表达技巧、仪表与心态，有设计和规划训练课程的经验。

2. 外部训练

对于一些没有专职训练部门，或者没有能力由内部设计训练课程的团队，应考虑和经验丰富的专业顾问公司签约。大部分的专业顾问公司都能根据每个团队的不同要求，来修正其标准课程的内容。

要在众多的训练机构中做出符合自身需要的选择，团队本身要先制定出一套外部顾问公司的标准。要了解各个顾问公司的好坏，不妨先让它们提供一些相关的参考资料。比如10~20分钟的课程录像带样本，过去受训单位的详细改变成果以及过去受训者的评价等。

3. 综合训练

对于大部分的团队来说，同时采用内部训练人员担任老师和签约聘请外部顾问的混合训练，也许是最好的训练方法。内部训练部门的老师，可针对团队的文化等相关训练课程加以训练。若训练的目的是为团队成员引进新的知识技能或开阔视野，聘请外部老师将会带来比较大的收益。

还有一种经常用的混合训练方法，即外部老师签约设计课程内容，并训练内部老师，把外部老师当作教练和专家，而内部老师则是实际的授课执行者。当然，外部老师要负责所有课程内容的质量和一致性，以期达到较好的训练效果。

通常一个好的训练都蕴涵了两种以上的训练方法，以期更好地激励团队成员的学习潜力。

4. 评估训练

评估训练可以看出训练计划的成本效益和受训者的学习效果。

安排的课程是否对团队特别有助益，应该评估其是否具有以下特点：使学员有发问的机会，营造温暖和友善的氛围，欢迎大家积极参与，有机会实施整合以往的经验和新的知识与技能，相同的重要信息能以不同的方式多次出现。

（三）如何建立学习型团队

1. 打造基础管理平台

学习型团队不是"海市蜃楼"，要有自己的骨骼，这就涉及包括组织结构在内的企业各个"硬"的要素，包括战略、组织、流程、制度等等，这是"硬功"，是建设学习型团队的前提，没有这个"硬功夫"，学习型团队组建就无法落地。学习型团队对这些企业要素提出了新的要求，例如，要求组织结构扁平化，强调授权与分权；要求流程面向市场和客户，组织设计要以流程为核心。

在设立组织结构方面，倡导设立专门的知识管理部门来负责学习型团队的建设的维护，首要工作是标杆管理、外部信息收集和发布、企业内部问题公布和意见收集、知识共享平台的建设和维护，并且配合人力资源部进行相应的考核。

创立学习型团队的宗旨是要有效提升企业的学习能力，并保证知识的有效利用和传承，因此，必须建立相应的流程和制度，以保证不但能够学习到新的知识，还能够将知识加以保存和有效利用。

大多数企业在建设学习型团队时，认为只要做了培训，学习了"五项修炼"，组建了学习小组，就是建成了学习型团队，其实不是这样，"五项修炼"是学习型团队建设的"软"功夫，是对管理者和员工的技能要求，培训和学习小组都是学习型团队的一种体现形式，而不是学习型团队的本质。学习型团队的第一步，是首先打造自己的企业"硬功"，做好管理平台工作。

2. 塑造学习的文化和氛围

首先必须确定学习的理念和价值观，应该把学习与创新作为公司的核心理念进行塑造；其次要求管理者改变过去的管理风格，多与下属进行沟通和交流；最后要建立学习型的团队和相应的激励和约束机制，例如，成立"分享会""读书会"等，并把学习作为一项工作任务，与考核和薪水结合起来，这样才会建立真正的"学习"文化。

3. 构建培训和学习体系

韦尔奇就任 GE 总裁之后，在几乎所有的部门削减成本，却唯独对它的培训中心——克罗顿投资 4500 万美元，改进原有的教学设备。韦尔奇的宗旨是把 GE 建设成为非正式的学习组织。

学习型团队当然离不开怎样"学习"，首先要明确学习的内容，企业的学习不同于学校里的教育，企业讲求学习可以解决企业问题。这就需要企业一方面构建完善的培训体系，另一方面还要构建种种制度来维持组织的持续学习，例如，定期的读书会、提交学习心得、电子公告牌以及人员流动和工作轮换等，还要建立相应的考核机制，以保证学习的效果。

特别是需要由管理者协助员工制定个人发展计划书，明确提出自己通过实践和教育、培训要达到的学习目标，使之不仅有利于个人事业成功，也有利于员工符合公司发展需要。

此外，企业的学习可以从三个方面进行：

（1）部门内的学习，特别是对于出现的问题，要应用"五项修炼"的办法，深入进行探讨。

（2）各部门之间的学习。某部门或者事业部在某个方面，例如，GE 航空机械公司学习了 GE 医疗电器公司的远距离诊断技术，运用于飞行中的发电机，进行远距离监视。

（3）向联盟伙伴和竞争对手学习，包含各种管理方法，比如策略、流程、方法等。

4. 构建知识共享与交换平台

这个平台包括硬件与软件两部分，硬件包括以 IT 技术为基础的知识管理平台，诸如 KMS、ERP 等，可以大大提升企业运营和知识积累与共享的效率；软件部分包括各种研讨会、沟通会、学习会等形式，小到班组每日的工作总结，大到企业的战略发展研讨会，都可以成为知识共享的平台。

要让这种平台发挥作用，要求员工要"悬挂"自己的假设，避免先入为主，认真倾听别人的意见，领导者则要善于引导大家的讨论，塑造一种提倡分享的文化氛围。

良好的内部沟通机制可以极大地提高学习的效果，许多公司会定期向员工推荐、印制或者购买学习资料，并且组织部门就其内容展开研讨，要结合自己的工作进行交流，此外，公司还可以设立公开记事牌、电子公告牌以及人员流动和工作轮换等，及时公布企业的重大问题、大事方针、岗位需求、建议征集、热点讨论等，以提高员工的参与程度，让知识得到增值。

5. 标杆管理

通过设定标杆，引导、支持员工与团队向公司内外先进的生产、管理实践学习，同时在公司内合理分配、使用这些知识，在不同部门之间达成技术、知识、数据的共享。

公司需要成立专门的组织来进行标杆管理工作，其实质是企业的一种变革管理。最好采取矩阵式的组织结构，人员可由生产、营销、市场、研发、人力资源等部门抽调，并创建详细的标杆管理制度，接下来就需要定期收集和分析市场上先进的技术、管理方法、策略等，并及时协调相关部门人员在公司内部进行试运行，如果效果良好，则可以推广到整个公司。

6. 提升团队学习技能

彼得·圣吉提出学习型团队的"五项修炼"，不是指企业的组织形态，而是说企业要建设学习型团队而必须具备的技能，这个技能主要是指领导者和员工的能力和素质，是一种思维方法而不是操作方法。因此学习型团队的建立首先要求企业里的"人"在观念上和方法上进行改变，这一点必须借助"五项修炼"。首先要改善心智模式，转变自己的观念；然后要塑造组织和团队的共同愿景，让大家有共同的目标；接下来是要进行团队学习，集思广益，同心协力，进而是个人的自我超越，唯有个人不断提高，才能使带动团队和组织的飞跃；最后是要能够系统思考，不局限于局部，要从整体和长远的眼光来看待问题。"五项修炼"博大精深，是团队和个人进行学习的主要方法，需要慢慢领悟和实践。

企业在建设学习型团队时，往往弄不清楚"五项修炼"与学习型团队的关系，其实"五项修炼"是对团队中个人的内在要求，要求团队成员必须具备这五方面的技能，才能使企业成为学习型的团队，"五项修炼"是创立学习型团队的内在和软性的要求。但要建设学习型团队，尤其重要的是必须在企业内部构建一套面向学习型团队的基础管理平台和运行机制，这是外在和硬性的要求。只有做到内外兼修、软硬相宜，企业才能真正地"学习"起来。

六、知识型团队的建设

和传统的行政组织比较，知识型团队更合理、更加强调员工在团队中的价值，强调员工对管理工作的参与性，最大限度地满足个人发展的需求。

（一）知识型团队的特征

（1）知识型团队协调人与团队其他成员属于平等关系，也没有特别的待遇；

（2）知识团队的级别的建立和撤销根据公司的实际情况而定，可以随时变更；

（3）所有的知识团队是平行机构，不仅负责团队所有信息的收集，还负责团队间矛盾的协调；

（4）团队中的工作职责划分得很明晰，并且规定了信息的出口和入口，有严格的工作流程；

（5）团队中没有管理者，只有团队协调人，团队协调既可以是公司任命，也可以是团队成员择优产生；

（6）在知识型团队中，团队的成员要有较高的知识背景和创新能力，他们属于知识型员工；

（7）知识团队协调人没有命令团队其他成员工作的权利，只是在团队内部发生冲突和团队对外交往时起到调解人的作用，团队协调人有自己的本职工作；

（8）知识团队中的成员由于要对自己的岗位负责，所以有一定的决策权，并且可将意见直接向公司决策层反映；

（9）知识团队的信息沟通是平行沟通，在团队组织中，公司最高层需要直接处理的事情很少，能够把精力集中在公司重要问题的决策上。

（二）建设知识型团队的条件

知识团队组织比起传统组织有很多好处，但并不是所有公司或企业都适合进行团队建设。实行团队建设一定要具备以下两个条件：

（1）公司中的年轻员工占绝大多数；

（2）公司中的知识型员工占绝大多数。

（三）知识型团队建设的步骤

（1）要理顺团队的作业流程，每一个或几个关键流程可以组建一个或者几个团队，同时要定义出团队中所有岗位的职责和收集信息及输出信息的渠道及标准。就算是两个人做同一项工作，也要定出各自的工作职责。否则，以后的团队建设步骤则根本无法实施。

（2）需要建立团队间信息交流的标准和方法，同时制定出团队协调人的工作职责。在团队中，公司的最高层领导属于决策团队中的成员。此外，还要建立一个调度团队，它负责各团队间的协调和资料的整理，对信息进行过滤后向决策层提出参考提议。决策层提出的决策直接向各团队发出（而不通过调度团队发出）。

（3）应该在企业内部传播团队建设的重要性，让大家都对团队有一个感性和理性的认识，及了解未来团队管理时的工作方式，让员工对团队建设产生浓厚的兴趣。同时要做好部门经理的工作。

创建团队，通常采取由公司任命和员工民主组建相结合的方式。在团队的构成上，要注意成员能力和性格的互补性，并将每个人放在最合适的岗位上。

团队建成后，要设半年至一年的观察期，以便及时调整。

（四）知识型团队的管理

在工作中，"团队"的概念已成为企业组织生活中运用范围最广的词语之一。但从现在的情况来看，在认识和利用团队协作方面，全球绝大多数组织（包括许多著名的跨国公司）都未能达到理想程度。协作不力、沟通不够可以说是团队所面对的各种问题的来源。随着知识员工团队（如项目小组、虚拟团队等）在组织中的优势不断体现（如高效等），一些公司因为成功地运用团队，大大地提高了公司的运行效率。

在组建知识团队过程中，一方面会存在成本较高、"从众"和"搭便车"等现象，引起整个组织的大变革。另一方面因为知识团队的特殊性，在实际工作中，知识团队的成员构成强化了需求的模糊性，知识团队的成员都是来自不同知识领域的行家或专业人士，由于他们的不一样的偏好、想象，他们常常可能会修改"非专业的"客户的需求，他们会通过"需求镀金"、"需求过滤"和"包办代替"等方式夸大、忽略和曲解客户的需求，使其更符合自己的价值观，可是却违背了客户的要求。

1. "需求镀金"

"需求镀金"是指知识工作者以其专业技能为荣，他们会根据自己对专业的爱好来推断顾客同样有此爱好，同样认可技术的价值。所以，他们容易宣传没有必要的特色产品。"需求镀金"的后果是预算的放大，最后会导致团队的失败。

2. "需求过滤"

"需求过滤"指的是知识工作者会从个人的专业角度对客户的需求进行有选择的过滤，由此带来的对客户需求的曲解会导致最终交付物不适用，甚至不能使用。

3. "包办代替"

所谓"包办代替"，是指做需求分析的人因为具有实践经验和技术能力，能够把一个模糊的需求假想变成可实现的计划，他们容易产生某种"家长作风"，甚至在客户对他们的建议提出质疑时也置若罔闻，以"自我导向"代替"市场导向"。需求的不清晰导致了在对知识团队成果进行评价方面的困难。

如果要对知识团队进行评价，就应该从两个方面入手：一方面是对团队的产出即对团队的成果的评价；另一方面是对团队管理效果的评价。评价是建立在现实与期望差异的比较的基础上的，由于需求定义不清，成果评价的标准难以预先设定，评价的结果也就不能做到公平和客观。从根本上讲，团队是一种新的管理思想和模式，管理是一个系统工程，所以，引进团队，会造成组织内部不同层次上的组织文化、工作规范以及员工经济收入、工作地位和习惯、生活观念等各个方面的改变，也就是说，引进团队会经受来自许多方面的阻力，这对于一个传统的组织来讲，是一件非常麻烦的事情。一旦处理不好，就会给组织带来不必要的混乱。至于运用团队是弊大于利还是利大于弊，不能笼统而论，但有一点可以肯定，因为团队本身存在一定的弊端，所以它不是万能的。因此，在实践中，到底采取团队形式还是个人负责的形式，就必须视具体情况而定。

首先，应该以是否有利于实施企业战略为标准。各个组织的存在，都有着具体的目标。而为了达成目标，组织又必须经过剖析内外环境来制定其战略。为了实施战略，组织又必须开展领导、计划、组织、人事等活动。团队就是属于组织和人事的范畴，而且它只是起到整合各个成员的力量与贡献而形成合力的作用。运用团队要树立系统、全面的观点，不要舍本逐末。

其次，要全面考虑组织的现状。关键有三个方面：一是目前员工的素质能否承受组织运行方式与文化氛围的变革；二是组织目前的工作效率、工作作风能否满足组织发展的需要；三是组织能否承受团队运作所需的时间和资金成本。组织必须系统地看待这三个方面，若是组织目前的工作效率、工作作风能满足组织发展的需要，组织能承受团队运作所需的时间和资金成本，目前员工的素质能承受组织运行方式与文化氛围的变革，那组织还是顺其自然不加改变或是逐渐改变为好。否则，可能造成不可挽回的后果。

总而言之，只有当使用团队带来的效益高于单个成员效益之和即总体大于部分之和时才可以运用团队。

人性管理能增强知识团队的创造力。在知识团队管理过程中，主要就是要以人为本，培养员工的团队精神，通过人与人之间的协作，全面调动员工的积极性和创造性，来实现个体的全面发展和整个集体的健康发展。团队不单单是一种组织形式，还是进行人力资源开发和管理的有效途径，更主要的是，团队本身代表着一种文化，一种"以人为本"的管理思维和管理哲学，主要包括以下几方面的内涵：

（1）团队以个人利益为前提和基础，尊重个人，根据成员的性格和能力合理地安排个人的工作，使人适合于工作，也使工作适合于人。

（2）团队是个人利益得以实现的必要形式和中介，团队首先是保证并促进个人利益的实现，为个人的发展尽最大努力提供环境和机会，然后才是对个人损害集体与他人的行为进行防范，使个人离不开组织，也使组织离不开个人。

（3）团队通过组织成员民主参与团队事务来调动成员的"主人翁"意识，激发他们的积极性和创造性，从而提高个人工作效率。

（4）团队作战，发挥的是协同效应，能够产生一种新的行为方式，所产生的效果会超过各个单独活动时的总和。这些思想就是组织在运用团队时应该吸收的核心，在实践中，某个部门或整个企业若能做到这些，那这个部门或公司就能建设成一支团队。

成功的管理不是管人，而是攻心。成功的团队主要在于相互尊重与信任。只有在相互信任和尊重的环境下，由种种不同背景的个人组建的团队才能成为一个众志成城、运转有效的团队。

团队的尊重包括两重含义：一是组织的领袖或团队的管理者能够为团队创造一种相互尊重的基本思想，确保团队成员有一种完成工作的自信心。二是特定团队内部的每个成员能够相互尊重和彼此理解。

人们只有相互尊重，尊重彼此的意见和观点，尊重彼此的技术和能力，尊重彼此对组织的全部贡献，团队共同的工作才能比这些人单独工作更加有效率。团队的信任是领导与员工们之间双向的信任。员工们必须对领导要有足够的信任，才会表达自己的意见而不必担心会遭到嘲笑、攻击或责难。而领导人必须相信员工们能够兑现自己的承诺，没有必要事必躬亲处理。对于团队领导方式来说，在成为有效的团队领导之前，建立信任和促进团队工作，务必成为日常工作中常规的和有意识的组成部分。建立实质性的信任使领导人能在将相当部分的权力下放时做到心里有数，而团队不必监督也可以顺利推进工作。自然而然地，这样信任会给员工们以动力，使他们以主人翁的态度从事工作。

要想拥有高效团队，就务必在成员之间形成高度的信任感。彼此相信各自的工作能力、个性特点和正直的品格。管理人员和团队领导对于团队的信任气氛具有重大影响。所以，管理人员和团队领导之间首先要建立起信任关系，然后才是团队成员之间的相互信任关系。

中篇　企划运营与操作

企划的最终目的是为企业创造更好的经济效益和社会效益。企业要想在强手如林的商场中运筹帷幄，脱颖而出，就必须依靠精密的企划运营与操作。创意占领先机，谋略成就未来，企业与其说是财力的竞争，不如说是智慧的较量。

本篇主要从销售企划运营与操作、竞争企划运营与操作、公关企划运营与操作、融资企划运营与操作等几个方面进行综合阐述，具有很强的实用性和可操作性。

第八章 竞争企划运营与操作

一、竞争企划概述

（一）竞争企划的本质特征

竞争是市场经济中最普遍存在的一种现象。竞争企划的本质特征即获得市场竞争的最大利益。在市场竞争的外在压力和资本逐利的内在冲动下，各个企业为了取得比较好的产销条件、获得更多的市场资源进而使自身利益最大化而展开了激烈竞争。

竞争不仅能促进社会的进步，还能实现企业的优胜劣汰。作为市场经济的必然产物，竞争是市场经济运行的主要规律之一，亦是推动经济发展的主要助推器，从而实现生产要素在全社会的优化配置，这就是竞争带来的社会经济意义。

竞争在不同的社会条件、经济条件下形式和内容会有所改变，但其本质不变。随着社会的不断变化、进步，它的形式也向多元化、全面化发展。

（二）竞争企划的主要形式

竞争企划形式随着市场经济的不断发展，也在不断地发生变化。以最初的以行业内价格竞争为主要形式逐渐发展为向多个层次发展的非价格竞争，但价格竞争是市场竞争的最基本形式。了解市场竞争的形式，对于企业取得竞争的优势和竞争的主动性具有很大的益处。

1. 价格竞争

生产、经营相同商品的企业为获取更高利润而运用价格方面的手段进行的行业竞争叫作价格竞争。

一般情况下，消费者进行消费的目的是从他的货币资源中获取最大满足，实现货币价值最大化。他们的购买行为一般都服从"经济的合理性原则"。一般来讲，商品的价格和需求的关系应该表现出负相关性，也就是商品的价格越高，市场需求量就越小；反之，如果商品的价格越低，那么市场需求量就越大。这样，企业就可以通过降低商品的价格，从而达到增大自己商品销售量的目的。如果商品的需求弹性大于 1 的话，那么商品价格的一个很小的降低，就能够引起市场需求量很大的增加。率先降低商品价格的企业，就可能获得很大的收益以及市场份额。

不同的企业，生产规模、技术装备、经营管理水平不相同，商品的个别价值也不一样。同一类商品按照社会价值出售，生产条件较好、劳动生产率高的企业生产出的产品个别价值就低于社会价值，他就能够获得多的利润；相反，生产条件较差、劳动生产率低的企业就处于不利或者被动的地位，利润会很少，甚至会出现负效益。所以，在利润动机的驱使下，企业尽最大可能采用新技术或者扩大生产规模，从而获取超额利润。商品成本是商品价格的基础，也是产品出售的底线。企业进行价格竞争的首要条件就是降低成本。如果不能降低成本，降价竞争就会造成企业利润率的大幅下降，以致损害企业的利益。要想在价格竞争中居于比较有利的地位，企业就必须努力降低生产成本和经营成本。在市场价格竞争的过程中，企业的价格竞争优势，实际上也就是企业的成本竞争优势。降低生产经营成本，提高生产效率，以最低的价格占领最广阔的市场，是企业市场竞争的一种重要手段。

作为市场竞争的最基本形式——价格竞争，往往会引起一些不好的连锁反应，会引起企业所不愿意得到的后果，比如形成企业之间循环降价的价格战争。价格竞争的主要手段是降价，当某一个企业首先降价的时候，肯定会招致其他的企业也降价，从而引起各个企业的轮番降价，这种降价肯定会导致同行业的平均利润率全部下降，使同一行业内所有竞争的企业都利润下滑。尽管同行业的价格竞争总体来说对社会经济的发展有积极作用，它会迫使企业提高劳动生产率、改进产品和生产经营，促进整个社会生产的发展，并且最终受益的是消费者。但是，在某种情况下，恶性的价格战争会导致企业数败俱伤，有时就连正常的生产经营都不能维系。为避免这种恶性价格竞争战带来的负面作用，更多的企业都寻求使用非价格竞争手段进行市场竞争。

2. 非价格竞争

非价格竞争的具体形式有很多，只要不是价格竞争的手段，都可归纳为非价格竞争的范畴。凡是产品质量的提高、产品特性的改进、广告的攻势、商标的变化、包装的改善、销售渠道的调整、服务的改进、促销手段的强化等都是有效的非价格竞争手段。非价格竞争手段的使用，是在消费者心目中产生对企业产品的差异性。无论这种差异是真实的还是观念上的，只要有利于促进消费者购买本企业的产品，就达到了非价格竞争的目的。

简要介绍一下非价格竞争的三种基本表现形式。

（1）通过产品的差异化进行竞争。这种通过改变同一种产品的某种属性，从而形成本企业产品与竞争企业产品相比具有的独特性，也就是用差异化的产品增加市场吸引力。例如，改变某种产品的宽度和长度，从而形成新的品牌，更好地满足市场需求。

（2）设计和生产出一种与行业有密切关系的替代型的产品。这种密切替代品被经济学家们定义为具有高度需求交叉弹性的产品。在所有的替代品之间，客观上就存在着价格和需求的互动关系。因为一种产品价格的升高就会引起另一种产品需求量的大大增加。所以，别克公司认为自己不仅仅和其他汽车制造商存在竞争，与一些摩托车制造商、自行车和卡车的制造商也存在竞争，并且将他们视为形式的竞争者。

（3）改变企业原有的营销组合，从而形成一种新的市场策略。企业营销因素组合的变化和创新，有时候会带来创新的效果，进而扩大市场占有率。例如，海尔集团在电器行业一直做得非常出色，这是因为它一直提倡"真诚到永远"的服务精神。有人曾经做过调查，问消费者为什么要买海尔的空调，而不去购买价格低的其他品牌，有80%的消费者回答说因为海尔有完善的售前、售中、售后服务。这说明，除价格和品牌等因素外，企业能否真正做到让消费者获得"上帝"般的服务，免去他们的后顾之忧，也是消费者最终购买哪种产品的重要依据。

与价格竞争相比，非价格竞争相对比较隐晦、间接，不容易招致竞争企业的报复和模仿。从社会原因方面来看，企业一般都拥有商品的商标专有权或外观设计专利权，所以即使企业的产品有所改进亦会受到商标法或者专利法的保护，在一定程度上形成垄断优势。从技术原因方面来看，企业一些先进的技术优势会使竞争者一时间无法跟进，形成技术上的垄断优势。这样的话，即使竞争者可以从技术上轻易仿效，但由于相关法律的限制也不能得逞。

企业之间的非价格竞争是企业竞争手段的一种进步和发展，是企业市场竞争的一种高级形式。严格地说，非价格竞争是价格竞争的一种转化形态，不但不会带来不好的连锁反应，还能够带来更好的市场竞争效果。在不忽视价格竞争的同时，大多数企业都把非价格竞争作为常规的竞争手段。

二、竞争企划分析

绩效差的公司，往往是忽略竞争者；一般的公司，往往是效仿竞争者；获胜的公司，才是引导竞争者。

1. 分析市场的竞争吸引力

企划人员分析市场竞争，首先应该弄清楚这个市场是不是具有竞争的吸引力。决定一个市场或者决定细分市场长期的内在竞争吸引力的因素主要有潜在的新的竞争者、同行业竞争者、购买者、替代产品和供应商。

（1）细分市场内激烈竞争的威胁。假如一个细分市场已经有了许多的、强大的或者竞争意识很强的竞争者，那么这个细分市场就失去了吸引力。但是假如这个细分市场处于衰退阶段的话，如果撤出市场的壁垒非常高，会导致情况更差。这些情况往往会导致价格战和广告争夺战。新产品要推出或者公司要参与竞争的话，企业就必须付出高昂的代价。

（2）购买者讨价还价能力加强的威胁。假如一个细分市场中的购买者讨价还价能力特强或者正在加强，那这个细分市场也不会有吸引力。购买者会设法压低产品价格，但对产品的质量和服务要求提高，还会使竞争者们互争，这些都能使销售商的利润受到损失。

（3）新竞争者的威胁。一个细分市场的吸引力随着它进退难易的程度会有所区别。根据行业利润的观点，最有吸引力的细分市场应该是进入壁垒非常高，退出壁垒却非常低，如图 8 - 1 所示。在这种细分市场里，新公司产品很难打入，经营良好的公司却可以安全地撤退。如果细分市场进入和退出壁垒都很高，那么因为经营不善的公司难以撤退，就必须坚持到底。假如细分市场进入和退出的壁垒都非常低，公司就可以进退自如，获得的报酬虽然稳定，但不会很高。最坏的情况是进入细分市场的壁垒非常低，但退出的壁垒却很高。所以，在经济状况良好的时候，大家会蜂拥而入，但在经济萧条的时候，想退出却非常难。结果会导致大家的生产能力都过剩，收入却都下降了。

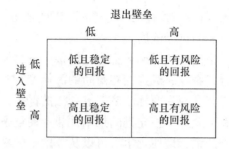

图 8-1 壁垒和盈利能力

（4）供应商讨价还价能力加强的威胁。公司的供应商也就是原材料和设备的供应商，还有公用事业、银行等，他们提高价格或者降低产品质量或者服务的质量，甚至是减少供应的数量，那么，这个公司所在的细分市场就没有了吸引力。如果供应商非常集中或者是有组织的，或者是替代产品非常少，或供应的产品是重要的投入要素，或转换成本高，或者供应商可以实行联合，那么，供应商的讨价还价能力就会非常强。所以，与供应商建立良好的关系或者开拓多种供应渠道才是防御的上策。

（5）替代产品的威胁。如果某一细分市场内存在着替代产品或者有潜在的替代产品，那么这个细分市场也就失去了吸引力，像 DVD 取代 VCD 就使 VCD 市场成了昨日黄花，替代产品肯定会制约细分市场内价格和利润的增长。公司应该密切关注产品的价格趋向。假如在这些替代产品的行业中技术有所发展，或者竞争越来越激烈，这个细分市场的价格和利润就可能会有所下降。

2. 识别市场竞争者

识别市场竞争者好像是一件非常简单的事情。长虹知道康佳是它的竞争者；南方航空知道海南航空是它的竞争者。但是，公司实际潜在的竞争者是非常广泛的。一个公司可能会被新出现的对手或者新技术打败，而不是当前的竞争者。很多公司常常很关注表面的竞争者，而不去注意那些潜在的竞争者，竞争近视化经常导致一些公司倒闭或者陷入困境。所以，企划人员应该从行业的观点和市场的观点来辨认竞争者。

（1）行业竞争观念。行业是一组提供一种或几种类似产品的公司群。行业分类的依据有：销售商品的数量以及其差别程度；进入、流动和退出障碍；成本结构；纵向一体化程度和全球化经营的程度等。

第一，销售商数量以及它们的差别程度。如果要描述一个行业的出发点，首先要确定他有几个销售商，确定产品是否同质或是有高度差异。这些特点引发四种行业结构类型。

垄断。某一个行业的结构一般是由少数几家大企业的生产由高度差别化到标准化的过程。而垄断有两种形式。一是纯粹垄断。是指由几个企业的生产本质属于同一类的商品的公司所构成，如中石油和中石化。如果它不能使它的服务与别人有所差别，公司可能会发现它们只能按现行的价格定价。如果竞争者在它所提供的服务方面均不相上下的话，那么，获得竞争优势的唯一办法就是降低成本，但是降低成本有可能通过大量的生产来实现垄断。二是差别垄断。是由几家生产部分有差别的产品的公司组成，如中国联通、中国电信、中国网通和中国铁通。他们在质量、特性、款式或者服务方面可能存在差别。每个竞争者可以在某一种主要产品的属性上寻求领先地位，从而吸引客户偏爱这个属性并且为这个属性索取溢价。

完全垄断。是指一个行业中在一国或某一个地区，只有一家公司提供一定的产品或服务，例如铁路或地方电力公司。因为缺少替代品，完全垄断者可能会抬高价格，少做甚至不做广告，并且只提供最低限度的服务。在没有替代品的情况下，客户们没得选择，只能购买这一产品。假如有部分替代品或出现了某种紧急竞争危机，那么完全垄断者就会投入更多的服务和技术，阻止新的竞争者进入这个市场。另外，一个守法的垄断者往往会根据公众利益把价格降到最低并且提供比较多的服务。

垄断竞争。垄断竞争的行业是由很多能够从整体或部分区别出它们所提供的产品或服务的公司所组成，并且他们各具特色，例如餐厅、美容院。其中许多竞争者趋向于针对那些它们能够更好地满足客户需要的细分市场，并且索取溢价。

完全竞争。完全竞争的行业是由许多能够提供相同产品或者服务的公司所构成的，例如股票市场和零售市场。它们之间没有很大的差别，竞争者的价格也应该不相上下。除非广告能使产品产生心理差别，否则的话就没有竞争者去做广告，例如香烟和啤酒。这样的话，把行业说成是一种垄断竞争可能更为合适。行业竞争的结构可以随着时间的变化而发生变化。

第二，进入、流动、退出障碍。各个行业能否很容易地进入是有很大差别的，同一行业进入不同的层次差别也是非常大的。想开一家普通的旅馆非常容易，但是要开一家五星级的宾馆却是非常困难的。

公司的退出有时也面临着障碍，它通常包括对客户、债权人或者雇员的法律或道义上的义务。因为过分专业化的设备和技术陈旧所引起的资产利用价值很低；缺少可以提供选择的机会；高度的纵向一体化或者感情障碍等。很多公司只要能够赚回变动成本，和部分或全部固定成本，就能够在一个行业里继续经营下去。但是，它们的存在却削减了大家的利润。

如果某一公司不能退出，可以劝说它们缩小规模。公司可以减少收缩障碍，从而使得苦恼的竞争者得到一点点的安慰。

第三，成本结构。每个行业都有一定的运营成本组合。例如，糖厂需要很高的制造成本和原料成本；保健品则需要分销成本和广告成本。公司应该把它最大的注意力放在它们的最大成本上，并且从战略上来研究如何减少这些成本。一个拥有完善的分销渠道的保健品公司应该比其他同行有着更多的优势。

第四，纵向一体化程度。在一些行业，纵向一体化是非常有利的。例如石油行业。中石化不仅进行石油勘探、石油钻井、石油提炼，还把化工生产作为它们经营业务的一部分。纵向一体化不但可以降低成本还能够更好地控制增值流。另外，这类公司还可以在它所经营业务的每个细分市场中控制产品价格和产品成本，从而获取额外利润。但是，纵向一体化也有它的缺点，在价值链的部分环节缺少灵活性，致使它的维持成本也很高。

第五，全球化经营程度。某些行业的地方性很强，例如旅游业中的云南世博会。而另外一些行业则是全球性行业，假如要实现规模经济和采用先进技术，则需要开展以全球为基础的竞争。

（2）市场竞争观念。除从行业角度考虑外，还可把竞争者看作是一些力求满足相同客户或服务于同一客户群的公司。例如，航空公司从行业角度出发把其他航空公司看作是竞争对手，但是从客户需求的观点看，客户真正需要的是交通运输工具，这种需要也可以由火车、汽车、轮船等给予满足，所以所有的交通工具都是它的潜在竞争者。

总之，市场竞争的观念就是要开阔公司视野，让他们看到存在着更多的实际竞争者和潜在的竞争者。

3. 分析竞争者

一个公司一旦确定它的主要竞争者以后，就应该分析清楚竞争者的特点。

（1）目标。一个公司不仅要辨别主要竞争者而且要分析它们的目标，分析各个竞争者在市场上追求什么？各个竞争者的行为动力是什么？可以先提出一个假设，就是竞争者们都尽力去争取最大利润。但是，在这个问题上，公司对长期利润和短期利润的重视程度也应该不一样，啤酒行业一般是按扩大市场份额来经营的，追求长期利润；但是保健品行业多数是按最大限度地扩大短期利润的模式来经营的，由于它们的资金很短缺并且产品的生命周期短，需要资金回笼，并且广告的投入占成本中比例非常大，所以需要以最快速度收回投资成本。每个竞争者都有它的目标组合：目前获利的可能性、市场份额、现金的流量、技术领先和服务领先等。了解竞争者的加权目标组合会帮助公司预测竞争者下一步的发展动向。

竞争者的目标是由很多因素决定的，包括历史、规模、目前的经营状况、管理状况等。如果竞争者是一个大型公司的组成部分，还要知道它的总公司的实力、经营状况，一般它的经营目的不仅是为了成长，还为了榨取利润。

一个公司也应该密切注视它的竞争者们的扩展计划。如图8-2显示了一个计算机行业竞争者的市场竞争形势。这表示戴尔公司现在向个人用户销售计算机，但它还计划向那些商业、工业和教育用户领域进军，还推销服务。所以，其他的企业也有责任对戴尔公司的扩张建立一些流动障碍。

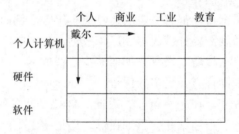

图8-2　一个竞争者的扩展计划

（2）战略。一个战略群体是指在一个特定的目标市场中推行相同战略的一组企业。一个公司必须辨别出那个跟它竞争的战略群体。如果一个公司需要进入电视机行业，那么它的战略群体是谁？经过分析研究发现，根据产品的质量和产品价格，主要有索尼、东芝等由国外产商组成的第一集团；还有长虹、康佳、TCL等主要国内产商组成的第二集团；还有以高路华为代表的国内产商组成的第三集团。公司可以通过对这些战略群体的辨别发现一些重要情况。一是各战略群体所设置的进入障碍难度各不相同；二是如果公司成功地进入一个组别，那么这个组别的每个成员就都成了它的主要对手。

一个富有活力的竞争者是会随着时间的推移不断修订自己的战略的，所以一个公司必须不断地观察它的竞争者的战略。例如，美国的汽车制造商还在注重内在质量的时候，日本的汽车制造商却转移到知觉质量，也就是汽车及外部件更为美观、感觉越来越好。

（3）反应模式。有些行业内的竞争者之间是相对和平共处，而有一些行业却是无休止地争斗。

竞争如果只有一个关键性的因素，那么，竞争平衡就是极不稳定的。这一点可以说明在这些行业里，成本差异机会是由规模经济、先进技术和其他一些因素所决定的。在这一行业中，每个取得成本突破的公司都能够降低价格，引起价格战的爆发，并且以损害那些付出很大的代价来保卫自己市场份额的公司利益为基础而获得市场份额。

竞争性变量起决定作用的数目越少，竞争者的数目就会越少。假如只有一个因素在起决定作用，那么，可能共存的竞争者最多也就两三个而已。

如果竞争者的条件几乎相同且以同一方式谋生，那么，它们之间的平衡也是不稳定的。在竞争能力处于均势的行业中会存在无休止的冲突，例如国产电视机。在这样的情况下，假如突然有一家生产能力过剩的公司降低了产品价格，那么这种竞争平衡就会被打破。这也是在这些行业中经常会爆发价格战的原因。

如果多项因素成为竞争决定性因素，那么，各个竞争者都可能有某种有利条件并还能对一些客户的吸引力形成差异。形成单个有利条件的因素越多，能够共存的竞争者的数量也就会越多。每个竞争者都有竞争细分加以区分的：在服务、质量、便利条件等多个方面存在着许多差别机会的行业存在很多因素。假如客户对这些因素的价值观各不相同，许多公司就能够各得其所，也就能够共存。

只有任何两个竞争者之间的市场份额之比为2:1时，才有可能是平衡点。对于任何一个竞争者来说，提高或者降低份额既不实际也没有任何好处。在这个水平上，再追加促销成本或者分销成本，相对获得的份额来说就是得不偿失的。

（4）优势与劣势。每个竞争者都有自己的一套经营理念、一些内在的文化和起主导作用的信念。大部分竞争者的反应类型有以下四种。

选择型竞争者。竞争者也许只对某一类型的攻击会作出反应。竞争者也许经常对降价作出反应，但对广告费用的增加也许不作任何反应。中国移动和中国联通就是选择型竞争者，它们只对降价作出反应，但是对促销却不作任何反应。了解主要竞争者将可能在哪方面作出反应，可以为本公司提供最可行的攻击类型。

随机型竞争者。一个竞争者并不会表露竞争对手可以预知的反应模式。这一类型的竞争者在某一特定情况下不会作出反应，而且无论从它的经济、历史或者其他方面的情况分析，都没办法预见竞争者将要做什么。许多小公司都是一些随机型的竞争者，它们的竞争行踪没有规律让人捉摸不定。

凶狠型竞争者。这类公司对向它所涉猎的领域发动的进攻都会作出迅速而且非常强烈的反应。例如，格兰仕绝不允许一种新的微波炉轻易投放市场。防卫者如果受到攻击将会抗争到底，所以，凶狠型竞争者在向任意一家公司表明，最好不要发起进攻。

从容竞争者。一个竞争者对某一特定竞争者的行动不会迅速作出反应或者是反应不强烈，例如海信对格兰仕进行空调降价的反应就不强烈。对竞争者采取的策略没有反应的原因是多方面的：可能觉得它的客户是忠于自己的；可能它们的业务需要利润的榨取；也可能是对竞争者行动的反应迟钝；还有可能是没有作出反应所需要的资金。公司一定要弄清楚竞争者行为从容不迫的缘由。

三、竞争基本战略

（一）全面成本领先战略

全面成本领先就是指企业努力地减少生产成本和分销成本，从而使价格低于竞争者的产品价格，以此来提高市场的占有率。

想要做到全面成本的领先不仅要建立高效的、大规模的生产设施，还要在经验的积累基础上降低生产成本，并且要最大限度地减少研究开发、服务、推销以及广告等的费用。全面成本领先战略的核心就是通过一系列的措施使企业在本行业中实现总成本的最低化。这就要求企业不仅要积极地建立起能够达到有效规模的生产设施，并且在取得经验的基础上全力以赴地降低生产成本，加强对成本费用和管理费用的控制。想达到总成本最低，就要求企业有比较高的相对市场占有率或者具有其他方面的优势，例如能够用最合适的价格购买到生产所需的原材料；产品的设计有利于生产制造；相关的产品系列比较宽，有利于互相分摊费用。并且要求企业针对主要的客户群体提供服务，从而促进产品批量销售。所以，获得成本最低基本要求做到：有很高的市场占有率、原材料的供应有保证、产品的设计很利于批量生产、保持几个相关性非常高的产品线、有非常高的前期资本投入等。成本领先后所获得的高额利润应该再投资于先进的设备，从而继续保持领先的地位。

企业通过成本领先，能够获得高于本行业的平均水平利润，从而使自己在竞争中长期处于有利的地位。这种战略的优点在于：

（1）能够防御供应者的威胁。首先，在应付原材料涨价方面有比较大的承受能力，能够在比较大的边际利润范围内承受各种不稳定的经济因素的影响；其次，因为低成本的企业对原材料或者零部件的需求量非常大，从而为获得廉价的原材料或者零部件提供了机会，这样就很容易与供应商建立长期稳定的供应关系，从而能够保证原材料或零部件的供应。

（2）在强大的购买者要求降低产品的价格的威胁时保卫自己。买主的要求价格最低只能压到第二位竞争对手可以接受的水平，如果第二位竞争对手接受不了时就会退出经营，而领先者就会成为垄断者。

（3）建立低成本的因素同时也是提高规模效益的重要因素，所以能够加高进入的屏障，减弱新进入者对低成本者所带来的威胁。

（4）与竞争对手竞争的时候，因为企业处于低成本位置，有进行价格战的良好条件，就算是在竞争对手在竞争中不能获得利润只能保本的时候，成本领先的企业仍然有利可图。

（5）低成本可以使企业在和替代产品的竞争中处于比其他的竞争者更有利的地位。在与替代品的斗争中，低成本企业可以用削减价格的办法来稳定现有客户的需求，使它不被替代产品所替代。但是如果企业要在比较长的时间里巩固现有的竞争地位的话，还必须在产品和市场上要有所创新。

成本领先战略的缺点在于：

（1）技术的变革有可能导致生产过程中工艺的突破和技术的突破，使企业过去的大量投资与由此而产生的高效率转眼间丧失优势，同时还为竞争对手创造了用更低的成本进入的机会。

（2）把过多的注意力都集中在生产成本上，很有可能会导致企业忽视客户的需求与需求趋势的变化，甚至忽视客户对产品差异的兴趣。

（3）投资比较大。企业要能高效率地进行生产，必须要具备非常先进的生产设备，从而能够保持很高的劳动生产率。与此同时，在进攻型的定价和为提高市场的占有率所形成的投产亏损等方面也必须进行大量的预先投资。

（4）因为企业要集中大量的投资于现有的技术和现有的设备，从而提高了退出本行业的难度，所以对新技术的采用和技术的创新方面反应相对会迟钝，甚至持排斥的态度。

低成本战略是一种非常重要的竞争战略，但是，它有一定的适用范围和条件，只有当满足以下几个条件的时候，才可以取得低成本领先战略的实施成功：

（1）所处行业的企业大多数以生产标准化的产品决定企业的市场地位。

（2）要求市场需求有特别大的价格弹性。

（3）大多数客户都以同样的方式来使用产品。

（4）这时实现产品的差异化的途径非常少。

（5）当用户转变销售商购买产品的时候，成本不会发生转换，由于客户一般情况下都特别倾向于去购买最优惠的产品。

（二）差异化战略

企业努力地发展差异性大的产品线与营销项目叫作差异化的战略，从而成为同行业中的领先者。在价格相对差得不是很大的情况下，大多数的客户都会偏好于这种产品。

差异化战略是把企业提供的产品差别化或者劳务差别化，在本行业中树立起一种有独特性的东西。差别化在很多方面都能创造出来：名牌形象、技术特点、独特的客户服务、性能特点以及销售渠道等。一个企业可以在上述的一个或几个方面具有差别化的特点，但是差别化并不是完全忽略产品成本，低成本也不是企业根本的战略目标。

在营销过程中，因为各个企业受本身的资源和能力的限制，是不可能在各个方面都取得差异化的优势，但是企业却能够在某几个方面取得这种差异化的优势，例如美国的卡特皮勒公司不仅仅因它的经销网络和优良的零配件供应服务而著名，并且以它优质耐用的产品而享有很高的盛誉，客户都非常愿意以更高的价格去购买它的产品，企业也因此取得了市场领导者的地位。

实行差异化战略有时候会把牺牲规模经济作为代价，它和争取获得更大的市场占有率相矛盾。况且，实行差异化战略往往会导致成本的增加，因为它很可能需要更多的开发研究与设计、质量更好的原材料以及为客户提供更多更好的服务等。

在条件允许的情况下，产品差异化战略是一种非常可行的营销战略。如果企业奉行这种战略，就能够很好地防御五种竞争力量，获取竞争的优势。这种战略的优点在于：

（1）购买者没得选择，对价格的敏感度又很低，企业能够运用产品的差异战略来削弱购买者讨价还价的能力。

（2）如果能够获得客户的信任，那么客户将对企业或者产品都非常信赖，进入者要想战胜这种独特性，就需要付出非常大的努力和成本，那么实行差异化的企业在无形中就加高了竞争对手进入的屏障。

（3）实行差异化战略是利用了客户对它的特色产品的偏爱与忠诚，所以可以降低客户对产品价格的敏感性，使企业避开价格竞争，在特定的领域内形成独家经营的市场，从而保持市场领先。

（4）产品差异化能够产生比较高的边际效益，还能增强企业对付那些供应者讨价还价的能力。

（5）企业具有特色，赢得了客户的信任，在特定的领域内形成了独家的经营市场，在与替代品的较量中，比其他同类企业处于一种更有利的地位。

而产品差异化战略的缺点在于：

（1）不是所有的客户都愿意或者是能够支付起产品差异所形成的高价格。同时，买主对于差异化所支付的额外费用也是有一定极限的，假如超过这一"极限"，低成本、低价格的企业和高价格的差异化产品的企业相比更能显示出它的竞争力。

（2）保持产品的差异化通常是以高成本为代价的，由于企业需要进行广泛的研究与开发、产品的设计、高质量的原材料以及争取客户的支持等工作。

（3）企业要想取得产品差异化，有时就必须要放弃获得比较高的市场占有率的目标，它的排他性同市场的高占有率是相矛盾的。

差异化战略值适用于一般的条件：

（1）广大消费者对于差异化产品的需求是各不相同的。

（2）有很多的用户作为例子，证明产品或者服务差异化的途径是有价值的。

（3）实行差异化战略的竞争对手并不是很多，能够缓解市场的竞争压力。

（三）集中性战略

企业在市场细分的基础上，只选择一个或几个细分市场作为目标市场，实行专业化的生产和经营，叫作集中性战略。这种战略的指导思想是集中企业的主要力量以及资源只为某一个或者几个比较小的子市场服务，而不是把所有的力量均匀地投入每个市场。使用集中性战略的目的是比其他的竞争者能更好地满足目标客户的需求从而实现差异化经营的优势，或者为目标客户服务的时候能更好地实现低成本，或者同时取得以上两种优势。集中化所获得的低成本优势或者差异化优势，并不是在整个市场，而是在小范围内或者小的细分市场上。它具有以下几方面的优势：

（1）能够熟悉产品市场、产品用户和同行业竞争的情况，还能更全面地把握市场，获得竞争优势。

（2）经营的目标能够更集中，还能把企业里所有的资源都集中在某一特定的战略目标上。

（3）因生产的高度专业化，所以在制造和科研方面能够实现规模效益。

集中性战略比较适用于那些中小型企业，也就是小企业能以小补大，以专补缺，以精取胜，在小市场上做成大的生意，成为"小型的巨人"。例如，美国皇冠制罐公司是一个规模非常小、名不见经传的小型包装容器的生产厂家。这个公司把金属罐细分市场作为重点，专门生产那种供啤酒、饮料以及喷雾罐厂家使用的金属罐，因公司集中了企业的主要资源，全力以赴，经营特别成功，使销售额达到数十亿美元的美国制罐公司刮目相看。

实行集中性战略的同时也承担着风险，主要有四个方面的威胁，企业这时候就要采取相应的措施维护企业的竞争优势：

（1）企业的目标市场和整体市场之间的差异在不断缩小。这时候实施集中战略的企业必须要建立防止模仿的障碍，而障碍的高低取决于它特定的市场细分结构。

（2）在大市场范围内进行生产经营活动的竞争者和使用集中化战略的企业之间的成本差距变得很大，使那些为比较狭窄的目标市场提供服务的企业丧失了成本优势或者使它所具有的差异优势被抵消了，从而构成对企业的威胁。这时企业如果要在产品和市场营销的各方面保持甚至加大它的差异性，由于产品的差异性越大，那么集中性战略的维持力就越强，需求者的差异性越大，集中性战略的维持力也会越强。

（3）竞争者在企业的目标市场中发现存在着更小的细分市场，这样使企业的目标市场缺乏规模性。目标细分市场的规模变狭窄，可能影响使用集中性战略的企业的规模经营和效益，这也将造成对集中战略型企业的威胁。

（4）由于社会政治、经济、法律、文化等环境的变化，技术的突破以及创新，亦会引起替代品的出现或者消费者的偏好发生变化时，会导致市场发生结构性的变化，那么这时集中战略的优势也会随之消失。

如果一个企业没有以上四种基本战略之一作为自己的竞争战略，那么这个企业所处的地位就是严重不利的，它很可能会失去追求低价格的一些大客户，也可能为从取得低成本优势的企业手中争夺部分市场而丧失部分利润，并且它在那些具有高利润率的业务领域又可能会没有办法战胜那些已经实现全面差异化的或者是集中经营的企业。所以，一个没有明确竞争战略的企业，只能根据企业的能力与环境条件，尽量作出一个根本性的战略决策。

但是，无论哪一种竞争战略，都具有一定的局限性，况且企业在选择战略时，因为受自身资源以及能力的限制，常常不可能在各方面都能够取得优势和成功，这就需要企业根据自己所处的客观环境与条件，选择一种切实可行并且适合本企业实际情况的竞争战略，从而做到扬长避短，克敌制胜，使企业的经济效益达到最大化。

四、合作竞争策略

合作竞争是西方经济学家提出的一种全新的营销管理理念，也就是说当某一个企业发现市场机会以后，如果本企业没有能力占有竞争所需要的相应资源，那就设置有效的进入壁垒，实现从初级竞争到垄断竞争的迅速过渡，借助他人的力量来共同开发市场，通过合作实现"战略联盟"。实际上，合作竞争是在市场竞争日益激烈与经济全球化的趋势下所产生的一种新的竞争模式。

用紧密合作来代替个体对抗会是新时代发展的主要潮流趋势。随着世界经济一体化的发展以及全球竞争的加剧，一个产业中的经营者很难依靠单个力量去抗击来自全球范围内的规模及实力不等的各种竞争者。再加上现代社会科技的飞速发展，信息传播的加快，产品寿命周期的不断缩短，以及客户需求的日趋个性化和多样化，经营者很难仅仅依靠自身的力量生产经营出越来越复杂的产品和服务来满足市场的不断多样和复杂化的需求。所以他们必须和其他企业紧密合作，使那些不同的企业间的资本、人才、技术和信息资源得以有效灵活组合，从而充分地利用市场机会，实现双赢策略，使企业可以在合作竞争中为合作创造更大的利润空间，营造更持久、更有力的竞争优势。

（一）合作竞争的主要形式

1. 同行业企业间的合作

同行业企业间的合作，也叫作水平式联盟。它的主要特点是联盟双方是同一个市场的合作企业，或者是潜在的竞争者。例如，万科组建商用地产管理部后第一个项目金隅万科广场于 2013 年 12 月 27 日营业，这也是万科打造的首个大型购物中心。这座商业建筑总面积约 14 万平方米的项目，是由北京万科和金隅嘉业合作完成的，通过这个万科集团进军商业地产的标杆产品，双方的合作也被传为佳话。据知情人士透露，该项目地块最初由北京金隅嘉业拍卖所得。后期开发时，金隅与北京万科达成合作协议，成立合资开发公司，双方各占 50% 股份，财务报表计入金隅嘉业，金隅万科广场项目的筹建及招商运营由北京万科负责。万科与同行间的合作已成为万科发展战略之一，其目的在于有效整合资源，更重要的是可以分担资金压力，有效提高市场占有率和增加开发经验。

2. 不同行业间的合作

不同行业间合作是由生产及流通过程不同领域的企业间为了共同的利益所结成的跨行业战略联盟，它包括企业间垂直式的合作与混合式的合作两种基本形式。根据"价值链"的理论，现代企业的价值创造过程是由一系列相互关联的增值活动所组成的，每个环节的经营管理活动之间相互影响，并且共同决定着整个价值链的收益。价值链大致可以分为两大部分：第一部分，是企业的辅助性增值活动，包括投资财务管理、技术的开发和原材料采购等；第二部分则是企业的基本增值活动，也即是一般意义上的生产经营环节，例如产品的开发、原材料的供应、生产的加工、成品的储运、市场营销以及售后服务等。

不同行业间的合作，要遵循价值增值活动规律。这种合作能够减少甚至防止不同行业间信息不对称的不利影响，也有利于实施产业政策；还可以减少和依赖资源相关的问题，保持和供应商关系的确定性，所以能够节省大量的市场交易成本；还能减少因产品价格的市场波动所引起的损失。例如：宝洁公司曾投资 1 亿元用于分销商的电脑系统建设以及车辆的购置，从而使分销商管理和覆盖方式实现初级的现代化。此外，公司还建立了多个部门工作组，向分销商提供有关财务、人事、法律、信息技术、储运等方面的专业指导，从而最全面地提高分销商的管理水平以及运作效率，提高分销商的竞争力。分销商控制着消费终端的市场，他们的积极合作与努力，不仅能够为企业开拓更广阔的市场，还可以缩短企业与市场客户之间的距离。

（二）合作竞争的优势

1. 有利于实现企业之间优势互补

合作竞争有利于实现企业之间优势互补，增强企业的竞争实力。

不论哪个企业所拥有的资源总是有限的，通过合作企业之间可以从资金、技术以及分销渠道等方面实现优势互补。

2. 有利于企业进入封闭的市场

合作竞争有利于企业打破贸易壁垒，进入复杂、多变及难以预测的国际与国内市场。

3. 合作竞争促使新型企业的产生

网络信息时代，企业合作可以通过相互学习而适应知识经济时代要求的学习、知识型组织的产生。借助信息网络，能用比较低的成本在全球范围内的同行业组织中精选合作伙伴，在彼此间相互信任、坦诚交流与沟通的基础上，共享信息资源与知识资源，并在相互学习的过程中实现知识的获取、积累和创造，实现以学习和创新知识为中心目标的知识联盟。

值得注意的是，在实践中并不是所有的战略联盟都能获得圆满成功，由于企业之间存在着技术、资源和地理方面的差异，以及各国间法律和文化的区别，由这些差异和区别而引发的矛盾有时是难以协调和解决的。

4. 有利于共担经营风险

企业技术开发的不确定和市场的风云突变，使经营活动充满了风险。合作竞争时合作企业能够分担巨额的产品开发费用，降低固定资产投资风险。

随着科技的发展和企业规模的扩大，对于技术和资金密集型行业，要求投入巨额资金进行产品和技术开发，固定资产投资的规模也越来越大。据估计，开发一种新型超级芯片，不但要集中近300名富有经验的工程师进行攻关，还要投资数十亿美元的开发费用。技术开发的不确定性又加大了开发的风险性。企业的联盟，可以分担或者降低企业风险的承受力，比较好地解决了开发与费用的矛盾。

（三）影响合作竞争成功的要素

合作的双方为了提高市场竞争力，获得更多的利益，从而组成某一方面的合作团队。基于这一目的的合作竞争有三个基本要素：

1. 亲密关系

亲密关系是指合作双方之间深层次的信赖以及专注于共同利益的亲密合作。成功的合作伙伴关系能够超越一般交易关系而达到相当紧密的程度，这种紧密程度在传统的交易模式中是很难出现的。

2. 利益

利益指通过合作竞争建立伙伴关系能够为合作的双方带来具体而有成效的好处，这是合作竞争战略得以实施和成功的基本前提。利益来源于合作伙伴间相互贡献能够创造出有价值的成果的本身优势。成功的伙伴追求提高生产力的附加值，尤其是希望提高企业的获利能力，而这一切都以企业间的利益为纽带，所以利益是各方合作的基础和"存在的理由"。

合作的前提是彼此都能为对方创造一定的贡献价值，而这一贡献又是以自身所拥有的优势和实力为前提的，否则各方的相互合作是难以形成或持久的。贡献的大小决定了合作各方在合作中的作用和地位。可以说，相互配合以追求最大利益，是成功伙伴关系最为重要的目标。

3. 合作远景

合作远景是指合作竞争的战略伙伴关系之间关于未来合作成就蓝图及其共享的理念。合作远景是个比较诱人的目标，它可以激励合作各方相互配合。在确定合作远景规划时，一般应注意下列几个问题：

（1）合作远景要切实可行，即远景计划的制定要符合实际情况，并具有前瞻性。

（2）远景目标以及实现远景目标的途径是动态的，这就需要根据变化的实际情况不断地调整远景规划和实现目标的途径抉择。

（3）合作远景的阶段性，即长远的目标总是分步骤来实现的。

（四）合作伙伴的选择

1. 选择合作伙伴应遵循的基本原则

选择战略合作伙伴，是建立战略联盟的关键因素。因为，合作伙伴选择得适当与否，直接关系到企业合作竞争战略目标的实现。合作伙伴选择得适当，是日后合作竞争战略进入实质性阶段的基础。合作竞争战略是一个高风险的竞争战略，慎重选择合作伙伴是降低风险的最基本途径。选择合作伙伴应遵循的基本原则是：

（1）趋同的价值观。主要看合作企业间是否对双赢达成共识，对产品和服务的品质的看法是否一致。

（2）利益的潜力。企业应当考虑在与另一企业结成伙伴关系后，能否创造出真正有价值的、在传统交易或合作关系中无法实现的利益。

（3）伙伴关系的目标与企业自身目标的一致性。主要是要有产业及产品发展方向的一致性，以及合作企业的市场地位与自身目标的一致性。

（4）选择合作企业时要考虑清楚三个问题：合作企业对合作关系的态度是否真诚；合作企业是否有发展前景；交易的频繁程度。

2. 合作竞争中应注意的问题

（1）选择适当的联盟形式，是实现合作目标的重要途径。合作的方式很多，如供应或购买协定、市场或销售协定、提供技术服务协定、管理合同、专有技术、专利许可证和特许经营、合资企业等。从产权的属性来看，有紧密性合作、半紧密性合作和松散性合作等。无论采用何种方式，都必须遵循产业价值链增值规律，有利于企业战略目标的实现而构建联盟机构。建立的联盟机构必须强有力且保持一定的独立性。目的在于从属关系明确，易于协调，使合作各方领导职权范围清楚，协作有序。合作各方的意见一般应通过其董事会来传达，以避免合作各方因价值取向不同而影响合作的效力。

（2）建立战略联盟，明确目标，制定一致性的战略联盟规划，并在此基础上选择合适的合作对象。一般来说，合作对象之间条件或实力相当，优势差异较大，企业文化冲突不明显或相容性较强，其合作的成功率就高，反之则低。

（3）建立合作各方良好的协作关系，是保持联盟稳定性的重要因素。战略联盟成功与否，在于合作伙伴之间能否实现协同以及能否建立单独无法实现的可持续竞争优势。这与婚姻类似，合作各方虽然保持各自独立性，但在联盟的所有活动中又必须相互协作，若一方过分依赖另一方，或者认为联盟只对一方有利，联盟的稳定性就会受到威胁。成功的合作是指由信任、承诺、互相学习、灵活联合起来的更有力量的团体。

第九章 公关企划运营与操作

一、公关企划概述

（一）公关的定义

公关是社会组织为了生存发展，通过传播沟通、塑造形象、平衡利益、协调关系、优化社会心理环境影响公众的科学与艺术。

（二）公关企划的原则

（1）公众原则。公关企划的目的是为了赢得公众，因此要认真研究公众的需求、喜好和利益。

（2）公开原则。企划应把握公开事件的时机、范围和人员。

（3）准确原则。在企划之前要掌握多方面、多角度、多层次的信息，并对公众信息进行分析、归纳和总结。

（4）可行原则。从实际出发，分析实施的各种条件，正确评估企划的可行性。

（5）系统原则。一切以整体利益、全局利益为核心。

（三）公关企划的技巧

1. 创意技巧

创意就是表现主题，实现目标的创造性的主意。创意的过程实质上是充分运用经验，以直觉想象进行创造性思维的过程；公关活动的震撼性源于创意的力量。

（1）是对主题创造性的发展，既要保持与主题一致，又要精彩地表现主题。

（2）要与各基本要素相适应，表现为时间的适应性，社会因素、公众心理的适应性以及文化的适应性。

（3）是一种创造性劳动的过程。

（4）必须具备鲜明的个性，个体特征是创意的核心。

2. 程序设计技巧

程序是公关活动的框架。任何一项活动的程序设计都要有完整性，要能够全面地实现活动的企划目标，表达活动的全部内容。

3. 气氛设计技巧

创造公关活动的感染力，首先是场景的设计。富于感染力的场景布置应该是一幅立体图画，能够给人留下深刻的印象。场景设计应遵循以下原则：

（1）紧密配合活动的主题；

（2）充分利用地形地物；

（3）注重设计色彩的协调性；

（4）巧妙组合设计元素，创造强烈的感染力。

（四）公关危机企划的技巧

运用科学有效的调查手段，查明情况，判断危机事件的性质、后果及影响，分析所涉及的公众对象及其关系，是制定公共关系危机处理具体对策的前提。不同的公众对象构成不同的公众关系，因而应对其采取不同的对策。

1. 对组织内部

（1）迅速成立处理危机事件的专门机构。若企业已成立危机管理小组，可在该小组的基础上增加部分人员。这个专门小组的领导应由企业负责人担任。公关部门的人员必须参加这一机构，由其会同各有关职能部门的人员组成一个有权威性、有效率的工作班子。

（2）了解情况，进行诊断。应成立专门机构，迅速而准确地把握事态的发展，判明情况。确定危机事件的类型、特点，确认有关的公众对象。

（3）制定处理危机事件的原则、方针程序与具体对策。

（4）亟须援助的部门，其人员须共同参加急救。

（5）将制定的处理危机事件的基本原则、方针、程序与具体对策，通告全体员工。统一思想认识，保证员工以统一的口径，协同行动。

（6）向传媒人士、社区意见领袖等公布危机事件的真相，表示企业对该事件的态度并通报将要采取的措施。

（7）危机事件若造成伤亡，一方面应立即进行救护工作或进行善后处理，另一方面应立即通知受害者家属，并尽可能满足其探视或其他要求。

（8）如果是由不合格产品引起的危机事件，应立即不惜代价地收回不合格产品，或组织检修队伍，对不合格产品逐个检验。通知有关部门立即停止出售这类产品。

（9）调查危机事件发生的原因，并对处理结果进行有效评估。

（10）对处理危机事件的有功人员进行奖励；处罚相关的责任者，并通报有关各方。

2. 对受害者

（1）认真了解有关情况后，应诚恳地向受害者或家属道歉，并承担相应的责任。

（2）听取受害者的意见时要耐心而冷静（包括要求赔偿损失的意见）。

（3）了解有关赔偿损失的文件规定与处理原则，制定赔偿方案。

（4）避免与受害者或受害者家属发生争执与纠纷。即使受害者有一定过错，也不要在现场追究。

（5）企业应避免发表为自己辩解的言论。

（6）应向受害者及受害者家属公布赔偿方法与赔偿标准，并尽快落实。

（7）与受害者及受害者家属的接触应有专人负责。

（8）安慰受害者，向其表示同情，并尽可能提供其所需的服务，最大限度地做好善后处理工作。

（9）在处理事件的过程中，如果没有特殊情况，不可随便更换负责处理工作的人员。

3. 对新闻媒体

（1）向新闻界公布危机事件时如何措辞，采用什么形式，有关信息怎样有计划地披露等，应事先达成共识。

（2）成立记者接待临时机构，安排专人发布消息，集中处理与事件有关的新闻采访，并向记者提供权威的资料。

（3）为了保证报道的真实，向记者提供资料时应尽可能采用书面形式。介绍危机事件的资料应简明扼要，避免使用专业术语或生僻的词汇。

（4）主动向新闻界提供真实、准确的消息，公开表明企业的立场和态度，避免新闻界的猜测，促使新闻界作出公正的报道。

（5）公开事件时应谨慎。在事情未完全明了之前，不要对发生事件的原因、损失以及其他方面的任何可能性进行预测，不轻易地表示赞成或反对的态度。

（6）对新闻界表现出合作、积极和自信的态度，不可隐瞒、搪塞、对抗。对确实不便发表的消息，亦不要简单地宣称"无可奉告"，而应说明理由，以期获得记者的同情和理解。

（7）不要在向记者发表敏感言论时，强调不要记录。

（8）应以公众的立场和观点来进行公开，不断向公众提供他们所关心的消息。

（9）除新闻报道外，可在刊登有关事件消息的报刊上发布致歉广告，向公众说明事实真相，并向公众表示歉意及承担责任。

（10）当记者发表了与事实真相不符的报道时，应尽快向该媒体提出更正要求，并指明失实的地方。向其提供全部与事实有关的资料，派重要发言人接受采访，表明立场，要求公平处理。特别应注意避免产生敌意。

4. 对上级领导机关

（1）危机事件发生后，应以最快的速度向企业的直属上级实事求是地报告，争取上级的援助、支持与关注。

（2）在危机事件处理过程中，应定期汇报事件发展的状况，取得上级领导机关的指导。

（3）危机事件处理完毕后，应向上级领导机关详细地报告事件处理的经过、解决方法、发生事件的原因等，并提出今后的预防计划和措施。

5. 对客户

（1）危机事件发生后，企业应尽快如实地向有关客户公布事故发生的消息，并表明对该事件的坦诚态度。

（2）对正在或将要采取的各种对策和措施应以书面形式公布。

（3）如有必要，可派人对重点大客户进行面对面的沟通、解释。

（4）在事故处理的过程中，应及时向各界公众公布处理经过。

（5）事故处理完毕，应以书面形式表达歉意，并向理解和援助的单位表示诚挚的谢意。

6. 对消费者

（1）及时确定和判断消费者的类型、特点、数量及分布等。

（2）通过各种传播渠道向消费者发布事故概况说明的书面材料。

（3）听取受不同程度影响的消费者对事故处理的意见和建议。

（4）通过各种渠道公布事故发生的经过、处理方法和今后的预防措施。

7. 对消费者团体

（1）所有的对策和措施，都应以保护消费者权益为前提。

（2）热情地接待消费者团体的代表，耐心回答他们的询问、质询。

（3）不隐瞒事故的真相。

（4）及时与消费者团体中的领导进行沟通、磋商。

（5）通过新闻媒体向外界公布与消费者团体达成的一致意见或处理办法。

8. 对社区居民

（1）企业生存和发展的基地是社区，如果危机事件对社区居民造成了损失，企业应组织人员向居民致歉。

（2）根据危机事件的不同，也可派人分别到居民家庭中道歉。

（3）在全国性的报纸或有影响的地方报刊发布致歉广告。内容应包括作为致歉广告对象的有关公众；公众应了解的事项；明确而鲜明地表示企业敢于承担社会责任、知错必改的态度。

（4）如有必要应向社区居民赔偿经济损失或提供其他补偿。

除上述关系对象外，还应根据具体情况，分别对与事件有关的交通、公安、市政、兄弟单位等公众团体采取适当的传播对策，通报情况，回答咨询，巡回解释，调动各方面的力量，协助企业尽快渡过危机，把企业形象的损害控制在最低限度。

二、开展公关调查

开展公关调查是为了了解和掌握社会环境，从而确定企业当前面临的形势和遇到的问题，这是公关策划必须首先进行的步骤，也是最困难的一步。对每一个企业来讲，既有企业长期面临的问题，也有因环境的不断变化而引发的各种新问题。了解和掌握这些问题并不断地解决这些问题，是企业生存、发展的唯一出路。全面了解问题，确定问题和解决问题的途径就是调查研究。

公关调查的主要目的，就是发现、确定企业所面临的公关问题，为制定公关方案打下基础，并为寻找解决公共关系问题的方法提供必要的信息材料。基于此目的，公关调查应包括环境调查和公关状态调查两部分。

（一）环境调查

环境调查，是对企业所面临的各种环境因素进行调查，以发现并确定企业所面临的公关问题，它包括两个方面。

1. 内部环境调查

内部环境调查，是对企业内部各种环境因素的调查。内部调查的内容主要包括：企业的性质和特点；企业经营管理的方针政策、发展策略和目标，以及具体的行为；企业高层管理人员和员工的素质；企业中关键人物的观点和行为；企业各职能部门的活动过程；企业内部信息传播沟通的情况；以及企业的一些历史性问题等。

内部环境调查的重点，是企业目标调查和企业内部的沟通调查。企业目标调查，是对企业的总体目标、发展策略和发展方向等进行调查。其目的是要清楚地了解企业的性质和特点，为确定企业公关目标打下基础。公关目标 = 企业的总体目标 + 公关因素。因此，它应该为企业的总体目标服务，并有利于总体目标的实现。为了达到这个要求，在确定企业公关目标之前，应先对企业的总体目标进行调查。

企业内部的沟通调查，是对企业内部信息传播沟通活动的全面调查，是企业内部信息沟通的需要、能力和政策，以及具体的活动所作出的全面反映和阐述。它可以为企业最高管理层提供内部传播沟通所必需的数据与资料，这些决策都与企业未来的传播沟通目标有关。从某种意义上说，沟通审查是收集、整理、归纳企业传播沟通活动中的各种信息资料的有效方法，它对企业有着重要的意义。因为，企划主管在确定沟通方式和内容时，必须清楚地了解目前所发生的一切和内部环境的可能发生的变化，而内部沟通审查为其创造了条件。

2. 外部环境调查

当完成企业的内部环境调查之后，公关调查的重心就转向企业的外部环境因素调查。它包括积极因素和消极因素的调查。

外部环境调查，可以说是有关企业所面临的公关问题涉及或影响的社会公众的详细调查。这种调查所获得的信息对于公关策划相当重要。如果企业不清楚社会公众目前想些什么或知道什么，怎能针对各类不同社会公众确立适当的公关目标呢？如果企业对目标社会公众没有详细了解和深入研究，又怎么能确定公关活动的实施策略呢？

对企业的外部社会公众进行调查需要建立一些基本的假设。这些假设主要包括：他们是什么人，他们怎样认知环境，并且已经知道了什么，他们是怎样被卷入环境之中并受环境怎样的影响，以及他们如何获得信息、如何判断信息和如何使用信息等。对这些假设需要进行检验，以便为公关策划提供准确的信息。

对外部社会公众的调查，主要应掌握他们的四类资料：

（1）背景资料。它是指外部社会公众的一些背景情况。包括姓名、年龄、性别、住址、职业、文化程度、收入情况，以及家庭情况等。

（2）知晓度资料。它是指外部社会公众对企业的某一问题、某一事件、某一活动、某一计划等了解的程度。

（3）态度资料。它是指外部社会公众对企业及其有关事件、活动的情感和态度。态度分为延迟性态度和即时性态度两种。延迟性态度，是指外部社会公众在相当长时期内起作用的价值观念；即时性态度，是指外部社会公众在短期内对某人、某事或某物的暂时态度。

（4）行为资料。它是指外部社会公众就某个与企业有关的问题已经或准备采取的行动。

对外部社会公众的调查，应有重点地进行。因为，广告公关部门没有那么多的时间、精力和财力对企业所涉及的所有外部社会公众进行全面的调查，而且，公关活动的实施要有针对性，这也要求应有重点地对外部社会公众进行调查。一般而言，调查的重点，应放在那些具有代表性的外部社会公众和企业所面临的严重问题所涉及的外部社会公众上。

（二）公关状态调查

公关状态调查，是对社会公众关于企业的各种态度进行调查，以了解企业与社会公众之间的关系，企业在社会公众心目中的地位；了解哪些社会公众对企业有好感，哪些社会公众持反对态度，以及这些态度产生的原因。这样不仅可以确定企业目前的公关状态，而且还可以知道应采取什么措施维护或改进企业与社会公众之间的关系。

对企业公关状态的调查，企划主管需要首先了解表示公关状态的指标。根据这些指标，通过对社会公众的调查研究，就可大致了解企业的公关状态。衡量企业公关状态的指标主要有：

（1）各类新闻报道及其评估的内容和观点，可以了解新闻界与社会公众对企业是否关心、关心的程度，以及他们对企业的态度和意见。

（2）企业产品的销售情况。社会公众对企业的态度和意见，很大程度上是通过他们是否购买该企业的产品反映出来的。

（3）企业股票行情的变化。除市场调查带来的自然波动外，企业股票价格的大起大落，反映出社会公众对该企业信心的变化。股票行情的变动，可以直接反映出社会公众对企业的信心、印象。

（4）企业内部成员的态度和意见。企业内部成员对企业的态度、意见，不仅直接关系到企业的士气，而且也会影响社会公众，尤其是新闻界对企业的看法和评价。

（5）企业竞争对手的公共关系状态。企业竞争对手的公关状态，是企业公关状态的一面镜子，通过对竞争对手公关状态的分析，可以了解本企业的公关状态。同时，这也有利于企业取对手之长以补自己之短，不断改进公关状态。

（6）销售人员的感受。销售人员在外受社会公众欢迎的程度、产品销售量，以及他们亲耳听到的社会公众的各类反映和意见，都可以作为评价企业公关的参考。

（7）上级部门的态度和意见。上级部门是企业社会公众中的一个重要部分，上级部门对企业的评价，对企业各方面工作的支持程度，是企业公关状态的反映。

（8）社会政治经济发展、变化的趋势。社会政治经济发展、变化的趋势，会影响到所有企业的经营情况，从而影响到企业的公关状态。

（三）公关调查的方法

在进行公关调查时，可以采取的调查方法有很多。常见的调查方法主要有民意测验、重点调查和新闻调查等。这些方法的侧重点不同，所揭示社会公众的态度和意见的层面也不同，对公关问题的确定和公关策划的作用亦不同。它们相互之间不能替代，在需要了解综合情况时，应同时运用这些方法进行全面调查，并综合分析调查所得出的结论。

1. 民意测验法

民意测验法，是通过对企业需要了解的全部社会公众，或其中的一定代表进行问卷调查，以了解社会公众对企业某事或某人的态度的调查方法。民意测验法的基本步骤如下：

（1）明确调查目的。调查目的要明确、具体和集中，切忌空泛、分散。围绕调查目的制定调查的总体方案，应具有切实可行性。

（2）确定调查的对象和范围。企业往往掌握大量的社会公众，一般来讲，这些社会公众都是企业的调查对象。但是，由于人、财、物和时间的限制，企业不可能对所有的社会公众都进行调查访问。所以，必须根据调查目的来确定对象和范围，进行抽样调查。

（3）设计调查问卷。调查问卷，是民意测验法的重要工具。它是根据调查目的而设计的具体问题的表述，用来反映调查的具体内容，也称为调查表。由于调查问卷上的问题都按一定标准规定了选项，被调查者只能在固定的答案中选择。所以，问卷调查的内容具有标准化、指标化、系统化的特点，便于整理分析，适用于大面积调查。但也可能因调查问卷的提问方式和内容的不同而影响被调查者，从而影响调查结果。这样，问卷设计是否客观和完善，就直接关系到调查结果的真实性和可信度。

调查问卷的形式，分为封闭式和开放式两种。封闭式问卷在每个问题之后，均有可供选择的答案，一般大规模的民意测验均采用封闭式问卷，它便于统计和分析，但对一些问题的调查不够深入。开放式问卷在每个问题之后，没有可供选择的答案，调查对象根据自己的情况和意愿自由回答，也称"自由回答法"。通过开放式问卷调查，能够收集到对一种事物各个方面的反映，但统计和分析比较麻烦，调查结果的误差也较大。因此，开放式问卷调查的使用一般较少。

（4）调查访问。调查问卷设计好后，企业就应在确定的调查对象和范围之内，确定调查样本，进行具体的调查。调查有直接调查和间接调查两种方式：直接调查，是调查者直接面对调查对象、说明调查的目的、解释有关问题之后，请调查对象当面填写调查问卷的方法；间接调查，是将调查问卷寄给调查对象或通过电话进行调查的方法。

（5）整理分析。调查问卷收回后，企划主管必须及时整理分析。调查问卷经过科学的整理和分析，更能接近被调查事物的本来面目。整理和分析工作应按以下步骤进行：

筛选。即剔除无效问卷，统计有效问卷。

登记。将每份问卷上代表各种答案的编码登记在统计表格上。

统计。累计每一编码出现的次数。

整理开放式问卷。通过抄录、摘要和分类，统计出索引，以便归类分析。

分析。在原始问卷和统计数据的基础上，进行分析，得出调查结果。

（6）作出调查报告。调查结束后，调查人员应该就调查结果和调查情况作出调查报告。

在民意测验中，一定要特别注意调查对象和调查范围的确定，以及问卷设计和统计分析的科学性。这样，才能保证调查结果的客观、真实和科学。

2. 重点调查法

重点调查法，是指对社会公众态度和意见有重大影响力的若干人物进行深入调查，了解他们的态度和意见，并进一步分析研究其态度和意见的形成以及变化趋势的调查方法。在重点调查中需要特别注意的是，对重点调查对象的辨认和对重点对象本人及其在群体中的背景资料的了解。这样，才能真正做到把握重点，以重点代表一般。

3. 新闻调查法

新闻调查法，是通过调查新闻媒体上出现的有关企业的新闻报道和其他相关的新闻报道，从中了解社会公众的态度和意见，并据此研究影响社会公众态度的意见的因素的方法。

4. 其他调查方法

除了上述调查方法之外，还有一些其他的调查方法，如对广播与电视节目接收者采用的调查方法，其中常见的主要有以下三种方法：

（1）日记法。要求被调查者在调查期间，每天将收听广播、收看电视的次数、时间，以及其他有关事项记录下来，定期向调查人员报告，以供分析和研究。这种方法比较简单易行，但是调查效果受被调查者的态度和责任意识的影响较为明显。

（2）表录法。是将一种电子记录器指针调整到与被测电台的频率、电视台的频道相一致，以测定各传播媒体对有关信息的发布情况。这种方法的最大缺陷是无法确定哪些人在收听、收看。

（3）电话访问法。也称同步法或回忆法，是在有关企业的节目播出期间或刚刚播放完毕，由调查者进行电话访问，了解社会公众对节目的收听、收看情况，以及对企业的反应。

当然，调查的方法多种多样，企划主管应当根据具体情况选择最适宜的方法，以保证调查结果的公正和客观。

（四）公关调查的成果

企划主管在了解和掌握上述指标及相关资料之后，就可以对企业的公关状态作出评估。在具体进行评估时，可以企业在社会公众中的知名度和美誉度作标准，来评估企业的公关状态。公关调查的成果，就是一份公关问题报告。作为调查的成果，公关问题报告应详细回答以下几个问题：

（1）企业公关问题产生的原因是什么？

（2）该公关问题是一个什么样的问题？

（3）在该公关问题中，谁被卷入或谁受到影响，以及他们是怎样被卷入或怎样受到影响的？

（4）为什么该公关问题是企业与社会公众之间的利害关系问题？

一般来说，公关问题报告的内容，包括在调查的基础上对发生问题的前因后果进行的具体分析和阐述，但是，它不包括解决与处理问题的方法。需要注意的是，它是对目前的"现在正在发生的事情"，而不是将来的形势或问题进行的分析。

三、公关策划方案

企业面临的公关问题与形势确认之后，企划主管就必须提出解决问题或适应形势的方法。同时，企业公关活动的推广应建立在完善的公关策划方案基础之上。企业公关策划方案是企业公关活动成功的关键。如果缺乏策略思想和计划，就会导致沟通得不到希望得到的结果，或在非目标社会公众身上浪费资金与时间，甚至加大问题的复杂性。因此，企业必须制定公关策划方案，以实现既定目标。

（一）制定公关策划方案的程序

公关策划方案的制定，是以企业公关目标的确定为起点，并在对环境及其发展趋势充分调查的基础之上进行的。其具体过程主要包括下列四个基本步骤：

（1）历史研究。任何企业的任何问题以及任何机会，都有其历史根源。同样，公关问题也有其历史根源。对公关问题的根源和背景的了解和掌握，有利于准确地确定问题和采取适当的措施来解决问题。此外，如果企业过去曾出现并解决过类似的问题，对历史的研究还可以为我们提供解决问题的有益启示。因此，了解历史情况，应该是制定公关策划方案的第一个环节。

（2）外部社会环境考察。在完成历史根源研究之后，就应对企业的外部社会环境进行考察。外部社会环境考察，主要是了解：企业对外部的哪些社会公众依赖关系较强；哪些社会公众可能给企业带来麻烦和问题；外部社会公众对企业的现状及行为评价如何；企业与社会公众之间有哪些误解；是否有敌对情绪，以及误解和敌对情绪产生的原因。在这方面，可以直接利用公关调查的成果。外部社会环境考察的主要目的，是对外部社会环境中的有利和不利因素进行分析，并据此制定相应的对策，从而使企业公共关系计划适应外部社会环境，以实现企业的公共关系目标。

（3）内部环境考察。每个企业都有它自己的特点或个性。特点可以从它的政策和日常工作中反映出来，个性则反映企业经营管理的风格：是专制统治，还是分权管理；是公平、坦诚式领导，还是封闭、多疑式统治。内部环境考察，就是要了解企业的特点和个性，企业运作的规律，以及它们能否为企业内部成员所接受，能否真正促进企业的发展。实际上，对企业特点和个性的考察，就是对企业本身的研究。这一过程与前一过程一样，也可以直接利用公关调查的成果。

（4）趋势展望。这一步骤所关注的趋势，既包括社会政治经济和文化发展变化的趋势，也包括企业本身生存发展的趋势。公关策划方案应对此趋势有所体现，从而使策划方案具有长期性和协调性。

（二）公关策划方案的内容

公关策划方案仅仅有抽象的目标和良好的愿望是不够的，必须用尽可能详尽和具体的材料，并灌注热情的语言，以使企业公关能够得到企业董事会或最高管理层的认可和支持。也就是说，公关策划方案必须以书面材料的形式向企业最高管理层提交。公关策划方案应详细说明和规定企业公关活动目标，并为实现这些目标作出具体的安排。这样可以使企业最高管理层了解和接受公关策划方案，使他们承认和肯定公关活动与企业目标的一致性。

为达此目的，在公关策划方案中，一般应包含预算、灌输、时间等内容。

1. 预算

提出预算的理由。在预算中，与科学性同时存在，并且同样重要的是它的艺术性。企业财务主管人员对于预算的基本看法，是预算者要求的总是比需要的更多。因此，为了使预算能够得到批准，在公关策划方案中，必须包含。

（1）便于企业高层管理者掌握实施公共关系活动的费用，使他们能够在给定的资金范围内，进行公关活动。

（2）便于企业高层管理者在公关活动中，对支出和超支进行分配和控制。同时，在公关活动结束之后，企划主管能够对照预算进行检查，以考察预算是否适度，以及分配和控制是否正确适当。

预算的要素。公关策划方案中的预算，应该具体、明确。它应包括下列四个要素：

（1）企业公关活动所需的人力。这不仅包括公关咨询人员，也包括所有的辅助工作人员。由于企业公关活动是劳动密集型和智力密集型的结合，所以这项费用往往是预算中最大的一项。

（2）企业公关活动所需的管理费。包括企业公关活动中的一些固定开支和一些变动费用开支。

（3）企业公关活动所需的物资用品。

（4）企业公关活动所需的其他支出。

确定预算的标准。在确定预算时，一般应以下列标准为依据：

（1）企业总收入水平或可利用资金总额。市场促销或资金筹措活动一般以此作预算标准。在这些活动中，预算往往根据市场销售前景和预期筹措资金总额，计算一定的比例。

（2）竞争的需要。以此作预算标准时，预算就要超过或者至少等于竞争对手或竞争产品所花费的资金总额。这种方法风险很大，也很不科学，但往往能满足竞争的需要。

（3）实现企业公关目标的难易程度和复杂程度。

（4）利润或超额利润水平。以此为标准所确定的预算，主要取决于企业的"损益平衡点"，因而具有较大的波动性。

（5）各种意外出现的可能性及其可能造成的损失。考虑到此因素，就要求预算具有一定的弹性。

确定预算应注意的问题。在根据上述标准确定预算时，要特别注意两点：

（1）了解利用资金去购买的物品的价格，以使预算资金的分配合理、组合优化，发挥资金的最佳效率。例如，一个负责发布新闻报道的公共关系人员，应该了解在各种不同等级报纸、杂志及其他媒体上进行宣传的收费标准、装潢费用水平、邮资等，从而能够根据宣传的需要和预算资金的数额来对整个宣传经费进行合理安排。

（2）成本与价值是有区别的，成本仅仅是价值的基础，而并非价值本身。虽然有时费用很小，但却没有价值，反而造成成本的增加；有时却正好出现相反的情况。因此，确定预算时要从成本与价值两个方面综合考虑，以使成本与价值之比达到最佳水平。

2. 灌输

公关策划方案被企业最高管理层正式批准之后，接下来的工作就是向有关人员灌输这一方案。否则，可能会因为一些重要的相关者不了解方案而使方案得不到很好的贯彻实施。因此，在公关策划方案中，应当包括向有关人员灌输的措施、方式和步骤。

公关策划方案的灌输，可以采取讨论会的形式，让广告公关部门的人员参加并公开发表自己的意见，并由企划主管将意见统一起来，进行总结；也可以根据具体情况，将公关策划方案的主要内容制成书面材料，张贴在宣传栏或印刷成宣传手册发给相关人员。

不论采取什么形式进行灌输，都应注意四个方面的问题：

（1）把公关策划方案的基本问题向相关人员解释清楚，并说明这些基本问题如果得不到恰当的处理，将会给企业带来哪些不利的影响。

（2）向相关人员说明在执行公关策划方案的过程中，如果出现问题应该采取哪些补救措施。对此可以通过类似的例子来进行说明。

（3）应向相关人员强调公关策划方案的执行应与企业所依赖环境的发展状况相适应，同时还要注意灵活性与原则性的统一，以保证公关活动最终对企业产生积极的影响。

（4）在对公关策划方案进行解释时，应简明扼要，突出重点。

3. 时间

在公关策划方案中，还应当考虑的一项重要内容是公关活动的时间安排。之所以如此，主要是因为社会公众不习惯接受任何突然的、剧烈的变化，而习惯于一个他们认为是正常的发展过程。而企业开展公关活动的目的在于取得预期的社会公众反应。所以，应该循序渐进地对公关活动所针对的对象进行信息的传播与沟通。

因此，企业公关活动要取得预期的效果，应遵循一定的逻辑发展顺序，在时间上有一个过程。

在企业公关活动的时间选择和安排上，为所有公关部门的人员提供了许多有利的时机。时机虽然很多，但能否利用好，就要看广告公关部门的人员对社会环境、社会公众心理等许多方面的理解和掌握了。下面的例子很能说明这个问题。

一家大型钢铁公司召开新闻发布会，宣布由于劳动力成本的提高，钢材要涨价。但是，两天之后，这家公司又发布每年一度的公告，大肆吹嘘公司的盈利水平。公告与新闻发布会的不协调性，在社会公众中所引起的反感是可想而知的。既然年度公告的时间是每年固定不变的，那么，为什么不将钢材涨价的消息另行选择一个较好的时机宣布呢？这充分说明了时机选择和安排对公关活动效果的重大影响。

（三）监控公关策划方案

为实现企业公关目标而制定的方案形成之后，不能产生一劳永逸的思想。对方案制定过程中的每一步都要进行检查。检查可以发现并弥补漏洞，增强说明力，防止企业公关活动产生负面的效果。如站在消费者的立场上，对企业的产品与宣传进行检查，检查企业产品质量和服务质量，检查企业宣传中的许诺，检查宣传媒体，检查宣传的标题和说明等。不断检查就能不断改进，而这最终将有利于企业在市场竞争中取胜。同样的道理也适用于公关策划方案，以及依据其开展的企业公关活动。

1. 检查的内容

对公关策划方案的检查，既包括对方案本身的检查，也包括对实施方案手段的检查；既包括对方案中所包含信息的可接受性的检查，也包括对客观环境变化的检查。

（1）对公关策划方案本身和实施手段的检查，要特别注意方案制定和实施过程中存在的障碍。尽管公关策划方案的价值是明显的，并为人们所承认，但在其制定和实施过程中仍然会遇到一些障碍。这主要表现在两个方面：一是企业最高管理层在确定经营管理方针政策和具体决策时，常常会忽略邀请广告公关部门人员参加。这种忽略所产生的严重后果就是，在企业经营管理方针政策和具体决策中，没有制定与实施公关策划方案相配合的相关方案。二是广告公关部门人员忙于处理日常事务而缺乏必要的时间，难以对公关目标进行思考和对公关策划方案进行调整。在检查中如果发现这些干扰，企划主管就应采取有效的手段排除这些干扰，使公关策划方案能够得以顺利实施，保证目标的实现。

（2）对公关策划方案中包含信息的可接受性和客观环境变化的检查，主要是指让公关策划方案中的信息能够为社会公众所接受，并能适应社会环境的变化。因为对于企划主管来讲，他对方案中使用的所有信息与问题是很清楚的，但对于信息的接受者来讲，则不一定。而且，社会环境是不断变化的，有些是由于社会公众关心焦点的转移，有些则是由于事件本身的发展。这就常常导致公关策划方案的失败。因此，为增强方案的生命力，必须对信息含义的同一性进行检验，还应将信息与事件本身和社会环境相比较，使它们相吻合，一旦发现问题，就有必要对传播沟通的信息进行调整、修改与补充。

2. 检查的方式

公关策划方案的检查方式，即"反应分析法"。首先将公关策划方案在小范围内或样本社会公众身上实施，在取得经验并进行调整、修正与补充之后，再全面实施方案。这样，可以最大限度地减少计划的负效果，避免整个公关策划方案的失败。

3. 检查的标准

检查公关策划方案，应严格依照标准进行。公关策划方案的检查标准，是良好公关策划方案所应具有的特征。依据它们，就可以知道公关策划方案是否完善：

（1）完整性，是指公关策划方案为实现既定的公共关系目标，而对所有有关工作都进行了妥善的安排。

（2）预见性，是指公关策划方案有助于增强企业经营管理的预见能力，有利于企业的有效管理。

（3）进攻性，是指公关策划方案具有较强的主动进攻意识，而不仅仅是被动防御。

（4）时间性，是指公关策划方案对实施方案的时机选择和安排，以及整体策略都作了精心的安排。

（5）弹性和协调性，是公关策划方案的生命。它们是指公关策划方案对各种意外情况的适应能力，它可增强公关策划方案对社会环境变化的适应性。

四、实施公关沟通

根据介绍，可以把公关策划方案的制定归纳，如图 9 - 1 所示。

企业公共关系问题一旦确定，并得出了结论，制定了公关策划方案，接着就应按方案采取具体的行动来解决问题。借助于调查的结果和公关策划方案，企业便可以开展具体的公关沟通活动。

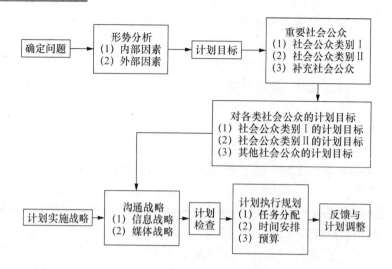

图 9-1 公关策划方案制定

沟通是指人们相互之间通过语言、文字或行为等信息的交互作用，转换、传送和接受思想，引起态度、观点和行为的变化，达成共识。

现代社会，沟通已成为使整个社会凝为一体的粘合剂。人类的社会生活是在沟通的海洋中度过的，一种声音和一个动作都会有丰富的含义，都是一种沟通的方式。人的一生要花费 70% 左右的时间，进行语言性沟通——听、说、读、写。在相互沟通的过程中，语言与行为是主要的方式，是表达思想的主要载体。

如果孤立地确定影响社会公众的行为规则，那么，这些规则即使不是完全无效的话，其效果也会令人大失所望，专业化传播媒体和先进的沟通技术为满足沟通者的沟通需要提供了极大的可能性。即使如此，有效的沟通活动仍然要求沟通者必须根据具体的时间、地点、形势，以及社会公众的特点，精心地选择传播媒体和沟通技术。

同时，沟通者在试图改变沟通对象的态度、观点和行为时，应尽可能开展规模较小但影响力较强的沟通活动。此外，在沟通过程中，沟通者要注意保持信息的持续性，即对一种信息以一种具体形式反复传播。当然这种沟通应有限度，应适可而止，并注意精心地选择时间、地点和方法，以及可以通过不同途径将信息传播给社会公众的传播媒体。

总之，特定的信息，特定的社会公众，以及沟通者期望得到的特定效果，都要求沟通者必须采用特定的沟通措施。

（一）沟通事实

在实施沟通之前，沟通者必须首先了解、牢记以下沟通事实，以使沟通不脱离实际，保证沟通能够达到最终的目的。

（1）社会公众是由众多个体构成的，这些个体的生活和工作特点各不相同，并分散在社会生活结构的各个部分，他们要受到各种因素的影响，沟通者所传播的信息只是其中的因素之一。

（2）社会公众乐于阅读、观看或倾听与他们原有知识和认识具有一致性的信息，以及与他们切身利益密切相关的信息。

（3）各种传播媒体创造了他们各自的社会公众，喜欢某一种传播媒体的人，可能不喜欢另一种传播媒体。

（4）虽然传播媒体对社会公众的态度、观点和行为产生大量的不同影响，但是这种影响却很难测量出来。

（5）社会公众对沟通信息的理解存在滞后性，即信息传播与社会公众对之的理解和掌握，以及依据信息改变态度、观点和行为存在一段时间差。

要想顺利实施沟通，并使沟通活动取得成功，沟通者就必须了解和牢记以上事实，并始终把"向社会公众传递信息"作为主要目标。

（二）实施沟通的措施

在沟通过程中，沟通者首先需要精确地确定其要影响的目标社会公众，然后再根据目标社会公众对沟通问题的关心程度来制定不同的策略、采取不同的措施，以实现沟通的目标。具体来讲，沟通者可以采取的措施主要有：

（1）确定目标社会公众。沟通者实施沟通的措施，首先是对社会公众进行细分，以确定自己要影响的目标社会公众，然后再调查并确定他们的态度、观点和立场。这样，不仅可以确定沟通者的沟通策略和技术，还可以尽量避免与目标社会公众在态度、观点和立场方面发生冲突。

（2）设计制作能够为目标社会公众所接受的信息。在了解目标社会公众的态度、观点和立场之后，沟通者应该用目标社会公众可以接受的语言或事例来设计制作信息，以使沟通信息不仅在目标社会公众的接受能力范围之内，而且易于为目标社会公众所接受。

（3）选择目标社会公众所喜爱的传播媒体。要使沟通取得最好的效果，沟通者设计制作的信息必须全部或大部分为目标社会公众所接受。这就需要通过利用与目标社会公众所处的社会位置和心理位置最接近，并在目标社会公众心目中信誉度较高的传播媒体来传播信息。

（4）选择适当的时机。沟通者必须根据沟通的目的、所选择的传播媒体和选用的沟通技术的具体要求，以及目标社会公众的特点，精心选择和安排沟通实施的时机，甚至通过制造新闻的办法来创造时机。

（5）排除各种沟通障碍。沟通者还必须根据沟通过程中可能遇到的障碍，采取有针对性的预防措施和排除障碍的具体措施，以保证沟通的顺利进行。

五、公关效果评估

沟通实施之后，公关策划活动就进入了下一步骤，即对企业公关活动的效果进行评估。实际上，公关策划方案的制定、企业公关活动的实施及其效果的评价与测量，都属于评估的范畴。

（一）公关效果评估的程序

被评估的企业公关活动规模无论是大还是小，企业公关活动实施效果评估的基本程序都应该得到保证。这些基本程序如下：

（1）确立统一的评估目标。并从可观察与评估的角度将目标具体化，是评估程序的第一步。如果评估目标不统一，则会在评估调查中收集许多无用的资料，影响评估的效率与效果。而确立了统一的评估目标，同时将目标具体化，不仅有利于评估资料收集工作的明确化与准确化，将有关问题以评估重点或提问要点的方式形成书面材料，而且还有利于保证评估工作沿着正确的方向顺利进行。

（2）得到企业最高管理层的认可。对评估的方法、程序等方面予以充分的考虑和周密的筹划，以及评估工作的具体实施，都需要企业全体人员的共同努力、参与和协作。所有这些都必须以征得企业最高管理层的认可和支持为前提。

（3）在企业公关部门人员中达成共识。如果公关部门人员自身都没有对评估工作取得一致意见，那么，评估工作就根本无法进行。因此，有必要花时间让广告公关部门人员对评估工作的所有细节取得一致的意见。

（4）选择适当的评估标准。没有评估标准，肯定是无法进行评估工作的。评估目标说明了企业公关活动的期望效果，而评估标准是评估目标的具体体现和评估工作的尺度。所以，应根据评估目标来选择或确定适当的评估标准，以保证对企业公共关系活动实施的效果进行客观公正的评估。

（5）确定收集评估资料的最佳途径。所谓的最佳途径，是在全面考虑了评估目标和评估标准，以及评估预算等因素之后，确定的收集评估资料的具体方式和方法。调查，并非是了解企业公关活动实施效果的最佳途径。有时，企业公关活动的记录，就能提供这一方面的大量材料；而在有些情况下，企业公关活动在小范围的试验材料和最终报告，也是十分有效的证明材料。因此，在收集有关评估资料方面，没有绝对和唯一的最佳途径。

（6）保持完整的企业公关活动实施记录。企业公关活动完整的实施记录，能够充分反映广告公关部门人员的工作方式和工作效果，尤其重要的是，能够反映公关策划方案及其实施措施的可行性程度，哪些措施是有效的，哪些措施是无力的或者无效的。这样，不仅为企业公关活动效果的评估提供了充分的资料，而且还为深入分析公关策划方案的制定及其实施措施，评估企业公共关系活动的最终效果奠定了基础。

（7）向企业最高管理层汇报评估结果。将评估结果向企业最高管理层回报，应该成为评估工作中的一项固定制度。一方面它可以保证企业最高管理层及时掌握情况，有利于进行全面的协调；另一方面也可以说明，企业公关活动在持续地保持与企业策略目标的一致性，以及在实现策略目标过程中的重要作用。

（8）评估结果的充分使用。评估结果不是装饰品，不能只将评估形成的书面结果保存起来，而不在实践中使用。对评估结果的利用，是进行评估工作的目的之一。广告公关部门人员必须对评估结果加以充分利用。通过对前一个周期企业公关活动评估结果的充分运用，企业公关问题的确定和形势分析将会更加准确，企业公关目标的确立和公关策划方案的制定，以及企业公关活动的实施，都将更加符合企业发展的方向和更切合实际，从而就使企业公共关系活动的每一个周期都比前一个周期表现出更大的影响力，取得更大的成功。

对评估内容按阶段和层次进行划分，是非常必要的。这样，可以避免评估工作中一个普通的错误：把广告公关部门人员和企业最高管理层的注意力吸引到表面发生的现象上去，而忽视了本质。沟通专家们把此错误称为"替代游戏"，用魔术师的话来说就是"转移注意力"。具体来讲，就是将某一层次的评估结果误以为是另一层次的评估结果。例如，把企业发布宣传单的数量和散发宣传手册的数量，以及参加会议的人次数，误以为是企业公关活动有效性的结果；或者将利用传播媒体的版面篇幅和时间，作为评价对目标社会公众影响的重要数据。

（二）公关效果评估的内容

公关效果评估的内容，可以分为三个阶段、十三个层次。

1. 企业公关活动准备过程的评估内容

（1）活动准备的背景材料是否充分。

（2）活动准备的信息是否充实、正确。

（3）活动准备的信息的表现形式是否恰当。

2. 企业公关活动实施过程的评估内容

（1）活动中，发送信息的数量。

（2）活动中，信息为传播媒体所采用的数量。

（3）活动中，接收到信息的目标社会公众数量。

（4）活动中，注意到信息的目标社会公众数量。

3. 企业公关活动实施效果的评估内容

（1）活动后，了解信息内容的目标社会公众数量。

（2）活动后，改变态度的目标社会公众数量。

（3）活动后，发生期望行为的目标社会公众数量。

（4）活动后，增加或保持期望行为的目标社会公众数量。

（5）活动后，是否解决了问题，是否达到了目标。

（6）活动后，对社会和文化的积极影响。

六、公关策划技巧

公共关系是一项技术性和艺术性很强的工作。在进行公关策划活动时，灵活运用公关技巧，能使公关效果超出预期的目标。下面介绍几种技巧。

（一）制造新闻

要扩大组织的影响，提高组织的知名度和美誉度，就要大力开展宣传活动，这需要支付一定的广告宣传费用，但组织的经济条件往往不允许。若能免费使用报纸的新闻版面和电视、广播的新闻节目时间，则是最理想的方式。然而，一篇没有新闻价值的稿件是不会被编辑采用的，因此，企划主管需有"制造新闻"的技能。

所谓制造新闻，是指制造具有新闻价值的事件和报道材料。即由企划主管以他所代表的组织发生的真实事件为基础，把其中包含新闻要素的内容加以挖掘整理，通过新闻媒介传播出去。可以说，制造新闻带有浓厚的人为色彩，体现了一定的计划性。一项独具特色的公关工作，从方案设计到实施完毕，制造新闻贯穿全过程。企划主管在其中担任了双重角色：既是组织内部真实事件发生的参与者，又是该事件让公众知晓的报告人。

企划主管制造新闻与假新闻是不可同日而语的。事实上，所谓"真新闻"，也是通过记者采访和加工报道出来的，只不过没有经过人为的推动而发生；而所谓的制造新闻，则是为了宣传某个组织的形象，通过采取公众所赞赏的政策和行动，在组织内部取得工作实绩后，再由企划主管有意识地采写报道或向新闻单位提供素材。并不能断言，自然发生的、由记者亲自写出来的新闻，就一定比有计划地进行且由企划主管写出来的新闻更好、更真实。

制造新闻虽然与一般新闻有所不同，但必须按照新闻报道的要求，针对公关的特点，遵循一定的程序和方法进行。为了制造一条高质量的新闻，首先，企划主管要了解新闻媒介的运作规律；其次，企划主管要与新闻界建立良好的关系；最后，企划主管要熟练掌握撰写新闻稿的技巧。

成功的制造新闻往往是与公共关系有特色的专题活动、大型公关广告等工作分不开的。因此，制造新闻很难找出一套固定不变的原则和方法，要靠企划主管凭自己的知识和实践经验去展开公关活动。下面简单介绍几种最基本的方法。

（1）就当前公众最关注的话题制造新闻。公众在不同的时期，重视的事物不同。如《羊城晚报》、《广州日报》等广州各大传媒曾相继报道我国大量知名企业、驰名商标和其他有特定称谓的网络域名在国际互联网上被他人抢先注册，而多数企业对此事却全然不知的新闻。见报的当天，广东公众信息国际互联网络中心的公关策划人员致电有关传媒，并召开记者招待会，通过传媒告诉读者：域名被抢注仍可补救，加紧注册域名对企业十分必要，在互联网上建信息网站能为企业谋大事。公众信息国际互联网络中心是域名注册的专业机构，可帮企业建信息网站。一时间各大传媒纷纷报道此事，使公众信息国际互联网络中心名声大振。此后，该中心的公关策划人员又举行域名反抢注行动，邀请记者参加，还与《粤港信息日报》合办现代资讯版。一波未平一波又起，提高了新闻的见报率。

（2）抓住"新、奇、特"三个要素制造新闻。在激烈的企业竞争中，要成功地制造新闻，企划主管须别出心裁，使公共关系活动具备新、奇、特的条件，才具有新闻价值。

（3）为强化制造新闻的效果，事先应制造一些热烈气氛，使公众心里有所准备。如法国白兰地公司通过给美国总统艾森豪威尔赠送两桶有67年酿造史的名贵白兰地酒作为他67岁寿辰的贺礼，制造有关白兰地的新闻。在赠送仪式举行的前一个月，各种媒体开始传播赠酒的消息和关于白兰地的种种传说与趣闻，使之成为华盛顿市民的热门话题，以至到总统寿辰那天，竟出现了万人空巷的现象，人们都集中在白宫门前等待送酒仪式的举行。从此，白兰地向美国市场发起了猛烈进攻。

（4）要有意识地把本组织与某些权威人士或社会名流联系在一起制造新闻。例如，一家企业开工庆典或周年庆典，如果有几位政府官员、知名人士参加纪念活动，请他们剪彩、题词，同时举行记者招待会，发布企业方针目标或取得的成就，那么它就可能成为新闻。因为权威人士、社会名流本身就是新闻人物。如果请名人做产品广告，其本身就有新闻性。

（5）把节日或纪念日联系在一起，制造有关组织的新闻。传统节日、纪念日虽年年都有，但年年到此时都是新闻报道的重点。如三八节属于女同胞，五四节属于青年人，六一节属于少年儿童。所以，联系传统节日开展公关活动，易于制造新闻。

（6）注意与报社、电台和电视台等新闻机构联合举办各种活动，增加本组织在传播媒介中亮相的机会。如一家企业与电视台等新闻单位举办香港基本法知识抢答赛，这家电视台因自己是主办单位之一，必然会将这次活动拍摄成节目播放，于是这家企业也会在整个过程中，频频在屏幕上露面。

制造新闻使之产生轰动效应是企业的一系列诸如公关、广告、赞助等活动的综合结果，效应的产生有利于树立企业形象、加强与社会公众的沟通，会产生巨大的社会效益，最终会带来经济效益。像争议效应、盘古开天地效应、名物效应、事物效应、明星效应、禁宫效应等都是上述六种制造新闻的基本方法的具体体现。这些技巧的巧妙运用，需要在实践中不断总结归纳。

（二）公关广告

公关广告是一种希望增进公众对组织的总体性了解，提高组织的知名度和美誉度，从而使组织的活动得到公众信任与合作的广告。目前常见的产品促销广告就是产品广告，但宣传某个组织向大众所提供的某项有偿服务，也属于产品广告。无论是产品广告还是公关广告，都是进行公共关系宣传、树立组织形象的方式。产品广告宣传企业的产品形象，从一个侧面树立了组织形象；公关广告则是直接为树立组织形象而做的广告，注重组织的策略目标。

两类广告在宣传内容、表达方式、作用、途径和效果等方面存在明显的差异。通俗地概括，公关广告致力于"推销组织"，产品广告致力于"推销产品"。前者商业味淡，后者刺激消费的意图明显，商业气息浓。

1. 公关广告的分类

公关广告的内容是以组织机构在一定时期的政策作为主题。不同类型的主题有不同的内容。

（1）形象主题广告。它是公关广告中最为普遍的一种。其内容在于强化企业与社会的关联性，谋求社会公众的支持。如青岛一家企业独家赞助了28集电视连续剧《末代皇帝》，你喜欢这部电视连续剧也就该感谢这家企业了。

（2）形象主题广告。以行象为主题的公关广告是指塑造组织机构在对人、对事的态度和行为方式上所表现出来的特征的公关广告。它以建立消费者的新观念为目的，一般不直接介绍商品，也不宣传企业信誉，而是通过广告建立或改变公众心目中对一个企业或一种产品的固有观念。

（3）创意主题广告。这是一种以能激发社会公众意向性为主题的广告。它不直接介绍商品，而是用企业组织的历史与成就来宣传一贯奉行的宗旨，以达到重新建立社会信誉的目的。它多用于历史悠久的企业和商品上，利用各种传媒向广大读者和听众祝贺新年、佳节，宣传本组织的改革成就。如广东太阳神集团公司许多年元旦均在《南方日报》等媒体上刊登整版新年致辞的公关广告。

（4）记事形式广告。记事形式的广告是一种以第三者的立场、角度来将组织和产品的资料编辑整理，再用新闻报道或专题报道的形式出现的广告。

综上所述，公关广告的内容可以包括这些：宣传组织宗旨；介绍组织经历；提供组织为公众服务的方式；宣传与组织机构信誉有关的产品信息、资料；针对公众心理，提供有利于本组织行为的报道；为改善组织与公众"形象距离"的各种努力。

从总体上说，公关广告可分为企业性广告、公益性广告和创意性广告三种类型。企业性公关广告是以创品牌和树立企业形象为主要目标的广告形式。公益性广告是指不以盈利为目的，而为社会提供免费服务的广告活动。这类广告对企业组织来说，是响应公众对社会福利、社会文化、社会时尚等许多方面的需要而开展的，故又称"响应性广告"。如禁止贩毒吸毒，保护文物古迹，为残疾人募捐等都是公益性广告的主题。创意性公关广告是指率先发起某种社会活动或提倡某种新观念等为主题的广告，其特点在于创造性，如能获得成功，既可以表明组织对社会的积极态度，又能给公众留下"领导新潮流"的强烈印象。

2. 公关广告的策略

策划公关广告，最重要的是制定公关广告策略。所谓公关广告策略就是为了实现企业组织的经营方针和公共关系目标而对广告主题、广告创作、媒体选择等作出的全局性谋划，即勾画出一幅广告活动的蓝图。

公关广告策略有如下几种：

（1）从广告的覆盖面来看，有全方位策略。既做地方性广告，又做全国性广告。这种四处开花式的广告宣传，只适宜于有雄厚财产作保证的大型社会组织。

（2）从广告媒体的选择来看，有多层次策略。既有报刊、电台、电视台广告，又有招贴、户外广告等；既有与中央级新闻机构的合作，又有与省市级新闻机构的合作。这种采用多种媒体的策略，投资大、见效快，容易给公众留下鲜明的印象。

（3）从广告费的支出来看，有集中策略。重点放在某一特定目标上，即放在提高组织知名度或美誉度上，造成一个组织管理风格独特的明显优势。

（4）从竞争的角度分析，有渗透性策略。如果竞争对手已在公众心目中形成了稳固的印象，组织可通过广告活动争得一席之地。

（5）为消除公众某一心理，有针对性策略。当公众对组织形成了一种误解，如认为组织不负责任等，此时除检讨自己外，还必须分析公众形成偏见的心理因素，加强对组织积极为社会作贡献等同类性质事件的广告宣传，以淡化并消除公众对组织的排斥心理。

现代公关广告策略渲染的不是利润，而是市场的开拓、社会的进步和人类的幸福。

3. 公关广告的技巧

做好公关广告，特别要讲究公关广告的技巧，才能在公众中起潜移默化的导向作用。

（1）主题要鲜明突出。主题是公关广告的眼睛，贯穿于整个公关广告活动的全过程中，为整体公关广告策划做铺垫。公关广告主题是广告所要表达的重点和中心，是整个公关广告活动的灵魂所在。作为信息的焦点，公关广告主题要鲜明突出，不能宽泛而模糊，而应该根据产品的具体情况进行筛选和取舍。

（2）不要只看短期效果。公关广告难收"立竿见影"之效，因此在评价其广告效应时，切勿因一时的销售额没有显著增加就怀疑所做广告的效果，甚至取消它。近些年来，一些企事业单位时兴在报刊上联名登广告，祝贺某公司、工厂、商店新开张或引进的生产线投产。这种祝贺广告属于"推销企业"的公关广告，对祝贺者和受贺者双方都有利。

（3）要让公众觉得不像广告。做公关广告须与不遗余力地自卖自夸等现象划清界限，遵循以退为进、含蓄自然、厚积薄发的原则，让人感到耳目一新，乐于接受。如一些企业的致歉广告，由于企业生产能力不足而造成产品脱销，向消费者致歉，并告之一条新的生产线已投产，短期内能满足消费者的需求。这种方式毫不自夸地完成了自夸，让产品畅销的企业形象在公众心目中悄悄地树立起来了。

（4）抓准和把握做公关广告的时机。当组织发生了与公众利益有关的变化时，这是做广告的一大时机；当企业经营出现差错或被公众误解时，应及时刊登"致歉"等公关广告，扭转舆论导向；当企业新开张或更改名称之时，应提前或立即做广告，以便先声夺人，刷新形象；当企业处于"实力大于名声"时，如一些容易让人感到基础不稳的乡镇企业发展很快，在企业引进了先进设备或产值、产品质量有了重大突破时，做好"祝贺"等公关广告，则可望获得公众的信赖和支持。

（5）集思广益做创意广告。创意广告是为社会提供培训、咨询服务和其他各类能为公众提供便利的活动的广告。创意广告可借助广告媒介，也可以不通过正规的新闻媒介传播而用广告主的行动表示。创意广告的目的是使组织既成为良好社会风气的体现者，又成为社会文明建设的倡导者。这种公关广告对于树立企业关心社会、关心公众的良好形象，效果最为显著。做好创意广告的要点在于：一是选对突破口；二是善于利用传播信息迅速而又广泛的新闻媒介；三是身体力行，做倡导新意新风的典范。

（三）公关谈判

公关谈判的基本形态与模式，与常规的商务谈判、外交谈判等有不同之处。公关谈判的基本形态是"赢—赢"式谈判，而非"赢—输"式谈判。当组织与公关的利益关系发生重大变化时，双方势必要通过谈判来解决问题，而公共关系的宗旨是"内求团结，外求发展"，所以谈判双方难以进入高度的利害冲突状态，往往是合作性与对立性各占一半，有时甚至合作性占大部分，双方通过彼此的合作各得其利，同时成为赢家。

公关谈判一般采用互惠的谈判模式：谈判双方从"认定自身的需要→探索对手的需要→寻求解决途径→协议或破裂"来完成谈判任务。这种谈判模式要比传统的谈判模式更富实效。

公关谈判不是一般的讨价还价的过程，而是一场知识、信息、修养、口才、风度的较量。正确认识和掌握谈判中的策略和技巧，有利于促进谈判的早日成功。

1. 谈判前的准备工作

富有经验的企划主管对重要谈判的准备工作，通常在与对手正式接触前即已着手进行。公关谈判有时出现在突发性事件之后，也同样要做好谈判前的准备工作。只有详尽地了解自己和对方的优劣、意图，以及可能作出多大让步等情况，才能以信心十足的姿态出现在谈判桌上。这样，也可以给对方造成一种心理上的压力。因此谈判前要做好确定目标、收集与谈判主题有关的资料、评估自身的实力、设法了解谈判对手、制定谈判策略（如速战速决策略、以退为进策略、"吊起来卖"策略等）、确定议程等准备工作。

2. 谈判中应注意的地方

组织与公众有各自的利益需要。各种需要之间有内在的联系，对于每一种需要又有多种方式予以满足，而且满足各种需要的条件可以多种多样，因此，当坐到谈判桌前，只有紧紧抓住双方的"需要"，才能处于主动。故聪明的企划主管，认识到"需要"意味着什么，会灵活自如地变换事先制定的多种谈判方案，使谈判成功。即使不出钱或未出大价钱，若是满足了对方高层次的精神需要，有时也能使双方达成协议。所以在谈判时要注意三个方面：一是注意观察、分析、倾听对方的陈述，随时捕捉他人语言中透露的信息，领会对方真正的意图，然后采取后发制人的战术；二是要注意以客观事实作为论据，用严密的逻辑推理进行论证和说明；三是当谈判陷于僵局时，要站在对方的角度考虑，适当调整自己的目标，作些必要的妥协和让步。

3. 谈判的基本技巧

谈判的技巧可分为时机技巧和方位技巧。

时机技巧强调一种恰到好处的时机感。如谈判中有新的因素出现，使用这种技巧，能变静态为动态，制造一个良好的环境。如造成既成事实、奇货可居、出其不意、逆向行动、在忍耐中等待时机等。

方位技巧强调合纵连横的作用，重点是在何处使用何种手段。如四面出击、联系与脱钩、步步为营、声东击西等。

此外还有倾听技巧、发问技巧、叙述技巧、答复技巧和说服技巧等。

总之，谈判是人与人之间进行的一种沟通，反映了复杂的、微妙的心理活动，任何"谈判大全"上提供的原则和方法，都仅供参考。通盘运筹，随机应变，尤其是公关谈判的成功与否，全靠组织与公众双方代表的诚意和对谈判技巧的创造性运用。

（四）网络公关

公关既要收集、传递信息，也要反馈信息，因此公关需要宣传，但公关不等于宣传。给公关活动提供了一片新天地，网络公关有其优势、特点和微妙的游戏规则。网络公关是指企业借助互联网、电脑通信和数字交互式媒体来实现企业公关目标的一系列活动的总称。网络公关是在网络经济条件下，公关理念与网络特性交叉促进的产物。

网络公关和传统公关一样，需要建立公司或产品更有利的形象；将产品介绍给更多的公众；在目标顾客中增强形象，提供信息并创造对产品的需求；和新顾客建立关系；巩固与老顾客之间的关系。网络公关费用低廉，因此它比传统公关更具有优势。如广州东大远程教育以较低的费用，建立了网络公关平台。

1. 网上新闻公关策略

现在，人们已渐渐习惯于在网络的新闻页面上寻找公司的最新信息，所以企业应使新闻发送和网上新闻发布同步进行，将网络公关活动视为公司营销活动的一部分。另外，如果公司的雇员、顾客或股东事先要求公司将新消息通知他们，可通过 E-mail 将新闻发送给他们。

杂志编辑可在网上搜索新闻、评论、消费者的议论以及市场调研资料等。企业可将新闻放在新闻页面，如果有重大新闻也可放在首页上。如 IBM 收购了 Lotus 后即在其网站首页上发布了这则消息，比当天的报纸要早几个小时。所以可到网络论坛、新闻组等场所寻觅信息源，在这里可以读到人们关于某个问题的争论，以及对公司、产品的评论。

2. 企业网络公关策略

（1）密切监控公共论坛等场合对公司的评论。通过监控公共舆论实现达到建立关系、澄清事实、清除不利影响等目的。企划主管要密切监视公共论坛和新闻组中对公司不利的言论，及时采取措施清除不良影响。这样做不仅可以澄清有关事实，还能表明公司的积极态度，有利于建立顾客忠诚度。

（2）创建新闻稿页面。使企业站点成为记者的有用信息来源。网络为公关活动带来的一个重大改变就是使企业成为新闻内容的创作者。实际上，企业面向公众发送新闻，记者们也渐渐习惯于到企业站点上寻找最新消息和企业的背景知识，因为这将是最迅速、准确的方法。一些记者甚至希望所有企业的新闻都存放到一个可搜索的数据库中，一旦他们的任务所涉及的产品和公司是他们所不熟知的，他们能很快地检索到有关信息。

3. 网上新闻发布策略

在现实世界中，新闻稿通常不超过两页，这是大多数记者的标准，几乎成了惯例。因为有这个限制，许多信息只能删去。在网络上却没有这种限制，而且还可将新闻链接到其他相关信息上，记者们在搜寻信息时，可能不仅对这则新闻本身感兴趣，还可能从这些链接中寻找更有用的信息。网上新闻稿的第一个特点就是互动性，网上互动性新闻稿的信息容量远远超过真实世界中的静态新闻稿。

（1）通过网络发布新闻。企业可以以较少的费用将新闻传递给记者们，很多记者都通过网络获得新闻线索。同时，这种方法可为企业节约许多费用，如公司不必打印、邮寄新闻稿。在选择网络新闻服务商时，只要选准一个就可以了，如 Business Wire，PR Newswire，Canadian Corporate News Net。因为它们有很多的发布点是重叠的。新闻服务商根据新闻稿的字数收取费用，开头 4000 字的价格为基价，以后每增加 100 个字价格上涨一定幅度，对不同题材的新闻，如体育、娱乐、汽车、健康、法律等的收费标准也不尽相同。要详尽地了解这些信息可访问它们的站点或打电话联系。

（2）企业自身可通过网络论坛或自己的站点发布新闻。如果企业本身主持 CompuServe、美国在线等服务商的网络论坛，或者在互联网上有自己的站点，则可自己发布新闻。很多计算机软件公司就利用这种方法发布关于新产品、产品升级以及产品促销等消息。这种方法尤其适用于产品更换频率高的企业，因为人们对这类企业的最新消息最感兴趣。

（3）图像新闻。通常是指将录有产品图片、公司新闻发言人的讲话等信息的录像带在电视台播放的可视新闻。网络也可利用其多媒体的特性发送图像新闻。网上图像新闻是包括音频、视频、图片、文本等信息的综合体，而网上多数站点都能下载音频、视频、电影、动画等类型的信息，这就为在网上发布图像新闻提供了机会。

(五) 公关专题活动

公关专题活动是一种综合性的传播活动,如参观、联谊、赞助、展览展销会、新闻发布会、典礼仪式等各种人际传播活动,它可以吸引公众参加,同时也可以吸引和邀请新闻界人士参加,有效利用各种大众传播媒介。公关专题活动的策划成功,对于沟通信息、联络感情、营销促销、扩大影响、提高组织的知名度和美誉度等,都能收到事半功倍的效果。值得注意的是,策划专题活动,要突出主题,大胆创新,别出心裁。一味效仿、毫无特色的专题活动,很难激发人们的兴趣。假如活动又不具备新闻价值,那么整个策划就是失败的。

1. 典礼仪式

典礼仪式可以是一次专题活动,也可以是大型公关活动中的一项内容。

典礼仪式的类型有很多,常见的有法定节日庆典(如国庆节),某一组织的节日庆典(如厂庆),特别日、周、月、年典礼(如质量月),签字仪式,颁奖仪式等。

典礼的程序因内容的不同而各有不同,但大体上应有如下步骤:一是仪式开始,奏音乐或歌曲;二是进入主题,如剪彩、授奖、签字互换文本;三是致辞,主宾和特别代表致辞,有时把此项放在第二项之前;四是礼成,典礼或仪式结束,可邀请代表参观或引入招待会。

在安排庆典和仪式时,企划主管应考虑得周到、细致:请柬应在一周前送达;典礼的程序表应事先印制好,在签到时分发;确定主席台代表名单及剪彩人员或发奖人员;为演讲者起草演讲稿;布置好活动场所;安排专人接待新闻记者。

2. 展览会

按展览的性质分,有宣传展览会和贸易展览会。宣传展览会的目的是为了宣传一种思想、观点或成果,或揭露某种现象,如97香港回归图片展、伪劣产品展等。贸易展览会的目的是开拓商品市场,促进商品销售,实质上是一种实物广告。

按举办展览的场地分,有室内展览和室外展览。大多数展览会都在室内举行,较为隆重,不受天气影响,但农副产品(如花卉)则多在室外展览。

按展出的商品种类分,贸易展览会又分为单一商品展览会和混合商品展览会。单一商品展览会为纵向展览会,展出的商品品种单一,如服装展览。这类展览会展出的商品由于品种单一,其型号和品牌必然琳琅满目,来自不同的厂家。混合商品展览会也叫横向展览会,展出的商品种类很多,如广州出口商品交易会。现在还有一种经贸结合的展览会,如广州博览会,是将经济合作与贸易往来结合起来的大型展览会。

按展览的规模分,有大型综合展览会,如广交会,展位一般在500个以上;中型展览会,如行业展,层位一般在100~500个;小型展览会,主要是各企业、公司举办的展览会;袖珍展览会,如橱窗陈列展览。

展览会由于传播媒介的多样性、传播方式的综合性、信息反馈的直接性、选择商品的随意性,给厂家和商家带来极大便利。

举办展览会应注意以下几点:

(1) 明确主题。是展览会还是展销会。

(2) 明确参展单位、展览(销)项目。主办单位可以通过广告、新闻发布会、发文等方法邀请参展单位，并将参展的时间、地点、项目、收费标准等内容告知参展单位。

（3）选择展览场所。主要考虑参展人员的住宿、交通方便的需要。

（4）展览会设计。包括展厅的装饰、展览柜的设计与分配、制作展览会会标、选择纪念品、设立咨询台和签到处。

（5）准备宣传资料。包括展览会背景材料、前言及结束语和参展品名目录、展览会平面图等资料的撰写与制作。

（6）挑选工作人员。如讲解员、译员、接待员。

（7）成立新闻中心。负责与新闻媒体的联系和发布有关新闻。

（8）进行展览会经费预算。

（9）注意采用一些展览技巧。如剪彩仪式、领导签名题词、参观风景名胜等。

3. 新闻发布会

新闻发布会又称记者招待会或信息发布会。它是传播信息、谋求新闻界对某一事物客观报道的行之有效的手段，也是社会组织搞好与新闻媒体关系的最重要的方式之一。

筹备新闻发布会主要工作有：

（1）要确定其主题，即发布会公布一条什么新闻，或发布一项什么信息，或者对什么事件进行解释。在发布会上，记者们提出的问题可能是多方面的，但作为发布会的主办者，必须有一个明确的中心。什么样的内容可以召开新闻发布会呢？从组织的利益上看，新产品的试制成功、新设备的引进和投产、募捐、经济洽谈会、产品展销会、经营方针的重大改变等，都有必要发布新闻。当组织取得重大成绩或者受到公众的误解、批评时，当工作中出现失误，使公众利益受到损害时，都有必要立即召开新闻发布会，或澄清事实，或公开道歉，以求得公众的谅解。

（2）确定新闻发布会的主持人和发言人。新闻发布会一般由主持人发布重要信息，介绍会议主题、重要新闻单位代表以及本组织的基本情况，再由发言人作详细发言。发言人应熟悉本单位的内部情况，头脑机敏，语言表达能力强。事先各发言人应集中讨论，注意重大问题上口径一致。

（3）准备好发言提纲、报道提纲、会议程序表及有关资料、素材，事先打印好，会前分发给各位记者。

（4）大型发布会的会场应布置成课堂式格局，设主席台。一般的发布会则围成圆形，显得和谐。工作人员、发言人、主持人应佩戴胸牌，主持人的胸牌应特殊标明。

（5）会后可举行茶话会或例餐，以便记者有机会单独访问有关人员，增进了解，必要时应组织记者现场参观、采访。

举办新闻发布会，事后应及时收集记者的发稿情况，进行归类总结。

召开新闻发布会的程序如下：

（1）确定新闻发布会日期、地点和新闻点等。与希望发布事件日期相配合，促进自身对外宣传，挖掘新闻点、制造新闻效应、注意避免与重大新闻事件撞车。该步骤应在正式新闻发布会前20天完成，最迟15天，并在邀请函发布前预定会场，否则会影响下一步工作。

（2）确定组织者与参与人员，包括广告企业、领导、客户、同行和媒体记者等，与新闻发布会承办者协调规模与价格，签订合同，拟订详细邀请名单、会议议程、时间表、发布会现场布置方案等。该步骤主要由主办者提出要求，承办者具体负责。

（3）按照邀请名单，分送邀请函和请柬，确保重要人员不因自身安排不周而缺席发布会。回收确认信息，制定参会详细名单，以便下一步安排。该步骤一定要计划周密，有专人负责，适当放大邀请名单，对重要人物实施公关和追踪，并预备备用方案，确保新闻发布会参与人的数量和质量。

（4）购买礼品，选出主持人、礼仪人员和接待人员，并进行培训和预演。设计背板，布置会场，充分考虑每一个细节，比如音响和放映设备、领导的发言稿、新闻通稿、现场的音乐选择、会议间隙时间的余兴安排等。

（5）正式发布会前一两个小时，检查一切准备工作是否就绪，将会议议程精确到分钟，并制定意外情况补救措施。

（6）按计划开始发布会。发布会程序通常为来宾签到、贵宾接待、主持人宣布发布会开始和会议议程、按会议议程进行、会后聚餐交流以及有特别公关需求的人员的个别活动。

（7）监控媒体发布情况，整理发布会音像资料、收集会议剪报，制作发布会成果资料集（包括来宾名单和联系方式整理、发布会各媒体报道资料集、发布会总结报告等），作为企业市场部门资料保存，并可在此基础上制作相应的宣传资料。

（8）评测新闻发布会效果，收集反馈信息，总结经验。

4. 参观活动

邀请特定的公众代表参观本组织机构，可以增进参观者对组织的正确认识和深入了解。一切参观活动都是为了表明本组织的存在和活动是有利于社会的。

（1）组织参观活动，同样首先要目的明确，如联络感情、招徕顾客、消除误会等。如地铁公司组织人大代表参观，就是让代表们知道，地铁的建成对改善大都市的交通状况有多么重要。

（2）确定参观形式，是对员工家属或一般市民开放的一般性参观活动，还是对与本组织业务有特殊利害关系的团体、个人开放的特别参观，如竞争对手、上级主管部门领导、新闻记者等。

（3）选择参观时机，如厂庆、竣工或节日。

（4）做好展示和向导工作。

参观活动结束后，应向来宾致函道谢，还可作民意调查，检查活动的成效。

5. 赞助活动

通过征求赞助兴办文、体、福利事业和市政建设，通过提供赞助以扩大组织的影响，提高美誉度，已成为一种普遍运用的公关活动形式。

（1）赞助的目的。对于征求赞助者，这是集资办事业的重要途径。对于提供赞助者，可以通过它为自己作广告宣传，增加广告的说服力和影响力，提高组织知名度；还可以显示爱心，承担社会责任，关心社会公益事业，提高组织美誉度。

（2）赞助什么事项。从组织开展公关工作、树立组织形象的角度考虑，可以赞助以下项目：体育运动，如2016年里约热内卢奥运会；文化事业，如拍摄电影、电视剧、画展；教育事业，如建立教育基金、赞助图书；宣传通信用品的制作，如电话号码簿、画册、旅游手册等；建立某一职业奖励基金，如出版社设立优秀作家奖；社会慈善和福利事业，如养老院。此外，赞助学术理论活动、竞赛活动、纪念性活动等都是常见的赞助形式。

（3）如何举办赞助活动。赞助有两种形式：一是组织主动对某些社会活动、社会机构提供赞助。如云南丽江地震发生后，许多组织纷纷主动赞助救灾。二是应某机构、某活动的请求予以赞助。如2008年北京奥运会向社会发出征求赞助信息后，许多厂商申请。无论哪种形式的赞助，都要考虑组织的经济承受能力，以保证组织和社会同时受益。

为了更好地收到赞助效果，应成立赞助委员会，负责赞助事宜（如制定赞助计划：包括赞助对象、范围、费用、形式与目的，审订赞助项目，落实赞助事宜），并进行赞助成本与赞助效果的对比分析。

第十章　销售企划运营与操作

一、销售合同企划

（一）什么是合同

合同是缔约当事人之间为实现一定的经济目的，以法律形式确定双方各自权利和义务关系的一种协议，亦称契约。它是商品经济发展的产物，作为商品交换的法律形式，是当前销售活动不可缺少的重要工具。也是销售风险出现的"高发区"，因而是销售风险管理的重要内容，通过合同风险的排查，可以有效地控制风险的发生，减少合同风险的损失。

（二）销售合同的形式

当购销双方协商一致时，合同便告成立。但销售合同并不能认为只有正式签订的书面文件才是合同，不签订合同，就可以不承担责任。如卖方给买方在规定期限内表示承诺，合同即告成立。此后即使未办理签订书面合同手续，任何一方亦不能以任何原因或借口无书面合同推翻合同或不承担合同责任。因此，销售合同的形式不受任何条件限制。从法律上讲，它可以有口头的、书面的和其他的形式。

1. 口头形式的合同

在实际购销业务中，有不少交易是通过当面口头交谈或电话达成的。口头成立的合同，也称君子协议，不论是当面淡判或通过电话洽谈，在法律上同样生效。当然，口头合同一般用于金额不大、履约时间不长、不甚重要或距离较近、频繁交易的场合或业务往来比较信赖的单位之间。由于此种方式在发生争议或违约时举证困难，故不提倡采用。但因这种合同形式比较简捷，而容易与客户沟通感情，产生信赖感，所以被不少单位所采用。

2. 书面形式的合同

在实际购销活动中，凡是金额较大、交易条件较为复杂或履约时间较长的，都应采用书面合同。

书面合同是指合同书、信件和数据电文（包括电报、电传、传真、电子数据交换和电子邮件）等可以有形地表现所载内容的形式。有以下三种形式：

（1）正式合同。正式合同的条款较多，内容全面，一般一式二份，双方签字后各自保存一份。有时需公证方公证，需一式三份。对于金额较大、履行时间较长、交易条件复杂的，一般都签订正式的书面合同。

（2）确认书亦称简式合同，如销售确认书、订单等。通过函电或口头谈判的交易，在成交后卖方或买方可以寄交对方确认书，说明达成的交易条件，作为书面证明。卖方发出的，通常称销售确认书；买方发出的，叫作订单或购货确认书。确认内容，一般较正式合同内容简单。确认书一式二份，由发出的一方填制并签字后寄交对方，经对方签字后，保存一份，将另一份寄回发出方。

（3）以电报、电传和电子信件等作为合同。在谈判交易中，一方的要约为对方承诺后，合同即告成立，虽不另签合同，但合同依然存在。因此，如果购销双方不愿再签订正式合同，就以最后发出的要约和接受的承诺函电代替合同。这样，合同的形式不是经双方签字的正式文件，而是买卖双方来往的函电。凡成交金额不大或经常进行交易的购销双方，往往不签订正式合同，而以成交的函电代替合同。

（三）合同的内容

合同的内容根据双方当事人的经济目的和具体要求而定。不论何种合同、合同条款繁简程度如何，合同内容都要具体、完整，文字解释清楚，权利义务对等，经济责任明确，对双方有约束性，签订手续完备。工矿产品购销合同一般可分成三个组成部分。

1. 约首

约首是合同的首部，包括合同的名称、编号、签订地点、签订时间、双方当事人等。

2. 合同正文

这是合同的主体。它具体规定了双方的权利与义务，在合同中表现为各项交易条件和一般条款，它是合同的核心部分，包括合同的标的、数量、质量、包装、交货、装运、价款、结算方式、支付条件及损耗、验收、检验标准和方法、担保、履行期限、地点和方式、违约责任、纠纷处理等条款。

3. 约尾

约尾是合同的结尾部分，也是合同的主要部分，包括双方的名称、签章、地址、法定代表人签章、委托代理人签章、电话、电子信箱、开户银行及账号、邮政编码及公证意见等。公证除国家另有规定外，实行自愿原则。约尾最后还有生效日期，这也是合同不可缺少的一项重要内容。

（四）销售合同审查与签订

由于销售合同标的数量一般都比较大，内容比较复杂，涉及面广，很少能够即时结清。因此，对这类合同尽量不要采取"君子协定"的方式来办理，应采取书面形式订立合同。要"立字为据"，就必须按照合同法的规定和要求签约办理。由于销售合同的特点，因而对签约者的资格、签约的内容及程序都有严格的要求。企业购销人员在签订购销合同时，一定要先对对方当事人进行审查。

1. 签约前的审查

（1）审查对方当事人的合同资格。为了通过签订销售合同实现各自的经济目的，避免和减少购销过程中的合同纠纷，在正式签约之前，签约者首先应做的准备工作便是相互审查作为合同主体的资格。

所谓合同资格，是指订立销售合同的当事人及其经办人必须具有法定的订立购销合同的权利。其目的在于确知签约对方是否具有合法的签约能力。这直接关系到合同是否有效。合同法规定合同的主体可以是自然人、法人或其他组织。但不少企业的销售合同，当事人都是法人。审查内容包括：①合同对方当事人资格审查；②合同对方当事人能力审查。

（2）审查对方当事人的资信和履约能力。①资信审查。资信即资金和信用。②审查对方当事人的履约能力。履约能力是指当事人履行合同的实际能力。

2. 销售合同的签订

签订销售合同必须遵循法律程序，其具体步骤如下：

（1）要约。是一个法律用语。它是指当事人一方向另一方提出订立销售合同的建议，是希望与他方订立经济合同的意思表示。提议人叫要约人。这是确立合同关系的开始阶段和首要步骤。

（2）承诺。也是一个法律用语。它是指受要约人同意要约的意思表示。承诺也是一种法律行为，对要约一经承诺，就认为双方当事人已经协商一致，达成协议，合同也就发生法律效力。因此，当事人一经做出承诺就不能随意改变，必须严守诺言。

（3）辅助事宜。在正式签约前后，销售当事人应要求必须办理有关的辅助事宜，以减少合同风险。当事人如果认为有必要，可以请专家参与合同的草拟、审查和修改，并可进行专项资信调查。有些合同要向当地公证机关申办合同公证，预防纠纷，减少诉讼，从而保障合同的顺利履行。合同签订后，如发现有《合同法》第五十二条情形的，合同属无效合同；有第五十三条情形的，合同免责条款无效，因而应及时采取措施。如果因重大误解订立的，或者在订立合同时显失公平的，当事人一方有权请示人民法院或者仲裁机关变更或者撤销。但这一权利应在一年内行使，否则视为放弃。

（五）销售合同的履行

销售合同的履行以有效的合同为前提和依据，这是合同法律约束力的首要表现。当事人履行与否和履行是否适当，不仅关系到各自的经济利益实现，同时也是合同管理的核心。因而，合同当事人双方在完成合同规定的义务过程中，必须遵守公平原则和诚实信用的原则。履行销售合同的具体步骤如下：

1. 交付合同的标的

根据销售合同规定的数量、质量、期限、地点、方法等具体要求交付销售合同的标的，是履行销售合同的首要步骤和主要环节。为使标的交付顺利，在订立销售合同时，各项条款都应具体、清楚和明确，而不能模棱两可、含混不清。然而，在购销业务实践中，难免会由于当事人的疏忽而造成合同规定不明确，以致不足以指导合同当事人顺利履行，这是合同风险管理的又一个重点。在这种情况下，销售人员应特别注意，防止因此而造成的合同纠纷。出现这种情况，一是可以协议补充，二是不能达成补充协议的，按照合同有关条款或者交易习惯确定。根据我国司法实践，可按下列办法交付合同标的：

（1）质量规定不明确的，一般参照同类物资的质量标准履行。凡有国家或专业标准的，按国家和行业标准履行；没有国家标准或行业标准的，按通常标准或者符合合同目的特定标准履行。在质量标准合格的前提下，如果等级不明确的，可按中等质量履行；有样品的按封存的样品质量履行；当事人有特殊要求的，由当事人双方协商确定。

（2）没有明确规定履行期限的，任何一方当事人都可以随时向对方履行义务，也可以随时要求对方履行义务，但应当给对方必要的准备时间。

（3）履行地点不明确的，一般根据合同的标的来决定。如合同的标的为建筑物，在建筑物所在地履行；标的如果是给付货币，在接受交付一方的所在地履行；其他标的合同，则应在负有义务的一方所在地履行。标的物若需要运输，出卖人应当将标的物交付给第一承运人，以便运交给买受人。标的物若需要运输，出卖人和买受人订立合同时知道标的物在某一地点的，出卖人应当在该地点交付标的物；不知道标的物在某一地点的，应当在出卖人订立合同时的营业地交付标的物。

（4）价款不明确的，按照物价部门规定或同类产品市场价履行。如果在履行过程中遇到重大的价格调整，执行国家定价的，在合同交付期限内按交付时的价格计算。逾期交货的，遇价格上涨时，按原价格执行；价格下降时，按新价格执行。逾期提货或者逾期付款的，遇到价格上涨时，按新价格执行；价格下降时，按原价格执行。执行市场价的，则按合同有关条款执行。执行困难的，可参照国家定价的商品处理或双方协商解决。

（5）履行方式不明确的，按照有利于实现合同目的方式履行。

（6）履行费用的负担不明确的，由履行义务的一方负担。

2. 验收

验收是核定销售合同的名称、品种、规格、质量与数量的手段，是履行销售合同必不可少的重要步骤，也是接受履行一方特定权利和必须执行的义务。对标的验收主要是对标的数量和质量的验收。当事人在进行验收时，必须严格按照合同规定的验收方法认真、及时地组织验收，不得马虎了事。对数量的验收通常是贵重产品全部点数过磅，批量大的通用产品采取抽样检斤过磅。验收时，属于需方自提或卖方送货交付时，应在交货时当面点清；属于供方代购交付的，应凭托运单所列数量点验，如发现途中数量减少或破损等情况，由需方负责向承运部门追索。需方收到产品后，如发现数量不符，应在约定期限日内通知供方，并附有关单证。如超过期限不向供方提出异议即视为默认。质量验收中，如发现产品的外观、品种、型号、规格、花色、等级等不符合合同的规定，应在到货约定期限内以书面方式提出异议。产品内在质量不符合合同规定的，可依国家或合同规定的试验或检验期限内提出书面意见，对必须安装运转后才能发现内在质量缺陷的产品，一般应在运转之日起半年内提出要求，超过规定期限而不提异议的，即视为需方默认。双方当事人如发生质量争议，可按《质量法》的规定，由产品质量监督机构执行仲裁检验。为防止纠纷发生，销售方应主动要求对方检验。当事人没有约定检验期间的，买受人应当在发现或者应当发现标的物的数量或者质量不符合约定的合理期间内通知出卖人。买受人在合理期间未通知或者自标的物收到之日起两年内未通知出卖人的，视为标的物的数量或者质量符合约定，但对标的有质量保证期的，适用质量保证期，不适用该两年的规定。

3. 结算

价款的结算也是销售合同履行过程中不容忽视的重要环节。当事人在进行结算时，必须按合同规定的银行、账户和户头进行结算，如付款方需要变更结算银行、账号和户头，应于交货前 30 天通知收方及有关银行，否则，发生错误、影响结算，付方应负延期付款的责任。至于结算所采用的具体方式，则取决于买卖的数量、双方当事人的距离、信誉及合同的约定。当事人在履行时根据具体情况采用不同的结算方式。

履行合同是合同当事人的义务，但如果应当先履行债务的当事人有确切证据证明对方有下列情形之一的，可以终止履行：一是经营状况严重恶化；二是转移财产、抽逃资金，以逃避债务；三是丧失商业信誉；四是有丧失或者可能丧失履行债务能力的其他情形。当事人没有确切证据中止履行的，应当承担违约责任。当然在终止履行时应通知对方。

（六）销售合同的担保

1. 销售合同担保的法律特征

销售合同的担保，是销售合同双方当事人为了保证销售合同的切实履行，依照法律规定或双方协议采取一定的措施保障债权人实现其债权的法律办法。销售合同的各种担保形式，都是当事人在订约时或履约前所采取的一种对合同权利的保障行为。订立担保合同（或条款），就可以成为促使当事人履行合同的动力和压力，同时也是违反合同后处理的依据。担保的目的，在于运用法律手段保证合同当事人严格遵守合同纪律，在合同义务人出现无法切实履行合同义务时，合同的权利人可以请求履行担保义务，从而避免造成损失，保证其经济利益的实现。

担保本身不能独立存在，它必须以业已签订的销售合同为设立的前提条件，保证义务与所保证的合同履行义务之间的关系，是一种从属关系。保证义务依销售合同的订立而产生，依销售合同的履行而消失。

担保合同的履行（即保证义务的履行）具有条件性。一般而言，只有在被担保一方不履行合同时，对方才有权要求担保合同义务的履行。否则，担保合同的担保人有权拒绝履行义务的要求。

2. 担保的形式

对于不同的销售合同，保证的内容和侧重点有所不同，当事人可根据具体情况和合同性质决定采取何种担保形式。常见的担保形式有：

（1）定金。在订立销售合同时，当事人可以约定一方向对方给付定金，作为债权的担保。这是在没有第三方参加的情况下由合同双方自己互为保证的一种方法。应当注意的是，如果合同如期履行，定金即可作为贷款，当然，也可收回。但它在性质上不同于预付款，定金应当以书面形式约定，定金数额由当事人约定，但不得超过主合同标的20%，作为卖方应慎重选择定金。

（2）保证。是指保证人和债权人约定，当债务人不履行债务时，保证人按照约定履行债务或者承担责任的行为。保证有一般保证和连带责任保证两种方式。

当事人在保证合同中约定，债务人不能履行债务时，由保证人承担保证责任的，为一般保证。一般保证的保证人在主合同纠纷未经审判或者仲裁，并就债务人财产依法强制执行仍不能履行债务前，对债权人可以拒绝承担保证责任。

当事人在保证合同中约定保证人与债务人对债务承担连带责任的，为连带责任保证。连带责任保证债务人在主合同规定的债务履行期届满没有履行债务的，债权人可以要求债务人履行债务，也可以要求保证人在其保证范围承担保证责任。当事人对保证没有约定或约定不明确的，按照按连带责任保证担保保证责任。因而销售企业在接受客户提供的担保时应特别注意。

（3）抵押。是指债务人或第三人不转移对《担保法》第三十四条所列财产的占有，将财产作为债权的担保形式。它表现为一方当事人或第三人用自己的财产为合同对方设定抵押权，即当事人一方不履行合同义务时，对方可以从抵押财产的价款中优先得到赔偿。提供财产的一方叫抵押人，接受财产的一方叫抵押权人。抵押，最根本的法律特征在于，如果抵押人不履行合同义务，抵押权人有权在法律许可的范围内折价、拍卖或变卖抵押物，并从折价、拍卖、变卖抵押物的价款中优先得到补偿。采用抵押方式担保合同，必须注意：

第一，抵押物必须是合法的财物。《担保法》第三十七条规定的财产不得作为抵押物。接受抵押保证时要仔细审查。同时，以抵押物清偿债务，还必须符合法定的程序。

第二，当事人以《担保法》第四十二条规定的财产抵押的，应当办理抵押物登记，抵押合同自登记之日起生效。其他财产可以自愿办理抵押物登记，但如果当事人未办理抵押物登记的，不得对抗第三人。因而作为抵押权人应主动要求抵押物登记，以避免风险。

第三，抵押物可以由抵押权人保管，抵押权人由于保管不善造成抵押物损坏或丢失的，应当承担赔偿责任；抵押物也可以由抵押人自己保管并有条件地使用，但在抵押期限内，抵押人无权擅自处理抵押物。如果抵押人擅自出卖或抵押物被偷窃、遗失而为他人占有时，抵押权人有权向占有者追索。

（4）质押。分为动产质押和权利质押。

第一，动产质押。是指债务人或者第三人将其动产移交债权人占有，将该动产作为债权的担保。债务人不履行债务时，债权人有权依照担保法规定以动产折价或者以拍卖、变卖该动产的价款优先受偿。债务人或者第三人为出质人，债权人为质权人，移交的动产为质物。在接受质物时要注意其保管，否则造成丢失、损坏都由接受方赔偿。质押合同自质押物移交于质权人占有时生效。因而在未得到质押物前，虽签订了质押合同，也应慎重。

第二，权利质押的范围有：汇票、支票、本票、债券、存款单、仓单、提单；依法可以转让的股份、股票；依法可以转让的商标专用权、专利权、著作权；依法可以质押的其他权利。

质押应注意以下几点：一是以汇票、支票、本票、债券、存单、仓单、提单出质的，应当在合同约定的期限内将权利凭证交付质权人。质押合同自权利凭证交付之日起生效。二是以载明兑现或者提货日期的汇票、支票、本票、债券、存款单、仓单、提单出质的，汇票、支票、本票、债券、存款单、仓单、提单兑现或者提货日期先于债务履行期的，质权人可以将在债务履行期届满前兑现的价款或者提取的货物，用于提前清偿所担保的债权或者向出质人约定的第三人提存。三是以依法可以转让的股票出质的，出质人与质权人应当订立书面合同，并向证券登记机构办理出质登记。质押合同自登记之日起生效。股票出质后，不得转让，但经出质人与质权人协商同意的可以转让。出质人转让股票所得的价款应当向质权人提前清偿所担保的债权或者向与质权人约定的第三人提存。以有限责任公司的股份出质的，适用公司法股份转让的有关规定。质押合同自股份出质记载于股东名册之日起生效。四是以依法可以转让的商标专用权、专利权、著作权中的财产权出质的，出质人与质权人应当订立书面合同，并向其管理部门办理出质登记。质押合同自登记之日起生效。以上这些权利出质后，不经质权人同意，出质人不得转让或者许可他人使用。

由于许多权利有时效性，且有许多权利价格是变动的或不好估计的，因而在接受权利质押时应特别注意。

（5）留置。又叫扣押权，它是针对因保管合同、运输合同、加工承揽合同发生的债权，当债务人不履行债务的，债权人有留置权。在对方不履行合同义务时，依照法律规定扣押对方的财物并在法律许可范围内折价、拍卖或变卖该财产，从价款中优先得到清偿。这是合同当事人一方因合同关系而扣押对方的财物作为担保合同履行的一种方式。在采用留置这种担保方式时必须注意：

第一，留置权的使用范围非常有限。合同法规定，只有在仓储保管合同、加工承揽合同和运输合同中才允许采用这种担保方式。而且，留置权的行使还必须具备一定的条件。如在加工承揽合同中，加工企业接受来料加工在对方不按期或者不如数给付加工费的时候，才有权留置对方的财物。

第二，被留置的财物的所有权仍属于被留置的一方，一旦被留置的一方当事人在处置期限内履行了合同义务，该项财物即返还原主。同时，变卖留置物必须依法定程序，一般留置期为 2 个月以上，只有超过留置期后对方仍不履行合同义务时，方可变卖。

（七）销售合同的变更和解除

1. 销售合同变更和解除的条件

销售合同依法成立，即具有法律的约束力，双方当事人必须恪守信用、严格履行，任何一方不得擅自变更或解除。但是，在当事人履行合同的过程中，由于经济形势的发展和各种主客观条件的变化，难免会遇到许多签约时料想不到的困难而使合同难以履行。为了使当事人的生产经营活动更能切合实际需要，减少或避免因合同不能履行而造成浪费和不必要的损失，在此特殊情况下，变更或解除合同不仅是必要的，而且是必然的。

销售合同的变更，是指当事人之间对原合同的内容进行增减、修改所达成的新的协议。销售合同的解除，是指当事人之间对提前终止合同所达成的协议。销售合同的变更和解除必须依法进行。《合同法》对变更合同没有特别要求，只要当事人协商一致，就可以变更合同。当然如果法律、行政法规定变更合同应当办理批准、登记手续的，应依照其规定办理。但如果当事人对合同变更的内容约定不明确的，推定为未变更。因此变更合同时一定要明确具体。

《合同法》对解除合同规定：当事人协商一致，可以解除合同。当然当事人还可以约定一方解除合同的条件。解除合同的条件成立时，解除权人可以解除合同。

必须注意的是，当事人一方依据合同法有关条款主张解除合同的，应当通知对方。

合同自通知到达对方时才算解除。对方有异议的，可以请求人民法院或仲裁机构确认解除合同的效力，切不可不通知对方便自动解除。特别是法律规定或者当事人约定解除权行使期限的，期限届满，如果当事人没有行使的，该权利消失。

《合同法》规定有下列情形之一的，当事人可以解除合同：

因不可抗力致使不能实现合同目的；

在履行期限届满之前，当事人一方明确表示或者以自己的行为表明不履行债务；

当事人一方迟延履行主要债务，经催告后在合理期限内仍未履行；

当事人一方迟延履行债务或者有其他违约行为致使不能实现合同目的；

法律规定的其他情形。

除了变更和解除合同外，债权人可以将合同的权利全部或者部分转让给第三人（合同法规定不许转让的除外）。当然债权人转让权利的，应当通知债务人。未经通知，该转让债务对债务人不发生效力。债权人转让权利的通知未经受让人同意不得撤销。

2. 销售合同变更与解除的规则和后果

变更或解除销售合同的协议，其本身也是一种合同，它们一经成立就会引起原有的销售合同的变更或消失。因此，必须遵循一定的规则。

（1）当事人一方要求变更或解除销售合同时，应及时通知对方，并征得对方当事人的同意。在双方协商一致后，还应签订变更或解除合同的书面协议。在新协议签署之前，原来的合同仍然有效。

（2）变更或解除销售合同的通知或协议，应当采取书面形式（包括文书、电报等）。变更和解除合同的建议和答复，必须在双方协议的期限内提出。如果在约定期限内不作答复，便视为默认。

（3）因变更或解除合同发生纠纷的，依照法律规定进行处理，即任何一方均可向国家规定的合同仲裁机关或人民法院请求确认解除合同的效力。

（4）销售合同变更或解除的法律后果，是指当事人因变更或解除合同所应当承担的经济责任。在合同变更时，被变更后的权利义务关系取代原有合同中的权利义务，当事人应按新的合同内容执行，不再履行原来的合同。合同解除时，原来的合同关系自然消灭，不再存在履行的问题。

必须指出的是，销售合同的变更或解除，并不意味着解除了当事人对合同的法律责任。在这种情况下，双方当事人应通力合作，努力避免或挽回损失。但是，如果负有义务的一方不在规定的时间内通知对方，致使对方蒙受经济损失时，则应承担相应的责任。

（八）合同违约责任

合同风险的核心是当事人一方或双方发生违约行为，从而给合同的履行带来困难。作为合同风险管理的中心则是尽量避免违约责任的发生，从而减少合同损失。但事实上要使每一个合同都顺利履行也是十分困难的。并且由于一些客观因素作用，无论是合同的哪一方，发生违约也都是有可能的。因而如何合理避免违约责任的发生，尽量减少违约责任损失是合同风险管理的关键。

1. 违约

违约是指合同当事人违反合同约定。在销售活动中，如果合同当事人一方不履行合同义务或者履行合同义务不符合约定的视为违约。违约方应当承担继续履行、采取补救措施或者赔偿损失等违约责任。如果合同当事人一方明确表示或者以自己的行为表明不履行合同义务的，也视为违约，对方可以在履行期限届满之前要求其承担违约责任。

2. 承担违约责任的方式

合同法对违约者要求承担违约责任，但对不同违约情况，应采取不同的承担方式：

（1）当事人一方未支付价款或者报酬的，对方可以要求其支付价款或者报酬。

（2）当事人一方不履行非金钱债务或者履行非金钱债务不符合约定的，对方可以要求履行，但下列三种情况除外：一是法律上或者事实上不能履行；二是债务的标的不适于强制履行或者履行费用过高；三是债权人在合理期限内未要求履行。尤其是第三种情况，对于销售实践来说具有更为重要的意义。

（3）质量不合符合约定的，应当按照当事人的约定承担违约责任。对违约责任没有约定或者约定不明确的，依照《合同法》第六十一条的规定仍不能确定的，受损害方根据标的性质以及损失的大小，可以合理选择要求对方承担修理、更换、重作、退货、减少价款或者报酬等违约责任。

3. 违约赔偿

（1）当事人一方不履行合同义务或者履行合同义务不符合约定的，在履行义务或者采取补救措施后，对方还有其他损失的，应当赔偿损失。

（2）当事人一方不履行合同义务或履行合同义务不符合约定的，给对方造成损失的，损失赔偿额应当相当于因违约所造成的损失，包括合同履行后可以获得的利益，但不得超过违反合同一方订立合同时预见到或者应当预见到的因违反合同可能造成的损失。法律在这一点的规定具有一定的弹性，实践中多数靠协商解决，协商不成靠人民法院裁决或仲裁机构仲裁。

如果经营者对消费者提供商品或者服务有欺诈行为的，依照《消费者权益保护法》的规定承担损害赔偿责任。

4. 违约责任的处理

（1）违约金与定金的处理。违约金是指合同双方当事人在合同违约责任条款中约定一方违约时应当根据违约情况向对方支付一定数额的违约金。它与定金是两个不同的概念。它不需要事先支付，只有在发生违约时才需支付，同时双方违约金也可能不是相等的，主要根据双方事先约定的违约金的计算方法而定，违约金不具有担保的作用。

合同双方当事人可以事先约定因违约产生的损失赔偿额的计算方法。约定的违约金低于（或过分高于）造成的损失的，当事人可以请示人民法院或者仲裁机构予以增加（或适当减少）。当事人就延迟履行约定违约金的，违约方支付违约金后，还应当履行债务。

当事人如约定一方向对方给付定金作为债权担保的，违约后按担保法违约定金处理（前已叙述）。如果当事人既约定违约金，又约定定金的，一方违约时，对方可以选择适用违约金或者定金条款。当然受损失的一方会考虑对其最为有利而且便于执行的方式。

（2）因不可抗力造成的违约责任处理。在销售活动过程中，会出现不能预见、不能避免并不能克服的客观情况，这种不可抗力的出现，会影响合同的履行。《合同法》规定：因不可抗力不能履行合同的，根据不可抗力的影响，部分或者全部免除责任，但法律另有规定的除外。应当注意的是，如果当事人迟延履行后而发生的不可抗力，则不能免除责任。当然，当事人一方因不可抗力不能履行合同的，应当及时通知对方，以减轻可能给对方造成的损失，并应当在合理期限内提供证明。

（3）违约责任处理中对双方的规定。在正常的销售往来中，违约是合同双方都不愿发生的（除少数别有用心者），但由于种种原因的影响，违约又是难以避免的。一旦出现违约对双方都有一定的影响。因而应本着诚实守信的原则共同妥善解决。

如发现当事人一方违约后，双方应当采取适当措施防止损失的扩大。这在合同风险管理中是很关键的，起到风险控制的目的。《合同法》规定合同一方应当采取措施而没有采取适当措施致使损失扩大的，不得就扩大的损失要求对方赔偿。同时《合同法》还规定当事人因防止损失扩大而支出的合理费用，由违约方承担。

如果当事人双方都违反合同的，应当各自承担相应的责任。因而绝不能因为对方违反了约定，我方也跟着违反约定，以求心理上的平衡。

尤其是有由于第三人的原因造成当事人一方违约的，这时不能拿第三人来做借口而不承担违约责任。按照谁违约谁承担相应责任的原则，首先向对方承担责任。至于违约方和第三人之间的纠纷，则依照法律规定或者按照约定另行解决。绝不能绞在一起有意推延违约责任的履行。

因当事人一方的违约行为，侵害对方人身、财产权益的，受害方有权选择依照《合同法》要求其承担违约责任或者依照其他法律要求其承担侵权责任。

（九）建立防止合同纠纷的销售模式

传统的销售模式之所以会出现合同纠纷，很大原因是把每一次交易视为独立事件，而且从自身角度考虑眼前利益，不具有长远眼光。在吉尼斯世界纪录中，乔·基拉德（Joe Girard）被认为是"世界销售第一汽车大王"。他指出，销售中65%其实都是重复作业，另外35%，是那些欣赏他的顾客替他介绍的，所以乔·基拉德一年中实际靠自己卖出去的车子很少，而且从未与顾客发生纠纷。罗斯·R.雷克总结出一种称作"胜—胜"的销售模式，即双赢销售模式，这种模式可以减少或消除合同纠纷，与顾客建立起长远的关系。这种销售模式是从买卖双方利益出发达成交易的模式。它追求的是通过帮助顾客，得到自己想要的东西，在交易过程中，双方都会对彼此的决策感到满意，即达到双赢的目的。它包括四个步骤：

1. 制定计划

双赢销售模式的第一步是制定一个双赢销售计划。制定计划时应考虑自己能为顾客带来什么，问问自己："如何做才能使顾客乐意与我交往？我应该朝哪个方向努力，才能使顾客回应我真正想要的？"以前我们都觉得，销售洽谈是一种付出和获得的过程，即将销售视为一项50∶50的交易。以这种态度来看待销售，双方都将会发现，大部分的时间都浪费在争辩上。但是，如果能将销售视为100∶100的组合，彼此都重视付出的部分，那么获得多少就由双方自己去感受。在这样的情况下，销售是一个双赢的过程。

2. 建立关系

双赢销售模式的第二步是建立关系，即销售员与顾客建立良好的人际关系。因此销售员要花些时间和那些能够影响自己成败的人建立良好的关系。通常说来，建立这种人际关系是很不容易的，因为人们会为自己喜欢或信任的人奔走工作，却不会为没有交情的人卖命。所以要建立的关系，就是一种相互间的承诺。必须让人们了解你是一个诚实可信的人。

3. 缔结协议

双赢销售模式的第三步是缔结协议。人际关系建立后，销售员和顾客之间就可以晋升到协议阶段，前提是前两个步骤必须彻底实行。协议必须对双方都有好处：我可以给你所需要的，以换取我所想要的。协议必须是公开公正的，表现双方的诚意。

4. 持续进行

双赢销售模式的第四步是持续。真正的销售始于售后。即使双方的合约很完备，彼此也有稳固的关系，仍有许多事情需要努力。成功的销售员会告诉你，其实真正的销售关系，是在取得订单之后才开始的。销售员要想使顾客再次光临，并使顾客为自己介绍新客户，协议、关系、计划三者都必须是持续的。

可见，如果能和顾客保持良好的关系，就是为自己的下一步预铺了稳健的道路。不仅不会与顾客发生纠纷，反而会让顾客成为你的销售利器。

（十）销售合同的管理

销售合同管理是提高销售管理水平的重要措施。为此，根据企业及业务情况应建立必要的合同管理制度。

1. 建立正式签订合同前的审批、会签和复核制度

在合同签订以前，要认真审查签订合同的对象、商品、成交内容和条件以及合同的合法性、有效性等。主要从以下几方面把关：

（1）对签约的客户，要选择资信好、经营能力强的专业客户；对资信情况不清的客户，要控制交易金额或在一定保护性条件下签约；对信用不好、屡次违约的客户，应停止购销往来。

（2）对合同的商品数量、品质规格等，要审查货源是否落实。

（3）审查价格、金额、支付条件及盈亏幅度，对不易办到的条款，不轻易接受。

（4）买卖双方承担的权利义务是否明确、合理可行，有无含糊不清、发生推诿扯皮的可能。

通过审查复核要做到：不签不能执行的合同；不签留有隐患的合同；不签不符合法律条例及惯例的合同；不签权利义务不对等、责任条款不明确、无约束力的合同。

2. 建立合同登记和进程的管理制度

合同登记和合同进程管理制度，要求从签订合同起对合同的一切活动及履约过程均进行记录，包括合同本身主要交易条款的记载，也包括从成交、备货、发运直到结算的进程记录。一般来说，应掌握每一笔销售合同履行的全过程。

合同的登记从收到客户签回的正本合同开始，以后有关合同的变更、撤销、解除、

终止以及合同的争议、调解、仲裁、索赔、理赔等都予以记录。

在合同的执行过程中，从加工、备货、开票、托运、装车、运送到制单结算等各个环节都要有联系单和复核制度，使企业内部各部门之间及企业与各有关部门能及时沟通情况、密切配合、紧密衔接。

特别应注意的是，货物出运后要检查收款情况，要与银行及客户联系，定期催索应收的未收账款。

3. 建立合同岗位责任制

为了使合同进程顺利，防止脱节，必须有以合同为中心的明确分工和岗位责任制。合同岗位责任制按合同进程和工作流转环节，主要是"四员"，即销售业务员、货源业务员、综合单证员、合同员的岗位责任。他们从业务、备货、单证、合同四方面分别对履行合同负有关的责任。这样就使合同履行责任分明，过程清楚。

要做到上述要求，必须建立合同进程卡，记录从签订合同起到执行完毕的一切进程，登记及检查有关票证，定期清理逾期和撤销的合同，做好理赔、索赔等记录，并建立合同档案；及时发现和总结在履约中存在的问题，协助督促各个环节按分工负责履行合同，起到纽带和监督的作用。对合同履约率及累计履约率进行分析，不断提高合同管理水平。

二、销售货款企划

（一）货款结算

货款回收为销售结束的标志，回款决定着利润，企业销售商品必须按合同付款方式及时结算和回款，以使销售工作能够及时、安全、顺利地进行，保证销售利润的实现。然而目前许多企业都面临货款回收困难的问题，这在一定程度上阻碍着企业的发展。因而熟悉结算方式，研究货款回收也就显得十分重要。

在商品交易中，货款的结算是实现商品所有权转移的重要条件。随着经济的发展，货币结算逐渐形成现金结算和转账结算两种方式。现金结算即市场上的一方交钱，一方交货，当时钱货两清，从而完成商品所有权的转移和价款的结算。转账结算是使用信用支付工具，通过银行把款项从付款人账户上转移到收款人账户内的一种货币收付行为。

现金结算，在金额不大的情况下比较简便。在交易金额很大时则非常麻烦。转账结算，是资金在银行账面上的转移，不直接使用现金就能实现价款的支付。在大额商品交易中，必须采用转账结算方式。

采用何种结算，要根据商品销售方式进行选择。销售方式从交接形式上分，主要有发货制、送货制和提货制。从购销单位所处的地区看，有同城销售，又有异地销售。从购销双方往来关系上分，有一次性销售，又有经常性固定关系的销售。从销售中商品和价款交付时间上分，有先付款后发货的销售，也有先发货后付款的销售，还有赊销等。为了适应多种交易方式款项结算的需要，国家授权人民银行制定统一的结算方式。现行结算种类主要有银行汇票、商业汇票、银行本票、支票、汇兑、委托收款六种信用支付工具。随着电子技术的发展以及商业信用的普及，电子货币结算也正在兴起。

1. 汇兑结算

汇兑结算是汇款人委托银行将款项汇给外地收款人的结算方式，俗称"汇款"。汇兑结算方式的特点是：收、付双方不一定要事先订立合同，也不局限于商品销售款项汇划。款项可由汇入行转入收款人账户，也可以在现金管理规定的范围内向收款人支付现金，手续简便，对单位和个人的各种经济往来都能适用。

按照银行传递凭证的方法不同，汇兑结算分为信汇、电汇两种方式。

2. 委托收款结算

委托收款是由收款单位向银行提供收款依据，委托银行向付款单位收取款项的结算方式。

委托收款结算方式，可以采用多种交易方式，有利于促进销售。既便于收款单位主动收取款项，又可以减少商业拖欠，搞活企业资金。委托收款结算，按照资金划回的方法，分为"邮划"委托收款和"电划"委托收款两种，供收款单位选用。它的特点是：方便灵活，适用面广，不受金额起点限制，适合于"先货后款"销售的款项结算。同时，在同域、异地均可办理。

3. 银行汇票

银行汇票是指汇款单位或个人将款项交给当地银行，由银行签发、汇款人带往外地交收款单位或收款人，到兑付银行办理转账或支付现金的票据。使用银行汇票的特点是：汇款人将银行签发的汇票带往外地收款单位或汇款人自己到汇入行取款。既无须汇出银行邮寄汇票凭证或拍发电报，也无须汇入银行通知取款。在汇票金额内，可以根据实际需要用款，多余款由银行代为退回，具有方便、灵活的特点，因而，也是销售业务经常使用的结算方式。

4. 银行本票

银行本票，是申请人（付款人）将款项交存银行，由银行签发给其凭以办理转账结算或支取现金的票据。银行本票分为定额本票和不定额本票两种。它适用于同城范围内的商品交易、劳务等其他款项结算。目前，银行本票在中国人民银行总行指定的城市范围内使用。它灵活方便，既便利商品流通和各种经济往来，又减少大额现金交易，有利于银行的信用回笼、聚集资金。银行本票信用可靠，在各种票据中其信用程度最高。

5. 银行支票

支票是银行对存款人签发给收款人办理结算或委托开户银行将款支付给收款人的票据。这种结算方式在我国使用已久，是银行各开户单位支取存款和办理同城结算普遍采用的一种方式。

使用支票结算收付简便，收款单位比较主动，颇受欢迎。其不足之处是银行和收款单位无法进行事先监督，可能会发生空头支票现象，使用不当，还可以造成经济损失。支票分为现金支票和转账支票两种。现金支票用来向银行提取现金，也可以办理转账；转账支票只能转账，不能提取现金。

6. 商业汇票

商业汇票是典型的票据。它是收款人或付款人（或承兑申请人）签发，由承兑人承兑，并于到期日向收款人或被背书人支付款项的票据。按其承兑人的不同，分为商业承兑汇票和银行承兑汇票。

（二）制定回款政策时应把握的几个关键环节

提高回款工作的质量，根本的问题是加强管理，主要是处理好以下几个关键的环节：

1. 回款工作目标化

目标化是回款管理工作的基础。正确地实施目标化，首先要求企业结合销货情况确定不同时期的回款目标，并把它写进每一个时期企业的销售计划中。

回款工作的目标化不仅意味着企业回款目标的确立，关键的步骤是企业对总体的回款目标进行科学的分解，最终细化落实到每个销售员身上。对于企业而言，回款目标的分解应从两个层次展开：

（1）回款项目分解。通常根据产品的正常与否进行归类，如把外欠款区分为产品正常的欠款、不正常的欠款、已被拆下库存的欠款等。根据这种划分，列出应收的重点款项和非重点款项，并在管理工作中有所区分。回款项目的分解也可以以时间为维度展开，例如对于产品正常的外欠款，又可以区分3年前款、2年前款、1年前款，并据此制定出不同的回款政策。

（2）对于归类分解的回款项目，应结合市场划分和合同签约情况进行合理的分配，落实到每个销售人员身上。这项工作非常重要，也是确保回款业务正常开展的前提条件。这要求销售部门在实施目标管理中，不能仅仅把回款任务下达给下属部门，还要责成各下属部门结合销货情况进行分解并逐项落实。只有这样，回款工作的目标化才具有实际的意义。

2. 回款工作激励

回款工作的激励包括奖励和惩罚两个基本的方面。这两个方面对于回款工作顺利的开展都是必要的，但应以奖励为主。为了正确贯彻激励的原则，销售部门必须根据对象的差异做出区分性安排。

（1）对销售人员的激励。目前一些企业对销售人员的激励主要依据"预付款项"和"贷款回收时限"两个标准进行评估，但企业应该进一步反思有关回款的若干规定，以便力求使之合理化。由于销售工作面临着复杂的情况，为保持一定的灵活性，企业有必要在回款问题上做出一些特别的规定，诸如全款提前到位的奖励问题、预付款与余款的相关性问题、非销售原因而导致的欠款问题、特别客户的回款问题等，均需做出详细的说明。

（2）对部门主管的激励。在大多数情况下，回款工作的督促与落实主要由各级部门主管负责，因此应制定适合的奖罚措施。当然，企业可以依据回款性质的不同或数量的多少而确定不同的奖罚标准。例如对于时间长的欠款的奖励额度要大些，而对于新欠款的奖励额度可以相对小些。

（3）给客户的优惠。回款的快慢、回款工作的好坏不完全取决于企业内部的因素，还取决于客户这个外部因素。为了促进客户的合作态度、刺激客户付款的积极性，可以在总价位上做出让步，也可以在零配件供应、工程安装、附加赠品、售后服务等方面提供特别优惠。

3. 评估与指导

对回款工作的监督、评估和指导是确保回款任务能否实现的基本环节，这实际上意味着企业要加强对回款工作的管理与控制。首先，销售部门的领导要确立销售工作的战略导向，把回款工作作为销售工作的重要环节，特别是那些重点回款项目的应收款要列入首位，应责成有关部门加大工作力度。其次，作为基层部门的主管，也要对本部门的回款情况在心里有个通盘考虑，要根据每笔未回款的性质和特点，指导销售人员做好收款工作。有必要的话，还要亲自督促，到第一线工作，配合销售人员完成艰难的催款任务。

（三）货款回收管理

1. 建立货款回收风险处理机制

加强货款回收的风险管理首先要严格按照企业的有关规定，区分为"未付款"、"拖欠款"和"呆坏账"。

未收款的处理：本月贷款未能按规定期限内回收者，财务部应该将未收回款明细表交销售公司核准；销售公司经理应在回收期限内负责催收。

拖欠款的处理：未收款如果没能如期收回就会转为拖欠款者，销售公司经理应在未收款转为拖欠款后及时分析其原因及对策，并以书面形式提交公司分管经理核实；如果是货款被列为拖欠款后，销售管理部门应于30日内监督有关部门解决，并将执行情况向公司分管经理汇报。

呆坏账的处理：呆坏账的处理主要由销售部门负责，对需要走法律程序的由公司另立专案研究处理；进入法律程序处理之前，应按呆坏账处理，处理后没有结果的，并且认为有依法处理的必要的，可以移送公司依法处理。

呆坏账移送公司后，应对造成呆坏账的原因、责任人等情况进行调查，并要相关责任人承担一定的责任，最后提交公司销售决策层研究。

在回收货款过程中，若发现收款异样或即将出现呆坏账时，必须迅速给出收款异样报告，通知公司有关法律人员介入处理，若有"知情不报"或"故意隐瞒"的情况，要追究当事人的责任。尤其是在业务人员离职或调职时，必须要办理离调职移交手续，其中结账清单要主要审核并由有关部门共同会签，直属主管要负责面对面监交，若移交不清，接收人可拒绝承受"呆账"。否则就得由接收人承担移交后的责任。

2. 创造回款实现的良好条件

做好回款工作，除了要加强回款工作的管理以外，还要善于创造有利于回款实现的良好条件，即通过公司员工的努力而达到回款环境的改善，从而促进回款工作的开展。创造有利于回款实现的良好条件，主要体现在以下几个方面：

（1）提高销货质量与服务水平。实践证明，企业所面临的很多回款难题，大部分都与其销货质量与服务水平密切相关。产品性能不稳定，质量不过关，或售后服务跟不上，均会导致客户的不满，从而使回款的任务难以完成。企业必须加强这方面的努力尽快改变这种局面，这就需要把现代销售的基本理念贯穿到销售工作的各个环节，彻底摒弃传统的销售观念的影响。在实际销售工作中，我们要努力向客户提供一流的产品，一流的服务，公平交易，顾客至上。只有这样，才能赢得客户的信赖，为回款工作奠定良好的基础。

（2）重视客户资信调查。市场经济也是风险经济，为了尽量降低坏账的风险，有必要要求销售人员在销售前先对客户的资信状况做出评估。市场上有那么一类客户，虽然购货的能力很有限，但却要装出很有钱的样子，向他供货的销售人员一不小心便会落入圈套，到最后就会发展成"要钱没有，要命一条"的尴尬处境。对客户实施资信评估，一方面能自觉回避一些信用不佳、资金实力不雄厚的客户；另一方面也便于为客户设定一个"信用限度"，从而确保货款的安全回收。

（3）加强回款技能培训。回款工作是一项技术性很强的工作，有不少销售人员是推销有术，要款无方，即便是一些经验丰富的销售人员，也难免会在回款工作中表现出某种程度的怯弱。为了保证回款工作的顺利，企业要加强对销售人员的回款技能培训。首先，是要对销售人员回款信心的培养。要让每一个销售人员明白，回款是正当的商业行为，没有必要在要款时心存歉意。其次，要培养、掌握各种催款技巧，比如用情催款、以利催款、意志催款、关系催款等。当然，在选择各种催款方式时，要结合时间、地点和环境等各种条件，做出最有利于汇款的灵活的安排。

（4）回款工作制度化。为了确保回款工作的顺利开展，企业要努力实现回款工作制度化，所谓回款工作制度化就是企业要对回款工作的各个环节，诸如目标设定、激励制度、评估和指导、回款技能培训、回款工作配合等方面给出明确的规定，以便使回款工作有章可依，有规可循。显然，回款工作制度化，是创造良好回款氛围的可靠保证。

（四）货款回收控制方法

如何尽快收回货款和防止坏账，是企业继续发展的大事。销售量的增加是企业追求的主要目标，但是这是以回款及时为前提的，收不回货款的销售，不是真正的销售。回收货款的控制对市场销售部门来说是至关重要的，有效的货款回收控制是有效的销售风险管理不可缺少的一部分。但是许多公司却没有适当的货款回收控制程序，他们无法分析退货的原因，更不注重销售中的货款回收控制，以致造成应收账款收不回来，坏账不断增加，企业负债增加，最后甚至出现亏损的情况。这些问题应引起我们的充分重视。应收账款高引起的坏账还有两个连锁反应：一是退货问题增多，二是调货问题增多。其中某一环节出现问题，都会引起拖欠账款甚至坏账。同时在应收账款时还存在收款进账不及时、不提供发票号、无法确认客户代码、凭证重复擅自扣款、不按规定办托收等现象。以上问题的产生的后果就是造成延误收款，账目混乱，最后导致公司债权受损。这些现象处理不当便会引起拖欠货款甚至坏账。

1. 建立客户货款回收管理台账

现在许多公司的货款回收台账就是公司财务部门的往来账，记录比较简单。但对于销售部门来说必须记录每一位客户的货款回收情况，对每一笔货款的情况都要了如指掌。因而，销售部门应建立客户货款回收管理台账，在共享财务回款信息的基础上，详细记录有关支付或拖欠的情况。企业如果开发或购买了销售管理系统，可以直接共享回款信息。如烟台微纳网络软件有限公司开发的《销售风险预警与防范系统》，就可以统计出应收账款的详细情况，随时查询总公司、客户或分公司销售量、回款情况，并可对应收账款按账龄、欠款额度进行归类、分析，提醒收款人员进行及时催讨，并发出预警提示。客户货款回收管理表，其格式如表 10 - 1 所示。

表 10 - 1 客户货款回收管理表

客户	等级	信用限度	交款日期	交款单送达日期	付款日期	付款操作			付款人	问题要点
						现金	欠款期限	欠款		
×商号	B	50 万	20 日	21 日	下月 5 日	30 万	90 日	20 万	经理	尚无

2. 滚动清欠方法

采用滚动清欠方法是为了保持应收账款的时效性，避免坏账。国际上对应收账款 2 年以上的视作完全坏账，1 年以上的以 50% 计算为坏账。在中国市场的实际情况下，"三角债"困扰，较难按国际标准估量。但我国法律也规定了欠款有两年的追索权，因而必须加强回收，以防账龄拉长造成呆账。此外，由于货物在运输过程中破损、缺少、调货、退货、质量问题等不及时处理，账面不平衡易造成坏账。对于有大量欠账的企业，可以加大催讨力度，并采取下顶上的滚动清算法，以减短账龄。即拿现款先顶老账，然后开票提货记新账，这种情况下新欠款一定要有保证。

对一般企业来说，应收账款总额相当于 3 个月的销售，最差相当于 4 个月的，更应重视抓好应收账款的控制，特别要严密控制应收账款的账龄。要将应收账款的资金账龄控制在 3 个月之内，对资金紧张的企业，更应将账龄控制在最短的时限内，如酒厂可控制在 1 个月。资金是发现企业管理薄弱环节，提高管理水平的主线，企业的运作最终都反映在企业的经济运作状况中，所以要提高企业的经济运行质量，就必须抓好资金的流入流出——资金流量，它涉及企业运作的所有相关部门。在具体实施时应做到以下几点。

（1）摸清状况，制定政策。对还要继续有业务往来的客户要弄清其应收账款的构成；对中断业务的客户要分年列出明细账，采取相应的对策，成立专门追款队伍，制定应收账款清理办法，明确政策和责任。

（2）全员发动、统一思想、集中部署、分头实施。与所有的业务往来单位签订协议，以法律上认可的滚动清欠的账务核清办法进行核算。对财务人员要进行财务知识培训，转变财务人员的观点，不仅注重做合同、催款，而且要注重高质量的经营过程控制。财务人员不能只是在办公室内记录凭证，而是要走出去，上半个月对账，下半个月记账和准备。

（3）配套推动，促进管理。

建立财务票据流转的签收制度。

建立财务每年的循环对账制度和资信评估制度。

财务与业务人员结对子、进行帮带，及时掌握回款情况，提高收款技巧。

审核发票的正确性，尤其是增值税发票，防止出错。

及时将发票送到客户手中。

建立破损、缺少、串货、退货的处理规定。

建立有效期商品的促销办法。

加强与客户之间的联系，与客户建立起良好的人际关系，并取得客户谅解。

掌握客户资金的付款期限，抓住有利时间清欠。

定期与客户沟通进行对账，提醒用户及早付款，并清理老账。

3. 利用账龄分析监督应收款的收回

企业为了尽快收回款项，减少坏账带来的损失，在日常应收款的管理中还应按账龄长短编制账龄分析表，随时掌握账款的回收情况，这样便于企业对回收款项的掌控。

账龄分析表是一张能显示应收账款在外天数（账龄）长短的报告表，其格式如表 10-2 所示。

表 10-2　账龄分析表　　　　　　　2014 年 12 月 31 日

应收账款账龄	账户数量	金额（千元）	百分率（%）
信用期内	200	800	40
超过信用期 1~20 天	100	400	20
超过信用期 21~40 天	50	200	10
超过信用期 41~60 天	30	200	10
超过信用期 61~80 天	20	200	10
超过信用期 81~100 天	15	100	5
超过信用期 100 天以上	5	100	5
应收账款总额	—	2000	100

通过账龄分析可以一目了然地了解到以下信息：

（1）有多少应收账款尚在信用期内。如上表，有 800000 元应收账款处在信用期内，占全部应收账款的 40%。这些款项还未到偿付期，未结清是正常的；但到期后能否收回，还不能轻易下结论，故及时的监督仍是有必要的。

（2）有多少应收账款过了信用期，超过时间的款项按时间长短各占多大比例，有多少欠款可能成为坏账。如上表显示，有 1200000 元的应收账款已超过了信用期，占全部应收账款的 60%。其中拖欠时间较短的（20 天内）有 400000 元，占总应收账款的 20%，这部分欠款收回的可能性很大；拖欠时间较长的（21~100 天）有 700000 元，占总应收账款的 35%，这部分欠款的回收有一定难度；拖欠时间很长的（100 天以上）有 100000 元，占总应收账款 5%，这部分欠款有很大可能会成为坏账。

4. 图表控制法

企业可以通过图表进行货款回收的控制管理。常用的有双曲线图，如图 10-1 所示，其中 A 线是应收金额线，B 线是实际回收线。两线横坐标的距离表示应收账款的天数，两线纵坐标的距离表示应收账款的金额。通过控制回款天数，防止长期拖欠，通过控制应收账款金额，减少信用风险。如果用计算机管理，可以适时地画出图形，以直观的方式进行控制。

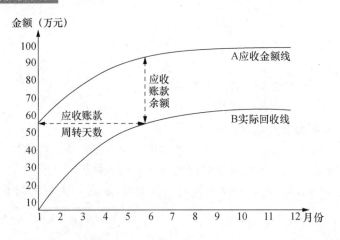

图 10 - 1　货款回收控制双曲线

（五）拖欠货款的清收手段

简单地说，拖欠货款的清收手段有四种："情"、"理"、"利"、"法"，即动之以情、晓之以理、辅之以利、诉之以法，但运用之妙，存乎一心。

动之以情：生意场上交谈的不仅仅是一笔笔交易，更重要的是多年积累下来的交情，"老朋友"总不能一下子翻脸，只要说到伤心为难处，对方不会不为之动容。

晓之以理：在清收拖欠货款时，仅"以情动人"有时未必能奏效，如果在情的基础上再言之以理，晓之以厉害，以理服人，以事实服人，则对方考虑回款时会更深入一层。

辅之以利：当客户真正有难处时，经济正紧张，跟他磨了半天的"嘴皮子"，客户也领情明理，就是没钱付不出来，在这时若实事求是地给客户一定程度的让利，如削减一部分债款，或许能够激起客户有效回款的积极性，打破回款僵局。这在实际操作中是非常有效的方法，而且会使我们与客户的关系更加牢固。

诉之以法：有时要账时用情、理、利三种手段皆告失败，人家就是一副铁石心肠，或变着法子跟你耗着，还款迟迟不见动静，这里对债权方来说已经仁至义尽了，除了诉之以法，对簿公堂，别无选择。

（六）拖欠货款清收对策

兵无常势，水无常形。要想有效地收回拖欠的货款对客户绝不能搞"一刀切"，要具体问题具体分析，审时度势，对症下药。否则，讨账有可能会事倍功半，得不偿失，两败俱伤。不过话说回来，拖欠货款方虽无理，但有时却也很无奈，做事不能得理不饶人。生意场上需要滚滚财源，但更需要的是"和气"，因此，清收货款作为善后事宜处理，要讲究策略，把握分寸，留有余地，只有这样才会"不打不相识"、"化干戈为玉帛"、"化腐朽为神奇"。

下面就拖欠货款常见的七种类型进行简单探讨：

1. 要款不给力类

这种货款的拖欠主要是由于销售人员对回收货款的重要性认识不够，货物发出后不主动回款，而对方又也不会主动付款造成的。这种拖欠的货款一般只要去电、去函或去人催要，很快就可回笼入账。

2. 合同纠纷类

这种情况是由于销售人员在业务洽谈或在签订合同及协议时疏忽大意，造成合同中的有关条款在执行过程中发生争议，进而影响了货款的回收，这时销售人员应主动找客户协商，本着实事求是的原则对已经造成的疏忽进行纠正，一般都会得到用户的理解并同意结回款项。

若是由于购销某一方违反合同规定造成合同纠纷从而影响货款回收，则应根据事实处理。假如是由本公司在执行销售合同中违反规定，应主动向客户赔礼道歉，征得客户的谅解，并按合同有关违约条款承担相应的责任，对给客户造成的损失给予赔偿后，追回货款。若是由于客户违反合同，则应主动与其交涉，尽量通过协商的方式解决，若双方协商未能解决，可以按照合同规定的纠纷处理办法进行公证或法律调解，最后追回拖欠货款。

3. 货物积压类

这种拖欠一般不是用户故意想拖欠货款，而是由于销售方大量推销或客户经营决策失误大量进货造成货物积压太多导致的。出现这种情况时销售方可以把多余货物调剂给别的客户或帮助客户加强销售等办法来处理，从而尽快收回拖欠货款。

4. 经营不佳类

对这种情况的拖欠货款，若真是暂时无力偿还，也别无他法，这就要分步进行，采取分批催讨，一点一点往回要，拿回多少算多少的办法，既不能因同情对方而不要，也不能向对方强行逼债，若能想法帮助用户搞活经营，不仅可以追回货款，而且还会获得用户的感激进而建立更稳定的关系。

5. 资金周转不佳类

这类拖欠的客户并不是没有偿还能力，也不是不愿意支付货款，而是由于一时资金周转不灵，运作不佳，难以支付货款。这类客户也要区别对待，如果对方确实是因为资金暂时困难而又有诚意还款，本着长期合作的原则，应该体谅其难处，暂时缓讨，但双方应达成协议，一旦对方资金稍有缓和，应该主动偿还货款。如果对方资金周转不灵是由人为造成的，是由于公司高层没有妥善用好资金，这时就可以采取公关等措施追回货款。

6. 故意拖欠类

有些客户不讲商业信誉，故意拖欠货款，这种现象在目前屡见不鲜，由于其故意拖欠，因此对前来催款的人，一是不让与其经办人见面，故意推脱；二是采取给催要者个人好处，如上等招待、送礼等手段，使催要者抹不开情面强行追讨。对于这类用户，只有采取强硬的手段，既不能收受对方礼品，更不能抹不开情面，要一针见血地指出对方故意拖欠的行为，使对方不得不偿还货款。若对方有意拖欠，也不妨来个软磨硬泡，以其人之道还治其人之身，这样往往会很有成效，在这种情况下一定要注意分寸的把握。对个别一点信用也不讲的客户，可以通过法律的途径追索。

7. 客户遇到了意想不到的事故

这类拖欠货款往往不是因客户主观因素造成，而是由于意想不到的事故使客户造成重大经济损失或其他影响，致使无法偿还货款，对此应区分不同情况给予不同处理方法，首先对客户出现的意想不到的事故表示同情和慰问，然后根据对方事故的情况可以暂缓催要，或部分追回，或是保留追索权等，对确实无法追回的，可以作坏账处理。

（七）清收拖欠货款的注意事项

（1）在采取行动前，先要弄清楚造成拖欠的原因。是疏忽，还是对产品不满意；是资金紧张，还是故意拖欠，应针对不同的情况采取不同的收账策略。

（2）不要怕催款而失去客户。到期付款，理所当然。如果害怕催款引起客户不快，或失去客户，只会使客户得寸进尺，助长客户的这种不良习惯。其实，只要技巧运用得当，完全可以将收款作为与客户沟通的机会。当然客户坚决拒付款，失去该客户也不可惜。

（3）对收不回货款的客户要当机立断，及时中止供货，特别是针对客户"不供货就不再付款"的威胁，更要果断停货，否则只会越陷越深。

（4）收款时间至关重要。时间拖得越长，就越难收回，有国外专门机构的研究报告显示，收款的难易程度取决于账龄而不是账款金额，2年以上的欠账只有20%能够收回，而1年以内的欠账80%都能收回。

（5）采取渐进的收款程序。当赊销款在正常的赊销期过后仍不能收回时，企业就应转入收款程序。为了减少收款费用，通常是先发一封催款信或打一个电话；如果上述方法不能奏效，则应派出收款员专门收款。收款员也没有收回款项时，最后的程序是诉诸法律。

（6）不能因对方欠货款，便趾高气扬，摆出一副逼债的姿势。因为造成拖欠是买卖双方的共同责任，退一步讲，即使都是客户的责任，但为了保持长期的友好合作，应平等对待，有时还要体谅客户的实际困难，友好协商解决。

（7）催款人员不能用户一诉苦就心软。有些清债人员缺乏催讨欠款的工作经验，客户一诉苦他便心软，一副菩萨心肠，处处为对方着想。清债人员既要考虑客户的实际困难，更要以本公司的经济利益为出发点，绝不能因对方的一段诉苦之言，便放弃催要货款。

（8）清债人员在催讨欠款时要发挥"缠"功。对有些故意拖欠款项，催要时又故意推脱者，清债人员必须发挥"缠"的功夫，抓住关键人物软缠硬磨。当然，这绝非不讲人格，也不是去侵犯人权，而是对付这种故意推脱的方法。

（9）不能收受对方礼物或吃请。俗话说吃人的嘴短，拿人的手短。收了人家的礼物，吃了人家的饭，人家便堵住了你的嘴。这样便会因小失大，自己占了点小便宜，却给公司造成了很大的损失。

（10）能够协商解决的尽量不要动用法律。尽管在购销合同上会写明违反合同可以通过法律途径解决，但是在实际业务中应尽量避免动用法律：一方面，由于拖欠货款是多种因素造成的，只要把拖欠的主要因素找出来，经过双方充分协商往往都能够得到解决；另一方面，一旦动用法律，购销双方便成了被告和原告的关系，往日建立的友好协作关系便会破裂，即使被告在法律的威严下归还了欠款，但在现实观念中也会认为丢了情面而不愿再与本公司打交道。这样便失去了一个用户，同时对其他用户也会有影响。

（八）清收账款办法

1. 常用的收款办法

（1）对固定大客户的货款，应收资金不应超过公司规定的最高限额和最长时限，一旦达到规定的资信限额和最长时限，要尽快收款，否则应停止发货；

（2）应充分利用公司回款方面的优惠政策，鼓励用户及时回款；

（3）对客户和经销单位，可根据回款时间的长短，按公司政策给予一定比例的回款折让；

（4）对没有资信保证的客户，本着现款现货的原则，在资金没有保证的前提下不得采用赊销；

（5）各销售分公司在销售中收取的货款不论是现金、现汇，还是银行承兑汇票都应及时汇往公司货款中心，不得挪作他用；

（6）各销售分公司及业务人员收取的货款应足额入账，不得隐瞒；

（7）要严格执行公司的价格政策，既不允许低于公司规定价格出售，也不应高于公司规定价格出售，要保证与公司规定价格的一致性；

（8）各销售单位要把回收货款当作头等大事，不得全部推给销售人员及财务经办人，主要负责人应留意把握客户的销售额、收款额、未收回额等，以免业务人员计算错误或做伪账等，并要经常叮嘱经办人加强回收管理。

2. 制定货款回收政策应注意的问题

（1）只有货款收回了才算完成整个销售任务，并且要制定回款任务。

（2）鼓励现款现货，不明确规定回收期限（如3个月）前回收奖励或限期后回收罚款，防止销售员主动放宽回款期限，把一些本来可以立即回款的放宽期限，一旦情况变化就会造成被动局面，并且防止销售员在接近期回款限再讨款，还有人宁愿认罚息，把货款挪用他用。

（3）应统一价格。一般不应设浮动价格让业务员自行谈判，造成价格不一致。但可以在统一价格的基础上，给销售员提取业务费用和奖励。

（4）应制定回款优惠政策，鼓励用户及时回款。

（5）能讨回现款的，绝不能放宽口子要承兑汇票，以减少贴息损失。

（6）不到万不得已的情况，不用转抹账的方式回款，这种方式损失太大，也容易使客户养成有钱不愿给，能抹则抹，更容易使业务员养成懒惰的习惯，能抹账回收就不会努力要现款。

（7）公司应把回款管理作为销售管理的重点，并建立起货款回收调度制度。

（九）学会依法讨债

市场经济也是法制经济。企业家想要在市场经济大潮中不断发展，就要学法、懂法，更重要的是依靠法律保护自己，万万不要想当然，更不要把一切都想得很乐观，要防患于未然。债权人运用法律方式保护自身合法权益常用的手段有以下六种。

1. 选择管辖权法院

我国《民事诉讼法》第 24 条规定："合同的双方当事人可以在书面合同中协议选择被告住所地、合同履行地、合同签订地、标的物所在地人民法院管辖。"这就是说，当事人可以根据这些原则，选择对自己有利的法院管辖有争议的案件，所以在发生债务纠纷后的协商调解过程中，就应采取签订补充协议，并规定法院管辖地，这样在协议执行无效后，能向对自己有利的法院提出诉讼。

2. 申请财产保全

《民事诉讼法》第 92 条规定："人民法院对于当事人一方的行为或者其他原因，使判决不能执行或者难以执行的案件，可以根据对方当事人的申请，作出财产保全的裁定。"第 93 条规定："利害关系人因情况紧急，不立即申请财产保全将会使其合法权益受到难以弥补的损害的，可以在起诉前向人民法院申请采取财产保全措施。"在销售实践中，有的债务人明知自己应承担债务，却拒不偿还，即使公证机关做出裁决或人民法院做出判决，也难以顺利执行；有的债务人从实质来说就是在进行经济诈骗活动。遇到这种情况，债权人可根据上述规定，在提出债务诉讼的同时，向人民法院递交一份财产保全申请书，并提供有关债务人的财产情况，以便法院采取查封、扣押、冻结银行账户或法律规定的其他方法，保证判决顺利进行。

3. 申请支付令

《民事诉讼法》第 188 条规定："债权人请求债务人给付金钱，有价证券，符合下列条件的，可以向有管辖权的基层人民法院申请支付令：①债权人与债务人没有其他债务纠纷的；②支付令能送达债务人的。"为了保证支付令的执行，第 191 条规定："债务人应当自收到支付令之日起十五日内清偿债务，或向人民法院提出书面异议。""债务人在前款规定的时间没提出异议而又不履行支付令的，债权人可向人民法院申请执行。"

为了使申请支付令起到一定的作用，债权人在向人民法院提出申请之前，要做好以下准备工作：

（1）理顺债权债务关系，提出书面债权文书（协议书）；

（2）没有债据的，要债务人出具表明拖欠金钱或有价证券数额的书面凭证；

（3）核实清楚债务人名称，所在地等基本情况，以便支付令能够到达。

4. 申请法院执行

《民事诉讼法》第 216 条规定："发生法律效力的民事判决，裁定当事人必须履行，一方拒绝履行的，对方当事人可以向人民法院申请执行。"第 221 条、第 222 条、第 223 条中还规定：被执行人未按通知履行法律文书确定的义务，人民法院有权冻结、划拨被执行人的存款；有权扣留、提取被执行人应当履行义务部分的收入；有权查封、扣押、冻结、拍卖、变卖被执行人应当履行义务的部分财产。为了使申请法院执行能及时得到批准和顺利执行，债权人应积极搜集债务人有关存款、收入、财产的证据，为法院提出执行措施提供可靠的依据。

5. 办理债权文书公证

《民事诉讼法》第 218 条规定："对公证机关依法赋予强制执行效力的债权文书，一方当事人不履行的，对方当事人可以向有管辖权的人民法院申请执行，受申请的人民法院应当执行。"

在现实生活中，债权文书常以双方协议的形式出现，这种协议不具备法律效力，所以，债权人与债务人在双方协商还债的过程中，应先争取办理债权文书公证，并在公证文书中写明所欠债务的总额，偿还债务的时限，抵押担保的财物或担保人，计息办法等，这样到期时对方当事人如不履行义务，可直接向法院提出申请执行，不必再经过诉讼程序。

6. 责任延伸

（1）债务人为分公司时，分公司无力偿还的，所欠债务应由母公司承担；

（2）所欠债务的单位若被其上级撤销，其所欠债务应由宣布其撤销的上级单位负责。

7. 依法讨债中的注意事项

（1）要明确主体。确定被告是依法讨债的前提，一般说来，在债务合同纠纷中，被告是确定的，但在实际中，有时因企业的关停并转，可能会引起诉讼主体的变化。企业在诉讼前，一定要依据有关法律规定，明确民事法律关系的主体，否则可能会因主体的要素不具备，中途被迫撤诉，使债务悬空。

（2）要重视时效。我国法律规定，民事诉讼的时效期为 2 年，过诉讼时效期就得不到法律的保护了，因此债权人千万不可有"你欠我的，白纸黑字，官司打到天边也输不了"的想法。在催讨不成时，要一张还款承诺的纸条，这样就证明你去催讨了，从而也就延长了催讨时效。

（3）要收集证据。民事诉讼不同于刑事诉讼，它有一个重要原则，就是"谁主张，谁举证"，如果取证工作不全面，在法庭上辩护时，就会证据不充分，被对方驳得张口结舌，由主动变为被动，甚至败诉。

（4）要善于调解。打官司和协商调解都是手段，目的是收回债务，因此要弄清债务人的情况，如果确有还债之意，但却又有具体困难，就应该主动配合法庭调解；如果债务人一心逃债，就要果断采取措施。

三、人员推销企划

（一）人员推销的性质

指在交易的情况下，通过人员进行的信息传播，通过给客户提供有关主要信息并劝说顾客对信息的需要的方法称为人员推销。和其他促销方法相比较，人员推销可能是最直接的方法，它能使推销人员集中精力达到最高的销售量。而其他的促销组合针对的是一群人，当然这其中一些人可能不是未来的顾客。人员推销最大的缺点就是成本太高。

不同企业的人员推销的产品不同，但他们的主要程序和目标是一致的，包括寻找潜在顾客，说服顾客购买行动，使顾客满意。在这个过程中企划主管能否准确掌握对本企业产品感兴趣的潜在顾客是至关重要的。

尽管发现潜在顾客是非常重要的，但如果不能说服其购买，那也没有实际意义。许多顾客在做出购买决策前，都会搜集各方面信息。因此，销售人员必须不断提高自身素质，熟练掌握产品全方位的信息。而且销售人员还要与顾客建立起良好的关系，要树立顾客的忠诚度。实践表明，很少有企业能够仅凭一次性的销售利润便生存下来，在某种程度上，企业要想获得核心竞争优势就必须设法使顾客满意，从而促进顾客重复购买行为。虽然对客户满意度负责的是公司这个整体，但直接与顾客接触的是销售人员，他们要经常给购买者提供信息，销售之后他们还要给顾客提供一系列的售后服务，所以他们的形象直接关系着客户的满意度。经常策划人员推销不仅可以不断增加额外的销售额，同时又使营销者了解产品的优缺点和其他的营销组合要素，从而有助于企业制定和保持对顾客和企业都有利的营销组合。一般来说，人员推销的基本目的有三个：首先，发现可能的顾客。即通过各种方式寻找本企业产品的可能用户，并鉴定其特点。其次，努力把可能的顾客变成现实的用户，可能的顾客只有购买了本企业的产品才是现实的顾客。最后，确保顾客的满意度。推销人员应该关心售后顾客的满意度，因为任何抱怨都会通过他们的生活工作圈而影响一片人。重复销售比第一次销售更重要。因此，保持良好的销售服务与经常联系是推销员的重要工作。

（二）人员推销的目标与类别

1. 人员推销的目标

（1）预见性。推销人员要有预见性，要善于发掘和培养新客户。

（2）传递信息。推销人员要善于把企业有关产品的信息和服务传递给公司的潜在顾客。

（3）推销。推销人员不但要精通业务，更要有高超的推销技巧，其中包括发现顾客、接近顾客、推荐商品、答复反对意见、洽谈交易等。

（4）服务。推销人员要向顾客提供各种服务，包括向顾客提供产品咨询，给予技术上的协助，帮助解决财务问题，迅速办理交货等。

（5）收集情报。推销人员工作在市场第一线，担负一些市场研究工作和情报收集工作，并将访问顾客的情况形成书面报告。

（6）分配商品。推销人员要对顾客使用的产品进行分类，在商品货源紧俏时，向企业提出对不同顾客分配商品的建议。

2. 人员推销的类别

（1）订单收取型推销。主要是接收老用户重复性购买此产品的订单。这类推销工作是坐在店内收取或经营部上门收取购买的订单，或通过电话和邮件接受订单。也可以去走访用户，查看其库存情况，建议订货数量，收取订单。

（2）订单获取型推销。这种类型的推销工作主要是把可能的顾客变成现实用户，或者向用户展示推销，以促进其购买企业其他的产品。发展新用户需要大量的前提工作和创造性，是推销员工作的重点。

（3）销售支持型推销。这种类型推销工作不直接产生销售，但却帮助以上两种形式开展工作，帮助他们建立长期的客户关系。这类推销员主要是工程技术人员和维修人员。如当客户需要购买的产品品种繁多，技术指标复杂时，客户常会向推销员提供建议，这时推销员就要求助于工程技术人员。

（三）人员推销的基本过程

人员推销一般要经过如下几个过程：

1. 寻找可能的顾客

推销员从公司的销售记录、其他顾客、商品展览、报纸广告、公共记录、电话号码簿等资料中寻找未来顾客的相关信息资料。确定了未来顾客名单后，推销员要评估每个未来顾客是否愿意接受，并有能力购买产品。推销员在寻找未来顾客时，企业要为其提供相应的资料，推销员必须对各种销售资料加以分析，进行识别，剔除没有价值的不可能成为现实用户的销售线索。有价值的销售线索一般都有一定的特征：能够从购买本企业的产品中获得一定利益；有足够的支付能力；有购买与否的决定权。

2. 准备工作

在与未来的顾客接触之前，推销员应该做好前期的准备工作：寻找分析每个顾客对产品的需求、目前使用的品牌、对现用品牌的忠诚度、个人性格特点等方面的信息，同时还要了解采购人员及决策人员在购买中的作用。推销员在选择方法和展示产品时要对这些信息做到心中有数。推销员掌握的有关顾客的信息越多，准备就越充分，选择方法和展示商品时就更有针对性，这样就更有利于和顾客沟通信息。推销员还要根据潜在用户的具体情况确定走访目标和恰当的走访方式。走访目标在这里可以分为两种：一种是通过走访考察、鉴别目标对象的资格，收集相关的信息资料；另一种是达成交易。走访的方式多种多样，可以直接面谈，也可以电话访问，还可以发询问函。

3. 接近顾客

推销员接近未来顾客是实现销售过程中的关键一步。顾客对销售员的第一印象很重要，会持续很长时间，有着长期影响。推销员必须明白接近用户时的方式，如何问候、如何开场等对于建立一个良好的开端是十分重要的。同样，推销员的衣着、谈吐及仪表等也是接近方式的组成部分。

4. 展示商品

在展示商品时，推销员要吸引和抓住顾客的眼球，激发顾客对产品的兴趣和购买愿望。推销员应该让顾客亲自接触或实际使用产品。在引起顾客的注意和兴趣后，推销员就可以向推销对象介绍产品的具体功能了，他们可以利用多种手段，如图片、幻灯片、录像、宣传册等方式来强化沟通效果，以促成购买欲望的形成。推销员在展示商品时，切忌只顾自己的讲解，而不顾及顾客的感受，应该较多地观察顾客的反应、多听取顾客的评论，从而准确把握顾客的购买需求。具体的展示一般有如下几种选择：

（1）反应式推销。这是用事先准备好的演说来进行推销，在推销过程中要注意突出关键词，也就是说要突出卖点。比如对零售商来说卖点可以是价格上的优惠或质量的优越等。

（2）公式化推销。这是一种逐步推进的讲解，推销员把对象的认识过程看作由不同阶段组成，因而采用一套程序化的讲演进行推销，并根据潜在顾客所处的不同阶段，着重加以陈述与讲解。

（3）满足型推销。这是通过推销员与用户的谈话，从中努力发现他们的需要，并根据需要特点，采用重点突出的方法，说明本企业产品能够很好地满足需要。

（4）问题解决型推销。这种方式也称为咨询式推销，即推销员首先通过各种途径了解潜在顾客的具体需求，然后向他们提出自己的建议与意见。问题解决型推销需要推销员具有较多的时间与精力，掌握较高的水平与知识，能够提供一些解决问题的不同建议与方案。

5. 克服疑问

推销员在推销的过程中几乎都要碰到异议与抵触，这些异议与抵触有些是心理上的，有些是逻辑上的，有些是知识上的。如果可能的话，推销员在潜在消费者提出问题时给予即时解决。顾客的异议多种多样，如表示暂时不需要、价格过高、领导不在做不了主、对质量有看法、对推销人员不信任、对交货与售后服务不敢保证，等等。

6. 商定交易

商定交易是销售过程中推销员请求顾客购买产品的阶段。在展示商品时，推销员可以假定顾客会购买这种产品，通过使用"试验商定交易"的办法提问，例如推销员询问顾客有关资金条件，所需产品的型号、规格、交货时间、数量等问题。对这些问题的反应也能从侧面表明顾客是否购买。试验商定交易让顾客间接地对他们所需要购买的产品作出反应，而不用直接表达购买意愿。在许多情况下，顾客购买产品并不是十分痛快的，在顾客犹豫时，推销员要推他一把。推销员要善于识别成交信号，应该紧紧抓住机会促成买卖。

7. 售后工作

在成功商定交易之后，推销员必须续访。在续访阶段，推销员应该确定订单是否能准时交货，如果客户需要安装是否能帮助安装。推销员应确保顾客的满意度，与其建立长期业务合作关系。

（四）推销人员的管理

推销人员的工作能力和业务水平直接影响着企业的销售业绩，因此，对销售人员的培养和管理是企业营销管理中非常重要的一个环节。

1. 确定推销人员的数量

推销人员的数量直接决定着企业的销售量和企业的获利水平。企业销售队伍的规模直接影响着报酬的支付方式、推销员的士气和整个销售的管理。企业推销人员的数量应该根据企业内外部环境的变化、企业的规模和实际需要不断进行调整。常用的确定推销人员数量的方法有负担平衡法和增长率法。

（1）负担平衡法。是指销售部门根据总的销售时间和销售任务给每个销售人员分配大致相等的任务，以此作为基础来确定销售队伍规模的大小。在使用这种方法时必须注意几点，首先，管理者是否能够根据购买规模划分顾客群；其次，管理者能够准确掌握对各种不同销售量对象访问的次数；最后，每个销售人员每年平均访问次数是多少。

（2）增长率法。一个公司在一定的区域市场增加推销员，通常情况下也会增加销售量，这样总成本也会随之增加。根据增长率法，只要销售量的增加比成本增加得高，说明有必要继续扩大销售人员的规模。最佳的销售队伍规模是可以使公司取得最大的经营利润。在使用增长率法时，使用者不仅要能够准确地估计每增加一个推销员销售量可以提高多少，而且还要能够准确地计算出增加一个销售员销售成本的增加情况。采用这种方法的效果取决于管理部门精确估计的能力。

2. 推销人员的培训

不管是新招聘工作人员的还是有经验的推销人员，都需要不断地进行培训。具体的培训内容和培训方式可以根据企业的实际需要和业务员的所处工作阶段确定。如果产品不易被消费者所理解，其操作步骤烦琐，应该对销售人员进行比较彻底的培训。销售培训可以在公司内部进行，也可以在教育机构、公司的附属机构或其他指定地点进行。在一些公司，推销员在上岗之前，都要进行各方面全方位的培训，而有些公司直接把新招聘的推销员放到实地进行锻炼。对有经验的销售人员，通常是在销售活动不太繁忙的时候安排培训。

销售培训方案的内容一般有三个方面：一是对公司的介绍；二是对产品各个方面的介绍；三是对销售方法的介绍。对有经验的推销人员进行培训时，通常主要集中在强调产品信息上，因为这些推销人员对新的销售技巧、公司计划的变更、策略的调整都很了解。

3. 确定推销员的报酬

企业要想建立高效率的销售队伍，就必须确立合理的薪酬计划来吸引、激励、控制大多数高效率的推销员。企业的薪酬计划既要有利于管理部门控制销售队伍，又能使推销人员有一定的自由度，取得适当的收入并有一定的刺激作用。销售报酬方案应该是有弹性、公平、便于管理、易于掌握的。

4. 对推销人员的指导和鼓励

对于推销员企业要随时给予鼓励，这样才能保持他们的干劲。企业要努力解决推销员思想上的问题，要随时帮助他们解决工作生活中的实际问题，要对他们不断进行鼓励。企业要制定相应的鼓励政策激励销售人员，超过定额给予奖励；企业应该定期或不定期地召开销售人员大会，让推销员之间互相交流经验，互相学习，相互促进；企业还可以举办相应的推销员竞赛，营造追赶拼的工作氛围。另外，企业还可以采用给予荣誉奖励、分配红利、组织旅游、休假等多种办法，激励和调动销售人员的积极性、主动性和奉献意识。

四、促销策略企划

促销策略是促销决策与促销管理的核心内容之一，也是企业营造核心竞争力和长期竞争优势的必然前提。

（一）免费类促销策略

免费促销是指消费者免费获得赠给的某种特定的物品或享受某种利益的促销活动。一般来说，免费促销活动刺激强度大、吸引力高，是消费者普遍乐于接受的一种促销形式。免费促销的目的是创造高试用率及有效的品牌转换率，促使试用者成为现实的购买者，扩大和建立既有品牌和新品牌的销售区域，提高促销业绩，树立产品品牌形象和企业形象。免费促销的形式多种多样，其特点也不尽相同，常见的有如下几种形式：

1. 免费样品

免费样品是将产品免费送给顾客的一种最便捷的促销策略。在现实生活中，消费者对每种产品的性能和使用并不是都非常清楚，尤其是一些高科技产品，消费者只有在亲自试用产品的基础上，才可能激起他们的购买欲望。因此，在消费者对产品的性能、用途及使用方法等不了解的情况下，企业通过免费发放的促销手段，让消费者亲自试用是完全有必要的，一方面可以使消费者对产品进行了解，产生兴趣，从而产生购买欲望，另一方面也有利于企业产品的宣传。在现代企业中比较常见的分送方式有：

（1）媒体分送。是指将面积较小、重量较轻的样本，附在报纸、杂志等媒介中送抵消费者的一种促销方式。

（2）定点分送。是指在百货商场、连锁店、地铁口等人流汇集的公共场所，将样品直接分送给消费者的一种促销方式。在实践中，很多化妆品公司、营养保健品公司、食品公司在推出新产品时经常用定点分送的方式进行促销。

（3）逐户分送。一般是通过分送公司或专业的样品促销公司或直销公司，以专人送达的方式将样品送到消费者家中的促销方式。由于逐户分送无任何中间环节，可以直接面对消费者，因此效果相对较好，但成本相对较高。

（4）联合分送。是将数家生产相关产品的公司采用联合举办的方式，将各自的样品放在一起送到目标消费者手中的促销方式。联合分送一般都是有针对性的分送，其最大的优点是既快速又能直接面对目标市场，效果比较好。

（5）有机分送。是指将样品通过邮政部门或快递公司或促销公司直接送到潜在消费者手中的促销方式。采用这种分送方式的成本很高，而且花费的时间也较长。但是由于采用这种方式顾客的尝试率和购买率都比较高，因此很多企业往往愿意采用这种方式。

（6）连带分送。是指将本公司的样品与非竞争公司的其他产品一起装入同一包装内，样品作为非竞争性产品的赠品，随着非竞争性产品的售出，分送到消费者手中的促销方式。

（7）凭券分送。消费者凭邮寄或媒体赠送的优待券，到指定的商店兑换免费样品，或是将优待券寄给厂家，以换取样品的促销方式。

2. 免费优待券

免费优待券是企业向消费者免费赠送的、可享受一定价格优惠的凭证。持券人可免费获得优待券，不需要支付任何费用，其可以凭此优待券在企业指定的地点购买特定的产品，可享受折价、特惠价或换取特定赠品。免费优待券与其他形式的促销相比，是一种拉动式的策略。尤其是当促销的目的是刺激试用时，运用免费优待券来吸引顾客比其他促销方式更为有效。在企业开发新产品市场时，通常会采用这种方法。免费优待券的种类繁多，主要有以下几类。

（1）生产者的优待券。是由生产厂家的营销人员企划和散发的，通常在本企业的销售点或指定的经销本企业产品的批发商、零售商处兑换。生产者的优待券的主要目的是增加消费者对本企业同一品牌或不同品牌系列的购买欲望，扩大产品销售额，提高市场占有率，并获得一定的产品知名度。

（2）零售商优待券。是由零售商企划，只能在本零售店或连锁店使用的优惠凭证。零售商策划使用优待券的目的是为了吸引更多的消费者光临本店，再通过店内的装修装饰以及各种促销手段的综合运用，来调动消费者的购买热情，激发消费者的购买欲望，从而达到盈利的目的。在竞争激烈的市场经济下，企业可以通过发放优待券在一定程度上缓解企业的竞争压力，从而赢得一定的市场竞争优势。目前市场上零售商的优待券种类非常多，但总体上有如下几种：

免费送赠品优待券。是指某些零售商为了推动某一产品或某些产品的销售，在消费者购买某一指定的产品时，凭优待券可以免费获得某种赠品的促销方式。

直接折价式优待券。是指在零售商规定的时间内，购买某一产品或某些产品时，凭优待券可以获得指定折扣价的促销方式。

送积分点式优惠券。是指消费者在指定地点消费一定数量的产品时，就可以获得一定的积分点，当积分点达到一定的数额时，顾客可以凭积分点式优惠券享受折扣或免费获得产品。

（3）生产者与零售商合作的优待券。这种优待券通常是由生产商企划，并通过生产商和零售商各自的方式分别送到消费者手中，顾客持优待券在指定的地点进行消费时可获得一定的优惠。这种方式是生产者和零售商都比较喜欢的方式，从生产者的角度来看，合作举办优待券有利于企业产品的销售和企业产品的宣传，也有利于对整个促销过程的控制和对相关费用的控制；从零售商的角度来看，合作举办优待券促销能协助维持该店低价位的形象，有利于形成一定的竞争优势，并可以大幅度降低促销费用。

3. 加量不加价促销

加量不加价是包装性消费品采用最广泛的促销方法之一。是在一个包装内装了更多的商品，而价格不变，让顾客从中得到实惠的一种促销方法。加量不加价的实质是鼓励消费者增加产品购买量和使用量，从而提高产品的销售量。一般来说，加量不加价比较适合于单价较低、包装简单、消耗较快、重复购买率较高的产品，特别是食品和营养保健品等。

（二）有奖类促销策略

有奖促销是利用特定的物质作为诱因，刺激消费者采取购买行为的一种促销策略。有奖促销是以生活消费者为促销对象。有奖促销的主要目的是通过物质奖励，使消费者在一定程度上熟悉产品品牌和产品名称，增加消费者的产品忠诚度和重复购买率。随着市场竞争的加剧，有奖促销的方式也越来越多，主要有以下几种：

1. 抽奖销售

抽奖销售是消费者在购买企业某一品牌产品或某些品牌产品达到一定数额时，可参与企业设计的抽奖活动，并从参与抽奖的消费者中抽出幸运者，给予奖金或奖品的一种促销策略。事实证明，采用抽奖的促销方式其效果是非常明显的，因为这种方式为消费者提供了获得额外收入的机会。为了吸引消费者，很多企业的奖品越来越富有吸引力，奖品已经从普通的消费品发展到彩电、冰箱、轿车、房产等高级奖品。企业的抽奖促销活动必须在国家许可的范围内进行，如果违法乱纪，不仅无法实现促销的目标，还会严重损害企业形象。

在实践中，最常见的抽奖方式是随机抽奖和非随机抽奖。

（1）随机抽奖。有摇奖、摸奖和转奖。摇奖是利用摇码机，直接抽出一定的数码，组成获奖号码来确定中奖者。摸奖就是让购买者直接从"暗箱"中抽出一定的数字，与事先规定的获奖号码对比，确定获奖者。转奖是让购买者转动"幸运大转盘"，直接确定获奖者和奖金。

（2）非随机抽奖。主要包括兑奖和刮奖。兑奖是购买者在购买产品并获得兑奖卡后，在一定期限内到指定的地点将兑奖卡上的数字或标志与组织者预先确定的数字或标志对比，以确定中奖者。刮奖是购买者在购买产品并获得兑奖卡后，当场刮掉或撕掉兑奖卡的遮盖物，将兑奖卡上的数字或标志与组织者预先确定的数字或标志对比，确定兑奖者。

企业利用抽奖促销时，最好采用公开抽奖，确保抽奖的高透明度；抽奖必须具有一定的时效性，要确保消费者的参与度；奖品要多样实用，要在考虑价值的基础上，尽量从消费者实用的角度出发选购奖品。

2. 答卷奖励

答卷奖励，也叫学习奖励，是消费者按相关要求完成答卷后，将答卷在规定的时间内反馈给主办单位，由主办单位从众多答卷中抽出中奖者给予一定奖励的促销策略。答卷奖励的目的是通过宣传资料的散发及消费者对问卷的作答，使消费者了解企业的产品及产品的特点，激发消费者的购买欲望，增强企业产品的知名度，树立企业形象。

3. 有奖征集

有奖征集是邀请各类消费者运用自己的才能解决企业的某一问题或完成企业规定的某一特定任务后，以某种形式奖励优胜者的一种策略。常见的有奖征集有产品命名、广告选出语、商标图案等。有奖征集的特点是不以购买产品为奖励条件，而是以参与者的才能、学识为前提。有奖征集的目的往往不是为了短期的利润增长和销售量增加，而更多的是从企业形象及产品知名度的角度来考虑。

4. 附赠销售

附赠销售是有奖类促销最主要的一种方式。附赠销售是指企业在销售某种产品时，以奖品的形式将另外的产品附加赠送给购买者。附赠销售是以购买产品为前提，它常常以特定的消费群为目标。附赠销售最常见的方式有买一赠一、多买多送等手段。利用附赠销售的方式进行促销时，所选的赠品要与促销的产品有一定的联系性，赠品要有一定的吸引力，可能的情况下，应该提供多种赠品。

（三）竞赛类促销策略

竞赛类促销，也指销售竞赛类促销，是指企业推销员之间、推销小组之间、经销商之间，按照一定的规则进行的有关销售的比赛。销售竞赛是企业常用来激励销售人员的工具，通常都是生产企业首先制定一个表彰的基本销售点，多超额完成任务者给予一定的奖励，少超少奖，多超多奖，其目的在于充分调动广大销售人员、经销商、批发商、零售商的销售积极性、主动性，从而在尽可能短的时间内提升公司业绩，提高产品市场占有率，增强企业竞争实力和长期竞争优势。

因企业性质、规模以及企业所处的环境的不同，其销售目的也不完全相同。有些企业是为了鼓励推销员的积极性和销售热情，有些企业是为了推销滞销产品，有些企业是为了扩大市场份额。总之，销售竞赛的力量在于它能唤起销售人员的竞赛精神和满足他们对成功及得到社会认可的需要。一般来说，竞赛类促销主要分为以下几种：

1. 推销员之间的竞争

在推销员之间开展销售竞争，不仅可以扩大企业的销售量，而且还可以提高销售人员的自信心和自尊心，提高他们的销售技巧和技能，增强他们的综合实力。

不同的企业开展竞赛的项目和提供的奖项不同，同一企业在不同的时期、不同的环境开展竞赛的项目和提供的奖项也不同。但一般来说，企业开展销售竞赛都是从销售目标的完成、销售业绩的提升、新客户的开发、新产品推销以及汇款率等项目之间开展的，对在规定期限内达成目标或超额完成目标的给予一定的物质奖励或晋升奖励。

2. 团队之间的销售竞赛

是指由企业有关部门主管人员、推销人员、工程技术人员等组成的对某一购买单位进行推销活动的组织。开展团队之间的销售竞赛，不仅可以增强团队之间的凝聚力，提高团队成员的销售水平，而且通过团队竞赛很容易形成企业的核心竞争优势，对在一段时期内提高销售业绩有很大的好处。团队竞赛一般都会设团队奖和个人奖，可以根据销售目标的完成情况、销售业绩的提升情况、新客户的开发情况、新产品推销情况以及汇款率的增长情况等项目具体实施。

3. 中间商之间的竞赛

仅仅利用企业内部销售人员的推销和努力往往是不够的，企业还需要充分调动批发商、零售商、代理商的力量来销售产品。事实证明，在中间商之间开展销售竞赛，并给予适当的奖励，可以极大地调动中间商销售本企业产品的积极性和主动性，这样可以在短期内提高销售量，同时也有利于信息的反馈。不同行业、不同性质的企业在中间商之间开展销售竞赛，其竞赛项目设置和竞赛目的都需要根据企业的实际情况来确定。一般来说可借助销售业绩完成情况、淡季销售、市场情报提供、退货情况、售后服务等项目进行竞赛，并根据对项目的完成情况适当给予奖励。

企业无论举办什么样的竞赛，都必须事先做好充分的市场调研工作，都必须明确竞赛的目标。要对整个过程进行很好的监控，要把奖励与目标完成情况很好地结合起来，竞赛要做到公平、公正和民主。

（四）折价类促销策略

折价促销是现代企业最常用、最有效的促销策略之一。折价促销是指企业在特定的市场条件下，为了鼓励和引导消费者消费，在一定时期内降低产品的基本价格，诱导消费者进行消费的一种促销策略。在市场营销中，常用的折价类促销策略主要有：

（1）现金折扣。是在企业规定期限内，消费者的消费额达到规定数额所享受的现金折扣。现金折扣的目的是提高产品回款率，加速企业资金周转，减少企业收账费用，防止企业出现坏账。

（2）数量折扣。是指企业向大量购买某种指定产品的消费者提供的一种减价策略。一般是根据购买数量的多少确定折扣，购买数量越大，折扣越大。数量折扣一般分为累计数量折扣和非累计数量折扣。累计数量折扣是消费者在一定时期内购买数量达到企业规定数额或标准时，按购买量的大小不同分别享受不同的优惠。非累计数量折扣是指消费者一次性购买某种产品达到企业规定数量或标准时享受的优惠。

（3）季节折扣。是指企业给予那些购买过季产品或服务的消费者提供的一种减价优惠。季节折扣的目的一方面是鼓励消费者提前消费，另一方面是企业为了减少积压产品，减少资金负担和仓储费用。

（4）组合折扣。是企业在市场营销过程中，向某一时期购买某一产品的消费者一次性提供多种减价优惠。如在销售淡季可以同时采取数量折扣、季节折扣等。

（5）职能折扣。是当批发商或零售商愿意代替生产者执行某种职能（如促销、储运、售后服务等）时，生产者向这些批发商或零售商提供的一种价格优惠。职能折扣具体折价的多少，随行业和产品的不同而不同，一般来说，商业风险较大的产品，折扣相应较多。

总之，折价类促销具有明显的时效性和激励性的特点，企业在具体实施时必须具体情况具体分析，采用灵活的折价方法取得良好的经济效益。

（五）联合类促销策略

联合类促销策略是指两个或两个以上的企业，为了相互的利益，联合起来开展某种促销活动，以达到预期目标的一种促销策略。联合促销主要有如下几种形式：

（1）联合展销。是指联合各方为了达到各自产品宣传和产品推介的目的，共同举办产品陈列展示、产品展销活动的一种促销方式。联合展销的好处在于可以直接向消费者介绍产品的用途、性能和使用方法，增强消费者对产品的了解和关注，刺激消费者的购买欲望。联合展销一般是同一行业成立一个展销小组，经过周密企划，共同进行展销。

（2）联合广告。是指两个或两个以上的企业，为了达到宣传和推介各自产品的目的，在一定时期联合制作广告进行促销的促销策略。一般来说，联合广告有垂直联合广告，即某一生产厂家与中间商联合制作的广告；水平型联合广告，即某一生产厂家与同行业或不同行业的生产厂家联合制作的广告；混合型联合广告，即上述两种联合广告的广告主纵横联合进行的广告。

（3）联合配销。是指将不同企业的产品按照某种标准联合在一起一同进行配销。联合配销的目的就是通过借助知名产品的影响力，吸引特定的消费群，扩大产品销售。联合配销往往能以较小的促销费用获得较大的促销成果。联合配销一般采用强强联合的策略，使两者都获得利益。当然也可以采取强弱合作的策略使二者共同获利。

（4）联合渠道。是指联合各方充分利用对方已有的销售渠道，将产品传送到目的地的一种促销策略。联合渠道促销的目的是借助合作伙伴的销售网络，拓展市场，扩大销售。通常来说，联合渠道促销要求合作的各方必须有较高的知名度和美誉度，并有畅通的分销渠道和庞大的销售网络，以确保合作各方都能获益。

（六）会员制促销策略

会员制促销是企业在与消费者建立了长期信任的关系后，利用会员卡向会员提供各种优惠和特别服务的促销策略。会员制有利于提高消费者的忠诚度和增强企业综合竞争力。会员制也有利于企业掌握目标消费者的现状、变化及消费特征，从而及时制定应对策略为其服务。会员制为会员提供了长期消费的低价保障。在会员制下，会员一般都享有预约服务、信息服务、指定进货权和促销活动的事先告知权，会员享有特殊商品、稀缺产品、新产品、特殊服务的优先购买权和消费权。实行会员制时，会员身份的确立，即会员卡的取得有一次性消费额卡、累计消费额卡、缴纳入会费赠卡和特定时期消费赠卡四种形式。

（七）节庆类促销策略

节庆促销是借助假期、喜庆的节日开展各种针对性的促销活动，扩大企业产品销售，提高企业形象的一种促销策略。节日促销的方式是多种多样的，企划主管应该根据不同的节日特点，灵活制定各种促销策略。一般来说，节庆促销要注意：首先，要根据节日的特别需求，适时开发出相应的新产品；其次，要搞好文化促销，各商家要结合自身产品的特点推出具有节日特色的文化活动，并在活动中尽量体现出文化品位；再次，促销活动要能以情动人，要能让利于民；最后，有实力的生产者应在节日期间为顾客提供消费设计服务，通过开办讲座、消费者咨询等活动培养消费者的理性消费心理和成熟消费理念。

（八）事件类促销策略

事件类促销是企业利用一定的事件，通过加强媒体的报道和宣传，使之成为消费受众关注的热点，吸引消费者从而达到提升企业形象和扩大销售业绩的一种促销策略。按照目的和形式的不同，事件类促销主要有以下几种：

（1）公益事业参与型。公益事业不是以盈利为目的的，适当地参与公益事业是企业自觉承担社会责任，取之于民、用之于民的具体表现。公益事业容易为公众所接受，容易引起大众传播媒体的重视。因此，企业应积极参与文化、艺术、教育、科技、环保等公益事业活动。

（2）节日庆典造势型。企业应借助一定的庆典活动加大广告投入和促销力度，扩大企业的影响力和提高企业品牌的知名度。

（3）突发事件应变型。面对大灾难、大危害、大危机等突发事件，企业要有敏锐的洞察力，要能抓住时机开展相应的促销活动。

（4）营销组合改变型。构成市场营销组合的因素，如产品策略、价格策略、分销策略、促销策略等的新变化、新组合都是事件或活动的话题起因。

（九）特卖促销策略

特卖促销是生产商、批发商、零售商在特定时期、特定地点，将特定数量的产品以特定价格出卖给消费者的一种促销策略。通常来说，进行特卖的目的不尽相同，有些企业是为了店庆纪念，从而让利特卖，回报社会；有些企业是利用特卖活动，营造轰动效应，招徕大批顾客，刺激购买，促进产品销售；有些企业是为了加强新产品宣传，唤起消费者对新产品的购买欲望，促使顾客接受新产品，加快新产品上市的周期；有些企业是为了处理问题产品，加速资金周转，提高资金利用率。特卖促销的形式多种多样，特点各异，企业应该根据自身的实际情况灵活选择。

（十）网络促销策略

网络促销策略的出发点是利用网络的特征来实现与顾客的沟通。这种沟通方式不是传统促销中"推"的形式而是"拉"的形式，不是传统的强势营销，而是软营销。网络营销促销策略的优势主要表现在：

（1）方便顾客利用网络终端对企业产品进行检索查询。为此，企业要提供随时可供查询的产品目录及相关信息，并定期更新；企业应该针对重点顾客专门设计突出的企业服务、资源和兴趣点的内容；改进企业信息的网络贮存方式，改进软件以提高检索速度；设计兼容文件的起始页，以支持拨号和低速用户；提供多种语言选择，提供更多的产品视觉形象。

（2）广告的发布应由电视、报纸等传统媒介向互联网转移，网络广告要突破屏幕视觉限制，集合各种媒介于一体，图文并茂，强化宣传力度。

（3）网络的定制化功能集中贮存，使企业便于以顾客为中心处理产品信息，进行针对性的个性化促销。企业可以根据顾客登记和兴趣取向选择，通过电子邮件进行个体跟踪，按照目标顾客的不同需要提供针对性的营销材料，传递附加值高、效率高的信息。

五、促销组合企划

（一）促销组合

现代促销组合一般包括五个方面：

（1）广告。是指由确定的广告主以付费方式对观念、商品或服务进行的非人员的展示和促销活动。广告是企业用来对目标顾客和公众进行直接说服性沟通的重要手段之一，广告也是提升企业产品品牌形象和企业形象的重要手段之一。广告促销的主要特点是沟通快速全面，大众传播，表现力强，便于企业树立品牌和企业形象。广告是广告主通过购买而获得的非人员沟通的形式，是利用大众媒体为广告者产品、服务或意图进行宣传工作。广告媒体非常多，主要有电子媒体、印刷媒体、展示性广告、户外广告和其他类型的广告。与无偿新闻与宣传报道不同，广告是以支付有偿的方式获得媒体一段时间，来进行广告购买者的沟通行为。

（2）人员推销。是指通过掌握推销技能的销售人员有计划、有组织地沟通产销、开发市场、扩大销售和提供服务的综合性促销方式。一般来说，采用人员推销的方法具有针对性强、说服力强、灵活等特点。

（3）公共关系与宣传报道。公共关系是指组织与其内外各种公众之间的关系。公共关系的目标一般是为了赢得公众好感和树立企业形象。现代企业的公共关系建设有利于企业与新闻媒介的联系，也有利于企业进行产品宣传和协作交流。另外，公共关系也有利于企业推出新产品，吸引消费者对新产品的购买兴趣和欲望，影响特定的目标群体，辅助成熟产品再定位，通过美化产品与文化营造良好的企业形象和企业综合竞争力。宣传报道是指在大众媒体上刊登出有关企业产品、经营特色、人事变动、用户意见、关心公益事业和慈善活动等新闻消息。宣传报道是媒体与企业协商后而组织出版或播出的，企业不需为此占用媒体空间与时间而支付报酬。因此，宣传报道虽然与广告相同，都是通过大众媒体进行沟通的，但是广告是企业购买来的，而宣传报道是企业与媒体协商争取来的。

（4）销售促进（SP）。是指在一个特定时期内采用特殊方法与手段刺激目标顾客、企业采购人员或中间商产生所期望的反应，如购买行为或购买兴趣的产生。销售促进作为与人员推销、广告和公共关系不同的促销手段，不仅能支持后者促销作用的充分发挥，而且还能起到后者所不能起到的促销作用。不少企业把销售促进作为主要的促销手段，给予特别的重视。

（5）直接营销。从促销的角度来看，主要是采用人员与非人员沟通相结合的方式，运用大众媒体如电视、电话、邮政及计算机信息网络等，向目标对象传递信息进行沟通的一种新颖方式。随着信息技术的发展，这种促销方式在产品的销售中起着越来越大、越来越重要的作用。

（二）影响促销组合的因素

现代企业在促销中一般都是多种手段综合使用，从而强化促销效果，以较小的投入实现促销目标。企业促销组合的主要工作是决定各种促销手段如何相互配合，以获得综合效果。在实践中，有很多的因素影响着促销组合的决策，这些因素可分为：

1. *产品因素*

（1）产品的生命周期。一般来说，在产品周期的不同阶段，促销的目标与手段都是不同的。在产品的引入阶段，促销的主要目标是提供信息，以建立产品的知名度，并引起消费者的购买兴趣。这一阶段应以引入性广告、销售促进以及广告宣传报道等有效地把企业产品推介给目标购买者，而人员推销相对能强化对中间商的促销活动。

在产品的快速增长期，随着企业产品市场份额的扩大，竞争对手不断出现，同类产品不断进入市场，这一阶段的促销目标应向显示品牌优势方面转移，促销手段应能突出产品的差异性，并且要加强培养品牌忠诚者。由于这一阶段的消费者相对增多，促销手段应以广告为主，促销应着重于说服性与劝说性，以吸引更多的消费者。在这一阶段对中间商的推动能够增加产品分销的密度。在产品销售的成熟期，市场竞争更加激烈，进一步扩大市场份额的可能性已经很小，这一阶段重在保持市场份额，促销费用也处在最高点。这一阶段的促销应转向提醒性、优惠性和劝说性方面。企业应着力于新产品的开发和新市场的占领。在衰退期，将逐步减少促销投入，加强新产品的推出，鼓励老用户购买新产品。这一阶段应减少广告投入量，可以适当停止对中间商的促销。

（2）产品的技术与复杂程度。如果产品技术单一，消费者不需要花费许多时间或具备较高的智力能力就能理解产品的功能与效用，或者企业促销的目的是为了扩大产品的知名度，那么广告是首选。因为相对来说，广告宣传对主体信息简单，易于理解的产品宣传效果相对更好，这样就可以在有限的时间和空间中向目标对象交代清楚。如果产品信息相对比较复杂，需要消费者比较深入地了解，那么在促销时就需要更多的解释、示范和安装指导，应采用人员推销的方式为宜。

（3）产品价格。产品单价较低的日常必备品，消费者相对来说比较分散，应该选择覆盖面比较广的促销手段。对于比较昂贵的消费品或工业品消费者通常都需要较多的产品信息，采用人员推销比较合理。

2. *消费者因素*

（1）消费者特征。通常来说，对于消费者比较集中，消费者数量比较有限的消费群体，可以采用有针对性的邮寄、直销和人员推销的方式。对于消费群体比较分散，消费者数量比较大的消费群，最好采用人员推销的方式进行促销。对于不同的细分市场，应该根据目标市场的具体特点，选择相应的媒体和促销手段。如果是以中老年人为主要消费群体的产品促销，就应该选择中老年人经常接触的媒体进行宣传；如果是以青年人为主要消费群体的产品促销，就应该选用青年人经常接触的媒体，如电视的体育频道、报纸的体育版等。如果采用销售人员直接进行促销，有些用户容易被说服，有些消费者对推销人员怀有戒备心理，因此对此类消费者要采取可信度较高的促销手段。

（2）消费者的购买特点。不同的消费者具有不同的消费特点，企业应该根据消费者的具体消费特点，灵活选择促销方式。有些产品消费者的忠诚度不高，经常会选择不同的品牌试用，如食品和一些日常用品。在这种情况下，企业可以强化对品牌的引导，采取大量的广告投入，引导消费者进行消费。有些产品，消费者只有在充分了解之后才可能购买，对这类特点的消费者，可以采用人员促销的策略，通过讲解帮助消费者了解产品特点及使用方法等，消除消费者的疑虑，从而尽可能缩短消费者购买前的学习了解时间，引导消费者做出购买决策。

3. 企业自身因素

（1）定价策略。如果企业采用高价位策略，而且企业产品的价格相对来说比较昂贵，应该采用人员推销的策略相对比较有效；如果企业的产品价格相对较低，即便企业采用高价位策略，也不宜选用人员推销的策略，用广告策略相对更合理。当企业要求零售商低价销售产品时，为了获得零售商的支持，企业的产品必须有强劲的市场需求和较高的品牌忠诚度，这样零售商才能在薄利多销中获得良好的经济效益。

（2）促销策略。通常来说，企业可以选择两种比较典型的促销策略：

第一，推式销售推进，又叫推动型策略，是指生产者针对中间商进行产品的促销活动，而中间商则向最终用户促销的一种促销方式。推式销售促进的起点是生产者，生产者把产品推广给中间商并通过销售促进积极地加以促销，中间商再把产品进一步推向最终消费者。生产者销售促进的主要方式是通过有效的销售促进激励销售人员不断开发新的市场、不断提高产品销售量，鼓励和促进中间商更积极地把自己的产品推向最终消费者。优秀的中间商还会加强内部销售管理，使自己的销售人员不断提高。企业如果采用这种策略，将在很大程度上依赖于企业的销售力量和各种促销手段。例如，对完成一定销售量的中间商进行奖励，像汽车销售，中间商如完成一定数量后，厂家将给予奖金或出厂折扣等优惠。这种类似"推动费"的方法可以使用在许多产品促销上。生产厂家还可以采取提供铺底产品的方式，免费向商店提供第一期产品，鼓励零售商把产品上柜台销售。

第二，拉式销售促进，又叫拉动型策略，是指生产者针对销售终端开展的促销活动。生产者的意图是通过有效的销售促进推动消费者购买本企业的产品，拉动销售，进而产生零售商向批发商求购商品、批发商向生产者要货的良性循环。企业如果采用这种策略，将要对各种类型的直接针对最终消费者的广告和销售促进进行大量投入。例如，企业可以先期进行高强度的广告宣传，但不投放产品，让市场充分发育起来，等到迫切的需求上下几次震荡之后，再投放产品，这样中间商就比较容易接受产品，能够在短期内形成较高的分销密度。同样也可以通过印刷性媒体，如报纸或直接通过邮寄的方式向目标消费者派发优惠券或折扣券，凭券购买产品时可享受打折的优惠。当消费者执券去商店购买时，需求的信息就会沿着消费者—零售商—批发商—生产厂家的轨迹。这样就很容易形成一种良性循环。

（3）品牌策略。企业的品牌策略对企业的产品促销有着直接的影响。如果企业采用统一的品牌策略，相应的各种促销费用就可以分摊到各种产品中，平均促销费用就可以降低；如果企业采用个别品牌促销，尤其是当企业推出新品牌时，需要的广告费用就相对较多。这种投入不仅是形成一定的品牌知名度和提高品牌形象所必需的，而且也是生产者吸引中间商所必需的。因为对一只新品牌，中间商往往不敢贸然经销。

（4）促销预算。促销人员应该在有限的促销预算中有效地选择不同的手段，从而发挥最大的促销效果。促销人员应该对产品的特点、目标受众的消费习惯、各种媒体的功效等进行非常细致的了解，只有这样，才能对症下药，才能少花钱，多办事。

4. 各种促销手段的功效因素

不同的促销手段，有着不同的功效；相同的促销手段因切入点的不同，其功效也不同。企划主管应该对各种促销手段的功能熟练掌握，这样才能在指导促销企划时游刃有余。

（1）人员推销。通常来说，在消费者购买过程的最后几个阶段，人员推销的效果相对较好，它对消费者最后确认并采取购买行动有着特殊的刺激作用。现代企业的人员推销一般具有以下特点：

费用高。采用人员推销的促销方法费用一般较高。人员推销一般都是有针对性地向目标受众进行推销。为了达到预期的促销目标，企业往往需要雇用专门的推销公司进行推销。如果企业需要建立一支自己的推销队伍，这样所需的投入更大。

涉及面小。人员推销虽然有着很强的针对性和交流性，但是仅仅依靠推销人员的推销，其推销范围十分有限。一般只适合产品价格较高，使用数量较少的产品。

接触性。人员推销是发生在两个或多个人之间的直接和交流式的沟通与促销，也就是说这种促销是建立在两者的接触基础之上的。人员推销相对比较灵活，推销者和目标受众都能对对方进行直接的观察，了解其变化。并可以在瞬间就促销方式作出调整。

义务性反应。目标受众在接受了推销员的推销解说之后，会产生对其解说负有一定义务的感觉，他们常常出于礼貌会听其讲解，并最终作出一定的反应。

人员推销能够与用户建立起良好的关系。不论是业务性的销售关系，还是更深的个人友谊，对推销都是十分有益的，而且这对把消费者培养成忠实顾客非常有帮助。

（2）广告。随着市场竞争的加剧，广告的形式越来越多样化，广告的应用越来越频繁。但是，如果企业的广告缺乏好的创意，就很难得到好的效果。采用广告促销一般有如下特点：

多重效果。广告既可以用来建立一个品牌的长期良好形象，也可以用来促进产品在一定时期内的快速销售，广告还可以用来扩大企业形象和产品知名度。有效的广告是企业获得长期竞争优势的保证。

非强制性。广告是一种公共性的沟通方式，没有任何的强制性。

可控制性。广告具有良好的可控制性。企业可以根据需要具体确定广告的次数和广告信息的传递时间。

单位成本低。由于广告覆盖面非常广，广告的接受者多，所以平均每个理论接受者的广告费用相对较低。但是，广告的绝对费用值较大，而且没有强制性，因此有效接受者的广告费用可能并不低。

（3）促进销售。是目前应用日益广泛的促销手段，企业可以通过运用销售促进的各种工具，形成一个快速而强有力的市场反应，引导消费者对产品的注意与兴趣，造就一个消费的热潮。销售促进的特点主要表现在：

激励性。销售促进采用优惠折扣、赠送和其他趣味性的活动，给予消费者经济实惠与惊喜，激励消费者采取非常的购买行为。

邀请性。销售促进以特有的邀请方式，吸引消费者前来购买。如订货会、展销会、开业庆典等。

短期性。销售促进一般都是短期行为，对建立长期的品牌形象作用有限。

（4）公共关系与宣传报道。通常来说，将公共关系与宣传报道促销与其他促销方式结合起来进行促销，往往能取得很好的效果。其特点主要表现在：

真实感。新闻报道和特写对消费者来说要比广告更权威可信。在消费者看来，公共宣传是以客观事实为依据的，不像广告有一定的夸张成分。

有利于提升企业形象。企业通过公共关系与宣传报道可以在目标受众中树立起良好"公民"的形象，这是广告促销无法做到的。

消除戒备与防卫。公共关系与宣传报道能在一定程度上消除目标受众的戒备与防卫。

（5）直接营销。具有针对性和个性化的特征。

针对性。直接营销具有很强的针对性。直接营销不像广告有着非常广泛的受众对象，而仅仅是针对一个特定的消费者而言的，具有很强的针对性。

个性化。直接营销的沟通信息可以根据沟通对象的特点而单独设置，可以实现一对一的顾客化服务。

六、促销管理企划

促销管理工作由促销组合和促销效果组成。促销组合实际上是根据选定的促销目标通过不同的促销活动所组成的，促销效果是各种促销活动最终的结果。促销管理工作的目的是确保促销组合中所有具体的促销活动能够相互协调，以实现最佳的促销效果。促销管理工作主要包括如下几个方面：

（一）确定促销目标

促销目标是促销企划的关键问题，促销目标一般可以确定为市场目标和财务目标两类。市场目标重在市场发展、市场巩固以及市场竞争方面；财务目标重在财务核算，出发点是企业的经济效益。

1. 促销市场目标的确定

（1）主要的促销市场目标确定。现代企业的促销目标市场主要包括市场规模、市场相对规模和市场地位、销售业绩、市场占有率、企业形象以及消费者购买情况等。常见的可量化的市场目标有销售量、销售增长率、市场规模、市场占有率增长、市场知名度、市场知名度增长、指名购买率、指名购买率增长以及重复购买率等。不同的企业，所处的市场发展阶段不同，其市场发展目标就会有所不同。

（2）促销市场目标确定应注意的问题。现代企业在确定目标市场时，必须根据企业内外环境的变化和企业的实际情况来确定，一般要注意企业的市场目标必须具有针对性；必须与企业总体营销目标相一致；必须具有竞争性；必须易于操作和把握。

2. 促销财务目标的确定

现代企业的财务促销目标主要包括销售额、利润率、销售费用额、销售利润额、销售费用率、投资收益率以及按不同时间段、不同产品、不同地区、不同细分市场等确定的分类核算指标。促销财务目标的确定要注意以下问题：

（1）要注意财务目标与企业促销投入的相互促进和制约性。企业促销投入既要考虑企业的营业目标，又要考虑企业的经济实力。尽管促销投入能够促进企业促销目标的实现，但任何企业的资源都是有限的，不能盲目投入。因此，企业在确定促销财务目标时，既要防止因投入不足而导致促销力度不够的现象发生，同时要防止铺张浪费，要尽量节约成本。

（2）要注意企业的财务目标与市场目标的内在一致性。市场目标是基础，财务目标是结果，结果目标的制定，必然要与基础目标保持一致。只有这样，才能真正做到少花钱，多办事。

（二）促销策略的选择

1. 选择促销策略的基本原则

（1）促销策略的选择要有明确的目的性，必须依据企业的促销市场目标而定。促销策略必须能够有效地体现出促销目标所要求的促销属性和指向，即促销策略必须具有目的性和针对性。

（2）促销策略的选择要坚持创新原则，应该根据企业市场目标的发展而不断发展。当企业的市场促销目标发生变化时，或者常规的促销策略效能低下时，企业促销策略的创新就成了一种必然。

（3）促销策略的选择要能够促进销售。企业在选择促销策略时，必须考察其促进销售的效能高低，在符合其他要求的情况下，促销效能高的促销策略应是首选对象。

（4）促销策略的选择要坚持经济性原则。在充分考虑市场促销目标的前提下，促销策略要尽量有利于企业控制成本，也就是说，企业在选择促销策略时要把财务目标与促销市场目标结合起来。

2. 选择促销策略的基本方法

（1）对现有的促销策略，按照促销的市场目标、促销策略选择原则进行有目的的选择。

（2）结合促销目标任务，对促销策略进行创新。企业可以根据企业内外的市场环境及企业促销目标，对企业现有的促销策略进行评估，如果现有的促销策略不能满足企业的发展要求，企业可以选择策略创新。

3. 促销组合策略

如果企业的促销力度较大，如举办展销会、新产品上市或开拓新市场时，企业往往需要组合促销策略。促销策略的组合重点在于促销与广告的配合，消费者促销、中间商促销与内部促销的配合，不同促销方式互补性配合，不同促销目标要求的促销方式多样化程度等。

4. 促销刺激力度选择

选择促销刺激力度时，应该坚持以下原则：

（1）要根据企业的促销任务与促销市场目标选择。促销任务和促销市场目标与促销力度之间有一定的内在联系，而且不同行业之间的联系也有所区别。这种联系一般表现为促销投入与任务间的比例关系。不同行业的这种比例关系也是不同的，企业应该根据具体的促销目标来确定。

（2）要根据企业的财务状况选择。通常来说，企业的促销活动都会受企业财务状况的影响和制约，企业往往会根据财务状况选择比较稳妥的促销方式。但有时企业也会根据市场机遇和可能的高回报，采取加大前期投入力度，尽可能抢占市场份额，当打开市场之后，促销投入的比例会逐渐恢复到正常水平。

（3）要根据竞争强度选择。在现代企业中，企业之间的相互竞争往往是引发促销的主要因素。竞争对手的促销力度的强弱，往往对企业促销策略的选择和促销刺激力度的选择有着直接的影响。

（三）促销预算

促销预算是促销管理中非常重要的一个环节。不同的行业，促销费用不一定相同，但任何企业的促销企划都必须坚持经济性原则。企业在确定促销费用时，可以采用下列方法：

1. 销售百分比法

销售百分比法是指根据上一年的销售或对下一年的预测销售量，按一定百分比提取消费费用的一种预算方法。这种方法可以使促销费用与企业的销售额、销售成本联系起来，确保促销费用维持在一定水平上。但采用这种方法确定预算时，要防止预算的高估与低估，也可能导致是根据可用资金而不是市场机会来安排预算。

2. 目标任务法

目标任务法是指首先确定企业促销目标，然后根据目标的达成来决定促销任务，最后预算每一项促销活动所需要的开支。

3. 量入为出法

对于大多数企业来说，所能承受的促销费用都是有限的，尤其是中小企业，往往不得不采用量入为出的方法在本企业所能承受的范围内安排促销费用。企业一般不会把促销看作企业的一种投资，因此，促销费用往往是利用企业的流动资金，而不是借钱搞促销。

4. 竞争对比法

竞争对比法是根据市场竞争状况，结合企业的具体促销目标来确定促销费用的多少，因而有较强的针对性和挑战性。采用这种方法并没有把促销与促销目标结合起来，也不强调不同企业的促销效果上的差异性所导致的促销费用上的差别。

（四）各种企业促销企划如表10-3~表10-7所示

表10-3 现代企业市场促销申请表

部门：_____　　　　　　　　填表日期：_____年_____月_____日

促销目的	
促销时间	
促销对象	
促销商品	
促销办法	
预计销量效果达成	
企划意见	
企划主管	
部门经理	
汇报人	

主管：_____　制表人：_____

表10-4 现代企业促销活动计划表

公司名称：_____　　　　　　　　填表日期：_____年_____月_____日

促销编号	针对产品	促销方式	促销期间 起	止	主管	配合事项	预计经营	预期效果	备注

主管：_____　制表人：_____

表10-5 现代企业促销成效汇总表

客户名称		本年度计划促销次数	
促销名称	编号	主管	促销时间
促销品项	预计销量	预算费用	预算费用比
客户形态	实际销量	实际费用	实际费用比
申办单位	原零售价	现零售价	达成比率
费用/成品领用记录			
差异说明			
活动情况反馈			
活动改进建议			
品牌人建议			
总经理	企划经理	营业经理	主管

制表人：_____　填表日期：_____年_____月_____日

表10-6 现代企业促销活动分析表

促销活动内容		
目标达成状况	销售金额	
	销售数量	
	铺货率	
	所卖商品	
销售活动	陈列位置	
	陈列示意图	
	陈列材料	
广告宣传活动支持	促销前	
	促销期间	
反映	业务人员	
	贩卖店	
	消费者	
存在问题	方案问题	
	实施问题	
经费	预算	
	实际费用	
总评		
备注:		

制表人:_____ 填表日期:_____年_____月_____日

表10-7 现代企业促销成本评估表

公司名称:_____ 单位:元

促销方式	
促销方式说明	
促销时间	
估计费用	
成本收益分析	
评价及建议	

裁决人:_____ 审核人:_____ 分析员:_____ 填表日期:_____年_____月_____日

第十一章 售后企划运营与操作

一、售后服务管理概述

（一）售后服务的含义

售后服务不仅是企业在市场销售中至关重要的一个环节，也是销售过程中最后一个环节。顾客与推销员之间达成协议只是成交而已，顾客的真正满足，则在最后的售后服务上，销售出去的产品，应给予责任性的义务修理，以恢复产品的使用价值；确因质量不好的应予调换；而对因企业方面的原因未达用户要求的产品，应予退货。此三项即我们常说的"三包"服务——包修、包换、包退。

售后服务在整个销售过程中具有极其重要的作用。随着市场竞争变得越来越激烈，经营者深刻认识到，在产品的质量、价格基本相同的情况下，市场竞争的重心已转移到售后服务方面。谁能为消费者提供贴心的服务，谁就能卖得多且卖得快，谁就越占有市场优势，从而赢得更多的"回头客"，促使生意越做越红火。因此，良好的售后服务工作不仅关系到推销员的成功与否，更关系到企业的信誉和竞争能力。

与客户达成协议仅仅是销售的一个开端，提供优质的服务才是销售工作的重要环节，如果不能充分认识到这一点，无论达成多少笔交易，最后都会失败。提供优质的售后服务是一件必不可少的事，而且是一件必须要做到位的事。每一位客户都有得到最好的服务的权利。"客户就是上帝"这句话必须成为所有销售人员的座右铭。根据"二八定律"，如果坚持为客户提供优质的售后服务，两年之后，80%的交易都可能来自那些因优质服务而"回头"的客户。反之，则可能永远也不能建立起与客户的牢固关系及自己的良好信誉。

售后服务是增强企业竞争的有力手段。进入 21 世纪，销售服务竞争日益激烈。售后服务的竞争已成为企业竞争的主要方面。售后服务应达成的心理效应是树立起顾客对产品的安全感以及对企业和销售人员的信任感，以培养和巩固产品的忠实顾客，再促使他继续购买的。同时，以其对产品及售后服务的亲身感受对其他人进行宣传，为我们赢得更多的新顾客和准顾客，并带来新的市场。总之，做好售后服务的目的就是使顾客获得并增强购买后的满足感，从而不断扩大企业的销售市场。

应该清楚地认识到：在产品种类、质量、价格等没有太大区别的市场情况下，服务质量的优劣是区分公司与公司，销售人员与销售人员，产品与产品的最为重要的因素。在竞争激烈的市场经济环境下，没有一种产品会大大超过竞争对手的产品，但是，优质贴心的服务却可让消费者明显感觉到企业及其产品之间的不同，优质的服务会让您占据更大的优势。

（二）如何做好售后服务

售后服务存在于各行各业，形式多种多样，其包含的内容也非常广泛，主要介绍以下几个方面：

1. 送货服务

对购买较为笨重、体积大、重量沉的产品，或一次购买量很多，自行携带不便，或其他有特殊困难（如残疾人）的顾客，均有提供送货服务的必要。

送货的形式包括自营送货和代营送货。自营送货是指该项服务由销售公司使用自己的人力和设备进行该项服务，代营送货则由销售公司委托有固定关系的运输单位进行代理服务。送货对一个企业来说并不是一件十分困难的事情，但对于顾客来说却极为方便，为顾客解决了实际困难，为争取"回头客"打下良好基础。

2. "三包"服务

"三包"服务是指对售出产品实行包修、包换和包退的做法。推销员既要对企业负责，又要对广大消费者负责，保证售出的产品能实现其使用价值。作为企业，也应根据不同产品的不同特征和性能，制定具体的产品售后"三包"的办法，正确处理顾客购买产品后的要求。

（1）包修。指消费者购买的本企业的产品出现问题后，在保修期限内实行免费维修，超过保修期限则收取一定维修费用的服务项目。有些企业对大件产品还提供上门维修或定期检修等服务，其效果更好。保修制度既是售后服务的一项主要内容，亦是促销工作的一种有效手段。有无包修服务对消费者来说是非常重要的，顾客在购买有保修承诺，并且生产者或销售者能如实执行此一承诺的产品时，就如同吃了一颗定心丸，增强其购买的决心及对企业的信赖。

（2）包换。是指顾客购买后发现不适合于自己的产品，或者产品存在某种缺陷，可以在一个短暂期限（如3～7天）内调换同种类产品。若存在调换品与原购品的价格差异，则本着"多退少补"的原则，补交或退回其差价。包换也是促进销售的重要手段之一。

（3）包退。是指顾客对购买的产品感到不满意，或者产品本身存在质量问题，而又不接受调换处理时，允许其退货。对顾客的退货要求，企业应理解顾客的心理，满足消费者的要求。包退不仅不会影响企业的销售量，相反还会给企业带来良好的信誉，增强消费者的购买信心，大大刺激销售。相反，若只顾眼前利益，不顾企业信誉，拒绝退货，则无异于"捡了芝麻丢了西瓜"，因小失大。

"三包"服务不仅要站在消费者立场看问题，同时也要维护企业的自身利益，即要明确出现售后产品问题的责任，以防止不良消费者将个人不当造成的损失转嫁到企业头上，尤其是包换和包退，必须是刚刚出售和非人为因素损坏的产品。

3. 安装服务

顾客购买的产品，有些在使用前需在使用地点进行安装。像空调机、组合设备及某些系统线路用户的设备等，对这些产品，由推销单位或推销员安排有关人员上门服务，提供免费或收费安装服务，并当场试用，保证出售产品的质量，也解决了用户无力安装的问题。

4. 包装服务

方便精致的产品包装是售后服务中不可缺少的项目。产品包装的形式多种多样，良好的包装既方便顾客携带，也是重要的广告宣传工具。如在包装材料（箱、袋、包或盒）上印上企业的名称、地址和独具特色的辨识标记，以加深消费者对企业及其产品的印象和感情。而且，包装也可有许多新颖的创意，达到促销的效果，如散件组合包装、礼品包装和特殊形象包装等。

推销之所以能够成交，无非是顾客信任你的推销，预计成交之后，使用你的推销品的过程中将会满足他的需求。但预计毕竟是一种主观的臆断，售后服务是否真能满足消费者的需求必须在实际使用过程中才能得到检验证实。从这个意义来说，售后服务是产品终生的服务。

保持与您的客户的联系是做好售后服务的关键，将与他们有关联的消息不断地传递给他们，也包括坏消息。当局势不妙时，很多销售代表都羞于对客户说："盖利，X、Y、Z公司的股票今天下跌了两个百分点，但从长远看，我认为现在的损失根本不用担心。"大部分客户都是明事理的，他们也知道有些事不是您或您公司能够控制和掌握的，他们往往会感激您及时向他通报，并且欢迎您的坦诚。要是您报喜不报忧，一旦客户从他处得知坏消息，那你们之间的合作就可能半途而废。

要赢得终生的客户并不是靠一次重大的行动就可以实现的。要想建立永久的合作关系，就要从平时的一点一滴做起，包括您会迅速回电话，按要求奉送产品资料，及时送货以及贴心的售后服务等。做到这一点，客户就会觉得您是一个可靠的人。这些话听起来简单，但要做到"几十年如一日"的优质服务，并不容易，它需要一种持之以恒的自律精神和全心全意为客户服务的理念。

与客户保持友善联系的最好方法是什么呢？很简单，就像坎多尔弗所说的那样："有个好主意可使您在售出产品后继续提供优质服务，它就是在缔结后着手给客户写上几句什么，或是打个电话。"

（三）售后服务的延续——如何处理顾客投诉和抱怨

如果能圆满解决消费者对产品的不满意，他们一般会继续做自己的忠诚顾客，并向朋友和同事讲述自己的抱怨是怎样得到解决的，但是那些被忽视的或者没得到重视的甚至得不到公正对待的顾客，可能在他们相关群体中或通过大众传媒传播自己的经验，这带来的后果不只是一个消费者的流失，而是相关群体甚至更大范围顾客的葬送。

由此可见，处理好消费者的投诉和抱怨，具有重大意义。具体的应用技巧如下：

1. 了解客户不满时想得到什么

（1）受到认真的对待。

（2）有人聆听。

（3）对问题的处理有紧迫感。

（4）立即见到行动。

（5）因产品问题造成的损失可以获得补偿。

（6）得到被感激的态度。

2. 如何处理客户投诉和抱怨

（1）要礼貌地对待客户。

（2）鼓励客户讲话。

（3）留心听取客户意见。

（4）不要和消费者争吵。

（5）对给顾客带来的不便致歉。

（6）表现出一种渴望让对方满意的真诚。

（7）立即采取行动解决问题。

（8）记下无法解决的问题并告诉客户将向公司汇报。

（9）向客户表示感谢。

（10）要站在消费者的立场。

（11）在现场的处理原则为：仔细聆听，大事化小，小事化无。

3. 针对客户的投诉和抱怨，推销员应该采取一定的策略

（1）欢迎顾客提出抱怨，抱怨是成交后顾客重视的反应，同时预示着再次消费的发生，要认真分析顾客的抱怨，找出原因，听到抱怨时表现要自然。

（2）避免与顾客争吵和冒犯顾客，尽量回避一些与成交关系不大的问题。

（3）向顾客提供有关证据。包括文字、图片资料、名人名家的证言、数据统计资料、报刊文章摘要、市场调查报告和示范结果等。

但经过努力还解决不了的抱怨，应对准顾客重新估计，分析总结推销过程在哪里出了差错，这是十分必要的，也是推销员必须做的。对此，推销员应采取如下有效的做法：

（1）要找出准顾客的真正需求。总结失败的经验，站在准顾客的角度为对方着想，重新探索准顾客的真正需求，弄清楚问题的症结所在，对于解决问题会事半功倍。

（2）认真研究访问记下的有关资料。对方有兴趣或不喜欢的事、赞同或反对的销售观点、当时不愿意订购的原因及反对理由、曾经提出而你无法即刻答复的问题等，这些对于你下次的推销非常有帮助。

（3）改变推销方式。准顾客已经拒绝过你，在你再访时的心理上自然也同样会有拒绝你的阴影。因此，必须改变推销方式，让对方有种耳目一新的感觉，而不致遭受对方条件反射式的再拒绝。

（4）用创新的构思去吸引准顾客。要抛弃陈词滥调，改用新奇的说法吸引对方注意。例如告诉准顾客："上次跟您谈过后，我发现了我们产品的新用途，会很符合你们的要求。我相信您对此一定有兴趣。"如果对方仍然拒绝，也不要灰心。你可以换一种方式告诉他："您不喜欢这些？没关系。我向您推荐另一样新东西，上次来访时这新玩意还没有生产出来。"

（5）举一些更有说服力的例子树立消费者对产品的信心。强调上次推销时对方曾同意的观点，让他找不到反驳的语言，更要避免重提对方曾拒绝的理由和他不喜欢的事。

在市场竞争日益激烈的今天，不管你推销什么产品，都必须坚持服务的导向，甚至可以说：推销就是服务！

二、销售退货企划管理

厂商能否在激烈的竞争市场上赢得顾客，关键是能否提供良好的售后服务。售后服务的好坏，不仅关系到企业的声誉、产品的形象，更关系到顾客对产品的信心。在提供良好的售后服务时，销售退货服务是核心。以下将介绍销售退货的一般程序和如何做好商品理赔退返的管理以及客户抱怨处理方法。

商品退货，是指依据买卖合约而出售的商品，由于某些原因，客户将商品退回企业。商品退货会即时减少企业的营业额，降低利润，针对这种情况，企业应检讨商品竞争力与加强营业管理，提高营运绩效。

在企业内部的管理中，"清点退货商品"、"商品数量准确性"属于仓储部门；"将退货商品确保品质无误"属于质量管理部门；"调整应收账款余额"、"发票重新处理"属于会计部门。

不管是经销商的退货还是使用者的退货，企业在处理客户的退货时，必须有所准则和要求，应当事先决定接受何种程度的退货，或者在何种程度下接受退货，作为销售条件的一部分。

（一）商品退换的原则和要求

国家有关部门对耐用消费品有"三包"规定，但对消费者购买的日用工业品还没有具体规定。因此，有些省、市、自治区就根据实际需要制定了有关规定。如上海市商业局对商品退换货的问题，向全市所有经营日用工业品的零售商店作出了一些规定。

规定明确指出：商店售出商品要出门认货，谁卖谁负责。可退可不退的，以退为主；可调可不调的，以调为主；当双方利益发生矛盾时，以适当照顾顾客利益为主。对某些特殊商品不能退换的，售前应明确告知顾客。一般日用工业品未经使用保持原样、不损不污、不影响再销售的，售后在两个月内或按行业惯例将允许退换；凡应检测的商品，而未向消费者当场检测，售后发现质量问题，商店应无条件地负责退换；售出商品的数量、尺码、型号、质量在7天内发现与实际不符，商店负责调补；一般商品售出后在使用中发现严重质量问题的，只要包装完好、商品无污损，在7天之内允许调换；降级削价处理商品售前应在商品包装或发票上标明，售后一般不予退换；对开剪的商品售后发现质量问题的可适当折价或予以退换。对于不是产品质量的问题，但消费者使用确有困难的，可协商按折让、代销等办法酌情处理；售出商品符合退货条件的，其价格调整，对调高的商品按原价退款，对调低的商品按当天售价退款。

在退换货时，企业应做到以下几点：

1. 提供售后的退换货服务

现在，在商家诸多的竞争手法中，又出现了一个服务新招，那就是为顾客提供全面的退换货服务。这一服务形式不仅为售后服务增添了新的内容，同时也为商家提供了进一步赢得顾客的契机。

昆明西南商业大厦前不久实施了 12 项优质服务新规定，其中第一项就是国内商界从没听过的自由退货规定：除食品、珠宝等商品以外，顾客所购产品对质量、价格、服务等不满意，或因自己一时选购失误甚至购物后兴趣转移，凡商品不影响商厦再次出售，3 个月内都可退货或调换。大厦职员如不按规定办理，让顾客再次登门第二次来退换货，则要付给顾客 10 元交通费，并对职员所属经营部给予罚款的处罚。

除西南商厦外，其他商店也纷纷效仿退换货的新举措。如山西太原市解放百货大楼推出"十分钟退鞋法"，四川成都人民商场郑重向消费者许诺"不满意就退钱"等。

退换货一直是我国零售商店难以解决的问题。对于顾客退换货的要求，商店长期以来都是采取能修则不换，能换则不退的态度。因为商家认为如果顾客们都来退换货，企业的经济效益要大受影响。事实证明，这种担心是没有必要的。请看下面的例子：

在一位策划大师的指点下，某商场搞了一次别开生面的退换货活动，告知广大消费者，无论在哪个商店买的化妆品，都可以在本商场进行退换。通告发出之后，该商场经理心里一直没底："若顾客都拿着化妆品跑来找我退货，那怎么办呢？"出乎意料的是真正来退换化妆品的顾客并不多，倒是前来询问化妆品的人不少。通过这次退换货活动，增加了企业的知名度，提高了商店信誉，吸引了不少顾客前来购买化妆品，是得是失，不言自明。

所以，商店应转变观念，以顾客为重，为顾客提供全面、优质的退换货服务。那么，在退换货服务中，服务人员应该怎么做？

（1）要有正确的思想认识。处理好顾客退换货业务，是体现商店诚意的最好办法，即使造成商店某种程度的经济损失，也是值得的，因为顾客会更加信赖你，成为你的忠诚购买者，这是多少金钱也买不来的。

（2）要以爱心去对待顾客。当顾客提出要退换货时，服务人员应耐心接待，要像顾客购物时一样充满热情。不能一听说顾客要退换，立即板起脸来，或者采取推辞的态度，以不是自己接待的为由，让顾客三番五次地来回跑。

一次，一位顾客到贵友大厦，说她买的加湿器坏了，要求退货。服务人员检查后，发现是因为顾客使用不当引起的，如按章操作，就能用。然而顾客不相信服务人员所说，坚决要退货。服务人员想，如果我是顾客，遇上这样的产品，心里也会不放心的，也会希望退掉。于是，她为顾客办理了退货手续。没想到，几天后，这位顾客又来到她的柜台前，说："你的服务态度让我很感动，我还想买一台加湿器，是否能帮我挑一台？"当服务人员给她试机时，她又说："能不能放在商场观察一天，免得回家出毛病？"这位服务人员爽快地答应了。第二天，顾客心满意足地拿着商品，由衷地感叹道："在你这儿买东西真是无后顾之忧。"

（3）要向顾客诚心地道歉。当顾客拿着商品来退换时，不管是否是商店的原因，都说明顾客对此商品不满意，而让顾客产生了不满意的情绪，那么就是商店或服务人员没尽到责任。所以，当你为顾客办理退换货业务时，千万别忘了要向顾客诚恳地致歉。如说："给您添麻烦了，实在对不起，我马上给您换，请您挑选一下吧。"同时还要向顾客承诺，以后一定注意避免类似情况的再次发生。

（4）要对其他顾客负责。某种商品售出后，在一段时期内，若有数起顾客退换货事件发生，就证明该商品质量明显有问题，属于进货时疏忽。在这种情况下，服务人员应本着对其他顾客负责的态度，及时将这种情况反映给柜组长，采取措施，杜绝再将这种商品销售给顾客。

一般而言，服务人员应以正确的态度对待退换货业务，经常想一想："假如我是顾客，我会怎样？"

2. 把握商品退货准则

不管是"经销商的退货"，还是"消费者的退货"，都必须有所把握，若是无条件地接受退货，结果卖方承受100%的风险，导致无法确定资金营运计划、利益计划。更有甚者，买方不认真办理订购之有关事项，零售商则可能怠忽销售，这就更加大了企业本身无法掌握的风险。因此，交易之时，应当事先决定接受何种程度的退货，或者在何种情况下接受退货，作为销售条件的一部分。例如决定仅在"不良品或商品损伤的情况接受退货"或是"7天之内，保证退货还钱"等。一旦确定商品退货准则后，应适度照会贩卖之经销商，或是在所贩卖产品的附录上加上说明。

对外要确定接受退货条件的"退货准则"，对内则要制定企业标准的"退货工作流程"，接获商品退货消息，就必须了解是否有按照公司所规定的退货准则。唯有符合条件者，才能进行退货处理。

在企业所拟定的管理办法，除非事先已准许客户退货，例如对使用者的"7天之内，一概退货还钱"，对经销商的"商店滞销库存货都可接受退货"，否则当客户欲退货时，应事先与承办其业务的业务员接洽，未事先接洽者，或业务员不接受退货者，原则上均不接受其退货。本公司承办业务员应与客户交涉，查找其退货原因，明确责任是否应归责于本公司。退货原因属于本公司之责任者，应予受理退货。退货原因不属于本公司之责任者（不当之退货），不予受理退货。退货原因是否应归责于本公司尚待研讨者（品质不良等皆属之），则予暂时保留退货，应立即会同检查成品，或送品管科再检查，最后再决定是否受理。

在把握商品退货准则的同时，还要进行商品退货的清点。接到客户退货，首先有必要去查点数量与品质，确认所退货之种类、项目、名称是否与客户发货单记载相同。首先，确定数量是否吻合。例如2盒与2箱，虽只差一字，因一箱有24盒，故实际上而言，数量相差24倍之多。其次，确定退货物品有无损伤，是否为商品的正常状态。有时，退货物品是"不良品"，企业受理退货后就要加以维修。清点后，仓库的库存量要迅速加以修正调整，而且要尽速做成退货受理报告书，以作为商品入库和冲销货额、应收账款的基础资料。如果忽视此程序或者操作不正确，"应收账款余额"与"存货余额"在账面则是错误的，造成财务困扰。

（二）退货作业流程

当客户将商品退货时，企业内部必须有一套管理流程，如图11－1所示。运用表格式管理制度，以多联式"验收单"在各部门流动，对客户所退之商品加以管控，并在账款管理上加以调整，此流程牵涉到的部门，分别为"销售部"、"商品验收部"、"编制应收账款明细账的部门"、"编制总账的部门"、"物流控制部"。

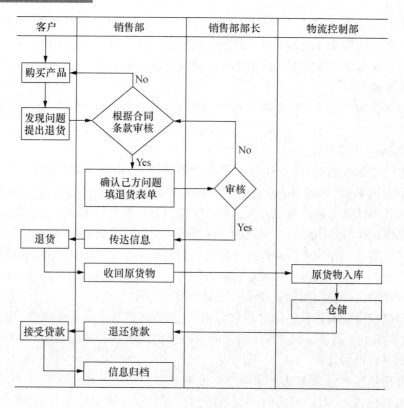

图 11-1　退货流程

（1）客户退货时，把所退货物直接退给销售部，然后由销售部有关人员送至验收组进行验收，验收组验收完毕后，填制验收单两联。第一联送交销售部客户信用负责人员，第二联依验收单号码顺序存档。

（2）销售部根据合同条款审核退货物品，若不符合退货要求，则交回该要退货物；若属于条款退货范围，则填写退货申请表单，送至销售部部长审核。

（3）销售部部长把审核结果传达给销售部。退货时，销售部开具销货退货表单三联，第一联连同核后验收单依贷项通知单号码顺序存档；其他两联连同退货送至物流控制部。

（4）物流控制部接到退货和销货退货表单后，把已退货物进行入库、仓储。并且把销货退货表单第二联自留存档；第三联送至会计部门。

（5）会计部门收到销货退货表单，核准其正确无误后，于"应收账款明细账"贷入客户明细账，并核准并账。同时将销货退货表单自留存档。

（6）每月月底总账人员由销售部门取出自留存档的贷项通知单，核对其编号顺序正确无误后，加总一笔过入总分类账。

（三）商品退货的处理方法

1. 查明商品退货原因

商品退货会形成企业经营之困扰，尤其是退货量大，更有造成资金周转不灵之危险。处理商品退货要办的第一件事就是要查明退货的原因和责任的归属。

企业要了解为何会"遭致退货"，是"管理问题"或"品质不良"还是"产品竞争力不足"？只有深入这样做，才能获致经营之改善。

净销售额是指扣除退货后的销售额，从净销售款扣除销售成本称为毛利。分析退货在销售额中的比率，同时也分析最近几个期间的退货率是否增加并了解趋势变化。退货在景气和不景气时是不大相同的，例如，退货率在景气时为5%，而不景气时则达到15%，尽管产品质量没变，但退货率却上升了。

"商品退货"在内部的管理重点：属于仓储部门的"清点退货商品"、"商品数量准确性"；属于品管部门的"将退货商品确保品质无误"；属于会计部门的"调整应收账款余额"、"重新处理发票"。

处于一线的业务部门更要了解客户"为何会退货"，"依规定是否可接受此批退货"。

商品退货首先要了解其发生原因，下列是纺织厂遭受退货的"原因分析"与"防止对策"，如表11-1、表11-2所示：

表11-1　退货原因

	退货原因	说　　明
制造技术	品质不良（应以赔偿方式理赔）	手感不佳，染色不均，幅宽不足，受伤，长度不对，规格不符，染色错误，颜色不齐，批号不对
销售方面	依商场习惯所发生之退货	销售技巧上所常有之更改颜色
	手续上之错误如传票填写错误等所引起之错误的联络（发货错误）合约变更	重复发货，数量错误，色号不对，发错客户，布号不符，规格不符，交期不对
客户方面	客户之联络不当	客户之预测准备，流行发生变化所致之退货（不当之退货）
	客户之不良库存	客户（批发商等）之联络错误
仓库及货运方面	保管不当	淋湿，弄脏，受伤等保管不当
	延迟送达	
	发货错误	
染整厂方面	交货延迟	重复发货，数量错误，种类不对，规格不符，发错客户，交期不对

表11-2　退货的防止对策

退货原因	防止对策
交货迟延	如有发生交货迟延，应取得客户的谅解再交货
发货错误	业务员、交货管制承办人员应严密查核
品质不良	应彻底实施发货前检查，如有发生问题的可能性时，应事先取得客户的谅解
不当退货	因根深蒂固的商业习惯无法即时消灭，业务承办人员应与客户保持良好关系，防患于未然

2. 对商品退货的发票处理

厂商出货应付"发票"，若遇到经销商日后"退货"，因退货日期久远，当初"为出货所开立之发票"必须重新处理，以便账务与实际销售状况相符合。

各地税捐机构对退货的会计处理程序，均有所不同，企业必须深入了解，例如"退货日期"在"销售发生日期"之后的60天，"60天以内"和"超过60天"，对于两者的处理，会影响企业的利益。

3. 商品退货的会计处理

客户退货后会产生种种变化，例如影响到客户"应收账款"余额。故企业的会计部门接到内部转过来的账单，显示"客户退货"状况，应着手会计处理程序，以调整客户正确的"应收账款"余额。

商品退货后的会计处理程序如下所示：

（1）产品销售后如有退货发生时，业务单位应填制销货退货表单一式三联，留存一联，其余两联连同退货送交至物流控制部。

（2）物流控制部制成品库保管员点收退货数量无误后，应于销货退货表单上签章，留存第二联，以第三联送会计部。

（3）会计部收到销货退货表单后，查明原售价，记入特设的销货退回簿，原为赊销者，并应逐笔过入应收账款明细账各该户之贷方。

（4）会计部接到销货退回表后，同时当由制成品簿记员做如下之处理：一是查填退货成本：在"制成品明细账"中查明该项退货的成本和总成本，填记于销货退回表单上。二是登记制成品明细账：根据上一项填记成本的销货退货表单，登录制成品明细账相当账户之收入栏（或以红字记入发出栏，作为发货之减少）。三是收记销货退回成本汇总表：根据销货退回通知，按其成本登入销货退回成本汇总表，以便月终时送交会计部，在总账上作汇总记载。

（5）每届月终，会计部应将销货退回簿各栏结总。并将做本会计部送来的销货退回成本汇总表分别过入总分类账。

（6）如销货退回之次数不多，不必设置销货退回簿及销货退回成本汇总表，有关退货金额及退货成本，只须用红字分别记入销货簿及销货成本汇总表以示销货及销货成本的抵减。

4. 退货商品的验收

销售部接到产品退货后，要送至物流控制部验收组对退货商品进行验收。

（1）验收退货时，要注明退货的数量和质量情况，为日后货物的再存放、客户退货金额和退货是否再修理，提供依据。

（2）填制退货验收报告，并编号。该报告的填制应独立于发货和收货人员。

（3）客户服务部门应调查和重视顾客的退货要求，并将调查结果和意见记录在验收报告上，交会计和销售部门核准。

（4）退货理赔工作应由销售部门核准。

（5）经核准后，应向客户发出货项通知单，表明退货数量、金额；退货及时入账，调整应收账款和销售收入。

5. 对退货商品的处理

（1）回收。因为商品本身缺陷或过时等问题而将商品退给制造商，这样有利于制造商以某种优惠保留客户，而能够通过很好的声誉创造更大的市场。同样，零售商会因为商品质量问题或过量库存而把商品退回给制造商，在问题圆满解决的基础上有利于激励零售商下一个更大订单的签约。

把有缺陷的商品退回给制造商，首先，制造商可以分析缺陷的本质，以找出它的原因，并在以后的生产中避免类似的缺陷，提高产品质量。其次，制造商也可以通过退回商品估计"无缺陷、缺陷品"的数量。通过检测退回商品，制造商能收集帮助选择处理方案的管理系统。最后，制造商通过收回有缺陷商品，可以防止这件商品进入其他的处理通道，影响顾客对该商品的需求。为了保护品牌和企业声誉，制造商可以尽量保证不把有缺陷的商品当作新产品卖给毫无疑心的消费者。另外，为了保护品牌的形象，制造商通过回收缺陷商品，可以防止自己的产品流入某些零售部门，如跳蚤市场等。

（2）打折出售。如果产品被退货，商品可能通过"批发商店"出售。在服装行业，由于顾客不可能把退回的服装当作新衣服，因此，"批发商店"成为处理这类商品的唯一通道。一般来说，商家会有大量的即将撤下商店柜台的处于销售末季的商品。有时顾客甚至盼望能在"批发商店"找到过季的商品。

比起其他的处理方式，通过"批发商店"销售这种方式拥有许多优点。采取这种方式的企业能维持对商品的控制，了解产品在哪里出售。但"批发商店"出售也会带来很大的风险和代价。因为对企业来说，保护他们的声誉和市场地位是至关重要的，而批发出售会带来这方面的风险。

（3）卖给二级市场。当退回商品不能通过"批发商店"出售时，这时需要考虑是否经由二级市场出卖商品。二级市场主要由专门从事低价购买清仓商品的公司构成，经二级市场出售的价格有时甚至只是原价的1/10。就零售性商品而言，平均的价格只有零售商价格的17%。二级市场的公司通过自己的商店出售，或直接卖给其他的减价商品零售商进行销售。

（4）维修。在认定商品已完全破损，许多企业会尽量对其进行重造或整修。根据商品类型及进入企业退换货等逆向物流系统的原因不同，企业在这方面有非常广泛的选择范围。许多消费性商品就不能重造，一旦是使用过的，就不能对它做什么整修。

另外，一些商品的特性使它们可能被整修，如电器。如果顾客退回了一台不能正常工作的传真机，此时把该传真机再次出售，价格必然是很低的，因此制造商此时不能急于把这台传真机出售，而应找出故障，然后对其进行整修。之后，制造商可以通过"批发商店"或者二级市场的公司，将这台传真机作为修理或重造品出售。

三、退货管理企划制度

（一）退货管理制度

1. 某企业商品退货管理制度

第一章 退货准则

第一条 交易之时，应当事先决定接受何种程度的退货，或者在何种情况下接受退货。

第二条　接获商品退货信息，必须了解是否符合公司所规定的退货准则，唯有符合条件者，才能进行退货处理。

第三条　除非事先已准许客户退货，否则当客户欲退货时，应事先与承办业务员接洽；未事先接洽者，或业务员不接受退货者，原则上均不接受其退货。

第四条　本公司承办业务员应与客户交涉，并检查构成退货原因责任是否属于本公司。

（1）退货原因属于本公司责任者，应予受理退货。

（2）退货原因不属于本公司责任者（不当之退货），不予受理退货。

（3）退货原因是否应归于本公司尚待研讨者（品质不良产品等），则予暂时保留退货，立即会同有关部门检查该产品，或送品管部门再检查，然后决定应否受理。

第五条　每月在固定时间将退货商品依照厂商别，分别加以集中，并预先输入电脑，列印"退货清单"，待厂商送货取款时一并带回。首先应列入追踪的是"退货物品"是否有应退而尚未退的商品；其次追踪的是"退货货款"。

第六条　商品退货应迅速，否则影响当期应付账款。

第二章　退货清点

第七条　接到客户退货，首先有必要去检查数量与质量，确认所退货种类、项目、名称是否与客户发货单记载相同。

第八条　清点后，仓库的库存量要迅速加以修正调整，而且要尽快制作退货受理报告书，以作为商品入库和冲销销货额、应收账款的基础资料。

第三章　退货管理流程

第九条　客户退回货品后，送至验收部门。验收部门于验收完毕后，填制验收单二联，第一联送交销售部门核准销货退回，第二联依验收单号码顺序存档。

第十条　销售部门于收到验收单后，依验收部门的报告核准销货退回，并在验收单上签名核准，以示负责；同时将核准后的验收单送至开单部门。

第十一条　开单部门接到销售部门转来的验收单后，编制贷项通知单一式三份，第一联连同核后验收单，送至会计部门；第二联通知客户销货退回已核准并账；第三联依贷项通知单号码顺序存档。

第十二条　会计部门收到开单部转来的贷项通知单第一联和验收单，核对其正确无误后，于"应收账款明细账"贷入客户明细账，并将贷项通知单及核准后验收单存档。

第十三条　每月月底由开单部门取出存档的贷项通知单，总账人员核对其编号顺序无误后，加总后一起过入总分类账。

第四章　注意事项

第十四条　瑕疵货品的处理。经销商收到货品后，有瑕疵品应于 15 日内通知本公司订货部门给予无条件换货。若因长期放置且储存本依公司规定或人为因素等，影响商品品质或超过保存期限者，公司恕不接受退货（瑕疵品范围包括包装污损、商品严重变色、封口或瓶口密封不良、受潮、有效使用期低于两个月等）。

第十五条　解除契约的退货。

（1）解除契约生效日起 30 日内申请退货，其退还的商品经验查外观完整、商品品质状况良好、仍可出售者，公司将全额退还该货款。

（2）若退回货品价值有减损时，得扣除减损的价款。

（3）该经销商进货部分，若奖金已发放，则得扣除已因该进货而对参加人给付的奖金。

（4）退货的余款于 30 日内退还解约的经销商。

第十六条 终止契约的退货。

（1）经销商以书面终止契约，得于契约终止后 30 日内申请退货。

（2）终止契约退还的商品，公司以经销商原购价格 80% 买回其所持有的商品，并扣除已因该项交易而对该经销商给付的奖金。如退还商品的价值减损时，得扣除其减损的价款。

（3）退货的余款于 30 日内退还经销商。

2. 某企业退换商品处理办法

第一条 问明缘由。

应详细询问退换的理由，然后比照本办法，确定是否可以退换。如确属本公司责任且理由正当，或有事前退换约定的，应该及时地予以退换。否则，应劝导顾客继续使用。

第二条 商品确认。

要确认该商品是否是本公司售出、销售价格是多少、购买时间、购买地点和经销人等。为此，应请顾客出示发票、报销单及其他有关证明。款额较大的商品，须由经理上级确认。

第三条 退换方法。

（1）退换商品，一般应等额或高额调换，如属后者，应由顾客补足货款差额。

（2）退货时，必须确认这种商品是按标价购买，还是有价格折扣。在退货后，售货员最好利用顾客此时的特殊心理，说服顾客购买其他商品。

（3）在办理退换商品时，最好不退换顾客现金，而应交付其退换券（与退换商品的价值等额），顾客持券可随时购买其他商品。

第四条 例外事项。

在下列情况下，原则上不能退换商品，售货员应委婉地拒绝顾客的要求：

（1）事先已说明不能退换的商品。

（2）经顾客使用后发生破损的商品。

（3）购买后，经过很长时间才提出调换要求的。

（4）酒类、烟草、书籍。定做品、生鲜食品、糕点、熟食品。裁剪过的布料等。

第五条 价格确认。

在办理退换事项时，商品价格的确认应遵循以下原则：

（1）商品标价清楚、无破损、票据齐全时，应以原销售价退换。

（2）在购买时有降价折扣时，按折扣价退换。

（3）对于像优惠品、特价品等价格不清的商品，应以一定的折扣退换。

（4）对季节性商品、流行性商品，如因顾客没有及时退还，应按现价退换。

（5）因本公司责任发生破损的商品，应按原价退换。

（6）因顾客购买后使用而发生破损的商品，应根据破损程度，按一定折扣退换。

（7）上述第（4）、（5）、（6）项的处理及做价金额的确定，需由销售经理负责。

第六条　其他事项。

（1）不论是商品退换还是退货，都要给顾客开出专用的发货票。退货后，应冲减营业额。

（2）顾客调换的是高值商品，差额部分，应补足现金。顾客调换的是低值商品，差额部分，不返还现金，而是支付给顾客退换券；退货时，原则不返还现金，而支付给顾客退换券。

（3）退换券由公司统一印制（各分店以颜色区别），它是在发生退换商品时，支付给顾客的代金证券，其使用规定如下：

①其票面金额代表等值的现金，但不能兑换成现金。其使用范围仅限于发生退换的商店，有效期为1年。

②当顾客要求退换商品时，由退换券代替现金支付给顾客，其数量等于退货品的退货价格，或等于调整商品差额（原购买商品价格大于调换商品的价格部分）。

③顾客可随时持退换券来购买商品，但本公司不向顾客支付现金找零。

3. 某企业退货处理规定

第一条　运输的联络。

物料管理部门接到销售部门送达的"成品退货单"，应先审查有无注明依据及处理说明。若没有，应将"成品退货单"退回销售部门补充；若有，则按"成品退货单"上的客户名称及承运地址联络承运商运回。

第二条　退货的验收。

（1）退货运回工厂后，仓运部门应会同有关人员确认退货的原因是否属实。若情况属实，应将实退数量填于"成品退货单"上，并经验收人员、质量管理人员签章后，第一联存于财务部门，第二联送收货部门存，第三联由承运人带回依此申请费用，第四联送业务部向客户取回原发票或销货证明书。

（2）物料管理部门收到尚无"成品退货单"的退货时，应立即联络销售部门经理确认无误后先暂予保管，等收到"成品退货单"后再依前款规定办理。

第三条　退货的处理。

退货的处理方式需慎重，物料管理部门应督促处理部门领回处理。

第四条　退货的更正。

（1）若退回成品与"退货单"记载的退货不符，物料管理部门应暂予保管（不入库），同时于"成品退货单"填写实收情况后，第三联由运输公司带回依此申请运费，第二联送回销售部门处理，第一联暂存仓运科。

（2）销售部门查验退货确属无误时，应依实退情况更正"退货单"，送物料管理部门办理留存。

（3）若退货属误退时，销售部门应于原开"退货单"第四联注明"退货不符"后，送回物料管理部门并据此将退货品退回客户，并在"成品交运单"注明"退换货不入账"，本项退回的运费应由客户负担。

（二）商品退返理赔的管理

1. 理赔原则

理赔就是赔偿客户因购买产品后由于各种原因而进行退货所造成的损失。理赔工作的开展必须遵循一定的原则，因为理赔业务直接关系到客户和生产厂商的切身利益。

（1）重合同、守信用原则。重合同、守信用原则是理赔必须坚持的最高原则。比如，保险公司的保险合同是赔偿或者给付保险金的法律依据，按照保险合同，赔偿给付保险金是保险人应尽的义务，也是保险人履行保险合同的具体法律行为。如果保险人不重合同、不守信用，找各种理由拒绝补偿，保险公司的信誉必然遭受不良影响，而且，被保险人可根据保险合同起诉，请求法院帮助，获得保险合同所约定的保险保障。

（2）实事求是原则。对确实需要退货的产品，无论是生产厂商还是客户都要遵循实事求是原则，认真履行理赔责任；同时客户所提出的索赔要求也必须合理，要从实际出发。在保险理赔中，由于具体的保险事故的情况多种多样，极其复杂，而人们可能对保险的认识不同，在理解保险合同的有关条款时也有所不同，被保险人所提出的索赔要求也就可能不合理。这就要求保险人按实事求是的原则，对保险事故所造成的损失切合实际，不夸大，不缩小；不错赔，不滥赔。根据保险合同的约定进行赔偿。

（3）主动、迅速、准确、合理原则。理赔应主动、迅速、准确、合理，这是厂商信誉的集中表现。主动，要求对客户索赔要求应主动受理；迅速，要求处理速度反应快捷，及时赔付；准确，要求赔付准确无误，不错赔，不滥赔；合理就是要合理分清责任，合理赔偿。

2. 理赔费用

生产厂商接受客户退货时，在理赔原则的要求下，要主动、迅速、准确、合理地向客户支付一定金额的理赔费用。

一般商品的理赔费用的数额，由生产厂商在商品出售时和客户所达成的合同条款所规定。

特殊商品的理赔费用的数额，一般依据国家有关特殊商品理赔费用法律条文规定。

3. 理赔程序

理赔程序是指处理退货事宜，确定补偿的先后程序。理赔程序一般包括以下步骤：

（1）确定理赔责任。在销售部收到退货商品后，应迅速就下列问题进行认真探究：

是否符合退货要求；

确定退货原因；

是否符合赔偿条件；

确定退货责任。

（2）估算定损。明确退货责任后，厂商应及时对退货进行估算定损，确定赔偿金额。需要从以下几点着手处理：

检验商品质量情况；

认定索赔权利；

估计理赔费用。

（3）支付理赔费用。支付理赔费用是指企业在确定理赔责任后，向客户支付理赔金额的行为。厂商收到客户退货要求索赔请求后，应当及时做出核定，认定退货责任，与客户达成理赔金额协议后的一定期限（如一周）之内，履行赔偿或者给付理赔金义务。

4. 索赔函

索赔函是指合同双方在合同争议或纠纷发生后，受损一方向违约一方提出赔偿要求的信函。

索赔函一般包括如下内容：

（1）描述索赔事由。

（2）陈述违约事实。

（3）说明索赔理由。

（4）陈述对方违约给自己带来的损失及数额。

（5）提出索赔的具体要求。

在写作索赔函之前，应先仔细研究双方签订合同的相关规定和双方交易过程中的往来函电，以确定双方的是非责任；应提供足够的书面文件和有关方面的证明；提出的索赔要求应合情合理；应根据引起索赔的原因和不同的索赔情形选择相应的措辞和语气。举例如下：

质量不符索赔函

××公司：

对于贵方运送给本商场的货物，本商场质检部委托××市××检验所予以检验。经检验，贵方发来的加湿器中，有一部分质量明显不如贵方所提供的样品好，因此，特向贵方提出不符合质量标准的货物按降低原成交价的20%处理。

特此函达，候复。

××公司

×年×月×日

5. 理赔函

理赔函是指合同双方发生争议或纠纷之后，违约一方受理遭受损失一方的赔偿要求的信函。

理赔函内容一般包括以下几点：

（1）引述来函的主要事实。

（2）表明对损失方索赔的态度。

（3）提出具体的处理意见。

写作理赔函之前，应仔细研读索赔函，看看对方的索赔理由是否实事求是，提供的证据是否成立，索赔金额是否合理，索赔期限是否逾期，据此确定不同的理赔策略。例如：

质量不符理赔函

××百货商场：

　　贵方×月×日函及货样现已收悉。信中提到部分加湿器的质量与样品不符一事，我方立即进行了调查，发现装箱时误装了部分二等品。由于我方工作的失误，给您造成了麻烦，我们对此深表歉意。因此，我方愿意与您达成共识，部分质量不符的产品按降低成交价的20%处理。

　　我方保证以后坚决杜绝此类失误的发生。

　　特此复函。

××公司

×年×月×日

（三）客户抱怨处理方法

　　顾客之所以抱怨，客观上讲是因为企业没有在产生问题时提供最正确的服务，或公司提供的服务不符合客户的要求。因此，现代企业把客户抱怨视为不花钱的信息源。如果厂商把握机会，虚心向客户求教，请客户说明如何做才能让客户满意，就能避免企业产生不足，只要客户觉得自己被重视，他就会尽力告诉厂商一些改进之道。

　　对于顾客的不满与抱怨，厂家应采取积极的态度来处理，并对引起顾客抱怨的管理缺陷进行及时的补救，才能恢复企业的信誉，同时提高顾客的满意率，维持顾客的忠诚度。

　　客户是销售的对象，是企业生存之本、营运之基、力量之源。没有客户之水，企业之船便没有了市场，就不可能把产品销售出去，也就失去了利润的根源，从而也就失去了其存在的意义。因此，建立和维护与客户的关系，是每一个企业的核心和根本。培养客户的忠诚度，做到使客户真正满意，除了要重视诸多影响客户满意的诸多因素外，还要处理好客户的抱怨。

　　有人曾做过调查，认为有80%的顾客不再去商场的原因在于客户对产品和服务不满意。根据美国学者的调查显示，一位不满意的客户会把他的抱怨转述给8～10个人听，此时，企业如果能当场为客户解决问题，95%的会成为回头客；如果推迟时间处理，解决得好的话，将有70%的回头客，顾客流失率为30%；若顾客没有得到正确的处理，将有91%的顾客流失率；当顾客的不满得到满意的解决时，他们一般会继续做企业的忠诚顾客，并将向朋友和同事讲述自己的抱怨怎样得到解决，但是那些被忽视的或者没得到重视的甚至得不到公正对待的顾客，可能会在与他们相关的群体中或通过大众传媒扩散自己的抱怨，这样造成的不只是顾客一人的流失，而是相关群体甚至更大范围市场的葬送。这一试验虽然是以商场的情况进行的，但它的试验结果对每个销售人员和企业都具有值得借鉴的意义。从一定意义上讲，客户对企业抱怨实际上给企业提供了一个改进和弥补不足的机会，以此提高客户满意度，增进销售，提高利润。

1. 及时处理客户的抱怨和投诉对企业建立良好的销售信誉具有重要作用

在销售过程中，建立客户对企业的忠诚是现代企业维持客户关系，提高销售水平的重要手段。所以，企业及销售人员都必须充分认识到这个问题。对顾客的不满、抱怨，甚至是投诉，应采取积极的态度来处理，对于服务、产品或者沟通等原因所带来的失误进行及时补救，这样可以帮助企业重新建立信誉，提高客户满意度，维持客户的忠诚度。顾客抱怨发生后，尤其是公开的抱怨行为，企业的知名度会大大提高，企业的社会影响的广度、深度也不同程度地扩展。但不同的处理方式，直接影响着企业的形象和美誉度的发展方向。针对顾客的抱怨，进行积极引导，企业美誉度往往会经过一段时间下降后反而能迅速提高，有的甚至直线上升；相反，消极的态度，听之任之，予以隐瞒，与公众不合作，企业形象美誉度会随着知名度的扩大而迅速下降。

2. 及时处理客户的抱怨和投诉对企业提高顾客忠诚度具有积极作用

有研究表明，提出抱怨的顾客，若问题获得圆满解决，其忠诚度会比从来没遇到问题的顾客要来得高。因此，可怕的不是顾客的抱怨，而是不能有效地化解抱怨，最终导致顾客的离去。哈佛大学的李维特教授曾说："与顾客之间的关系走下坡路的一个信号就是顾客不抱怨了。"从顾客抱怨处理的结果来看，顾客抱怨可能给企业带来的利益是指，企业圆满解决顾客的抱怨后，顾客会继续购买企业的产品或服务而给企业带来的利益，即因顾客忠诚的提高而获得利益。TRAP公司的研究结果表明，对于所购买的产品或服务持不满态度的顾客，提出抱怨却对企业处理抱怨的结果感到满意的顾客，其忠诚度要比那些感到不满意却未采取任何行动的人高得多。这项研究结果显示，在可能损失的 1~5 美元的低额购买中，提出顾客抱怨却对企业的处理感到满意的人，其再度购买比例达到70%。而那些感到不满意却也没采取任何行动的人，其再度购买的比例只有36.8%。而当可能损失达到100美元以上时，提出顾客抱怨却对企业的处理感到满意的人，再度购买率可达54.3%，但那些感到不满意却也没采取任何行动的人再度购买率却只有9.5%。这一研究结果，一方面说明了正确处理顾客抱怨可以提高顾客的忠诚度，从而保护甚至提高销售额，增加企业的利润。另一方面也折射出这样一个事实：要减少顾客的不满意，必须妥善地化解顾客的抱怨。

3. 正确处理好客户的抱怨和投诉是提高销售量的一副"良药"

无论是销售人员、销售经理，还是企业对客户的抱怨开始都会表现出几分不满意，也确实让职工感到不好受，但实际上却给一些人，甚至是企业的销售管理敲响了警钟，需要认真反思在工作的什么地方存在什么问题，如何解决这些问题，从而留住忠诚顾客的同时赢得更多的顾客。顾客不仅仅是消费者，还是企业的亲密朋友，善意的监视、批评、表扬，表现出他们特别的关注和关心企业的变化。所以，无论是个人还是企业都应该充分利用顾客的抱怨所传达的信息，不断改善服务态度，吸引更多的顾客，把企业的事业做大。

应该看到，在现代企业的发展中，无论是销售管理还是经营管理，人们都越来越重视服务理念的更新，强调以用户为本，站在用户的立场考虑问题，为用户提供满意的服务，使服务成为提高销售能力，为企业创造效益的重要手段。因此，迎接客户、理解客户、善待客户，及时解决客户的抱怨和投诉，并最终赢得客户的满意，就成为了一个企业和所有销售人员义不容辞的责任。

4. 应对顾客抱怨的技巧

应对顾客的抱怨，使其由不满意到满意再到惊喜，企业必须培养高业务素质和高道德素质的销售人员，这就需要他们掌握一定的技巧：

（1）以真诚的态度面对客户的抱怨。这是处理好客户抱怨的前提。但是要保持良好的态度，说起来容易做起来难，它要求每一位销售人员不但要有坚强的意志还要有牺牲自我的精神去迎合对方，只有这样，才能更好地平息客户的抱怨。

（2）了解客户抱怨的背后希望。应对客户抱怨，首先要了解顾客希望得到什么样的解决，这样有助于按照客户的希望处理，这也是解决客户抱怨的根本。

（3）行动化解客户的抱怨情绪。客户抱怨的目的使问题得到解决，而不只是口头上的承诺，如果客户知道你会有所行动自然放心，当然光嘴上说绝对不行，接下来你得拿出行动来。在行动时，动作一定要快，这样首先可以让客户感觉到尊重，其次表示销售者解决问题的诚意，最后可以防止客户的负面宣传对企业造成重大损失。

（4）让抱怨的客户惊喜。这是以良好的抱怨处理方式为前提的。良好的处理方式不仅能够赢得客户的满意，而且为企业改善和宣传自己提供了良好的机遇。客户抱怨是因为销售者提供的产品或服务未能满足客户的需求，客户总认为他们的利益遭受了损失。因此，客户抱怨之后，往往会希望得到补偿。即使企业给了顾客一点补偿，顾客也往往会认为这是他们应该得到的，因而他们也不会感激企业。这时如果客户得到的补偿超出了他们的期望值，其忠诚度往往会有大幅度提高，而且他们也会到处传颂这件事，公司的美誉度也会随之上升。

5. 实施客户态度追踪和使用客户抱怨投诉卡管理

企业一方面应鼓励顾客公开提出批评和建议，同时追踪调查那些私下提出抱怨的客户，积极收集客户对其产品和服务反映的完整资料，并对其进行分析、及时发现问题并予以纠正。客户抱怨投诉卡是用于记录客户发生抱怨和投诉事件的内容，内容主要包括顾客因企业和销售人员失误而产生抱怨甚至投诉事件发生的时间、内容、经过及处理结果等。如表 11－3 所示。

表 11－3　客户抱怨和投诉处理卡

客户		订单编号		制造部门		交运日期和编号	
品名和规格	单位	交货数量			金额		
抱怨和投诉理由							

续表

客户要求	赔款	折价	退货	其他
元		%元	数量：　　金额：	

经办人意见：

销售部门意见：	采购部门意见：
制造部门意见：	
研究开发部门意见：	
财务部门意见：	
销售经理意见：	
总经理意见：	

　　通过客户抱怨投诉卡可以了解事情的原委，易于理解客户立场状况和理由，利用卡尽快行动，以满足客户需求。同时对抱怨投诉卡进行分析总结，及时发现经常出现的和严重的抱怨和问题，对其进行检查监督，避免其由小变大，进而失去控制，并及早予以注意和处理。同样重要的是要对成功的处理记录进行分析以总结客户的心理需求和期望。

　　6. 客户满意是个系统工程，改进无止境

　　一个企业在市场上存在的价值是满足市场的需求，价值真正实现的体现是客户满意。一直以来，人们始终认为"IBM 就是服务"是一则最理想的广告，然而随着时间的推移，人们发现优质服务几乎已经成了 IBM 的象征。因此，客户在购买 IBM 产品的同时，也获得了 IBM 优质的服务。做到客户顾客满意，不应该是一项集体的活动或者说不是一段时间的运动，更不只是销售部门和销售人员的事情，它应该是一个系统工程。这个系统包括企业内部售前、售中、售后服务以及电话服务、收集顾客的信息反馈等。如果不是一个系统全力地去做，就不可能都满足客户的需求。要做到客户满意，首先要固化为一个企业的理念。比如海尔的用户，产品几乎遍布全球，有着穿着相同但肤色不同的服务人员，在不同的地区，面对不同的用户，却拥有同样的热情，给顾客提供满意的服务，收获不同语言的赞美。要实现客户满意，更重要的是建立健全一个组织内的保障体系，成为员工的自觉行动。服务是一线员工做出来的，是和客户接触时才产生的，不是事后可能索取的。每位员工的直接服务影响着企业的形象和销售效果，如果你不能直接为客户服务，就应该为能直接为客户服务的人去服务。客户是上帝，理解客户，善待客户，企业才能拥有永恒的生命源泉，站在顾客的立场上，解决顾客问题，使顾客满意落到实处，企业的发展之路就会越走越宽。

（四）正确看待客户抱怨

1. 抱怨是客户的不满

（1）抱怨是生气的表现。不满或抱怨一定有原因，可能是自己对商品的期待落空了，或是营业员服务态度欠佳，这些都可能造成顾客不满。

（2）抱怨是顾客欲望没有得到满足的一种表现。客户没有得到自尊上的平衡而生气，是抱怨产生的一个方面。但从另外一个方面来说，商品的价值没有满足客户也是引发抱怨的一个因素。换句话说，抱怨也是客户的欲望没有得到满足的一种表现。

2. 客户的欲望表现

（1）想要买到好东西（功能及质量上的要求）。

（2）希望买到便宜的东西（经济上的要求）。

（3）希望得到销售人员热情的接待（心理上的要求）。

（4）希望自己买到的产品是足以向别人炫耀的产品（面子上的要求）。

以上这四个方面的要求或者说欲望，任何一点没有得到满足，客户都可能以抱怨的形式表现。

3. 抱怨是促使商家改善的良药

我们应该重视这样一件事：抱怨是客户内心对商家的评价，是一种重要的信息。对于抱怨，要承认它本身所具有的"财富"价值。这些价值就体现在它可以使商家更清楚地认识自己的不足，它犹如一种折光。当你改善了不足，赢得了更多顾客时，你就应当感谢客户的抱怨了。

对于顾客的抱怨，如果我们能真正反省自己的态度和服务方式，不但可以增进我们本身待人接物的技巧，也会使我们的心智更加成熟。

4. 妥善处理抱怨有力促进销售

我们首先应当承认一种事实，即只有在客户对某一商品满意的情况下，他才会主动、积极地采取购买行为，并且在购买过后也不至于引发抱怨。

妥善处理顾客抱怨对于提高客户忠诚度的意义非常明显。我们都知道，客户有抱怨表示没有达到客户满意的标准，抱怨可以说是客户表达其不满的必然反应。对于这样的反应，只有认真地倾听，以诚意对待，才可以获得客户的好感、提高他们的忠诚度。

（五）客户抱怨的原因

为避免或减少客户抱怨，应注意以下五个方面的内容：一是企业希望提供的服务水准；二是企业能够提供的服务水准；三是企业实际提供的服务水准；四是客户感受到的服务水准；五是客户期望得到的服务水准。重视且做好每一个层次的内容，才能更好地减少甚至避免顾客抱怨的发生。要从以下几点来看顾客抱怨产生的原因。

1. 商品质量不良

产品质量不好，细分起来有：

（1）制造商的制造因素。一些号称"静音"设计的空调，购买时的确噪音很小，但使用1个月以后，声音就渐渐增大，1年后所谓"静音"就名不副实了。技术设计上没有问题，但可靠性差，说明产品的精密程度、完美程度有问题。

比如，我们常见的一些质量上存在问题的情况就有：

床单在经过洗涤后缩小、变皱、褪色。

吹风机不吹热风。

裙子上有斑点。

生鱼肉或鱼干不新鲜。

包装产品内有异物。

另外，还可能是制造上有瑕疵，如西装的袖子上有裂痕，西装上纽扣未缝紧，容易掉落或污损、破裂等，这些问题都会引起顾客抱怨。

（2）零售商自身的管理因素。很大程度上，制造商的制造责任往往会转嫁到零售商的管理责任上。这个问题很容易理解，因为零售商的监督责任以及优劣筛选作用没有得到认真的落实。因此，商品质量不好时，不单制造商要负责，零售店也必须负起相应的责任。例如，我们在超级市场买到不新鲜或过期的食品时，超市作为零售业者要承担责任。商品污损、破裂，可以归咎于零售商进货时没有详加检查、陈列的管理不当、出售时的疏忽。所以，这些都可以说是零售商的管理缺陷。

（3）消费者使用因素。因消费者使用不当而造成的商品破损的责任，按理说应由消费者承担，但成功的经营者应主动向消费者详细介绍产品的作用和使用方法，并力争让客户了解和掌握。如果某些经营商在售货时对产品有关知识介绍不详，而导致商品出现问题，以至于导致客户抱怨，经营者也应负一定责任。

2. 服务欠佳

（1）服务方式不佳，不佳的服务方式有以下几点：

接待慢，搞错了顺序，甚至会出现后来的客户已得到接待，而先到的客户仍没有人招呼的情况。

缺乏语言沟通技巧。

不管客户需要和偏好，一味地对产品加以说明，从而引起客户的厌烦和抱怨。

商品的相关知识不足，无法满意客户的询问。

收款时多收了客户的钱。

送货太迟或送错了地方。

不遵守约定，客户履约提货，货却未到。

（2）服务态度不好，有以下几点：

忙自己的事情，不理会客户的招呼。

客户不买时便板起面孔，甚至恶语相向。

瞧不起客户，言语中流露出蔑视的口气。

表现出对客户的不信任。

对挑选商品的客户不耐烦。

举例如下，一位男士到商场为夫人购买洗发液，当他按夫人的要求，请营业员递拿某种品牌的洗发液时，突然发现该种品牌的洗发液有三种颜色的包装，他不知道该买哪一种。于是，他问营业员："这三种颜色的是不是不一样？能不能都拿给我看看？"营业员却表现出一脸的不耐烦，答道："当然不一样，一样还用三种颜色干吗？"同时，递拿洗发液的动作也显得十分粗鲁。男士悻悻地选了一种，虽然向夫人交了差，但他所经历的购买遭遇使他几天之内仍感到很不高兴。

（3）销售员自身的不良行为，有以下几种：

销售员对自身的工作流露出厌倦、不满情绪。

销售员对其他客户的评价、议论。

销售员自身浓妆艳抹、衣着不整、举止粗俗，工作纪律差。

销售员之间起内讧。

3. 宣传误导

通常包括以下两种情况：

（1）夸大产品的使用价值和功能，不合实际地美化产品。

（2）大力宣传自己的售后服务而不加兑现，这有欺诈之嫌，遭到客户批评抱怨在所难免。

（六）处理客户抱怨的原则

1. 以诚相待

自古以来，诚信是人和人交往、顾客和商家交易的根本，都是在诚意的基础上建立起来的。唯有诚意才是获得人与人之间信赖的根本之道。然而，诚意两字说起来简单，但实际做起来就不那么容易了，它要求你不但要有超强的意志，还要有牺牲自我的精神来迎合对方，站在顾客立场推荐一些他们希望或喜欢的产品。

在处理客户抱怨时，诚意是其必备条件，它绝对是基本中的基本。

如果客户感觉到你在处理抱怨时是"没有诚意的敷衍"，他们不仅下次不会再来，而且还可能在外大肆宣传你的服务不周，从而使你失去很多潜在顾客。

2. 迅速处理

处理抱怨应迅速及时，因为时间拖得越长越会激发抱怨客户的愤怒，同时也会使他们的想法变得顽固而不易解决，因此不可拖延，而应立刻采取行动解决问题。

一个炎热的夏天，有一个小孩起了麻疹，要洗的衣服堆积如山，这个时候洗衣机却坏了，心急如焚的主妇打电话给洗衣机的制造商，让他们尽快来修理。制造洗衣机的厂家职员虽然表示会马上过去看看，不过他还要请示一下相关的负责人，所以请她耐心等待，并表示没有办法在一日内派人修理。那位主妇很着急，于是就打电话到住家附近的电器行，询问他们能不能代为修理别家公司的产品。接电话的电器行老板在了解情况十分钟后，立即将自己家里的洗衣机送到那位主妇的家中。那位主妇对这位迅速处理了这件事的老板很感谢。此后，任何家电用品她都会在他的店里购买。

事实上，客户对于产品出现的问题，常常会要求商家尽快处理，他们会说："赶快过来"、"尽快帮我修好"，等等。这里的"赶快"比任何处理方式都更能赢得客户的好感，同时也能取得他们的欢心。"迅速"是处理顾客问题最基本最重要的原则。

3. 对客户抱怨表示欢迎

客户是上帝。客户的一切意见和建议都应该成为销售活动的行动指针，卖方为买方服务，销售随购买而变化。

"客户永远是对的"，这是对待和处理客户抱怨应秉承的信念。基于这样的现实，对于客户提出的抱怨，销售员不能逃避，更不能感到厌烦，而应表示竭诚地欢迎。要记住客户的抱怨是最有价值的资料，即使花代价也值得。

4. 站在为客户着想的立场

也许没有抱怨是买卖双方都非常希望的事情。但有时候，抱怨的确是无法避免的。在抱怨无法避免的情况下，身为商家，要站在为顾客着想的立场上考虑问题。这一原则性要求是商家对抱怨有效处理的条件。

从某种程度上来说，一旦客户抱怨产生，客户的心理自然会强烈认为自己是对的，并会要求店家赔偿损失或者道歉。

在与客户交涉时，一定要避免争吵，为不使客户产生厌恶情绪，一定要站在客户的立场来考虑问题：如果自己是客户会怎么做？希望得到怎样的解决？

（七）客户抱怨的处理对策

1. 以静制动

在使用以静制动策略时，必须学会恰到好处地保持沉默和耐心倾听，同时还要做到"不妨自己吃点小亏"。销售人员不要急于表明自己的"清白"，更不能马上指出责任在客户身上，而是细心引导，循循善诱，设法让顾客自己去得出结论。

以静制动是处理抱怨的最佳方案，以措辞方式为例则是谨慎询问事由，然后做出合情合理的答复，改争辩为商讨，变抱怨为答问。例如，购买照相机的客户上门抱怨产品质量不佳、性能不好："这种破机子，让人怎么拍好照。"销售员对这句抱怨应先理解为"客户不太会使用这种型号的照相机"，然后不紧不慢地问道："请问您是怎样拍照的？"然后，平和地说明正确的使用方法，问题将会迎刃而解。

精明的销售员总是回避直接讨论退、赔等问题，而是从分析入手，逐步明了购销双方的各自责任，剔除其中抱怨夸大的因素，最后达成双方都能接受的条件。销售人员要从大局出发，不妨自己吃一点小亏，退一步是为了进两步，对于客户提出的合理要求予以接受。反之，如果拒绝对方的某些合理要求，有时会给人以不通情理、吝啬小气的感觉，于己方不利。

2. 缓兵之计

为了在感情上接近抱怨的客户，稳定其激动的情绪，应该采取某些应对措施，分散客户的注意力，尽量避免购销双方可能出现的冲突。

（1）请坐。为了使冲动的客户尽快平静下来，销售员热忱招呼他们坐下来诉说抱怨，以使其激动的情绪尽快平静下来，自己在一旁倾听、记录，郑重其事地把对方的意见记下来。

（2）移情。如果碰到年轻气盛的客人上门诉怨，销售员应迅速将当事人带离现场，或到办公室，或到人比较稀少的清静环境下商谈问题，切莫在众人面前与之争辩，因为在大庭广众面前，销售员纵有十种百种理由来解释说明，客户也自认为"得道多助"。应急的一个办法是当面向顾客道歉，这是与客户联络感情的有效方式。比如设想这样对客户解释："多谢您的指点"、"您有理由不高兴"、"对这个问题我也有同感"、"感谢您对这个问题的提醒",这样的对话往往会化解顾客的愤怒。

(3) 诚敬。友善地握手,给人以诚相见的印象,是销售员面见客户应有的礼节。客户如果一时拒绝握手,推销人员可以找理由反复多次试握,顾客盛情难却,现场气氛很快就会融洽起来。在条件许可的场合,销售员一方对抱怨的客人可以略施恩惠,以示安慰。比如敬一支香烟、泡一杯热茶、递几块糖果等。

(4) 拖延。对于某些顾客提出的抱怨,有时很难找到产生抱怨的原因,有些抱怨纯属虚构,根本无法给予圆满解决。碰到此种情况,老练的销售员大多采取拖延的办法,把眼前的纠纷搁置一旁,暂缓处理,比如答复对方:"我先了解一下情况,明天给你回音。""等厂长回来后我们研究研究,保证解决您的问题。"特别是遇到冲动而性急的客户,不要急于马上着手处理抱怨,以免草率行事,销售人员可以先停顿一下,先与客户谈点别的话题,如天气、社会新闻、对方情况等,目的是使客户能平心静气地提意见,有理智地谈问题,这种方法也能有效地对待和处理客户的抱怨。

(八) 处理客户抱怨的技巧

顾客对产品的抱怨,往往产生于需求与满足的矛盾之中。顾客使用产品的目的没有达到,愿望没能实现,因而通过情绪、语言和行动上的不满,将责任归咎于销售人员和企业身上。正确对待并处理客户的抱怨,是现代销售过程中的一项重要内容。

1. 应对客户抱怨的心理准备

抱怨最终需要得到及时有效的处理,这是企业必须认知和重视的事情。但抱怨又是一种"人"的感情宣泄,这种"人"的因素使抱怨最终将成为人与人之间的相互接触、交流。人与人之间的接触、交流并不是一件简单的事情,特别是与有着抱怨心理的顾客接触和交流更不是容易的事情。因此,我们要求在处理客户的抱怨时必须做好心理准备,以保证处理的正确及成功。

(1) 避免感情用事。

(2) 要有代表企业的心理准备。

(3) 要有承担和化解压力的心理准备。

(4) 要有把客户抱怨当磨炼的心理。

(5) 要有把客户抱怨当成贵重情报的心理。

(6) 不要害怕和逃避顾客的抱怨。

(7) 不要有"客户的攻击是在针对我"的心理。

2. 认真听取客户的抱怨

欢迎客户的抱怨是处理客户抱怨的基本态度,同时也是妥善处理抱怨的基本条件。

在日本被誉为"经营之神"的松下幸之助先生认为,对于客户的抱怨不但不能厌烦,反而要当成一个好机会。他曾经告诫部属:"顾客的投诉,其实对企业而言实在是一次难得的纠正自身失误的好机会。每逢客户买了次品或碰到不良服务时,因怕麻烦或不好意思而不来投诉,但坏印象和坏名声却永远留在他们的心中。因此,对有抱怨的客户一定要以礼相待,耐心听取对方的意见,尽量使他们满意而归。即使碰到爱挑剔的客户,也要婉转忍让,至少要在心理上给这样的顾客一种如愿以偿的感觉,如果可能,销售人员应尽量在少受损失的前提下满足他们提出的一些要求。假若能使鸡蛋里面挑骨头的客户也满意而归，那么你将受益无穷，因为他们中有人会给你做义务宣传员和义务推销员。"

松下幸之助还讲到这样一件事：有位东京某所大学的教授寄信给他，说该校电子研究所购买的松下公司产品出现故障，接到投诉信的当天，松下幸之助立即让生产这一产品的部门最高负责人去学校了解情况，经过厂方诚心诚意的说服与妥善的处理，这位教授不仅平息了怒气，而且还为松下公司推荐了其他用户和订货单位。

当客户产生抱怨时，销售人员千万不要一味地向客户解释或辩白，这样只会浪费时间和令客户更加反感。对待客户的抱怨，首先要虚心接受，紧接着应站在顾客立场上分析和处理顾客。

对大部分客户来说，抱怨产生后，并不一定非要企业有形式上的补偿，只是要求能发泄一下自己心中的不满情绪，得到卖方的认同和理解，消除自己心中的怨气，得到心理上的平衡。而如果企业连"耐心地倾听"这一点都做不到的话，必然是火上浇油，导致抱怨升级。

因此在处理抱怨事件时，首先要让客户倾诉完，销售人员要认真倾听，同时以"是"、"确实如此"等语言以及点头的方式表示同情，不要流露出不耐烦或讽刺挖苦客户，更不能用"不，我没有那个意思"或"根本就不是那么回事"等话语来打断客户的诉说。

销售员应聆听整个情况，不要加入个人的主观意见，起码在客户没有说完之前千万不要加入，不然问题就会转入另一个方面——争吵，问题就更难处理了。对此，销售人员应做到以下几点：

（1）要冷静，不要为自己辩白。

（2）要尊重客户的立场。

（3）不要急于下结论，但处理问题要迅速。

（4）当自身无法解决客户的抱怨时，可以请销售经理或经理出面解决问题。销售经理或经理在调解中也同样一定要以中肯的态度耐心听取客户的意见，这对客户将是一个很好的心理安慰，有利于抱怨的消除。顾客将内心的不满发泄得越充分，他与企业的矛盾越容易得到化解。

3. 注意给对方良好的观感

所谓观感，就是你给对方的整体印象或感受。一个良好的观感对抱怨最终的化解有着非常重要的意义。它有利于沟通，有利于双方信任感的建立，等等。

（1）态度诚恳。

（2）注意力集中。眼睛温和地看着对方的嘴形，注意力要集中，避免眼神飘忽不定，或把目光撇开。表情要有诚意。

（3）姿势得体。好的姿势，挺起腰杆。这一姿态表明你很严肃地在面对这一问题。如果客户语气激烈、抱怨时态度强硬，你就要挺起腰杆来面对。一定要避免摆出一副在"休息"的姿势，否则会让人怀疑你是否在听。

（4）服装、外表整洁。代表公司对外道歉时，着装应大方、得体。西装加领带是不得缺少的，女性同样也要穿着套装，尽量避免穿休闲服。

（5）言行一致。

4. 为客户抱怨提供方便

为使客户的抱怨得到彻底的宣泄，我们有必要为他提供发泄抱怨的环境或条件。

（1）适时更换接待人员。当客户对某销售人员的服务产生不满或者与其沟通不顺时，便会产生一种排斥心理，在这种情况下，最好的办法是请该销售人员暂时回避，另请一位企业人员充当调解人。这位调解人最好是一位有经验、有人缘的高级经理，由高级经理出面调解，使客户产生受重视的感觉，心理上容易得到安慰，这样抱怨更容易得到化解。

（2）适时改变场所。顾客抱怨发生的场所往往是在售货现场。这种场合对售货方是极为不利的。当抱怨的客户在现场大声吵闹时，会影响其他客户的购物情绪。

在对局势有所了解的情况下，调解人需要巧妙地把客户引入办公室或招待室，这样的场合更容易使客户冷静下来，以便使其能平和地对问题进行诉说，同时，也不会影响到其他消费者。这时调解人应做到以下几点：

语言感召。对客户说："这里太热，我们先到办公室喝点茶，再慢慢谈好吗？"或者说："站着讲话不方便，请到接待室坐下来谈！"

热情接待。引导顾客到办公室（招待室）坐下，最好倒一杯茶或递一支烟，缓和一下客户的激动情绪。

交谈前冷处理。调解人可以对客户说："我们正在调查事件的原因，请您先等一下。"或者说："负责人马上就来，请您稍候。"然后轻轻关上门让顾客一个人留下来平复一下情绪。要注意让客户独自等待的时间一定要适当，太短的话，客户的情绪未完全缓和下来，容易再度发怒；而时间太长，客户又会认为没人理他，可能火气更大，适当的时间一般以 5 ~ 10 分钟为宜。

进行交谈。在确认客户的情绪已经稳定后，调解人员或负责人应当及时地进入接待室与其就有关问题进行交谈。进入接待室第一时间要对顾客说："对不起，让您久等了，我是这儿的经理，我叫××。"交谈过程应在很平和的气氛下进行，这样双方的沟通也就变得很容易了。

（3）适当改变时间。这是在前面两种方式都无法使客户的抱怨得到化解时，可以酌情考虑的一种策略。调解人可以对客户说："非常抱歉，今天我们的负责人刚巧出去了，我们会把您的情况转达给他，他明天会到您家中去拜访您。"到客户家中拜访，为了尽快得到客户谅解，可以备些小礼品以表诚意。一般来说，经过一夜的休息，加之卖方第二天如约前来拜访，顾客激动的情绪会有所转变，此时再向顾客诚恳地道歉并加以解释，顾客就容易接受了。

5. 用张弛有度的声调与客户交谈

抱怨的客户其本身是非常敏感的，在这种敏感的状态中，对一些细节的感受便会产生非常关键的作用，这就决定了销售人员在与抱怨的客户交谈时要注意细节方面的处理。

比如，通过电话处理客户抱怨时，如果由女性用一种明朗清晰且温柔的语气来应对，效果通常会比较好："我知道，那件事我已经听客户服务处的人说过了，我们会以最快的速度补货给您，请您稍等一会儿。"

切忌以一种微细的声音、推托的低沉声调应付："产品有问题啊？我不太了解这件事情，请你去问客户服务处的人。"

在不同的场合，说话的声调是不同的，处理客户抱怨时，声调一定要清晰，表达要清楚，速度的快慢根据客户的缓急程度而定。

要做好这些，需掌握以下几点要求：

以平常心看待抱怨。处理客户抱怨时，销售员对抱怨以及客户本身，必须以平常心看待，不要存在紧张或害怕的心理，而应该用对待一般顾客的心理来对待抱怨的顾客。

声音洪亮、清晰。说话的时候喉咙不要紧绷，使声音听上去细微，要运用吸进去的空气使喉咙发声更清晰明朗。

声音要抑扬顿挫。指的就是声音的高低、强弱、大小、缓急。在处理客户抱怨时，事先要考虑客户的心理状态来表现声音的抑扬顿挫。

6. 善于用情景讨客户的欢心

讨客户的欢心是一门学问，它包括赞美、幽默，包括一些具有煽动性的话语。

任何一个人都喜欢被人赞美，顾客也不例外。倘若你能够令客户欢心，那么，他的不满可能会即刻烟消云散，何来抱怨？比如，如果某位客户在美容院被夸"我帮你剪了一个奥黛莉·赫本头"，这样，原来想抱怨自己的头发怎么剪得那么短的客户，经这么一说，不满马上会烟消云散，以后还是会经常去那家美容院。像这种利用当时情景逗女性客户开心的话，便是一种典型的对话方式。

7. 以恰当的措辞应对客户的不同抱怨

处理抱怨可以是道歉，可以是说明，也可以是说服，但无论采取哪种方式，其态度、声音和措辞都是非常重要的，让抱怨的客户心悦诚服，关键在于销售员措辞的技巧，如果措辞运用不当反而弄巧成拙，那些原本能解决的事也会变得棘手甚至不可解决了。

（1）缓和客户的怒火。处理客户抱怨时，一定要缓和客户的怒火，措辞如下：

"对不起，不知道有没有给你造成损失没有？"

"造成你的困扰了，真是对不起。"

"真的很对不起，能不能告诉我到底发生什么事了？"

"对不起，能不能具体告诉我事情发生的经过？"

（2）客户说完话时应回应的话。倾听客户抱怨时，不要在客户表达不满时反驳或插话，而是应该准备该回应的话，情况有以下三种：

完全了解的时候。"我了解了。""我完全弄清楚了。"

不了解的时候。"对不起，您可不可以再说详细一点？""对不起，刚才那个人没听清楚您的意思，现在您可不可以再说一遍呢？"

自己并非承办人的时候。"对不起，因为我没有承办，所以对具体情况不太了解，但是我会把事情的来龙去脉转告给承办人，您是××公司的××先生吧！如果可以的话，是否可以告诉我您的地址和电话，我是××部门的××。"

（3）当客户说"叫你的经理出来"的时候，这个时候，销售员应该大声说："这件事由我全权处理，承办人正是我。"

如果顾客坚持"叫经理出来"或是"叫更高阶层的人出来"时，你应该跟他说"那请您等一下"。然后立刻禀告比你资深的前辈或公司的经理以决定处理对策。

（4）其他情况。较好的措辞是有效防止和处理客户抱怨的一种手段，销售员应该利用恰当的措辞处理客户的抱怨，其他方面措辞有以下几种：

（客户）"不能便宜一点吗？太贵了吧！"

（负责人员）"真的很抱歉，这已经是减价后的价钱了。我只是一个营业员，没有办法来决定价格，请您谅解。"

（客户）"不要觉得别人都是傻子。"

（负责人员）"我绝对没有这个意思。如果让您有这种感觉的话，我郑重向您道歉。"

（客户）"我等很久了，快一点好不好？"

（负责人员）"对不起，因为现在客人很多，请您再等一下，我们会尽量快。"

"真是对不起，因为这个时候顾客很多，请您再等一会儿。"

（客户）"我刚买的，很快就坏了！"

（负责人员）"真是对不起，我会立刻换一个新的给您。如果您把产品带来的话，是不是可以让我看一下，好作为以后改进的参考。"

（客户）"你们是不是把价钱算错了！"

（负责人员）"对不起，您带收据了吗？如果是我们算错了，那我真的要致以最深的歉意。"

处理客户抱怨的措辞，必须恰当、准确，语气要诚恳，让客户一听就知道商家有诚意调解这个误会，所以，应对不同的客户说出不同的措辞。正确、恰当的措辞是排除客户抱怨的重要技巧。

（九）某企业客户投诉管理办法

第一条　目的。

为处理客户对本公司生产销售商品的投诉行为，特制定本办法。

第二条　投诉的优先处理。

对各类投诉应优先处理，以维护公司形象，保护公司信誉，求得顾客和客户的谅解。不论投诉理由是否成立，都应迅速、准确、妥善地予以解决，绝不允许无故拖延。

第三条　投诉处理的业务分工。

（1）销售科负责受理投诉，将有关情况向质量管理科通报，并依据质量管理科提出的解决办法，与投诉者洽谈交涉。

（2）质量管理科具体负责投诉处理。

（3）生产科负责对产品生产制造有关的投诉进行调查，提出解决意见。

（4）对重大的投诉，应召开部长会议分析原因，提出解决办法和防范对策。会议资料由质量管理科准备。

第四条　填制投诉通报单。

对公司产品的投诉，由销售科受理后，以投诉通报单形式通知质量管理科，移交后者负责处理。

第五条 质量管理科的处理。

质量管理科依据投诉通报单，根据产品的制造时间、生产编号和批量编号，分析原因，判断出直接责任者，并做下列处理：

（1）如属非质量投诉，委托责任科室具体解决。

（2）如确属质量投诉，而本科室无能力解决时，委托制造科。技术科或其他科室具体解决。

（3）受委托科室应尽快组织调查解决，将结果转达质量管理科。

（4）质量管理科根据调查处理报告，作出投诉处理决定，填制投诉处理单。

（5）投诉处理决定需交总经理裁决。

（6）重要投诉的处理决定，需由营业部部长会议讨论作出（指巨额赔偿、中止生产、中止销售、撤回货物、变更设计和生产等决定）。

（7）将投诉处理决定通知单送销售科。

第六条 销售科的处理。

销售科根据投诉处理决定通知单内容，以书面或指定专人答复客户。

第七条 传阅。

（1）质量管理科负责分发投诉处理决定通知单供各科室传阅，并要求有关科室制定防范措施。有关科室应迅速制定对策，并提交部长会议讨论。

（2）投诉处理决定通知单及有关资料由质量管理科保管。

第八条 督促处理。

销售科接到投诉后，应登记于投诉受理记录簿，督促有关科室抓紧处理。

（十）某企业客户投诉经济处罚准则

第一条 客户投诉处罚的责任归属，制造部门以各组为最小单位，以归属至发生各组单元为原则。未能明确至组时责任归至全科。

第二条 业务部门、服务部门的处罚责任以归属至个人为原则，未能明确归属至个人者，才归属至整个业务部门、服务部门。

第三条 客户投诉处罚方式。

（1）客户投诉案件处罚依"客户投诉处罚判定基准"的原则，判定有关部门或个人，予以罚扣个人效益奖金，其处罚金额归属公司。

（2）客户投诉处罚按件分别处罚。

（3）客户投诉处罚标准依"客户投诉损失金额核算基准"处罚，责任归属部门的营业人员，以损失金额除以该责任部门的总基点数，再乘以个人的总基点数即为处罚金额。

（4）客户投诉处罚最高金额以全月效率奖金50%为准，该月份超过50%者逐月分期扣除。

第四条 制造部门的处罚方式。

（1）归属至发生部门者，依"客户投诉处罚标准"计扣该部门应罚金额。

（2）归属至全科营业人员者，依"客户投诉处罚标准"每基点数处罚计全科每人的基点数。

第五条 服务部门的处罚方式。

（1）归属至个人者比照制造部各科的发生部门处罚方式。

（2）归属至发生部门者比照制造部全科的处罚方式。

（十一）某企业客户投诉行政处罚准则制度

第一条 凡发生客户投诉案件，经责任归属判决行政处分后，给予 1 个月的转售时间，如果售出，则以 A 级售价损失的金额，依责任归属分摊至个人或班组。未售出时以实际损失金额依责任归属分摊。

第二条 客户投诉实际损失金额的责任分摊计算：由总经理室每月 10 日前汇总结案，若系个人过失则全数分摊至个人，若为两人以上的共同过失（同一部门或跨越部门）则依责任轻重分别判定责任比例，以分摊损失金额。

第三条 处分标准（略）。

第四条 客户投诉行政处分判定项目补充说明。

（1）因票据错误或附样资料错误导致客户投诉者。

（2）因财务错误导致客户投诉者。

（3）未依"制作规范"予以备料、用料导致客户投诉者。

（4）经剔除的不合格产品混入正常品入库导致客户投诉者。

（5）成品交运超出应收范围未经客户同意导致客户投诉者。

（6）擅自减少有关生产资料者。

（7）业务人员对于特殊质量要求，未反映给有关部门导致客户投诉者。

（8）订单误记造成错误者。

（9）交货延迟者。

（10）装运错误者。

（11）交货单误记致使交货错误者。

（12）仓储保管不当及运输上出问题者。

（13）外观标示不符规格者。

（14）检验资料不符者。

以上一经发现且属实者，即依情节轻重予以行政处分，并签呈总经理核实后由人事部公布。

第五条 行政罚款折算。

（1）警告一次，罚款 400 元以上。

（2）小过一次，罚款 800 元以上。

（3）大过以上者，当月效益奖金全额扣除。

第六条 以上处分原则，执行时由总经理室依受处分人及情节轻重确定并呈各责任部门，并呈总经理核实后由人事部公布。

（十二）某企业客户投诉案件处理准则

第一条 为保证客户对本公司商品销售行为所发生的客户投诉案件有统一的处理手续和办法，防范类似行为的再次发生，特制定本准则。

第二条 本准则所指客户投诉案件系指出现第三条所列事项，客户提出减价、退货、换货、无偿修理加工、损害赔偿、批评建议等。

第三条 客户的正当投诉范围包括：

（1）产品在质量上有缺陷。

（2）产品规格、等级、数量等与合同规定或与货物清单不符。

（3）产品技术规格超过允许误差范围。

（4）产品在运输途中受到损害。

（5）因包装不良造成损坏。

（6）存在其他质量问题或违反合同条款。

第四条 本公司各类人员对投诉案件的处理，应以谦恭礼貌、迅速周到为原则。各被投诉部门应尽力防范类似情况再度发生。

第五条 业务部所属各营业科（所）应做到：

（1）确定投诉案件是否受理。

（2）迅速作出处理通知，督促尽快解决。

（3）根据有关资料，裁决有关争议事项。

（4）尽快答复客户。

（5）决定投诉处理之外的有关事项。

第六条 质量管理科的职责是：

（1）检查、审核投诉处理通知，确定具体的处理单位。

（2）组织投诉的调查分析。

（3）提交调查报告，分发至有关部门。

（4）填制投诉统计报表。

第七条 各销售部门接到投诉后，应确认其投诉理由是否成立，并呈报上级经理裁定是否受理；如属客户原因，应迅速答复客户，婉转讲明理由，请客户谅解。

第八条 各销售部门对受理的投诉，应做详细记录，并按下列原则做出妥善处理：

（1）凡属质量缺陷，规格、数量与合同不符，现品与样品不符，超过技术误差，填制投诉记录卡，送质量管理科。

（2）如纯属合同纠纷，应填制投诉记录卡，并附处理意见，送公司有关领导裁定处理。

（3）如属发货手续问题，依照内销业务处理办法规定处理。

第九条 质量管理科在接到上述第一种情况的投诉记录卡时，要确定具体受理单位，指示受理单位调查，并留存一份记录卡备查。

第十条 受理单位接到记录卡后，应迅速查明原因。以现品调查为原则，必要时要进行记录资料调查或实地调查。调查内容包括：

（1）投诉范围（数量、金额等）是否属实。

（2）投诉理由是否正当。

（3）投诉原因调查。

（4）投诉调查分析。

（5）客户要求是否正当。

（6）其他必要事项。

第十一条　受理单位将调查情况汇总，填制"投诉调查报告"，随同原投诉书一同交经理审核后，交质量管理科。

第十二条　质量管理科收到调查报告后，经整理审核，呈报销售部经理，回复受理单位。

第十三条　受理单位根据质量管理科意见，作出具体处理意见，报上级经理审核。

第十四条　受理单位根据上级意见，以书面形式答复客户。

第十五条　客户投诉记录卡中应写明投诉客户名称、客户要求、受理时间和编号、受理单位处理意见。

第十六条　客户投诉记录卡的投诉流程为：

第一联，存根——销售部门留存备查。

第二联，通知——销售部门连同第4~7联交送质量管理科。

第三联，通知副本——销售部门呈报上级经理。

第四联，调查——由质量管理科连同第五联交受理单位。

第五联，调查报告——由受理单位调查后交质量管理科。

第六联，答复——质量管理科接到调查报告，经审核整理后，连同调查报告回复受理单位。

第七联，审核——质量管理科呈报销售部经理审核。

第十七条　调查报告内容包括发生原因、具体经过、具体责任者、结论、对策和防范措施。

第十八条　调查报告的处理流程为：

第一联，存根——由受理单位留存备查。

第二联，报告——连同第三、四联交质量管理科。

第三联，答复——由质量管理科连同投诉记录卡第六联交销售部。

第四联，审核——由质量管理科连同投诉记录卡第七联呈报销售部经理审核。

第十九条　质量管理科应于下月初5日内填报投诉统计表，交销售部经理审核。

第二十条　投诉处理中的折价、赔偿处理依照有关销售业务处理规定办理。

四、售后服务制度及表格

（一）某企业客户抱怨处理办法

1. 适用范围

本规定是有关客户对本公司产品抱怨的处理及其手续的规定。

2. 方针

对于客户的抱怨应迅速、确实地处理，以满足客户并得到客户的信赖，进而可作为参考资料，以达到改善品质的目的。因此，各有关部门及有关业务单位，应优先处理抱怨。

3. 抱怨处理的负责单位

（1）业务部：负责受理抱怨、填写"抱怨分析处理单"（如附件一），转送有关单位处理。"抱怨分析处理单"采用三联式,第一联送给检验分析单位,第二联送至总务部,第三联留底。

(2)质检中心:负责特殊产品的抱怨检验分析工作。

(3)总务部:负责一般产品零件的抱怨处理工作。

(4)制造部、技术部、开发部、业务部:若接到质检中心或总务部的抱怨调查协助请求时,应迅速予以必要的协助。

4. 抱怨受理

(1)抱怨案件由业务单位受理,并应深入了解案情后填写"抱怨分析处理单",并应逐项填写,不得遗漏。

(2)将"抱怨分析处理单"以最快的速度分送有关单位。

5. 抱怨处理

(1)质检中心或总务部应根据处理单上的抱怨项目、不良程度、出货日期、使用情形、使用期间、客户要求等资料进行分析,以决定处理方法。

(2)质检中心或总务部对抱怨内容不尽了解的事项应请求有关单位协助调查或提供资料。

(3)被请求协办的有关单位,应尽快查明予以回复不得拖延。

(4)质检中心或总务部对抱怨案件的检查或分析,因限于本身的设备或能力无法处理时,应委托专业机构代为检验或分析并应追踪进度。

(5)质检中心或总务部应根据资料,做成原因分析及对策,填入相关栏内。

(6)"抱怨分析处理单"填妥后应呈阅上级核准。

(7)"抱怨分析处理单"经核准后,统一由总务部打印,做成"检验报告表"三联,如(附件二)第一联直寄客户,第二联送交提出的业务单位,第三联由检验单位留存。

6. 对客户的回答

由总务部以公司名义寄"检验报告表"给客户,并将通知联寄业务单位追踪。

7. 公司内部对策

(1)质检中心或总务部将"抱怨分析处理单"及"检验报告表"副本影印给其他业务单位参考。

(2)生产部在抱怨处理决定后,认为有必要协商对策,应联络有关单位。各部应在短期内据以拟定适当对策及解决方法,建立"标准书"。

(3)各单位必须将"抱怨分析处理单"及"检验报告表"妥善保管。

8. 抱怨处理的推进

各单位应注意,对客户的抱怨,须设法迅速处理,不得积压、拖延。

9. 抱怨处理的有关表格样式

(1)(附件一)抱怨分析处理单。

(2)(附件二)检验报告表。

10. 抱怨处理流程，如图 11 - 2 所示

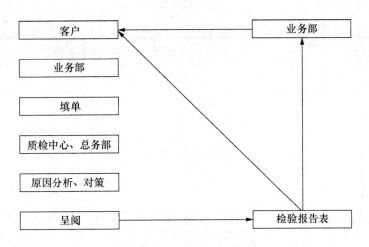

图 11 - 2　抱怨处理流程

附件一：

抱怨分析处理单

提供单位：　　　　　　　　　　　　　　　　　　　　　　　日期：　年　月　日

提供客户		品名		不良数量	
抱怨内容	1. 抱怨项目： 2. 不良程度： 3. 出货日期： 4. 使用期间： 5. 客户要求： 6. 来源：（　）提供现货（　）只听客户言述（　）经过实地调查 7. 使用状况：（　）正常使用（　）使用不当（　）使用状况不明				
原因分析	原因			责任	（　）使用者 （　）制造者
对策	应急措施				
	防止再发生措施	标准： （　）无 （　）有 （　）加强教育 （　）加强检验 （　）修改标准 （　）调工作 （　）其他：请简述		修订标准	

上级指示：

附件二：

检验报告表

提供单位：　　　　　　　　　　　　　　　　　　　　　　　日期：　年　月　日

提供客户				送检日期	
品名		规格		样品数量	

送检原因：

检验项目：

结论：

总经理		经理		助理		检验员	

（二）某企业售后服务管理办法

1. 总则

（1）本公司为求增进经营效能，加强售后服务工作，特制定本办法。

（2）本办法包括总则、服务作业程序、客户意见调整三章。

（3）各单位服务收入的处理及零件请购，悉依本公司会计制度中"现金收支处理程序"及"存货会计处理程序"办理。

（4）服务部为本公司商品售后的策划单位，其与服务中心及分公司间，应保持直接及密切的联系，对服务工作处理的核定依本公司权责划分办法处理。

（5）本办法呈请总经理核准公布后施行，修正时同。

2. 维护与保养作业程序

（1）本公司售后服务的作业分为下列四项：

有费服务（A）——凡为客户保养或维护本公司出售的商品，而向客户收取服务费用者属于此类。

合同服务（B）——凡为客户保养或修护本公司出售的商品，依本公司与客户所订立商品保养合同书的规定，而向客户收取服务费用者属于此类。

免费服务（C）——凡为客户保养或维护本公司出售的商品，在免费保证期间内，免向客户收取服务费用者属于此类。

一般行政工作（D）——凡与服务有关之内部一般行政工作，如工作检查、零件管理、设备工具维护、短期在职训练及其他不属前三项的工作均属于此类一般行政工作。

（2）有关服务作业所应用的规定，如表 11-4 所示：

表 11 -4　服务作业应用表

编号	表报名称	说　明
服表001	服务凭证	商品销售时设立，作为该商品售后服务的历史记录，并作为技术员的服务证明
服表002	叫修登记本	接到客户叫修电话或函件时记录
服表003	客户商品领取收据	凡交本公司修理商品，凭此收据领取
服表004	客户商品进出登记本	于携回客户商品及交还时登记
服表005	修护卡	悬挂于待修的商品上，以资识别
服表006	技术人员日报表	由技术人员每日填报工作类别及耗用时数送服务部查核
服表007	服务主任日报表	由服务主任每日汇报工作类别及耗用总时数送服务部查核

（3）服务中心或各分公司服务组，于接到客户之叫修电话或文件时，该单位业务员应立即将客户的名称、地址、电话、商品型号等，登记于"叫修登记簿"上，并在该客户资料袋内，将该商品型号的"服务凭证"抽出，送请主任派工。

（4）技术人员持"服务凭证"前往客户现场服务，凡可当场处理完妥者即请客户于服务凭证上签字，携回交于业务员于"叫修登记簿"上注销，并将服务凭证归档。

（5）凡属有费服务，其费用较低者，应由技术人员当场向户收费，将款交于会计员，凭以补寄发票，否则应于当天凭"服务凭证"至会计员处开具发票，以便另行前往收费。

（6）凡一项服务现场不能处理妥善者，应由技术员将商品携回修护，除由技术员开立"客户商品领取收据"交与客户外，并要求客户于其"服务凭证"上签认，后将商品携回交与业务员，登录"客户商品进出登记簿"上，并填具"修护卡"以凭施工修护。

（7）每一填妥的"修护卡"应挂于该一商品上，技术员应将实际修护使用时间及配换零件详填其上，商品修妥经主任验讫后在"客户商品进出登记簿"上注明还商品日期，然后将该商品同"服务凭证"，送请客户签章，同时取回技术员原交客户的收据并予以作废，并将"服务凭证"归档。

（8）上项携回修护的商品，如系有费修护，技术员应于还商品当天凭"服务凭证"，至会计员处开具发票，以便收费。

（9）凡待修商品，不能按原定时间修妥者，技术员应即报请服务主任予以协助。

（10）技术员应于每日将所从事修护工作的类别及所耗用时间填"技术员工作日报表"送请服务主任核阅存查。

（11）服务主任应逐日依据技术人员日报表，将当天所属人员服务的类别及所耗时间，填"服务主任日报表"。

（12）分公司的服务主任日报表，应先送请经理核阅签章后，转送服务部。

（13）服务中心及分公司业务员，应根据"叫修登记簿"核对"服务凭证"后，将当天未派修工作，于次日送请主任优先派工。

（14）所有服务作业，市区采用 6 个小时，郊区采用 7 个小时派工制，即叫修时间至抵达服务时间不得逾上班时间内 6~7 个小时。

（15）保养合同期满前一个月，服务中心及分公司，应填具保养到期通知书寄予客户，并派员前往争取续约。

（16）维护与保养作业流程图附后（从略）。

3. 客户意见调查

（1）本公司为加强对客户的服务，并培养服务人员"顾客第一"的观念，特举办客户意见调查，将所得结果，作为改进服务措施的依据。

（2）客户意见分为客户的建议或抱怨及对技术员的品评除将品评资料作为技术员每月绩效考核之一部分外，对客户的建议或抱怨，服务部应特别加以重视，认真处理，以精益求精，建立本公司售后服务的良好信誉。

（3）服务中心及分公司应将当天客户叫修调记簿于次日寄送服务部，以凭填寄客户意见调查卡。调查卡填寄的数量，以当天全部叫修数为原则，不采抽查方式。

（4）对技术员的品评，分为态度、技术、到达时间及答应事情的办理四项，每项均按客户的满意状况分为四个程度，以便客户勾填。

（5）对客户的建议或抱怨，其情节重大者，服务部应即提呈副总经理核阅或核转，提前加以处理，并将处理情况函告该客户；其属一般性质者，服务部自行酌情处理之，唯应将处理结果，以书面或电话通知该客户。

（6）凡属加强服务及处理客户的建议或抱怨的有关事项，服务部应经常与服务中心及分公司保持密切的联系，随时予以催办，并协助其解决所有困难问题。

（7）服务中心及分公司对抱怨的客户，无论其情节大小，均应由服务主任亲自或专门派员前往处理，以示慎重。

（三）客户投诉管理制度

1. 客户投诉管理办法

（1）目的。为求迅速处理客户投诉案件，维护公司信誉，促进质量改善与售后服务，制定本办法。

（2）范围。包括客户投诉表单编号原则，客户投诉的调查处理、追踪改善、成品退货、处理期限，核决权限及处理逾期反应等项目。

（3）适用时机。凡本公司 PCB 产品遇客户反应质量异常的申诉（以下简称"客户投诉"）时，依本施行办法的规定办理。（如未造成损失时业务部或有关单位前往处理时，应填报"异常处理单"反应有关单位改善）。

（4）处理程序。客户投诉处理流程。

（5）客户投诉分类。客户投诉处理作业依客户投诉异常原因的不同区分为：

非质量异常客户投诉发生原因（指人为因素造成）。

质量异常客户投诉发生原因（指非人为因素造成）。

（6）处理职责。各部门客户投诉案件的处理职责如下：

业务部门

· 详查客户投诉产品的订单编号、料号、数量、交运日期。

- 了解客户投诉要求及客户投诉理由的确认。
- 协助客户解决疑难或提供必要的参考资料。
- 迅速传达处理结果。

质量管理部

- 综理客户投诉案件的调查、提报与责任人员的拟订。
- 发生原因及处理、改善对策的检查、执行、督促、防之提报。
- 客户投诉质量的检验确认。

总经理室生产管理组

- 客户投诉案件的登记，处理时效管理及逾期反应。
- 客户投诉内容的审核、调查、提报。
- 对客户投诉的联系。
- 处理方式的拟定及责任归属的判定。
- 客户投诉改善案的提出、洽办、执行成果的督促及效果确认。
- 协助有关部门与客户接洽客户投诉的调查及妥善处理。
- 客户投诉处理中客户投诉反映的意见提报有关部门追踪改善。

制造部门

- 针对客户投诉内容详细调查，并拟定处理对策及执行检查。
- 提报生产单位、机班别、生产人员及生产日期。

（7）客户投诉处理表编号原则。

①客户投诉处理的编号原则。

年度（××）月份（××）流水编号（××）

②编号周期以年度月份为原则。

（8）客户反应调查及处理。

①业务部人员于接到客户反映产品异常时，应即查明该异常（编号、料号、交运日期、数量、不良数量）、客户要求，并即填具"客户抱怨处理表"连同异常样品签注意见后送总经理室办理。若客户要求退（换）货数量因客户尚在加工中而无法确定时应于"客户要求"栏注明："客户加工中未确定"。

②客户投诉案件若需会勘者，业务部门在未填立"客户抱怨处理单"前为应客户需求及确保处理时效：业务人员应立即反应质量管理部人员（或制造部品保组）会同制造部门人员共同前往处理，若质量管理部人员无法及时前往时由总经理指派有关人员前往处理，并于处理后向总经理报告。

③为及时了解客户反映异常内容及处理情况，由质量管理部或有关人员于调查处理后三天内提出报告呈总经理批示。

④总经理室生产管理组接到业务部门的"客户抱怨处理表"后即编列客户投诉编号并登记于"客户抱怨案件登记追踪表"后送质量管理部追查分析原因及判定责任归属部门后，送生产单位分析异常原因并拟定处理对策，并送经理室批示意见，另依异常状况送研发部提示意见，再送回总经理室查核后送回业务部门拟定处理意见，再送总经理室综合意见后，依核决权限呈核再送回业务部依批示处理。

⑤业务人员收到总经理室送回的"客户抱怨处理表"时，应立即向客户说明、交涉，并将处理结果填入表中，呈经理核阅后送回总经理室。

⑥总经理室生产管理组接到业务部填具交涉结果的"客户抱怨处理表"后，应于一日内就业务与工厂的意见加以分析做成综合意见，依据相应权限分送业务部经理、副总经理或总经理核决。

⑦判定发生单位，若属我方质量问题应另拟定处理方式，改善方法是否需列入追踪（人为疏忽免列案追踪）作明确的判定，并依"客户投诉损失金额核算基准"及"客户投诉罚扣判定基准"拟订责任部门损失金额，个人惩处种类呈经理批示后，依罚扣标准办理，若涉及行政处分则依"客户投诉行政处理原则"办理。

⑧经核签结案的"客户抱怨处理表"第一联质量管理部存，第二联制造部门存，第三联送业务部门依批示办理，第四联送会计科存，第五联总经理室存。

⑨"客户抱怨处理表"的结论，若客户未能接受时业务部门应再填一份新的"客户抱怨处理表"附原抱怨表一并呈报处理。

⑩总经理室生产管理组每月10日前汇总上月份结案的案件于"客户投诉案件统计表"会同制造部、质量管理部、研发部及有关部门经理判定责任归属确认及比率并检查各客户投诉项目进行检查改善对策及处理结果。

⑪业务部门不得超越核决权限与客户做任何处理的答复协议或承认。对"客户抱怨处理表"的批示事项据以书信或电话转答客户（不得将"客户抱怨处理表"影印送客户）。

⑫各部门对客户投诉处理决议有异议时得以"签呈"专案呈报处理。

⑬客户投诉内容若涉及其他公司，原物料供应商等的责任时由总经理室会同有关单位共同处理。

⑭客户投诉不成立时，业务员于接获"客户抱怨处理表"时，以规定收款期收回应收账款，如客户有异议时，再以"签呈"呈报上级处理。

（9）客户投诉案件处理期限。

①"客户抱怨处理表"处理期限自总经理室受理起国内13天国外17天内结案。

②各单位客户投诉处理作业流程处理期限。

（10）客户投诉责任人员处分及奖金罚扣。

①客户投诉责任人员处分。总经理室生产管理组每月10日前应审视上月份结案的客户投诉案件，凡经批示为行政处分者，经整理后送人事单位提报"人事公布单"并公布。

②客户投诉绩效奖金罚扣。制造部门、业务部门及服务部的责任归属单位或个人由总经理室依客户投诉案件发生的项目原因决定责任归属单位，并开立"奖罚通知单"呈总经理核准后复印三份，一份自存，一份会计单位查核，一份送罚扣部门罚扣奖金。

（11）成品退货账务处理。

①业务部门于接到已结案的"客户抱怨处理表"第三联后依核决的处理方式处理：

· 折让、赔款：业务人员应依"客户抱怨处理单"开立"销货折让证明单"一式二联，呈经（副）理、总（副）经理核签及送客户签章后一份存业务部，一份送会计做账。

·退货、重处理：即开立"成品退货单"注明退货原因，处理方式及退回依据后呈经（副）理核实后，除第一联自存督促外其余三联送成品仓储据以办理收料。

②会计科依据"客户抱怨处理表"第四联中经批示核定的退货量与"成品退货单"的实退量核对无误后，即开立传票办理转账，但若数量、金额不符时依左列方式办理。

·实退量小于核定量或实退量大于核定量于一定比率（即以该客户订制时注明的超量允收比率，若客户未注明时依本公司规定）以内时，应依"成品退货单"的实退数量开立"传票"办理转账。

·成品仓储收到退货，应依业务部送来的"成品退货单"核对无误后，予以签收（如实际与成品退货单所载不符时，得请示后依实际情况签收）。"成品退货单"第二联成品仓储存，第三联会计科存，第四联业务部存。

·因客户投诉之故，而影响应收款项回收时，会计部门于计算业务人应收账款回收率的绩效奖金时，应依据"客户抱怨处理表"所列料号之应收金额予以扣除。

·业务人员收到成品仓储填回的"成品退货单"应在下列三种方式中择一取得退货证明：

——收回原开立统一发票，要求买受人在发票上盖统一发票章。

——收回注明退货数量、单价、金额及实收数量、单价金额的原开立统一发票的影印本，且必须由买受人盖统一发票章。

——填写"销货退回证明单"由买受人盖统一发票章后签回，取得上述文件后与成品销货退回单一并送会计部做账。

·客户投诉处理结果为销货折让时，业务人员依核决结果开立"销货折让证明单"依下列两种方式取得折让证明：

——收回注明折让单价，金额及实收单价、金额的原开立统一发票影印本，影印本上必须由买受人盖统一发票章。

——填写"销货折让证明单"由买受人盖统一发票章后签回。取得上述文件之后与"销货折让证明单"一并送会计科做账。

（12）处理时效逾期的反应。总经理室于客户投诉案件处理过程中，对于逾期案件应开立"催办单"催促有关部门处理，对于已结案的案件，应查核各部门处理时效，对于处理时效逾期案件，得开立"洽办单"送有关部门追查逾期原因。

（13）实施与修订。本办法呈总经理核准后实施，修订时亦同。

2. 客户投诉行政处罚准则

（1）凡发生客户投诉案件，经责任归属判决行政处分，给予1个月的转售时间，如果售出，则以A级售价损失的金额，依责任归属分摊至个人或班。未售出时以实际损失金额依责任归属分摊。

（2）客户投诉实际损失金额的责任分摊计算：由总经理室每月10日前汇总结案与制造部依发生异常原因归属责任，若系个人过失则全数分摊至该员，若为两人以上的共同过失（同一部门或跨越部门）则依责任轻重分别判定责任比例，以分摊损失金额。

（3）处分标准（经判定后的个人责任负担金额）。

（4）客户投诉行政处分判定项目补充说明：

①因票据错误或附样等资料错误遭客户投诉者。

②因财务错误遭客户投诉者。

③未依"制作规范"予以备料、用料遭致客户投诉者。

④经剔除的不合格产品混入正常品缴库遭致客户投诉者。

⑤成品交运超出应收范围未经客户同意遭客户投诉者。

⑥擅自减少有关生产资料者。

⑦业务人员对于特殊质量要求，未反映给有关部门遭客户投诉者。

⑧订单误记造成错误者。

⑨交货延迟者。

⑩装运错误者。

⑪交货单误记交运错误者。

⑫仓储保管不当及运输上出问题者。

⑬外观标示不符规格者。

⑭检验资料不符。

⑮其他。

以上一经查验属实者，即依情节轻重予以行政处分，并将签呈报总经理核实后会人事单位公布。

（5）行政罚扣折算：

①警告一次，罚扣400元以上。

②小过一次，以每基数罚扣800元以上。

③大过以上者，当月效益奖金全额罚扣。

（6）以上处分原则，执行时由总经理室依应受处分人及情节的轻重，确定以签呈会各责任部门，并呈总经理核实后会人事单位公布。

3. 客户投诉经济处罚准则

（1）客户投诉罚扣的责任归属，制造部门以各组单元为最小单位以归属至发生各组单元为原则。未能明确归属至发生组单元者方归属至全科。

（2）业务部门、服务部门以归属至个人为原则，未能明确归属至个人者，才归属至业务部门、服务部门。

（3）客户投诉罚扣方式：

①客户投诉案件罚扣依"客户投诉罚扣判定基准"的原则，判定有关部门或个人，予以罚扣个人效益奖金，其罚扣金额归属公司。

②客户投诉罚扣按件分别罚扣。

③客户投诉罚扣标准依"客户投诉损失金额核算基准"罚扣，责任归属部门的营业人员，以损失金额除以该责任部门的总基点数，再乘以个人的总基点数即为罚扣金额。

④客户投诉罚扣最高金额以全月效率奖金 50% 为准，该月份超过 50% 者逐月分期罚扣。

（4）制造部门的罚扣方式：

①归属至发生部门者，依"客户投诉罚扣标准"计扣该部门应罚金额。

②归属至全科营业人员，依"客户投诉罚扣标准"每基点数罚扣计全科每人的基点数。

（5）服务部门的罚扣方式：

①归属至个人者比照制造部各科的发生部门罚扣方式。

②归属至发生部门者比照制造科全科的罚扣方式。

（四）售后服务报告表，如表 11 -5 所示

表 11 -5　售后服务报告表

_____年_____月_____日　　　　　　　　　　　　　　　　编号_____

访问日期		访问客户	

访问重点：

访问记录			

（五）售后服务调查表，如表 11 – 6 所示

表 11 – 6　售后服务调查表

客户名称				购买时间			
地址							
联系方式							
服务类型			□免费服务　□合同服务　□有偿服务　□其他				
调查项目	内容	A	B	C	D	E	意见
服务人员态度							
服务人员技术能力							
赴约时间							
服务事项							
客户建议或要求							
备注	1. 请在 A ~ E 栏中打"√"，并请您提出宝贵意见。						
	2. A—极满意　B—比较满意　C—基本满意　D—不太满意　E—不满意						

（六）售后满意度调查表，如表 11 –7 所示

表 11 –7　售后满意度调查表

客户名称		购买时间					
地址							
联系方式							
调查项目	内容	A	B	C	D	E	意见
产品使用性能							
产品外观与包装							
产品价格							
产品设计							
与其他公司产品的比较							
服务							
客户意见栏							客户：
备注	1. 请在 A ~ E 栏中打"√"，并请您提出宝贵意见。 2. A—极满意　B—比较满意　C—基本满意　D—不太满意　E—不满意						

第十二章　广告企划运营与操作

一、广告企划概述

（一）广告企划的涵义

广告企划是对广告传播活动的运筹规划，是在充分获取市场信息的前提下，预测市场的发展规律，在符合广告主营销策略的基础上，科学地制定广告总体策略，以追求最优化的广告效果的活动过程。

广告企划应包括以下几个方面内容：

（1）广告企划是先于广告活动的行为。按活动进行顺序，广告企划在前，具体的广告活动在后。先对广告策略进行分析判断，形成整体的思路和运作规划，然后进一步按照企划的要求和路径分步实施广告活动。

（2）广告企划以市场调研为前提。任何广告活动，都必须建立在一定的调研基础上，只有经过充分的调研，具体的广告活动才能在有针对性的企划下顺利开展。

（3）广告企划要以广告主的市场营销策略为基础。广告企划的核心内容包括：广告诉求策略、广告定位策略、广告表现策略、广告媒介策略；以具有可操作性的广告企划文本为直接结果；以广告效果测定为结束。

（4）广告企划是广告活动的行动指南。广告活动要达到良好的效果，必须把企划作为活动的指南，在企划方案规定的框架内有步骤地开展广告活动。

（二）广告企划的基本要素

一个完整的广告企划至少具有五大要素，广告企划的各个要素之间相互影响、相互制约、共同作用，构成一个完整、系统的有机整体。要素包括：

（1）企划者。即广告作者，是广告企划活动的灵魂。广告企划者必须有广博的知识、敏捷的思维和丰富的想象力，同时要熟悉市场，善于营销，具有创新精神。

（2）企划对象。是指广告主或广告主所要宣传的产品或服务。企划对象决定着广告企划的类型和开展方向。以广告主为对象的广告企划属于企业形象广告企划，而以商品或服务为对象的广告企划为商品销售广告企划。

（3）企划依据。是指企划者自身掌握的知识以及有关企划对象的专业信息。企划依据主要分为两大部分：一是企划专员的知识结构和信息储存量，这是进行科学企划的基本依据；二是有关企划对象的专业信息，比如企业现状、产品特征、市场状况、促销手段、广告投入等都是进行企划活动的重要依据。

（4）企划方案。是企划专员为实现企划目标，针对企划对象而设计的一套策略、方法和具体实施步骤。企划方案必须具有指导性、创造性、可行性、可操作性以及针对性等。

（5）企划效果评估。是预先判断和评估实施企划方案可能产生的效果，据此可以评判广告企划活动的成功与失败。

（三）广告企划的特性

广告企划不同于实际的广告实践活动，也不同于其他营销企划，它有其独特性。

（1）整合性。广告企划是在总的营销企划的框架下，围绕有效达成广告目标，协调整合各种传播媒体，协调整合各种广告创意以及广告文字、画面、声音，使之形成统一协调的企划方案，达到有效运用广告活动的目的。

（2）系统性。广告企划是对整个广告活动的运筹规划，因此具有系统性特点。广告企划是由广告企划的五个要素所构成的完整的运动系统，缺少任何一个要素，这个系统就不成立。从纵向来看，广告企划的系统性体现在广告活动的各个环节都要保持一致性。比如广告目标的统一性，广告策略的统一性，广告媒体、广告表现形式的统一性等。从横向来看，这种系统性表现在要对企划对象的各个方面、各个环节进行衡量，通过权衡，可以客观估计自己所处的环境。广告企划的系统性可以减少广告活动的随意性和无序性，逐步累计广告效果，从而最大限度地达成广告目标。

（3）针对性。广告企划是从特定的广告主或产品入手，在特定的经营环境条件下进行的企划活动。针对不同的企业和商品，从企业的行业特点、自身的特点、企业规模，以及商品的自然属性、市场份额、需求状况等具体问题出发，发掘广告的特点，制定针对性强的广告企划。

（4）创造性。广告企划活动需要有创造性思维，创造性是广告企划的灵魂。广告企划的创造性主要通过广告定位、广告语言、广告表现、广告媒体等方面表现出来。一个成功的广告企划是建立在企划专员的创意能力和非常规思维基础之上的，缺乏创造性的广告，永远都没有生命力，是失败的广告。

（5）营利性。广告企划不同于宣传企划，广告本身是付费的传播，具有营利性。因而广告企划也要求企划专员在规划广告的投入和产出时，力求以较少的广告投入取得较高的经济效益。

（6）可行性。是指广告企划方案是否切实可行。一个企划方案的创意再独特、再新颖，如果不具有可行性，最终只能是纸上谈兵。因此，企划专员在推出广告方案之前，最好采用预演法、模拟法或分析法对其进行评估，对其中不合理、不可行的予以改进，使方案更趋完善。

（7）连续性。广告主的营销活动一般都是一个连续的过程，在这个过程中，每一个环节都必须具有密切的联系。广告企划总是在以往广告的基础上进行的，因此广告策略在对以往广告策略进行改进与修正的前提下，应该保留以往广告策略的合理因素，否则会使广告主的广告运作显得缺乏必要的稳定性和连续性。

（8）前瞻性。任何广告要达到应有的效果，都要着眼于未来，因此，广告策略在保证连续性的基础上，还应该具有前瞻性。广告企划尽管要保留以往广告策略的合理因素，但并不是完全照搬。因此，企划专员在进行广告企划时，不但要着眼于现实，更要能着眼于未来。

（四）广告企划的类型

广告企划按不同的分类标准划分，具有不同的类型。其主要类型有以下几种：

（1）根据广告活动的目的划分。可分为促销广告活动企划、形象广告活动企划、观念广告活动企划以及公关广告活动企划等。

（2）根据广告企划的内容划分。可分为战略性广告企划、战术性广告企划、单一型广告企划等。战略性广告企划是指企业发展的广告战略规划。战略性广告企划一般涉及的范围比较广，规模也比较大，周期也较长，投资也相对较大等特点。战术性广告企划是指企业针对细分市场和某些产品在一定时期内进行的广告活动所制定的广告规划，是在广告战略的指导下，进行的具体广告活动的执行计划。单一型广告企划是指企业针对某一目标市场或某一产品在一定时期内进行的广告活动所制定的广告执行计划。

（3）按照广告活动规模划分。可分为整体广告活动企划和单项广告活动企划。整体广告活动企划是指多个按照同一目的与计划开展的广告活动，这些相关联的广告活动形成的广告系列。整体广告活动企划具有规模大、持续时间长、内容复杂、难度高等特点。单项广告活动企划是指按照单一目标开展的某一项具体广告活动。单项广告活动企划相对规模较小、持续时间短、内容比较简单、难度也较小。但无论是整体广告企划还是单一广告企划，都必须建立在广泛的市场调研的基础上。

（4）按照广告活动对象划分。可分为以消费者为对象的广告活动企划和以经销者为对象的广告活动企划。

（5）根据时间划分。可划分为长期广告企划、中期广告企划和短期广告企划。长期广告企划一般是指 1~5 年的广告活动企划；中期广告企划通常是指 1 年以内的广告企划；短期广告企划是指一年内某一时间段的广告活动企划。

二、广告企划程序

（一）认识和分析广告对象

认识和分析广告对象，是信息传导的基础。广告企划开展之前必须了解有关广告对象的一些基本情况，包括广告对象的居住地点和地区分布、年龄、收入、种族、性别、受教育程度以及购买和使用推销产品与竞争品所表现的态度。企划专员对广告对象了解得越多越详细，就越能发挥广告的效果。相反，如果对广告对象认识模糊缺乏分析，那么广告的效果必然会受影响。

（二）明确广告目标

目标购买者对广告的反应常常取决于广告的目标，因而企划专员在确定广告目标时要慎重，要确保广告能够达到目标受众所希望达到的目标。广告目标术语表达要清晰、明确和可衡量。只有具备明确性和可衡量性，才有利于企划专员对广告效果进行评估。广告目标是在特定时期内对特定目标对象所要完成的特定沟通任务。根据广告目标划分，广告可分为三种类型：

（1）说服性广告。在企业产品竞争进入相持阶段时，企业往往通过说服性广告来扩大市场份额。企业实施说服性广告是为了建立某一品牌的选择性需求。如鼓励消费者购买本企业产品；加强消费者对产品属性的认识；引导消费者作出消费决策；提高消费者对产品忠诚度等。

（2）统治性广告。统治性广告主要是用在新产品入市阶段，其目的是为了迅速扩大产品的知晓度，引导消费者的消费需求，建立目标受众的最初需求。如说明新产品的新用途；介绍新产品的隆重上市；通知新产品的价格变化；等等。

（3）提醒性广告。在产品的成熟期使用提醒性广告是十分重要的策略，其目的是为了保持消费者对产品的记忆，继续使用该产品，增强消费者的产品忠诚度。如提醒消费者在最近的将来需要这个产品；提醒他们可以在何时何地购买这个产品；提醒消费者在消费淡季或随时使用该产品；等等。

（三）广告预算

广告企划具有营利性，所以，企业确定广告费用的多少是一项必需的活动。广告预算是指在一定时期内企划专员分配用来从事广告活动的所有开支。影响企业广告预算的因素很多。比如说市场的地域范围和市场内购买的分布状况对决策有很大影响，工业产品的广告费用相对其销售额来说较少。确定广告预算的方法主要有以下几点：

（1）销售百分比法。是指把公司过去的销售额和预测要达到的销售额平均后，乘上本公司广告费用所占百分比或同行业的广告费用的平均百分比，这样就可以确定广告费用了。但是这种方法有其缺点，它是基于销售额扩大广告，而不是广告扩大销售额这样一个不正确的假定条件。使用这种方法，如果遇到销售量下降，那么就要减少广告费用，广告费用的减少又会导致销售量的进一步下降。尽管这种方法有其缺点，但由于破坏性较小，有利于稳定公司产品在同行业中的市场份额。

（2）对比法。是将公司同主要的竞争对手就广告费用的绝对额以及占销售额的百分比这两个指标进行比较。由于不同公司之间或多或少地存在着差异，采用这种方法存在一定的风险，因此这种方法比较少用。

（3）目标任务法。是首先确定广告目标，然后列举为实现目标而要求完成的任务，任务确定以后，将成本汇总得出总费用。目标任务法的缺陷在于企划人员很难估计实现一定的目标必须花费的努力程度。比如说，电视生产商要想将某一个品牌的市场占有率从5%提高到8%，他就很难估计需要花费多少广告费才能实现这一目标。

（4）主观判断法。是指公司的管理高层规定某一时期广告费的多少。采用这种方法的弊端是易出现多花或少花的现象。

企划人员的广告预算常用表，如表12-1所示。

（四）确定广告主题

广告的灵魂是广告所蕴含的创意，如果一个广告缺乏创意，即使投入再多费用，它的效果也不会太好。因此，在品牌的广告推广中，创造性因素的效果比所花费金钱数额更为重要。只有在引起注意后，广告节目才有助于提高品牌的知晓度和销售额。

确定广告主题必须经过如下几个步骤：

表 12－1　现代企业广告预算明细表

□年度
□半年度　　单位：　　　元

媒体名称	广告效率	单位成本	有效篇幅	频率		平常月份广告预算	旺季月份广告预算	宣传预算	合计
				平常	旺季				
合计									

企划专员：＿＿＿＿制表人：＿＿＿＿＿　填表日期：＿＿＿＿年＿＿＿＿月＿＿＿＿日

1. 广告主题信息的形成

广告主题信息可以从多方面来形成。如从产品本身功能与效用的角度出发，强调产品的使用结果；当强调产品使用过程时，就从产品使用过程的特点来设计主题。对企业来说，广告主题往往要反映出产品所能提供给消费者的效用与价值，因而它也是产品概念中的一部分。在广告中应该强调其主要效用与价值。例如，某感冒药广告宣传语为："白天吃白片不瞌睡，晚上吃黑片睡得香"，这强调的就是产品的便利性。

2. 广告主题信息的评估与选择

一个好的广告主题必须能反映出一个核心卖点，企划专员必须对各种可能的广告信息进行评估。所以美国市场营销专家陶维特认为，广告主题信息应该从三个方面来判断。愿望性，是指广告主题必须是消费者所期望的和感兴趣的有关产品信息。独占性，是指广告主题所提供的产品信息与竞争对手产品相比有其独特性和差异性。可信程度，是指广告的主题信息必须是可信的，或可以证实的。企业可以通过这三个方面对不同的广告主题进行评估与选择。

通常情况下，企划专员会预先进行试验，以确定哪些诉求具有最佳的行为效果。例如，美国一个苹果生产商试图确定一个广告主题对家庭主妇最具有吸引力：一个主题强调吃苹果有利于身体健康，也有利于消化；另一个主题强调苹果具有多种口味。通过在美国中西部 12 家无人售货企业进行的为期 1 年半的实验证明，吃苹果有利于身体健康的主题明显超过了其他推广主题。

3. 广告主题信息的表达

广告信息的表达对那些经营产品非常相似的企业，具有决定性的作用。广告效果不仅取决于它说什么，而且取决于它怎样说。广告主题信息的表述必须选择不同的形式、语调、文稿和格式来表达，所有这些表述形式必须是一致的，能有助于主题思想的传播和产品形象的确立，同时也应该根据情况，具体突出某些方面。广告主题信息的表达常用策略有以下几点：

（1）独特销售的主题策略。任何商品都有很多特性，如果能找出顾客最喜欢的特性，那么商品的效能就能被顾客重视。与其他企业相比，该企业的产品个性越鲜明，其效用就越大，就越能得到顾客的青睐。一般来说，独特销售主题策略的基本构想有：其他企业所不具备的独特个性；有助于销售的良好建议以及适合顾客欲求的销售等。

（2）企业定位策略。现代市场处于信息大爆炸的时代，如果企业的广告缺乏准确的定位，就根本无法从众多的信息中脱颖而出。企业定位不仅包括企业印象，而且也包括独特销售主题的内容。一般来说，企业定位是指发现企业在顾客印象中最适当的位置。

（3）共鸣策略。共鸣策略是指根据顾客日常记忆的生活体验，在其记忆的场面重现时提到该企业，促使记忆该企业的推广策略。共鸣策略特别适合一些"老字号"企业进行宣传。

（4）形象策略。对于香烟、啤酒一类的商品，顾客其实很难看出它们之间的差异。对这类产品的宣传，应该着重从企业形象方面入手，良好的形象能使顾客对企业产生好感，从而在企业竞争中确立本企业的优势地位。在具体运用这一策略时，要尽量塑造出企业的高大形象和产品的卓越品质。

三、广告策略企划

（一）策略思维

广告策略的成功，取决于正确的策略思想，而正确的策略思想则是正确思维的结果。为确保广告策略的准确性，对企划专员来说，掌握科学的思维方法是进行正确决断，打开成功之门的钥匙。

从哲学角度出发，思维相对于存在而言，是意识和精神；相对于感性认识而言，是理性认识及其过程。因此，任何思维都是对客观事物的认识，而策略思维则是一种指向未来、选择未来、指导未来的思维活动，具有超前性和创造性。当然，这种思维活动不是凭空想出来的，而是建立在把握一定材料的基础之上的。换句话说，企划专员要通过实践，把所掌握的材料经过由表及里、去粗取精的加工过程，把感性认识上升为理性认识，而这种理性认识就是形成广告策略思想的基础。

广告策略思想是引导广告活动达到目标的基本观念和思路，如提高产品的知名度、市场占有率、塑造产品或企业形象。以质量和服务取胜、以新奇取胜等思想谋略均是策略思想所包含的主要内容。

总之，策略是一种思想，广告策略思想是广告策略的灵魂。

日本松下的创建人松下幸之助提出了这样的策略思想：生产出来的家电产品，像流水一样无穷无尽，丰富日本人民的生活。松下幸之助的这个策略思想，不仅使松下产品从小做到大，从单一产品发展到多种产品，使其物美价廉，而且使广告宣传也像流水一样，无穷无尽地流向消费者。这种排山倒海似的全方位广告策略，使松下产品声名鹊起。

企业策略思想是确定广告策略思想的依据，广告策略是为企业策略服务的。它是通过广告活动促进企业目标的实现，具有全局性、长远性、抗衡性和指导性等特点的谋划；而不是着眼于局部的、短期的、单项的广告活动，短期的广告行为，或眼前利益所作的具体安排。

广告策略的制定是一个重要的策划过程。由于环境的影响和制约，不同企业的广告策略均具有较大的差异性。但我们根据已知的理论和实践，广告策略的制定要遵循以下程序：

（1）对外部环境和内部环境进行周密的调查研究，发现问题的关键点，这是确定广告策略的前提。

（2）确定目标。广告策略目标是广告策略的核心，也是现代广告运动各个子系统（广告设计、广告文案、广告媒体选择等）制定策略的依据，所以，确定广告策略目标是必不可少的程序。

（3）选择策略重点。策略重点是广告策略中的关键部位。企划专员只有抓准策略中的关键部位——策略重点，才能更好地实现策略目标。

（二）广告的环境

所谓广告的环境，实际上是指企业组织生产经营所面临的环境。广告环境可分为企业内部环境和企业外部环境，或者分为宏观环境和微观环境，前者如政治环境、经济环境等，后者如产业环境。后者与企业的生产经营直接相关，是企业生存、竞争和发展的主要环境。

作为广告的主要环境，分析企业组织的产业环境是非常必要的，主要把握五个因素：

1. 潜在的竞争对手

具有一定经营实力的企业能否进入本行业，取决于本行业的进入障碍是否足以抵挡它们的进入。进入障碍可以分为以下几点：

（1）规模经济。企业在一定时期内产品的单位成本是否随着总产量的增加而降低。可以想象，总产量的增加是由于日趋完善的管理、技能日益熟练的工人操作等原因造成的。外行业的企业不得不先考虑在进入该行业后，能否形成相当的规模经济，或能否形成超过该行业现有企业的规模经济。即使能做到，这类企业也还存在其他的风险，比如能否有相应的市场营销能力，否则只会造成产品的积压。

（2）销售渠道。任何企业生产产品的目的，都是为了销售出去，企业不可能直接面对消费者，而需要通过各种渠道把产品销售给消费者。潜在的竞争对手在进入行业之前，还没有建立这条沟通生产者与消费者之间的渠道。事实上，行业中现有的企业往往通过老关系、提高服务质量等手段，控制着现有的销售渠道。而且某种产品的批发或零售渠道越少，现有企业把控得越严，新进企业不得不以较大的代价开辟新的渠道。

（3）转换成本。当潜在的竞争对手进入一个新的行业进行生产经营时，还需考虑职工的重新培训费用，新添的辅助设备的费用、研究开发等的费用。这些费用就是转换成本。如果转换成本高，无疑对潜在的竞争对手来说是个很高的进入障碍。比如制衣行业的厂家如果考虑转产为化工行业的厂家，就会遇到技术工人的短缺、化工机械设备的采购、厂房的重新设置等一系列问题。

（4）产品差别化。企业的产品由于自身的质量、服务和顾客的信任，而形成了特殊地位。如目前的国产彩电长虹、康佳，由于产量大、价格低、质量过硬而得到了消费者的青睐，其他品牌的彩电很难与其竞争。如果新的企业意欲进入彩电行业，与长虹、康佳决一雌雄的话，则需考虑投入大量的资金来宣传自己的产品，扩大影响，赢得顾客。这种努力使企业在初始阶段出现较大的亏损，如果仍不能产生竞争能力，厂家的最初努力将会以失败而告终。

（5）资金的需求。潜在的竞争对手要进入某个已获盈利的行业进行经营，往往需要大量的投资，有的投资回报期又相当长。如钢铁行业、大型水电行业等，都需筹集巨额资金，经过较长时间的基础建设，才能产生效益。在准备前期投入的同时还要考虑再开发、销售渠道等一系列产前产后的经营问题，这些都不是主观愿望所能解决的。

（6）国家政策。对于一些行业国家会通过政策法令直接干预潜在竞争对手的进入。如银行业、烟草业、黄金业等。

2. 替代产品的压力

在市场上，某种产品出现短缺时，替代产品的出现可以抑制短缺产品价格的无限上涨，甚至有可能取代原有产品的市场占有率。如在很长一段时期里，我国的机械手表出现短缺现象，消费者要凭票购买。改革开放以后，电子表、石英表的引进，一下子冲击了原有的机械表市场，机械手表不仅满足了消费者的需求，而且大幅度地降低了价格，使机械手表市场出现饱和状态。

3. 供应厂家的讨价还价能力

企业所需原材料、辅助产品或服务中，主要由供应厂家提供。供应厂家可以通过提价或降低服务质量，而对行业内的企业造成威胁。供应厂家越集中，威胁性就越大。所以，如果企业过分依赖于某一个供应厂家，就会受到同样的威胁。当然企业要摆脱威胁，有时可能超过自己的能力，但可以通过策略活动来改善自身的处境。

4. 用户讨价还价的能力

用户讨价还价的能力也是一种竞争因素。其与供应厂家讨价还价相反，要求企业降低最终产品的价格、提高产品质量或提供更多的服务。但他们对企业影响的最终效果与供应厂家一样，都是以企业的利润为代价的。因此，企业在选择用户或批发商、零售商时，要把面铺开，降低用户讨价还价的能力。

5. 行业内的竞争对手

这类对手的多少与竞争的激烈程度有着密切联系。行业内企业众多，竞争的激烈程度高，此消彼长，直到企业的规模和资源达到平衡才趋于缓和。比如羊城的仟村百货，因为商品价格远远低于同行业商品价格，造成众商家老总联合起来状告仟村百货不正当竞争，而且还把低价供应仟村厂家的产品搬下柜台。迫于同业与厂家的压力，仟村百货不得不以试业期间优惠展销为理由，与众商家达成共识，维持行业内的经济秩序。

企划专员在分析环境时，不仅要把微观环境与宏观环境综合起来分析，而且要注意分析各种环境因素对广告活动的制约和影响，只有把握各种环境的有利因素和不利因素，才能制定出正确的广告策略。

（三）广告的定位

广告定位是产品定位在现代广告活动中的反映。企业要通过宣传自身形象，或直接宣传自己的产品，以达到推销的目的，这些都需要确定广告在竞争环境、市场上的位置。

1. 广告定位的意义

（1）正确的广告定位是广告宣传的基准。广告是企业宣传产品的重要形式，广告首要决策的问题是"广告什么"和"向什么人广告"。

在现实的广告活动中，不管你有无定位意识，愿意或不愿意都必须给开展的广告活动进行定位。科学的广告定位对于企业广告策略的实施与实现，无疑会带来积极的、有效的作用，而不科学的广告定位必然引起失误，给企业带来利益上的损失。

（2）正确的广告定位有利于进一步巩固产品和企业形象定位。现代社会中的企业组织在企业产品设计开发生产过程中，根据客观现实的需要，企业必然为自己的产品所针对的目标市场进行产品定位，以确定企业生产经营的方向。企业的形象定位是指企业根据自身实际所开展的企业经营意识、企业行为表现和企业外观特征的综合，在客观上能够促进企业产品的销售。无论是产品定位还是企业形象定位，其设定和巩固无疑都要借助于正确的广告定位。

（3）准确的广告定位是说服消费者的关键。一个消费者需要的商品能否真正引起其购买行为出现，首先就要看广告定位是否准确。否则，即使是消费者需要的商品，如果广告定位不准确，也会失去促销的作用，使许多真正的目标对象错过购买商品的机会。在现代社会中，消费者对商品的购买，不仅是对产品功能和价格的选择，更是对企业精神、经营管理作风、企业服务水准的全面选择。而这种选择的根据之一就是企业形象定位优良与否，优良的企业形象定位，必然促使消费者对产品产生"信得过"的购买信心与动力，促进商品销售。

（4）准确的广告定位有利于商品识别。在现代营销市场中，生产和销售某类产品的企业很多，造成某类产品的品牌多种多样，所以在广告定位中要突出自身品牌的特性和与众不同，促使消费者认牌选购。

消费者购买行为产生之前，需要此类产品的信息，更需要不同品牌的同类产品信息。广告定位所提供给消费者的信息，其中很多为本品牌所特有的性质、功能的信息，便于实现商品识别。广告定位不仅告诉消费者"此类产品的有用性"，还告诉消费者"本品牌产品的与众不同性"。

（5）准确的广告定位是广告表现和广告评价的基础。因此，在广告活动中，广告表现必须以广告定位为基础进行广告视觉听觉表现，广告表现要以广告定位为目标与导向，而广告表现则服务于广告定位。

分析和评价一则广告的好与坏、优与劣，要以表现广告定位情况来进行分析和评价。这是因为对广告所进行的评价，实际上是对广告表现及产生的社会效果的评价，广告表现是以广告定位为核心展开工作的，所以对于广告表现进行的评价归根结底就是对广告定位的评价。也就是说，评价广告，准确的广告定位思想为首要依据，看其是否比较准确地表现出广告定位的主题，而不能单纯围绕广告表现形式而大发议论。准确的广告定位既是广告表现的基础与基准，又应该是广告评价的前提基础之一。

（6）准确地进行广告定位有助于企业经营管理科学化。广告作为企业行为中的重要内容之一，是企业策略目标实现的重要手段，广告定位不单纯属于广告活动的问题，实则是属于企业经营管理中必不可少的重要组成部分。科学的企业经营管理，有助于准确地进行广告定位，而准确的广告定位在促进企业营销目标实现的同时又反过来促进企业管理的科学化和规范化。

2. 广告定位的分析

研究潜在顾客心理是广告定位的出发点：

（1）消费者只关注他们需要的商品。广告要创造消费者内心所期望的产品或服务，满足消费者的内在需求。相反，如果广告创造了与人们期望不相符的东西，就会使其产生一种严重的失落感，被推销的产品就会陷入困境。

（2）消费者在心理上不仅排斥与自己以前知识或经验不相符合的信息，而且人们实际上也没有很多的知识或经验来应用。

（3）人们心理上存在着等级和阶梯。把产品在心理上划分等级。一个竞争者要想在市场上占有一席之地或提高市场占有份额，要么驱逐对方的品牌，要么让自己的品牌与其他企业的品牌发生关联。

我们必须明白，开展广告定位并不是改变产品本身。如果说到改变的话，它确实在改变，只是改变的是名称、价格及包装，实际上对于产品则完全没有改变。所有的改变，基本上都是在做着修饰的作用，其目的是在潜在顾客心中得到有利的地位。

有悖于消费者心理的具体定位失误分析：

（1）挑战一个在同类产品中雄踞"第一"的品牌就意味着失败。此种产品在消费者心中有着根深蒂固的地位，其他不同品牌的同类产品从正面进行广告定位与其竞争，无疑是以卵击石，产品很难在这个市场上站住脚。即使实力雄厚的企业在开发新产品与市场上占据"领导地位"的企业产品面对面地竞争，也会冒着极大的风险，有的甚至会出现重大损失，即使你的产品有着品质也往往难以动摇"领导者"产品的地位。

（2）高品质的并非一定能够击败对手。从事实来看，一个产品拥有比同类其他产品更高的品质就应该会击败对手，但事实并非如此。

（3）品牌推广并非都能够成功。当某一品牌在其同类产品领域获得成功之后，该品牌随后向其他领域推广，事实证明，这个推广过程并非都会成功。

（4）高科技并非会真正带来极大成功。艾·里斯等认为"假如在心智中没有空隙，即使在研究室中有伟大技术的成功，结果也要失败"。

（5）不适当的名称选择导致失败。很多人认为，名称不过是一种代号、一种称谓，它与成功或失败没有多大关系。但是，越来越多的事实证明名称与成败有密切关系。在定位时代中，企业要做的最重要的行销决策，就是为产品选择适当的名称。

（6）不要努力去向任何人诉求。在品牌很少和广告很少的时候，尝试向每个人去介绍自己的产品还讲得过去。但是在今天，由于产品品牌多种多样且竞争十分激烈，面对众多的竞争者，想要八面玲珑而赢得胜利将会十分困难。要想在竞争的环境中求胜，就必须在市场中开拓明确的、最适合的位置，即使会受到某些损失，也要这样做下去。也就是说，广告要定位，要指向适合自己品牌的特定消费群体，而不是所有的消费者。在广告定位中要时刻牢记："用步枪瞄准最佳潜在顾客来射击的方法，远比用猎枪散弹希望打几个全部市场的方法要好得多。计划者一定要明确目标市场并直接和他们说话。"

"试图将一个策略去传达给太多的人或向太多的人说话实在是一项风险。试图对一个更广大的市场夸大一项利益，希望借此吸引更多的人士永远是一种错误。"

3. 广告定位的内容

产品广告定位，主要有两大类：

（1）实体定位。是指在广告宣传中突出产品的新价值，强调本品牌产品与同类产品的不同之处以及能够给消费者带来的更大利益。实体定位可分为：

市场定位。是指把市场细分的策略运用于广告活动，确定广告宣传的目标。广告在进行定位时，要根据市场细分的结果，进行广告产品市场定位，而且不断地调整自己的定位对象区域。要想取得良好的广告效果，就要对市场细分后的产品所针对的特定目标对象进行广告宣传。

品名定位。任何产品都有一个名称，但并不是随机地选定一个名称都可以。在我国许多地区，人们在选定产品名称时很讲究一种吉祥和顺达。当然国内也有不少有名的产品名称用现代营销观念来分析，显然是行不通的，但是都由于历史渊源的原因而仍然著名，像天津的"狗不理"作为包子食品的名称，就是较为奇特的一个，因为那毕竟是在中国商品经济并不发达时期的产物。在现代社会中，企业开发和生产的产品，表现的不仅仅是产品本身，还在创造一种文化现象，因此，在选择名称时一定要与文化环境相适应。

品质定位。在现实生活中，广大消费者非常注重产品的内在质量，而产品质量的优劣，决定了产品能否拥有一个稳定的消费群体。很多广告把其产品定位在品质上，取得了良好的广告效果。

价格定位。把自己的产品价格定位于一个适当的范围或位置上，以使该品牌产品的价格与同类产品价格相比较，更具有竞争实力，从而吸引更多消费者，占有更多的市场份额。

功效定位。这是指在广告中突出广告产品的特异功效，使该品牌产品与同类产品有明显的区别，以增强竞争力。广告功效定位是以同类产品的定位为基准的，重点宣传有别于其他同类产品的优异性能。例如美国七喜汽水的广告宣传，就以不含咖啡因为定位基点，以显示与可口可乐等众多饮料的不同。

（2）观念定位。它是在广告中突出宣传品牌产品新的意义和新的价值取向，诱导消费者的心理定式，重塑消费者的习惯心理，树立消费者新的价值观念，从而引导市场消费的发展趋势。观念定位分为两种。

逆向定位。对于有较高知名度的竞争对手利用逆向定位来引起消费者对自己的关注、同情和支持，以达到在市场竞争中占有一席之地的广告定位效果。当大多数企业广告的定位都是以突出产品的优异之处的正向定位时，这时反其道而采取逆向定位，利用人们同情弱者和信任诚实的人的心理，反而能够通过逆向定位的广告获得意外的收获。

是非定位。它打破既定思维模式下的观念体系，创立了一种超乎传统理解的新观念。在前面已经介绍过的美国七喜汽水广告定位，就属于典型的是非定位，由于此广告定位的典型性，在很多地方又把是非定位称为"非可乐定位"。

企业形象广告定位分为：

（1）理念识别的定位。理念识别是企业的核心和统帅。一般来说，企业不同，其经营理念也不同，理念识别的定位是不一样的。不同的理念识别不仅决定着企业的个性特征，而且决定着企业形象层次高低与优劣。

经营宗旨的定位。经营宗旨是企业的经营哲学，它主要包括经济观、社会观、文化观。经营宗旨的定位事实上是企业自我社会定位。由此，经营宗旨的定位类型大体可分为三类：一类是经济型，它突出的是企业经济效益；二类是经济社会型，它突出经济效益和社会效益并重，或者把重心偏重于社会效益；三类是经济、社会、文化并重型，它不仅追求经济效益、社会效益，而且十分注重对人类社会的文化贡献。

经营方针的定位。经营方针是企业运行的基本准则，不同的行业，在经营方针的选择和确定上具有一定的倾向性。而这种倾向性往往是由企业生存发展环境所决定的。在为企业经营方针定位时，不仅要注意行业自身的特点，而且要注重经营方针的指导性。

经营价值观的定位。企业的经营价值观是企业文明程度的标志，反映出企业的文化建设水准。正确的企业价值观对内能够产生巨大的凝聚力，对外可以激发出强有力的感召力。一旦经广告传播，经营价值观的定位，会使企业形象连同它的口号一同深入公众心中。

（2）行为识别的定位。具体表现为：实力定位。是指在广告中突出企业的实力，企业实力主要包括企业生产技术、人才、营销和资金，以及企业历史、现在和未来等方面的实力。

产品形象定位。主要突出企业产品相比于同类产品所具有的优势和特质，而这种优势和特质与企业整体形象的优势与特质具有某些方面的融合性，即具有企业整体形象的鲜明代表性。如"麦当劳从不卖出炉后超过10分钟的汉堡包和停放7分钟以后的油炸薯条"，这种定位充分体现出其严格的食品生产、销售的操作规范。其经营活动从一定程度上反映出麦当劳的经营风格的特质所在。

经营风格定位。销售人员乃至全体员工的管理水平、经营特点和风格，其目的是使企业从众多经营同类产品的企业中脱颖而出。经营风格定位主要指在广告中突出高层决策者、经营管理者、技术人员，如美国麦当劳广告"Q、S、C＋V"（即品质、服务、清洁和附加值），就很好地表现了麦当劳的经营风格。

企业经营行为定位。是指通过把企业经营管理活动在广告中进行定位宣传，把企业经营行为、企业社会责任感传递到社会公众，以得到社会公众的支持和赞誉。

文化定位。是在广告中突出、渲染出一种具有个性的、独特的文化气氛，其目的是使公众自然而然地为其所吸引，从而树立起企业在公众中的形象。文化定位使广告的内容显示的不仅是商品本身的特点，更关键更重要的是展示一种文化，标示一种期盼，表征一种精神，奉送一片温馨，提供一种满足。日本企业在中国销售中，更加刻意追求中华民族文化的认同感，如日本汽车公司的广告语："车到山前必有路，有路必有丰田车。""有朋远方来，喜乘三菱牌。""古有千里马，今有日产车。"日本汽车厂商深入中国文化，巧妙地引用和改用了中国人非常熟悉的三句古语，增强了广告的感染力和渗透力。

外在表象特征的定位：

企业的外在表象特征又可称为企业的视觉识别或企业的感觉识别，它是企业的静态识别符号，是对企业形象具体化、视觉化的直观传达形式，其传播力量和感染力量最为直接和具体。企业外在表象特征的定位要遵循以下几个原则：

（1）企业标志的设计要以能有效地传达企业理念、企业文化为目标，否则便混同于一般的商标。

（2）以充满人情味的作品来使消费者接受与认可，以此缩短企业与公众的情感和心理空间上的距离。

（3）遵循民族化与国际性相结合的原则，只有民族的东西，才可能成为世界的东西。

（4）标志设计应该追求简洁明了和单纯化。在设计各类标志时，应该注意标志的可读性与辨识性，标志所属企业的独特个性，标志为国际社会所认知的通行性，标志为其他相伴产品顺利推广的适应性，以及标志民族习俗相融的习惯性。

在进行企业外在表象特征的定位时，要根据企业长远发展需要，考虑到各种因素的影响，尤其不能因为社会经济环境和企业微观环境以及社会历史发展等客观因素变化就随意更改标志系统，更不能因为决策层人士的变动而更换标志系统。

4. 广告定位策略

（1）价格定位。价格作为衡量商品品质的指标，往往在很大程度上影响消费者的购买决策。尤其是同类产品在品质、性能、造型等方面没有太大区别时，对于消费者没有特殊吸引力。这种情况下，广告宣传便可采用价格定位策略。

价格的市场定位通常有两种。一种是高价名牌方针。如服装，同样料子、款式，名牌价格要高出十几倍。名牌高价可吸引那些崇拜名牌的和有钱的消费者。二是采取物美价廉方针，如石油危机时期，美国人要求汽车省油，对外型则无特别要求。日本抓住这一信息，立刻生产了一种省汽油、性能好、价又低的小汽车，广告宣传突出其省油、价廉物美的特点，使该产品成功地进入了美国市场。

（2）功效定位。广告宣传着重突出本产品优于其他产品的功效。如某种洗碗液不仅具有清洁功能，同时兼具护肤功效，针对这两种功效，广告词中巧妙地对其进行了功效定位：×××有两手，帮一手，护一手。再如牙刷，现今的牙刷市场竞争激烈，常有异军突起。因此，各厂家在广告宣传上别出心裁，以求形成差别，为消费者所识别喜欢。如"洁尔士"着重突出其刷毛的抗菌功能，而"蓝太阳"则偏重宣传它防治龋齿、治牙疼的功效。

（3）观念定位。突出商品的新意义，改变消费者的习惯消费心理，树立新的使用商品观念。例如七喜汽水在广告宣传时，把饮料分为可乐型和非可乐型两大类，公开宣称七喜属于非可乐型，以吸引消费者。这种定位策略，通过树立新的消费观念，开辟了自己的市场，不仅避免了与可口可乐和百事可乐的正面冲突，而且借助这两者的名气使消费者迅速接受了七喜汽水，因而使企业获得了空前的成功。

在制定广告定位的策略时，企业首先要确定产品的定位。

（四）广告策略目标

广告策略目标是广告策略的核心。

广告策略目标是指企业通过广告活动所要达到的目的。广告最基本的目标在于促进销售，除此之外，还存在着许多特殊目标。按照目标的不同层次划分，广告目标可分为总目标和分目标。总目标是从全局和总体上反映广告主所追求的目标和指标，而分目标是总目标的一个一个的具体目标。按照目标所涉及的内容，广告目标可分为外部目标和内部目标。外部目标是指与广告活动的外部环境有关的目标，如市场目标、发展目标。内部目标则是指与广告活动本身有关的目标，如广告预算目标、广告效果目标。此外，按目标的重要程度，广告目标可分为主要目标和次要目标。

广告目标既有具体的，也有抽象的；既有可控的，也有不可控的；既有长期的，也有短期的。广告策略目标就是具有全局性、长远性，带有指导性的广告目标。

企划专员在确定广告目标时，要遵循以下原则：一是目标要单一，抓住关键目标，减少目标的数量；二是目标要具体化、数量化；三是应考虑环境因素的影响；四是应考虑实现目标的可行性和合理性；五是应明确目标的期限。企划专员在制定广告策略时，要突出广告策略重点。突出广告策略重点，以保证目标的实现，是实现广告策略目标的关键。

（五）广告策略的总体设计

企划专员通过调查研究，便可根据调查的资料，完成消费群体策略、广告创作策略和广告媒体策略的研究报告，并提出策略概述报告。到此，广告策略的总体设计就基本完成了。

1. 消费群体策略要点

（1）确定目标市场，即明确消费群体的范围。

（2）明确广告的诉求对象和潜在的广告对象。

（3）把握消费者的特征，比如对消费者的收入水平、购买能力、生活方式、生活习惯、价值观念、消费心理等作出简要的说明。

（4）明确消费者作出购买决策的全过程。

（5）明确消费者对品牌的看法。

（6）了解主要竞争对手。

（7）要对竞争对手的广告宣传作出反应。

（8）要掌握国家对商品生产和消费提出的政策。

2. 广告创作策略要点

创作策略是广告策略的重点，是进行创作的蓝图和行动指南。在拟定创作策略时，首先要回答为什么做广告、向谁做广告、做什么广告及广告传播的方式等。

广告创作策略包括如下内容：

（1）准确的创作目标和广告对象。

（2）明确创作目的最终是为了促销。

（3）确定品牌在广告中的地位。

（4）独特的创作意念、主题。

（5）表达品牌能给消费者带来什么利益。

（6）作出明确的承诺。

（7）要对品牌进行有特色的"包装"，不要与竞争对手的牌子相似。

（8）确定创作主题。

（9）确定创作原则，把广告的真实性和艺术性融为一体。

（10）坚持对创作进行评价。

3. 广告媒体策略要点

随着科学技术的发展，大众媒体的数量与日俱增，形式也多种多样。报纸、杂志、广播、电视、路牌，还有今天时兴的信息高速公路——Internet。面对如此众多的媒体，到底选择哪一种媒体作为传播广告信息的工具呢？

同广告创作策略一样，广告媒体策略首先也要回答广告面向的对象是谁，但两者又有所不同。广告媒体策略要点如下：

（1）明确广告对象、媒体策略的任务就是将产品的对象和媒体的对象合二为一，即确定与广告对象相适应的媒体。

（2）把握广告对象的特征。

（3）明确广告的区域范围。

（4）掌握媒体的频率，如报刊的发行量。

（5）确定广告时间。

（6）了解消费者对广告媒体的态度。

（7）确定传播信息的方式。

（8）确定广告预算。

（六）大企业与中小企业的广告策略

要想赢得广告活动这场没有硝烟的战争，不是靠广告的数量，而是依靠卓越的广告策略。现代广告活动的成败取决于企划专员在策略方阵中的位置。从宏观角度看，可以把企业的广告策略分为：

（1）防御战。是指那些能左右市场的大企业在广告活动中所采取的一种策略。当一个企业在市场中处于领导者地位时，提高自己地位和巩固自己地位的有效方法是杜绝知名度、信任度的降低。而运用广告来提高和巩固原有市场，反复宣传自己的牌子和企业，防止竞争对手的渗透，是最佳的决策。这种防御性广告策略具有自我进攻的性质，当新产品问世时，采取自我进攻的方式，往往能获得较好的效果。如日本东芝电气公司在最初进入中国市场时做的广告主题是："TOSHIBA，TOSHIBA，大家的东芝。"经过一段时间的宣传，该公司及其产品在我国消费者心目中留下了良好的印象。随着科学技术的发展，人们生活水平的提高，人们对电器产品的要求也越来越高。日本东芝电气公司适应这一变化，在推出新产品的同时，推出新的广告主题："TOSHIBA，TOSHIBA，新时代的东芝。"这种自我比较的宣传是为了保持原来的老主顾，具有防御性质，但同时也对原有的产品具有自我进攻的性质。

（2）进攻战。这种广告策略适合中小企业在某一市场上采用，进攻战的原则是突出自己产品的好处，针对一流企业产品的弱点和市场空白，以排山倒海之势的广告让消费者转变态度。这种进攻具有风险性，因此，只要进攻一开始，就不要轻易停止，如果突然停止广告宣传，二三流的企业必然遭遇失败。当然，进攻战可以有间隔地进行，但不能停止。值得注意的是，发动进攻性广告宣传时，不要对准所有的竞争对手，而要攻击主要竞争对手的某一弱点，但要注意不能诋毁竞争对手。

（3）侧翼战。是中小企业渗透市场的最好办法。对中小企业来说，要想与一二流企业打一场全方位的广告战是不可能的，但从细分市场的某一薄弱地区对对手企业产品的弱点发动一场有限的广告战是可能的，只要把握好机会，往往会取得意想不到的效果。

（4）游击战。是小企业在广告活动中对付大企业的一种灵活策略。其特点是集中力量、攻击一点、拾遗补阙、机动灵活，在狭小的市场上以推销单一产品为目的。一般而言，生意做到哪里，广告就做到哪里，其目的是争夺或分化大中型企业的市场份额。

广告活动是一个动态的过程，企业由于受内外环境的制约和影响不同，所采取的广告策略也不同。总结起来，可供企业选择的广告策略主要有以下两种分法：

1. 根据企业的不同经济实力和主客观制约因素划分

（1）发展型策略。在广告活动中，大企业为了提高产量、增加销量、扩大市场占有率、增加利润收入、提高产品知名度、抗衡竞争对手、争夺同类产品在市场上的第一把交椅。发展型策略按开拓型和进攻型划分，可分为：

赶超型发展策略。这是以竞争对手或市场某一目标为出发点，通过广告宣传，要在广告的覆盖面、促销力度、信任度以及产品的知有率、占有率、利润率等方面的水平达到同行业的前三名以上。采取这种策略的广告主在广告投资、广告设计、媒介组合及广告形式等方面具有特殊的手段和较高的创意水平。

防御性策略。这是左右市场的大企业所采用的一种策略，但实质上是一种发展型策略中的进攻策略。

（2）侧翼进攻策略。是以促进销售、逐步扩大潜在市场为出发点，具有反应灵活的特点。凡是有利于企业发展的市场，都是广告需要拓展的场地，因此，这种策略是有计划地选择潜在市场逐个开发，特别是竞争对手没有注意和还未进入的市场，则是广告宣传首先要抢占的市场。

（3）稳定型策略。这种策略实质上是一种游击策略。企业经济实力不雄厚时，则宜采用此策略，其目的是保存自己在市场上的地位，取得较为稳定的经济效益，积极地防御竞争对手的攻击。这种游击策略风险小，但容易被强大的竞争对手的广告宣传击败，甚至有可能被竞争对手的强大广告攻势挤出市场。

（4）保守型策略。采用保守型策略的企业一般比较安于现状，不会积极进取。当产品滞销时，他们就想到做广告；当产品畅销时，广告也就停止了。这类企业经济发展不稳定，产品知名度不高，经济效益差，容易被竞争对手的广告宣传挤出市场。

2. 按照广告策略的层次划分

（1）从产品角度分。企业可采取分散策略。把产品广告策略和企业广告策略都综合到企业的总体广告策略中去。企业在宣传产品时，既做名牌产品的广告，也做非名牌产品的广告，并利用名牌产品的声誉来提高非名牌产品的知名度。此外，企业的广告宣传不仅立足于产品广告宣传，根据企业的广告宣传，还要着眼于企业的长远目标和根本利益，为提高企业的声誉、知名度和社会地位而进行阶段性、连续性、针对性的广告宣传。这种策略的优点是企业的产品和企业的声誉同步发展，缺点则是广告投资大、宣传分散、没有重点。

（2）从广告费的使用考虑。企业可采用集中策略。这种策略是把企业的广告费用投资于产品广告宣传或企业广告宣传。在产品广告中，着力于拳头产品的宣传；而对于企业广告，则重点放在企业形象的宣传。这种策略目标集中，易形成宣传上的优势，取得较明显的效果，但也有一定的风险。

（3）从宣传范围角度看。企业可采用全方位策略，即将企业的广告宣传进行东西南北全方位的扩展。这种策略叫作"四处开花"，由于影响面比较大，广告投资较多，所以，只适用于资金雄厚、产品又面向全国的大企业。

（4）从宣传渠道的角度看。企业可采用多层次策略。多层次策略，是指建立从地方到中央的多种宣传渠道，形成全国性或地方性的宣传网络，从而形成企业的宣传优势。

（5）从媒体的角度看。企业可采用多媒体策略或单一媒体策略。多种媒体策略，是指广告媒体选择上多样化，既做电视广播广告，又做报纸杂志广告，甚至还做路牌、灯箱广告。由于这种策略花费多，所以不适宜一般缺乏资金的小企业采用。

（6）从发挥优势的角度看。企业可采用优势策略。优势策略，即选择产品占有率最高的地区集中宣传，突破一点，取得市场的优势，然后再扩大到其他地区。采用这种策略的优点是花钱少，见效快。

（7）从竞争的角度看。企业可采用渗透策略。企业通过广告渗透策略，把自己的产品打入竞争对手同类产品所占有的市场。此广告策略突出产品的质量、价格、好处及良好的售后服务等比同类产品优越的方面，以争取使用同类产品的用户。

（8）从消费者心理角度来看。企业可采用心理策略。心理策略，即根据消费者的心理进行宣传。如消费者关心购买某种产品后的维修问题，那么就集中宣传企业产品的高品质。总之，消费者最关心哪方面的问题，广告就应宣传该企业在那方面的优点。

在现代经济活动中，广告策略是一个庞大的、完整的系统。它不仅是现代广告的核心，也是现代广告活动中的主要内容。要想为企业策划好广告，每一个企划专员都应具有广告策略意识。

四、广告创作策划

广告策划活动中的核心部分是广告创作。广告活动就是通过广告创作的成果，即广告作品的形式，把广告主的要求、意愿和产品信息，用艺术的或直观的方法表达出来。广告创作涉及的内容较多，这里只就广告主题、文案和设计的问题作简要介绍。

（一）广告主题

雀巢咖啡广告一句"味道好极了"吸引了无数消费者，而这句话还成了人们饮食中的口头语，这就是雀巢咖啡广告成功的标志。

成功的广告，很大程度上要归功于好的主题。

广告主题是广告的灵魂，它是通过思维、提炼、浓缩，用简单的动作、画面、文字、声音等来表达广告的中心思想；通过主题，来说明产品的意义，产品的价值。广告创作能否把握主题，是广告宣传成败的关键。

广告主题的形式是多方面的。从广告主题的数量划分，可分为单主题和多主题。一个广告只能有一个主题，这就是广告主题的单一性。如"天仙"牌电扇广告的主题是"'吹'出来的名牌"，语言生动简练。同一产品的不同广告可以有多个不同主题，一般是进行主题的系列介绍。如上海"康福"麦乳精以"冲饮奶味特浓，干吃别具风味"为主题来介绍其美味和吃法；以"未开见其色，已开闻其香"为主题来介绍其色、香；以"早晨一杯，神清气爽；午后一杯，补身充饥；临睡一杯，安神酣眠"为主题来介绍其饮用时间和功效。

广告主题按其表现手法可分为语言主题和非语言主题。语言主题是指用文字语言和声音语言来表现主题。如"天霸表"的广告主题是"挡不住的诱惑"。非语言主题是指并不直接用语言来表明主题，而是让广告观众自己去思考，如每天 19：00 之前最后 5 秒在电视屏幕上出现的烟台钟表厂的北极星报时广告，它没有给人们任何直接主题，却让观众记住了它。

确定一个好的广告主题，主要考虑三个因素，这三个因素与广告主题的关系可以用下式来表达：

广告主题 = 广告目标 + 产品个性 + 消费心理

广告目标从根本上决定了广告的主题，也就是说，广告主题要服从广告目标。广告目标所要解决的问题是广告宣传要达到什么目的。具体地说，广告目标具有三个方面的内容：一是树立企业形象；二是增加相互沟通；三是促进产品销售。在制定广告时，就要以这三个方面为前提确定广告主题。电视剧《公关小姐》中，身为公关经理的女主角以保护大熊猫为题，发起义务捐赠，既为所在的酒店赢得了生意，又增加了与社会各界的联系，提高了酒店的声誉。

产品的个性也就是产品的特色，指一产品区别于其他产品的地方，在广告中只有突出了产品的个性，才能使广告有独到之处。产品任何一点细微差别，都可以考虑进广告主题中。由于产品的特征是多方面的，在确定广告主题时也要多方考虑。一般而言，观察产品个性的方式有两种，即广告方程式和广告要点式。前者主要是对某一产品从原料投入到产品产出的整个过程的每个环节进行观察，以确定该产品的特点所在；后者只涉及产品特征的主要方面，而不是全面铺陈。

确定了广告目标和产品个性之后，基本上可以确定广告的主题。但产品的哪些个性应在广告中体现出来，以怎样的方式体现出来等，还需要进一步的考虑，这时需要考虑的主要因素就是消费心理。现在，企业就要站在消费者立场上，想一想消费者需要什么，喜欢什么，为消费者着想的广告才有可能成功。了解消费者心理，为消费者利益着想，如消费者的安全、方便、健康以及物有所值等方面。

充分考虑了广告主题的三个要素后，就有可能确定一个比较理想的广告主题，让产品畅销市场，让企业享誉社会，得到消费者的青睐。

（二）主题与标题

有人常将主题与标题混为一谈，其实，主题与标题不是一回事。主题是指广告的中心思想，标题则是广告的命名或题目。广告的标题可以有多种多样的叫法，并不固定。

主题与标题是有区别的，但两者又有密切关系。一般而言，"题好一半文"，"人美在眼睛，文美在标题"，人们看书读报，首先映入眼帘的是标题。标题是否新颖，是否引人注目，往往决定消费者的阅读行为。如Ⅱ型胶片的广告标题："盒中自有花满谷。"作者没有讲胶片的质量，但从摄影的角度，用"花满谷"三个字渲染了胶片给人们带来的美好景色。这则广告主题鲜明，文辞含蓄，余味无穷。由此可见，一个好标题，往往起到画龙点睛的作用，让人百看不厌。一则好标题，之所以能引人入胜，其奥秘在于简洁、鲜明、生动、活泼，富有吸引力，使人似乎从广告标题中就能看到商品的品质及特性，感觉到广告中所宣传的商品和劳务为他带来了某种好处和利益。做到了这点，广告宣传就成功了一半。

标题是一门综合性的艺术，在广告作品中常见的标题有四种：

肩题也叫眉题、引题或上副题。可以放在主题的上面，文字简短，以一行为宜。

主题，也叫主标，是标题中最核心、最引人注目的部分。主题由几个字或多行文字组成。一般地，在广告作品中，主题最好用一句或一行来表达，最多也不要超过两行文字。

副题，也叫子题、下副题，可安排在主题之后，用来补充主题。

插题，也称分题、小题，可以放在正文中。如有两段正文，每段可以插入一个小标题，文字要短，在正文中起到画龙点睛的作用。

广告作品的标题，不需要面面俱到，要根据企业或产品的实际情况给予取舍。

广告设计常用的标题形式有：①直接广告标题；②间接广告标题；③新闻式广告标题；④问题式广告标题；⑤祈使式广告标题；⑥比兴式广告标题；⑦赞扬式广告标题；⑧催促式广告标题；⑨悬念式广告标题；⑩比较式广告标题。

广告标题的作用是概括和提示广告的内容，使消费者对广告内容一目了然，并了解广告的中心思想，广告标题既起到提示作品主题内容的作用，又起到吸引消费者的兴趣和美化版面的作用。

在广告文案中，确定标题是广告写作中的核心。因此确定标题时，要掌握材料，分清主次，抓住中心，全面权衡，精心创意。

广告标题在广告方案中占有重要地位，据美国广告专家们的调查，读者阅读标题的概率是阅读文案的五倍。

广告标题创作原则有以下几点：

（1）写标题一定要题文相符。

（2）标题要体现主题思想。

（3）标题要开门见山、画龙点睛。

（4）语言要有创意、富有吸引力。

（5）标题不宜过长，最好控制在12个字内。

（6）标题中尽可能回答消费者所关心的问题。

（7）要把标题与图画视为一个整体。

（8）标题能为人们提供最新信息。

（9）标题字体要与正文字体相区别。

（10）标题的位置要安排在醒目、显要的位置上。

总之，整个标题的创作要以引起读者注意、让其产生兴趣、促使其购买、给其留下良好印象为出发点。

（三）广告的表现技巧

追求表面形式的美并不是广告创作的目的，取得消费者对广告的认同才是广告创作的终极目标。同样，广告技巧的运用，是求得对广告文字的简洁、清晰、生动和完整的表达，使之成为吸引或诱发消费者达成购买的主要因素。

1. 如何撰写正文

广告文稿是文字和图画的综合，但也有没有画面、只有文字的广告，或只有图画而没有文字的广告，任何广告都必须有主题。

从广告的内容上看，一幅广告至少包括六个方面的内容：①商品名称；②商品的性能与特点；③商品能给消费者带来什么好处和利益；④商品的用途和使用方法；⑤为消费者提供的售后服务；⑥厂名、厂址及联系办法，或说明在哪里购买。

从广告写作上看，一个广告作品的组成因素有题材、主题、标题、正文（说明文）、商标等。文稿设计师的任务就是把上述要素融为一体，构成一幅完整的广告作品。

正文是广告的中心，以说明商品或劳务为其主要内容，从其内容性质来看，正文实属一种说明文。产品说明书就是一种广告文稿。

撰写广告文稿要开门见山，起笔要力求新颖，不落俗套，切忌废话连篇。撰写正文时，要注意几点：易读，易记，直接，实在，短而精。当然撰写较长的广告文稿时则要另辟蹊径，关键在于文稿的内容要能吸引读者。

2. 广告语言技巧

一幅好的广告作品是内容与形式的完美统一。掌握广告文稿的语言技巧是创作广告作品的基本条件。如何掌握好它呢？

（1）企划专员要了解和把握事物的特征，如策划一则推销空调的广告，企划专员就必须了解该空调的性能、特点以及使用方法等基本情况。企划专员只有掌握产品的一般知识，才能发挥抽象概括、分析、综合的能力，并运用艺术的语言去塑造产品的形象。

（2）学习和掌握语言技巧是撰写广告文稿的基本功。实际上，这是个修辞问题。如美国一则宣传童鞋的广告，它不是宣传童鞋的质地如何上乘，而是强调它像"妈妈的一颗心"。这就是广告文稿中的修辞。

语言的锤炼是撰写广告文稿的基本功。准确、简洁、鲜明、生动，是撰写现代广告、锤炼语言的基本要求，也是现代广告文风的主要特征。从这四个基本要求的关系来看，准确性是第一位的，简洁、鲜明、生动是第二位的。如果说，准确性是强调广告语言要忠实地反映客观事实的话，那么，简洁、鲜明、生动就是强调广告语言要富于文采、意境和风格。如果广告不实事求是，即使用词简洁、生动活泼，这种广告也是没有生命力的广告。为此，广告语言的鲜明、简洁、生动必须建立在准确性的基础上，只有这样，广告的意境和形象才有可能充分表现出来。基于此，企划专员在进行语言锤炼时，必须坚持以下原则：

（1）企划专员要明确广告文稿是写给谁看的，企划专员应对准一群人或一部分人说话。高明的企划专员经常以一个人为对象，和他或她作亲切的、诚恳的、朋友式的谈话。

（2）要站在消费者的立场想问题，也就是说，要让消费者从广告中知道购买你的商品能为他们带来什么好处。

（3）在文稿中要突出标题，每幅广告须有一个中心主题。

（4）要坚持真实的原则，取信于民。

（5）广告的对象是消费者，既要有言辞美，又要有人情味。

（6）广告的格调要高雅。

（四）广告设计技法

广告编排设计是根据广告策略的要求，把标题、标语、正文、插图、标志等要素综合起来，作总体的布局和安排，创作出富有特色、能达到最佳效果的广告。成功的编排设计，能通过艺术手段的作用，使广告要素合理、清晰、完整地表达。既引人注目，又将信息强有力地传达给读者，使他们产生兴趣，产生购买欲望，从而促进销售以及提高商品知名度。

广告编排设计须合理地安排广告要素，力求恰当地表达广告的主题。广告要素的安排须突出重点、有主有次，不能均等对待。凡是可以吸引读者注意及让其产生兴趣的要素，都应置于版面的显著位置，以能立即抓住读者的视线为佳。广告编排设计的形式要别出心裁，表现出广告的个性，并注意广告要素的内在联系，编排设计要做到自然、流畅、连贯、统一，给人强烈的视觉冲击。广告编排设计原则有：

1. 结构

广告编排设计中，结构是版面的骨架。每种要素所占的位置、比例，如何利用版面不同位置的视觉差异以及什么样的结构适合读者的视觉流向等问题。

（1）各种广告要素在版面上所占位置。广告插图是整个广告要素中最形象化、最接近现实、给人视觉印象最强烈、也最容易被人记住的要素。因此，广告插图占版面一半以上的位置较好。面积大的插图更能吸引读者注意，给读者留下深刻印象。但有时为突出标题等文字部分，或为了引人注目而故意留出大面积空白时，也可以采用小于一半的插图或更小的插图。标题是广告的灵魂，一般标题字号较大、字体造型亦很讲究，摆在明显位置更能引人注目。所以，按广告编排设计惯例，大标题最好摆放在广告版面上半部的突出位置。广告插图放在版面的主要位置上。广告正文的位置一般摆在插图的左右或下方。同一篇广告正文中采用的字体应该一致，以免给读者产生杂乱无章的感觉。

（2）利用视觉规律合理安排广告要素。心理学家认为，人们注意版面时，版面的上部比下部注目价值高，左侧比右侧注目价值高。由此得出，版面的左上侧位置不仅最为引人注目，而且也是广告最理想的位置。我们利用广告版面不同位置注目价值的差异，将广告主要内容安排在版面突出位置，使广告内容主次分明，一目了然。人们注视画面时，其中最容易为目光所注意的一处，称为视线中心，它高出数学中心约 1/10，因此，广告的主要内容常安排在此处；即使情况不允许，也要安排在接近视线中心的位置，再依次排列其他广告要素。

2. 对比

对比是指有效地运用任意一种差异，即通过大小、方向、颜色、明暗以及情感变化等对比方式，把读者的注意力吸引到广告画面主体部分。缺乏对比的广告编排设计单调乏味，往往缺少视觉冲击力，难以引人注目。可只要稍加对比，广告画面就会产生灵动感，就能提高广告的注目效果。如重色的标题字放置在白色底上十分醒目，色彩淡雅的插图放在重色底上分外突出，这就是利用了明暗差别的对比。

对比会使广告画面产生变化，因为只有变化才能产生差异，产生差异才有对比。变化的方法很多，如黑白灰色块变化、色彩的变化、布局的变化、空间的变化、字体的变化等。

3. 平衡

平衡分为两种形式。

（1）对称平衡。是将重要程度相同的物体放在离中心距离相等的两面，像保持平衡的跷跷板一样。广告版面编排设计中的对称平衡，则是指把广告要素平均地置入版面中心的两侧，把广告要素分割成等距离的、对称的两部分。对称平衡给人的感觉是庄严、稳定、安全、高贵和可信赖。

（2）非对称平衡。就像跷跷板两面的物体重量不相等，呈现出倾斜状态。如果要取得平衡，就要增加感觉上分量轻的物体的数量或物体颜色。另一种办法是将感觉上分量重的物体靠近中心点，感觉上分量轻的物体远离中心点。广告形象的形状、色彩、大小、疏密等决定视觉印象的轻重。如大密度、重色彩、大面积、形状规整的广告要素都能给人以分量重的感觉，而相反的广告要素则给人分量轻的印象。要实现广告版面编排设计的非对称平衡，就要靠调节各种广告要素的大小及其距中心线的距离；靠增减物体数量、加深或调浅颜色以及靠线条的粗细与疏密来实现平衡。非对称平衡给人的感觉是新颖、活泼、运动感强，具有一定的号召力。

4. 比例

要做好广告的各种要素，以及它们同背景之间形成合适的比例关系，是搞好广告版面编排设计不可缺少的因素。一般而言，合乎比例的东西则会让人舒服，不成比例的东西看起来感到刺眼。如两个广告要素并列配置时，一个比另一个大一些就感到和谐。因为有了变化才显得不单调，给人以愉悦的感觉。理想的比例关系应是：2:3、3:5、4:5等。重视比例关系的应用，可以使广告版面编排设计和谐、匀称、活泼，给人以美的感受。否则会破坏广告版面的和谐和完整，降低广告效果。

5. 统一

凡是利用平衡、对比、比例等方式编排设计的版面，必须有统一的思想和协调的画面。要达到统一的目的，最直截了当的办法就是尽量使版面单纯、简洁。单纯是广告设计的一个重要原则。通常人们注视某一物体只有10秒。因此只有形象生动、简明扼要、信息传达迅速，才能使广告主体引起读者的注目，并在读者心中留下深刻印象。实践证明，组成广告的成分越多越杂，受众的注意力越分散。为了求得统一，有些广告运用了重叠方式。如说明文重叠在插图上，或者许多产品相互重叠，以求广告版面的连贯、统一。另外，在同一广告中，一般尽量避免运用两种或两种以上的字体，以免造成繁乱的感觉，分散读者的注意力。

6. 节奏与韵律

节奏和韵律是体现形式美的一种形式。节奏与韵律表现在广告编排设计上，是将形象或色彩，以相同或相似的序列有规律地排列组合，获得节奏感。如果说节奏是通过物象排列达到形式美的，那么，韵律美则是在节奏基础上更注重线形的起伏、流畅、和谐，使广告效果更加生动、优美、富于变化。节奏和韵律所产生的形式美，能使广告形成某种特定的情调，牵动人的感情，引起人们对美的共鸣。广告版面编排设计运用节奏与韵律的规律，能创造出形象鲜明、形式独特的广告，有助于增强广告的宣传效果，树立商品形象。

7. 空白运用

空白运用对突出商品创造意境有重要作用。中国绘画向来重视空白的运用。实践表明：文字、插图把版面挤得密不透风，这样虽然"节约"了版面空间，但却并不能增加广告效益。其结果却恰恰相反，文字及插图太多，显得很拥挤，还容易同广告周围的图片、文字混在一起，难以引人注意，而且人的眼睛在看一大堆文字或插图时，会产生不快和杂乱的感觉，应该加以避免。做广告时广告版面留出适当空白，能起到强调及引起注意的作用，还会产生一种格调高雅的意境。

8. 系列化广告

设计统一的系列化广告的目的，是为了加深读者对广告主题的理解。所谓系列化广告，就是在广告版面设计的形式以及广告形象的造型、色彩以至广告的风格完全统一的基础之上，由各自独立的广告组成的系列广告。系列化广告在广告媒介上连续出现，能使读者产生节奏感、连续感。系列化广告在统一的基础上有规律的变化。尽管每个单幅广告的广告用语或插图，随着广告内容侧重点的变化而有所不同，但全部广告的格调是一致的，设计形式是统一的。每幅广告中，还可以有固定不变的商品形象反复出现。这些都保持了系列中各个广告之间的联系。按一定的时间间隔连续出现的系统广告，能使读者不断地被主题相同、形式统一的广告刺激，产生情感上的共鸣，形成比较完整的印象。利用系列化广告，是强化商品形象、促进销售的有效手段。

广告编排设计的形式千变万化，但无论怎样变化，都万变不离其宗，下面介绍三种最基本的编排设计形式。一种基本形式的特点是：

（1）整个版面为插图或照片所占满，运用插图和照片本身的构图变化，来吸引人们的注意力，其他广告要素根据需要，在插图或照片内配置。

（2）插图、广告用语、商标等，呈水平排列方式，插图放置在版面的中上方，下面是标题、正文、商标等依次排列。这种基本形式，是利用插图吸引读者的注意力，然后用置于视觉中心的标题，来诱导读者观看正文等。

（3）以垂直线为版面的轴心线，插图、广告用语和商标等，分别放置在轴心线的两侧。这种编排设计形式，利用人们视线水平流动的规律（一般是由左向右的规律），把想要突出的主题内容置于版面的左侧，以增加注目价值。

五、广告预算企划

（一）广告预算制定方法

1. 销售额百分比法

销售额百分比法是一种广泛采用的广告预算方法，又称销售比例法。它是以一定时期内（通常为一年）销售额的一定比例为依据计算出广告费用的总额的方法。这种方法由于计算标准不同，可具体分为：

（1）计划销售额百分比法。是根据对下年度的预测销售额计算出广告费用额。

（2）上年度销售额百分比法。是根据上年度或过去数年的平均销售额计算出广告费用的一种方法。这种方法的优点是确定的基础实际、客观，广告预算的总额与分配情况都有据可依，不会出现失误。

（3）平均折中销售额百分比法。是折中上述两种方法计算出广告费用额。

（4）计划销售增加百分比法。是以上年度广告费为基础，再加上下年度计划销售增加部分的比率计算出广告费用额。其计算公式如下：

次年度广告费＝上年度实际支出的广告费＋预测次年度增加的销售额×100%

销售额百分比法的百分率，应视产品、市场环境、营销等实际情况而定。

这种方法计算简单，而且很适合企业的发展要求，不过也存在一定的风险。在市场上，有许多因素都是未知的，这些因素对企业经营活动的影响有可能是突发性的，预测在本质上是对事物发展趋势的一种合理推断，而突发性因素常常具有破坏性，它们有时会改变事物的发展规律，使市场处于无序混乱状态。例如，当经济不景气时，再多的广告宣传也无法阻止产品销售额下降的趋势，在这种情况下，执行预测计划就是一种"非理性"经营行为。

2. 利润额百分比法

利润额百分比法的计算和与销售额百分比法的计算基本相同，只是用利润额代替了销售额。利润额根据计算口径不同，可分为毛利润额和净利润额。

这种方法在计算上也是比较简便的，同时使广告费用和利润直接挂钩，适合于不同产品间广告费用的分配，但该方法的分配比例不能绝对化。如新产品在投入期需要做大量广告，其费用开支的比例就大。

3. 武断法

武断法是指企划专员根据自身的经验或其他方面的知识来确定广告费用总额的一种方法。运用这种方法编制广告预算时，不要过多地考虑广告活动所要达到的目标，而是完全根据企划专员的判断力来确定企业的广告规模。

武断法是一种非科学的决策方式，由于在市场变化较大的场合具有反应快、影响大，广告预算不必局限于人为的框架里，只要在企业财务状况允许下出现的新情况，企业都可以用广告全力投向商业主战场，所以它常被用于一些中小型企业。在一些中小型企业中，独断式的经营管理代替了科学的经营决策。这种方法具有较大的冒险性，广告投入与广告效果不成因果关系。

4. 销售单位法

销售单位法是以每单位产品的广告费用来确定计划期广告预算的一种方法。这种方法操作起来非常简便，它是以产品销售数量为基数来计算的，特别适用于确定那些薄利产品的广告费用。通过这种方式可以随时掌握企业广告活动的效果，它与销售额百分比法相似，但不完全一样。它是任何一种产品都以一定的单位来销售，如一辆汽车、一台电视机、一箱饮料等。销售单位法是以商品的一定数量为单位，规定每一个销售单位上都要有一定数目的广告费用，这一广告费用乘以总的销售单位数量，即可得到总的广告费用。其计算公式如下：

广告费用总额 = 上年度广告费用 ÷ 上年度产品销售数量 × 本年计划产品销售数量

5. 目标达成法

目标达成法即任务法，也是一种被广泛采用的广告预算方法。目标达成法是根据广告主的营销目标，具体确立企业的广告目标，再根据广告目标要求而采取的广告活动策略，制定出广告计划，具体确定广告主的广告费用总额。

目标达成法是以国外广告专家的下述理论为依据的：广告改变消费者态度的过程为未知、知名、了解、确信和行动五个阶段。与此相适应，广告目标可以分为对商品的知名、确信率、了解、行动率，每一个阶段都需要广告发挥功能。目标达成法就是以广告每一个特定的阶段为目标，决定为实现某一特定目标所必需的广告媒体、广告内容、频率与期间、刊播范围等问题，然后计算每项广告活动需要的广告费。各项广告费用之和，就是达成特定阶段目标的广告预算。

假设广告目标设定要增加 1000 名妇女看广告，经调查计算出每增加 1 名妇女视听广告，平均要花 1 元，一个月预计重复 10 次，则每月广告费为 1 万元。计算公式为：

广告预算 = 目标人数 × 平均每人每次广告到达费用 × 广告次数

由于目标达成法是以广告计划为基础来决定广告预算的，广告目标十分明确，因而便于检验广告效果，并且既不会造成浪费，又不会使广告经费短缺。但在实践运用过程中有一定的难度，这就使其科学性和准确性受到影响。因此，应将其与销售额百分比法结合起来用，使广告预算切实可行。

（1）确定企业在某一目标时间内所要达到的销售目标。

（2）确定目标市场及其市场潜力，细分市场并勾勒市场特征，估计产品的市场占有率和知名度。

（3）找出典型模式，求出其反映销售增长和市场对其态度的变化关系。确定一个行之有效的传播媒介，并对此媒介价格进行正确估计。寻找合适的代理商，对代理商所需的代理费进行估算。

（4）确定媒介中广告曝光的次数、时间、频率与顾客态度变化的关系，求出达到销售额所需的最低曝光次数、时间、频率，并计算出最低成本。

（5）计算调查费用、代理费用、媒介费及有关费用的总和，确定最低广告费用。根据市场经济状况相对加成，作为最终广告预算。

从理论上看，这种方法较比科学、有效，但在实际应用时会遇到不少困难，例如加成幅度的确定和广告代理费用的确定等都会遇到层层阻力。

6. 竞争对比法

竞争对比法是指广告主以竞争对手的广告费用开支为依据来确定自己广告费用预算的一种方法。运用竞争对比法的关键是要了解主要竞争对手的市场地位与广告费用额，计算出竞争对手每个市场占有率的广告投入，再依此来确定自己企业的广告预算。如果企业想保持与竞争对手同等的市场地位，则可以根据竞争对手的广告费用来确定自己的广告规模；如果企业想扩大市场地位，则可根据比竞争对手高的广告费用来预算自己的广告费用总额。计算公式为：

广告费用总额 = 主要竞争对手的广告费用额 ÷ 主要竞争对手的市场占有率 × 本企业的预计市场占有率

这种方法最大的优点是编制广告预算极具针对性，适合市场竞争的需求，有利于企业在竞争中赢得主动权。最大的缺点是竞争对手广告预算的具体资料很难取得。广告预算总额属于企业的经营秘密，大多数企业都不想将它公布于众，这就给本企业编制广告预算造成了很大的困难。

例如，竞争企业某商品的市场占有率为40%，它的广告费总额为40万元，则1%市场占有率需要广告费为1万元。本企业预计市场占有率为38%，则广告费至少在38万元以上。

运用竞争对比法时，企业必须具有良好的财力基础和销售效益，竞争中也并非只注重花钱多少，而应注重广告活动的实际效果。这种方法主要适合于大型企业。而且只有竞争激烈时，才适合运用这种方法。

7. 预期购买者数量法

预期购买者数量法是预定对每位购买者支出一定数量的广告费，以此为单价，乘以预期的购买者数量，确定次年度支出的广告费。预期购买者数量，必须经过市场调查，或者按照往年购买者增长率的统计数字计算。每人支出的广告费单价，一般引用上一年度的数字，遇到物价指数变动时，每人支出的广告费单价相应递增。

8. 通信订货法

通信订货法是广告主在以邮购广告的形式进行广告宣传时，常用的一种编制广告预算的方法。这种方法主要根据某一邮购广告所带来的订货数量测算广告费用。计算公式为：

单位产品的广告费 = （产品目录印刷费 + 邮购产品印刷费 + 信件邮寄费）÷ 已售出产品的数量

广告预算 = 单位产品的广告费 × 预计销售数量

这种方法的优点是把广告费用与广告活动的效果直接联系起来，既有利于确保广告预算的动态平衡，也有利于对广告活动进行全面监控。缺点是计算不够准确。邮购广告的反馈需要一段时间，这就为及时评估邮购广告的效果带来了一定的困难。

9. 计量设定法

计量设定法是采用系统分析和运筹学运行的一种计算方法，适用于广告费用大、管理水平高的大型企业。运用这种方法，需将生产、财务等要素一并纳入广告费预算当中，通过建立数学模型加以系统分析和定量，从而求出广告经费的预算。因此，此种方法的计算结果更合理、更科学、更完善。但简单的定量方法只能看出大致的趋势，若想真正运用，必须要有较复杂的模拟模型。同时选用大量参数，通过计算机分析，才能得出比较精确、可靠的结论。

10. 支出可能法

支出可能法是根据企业的财力可能以支出多少广告费来设定广告预算的方法。也就是说，主要看企业能拿出多少钱来做广告，而不是做广告看需要多少钱。由于它不是根据企业的营销目标来制定广告经费预算的，因此很难确定支出的费用是否有效，费用支出后所带来的效果也未必理想。但是这种方法符合"量入为出"的经营原则，因此适合于财力较弱的企业运用。

（二）广告预算编制程序

广告预算由预测、规划、计算、协调等一系列工作组成。

1. 确定广告投资的额度

通过分析企业的整体营销计划和企业的产品市场环境，提出广告投资的计算方法的理由，以书面报告的形式上报总经理，由总经理进行决策。

2. 分析上一年度的销售额

广告预算一般一年做一次。在对下个年度的广告活动进行预算时，首先要对上一年的销售总额进行了解、分析，了解上一年度的实际销售额是否符合上一年度的预测销售额。由此分析，可以预测下一年度的实际销售情况，这样便可以合理安排广告费用。

3. 分析广告产品的销售周期

大部分产品在一年的销售中，都会呈现出一定的周期变化，即在某月上升，某月下降，某月维持不变等。通过对产品销售周期的分析，来为广告总预算提供依据，这样便可以确定不同生命周期的广告预算分配。

4. 广告预算的时间分配

根据前三项工作得出的结论，确定年度内广告经费总的分配方法，按季度或月份将广告费用的固定开支予以分配。

5. 广告的分类预算

在广告总预算确定的前提下，企业要根据自己的实际情况，再将每一块的广告费用合理分配到不同的产品、不同的地区、不同的媒体上。这是广告预算的具体展开环节。

6. 制定控制与评价标准

在完成了上面几个环节的费用分配后，就要马上确定各项广告开支所要达到的效果，以及对每个时期每一项广告开支的记录方法。通过这些标准的制定，再结合广告效果评价工作，就可以对广告费用的支出进行控制和评价了。

7. 确定机动经费的投入条件、时机、效果的评价方法

广告预算中除去绝大部分的固定开支外，还需要对一定比例的机动开支作出预算，如在什么情况下方可投入机动开支，机动开支如何与固定开支协调，怎样评价机动开支带来的效果等。

（三）广告预算分配

1. 按时间分配广告经费

（1）广告费用季节性分配。商品有销售淡季和旺季之分，产品进入市场需要选择时间。广告作为促销手段，也应和产品销售季节相吻合。空调常用于冬夏两季，在春夏之交和深秋，空调销售量就会增加，广告如果在此时出现，促销效果自然就明显。有很多特殊的时间可以作为广告播放的最佳时间：开学初可作为学生文具用品销售的旺季；秋冬是电暖器、冬衣销售旺季；春夏之交是时装销售的好日子；秋天的服装市场应该让位给羊毛衫。传统的欢庆节日是全民购买旺季，如西方国家的圣诞节和中国的春节就是这样。如果届时广告投入多，回报就丰厚。如果广告投入少，公司和企业的损失相对就大。正因为这样，某个地区或者企业常要挖空心思制造销售旺季。如桃花开时搞一个桃花节，还有灯会、旅游节、美食节、菊花节、风筝节等，就像古代赶庙会一样。这些节日往往得到政府的支持，企划专员对此也会给予充分重视，适时地用广告推销商品。

（2）广告费用在一天内的时段性安排。在一天的时间内，大多数消费者都有一个明显的生活规律，企划专员在选用电视媒体进行广告宣传时，应该以人们的生活规律为基础，侧重于18：00～23：00这一时段，因为大多数媒体受众在入睡以前，常常对电视广告有较高的注意率，因此广告费用安排也应侧重于这一时段。

2. 按地区分配广告经费

随着经济的发展，世界贸易规模越来越大，竞争也越来越激烈，市场占有率对于各公司就显得尤为重要。随着生产规模的日益扩大，没有一种工业产品只需在一个地区销售。越是大的商行、公司或者工厂，就越需要大市场。不管是中国还是外国，跨地区、跨国界的公司越来越多。因此，广告也要因地制宜，不可避免地要跨越地区、国界去传播，以便开拓和占领更多的市场。

各地区的经济水平、生产能力、生活水平、需求以及对产品数量、质量的要求是各不相同的，政府对广告的限制也不相同。因此，广告经费的分配也要因地制宜，不搞平均化，充分考虑地区之间的微妙变化，这样才能使企业得到更多的利益。例如，Z企业的产品在全国各地销售，根据产品的销售情况可以将全国市场划分为Ⅰ、Ⅱ、Ⅲ三个市场。Z企业计划投入的电视广告费用为3500万元，Z企业电视广告费用的区域市场分配情况，如表12-2所示。

表12-2　Z企业电视广告费用的区域分配情况

市场分部	占销售总额的比例（%）	听众暴露度（千次）	每千人成本（元）	广告费用（元）	费用比例（%）
Ⅰ	50	32000	500.00	1600	45.70
Ⅱ	30	28000	500.00	1400	40.00
Ⅲ	20	10000	500.00	500	14.30
合计	100	700000	1500.00	3500	100

各地区的市场有大有小，有强有弱，由广告引起的销售反应也不相同。因此，分配经费时除考虑前述的经济、收入、文化等因素外，还要考虑市场潜力和消费者对广告的

态度。

（1）地区经济水平的影响。地区经济水平的衡量标准是国民经济总产值和居民经济收入。国民经济总产值高的地区需求量就比较大，居民经济收入较高的地区，消费品需求比较大，经济增长较快的地区市场潜力比较大。如果一个地区国民经济总产值很高而居民收入并不高，那么这个地区的个人购买力就相对较弱，而单位购买力就比较强。

（2）人口因素。地区人口的多少反映了购买力的强弱和潜在购买力的大小。人口多的地区，生活必需品需求量就越大。人口多而经济又繁荣的地区购买力非常强，在这样的地区推出的广告往往有丰厚的收益。人口的结构也影响广告的预算分配方案。人口结构主要是以年龄、性别作为划分标准的。不同年龄层次、性别的人对广告的态度不同。青年人，特别是年轻的小伙子易在广告刺激下产生购买欲望，有望取得可喜的效应。

（3）信息发展程度。包括受众对媒介的熟悉程度以及媒介的普及程度，如电视广播的普及率等。电视机普及率高的地区，电视广告传递信息的作用就大，电视的广告费就高。当人们喜欢到运动场去看球赛时，在球赛现场做广告费用就高。

（4）政府对广告的态度。各国政府对广告都有一些明文规定和限制。如某些国家禁止登载香烟广告，那么在分配这方面的广告经费时，就不必考虑这些地区。政府的倾斜政策也影响广告的分配，如某些政府鼓励发展机械工业，有关机械工业的广告费用就可能会优惠一些。

3. 按产品分配广告经费

各个企业的经营范围都不相同。在企业经营范围内，每个产品的销售量和获得的利润率也是不相同的。企业在进行广告活动时一般用两种方法进行产品宣传。一是进行差异宣传。企业对重要产品多做广告，而对不重要的产品不做广告或者少做广告。这就是按产品进行广告费用分配的方法。二是无差别地宣传产品。广告宣传时，宣传的对象为企业名称、商标品牌，各产品用同一企业名、商标名和同一形象表达广告诉求。这种方法不存在按产品分配广告经费的问题。

例如，美国宝洁公司的洗涤类产品有汰渍、象牙、快乐、Gain、Dash、Bold、Dreft、Oxydol、Exa、Solo 等品牌，其中象牙是一个比较成熟的品牌，其广告投入就相对较少。而 Exa、Solo 等是新品牌，就需要投入大量的广告费用来推广，以期提高品牌的知名度。

分配的原则是根据产品在企业中的地位、生命周期及其市场潜力等来确定的。

（1）产品在企业中的地位。决定于产品给公司所创造利润。如果某项产品的利润总量为企业利润的 50%，这项产品就决定整个企业的盈利或亏损，并具有举足轻重的地位，企业会很重视它，广告预算时就会首先考虑这个产品。有些产品在目前虽然不具备创大利的条件，但不久的将来可能成为企业创利的拳头产品，这款产品企业也会给予较高的广告预算。

（2）产品生命周期。不同生命周期的产品具有不同的市场潜力，广告经费的分配也应该有所倾斜。导入期产品是刚刚开发成功的新产品，企业在试制时投放了不少资金，当然要大力推销，广告经费的预算也较多。成长期的产品销售前景较好，如果企业宣传滞后，以后的市场份额就会减少，所以投放的广告经费也比较多。成熟期的产品是企业创利的主要来源，企业广告投入也比较多，不过从相对值讲，所占比例不大。

（3）产品的市场。各种产品在不同市场中的销售前景是不同的。有的在经济发达地区已经达到饱和的产品，有的在另外一些地区的市场上还方兴未艾，也有的在生产地非常普通但运到外地却很受欢迎。这些有一定销路的产品也要有足够的广告经费。

4. 按媒介分配广告经费

不同的媒介价格也不一样，广告效果也不同。广告预算要先分析媒介的作用和广告效果，然后再决定广告经费的分配。

（1）分析产品性质和消费对象，再决定用哪种传播媒介和传播方式，确定主媒介和辅助媒介。

（2）分析各媒介的广告代理费，选择效果好而又收费合理的媒介和代理商。

（3）按比例分配各项广告预算。

（4）留出部分应急款，作为突发事件或者外界一些不可控因素有较大变化时的紧急开支。

广告预算是广告活动的经济后盾。广告活动能否顺利开展，能否取得理想的效果都和广告经费有关。广告预算属促销费用，它是企业财务分配中一项大的开支。广告预算需要由企业高层领导合理商量决定分配原则，并最后作出使用决策。经验丰富、有胆有识的企业高层领导应该审时度势，把广告作为商战的重要武器，充分发挥它的巨大促销作用，使企业不断壮大。

六、效果评估企划

对广告效果的评估是广告企划中的一个重要环节。广告效果的评估是必要的，因为它将有助于企业了解和掌握广告是否与其目标相吻合；对比选择不同的广告诉求点、不同表述形式等广告方案；评估广告与其他促销手段的协调性；分析不同媒体与播出计划的有效性；调整下一时期的广告计划。

（一）广告效果测定

企业广告效果测定主要有三种方法。

（1）事前预测法。是在企业的广告运作正式开始以前，即在企业广告文本完成后，先对广告文本和媒介进行预测，预测广告运作展开后可能会产生的效果。其常用方法有五种。

专家意见综合法。企业广告和媒介的选择，往往是拿出几种可供选择的方案，请有经验的企业广告专家进行评价，然后再将专家们的意见综合起来，形成优选方案，或者对原方案中不足之处进行修改。这种方法具有相当的权威性和科学性。

公众态度法。通过随机抽样，选取一定的社会公众，让他们了解企业广告文本的内容和拟选定的媒介，然后让他们在调查表上填写自己的看法，最后将公众的意见汇总起来，得出结论。运用公众态度法进行企业广告效果检测与评价，有两点内容需要注意：一是必须选择一定数量的社会公众；二是所选公众必须有一定代表性，可以反映广告对象状态，否则不具有说服力。

公众选择法。随机选取一定数量的公众，将若干种可供选择的企业广告文本和媒介方案一起交给他们，请他们从中选择自己最喜爱的文稿和媒介组合方案，最后对公众的意见进行汇总，得出结果。

心理——生理仪器测定法。运用若干种心理——生理测定仪器，测试公众在看（或听）到可供选择的企业广告文本时的生理反应。由于此种方法受许多因素的影响，言不由衷的情形在调查过程中会经常发生，通过仪器测定，可以比较口头表述同生理反应之间的差异，由此可以判断出公众的真实想法。仪器测定法可以对公众的注意、记忆、爱好等心理现象有较明确的了解，可以较细致地分析广告文稿对公众心理过程的影响。

言辞反应法。是指将企业的广告向一位公众展示几秒钟，然后收回文本，并要求被测试者马上讲出或写出当时想到的言辞。将多位公众的反应汇总起来，请心理学家和社会学家进行分析，可以通过公众的自由联想，判断公众对广告效果的心理反应。

（2）事中测定法。企业广告的事中测定法，其思路同事前预测法基本上是一致的，即希望通过了解企业广告的效果，以便及时调整、修改广告文本和媒介组合方式，使企业的广告可以发挥更好的作用。但是，与事前预测不同的是，进行事中测定是在广告已在媒介上推出后进行的，它可以更加直接地了解公众在现实环境中对广告的反应，得出的结论更加准确、可靠。常用的企业广告效果事中测定方法有三种。

市场试验。具体做法是将企业的广告活动分步骤展开，先选定一两个试验地区推出企业广告，然后同时观察试验地区和尚未推出广告的地区公众的反应和销售的情况等。由于公众对企业广告的反应需要一定的时间，才可能在商品销售中反映出来，因而，用市场试验法测定企业广告的效果所需时间长，难度也较大。

回函问询法。这是事中测定企业广告效果最主要的一种方法，其基本做法是，在小范围推出企业广告后，通过抽奖、赠送小礼品等方式鼓励公众回函，回答企业所提出的问询，如关于得知广告内容的渠道，对广告内容的反应，以及回函者的性别、年龄、职务等，通过对这些信息的整理和分析，企业便可以比较准确地把握广告的效果。

分刊测定法。适用于企业广告文本已基本确定，但其中重要的一处或几处尚未确定的情况，而且仅限于以报纸、杂志为媒介时使用。基本的做法是将广告文本分为两种，要求选定的媒介在其周期发行的半数报刊上刊登一种文本，在另一半刊登另一种文本，然后还是采取鼓励回函的方式，了解公众反应，看哪种文本的回函率高，且效果好，好的即确定为广告文本。

（3）事后评价法。企业广告不是一劳永逸的，它需要根据企业的发展和竞争的需要不间断地做下去。因此，企业广告的结束并不标志着企业形象广告活动的结束，而且它标志着下次企业广告活动的开始。所以，在企业形象广告推出后，还需进行事后评价，使下一次广告活动有更好的开端和基础。常用的企业形象广告效果事后评价方法有三种。

回忆法。在企业将广告打出去之后，分层随机选择一部分广告对象，深入了解他们对广告的记忆程度。回忆法又可以进一步分为自由回忆法和引导回忆法两种。所谓的自由回忆法就是指提问者不加任何引导，让被调查者自己回忆广告内容；引导回忆法是在调查者提示下，让被调查者回忆广告的内容，以此来了解广告给公众留下的印象。

识别法。是指将企业已经推出的广告文本混入其他广告之中，然后再将这些广告向被调查者展示，看有多少人可以准确无误地识别出已推出的企业广告文本。识别法也是了解广告对象对广告的印象程度的方法。

态度比较法。是指在企业广告活动开展以前，先选择一些广告对象，了解和分析其对企业形象的态度。然后在企业广告推出之后，再找这些曾经受过调查的广告对象，看其态度是否产生了变化，产生了什么样的变化。如果被调查者的态度向广告文本的内容方向变化了，说明企业广告产生了积极效果。态度比较法也可采用在广告推出前后随机选取两批公众，调查其对企业形象和产品态度的不同，通过对比，研究广告效果。

（二）广告沟通效果评估

广告沟通效果是指广告在企业知晓度、企业认知和顾客偏好等方面的可能效果。广告沟通效果的评估可以在播出前进行，这时主要是通过消费者的反应来评估分析。

对广告沟通效果的评估有以下三种方法：

1. *直接测试*

是把广告方案拿给消费者，让他们就广告的吸引力、可读性、识别性及影响力等方面进行评估打分。直接测试法主要是用来测试广告在吸引顾客的注意力、认知、情绪和行动等方面的强度。

2. *记忆测试*

是就顾客对某一广告记忆了多少的一种测验，可分为回想法和再确认法。回想法是让一组顾客观看一组广告，对时间不加限制。然后要求调查对象回忆所看到的全部广告以及内容。他们对内容的回忆程度表明广告的突出性及信息被了解与记忆的程度；再确认法是指提示广告实物，问他们是否看到或读到过这一广告，是否有记忆的一种测试方法。

3. *实验室测试*

是指利用相关仪器来测量顾客对广告的生理反应，如呼吸、心跳速度、血压的升降、出汗等指标。采用这种方法可以测试出广告吸引人的程度。但是，这种方法不能反映消费者的态度、信任等。

（三）广告心理效果评估

广告的沟通效果即广告心理效果评估，它的目的是为了了解广告在知晓度、认知和偏好等方面的效果。

1. *广告心理效果评估的内容*

（1）广告知晓度的评估。广告知晓度是指受众通过多种渠道了解某则广告的比率和程度。广告知晓度的计算公式如下：

某则广告的知晓度＝被调查者中知晓该广告的人数÷被调查者总人数×100%

例如，某广告公司发放对某则广告知晓度调查问卷10000份，在10000个媒体受众中，有8000人知晓该则广告，那么该广告的知晓度为80%。在知晓该广告的8000位媒体受众中，如果有3000人对广告宣传的产品有较深的了解，那么该广告的了解度为37.5%。具体计算如下：

该广告的知晓度 = 被调查者中知晓该广告的人数 ÷ 被调查者总人数 ×100%

　　　　　　　= 8000 ÷ 10000 × 100%

　　　　　　　= 80%

该广告的了解度 = 被调查者中知晓并了解该广告的人数 ÷ 被调查者中知晓该广告的人数 ×100%

　　　　　　　= 3000 ÷ 8000 × 100%

　　　　　　　= 37.5%

当某一新产品上市时，广告宣传的目的是为了通过媒体告知受众某品牌产品的存在。当产品处于成长期、成熟期或衰退期时，广告的诉求点则在于产品的功能及特性等方面信息的传输。广告知晓度和了解度正是用于评估不同阶段广告效果的有效指标和内容。

（2）广告内容回忆状况的评估。是指借助一定的方法评估媒体受众能够重述或复制出其所接触广告内容的一种方法。回忆常被用来确定消费者记忆广告的程度。对广告回忆的方法，主要有辅助回忆和无辅助回忆两种。

无辅助回忆（又称纯粹回忆）。这种方法是指让媒体受众相对独立地对某些广告片段进行回忆，调查人员只如实记录回忆情况，不作任何提示。如问："请您想想在过去几周中有哪些品牌的方便面在电视上做了广告宣传？"

辅助回忆。这种方法是调查人员在进行调查时，适当地给被调查者提供某种提示。例如，提示广告的色彩、标题、商标、品牌、插图等。如问："您记得最近看过或听过康师傅方便面的任何广告吗？"辅助回忆法询问的项目或内容越具体，获得的信息就越能鉴定媒体受众对广告了解程度的高低。

（3）受众偏好状况评估。偏好是经济学研究范畴的重要问题之一。它是指在一些同性质的竞争产品中，消费者较固定地购买某品牌产品的心理特征。美国著名经济学家乔治·斯蒂格勒曾说："趣味偏好是在竞争中筛选出来的，不是随意给定的，它们必须面临一个连续竞争的严峻考验。"也就是说，偏好在某一阶段是相对稳定的。产品通过突出感人的诉求点，培养消费者的品牌偏好，对广告主来说是非常重要的。因为偏好一旦形成，在较长时期内将会产生一系列的重复购买行为。

2. 广告心理效果评估的方法

评估广告心理效果要根据不同的时间安排不同的评估，可以分为三种类型。

（1）心理效果的事前评估。广告作品心理效果事前评估的方法是：在广告作品尚未正式刊播之前，邀请有关广告专家和消费者团体进行现场观摩，提前观看，以审查广告作品中存在的问题，或进行各种试验（在实验室运用各种仪器来评估人们的各种心理活动效应），以获得广告作品可能带来的成效评价。根据评估的结果及时调整广告促销策略，修正广告作品，突出广告的诉求点，提高广告的成功率。心理效果事前评估常用的具体方法主要有以下几种：

专家意见综合法。是在广告文案设计完成之后，邀请有关广告专家、心理学家和营销专家进行评价，全方位、多层次地对广告文案及媒体组合方式将会产生的效果作出预测，分析其优点与缺点，然后综合所有专家的意见，作为预测效果的基础。运用此法前要给专家提供一些必要的资料，包括设计的广告方案、广告产品的特点、广告企业主生产经营活动的现状及背景资料等。专家通过独立思考，对广告设计方案提出自己的见解。专家意见综合法是事前评估中最简便的一种方法。需要注意的一点是所邀请的专家应能代表不同的广告创意趋势，以确保所提供意见的全面性和权威性。一般来说，聘请的专家人数控制在 10~15 人为宜，少了不能全面反映问题，多了则花费时间。

直接测试法。是把供选择的广告直接展露给一组消费者，请他们对这些广告进行评比打分。这种评比法用于评估消费者对广告的注意力、认知、情绪和行动等方面的强度。虽然这种评估广告实际效果的方法还不够完善，但一则广告如果得分较高，也可说明该广告可能是有效的。

组群测试法。是让一组消费者观看或收听一组广告，时间不限，之后要求他们回忆所看到（或听到）的全部广告以及内容，广告经营者可给予一定的帮助。他们的回忆水平表明广告的突出性以及信息被了解或记忆的程度。

在组群测试中，必须给测试者播放完整的广告以便能作出系统的评估。组群测试法一次可以测试 5~10 则广告。在调查中，通常询问的问题主要有以下几个：

"您对哪几则广告感兴趣？"

"您最喜欢哪一则广告？"

"这则广告宣传的是什么产品？您明白了吗？"

"您觉得广告中的文字和图案是否有需要改进的地方？"

"您看过广告后，给您最深刻的印象是什么？"

"看了广告后，您有没有产生想进一步了解广告产品的兴趣，或者有近期购买产品的打算？"

仪器测试法。随着科学技术的进步，伴随人类心理效应变化而产生的生理变化测试仪，也在不断地日新月异。在广告领域，作为一种辅助手段，借助仪器测试广告作品效果的做法也多了起来。

（四）广告经济效果评估

广告的经济效果是广告活动是否见成效的体现，它集中反映了企业在广告促销活动中的营销业绩。广告经济效果评估是衡量广告最终成效的关键环节。研究广告心理效果有助于广告主评价广告的沟通效果，但其对销售的影响如何却揭示得很少。如提高了品牌偏好度 10% 和品牌知晓度 20%，那么销售量因此而增加了多少呢？

1. 广告经济效果评估的含义

广告经济效果评估，是指对投入一定的广告费及广告刊播之后所引起的产品销售额与利润的变化状况的评估。这种广告投入产出指标对提高企业经济效益有着非常大的意义。它要求：

（1）每增加一个单位产品的销售额和利润额，要求广告投入最小，销售增加额最大。

（2）每增加一个单位的广告经济效益相对指标，要求企业（即广告主）获得最大利润。即经济效益的提高要与企业形象、品牌形象的成功塑造相结合。

（3）这种相对指标的提高，要有利于企业形成一个良好结构与良性循环。良好的结构是指企业本身的生产经营结构与市场需求趋势以及消费者偏好相适应，这样就有利于企业开展促销活动；良性循环是指广告促销活动有利于企业调整生产经营结构，开发新产品，生产出适应社会需求的产品，这一循环成为企业发展的一种内在的自律机制。

2. 广告经济效益评估的方法

广告的经济效益评估一般比沟通效果难以评估，销售除了受广告促销的影响外，还受许多其他因素的影响，诸如价格、售后服务、产品特色、购买难易程度以及竞争者的行动等。这些因素越少以及可控制的程度越高，广告对产品销售量的影响就越容易评估。

常用的广告经济效果评估的方法主要有以下几种：

（1）广告费用比率法。为评估每百元销售额所支付的广告费用，可以采用广告费用比率这一相对指标，它表明广告费支出与销售额之间的对比关系。其计算公式如下：

广告费用率＝本期广告费用总额÷本期广告后销售总额×100%

广告费用率的倒数可以称为单位广告费用销售率，它表明每支出一单位的广告费用所能实现的销售额。计算公式为：

单位广告费用销售率＝本期广告后销售额÷本期广告费用总额×100%

（2）单位广告费用销售增加额法，计算公式为：

单位广告费用销售增加率＝（本期广告后的销售额－本期广告前的销售额）÷本期广告费用总额×100%

（3）广告效果比率法，计算公式如下：

广告销售效果比率＝本期销售额增长率÷本期广告费用增长率×100%

广告销售利润效果比率＝本期销售利润额增长率÷本期广告费用增长率×100%

（4）费用利润率、单位费用利润率和单位费用利润增加额法。这是一种综合方法，具体的计算公式为：

广告费用利润率＝本期广告费用总额÷本期广告后利润总额×100%

单位广告费用利润率＝本期广告后利润总额÷本期广告费用总额×100%

单位广告费用利润增加率＝（本期广告后利润总额－本期广告前利润总额）÷本期广告费用总额×100%

（5）市场占有率法。是指某品牌产品在一定时期、一定市场上的销售额占同类产品销售总额的比例。其计算公式为：

市场占有率＝某品牌产品销售额÷同类产品销售总额×100%

市场占有率提高率＝单位广告费用销售增加额÷同类产品销售总额×100%

市场扩大率＝本期广告后的市场占有率÷本期广告前的市场占有率×100%

（6）市场占有率与声音占有率。主要用来评价广告开支是多还是少。声音占有率是指某品牌产品在某种媒体上，在一定时间内的广告费用占同行业同类产品广告费用总额的比例。假如以下公式成立：

广告费用占有率＝声音占有率＝注意占有率＝市场占有率

换而言之，广告主广告费用占有率产生相应的媒体受众听见声音的占有率，并因此获得他们相应的注意占有率，从而最终决定他们的购买行为。美国广告专家派克·汉

（Peck Hem）研究了几种产品消费的若干年声音占有率与市场占有率之间的关系，发现老产品的这一比例为1:1，新产品的比例为1.5:10~2.0:1.0。广告有效率等于市场占有率与声音占有率之比，如表12-3所示。计算公式为：

广告有效率=市场占有率÷声音占有率×100%

表12-3　三家公司在某段时间的广告费用、
声音占有率、市场占有率的情况

公司名称	广告开支（万元）	声音占有率（%）	市场占有率（%）	广告有效率（%）
A公司	200	57.1	40.0	70
B公司	100	28.6	28.6	100
C公司	50	14.3	31.4	220

从上表可知，A公司花费了整个行业广告开支总额350万美元中的200万美元，因而其声音占有率为57.1%，但其市场占有率只有40%，用声音占有率除以市场占有率，得出广告有效率为70%，这说明A公司广告开支不是过多就是分配不合理；B公司花费了开支总额的28.6%，并且有28.6%的市场占有率，结论是B公司的广告有效率高；C公司只花费了广告费用总额的14.3%，然而得到31.4%的市场占有率，说明该公司的广告效果非常好，也许应该增加其广告费用，扩大其广告的规模。

（7）盈亏临界点法，关键是确定平均销售广告费用率，计算公式为：

平均销售广告费用率=广告费用额÷产品销售额×100%

（8）广告效果评估指数法，是假定其他因素对广告产品的销售没有影响，只有广告促销与产品销售有着密切的关系。具体做法如下：

广告刊播以后，广告经营者对部分媒体受众进行调查。调查的问题是：

你是否看过某则广告？

你是否购买了广告宣传中的产品？

假定调查结果，如表12-4所示。

表12-4　调查结果

项目	看过某则广告	未看过某则广告	合计人数
购买广告产品人数	a	b	a+b
未购买广告产品人数	c	d	c+d
合计	a+c	b+d	N

表中：a——未看过广告而购买广告产品的人数；

　　　b——未看过广告而购买广告产品的人数；

　　　c——看过广告而未购买广告产品的人数；

　　　d——未看过广告而又未购买广告产品的人数；

N——被调查的总人数。

（五）广告社会效果评估

1. 广告社会效果评估的内容

广告宣传的社会效果是指广告刊播以后对社会等某些方面的影响。这种影响既有正面影响，也有负面影响。这种影响不同于广告的心理效果或经济效果。广告经营者是无法用数量指标来衡量这种影响的，只能依靠社会公众长期以来建立起来的价值观念来对它进行评判。广告的社会效果主要体现在以下三个方面：

（1）是否有利于树立正确的价值观念。广告宣传涉及社会伦理道德、风俗习惯、宗教信仰等意识形态领域。近几年来我国台湾地区的广告活动多以"新儒学"为主题进行策划，倡导一种合乎理性的家庭价值观念，对广大青少年来说，很有教育意义。

（2）是否有利于树立正确的消费观念。正确的消费观念是宏观经济健康发展的思想基础，同时也是确保正常经济秩序的基础。在我国有一段时间，广告宣传倡导"超前消费"，认为"超前消费"可以刺激国民经济的发展，加快国民经济发展速度。然而实践证明，"超前消费"只能带来较高的物价水平，扰乱正常的经济秩序。这种导向的广告宣传应受到社会的谴责。中华民族是具有节俭美德的民族，高储蓄才可以为国民经济发展提供充足的资金，因为在宏观经济运行系统中，储蓄等于投资；高储蓄也能使市场供求处于"买方市场"的态势，从而为国民经济的健康发展提供了良好的外部环境。

（3）是否有利于培育良好的社会风气。如爱护环境、重视教育、遵守公共秩序、节约使用资源、遵纪守法等。

2. 社会效果的评估原则

广告经营者在评估广告宣传的社会效果时，应该遵循：

（1）社会规范原则。企划专员在评估某一广告的社会效果时，要以一定的社会规范为评判标准来衡量广告的正面社会效果。如以社会道德规范、语言规范、法律规范、行为规范等为衡量依据。

（2）真实性原则。广告宣传的内容必须客观而且要真实地反映商品的功能与特性，实事求是地向媒体受众传输有关广告产品或企业的信息。

广告传输的信息可以分为单面信息和双面信息。单面信息是指只集中告知媒体受众有关广告产品的功能与优点，调动媒体受众的情绪，使他们产生购买欲望，但要注意的是过分强调单面信息会使媒体受众产生逆反心理，有时甚至会产生怀疑；双面信息是指既告诉媒体受众产品的优点，同时也告诉他们广告产品存在哪些缺点或不足，使媒体受众认真对待，这样的广告信息诚实可信，常能赢得媒体受众的好感。

第十三章 文化企划运营与操作

一、企业文化概述

(一) 文化的概念与基本特性

1. 文化的定义

关于文化的概念，近100多年来，各国学者提出了很多各不相同的观点。据《大英百科全书》统计，在全世界，在正式的出版物中给文化这个词所下的概念和定义达260多种，文化一词成了使用最频繁的术语之一，可谓众说纷纭，见仁见智。

将文化的各种概念和定义解释归纳起来，可以分为两类。

(1) 广义的文化，是指人类在社会历史发展过程中所创造的物质财富和精神财富的总和。它主要包括生活方式、价值观念、行为规范、风俗习惯、宗教信仰、态度体系以及人们创造的物质产品等。

(2) 狭义的文化，是指社会的意识形态，以及与之相适应的制度和组织机构。文化，一般都是相对于经济、政治而言的，但有时候也并不仅限于此。从高科技到糖葫芦，都属于（广义上）文化的范畴。一般而言，文化广泛地与宗教、建筑、历史、文学、哲学、艺术和科技相关联，由物质和精神等多方面、多层次的内容所组成。在"企业文化、商品文化"这个领域，我们更强调的是深层次意识形态的作用，即广义的文化对产品、企业、消费心理、品牌和消费行为的影响。

而我们所论述的企业文化，是一个涉及自然科学、社会科学及哲学思想的宽泛的概念，是介于文化的狭义和广义二者之间而又融合二者的一个边缘并不十分清晰的文化范畴。企业文化不仅包含了思想情感、文化艺术、哲学理念、伦理道德、精神意蕴，并且包含了历史文化、传统文化和民族文化等方面。

2. 文化的基本特性

(1) 文化的民族性。主要是指其思想、意识、感情和心理等不同的精神特质而言。一个民族共同参与、享受继承一种文化制度越是久远，受这文化制度的社会化也就越深刻，因而民族文化的传统精神也就越强烈，越具有民族性。

尽管文化的含义非常广泛，但是不同的民族其文化内涵差别极大。例如，英国文化的典型特征是经验的、现实主义的；而法国文化崇尚理性，由此导致英国人比较重视经验，习惯保持传统，讲求实际，而法国人则更喜欢能够象征人的个性、风格，反映人精神意念上的东西。英法文化民族性的差异也在两国人不同的服装风格上表现了出来。英国人的着装庄重、大方、实用、简练；而法国人的时装潇洒、抽象，具有更高的艺术性。

就中华民族来讲，几千年传统的儒家文化的积淀，形成了强烈的民族风格，即使在今天西方文化的不断冲击下，我们仍然保持着平和、忍让、中庸、谦恭的文化心态，它们作为一种内涵在我们心里沉淀下来。表现在人们的消费行为中，就是讲传统、重规范、随大流、重形式，这同西方人强调个性，重视个人价值，追求新奇、与众不同形成了强烈的反差。

（2）文化的借鉴性。一个民族的文化是在不断积累和扩展的，很大程度上要融入和借鉴其他民族的优秀文化，甚至成为本民族文化的典型特征。

文化借鉴大都开始于具有相当文化含量的产品中，我们将此类产品称为精神性的产品，最典型的例子是酒、烟、茶，中国的酒、烟、茶文化源远流长，如果再向酒、烟、茶品牌注入文化内涵，并与产品自身的文化属性相融合，那企业的文化属性就会非常醇厚。

比如，日本人喜爱喝酱汤的习俗就是从中国文化中汲取的。在8世纪初，酱随佛教从中国传入日本，成为日本人喜爱的食品，后发展为酱汤。日本传统早餐就是白米饭就酱汤，据说日本人每年人均食用酱汤400杯以上，酱汤已经成为日本饮食文化中的重要内容。再比如，中国人现代礼服西装，就是学习借鉴西方服装文化的结果。文化的相互借鉴性使一个民族在文化的不断发展中弘扬其精华、淘汰其糟粕。当借鉴文化适应了本民族的需要就会被其普遍接受，于是借鉴的文化就自然而然地成为本民族自己的文化遗产了。

但需要指出的是，我们承认文化的借鉴性，这并不是说一个民族的文化就一定会被其他的民族接受。由文化影响所形成的原有的习惯性行为方式，是难以改变的，是根深蒂固的，特别是当借鉴外来文化与原有的文化模式相冲突的时候尤其如此。

文化的各个方面都是相互联系着的，当一种新观念、新思想的融入会危及某些传统习俗的延续，威胁其地位或与本民族的传统产生对立时，这种文化借鉴遭到拒绝的可能性就更大了。这就是为何不同文化背景下的消费者其消费行为差别极大的根本原因。比如，饮茶是绝大多数中国人的传统习惯。在改革开放的今天，随着新潮生活方式的涌入，喝咖啡已经成为人们追求现代生活方式的某种标志，但那毕竟是少数人的时髦行为，饮茶还是中国的主流文化，是绝大多数中国人的最爱，拥有广泛的市场前景。

（3）文化的创新发展性。文化的显著特征之一是其发展性。文化是不断变化的，如人们的价值观念、习惯、兴趣、行为方式等随着人类社会的不断进步，也在发生着一定的变化。在某些特殊时期，这种变化尤为突出。

人类与动物最根本的区别，就是人类能够能动地认识世界、改造世界。并在这一过程中，不断创造、丰富人类的文化。人类能从早期的茹毛饮血到今天的各种精美佳肴，从原始人披树叶、住山洞，到今天各种各样的服饰、摩天高楼大厦，都是文化不断发展的结果。没有文化的发展，就没有今天的文明社会，也就不可能形成现代的文明与文化。

文化的创新发展性也表现为文化这一概念的演变与发展。文化一词，在中国早已有之。不过，它不同于近代的概念。在我国历史上，文化一词指"以文化成"和"以文教化"的总称。《汉语大字典》上说："文者文治，化者教化也。"这是从政治意义说的。

在先秦典籍中，虽时而见到"文"、"化"二字，却还没有连成一词。如《尚书·序》："由是文籍生焉"；《尚书·大禹谟》："文命敷于四海"；《论语·学而》："行有余力，则以学文"；《论语·雍也》："质胜文则野，文胜质则史，文质彬彬，然后君子"等。而且上引诸典，"文"字的含义又不尽相同。《易》贲卦《象传》中有"……观乎人文，以化成天下"句，"文"与"化"已有靠近的趋势。孔颖达在《周易正义》中仍释为："言圣人观察人文，则诗书礼乐之谓，当法此教而化成天下也。"可见，中国古籍中的"文化"，是指诗文礼乐、政治制度、道德礼俗等的综合体。

以后，顾康伯在他的《中国文化史》（上海泰东图书局1924年版）自序中则持更宽泛论述："夫所谓文化者，举凡政治、地理、风俗、宗教、军事、经济、学术、思想及其他一切有关人生之事项，无不毕具。"梁漱溟则认为，文化"是生活的样法"（《东西文化及其哲学》）；"文化之本义，应在经济、政治，乃至一切无所不包"（《中国文化要义》）。

从字源上看，英文与法文的文化一词均为culture，均是从拉丁文的cultura发展而来的，有耕种、居住、练习、注意、敬神几种含义，可见它的含义比较广泛。

英国人类学家泰勒先后给文化下了两个定义：第一，"文化是一个复杂的总体，包括知识、艺术、宗教、神话、法律、风俗，以及其他社会现象"（《人类早期历史与文化发展之研究》，1865年版）；第二，"文化是一个复杂的总体，包括知识、信仰、艺术、道德、法律，风俗，以及人类在社会里所得一切的能力与习惯"（《古代原始文化》），都是非常宽泛的"大文化"的概念。

20世纪初，德国哲学家T·莱辛认为，"文化"就是他的"精神"支配生活。这种理解又被F·普洛格等人推衍为"文化是一种适应方式"的观点（《文化演进与人类行为》）。有"后工业社会之父"之称的美国社会学家丹尼尔·贝尔，在《后工业社会的来临》一书中认为，社会可以分为"经济、政治、文化"三个领域。他说："我想把文化定义为有知觉的人对人类面临的一些有关存在意识的根本问题所做的各种回答。这些问题的反复出现就构成文化世界，只要他能意识到存在的极限，那他便能在社会里碰见这些问题。"

总而言之，就是一些对文化的理解，中国和外国都比较倾向宽泛论的观点，"大文化"观点，即从人类生活不同的角度与侧面，都能使我们看到人类生活的历史，从而看到每一种文化的缩影。可见，文化这一概念在演变与发展着，而且使它的内涵越来越丰富。

（4）文化的可改造嫁接性。企业的品牌不仅能利用传统文化创造出新的流行文化，甚至能改造置换原有的文化背景，反客为主。俄罗斯是一个爱喝烈性酒的民族，伏特加与俄国几乎有同等的概念。伏特加酒与伏尔加河一样源远流长，只有这种基于俄罗斯文化的伏特加才是最正宗的，这几乎成了伏特加定律，其他的伏特加只能是仿制品。因此，定位在瑞典400年传统文化Absolutevodka，也必然是没有什么名气与销路的。它在进入西欧、北美市场时，就受到这种文化背景的强大阻力。但在 TBWA 的策划下，它改变了原有的文化定位，把自己定位在大欧洲的文化背景上，并以此为中心，向世界各种文化推进，努力把自己的酒瓶定格在世界各国民族优秀、悠久、为人所熟知的文化象征上，以圣经中天使形象为改造的（绝对天堂），在酒瓶上加上一对翅膀，从而让消费者在感觉上真的成了上帝。

拥有文化内涵的企业品牌，不仅可以成为引导新文化潮流的先锋，也能在根本上回归传统文化，同时嫁接异域文化的能力也很强。

从企业与文化的关系分析中我们可以看出，企业不仅仅是为了销售产品，它更是为了传播产品与服务的内在价值。而这种价值的核心，最终会沉淀为一种文化。有人认为可口可乐卖得比原油贵几倍是不合理的，但他们不知道，可口可乐在美国是一种精神能源，它永远在为美国民族奋进加油。耐克则从篮球中发现了自己的内在价值：征服与超越，一种从胜利走向胜利的精神。如今，已经没有人再将 NIKE 视为一种商业体育运动或者是一场单纯的篮球赛，它被耐克改造为一个美国梦。在光荣与梦想中，耐克被诠释为当今美国文化的象征之一。美国实用主义的建国政策被耐克改造成为一句流行世界的广告语：Just do it（说干就干）。一种国家理念就成了一种企业品牌的广告概念，并且推广为狂热的大众流行文化，这种企业品牌也最终演绎成为美国民族精神与国家形象的组成部分。

（二）企业文化的内涵

1. 对企业文化的各种片面理解

对于企业文化的内在含义，我国企业界和学术界有着不同的理解，而且有的理解之间存在着很大的分歧，可以说有着根本性区别。我国企业界和学术界对于企业文化的内在含义的不同解释很多，但大体上主要有以下几种表现形式：

（1）企业文化是企业的识别系统。即企业文化是识别一个企业与另外一个企业有哪些不同的识别标准，也就是说，是评判企业之间的差别的标准。正因为如此，所以持这种观点的人认为，企业文化一般包括视觉识别、行为识别和理念识别。也就是说，持这种观点的人认为，识别一个企业与另一个企业有哪些不同，可以从视觉识别、行为识别、理念识别这三个方面来进行对比、比较。由此可见，持这种观点的论者认为，这种判断企业之间有哪些不同的识别标准，就是企业文化。

（2）企业文化是包装企业的方法。即企业文化是运用各种突出的形容词，以及好多流行的名言和警句，对企业加以包装。这些包装企业的词语，就是企业文化，例如顾客就是上帝、时间就是金钱等流行名言，就被称为企业文化。也就是说，在现实中有人把企业文化看成了用文化方式包装企业的方法。也正因为这样，所以有人经常找一些非常好听的形容词或者称赞企业的词汇来包装企业，把这些词汇作为一个企业的所谓的企业文化。例如一些企业的车间及办公室的墙上，写着各种流行语言，例如"努力奋斗"、"争创第一"等，这些企业的负责人认为这些就是他们的企业文化。

（3）企业文化是企业的思维系统。因而把企业文化分为企业理念、企业哲学、企业精神。这种观点认为，不同企业的思维系统是不同的，企业思维系统的差异就构成了不同的企业文化。所以，持这种观点的人把企业的思维系统分成了不同的种类，把这些不同种类的思维系统称为企业文化。例如，某企业的企业理念是尊重客户，企业哲学是竞争中求生存，企业精神是顽强拼搏，并把这些都称为该企业的企业文化。

（4）企业文化是企业的文化活动。企业为员工所开展的各种文化活动，如员工的卡拉OK比赛、员工的各种体育比赛等，都统称为企业文化。例如一位企业的负责人说，他们的企业文化搞得很好，他们收购了一个足球队。其实，收购足球队根本就不是企业文化，只是企业为丰富员工生活而展开的体育产业活动。现在，在一些企业的宣传栏中，几乎都是把企业搞的文化活动当成企业文化来宣传。

（5）企业文化是人类的优秀文化成果。人类历史发展中的所有有利于企业发展的优秀思想，都可以看成是企业文化。正因为如此，所以持有这种观点的人在讨论企业文化的时候，往往把马克思主义、孔孟之道以及人类历史上所形成的各种有价值的道德观念，都当作企业文化来讨论和研究。例如一个企业的负责人介绍他们的企业文化时，几乎所有的内容源自孙子兵法和《三国演义》。这些人类历史上的优秀文化成果虽然可以为企业所利用，但是把它们都称为自己的企业文化，恐怕有所不妥。

（6）企业文化是企业的形象设计。把企业的形象设计称为企业文化，这种观点在当今企业中存在非常普遍，好多人都把CIS设计当作企业文化，把企业形象策划当作企业文化。例如一家以企业文化设计为经营方向的中介机构，他们的企业文化，基本上都是企业形象设计和形象策划的内容，包括企业标志、产品包装的颜色等，与企业制度及企业战略根本不着边。但这些人认为，他们所搞的就是企业文化。这显然是把企业形象设计错认为企业文化了。

（7）企业文化是企业产品的文化品位。因而把所有有关企业产品的文化品位的内容，都统称为企业文化。比如说把企业产品的设计品位、广告品位、消费品位等，都称为企业文化。也就是说，把企业产品的文化品位，当成了企业文化。企业产品的文化品位虽然与企业文化相关，但是它本身并不是企业文化。比如一位茶叶经营商大谈茶文化，并把茶文化当成自己的企业文化加以宣扬；一位酒厂的老总大讲酒文化，以为酒文化就是他的企业文化。所有这些都说明人们较容易混淆企业文化与产品文化的不同。

（8）企业文化是纯粹的文化理念。即把企业文化解释成为纯粹的文化形态的内容，也就是解释为非经济的内容，非企业形态的内容，单纯地从文化理念的角度来解释企业文化，似乎企业文化并不具体反映企业运行过程。一些研究文化形态及意识形态的人，之所以非常重视研究企业文化，就是把企业文化当成纯粹的文化行为，当作文化形态的一种形式，在不懂得企业问题和经济问题的基础上研究企业文化。企业文化实际上不能算做文化形态的内容，企业文化是企业问题的重要组成部分，是经济学的内容，把企业文化作为文化形态的一种类型，与把企业文化作为企业问题的重要组成部分来研究，是有着根本性区别的，前者实际上曲解了企业文化的真正内涵。

以上几种就是我国目前存在的对于企业文化的不同解释。从上述内容可以看出，人们对企业文化内涵的理解各有不同，有些观点甚至是对立的。这种现象的产生，原因很多也很复杂，因此，只有搞清楚了这些原因，才能真正理解企业文化的含义。

2. 片面理解企业文化的原因

为什么我国的经济学界、学术界和企业界对企业文化的内在含义有不同的理解？原因虽然是多方面的，但是究其根源，出现这种情况的主要原因有以下几个方面：

（1）研究企业文化的时间太短。我国对企业文化的研究实际上才刚刚开始，也就是说，我们国家研究企业文化，只是近几年才出现的事，原来我们并没有企业文化这个概念，因此也就谈不到去认真探讨企业文化的问题。从有关的资料来看，只是近几年，我国才有一些人开始正式讨论企业文化的问题。因为我们对企业文化的研究从时间上来说比较短，所以人们对企业文化的认识就不可能深刻，不深刻当然就可能有差异，有差异就统一不起来，因而不可能使每个人都能正确把握企业文化的真正含义。总之，对于企业文化，我们研究的时间短、程度浅，不同人会有不同的理解，所以就难以真正把握企业文化的内涵。

（2）从国外引进"概念"中出现了差异。我国目前出现的有关企业文化的基本理论及其内容，大部分是从国外引进的，甚至连企业文化的构成体系，也是从国外引进的，而国外对企业文化的基本理论及内容也有不同的认识。例如对企业文化的含义就有不同的理解，有着不同的流派，但我们在引进企业文化的时候，并没有对此认真加以区分，而是把对企业文化的不同理解及不同的派别都引进来了，这些不同的派别对企业文化的理解和论述也是不一样的，由此导致了我们学术界、经济学界和企业界，对企业文化认识的不同。尤其是人们在引进国外的不同的企业文化派别的时候，都认为自己所引进的是正确的、正宗的，因而往往不承认别的流派的存在，当然更不会去思考自己所引进的流派是否存在问题，最终的结果必然导致人们对企业文化认识的不统一。

（3）研究人员的基础不同。我国对于企业文化的研究，没有特定范围的人员，有的是经济学界的人士，有的是哲学界的人士，甚至还有文学界的人士。任何人都可以研究企业文化，无论是经济学界的，还是非经济学界的，问题是企业文化作为企业的一个重大问题，不了解经济及企业等方面问题，是很难深入研究下去的。如果不懂得经济问题及企业问题的人却研究企业文化，当然就和懂得经济问题及企业问题的人对企业文化的研究有很大的差异。也就是说，正是因为人们的基础不同，研究方法不同，所掌握的知识不同，理念和信息来源也不同，从而导致了人们对企业文化理解存在着差异。尤其是一些主要从事文化研究的人，对经济学及企业制度等方面的状况不甚了解，因此往往就把文化领域的范畴以及概念引进了企业文化，把企业文化看成是文化形态的一个组成部分，而不是把企业文化看成是企业问题的一个重要组成部分。换而言之，从文化的角度研究企业文化，对企业文化的理解往往与经济学界的理解有很大的不同，有不同的认识和理解是正常的，问题是有的认识和理解是错误的。

正是由于以上三个原因，人们便对企业文化的内涵有不同的理解。对于企业文化问题，我国只是刚刚开始研究，而且有关企业文化定义及内容，我们更多的又是从国外引进的，再加上研究企业文化的人员的学术领域及知识结构不同，因此最终导致了对企业文化理解的不同。这就要求我们必须对企业文化的含义做一个比较全面的真正的理解，真正把握和诠释企业文化的内在含义，否则，对企业文化的研究，将会出现很大的偏差。

3. 企业文化的真正含义

到底什么是企业文化？想要给企业文化下一个科学的定义，对其内涵做出准确和适当的表述确实非常困难。人们可以轻而易举地列举一些方面来说明什么是企业文化，如企业的"社训"、厂风厂貌、文化设施、文明礼仪、娱乐活动等。但这些都是企业文化的外延，即它的表现，不是企业文化的内涵。各家各派力图探索企业文化的内涵，但有的定义过于笼统和宽泛；有的定义模棱两可，似是而非；有的则强调了企业文化特征的某一方面、某一领域，涵盖又不够全面。但无论哪家哪派的概括，在我们看来，都没有抓住企业文化总体的特征，没有给出明确的表达和描述。

我国著名经济学家魏杰教授在《文化塑造——企业生命常青藤》一书中做了明确的概述。所谓企业文化，就是企业信奉并付诸实践过程的价值理念。也就是说，企业信奉和提倡，并在实践中真正实行的价值理念，就是企业文化。

应当从企业文化的产生以及它所涵盖的准确范围，特别是它不同于其他文化的核心特征方面，探寻企业文化的内涵，再用准确的语言表述出来。根据这样的依据，企业文化的内涵可以这样表述：企业文化是由企业领导层提倡、全体员工共同遵守的文化传统和不断革新的一套行为方式，它体现了企业的价值观、经营理念和行为规范，渗透于企业的各个领域和全部时空。

企业文化的内涵包括以下几个方面：

（1）企业文化质的规定性在于：它是企业的一种经营理念、价值观和企业人的行为准则；

（2）企业文化无时不在，无处不在，贯穿企业运行的一切时间和空间，体现于企业人的一切行为之中；

（3）企业文化不是突然出现的，它与企业相伴而生，因而它是继承下来的，但它又不是一成不变的，是随着时代的发展而不断变化的；

（4）企业领导层在企业文化形成过程中起主导作用，企业文化一般情况下体现创办人及其后继者所提倡的文化和经营思想。

4. 企业文化含义的把握

一般情况下，对于企业文化的理解，需要把握以下几个方面的内容：

（1）企业文化从形式上看是属于思想范畴的概念。也就是说，企业文化属于人的思想范畴，是人的价值理念。这种价值理念和社会道德是属于同一种范畴的。我们在治理社会的时候，首先提出来要依法治国，但是再完善的法律也会有失效的时候，法律失效了靠什么来约束？靠社会道德，所以既要依法治国，同时又要以德治国。管理企业也一样，首先是靠企业制度管理，但是对于任何企业制度来说，再完善的企业制度也会有失效的时候，企业制度失效了靠什么来约束？那就要靠企业文化来约束。

由此可见，企业文化和社会道德属于同一范畴，是人的价值理念。也就是说，企业文化和社会道德一样，都是一种内在的约束力，是人们在思想理念上的自我约束，因而它是对外在约束的一种补充，只不过它们发生作用的领域不同而已。社会道德是对全社会有作用，而企业文化则是对某个企业有作用。所以我们说，从形式上看，企业文化属于思想范畴的概念。正是因为如此，企业文化是极为重要的。例如，当企业财务制度失效时，一个人如果有不是我的钱我不能拿的价值理念，那么即使是企业财务制度对他没有了约束，他也不会去拿不属于自己的钱。相反，如果一个人有着不拿白不拿的价值理念，那么财务制度一旦失效，他就会将不属于自己的钱装进了自己的兜里。

（2）企业文化从内容上看是反映企业行为的价值理念。也就是说，企业文化在内容上，是对企业在现实运行过程的反映。或者说，企业所有的相关活动，都会反映到人的价值理念上，从而形成了企业文化。

由此可见，从内容上讲，企业文化是与企业生产活动有关的价值理念，而不是其他方面的价值理念，它反映了企业在现实运行过程中的全部活动的价值理念，是企业的制度安排和战略选择在人的价值理念上的反映。例如，一个企业如果在体制安排上要拉开人们之间的收入差距，那么这个企业在企业文化上就应该有等级差别理念。又例如，一个企业在经营战略上打算要扩大自己的经营，那么这个企业在制定企业文化时就要有诚信的理念，等等。总之，企业文化在内容上是企业制度安排和企业战略选择在人的价值理念上的反映。

（3）企业文化从性质上看是属于付诸实践的价值理念。也就是说，价值理念如果从其实践性的角度看，实际上可以分为两类：一类是必须付诸实践的价值理念。另一类是信奉和倡导的价值理念。企业文化既属于企业信奉和倡导的价值理念，又属于必须要付诸实践的价值理念。也就是说，企业文化是在真正地约束企业员工的行为，真正地约束企业的运行过程，是在现实中真正起作用的价值理念，而不仅仅是一种倡导或者信奉的价值理念。

因此，在谈到企业文化时，我们就应该明白，它实际上是指已经对企业发生作用，并且已经付诸实践的价值理念。如果我们所讲的价值理念，仅仅是自己所信奉的价值理念，并没有在企业中实践，那么这些价值理念还不能称为企业文化。

（4）企业文化从属性上看是属于企业性质的价值理念。文化如果从其作为价值理念的角度来看，是一个极为广泛的领域，可以说，与物质相对应的范畴都可以称为文化，因而文化的内容是极其丰富的。也就是说，对于价值理念来说，如果从其拥有的主体上来划分类别的话，可以分为国家的价值理念、民族的价值理念、法人的价值理念、自然人的价值理念、企业的价值理念，等等。而企业文化属于企业的价值理念，是企业的灵魂。

企业文化不是一般的价值理念，而是作为企业本身自己的价值理念而存在的；企业文化虽然有时也可能会受到民族积淀的价值理念、社会的价值理念，以及其他有关方面的价值理念的影响，但是就它的属性来看，它属于企业的价值理念，所以人们把企业的价值理念，也就是企业文化，称为企业灵魂。例如企业文化中的理性竞争理念，指导着企业与其竞争对手的竞争与协作关系；企业文化中的创新理念，指导着企业的体制创新、技术创新等创新活动，等等。

（5）企业文化从作用上看是属于规范企业行为的价值理念。也就是说，企业文化作为企业的价值理念，是对企业发挥真正作用的价值理念，企业文化对企业的行为以及员工行为起到非常好的规范作用。例如，企业文化中的责权利对称性管理理念，规范着员工的责权利关系；企业文化中的共享共担理念，规范着企业与员工在风险承担及利益享受上的相互关系。

换而言之，企业文化是真正解决企业问题的价值理念，并不是为了好看而用来包装企业的价值理念。所以企业文化往往是在现实中形成的，是作为现实的需要而逐渐成长起来的，而不是从一般的逻辑抽象推理出来的，更不是作为一种宣传性的需要塑造出来的，因而不能从企业包装的目的上来讨论企业文化。

总之，企业文化从形式上讲，它是属于思想范畴的，是所谓思想范畴的概念；从内容上讲，它反映了企业的现实运行过程的价值理念，是企业制度安排和企业战略选择在人的价值理念上的反映；从性质上讲，它不是一般的、只是信奉或者倡导的价值理念，而是企业必须要执行的付诸实践的价值理念；从属性上看，它不同于国家的价值理念、社会的价值理念等有关的价值理念，完全是企业的价值理念；从作用上看，它注重于解决企业中存在的问题，而不是作为包装企业的价值理念存在的，这也就是说，它不是宣传企业的价值理念，而是要解决企业问题的价值理念。

（三）企业文化的特征

企业文化的内容十分丰富，但从其本质特性来说，有别于其他文化。企业文化的特征可归纳为如下几点：

1. 企业文化的民族性

企业不是一个孤立的生产单位或经济组织，更不是若干经营人员、生产人员的单独组合。企业是社会群体中的社会组织。企业的文化绝非自然生成，而是企业所属地域的社会文化影响、渗透的结果。企业文化植根于民族文化，直接反映出民族文化的特征。民族的传统文化是孕育企业文化的土壤，正是民族文化传统直接影响企业员工的言论、思想和行动，并随时代的变化而发扬光大，长久流传。民族的心理习俗和价值取向影响着企业人员的好恶取舍，引起人们的感情共鸣，加强着企业的凝聚力和发展的动力。企业只有在全民族共同认可的风俗习惯范围内选择培养企业文化，才能够最大限度地调动企业员工的积极性、创造性以及工作热情。反过来，富有创新意识和崭新风貌的成功的企业文化又会丰富民族文化，为传统的民族文化增强生命力，添加光彩。日本的企业文化得到世人的一致推崇，被认为是推动日本企业取得成功的动力之一。而日本的企业文化与日本传统的民族文化是一脉相承的，日本人重视感情共鸣和情义，反映在企业人员之间感情上的互相融通，从而有助于在企业内部建立起良好的人际关系，增强企业的内聚力。

2. 企业文化的功用性

企业文化是维系企业生存和发展的内在动力之一，这在本质上体现出它的功用性。当今世界，经济正朝着一个全新的信息化、产业化、高技术化的新时代迈进，新的经济领域不断被开拓，旧的经济体制不断被革新。面对新的经济形势和环境，企业的生存和发展日益依靠综合的、整体的战略决策，以及企业的经营和组织策略。单纯的经济手段和生产手段都有可能产生片面性和短期行为。只有从企业文化的宏观角度看待企业的生存和发展，审时度势，探索道路，适应时代的发展要求，充分控制和利用环境的有利条件和企业内在潜力，才能使企业向高效、健康的方向发展。企业的领导者应该学会将企业文化所倡导的软性控制管理技能与科学性的规划和数量化管理相结合，坚持策略性思考与文化意识并重，发挥企业文化在创造和维持卓越企业中的促进功能。当前我国经济正处在全面的结构性调整阶段，企业的发展问题变得越来越突出。在过去计划经济体制下，企业的运营只靠完成指标或提高产量，因此在很大程度上忽略了企业自身具有的文化管理功能。为了扭转这种局面，使企业走出困境，我国的企业必须重新认识企业文化的管理功能，注重在企业内部建立起能将企业全体员工团结起来、能激发全体员工为企业的崇高目标努力工作的企业文化，使中国的企业赶上世界先进水平。

3. 企业文化的传承性

企业文化是企业成员共同拥有的财富，更是所有成员行为的规范和准则。任何成员要想在企业中求得发展，就必须不断地学习所在企业的文化。这种学习包括员工在日常工作和生活中不断地实践和探索，积累新的经验，在更高的层次上加深对企业文化的认识。这种对企业文化由适应、遵守到为其发展做出贡献的过程，带来的是成员自身素质的提高和企业文化的持续进步。同时企业也需要通过训练、教育的途径培养和提高整个企业员工的素质，并在此基础上推动企业的整体文化不断成长。

某个企业在生产、经营等活动中一旦形成了具有自身特色的企业文化，就说明该企业已经具备了自己的文化传统。每一种文化又都是在承袭前人的优秀文化成果和传统的基础上建立起来的。企业文化历经漫长岁月的磨炼会逐渐形成自身相对稳定的传统，企业成员在日常生活与工作中也会有所依据和遵循，这样企业也能够发扬自身的传统优势，用企业文化的力量去激励员工与企业共创未来。

4. 企业文化的人文性

人文主义是欧洲中世纪反对神权统治、主张个性解放的产物。它的基本原则是关心人、尊重人和人本主义。企业文化的宗旨就是为社会服务，为企业员工创造和谐的生活、工作和发展的环境和条件。因此，企业文化自始至终都体现出以人为中心的特征。人文性也是企业文化区别于西方传统企业管理理论的重要标志之一。在西方的科学管理领域中，自泰罗发明了科学管理法起，就一直主张以监督和管制人的制度取胜，把人与机器同等对待。企业的目标也是重视物质指标，不重视人。产品第一、产量第一、利润第一成为企业管理的主旨。

自20世纪70~80年代企业文化理论流行起来，特别是富含东方人文主义色彩的企业文化，强调企业从内到外的一切活动都要以人为中心、以人为本。从企业内部来看，企业不应是简单的制造产品、追求利润的机器，职工也不应是这架机器的附属。相反，企业应该成为员工发挥聪明才智，建功立业，实现事业追求、和睦相处和舒畅生活的大家庭。从企业外部看，企业与社会不再是简单的商品交换关系，企业的生产与经营是为了满足社会发展的需要，是为了满足全社会成员的物质与文化生活的需求。从当代企业文化的发展潮流看，企业的服务性、人文性将日益成为企业文化发展的首要内容。我国企业向来重视职工的全面发展，坚持干部、工人和技术人员当家做主的原则，这是我国企业长期保留下来的优良传统，应在社会主义新型企业文化的建设中加以坚持和发扬光大。

5. 企业文化的革新性

企业文化在企业中一经形成，便具有了自己相对稳固的模式和传统，但它也不是亘久不变的。随着社会的不断进步，企业文化赖以生存的社会文化会不断地变换其内容和形式，与此相适应，企业文化也必须具有显著的革新性，企业文化只有随社会历史和文化发展不断地运动、变革和发展，才能保持其旺盛的生命力和活力。这一特征在当代企业文化中表现得尤为突出，以至于国内外的许多成功企业都在顺应改革潮流，不断更新旧的文化模式，创造新的文化内容。第二次世界大战后初期，西方社会盛行层级制管理思想，主张社会各个领域都应建立起由专业人员组成的管理人员队伍，由专业人员对上至国家行政机构各部门下至私人企业内部实行分层分级的科学化管理，各级管理部门和机构独立行使职权，对上级和全社会负责。与此潮流相呼应，20 世纪 50 ~ 60 年代的美国企业大都建起了层级制的管理机制，企业内的各层管理部门为完成本部门的数量指标和管理任务而独立工作。但企业的各管理部门间缺少相互间的协调和感情上的沟通，特别是处于较低等级的管理部门和人员及企业中的普通员工对企业的经营决策和内部事务根本没有发言的机会。这种情况截断了企业员工主动为企业发展提供建设性建议的途径，更不利于企业内和谐的文化氛围的形成。当时，美国福特汽车公司内部各级管理部门只做自己分内的工作，企业产品设计、市场营销大计全由老板一人决定。而由老板一人拍板设计的产品到了 20 世纪 70 年代已无法与别的产品相匹敌，整个企业一度面临竞争危机。在美国像这种情况的企业不在少数，这种现象引起企业界人士的反思。到了20 世纪 80 年代，许多企业纷纷仿效日本企业，开始在企业内部建立和谐的人际关系；大部分企业都设立了职工代表大会，使各部门、各级人员之间能够互通信息，互相交流，下级人员的意见和建议也能够上传，增强了企业的凝聚力和活力。

企业文化的革新性主要体现在企业文化在时代潮流不断变化中，在保持自身优势的前提下，历经适应、变革、创新到新的适应这一循环往复的过程，以确保企业永远走在时代潮流的前列，在竞争中立于不败之地。

6. 企业文化的独特性

企业文化一般都体现以人为本这一核心，但它在各个企业中所采取的形式却又是多种多样的。不同的企业从创立、生存到发展的道路各不相同，各企业采用的推动企业经营与管理的手段和方法也不同。每个企业内部都存在着自身所独有的企业文化，它能够辅助企业适应外部社会与市场环境、营造良好的协调机制与人际关系，促进企业全面成长。因此，每个企业的企业文化又都各具特色，表现出明显的不同于其他企业的、具有不可替代的个性化和独特性。一般来说，相同或相近行业内的企业文化在类型方面表现为相近或相似；不同行业间企业文化的差异较大。正是企业文化呈现出的异彩纷呈的局面，形成了整个企业界或行业内企业文化的多样性，即众多的、局部的个性化、独特性构成了全局的多样性。而每个企业在自身的企业文化建设中都必须以自身的特点为立足点，充分利用自身已有的条件，发挥自身优势，有选择地学习于己有益的理论、方法和经验，克服盲目追赶或照搬，力图建立和发展具有本企业特色的企业文化。盲目照搬人家的企业文化，不但不能发挥企业文化固有的功能，而且也没有生命力。

（四）企业文化与经营管理的关系

企业文化是企业管理的一个要素，它与企业管理之间是局部与整体的关系。但鉴于企业文化的特殊性，它们之间又存在着某种特殊的关系。

1. 企业文化以新的管理方式推动企业发展

一个企业的生产力能否提高取决于企业使用资源的效益。理论上人们把企业拥有的资金、技术、劳动力和占有的设备、原材料看作是企业拥有的资源。如果这些资源被合理地组合起来并加以有效管理，企业乃至整个社会的生产力水平都会不断提高。生产率是一种投入和产出的关系，它的目标就是要使产出的增长快于资源的投入。要做到这一点，必须仰仗企业高效的资源配置（其中包括最佳的投入产出比例）和不断发展的科学技术，经过良好教育、具有较高道德素质的职工队伍及良好的生产、经营管理。

企业文化的功能在于辅助企业确立起有利于资源合理配置的经营哲学和工作组织。企业文化在继承和发展传统管理理论的基础上，突破了旧的过分迷信组织制度和机械的管理理论和方法，突破了忽视非理性、非组织因素，特别是忽视企业的主体——人的因素这一致命弱点，主张企业在重视组织、制度等硬件的同时，特别重视人的因素，即重视人的感情因素、文化因素。它不仅重视管理科学，更强调将人、企业和社会联成整体，使企业不仅成为职工求生存的场所，而且能使职工从中寻找到生命的意义，实现生命的价值。这样，企业文化便把传统的管理从单纯经济的层次扩展到文化的层次、价值的层次，同时它也支持着企业在管理方面进行竞争和角逐，既促进了管理理论的深化，也推动了管理实践的完善。

2. 企业文化是为了健全企业内部组织结构从而加强企业的内部治理

现代化的企业一般都拥有一支专职的管理人员队伍来负责管理企业各级日常工作，维护企业的运营。这类日常的工作一方面是数量化、技术化的，另一方面则是协调企业与其所处的外部社会环境间的关系及协调企业内部各方面之间的关系。企业的这种协调管理工作常常是发挥企业文化特有的激励与协调功能的体现。从企业内部的分工与协作情况来看，更能突出企业文化发挥的作用。但凡现代化企业的成员都分属三大层次，即董事会及成员、各层管理人员、技术人员和普通员工。现代企业正是由于贯彻了企业文化中尊重人的因素的思想，考虑到企业内各方人员物质与精神的要求，发挥企业文化凝聚、激励与协调的功能，协调机构间的相互关系，才能使各部门间、各方人员间实现责任、权利与义务的统一，工作上相互协作，相辅相成，成为相互依存的有机整体。这将直接有利于企业经营效益的提高。

3. 企业文化能够促进企业经营思想的提升

随着时代的发展，文化的意识在各个行业都在大大增强。一方面，企业仅仅着眼于市场和经济核算的经营方式已经不能满足时代发展的要求。现代化企业的经营要以满足社会成员高层次的物质、文化生活需求为目标，经营方式，也要带有文化色彩，企业家在开拓与发展自己的事业中也应具有文化的眼光。另一方面，在企业所处的环境中（包括内外环境、企业与企业的、人与人的交往），处处存在着社会的、民族的、文化的影响。这种文化影响越来越强烈，甚至对社会的经济生活、企业的经营与管理都起到了一定的制约作用。这两种意义上的文化与传统经营原则的矛盾与冲突，促使现代化的新型经营思想的产生。

我国传统的企业经营思想一般都重视计划、指令、调整、控制等这些基本要素。企业通过对这些基本要素的改造，以追求成果的产生和价值的产生、合理的计划和高效的运营、企业功能的全面发挥和竞争的胜利为主要目标。企业文化所主张的现代企业经营思想在吸收了传统经营思想合理成分的基础上，拓宽了视野，提出企业的经营活动是社会经济生活的一部分，在性质上属一种社会集团的活动。企业的经营活动必须与社会文化共同发展。在现在这个知识文化高度发达且渗透于各个领域的时代，企业在经营思想上也发生了重大转变。这种转变主要表现在由过去的只抓指标和数量管理转移到现在抓经营战略的策划和制定，抓企业与所处的自然环境、社会文化环境、市场竞争环境及企业内部人员环境的相互适应上来。在现代企业的经营思想中，经营目标、经营战略和综合管理成为三大要素。

我国的企业是社会主义制度下的企业，在经营思想上除了学习西方企业的科学化管理外，更应该强调企业的社会责任感，强调企业为社会和人民谋福利，为社会提供一流的产品和优质服务，一切以满足人民的需要和有利于社会发展为最高宗旨。

4. 企业文化是企业的灵魂与活力的内在源泉

任何企业都会倡导自己所信奉的价值理念，而且要求自己所倡导的价值理念成为员工的价值理念，并且在实践中将自己所倡导的价值理念认真实施，从而使自己所信奉的价值理念成为指导企业及其员工的灵魂。换句话说，企业文化实际上是指导企业及其员工的一种价值理念，这种价值理念体现在每个员工的意识中，当然最终就成为指导员工行为的一种思想，因而企业文化最终作为企业的灵魂而存在。

从现阶段来看，任何一个企业所倡导的企业文化，恰恰就是这个企业在制度安排以及经营战略选择上对人的价值理念的一种要求，也就是要求人们在价值理念上能够认同企业制度安排及企业战略选择，并以符合企业制度安排及战略选择的价值理念指导自己的行为，因而企业文化实际上是作为企业的灵魂而存在的。比如，有一家名牌企业信奉顾客就是上帝的原则，一直坚持诚信理念，因而当企业生产出质量不过关的产品后，就会自动毁掉这些产品，使企业及员工在利益上都遭受相当的损失，从而强制性地使所有员工都必须具有诚信理念。

企业文化又是企业活力的内在源泉。企业活力最终来自于人的积极性，只有人的积极性被调动起来了，才能使企业最终充满活力。而人的积极性的调动，往往又要受到人的价值理念的支配。也就是说，只有人在价值理念上愿意去干某件事的时候，才会有内在的积极性，如果人对某件事在价值理念上不认同，那么即使是强迫他去干，最终也一定不会干好。他虽然会被动地执行命令，但他并没有内在的积极性，因而不一定会干好，因为他在干这件事的过程中并没有自己内在的活力。所以，要让企业中的每一个人能够积极地去从事某项活动，那么首先就要让他在价值理念上认同这件事。

所以，企业文化作为员工所信奉的价值理念，必然会直接影响企业的活力，作为企业活力的内在源泉而存在。

（五）企业文化的基本功能

以价值观为核心的企业文化，是现代企业管理中不可缺少的重要组成部分，对企业的生存发展有一种神奇作用的内在动力。在激烈的市场竞争条件下，对于企业的生存发展来说，到底什么因素最重要、最关键？有人说奖金最关键，钱最灵验。也有人说要靠严格的管理制度。可事实上，一些企业奖金没少发，管理也不可谓不严格，但重奖重罚并未见到明显的长远效果。有人说最重要的是资金设备，也有人说市场条件最关键。可事实上，有的企业资金设备条件并不差，市场也比较广阔，却倒闭垮台了。那么，到底什么最重要，什么是企业生存发展的内在动力呢？国内外成功企业的经验已经回答了这个问题。美国的 IBM 公司、摩托罗拉公司，日本的松下公司，我国的海尔、邯钢等企业，无不对人的因素，对文化观念的神奇力量有深切的感受。它们获得成功最重要的诀窍，并不在于严格的规章制度、奖金和利润指标，也不在于资金设备和市场条件，而在于真正实现了重视人的因素，激发人的潜能，充分发挥企业员工的积极性和创造性，以增强企业的凝聚力。海尔集团"海尔文化激活休克鱼"的经验道出了其成功的秘诀。企业要想有活力，首先要激活人，使人有活力；要激发人的积极性，必须在企业经营管理中灌输一种积极向上的文化观念，给每个人以希望，给每个人一个明确的目标。管理制度、资金设备、市场条件和利润指标等固然重要，但是这些都属于硬件因素，硬件因素终究是在一定思想观念支配的人的运作下才能起作用，人的精神可以转化为巨大的物质力量。实践表明，企业文化的功能是不可忽视的。

1. 企业文化的导向功能

所谓企业文化的导向功能，即企业以自己的价值观和崇高目标指引职工向企业生产和经营的既定目标努力奋进，它体现了企业生产经营活动的规律和经验。企业文化所包含的企业价值观和经营目标记录了企业在过去岁月里成功与失败的经验，以及企业决策者为企业制定的未来努力的方向和企业的发展前景。可以说，企业的经营管理离不开企业文化的导向。

企业的价值观将直接影响企业活动的各个方面——从企业的发展目标、生产哪种产品、满足什么人的需要、如何进入市场，到怎样对待员工、怎样对待消费者和客户、怎样对待竞争对手等。积极向上的价值观，保证企业的经营决策既符合本企业的利益要求，又可以使企业生产的产品、企业的服务符合社会整体利益的要求，满足人们日益增长的物质文化需要；既可以保证企业的行为遵纪守法，恪守职业道德和社会公德，又可以杜绝欺诈行为和各种形式的假冒伪劣。美国的 IBM 公司以 "IBM 就是服务" 为最高信念，为客户提供世界一流的服务。有一次，亚特兰大拉尼尔公司资料处理中心的计算机出现了故障，为了排除故障，IBM 请来了八位专家，其中至少有四位来自欧洲，有两位分别来自加拿大和拉丁美洲，而且在几个小时内都赶到了现场。IBM 公司在 "提供最佳服务" 的价值观导向下，认真对待每一位顾客和每一件产品，经过多年努力，成为以最佳服务求生存的典范。

企业文化的导向功能，首先体现在它的超前引导方面。这种超前引导是通过企业的价值观和崇高目标的培训教育起作用的。

一般来说，企业对职工的培养有两方面的内容：①基本技能技术的训练，即科学技术的灌输；②对职工进行价值观念和崇高目标的灌输。

对人才的培养内容不仅仅指科学技术知识，而且还要包括企业文化精神的思想内容。企业文化管理模式更加重视思想内容方面的教育和培训，认为企业文化所宣传的、以企业价值观和崇高目标为主要内容的企业精神，对职工起着人格培养的作用。通过对企业精神的培训，使企业精神在职工心中形成共识，引导职工齐心协力，为实现企业的大目标做出贡献。这种对职工的培训教育要持续不断，内容要具体和充实，集中反映了企业的价值观和崇高目标，其形式可以灵活多样。

除了发挥超前引导作用，企业文化的导向作用还体现在它对职工行为的跟踪引导。企业文化管理模式主张把代表企业精神的企业价值观和崇高目标化为具体的依据和准绳，使职工能够随时参照，并据此对自己进行自我控制，使自己在企业的生产经营活动中不致脱离企业的大目标。

2. 企业文化的凝聚功能

企业中每一个群体组织和每一个员工都有自己的价值评判标准和行为准则，都有自己物质和精神方面的需求，因此不同组织和个人表现出不同的个性特征。这些个性特征要想凝聚为一个整体，只能依靠企业的整体价值观。企业的各个群体组织和各位员工，把个人的理想信念融入企业整体的理想信念中来，形成价值观共识，才会为企业发展提供强大的精神动力。当个人价值观与企业价值观融为一体时，企业成员才会感到自己不仅是在为企业工作，也是在为自己工作。这种员工与企业的和谐一致，能够激发起员工强烈的归属感和自豪感，使员工的士气保持长盛不衰。

所谓企业的凝聚力，即企业和职工的相互吸引力，具体说是指企业对职工的吸引力，职工对企业的向心力。凝聚力是一种情感，凝聚力既可以通过企业对职工的关爱表现出来，又可以通过职工对企业的依赖体现出来。这种凝聚力还必然会转化为企业发展的推动力，表现为职工与企业结成命运共同体的合力。

在一个企业中，影响企业凝聚力的因素是多种多样的。苏联学者彼得罗夫斯基提出，增强企业凝聚力要从加强企业内部情感联系入手，达到价值观的高度认同，最终实现目标的彼此内化。美国管理学家西蒙和马奇提出，提高企业凝聚力的有效方法是，强化企业目标的共享意识，扩大企业内部信息沟通与交流的渠道，树立良好的企业形象，加强企业内部人与人之间的理解与信任，有效地控制企业内部成员之间的竞争强度，等等。

企业文化管理模式在强化企业凝聚力方面把亲密情感、价值共识与目标认同作为强化企业凝聚力的关键因素。具有强烈文化的企业特别重视企业内部的情感投资，不断地满足企业职工的情感需求，加强企业对职工的吸引力及企业内部人际关系的吸引力。同时，企业文化又为企业内部职工提供统一的行为规范与准则，建立起在企业价值观基础上的行为模式，从而把职工的行为吸引到实现企业目标的轨道上来。企业文化引导职工追求的崇高目标中除了要充分体现企业的经营理念与经营宗旨外，还要广泛地容纳企业职工的利益要求，使企业职工能够感觉到企业目标的实现也意味着个人利益需求的实现。这样就能最大限度地激发职工为实现企业的崇高目标而勤奋工作、积极进取。

3. 企业文化的激励功能

现代企业文化管理模式把以人为本视为企业的主要价值观念，视人力资源为企业中最为宝贵的资源，对激励问题极为重视。但企业文化管理模式与传统的企业管理模式不同之处在于，它由重视激励个体转变为重视激励群体，为提高企业职工的生产积极性、主动性和创造性提供了新型的手段与方法，为企业职工的激励问题开辟了新的途径。

现代企业文化管理理论认为，人的行为不仅取决于个体心理的需求与动机，而且还取决于他所在组织的心理与需求，取决于他所在群体的文化因素。因此，要想激发起职工的工作积极性、主动性和创造性，就不能把注意力完全集中于个体的需求与动机上，而应当把视野扩展到对个体行为具有影响的组织的需求与动机上，扩展为营造企业文化的激励机制。企业价值观不仅使员工明确企业的发展目标和方向，而且使员工了解工作的目的不仅是赚钱，个人的需要也不仅是物质上的需要，还有比赚钱和物质需要更重要的东西，那就是满足社会需要和实现自我人生价值。企业价值观所确定的共同目标和共同信仰，能够激发起企业员工赴汤蹈火的激情和忘我工作的精神，促使大家追求更加卓越的目标，把工作干得更好。美国著名心理学家费罗姆提出的期望理论认为，假如一个人把自己行为目标的价值看得越大，或自我估计实现目标的可能性越大，那么，这种目标对他的行为的激励作用就越大。

企业文化管理模式一方面采用个人激励的手段与方法，如提供晋升机会，赋予个人更多的责任与权利，在企业内部创造一种平等、民主、相互尊重的气氛等，激发职工追求出色工作和在出色的企业中工作的愿望；另一方面又采取群体激励的方法，如为企业职工提供统一的价值观念，树立企业的崇高目标，形成具有战斗力的团队精神等，满足职工在出色的企业中工作的愿望。而在企业文化中的价值追求和崇高目标影响下形成的一套完整的行为规范与准则，通过企业英雄人物、典礼仪式及文化网络等因素的强化，为企业员工实践价值追求提供了机会，对个体行为的积极性产生了更持久、更广泛的影响。企业文化对群体精神的激励，强化了个体对群体的归属感、使命感，激发起个体为集体做出贡献的决心与信心，促使个体产生稳固的行为积极性。

4. 企业文化的规范协调功能

所谓企业价值观，即企业制定各种行为规范和职业道德规范的依据，也是贯彻执行这些规范的精神武器。在具有强烈文化气氛的企业中，企业价值观引导和约束人们的行为，使之符合企业整体的价值标准。在企业文化的引导与约束下，企业员工能够自觉地意识到什么事情应该做、什么事不应该做、什么是应该提倡的、什么是应该反对的，从而使企业的产品和服务更加精益求精，对客户和消费者高度负责，为企业提高美誉度和知名度。经验表明，这种在企业价值观基础上形成的企业文化"软性"约束机制，对企业及其员工行为的规范与约束十分有效。

企业作为社会机体中的一个细胞，它的生存与发展一方面要依赖社会向它提供必要的生存空间，另一方面企业也要承担起它对社会应负的责任。企业文化中崇高的社会目标的规定、企业文化网络的建立等为企业如何协调与社会的关系，提供了现实的选择。

总体来看，现代企业文化强调以人为本和崇高的社会目标，并非刻意追求企业利润的最大化。但是，它的引导功能、凝聚功能、激励功能和规范协调功能的充分发挥，却可以使企业取得最好的效益。例如，人们在一种先进的企业文化氛围中工作，会充满自豪感和主人翁精神，会忘我地、创造性地工作，并井然有序，高效精确，人际关系融洽，内耗与效率损失减少，还能取得政府、社区和消费者的广泛支持，并减少工作中大量不必要的冲突与摩擦，因此企业的效益就会大大提高，这就是企业文化功能想要最终达到的目的。

当然，不同的企业会有不同的企业文化，不同的企业文化发挥的功能也会有所不同。例如，就企业文化的策略来讲，它是企业制度安排和战略选择在人的价值理念上的反映，而不同的企业又具有不同的制度安排和战略选择，因而对于作为反映企业制度安排和战略选择的企业文化，当然在功能上就有很大的不同。也就是说，企业自身的制度安排和战略选择的不同，就使得企业文化有很大的差异。例如海尔的企业文化与长虹的企业文化就不相同，它们在制度安排和战略选择上也有很大的差异。

另外，企业家的文化对企业文化的影响也是很大的，企业文化实际上必然会打上企业家文化的烙印；而不同行业的企业家的价值理念往往又是各不相同的。因此，企业文化往往表现出各自不同的差异性。

二、企业文化营造

企业文化的精神层文化也称作企业精神文化，相对于企业物质文化和行为文化来说，企业精神文化是一种更深层次的文化现象，在整个企业文化系统中它处于核心的地位。

企业精神文化，就是指企业在生产经营过程中，受一定的意识形态、社会文化背景影响而长期形成的一种精神成果和文化观念。它包括企业道德、企业经营哲学、企业精神、企业价值观念和企业风貌等内容，是企业意识形态的总和。它是企业行为文化、物质文化的升华，是企业的上层建筑。

(一) 企业精神

企业精神是现代观念与企业个性相结合的一种群体意识。每个企业都有自己特色的企业精神，它们往往以简洁而富有哲理的语言形式加以概括，通过厂歌、厂训、厂规和厂徽等形式形象地表现出来。

企业精神是企业全体或多数员工共同一致，彼此共鸣的内心态度、意志状况和思想境界。它可以激发企业员工的积极性，增强企业的活力。企业精神作为企业内部员工群体心理定式的主导意识，是企业经营宗旨、价值准则、管理信条的集中体现，它构成企业文化的基石。

企业精神形成于企业生产经营的实践之中。随着企业的发展，在此过程中逐渐提炼出带有经典意义的指导企业运作的哲学思想，成为企业家倡导并以决策和组织实施等手段强化的主导意识。企业精神集中反映了企业家的事业追求、主攻方向以及调动员工积极性的基本指导思想。企业家常常以各种形式在企业组织过程中全方位强有力地贯彻企业精神。于是，企业精神又常常成为调节系统功能的精神动力。

企业精神必须反映企业的特点，它与生产经营不可分割。企业精神不仅能动地反映与企业生产经营密切相关的本质特性，而且能够更鲜明地显示企业的经营宗旨和发展方向。它能较深刻地反映企业的个性特征和它在管理上的影响，起到促进企业发展的作用。

企业的发展需要全体员工共同努力，需要他们具有强烈的向心力，将企业各方面的力量全部集中到企业的经营目标上去。企业精神恰好能发挥这方面的作用。人是生产力中最活跃的因素，也是企业经营管理中最难把握的因素。现代管理学特别强调人的因素和人本管理，其最终目标就是试图寻找一种先进的、具有代表性的共同理想，将全体员工团结在企业精神的旗帜下，最大限度地发挥人的主观能动性。企业精神渗透于企业生产经营活动的各个方面和各个环节，给人以信念、理想、荣誉、鼓励，也给人以约束。

企业精神一旦形成群体心理定式，既可通过明确的意识支配行为，也可通过潜意识产生行为。其信念化的结果，会大大提高员工主动承担责任和修正个人不良行为的自觉性，从而主动地关注企业的前途，维护企业的声誉，为企业贡献自己的全部力量。

从企业运行过程中可以发现，企业精神具有以下几个特征：

1. 企业精神是企业现实状况的客观反映

企业生产力状况是企业精神产生和存在的依据，企业的生产力水平及其由此带来的员工、企业家素质对企业精神的内容有着根本的影响。很难想象在生产力低下的经济条件下，企业会产生表现高度发达的商品经济观念的企业精神，同样，也只有正确反映现实的企业精神，才能起到指导企业实践活动的作用。企业精神是企业现实状况、现存生产经营方式、员工生活方式的反映，这是它最根本的特征。离开了这一点，企业精神就不会具有生命力，也发挥不了其应有的作用。

2. 企业精神是全体员工共同拥有、普遍掌握的理念

只有当一种精神成为一种群体意识时，才可以把它认作企业精神。企业的绩效不仅取决于它自身有一种独特的、具有生命力的企业精神，而且还取决于这种企业精神在企业内部的普及程度，取决于它是否具有群体性。

3. 企业精神是稳定性与动态性的统一

企业精神一旦确立，就相对稳定，但这种稳定并不意味着它就一成不变了，它会随着企业的发展而不断发展。企业精神是对现阶段员工中存在的现代生产意识、竞争意识、文明意识、道德意识以及企业理想、目标、思想面貌的提炼和概括，无论从它所反映的内容还是它所表达的形式来看，都具有稳定性。但同时，社会的发展，市场的激烈竞争又不允许企业以一个固定的标准为目标，竞争的激化、时空的变迁、技术的飞跃、观念的更新以及企业的重组，都要求企业做出与之相适应的反应，这就体现了企业精神的动态性。稳定性和动态性的统一，使企业精神不断趋于完善。

4. 企业精神具有独创性和创新性

每个企业的企业精神都具有自己的特色和创造精神，这样才能使企业的经营管理和生产活动更具有针对性，让企业精神充分发挥它的统帅作用。企业财富的源泉蕴藏在企业员工的创新精神中，企业家的创新体现在如何战略决策上，中层管理人员的创新体现在他如何调动下属的劳动热情上，工人的创新体现在他对操作的改进、自我管理的自觉性上。任何企业的成功，无不是其创新精神的结果，因而从企业发展的未来看，独创和创新精神应当成为每个企业的企业精神的重要内容。

5. 企业精神要求务实和求精精神

企业精神的确立，旨在为企业员工指出方向和目标。务实就是应当从实际出发，实事求是，遵循客观规律，注重实际意义，切忌凭空设想和照搬照抄。如美国杜邦公司的企业精神是"通过化学为人们的生活提供更好的商品"，表明了杜邦公司的经营特色和独具个性的理念。

求精精神就是在企业经营上高标准、严要求，不断致力于企业产品质量、服务质量的提高。在现代社会，市场竞争如此激烈，质量和信誉是关系事业成败的关键因素。一个企业想要得到长期稳定的发展，必须要永远保持旺盛的生命力，而这就必须

发扬求精精神。

6. 企业精神具有时代性

企业精神是时代精神的体现，是企业个性和时代精神相结合的产物。优秀的企业精神能够让人从中把握时代的脉搏，感受到时代赋予企业的勃勃生机。在发展市场经济的今天，企业精神应当渗透着现代企业经营管理理念，确立消费者第一的观念以及灵活经营的观念、市场竞争的观念、经济效益的观念等。充分体现时代精神应成为每个企业培育自身企业精神的重要内容。

（二）企业经营哲学

企业经营哲学，是指企业在经营管理过程中提升的世界观和方法论，是企业在处理人与人及利益（管理者与被管理者、雇主与雇员、企业利益与职工利益、企业利益与社会利益、消费者与生产者、当前利益与长远利益、局部利益与整体利益、企业与企业之间相互利益）、人与物（标准化、定额、计量、财务、信息、情报、计划、成本、产品质量与产品价值、职工操作规范、技术开发与改造等）关系上形成的意识形态和文化现象。在处理这些关系中形成的经营哲学，一方面与民族文化传统有关，另一方面与特定时期的社会生产、特定的经济形态以及国家经济体制有关。

企业经营哲学还与企业文化背景有关。一个企业在确立自身经营哲学时，必须要考虑到企业文化背景对企业的影响力。外向型企业、跨国公司、企业跨国经营，更需重视这一点。东西方传统不同，民族文化也不同，在企业经营中，从方法到理念上都存在着明显的差异。他们崇尚天马行空、独往独来式的英雄，崇尚个人奋斗和竞争。在管理中比较强调"理性"管理，强调规章制度、契约、管理组织结构等。而东方文化圈的企业更强调"人性"的管理，如强调群体意识、人际关系、忠诚合作的作用；强调集体的价值——企业集团、团队精神、技能训练、社会负责、对公司的忠诚、产业发展战略以及推动经济增长的产业政策。一个是以理性为本，另一个是以情感为本，两种文化传统形成鲜明的对比，从而也形成了两种不同的企业经营哲学。

日本在吸取中国文化传统基础上形成的日本式经营哲学已引起了世界的关注，这种经营哲学也直接影响着日本企业运营的绩效。在经历了"二战"的惨重失败后，却出人意料地在短短 20 多年的时间内异军突起，一跃成为当时继美国之后的世界第二大工业国和经济强国。日本的家用电器、汽车等产品源源不断地大量输入美国，并以其价低、质优、物美对美国的同类产品构成极大的威胁。日本经济高速增长的因素很多，但其企业经营哲学之独特是一个重要因素。管理企业家和专家发现，美国企业家重视管理"硬"的方面，即重视理性主义的科学管理，而日本企业不仅重视"硬"的方面，而且更重视企业形成共同的目标、共同的价值观念、行为方式和道德规范等"软"的精神因素。

东亚文化圈的企业经营哲学，重视集体精神的价值，每当公司制定发展战略，一定要征求公司集体的意见。在日本企业内，放在利益相关集体首位的是雇员，客户次之，股东则更次之。由于雇员的利益最重要，日本公司总是设法不断提高雇员的工资，以培养雇员对公司集体的忠诚。

跨文化管理也叫作交叉文化管理，是指企业跨国经营。在这一领域中，企业经营哲学与企业文化背景之间的相互联系显得格外重要。西方国家早已开始了跨文化经营哲学的研究。

随着科技的进步和世界经济的迅速发展，企业跨国经营的国际化趋势不断明显。企业的跨国经营是工业发达国家利用国际资源、壮大经济实力的必由之路。企业跨文化管理、跨国经营孕育了企业跨国经营哲学。管理学大师彼得·德鲁克说过，跨国经营的企业是一种多文化的机构，其经营管理思想基本上是一个把政治、文化上的多样性结合起来而进行统一管理的哲学思想体系。跨国经营企业面临的是在诸多差异之间进行生产经营活动的经营环境，企业经营环境的跨文化差异是企业跨文化管理的现实背景。一般来说，跨国经营企业所面临的经营环境包括政治环境、法律环境、经济环境、社会环境和文化环境等。

文化因素对企业运行来说，其影响力是全系统、全方位和全过程的。在跨国经营企业内部，东道国文化和所在国文化相互交叉结合，东道国与所在国之间以及来自不同国家的经理职员之间的文化传统差距越大，所需要解决的问题也就越多。在跨文化管理中，形成跨文化沟通、和谐的具有东道国特色的经营哲学是至关重要的。成功的跨国经营企业在这方面曾经做出了有益的尝试。中国惠普公司探索了一种建立在东西方文化结合基础上的人本管理新模式，用他们的话来说，就是在中国文化和美国文化背景的相互交融中，不断提高内部和谐性与外部适应性。共同的长期战略、互利、互信和共同管理是跨国经营哲学的基础。据报道，2014年我国吸收外资总体规模保持稳定，利用外资质量进一步提升，全年我国吸收外资约1200亿美元。从全球范围看，投资环境和引资竞争力的基本面未发生重大变化。我国在法律体系、营商环境、产业配套、劳动力素质等方面仍具有综合优势。为了更好地吸收外资，我国正在全面改善投资环境，创造公平、透明、可预期的营商环境。预计2015年我国吸收外资仍将保持稳定发展的态势，引资规模将与2014年基本持平。我国在引进资金和技术的同时，也引进了管理，使不同的经营思想、管理方法、价值观、思维方式和经营哲学发生了交汇和碰撞。在中国建立的"三资"企业的经营必然要受到中国大环境的制约，它不但涉及中国的制度、法规，还涉及中国的价值观和文化理念。上海大众汽车有限公司原德方副总经理马丁·波斯曾指出：为了实现长期的目标，必须实现技术的中国化和经营哲学思想的中国化。

目前，我国已在境外120多个国家和地区投资建立了企业，而且海外投资还有快速增长的趋势。在新形势下，企业跨国经营已经成为中国经济发展的一个重要趋势，进行全球的投资以实现资源的有效配置，可以充分、有效地利用国际市场，参与国际竞争，进而提高国际竞争力。我国的海外企业在与国外企业逐渐地相互渗透和融合的过程中，不但要通晓东道国、所在国国情、民情，不同地区、不同民族各不相同的风俗、文化习惯等，而且还与各跨国公司的人员在进行企业运营、企业谈判、企业涉外交往的各个领域打交道时，需要灵活掌握，且尊重本地人民的习俗和民情。

（三）企业价值观

所谓企业价值观，就是指企业在追求经营成功过程中所推崇的基本信念和奉行的目标。从哲学上说，价值观是关于对象对主体有用性的一种观念。而企业价值观是企业全体或多数员工一致赞同的关于企业意义的终极判断。

　　这里所说的"价值"是一种主观的、可选择的关系范畴。一事物是否具有价值，不仅取决于它对什么人有价值，而且还取决于是谁在做判断。不同的人会得出不同的结果。如一个把"创新"作为本位价值的企业，当利润、效率与"创新"发生矛盾时，它会自然地选择后者，使利润、效率让位。同样，有一些企业可能会认为："企业的价值在于服务"、"企业的价值在于致富"、"企业的价值在于育人"、"企业的价值在于利润"。那么，这些企业的价值观分别可称为服务价值观、致富价值观、育人价值观和利润价值观。

　　在西方企业的发展过程中，企业价值观经历了多种形态的演变，其中最大利润价值观、经营管理价值观和企业社会互利价值观是比较典型的企业价值观，分别代表了三个不同历史时期西方企业的价值取向和基本信念。

　　最大利润价值观就是指企业全部管理决策和行动都围绕如何获取最大利润，并以此为标准来评价企业经营的好坏。

　　经营管理价值观是指企业在组织复杂、规模扩大、巨额投资而投资者分散的条件下，管理者受投资者的委托，从事经营管理而形成的价值观。一般来说，除了尽可能地为投资者获利以外，还非常注重企业人员的自身价值的实现。

　　企业社会互利价值观是在 20 世纪 70 年代兴起的一种西方社会的企业价值观，它要求在确定企业利润水平时，把企业、社会、员工的利益统筹起来考虑，不能失之偏颇。

　　当代企业价值观的一个最大的特点就是以人为中心，以爱护人、关心人的人本主义思想为导向。过去，企业文化也把人才培养作为重要的内容，但只限于把人才培养作为手段。西方的一些企业非常强调在职工技术、技能训练上的投资，并以此作为企业提高效率、获得更多利润的途径。这种做法，实际上是把人作为工具来看待，所谓的培养人才，不过是为了提高工具的性能，以增加和提高他们的使用效率罢了。现代企业的发展趋势是把人的发展作为主要目的，而不单纯是手段，这是企业价值观的根本性变化。企业能否给员工提供一个适合其发展的良好环境，能否给其发展创造一切可能的条件，成为衡量一个当代企业或优或劣、或先进或落后的根本标志。德国思想家康德曾指出：在经历种种冲突、牺牲、辛勤斗争和曲折复杂的漫长路程之后，历史将指向一个充分发挥人的全部才智的美好社会。随着现代科学与技术的发展，21 世纪文明的真正财富将越来越表现为人通过主体本质力量的发挥而实现对客观世界的支配。这就要求充分注意人的全面发展问题，研究人的全面发展，无论对全社会，还是对企业中的人，都具有极其重要的意义。

（四）企业文化的营造方式

　　企业文化不是自然而然地形成的，而是要通过营造的方式建立起来的，所以不能把企业文化当成一种完全可以通过自然而然的方式而形成的价值理念，而是要注重对企业文化的营造。也就是自觉地建立自己的企业文化。

　　一个企业到底怎样营造自己的企业文化呢？主要有以下几个方面的工作要做，或者说建立企业文化必须从以下几个方面来开展工作。

1. 企业文化制度化

　　企业文化制度化，在现实中有两层含义，第一层，指企业文化必须要充分体现在企业的制度安排和战略选择中，虽然企业文化是企业制度安排和战略选择在人的价值理念上的反映，但是要看到企业文化对企业制度安排和战略选择的能动作用，即企业文化对企业运行要有指导作用。因此，要使企业文化能够真正形成，就必须把企业文化制度化，使人的价值理念充分地体现在企业的现实运行过程中，形成一种制度，使企业文化浸透于企业制度安排和战略选择之中。第二层，指企业文化作为企业倡导的价值理念，必须通过制度的方式统领员工的思想，任何员工都必须在思想上接受企业文化，使本企业的企业文化成为员工在思想上的制度，使员工效忠本公司的企业文化。

企业文化不仅仅是企业倡导和信奉的价值理念，而且必须是要付诸实践的价值理念。也就是说，企业文化要指导企业制度的建立和企业战略的选择，是指导企业所有行为的价值理念。所以，企业文化不仅来自于实践，更要指导实践，在实践中逐渐实现与完善。因而企业文化不仅仅是企业倡导的价值理念，而且还是指导企业实践的价值理念。国外一些企业的企业文化不仅仅表现在企业的各种文件中，而更多的是表现在员工的行动中，表现为员工自觉地实践着企业文化。

2. 企业文化教育化

企业文化教育化，是指要通过灌输学习的方式将企业所信奉的和必须实践的价值理念，渗透到员工的思想中去。因此，建立企业文化的重要工作，就是要加强企业的培训。企业培训不仅仅是对员工进行的一种业务培训，更重要的应该是对企业文化的培训，也就是要用企业文化去整合和占领员工的思想，让所有的员工都必须认可本企业的企业文化，并用这种企业文化在现实中指导自己的行为。所以，有关企业文化的教育化，是建设企业文化的一个很重要的途径。

在国外的企业中，企业不仅仅注重企业文化培训经费的筹措，比如规定企业文化培训费用不能低于企业销售额的1%，而且还注重企业文化培训教材的建设，例如编写企业文化白皮书。企业文化白皮书就是企业的企业文化的培训教材。所以，我们应该全方位重视企业文化的教育工作。

3. 企业文化奖惩化

企业文化奖惩化，是指遵守企业文化的人会受到奖励，而违背企业文化的人则会受到惩罚，通过奖惩的方式而使企业文化能够真正成为企业中所有员工的价值理念。从现实状况来看，没有奖惩的办法，很难真正地形成企业文化，也很难使企业文化植根于企业员工的头脑之中，因此，在塑造企业文化的过程中必须强调奖惩制度。

国外的一些企业在评选优秀职工时，常常注重对那些自觉遵守企业文化的员工进行奖励，当然也在各个方面对那些无视企业文化的人进行批评。

4. 企业文化系统化

企业文化系统化，是指企业文化的内容必须不断完善。所有企业在塑造企业文化的过程中，都应该不断地根据现实状况，从发展的角度去不断完善自身的企业文化，最终形成一个内容非常完善的系统性的企业文化。这种非常完善的系统性的企业文化将对员工有很大的约束力。国外有些企业的企业文化白皮书竟然有十几万字之多，这么多内容的企业文化，并不是一两年能完成的，而是经过长时期积累的结果，是坚持企业文化系统化的结果。

总之，对于如何营造企业文化的问题，应该主要从上述几方面来进行考虑。只有通过上述几个方面的工作，才能最终使企业文化真正植根于企业员工的思想之中，成为员工所信奉和实践的企业文化。因此，企业不能把企业文化的营造留在口头上，而应该落实在行动上。

三、企业物质文化

在创造企业物质文化的过程中，应当遵循一定的原则。时代不同，人们追求的价值观也有所不同，为了适应新世纪人们心理的、审美的变化，企业在进行物质生产和服务时，应当遵循"品质文化"的规范；遵循知识经济的规律；遵循技术审美和顾客愉悦的原则。

（一）遵循"品质至上"的规范

"品质至上"，即强调企业产品的质量。产品的竞争首先是质量的竞争，质量是企业的生命，是企业得以生存的基本，持续稳定的优质产品，是维系企业商誉和品牌的根本保证。

以产品质量驰名天下的奔驰汽车，充分体现了它所代表的产品的卓越品质。奔驰车的质量号称 20 万公里不用动螺丝刀；30 万公里以后，换个发动机，可再跑 30 万公里。以卓越的质量为后盾，他们敢于播发这样的广告：如果有人发现奔驰汽车发生故障被修理厂拖走，我们将赠您 1 万美元。

奔驰汽车之所以敢如此承诺，是因为奔驰汽车有着很高的品质保证。首先在于全公司范围内树立起"品质至上"的企业理念，全体员工人人重视质量。他们的劳动组织是把生产流水线作业改为小组作业，12 人一组，确定内部分工、协作、人力安排和质量检验，改变了重复单一劳动容易出现差错的现象，提高了效率和产品质量。奔驰公司特别注重技术培训，他们在国内有 502 个培训中心，负责对各类员工进行培训。新招收的工人除了基本理论和外语培训外，还有车、刨、焊、测等的技术培训。培训后结业考试，考试合格后才能成为正式工人，不合格者可补考一次，如再不合格，就不会被聘用。

奔驰公司要求全体员工精工细作，一丝不苟，严把质量关。奔驰车座位的纺织面料所用的羊毛是从新西兰进口的，粗细在 23～25 微米，细的用于高档车，柔软舒适；粗的用于中低档车，结实耐用。纺织时还要加入一定比例的中国真丝和印度羊绒。座位皮面要选上好的公牛皮，从养牛开始就注意防止外伤和寄生虫。加工鞣制一张 6 平方米的牛皮，能使用上的不到一半，肚皮太薄、颈皮太皱、腿皮太窄，这些一律得除去。制作染色工艺也十分考究，最后座椅制成后，还要用红外线照射灯把皱纹熨平。奔驰公司有一个 126 亩的试车场，每年拿出 100 辆新车进行破坏性试验，以时速 35 英里的车速撞击坚固的混凝土厚墙，用来检验前座的安全性。奔驰公司在全世界各大洲都设有专门的质量检测中心，有高性能的检测设备和大批质检人员，每年抽检上万辆奔驰车。这些措施使奔驰名冠全球，使奔驰的"品质至上"深入人心。

（二）遵循科技和美学相结合原则

美国心理学家欧内斯特·迪士特（Ernest Dichter）被誉为动机研究的思想之父，他把人类消费动机的研究和市场营销联系起来，创立了市场营销学新的思想方式。迪士特认为，消费者接触商品时第一眼是用眼睛观察的，然后眼睛看到的东西在头脑中形成映像，头脑开始认识并试图分析所看到的产品对他有什么具体的意义。现代消费者购到一件商品，并非仅仅为了购买商品的物理功能或效用，也并非只是为了取得商品的所有权，他更希望通过购买商品获得一系列心理的满足和精神的愉悦感。

日本电通市场营销战略研究会曾就消费者选购商品和服务的原因进行过调查，他们把饮食、服装、娱乐、交往和学识5个领域的50种商品和服务列为调查对象，从中了解消费者选择商品时的着眼点——拟定了"流行"、"发挥个性"、"气氛、印象"、"社会评价"、"合乎感觉"、"优越感"、"广告形象"、"功能、质量"、"廉价"及"对厂家的信任"10个项目。应用"因素分析法"对收集的资料进行分析后发现，影响消费者购买心理的原因主要有两类：一是感性与理性；二是同一化与差别化。

感性是指消费者出于"流行"、"合乎自己的感觉"、"气氛、印象"的原则选购商品；理性，是指消费者出于"对厂家的信任"、商品的"性能、质量"、"廉价"的理智心理选购商品。同一化，是指消费者从"广告形象"及"社会评价"的原则出发选购商品；而从"发挥个性"、"优越感"出发选购商品，则是差别化的购买原则。从不同的侧重点去揣测消费者的购买心理，从中可以做出判断：人们的购物心理大都出于购物的审美无意识。

这种审美无意识可归结为"轻、我、华、鲜"四个字。

"轻"即轻快感。物质生产的"轻、薄、短、小"是近年来世界性趋势，它代表着时代潮流。快餐店、运动饮料、摩托车、汽车、旅游都成了消费的时尚，特别是对现在的年轻人，具有轻快感的商品和服务具有极大的市场。

"我"即个性感。富有个性的人们，希望过一种别人模仿不了的生活。托夫勒在《未来的冲击》中说，未来社会的短暂性和多样性，使人们染上了当代的通病——"自我认证的危机"。所谓无可选择的"群体化社会"是不会有自我认证的追求的，只有面临大量复杂的选择时，才会有这种追求。选择的可能性越多，则越容易失去个性；越害怕失去个性，就越渴望重新进行选择。现代人面临的两难的生活境地，促使人们更多地从消费中去寻求自我、寻求个性。因此，能够体现"自我"这个概念以及能满足"自我"这种感受的商品和服务将大受欢迎，如生日礼物、文化中心、个人计算机、节日礼品、各种培训班、各种旅游和蹦极运动等。选择此类商品可以感受到自我存在的乐趣。

"华"即潇洒感、富裕感。这种感受并不仅仅限于有钱阶级才能享受，现在的普通人也可以体验，如音响设备、首饰、珠宝等，以使用和拥有本身成为快乐。为了追求这类感受，社会的中上层、白领阶层常常愿意在这方面花费。

"鲜"即新鲜感、健康感。现代社会生活节奏越来越快，使人们对新鲜感和健康感的追求更为迫切。对于个人来说，生活节奏是至关重要的心理变化，科技和社会变化的加快，正是通过生活的加快才在个人生活中产生影响的。而新鲜感、健康感无疑可以缓解生活节奏对人心理造成的不适，它使人们从紧张的工作和人际关系中解脱出来，重新调整自己的情绪。

现代产品，从某种意义上说都是科技和美学相结合的成果，任何一件技术产品，其存在的唯一根据就是具备效用性和审美性的统一，从这个意义上说，企业文化与美学、技术审美是相互渗透、相互包容、相互融合的。

人类的历史告诉我们：人类的第一件工具是所有创造物的起点和最初形态。在这个最初形态中，我们发现，劳动在创造人类的同时，也创造了主体的认识能力和与之相伴生的审美能力。按照技术审美的原则开发和生产产品，始于 20 世纪初。技术美学的兴起与发展是大工业生产的产物，尽管手工业生产中技术与艺术曾得到完美的结合，手工业生产者往往是文明的艺术家。但是手工业生产的落后也是十分明显的，笨重的体力劳动、低下的生产效率，自然无法满足人们对物质文化的需求。使用机器生产无疑是人类一个了不起的进步。

资本主义大工业生产虽孕育了技术美学，但它同时又造成技术与艺术的脱节和对立，使得产品在满足人们的审美需求方面严重不足，大规模地使用机器造成劳动者本能的扭曲、创造性才能的窒息。技术美学的先驱、英国著名建筑大师威廉·莫里斯和美学家约翰·罗斯金曾抨击了资本主义大机器生产给工人带来的异化现象。

第二次世界大战前后，技术美学得到了迅速的发展。席卷全球的经济危机迫使企业家在产品开发和制造过程中，从外观、功能等方面进行革新，以扩大产品的销路。"二战"后人们的物质生活水平有了很大提高，商品销售竞争日益加剧，更加刺激了技术、设计朝着更高、更完美的审美水平发展。

技术美学（desipl）。其含义不只是设计的意思，还包含有"不同寻常"、"机敏"的意思。因此，design 常常被理解为"美的设计"、"不同寻常的、别出心裁的设计"。在德语中，技术美学通常指工业造型理论，明确地把工业造型的艺术设计理论称为技术美学的是捷克斯洛伐克著名艺术家佩特尔·图奇内。

1944 年 12 月，英国创立了世界上第一个技术美学学会。1957 年，在日内瓦成立了国际技术美学协会，又称国际工业品艺术设计协会。它标志着在世界范围内的工业生产和产品制造的美学问题，已经引起人们的极大重视并逐步深化。工业产品不仅成为人的使用对象，而且也成为人的审美对象，这就要求企业家在组织产品生产中兼顾产品的功利价值以及它的审美价值。

产品的审美价值是由产品的内形式和外形式两部分构成的，其中外形式的审美价值具有关键的作用。

审美功能要求产品的外形式在具备效用功能的同时，还需具备使人赏心悦目、精神舒畅的形式美。审美功能的最直观意义是可感形态的直观显现，它体现了人们追求精神自由的愿望；审美功能的深层意义，则体现出人们对技术美的本质追求——实现人在自然面前的物质和精神的双重解放。

产品的技术美存在于那些具有三度空间的、抽象的、具有各种效用功能的技术产品中。当技术产品以不同的形式构成三度空间的实体时，就存在着不同结构形式所产生的结构美。在一定程度上，结构是技术产品得以成立的重要手段，从事产品开发设计的人员应当懂得结构作为一种手段对产品所产生的审美意义。

结构在产品中的含义是：构成技术产品的诸要素的组接方式，即元件与元件、部件与部件、零件与零件的组合和连接方式。

结构美的本质是轻巧、可靠、简洁和方便。法国工业美学学院院长乔治·康贝说过，"优秀的设计是手段的节约"。建筑大师米斯·凡德罗说："越少即是越多。"产品的结构美是通过折叠、轻便、紧凑、装配和集合等手段来实现的。

人们的各种创造活动，具有明显的个性差异，这种个性差异就产生了独特的创作风格。风格是个性和气质的表现，这种个性和气质贯穿于人的物化劳动过程中，最后体现在物质产品之中。在手工业时代，人工制品可以直接表现出生产者的个性和手工操作的痕迹。

机器生产的出现由设计师的个性代替了手工业时代生产者的个性，设计师可以从宏观上把握企业产品的个性。产品设计是企业物质文化的一种表现形式，一个社会的政治、经济、审美观念、科学技术、价值取向以及生活方式等都会在产品设计中打上深深的烙印。产品都是特定时代上述诸因素和时代信息的总汇。换言之，产品的风格和它的审美倾向是在一定文化背景下通过工业生产的，在产品上留下的时代信息和企业特征。

产品的形态是技术审美信息的载体。设计师必须充分考虑形态的心理效应、生理效应和审美效应，使之体现出技术产品的效用功能与审美功能的统一。产品的色彩设计既受物质文化的限制，又受观念文化和制度文化的约束。因此，技术产品的色彩设计不仅必须考虑产品的效用功能与操作功能的表达，而且必须考虑社会的宗教信仰、价值观念、民族习俗和艺术传统等文化因素。

色彩的文化意味包括两个层次：一般的文化意味和特殊的文化意味。色彩的一般文化意味，是指建立在"物理—生理—心理"反应基础上的色彩特有情感和带有人类普遍性的联想情感。它具有国际性、全人类性的特点。色彩的特殊文化意味，是指民族的色彩审美趣味，这种文化意味鲜明地呈现出一个民族独特的文化精神。从时间纵轴来看，色彩的特殊文化意味是在长期的历史发展过程中，由该民族独特的经济、政治、宗教和艺术等社会活动凝结而成的，具有一定的稳定性。

色彩的特殊文化意味和一般的文化意味是相互渗透的。各民族对色彩的情感性质、文化意味的理解有同有异。如红色在中国历来被认为是象征权威、高贵、喜庆的颜色。黄色，一般的情感意味是轻快、干净，象征明亮与富丽。黑色在中国象征权力与威严，在西方象征知识渊博、公正、高雅等。

技术美学原理不仅要贯彻到产品设计与制造之中，而且还要贯彻到企业环境的总体设计、企业建筑设计以及门面设计等方面。

企业的生产环境条件对员工的劳动效率会产生直接的影响，良好的生产环境能激起人们愉快、高昂的工作情绪，提高工作效率，消除疲劳、紧张、厌倦和烦躁不安的情绪。如果生产环境肮脏、杂乱、嘈杂，员工的情绪和健康都会受到影响，势必会降低工作效率。

在企业的广告、招牌的设计上，也必须贯彻技术美学的原则，企业的广告应充分调动一切艺术形式的作用，如绘画、摄影、文学、声音、色彩以及灯光等手段，力求达到形象、新颖、富有美感和个性化。企业招牌是企业名称的载体，其统一的字体、结构、名称、色泽和用料都会给公众以强烈的感受、留下深刻的印象。企业的形象一部分是通过企业招牌传达给顾客的。

在产品的包装设计中，也必须贯彻这一原则。现代工业设计，其目的固然有确定产品和包装的外形质量，但更重要的是改善结构和功能之间的相互联系，达到效用、功能与审美愉悦三方面的统一。现代商品包装、装潢是一门集形象设计、产品保护和广告宣传三种功能于一体的商业美术，它是实用性和审美性融于一身的视觉艺术。

企业不仅单单是制造产品和提供服务，而且还要创造一种情境。企业将产品、商店和广告作为信息提供给消费者，给消费者带来新的生活情境。企业要善于调动消费者各种知觉能力，企业如果能全面调动起消费者的动觉、嗅觉、听觉、触觉、味觉，那么情境的空间即由单一的知觉空间变为复合知觉空间。目前，越来越多的商场采用开架式销货就是在调动消费者视觉的基础上，进一步调动触觉和动觉参与消费的情境创造，这样，消费者心理感受的强度大大提高，购买的欲望也会随之增强。

（三）遵循服务于顾客愉悦原则

企业通过产品、商店和广告等各种途径，在企业与消费者之间构造一个愉快的氛围，一切营销活动，不过是构造愉快氛围的中介。日本学者把愉快关系的氛围称为共生圈，在这个共生圈内，企业依靠产品、商店和广告，向消费者传递信息，同时又从消费者需求和感受中捕捉信息的反馈，并根据反馈信息为消费者提供新的生活情境。

从企业文化的内涵来看，产品不单单只是意味着一个特质实体，而且还意味着顾客购买他所期望的产品中所包含的使用价值、审美价值和心理需求等一系列利益的满足。具体地说，顾客愉悦原则应当包括价格满意、态度满意、品质满意和时间满意。

品质满意，是指顾客对产品的功能、造型、包装和使用的质量的肯定。《中华人民共和国产品质量法》是对产品品质和质量的最基本的要求。品质满意是品质文化的核心规范之一。

价格满意是指产品必须以质论价。俗话说，一分钱一分货。什么样的产品品质就应该有什么样的价。"童叟无欺"、"货真价实"是中国自古以来强调的商业道德。但是，一些以利润第一为导向的企业忘记了自己的根本使命，损害了企业的声誉和形象，这是应当引起重视的。

态度满意主要是针对商业企业和服务性行业来说的。现在，服务性行业中存在的主要问题是服务水平低，服务人员业务素质能力差、工作责任感不强；服务设施差，不少商业部门和服务行业没有便民服务设施；服务职责不明，对于哪些是工作职责范围，应无偿、义务提供，哪些是额外服务，需适当收取费用无明确规定。一些商业企业服务附加费过高，损害了消费者的利益。

顾客愉悦集中表现在顾客重复购买的程度上。一般来说，第一次购买可能出于偶然，但若重复购买，就表明顾客对此产品很满意。塑造良好的产品和服务形象，一是为了增强产品和服务的"回头客"，为企业获取更多的利润；二是这样可以不断激发企业员工的创新意识。因为，企业员工在生产产品的同时，企业产品的使用和消费反过来影响员工的生产积极性，它们是一个相互关联、相互促进的关系。一个生产市场紧俏商品的企业和一个生产市场趋于饱和产品的企业，其员工的精神状态是不一样的。企业物质文化和精神文化两个层面是相互关联的。企业的"拳头产品"是员工们创名牌、争优质的物化成果，是企业员工聪明才智和勤奋工作的结晶，是企业价值观的物质表现。一种产品一上市就受到顾客的欢迎，这样必然会激发企业员工发挥更大的工作热情，如此循环，企业就会充满生机和活力。

顾客愉悦性是企业公共关系所要解决的主要内容。随着商品经济的发展和市场竞争的日趋激烈，企业要想在竞争中占据有利地位并赢得众多的顾客，必须在广大消费者中树立自己良好的形象和信誉，处理好与顾客、用户和供货方等方方面面的关系，争取他们的支持和协作，这已成为企业经营成功的重要手段。

经营活动就其本质而言，就是组织以物质产品为对象的生产、交换和流动活动。但它又并非是单纯的物质关系，同时也反映着一种人际关系。有时交换关系甚至是以人际关系、公共关系为依托的。市场竞争迫使企业以物美价廉和优质服务来招揽顾客，让社会了解企业的产品或服务，取得社会的信任和理解，并吸引社会公众对企业的间接管理和监督，从而实现企业与社会的沟通和协调。这就需要建立企业与社会公众的交流和对话。怎样恰当而巧妙地处理好企业四面八方、上下左右的关系，为自己的生存发展创造一个良好的社会环境，顾客愉悦是重要的一条。

商业伦理强调"和气生财"、"信义为本"，良好的企业形象可以使消费者信赖企业，建立稳定的顾客关系，保证企业商品销售无阻、顾客盈门。外向型企业也是如此，在国际商品经济大循环的竞争中，树立良好的信誉和企业形象，是企业立于不败之地的可靠保证。从这个意义上说，顾客愉悦原则就是服务文化。服务文化首先要强调的就是商业道德和商业伦理。

四、企业精神文化

企业精神文化是支撑企业文化体系的灵魂，企业文化作为整体是动态的，受企业外部环境所制约，时代的变化，消费模式的变化，会影响企业文化的发展变化。在当今社会，以怎样的方法和态度对待效率和效益、以怎样的方法和态度对待市场和顾客、以怎样的方法和态度对待员工和社会，已成为塑造企业精神文化的新课题。

(一) 以人为本的企业价值观

怎样看待员工、股东、顾客和公众的利益，如何处理这些利益关系，一定程度上反映了以人为本的企业价值观。以人为本就是把人视为管理的主要对象和企业的最重要资源。

股东对企业拥有所有权，企业管理者对企业有管理权和控制权，顾客和公众通过购买企业产品，最终拥有对企业的监督权和否决权，他们通过手中的"货币选票"和"舆论"来行使他们的权力。员工通过参与企业民主管理行使自己的权力。

股东有投资增值的需要，管理者有地位、权力、成就感和与取得其贡献相适应的经济报酬的需要，顾客有获得价格低、质量高、方便快捷的产品和服务的需要。企业如果不能满足这些需要，股东就要抛售股票，管理者就要跳槽，顾客就不会买企业的产品。企业只有持续地以人为本、不断创造解决人的需要的新途径，才能不断创造更高的效率和效益。

在企业内部，以人为本的核心是解决员工和企业的关系问题，即如何看待企业员工的权力和需要的问题。

德国通过"共同决策"和"社会契约"的监事会制度，在权力的平衡方面步子迈得最大，但从结果看，企业并没有获得应有的活力和竞争力，因为它决策太慢。几十年来，日本企业通过文化和制度来造就一种心理上的权力平衡，但日本的终身雇用制正受到严峻的考验，而它的年功序列制几乎已经瓦解。美国企业是通过工会来达到某种权力平衡的，但工会会员在大量减少，工会面对近年来员工收益减少而管理者收益增大的趋势却束手无策。

在信息化时代，员工追求多元化的价值观不仅仅是其需要满足的需求，而且是创造力的源泉。信息时代将给企业带来新的机会，快速、激烈的竞争将迫使企业越来越趋向民主化，只有这样才是取得竞争优势的唯一途径。在重新构建的企业文化中，人的自我实现价值在于创造而不在于权力，在于工作而不在于等级。在开放的机会中，人们对级别、地位的看法将会发生根本的变化，认识和能力将构成企业新的价值基础，对级别和地位的竞争将渐渐淡化，这将优化企业内部的文化，优化企业内人与人之间的关系。企业在结构和价值观上的变化将领先于社会和政治，并将最终影响全社会。现在，已经可以看出这样一种趋势：企业家们的开明、开放和包容程度正在超过政治家。20 世纪 60 年代以前，社会的明星是政治家，像罗斯福、艾森豪威尔和肯尼迪；60 年代以后，企业家成了社会的明星。进入 90 年代以后，这一趋势更为明显，像比尔·盖茨、沃尔顿、沃伦·巴菲特和罗斯·佩罗特，成了人人知晓的人物。企业家通过个人奋斗取得的成功，淡化了人们对社会阶层、级别和地位的看法。企业创造的文化，正在潜移默化地改变着社会。

信息时代的企业组织形式也要适应以人为本的价值观，这种组织形式和制度不仅要考虑到人员的工作职责，还要考虑到人员的兴趣、爱好、脾气和秉性，以及他们的优点和可能的发展方向。组织的核心不再是以业务能力为主要考察对象，而是以人际关系能力和善于把握方向为主要考察对象。同时，人员的报酬将不是根据职位的高低，而是根据能力和贡献的大小为依据，这意味着业务经理可能因主要贡献在调整人际关系上而比主要贡献在业务上的雇员拿得要少，"升官"不一定"发财"，将大大减少因内部摩擦，特别是将大大减少优秀的专业人员都挤向升官这条狭窄的路上，从而造成人才资源的浪费，使人才资源能各得其所、发挥特长，也使各类人才都能在自己选择的专业和道路上不断实现自我价值，不断实现他应有的经济、社会和自我需求的满足。

（二）参与、协作、奉献的企业精神

企业精神是企业全体员工一致认可、彼此共鸣的内心态度、意志状况和思想境界。

每个企业都有自己独特的成长历程，都有各自不同的企业个性，因此，在形成本企业的企业精神时，避免与其他企业雷同，要有自己的特色。

在当代社会，参与、协作、奉献已成为现代企业员工值得倡导的一种意志状况和思想境界。各企业在提炼自身企业精神时可作为参考依据。

参与首先指的是参与管理。参与管理是企业兼顾满足员工各种需求和效率、效益要求的基本方法。员工通过参与企业管理，发挥自己的聪明才智，可以得到比较高的经济报酬，改善了人际关系，实现了自我价值。而企业则由于员工的参与，改进了工作，提高了效率，从而达到更高的效益目标。

根据日本和美国公司的统计，员工实施参与管理可以大大提高企业的经济效益（一般都可以提高 50% 以上，有的可以提高 1 倍至几倍），增加的效益一般有 1/3 作为奖励返还给员工，2/3 作为企业增加的资产投入再生产。

在实施员工参与管理的过程中，要特别注意对员工的引导，要把企业对当前的工作重点、市场形势和努力的主要方向反复传达给员工，使员工的参与具有明确的方向性。有些企业家对潮水般涌来的建议和意见不知如何处理，这主要是他们自己对企业的经营方向、管理目标缺乏目的性和计划性，不知道如何引导员工有计划、分阶段地实施重点突破。实施参与管理是保护员工参与的积极性，使参与管理能持续实施的重要手段。实施参与管理还要有耐心。在实施参与管理的开始阶段，由于管理者和员工都没有经验，参与管理会显得有些杂乱无章，企业没有得到明显的效益，甚至还会出现效益下降。管理者应及时总结经验、肯定方向，把实际情况告诉员工，获得员工的理解和信任，尽快提高参与管理的效率。

实施参与管理要根据员工知识化程度和参与管理的经验采取不同方式。参与管理的类型一般可分为以下三种：

（1）控制型参与管理。针对员工知识化程度较低、参与管理经验不足的情况，采用控制型参与管理。它的主要目的是希望员工在自身经验的基础上提出工作中存在的问题和局部建议，经过企业领导筛选后，由工程师和主管人员确定解决方案并组织实施。提出问题阶段是由员工主导的，解决问题阶段的主导权控制在工程师和主管人员手中。美、日、德等国企业中的参与管理很多是采用这种模式，这种模式的优点在于它的可控性，但由于它把参与的积极性控制在现有的标准、制度范畴之内，因而不能最大限度地发挥员工的积极性和聪明才智。

（2）授权型参与管理。针对员工知识化程度较高、有一定的参与管理经验的情况，采用授权型参与管理。它的主要目的是希望员工在知识和经验的基础上，不但提出工作中存在的问题和建议，而且制定出具体实施方案，在得到批准后再授予组织实施的权力，这样就会以员工为主导完成参与和改革的全过程。美国高技术制造业和高智能服务业的员工知识化水平普遍较高，因此，大多采用这种模式。

（3）全方位参与管理。它不限于员工目前所从事的工作，员工可以根据自己的兴趣、爱好，对自己工作范围以外的其他工作提出建议和意见。企业则给员工提供一定的条件，帮助员工从事自己喜爱的工作并发挥其创造力。这种模式是针对员工具有较广博的知识，管理部门又具有相当的宽容度，企业内部择业又有很大自由度的情况而采用的。就员工而言，每位员工都有自己的长处或短处，只要找到适合自己的工作并努力去做，每个人都将成为卓越的一员，企业家的职责就是帮助人们找到适合自己的工作岗位，并鼓励他们努力去做。

日本企业家盛田昭夫说过，企业家最重要的任务是培育起企业与员工之间的健康关系，在公司中建立起一种大家族的整体观念。这种健康关系和整体观念就是要有一种宽容的态度，让员工找到更适合自己的工作，允许员工每两年或隔一定时间内调换一次工作，给员工创造一个毛遂自荐的机会，这是企业内部发掘人才的重要途径。如果能让员工自由选择自己所爱好的工作，那么他们一旦成功，就会精力百倍地投入到这项工作中去。

在美国很多公司中，参与已经成为一种企业精神，公司要求每个员工每年要写一份自我发展计划，简明扼要地阐述自己在一年中要达到什么目标，有什么需要，希望得到什么帮助，并对上一年的计划进行总结。自我发展计划，一方面是员工实行自我管理的基础；另一方面也给每个员工的上级提出了依据：怎样帮助下属实现自己的计划，它既可以作为上级人员制定自我计划的基础，又可以成为对上级人员考核的依据。每个员工可随时提出合理化建议并定期填写对公司意见的雇员调查，这个调查可以使那些没有参与管理积极性的人也参加进来，他们对公司工作的评价会成为管理部门了解意见和建议的基础。雇员调查的内容比较广泛，涉及公司业务的方方面面。企业每年都要进行一次员工评议，包括总经理在内，都要受到他的上级和下属、与他有关的平行部门（企业内外）的评议。

协作是现代企业精神必须重视和强调的重要内容。促进协作的方法多种多样，可以通过工作后的聚餐、郊游等形式来增进同事之间的私人感情和协作精神，把同事关系逐渐发展为朋友关系。在日本的企业界，很多经理几乎每天晚上都要和职员一起聚餐、聊天，直到深夜，这种聚餐已成为日本各公司的普遍做法。在美国，过去有工作后社交的习惯，但一般不涉及同事，近年来，这种社交活动逐渐向同事关系扩展。协作精神还可以通过非正式组织、团队的（或以部门、临时任务组织，或以班组，或以兴趣小组为基础）形式来促进。团队在许多现代企业中已经成为促进企业职工协作精神的有效手段和组织形式。美国管理学家哈默指出，团队是一个伟大的创造，是现代企业管理的基础，是重新构建公司的一个基本出发点，具有强大的生命力。

奉献精神与企业的精神息息相关，它是企业社会责任的一种体现形式。它是指在组织企业经济运营过程中关心整个社会的进步与发展、为社会多做贡献的境界。企业只有坚持公众利益至上，才能得到公众的好评，使自己获得更大的、更长远的利益，从而使企业立足长远。这就要求企业积极参加社会公益事业，支持文化、教育、社会福利和公共服务设施等事业。通过这些活动，在社会公众中树立企业注重社会责任的形象，提高企业的美誉度，强化企业的道德责任感。

在美国，教育领域是企业资助最多的领域。只有处于最激烈的市场竞争中的企业才能知晓人才的重要性，他们希望有更多的人才涌现，因为那里面就有他们公司的未来。这一目标贯穿于从小学到大学的整个过程中。芝加哥商学院院长哈马达说过，阿莫科为他们资助了100万美元，许多公司，无论大小，都积极参与像芝加哥商学院这样的高端学府，他们的出发点是为了培养更多的人才，振兴社区和经济，并不是出于利润的动机。

资助教育事业不仅对大学科研是重要的，对中小学校的教育同样也是重要的，特别是对那些贫困的孩子，它给了他们用金钱买不到的东西，使他们受益终生。

（三）以市场为导向的经营哲学

市场是企业经营管理的根本出发点和落脚点，是企业一切管理活动的方向，也是企业经营哲学的核心。

企业家在确立以市场为导向的企业经营哲学的过程中，为适应信息化的社会，必须强化全体员工的学习、教育和培训。学习对于现代化企业的经营管理至关重要。列宁说过，我们不能设想，除了庞大的资本主义文化所获得的一切经验为基础的社会主义外，还有别的什么社会主义，如果不去向资本主义的第一流专家学习组织托拉斯大生产的本领，那么这种本领便无从获得。

强化员工学习、教育和培训不是单一的，而是复合式的；不是单向的，而是多向的；不是单线互动的，而是多线互动的。例如，国外企业并不是由企业家一个人孤军奋战来提高企业经营管理水平，而是有一个由大学、科研院（所）和咨询公司的专家们组成的高水平的参谋队伍共同工作的。这支参谋队伍既有长期固定对企业给予指导的，这就是指各公司董事会中的专家董事。当然也有临时性指导的，这就是具体的业务咨询人员。这支参谋队伍理论水平高，对市场和企业管理的发展走势看得很清晰。由于他们不断给不同公司参谋咨询，对各种企业的管理都有深入、实际的了解，他们是企业家进行战略决策的重要信息来源和参谋助手。另外国家从政策上扶植、发展咨询业，企业也重视咨询对自身的作用，这样就提高了企业管理的外部推动力，有利于企业经营哲学朝气蓬勃、准确无误的发展方向。

成功企业所确立的经营哲学都是从外到内、依据市场环境确立的。以市场环境为中心进行管理定位，不是一种简单的、线性的、因果式的关系，而是一种交互式的关系。市场的现实需求需要企业通过市场调查和分析确定各种需求的内容和边界，优化生产要素，调动企业力量，调整企业整体管理方式，以满足市场需求。市场的潜在需求需要企业在市场调查和分析的基础上发挥创造力和想象力，把握技术的发展动向，预测市场潜力，进行风险决策，调动企业的各方面力量，优化生产要素，调整生产管理方式，以创造需求。

无论是满足需求还是创造需求，企业必须建立与市场间强有力的联系渠道，建立快速、准确的市场信息系统。现代企业通过多元化、全方位渠道建立企业市场信息系统已经成为企业经营哲学的一项重要内容。在企业内部，最初的市场信息渠道主要是销售部的信息反馈；在企业外部，企业最初主要靠市场调查机构获得市场信息。但调查机构的分析主要是统计学的、初步的。随着市场的差别化、细分化，市场需求的变化也越来越复杂，统计学调查的结果往往比较单一，特别是它对科学技术发展与市场需求的关系的调查，社会政治文化发展与市场需求的关系等一些复杂的系统关系无法做出深刻的评价，对企业重大决策起不了直接的指导作用，因此，企业越来越倾向于依靠咨询公司来进行市场分析并提出完整的策略建议，并以此作为企业管理决策的依据。

建设企业文化，其核心内容就是要塑造企业的精神文化。在这方面，北京贵友大厦进行了积极的尝试。自从贵友大厦成为合资企业之后，就把企业文化建设放在一个重要的位置。"以人为本、以德为魂"是贵友最简洁的企业精神的概括。作为全国政协委员的贵友老总高颖维利用业余时间，花了整整3年的时间，写成了20万字的专著——《柜台艺术》，把企业文化具体化到操作层面上来突出体现企业精神。在管理中提出"把购物风险化为零"的管理模式。她认为，企业要想在激烈的竞争中取胜，硬件固然重要，但更重要的还是软件，而对软件起决定作用的仍是将"以人为本"落实到细节之中。为此，她视人性、人情、人情味为企业管理的重中之重。在企业经营中，她重视人性，她强调不向顾客赚取昧良心的金钱；对购物者，她讲究人情，告诫销售员将心比心地为顾客着想，让顾客感到商品中注入了情分；对企业内部的员工讲究人情味，力求在企业内营造一种关怀、体贴、和谐和温暖大家庭式的企业文化氛围。由于她重视企业精神文化建设，管理到位，从而促进了企业的全面健康发展。贵友的成功，在一定意义上说，是"以人为本、以德为魂"的企业精神的成功，是企业家狠抓企业文化建设的成功。

第十四章 融资企划运营与操作

一、企划融资概述

融资兴起于 20 世纪 70 年代，是一种新型的融资方式。在几十年的实践与发展过程中，逐渐在大型基础设施建设项目中得到广泛运用和推广，如机场、油田、港口、公路、发电厂、铁路等。目前，融资已在世界上许多国家普及。在发达国家，融资的重点已转向其他方面，如制造业的飞机、大型轮船等项目。融资是指引进外资来发展本国基础设施建设的重要手段。在发展中国家，对于解决大型工程项目建设的资金缺口和引进先进的技术设备与管理经验融资起到了十分重要的作用。同时引入外商参与融资的另一重要作用是通过他们将国际金融市场和金融机构的做法、规则和经验带到本国来，使本国银行和其他金融机构、法律、工程和管理各界有机会熟悉和掌握融资的方法和程序，然后在本国逐渐形成和完善项目投资的各种条件和环境。

（一）融资的定义

对于融资（Project Financing）的概念，目前有广义论和狭义论两种，广义论认为凡是为建设一个新项目、收购一个现有项目或对已有项目进行债务重组进行的资金筹措活动，都可称为融资。而狭义论只将具有无追索或有限追索形式的融资活动，才称为融资。结合我国国情，本章讨论的融资属于狭义上的范畴。因此，此处所讲的融资，是一种与公司融资（Corporate Financing）方式相对应的，以项目公司为融资主体，以项目未来收益和资产为融资基础，由项目的参与各方分担风险的具有有限追索权性质的特定融资方式。

图 14-1 是一个简单的融资示意图。融资最基本的必须有项目公司、项目发起人和贷款人三方参与。

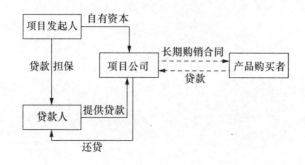

图 14-1 融资示意图

项目公司是项目投资者根据股东的协议（或称合资协议）而创建的。项目公司应依据《中华人民共和国公司法》及其他法律的有关规定在中国境内设立并注册，项目公司的主要法律形式是有限责任公司和股份有限公司。项目公司是一个独立的法人，拥有公司一切资产和处置所有资产的权利，但相应地应承担一切有关的债权、债务的义务，同时在法律上具有起诉权和被起诉的可能，投资者通过持股拥有公司，并通过选举任命董事会成员对公司的日常营运进行管理。项目公司以公司法人身份进行融资并承担相关责任。项目公司是项目的直接主办人，直接参与项目投资和项目管理，直接承担项目债务责任和项目风险。

项目发起人（Sponsors）是项目的实际投资者，也称为项目投资者，它有时候是单独的一家公司，也有时候是由多家公司组成的一个投资财团。在融资过程中普遍的做法是成立一个项目公司，但此公司目的必须单一，发起人在该公司中拥有股份，其性质类似于控股公司，项目发起人是融资中的真正借款人，一般它需要以直接担保或间接担保的形式为项目公司提供一定的信用支持。

融资中的贷款人主要是商业银行，租赁公司、财务公司、投资基金等非银行金融机构，以及企业和一些国家政府的出口信贷机构，承担融资责任的银行可以是单独的一家商业银行，但一般是银团贷款，参与的银行可达几十家、上百家。其参与数目多少取决于贷款的规模和项目的风险。银行一般希望通过组织银团贷款的方式减少和分散每一家银行在项目中的风险。贷款人为项目公司提供贷款，贷款人主要依靠项目本身的资产和现金流量作为偿贷保证，而原则上对项目发起人拥有的项目之外的资产没有追索权或只有有限追索权。

（二）融资的特征

融资是指与传统的公司融资方式相对应的一种特定的融资方式，融资与传统的公司融资方式相比，有许多区别，如表 14 – 1 所示。

表 14 – 1　融资与公司融资的比较

内　容	融　资	公司融资
融资主体	项目公司	发起人
还款基础	项目的未来收益和资产	发起人和担保人的信用
贷款银行的追索权	对项目发起人的有限追索	对公司发起人的全额追索
风险承担者	项目参与各方	发起人
债务影响	不进入项目发起人的资产负债表，不影响项目发起人的信用度	进入公司发起人的资产负债表，影响公司发起人的信用度
贷款技术	复杂	比较简单
项目周期	长	比较短
融资成本	较高	较低
贷款人对项目的管理权	参与项目管理	不参与项目管理
典型负债率	70% ~90%	40% ~60%

融资具有以下主要特征：

1. 有限追索

项目贷款是"有限追索权"的筹资方式。追索是指借款人未按期偿还债务时，贷款人要求借款人用除抵押资产之外的其他资产偿还债务的权利。对于一个工程项目而言，如果采用传统融资方式，贷款人为项目借款人提供的是完全追索形式的贷款。在这种情况下，借款人的资信等级是贷款人最为关心的事情。而融资，贷款人贷款的回收主要取决于项目的经济强度。项目的经济强度主要从两个方面来测度，一是项目未来可用于偿还贷款的净现金流量，二是项目本身的资产价值。除了在一些特定的情况或阶段，贷款人对借款人有追索权之外，在一般情况下，无论项目成功与否，贷款人均不能追索到项目借款人除该项目资产、现金流量以及所承担的义务之外的任何形式的财产。在融资中，项目本身的经济效益是偿还债务最可靠的保证，因此，贷款人更加重视对项目效益的考察，注重对项目本身的债务追索。

2. 项目导向

项目导向是指融资不依赖项目发起人的信用和资产，而是以项目本身的未来现金流量和项目资产作为举债的基础。对于一个典型的融资，通常需要建立一个单独的项目公司来筹集资金并持有项目资产。由于这个新设公司没有以往的营业记录，除项目以外也并无其他资产，只能依靠这个项目本身的未来收益和资产来筹措资金；项目贷款人的基本保障是项目未来的现金流量和资产，而不是项目发起人以往的财力和资产。因此，项目贷款人出于对自身安全的考虑，需要对项目的建设、谈判、营运进行全程的监控。

3. 风险分担

风险分担是指融资普遍建立在多方合作的基础之上，项目参与各方均在自己能力的范围内承担一定的风险，避免由其中的任何一方独自承担全部风险。项目发起人通过融资可以达到利用外部债务融通项目大部分资金的目的，可以把项目的大部分风险转移给项目贷款人，从而减少项目发起人所承担的项目风险。对于项目贷款人而言，其风险也只能维持在可接受的水平上，所以只有将项目风险合理地分配给项目的参与各方：产品买主和服务用户、原材料及设备的供应商、承保人和项目东道国政府机构，以及设备供应商所在国的进出口银行。项目的不同参与方对风险的承受能力可能有很大区别，承受风险的大小取决于他们所希望得到的回报及其风险承受能力。从而形成了项目公司对偿还贷款承担直接责任、项目发起人提供有限担保、由第三方向贷款人提供信用支持的风险分担结构。

4. 债务屏蔽

所谓债务屏蔽，则是指在融资中通过对投资结构和融资结构的设计，可以把项目债务的追索权限制在项目公司中，从而对项目发起人的资产负债表没有影响。融资是一种非公司负债型融资（Off-balance Finance），又称作资产负债表外的融资，即项目的债务不表现在项目发起公司的资产负债表中。融资的非公司负债型融资特征使得项目发起公司能够以有限的财力从事更多的投资，且达到将投资风险分散和限制在多个项目之中的目的。非公司负债型融资有利于公司进行其他的融资活动，因为项目的贷款安排不反映在公司的资产负债表上，融资的这一特征体现在不会给项目发起人造成不利的资产负债结构，从而不会造成公司的资产负债比例失衡而超出银行所能接受的安全警戒线。

5. 项目周期长

由于融资所涉及的资金量和风险都比较大，所以，项目评估比较慎重且时间相对较长。在项目谈判中，由于要协调项目参与各方的不同利益，而有关风险分担的每一细节又必须在合同中加以详细规定，因而谈判的时间也会相应延长；项目实施由于规模庞大而相应地延长。从而使项目周期增长，一般都需要经历几年甚至十几年时间。融资耗时长短对项目的成败有着重要的影响。如果耗时过长，会增加直接成本；另外，还有可能错过市场和其他机会造成更为严重的经济损失。

由于许多大型项目需要许多年才能建成，因而融资一般是随着项目建设的进程，在项目的各个周期内分阶段、多渠道地筹集资金。这种分阶段融资的办法，适应项目不同阶段的需要而选择不同的融资形式。

6. 融资成本高

在融资中，因为贷款方要承担较高的风险，所以融资贷款所要求的利率要比普通贷款的利率高；而融资过程中烦琐的程序，各种担保与抵押及非常复杂的融资手续都增加了融资的费用；在项目营运过程中，可能还得花费额外的费用来监控技术进展、营运及贷款的使用。这些因素都令融资的成本大大上升。

7. 负债能力强

融资可以增强项目的债务承受能力。通过建立复杂的多边担保体系，可以提高债务承受能力；通过对融资结构的设计，可以排除许多风险因素和不确定因素，对项目潜在的风险也会有较为清醒的认识。

由于融资主要依赖于项目的现金流量和资产而不是依赖于项目的投资者或发起人的资信来安排融资，故而有些项目如果对于投资者很难筹措到资金可以利用融资来安排，较难得到的担保条件可以通过组织融资来实现。因此，采用融资一般可以获得比传统方式更高的贷款比例。项目资本金的比例高低取决于贷款人对项目风险和现金流量的分析。一般来说，项目风险越大，资本金比例应越高，例如，公路项目因车流量难以预测，资本金一般应达到40%～50%，而常规火力发电厂项目的资本金超过15%就可以了，一般来说，融资可以为项目提供65%～75%的资本金，而在某些项目中甚至可能获得100%的融资。

8. 信用结构多元化

信用结构的多元化和灵活性是融资的又一特征。它表现在可以将贷款的信用支持分配到与项目有关的各个方面。比如：资源性项目的开发可以争取获得一个稳定的、合乎贷款银行要求的项目产品长期销售合同；在工程建设方面，可以要求项目设计者提供工程技术保证；要求工程承包公司提供固定价格、固定工期的合同或"交钥匙工程合同"等；在原材料和能源供应方面，可以在要求供应商保证供应的同时，根据项目产品的价格设计一定的浮动价格，从而保证项目的最低效益；在市场方面可以要求对项目产品有要求的购买者提供一份长期购买合同；等等。上述这些做法，都可以作为融资强有力的信用支持，降低融资对投资者资信和其他资产的依赖程度，从而提高项目的债务承受能力。

9. 利用税收优惠，降低融资成本

利用税收优惠是指在项目所在国法律及有关政策规定允许的范围内，通过投资结构的周密设计，将所在国政府对投资的税务优惠政策在项目参与各方中充分地加以组合利用，从而降低融资成本，减轻项目高负债期内的现金流量压力，提高项目的偿债能力和综合收益率。这是融资与传统融资方式相比拥有的一个显著的优势。

总而言之，融资有以上特征。除此之外，在国际经济舞台上，融资还有利用税收优势降低融资成本、提高项目的综合收益率和偿债能力、利用融资促进产品出口等特征。

（三）融资的主要形式

每一个融资都具有自己的特点，但它的基本结构通常归结于以下两者之一：一是借款人直接以项目的产品偿还贷款，通过"产品支付"和"远期购买"的方式预先支付一定数量的资金来购买项目的销售收益（或项目收益）；二是有限追索权或无追索权贷款，借款人主要依靠项目产品现金流量来偿还贷款。

根据项目的实际情况需要，可以在上述基本结构中综合运用其他的融资技术（如融资租赁、出口信贷、国家金融机构贷款以及发行债券）来进行融资。下面详细介绍几种主要的融资模式。

1. 产品支付和远期购买

产品支付（Production Payment）是融资的早期形式之一，起源于 20 世纪 50 年代美国的石油天然气项目开发的融资安排。这种安排是针对项目的还款方式而言的。借款方在项目投产后不是以项目产品的销售收入来偿还债务，而是直接以项目产品来还款付息。在贷款得到偿还前，贷款方拥有项目部分或全部产品的所有权。产品支付一般只是产权的转移，而非产品本身的转移。通常情况下，贷款方会要求项目公司重新购回产品或通过项目公司的代理来销售这些产品。更常用的方式是根据收款或付款协议，以购买商或最终用户承诺的付款责任来收回贷款。产品支付方式一般适用于资源贮藏量已经探明并且项目生产的现金流量能够比较准确地计算的项目。

产品支付融资模式的特征表现在以下几个方面：

（1）项目产品是用于各种经营成本支出和债务还本付息的唯一来源。因此，一般容易将融资安排成无追索或有限追索的形式。

（2）贷款的偿还期限短于项目的实际经济生命周期。

（3）在产品支付融资结构中，贷款银行一般只给项目建设所需要的资本费用提供融资，而用于项目经营开支的资金则不予支持，并且要求项目投资者提供最低生产量和最低产品质量标准等方面的担保。

远期购买也是一种更为灵活的融资方式，也具有产品支付的许多特点。其灵活性表现在贷款人可以成立专设公司，这个专设公司不仅可以购买规定数量的未来产品，还可以直接购买这些产品未来的现金收益。项目公司交付产品或收益的进度，将被设计成与规定的分期还款、偿债计划相配合。

2. 融资租赁

融资租赁（Financial Lease）是指承租人可以获得固定资产的使用权而不必在使用初期支付其全部资本开支的一种融资手段。在发达国家中，许多大型项目都是通过融资租赁方式来筹措资金的。融资租赁的一般形式为：当项目公司需要筹资购买设备时，由租赁公司向银行融资并代企业购买或租入其所需设备，然后租赁给项目公司。项目公司在项目营运期间以营运收入向租赁公司支付租金，租赁公司以其收到的租金向贷款银行还本付息。

融资租赁这种方式比较灵活。但融资中采用融资租赁方法主要是出于两个方面的考虑：一是以小博大。在融资租赁下，承租人可以对设备的全部价款融资，融资额度比使用贷款要大。当然租赁费中所含的利息也比贷款利率要高。同时，出租人在购买用于出租的设备时，也可以使用贷款。通常出租人自己只要支付 15% ~ 40% 的价款，就可以获得设备的所有权，设备价款的 60% ~ 85% 可以通过贷款解决。二是享受税收优惠。融资租赁可以通过厂房和设备的折旧为项目发起方带来资本让税。如果企业选择购买，因折旧费可抵消部分所得税，它可以从税收上获得一些减免的优惠。但企业如果选择融资租赁，所有租赁费支出均可抵消所得税，租赁费通常都大于折旧费，企业因此会得到更多的税收减免，这样就会降低项目的总成本。三是降低风险。因为在融资租赁中，租赁资产的所有权没有发生转移，仍然在贷款人的掌握之中，因此即使在没有可靠的担保法的国家，债权人对租赁资产也会比较放心，从而降低了贷款风险。

租赁期结束后，出租人可以收回全部成本并且取得了预期的商业利润。设备的处理有以下三种表现形式。一是通常由承租人按事先约定的低价向出租人收购，以取得设备的所有权。二是租约也可以在最低租金水平上延续相当长一段时间。三是项目公司作为唯一代理人，以出租人同意的价格销售资产，而后大部分销售收入将返还给项目公司作为销售代理费。

在融资租赁中，有一种特殊的方式称为回租租赁，其方法是承租人将自己的所有设备卖给出租人，然后向出租人以融资租赁方式租用这些资产。回租租赁有两种方式：一种方式是承租人首先借入资金买来设备，然后将该设备转卖给租赁公司以归还贷款，最后再从租赁公司租入该设备以供使用。另一种是承租人将自有的设备甚至生产线、厂房卖给租赁公司，同时即向租赁公司租用同一资产，这样在不影响使用原资产的情况下，又可以进行新的项目投资。

3. BOT

所谓 BOT，是 Build（建造）—Operate（营运）—Transfer（转让）的缩写。这种融资方式的最大特点是借助私人投资来建设原来要由政府开发的基础设施。BOT 这种融资方式一般由政府部门与投资者签订投资项目的特许权协议，使投资者具有建造经营的权利。项目公司在项目经营特许期内，利用项目收益偿还投资及营运支出，并且还能获得一定的利润。特许期满后，投资者将该项目无偿交还给当地政府。

对于筹资者来说，采用 BOT 方式筹资的主要优点是：①可以直接吸收外商投资开发国家重点建设项目，还不给政府增加任何负担；②有利于引进国外先进的生产与管理技术，以改善和提高项目的管理水平；③方式比较灵活，能产生一些衍生产品，如 BOO（建造—经营—拥有），BOOT（建造—经营—拥有—转让），BLT（建造—租赁—转让），BTO（建造—转让—经营）等。

BOT 方式的融资过程简述如下：

（1）要成立一家专设公司，也就是项目公司。

（2）项目公司与承包商签订建设施工合同，接收保函，同时接受分包商、供货商的保函权益转让，并与经营者签订经营协议。

（3）项目公司与商业银行签订贷款协议，同时与出口信贷机构签订买方信贷合同，商业银行以项目资产作抵押为出口信贷机构的贷款担保。

（4）项目公司向担保信托方转让收入。

4. 世界银行贷款项目的联合融资

世界银行贷款项目的联合融资（Cofinancing），简称"联合融资"，是由世界银行为对世界银行贷款项目同时提供商业性贷款的其他贷款人提供必要的担保，以鼓励国外资本流入本国，尤其是那些长期、低息的国外私人资本流向发展中国家的基础设施部门，加强发展中国家在国际金融市场上的筹资能力的一种融资方式。世界银行对其担保的联合融资要收取一定的担保费，而且还要求借款国政府反担保。

在世界银行贷款项目中最早采用联合融资的国家是中国，而且中国也是使用联合融资贷款最多的国家。1994 年 5 月，我国在扬州火电项目中首次使用联合融资，其后，浙江北仑火电项目、四川二滩水电项目、河南沁北火电项目都采用了联合融资的方式。在这四个项目中，联合融资的借款人是由财政部代表中国政府，担保人是世界银行；这些联合贷款项目同时也是世界银行贷款项目，贷款人是国际贷款银团。联合融资为我国在基础设施建设中引入国外私人资本开辟了新渠道，也为我国经济的高速发展做出了贡献。

二、融资程序与内容

项目的融资方式多种多样，活动千差万别，很难找到两个完全相同的融资。但是，融资的运作程序大致相同，一般都要经过以下这几道程序。

（一）项目提出阶段

融资一般是由两类项目主体提出：一类是企事业或外商经过对各种因素的分析，根据政府、社会的需要，向政府部门提出项目建议；另一类是政府，尤其是以国有经济为主导的国家，根据政治、社会、经济、军事等多方面需要，提出项目，特别是大型基础设施项目和高风险的新技术项目。

（二）融资可行性研究与项目风险分析阶段

融资的风险分析是建立在项目可行性研究报告获得通过后的基础上的，风险分析要从项目债务资金提供者的角度，主要考察和分析融资期内的项目风险，从而判断项目债务资金本息偿还的可靠性和安全程度。融资可行性研究是融资工作开展最重要的依据。

项目风险存在于项目的各个阶段。因此，在项目可行性研究的基础上，有必要对项目风险进行细致的分析、研究，并把它分类处理。不仅要对项目风险作定性分析，而且更要注意系统的定量分析，分析各种风险因素对项目现金流量的影响，以帮助设计出可为各出资方所接受的共同承担风险的融资方案。

（三）融资决策阶段

融资决策是在融资可行性研究和项目风险分析的基础上，项目投资者对项目的一些根本性问题，诸如对选择融资的方式、聘请融资顾问、设计融资结构、设计项目投资结构等重大问题作出判断和决定。

1. 选择融资方式

项目公司可以通过发行股票、债券和票据、融资租赁、投资基金、BOT和参与多边合作及利用外国直接投资等方式筹措资金。选择哪种融资方式，取决于项目的投资规模、投资性质、项目本身的技术经济要求，另外还取决于投资者对债务的责任分担、债务资金数量、时间、融资成本等方面的要求，以及诸如税务结构和债务会计处理等方面要求的综合评价。

2. 选聘融资顾问

项目投资者不管选择何种融资方式作为筹资手段，通常都需要选择和任命融资顾问。融资顾问一般都是聘请投资银行、财务公司或者商业银行中的融资部门来担任。融资顾问必须熟悉投资项目所在国的国家法律制度、税务政策、投资政策、投资环境；必须了解项目所在国的政治经济制度、生活习俗、文化观念、社会意识形态，以及经济体制、金融体制的变革和产业政策的调整；融资顾问应能够正确分析和认识项目本身及项目所属行业部门或产业领域的技术发展趋势、成本结构和投资费用；准确了解项目投资者的投资目标、基本投资目标收益率和融资战略及具体要求；掌握项目所在国的金融环境变化趋势和当前金融市场尤其是国际资本市场的发展动向和各种新的融资方式，要与主要银行和金融机构建立良好的合作伙伴关系；还要具备丰富的谈判经验和技术技巧等。

融资顾问的主要任务是协助项目投资者全面分析和判断项目的风险因素，确定本项目的风险和它所承受债务的能力，设计和选择能够准确反映出投资者融资战略要求，并有助于实现项目投资目标收益率的融资结构及其相应的资金结构，分析和比较可能的融资方案，综合考虑各类融资参与者的意见或建议后，再作出融资方案决策。

3. 设计融资结构

融资结构是设计融资方案的关键。在设计融资结构时，必须考虑好选择哪种或哪几种融资方式在项目资金使用的不同阶段的组合，安排股本资金和债务资金的比例关系，并统筹安排资金使用进度和项目所需资金的筹措时间和偿还时间，争取实现项目资金结构和资金进出项目的最佳时间组合。

融资必须合理分配项目股本资金与债务资金的比例。采用融资虽然可以获得较高的债务资金比例，但决非项目根本不需要或者只需要很少的股本资金。安排融资结构时必须遵循一个基本原则，就是在保证项目公司不会因为借债过多而降低项目的经济强度的条件下，尽可能地降低项目的综合资金成本。因为大多数国家的税法都规定公司的贷款利息或债券利息的支出可以计入公司成本冲抵所得税，所以项目使用债务资金可以降低项目资金成本，但是，项目的财务状况和抗风险能力会随着债务的增加而相对减弱。因此，确定项目的股本资金和债务的比例应主要依据该项目的经济强度和项目的债务承受能力。

4. 设计项目投资结构

所谓项目投资结构设计，是指在项目所在国的法律、法规、税务等外在客观因素的制约条件下，寻求能够最大限度地实现其投资目标的项目资产所有权结构。在融资中，经常使用的投资结构，通常有公司型合资结构、有限合伙制结构、非公司型合资结构、信托基金结构等。

采用不同的项目投资结构，投资者对其资产的拥有形式，对项目产品、项目现金流量的控制程度，以及投资者在项目中所承担的责任和所涉及的税务结构都会有很大的差异。这些差异将对融资的整体结构设计产生直接的影响。

当今，采用合资结构形式越来越多，出现这种趋势的原因大致有以下三点：①大型项目的开发有时会超出了一个公司的财务、管理或者风险的承受能力，采用合资结构，项目的风险可以由所有的参加者共同承担；②不同背景的投资者他们之间的资源组合有可能为项目带来巨大的互补性效益；③不同的投资者将他们的优势组合，在安排融资时可能会获得较为有利的贷款条件。

5. 设计和选择融资方案

设计和选择融资方案，是在确定项目的投资结构和融资模式的前提下，根据融资的可行性分析，考虑项目股本资金和债务资金的来源及资金成本，运用现金流量模式及其敏感性，来确定最佳的股本资金水平而且要满足项目投资者和项目债权人对相应风险的要求，从而实现预期的项目投资收益率并据此安排融资活动。

（四）融资合同谈判阶段

融资合同谈判是项目发起人或政府部门在提出项目并进行了可行性研究和系列风险分析的基础上，通过多种渠道、多种形式选择候选合作伙伴，并与他们就融资期限、融资总额、提款方式、融资条件、还款方式和资金提供方的其他要求等重大问题进行会谈，最后选定合作伙伴，并与之再进一步协商各方面的条款，形成法律文件，签订合同。融资合同谈判是资金供求双方为了实现各自的利益，通过协商来解决一些问题和意见分歧的过程。这一阶段是融资最复杂的阶段，因为它没有一个固定的样板，各个项目各不相同，而且出现什么情况也预见不到。

融资谈判结束后，在正常情况下谈判双方会签署融资协议。在与贷款银团的谈判中，为了满足贷款银团的要求，有时需要调整融资结构和资金结构，甚至修改相应的文件。谈判结束后，双方根据在谈判中达成的共识，在融资顾问和法律顾问的协助下，双方共同起草贷款协议和担保文件，并对贷款银团正式介入之前已经签署的协议根据谈判内容作必要修改。

一般来说，项目公司与贷款银行谈判或签协议时，都应该认真审阅和参考项目基本文件。项目基本文件是融资的重要文件和依据，是融资谈判的前提和基础，对融资协议的主要内容起决定作用。项目基本文件包括：政府的项目特许经营许可证、土地许可证、土地租赁协议；特许权协议；股东协议或合资协议；项目公司的公司章程等成立文件；项目产品销售协议；能源、原材料、设备供应协议；项目可行性研究报告和融资可行性报告；工程建设承包合同；项目运输协议；专家评估报告；项目规划和环境许可证、批文及项目发起人之间的其他融资性文件。

贷款协议主要内容包括：

（1）项目的财务分析和预测；贷款货币，一般有综合、单一和多种贷款货币三种形式；贷款额度和用途；贷款利率，可采用固定利率或浮动利率；应向融资顾问等支付的费用；贷款期限，协议生效之日起到全部贷款本息偿还为止的整个期间；项目未来现金流量的使用。

（2）融资的先决条件：法律意见、政府批文、董事会的决定、担保文件的转让、股东协议的副本、弃权声明书、专家评估报告和财务报表等；保护性条款：浮动利率、税收补偿、成本超额补偿、拖欠利息补偿等；限制性契约：贷款限制、派发红利的限制等；加速还贷的程序和担保的强制。

（3）说明与担保：项目公司的法律地位和权利、担保协议的履行等。

（4）项目附加要求：项目是否符合经营许可及有关法律、法规，生产技术是否成熟，项目工艺是否可靠，项目的开发和经营是否符合开发计划和可行性报告等；贷款终止与资金撤出条件；项目完工测试等。

（五）融资实施阶段

在正式签署融资的法律文件后，融资就进入实质实施过程。在融资过程中，项目投资者、项目公司及其他各参与方之间通常需要签署大量的、具有合同性质的融资文件，并通过一系列的融资文件及其信用担保协议，实现项目风险由项目各参与方合理分担。比如，项目投资者或项目公司多在融资协议签订之前，通过招标投标确立项目施工单位，并与施工单位签署项目建设承包合同，项目公司依据项目建设承包合同对项目建设开发阶段的全过程进行管理，即对项目建设阶段的质量、工期和费用进行监督、控制和管理。

在融资中，贷款人将会通过其经理人（一般是由融资顾问担任）来监督项目的进展；根据融资文件的规定，来管理和控制项目的贷款资金投入和部分现金流量；帮助项目投资者加强对项目风险的控制和管理。

融资实施一般包括以下几个方面的工作：根据项目合资协议（或叫股东协议）和融资协议等，筹措和运用资金，实现融资项目的开发建设；融资中的风险控制与管理；项目公司在项目建设期完成项目投资计划的执行管理；融资中的融资文件的执行管理。

三、筹资与资金结构

（一）项目资金结构的选择

现代资本市场的快速发展，使融资方式与技术日益多样化、复杂化。在融资模式确定后，选择和确定项目的资金来源和构成就成为融资结构整体设计中的关键一环。融资渠道是各种各样的，其各种资金来源大体上可分为两类，即股本资金和债务资金。两者按一定的比例投入就形成了一个项目的资金结构。尽管项目的投资结构、融资模式和项目的信用保证结构在很大程度上制约着这两部分资金在一个项目中的比例，但对于融资者来说，选择和安排适当的资金来源和结构，既可减少投资者自有资金的直接投入，又能提高项目的综合经济效益。

选择和安排资金结构的基本出发点是最大限度地降低项目的资金成本，融资中的债务资金与股本资金的比例安排，并没有一个绝对的标准，其主要依据该项目的经济强度，并且随着部门、投资者状况、融资模式等因素的不同，它们之间的比例也会发生相应的变化。一般而言，在考虑到贷款利息的税前支付和公司所得税的基础上，债务资金成本应比股本资金成本低很多。但实际操作中一个项目的资金构成不可能完全是债务资金，因其项目的财务状况和抗风险能力会由于承受极高的负债率而变得相对脆弱。反之，如果一个项目的资金构成全是股本资金，那么这个项目就会有一个比较稳固的财务基础，并且它的抗风险能力也会得到加强。但这样会大大提高资金使用的机会成本，从而使得综合资金成本增加。因此，项目的资金安排必须要按合适的比例分配债务资本和股本资金。在选择这一比例时还要考虑以下几个方面的因素。

1. 资金成本

项目的股本资金与债务资金对于投资者而言有着不同的意义，股本资金只是一种机会成本，在评价其成本时，一方面要参照投资者获取该笔股本资金时的实际成本，以及当时当地的资本市场利率因素和在可供选择的投资机会之间的比较收益和比较成本等客观因素。另一方面还要参考投资者的长期发展战略以及一些潜在的相关投资利益。

项目的债务资金成本则是一种绝对成本，它主要是指项目贷款的利息成本，而其与利率风险又密切相关。在项目债务资金融通过程中必须掌握好利率风险的控制，权衡各种条件选用固定利率、浮动利率或者两种利率相结合的形式，以及利用利率封顶、限底等手段，以达到降低利率风险的目的。

2. 资金使用期限

项目资金结构中使用期限最长的资金是股本资金，它与项目的生命周期息息相关，而债务资金大多是有一定期限的，这就要求投资者根据项目的现金流量特点、不同项目阶段的资金需求，采用不同的融资手段，安排不同期限的债务资金，从而降低项目的债务风险，使融资资金的使用期限与项目需要相匹配，从而使项目取得最大效益。

3. 税收对融资成本的影响

按照国际惯例，国际资金在各投资国之间流动过程中，会受到主权国家的课税，这样就会对融资的成本产生一定的影响，利息税预提就是其中一例。预提税是一个主权国家对他国资金管理的一种表现形式。利息预提税是指东道国对非本国居民在其司法管辖范围内获取的利息收入进行征税，它一般由借款人交纳。一般情况下，利息预提税率通常为贷款利息的10%～30%。对于以国际债务资金作为融资的重要来源，利息预提税无疑增加了项目的资金成本。因此，在融资过程中安排资金结构时，融资者要参照国际惯例，综合考虑各方面的因素，运用各种手段，如债务资金公开化、境外融资转化成境内融资、避免双重征税等，以使该税种对融资成本的影响降到最小。

4. 融资结构的合理性

为了达到资金使用结构的合理，最大限度地降低项目的风险，混合结构融资是大多数融资项目的必然选择。混合结构融资是指不同贷款形式、不同利率结构或不同货币种类的债务资金的组合。此种融资方式如果安排得当，可以起到降低融资成本，减少项目风险的作用。

（二）项目股本资金

项目的股本资金是融资的根本，贷款银行在提供融资时，也将投资人的股本资金作为其融资的保障之一，在资金偿还序列中，股本资金是排在最后一位。

1. 股本资金的作用

（1）可提高项目的抗风险能力。项目的股本资金是所有融资项目的财务基础，股本资金越大，项目的抗风险能力越强，贷款银行的风险也就越小。相反，股本资金越小，项目负担的债务资金就越大，项目现金流中用于偿还债务的资金数量就越大，这样贷款银行的风险也会越大。

（2）决定着投资者对项目的关心程度。投资者投入的股本金的数量与其对项目的发展前途与在管理方面的关心程度是成正比的。贷款银行为了制约投资者全方位地管理好项目，在进行融资前，会要求投资者投入相当数量的股本资金，以使投资者与贷款银行的利益休戚相关。因此投资者股本资金投入的多少，显示着投资者对项目的关心程度。

（3）对项目的融资工作起着鼓励作用。投资者股本资金投入的多少，标志着投资者对项目的承诺和对项目未来发展前景的信心，对于顺利地组织融资工作，可以起到很好的示范作用和鼓励效果。

2. 股本资金的来源

在融资的运作过程中，股本资金大致可以分为股本资金和准股本资金两大类。

（1）股本资金的主要来源：

第一，投资者的自有资金。在很长一段时期里，项目公司的股本资金基本都来自于投资者的自有资金，他们以购买项目公司股票等形式直接投入，因而资金来源和投资者构成都相对简单。

第二，向社会发行股票。项目公司按照法定程序向投资者私募或公开募集股票，是近年来在融资方式中采用的一种新方法。私募是指将股票直接出售给投资者，不通过公开市场销售。公开募集是指在证券市场上公开向社会发行股票，或是以增配股方式募集资金。这种来源与第一种来源相比，投资者构成更加复杂化。

第三，第三方资金。在融资过程中，会有一些与项目有关的政府机构和公司，如购买项目产品的公司、为项目提供原材料的公司、工程承包公司，以及世界银行和地区开发银行等，出于其对本国政治或经济利益的考虑而提供的软贷款或贷款担保等。

（2）准股本资金的主要来源：准股本资金是指项目利益有关的第三方与投资者或所提供的一种从属性债务。准股本资金相对于股本资金来说，在债务本金的偿还上更具灵活性，它不强制要求项目公司必须在某一特定时间偿还；在项目资金偿还优先序列中虽高于股本资金，但一般低于其他债务资金。换句话说，如果项目公司破产，在偿还所有的融资贷款和其他的高级债务之前，准股本资金不能被偿还。因此在融资过程中从贷款银行的角度看，准股本资金是股本资金的一部分补充。

准股本资金可以一种与股本资金平行的形式进入项目的资本结构，同时它也可以作为一种准备金形式，来支付项目建设成本超支、生产费用超支以及其他贷款银行要求投资者承担的资金责任。

与股本资金相比，准股本资金有以下几方面的优势：一是相对于股本资金，准股本资金投资者的回报相对稳定，由于准股本资金作为一种从属性债务，一般都有一个比较具体的本息偿还计划，从而使准股本资金的投资者得到稳定的利息收入。二是准股本资金还可以减轻投资者的债务负担。在融资安排过程中对于项目公司的盈利分配一般都有比较严格的限制，但是对于从属性债务通过谈判可减少这方面的限制，从而保证了准股本资金投资人的利益。同时一般还会要求投资者在从属性债务协议中加上有关债务和股本资金转换的条款，用以减轻项目经济状态不好时投资者的债务负担。三是准股本资金还可以为项目公司设计较为合理的税务结构。准股本资金作为一种从属性的债务，支付的利息是可以抵税的，而且债务资金可以在缴税前偿还。而股本资金却要等到公司上缴所得税以后才能分发红利。因而有一部分准股本资金作为股本资金，这样便可以充分利用其在税务方面的优惠，提高项目公司的综合效益。

下面我们详细介绍一下准股本资金来源的几种形式：

第一，无担保贷款。是指没有任何项目资产作为抵押和担保的贷款，它是一种银行信用贷款的常见类型，在形式上与商业贷款相似。在融资中，项目发起人为了融资到有担保贷款和其他资金，通常会提供一定数量的无担保贷款作为"种子资金"。同时发起人使用债务筹资还可得到利息免税的好处。有时候项目的其他参与者也愿意提供无担保贷款，如设备供应商，出于为自己的设备寻找销路的目的，以商业信用的方式为项目公司提供货物，这样就相当于向项目公司提供了无担保贷款。

第二，可转换债券。在有效期内只需要支付利息，但到了债券到期日便可收回债券本金，并在一定的时间内，债券持有人有权选择将债券按照规定的价格，转换成为公司的普通股的一种从属性债务的形式。可转换债券的发行没有公司或项目的资产作担保，债券利息也比同类贷款利息要略低一些，而转换时的价格一般要比股票的发行价高20%～30%。这种形式的债券对于债券持有人的吸引力在于：如果项目公司经营效益好，公司股票价格或项目资产价值高于转换价格，债券持有人通过转换可以获得资本增值。而如果项目公司经营效益不好，债券持有人仍然可以在债券到期日收回债券的本金。

第三，零息债券。作为一种从属性债务形式，在融资中会经常用到。它的特点是只计算利息但不支付利息的债券。在债券发行时，根据债券的面值、贴现率和到期日贴现计算出债券的发行价格，债券持有人的收益就是发行时的价格与面值的差额。零息债券的优点是：这种资金安排既享有一定的债务资金优惠，又不需要实际支付利息，因为每年的名义利息可以得到税务扣减，从而减轻了对项目现金流量的压力。在融资的实践操作过程中，如果项目投资者的股本资金投入不足，贷款银行往往会要求投资者以零息债券形式为项目提供一定数额的准股本资金。

第四，贷款担保。是指投资者以贷款银行可接受的方式，提供一定数额的贷款担保资金作为准股本资金投入的替代。在融资中这种资金投入方式由于在项目中没有实际的股本资金占用，项目资金成本最低。

贷款担保主要有两种形式：担保存款和备用信用证担保。担保存款是项目投资者在由贷款银团指定的一家一流的银行中存入一笔固定数额的定期存款，存款账户和利息都属于项目投资者，但存款资金的使用权要掌握在贷款银团的手中，在项目出现资金短缺的情况下，贷款银团可以调用这笔资金。

备用信用证担保是指投资者只利用自身的资信作为担保而不动用任何公司的资金。

采用这种方式贷款银团要承担投资者的信用风险，所以在一般情况下要求备用信用证由一家被接受的独立银行开出，以便将风险转移。

由于以贷款担保的形式替代股本资金的投入，这样会使贷款银行承受项目和投资者信用双重风险，这样的风险力度较大，因此在现实中完全由此种形式替代股本资金投入的应用不太常见，一般情况下都是将贷款担保形式和实际的股本资金投入形式结合起来使用。

（三）项目债务资金

项目债务资金是指项目以负债的方式获得的资金。对于项目而言，债务资金可以从国内国外两个金融市场来考虑筹集，但是大多数大型融资项目的债务资金几乎全部或大部分来自国外金融市场，因此国外金融市场构成了项目债务资金的主要来源。项目债务资金的来源主要有以下三种形式：

1. 贷款融资

贷款融资作为项目债务资金的主要来源，有些项目贷款可以占到它债务资金的100%。贷款融资又可分为国内融资、国外融资两部分，国内贷款主要是商业银行贷款和政策性银行贷款，国外贷款主要包括国际金融组织贷款、国际商业银行贷款和外国政府贷款，下面我们主要就几种国外商业贷款进行详细介绍。

（1）商业银行贷款。在一般情况下是融资中最主要的债务资金形式。商业银行贷款可以由单独的一家银行提供，也可以由多家银行联合提供。商业贷款一般最长不超过十年，具体类型有：转换贷款、工程贷款、定期贷款、抵押贷款及运营资金贷款等。

（2）政策性银行贷款。就是我国金融市场上为了扶持特殊项目，国家政策性银行提供的比商业银行贷款利率低的政策性银行贷款。比如国家开发银行提供的基础设施建设及重要生产性建设项目的长期贷款；进出口银行提供的产品出口贷款；以及农业发展银行为农业、农村发展提供的贷款等。

（3）外国政府提供的出口信贷。是指设备出口国政府为了扶持和增加本国产品的出口量，为了以对本国的出口提供利率补贴并提供信贷担保的方法，激励本国的银行对出口商或设备进口国的进口商提供的优惠利率贷款。

（4）国际金融机构贷款。是指世界银行、亚洲开发银行、美洲开发银行、国际金融公司、欧洲复兴与开发银行等全球性或地区性金融机构，按照他们制定的贷款政策提供的带有一定优惠性的贷款。这种贷款利率低于商业银行贷款利率，贷款期限相对来说也很长，对于贷款资金的使用一般不附有设备采购对象等限制性条件，但有时需要支付某些附加费用。

2. 债券融资

债券融资是指公司通过发行债券筹集项目资金。债券融资分为国内发行债券和国外发行债券两种。国内发行公司债券必须经过有关部门批准，并且要依照法定程序发行。国内发行的债券利率一般都是固定的，并低于银行利率。

在国外发行债券也是融资中经常采用的一种债务资金筹集方式，国际债券主要分为传统的外国债券和欧洲债券两种。

（1）外国债券。是指 A 国发行人在 B 国某地发行，以 B 国货币为面值的债券。一般对 B 国发行地也有要求，具体要求是：政局要稳定、资金要充足、具有完善的证券市场、货币坚挺，除此之外，还要考虑发行国的财政政策、金融政策、外汇管制制度等。

（2）欧洲债券。是指 A 国发行人在 B 国某地发行债券，其面值不是 B 国货币，而是以第三国货币发行。欧洲债券的发行和交易超出了国家的界限，不受任何国家和地区金融市场法律法规的局限。欧洲债券的具体形式有：可转股债券、浮动利率债券、固定利率债券、与另一种货币挂钩的债券、分期或延期付款债券及混合利率债券等。

3. 商业票据融资

商业票据是指在国际市场上享有很好信誉的大公司在金融市场上筹措短期资金的借款凭证，是一种有固定到期日的无担保的本票。商业票据的投资者主要是保险公司、工业企业、各种基金及个人。票据的销售价格是基于国际资本市场状况和主要评级公司所授予的信用等级而定的，通常以贴现的方式发行。公司通过发行新的商业票据来偿还旧的商业票据，这样可达到融通长期资金的目的。

四、融资风险与管理

（一）融资的风险

在融资中，项目参与各方进行谈判的核心问题之一就是各参与方对风险的合理分配和严格的管理，这也是项目能否继续下去和成功的关键。由于融资有限追索或无追索的特点，所以对于借款方而言，风险大大降低。但就项目而言，其风险依然存在。所以在项目开始阶段，识别、评估项目中存在的风险，制定相对应的措施，编制风险管理计划并付诸实施是十分必要的。

融资过程中有两类风险：一类是与市场客观环境有关的，超出了项目自身范围内的风险，这类风险称为系统风险；另一类是可由项目实体自行控制和管理的风险，称为非系统风险。系统风险与非系统风险之间并没有绝对的界限。

融资的风险，如图 14 - 2 所示。

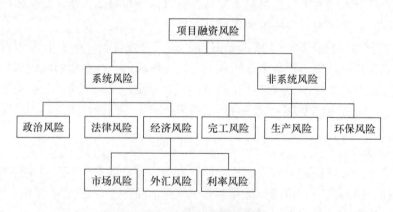

图 14 - 2　融资风险示意图

1. 系统风险的类型

系统风险指外部环境的风险，主要包括：

（1）政治风险。是指由于各种政治方面的因素如战争、政权更替、国际形势变幻、政策等变化而导致项目资产和收益受到损害的风险。政治风险的大小与一个国家政府的稳定性及政策的稳定性有关，政治因素的变化往往是难以预测的，因此，其造成的风险也往往是难以避免的。与项目有关的政治风险可能来自：项目本身对国家的基础设施或安全有重要影响；项目可能需要政府许可证、特许经营权或其他形式的批准；项目对东道国政府的社会政策或国际形象有重大影响等。

（2）法律风险。是指东道国法律的变动或法制不健全给项目带来的风险，主要体现在以下几个方面：

第一，法律体系不完善，无法解决融资过程中出现的纠纷或是不能为融资提供相应的令人满意的法律框架。如在一些国家担保和强制获得担保的法律可能不令人满意；现有的法律可能排除对不动产的所有权。有些国家可能还没有制定保护知识产权的法律法规或是没有制定有关公平贸易和竞争的法律。

第二，东道国没有独立的司法制度，各方面的干预使得法律体系不能有效地执行法院的裁决结果。

第三，根据东道国的法律规定，项目发起人不能有效地建立起融资的组织结构和日后进行正常的项目经营。

第四，对东道国的法律法规不熟悉。

法律的健全与否是直接影响项目成败非常重要的风险因素之一，东道国法律的变动和法制的不健全会改变各参与方的约束，进而会改变各参与方的地位，从而带来法律风险。

（3）经济风险。经济风险包括金融风险与市场风险两大类。

第一，金融风险。金融风险包括外汇风险与利率风险。外汇风险涉及东道国通货的自由兑换、经营收益的自由汇出以及汇率波动所造成的货币贬值问题。境外的项目发起人一般都会希望将项目产生的利润以自己本国的货币或者硬通货汇往国内，以避免因为东道国的通货膨胀而蒙受损失。而资金投入与利润汇出两时点上汇率的波动可能对项目发起方的投资收益产生较大的影响。利率风险是指项目在经营过程中，由于利率变动直接或间接地造成项目价值降低或收益受到损失。实时利率是项目借贷款人的机会成本的参照系统。如果投资方利用浮动利率融资，一旦市场利率上升，项目的融资成本就会上升；而如果采用固定利率融资，一旦市场利率下降便会造成机会成本的提高，而对于借款者而言，则相反。

第二，市场风险。项目最终的产品的市场风险主要由价格风险、竞争风险和需求风险三个方面决定。项目公司必须直接面对千变万化的市场挑战，除了存在竞争、价格、需求等方面的风险因素之外，市场风险还存在于项目原材料和燃料的供应方面。项目投产后，原材料及燃料价格的波动，直接影响到项目的经济收益。

2. 非系统风险的类型

（1）完工风险。是指项目无法完工、延期完工或完工后无法达到预期验收和运行标准的风险。完工风险是融资的主要风险之一，它会引起一系列的连锁反应，如果项目不能按预定计划进行建设投产，融资所赖以存在的基础就受到了很大的破坏，将导致项目建设成本的增加，项目贷款利息负担加重，项目不能按计划取得收益。项目的完工风险主要是因为工业技术水平、管理水平的落后，所以这种情况在发展中国家发生的风险比较大。判断完工风险的标准主要有：完工和运行标准，即项目需要在规定的时间内达到商业完工的标准，并且要在一定时期内保持在这一水平上运行；现金流量完工标准；技术完工标准；等等。

（2）生产风险。是指在项目生产阶段和生产运行阶段存在的技术、资源储量、能源和原材料供应、生产经营、劳动力状况等风险因素的总称。项目的生产风险也直接影响到项目能否正常地运转，并产生足够的现金流量来支付生产费用和还本付息。

项目的生产风险主要表现在以下几个方面：

第一，技术风险。是指存在于项目生产技术过程中的问题，如项目生产所采用的技术是否为经市场证实的成熟生产技术，会不会被新技术所替代，厂址选择和配套设施是否齐全等。

第二，资源风险。有些企业的生产型项目对某种自然资源形成很大的依赖性，因此，项目在运行阶段有无足够的资源保证是一个很大的风险因素。

第三，生产供应风险。项目的正常生产与经营必须要有可靠、充足的原材料和能源的供应。

第四，经营管理风险。主要由项目投资者对所开发项目的经营管理能力高低来决定。企业经营管理者的能力直接影响到项目的质量控制、成本控制和生产的效率。

（3）环保风险。近年来，可持续发展成为各国经济发展战略中一个主要内容，工业生产对自然环境及生活、工作环境的破坏越来越引起社会公众的关注，所以有关环境保护的立法在世界范围内变得越来越严格。对于项目公司来说，要满足日益"苛刻"的环保法规的各项要求，意味着项目成本的增加，或者增加新的资产投入改善项目的生产环境，更严重的甚至会迫使项目停产整顿。对于融资的贷款银行来说，也必须直接或间接地承担环境保护的压力与责任。因此，在融资期内可能出现的任何环境保护方面的风险都应该受到企业足够的重视。

（二）融资风险管理

1. 系统风险的管理

（1）政治风险的管理。降低项目政治风险程度的办法之一是政治风险保险，包括纯商业性质的保险和政府机构的保险，后者在一般情况下为几个主要的发达国家为保护本国投资者在非本国投资的利益时会经常使用。另外，在安排融资时应尽可能寻求项目所在国政府、中央银行、税收部门或其他有关政府机构的书面保证。这些书面保证包括政府对一些特许项目权力或特许证的有效性及可转让性的保证，对外汇管制的承诺，对特殊税收结构的批准认可等。另外，在一些大型融资中，政府、出口信贷机构和多边金融机构也能为其他项目的参与方提供一些政治上的保护。此外还有一些更微妙的方法来减少项目政治风险，比如与地区发展银行、世界银行等机构一起安排平行贷款。贷款结构中具有这样的协调机制将减少东道国政府干涉贷款人利益的风险，而在东道国寻找合作伙伴或是银团中的贷款人来自与东道国友好的国家，也将极大地降低融资中的政治风险。

（2）法律风险的管理。对于项目贷款人来说，管理法律风险的最好办法是在项目贷款开始之前通过自己的律师对东道国的法律风险进行系统、彻底的研究。如果可能，最好征求东道国政府的法律机构的确认，在一些特殊情况下，有可能需要修改东道国的某些法律条款，把针对本项目的新法案作为融资的先决条件。另外，项目公司与东道国政府签订相互担保协议，真正做到互惠互利，这样在一定程度上也为项目的发起方和贷款人提供了法律保护。

（3）经济风险的管理。市场风险的降低取决于项目初期能否做好充分的可行性研究。在项目的建设和营运过程中，签订在固定价格或可预测价格基础上的长期原材料及燃料供应协议和"无论提货与否均需付款"的产品销售协议，这样也可以在很大程度上降低项目的市场风险。

金融风险相对比较复杂。金融风险中汇兑风险相对简单，大多数情况下汇兑风险可能与政治风险与法律风险相关。汇率风险的消除则会利用到一些金融衍生工具，如汇率期权、掉期交易来对冲风险。在东道国金融市场欠发达、金融工具缺乏的情况下，只有通过预测汇率的变动趋势，来调整资产与负债的货币结构。另外一种可行的将汇率变化风险转移的做法是与项目产品的买主签订"浮动价格购买协议"，用价格的浮动来化解汇率的风险。

利率风险的消除也可以通过金融衍生工具来对冲，其条件是资产、负债及收益使用的是可交易的硬通货。常用的消除利率风险的金融衍生工具包括利率期货、掉期、期权、远期利率协议等。

2. 非系统风险的管理

（1）完工风险的管理。为了限制和转移项目的完工风险，贷款银行通常会要求由工程承建公司提供相应的"完工担保"作为保证。项目公司也可以通过投保来转移完工风险，寻求完工保证。下面介绍几种常用的完工保证形式。

第一，无条件完工保证，即投资者无条件提供资金支持以确保项目可以达到融资所规定的"商业完工"条件；

第二，债务收购保证，即在项目不能达到完工标准的情况下，由项目投资者将项目债务收购或转化为负债；

第三，其他如单纯技术完工保证，提供完工保证基金和最佳努力承诺等。

（2）生产风险的管理。生产风险的消除与降低可以通过一些方式来实现，如项目公司与信用好和可靠的合作伙伴，就供应、燃料和运输问题签订有约束力的、长期的、固定的价格合同；项目公司有自己的固定供给来源和基本设施（如建设项目专用运输网络或发电厂）；在项目文件中订立严格的规则、条款并列明承包商和供应商的延期惩罚、固定成本以及项目效益和效率的标准；另外，提高项目经营者的经营管理水平也是降低生产风险的重要途径。

总之，融资的风险管理的主要原则是让各项目参与方合理分担风险，通过各种合同文件和担保文件，使项目风险在各项目参与方之间合理、有效地分配，将给项目带来的风险冲击降至最低。

（三）项目风险的担保

1. 项目担保人

项目担保人包括三个方面：

（1）项目发起人作为担保人。项目的发起人和主办人作为担保人是融资中最主要和最常见的一种形式。虽然在大多数情况下，项目公司可以用自身的资产作为贷款的抵押，但由于项目公司在资金经营历史等方面一般不足以支持融资，而是在很多情况下，贷款银行要求项目公司之外的担保作为附加的债权保证，这种担保责任通常落到了项目发起人身上。如果项目发起人向项目公司提供直接担保，则应该将这种担保至少作为一种或由负债形式出现在资产负债表中。

（2）第三方担保人。利用第三方作为担保人是指除项目发起人之外寻找其他机构为项目提供担保，第三方担保是与项目开发有直接或间接利益关系的机构，这样就可以使项目发起人能够将债务放在资产负债表之外或免受贷款条款的限制。同样，第三方担保人在提供担保的同时也可以从中获得利益。能够提供第三方担保的机构可以有以下几种类型：

第一，有关的政府机构。因为融资中存在政治风险与法律风险，政府作为担保人出现在融资安排中，有利于提高贷款人的信心。因此，政府机构作为第三方担保人在融资中比较常见。

第二，与项目开发有直接利益关系的其他机构，这些机构可以分为：承包商、供应商及产品用户等。承包商为了在激烈的竞争中获得大型工程项目的承包合同，他们都很愿意提供项目的完工担保，有的甚至为项目投资者提供一定的财务帮助。供应商则主要提供卖方信贷、出口信贷以及项目设备质量担保。原材料供应商多以长期、稳定、优惠的供应协议，来对项目进行支持。在一般情况下，产品用户采取无货也付款合同或产量合同的形式为生产他们需要的产品或提供此种服务的建设项目提供担保。

第三，世界银行、地区开发银行等国际性金融机构。在前面讲到世界银行贷款项目的联合融资时已经指出，联合融资的主要内容是由世界银行为对世界银行贷款项目同时提供商业性贷款的其他贷款人提供必要的担保。这些担保包括由于政府（政府机构）不履行合同义务或政治不可抗力事件引起的贷款偿还责任。事实上，世界银行、地区开发银行等机构的参与同样可以起到政府参与的积极作用，减少项目政治、法律及经济的风险，以增强贷款人对融资的信心。

（3）商业担保人。商业担保人提供两种担保服务，并从提供担保服务中获取利益。这两种担保服务为：一是为意外事件发生提供担保，这类服务一般由各类保险公司提供；二是担保项目发起人在项目中或者融资中所必须承担的义务，这类担保服务主要为商业银行、投资公司和一些专业化的金融机构提供，所提供的担保一般为银行信用证或银行担保等。

2. 融资中风险担保的形式

（1）融资中的信用担保。融资信用担保亦称人的担保，是一种以法律为准绳的形式作出的表明担保人向债权人承担一定义务的承诺。这种义务就是：在被担保人不履行其对债权人所承担的义务的情况下，他必须承担起被担保人的合约义务，或是在担保受益人的强烈要求下必须立即支付给担保受益人规定数量的资金，而不管债务人是否真正违约。融资的信用担保主要有以下几种形式：

第一，完工担保。主要是针对完工风险而言的，完工担保一般由项目的投资者作为完工担保人的担保或是由工程承包公司和金融机构相结合作为完工担保人。在所有完工担保协议中，都至少包含了完工担保责任、项目投资者履行完工担保义务的方式及保证项目投资者履行担保义务的措施三个方面的基本内容。

第二，资金缺额担保。是一种在担保金额上有所限制的直接担保，主要作为一种支持进入已正常开展生产阶段的融资结构的有限担保。

第三，以"无论提货与否均需付款"协议和"提货与付款"协议为基础的项目担保。"无论提货与否均需付款"和"提货与付款"是国际融资所特有的一种项目担保形式，是融资结构中项目产品（服务）的长期市场销售合约的统称。虽然"无论提货与否"和"提货与付款"在法律上体现为项目产品买方与卖方的商业合同关系，但实质上是项目产品买方对融资活动提供的一种间接担保。

第四，安慰信。一般是项目主办方政府写给贷款人表示支持其对项目公司贷款的信，信中通常从三个方面表明对贷款人的支持，即经营支持、不剥夺资产（没收或国有化）及提供资金。安慰信的条款一般不具有法律约束力，所以这通常是担保人不愿接受法律约束的情况下所采用的一种担保形式。

第五，东道国政府的支持。东道国政府可能既不是借款人也不是项目公司的股东，但仍有可能通过代理机构进行权益投资或是项目产品的最大买主或用户。一些项目，尤其是一些基础设施建设项目，东道国政府将参与项目的规划、融资、建设和营运的各个阶段。所以东道国政府的支持对于项目的顺利发展具有很大的意义。

（2）融资的物权担保。在融资过程中与人的担保相对的是物权担保，物权担保是指项目公司或第三方以自身资产为履行贷款债务提供担保。融资物权担保按担保方式有以下两种形式。

第一，固定担保。又可以按标的物的性质分为不动产物权担保和动产物权担保。

不动产物权担保。不动产指土地、建筑物等难以移动的财产，在融资中，一般以项目公司的项目资产作为担保标的，但不包含项目发起方的不动产，但在有协议的前提下除外。在借款方违约或项目失败的情况下，项目公司往往被贷款方接管，贷款方可以接管经营或是拍卖项目资产以弥补其贷款损失。但是，项目的失败往往导致项目资产，特别是不动产本身价值的下降，因此即使有这种担保通常也难以使贷款方收回全部贷款。在项目资产专用性强的情况下，项目失败后，项目资产的价值也就变得很低了。

动产物权担保。动产与不动产相对，可以将其分为有形动产和无形动产两类。有形动产如车辆、设备、船舶、商品等，无形动产如合同、股份和其他证券、保险单、应收账、银行账户等都可以被借款方——项目公司来作为履行合同的保证。同不动产相比，动产物权担保技术更为方便易行，故而在融资中广泛使用。

在融资中，无形动产担保比有形动产担保更为方便。其理由有两个方面：一是无形动产涉及众多项目参与方，其权利具有可追溯性，并且这种追索有合同文件等书面保证等；二是有形动产同不动产一样，在项目失败后有价值大大降低的风险。

第二，浮动设押。与固定担保不同，后者是指借款方以确定的资产作为还款保证，而前者则是一种把公司资产（包括未来的资产）和经营收益作为担保并获取收益的一种担保方式，同时公司还可具有正常经营这些资产的权利。这种担保方式在英格兰和威尔士经常出现。由于这种担保方式不是以特定的动产或不动产作为担保标的，只是在特定事件发生时方能确定受偿资产，所以称为浮动设押。

在融资中，如果担保标的是现有的项目资产和在建项目建设、开发、营运期间将会被项目公司获得的资产，浮动设押方式则提供了获得这些担保品收益的非常便利的方法。浮动设押比固定担保更有利的原因是：浮动设押方式允许公司获得、加工和处置资产（包括营业用具、原材料、现金和其他动产）的权利，而不必为新获得的资产签订担保合同或者为每一次资产处置请求许可。

融资中还有消极担保条款、准担保交易、从属债等其他担保方式。

3. 融资担保文件

融资担保文件可分为三类：

（1）基本文件：

项目的各种保险合同；

原材料与能源供应协议；

承建商和分包商的履约保函和预付款保函；

各项政府特许经营协议与其他许可证；

关于土地所有权的文件；

销售协议。

（2）融资文件：

贷款协议，包括消极保证、担保的执行。

担保文件，担保文件包括以下一些内容：对项目产品销售协议及营业收入等的享有权，对土地、房屋等不动产抵押的享有权，对项目公司股份的享有权，对项目基本文件给予权利的享有权，对项目现金流量的享有权，对动产、债务以及在建生产线抵押的享有权等。

（3）支持文件：

项目保险：商业保险、出口信贷担保以及多边机构的担保。

项目发起人的间接支持：无货亦付款合同、无条件运输合同、使用合同、或供或付合同、供应保证协议。

东道国政府的支持：项目批准、特殊权利、许可证、免予没收保证、外汇供应保证等。

项目发起人的支持：还贷担保、营运资本合同、完工担保、现金差额补偿协议保证书和安慰信。

（四）融资中的保险

保险在融资中扮演着非常重要的角色，如果贷款人在保险方面得到充分的保障，项目将会有利于吸引贷款方。在融资中，一般需要保险顾问作为项目公司的专业顾问。保险顾问参与风险辨别和评估，视项目实际情况和贷款方要求而设定一个可以保障项目各方利益的保险计划。

在融资中，保险是分为建设阶段和营运阶段来考虑的。

1. 建设期的保险

（1）建设工程一切险。是指为工程项目的财产损失提供"全险"保障，每一个风险都包括在内，特别列明的除外。

（2）第三者责任险。是保障施工过程中对第三者的身体伤害和财产损失的法律责任。

（3）海运险。是保障进口设备在运输期间的风险。

（4）预期利润损失责任险。是与开工完工拖延有关的一项保险，是保障由于工期延误导致对业主的某种损失（如此期间的利息费用和其他相关固定营运成本），一般有最长的期限，如 12～24 个月责任险。

（5）施工机械设备险。施工机械设备险一般由承包施工单位自己给予单独保障。

（6）劳工保险。劳工保险是保障所有承包商和为此项目工作的人员。

2. 营运期

（1）劳工险。

（2）第三者责任险。

（3）机器故障引起业务中断保险。

（4）现金保值险。现金保值险用于有很大现金流量的项目，如收费的高速公路项目。

（5）财产损失保险，财产损失保险是保障由于外力作用所造成的项目资产的损失。一般来说，投保额以重建费用为标准。地震保险可以作为一个额外险种来购买。

（6）机器故障保险。机器故障保险是为了保障机器故障发生时对项目本身机电设备所引起的破坏而设立的。这个险种对发电厂而言比较重要。

（7）业务中断保险。业务中断保险是为保障项目公司因某种原因致使业务中断而不能按时履行还本付息的责任而设。这个险种的购买视项目种类而定，几乎所有发电厂项目都需要，而收费公路则视情况可买可不买。

下篇　营销企划与管理

　　营销企划的好坏对营销业务的开展起着决定性作用，它已成为企业生存与发展、兴衰与成败的关键因素。营销企划是一项策略性很强的工作，是各种具体策略、技巧的综合运用。企划人员只有掌握了这些方法，并娴熟地运用于工作中，才能企划制胜，无往而不利。

　　本篇主要从营销产品与开发企划、营销价格与管理企划、营销预算与成本企划等多个方面进行介绍，具有很强的实用性与可操作性。

第十五章 公司营销与企划概述

一、营销企划的含义与特征

(一) 营销企划的含义

营销企划是指在对企业内部环境予以准确地分析，并且有效运用经营资源的基础上，对一定时间内的企业营销活动的行为方针、目标、战略以及实施方案与具体措施进行设计和计划。

(二) 营销企划的特点

1. 营销企划是系统分析的学科

营销企划是一项系统工程设计，它的主要任务是帮助企业利用开放经济中丰富的各种资源，区域性资源，国内资源和全球性资源，显性资源和隐性资源，可控资源和不可控资源等，用系统的方法将营销企划进行新的整合，使其在营销过程中产生巨大的"核裂变"效应。营销企划是用科学、周密和有序的系统分析方法，对企业的营销活动进行分析、创意、设计和整合，形成系统的目标、手段、策略和行动高度统一的逻辑思维过程和行动方案。

因此，作为营销企划，特别强调对既有资源和可利用的资源进行整合，寻求营销活动的"1+1>2"的投入产出比营销企划，是一系列点子、谋略的整合，它是建立在点子和谋略之上的多种因素、多种资源、多种学科和多个过程整合而成的系统工程。因此，作为实践，营销企划是一项系统工程；作为理论，营销企划是一门系统科学。

2. 营销企划是具有可操作性的实践学科

营销企划是一门实践性非常强的学科。营销不是空洞的理论说教，它要回答企业在现实的营销活动过程中提出的各种疑难问题，不仅仅要回答这些问题出现的原因，即回答为什么和是什么。企业最需要的营销企划不仅仅只回答，企业应该开拓市场、应该赚钱。而且更重要的是，怎样开拓市场、营造市场以及怎样在激烈的市场竞争中获取丰厚的利润。营销企划就是在创新思维的指导下，为企业的营销拟订具有现实可操作性的营销企划方案，提出开拓市场，营造市场的时间、地点、步骤以及系统性的策略和措施。而且还必须具有特定资源约束条件下的高度可行性。营销企划不仅要提出开拓市场的思路，更重要的是在创新思维的基础上制定营销的行动方案。

3. 营销企划是创新思维的学科

营销企划是一种经营哲学，是营销的方法论，因此是一门创新思维的学科。营销企划是从新的视角，用辩证的、动态的、系统的和发散的思维来整合营销企划对象所占有和可利用的各类显性资源和隐性资源，在新的整合方法指导下，使各种各样的生产要素在生产经营的投入产出过程中形成最大限度的经济效益。营销企划主要包括以下四个方面的内容：企业经营理念的设计，创新思维路线的选择，资源的整合，营销操作过程的监督和管理。营销企划作为一门创新思维的学科，尤其强调将单线性思维转变为复合性思维，将封闭性思维转变为发散性思维，将孤立的和静止的思维转变为辩证的和动态的思维。营销企划最终所要达到的目的是通过对企业各种资源的整合，使营销企划的对象以全新的面貌出现在市场上，为企业开拓广阔的市场空间和实现效益最大化的目标。

总而言之，无论什么项目，创新思维都是以营销企划创意为起点，它引导营销企划者用系统工程方法，从经营哲学的高度对投入生产经营过程的各种生产要素、市场资源和社会资源等进行科学的分析、归纳、综合，使创新思维产生更大的总体功能效应。

4. 营销企划是营销工程设计学科

营销企划实际上就是运用企业营销过程中所拥有的资源和可利用的资源构造一个新的营销系统工程，并且对这个系统中的每个方面根据新的经营哲学和经营理念设计进行轻、重、缓、急的排列组合。在这个营销系统工程的设计中，经营理念的设计始终处于核心和首要地位。

在营销企划过程中，营销理念设计是其他一切营销活动设计的前提，是营销活动的影子，而营销活动则是营销理念的原型。营销理念设计是统率、指导和规范其他营销系统工程设计的核心力量，并渗透于整个营销企划过程中。

营销理念设计是整个营销企划的灵魂，它赋予企划对象的不仅是多种多样的外部形象，而且为其注入骨骼的精髓和现代社会文化的灵魂。它以消费者满意为目标，提出新的社会价值观，新的生活方式，唤起消费者的消费需求和购买欲望，并且充分满足这种需求和欲望，营造一个新的市场环境。

二、营销企划的要素与原则

（一）营销企划的要素

（1）市场环境分析。主要目的是了解产品的潜在市场和销售量，以及竞争对手有何产品信息。

（2）消费心理分析。只有掌握了消费者会由于什么原因、什么目的去购买产品，才能制定出有针对性的营销创意。

（3）产品优势分析。包括本品分析和竞品分析。俗话说，知己知彼，百战不殆。在营销活动中，本品难免会被拿来与其他产品对比，如果无法了解本品和竞品的优势和劣势，就无法引起消费者的购买欲望。

（4）营销方式和平台的选择。既要了解企业自身的情况和战略，还要兼顾目标群体的喜好来进行。

营销是一项系统的复杂的工作，企业要想做好市场营销工作，还需要根据自身实际情况，制定切实可行的方案。

（二）营销企划的原则

（1）全局性。营销企划要求企业具有整体意识，从企业发展的角度出发，明确重点，统筹兼顾，处理好局部利益和整体利益的关系，从而制定出正确的营销企划方案。

（2）战略性。营销企划是一种战略决策，将对未来某个时间段的企业营销起指导作用。

（3）稳定性。营销企划是一种战略行为，应具有相对的稳定性，在一般情况下不能随意变动。如果企划方案缺乏稳定性，不仅会导致企业营销资源的巨大浪费，而且还会严重影响企业的发展前景。

（4）权宜性。营销企划是在一定的市场环境下制定的，因此营销方案与市场环境之间存在一定的相互对应的关系。当市场环境发生变化，原来的营销方案的适用条件也会随之改变。

（5）可行性。在实际中无法操作执行的营销企划方案毫无价值。营销企划，首先，要满足经济性，即执行营销方案获得的收益大于企划方案本身所要求的成本；其次，营销企划方案必须与企业的实力相适应，即企业能够正确地执行营销方案，使它具有实现的可操作性。

三、营销企划的主要内容

（1）营销战略规划。

（2）产品向全国市场推广。

（3）一线营销团队的建设。

（4）制定促销政策。

（5）打造专卖体系等特殊销售模式。

（6）终端销售业绩的提升。

（7）打造样板市场。

（8）建立分销体系。

（9）营销渠道建设。

（10）建设直营体系。

（11）建设价格体系。

（12）招商企划。

（13）产品规划。

（14）市场定位。

（15）新产品上市企划。

（16）营销诊断。

（17）企业形象企划。

（18）市场营销调研。

（19）目标市场企划。

（20）营销企划创意和文案等。

四、企划要求与注意事项

（一）营销企划的要求

（1）调查研究。荀子说过："知道，察也。"意思是说明白道理、掌握情况。任何一个营销企划，首先要做的就是访谈、调查，尽可能掌握真实情况，获得第一手资料。企划人不仅需要依靠专人调查，自己还要身临现场，进行细查和深究。调查是一切营销企划的基础和源头，企划能否成功，完全取决于掌握的情况全不全、准不准、深不深。

（2）善思后行。孔子曾经说过："三思而后行。"一个成功的项目企划，企划人不仅要三思，而且要冥思苦想。实践证明，金点子、新创意，都是在掌握大量的第一手资料后，在勤思中迸发出灵感火花的。思要全神贯注，不分心。作为营销企划人，还要善于集思广益，强调团队精神，调动每个人的积极性，以达到创新的目的。

（3）以奇用兵。商场如战场，战场讲究出奇制胜。营销企划要遵循市场法则，因情循理，这便是"正"。但正不避奇，正中出奇，是制胜的法宝。奇即独创、变化和标新，寻求差异化。事实上，出奇也是企划人个性的发挥和张扬，只有依据不同的项目特点，扬长避短，量身定做，将个性发挥到极致，才能尽显独特的风貌。《孙子兵法》曰："奇正之变，不可胜尝也。""善于奇者，无穷如天地，不竭如江河。"由于市场是动态变化的，可以随之而变，因此，任何时点的营销企划难题都是有办法解决的。

（4）杂糅相济。营销企划要避免单一，讲究融会贯通，做到边界渗透和资源整合。具体而言，要做好市场调查、行业背景分析、区域环境分析，讲究消费模式，洞悉消费心理，注重营销策略和企业发展战略。因此，公司企划人除了精通专业知识外，还要用各种知识充实自己，以达到融会贯通、灵活应用、挥洒自如。

（5）大道至简。效率就是效益，而效率取决于实施过程是否简便、快捷。显而易见，营销企划方案必须简洁明了，对市场前景、行业背景、竞争对手、功能定位、形态布局、营销企划、整合推广等要有清晰的结论、量化的依据，使人一目了然，即可以操作。这就要求营销企划人，要有超强的理解感悟能力，追求简约和高效的工作作风。

（二）营销企划的注意事项

（1）告诉别人自己是从事什么职业的？方案（产品）要解决的问题是什么？执行方案后要实现多大的价值？

（2）针对产品/品牌推广的问题在哪里？执行营销方案时，要涉及哪些单位或地方？

（3）为什么要提出这样的企划方案？为什么要这样执行？

（4）谁负责创意和编制？谁是总执行者？各个实施部分由谁负责？

（5）如何进行时间安排？营销方案执行过程需要花费多长时间？

（6）各系列活动如何操作？在操作过程中遇到的新问题如何及时处理解决？

第十六章　营销市场与目标企划

一、营销市场调研

（一）市场调研的定义

市场调研是指对市场的调查研究，也叫作营销研究、市场调查、营销调研或市场研究等。企业的营销战略决策和其他任何的策划或设计组合时，都必须进行市场调研，这是我们做决策时不可缺少的市场信息和数据收集方式。

随着现代科技的发展，信息的交换速度也在不断提高，在铺天盖地的信息浪潮中，以科学的方法或方式选择和处理所需的信息。市场调研的信息来源多种多样：电子出版物、影音资料、印刷品、电话、互联网、短信、广播、电视、访问，让信息源越来越广；以统计学为基础，运用社会学、心理学、行为科学、计算机技术甚至生物学、物理学等科学的方式对信息进行采集、处理、分析，得出正确的结论。科学的市场调研，为企业营销提供科学的依据，使其作出正确的决策。

（二）市场调研的作用

1. 市场调研是企业制定营销战略和战术的基础

企业内、外部的环境，尤其是外部环境是我们制定任何营销策略都必须首先考虑的问题。只有把握好市场形势的不断发展变化情况，才能制定出有针对性的营销策略。市场调研能够帮助我们了解市场的供求情况、发展趋势，根据市场调研的情况就可以确定企业的生产计划、设计企业的销售方案。市场调研还可以帮助我们筛选复杂的分销渠道，确定最好的分销方式和渠道，从而减少流通环节、缩短运输路线、降低仓储费用、降低销售成本等。

因此，离开市场调研就没有根据，就不能制定出切实可行地帮助企业成长的战略和计划，所以市场调研是企业进行营销企划的基础工作。

2. 市场调研可以提升企业的竞争力

营销企划不是只会照章办事，也不是人云亦云，别人怎么做，自己就跟着怎么做。企业的行为应该在经过科学的市场调研，充分了解企业所面临的机遇与挑战后，找准切入点，从而为企业的产品及其营销制定切实可行的营销企划。很多企业的营销力度不够以及营销方式失误，其实就在于没有找准问题、难以对症下药。

很多企业以为只要做广告就有市场，结果扔了大笔的广告费，还是徒劳无功。有的企业盲目为产品定价，不是太高就是太低，都很难得到消费者的认可，白白错失良机。

还有些企业开发产品、拓展市场时，一味跟着别人走，别人买一送一，自己也买一送一；别人开新闻发布会，自己也不甘落后，结果使消费者认为，这个企业没有任何创新能力，使企业无法培养自己的消费群体。

（三）市场调研的步骤

根据实际情况，虽然每个企业依据营销目标制定的市场调研计划的具体内容各有不同，但总体来说，都有着一定的步骤可循：

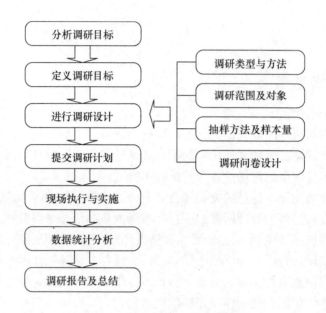

图 16 - 1　市场调研的基本步骤

（四）市场调研的方法

1. 二手资料法

有计划地搜集已经存在的数据，并且作处理和分析的方法叫作二手资料法。在调研中，通过自己访问、实验方法获取的资料叫一手资料，二手资料则是指别人早先获取的资料，现在拿来为我所用。别人也是从书本、报刊或已有渠道上获得的，或者通过访问和实验获得的。

（1）二手资料的分类。

专业公司的情报：有些咨询公司或调研公司专门针对不同的市场，通过网络、访谈、电话等方式对一些家庭的日常消费行为进行调研，以此形成基础数据库，供企业决策者和营销研究人员参考，不过它提供的数据相对比较有限。

企业内部资料：企业自己积累起来的资源和营销资料。包括：短期经营信息、营销活动信息、统计资料、财务资料、生产资料、成本资料、市场行情等。

学术研究成果：主要指研究机构发布的信息。关于国家人口、收入水平、消费倾向、价格变化等各种情况的媒体报道、研究报告、论文经常出现在当今世界上现有的各种关于经济和管理方面的学术刊物上。一般的经济、管理和商业类杂志、专业性报纸等，大都登载有丰富的市场信息，比如：美国的《商业日报》、《华尔街日报》，《中国经营报》、《销售与市场杂志》、《财富杂志》，等等。

行业统计资料：指各行业协会的出版物，从这些刊物上获取信息是企业了解各市场行情的一个有效途径。例如：印前没有发行的内刊就包括行业品牌产品的发展情况、产品的市场前景、新技术的开发与说明等有价值的信息。

政府统计信息：中央及地方政府统计资料、政府有关出版物、政府发表的行业统计资料、政府发表的各类税赋报告、物价水平统计、地方政府的有关统计和报告、开放式的国家相关经济统计数据库等，例如：工商企业名录、人口与就业情况、制造成品物价水平与价格指数统计、消费水平、收入来源、开支结构、市场行情等。

互联网：在现代社会里，互联网络速度快、信息量大、付费少，因而它比传统的信息收集渠道更受青睐。互联网中存有的各种付费数据库，只需较少的费用即可以收集到相关的统计资料、研究报告等，这是收集二手资料常用的手段。

（2）二手资料收集途径。

从竞争对手方获取信息资料：

a. 高薪聘用对方的高级职员或技术人员；

b. 通过竞争对手的招聘广告和劳务合同分析其用工方式及人力资源状况；

c. 以合作的方式套取对方的情报；

d. 参观竞争对手的工厂车间及销售点等；

e. 与竞争对手的基本客户交流接触；

f. 从竞争对手的在职或离职人员、应聘人员中获取相关信息；

g. 与竞争对手的顾客基本接触；

h. 从行业资料和政府有关部门发布的文件中分析对手动向；

i. 通过各种行业或市场会议、活动等获取竞争对手的信息等；

j. 购买竞争对手的工业垃圾进行研究；

k. 分析竞争对手的产品包装、运输过程、营销手段等，以获取有用的情报；

l. 拆卸竞争对手的产品进行工艺还原分析。

在收集竞争对手情报的过程中，尽管某些方法从道德观念上可能会引起一些争议，不过面对激烈的市场竞争，企业必须尽可能利用一切合法手段获取所需信息，这是企业生存与发展所必需的，也是合法的。

普通常见的搜集方法：

a. 通过各种展会、发布会、订货会以及各种市场活动、广告搜集；

b. 订购翻阅公开出版物；

c. 收集国家和上级主管机构发布的各种政策文件、法规、通知、计划等；

d. 从信息咨询机构获取有关信息；

e. 通过与相关企业建立长期的人际关系网收集；

f. 通过各种经常联系的部门获取。

国际市场信息资料的收集途径：

a. 通过官方与企业驻外机构的经贸信息收集；

b. 与多家国际机构建立信息往来，比如：联合国开发计划署、联合国统计司、世界银行、国际货币基金组织、世界贸易组织、跨国公司中心、欧洲经济共同体等；

c. 通过出国考察、进修、讲学、参加国际性会议。

付费获取情报信息：

a. 聘请业余信息员进行信息收集工作；

b. 向统计部门、信息中心、咨询公司购买数据资料；

c. 向同行购买资料并付给费用；

d. 通过有偿、有奖的方式进行信息的征集等。

2. 访问法

访问法是指通过调查人员和调查对象之间的语言交流来获取信息的方法。在进行访问时，必须事先准备好调查提纲，以不同的方式向调查对象提问，并将交流中获得的信息收集起来。访问法又有如下几种：

（1）电话访问：通过电话拜访，从被访者处收集有用信息。

（2）邮寄访问：通过邮件或类似方式从被访者处收集资料。邮件包括信件、报纸、杂志，以及网络发布的相关信息等。

（3）人员访问：调查人员与被调查对象运用面对面交流的方式收集信息。

a. 座谈访问：在某个特定的场所，采用一对多的谈话访问；

b. 入户访问：在被访者家里或办公室中进行的访问；

c. 拦截访问：在某个地点，即商业区或街道等，拦截路人进行的访问；

d. 电脑访问：即被访者面对电脑屏幕显示的问题直接把数据输入电脑。

3. 观察法

调查人员通过对调查对象的言行利用直接观察和记录来收集信息资料的方法叫作观察法。目的是通过对调查对象的自然表现，观察和了解调查对象的真实反应。在调查中，相关的工作人员与调查对象一般不发生正面接触，有时不让调查对象知道自己正在被观察。

观察法一般用于商家了解对方顾客和潜在顾客对商店或商场的货物品种、价格水平、内部布局和服务态度的看法。其缺点是无法了解调查对象的内心活动，包括一些必须用访问法才能获得的资料，如调查对象的消费水平、购买需求、消费喜好及其对市场的了解程度等。

4. 实验法

现在普遍应用于消费品市场的调查方法是实验法，主要是对消费品的品种、包装、质量、价格、设计、商标、广告及陈列方式等进行调查。其主要分为以下两种方式：

（1）在现场实验：对被调查的产品在自然环境下进行实验调研。

（2）在实验室试验：对被调查的产品在人为环境下进行实验调研。

以上所述的各种调研方法不是一成不变的，调查人员应该根据调查目的及企业的实际情况进行组合、调整，才能获得符合需求的有价值的信息数据。

二、营销市场细分

市场细分这一概念是在 20 世纪 50 年代中期由美国经济学家温德尔·斯密提出来

的。市场细分通常是指根据整个市场消费需求所产生的差异性，以那些影响消费者需求和欲望的某种特定因素为依据，把整个市场划分成两个甚至两个以上的消费群体，每一类需求特点相似的消费群体可以构成一个细分市场又叫作子市场。在各个不同的具体细分市场中，消费者的需求有比较大的差异。比如服装市场，如果按消费者的性别分，我们可以划分为男性市场和女性市场；如果按年龄分，可划分为儿童市场、青年市场、中年市场和老年市场；按地理因素分的话，又可以划分为北方市场、南方市场、国内市场和国外市场等。每个细分市场的具体需求都不一样，但是同一细分市场内部的需求却基本类似。

市场细分并不是以产品的类别来细分市场的，如汽车市场、服装市场等。它是依照广大消费者需求偏好的差异来进行市场划分的，并在划分时做到求同存异。

（一）市场细分的标准

由于受消费者市场和产业市场的影响，它们细分的依据有所不同。

1. 消费者市场细分的标准

（1）地理因素。是指按消费者所处的地理位置和居住条件来细分市场。由于各种消费者所在地理位置不同和居住条件的不同，他们的需求和欲望也各不相同。例如居住在我国南方的沿海经济相对比较发达的城市居民和居住在我国北方内陆地区的农村的消费者相比，他们对家具的材质、款式、价格等的需求都不相同。

地理因素包括国际和国内、气候、自然环境、地形、交通运输、行政区划、城市环境、城市规模、乡镇、集市和人口密度等。

相对来说地理因素属于一种静态因素，通常很容易辨别，对企业分析研究不同地区的各种消费者的需求特点、需求总量和它们发展变化的趋势有一定意义，另外也有助于企业开拓区域市场。但是，哪怕是生活在同一城市、地区或国家的消费者，他们的需求与偏好也并不完全相同，而且有很大差异。所以还要进一步按其他不同的标准来细分市场。

（2）心理因素。社会阶层及消费者的生活方式、个性、购买动机等都属于心理因素。即使是同样性别、年龄，收入相同的消费者，因他们所处的社会阶层、生活方式和个性不同，通常情况下所表现出来的心理特征也不同，不同的人对同样一种产品可能会有不一样的需求和购买动机。因而心理因素对于消费者的爱好、购买动机和购买行为有非常大的影响。恰当地分析消费者的心理因素，有利于本企业捕捉新的市场机会或开拓目标市场。例如，有些消费者去购买那些昂贵的名牌商品，不仅仅是要追求它们的质量，更具有显示他们的身份和社会地位的心理特征；有些消费者喜欢穿奇装异服，目的是为突出其个性；而有的消费者则喜欢购买进口的产品，这是为了满足其猎奇的心理。企业如果根据心理因素来细分市场，就要根据不同的细分市场设计专门产品，采取有针对性的营销策略。

（3）人文因素。利用人文因素来细分市场，即根据人口统计的变量即年龄、性别、职业、国籍、收入、家庭人数、民族、人口数量、文化程度、宗教信仰及家庭生命周期等各种因素对当前市场进行细分。其实市场细分就是分析顾客们的具体需求。不同国籍和不同民族的、不同年龄和不同性别的、不同职业和不同收入的消费者，他们的需求和偏好是不一样的。因此人口统计变量和消费者对商品的需求、偏好与消费行为及其所处环境有着极其密切的关系，并且人口统计变量信息比较容易获得也比较容易进行对比。所以，人文因素常常是市场细分中用来区分不同消费者群体的一种基本标准。

（4）行为因素。是根据消费者各种不同的购买行为进行市场细分。它既包括消费者追求的利益以及对品牌的忠诚度（品牌偏好）、使用情况和使用率等。例如，人们对化妆品的需求，有些消费者是为追求化妆品的润肤、护肤功能，有些则是希望增白、祛斑，有些则是具有对品牌的偏好。因而企业可以根据消费者行为因素来细分市场，推出适合各种不同细分市场的产品。

但是产业市场购买者的购买目的只是为了再生产，且要从中谋求利润，因而它和消费者市场中消费者的购买目标、购买需求是不一样的。

2. 产业市场的细分

（1）用户的地理位置。除了国界、气候、地区、地形和交通运输等条件以外，自然因素、社会环境、生产力格局和资源也是极其重要的细分变量。

由于用户所处的地理位置各不相同，他们的需求也有很大的不同。例如，香港地价昂贵，所以香港的大部分企业都希望能购买到精细奇妙的机械设备。也就是说自然环境、资源、生产力格局等系因素，决定了某些行业可能集中于一个地区，例如我国的东北地区，钢铁、机械、煤炭和森林工业就比较集中；而山西省则集中着煤炭、煤化工和能源等工业。所以按用户地理位置细分市场，也有助于企业把目标市场选择在用户及相关行业比较集中的地区，这不但有利于提高销售量，还可以节省销售费用，减少运输成本。

（2）用户的规模。包括大型企业、中型企业、小型企业，或者大用户、小用户等。不同规模的用户，他们的购买能力、购买数量、购买次数、购买行为以及心理特征都不相同。因此用户的规模是产业市场的又一种细分依据。

（3）用户的行业类别。用户的行业类别包括食品、纺织、机械、建筑、军工、电子、冶金、农业、汽车等。用户的具体行业不同，他们的需求也存在着很大差异。哪怕是同一种产品，军工与民用分别对某种产品质量要求的也各不相同。而营销人员则可以根据用户行业的类别对市场进行细分。

（4）购买行为的因素。包括追求的利益、对品牌的忠诚度、使用者的情况（如一般的用户、重点用户、经常用户、临时用户等）、使用率、购买方式等。

以上所有细分标准或具体因素选用得是否恰当，对市场细分都有很大影响。

3. 企业有效地进行市场细分必须遵循的原则

（1）在市场细分时，不同的企业应该采用不一样的标准，应该根据自己企业的实力和自己产品的特性来确定细分标准。

（2）在选用细分标准时，要求所有细分因素都是可以控制的，并且要使细分市场能呈现出特别明显的区别和非常显著的特性，而那些很难控制的细分因素和变化因素就尽量少用或者直接不用。

市场细分并不是分得越小越好，如果市场分得太小，就不适合企业大量地生产，进而影响规模的经济性。所以细分市场既要使企业有一定的规模和发展前途，又要使他们获得足够利润。

另外除了以上原则，企划人员在运用细分标准时，还需要注意以下几个问题：

（1）市场调查是企业细分市场的基础。在进行市场细分以前，企业必须做一些市场调查。只有掌握了消费者的需求、欲望和市场需求量等一些相关资料以后，营销人员才能根据调查正确地选择市场细分标准，进行市场细分。从而最终确定企业服务的对象——目标市场，再根据目标市场的需求制定出切实有效的市场营销策略。

（2）顾客的需求、爱好和购买行为都是由很多具体因素决定的。负责市场的营销人员可以使用一两种甚至更多种标准来细分市场。但是选用的标准也不能太多，应该适可而止，如果先选择几个主要的标准，再来确定少数的主要标准和若干次要标准的话，就既不实用，也不经济。

（3）市场是动态的和变幻莫测的，所以细分标准也不可能一成不变，应该经常根据市场变化的具体情况，来研究市场细分与调整市场营销计划。

（4）如果预计市场细分所获得的收益，将大于因细分市场所带来的生产成本增加和销售费用增加，这时可以进行市场细分，否则的话不要细分。

（二）市场细分的功能

市场细分对一个企业市场营销产生的影响和作用很大，它主要表现在以下几个方面：

（1）有利于小企业本身开拓市场，在那些大企业的夹缝中求得生存。即使是大型企业，它们的资源也是有限的，不可能满足整个市场所有类型的需求，更何况一些小企业呢。而消费者的需求是在不断变化的也是各不相同的。所以为了求得生存，小型企业应该善于使用市场细分的原理对当前整个市场状况进行细分，拾遗补阙、见缝插针，从中发现别人尚未满足消费者需求的地方，采取一些与目标市场相对应的产品、价格、销售渠道，以及促进市场销售的营销策略，从而获得比较大的经济效益。

（2）有利于企业进行合理地配置和使用资源。企业将有限的人力、物力、财力集中用于少数几个或者一个细分市场上面，根据市场细分，明确目标市场的特点，扬长避短，可以避免分散力量，取得事半功倍的效果，从而使自己获得最大的经济效益。

（3）有利于企业确定自己的目标市场，制定出一套有效的市场营销策略。通过进行市场细分，有利于企业深入地了解广大消费者的需求，使企业结合自己的优势和当前市场的状况，进行系统地分析比较，再从细分市场中选择和确定适合自己企业的目标市场。当企业的营销服务对象一旦被确定，就可以做到对症下药，并且有针对性地制定出有效的市场营销策略，从而大力提高企业的市场竞争力。

（4）有利于企业开拓新的市场。当一个企业在经过市场调查和市场细分后，对各种细分市场的具体需求特征、客户需求满足的程度以及竞争情况全盘掌握了，并且能够从中发现一些尚未得到满足的需求或者有尚未得到充分满足需求的细分市场，这些细分市场就为企业提供了一次崭新的市场开拓机会。

（5）有利于企业取得信息反馈来调整市场营销的策略。就拿整个市场来说，一般的信息反馈起来都比较迟钝，不能很容易敏锐地察觉到市场的变化。但是在细分市场的过程中，企业就可以为不同的细分市场提供各种不同的销售产品，并依此制定出相应的具体市场营销策略，企业还能够比较容易地获取市场信息，觉察到消费者的具体反应情况。这些都有利于企业发现市场潜在的需求，并且适时地调整自己的营销策略。

（三）市场细分的诀窍

1. 市场细分的常用方法

现以六个购买者群的市场作为例子，每一个不同的购买者由于他具有的不同的需求和欲望使他潜在地成为一个个别市场。一个成功的销售者必须要为各个购买者分别设计一套市场营销方案，当然这也是很困难的。像波音和麦克唐讷·道格拉斯等飞机制造厂，虽然面对的只是少数几个购买者，但还是要把他们作为个别的市场来对待。其最终的市场细分程度，如图 16－2 所示。

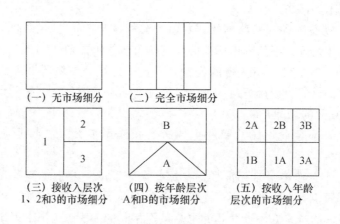

图16－2　五种细分市场的方法

但是还有许多企划人员并没有真正认识到，用各种不同的产品去满足个别购买者不同的需求是很有必要的。所以成功的销售者要识别出不同层次的购买者对不同产品的要求以及不同反应。以营养滋补药品作为例子，销售者收入层次不同，他们的需求也各不相同。在图16－2（三）中的数字1、2或3，主要用来区别各个购买者的收入层次，如果把相同收入层次的购买者全部放在一起，再按照他们的收入层次细分，其结果可以得到三个市场部分，其中收入层次"1"市场部分是最多的。

另外，企划人员还发现，对于营养滋补药品来说，青年购买者群体与老年购买者群体之间的需求有着非常明显的不同。在图16－2（四）中的 A 或 B 就是用来表示各个购买者群体的不同年龄层次的。然而按照年龄层次细分市场的结果是形成了两个细分市场，每个细分市场都具有三个购买者群。

现在我们假设购买者群体在营养滋补药品的购买过程中，存在着收入与年龄两个变数。在这种情况下，就可以分成六个细分市场：1A、1B、2A、2B、3A 和 3B。如图 16－2（五）所示，每个细分市场分别包括两个购买者。由于市场细分时使用各种变数，销售者为获得更好的细分市场，就要增加细分市场的数目或者削减细分市场的个数。

在上面所述的例子中，市场是按照收入不同和年龄不同来细分不同的"人口"分市场的。如果我们通过询问不同购买者对产品的两种不同属性（皮鞋的式样和质量）有什么样的要求，进行一下变化，其结果就形成了不相同的"偏好"分市场。我们可以根据被询问者对两种属性的不同偏好程度，把它分为三种不同的市场：

（1）同质偏好。就是说一个市场几乎所有的消费者的爱好都大致一样。这个市场表示没有"自然细分市场"，至少对这两种属性来说是这样的。我们可以预测，存在的所有品牌都具有相类似的特征，并且产品一般都定位在购买者偏好的中心。在这种情况下，企划人员就必须重视产品的式样和质量两种属性。

（2）集群偏好。即市场上存在的不同偏好的购买者会自然形成一些集群。例如，有部分消费者他们侧重于产品的式样，而有的消费者却侧重于产品的质量，他们各自形成几个不同集群，这就叫作"自然细分市场"。而首先进入市场的那些企业会有三种选择：①营销者应定位在最大的分市场，即集中市场营销；②定位在他们期望能够吸引所有群组的中心，又叫作无差别市场营销；③同时发展几个相似品牌，每个独特的品牌分别定位在不同的细分市场，这叫作差别市场营销。很显然，如果只是发展其中一种品牌，竞争者们必定会介入其中，并且将会在其他的细分市场推出其他适销品牌的产品。

（3）分散偏好。而在市场的另一个极端，购买者的偏好则有可能正在空间平均分散着，而没有任何集中的迹象，这就表示购买者对不同产品的偏好差异比较大。也就是说，他们对皮鞋的式样和质量两种属性分别有不同程度的喜爱和要求。这时作为销售者你可以有两种选择：第一种选择，是兼顾两种不同属性。假如现在市场上仅有一个品牌，那么它的属性很可能就位于中心位置，是为了迎合大多数的消费者，从而使总体的消费者的不满足感降到最低的程度。但是一旦有新的竞争者进入这个市场，那么就很可能由于这种产品的属性和第一种品牌相同而导致它的市场占有率有所降低。还有另一种选择，就是侧重于某一种属性的偏好，也就是说为了吸引那些对属性位于中心的品牌不满的消费者群，要将这种新产品的属性定位于市场的某一个角落。例如，你生产的皮鞋只侧重于式样或者质量，从而能够把重视这一属性偏好的消费者吸引过来。即使市场上有好几个相似品牌在竞争，它们也可能在空间上得以分散，从而以实质性的差异来满足不同消费者的不同偏好。

（四）市场细分的三个阶段

一个企业经营者在整个细分市场的过程中一般都要经历三个阶段：

1. 调查阶段

一个企业经营者一般会要求本企业的营销人员与消费者先进行一种非正式的交谈，并且要根据消费者的不同需求把他们分成若干个不同的专题小组，从而可以了解他们的动机、态度及行为。在这个基础上，再以问卷的形式向广大消费者收集以下几个方面的资料：

（1）首先要了解调查对象的人口变动、心理变动情况及他们对宣传媒体所持的态度和习惯。

（2）调查品牌在消费者心中的知名度和级别。

（3）调查消费者使用该产品时的方式。

（4）了解消费者对该品牌产品所属类别的态度。

（5）调查该产品的属性和它们所属级别。

为了准确地收集到大量有用的信息，营销者应该精确地细分市场，调查该样本产品的数量应该比较多一些。

2. 分析阶段

作为经营者应该用因子分析法来分析获取的市场信息，首先要排除相关性非常大的变数。然后再用集群的分析法来划分出一些差异性比较大的细分市场。每个集群的内部虽有可能同质性，但每个集群之间一定要有比较大的差异。

3. 细分阶段

首先根据各种消费者的各不相同的态度、行为、人口、心理状况，以及他们一般的消费习惯来划分每个集群；然后再根据他们之间主要的不同特征为每个细分市场起名。

因为每个细分市场都是在不断变化的，只有细分市场划分的程序定期地、反复地进行，才能去重新发现一个新的细分市场及其所存在的可能性，这是营销者运用的使一种新品牌的产品成功地占领当前市场最常用的方法。

而想要发现新的细分市场，最重要的一种方法就是调查不同消费者群体在挑选自己所需产品时，是怎样以自己的方式来选择现在已经存在的变量和顺序的。

（五）市场细分的七个步骤

美国市场学家杰罗姆·麦卡锡曾经提出过一种市场的一般细分程序，这套程序很直观、很实用也很容易操作。它主要包括下面七个方面的步骤：

1. 企业要依据自己的需求来选定产品的市场范围

每一个不同的企业，他的管理者都早已确定了自己的任务以及自己所追求的目标，并以此作为制定企业发展战略的依据。它一旦决定要进入哪一行业，紧接着便要慎重考虑和选择可能适合的产品的市场范围。一种产品市场的范围应该是根据市场的消费需求来确定的，而不是根据产品本身的特性来确定的。

2. 营销者要能够列举出潜在顾客的一些基本需求

在确定了一种产品的市场营销范围以后，该企业的营销人员应该把有潜在需求的客户分成若干个不同的专题小组，为了更加全面地列举出潜在客户都有哪些需求，就要在了解他们的消费动机、消费态度以及消费行为的同时，也将此作为以后进行深入分析研究的基本资料和主要依据。

3. 要分析那些潜在客户的不同需求

作为细分市场的基础是不同客户的不同需求。因此，企业营销者在列举出潜在客户的基本需求情况以后，还要通过抽样调查来进一步收集与之相关的信息，并且要用因素分析法对搜集到的资料进行分析，从而确定不同潜在客户的共同需求，然后再用集群分析法划分出一些差异性非常大的细分市场，针对潜在客户的人口变数、心理变数和不同的态度、不同的消费行为，以及一般的消费习惯等进行进一步的细分。这一步的目的，其实就是要了解在企业所列举的基本需求中，对于不同的潜在客户群来说，哪些是最重要的。只有这样，企业才能够发现不同的潜在客户群在需求上存在的差异性，从而可以找出他们之间的不同需求。这些具有不同需求的客户群便构成了企业的细分市场。在这一步中，至少要保证有三个细分市场的出现，才能使细分市场对企业更加有效。

4. 移去潜在客户的共同需求

现在，企业应该移去各细分市场或各客户群之间存在的共同需求。虽然共同的需求非常重要，但是它只能是为一个企业设计市场营销组合策略提供参考而已，而不能作为细分市场的基本依据。潜在客户的共同需求，是形成一个企业产品决策的部分重要依据，不管企业选择哪种细分市场作为自己的目标市场，都必须保证潜在客户的共同需求得到满足，但是在细分市场时又必须把它移去。

5. 为所有的细分市场暂时取个名字

这一步，其实就是对各个不同细分市场上剩余的一些需求作进一步深入的分析。为了方便操作，企业可以结合各个细分市场上客户的共同特点，为所有的细分市场暂时取一个名字。例如，住宅出租公司可以根据小公寓住宅在出租市场上不同顾客的特点，为各个细分市场分别暂时取名为：

（1）好动群。这些客户一般是年轻未婚者，他们喜欢参加各种娱乐和社交活动。

（2）度假群。这种客户一般情况下是在市区内拥有一套住房，但他们却愿意租住在环境比较安静的郊外小型公寓，只是为了在假期时有个休息的地方，从而使他们在工作后得到全面的放松，享受郊外生活带来的无限乐趣。

（3）新婚群。这一类顾客选择租住小型公寓住房的原因是，它们只是作为过渡性住房，他们有能力购买或者租住更好的住宅，但是现在还没有找到合适的住宅。

（4）作为主群。这些客户一般是单身的或者家庭不在本地，却在本地工作，所以他们希望住得离工作地点近一点，并且很注重租金的高低。

（5）家庭群。这些客户的收入并不高，但他们却非常注重租金的高低以及住房的实用性。

（6）老成群。这些客户大部分是受教育程度相对比较高，并且有很高的收入，但他们经过社会的不断磨炼显得比较成熟、稳重，很有个性，他们一般追求舒适的生活条件。

（7）向往城市群。这些顾客也许在乡间都有住房，但是他们很向往到城市里生活。

6. 更进一步地去认识各个细分市场的显著特点

现在，企划人员不仅要对各个细分市场的客户需求和动机做更进一步的深入考察，了解他们已经掌握的那些细分市场的特点，而且还需要对那些特点做更进一步地分析与研究，从而确定企业是否要再进一步地细分或者把某些细分市场合并。如果通过分析对比，发现新婚群与其他各类客户的需求存在非常大的差异，那么，将新婚群作为一个细分市场是非常必要的。同时也可以看出，公寓住房的设计是否良好对于新婚群来说并不是很重要的因素，所以即使设计相同的小型公寓，也可能会同时吸引新婚群和其他某类客户，只是针对他们所做的广告宣传与企划人员的推销方式应该有所差异而已。这样，如果在细分市场时把新婚群与其他某类客户归于同一细分市场时，就应该将他们区分开来。

7. 要测量各个细分市场的大小

必须测量出每个细分市场的潜在客户的数量及其购买能力，把经过上述几个步骤划分出的各个细分市场和人口变数结合起来再加以分析，才能掌握各个细分市场的市场潜在客户量,从而使得细分市场为企业带来更大的经济效益。如果没有这最后一步,企业就无法作出正确的目标市场决策,也不可能达到细分市场的目的。可以这么说,前面的六个步骤是根据潜在客户需求的差异性作出的一种定性的分析,这是对各个细分市场客户的不同需求进行的一种定量的分析,因为其中有一部分细分市场,客户的需求还没有表现为实际的购买行动或者是顾客的数量太少不值得企业去开发。例如,把家庭这一客户群与人口变数联系起来,就会发现租用小型公寓住房的家庭,大部分是收入较低、同时子女又不多的家庭,在各种业务部门和统计部门等地方就可以收集到这些低收入家庭的详细资料,如果掌握他们在家庭总数中所占的比例和他们的收入以及消费开支等情况,就可以很容易地推算出这个细分市场的具体规模、范围和实际购买能力。

经过以上七个步骤后,企业才算完成了整个市场细分的工作,这样就可以根据企业自身的实际情况,来确定目标市场同时采取与其发展相适应的目标市场战略了。最后,为企业更好地服务于目标市场,从而制定出一套适合目标市场需求的营销组合策略。

三、目标市场营销

1. 目标市场营销含义

广告载体的不断发展及分销渠道的多元化,使推行原来"为所有的人生产一种规格产品"的大众化营销方式已经越来越困难了。原来的市场正在日益分裂并且逐渐形成许多小群体。也有很多公司正在由大众化营销转向目标市场营销。销售者们又在目标市场营销中区分出几个主要的细分市场,他们是先把一个或者几个细分市场作为自己的目标,然后再为每个细分市场制定出产品开发方案和营销方案。

2. 目标市场营销步骤

(1)为了确定细分市场的依据,营销者必须按照实际购买者所需要的具体产品或者营销组合,进行市场细分。

(2)对细分后的各市场进行深入剖析,能准确描述出他们各自的轮廓。

(3)仔细衡量每个细分市场的具体吸引力。

(4)先选择一个或者几个细分市场作为准备进一步了解的目标。

(5)然后为公司的各细分市场目标定好位,再为那些已经传播在市场上的产品确定他们关键的特征与利益。

(6)最后还要为自己选择的目标市场提供一套行之有效的营销组合策略。

四、目标市场选择

公司在对许多不同的细分市场作出评估以后,在对目标市场的选择中可以考虑一下实行密集单一市场、有选择的专门化、产品专门化或者市场专门化和完全覆盖市场五种不同的目标市场模式,如图16-3所示。

1. 产品专门化

这种方法可以使公司集中地生产某一种产品,公司还可以向各种不同的客户销售这种产品。通过这种战略,公司可以在某一种产品营销方面树立起非常高的声誉。但是一旦产品被别人发现的某一种全新技术代替的话,他的销售就可能出现危机和困难。

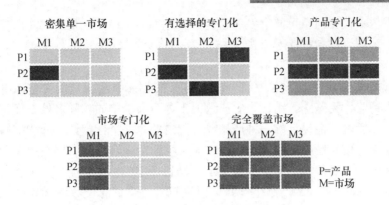

图 16-3　目标市场选择的五种模式

2. 有选择的专门化

如果用这种方法细分市场，能够使公司的每个细分市场对客户都具有很强的吸引力，并且符合公司的营销目的。既能使得这些细分市场之间很少存有什么联系，还能使得每个细分市场都有盈利空间。这种方法还可以分散公司的风险，所以说多细分市场的目标比起单细分市场的目标有很多优势。

3. 市场专门化

为了适应某一个客户群体的需要而生产的产品或服务叫作市场专门化。企业专门为这一客户群体而服务，从而获得了非常好的声誉，并能够成为这个客户群体所需要的各种新产品的代理销售商。但是如果这个客户群体突然削减经费预算的话，企业的经营也会产生危机和陷入困境。

4. 密集单一市场

企业也可以选择一个细分市场。例如大众汽车公司原来就集中经营小汽车市场。公司在利用密集营销的过程中，更加了解了这一细分市场的消费需要，所以能在这一细分市场内建立非常巩固的市场营销地位。但是密集市场营销往往要比一般情况的营销风险更大。因为个别的细分市场还可能出现非常不景气的情况，或是只要有某个竞争者决定进入这一细分市场，就会对公司营销造成非常大的影响，风险也更大。因此，许多公司宁可在很多个细分市场中推行分散营销。

5. 完全覆盖市场

公司利用各种各样的产品去满足各种客户群体的需求叫作完全覆盖市场。但是只有那些大公司才有可能采用完全覆盖市场的战略，例如，通用汽车公司、IBM 公司和可口可乐公司等。大公司可以用以下两种主要的方法推销产品，分别是无差别市场营销和差别市场营销，从而达到覆盖整个市场营销的目的。

（1）差别营销。就是一家公司决定，其同时经营着几个不同的细分市场，而且每个细分市场所销售的产品也各不相同。差别营销往往会比无差别营销产生更高的销售额。但是差别营销的经营成本也往往要大于无差别营销的经营成本。他们的这种细分市场产品的生产成本、修改成本、存货成本、管理成本、促销成本等都会随之有所增加。因为差别营销在增加销售额的同时，往往也使其成本增加，所以事先还不能够预见这种战略的盈利率。一些公司也可能会发现它们过分地细分了市场，从而再转向反细分化或者拓宽客户的范围。例如强生公司原来的洗发剂目标市场是婴儿，后来又扩大到了成年人。

（2）无差别营销。公司不考虑细分市场间存在的大小区别，仅仅是推出一种产品来占领整个市场叫作无差别营销，企业只致力于客户需求中的相同之处，而不管客户需求的不同之处。所以，他设计的一种产品或者制定的每一个营销计划都能够迎合最大多数购买者的需求。他凭借广泛的销售渠道和大规模的广告宣传，主要是想在人们的心目中树立该产品的一个好印象。无差别营销是"制造业中的标准化生产和大批量生产在营销方面的化身"。这种单一的产品生产线可以降低生产、储存货物和运输的成本；无差别营销还可以缩减广告成本；使用同一个营销计划，更可以降低营销调研以及产品管理的成本。

五、市场覆盖策略

企业应该选择哪一种市场，并不是随心所欲的，企业必须从自身的实际特点和客观条件出发，另外这还受产品、市场和竞争等许多方面因素的制约。

1. 市场特点

不同的客户之间，他们的需求和爱好也有相似之处，而这种相似的程度就是市场特征。因而企业在制定营销方案的时候，如果发现客户的需求和购买行为都基本相同，那么企业就可以采用无差别营销策略；反之，则应该采用差别营销策略或者专门化的营销策略。

2. 产品特点

企业还要根据自己经营产品的特点来确定营销策略，产品是同质产品还是异质产品决定了企业要选择各不相同的目标市场。假如产品是同质，像钢铁、大米、食盐等，所有的消费者无一例外都具有相同的消费特征，这时企业应该采用无差别的市场营销模式。但是对于服装、化妆品等产品来说，客户的消费者需求存在着很大差异和选择性，那么企业就应该采取市场专门化的市场营销模式。

3. 公司资源

公司资源在一定程度上影响着营销策略，这些资源主要是指公司的生产资源、人力资源以及资金资源等。假如公司的资源雄厚，生产规模非常大，技术力量和设备能力都很强，组织管理能力也比较强，那么企业就可以采取完全覆盖市场式的营销策略；如果公司的资源不足，没有能力把整个市场作为自己的目标市场，那就只能采用专门化的市场营销模式。

4. 产品生命周期

一般情况下，如果新产品是处于投入期和成长期，竞争者还不是很多，品牌也相对单一，那么企业就可以采用密集单一市场或者无差别营销方式，这样做既可以预测市场以及潜在客户的需求，同时也有利于节约开发市场的费用。但是当产品进入成熟期，企业就应该采用专门化市场营销模式或者差别营销的模式，从而开拓新的营销市场，最大限度地扩大销售范围。

5. 竞争者的市场覆盖策略

企业在选择目标市场时，应该充分考虑市场的竞争趋势和竞争者们所实行的市场覆盖策略。如果竞争者实力的确比较强，那么企业就应该考虑自身存在的弱点而使用差别营销策略、专门化营销策略或者密集单一型营销策略，以便自己能够在一个或几个细分市场上取得相对优势。如果竞争对手比较弱，企业则可以考虑实施无差别营销策略。当然，企业应该尽量避免与竞争对手使用相同的营销策略，以防止加剧竞争或出现两败俱伤的局面。

六、目标市场确定

现在的市场上，同类产品有很多，因而对消费者而言，远远不止一种选择，只有极少数产品存在供不应求的情况，这就叫作买方市场。

同时，不论哪一家企业都不可能完全满足一种产品的所有市场需求，最多只能满足一部分消费者的需要。这不仅是因为资源的数量限制，也是为了保持企业的正常营销水平。

那么该怎样把那一部分消费者从中筛选出来呢，要做好这一工作，从而确定自己的目标市场，是非常重要的。

（一）选择前的先期工作

选择目标市场之前，企划人员应该先从自身和客户两方面进行全面的资料收集分析，进而使其能够正确地确定目标市场。

1. 客观评价自己

如果能够始终意识到自己的能力是有限的，那么这个企业的企划人员是明智的，它是企业本身正在走向成熟的具体表现。那么怎样利用自己非常有限的资源去占领更多的营销市场份额，并为企业获取最大的利润，则是企业首先需要解决的永恒主题。

当企业规模还比较小时，实力往往较弱，这一点是不言而喻的。但是，当企业进一步发展、实力有所增强、知名度有所扩大的时候，企业的经营者很容易会被眼前的光环罩住致使忘记了自己企业的局限，经营者这时往往就开始幻想着，要打败所有的竞争对手，成就自己的一番伟大事业。这也是人性的弱点之一。

正因为如此，往往有些形势本来还比较好的企业，就是在这时被市场所抛弃，最终走向衰败的。

在这里要注意的是，经营者对消费者的认识必须是始终清楚明确的，而不能模糊。这就要求一个企业的产品能够受所有消费者的欢迎，不管是老的少的都适合，想要占领全部市场，这本来就是一种不切实际的幻想。但是许多人，尤其是以企划人员为主要代表的营销者，明明知道这个道理，却依然心存这种奢望。

2. 发现消费者的需求差异

因为消费者们对绝大多数的销售产品的需求是不一样的，他们具有不同的要求和多元化的特点。例如女性对手提袋和男性对手提袋的要求显然有很大不同。

因生活水平的不断提高，人们对消费品的品位要求也越来越高了，尤其是个性化的需求日益突出。生活水平的提高本来就存在很大的差距，参差不齐，市场需求的构成也因此变得更为复杂多样。

3. 避开强大的竞争对手

在市场经济中虽然避免不了激烈的竞争，但是你可以采取"避其锋芒，攻其不备"竞争策略。如果要换一种说法的话就是"扬长避短，以一当十"。需求市场逐渐被分解，和市场的小型化为企业营销实施避开强大竞争对手这一策略提供了很多机会。

市场空间是广阔的，生产、销售同一种产品的企业之间有竞争但也不一定非要争个你死我活，双方是可以达到共赢的。因为不同的企业各自占领的主要市场区域即目标市场是不可能完全相同的。

4. 要有目标市场营销的观念

目标市场营销就是企业必须首先要区别出几个主要的细分市场，然后再把其中的一个或几个市场作为目标市场，在选择目标市场时最好根据它们的特点制定出产品计划和一套营销计划。

5. 实际操作

对企业自身资源的分析，可采用列表的方式予以明确。

（1）企业资源的自我分析。

（2）从消费者需求的角度对产品进行考察。

（3）对企业竞争状况的检查。

（4）转变营销观念是非常重要的。

大多数公司往往习惯于首先从自己的利益出发，说自己的产品比别人的好，这本来是人之常情。但是，"别人的产品和自己的产品是卖给同一类消费者吗"？如果答案是肯定的话，那就意味着您要与"别人"正面作战了；如果答案是否定的话，那么这些有关"好处"的宣传就丝毫没有意义了。

所以，你首先想到的应该是目标市场的消费者，而不是你自己的产品。否则，将陷入"自恋"和"营销近视"，使得自己在市场上碰壁。

（二）目标市场营销策略的变化因素

企业在进行目标市场营销策略决策时，必须充分考虑各种影响因素。这些影响因素主要有：

1. 产品的差异性

如果产品是食盐、大米、钢材等差异性很小的"同质"产品，应该采用无差异营销；如果产品差异性较大，如轿车、服装、化妆品等则可以采用差异营销或者集中营销。

2. 市场的差异性

如果市场上所有购买者的需求存在很大的相似性，也就是说在同一时期购买的数量相同、对市场营销刺激的反应也相同，这种市场被称为同质市场，那企业就应该采用无差异营销；而对于需求差异比较大的异质市场，就应采取差异营销或集中营销的方式。

3. 企业资源

如果企业的人力、物力、财力等各种资源都很充足，实力雄厚，就可以采取无差异营销或者差异性营销策略；如果企业的资源不是很充足，实力薄弱，就只能实行集中营销方式。

4. 观察竞争者所采取的目标市场营销策略

与竞争者相比，如果企业的实力很雄厚，企业可以完全自主地决定对目标市场的营销策略。但如果企业与竞争者实力相当或处于劣势地位的时候，就应充分考虑竞争者实施的目标市场营销策略并形成适合自己企业的营销策略。

一般不应该使用与竞争者相同的策略，因为这容易导致激烈的竞争。当竞争者实行无差异营销时，企业可以实行差异营销或者集中营销方式；而当竞争者实行差异营销时，企业可以实行集中营销。这样，将有助于在其确定的细分市场上保持本企业的相对竞争优势。

5. 产品所处生命周期的阶段

正在处于导入期或者成长期的营销产品，企业主要应该向特定的消费者群体宣传自己的产品，培养消费者对本品牌的偏好，争取夺得更多的市场份额，由于这时候消费者的需求差异性还没有充分地表现出来，因此企业不适合提供太多品种，应该采取无差异性营销方式；但是到了成熟阶段，由于市场基本已经趋于饱和，市场竞争非常激烈，使得消费者的需求差异性明显逐渐增大，企业在这种情况下应该采取差异性营销；如果是在市场衰退期，产品的购买者则主要是在接受新产品过程中的落后者或者是一些坚定的品牌忠诚者，那么企业在这种情况下就应采取集中营销。

（三）选择目标市场的流程

企业在选择目标市场时，必须首先对目标市场的流程作出一种明智的选择。

（1）要对市场做全面的调查与分析。

（2）了解确定企业的营销战略，对相关的资源作出详细调查。

（3）对细分市场的有效性作出评价。

（4）对选择目标市场的策略作出判断，主要有以下几种判断依据：①分析多个细分市场的专业化的趋势；②了解营销产品的专业化的构成；③评估单一市场的集中化的程度；④掌握市场专业化的相关技术；⑤预测目标市场的投资效益及其竞争优势；⑥探索完全市场覆盖的可能性。

第十七章 营销产品与开发企划

一、营销产品概述

(一) 产品的整体概念

产品是满足消费者需求的一种工具，也是使整个营销组合过程形成的重要因素。产品也是联系企业与消费者的最重要的途径。如果一个企业的产品不能满足消费者的需求，而企业对此又不做调整，那么企业就会倒闭。产品企划的最终目的不在于如何使消费者接受企业的产品，而是企业如何最大限度地满足消费者的各种需求，从而实现自己最大的经济效益。

企业决策者必须树立正确的产品观念。企业应该向市场提供什么产品、消费者对产品的认知程度怎样等这些问题，企业营销者必须非常明确。所谓的产品是指能提供给市场，用于满足人们某种欲望和需要的所有事物，包括实物、服务、场所、组织、思想及主意等因素。也就是说，产品是指人们在交换中获得的一切能够满足人们所有需要的东西。包括喜欢和不喜欢的，有形的和无形的。产品是物品、服务、思想以及这三者的任何形式的综合。产品是有形的而且有实际的使用价值，服务则是无形的，直接为人们提供方便和利益，思想是给人们提供心理上的刺激，可以帮助人们解决实际问题，具有象征价值。现代的产品概念强调产品的使用价值和象征价值的统一。随着信息技术和高科技的迅猛发展，产品成为消费者表现自我的工具和手段，人们选择产品不仅是为了在功能上满足其需要，也为了在心理上得到满足。消费者购买产品的时候，实际上所购买产品提供的只是利益和满足。比如购买汽车是为了运输，同时也是为了其在驾驶时获得兴奋与乐趣。

现代营销理论所提供的产品整体概念，准确揭示了消费者对产品认识的全部规律，它把产品分为以下五个层次：

1. **核心产品**

核心产品是指消费者购买某种产品时所追求的使用价值和核心利益。如顾客购买小汽车，他真正需要的是"娱乐享受"或者"运输服务"，而不是一大堆汽车零件。企业应该正确把握消费者追求的利益，并积极销售消费者所追求的核心利益，只有这样，才可能做到适销对路。

2. **形式产品**

形式产品是指向市场提供的实体产品和劳务的外观，产品外观主要是指产品出现在市场时的面貌和性状。通常有五个衡量指标，即产品的质量、外观特色、式样、包装和品牌。形式产品既能实现核心产品内容，又能激起消费者的购买欲望，是消费者选择产品的重要依据，对实现产品的销售具有决定性作用。事实上，形式产品在一定意义上只是创造产品的文化价值，从而提高产品价值含量。例如，一些生产运动鞋的厂家，充分利用高科技手段生产出带闪光的运动鞋，在市场上虽然其价格要比普通运动鞋高，但依然很受青少年消费者的欢迎。

3. 期望产品

期望产品是指消费者在购买产品时期望能得到的结果。期望产品是指符合购买者需求的一系列属性和条件。比如，住宿的旅客期望得到清洁的床铺、肥皂、浴巾、衣柜等相关的用具以及安静的环境等服务功能。

4. 附加产品

附加产品是顾客购买产品时所获得的具有全部附加意义的利益和服务，是形式产品和实质产品的统一，主要包括送货、安装、维修、保证等销售服务。例如，顾客购买一台电脑，它很需要出售者为其运送，同时还需要为其进行安装和调试；另外，顾客还希望获得一定使用期限的保证和维修服务，这一系列的附加利益和服务都使得顾客买得放心、买得满意。随着科技的高速发展，产品的同质化趋势越来越明显，企业之间产品的竞争不再只是产品本身的竞争，而附加产品及相关服务在产品的竞争中显得越来越重要。

5. 潜在产品

潜在产品是指现有产品的所有延伸和演进部分，最终可能发展成为未来产品的潜在状态的产品形态，潜在产品指示现有产品的可能发展前景。如彩电可能发展为计算机的终端等。

产品的整体概念是经营思想上的重大突破。传统产品概念仅强调单方面创新和单方面竞争，企业也把主要精力放在提高产品技术的含量和品质上。事实上，产品的技术含量和品质仅仅是为了满足消费者需要的手段，而不是目的。然而产品的整体概念强调的是核心产品、形式产品、期望产品、附加产品以及潜在产品等多个层次的全方位创新，以利于综合竞争。

（二）产品的分类

产品的分类方法多种多样，不同的分类标准有不同的分类方法。产品分类的目的在于界定产品的性格，从而为正确制定营销策略奠定坚实的基础。

产品按用途可分为消费品和工业品两大类。消费品是指人们用于最终生活消费的产品，而工业品是指企业或组织购买后用于生产其他产品的产品。两者不仅购买的目标不同，而且购买的数量、价格、方式也有很大的差别。

1. 消费品的分类

虽然人们用各种不同的方法对消费品进行分类，但传统的和被人们普遍接受的方法有四类：便利品、选购品、特殊品和非渴求品，这主要是根据消费者购买行为的特点来划分的。

（1）便利品。是指消费者经常购买的、价格较为低廉的经常使用的商品。在购买此类商品时，消费者一般会不作比较，即刻购买。按照消费者购买态度和所处环境的不同，便利品可以进一步划分为日用品、冲动购买品和急救品。

日用品是指价格低廉，消费者会经常购买并使用的商品。如肥皂、牙膏、洗衣粉、快餐食品、纸巾等。对于此类商品，消费者希望能随时需要随时可以买到，他们一般来说不会仅钟情于某一个品牌，而是有什么牌子就用什么牌子。所以对商家而言：广开销售渠道，多设网点和延长服务时间是赢得消费者的法宝。

冲动购买品是指消费者事先没有购买打算而临时决定购买的商品，如糖果、点心、杂志、报纸、玩具等，它们通常被商家放在收银台旁或柜台比较显眼的位置，就是为了从感官上刺激消费者，激起他们的购买欲望。

急救品是指人们有紧急需要时购买的商品。如突下暴雨时人们买的伞，突发胃痛去买的止痛药等。对这类产品的销售也应广设网点，并将其放置在比较显眼的地方，以便于消费者应急时购买。

（2）选购品。是消费者愿意花费一定的时间进行购买的商品。消费者需要花费一定的时间对不同商店、不同品牌的商品及其价格、质量、产品特点、服务质量和商家的质量保证等进行比较分析后才购买的商品。比如家用电器、家庭装饰的家具、服装、自行车等都属于选购品。因为这类产品使用时间一般较长，不像便利品那样要经常购买。选购品又可分为同质选购品和异质选购品。

同质选购品是指产品质量被认为是完全相同的，但价格上却存在一定差异的商品。对这类选购品，消费者往往要比较其价格，比如说几种品牌的29寸彩色电视机被认为是同质产品，消费者肯定会选择价格最低的。所以对同质选购品的生产厂家来说，应当在努力保证质量的前提下，不断降低生产成本，从而降低销售价格，这样才能吸引更多的消费者购买。

异质选购品是指质量有一定差异的选购品。在选购这类商品时，消费者对此类产品的质量和特色比对其价格更关注。例如，不同品牌的电脑，除了价格以外，它们的质量高低、处理速度、售后服务以及维护和保修方式等往往都是消费者选购的标准。因此，对于生产厂家和商家来说应当努力注重产品质量，增加花色品种，提高服务水平，致力于突出本产品特色。

（3）特殊商品。是指一些具有独特特征或特定品牌的，而且消费者愿意花费特别精力去购买的产品。消费者对特殊商品的购买一般要做出实际计划，他们知道他们想要购买的特定商品，而且不愿意接受代用品。在搜寻特殊商品时，消费者往往不会对各种备选品进行比较，他们只注意寻找能够提供给他们事先选定的产品的零售商店。

这些特殊的商品会在许多方面影响公司的营销企划方案，它们通常只通过有限几家零售店经销。就像选购品一样，人们不经常购买，周转次数少，库存量低，因此毛利相对也就高。

由于对这类商品来说，消费者只认品牌，甚至可以不惜远道去购买它，这也就在相当程度上减少了竞争。但即使是特殊商品，商家也应当尽量提高消费者的方便程度。

（4）非渴求商品。是指消费者还不知道或知道但暂时还无兴趣购买的产品。如商店里卖的摄像机，很多人不知道或者即便知道也不会马上有欲望去购买。比较典型的非渴求商品如人寿保险和殡葬用品等。对于这类商品的销售，广告和人员推销是关键，因为要使顾客由无兴趣转变为有兴趣，引起消费者的消费意愿，推销人员的说服力是不可缺少的。公司在设计营销企划方案时，必须努力使消费者明白购买这种产品他们能够得到何种利益。

2. 工业品的分类

工业品是指被用作再生产或满足再生产活动需要的产品或服务。也就是说工业品是为了日常经营或者生产其他产品而购买的产品。工业品的购买取决于企业的目标。通常和其他消费品相比，工业品的实际用途比给其使用者提供心理满足还重要。工业品的种类和复杂程度都大大高于其他消费品，工业品的销售需要更多的专业知识，因此我们不能简单地按划分消费品的原则来划分工业品。我们根据工业品在进入再生产过程中的重要程度以及它们的相对成本，将其划分为四类，即材料和部件、资本项目、供应品及其相关服务。

（1）材料和部件。是指最终要完全用到生产者所生产的成品中去的中间产品。

原材料。是指用于生产的最基本的材料，它们是指从未经过加工的初级产品，包括天然产品（如矿石、原油、煤炭以及木材等）和农产品（如棉花、小麦、家畜、水果、蔬菜等）。天然产品因其具有供应有限、体积大、单位价值低且需要大量运输的特点，其营销方式通常取决于运输的条件，一般采用长期合同制，所以广告和其他的促销活动意义不大，它们价格和交货的方式可靠性通常是需要者选购的重要考虑因素。但要注意的一点就是，农产品因其具有易腐性和季节性的特点，所以需要解决好它们的运输、储存和销售渠道的问题。

半成品和零部件。半成品是需要对原材料进一步加工才能成为最终产品的物品，如铁、棉纱、水泥等。零部件通常是指已经过部分加工，可以不经过进一步加工而能够成为最终产品的那部分产品，如吸尘器所用的马达、汽车用的轮胎、电冰箱用的压缩机都属于半成品。零部件是最终产品的一部分，而且它们本身就是为装备而准备的制成品或者是在装配前需要稍作加工处理的产品。虽然说零部件会成为大型产品的一部分，但要区别和认识所有零部件是很不容易的。半成品和零部件大多是以订单的形式由生产者直接供应给用户，因而其价格和服务是影响用户购买的主要因素。

（2）资本项目。是指在长期生产过程中逐步转移到生产产品中的商品。

主要设施。主要设施由建筑物（厂房和办公室等）、土地使用权以及固定设施（如计算机、生产设备等）构成。一般来说，主要设施因其价值大，使用时间长，售前需要经过长时间的谈判。这些设施的技术含量高，使用周期长，所以优质的技术支持和良好的售后服务对于此类产品销售来说是很重要的。

附属设备。附属设备是指经营者完成经营活动所需要的各种辅助产品，如各种工具、模具及办公设备等。这类产品通常价值较低，寿命较短，大部分由中间商提供。质量、特色、价格和服务是吸引使用者购买的主要因素。

（3）供应品。是维持企业生产经营活动所必需的，但不会形成最终产品的那类产品。供应物品可包括一般用品，如润滑油、燃料、纸、饮用水等。由于供应品在各种场合都需要使用，所以各种组织都会购买。通常情况下，供应品是通过众多的销售店销售的，而且对供应品的购买也属于常规性购买。因而也称常用品。

（4）服务。服务与供应品相似，都是维持企业生产经营活动所必需的，但不会形成最终产品的劳动。服务主要包括维修服务（如修理复印机、清洗门窗等）和咨询服务（如法律咨询、管理咨询和广告企划等）。服务一般由专业人员提供，所以服务技术水平的高低、服务公司的声誉和合理的价格是人们选择的重要依据。

二、产品组合企划

产品的生命周期理论说明了工业产品在市场上都有个从成长至衰退的发展过程。因此，任何企业都不能只单纯经营一样或一种产品，而应该同时经营多样品种，同时应尽量按各种产品分别处于不同的生命周期的不同阶段来分别经营，从而降低经营风险。各种产品之间都有一个最优化的组合结构，只有按照这个结构合理配置资源，企业才能满足广大受众的各种需要，才能取得尽可能大的经济效益。

（一）产品组合的概念

产品组合，又称产品经营结构，是指企业生产经营的全部结构，也就是指企业生产经营的全部产品线及项目的组合。

产品线是指企业在生产经营的过程中的一组密切相关、层次内容相同的产品。密切相关是指产品都能满足相同的某种需要并能通过同一渠道进行销售。例如杭州西单大厦经营的产品线有食品类、家电类、服装类、化妆品类和儿童玩具类等；又如，飞利浦公司生产的产品有电视机系列、电脑系列和光源产品系列。

产品项目是指产品线中所列的所有各种不同规格、不同品牌质量、不同价格的每一种产品。

怎样表述一个企业产品的组合程度呢？一般都是用产品组合的宽度、深度和关联度三个因素来表述。产品组合宽度是指一个企业生产经营的产品大类数。大类数越多，则宽度越宽；大类数越少，则宽度越窄。如商业企业中，大型百货公司拥有较多的产品种类，其产品组合就比较宽。

产品组合的深度是指一个企业每一类产品项目的多少。比如宝洁公司生产的佳洁士牙膏有75克、115克和150克三种规格，有清凉薄荷和香草型两种配方，那么佳洁士牙膏的深度就是 $2 \times 3 = 6$。产品组合的深度，对于满足同一目标市场消费者的多样需求和降低生产成本起着非常重要的作用。

产品的关联性，是指一个企业所拥有的各个产品大类在最终使用、生产条件及销售渠道等方面的密切相关性。如宝洁公司的产品都是通过相同分销渠道出售的，那么产品线之间就具有关联性。关联性大的产品组合有利于企业的经营管理，反之则管理难度增大。例如，宝洁公司的产品线主要集中在日用消费品方面，这些产品的生产和销售都有一定的相似性，产品组合的关联度大，这样经营管理起来也相对容易些。

企业的产品组合方式应该遵循两个原则，即有利于促进销售和有利于增加企业的总利润。产品组合的三个因素和促进销售、增加利润的原则都有密切关系。一般来说，拓宽产品线有利于挖掘企业的潜力，开拓新的市场；加深产品线可以满足更多的特殊需求，加强产品系列的关联性，可以提升企业的市场地位，发挥和提高企业在有关专业上的能力和营销水平。

（二）产品组合企划类型

通常来说，企业可以通过拓展产品系列宽度，加深产品组合深度，以及加强其关联性，来促进销售、增加利润，增强企业的长期竞争力。但是，企业的这些努力往往会受到多种因素的制约。

首先，企业所拥有的资源往往是有限的，它们总会有自己的特长和薄弱环节，因此，并不是经营任何产品都是可能或者有利的；其次，受市场需求状况的限制，企业只能拓宽或加强具有良好成长机会和发展前景的产品线；最后，受竞争条件的限制，如果企业新增加的产品线遇到强大的竞争对手，利润的不确定性很大，那么与其加宽产品线，不如加深原有产品线更为有利。因此，为了在竞争中占据优势地位，企业对其产品线宽度、深度和关联性的决策就有多种选择，同样产品的组合企划也就会有多种类型。

1. 多系列全面型

多系列全面型着眼于向任何顾客提供其所需要的一切产品，采取这种策略的条件就是企业有能力满足整个市场的需要。整个市场的含义可以是广义的，就是不同行业的产品市场的总和；也可以是狭义的，即某个行业的各个市场面的总和。广义的多系列全面型产品组合策略就是尽可能增加产品系列的宽度和深度，不受产品系列之间的关联的约束。狭义的多系列全面型产品组合策略，是指提供在一个行业内所必需的全部产品，也就是说，这些产品系列之间具有密切关联性，如美国奇异电器公司，产品线数目很多，但都跟电气有关。

2. 市场专业型

市场专业型是向某个专业市场，某类顾客提供所需要的各种产品的策略。例如以建筑业为其产品市场的工程机械公司，其产品就应该由推土机、轧路机、载重卡车、搅拌机等产品组成。

3. 产品系列专业型

企业专注于某一类产品的生产，并将其产品推销给各类客户。例如某汽车制造厂其产品都是汽车，但他们能够根据不同的市场需要，建立小轿车、大客车和运货卡车三种产品系列以适应家庭用户、团体用户及工业用户的各自需要。

4. 有限产品系列专业型

有限产品系列专业型是指企业根据自己的专长，集中经营有限的，甚至是单一的产品系列以适应有限的或单一的市场需要。例如有的汽车制造厂专门生产作为个人交通工具的小汽车，不生产大客车、运输卡车以及具有其他用途的汽车。

5. 特殊产品专业型

特殊产品专业型是指企业根据自己的专长专门生产的某些具有竞争优势的特殊产品项目，这种策略由于产品的特殊性，所能开拓的市场是非常有限的，但是竞争的威胁也小，经营风险小。

6. 特殊专业型

特殊专业型是指企业凭借它拥有的特殊生产条件提供能满足某些特殊需要的产品。例如提供特殊的工程设计、低成本的制造技术或根据需要可灵活转换的操作条件等。这种产品组合策略由于其产品具有突出的特殊性常能避免受到竞争对手的威胁。

（三）产品组合的优化

产品组合策略是不断变化的。随着市场环境和自身经营条件的变化，有些产品的需求量可能增长较快或利润较高，但也有部分产品会出现衰退或无利可图的情况。这就要求企业要对产品进行优化组合，以取得最大的利润。优化产品组合是指企业可以根据市场不断变化的环境和自身资源条件和现状，适时开发新产品并淘汰已逐渐衰退的产品，以实现使销售额和利润最优化的产品组合。常见的优化方法有以下几种：

1. 产品环境分析法

产品环境分析法是把企业的产品分为六个层次，然后分析研究每一种产品在未来的市场环境中，它们的销路潜力优势和发展前景，其具体步骤是：

（1）对市场环境进行充分分析，把握目前企业的主要产品是否能够继续生产；

（2）企业未来的主要商品，一般是指新产品投入市场后能迅速打开市场销路的产品；

（3）在目前的市场竞争中，能使企业获得较大利润的产品；

（4）过去是主要产品，而现在销路已日趋萎缩的商品，企业应及时采取改进或缩小、淘汰的方式；

（5）对于尚未完全失去销路的产品，企业可以采取维持或保留的决策方式；

（6）对于完全失去销路的产品或者经营失败的新产品，一般应采用淘汰或转产的方式。

2. 产品系列平衡法

产品系列平衡法，也叫作 PPM 法，其原理是把企业的生产经营活动作为一个整体，围绕着实现企业经营目标，从增强企业竞争实力和市场发展引力两方面，对企业的产品进行综合平衡和分析评估，从而作出最佳的产品决策的方式。

一般来说，产品系列平衡法分四个步骤来实现平衡：

（1）准确评估产品的市场引力，主要包括市场容量、增长率、利润率等；

（2）准确评估企业竞争力，主要包括企业的综合生产力、技术能力、销售能力以及市场占有率等；

（3）绘制系列产品的平衡象限图；

（4）市场分析与营销决策。

产品系列平衡法，如表 17-1 所示。

表 17-1 产品系列平衡决策表

		企业竞争实力		
		小	中	大
市场引力	大	提高市场占有率的选择性投资	加强扩大和甘冒风险	发挥企业优势积极投资
	中	进行选择性投资或者淘汰	稳定策略和重视平衡	维持现状和争取多盈利
	小	淘汰落后产品力争减少损失	选择投资或停止投资	回收资金或选择少量投资

3. 波士顿矩阵法

这是一种运用产品市场占有率和销售增长率来对产品进行评价的方法，是由美国波士顿咨询公司提供的一种产品分析方法。

如图 17 - 1 所示，可以看到，横坐标表示市场增长率，以 20% 为界，大于 20% 为高增长率，小于 20% 为低增长率。纵坐标表示相对市场占有率，以相对数尺度来表示。所谓相对市场占有率是指本企业产品的市场占有率与该产品市场最大竞争者的市场占有率之比。假设以 5% 为分界线，大于 5% 为市场占有率高，小于 5% 为市场占有率低。假设某企业的某种产品的市场占有率为 5%，则表明该产品的相对市场占有率为本行业最大竞争对手的 50%。如果该产品的市场占用率为 10%，则表示该产品的相对市场占有率为本行业最大竞争对手的 2 倍。

图 17 - 1 中的 A、B、C、D 表示四类产品。其位置表示该产品市场增长率和相对市场占有率的高与低。

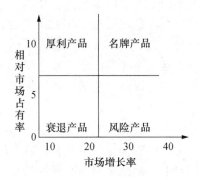

图 17 - 1　波士顿矩阵（%）

（1）风险产品。是指市场增长率高，但相对市场占有率低的产品。相对来说，大多数新产品是从问题类产品开始的，因为只有市场高速增长的需求才能吸引企业进行大规模投资；也就是说，对于问题类产品，企业必须大量投资，扩大生产规模才能满足迅速增长的市场需要。对于这类产品，企业应该集中力量消除问题，比如提高产品质量和适应消费需求等扩大优势，创立名牌。

（2）名牌产品。是指市场增长率高，相对市场占有率也高的产品大类。名牌产品很有发展前途，通常处于生命周期的成长期。对于这类产品，企业要从各个方面给予支持，要确保其现有地位及将来的发展空间。名牌产品需要企业投入大量的资金和人力来维持其增长并能借此挤垮竞争对手。另外随着市场增长率的减缓，名牌产品最有可能演变为厚利产品。

（3）厚利产品。是指市场增长率低，相对市场占有率高的产品。由于市场增长率低，所以一般不会有新的竞争对手介入，企业也不必在市场方面投入大量资金来保持其领导地位，因此收益较高。厚利产品是企业收入的主要来源，一般处在生命周期的成熟阶段，此产品是能够给企业带来厚利的拳头产品。

（4）衰退产品。是指市场增长率和相对市场占有率都很低的产品。这类产品通常是已接近产品衰退周期的商品，它是能让企业衰退或失败的产品，应果断地有计划地淘汰此类产品，并作战略上的调整。

根据企业产品所处的不同特点，企业应该及时采取不同的战略调整，力争使企业的产品最优化。处于发展阶段的产品，企业的主要目的是要扩大市场占有率。扩大市场占有率需要企业集中较大的投资，并为此放弃短期的利润。这种策略比较适合风险类产品，因为扩大了这类产品的市场占有率，它们就有可能上升为名牌产品。

处于维持阶段的产品，企业既需要不断强化质量意识，又要不断维护产品形象，从而巩固其市场领头羊的地位。这种策略适宜于厚利产品，因为高市场占有率维持得时间越长，越能给企业带来更多的收益。这种策略主要适合于名牌产品的销售。

对于收获阶段的产品，企业的主要目的则是获取短期现金收入，企业需要尽力减少产品的运作成本，从而使企业在短期内获得较大的收益。这种策略主要适用于处于衰退期的厚利产品和衰退期产品的销售。

处于放弃阶段的产品，企业的主要策略是搞清楚某些产品大类，把有限的资源迅速转移到更有市场竞争力的产品中去。这种策略主要适宜于衰退期产品。

总之，任何产品都有自己的生命周期，没有永远的厚利产品，也不可能有永远的风险产品。企业的经营决策者应不断对企业的产品市场进行认真分析、综合评估，并不断对其营销战略加以调整和完善，从而提高企业的长期竞争优势。

（四）产品差异化法

产品差异化是指企业以某种方式改变某些质量及用途基本相同的产品，以便使消费者相信这些产品存在差异而产生不同的偏好。企业在行使产品实体要素或在提供产品的过程中，造成足以区别于其他同类产品以吸引购买者的特殊性需求，从而导致了消费者对某种产品的偏好和忠诚。这样，产品的差异化不仅迫使外部进入者耗费巨资去征服现有客户的忠诚性并因此造成某种障碍，而且又在同一市场上使本企业的产品与其他企业的产品区别开来，使企业以产品差异为基础争夺市场竞争的主动地位。

产品差异化与市场细分化不同。产品差异化，实质上是要求需求者服从供应者的意志，多半是用改变式样或包装等外在的因素来吸引消费者；而市场细分则是从消费者的愿望出发，强调供应者服从消费者的需求。

事实上，产品的差异化反映在整体产品的不同层次上，它既可以指形式产品的差异化，也可以指附加产品的差异化，还可以是由于形式产品和附加产品的差异化带来的实质产品的差异化。当然，在完全市场覆盖的条件下，产品的差异化还可以反映在构成市场营销组合的不同因素上，我们把产品因素的变化称为产品因素的差异化。我们把产品的定价、销售渠道及促销因素的变化，称为产品外在因素的差异化策略，但若一味地在技术、设计、品质及形态上下功夫，往往需要花费大量的资金，其结构即使在一定程度上对市场占有率有所影响，但利润不一定相应上升，往往还会出现下降趋势。同时，企业要对每种产品实行产品因素差异化策略，也存在一定的困难。因此，在实行产品差异化策略时，应尽可能在形式产品和附加产品上实施差异化策略；同时对产品销售影响较大的因素实施差异化策略，这样才能达到预期的效果。

在现代企业中，可以采用以下手段来实现产品的差异化策略：

（1）通过对产品质量形象化实现产品差异化策略，使产品质量形象化的做法有：用高价格显示优质、用高级包装显示优质品位和通过著名商标树立产品形象等。

（2）通过信息传递来实现产品差异化营销。也就是说，通过各种形式的媒介手段，将有关产品特征的信息传递到目标市场，让顾客感受到产品的差异，从而在顾客心目中树立此特征产品与众不同的形象。

（3）通过优质服务来实现产品差异化策略。例如订货方便、免费送货、分期付款、客户咨询等，都可以在不同程度上形成整体产品的差异化策略。

（4）通过分销渠道来实现产品差异化策略。销售环节最容易看到产品的差异，不同规模和声望的零售企业，不仅会给企业造成产品质量形象的差异，也会给消费者带来产品整体形象的差异。

三、产品服务企划

现代随着高科技的迅猛发展，产品的同质化趋势越来越明显，产品的竞争已经从过去质量、成本、价格的竞争，转向现代服务的竞争。任何企业要想在当今市场上赢得竞争优势，就必须站在新的高度上来认识服务这一企业竞争的重要因素。

企业行为的宗旨是为顾客服务，企业存在的意义也是为顾客提供优质的服务，以优质的服务直接体现企业为顾客服务的本质要求。因此，许多企业提出了服务导向型营销策略。

服务营销策略的特点是：从强调产品质量转变为强调消费效果；从注重补救性产品和服务，转变为注重预防性产品和服务；从看重买卖关系转变为看重合作关系；从重视企业生产费用转变为重视顾客消费费用；从关心顾客的共同需要转变为关心顾客的特殊需要；从关注市场占有率转变为关注顾客满意度；从过去只能按时供应转变为现在可以随时供应。

（一）产品服务的概念

广义的产品服务主要包括：

1. 售前服务

售前服务是在顾客购买行为发生之前，企业向顾客所提供的有关服务。主要目的是使企业决策者明确顾客需求，尽可能地把商品信息迅速、准确、有效地传递给消费者，消除其购买异议，引导其作出购买决策。这种服务与其他服务相对来说具有信息量丰富、形式灵活及说服效果好的特点。

在现代企业中，售前服务主要表现为：免费培训班、请顾客参加设计、选购咨询、免费试用、参观商品使用状态、赠送产品宣传材料、参观产品生产过程、商品展示、商品质量鉴定展示、上门展示及调查顾客需求状况等内容。

2. 售中服务

售中服务是在顾客购买产品的过程中由企业提供的有关服务。这是企业向进入销售现场或已经进入选购过程的顾客提供的服务。这种服务通常是为了使顾客进一步了解商品特点、优点、功能、用途以及使用方法等；当然，企业也可以通过热情周到的服务展示企业文化，使消费者真正感受到企业对顾客的热情、尊重、关心和帮助等行为和心理支持，从而吸引消费者尽快作出购买决策。

售中服务的主要形式有：提供舒适的购物现场、现场导购、现场宣传、现场演示、现场试用、现场培训、协助选择、调试安装等内容。

3. 售后服务

售后服务是企业向已购买产品的顾客所提供的服务。售后服务是企业产品质量的延伸，也是企业对消费者情感的延伸，这种服务的目的是增加产品实体的附加值，并力争解决顾客在使用本产品过程中遇到的一切问题，使顾客方便使用，放心使用，并降低使用成本和风险，增加使用效益，进而促使顾客成为本产品的消费者。

售后服务的主要形式有：安装、调试、技术培训、维修、包换、包退、定期拜访、送货上门、建立客户档案、请用户提意见和建议、用户免费热线电话、用户监督、质量保险、用户质量跟踪卡、与用户之间开展联谊和信息交流活动以及建立用户协会等内容。

狭义的产品服务主要指各种形式的售后服务。

（二）产品服务的特点

1. 产品服务的质量差别性

产品服务的质量差异不仅表现在不同企业、不同品牌之间，而且在同一企业、同一品牌之间也有质量的差异。即便是由同一个人提供的服务，在不同的时间、不同的地点、不同的环境也是会有差别的。产品服务质量存在的差异性使消费者很难判断将要得到的服务质量如何，甚至整个消费过程结束后都难以判断。因此，企业应该不断培训和鼓励员工为顾客提供优质服务，要尽量避免由于员工素质低、缺乏工作热情和积极性而造成的质量差异；同时，企业应该实行服务质量标准化措施，从整体上有效控制产品的服务质量，企业应该聘用高水平高素质的服务人员，并对服务效果进行跟踪管理，建立与之相适应的监督机制，确保产品的服务质量达标，这样，企业的产品才能在市场上赢得竞争优势。

2. 产品服务的不可触知性

产品服务的不可触知性是产品服务最基本的特点。由于产品的服务具有抽象性、难以预测性，因此在大多数情况下，对于产品服务，顾客事先只能依赖在这方面有消费经验的人推荐，为顾客提供一些对产品质量、效果的评价。这样一来主观性的评价就相对较多，从而在一定程度上制约了顾客的购买积极性，使顾客从认识需要到决定购买的时间更长。

基于以上原因，企业在销售产品时应该提供一些有针对性的服务项目：

（1）提供有形证据。由于产品服务看不见，摸不着，因而使得顾客的顾虑很多，针对这一特点，企业可以通过借助有声誉的商号、品牌、权威机构的奖状、社会名流的评价等事实依据，帮助消费者树立购买信心。

（2）增加有形要素。企业还可以通过提供产品的相关证书、保险单等，减少顾客的顾虑。

（3）通过多媒体宣传及技术人员的现场讲解，营造一定的现场气氛等，都对打消顾客的疑虑有一定的作用。

3. 产品服务的不可分离性

产品的服务是和生产和消费的过程同时进行的。如果是以人员为基础提供服务，这个人就是该产品的一部分；如果生产过程需要顾客在场，那么产品提供者与顾客双方对生产和消费的结果都会产生影响。

4. 产品服务的易消失性

产品服务不能贮存，人员或设备的闲置便会造成资源或资金的浪费。所以，企业应该在一定范围内实行差别对待的定价策略，或实行预约服务，在产品销售的高峰期提供补充性服务，建立服务质量的保障机制，从而确保服务质量。

（三）产品服务企划的内容

1. 服务项目企划

服务项目企划是指企业准备为该产品的消费者提供哪些服务，服务的具体内容和形式是什么。比如，企业对已销售的产品，是否实行包退包换政策，什么情况下包退，什么情况下包换等。另外企业对产品的售后服务提供哪些帮助。

2. 服务收费企划

服务收费企划是指企业向消费者提供有关服务后，是否向顾客收费，收费的依据是什么，收费的标准如何。顾客在购买产品时，总希望能得到较多的免费服务，但事实上，企业由于市场营销能力的限制，所能提供的服务不仅有限，而且需要酌情收费。一般来说，收费的标准由产品的性能、顾客要求及竞争者的服务水平、本企业的服务能力等决定。

3. 服务人员企划

企业在决定服务项目收费标准以后，还要决定由谁承担服务任务。服务人员的技能应当和其提供的服务相匹配。例如，本企业设点或派出有关人员，到达顾客指定地点提供服务；或委托当地促销商从事产品服务工作。

四、产品生命周期

产品是满足消费者需求的一种工具，是企业与消费者联系的最重要的途径。产品企划的最终目的不仅在于如何使消费者接受企业的产品，而且在于企业如何最大限度地满足消费者的各种需求。企业满足消费者的需求最直接的方法就是营销产品，而产品的营销也有一个产生、成长和消亡的过程，产品的营销周期就是它的生命周期。一种新产品进入市场，然后进入成长期，当它不再被人们喜爱时，就会退出市场。产品周期企划就是依据产品的这种生命周期规律，分为导入期企划、成长期企划、成熟期企划、衰退期企划，从而在产品生长的不同时期，具体制定不同的企划，使企业的营销企划做到有的放矢，针对性较强。作为企业的企划人员，研究产品生命周期理论，对于正确制定产品营销决策、开发新产品和指导企业的经营活动将有重大意义。

（一）导入期企划

当企业的新产品投入市场后，就进入了投入期。在产品投入期，要沟通经销渠道和开拓市场是需要花费一定时间的，此时的销售成长一般比较缓慢，而且由于技术问题和生产扩展能力有限等方面的因素，不能大批量生产产品，所以在这种情况下企业不但得不到利润，还有可能亏损。在投入阶段，产品企划的目标就是要把现有的新产品迅速推向市场，缩短投入期，减少企业亏损，节约生产成本。

这一阶段可能会出现两种困难：一是仅有少数的人拥有资源、技术以及推销产品的成功经验；二是要求用卖高价来补偿昂贵的营销、研究和开发费用。

企划人员此时可建议采用以下方法来减少企业亏损：

（1）通过广告宣传告诉原有消费者和潜在的消费者所不知道的新产品；

（2）通过免费试用、低价销售、赠送和广告宣传等方式吸引消费者试用该新产品；

（3）通过自销或委托代销等方式扩大产品零售网点，畅通产品分销渠道等方式。

当然，企业也可以根据自身的战略目标、市场容量，预计竞争情况以及潜在消费者的购买能力和对价格的敏感度等因素，制定不同的营销策略。

（二）成长期企划

当企业的产品经过投入期后，就进入了成长期。产品成长期是指新产品的试销取得成功以后，转入成批生产和扩大市场销售阶段。这时的主要特征是：销售量迅速增加；产品设计和工艺设计基本定型，可以组织成批和大批生产，使产品成本显著下降；在这一阶段用户对产品已经有所熟悉，广告费用可以相对减少，销售成本也大幅下降；随着产量和销量的迅速增加，使企业扭亏为赢，利润迅速上升。由于同行竞争者开始仿制这类产品，市场开始出现竞争趋势。

在这一阶段，由于消费者开始大量使用产品，产品中存在的设计、材料、功能上的局限将在使用中不断被发现，并且随着竞争者的不断加入，同类产品甚至改进产品大量出现，使价格不断下跌，这些都会给企业带来新的压力和挑战。此时，企划人员应该将这一阶段企业的产品延伸从单纯的新产品推广阶段转入立足长远的改进产品质量、拓展市场阶段。一般来说可采用如下策略。

1. 不断完善产品品质

企业应该积极听取消费者的反馈意见及建议，并且从竞争对手的类似产品中寻找可以改进的方法，努力提高产品质量、不断完善产品的功能，从而创造具有长期竞争优势的产品。

2. 改进产品的生产工艺流程和材料

为确保企业利润增长，保持相对竞争优势，企业必须要在保证产品质量的前提下不断改进产品的工艺流程、提高生产率、降低消耗，寻找价格相对便宜的现用原材料的替代品。

3. 重新细分市场

在产品成长期阶段，由于刚引入新产品不久，产品的市场潜力还很大。企业可以认真对市场进行调查分析，找到新的尚未满足的细分市场，根据客户需要将产品进行必要调整后再迅速进入新的市场。

4. 增加新功能、新款式

企业为满足不同层次的消费者的需求，需要迅速超越对手的追赶，企业在这一阶段应该不断改进产品的功能，扩大产品的用途；同时还要在款式包装上不断下功夫，力争最大化地满足消费者的需求。

5. 改变广告宣传重点

在这一阶段，产品还属于新产品、市场还属于新市场，因而还有很大的发展空间。产品成长阶段的广告宣传重点应从介绍产品、说服消费者购买转移到建立产品形象与知名度并以此树立品牌形象上来。

（三）成熟期企划

当产品进入大批量生产，市场竞争处于最激烈的阶段时就可以称为产品的成熟期，这一时期一般会有下列特征：市场需求已基本趋于饱和，销售量已经达到最佳状态；生产批量大，产品成本低，利润也达到最高点；很多同类产品都已进入市场，使得市场竞争十分激烈；到了成熟期后期，市场需求达到饱和，销售增长率趋近于零，甚至可能出现负增长。

对于成熟期的产品，在企划时企划人员应该采取积极主动的产品延伸策略，努力使成熟期延长或使产品生命周期出现再循环。具体可从扩大市场规模及改进产品质量两方面入手。

（1）扩大市场规模。市场扩展就是要通过吸引更多的产品消费者，并且能够刺激每个消费者的使用次数和使用量，从而提高销售额、扩大市场份额。

（2）寻求能不断刺激消费者、增加产品使用率的方法。比如，格兰仕微波炉在销售时附送两大本印制精美的微波炉食谱，有些消费者正是看到了这些画面上的美味佳肴才有了购买微波炉的欲望，这就是一个好方法。

（3）不断寻求新的细分市场，包括地理上的新市场和根据人口特征划分的新市场，相对来说根据人口特征划分的新市场更为重要。比如说，维维集团根据人们口味的不同，推出了花生豆奶、无糖豆奶；光明集团根据不同年龄层次的需要推出了婴儿奶粉、小学生奶粉、中老年人奶粉、脱脂奶粉、低脂奶粉、高钙高铁奶粉等产品，就是一种有益的探索。

（4）改进产品。不断对产品进行改进也可延长产品寿命或使产品生命周期出现再循环。一般来说，企业可以采取如下步骤。

不断改进核心产品。比如可以通过提高核心产品的产品质量，增加产品的可靠性、耐用性。如果产品质量确实能够得到改进，并且顾客对改进产品的质量持信任态度，且有足够多的顾客对改进质量的产品反应强烈，就可以进行质量改进。再比如说，可以通过扩大产品的使用功能，增强产品的差异化，提高产品使用的方便性。当然，也可以采用降低成本的办法，采取新的制造工艺，寻找新的替代材料。

附属产品的特征和偏好。可以用改进产品的结构、式样、包装等方法，增强产品的美感；也能以改善原有的服务功能或提供新的服务项目来吸引消费者；提供更加有效的担保措施来增强企业竞争力。

（四）衰退期企划

当产品已经逐渐老化，转入产品更新换代时期时，就可以称之为产品衰退期。通常表现为：此时已有新的产品开始进入市场，正在逐渐替代老产品；除少数或个别名牌产品外，市场销售量日益下降；竞争突出表现在价格方面，产品价格被迫不断下降。

一般来说，大多数企业都有产品组合，企业的命运很少有系于一个或一种产品上的。

其产品组合中的各产品处于不同的生命周期阶段，从而构成了企业的产品组合生命周期图。当一种产品处于衰退期时，其他的产品则可能正处于导入期、成长期或成熟期。企业应尽可能延长现有产品的寿命并努力开发新产品以实现企业的销售目标和营销策略。

企划人员首先要辨清产品是否真的进入衰退期，如果只是销售额有所下降，并没有其他表现，还不能贸然决定产品已经进入了衰退期，这时应采取切实可行的办法刺激销售。只有确定产品销售已经没有希望时，才能得出产品进入衰退期的结论。

这时，企划人员应该根据具体情况，对衰退后产品的市场销售情况及竞争对手的行为进行预测，及时准确判断自身在该市场的竞争地位，来决定自己是应该趁早退出，还是持续经营该产品或开发相关新产品。如果企业实力不足，停留在市场中只能亏损，那还是尽早退出为妙；如果企业在原产品市场上占有优势，并且预测如果在衰退市场上始终会有一定量的消费需求，那就不应该放弃这份利润。比如，雷诺烟草公司在卷烟问世之前几乎垄断了美国的烤烟市场，然而当卷烟发明后，烤烟市场被迅速排挤到了一个十分狭小的空间里，雷诺公司并未因此而退出该市场，而是缩小规模后继续在这一小市场里获得稳定利润。如果企业有足够的技术优势，并在此之前已开始研究替代产品或创新产品，那么就可以继续这一延伸策略，为产品开创新一轮的生命周期，如表 17 - 2 ~ 表 17 - 4 所示。

表 17 - 2　产品各阶段特征及经营策略

经营策略 ＼ 阶段	投入期	成长期	成熟期	衰退期
产品状态	成本高、利润少、销量低	销量急剧增加、成本下降、利润提高	销量稳定、利润最高	销量急剧下降、成本增加、微利或亏损
竞争状态	竞争较少	竞争白热化	竞争格局已定、非价格竞争	竞争对手转移
消费者行为	好奇者购买	购买者开始增加	消费者迅速增加，人数最多	消费者开始转移
营销策略	宣传、促销"快"	改进、差别化、促销"好"	非价格竞争开发新用途"活"	延长、更换、转移"转"
销售增长率（％）	有正有负	>10	0 ~ 10	<0
普及率（％）	1 ~ 15	15 ~ 50	50 ~ 80	>80

表 17 - 3　产品产销目标计划表

产品名称：＿＿＿＿＿＿＿

月份	目标产量	目标销量	存量	估计单价	估计毛利	估计利润	利润率	备注
1 月								
2 月								

续表

月份	目标产量	目标销量	存量	估计单价	估计毛利	估计利润	利润率	备注
3 月								
4 月								
5 月								
6 月								
7 月								
8 月								
9 月								
10 月								
11 月								
12 月								
合计								
平均								

制表：_____　　制表日期：_____年_____月_____日

表 17 - 4　现代企业产品产销计划表

产品名称	1 月			2 月			3 月		
	数量	金额	利润	数量	金额	利润	数量	金额	利润
合计									

制表：_____　　制表日期：_____年_____月_____日

五、开发最优产品

新产品是一个相对宽泛的概念，它既指绝对的新产品，又指相对的新产品；既可以说是市场上的，又可以说是企业的。也就是说，只要是对产品整体概念中任何一个要素的创新、变革或改造，都可以被理解为新产品。因此，这里的新产品是指在企业生产活动中产生的一切新开创的产品，不仅包括全新产品，还包括对现有产品的改进、竞争产品的仿制和产品线的增设等因素。新产品的研究和开发，是企业营销决策的重大问题。因为任何企业要想生存和发展，都必须充分利用市场机遇、不断研究和开发新产品，从而确保其在市场中的竞争优势。而对企划人员来说，成功的产品开发企划是帮助企业在市场竞争中求得生存和发展空间的重要条件之一。具体来说，企划人员在制定产品开发企划时应从分析产品开发定位、确定产品开发流程、选择产品开发策略诸方面入手。

新产品开发的定位对企业来说具有十分重要的战略意义，代表着企业新产品开发的方向。世界上每年都有大量的新产品问世，但真正能迎合市场、在市场上站稳脚的、为消费者所普遍接受的，却少之又少。据资料介绍，新产品的失败率高达80%～90%。美国波士顿两位教授经过认真调研分析，指出了新产品开发失败的主要原因有：公司错误地估计产品潜在的市场销售量，导致新产品失败的占32%；由于新产品价格不适当而不被市场接受的占14%；因新产品上市时机选择不当而失败的约占10%；新产品刚一上市就被竞争者击败的占8%；由于公司整体营销策略选择或运用不当导致新产品失败的约占13%。当然，公司开发新产品时还要受到自身技术条件、资金能力的限制和营销环境的制约。因此，企划人员在确定新产品开发定位时必须谨慎小心。在新产品开发过程中，企划人员经常需要一些必备的表，如表17－5～表17－8所示。

表17－5 新产品开发报告表

产品名称		产品编号	
规范说明：			
图形数量：			
产品外形结构图：			
产品介绍：			
开发人员：			
负责人：			
开发费用：			
开发进度说明：			
改良专项：			
制造过程：			
制造成本：			
其他部门	生产部门		
意见	业务部门		
产销计划			

制表：_____ 制表日期：_____年_____月_____日

表 17 – 6 新产品开发计划表

产品类别	开发类别			开发说明	负责人	配合单位	预定开发期限		试制日期		研究预算	完成效果	
	改良	开发	降低成本				起	讫	起	讫		良好	未定

制表：_____ 制表日期：_____年_____月_____日

表 17 – 7 企业新产品开发战略表

产品名称	规格	新设计	改良	已付费用	完成战况				成效
					未开始	进行中	已试制	已生产	

制表：_____ 制表日期：_____年_____月_____日

表 17 – 8 产品改进申请表

提案人		组长		科长		申请日期	

申请原因：

1.

2.

3.

4.

5.

6.

7.

申请内容：

处理情况：

备注：

核准		审核		承办	

制表：_____ 制表日期：_____年_____月_____日

（一）产品开发趋势

近年来，产品开发方向大致分为以下几个趋势。

（1）微型化。企业利用新材料、新工艺，简化产品结构，缩小产品体积，使产品达到高性能、紧结构、小体积、轻重量。目前，市场上的产品从粗、重、厚、大、长向细、轻、薄、小、短的方向发展，已构成不可逆转的趋势。

（2）高性能化。消费者对产品性能，特别是产品内在质量的要求越来越高，同时对外形、色彩、图案、包装装潢等方面的要求也在相应提高。因而企业制造新产品要向高性能化方向发展，必须要具备高效率特征、高质量水平、高耐用特点、高安全性能、高节能效益、高专用特征、高方便效果。

（3）趣味性。随着人们物质生活水平的提高，精神生活水平也在相应提高。这就要求企业应改变过去单纯重视产品功能的冷冰形象，而注重增强产品的方便性、趣味性，使消费者既可得到产品功能的满足，又能得到来自产品的精神享受，增加产品的艺术性、工艺性、装饰性。在产品创新的过程中努力做到使新产品既是实用方便的产品，又是具有欣赏价值的艺术品。

（4）多功能化。就是增加产品的功能，即由单一功能的产品发展成为多用途、多功能的产品，同时也要注意不可开发过于超前的闲置功能。

（5）有特色。企业产品既要符合民族、地域性特征，也需要具备本企业的特色。

（6）方便性。随着人们生活节奏的加快，人们对产品的要求越来越注重其方便性、快捷性。如数码照相机、手机、洗衣机等的发展就充分说明了这一点。

（7）节能性。任何资源都是有限的，节能已经成为现代企业新产品开发的一个重要内容。由于能源的紧张，因此节电、节煤、节油、节水、节气的节约型产品成为了产品开发的重要方向。

（8）人性化。现代企业在开发新产品时，都非常重视产品的人性化特征。比如说宝洁公司在中国市场推出的洗发香波的很多品牌都被赋予了鲜明的个性，体现了深深的人文关怀：飘柔——使头发光滑柔顺；潘婷——为头发提供营养保健；海飞丝——头屑去无踪，秀发更出众；等等。这些品牌都包含了一个东方女性的共性——自信。

（二）产品开发定位方法

产品开发定位的方法有很多，企划人员可用的常用定位方法有以下几种。

（1）功效定位方法。就是在广告设计宣传活动中突出产品的特殊功效，彰显该产品与同类产品相比的显著差别以增强选择性的需求。是以同类产品的定位为基点，着重把区别同类产品优势作为宣传重点，来吸引消费者。所以进行功效定位时，必须关注产品的性能，尤其要突出产品的独特功效。

（2）品牌定位方法。当今的市场竞争，已经进入了品牌竞争的新阶段，品牌是企业巨大的无形资产，更是克敌制胜的法宝。品牌定位就是选择一个能够充分满足消费者需求的，能突出产品特色的品牌，来提升产品形象，增强对消费者的吸引力。同样的产品标上不同的品牌，其价格往往会大相径庭，这就是品牌的力量。

（3）竞争定位方法。同类产品之间的竞争永远没有终点。新产品层出不穷，竞争趋势咄咄逼人。消费者要在这种情景下，保持其品牌忠诚度是相当困难的。竞争定位就是在目标市场上，针对竞争对手的产品，提供更有特色的产品，以适合竞争的需要。企业要想求生存、求发展，就必须对竞争对手进行调查分析，找准其弱点或缺陷，并以此为突破口对自己的产品进行再定位。

（4）空缺定位方法。这种方法一般多为中小企业所采用。企划人员经过市场调研分析，在貌似饱和的市场上发现别的企业尚未占据的空白，并据此进行填补发展。避免与大型企业的正面交锋，绕开激烈的市场竞争，为自己在市场竞争中谋得一席之地。任何一家大型企业由于种种原因，其产品都不可能涵盖整个市场，市场中总有一定的空白地带，这些地带正是中小型企业可以一展身手的好地方。中小型企业如果发现了空白市场，并且对自己的产品进行准确的定位，也是可以大有作为的。

（5）观念定位方法。是指以突出产品的新意义，来改变消费者的心理倾向，从而树立一种新的产品的定位策略。它包含两种方法：一是逆向定位，是借助于有名气、有实力的竞争对手的声誉来引起广大顾客对本企业的关注、同情与支持，这是一种在市场上占有一席之地的定位策略；二是是非定位，是一种仅仅从观念上人为地把产品市场加以区分的定位方法。

（三）分析产品开发流程

新产品开发是一项流程十分复杂而又具有一定竞争风险的工作，它直接关系着企业经营的成败。因此，企划人员在进行新产品开发企划时，必须按照一定的科学程序和自身实际情况来进行。开发新产品一般包括产生构思、筛选构思、概念分析与测试、制定营销计划、商业分析、产品开发、市场试销、商品化过程和制定营销计划等步骤。

1. 产生构思

一个成功的新产品，首先还需要一个有创见性的构思。这个构思的来源有很多方面：比如消费者和用户的消费习惯、科研人员与科研机构的相关信息和资料、竞争者、经销商和代理商的营销行为、企业管理人员和职工、大专院校、营销咨询公司、工业顾问、专利机构、国内外情报机构提供的资料等。其中，调查和搜集消费者与用户对新产品的要求，是新产品构思的主要来源。实践证明，在此基础上发展起来的新产品成功率最高，据有关调查数据显示，除军品以外，美国成功的技术革新和新产品60%～80%来自用户的建议，或是用户在使用中提出的改革意见。

2. 筛选构思

在提出了大量构思后，首先要做的就是筛选构思。筛选的目的是尽可能早地发现和放弃错误的构思，尽力降低高昂的开发成本。企业有了市场需要的好构思，如何使它转化为新产品，这需要一个精细的、全面的构思筛选过程，以便删除那些与企业目标或资源不相适应的构思。一般来说，对产品构思进行筛选需要考虑两个方面的因素：一方面要考虑市场需求量、价格、竞争情况、质量要求、技术趋向和顾客意见及建议等外部因素；另一方面要考虑企业的资金状况、设备能力、技术水平、人力资源状况、管理水平、营销能力等内部因素。经过筛选后的新产品构思还需要进行进一步的评估，用加权评分来予以分等设计，筛选出好的产品构思。

3. 概念发展与测试

产品构思提出了企业希望提供给市场的一个可能产品的设想，在概念发展与测试阶段就要将这一设想发展成为产品概念，即要用有意义的消费术语将构思予以精确的阐述表达；然后通过测试来了解消费者对这种新产品概念的态度。

消费者要去买的是产品概念而不是产品构思。任何一个产品构思都能转化为几种产品概念，比如说某企业获得一种营养液产品的构思。由此可形成多个产品概念，比如，营养液又可以分为延年益寿适于老年人饮用的补品、有助儿童增强记忆健壮身体的滋补品、病人易于吸收加快康复的营养品、老少皆宜味道好的营养型饮料，等等。因此对于每一个产品概念都需要进行定位，以便了解有关的产品竞争状况，例如按照营养液的价格、营养成分两重属性可分别对营养液市场进行定位，以判定该营养液在整个市场上的位置和竞争者的多少及其距离远近、实力大小等情况。

接下来企划人员应与合适的目标消费者小组一起测试产品概念，通过消费者的回答帮助企业确定吸引力最强的产品概念。应将一个个精心制作的产品概念说明书放在消费者面前，设计好要求消费者回答的每个概念所带来的问题，包括对概念的理解、偏好、购买意愿、改进意见、目标用户及价格认定等实际内容。最常用的产品概念测试方法就是消费者调查，通过设计调查问卷，充分了解消费者信息。调查问卷中通常要明确下列问题：您认为该产品的优点在哪儿？您是否需要购买这件产品？您对产品是否满意？对产品概念是否明确？还有哪些需要改进的地方？等等。这个将产品构思发展成若干可供选择的概念并进行充分测试的阶段是不可缺少的，有些企业就是由于对此的忽视导致了产品后来在市场上遇到各种各样的困难。

4. 商业分析

商业分析的主要目标是通过对新产品从财务上分析，计算出新产品的未来销售量、成本、利润和投资收益率，判断它是否符合企业发展的战略目标，是否有发展潜力。一般来说，商业分析操作起来比较困难，一方面因为产品模型还尚未做好，有关成本与利润还无法确定；另一方面因为产品尚未正式生产，销售量预测也不会十分准确，这些都给商业分析带来了实质性的困难。这时可以在进行初步分析之后，由企划部门、研究开发部门、生产部门、营销部门和财务部门等联合进行估算，计算出该项产品的预期成本和盈利状况。如果经济计算证明销量、成本和利润预计能满足企业目标，那么产品概念就能进入产品开发阶段了。

5. 产品开发

产品开发的任务是把通过商业分析的产品概念交由企业的研究开发部和工艺设计部等部门研制开发成实际投入市场的产品实体。这一阶段要力争把产品构思转化为在技术上和商业上可行的实体产品，需要大量的投资。

首先，开发部门将开发关于该产品概念的一种或几种实体形式；而后从中选择能满足消费者需求、产品功能要求、企划预算要求的一种产品原型。其次，将对准备好的原型进行一系列严格的功能测试和消费者测试。功能测试是在实验室和现场条件下进行的，以确保产品的正常运行和使用的安全、有效。最后，消费者测试则可以采用多种方式，多方面了解消费者对产品的意见、建议和偏好等。

6. 市场试销

新产品经过开发成功、测试满意后就可以进入市场试销阶段。在此阶段将要准备确定品牌名称，包装设计和营销方案，并先在更可信的消费者环境中对产品进行试销，以达到了解消费者的需求和建议，了解经销商对使用、购买及重购该产品的反应和市场规模、特点等目的。

企划人员在设计新产品市场试销时可采取以下几种方法。

（1）代表城市试销法。企业选定少数有代表性的测试城市，将产品在商业场所经销并努力取得良好的货架陈列机会，同时展开全面的广告和促销活动。这种方法能获得较可信赖的对未来销售的预测，能对不同的营销方案进行测试，从而发现产品的缺点、得到有价值的产品改进和市场线索，但费用较为昂贵。

（2）模拟商店测试法。这种做法通常是在购物场所找一定数量的消费者，请他们看一些简短的电视广告（这些广告有些是旧广告，有些是新广告，但其中有一个广告是宣传该产品的广告，在消费者观看广告时不能有任何提示）。然后向这些消费者提供一定数量的现金并要求他们光顾某家商场，他们可以自由地购买任何限额内的商品，企划人员应及时记录有多少消费者购买了该新产品或竞争产品。用这种方法可以衡量出在引导消费者试用方面，该企业与竞争对手商业广告相比较的有效性。然后可以再次将消费者召集起来，询问他们选择某种商品的原因。经过一段时间之后，可以再次询问他们，向征求他们对新产品的意见和建议。这种方法能有效地衡量广告的效用和新产品的试用效果，但花费时间较长，且费用较高。

（3）销售波试销法。企业向最初免费试用产品的消费者以优惠价重复提供该产品或竞争者产品3~5次（销售波），并注意有多少消费者再次选择本企业的产品以及他们的满意程度，从而估计消费者在企业产品与竞争产品并存时自己花钱的重复购买率。企业还能用此法测定出不同的广告概念对产生重复购买的影响程度。

（4）微型市场试销法。企业在一两家合适的商店里经销新产品，测试货架安排、橱窗陈列、购货点的促销活动以及定价等因素对消费者的影响并推测出小型广告的效果，通过抽样调查征求和了解消费者对产品的印象。

7. 产品上市

企业作出是否推出新产品的决策时要依据市场试销反馈的信息。对企业可以收集到的资料进行综合分析，如果证明企业的新产品是成功的，企业就可以将新产品正式推向市场。在决定推出新产品时，企业需要做好以下几个方面的工作。

（1）要确定恰当的产品上市时间。如果同类产品的竞争者很少或几乎没有，其潜在的竞争对手的上市条件尚未成熟，应该采取立即上市策略；如果产品虽然成型，但有待于进一步完善，就应该对其加以改进使其完善后再推出；如果新产品季节性很强，应该根据季节及时上市推销。总而言之，产品的上市要选择恰当的时机。

（2）要选择恰当的上市地点。上市的地点即决定推出新产品的地域，是在一个地区还是几个地区，是在国内还是在国外，企业应该根据自身的实力准确把握，谨慎确定。一般来说，投放的地点要由点及面，由小及大，由地区市场到国际市场，采取长期性的逐步推广策略。例如，麦当劳公司最初进入中国市场时，首先选中北京市场，他们买下王府井路口的寸金之地兴建了最大规模的快餐厅，日后的兴旺发达说明了他们上市地点选择的正确。

（3）选择合适的目标顾客。产品的最终享用者是消费者，因年龄、性格、性别不同，他们的购买需要也不相同，企业应该选择合适的目标顾客。新上市的消费品，它的主要目标顾客应该具备这样的特征：他们早期使用过该产品；他们大量使用过该产品；他们是该产品的舆论先导者，对该产品有比较理想的评价，能影响他人的购买意愿；企业只需花少量的费用就能接近他们。

（4）营销策略。产品上市以后，采用什么样的营销策略把新产品打入市场，企业营销人员应该及时确定各种营销活动的先后次序，制定恰当的营销方案，使产品迅速进入目标市场。

（四）选择产品开发策略

受市场欢迎的产品从何而来？那就是创新，即开发新产品，它是企业生存与发展的重要途径。现在企业都非常重视开发新产品，企业因个体情况差异以及市场环境的影响，产品的开发渠道不一而足，一般来说有以下十种策略。

（1）降低成本策略。企业在开发新产品时要采取多种措施，大力降低成本，在研究方法及生产组织上挖掘潜力，用相对较低的价格扩大市场占有率，改进生产工艺和提高生产能力，迅速形成规模优势。

（2）模仿型策略。模仿不是全盘照搬，而是创造性地消化吸收，以达到开发新产品的目的，企业根据新产品的样本或新工艺，仿制其基本原理，有时也需在仿制中有局部的创新和改进。日本的精工表就成功地运用了这种策略，将瑞士的手表加以改造，制作出精工表，从而占领了手表的国际市场。

（3）引进型策略。引进新技术开发新产品，是产品开发的一个有效途径。企业可以引进先进技术、科技成果，也可以搞许可贸易、咨询、服务，可采用"三来一补"形式或其他形式。我们不应该停留在简单的模仿上，而应该走"一学二用三改四创"的路子，这样企业发展才有生命力。并且有效占据市场竞争中的优势地位。

（4）新奇策略。企业可以根据用户的要求及市场的需求改进产品，可以在现有产品的基础上，对原有的产品从性能、功能方面加以改进，在造型、外观上多下功夫，使其使用效果具有新奇特色，从而满足人们求新、猎奇的心理需求。例如，德国曾生产了一种能说话的手表，能按使用者的要求，到时间提醒用户。很小的手表能吸引现代女性，像怀表一样大小的手表也备受女士喜欢。一些奇装异服就迎合了青年人猎奇的心理，所以受到他们的欢迎。

（5）特色型策略。企业拥有一种特色商品，市场上也有需求，但却受到现代高科技迅猛发展的挑战，需要既能保持自己的传统特色，又能有进一步的发展创新。

（6）主动型策略。这种策略多运用新观念、新材料、新能源、新技术，开发出全新产品，从而使企业产品在市场中处于"领先"地位。这类开发多由技术、资金雄厚的大公司进行，一旦开发成功，将会给企业带来巨大的利润。

（7）防御型策略。即不与强大的竞争对手发生直接的正面冲突，其实质是"以守为攻"、"以退为进"。这种策略表现在企业产品开发上不能冒太大的风险，不能盲目追求高额收益，而是注重挖掘内在的潜力，稳定地向前发展。

（8）跟从型策略。这种策略就是企业主动地以自己的经济实力为资本，为主导企业研究、生产和经营提供某种产品服务。小企业实行这种策略可以得到主导大企业在资金、技术等方面的扶持与帮助，使小企业的供应与经销渠道有所保障，耗时短、见效快。但是，采用跟从策略的小企业还应当坚持独立自主的原则，发扬自力更生的精神，不能过于依赖大企业。

（9）综合型策略。将世界各国的先进技术综合在一起来开发产品。面对新技术革命，知识浪潮的冲击，必须将多种技术融为一体。比如，松下电器公司开发小型电视机就综合了世界各国的400多项技术，并在此基础上发展起来的。

（10）机遇型策略。市场上的机会数不胜数，关键是看企业是否具有捕捉机会的能力。企业经营者在市场上始终要保持清醒的头脑，发现新的机会，并不需要立即开发新产品，而是要善于发现人们的某种潜在需求，恰如其时地提供一种消费者需要又没有人想到的产品或服务。如外交活动、传统节日、热门电视、体育比赛、世界运动会、著名人物的婚礼等活动，都有可能为企业产品开发带来大好机会。

（五）选择产品开发的方法

对于产品开发来说，方法至关重要。

（1）发现问题。发现问题也就是把要改革的对象的所有缺点都列举出来，从而使问题暴露出来，然后将缺点分析、归类、总结、归纳，找出解决问题的办法。采用这种方法，个人也可以进行，以小组的形式讨论为最佳。小组以六人左右为宜，时间不要太长。若情况复杂，可分层次讨论。

（2）发现潜在需求。社会的发展使新的需求不断萌生，这就给企业提供了创新的机会，不少企业就是抓住了消费者不断变化的需求推出了一件件全新的产品，从而获利的。

（3）质量取胜。人们在对同类商品进行选择时，往往是优质品牌更能吸引人们的注意力，更易于促成购买。纵观世界知名大企业的发展，无一例外地经历过名牌战略的发展过程，如可口可乐、IBM、柯达无一不是走的如此路径。

（4）拾遗补缺。也许有人不愿意充当拾遗补缺的角色，但只要经营有方，这种工作还是大有可为的。例如，上海金属厂生产别针等小商品，竟也能为国家创出很高的外汇收入，成为零售业的佼佼者；"希尔斯百货店"起家于日用品的邮购业务；资产达几十亿美元的"迪士尼王国"的创始人迪士尼曾讲："我们永远也不能忘记一切都是从一只老鼠开始的。"

（六）避免产品开发的误区

随着全球经济一体化趋势的增强以及我国市场体系的不断发展与完善，企业要想成功开发新产品，必须注意以下几个方面，以免走进产品开发的误区。

（1）各种限制条件日益增多。新产品的开发，不仅要讲求经济效益，更要注重社会效益，如消费者的安全和生态平衡环境治理等。新产品在社会效益方面的高要求，使得企业在开发新产品时难度加大，开发费用也随之有较大的提高。

（2）新产品开发周期缩短。高科技和信息技术的迅速发展，使新产品开发周期逐步缩短。一个非常有潜力的构思可能被许多公司同时得到，而最终胜利者往往是那些行动迅速且能准确地把握商机的企业。

（3）某些领域内缺乏有效的新产品构思。西方一些科学家认为，随着时间的推移，在汽车、电视机、计算机等领域内，值得投资的切实可行的新技术会变得微乎其微，真正新的、有效的产品构思，也变得少之又少。

（4）开发成本越来越高。随着市场竞争的日益加剧，企业为了找到理想的构思，通常需要形成许多新产品构思。因此，企业必须承担日益上升的研究开发费用、生产费用和市场营销费用。

（5）成功产品的生命周期缩短。当一种新产品成功以后，竞争对手就会立即对之进行模仿，从而使新的产品的生命周期大大缩短。

（七）产品创新设计的未来趋势

1. 智能化产品

科技的进步，使人类享有高度满足的物质生活，因而"物美价廉"不再是消费的唯一标准，产品的质量、设计以及附属于产品中的许多无形的价值，例如多功能、方便性、归属感、体贴、安心等感觉，往往才是吸引消费者购买的决定性因素。"未来，以智慧为主要附加值的商品会越来越多。"日本思想家屋太一认为：这种产品"就是智能型产品"。戴维斯认为信息和生物技术将使人类的生活和企业发生彻底的改变。企业要想跟上时代的步伐，必须用新技术来改进产品和提高服务质量，如果故步自封，安于现状，则有被历史大潮淘汰的危险；相反，如能使新的信息技术植根于企业，即使是衰老的企业也能恢复活力并派生出新企业，从而获得滚滚财源，而新企业创造的价值往往会超过原来产生这些信息的老企业。其奥妙便是找出企业的"涡轮增压器"。

这种"涡轮增压器"是指企业提供与主要产品和服务有关的信息从而创造出新价值的方法。以纽约的产业发展来看，随着证券业的发展，证券公司、经纪人迅速发展。而随着投资者增加、市场扩大，股民对信息的要求也越来越多，越来越高，以发布证券信息为主的证券信息业因此平地而起。"在我们目前所处的经济达到其顶峰之前，许多其他的传统公司将会看到，某些独立的企业家和更加老练的竞争者从他们的市场中夺走的最有价值的战利品，那就是那些收集、加工和出售由核心企业产生的但未被他们所赏识的至关重要的信息。"

20世纪末开始的，以"信息高速公路"为最早端倪的下一波经济浪潮，企业家们开创的将是一个崭新的信息时代，"微电子技术的不断突破，越来越意味着信息服务可以植根于产品之中，并使其出现在客户的桌面或床头柜上"，当"产品与信息中介联系起来时，便会创造出从根本上来说是新的形式和功能，因而也就创造出了新的市场机会"。

这种智能型产品是市场上最有竞争力、附加值最多、最受顾客欢迎的产品。在未来的年代，人们对于智能型产品的利用，不论作为消费者还是企业工作者来说，这对他们经济上的成功都极为重要，企业的价值也同样得到提升，因而首先决定提供信息给顾客的企业，将比未提供者经营得好，并且那些懂得如何把信息转化为知识的企业将最为成功。

从信息经济到知识经济的转变，正开始引发一个不同的境遇：对知识价值（智慧价值）的认识，超越了许多企业自身商品或服务中抽离出的其中所隐含的智慧价值的能力。例如，企业如何能从一双袜子、一笔房地产抵押贷款、一张电子账单中抽离出其中的知识价值。因此，能真正理解智慧价值的企业，将衍生出如同资料及信息在过去能为其带来的实力及利润。

下一波经济增长的浪潮，将来自智慧型企业所开发生产的"智能型"或"聪明型"产品。

这些产品之所以聪明，是因为它们能过滤并解释信息，使使用者能更有效地采取行动。智能型企业所创造的聪明产品，通常可用下列特征加以辨别：互动式的，越用越聪明，并且在使用中随顾客意愿而定。

2. 人性化产品

科技以人为本。任何一件产品的出现都是为人的需要而设计的。因此，从本质上来说，在塑造产品的过程中，任何产品的设计和制造都是以人为基本出发点的，以人为中心，通过设计活动来提高人类生活质量，规划人类的生活方式。这一点十分重要。人性化的设计观念所要强调的正是这种思想，即从工业设计的崇高目标和使命出发来理解设计质量的意义，把人的因素放在首位，而不仅仅是产品质量本身。

人性是人的自然性和社会性的统一。在设计中使用"人性化"这一概念是有其特定的内涵和外延的，就是在设计文化的范畴中，把提升人的价值，尊重人的自然需要和社会需要，满足人们日益增长的物质和文化需要作为企划人员的一种设计观。

人性化的设计观是在工业设计经导入期、发展期、成长期发展到现在的成熟期以后而出现的一种新的设计观念。它反对像过去那样，设计师只重视产品功能与造型，而是要求设计师积极考虑经过设计的产品将在人们生活过程中发生什么样的作用，以及对周围各种环境的影响程度。因为人类的生活并不仅仅需要物质上的满足，还有精神文化方面的需求，设计师就是要凭着对人类生活的敏锐感受和观察来为人类生活质量的提高作出贡献。这种设计观较纯科学技术与商业竞争的设计原则更具有现实意义。

人性化设计观念的实质，就是在考虑产品设计问题时要以人为轴心展开设计思考。在以人为中心的问题上，人性化的考虑也是有层次的，既要考虑作为社会的人，也要考虑作为群体的人，还要考虑作为个体的人，努力做到抽象和具体相结合，整体与局部相结合，根本宗旨与具体目标相结合，社会效益与经济效益相结合，现实利益与长远利益相结合。因此，人性化设计观念是在人性的高度上，把握设计方向的一种综合平衡，以此来协调产品开发所涉及的深层次问题。

概括地说，人性化设计观念的要点及由此而引申出的原则大致包括以下几个方面：

（1）产品设计必须能够为人类社会的文明、进步作出贡献。

（2）以人为中心展开各种设计探索，明确设计的目的是为人而不是为物。

（3）注意研究人类生理、心理和精神文化的需求和特点，用设计手段的形式体现产品的新意。

（4）把社会效益放在首位，克服纯经济观点，以整体利益为重，克服片面性，为全人类服务；提高人民生活质量，聚力于为社会谋利益。

（5）充分发挥人文设计的精神文化价值，把产品与影响、改善和提高人们的精神文化素养、陶冶情操的目标有机结合起来。

（6）设计师应是人类的公仆，要有服务于人类，献身于事业的崇高精神。设计是提升人的生活质量的手段，其本身不是目的，因而不能为设计而设计。

（7）使设计充分发挥协调个人与社会、技术与艺术、物质与精神、科学与美学、产品与市场等方面关系的作用。

（8）丰富的产品造型和功能满足了人们日益增长的物质与文化需要，提高产品的人情味和亲和力，以发挥其更多的作用，并把产品设计看成是沟通人与物、物与环境、物与社会、企业与市场等的桥梁和手段，从人—产品—环境—社会的大系统中把握设计的方向，加强人机系统工程学的研究和应用。

（9）在人性化的设计理念中，把产品设计放在改造自然和社会，改善人类生存环境的高度加以认识。因此，要使产品尽可能具备更多的易为人们识别和接受的信息，提高产品及市场的影响力。

（10）用主动、积极的方式研究人的需求，探索各种潜在的需求欲望，去"唤醒"人们对美好的追求，而不是充当被唤醒者，不能不加以区别地追随潮流和大众趣味。总而言之，应该把设计的创造性、主动性充分地发挥出来。

设计的重要任务之一是使人类自身的价值得到发挥和延伸，所以应该时时处处为消费者着想，为其需求和利益服务，并巧妙协调好消费者、生产者、经营者之间的关系。

在用人性化设计观念探索人、产品与环境的关系时，一件产品在富有人性化的设计创造上所应考虑的影响因素是很多的。

因此，我们应该有一种系统的观念，把动机的、人机工程学的、环境的、人性的、情感的、文化的、美学的因素有机融合起来，综合分析，以此设定产品设计的目标。人性化既是一种思想，也是一种现实的设计行动，要通过各种方法和设计技术把理想化为切实的行动。

3. 技术密集型产品

随着知识型经济的到来，越来越多的公司认识到要想最终在市场竞争中领先，技术是根本。因此，技术密集型产业如同雨后春笋，全面占领市场。

领先的公司不会受到技术条件的限制，相反，它们利用技术作为营销工具来满足最佳消费者的最高需求。领先者认识到，它们需要同时执行在线和离线战略，挖掘早已存在的推销能力，增强它们品牌的内涵能量。它们清楚地明白，是高效的营销技巧，而不是技术本身，才是互联网和电子商务成功的关键引导者。技术可能是一个工作平台，它也许会迅速地商品化，从而丧失价值。

领先者对于技术的适当应用有三种看法。一是它们把互联网和信息技术看作是一个同传统客户沟通的机会，以及扩大客户群的方式之一。二是领先者把互联网看作是一种有效地向客户以及大部分市场传递产品和服务信息的方式。三是领先者利用互联网做交易，这不但不会给它们的品牌抹黑，或是损害品牌形象，反而还会完善其品牌形象。

（1）把互联网和信息技术作为信息沟通渠道。互联网的发展使消费者所拥有的权力之大是史无前例的。只要每天花费不到 1 美元，消费者就能够登录到成千上万个网站，搜索到他们所需的信息。这一过程所花费的时间也比到黄页上找一个电话号码要短得多。另外，互联网是全球性的，因而许多方面的信息收集都能够在全球范围内进行搜索。

希维兰斯公司通过最近的一项调查测验惊奇地发现，只有不到 1/10 的网站提供旅游、经纪人业务以及电器设备等的在线交易能够进行实际交易。根据希维兰斯公司的调查，目前网上大约有 11.5 万个旅游网站，7200 个经纪人网站以及 6200 家电器和小型设备网站。而其中，仅有约 6000 个旅游网站，1800 个销售网站以及 300 个电器网站能真正实现与用户的在线交易。这就提出了一个疑问：如果成千上万的非交易网站什么东西都不销售，那么它们到底在做什么呢？答案是：提供信息。领先的企业认识到，互联网和信息技术给企业提供了一个巨大的机会，让它们可以向广大消费者及大部分市场传递即时消息和信息。

森塔斯公司原是俄亥俄州梅森的一家制服制造商。在该行业中，这家公司是率先使用聊天软件的公司之一。他们利用预先设定标准的反应程序，使客服代理回答客户问题时，速度更快，效果更好，效率更高，从而提高了客户服务代理工作的效率。森塔斯公司的代理人员可以一次同 4 个或多个客户谈话。并且，对于该公司来说，参与到谈话中的客户更有可能成为实际的购买者。

巨弹影像公司，是一家在世界范围内都处于领先地位的录像带租赁公司。同时，他还掌握了该行业最大的消费者名单。为了更好地向这些客户介绍他的产品，巨弹影像公司有条不紊地实现了网站的现代化，不断增加更多的娱乐性内容。巨弹影像公司正在利用他的网站来维持现有消费者名单。更重要的是，通过向同样类型的消费者传递相关信息来吸引新客户。登录巨弹影像公司网站的用户可以通过点击观看电影预告片，也可以定期地收到关于产品的说明书和电子邮件。

同样，公司也可以通过信息技术和互联网的应用来加强同经销商及其分销渠道的联系。

（2）以互联网和信息技术作为沟通工具。在线购物已经变成消费者最喜欢的购物方式之一了。领先者认识到，实施电子商务战略的用处之一，如同邮寄价目表一样，就是更好地向市场介绍它们的砖块混凝土砌成的实体店铺的便利性。然而，在互联网时代里，提供消费者价值不仅仅意味着只回答一些产品导向或服务导向方面的基础性问题，还会了解其他市场行情及相关信息呢。

领先的公司一般会设立一个代表性的网站，以便向它的客户提出商品方面的疑问，检查他们的订单情况，填写投诉表或是寄出表扬信，所有这些，在过去都需要拿起电话筒。现在公司通过网络与消费者们进行有效的沟通，增进与客户的联系，帮助他们进行必需的信息交流。领先的公司形成了这样的概念：经网络同消费者沟通的这种能力是销售过程中的一个更为重要的部分。精明的公司把网络沟通看作是构成整个消费者经历的重要内容，而不是把每次的提问或要求看作是单纯的互动行为，通过与消费者的网络沟通，公司能够迅速收集到有价值的信息，吸引消费者经常光顾。

达拉斯的西南航空公司在利用网络进行品牌沟通方面，取得了巨大的成功。从1995 年他们开设网站以来，每年都有大量的消费者点击该网站。西南航空一直致力于提供同等水平的在线服务和离线服务。作为在线用户的一项福利，西南航空一直实行一项针对某一假期的博彩奖赏方式，同时也设计了一个消费者忠诚方案。这个方案称为

"快速回报"，提供给经常性乘客不同档次的福利。乘客能够向客户服务代表提出要求，可以直接从网站查询自己的账户状况。

技术开发并不意味着公司在这一过程中不需要保证质量。虽然西南航空公司向他的乘客提供了预订机票、查询日期的补充服务，但仍旧坚持提供高质量客户服务的目标。提供一套像其他网站那样的自动化解决方案，西南航空公司把权力放在了客户手中。在网站上，客户可以自行决定所要搜寻的信息和使用时间的长短。在过去，"快速回报"的说明将被邮寄给客户，而到达客户手中时，往往已经过时了。现在拥有"快速回报"账户的客户可以每天进行查询，以了解相关信息，如果他们愿意的话。这种类型的沟通如果没有互联网，是不可能实现的。

预算汽车租赁公司通过在网上提供传统的推销性抵押，使客户拥有参与"简单驾驶"活动的机会。"简单驾驶"活动提供给客户一个在租车时可以获得积分点的机会。这些积分点可以获得高尔夫俱乐部门票或是滑雪设备等的回报。该公司的忠诚网站使客户能够审查他们的点数余额，以及在线获得积分点。更为重要的是，这个网站还使客户能选择不同的汽车，并真正地看到它们在马路上奔驰的情况。利用这种方式，公司提供给那些懂科技的客户一次以他们更喜爱的方式进行交流的机会。

（3）互联网和信息技术互补。领先的公司开发信息技术和互联网，将其作为它们的产品和服务的一个"补充品"。他们能够摆脱给品牌抹黑的短期冲动，利用网络提升那些已投放市场的产品和服务的价值。

美国办公室用品公司是一家资产达 26 亿美元的办公室用品供应商，在多年前开始实施电子商务战略时，也在努力地追赶他的竞争对手。开始时由于最终目标不甚清晰，美国办公室用品公司最初是利用网络补充已有的业务，向客户提供除电话和传真以外的第三种订货方式。在几个月的时间内，这种方式还是能够自给自足的。但是，一个更深层次的优势却被忽略了：企业客户在网上订购的频率较低，但却是传真和电话订购额的两倍多。其原因在于，网上的用户倾向于一整天制定一张订单。

虽然资金回收是迅速的，但是网络服务未被察觉的优势更具有重要的意义。美国办公室用品公司的用户每次下订单时，公司的员工都要把产品从仓库的货架上搬出来，打好包，然后才运送这批订货。因此，准备一份大订单显然要比小订单的效率更高。而当客户主要用电话订货时，订货额平均在 50 美元左右，现在已达到 140 美元。互联网使公司能够更有效地集中自己的优点，依赖于外购或整合资源以弥补自己不擅长的产品和服务。

六、产品包装企划

企业产品的包装企划是产品企划的重要环节。良好的产品包装能够保障产品在生产过程结束后，能顺利地转移到消费者手中，保证其直到被消费以前，使用价值不受外来影响，产品实体不致被损坏、散失和变质。而且也可以吸引消费者的眼球，与产品广告等其他手段相配合，创造产品形象，争取得到消费者的好感。另外，由于良好的包装可以延长产品存放的时间，适合远距离运输，延长产品寿命，所以包装也可以扩大市场范围。从消费者的角度来讲，良好的包装便于消费者携带、存放和使用。另外，良好的包装还可以增加产品在消费者心中的价值认同感，使消费者愿意支付较高的费用购买这件产品。所以，企划人员要对产品包装的企划和设计予以足够的重视。

（一）产品包装的基本准则

在产品包装企划中，企划人员应当遵循一些基本准则，才能将产品的包装企划制定成功。

（1）便于消费者携带、使用。这条原则也就是说，产品的包装要便于消费者携带及使用。如果经过包装的产品在使用过程中容易给消费者带来不必要的麻烦，不仅不能促进产品的销售，反而会影响产品的销售，进而影响企业效益。

（2）利于降低生产成本。包装设计要考虑包装成本的比重，一般情况下，不能因为包装成本的上升而导致产品价格大幅度上涨。因此，产品包装应该根据标准化、机械化和自动化的要求来设计，包装材料的选择要充分考虑到对成本的影响程度。

（3）包装设计要和广告效果相联系。产品包装最根本的目的就是有利于产品销售。产品的包装要发挥其便于促销的功能。包装设计的目的应和广告宣传的目的一致，这样才能增强促销的效果。

（4）起到保护产品品质的作用。保护商品是包装最基本的任务，在对包装材料、形状、颜色等进行选择和设计时，绝对不能忘记这一基本作用，无论多么完美的包装设计，如果对产品不能起到保护作用，那就没有存在的必要。为确保包装能够起到保护产品的作用，应该对产品的包装事先进行认真测试，如果不能达到要求，就应重新进行设计。

（二）产品包装的设计要求

（1）时代气息。产品包装要具有时代特征，造型要新颖、美观大方。包装要采用新材料，图案设计要符合现代人的审美趣味，要有利于刺激消费者的购买欲望。

（2）内在价值。包装应反映商品的内在价值。不同品质的商品，要用不同品质的包装与之相匹配，产品的包装应该能够恰到好处地反映出该产品的价值。

（3）符合相关法律法规要求。产品的包装设计应该符合国家相关法律法规的要求，应该符合当地消费者的宗教信仰、风俗习惯等，以适应当地的民风民情。

（4）艺术性。产品包装的外观造型应具有艺术性。外观造型既要美观大方，使人有一种美的享受，能够刺激消费者的购买欲望，同时要具有独特的创意，要能够区别于同类产品，给人一种清新脱俗的印象。

（三）产品包装的注意事项

（1）适度包装，否则会使消费者产生反感情绪，甚至拒绝接受该产品。

（2）注意包装改变的渐进性。在实践过程中，消费者一方面希望看到传统产品的影子，同时又希望产品能够跟上时代前进的步伐。因此，产品的包装改变有一个循序渐进的过程，这样消费者才能适应，才不会产生抵触情绪。

（3）要方便消费者。产品的包装应该从消费者的立场出发，要能够让消费者在消费过程中感觉到使用方便、简洁。能够使大家使用方便的产品往往容易受到消费者的青睐。

（4）包装要塑造产品个性，帮助产品促销，个性化的包装在实现产品的差异化的同时，也能提高产品的附加值。

（四）产品包装的五大策略

（1）类似包装策略。是指经营者将各种产品都采用类似形状、图案、结构、色彩等的包装。采用类似包装一方面可以节省包装设计的费用，同时又是一种很好的促销方式。但是，如果不同档次的同类产品都使用类似的包装，容易使消费者混淆这些产品，使高档产品的销售受到一定影响。

（2）赠品包装策略。在产品包装物上或包装体内，附赠奖券或实物，吸引消费者购买、扩大销售额。这种策略有两种形式：一种是包装物本身就是附赠品；另一种是包装体内附有赠品。赠品包装不仅能吸引消费者，而且极容易引起重复购买。

（3）组合包装策略。是指经营者根据人们生活消费习惯的组合，将几种有关联的产品配套包装在同一包装物中，其目的是既便于消费者购买和使用，又有利于新产品的推销。将新产品与其他产品放在一起，使消费者在不知不觉中接受了新观念、新设想，习惯于使用新产品。

（4）多用途包装策略。即包装物不仅具有包装产品的用途，还可以挪作他用，使消费者得到一种额外满足，以刺激其重复购买的欲望。但这一策略的弊病在于容易使公司本末倒置，因重视包装而忽略产品的质量及其他因素。在实践中，一味地追求包装的多用途化和高档化，会产生"金玉其外，败絮其中"的现象，这样不仅不利于销售，而且还会影响公司形象。

（5）变更包装策略。就是对现有产品的包装进行改良。通常来说，当出现下列情况时，企业就应该考虑改变产品包装了：产品的销售量或市场占有率降低，而无产品营销渠道缺乏、销售推广不佳等其他方面的原因时；产品质量提高或企业欲实施高档产品策略时；原有包装有明显缺陷时；出现新的包装材料或精巧的包装工艺时；为了配合企业产品推销或广告宣传活动时。

第十八章 营销品牌与策略企划

一、品牌企划概述

（一）什么是品牌

1. 品牌的内涵

品牌是通过产品、附加值、承诺和识别与消费者建立起的一种关系。它可以从品牌视觉符号、产品和服务、品牌附加值以及品牌承诺四个角度对品牌加以诠释。

（1）品牌是一种视觉符号，企业标志和标识语等经过宣传后成为品牌的一部分，但并不是品牌的全部。企业标志和标识语可以随着企业的发展而重新更换，但品牌的价值量却在不断累积。

（2）产品和服务是构成品牌的核心和基础，但仅有产品品质或者优质服务并不等于就有了品牌，产品和服务只是构成品牌价值的基本的功能性要素。

（3）品牌是一种高于产品品质的附加值，它也包含情感、文化的东西。客户通过使用具有品牌价值的产品和服务可以表达其由个人价值主张或个人形象体现出的社会价值。

（4）品牌是一种承诺，是一种无形的契约关系，是企业对客户的最终承诺，他代表了持久的客户信赖关系。

总之，品牌是一种高于产品的附加值，它由情感、文化和一定的品质内涵所构成，并形成其品牌的差异性；品牌是一种无形的契约关系，是企业对客户的最终承诺，它代表了持久的企业与客户之间的信赖关系；产品及其品质虽然是构成品牌的核心和基础，但是仅有产品品质还不等于有了品牌；品牌不只是一个公司标志或图形，正如商标是注册了的品牌，但不是所有的商标都可以成为品牌一样。

2. 品牌的特征

（1）品牌的知名度表现为在人们提到某一类产品时，消费者在脑海中能否想起某一品牌的难易程度。品牌被想起的难易程度不一，就决定了品牌知名度的层次关系：提示知名度——未提示知名度——提示知名度——无知名度。

这四个层次是表示品牌知名度高低的四个阶段，当然这种划分也不是绝对的，品牌可以通过持续不断的广告投入和市场推广获得更高的知名度，从而使知名度的层次不断提高，也使品牌的价值随之提高。

（2）品牌美誉度是消费者对企业满意的程度。企业品牌的知名度可以通过大量的广告取得，但是美誉度的取得却不是轻而易举的事。它需要消费者在试用产品或接受服务时真正感到满意。

（3）品牌的忠诚度表现为消费者对某一品牌的持续关心、产生持续购买的情感与行为，即使在面对更好的产品特点、更多的方便、更低廉的价格等诸多诱惑时，也不动摇对该品牌的坚持度。品牌的忠诚度也有层次之分：承诺消费者——情感消费者——满意消费者——习惯消费者——无品牌忠诚者。

品牌的知名度仅限于该品牌的知名度，美誉度使消费者向往，忠诚度则使品牌成为消费者生活中表达自己感情和个性的非常重要的组成部分。

品牌的知名度、美誉度和忠诚度形成了产品的品牌价值。在市场中，无论是提高品牌的零售价格还是提高品牌的产权价值，都要依靠树立品牌意识，提高品牌的知名度、美誉度以及忠诚度来实现。

（二）什么是品牌企划

品牌企划是指在一定整体营销战略条件下，通过一系列营销传播手段提高品牌的知名度、美誉度和忠诚度，进而实现企业与消费者双向沟通的目的。品牌企划是提高品牌价值的关键，原因主要有以下两点。

（1）品牌企划是在一定整体营销战略的基础上进行的活动。品牌的建立、推广都是在整体战略的指导下进行的，通过营销策略的运用，达到提高品牌知名度和提升品牌价值的目的。

（2）品牌企划活动能够促进品牌知名度、美誉度和忠诚度的提高。是有系统的品牌宣传、推广和沟通活动，通过这一系列活动，可以达到不断提高品牌知名度的目的。

品牌企划具有下列几个特点：

（1）明确的作用目标。为了建设强势品牌，保持持续的销售热度以此给企业带来其他特有的利益。

（2）规范的作业方式。由创意、企划、调研、媒体、技术、经济和管理等部门人员组成专门团队，持续关注市场行情，并不断提高应变能力，调整营销策略。

（3）全面的作业范围。建设品牌并管理和维护品牌形象。

二、品牌企划策略

（一）品牌战略企划

品牌企划是从整体营销战略的基础上开始的，所以品牌企划应当包括战略企划，并且要在营销战略的基础上，确定企业的营销策略。

（二）品牌定位企划

先有区域品牌才有世界品牌，只有使品牌的知名度、美誉度和忠诚度在本区域获得消费者的认同，才能使品牌走向世界。品牌是连接产品与消费者的桥梁，如果企业和产品是针对所有消费者的，品牌的定位和推广是针对所有人的，那么，品牌的认知率就不会很高。在这个需要个性化的时代，一个没有个性的品牌是很难得到消费者的青睐的。所以，企业要对产品、价格、分销渠道和消费者进行深入细致的调查分析，找出合适的细分标准，从而确定细分市场的范围。

在一个细分市场中，品牌与消费者的联系是经常的，这就创造了品牌与消费者双向沟通的机会。企业可以充分了解消费者的情感和愿望，以准确的定位使自己的品牌深入人心。

（三）品牌传播企划

在市场竞争中，企业根据产品在不同时期的生命周期，来了解品牌所承载的内涵。所以品牌的发展是动态的，其传播策略也同样是不断变化的。企业可根据产品在市场中所处的阶段划分为品牌初创期、品牌成长期和品牌成熟期，而各个阶段的传播创意也略有不同。

（1）品牌初创期。企业品牌的传播应从产品优势入手，挑准市场空当，精心细致地挑选相应的媒体来做介绍性的工作，以获得消费者的认同，并能理性地区别于其他的竞争对手。品牌传播的要点是：准确的市场定位以及快速提升品牌的知名度和认知度。

（2）品牌成长期。和人的成长一样，品牌的成长也是分阶段的，企划人员要根据品牌发展的实际，有计划、有步骤地提升品牌的知名度、美誉度和忠诚度，从整体上进行把握，逐步开展品牌联想，平衡区域市场之间的品牌认识差距，培养更多的重复购买消费者，加强与消费者的当面沟通和直接利益沟通，灵活应用传播策略，推动品牌建设更快更好地发展。

（3）品牌成熟期。品牌企划的目标是不断增强品牌的知名度、美誉度和忠诚度，在不同区域整合品牌创意策略，提升品质认识，着意在品牌联想的完整性上下功夫。在品牌成熟期，市场竞争更加激烈，企业品牌面临着价格竞争和产品创新的双重压力，所以品牌企划的创新思维更加重要。

（四）品牌形象企划

当一个品牌在市场中处于成熟期时，客户的产品需求已呈饱和状态，销售额增长率缓慢，市场竞争更加激烈，企业的市场份额也保持着相对的稳定性。在这个阶段，如果不在产品技术上、营销策略以及品牌企划思路上创新，那么企业就非常有可能坐吃山空，甚至在竞争对手的攻击下，逐步失去市场份额。

在市场成熟期之后，品牌企划应进一步着眼于细分市场和开发新市场的营销，争取建立大品牌形象。当企划人员开始着手为产品塑造强势品牌形象时，上述有系统、有计划的品牌企划过程到此已进入第一轮企划的末尾了。

（五）品牌策略企划

1. 品牌有无策略

现代企业都建立有自己的品牌和商标，虽然这会使企业增加成本费用，但可使卖主得到以下好处。

（1）便于为客户订货，也有助于产品组合的扩展。

（2）有助于企业细分市场，增加其市场份额。

（3）有助于制定广告与产品陈列计划，建立人们对企业的良好形象。

（4）有助于吸引更多的品牌忠诚者，消除消费者对新产品的疑虑。

（5）注册商标可使企业产品特色得到法律保护，防止别人模仿、抄袭或恶意竞争。

2. 品牌归属策略

实行品牌化首先面临的问题就是品牌的归属问题，即品牌归谁所有，由谁负责。企业品牌通常有三种情况：一是制造商品牌，也就是全国品牌；二是中间商品牌，也就是自有品牌，即中间商向制造商大批购进产品或加工订货，然后用自己的品牌上市；三是上述两种品牌并存，就是一部分产品用制造商品牌，一部分用中间商品牌。

制造商品牌在市场上过去一向是占统治地位的，但现在，中间商品牌大为盛行。中间商通过自己的品牌不仅可控制价格，而且在某种程度上还可控制生产者。中间商通常找一些生产能力过剩或产品销路不畅的厂商，让它们按规定条件生产产品。而由中间商以自有品牌进行销售，这样不仅可以压缩成本，降低售价，提高竞争力，而且还可培养顾客的品牌偏好，使顾客乐于购买那些商家经营的商品。

于是，在中间商与制造商之间发生了品牌竞争。在这种竞争中，中间商占有许多优势：由于零售商店营业面积有限，零售网点多数控制在中间商手中，因而制造商特别是那些小厂商很难将自己的品牌打入零售市场；中间商特别是大零售商，特别关注和保持自有品牌的信誉，从而赢得了广大消费者的信任；中间商品牌通常比制造商品牌价格低；中间商在商品陈列上往往把最好的位置留给自有品牌，同时对库存的变动情况也一清二楚。

3. 品牌统分策略

企业如果决定其大部分或全部产品都使用自己的品牌，那就要确定其产品是分别使用不同的品牌，还是统一使用一个或几个品牌。在这方面也有四种可供选择的方式。

（1）个别品牌，即不同产品采用不同品牌。企业的整体声誉不至于受某件商品质量的影响，如果某一产品失败，不至于对企业的整体声誉造成不良后果；一向生产高档产品的企业，可以推出较低档的产品，因而使用不同品牌，不会影响老产品的声誉。

（2）统一品牌，即以单一品牌推出其所有产品。如果生产者愿意并可能对该产品线的所有产品都维持相当的品质，统一品牌将使推广的新产品成本降低，不必为创造企业品牌的接受性与偏爱性而支出昂贵的广告费用。如果企业声誉甚佳，新产品销路必定强劲，利用统一品牌，是推出新产品最简便的方法，能为广告宣传带来方便和节约推销费用。

（3）分类品牌，个别式统一品牌。即将不同品牌用在不同类别的产品上，使不同品牌代表不同的品质水准。企业生产或销售许多不同类型的产品，如果统一使用一个品牌，不同类型的产品就不容易互相混淆；企业生产或销售同一类型的产品，为了区别不同质量水平的产品，往往也需要分别冠以不同的品牌名称。

（4）企业名称加个别品牌名，这种策略是指企业决策将其各种不同的产品分别使用不同的品牌名，而且各种产品的品牌名前面还冠以企业名称。在各种不同产品的品牌名称前冠以企业名称，可以使新产品合法化，能够提高企业的信誉，而各种不同的新产品分别使用不同的品牌名称，又可以使各种不同的新产品各具特色。

4. 品牌扩展策略

也称品牌延伸，是指企业尽量利用已获成功的品牌的声誉推出改进型产品或新兴产品。

优点是企业可利用某一强势的受消费者欢迎的品牌名来使新产品能立即被客户识别，节省了包括让消费者熟悉新品牌在内的所有广告费用。

缺点是品牌延伸策略也包含某种风险。如果一种品牌在延伸时失利，可能影响消费者对企业其他产品的好感。同时，即使有某种品牌经过精心制作令人满意，但它也可能对新产品并不合适。滥用品牌名则有可能使其失去在消费者心目中的特殊定位，使产品陷入"品牌延伸陷阱"，从而影响产品营销。

5. 多品种策略

多品种策略是指企业在同类产品中同时使用两种或两种以上的品牌名，企业采取多品牌策略的主要原因如下。

（1）多种不同的品牌只要能被零售商户接受，就可占用其较大的货架面积，而竞争对手所占用的货架面积当然就会相应地减少。

（2）多种不同的品牌可吸引更多顾客，从而提高企业品牌的市场占有率。这是因为：一贯忠诚于某一品牌而不考虑其他品牌的消费者很少，所以只有发展多种不同的品牌，才能赢得大多数追求新品牌的消费者的青睐。

（3）运用多种不同的品牌有利于企业内部各个部门或各个产品经理之间开展竞争，从而提高企业经济效率。

（4）采用多种品牌可使企业产品深入到各个不同的市场空间，从而占领更大的市场。

6. 品牌再定位策略

某一品牌在市场上最初的定位即使很好，也必须随着时间推移重新定位。这主要是因为以下情况发生了变化。

（1）竞争者推出了一个品牌，而它的品牌定位接近于本企业的品牌。这就占据了本企业品牌的一部分目标市场，使本企业品牌的市场占有率下降。这种情况要求企业重新进行品牌定位。

（2）有些消费者的喜好发生了变化，他们原来喜欢本企业的品牌，现在却喜欢其他企业的品牌，因而使市场对本企业品牌的需求量减少。因而这种变化也要求企业对自己的品牌进行重新定位。

企业在制定品牌重新定位的策略时，要考虑两方面的因素：一是要全面考虑把自己的品牌从一个市场转移到另一个市场所需的费用，一般来讲，重新定位距离越远，其基本费用就越高；二是要考虑把自己的品牌选定在新的位置上能获得多少收益。

（六）品牌企划的作业方法

（1）对产品品牌的市场容量、定位、属性及其前景分析。

（2）对于销售渠道、方式的调查分析。

（3）有关广告媒体的研究和调查。

（4）关于消费者的研究以及目标受众的界定。

（5）针对竞争对手的研究分析。

（6）做好整合营销传播企划以及广告的创意与制作。

（7）注重媒体广告发布执行。

(8) 营销方案的实施效果及其测评。

(9) 针对重大危机事件的公关企划。

(10) 对企业重要技术的市场发展趋势及品牌建设与发展规划等的研究。

在品牌企划过程中可以通过专业化的服务，将企业在品牌建设和管理维护中出现的问题，加以解决，使品牌企划达到科学化、规范化的阶段。在品牌企划过程中，企业需要这种专业化的服务，使企业在长期发展过程中能拥有一个全程的品牌企划参谋，这也是企业保持品牌强势的关键。

三、品牌定位企划

品牌定位是指建立或重新塑造一个与目标市场有关的品牌形象的过程。而品牌定位后就要进入推广环节。

（一）品牌定位

1. 品牌定位的程序

（1）明确竞争目标。是品牌定位的前提。企业在千变万化的市场上，要充分明确自己的竞争目标，确定自己的经营领域，界定企业适宜的经营品种范围和地区，制定具体的竞争战略。企业只有充分明确竞争目标，采取恰当的竞争策略，才有利于准确定位。

（2）寻找目标消费者。企业的品牌定位要根据消费者不同的类型，不同的消费层次，不同的消费习惯和偏好，从主客观条件和相关因素出发，寻找适应竞争目标要求的目标消费者。要根据市场细分中的特定细分市场，满足目标消费者的特定需要，找准市场空隙，细化品牌定位。由于消费者的需求是不断变化的，因而企业还可以根据时代的进步和新产品发展的趋势，引导目标消费者产生新的需求，进而形成新的品牌定位。

（3）明确竞争优势。品牌定位要有利于强化企业的竞争优势，要在同竞争对手的竞争中逐步树立本企业的品牌形象，以自己强劲的品牌定位优势去攻占市场。准确的品牌定位需要企业充分了解竞争对手的情况，并进行仔细地对比分析，找出自己的优势和劣势，发挥优势，克服劣势，使自己的竞争优势更加明确，从而使品牌定位更有利于企业开辟市场发展的新前景。

2. 品牌定位的基本方法

（1）目标消费者定位。一个品牌要走向市场，参与竞争，首先必须弄清自己的目标消费者是谁，以目标消费者为服务对象，通过品牌名称将这一目标对象（即目标客户）形象化，并能够将其形象内涵转化为一种形象价值，从而使这一品牌名称既可以清晰地告诉市场该产品的目标消费者是谁，同时又因该品牌名称所转化出来的形象价值而具备一种特殊的营销力。比如，日本松下"爱妻号"洗衣机，它以家庭主妇作为目标消费者，并以"爱妻号"作为品牌名称，这样，这个品牌名称既启动了这一品牌的传播历程，同时又具有一种品牌定位及独特的营销力量，这就是一种直接定位比较成功的方式。

（2）产品消费感受定位。每一种产品都有其特殊的功能特性，消费者在使用这一产品时总能产生或期待产生某种切身的心理感受和喜好，许多产品就是以其使客户产生的消费感受和喜好来进行品牌竞争定位的。品牌的命名也可以此目标为基础来进行。例如，"舒肤佳"香皂把消费者在消费这种产品功能特质时能够期待产生的心理感受作为品牌命名的根据，从而使"舒肤佳"这一命名本身就具备了明确而有力的定位营销功能。

（3）产品情感形象定位。产品的"情感形象与价值"被许多企业作为品牌定位及诉求的重要支点，这种配合此诉求内容和定位基点命名的品牌，也能启动品牌定位过程，并由于它直接或间接地冲击着消费者的情感体验而具有强大的营销力量。例如，"百事可乐"这一命名之所以成功，除了其通俗、准确地反映了一个产品的消费对象外，最关键的一点是将一种祝愿、一种希望、一种消费的情感效应结合中国人的民族心理作为品牌命名的核心，而"百事可乐"这一名称又恰如其分地表达了上述形象及价值。这种对中国人普遍民族心理的迎合及祝愿又刚好是该品牌形象定位的关键因素。

（4）观念定位。现代社会是一个多元化观念的社会，"消费观念"已成为人类在日常消费活动中形成的一种模式和倾向。许多品牌能带给消费者的就是一种观念。例如，"路易十三"，就是把"路易十三"这一特定空间、时间的概念所包含的政治历史和人文观念作为一种特殊定位的诉求方式，并以此命名，直接简练地表明了企业对该品牌的特殊竞争立足点及态度。

（5）品牌自身的优势定位。品牌定位实际上就应该是优势定位。品牌自身优势定位主要包括以下几种定位方式：

功效定位。仔细分析、寻找自己产品与其他产品的区别之处，在品牌定位中突出自己产品的特殊功效。此种定位是选择与同类产品明显的区别，以显示和实现各种品牌的特殊功能，给消费者留下深刻而清晰的印象，增加消费者品牌选择的空间。比如，"高露洁"三重功效牙膏，就着力宣传了品牌美白、防蛀、口气清新的特性，合三为一。

品种定位。即有意突出自己与竞争品牌类型的分歧，并将其作为定位方法。例如，七喜汽水，从观念上人为地把饮料分为可乐型和非可乐型饮料两大类，强调自己是非可乐型饮料，从而突破了可口可乐与百事可乐垄断饮料市场的局面，使自己的品牌获得成功。

品质定位。企业在宣传中强调品牌具体而独到的良好品质时，利用自己的领先优势作为重点诉求，让消费者了解该品牌究竟优在何处、好在哪里，以此给客户留下深刻的印象。比如，劳斯莱斯汽车的广告语："在时速 60 英里时，最大的声音是来自电钟。"就形象而有效地突出了自己品牌的优良品质。

价格定位。如果商品的品质、性能等与同类产品相似或相近，没有什么特别的地方足以吸引消费者时，就可以用价格定位做宣传，使自己的品牌在市场竞争中占有绝对优势，从而吸引更多的消费者，但是大品牌则很少运用这一策略。在价格定位上，企业必须考虑整个产品组合的赢利性，要认真进行成本核算，如果销售预测超过损益平衡线，则价格定位在技术上是可行的，否则难以发挥价格定位的所有效应。

文化定位。即将东方文化内涵融入品牌，形成文化差异上的品牌定位。这种定位方式可以让普通商品成为体现消费者情感的象征物，并以此提升品牌价值，引起西方国家消费者的联想和情感共鸣。例如，北京"全聚德"烤鸭，远涉重洋，风靡欧美，终于成为中国饮食文化的代表之一。再如麦氏咖啡进驻台湾市场时，考虑到中国人的传统文化和消费心理，提出"好东西与好朋友分享"，就有效地拉近了与消费者的距离，得到了广大消费者的心理认同。

企业在给品牌定位时，一方面提升了自身的优势，另一方面也可能会显露自身的弱点。因为事物总是一分为二的，在这方面的优势同时也往往会昭示出其他方面的劣势。当营销趋势显示你的优势不足以抵消你的劣势时，你的定位就应当改变了，否则就会变成逆流而上，最终只能是自寻死路。

（6）目标市场定位。品牌的定位都是和市场需求密切相关的，因而哪里有未满足的需求，哪里就有赚钱的机会，就有属于自己的市场份额。只要找准了目标市场，也就找到了目标市场定位。

由于品牌的状态不一，标准各异，因而其定位选择也应该根据目标市场来确定。对于实力还不可能达到大而全的小型品牌企业来说，找准自己特定的目标市场对于企业品牌的发展是至关重要的。

（7）逆向定位。一般企业品牌宣传都采用正向定位，即在广告中突出自己品牌在同类品牌中的优越性，而逆向定位则采取与此相反的做法，他们在品牌宣传中着重突出在市场上名气大的企业品牌的优越性，并明确表示本品牌不如它好，有很多不足之处，并心甘情愿居于第二，给人一种诚实感。例如，美国艾维斯出租汽车公司就很诚实地宣称"我是第二，所以正在不懈努力"，而没有给人一种"王婆卖瓜，自卖自夸"的感觉，他们这样做也为自己在市场中争得了一席之地。

（二）品牌命名

品牌名称对推广品牌形象有着重要的意义，产品就是靠其品牌之"名"而扩大市场并开展销售的，因而"名"就是品牌的灵魂。

1. 品牌名称的种类

品牌名称的种类很多，依据不同的标准，有不同的分类方式。

（1）根据名称的内容不同划分。可以将其分为企业式名称、人物式名称、动物式名称、数字式名称、时间式名称和地名式名称等，如表18-1所示。

表18-1 根据品牌名称的内容不同而划分的种类

序 号	种 类	定 义	举 例
1	企业式名称	企业式名称是指借用企业或公司的名称为产品命名	全称式：飞利浦电器公司的飞利浦电器、索尼公司的索尼电器等
			缩写式：用企业名称的缩写来为品牌命名
2	数字式名称	品牌名称是由数字或数字与文字联合组成的	如555牌香烟、505神功元气袋、999胃泰等
3	人物式名称	直接以人物的名字作为品牌的名称	如王安、李宁、福特、麦当劳等
4	动物式名称	以动物的名称为品牌命名	如Puma，汉译为彪马

续表

序　号	种　类	定　义	举　例
5	植物式名称	以植物的名字作为品牌的名称	如苹果牌电脑、牡丹牌电视机、梅花牌香皂等
6	时间式名称	以时间概念作为品牌的名称	如昨日牌啤酒、明日牌食品等
7	地名式名称	以产品的出产地或所在地的山川湖泊的名字作为品牌的名称	如齐鲁牌装饰布、香槟葡萄酒、万宝路、青岛啤酒等

（2）根据产品的生产地不同划分。可以将其划分为国产式中文名称和外来语式名称等。

国产式中文名称，是指国内产品的中文名称，如格力空调、新飞电器等。

外来语式名称，即出口产品在进口国的名称，可分为音译和意译两种。

音译名称，是指根据国外品牌名称的发音翻译而得的名字，如宝马（BMW）、耐克（Nike）等。

意译名称，即外文品牌名原意的中文译名，如红牛饮料（RedCow）。

除音译名称和意译名称外，还有一种是音译与意译相结合的名称，如可口可乐（CocaCola）、百事可乐（Pepsi）等。

（3）根据名称本身的含义不同划分。可以将其划分为明喻式、隐喻式和空瓶式名称。

明喻式名称。是指直接用产品的功能或属性作为名称。如感冒灵、肠虫清等。这种命名方式在药品行业运用比较普遍。

隐喻式名称。是指通过暗示的手法，将产品的功能或特征表达出来的名称。对品牌经营者来说，隐喻是用一种非常简洁的方法表达经营者复杂的思想情感。如"黑钢"牌炊具，它就表达了该品牌干净、结实和耐用的含义。

空瓶式名称。是指名称本身不具有任何含义，因而不会让消费者产生任何联想，如MJB、Wendys、华达等。

2. 如何给品牌取名字

品牌名称是否恰当，对产品的销售与发展有非常大的影响。因此，在为产品命名时，必须要慎重，力求周全、得体，并把一些重要的因素考虑进去。以下列举说明品牌命名的要点：

（1）名称要易念、易记、易懂，并避免产生歧义。品牌名称是企业用来与客户沟通的，因此念起来一定要顺口，避免给品牌取一个拗口的名字，应以简短有力为佳，例如"海飞丝"洗发水。品牌名称还要让消费者容易记住，因此，应力求突出而不落俗套，能让消费者过目不忘，例如"可口可乐"等，这些令消费者耳目一新的名字，通常都能给消费者留下深刻的印象。中国企业在为品牌命名时一般以两个字或三个字为宜，这符合中国人的习惯，两三个字的名字简短明了、易读易记。四个字或更多的字就不太符合中国人的语言习惯，用得较少，但也有少数富有特色的四字品牌被消费者接受，如北大方正、丽珠得乐、清华同方等。

（2）要突出品牌个性。要发挥品牌名称独到的魅力，给消费者以鲜明的印象和深刻的感受，就必须有独特的个性与风格，做到既标新立异，又不落俗套。例如，中国老字号"六必居"酱菜品牌，源于"六必居"酿酒，取其酿酒时六项必备条件的含义，以保证酒的质量。"六必"就是指"黍稻必齐，曲蘖必实，湛炽必洁，陶瓷必良，火候必得，水泉必香"。后来"六必居"酱菜借鉴酿酒"六必"而实行酱菜"六必"的加工工艺，即原料必精选，腌制必精湛，酱味必浓郁，色泽必鲜亮，味道必清香，咸甜必适度。由于"六必居"品牌酱菜脆嫩可口，鲜甜香爽，是酱菜一绝，且"六必居"的品牌独具一格，因此才能名声大振，经久不衰。

（3）能启发联想。赋予品牌名称以其所代表的产品功能某种特殊寓意，或明示，或暗喻，启发人们丰富的想象力，使品牌名称与产品功能在意念上有所联系，激起顾客的想象和联想。例如，"春兰"空调，就给人以美好温馨的联想，春天是温暖的，兰花是清香的，春天的兰花着实让人喜欢。再加上广告词"只要你拥有春兰空调，春天就永远陪伴着你"，使不少消费者在购买空调时对春兰品牌产生一种亲切感，因而记住了它的名字，使它成为首选品牌。

"娃哈哈"饮料寓意孩子们喝了笑哈哈。

"杏花村"品牌汾酒以"借问酒家何处有，牧童遥指杏花村"的诗句比喻酒的品质。

"美加净"品牌化妆品更是明示了这种化妆品的美容与净化功能。

中国文字富有着深刻的文化内涵和底蕴，一个好的品牌名称尽可能使其寓意含蓄而隽永，并能给人以丰富的联想，这对美化品牌形象、促进品牌市场营销大有好处。但是，在借用品牌名称的联想功能时，也应顺其自然，适可而止；不宜牵强附会，过分夸张。否则不但不能为品牌增辉，反而容易给人以虚伪、浮夸的感觉，引起人们的反感。

外国品牌有很多成功运用寓意和联想的例子。例如，德国大众汽车公司生产的"桑塔纳"品牌的小汽车，其品牌名称是借喻山谷旋风的快捷。"桑塔纳"是美国加利福尼亚州一座山谷的名称，山谷中还经常劲刮强大的旋风，这种旋风就叫"桑塔纳"，自从公司以"桑塔纳"命名其一种小汽车的品牌，使人们联想到这种小汽车像旋风一样快速和强劲。

瑞士雀巢品牌的奶粉和咖啡，比喻其"舒适"和"依偎"的寓意，像小鸟在鸟窝里一样安详和受到良好照顾一样。像这样的品牌联想还有很多。

外国品牌名称翻译的中国化，对这些品牌在中国市场上的开拓和发展起着重要的作用。一些外国品牌翻译成中文时，把音译和意译结合起来，寓意其产品功能，是一种很有新意的再创造，其联想之妙也很有独到之处。

（4）尽量避免不好的谐音。不好的谐音虽未必会阻碍产品的发展，但我们也无法准确预料它的杀伤力。当然，好的谐音可能会有正面的效果。例如，"洋洋"洗发精虽然打出了"不一样就是不一样"的响亮口号，但还是败下阵来，这可能是因为"洋洋"与"痒痒"的发音很近似。

（5）与产品利益相结合。品牌名称如果能以明示或暗示的手法，表现出产品的利益，使消费者能望文生义，易于理解则有助于提高沟通效果。比如，"帮宝适"纸尿裤等，就属于明示的手法；而"母婴宁"纸尿裤等，则属于暗示的手法。

（6）要与产品定位相吻合。品牌名称可说是产品个性的具体表现，因此产品的定位如何，品牌名称必须与之相配合。例如"可乐"给人一种动感、年轻、欢乐的时髦饮料的感觉。

（7）防止品牌成为一般化的名词。品牌固然越有名越好，但一个品牌真的变得家喻户晓之后，它将面临"一般化"的威胁，也就是说，此一品牌名称将从一个代表某厂商产品的"专有名词"，变成代表某一类别产品的"普通名词"。此时，在一般人的心目中，已经全然忘记了它代表某公司的产品，因而人们一般只要看到这一类别的产品，就直接用这个品牌名称来称呼它。例如"阿司匹林"代表治头痛类药的一般化名词。

四、品牌延伸企划

品牌延伸是企业将某一有影响力的品牌名称使用到与原来产品不同的产品上。品牌延伸既可以大大降低广告宣传等促销费用，又可以使新产品更容易被消费者接受，这一策略如果运用得当，就有助于企业的长足发展。但品牌延伸的风险也较大，如美国的邦迪等都在品牌延伸中经历过失败的教训。品牌延伸不当还会影响原品牌的形象。所以，企划人员在运作品牌延伸时要谨慎考虑。

（一）品牌延伸决策

1. 什么是品牌延伸

品牌延伸就是企业在经营过程中，将现有品牌名称转移使用在计划推出的新产品上。

2. 品牌延伸的适用情景

品牌延伸适用于两种情况，一种情况是，某企业先推出 A 品牌的产品，然后再推出新的、经过改进的 A 品牌的产品，接着又推出进一步改进、具有附加值的 A 品牌新产品；另一种情况是，利用已获成功的品牌名称推出自己的全新产品。比如，本田公司利用其著名的"本田"品牌推出一种新型割草机。有资料显示，在国外一些成绩优秀的消费品公司所推出的新产品中，95%是采用品牌延伸的策略进入市场的。目前国内的一些名牌企业在推出新产品时，也广泛运用了这一策略。

（二）品牌延伸的步骤

1. 识别品牌联系

品牌延伸的第一步是弄清同品牌名的联系。正如前面已经讨论过的，各种各样的技巧都可以运用，比如名称联系，但需作出判断将重点仅放在 5～15 种品牌联系之上。准则之一就是把握好与品牌联系的力度，它是强还是弱。这一点可以通过询问顾客某些词语在何种程度上能使他们想起该被测品牌来评价系列品牌联系。

如果这种联系能提供同其他类别的联系，并为品牌延伸起到竞争杠杆作用，那么这种联系就更有用了。

2. 选择代表产品

从建立产品结果清单开始，下一步的任务是选择有限的数量来进行概念测试阶段的检验。这里应当运用到两个基本准则：

（1）延伸品牌需要适应新品牌，即消费者应当对用于延伸的品牌名感觉到舒适。对品牌适应性进行评价的方法之一就是简单地询问受调查者某种品牌名是否适应一系列可选择的产品。但是有些看上去并不适应的产品名称如果从加强品牌和产品之间的联系的方式来看，可能实际上是适应的。因此，一种有吸引力的延伸（比如，它介入了某个有吸引力的市场）应接受更广泛的概念测试。当一种品牌被用于一种平常的产品时（即一种几乎没有可察觉到的特殊区别的产品），就出现了普遍的适应问题。该品牌就会被认为是在开发利用自己的名称，它很可能被认为是高价产品。

（2）在品牌延伸时运用的第二个准则就是延伸应当提供一些优势的立足点。如果一位消费者说不出他所喜欢企业建议的延伸品牌，就证明延伸并不令他太满意。

（三）品牌延伸的策略性问题

由于品牌延伸决策是个策略问题，所以在采取这种行动时，应当考虑到几个策略性的问题：

1. 延伸的意义

（1）强劲的品牌联系为延伸提供了区分点和优势。

（2）延伸通过加强关键联系、避免消极联系和提供名称认知来帮助核心品牌。当品牌名仅仅充当名称认知和质量察觉保护伞时，这种延伸在竞争中就很脆弱。

（3）企业部门无法提供建立一个新名称所需要的资源，或新名称不能提供有用的联系方式，或为将来发展创造便利条件。

2. 全局性考虑

延伸是建立在品牌名称联系的基础上的，那么我们应该越过起初的延伸而考虑企业将来的整体发展。从全局出发，考虑联系是通过哪一个保护伞，而向品牌群体提供合适的机会和体现一种差异性、优越性的特征是十分重要的。

3. 利用网络化的品牌名

网络化的品牌名可以提供一个已建立起来的名称所拥有的那一份使人安心的感觉及其与产品属性的联系。但这里尚存在一个问题，即它仍代表一种新的而且是尚需树立的品牌名。除非有销售基础，并且有建立名称的愿望和能力，否则该名称可能会产生混乱而不具有企业所期待的价值。

4. 防止损失

如果品牌名与新产品的联系不是太紧密，品牌延伸的风险就可以降低。

在垂直的品牌延伸中，把品牌名从延伸品牌中分离出去特别有用。这种垂直延伸就是让某个品牌向下延伸到低质量产品上，而保证其原始价格和质量地位不受延伸影响，这一条非常重要。

运用统一的名称来认可一种较弱的品牌，通常不会有很大的作用。它可能会使首次购买者觉得放心，但它也可能没有增加品牌的可靠性和质量感觉，因为与一种可觉察的同产品有关的适应问题，或者因为它的质量感觉并不特别明显。

5. 在产品生命周期中的延伸步骤

当品牌名有利于在一个激烈的市场上树立品牌意识、品牌联系以及进行分销时，品牌的延伸就会在某个已经建立起来的产品层次中有更大的比较优势。但当一个产品层次还不成熟时，品牌名的风险会非常大。

6. 保护和培养品牌名称

显然，通过使用延伸品牌来发展的可行性是建立在原始品牌名称的基础上的。因此，对原始品牌名称进行保护和培养是做好品牌延伸的基础。因为其联系可能被任何市场活动影响，因而需要对市场加以灵活管理。尤其是销售策略的制定、产品组合决策、分销决策和价格策略会影响该品牌。

市场研究能对此提供指导。在研究中可以要求潜在的消费者评价拟议中的延伸，列举出比各位竞争者更卓越的延伸方法与那些效果会稍差一些的各种各样的方法。为了解延伸是否有足够的益处，可以让消费者在只有一个名称的基础上作出全面评价。

五、品牌策划方法

埋藏在地下的宝石与普通石头没有什么区别，发现宝石并将其公之于世的人使宝石价值连城。同样道理，世界上能成为品牌的企业和产品成千上万，不可计数，但只有那些投入名牌怀抱的企业和产品才能戴上名牌的桂冠。

（一）品牌业的产生和发展

当代传播学家认为，传播媒介是人体的延伸，报纸是眼睛的延伸，广播是耳朵的延伸，电子技术是中枢神经系统的延伸，现代传播媒介的发展，使人们的感官不断地延长，信息转瞬即至。品牌首先要有知名度，从这个意义上讲，品牌的形成过程就是企业及产品形象信息向公众传播的过程。无论公众远在天涯海角，总有"圣手观音"用无数只手把报纸送到公众的眼前，把声音传送到公众耳边，把画面输送到公众面前，谁掌握了它们，谁就掌握了名牌之门的钥匙。我们正是把这把金钥匙的持有者称为品牌业。

品牌业是一种致力于品牌制造与交易的行业，许多品牌的脱颖而出证明了该行业的存在；各种广告大战、公关大战此起彼伏，企业及产品形象设计行业炙手可热，表明企业家们正在为品牌业推波助澜。

企业是一个拥有人员、设备、原材料，有一定的工作程序，能结合起来制造出具有市场价值的产品的集合。同理，品牌业也拥有一批专家和多种传播手段，针对知名与不知名的企业及产品，为企业设计并树立特有的美好形象，并进一步提高企业及其产品的知名度。近几年风靡我国的各种公关公司、广告公司；策划公司以及营销公司，都是品牌业的一部分。它们的宗旨是设计、制造并交易各类品牌形象，培养并维护各个行业的名牌。这是一个前途光明的行业。正是各种品牌业的产生和发展，才引起了品牌产生过程的变化。

1. 品牌业的产生过程

品牌业的发展有它自己的历史进程，在20世纪20年代早期，品牌的产生和交易方法还基本类似于家庭手工业，直到20年代后期才开始了工业化的品牌生产过程。随着经济的发展，品牌价值不断增加，第二次世界大战后，品牌业步入了成熟的工厂化阶段，60年代前期进入了扩散阶段。品牌业扩散到了世界各地，渗入了社会生活中的各个领域。

品牌业发展的每个阶段不是一个取代另一个的阶段，而是并存于当今的社会之中。在某些领域，品牌的生产与交易方式类似于家庭手工业；在其他许多领域，却又进入了工业化阶段、工厂化阶段甚至扩散阶段。想创造品牌的人可以选择各层次的品牌业。一个企业通过家庭手工业方式获取品牌，必然要尝试工业化阶段的技巧；一个在工业化阶段成功的品牌也会被卷入到复杂的工厂化体系之中；甚至它们会采用几种方式并举的办法来创造自己的品牌。

（1）个人创名过程——家庭手工业阶段。在漫长的历史发展过程中，品牌业长期处于家庭手工业阶段，并一直延续至20世纪20年代。

品牌业的家庭手工业阶段，是指各个厂家和商店基本不雇用专门摇旗呐喊的机构，靠自力更生的手段提高自己的知名度。诸如请来亲戚、朋友、熟人光顾商店。顾客之间的口头信息传递是当时创造品牌的重要途径。一个品牌店铺的形成常常是老顾客帮助、鼓励、支持的结果，这种品牌有很强的地域性，几乎没有全球性品牌。他们只是在店堂和街头用一些张贴画进行具体产品的宣传，还缺乏企业形象的概念。

在这个阶段，几乎可以说没有形成真正的世界名牌，尽管当时有的产品已成为今天的世界名牌。因为依靠家庭手工业的创名方式，其传播方式受时空的多重限制，口碑传播则更受语言文字的制约。但当时由于商品不足，要想成为一个小范围内的品牌产品还是比较容易的。

（2）专家创名过程——工业化阶段。家庭手工业模式已经不能适应20世纪20年代品牌追求者的要求，20年代末期开始了品牌业的工业化阶段。

在品牌业发展的工业化阶段，涌现出了专家群。这包括各种代理商、广告商、经纪商，以及金融专家等。这些人能够评估求名企业及产品的实力和潜力，帮助其推销商品，宣传商品，还能协助客户商谈价格与费用。

在工业化阶段的中期，求名者常常需专家的帮助，希望通过专家来调整他们努力的方向，这时的专家还没有达到专业化的程度，一般为松散的个人。此阶段传播媒介已有一定的发展，为品牌业提供了顺利发展的条件。由于专家介入创名过程，一些优秀的老字号开始跨越国界，在世界上享有了一定的知名度。但由于信息传递速度的限制，其普及范围还是有限的。

（3）组织创名过程——工厂化阶段。在第二次世界大战以后，社会生产飞速发展，市场竞争日趋激烈，企业越来越重视自己的产品及品牌商号声誉，品牌业进一步发展，进入了工厂化阶段。

在品牌业的工厂化阶段，专家们不再是个人行动，出现了协调他们行为的专业化组织。品牌交易过程部分地与创造品牌者分离，而由专门的中介组织负责，品牌业也涌入了新的专家，如心理学家、通信专家、商业经纪人和市场行情分析专家等。原有的专家和新出现的专家融合，组织职业性协会，专门保护、维持和促进专家们自身的利益，并提供职业培训；有人开始制定服务程序与规则；有人开始提供跨国服务，投资越来越大。

在这一阶段，创造品牌者加入到一个"工厂"之中，这个工厂有人设计产品及形象，有广告商进行广告宣传，有各种媒体进行传播和促销，有经销商购买和销售产品，最终他们生产出来的是"品牌"这种特殊产品。

（4）信息创名过程——扩散化阶段。品牌业从20世纪60年代起进入扩散化阶段。

现代信息技术、通信技术和运输技术的发展，使品牌业跨越了时空的限制，在世界各个角落都显示着威力。

在品牌业扩散化阶段的初期，每一方面的品牌都有一个特殊的集中地。例如：巴黎是造就大艺术家的天堂；好莱坞是成就为电影明星的圣殿。在扩散化阶段的后期，许多城市都成为某种品牌的诞生地，品牌数量大大增加，使诸多城市相继闻名于世。诸如品牌汽车城遍于世界各地；流行时装也早已冲破了巴黎的限制；饮料王国辐射欧洲、亚洲、美洲等地。

品牌业在时间上的扩散也特别明显。过去，只有意创造品牌的企业先取得了某些成功，才会引起品牌业的注意。现在，品牌业已由发现模式转轨至培养模式。他们利用各种方法和技巧使默默无闻的企业和产品名声大振，从而也可获得更多的利润。

当然，无论何种方式的创名过程，都是通过信息沟通使人们熟悉并喜爱那些产品或企业的。这是创造世界品牌的核心手段。

2. 现代品牌业

就像汽车业的发展离不开钢铁业、轮胎业和油漆业的发展；同理，品牌业的壮大也离不开相关的辅助行业。这些辅助性行业既是独立的行业，也是品牌业的重要组成部分，它们构成了品牌业的基本结构，如图 18－1 所示。

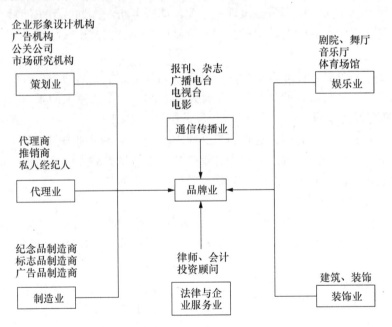

图 18－1　品牌业结构

（1）代理业。即被有意创造品牌者有偿聘用并订有合同关系的人或机构。过去代理业仅局限于代理娱乐业，现在则已渗入到社会生活的各个角落，企业代理或商品代理业的发展尤为突出。代理业常常处于买卖二者之间，对双方都进行帮助。

（2）策划业。是品牌业的一个分支，公司或企业通过设计鲜明的企业形象，运用广告技巧、公关手段等提高公司和产品的知名度。这些也都离不开市场研究人员的辅助。

（3）通信传播业。人们基本是通过新闻媒介来了解品牌的。品牌的特色与形象、来历与传说，大多是通过各种新闻媒介传播出来的。电视网、通信网、无线电网、电影、互联网、报纸、杂志等都与品牌现象密切相关。它们既可以造就品牌，也可以用品牌来提高自己的身价。

（4）其他相关行业：

娱乐业。包括所有从事娱乐经营的组织和娱乐参与者的组织。它们可以通过各种娱乐活动来宣传某个企业或某种产品，达到提高该企业或产品知名度的目的。

法律与企业服务业。名牌是众矢之的，很容易被人攻击。商战之中没有诗情画意，名牌极易成为被捉弄的对象，名牌产品被假冒的事例层出不穷，就说明了这一问题。法律与企业服务业善于运用法律手段，精通司法程序，可以使企业和品牌避开各种陷阱和圈套。

制造业与装饰业。它们都是为树立企业品牌形象服务的，如纪念品、广告品、标志品，它们都是向公众传播一个品牌形象。装饰业亦如此，如厂房办公大楼的建筑风格、店铺的装饰风格等，无疑都与品牌形象相统一。

品牌服务业。随着人们对各种名牌的需求及兴趣的提高，品牌服务业将会得到迅速发展。可以预见，不久，中国将会出现一系列品牌服务组织，这些组织能够专门提供品牌的产品信息、走势，并代购品牌产品，专营品牌产品，以及出版品牌企业、品牌产品的图书等。

总而言之，品牌服务业通过自身发展已渗入到社会经济生活的各个方面，人们不能对它熟视无睹，因为它对企业及产品，甚至社会文化都会产生巨大的影响。

（二）品牌策划过程

品牌的创立需要较长时间，这是因为品牌需要用一定的时间去创造与推广，尽管所需时间长短不一，但创造和推广的程序是规范的，创造世界品牌，要从地区品牌、行业品牌、短期品牌向世界品牌、全领域品牌和长期品牌延伸。

1. 捕捉创造品牌的机会

就像奥运会大赛中每个项目都有自己的体育明星一样，在每个产品区域，如电视机、冰箱、时装、化妆品等，每一种产品都有自己可以仰慕的星座。同样，在工业、商业和服务业的每个领域，也都有自己的知名企业。这些知名产品或企业被行业内知晓，但不一定为外界所知。一些尖端性产品，特别是与人们实际生活需要相关较远的产品更是如此。一个企业必须根据产品及服务特征来捕捉创造世界品牌的机会，决定知名度大小及名牌寿命的长短。

（1）世界品牌并非适合所有产品和品牌企业。企业和产品千变万化，形态各异，它们对品牌的要求也各不相同。创造品牌是需要花费金钱和精力的。如果创品牌者花费的金钱超过了品牌给其带来的利益的话，那他就不必花费重金去创品牌了。换句话说，有些企业名声越大越好，而有些企业并非如此，要依据具体情况来确定。

不求名。对于一些初级产品、简单产品等，可以不刻意追求品牌，诸如食盐、蔬菜、水果以及某些机械产品等。消费者在选择这些产品时，基本不考虑其是否是名牌，购买时对其质量心中有数，消费时也体现不出什么身份、地位。如果企业一定要刻意创造这些产品品牌，一般不会取得多么好的效益。

另外，创品牌会使产品成本急速增加，从而使产品价格攀升，这不利于产品的整体营销。

求小名。对于一些选择性产品，生产经营规模不大的企业应力求小名，即按照自己产品行销的范围来设定品牌区域。在中国行销的产品，就没有必要去创美国品牌；在苏州开办的商店，就没必要在全国三天两头地大做广告。因此，各个企业必须首先确定目标市场，选定自己产品的行销区域，然后才能划定自己产品的品牌区域。

求大名。有些行业及产品，求大名、创造大范围的品牌区域会取得最佳效益，或者说品牌知名度与其效益成正比。对于这类产品和企业来说，品牌区域越广越好。例如：一个妇女品牌时装店，不仅在妇女杂志上刊登广告让女性知晓，还应通过电视媒介让男士了解，因为女装不仅是给女士穿的，或许更主要的是穿给男士看的。品牌，对于时装、电器、饰物等产品是非常重要的，对于这些产品的生产和经销企业也是很重要的。

（2）捕捉品牌的机会点。品牌不是一夜之间形成的，需要长时间的完善与宣传，但这并不否定它们在自己名声的建立与扩大的某一时段，机会起着不可低估的作用，这种机会不是偶然的，而是企业及产品历史特征的必然体现。

第一，企业品牌的产生。企业品牌是指著名的厂牌或店牌。企业品牌的产生有许多途径：这包括产品优质独特、继承老字号、名人支撑、情感行为或偶然事件。其中产品优质独特是取得高知名度的基本途径。

产品优质独特。每个行业都有一个金字塔形的结构。大多数企业只生产普普通通的产品，它们聚集在金字塔的底部。中层是那些生产较好产品、有一定名声企业。只有少数生产优质独特产品的企业才站在金字塔的顶端。例如世人皆知的皮尔·卡丹时装店，为创造并保持时装品牌，努力在产品优质独特上下功夫。法国最高级的传统女装，就是一律在大师们的工作间里完成的，其中包括绣花、羽毛、纽扣、打褶、女帽等，全部用手工制作。女装大师工作室的工作人员总数为2200多人，他们为全世界2500多位女客人服务，这些大师们生产出的服装当然著名。其他行业，无论大小，也都有自己的知名企业。如果哪个行业还没有知名企业，那正是人们投资和挤入的最佳场所。

名人支撑。企业品牌可以通过各类名人来取得。名人有名人效应，如果将这种效应移植到企业牌号中就会取得品牌知名度。"体操王子"李宁加盟健力宝集团，使健力宝饮料名声大振；他创造出"李宁"牌运动服装，该公司一建立，其知名度就高于其他已经营多年的服装生产企业。当然企业品牌不仅以知名度为衡量标准，更重要的是客户的信任度和美誉度。

继承老字号。有些人由于出身于名门望族而享有名声。安妮公主之所以驰名天下，是因为她的母亲是伊丽莎白女王。企业也是如此，福特·洛克菲勒和肯尼迪的家族企业闻名，就是由于历史上的家庭荣誉。企业一旦继承和发展了老字号的传统就容易创造企业品牌。老牌并不一定就是名牌。但老牌常常有较高的知名度，也形成了较稳定的顾客群。只要在产品质量上下功夫，就会得到众人认可，口碑不绝，一传十，十传百，成为人人喜爱的优质品牌。

偶然事件。像幽灵一样，它能改变人的命运以及历史的进程，也包括企业的声誉。有名望的人并不一定是最有才干和天赋的人。一个歌星曾经说过："我之所以出名并不是因为我比别人漂亮、比别人嗓音好，而是因为比别人幸运。"一些人会因偶然事件而出名，一些企业却会因偶然事件而浮沉。

情感行为。有些人通过参与带感情色彩的活动而获取名声。他们猎奇冒险、漂流周游，以此引起世人的注目。一些企业也争相仿效，它们抛出重金去购买某名运动员的金牌；拿出上万元奖励奥运健儿；为某电影明星购买别墅等。

企业创品牌的途径会有许多种，但其效果是不同的。由偶然事件得来的品牌，保持住它并拓宽它常常是困难的或是不可能的；仅仅由名人支撑的品牌会因名人的生老病死而消失；由情感表现而来的品牌仅仅是持续时间相当短的名声，且其名声进化为品牌还需要付出许多努力。企业品牌的基础在于创造品牌产品。

第二，产品品牌的产生。产品品牌也可叫作著名的产品商标。产品品牌的产生同样可以通过多种途径，但在能使人们闻名遐迩的领域，有些产品更容易通过人们的努力而获取品牌的美誉，诸如流行品、奢侈品、服饰品、大众品等。

流行品。流行，即时髦。它是一些人中的大多数在一个时期接受的一种具有特殊的式样和风格的品牌。例如印象派的绘画；拜占庭式（东罗马常用式）的建筑风格；讲究衣着打扮的悠闲生活方式；表现奇异风格的巴洛克音乐等。每年的服装节都有特定的流行款式，也使相关饰物随之流行，皮挎包、山地车、靓首饰风靡京城，这些都是消费者感情流露的沉积物。流行品能聚集大量的消费者，最容易形成品牌效应。但是，开多少花就结多少果，一日风行的东西极可能另一日消退，一个品牌也可能毁灭另一个品牌。

奢侈品。常常是由领袖人物和富裕人士采用的，因此比大众品更容易引起品牌效应。

服饰品。如果向众人提问知道哪些品牌产品，他们列举的品牌产品中一定会有若干个服装品牌。服装不仅人人都得穿，而且还需要常换常新；服装不仅具有保暖的实际效用，而且还具有对人体的美化功能。因此，关注服装市场，了解服装品牌的人很多，这种顾客优势又刺激了服装品牌的大量涌现。"服装之都"巴黎有被世人公认的众多时装品牌，巴尔曼、皮尔·卡丹、卡尔文、香奈儿等品牌的名字几乎是妇孺皆知。服装业比其他行业更容易创造一个品牌，当然也就更容易毁灭一个品牌，因而它是一个最冒险的行业，其风险恐怕不亚于证券交易。

大众品。时下，一些人把品牌等同于高档品，这是误解。当然，许多品牌是高档品，比如法国的 XO 酒、美国的万宝路香烟、德国的奔驰轿车等。但是，大众品也不乏低档品牌，如法国的拿大服装、麦当劳的快餐、北京的二锅头等。高档品有高档品的成名之路，大众品有大众品的创牌之道。大众品是老百姓日常生活中不可缺少的，人人需用，个个得买，如果质量好，迎合顾客口味，也很容易创出品牌。

2. 品牌的提升

品牌有着不同的等级差别，空间和时间的相互交织可以为任何一个事物在广阔的宇宙和悠久的历史长河中找到位置，同样也可以为品牌打上等级的标志。从这个意义上说，品牌的创造过程就是企业和产品的名声扩展和延续的过程。

（1）衡量品牌等级的两把尺子。时间和空间是衡量品牌等级的两把尺子。空间是物质存在的容量大小，它回答我们企业以及产品的知名度触及多远的范围，即品牌效应是国内性的，还是国际性的？是局部性的，还是地区性的？

时间是物质运动过程的距离长短，它回答我们企业及产品的知名度能持续多长时间，即品牌效应是仅为1天、1周、1年，还是10年，甚至永恒？

以空间和时间两把尺子为标志，我们可以把品牌的知名度划分为20个等级，如表18－2所示。

表18－2　品牌知名度等级

持续时间 区域	一月	半年	一年	一个时代	永恒
国际	4	8	12	16	20
国内	3	7	11	15	19
地区	2	6	10	14	18
当地	1	5	9	13	17

第1类产品或企业是在小范围内产生短暂新闻的产品或企业；第7类产品可在全国性新闻中持续半年；第15类是那些在一个国家获得一个时代名声的企业或产品；第20类是那些取得其名声最高峰的少数产品和企业，它们举世闻名，比如可口可乐、万宝路等。

在表18－2中，第1类知名度级别最低，而第20类知名度级别最高。知名度的级别从表左下方至右上方逐渐升高，但左上方和右下方的品牌效应难以比较，因为知名度的区域与持续时间是两种不同的尺度。

（2）区域。品牌在多大范围内为人所知，这是品牌的区域概念。各种品牌可辐射到的区域是不同的，辐射全球的品牌可称为世界级品牌，辐射全省的品牌可称为省级品牌。品牌区域的扩大一般是由小到大，由内到外，但"墙内开花墙外香"的情况也并不少见。品牌区域可用品牌金字塔来表示，如图18－2所示。非品牌是产品的大多数，随着品牌区域的扩大，相应区域的品牌产品会越来越少，国际品牌将是屈指可数的。

图18－2　品牌区域金字塔

当地品牌。在人们的印象中，品牌是少数人享用的东西。但是，在每一个区域内都有自己出类拔萃的产品。一个小镇仅有一家酒厂，它生产的酒对于小镇居民来说就是品牌产品，居民或许宁愿喝家乡酒，也不愿喝茅台酒。一个县城内有一家百货商店，与城里的其他店相比不过是个小店铺，但县城的人不知道什么是王府井，却非常熟悉县城的这家百货店，它就是当地人心目中的名店。一些当地品牌所有者满足于现状，缺乏向上一个等级发展的动力和勇气。只有极少数的当地品牌走上了地区品牌的台阶。

地区品牌。相当于我国的省内品牌，享有较高的知名度，受到新闻媒介和消费者的关注。消费者已对它们产生了好感和偏好，在本地区内销售势头较好。由地区品牌跃升为国内品牌还需要付出艰苦努力，必须打入新的领域，开拓新的市场，利用已取得的地区性知名度基础和经验争得有影响的大城市市场，尤其是在大型百货商店内。

国内品牌。有两种类型：一种是那些仅为购买者所知，而鲜为非购买者所知的品牌。这些购买者常常是有某一方面的嗜好者。例如音乐发烧友可能对爱浪音响更为熟悉，烟民们对略有名气的香烟可能一清二楚。另一种是那些早已成名的产品和企业，例如中国喝不喝酒的人都知道茅台、五粮液等品牌。

国际品牌。知名度从国内跨向国外，似乎并不困难，参加一次评奖，参加一次博览会，就有可能如愿以偿。但是要成为真正的国际品牌并非易事。许多企业及产品在国内名声显赫，在国外却不被人知晓。世界上许多著名服装设计师都到巴黎去发展，以为在巴黎出名了就等于在全世界出名了，该服装品牌可以一跃成为国际品牌。其实，要想在名师荟萃的时装之都争得一席之地比登天还难，这也是品牌无价的一个重要原因。

（3）持续。仔细观察一下市场就会发现，前些年很著名的一些品牌不见了，有些虽然存在，但产品早已无人问津，真是今非昔比了。优质品牌区别于其他品牌的关键之处，不仅在于它的辐射范围广大，而且还在于持续的时间长久。按持续时间长短划分，品牌有一月品牌、半年品牌、一年品牌、一个时代品牌和永恒的品牌。

一月品牌。报纸、广播、电视等新闻媒介的大爆炸，有可能使某种产品风靡一时，世人皆知；也有可能使某个企业成为"一月明星"。诸如在中秋节之前很容易推出生命期为一月的月饼品牌。

半年品牌。某些产品在刚投放市场时，企业大肆做广告宣传，吸引顾客购买；某些商店在开业之初，生意异常兴隆，顾客不断。然而随着时间的推移，由于没有新招出台，产品、商店流于平淡，人们就会渐渐淡忘它们。这种半年品牌在许多产品和商店中经常产生。

另外，还有些企业会有意识地推出半年品牌，从而使产品常换常新。

一年品牌。每年都会有些产品或企业成为这一年的知名者，从而引起新闻媒介的关注和顾客的兴趣。有一二年品牌生涯，这是许多产品的经历。熬过这一极限，就会使品牌持续下去，遗憾的是，大多数企业都半途而废。

一个时代的品牌。一些优秀的产品，会在一个时代占据消费者的心灵，长期不消失。创造时代品牌必须有与时代相适应的产品，这就是我们通常所说的争创品牌中的"品牌"也叫时代品牌。

永恒的品牌。永远保持产品及其企业的品牌，是人们的良好愿望，的确很难实现。

社会的发展、技术的进步，常常改变人们的生活方式与消费习惯，必然会有新的品牌来适应人们的需要。但是，现实生活中也有一些品牌持续了较长时间，比如可口可乐、CD 香水等。

我们既应当努力延长品牌寿命，又应当看准时机该弃则弃，再创新品牌。

3. 巧妙利用品牌的生命周期

品牌犹如人生，也同样有发生、成长、成熟、衰落的生命周期。但是，每个品牌在各个阶段的时间长短不同，从而形成了各种不同的模式，有的较典型地反映了生命周期，有的却呈现出起伏不定的曲线，有的恰似一条直线，有的则大起大落。

（1）品牌知名度稳定上升型。有些产品或企业的知名度稳定上升，与它们在顾客心目中永不消失的地位有关。这种发展路径应是造就世界品牌的理想模式，这样一来企业及其知名品牌既可顺利地提升知名度，又可以避免产生较大的风险。

（2）品牌知名度瞬间爆发型。有些产品或企业陡然间获得知名度，有时是由于某种机遇，也有时是由于突发事件。这种形态带有很大的随机性，难以有目的地刻意追求到。幸运的企业可能在初期就会遇到良好机遇；不幸的企业也许十几年、几十年才可能有一次机遇。

（3）两步型品牌发展模式。指某个企业或产品在取得了初级声誉后，便停顿较长时间，然后又进入高知名度时期。一些知名企业就走过这样的路。这种发展形态在现实生活中比较常见。要想登上第二步台阶，就必须得作出艰苦努力。比如"中华"牌牙膏就是这样发展起来的。

（4）流星型品牌发展模式。即有些产品和企业很快知名，又很快地被遗忘掉。这种发展形态只能造就一夜明星，而不可能造就世界品牌。因此，怎样将其知名度保持下来，是企业创造品牌的一大难题。

（5）重放光彩型品牌发展模式。有些产品或企业取得一定知名度后，沉寂了，但是经过一段时间后又重放异彩。比如诸多老字号产品或店铺前几年曾因不适应竞争形势而不景气，这几年又有回升的趋势。

（6）波浪形品牌发展模式。特点是产品或企业知名度上升、下降、再上升、再下降的波浪形发展方式，纵观世界品牌的形成与发展史，也曾走过大起大落的阶段。所以落后了并不十分可怕，怕的是落而不起。而且这种起落也不能太频繁和持久。

在创造品牌的过程中必须认真考虑上述因素，根据具体情况进行选择，找准属于自己企业或产品的位置，同时只有根据品牌的发展规律进行运筹，才能最终取得成功。

这里的品牌生命周期与其他产品生命周期并不完全一致，有时产品的市场行情衰退是不可避免的，但品牌可以通过推出新产品使其长盛不衰。比如百事可乐、万宝路、可口可乐、麦当劳等声誉一直呈上升趋势。这些品牌在某一时间段都受过煎熬，甚至名声大损，但在全球仍受到无数人的喜爱。创造品牌的过程，核心在于提高知名度和美誉度，即创新品牌过程及其保持过程。一旦走下世界品牌的宝座，大势就难以挽回，任何营销手段这时也变得毫无用处，只有等待时机，再放光彩了。

（三）品牌创造的战略策划

创造品牌是一项既劳心、费力，又耗资的系统工程，企业也可根据自身的状况，采取购买品牌、租用品牌、自创品牌等策略来创造品牌。

1. 自己创立品牌

自创品牌是一项异常艰难、耗资费力的复杂工程。这项工程包括五大步骤：树立创制品牌的理念、市场定位、销售管理、品质控制和市场推广。它们互相影响、互相联系，一荣俱荣，一损俱损，是创造品牌的五大要素。

（1）明确自创品牌的营销策略。企业对品牌的经营观念不是固定不变的，它随着社会经济的发展和市场形势的变化而变化。从商品经济发展的历史来看，企业品牌营销管理的指导思想大体上有五种：品牌产品观念、品牌生产观念、品牌推销观念、品牌市场营销观念和品牌社会营销观念。

品牌生产观念。就是指企业的一切经营活动要以品牌生产为核心，并围绕着品牌生产来安排一切业务。品牌生产观念适用于两种市场条件：一是市场产品供不应求，买方争购，卖方竞争较弱，没什么选择的余地；二是产品成本和售价太高，只有从生产入手，通过降低成本、提高效率来降低售价，才能畅销。这就是说，当市场上的主要问题是品牌产品有无和价格贵贱问题同时适用品牌生产观念。随着现代经济的发展，竞争的加剧，仅仅重视生产的经营观念已不能适应企业品牌发展的需要，必须起用新的经营理念。

品牌产品观念。就是指企业的一切经营活动以品牌产品为核心，重点在于提高产品质量，创出产品特色。品牌产品观念是一种与品牌生产观念相似的经营思想。它主张只要产品有特色，就会销路畅通；只要产品质量好，就会顾客盈门。比如，一些保守企业抱着"酒好不怕巷子深"的古训不放，死守着"祖传秘方"和传统特色，尽管在过去曾赢得一时竞争优势，但现在已根基不稳了。

品牌推销观念。就是指企业的一切经营活动以创造知名品牌推销为核心。它说明如果企业不尽力刺激顾客的欲望和购买兴趣，顾客就不会购买它的产品。因此，奉行品牌推销观念的企业一般都会建立专门的推销机构，起用各种推销招数，把品牌产品推向市场。品牌推销观念是生产经营观念的发展和延伸。但其本质仍是以生产为核心，"生产什么就销售什么"是这一观念的主旋律。例如，一些单位利用行政手段推出产品品牌就只是为了向顾客推销品牌产品，大多忽视了消费者的实际需要。一些获得许多金牌的产品却被消费者冷落，根源就在于此。

品牌市场营销观念。就是指企业的一切经营活动以消费者为中心。它主张首先了解消费者的需要，按照消费者的需要组织生产和经营活动。品牌市场营销观念是企业经营观念的一次根本性的变革，它抛弃了原有的"制造产品并推销出去"的观念，而树立了"发现需要并设法满足它们"的观念。这种观念盛行于第二次世界大战后的欧美各国，极大地适应了供过于求的买方市场。在这种观念的指导下，才出现了真正的世界品牌，才有了真正属于消费者的世界品牌。企业只有在这种观念指导下，才有可能按照消费者的需求设计产品，核算成本，制定恰当的价格，使消费者对产品产生偏好，形成共同的好感，引起消费者共鸣。美国的麦当劳公司等就是用市场营销观念来创造品牌的。因为它们是在市场营销观念的指导下，在了解消费者需要的基础上进行的产品开发。

品牌社会营销观念。就是指不仅要满足消费者的需要和欲望并由此获得利润，而且要符合消费者自身需要和整个社会经济发展的长远利益。品牌产品不仅需要高品质，符合消费者一时的需要，还要符合消费者的长远利益，更要符合社会整体利益，使其在消费者心目中有一个优良完美的形象，否则就不能成为一个名副其实的品牌。近些年来，企业形象设计行业非常红火，从另一个侧面反映出品牌社会营销观念越来越成为企业行为的指导思想。总之，无论是产品品牌，还是企业品牌，都是以消费者需求为基础的，消费者为品牌的成功提供了生存和发展的空间。因此，企业在争创品牌过程中，一定要紧紧围绕着消费者这个核心。同时，社会形象如何，也是决定能否成为顶级世界品牌的重要因素。纵观名列前几位的世界品牌，都有一个良好的社会形象。

（2）知名品牌的市场定位。消费者的偏好千变万化、千奇百怪，处于不同行业、不同地区的消费者，对品牌会有不同的看法和评价。任何一种品牌都不能满足消费者所有的需求。因此，一个产品、一个企业想在哪方面出名，是创造知名品牌的关键所在，必须首先定位，即在消费者心目中确定一个什么样的形象。品牌的市场定位需要从分析市场机会入手，然后将市场细分化、目标化，最后完成其准确定位。

第一，分析和把握世界品牌的市场机会。市场机会是创造品牌的机会，也是做生意赚钱的机会，即市场上未满足的需要。只有找准市场机会并抓住它，才能创造出品牌。成功希望越大的机会，竞争者越多，机会消失得也越快，因而谁能及时抓住像闪电一样的机会，谁就会成功。

寻找营销机会的意义。企划人员为了得到市场机会，必须进行专门的调查研究，寻找、发掘、识别有关资料，进行具体的分析和评估。区别哪些是营销机会，哪些是环境机会。市场上一切未满足的需要都是企业经营者的机会，但并不是一切环境机会都能成为某一企业的营销机会。例如，市场上需要高质量的图书，这是一个图书经营者的机会，但它并不是食品商的营销机会。营销机会，是指对企业的营销活动具有吸引力，享有明确竞争优势和获得差别利益的经营机会。换句话说，适合本企业的经营机会才是营销机会。

分析市场营销机会的方法主要有以下两点：一是企划人员需要分析自己的微观环境和宏观环境。创造品牌的实践证明："适者生存。"许多品牌产品和企业的发展，就是因为善于适应环境；而某些产品和企业品牌的毁灭，就在于对环境变动的预测不及时，比如我国一些品牌自行车的销声匿迹就证明了这一点。企业的微观环境分析，包括分析企业内部情况、营销中介情况、供应商情况，以及顾客、竞争者和公众喜好等因素。企业的宏观环境分析，包括分析人口、经济、自然、技术、政法和文化六大环境因素。这些宏观力量及发展趋势给企业提供创造品牌的机会，同时也会造成威胁。二是企划人员要研究消费者的行为和特点，这是准确把握市场机会的关键一环。世界上任何一个品牌，无一不是满足消费者的某种需要的。

研究消费者，需要了解消费者行为的模式，研究影响消费者行为的各种因素，以及他们的决策类型和决策过程的各个阶段的变化。

第二，选择世界品牌的目标市场。品牌企划人员在创造品牌前必须要选好目标市场。具体地说，在选择营销机会以后，就要对创造品牌的产品和企业的市场容量、市场结构做进一步分析，逐步缩小范围，挑选出本企业及产品的目标市场。

选择目标市场通常包括三个步骤：一是测量和预测市场需求。对所选定的市场机会，要具体测量和预测市场需求，比如它能辐射到的范围、包容的数量和持续的时间等。二是进行市场细分。市场上的顾客是复杂多样的，依其需求不同可以划分出若干个子市场。按照不同的需求特征把顾客分为若干部分，把市场分为若干部分称为市场细分化。例如按性别可分为男性市场和女性市场；按年龄可分为青年市场和儿童市场、老年市场、中年市场；按其经济收入和文化层次也可分出相应的细分市场。并寻求市场机会。三是选定目标市场。企划人员需要在市场细分的基础上，选择一个或几个细分市场作为自己的营销对象，这些被选定的营销对象就被称为目标市场。

第三，市场定位。企划人员在选定目标市场后，还要决定如何进入市场。能否准确寻求进入市场的突破口就是市场定位问题。一个企业可以有多种定位方式，比如优质服务定位、优质定位、低价定位、先进技术定位等。但最根本的是建立它所希望的、对目标顾客具有吸引力和竞争优势的市场。

（3）创制知名品牌的品质控制。例如德国奔驰汽车公司曾刊登广告说："如果有人发现奔驰牌汽车发生故障，被修理车拖走，我们将赠送您一万美金。"可见奔驰之所以成为品牌，与它的优良品质紧密相关。

品质是品牌成功的关键；没有精益求精的品质，就不会有众口皆碑的品牌声誉。

品牌的核心品质。是指顾客所要实际购买的东西，它与一般产品略有不同。服装的核心是满足人们遮体和保暖的需要，而品牌服装的核心却是给人以高贵的品位感；食品的核心是满足营养和充饥的需要，而豪华宴会的核心却是给人以优越感和满足感。

著名品牌的有形品质。企划人员必须把品牌核心品质转化为有形品质，才能卖给顾客，形成现实品牌。有形品质有五大因素：一是质量是品牌的关键性内容。松下电器行销世界的重要原因就在于其优良的品质。二是功能是品牌的依托。品牌产品的功能要独特。例如录音和收音功能的合一，使夏普牌号更为人知。三是款式是品牌的体形。品牌产品的款式要新颖，在造型上要能吸引顾客。比如许多高档品牌时装就是以其独特的款式闻名于世的。四是品牌产品是品牌的脸谱。品牌产品的品牌，应该有个响亮、易记、新颖的名字和美观、简洁的标志。五是包装是品牌的衣着。品牌产品的包装，应针对不同产品选择不同的档次。高档品牌的包装一定要富贵豪华，低档品牌的包装一定要古朴自然。

品牌的附加品质。是指顾客在购买品牌产品时所得到的附加服务和利益，如商家提供的保修、保换、信贷、免费送货、免费安装、售后服务等。一般而言，品牌厂店的产品附加品质更为重要。

（4）知名品牌的销售管理。市场营销的经验告诉我们：再好的产品，如果卖法不当，也会砸了牌子。有些品牌，在国内市场刚刚开了个好头，就急于卖牌子挣钱，甚至买来别人家的产品贴上自己的商标，一来二去，自己的牌子被砸了。有些企业在激烈的竞争中，步入竞相压价的误区，使品牌产品越卖越便宜，结果使得品牌产品成了积压货。可见，品牌需要科学的销售管理，甚至可以说有些品牌就是卖出来的。

第一，确定品牌价格的学问。给品牌产品定什么价，大有学问。在创品牌过程中更需要慎重，价格过高，容易得罪顾客；价格过低，有损品牌身份。一般来说定个整数价格，顾客会觉得价廉；定个零数价格，顾客又会觉得企划人员玩"钓鱼术"。因而在确定品牌价格时，首先要考虑各种影响因素。内部因素有营销组合策略、营销目标、成本等。外部因素有市场和需求状况、竞争状况和其他环境因素等。在分析各种影响因素的基础上，选择品牌定价的方法。这些方法包括需求导向定价法、成本导向定价法和竞争导向定价法。高档品牌通常采用需求导向定价法，即按照买方对产品价值的理解和需求强度来定价。这类定价方法就叫作理解价值定价法，即按照顾客在观念上所理解的价值，而不是以实际价值来定价。在选择品牌定价方法时，要注意运用各种品牌产品定价策略。比如可以推出高价，以提高产品身价，身价一提升自然就有了名气；也可以实行低价渗透，购买的人多了，也就自然创出名牌产品了。品牌定价还可以参考折扣定价、差别定价、心理定价和地区性定价等方法，并能根据竞争状况，对品牌价格进行适当的调整。

第二，知名品牌分销的途径。在什么地方卖品牌，这是一个值得研究的问题。一般来说，同样的东西，在地摊上卖就被认为是处理品、次等品；在豪华商店卖就会被认为是高档品牌。比如一双价值 70 元的新款皮鞋，摆到富丽堂皇的店里，可以卖到 500 多元，甚至卖到 1000 多元。因为在人们眼里，装饰豪华的店铺里出售的一定是高档品牌产品。品牌在选择分销途径时要考虑多种因素，包括产品的生产情况、特点、市场情况和国家的有关法律规定。在分析决策过程中主要是确定分销渠道的长度和宽度。长度是指产品销售经过多少中间环节，宽度是指产品销售在同一个环节选用多少中间商的数量。最后一步是确定要经过哪家中间商，要能够评估它的地位、声誉及在公众中的形象。

（5）品牌的市场推广。是产品品牌的美容室和传播器，它使企业及其产品的形象惹人喜爱，让众人知晓；它像魔法一样，将默默无闻的企业和产品逐步推向品牌金字塔的顶端。当人们闭上眼睛，想想美国，跳入脑海里的常常是可口可乐、柯达和麦当劳；日本呢，常常是松下和东芝、富士；德国是奔驰；法国是圣罗兰和香奈儿。这些品牌的成名，都有市场推广的一份功劳。

香港品牌产品金利来领带，在市场定位准确和产品质量可靠的前提下，凭借着他们的市场推广经验，在香港和国际上打响了知名度。

当然，市场推广不只是公关活动，它还包括促销活动的全部内容，即企划人员将有关企业及其产品的信息通过各种方法传递给消费者和用户，促使其了解、信赖并购买本企业的产品，达到扩大销售的目的。市场推广的实质就是企划人员与顾客之间的信息沟通过程，它的形式包括人员推销、广告宣传、销售促进和公共关系。

第一，品牌信息的沟通过程，一般包括以下六个步骤：

一是识别目标受众。根据目标市场定位，确定品牌产品及企业信息沟通顾客的目标对象，测量他们对企业及产品的熟悉深度和喜爱程度，从而确定品牌沟通目标。二是确定沟通目标。消费者或顾客对信息的反应需要经历知晓、了解、喜欢、偏爱、信服和购买六个阶段。沟通目标的确定要以目标听众所处的反应阶段为依据来确定，或者说以品牌被人们认知的程度来确定。三是设计信息的内容、形式和结构。信息内容是指为目标听众提供什么品牌信息，即说些什么。信息结构是指如何组织信息，使之更合乎逻辑，更有说服力，即如何合乎逻辑地去说。信息形式是指表达信息的方法，比如信息传播工具所具有的图案、语言、颜色、音响等。四是选择信息传播方式。信息传播媒介有人员沟通和非人员沟通两种形式。人员沟通可以面对面交流，也可通过信件和电话交流。非人员沟通包括社会气氛、大众媒介和有关活动等。五是选择信息发送者。品牌产品或企业，必须要给顾客以信任感。信任度如何，在很大程度上取决于受众对信息发送者的看法。品牌信息的发送者应该具有专业权威性、吸引力和可信性。六是信息反馈。品牌信息发出后，应调查了解目标听众的反应效果。比如接受了哪些信息，记住了哪些信息，有没有产生特殊的偏爱等。

第二，知名品牌的促销组合策略。一是品牌促销组合内容。品牌促销组合包括四种方式：广告宣传、人员推销、销售促进和公共关系。广告具有渗透性、公众性、表现性和非人格性等特点，它既可用来树立企业和产品的形象，又可用来刺激品牌产品的销售。人员推销具有直接对话、培养感情和迅速反应等特点，有利于争取顾客对品牌的信任和偏好。具有促进销售、吸引顾客、刺激购买等短期效果，可以增加品牌产品的销售量。公共关系具有可信度高、传达能力强等特点，对提高品牌产品及企业知名度也极为有效。二是品牌促销组合决策。根据以下不同的划分标准，企业可采取不同的促销组合，而且其中的促销方式各有侧重点。

①产品种类。消费品品牌最主要的促销方式是广告，其次是销售促进，再次是人员推销，最后是公共关系。工业品品牌促销方式按其重要性排列为：销售促进、人员推销、广告和公共关系。②促销总策略。促销总策略有"拉"和"推"两种。"拉"就是先设法吸引消费者，消费者向中间商要货，中间商则向制造商提出购买要求。"推"就是以中间商为主要促销对象，把产品推向市场和分销渠道，最终再推上市场。拉的策略中广告的作用最大，推的策略中人员推销的作用最大。③顾客所处的购买阶段。在知晓阶段，广告和公共关系的作用较大；在认识和喜欢阶段，广告作用较大，其次是人员推销；在偏好和确信阶段，人员推销的作用最大，其次为广告；在购买阶段，则主要是靠人员推销。④产品生命周期。在品牌引入阶段，其作用最大的是广告与公共关系，其次是人员推销和销售促进；在品牌成长阶段，广告和公共关系仍须加强，销售促进可适当减少；在品牌成熟阶段，可增加销售促进，减少广告，广告仅保持一种提示性；在品牌衰退阶段，仍保持较多的销售促进，可将其他促销形式减少到最低点。

总而言之，自创品牌是一项工程、一种事业。市场定位准确就像是品牌的"受孕"，品质控制和销售管理就像是品牌的"怀胎"，最后的市场推广就好比是品牌的"分娩"。因而哪一个环节出现差错，品牌都不会降生。因此，谁想创造自己的品牌，谁就将时时处在"失败"的边缘，成功永远属于具有创造精神和冒险意识的人。

2. 购买中意品牌

购买他人品牌，既是购置现成商号，包括牌子和企业，也是购买某个品牌的使用权。下面分别进行具体地分析研究。

（1）购置品牌的策划。如果让两个奔跑速度相同的运动员在不同的起点进行比赛，无疑是接近终点的起跑者最先到达终点。因为他处于起跑的优势点。对于比赛来讲，起跑点不一致是不公正的，但对于市场竞争来讲，起跑点不一致却是合理的。购置品牌商号就类似于寻求赛跑的优势起跑点，只有起点高才能发展快。因此许多企业家热衷于购置品牌商号来集聚自己的市场竞争优势。

第一，购置品牌商号的形式。购买品牌，是将他人的品牌转化为自己所有，其中有部分所有，也有全部所有。前者是与某一品牌企业合并，共同推出具有影响力的品牌；后者是将某一品牌企业买断，借助他人已有的品牌声誉开拓自己的事业。

横向并购。比如奔驰是世界十大品牌之一。论销量，奔驰在德国销量排名仅为第4位，在世界范围内也无法与丰田、菲亚特和标致相比。但在世界排名中却稳居第3位。奔驰成功的原因固然有很多，但早年奔驰与戴姆勒两个汽车巨人合并是其成功的重要原因之一。当然，品牌企业合并包括同等名声企业的合并，比如奔驰和戴姆勒的做法，他们两家的合并造就了更大的名声；同时也包括非同等名声企业的合并，即一个名声不很大的企业完全可以与一个名声很大但显现出衰落迹象的企业合并，用新兴企业的活力使老品牌再焕发出勃勃生机。

纵向并购。不是简单的合并，而是出巨资购买著名的企业及其品牌。其目的是迅速获取世界品牌产品生产经营权及商标，而对所购公司的财产并不是十分感兴趣。很多事例表明，不少新老企业已将世界品牌作为一笔巨大资产，为了获得世界品牌产品及商标，不惜花费重金，走出一条新的创造品牌之路。

第二，关于购置品牌商号的利弊分析。购置现成的品牌商号，有利也有弊，企划人员对此必须进行具体分析。

购置品牌商号有利的方面：一是购置现成的品牌商号，可以利用原有的业务关系。因为它们常常已有较高的顾客信誉、稳固的流通渠道等优势。二是购置现成的品牌商号，可以利用原有的经过培训的雇员，还可以租用固定的物质设施，节省费用。三是购置现成的品牌商号，可以减少投资风险。品牌商号大多已经有种种优势，形成了一定的市场氛围，所以成功的希望较大。四是购置现成的品牌商号，比自己独创节省资金。同时，品牌商号待售时，也容易用低价买到。

购置品牌商号有弊的方面：一是有时很难买到称心如意的品牌商号，或者是花很多钱才能买到。二是品牌商号的店员素质往往不理想，辞退又会受到多种因素的限制，反之则影响服务质量。三是品牌商号或是由于地理位置不好，或是因为现有设施难以改变，也可能使新的经营者无能为力。四是品牌商号之所以出售常常因为面临困境，经营不善，或是与各方面关系不融洽等，这些因素都会影响新的购买者。

第三，购置品牌商号的决策。购置品牌商号要等待机会，发现机会后再进行具体分析，要在通过可行性研究后才能决定是否购买。通常的决策程序为：分析品牌商号出售的原因，了解品牌商号出售的物质条件及所在市场的情况、商号的金融状况及有关法律等，并且还要评估商号的真正价值。

一是分析品牌商号出售的原因。出售商号有多种原因，出售品牌商号的原因就更为复杂。或许是因为出售者有更大的生产机会，也或许是其经营面临着无法摆脱的困难。出售者会掩饰其不足以求卖个好价钱。购买者需要在调查上多下功夫，切不可花高价买匹"死马"。二是了解品牌商号的物质条件。商号的物质条件一方面是其总价值的体现，另一方面也是衡量其潜力的一把尺子。通过观察其物质条件，计算出再投多少资金才能使这个商号重新起飞，或许会得出投多少钱也白费的结论。对于库存数量和结构、影响商号形象的店容厂貌、厂商的机器设备、商店的位置等实际状况，都应该在购买时慎重考虑。三是了解品牌商号的市场状况。市场决定着每一家品牌商号的兴衰。购买品牌商号必须要了解它的市场状况。要分析它的市场区域，以及市场区域内的人口组成，从而最终确定该市场可能形成的顾客人数。要分析它在市场所处的状况，比如有多少个直接竞争对象，竞争对象的优势、劣势如何，并将其按强弱进行排队。要通过市场抽样调查的方法，了解新老顾客对该商号的态度和看法，以便于分析该商号有无前途，以及思考购买后应采取的措施。四是分析品牌商号的财务状况。需要调查研究品牌商号的历史和现实经营状况，诸如资产评估、销售额、利润、资金效益等。要通过分析财务报表，通过研究销售、支出、存货记录等因素来判断该商号的价值。五是注意规避购买时的法律问题。比如卖方的所有权凭证，有无债务需要由买方承担，商号的专利权、版权、商标等是否受法律保护，商号有无任何独家经销权移交给买主，雇用契约以及店房、设备的租赁契约、有无联合契约，等等。如果忽视这些法律问题，就有可能给买方造成经济损失甚至使其倒闭。六是评估品牌商号的价值。品牌商号购买者要在认真分析了上述各项问题的基础上，借助已有的信息判断商号未来会产生的效益，评估它本身具有的价值，最终决定是否购买，以什么价格来购买。

随着竞争的激烈，市场的多变，许多品牌商号在商海中浮沉，诱使眼光敏锐的企业家购买貌似萧条实藏生机的品牌商号，很快使它们东山再起，当然也有愚钝者变成了商号破产的替罪羊。因此购买品牌商号一定要慎重从事，有十足可信的把握才行。

无论是与世界品牌企业合并，还是购买世界品牌企业，都应该对其有形资产和无形资产进行整体价值的评估和调查。

（2）购买品牌使用权的策划。俗话说，机会难得。购买品牌商号固然是一条捷径，但这条路子并不容易找到。在正常情况下，除非经营不下去了，否则谁也不会心甘情愿地卖掉自己千辛万苦创建的品牌商号。另外，壳、瓤一块买，投资大、风险大，购买品牌商号而后有飞速发展者很少见。相比之下，租壳弃瓤——仅购买品牌使用权，是一个更为妥当的创新品牌之路。

第一，关于购买品牌使用权的利弊分析。世界上总是难以找到十全十美的事物，因而购买品牌使用权也是有利有弊的。

一是购买品牌使用权有利的方面：风险小。购买正在上升时期的品牌使用权，可以借着其品牌发展的势头从中获利，亏本的可能性不大。费用低。创建一个品牌，耗时耗资，并非一朝一夕而成；购买一个品牌商号，人、财、物俱收，包袱和费用太大，而购买品牌使用权，则费用较低。名气大。购买品牌使用权，可以借着品牌效应，发展自己的事业，最终创立属于自己的品牌。麻烦少。支付一定的品牌使用费，就可以按合同规定使用其品牌，手续比较简便，各方关系较清晰。

二是购买品牌使用权有弊的方面：雇用感。使用他人品牌，总感觉是在为别人作嫁衣，而不是在开创自己的事业。受约束。使用他人品牌，必须按照他人的要求从事生产经营，自己的独创见解和巧妙策略难以得到整体实施。连带性。使用他人品牌，其经营起落往往会随着该品牌浮沉而变化。因此，一些实力雄厚、有魄力的企业家更愿意通过冒险购买品牌商号来一显身手。

第二，购买品牌使用权的常用方法。就是在分析所购品牌的特征、名声及市场状况的基础上，确定自己能支付的合理价格，并在签订合同后，能够按照品牌的质量、标识及其他要求，组织生产和经营。

一是熟悉品牌。只有在熟悉品牌的各种情况后，才能估算出品牌的无形价值。比如宁波的欧罗兰服装有限公司曾从意大利购回"金狮"商标使用权。购买前，他们仔细了解了"金狮"商标的各种情况。"金狮"在意大利是一个显有盛誉的男士用品商标，其商标图案是由西欧著名画家 Giorgio Giovanni 设计的，并标有设计者的名字。"金狮"在西欧名声很大，"金狮"牌西服、皮夹克，无论在面料的选择和产品的外观还是在工艺的品质上，都已被西欧消费者认可，产品畅销西欧各国及日本等国家和地区。由此可以看出"金狮"品牌仍处于顶峰时期，值得考虑购买。二是评估价值。决定购买品牌使用权后，就要考虑花多少钱是值得的。评估品牌的无形价值是作出购买决策的基础，既要考虑使用他人品牌能否带来利益，又要分析品牌主人开价的合理性，以期最终在双方互利的基础上才能达成协议。三是按质生产。购买品牌使用权后，并非万事大吉，更重要的是要按照品牌的要求组织生产。品牌主人均对此严加控制，绝不允许因为卖了品牌的使用权而毁了品牌。自欧罗兰服装有限公司使用"金狮"商标之日起，服装的工艺技术由意方品牌主人加以严格规定，产品质量在得到他们认可后方能出售。意方还负责为欧罗兰服装有限公司提供服装样板、服装面料，每年推出在西欧流行的款式以保证产品的层次、风格达到"金狮"牌的原有标准。四是推向市场。即按照购买品牌使用权的要求生产出产品后，就要将其推向市场，进行价值效用的检验，评估品牌产生的效应的大小。欧罗兰服装有限公司使用"金狮"商标后，除了直接向国外出口产品外，还将"金狮"牌西服、皮夹克推向了国内市场。虽然价格较高，却仍受到消费者的欢迎，销售看好。看来这 600 万美元是花得值得的。

第三，关于购买品牌特许经销权。虽有利于事业发展，但不利于创造自己的品牌，很可能会使企业成为有利无名的企业。然而它又是购买世界品牌使用权的主要方式。

特许经销权是指特许人允许特许经营者使用自己的服务方法、生产方法、商标或是专利从事生产经营活动，从中收取一定费用的方式。特许经营者有权一般是在指定地区生产经营特许产品。

比如音像商店、汽车租赁、汽车旅馆、保健中心、快餐、理发、旅行社等服务业就适合采取特许经销方式。

一是特许经销方法。是指特许经营者用特许人授予的品牌提供产品和服务，并接受特许人的管理和控制。特许经销店按特许协议使用统一符号、设备、商标、店面，以及提供同质的产品和服务。比如麦当劳的 M 标志，肯德基的小老头形象在各店都大致相似。特许经营者拥有经营权利，同时在组织、培训、销售和管理方面能得到特许人的帮助，由特许人收取一定费用。特许人收取的费用有：首期使用费；按特许经营者每月毛销售额外负担一定比例提取服务费；对提供设备装置核收的租金；利润分成；定期特许执照费；有时还加收管理咨询费，但常受到特许经营者抵制。麦当劳公司一般都要求新的特许经营者到汉堡包大学上课 3 周，学习业务管理。要求他们在购买原料、制造和销售产品时必须严格遵守一些程序。

二是特许经销的利弊分析。企划人员了解特许经销的利与弊，对于决策是否购买品牌产品和服务的特许权时，具有十分重要的意义。特许经营有利的方面：①特许人利用统一品牌进行广告宣传，虽可使特许经营者从中受益，但费用却要分摊到各个特许店。②在政府财政上可能会得到一些帮助，诸如贷款、提供设备等方面。③产品和服务标准化，有利于通过产品和服务质量赢得顾客，在全国乃至全世界树立统一的品牌形象。④经过特许人统一组织培训，有利于造就品牌企业的生力军。⑤特许人可集中进货，分销给各个特许店，因此特许店可以得到价格更便宜的原料或产品。⑥失败风险小于自创品牌企业，同时还受益于经销区域的保护方针，没有针锋相对的竞争敌手。⑦使用公认的商标和服务，易于顾客辨认和接受，有利于提高企业的声誉。⑧可靠的经营方式，使特许经营者不必一切从头做起。因为该品牌已有成功的经营策略，良好的企业形象和定型的产品和优质的服务。

特许经营有弊的方面：①不能自由采购，有时会失去得到相应廉价物品的机会。②费用和利润分成。特许经营者需向特许人支付分成利润和多种费用，无论经营状况如何都不能免于支付有关费用。③经营产品受到特许人限制，不能扩大或缩小范围，自身发展受到影响和制约。④受特许人的严格管理，经营上稍有差错就会影响公司的整体形象，甚至可能还会被取消其特许经营权。但是，无论如何，特许经销权仍是利用他人品牌树立自己形象的好方法之一，在快餐等行业中会有较大发展。

3. 繁衍品牌

品牌的创造常常需要竞争，但品牌的形成却往往是合作后的结果。特别是那些满足人们日常生活的用品，市场占有率是这些品牌的重要标志。若实现产品的全球化，仅靠自己的力量则需要经过艰难而漫长的过程，然而采取多种合作方式，宣扬和推广自己的品牌，则会达到"借鸡生蛋"的功效。

纵观世界品牌，除自创品牌之外，常常通过并购方式取得品牌商标，然后再通过多种合作方式繁衍品牌，向全球蔓延。如果将购买品牌视为创造品牌的第一步，那么繁衍品牌就是第二步。

（1）横向合作，以可口可乐的扩展策划为例。无疑，可口可乐已成为世界品牌的代名词，它就像一位魔术师，使全世界的人快乐地张开嘴巴，尽情地享用。可口可乐一百多年来的发迹史令人着迷，人们千方百计地寻觅其中的奥秘。焦点集中在那神秘的配方上。不可否认，独特的配方是可口可乐成功的基础，但使其真正成为全球产品品牌的重要原因还在于数以百万计的饮料管理人员用机器将可口可乐原浆与苏打水混合在一起创出新的品牌饮料。其中，可口可乐的合作者付出了巨大的努力，作出了不朽的贡献。在一定意义上也可以说，可口可乐的发迹史就是可口可乐公司与其他公司横向合作的历史。

从可口可乐公司在中国的发展，足可以看出他们的借力之道和繁衍品牌的能力。其核心是给人以利，借人之手，来共同开创可口可乐的事业。

（2）特许繁衍，以肯德基、麦当劳的成名策划为例。美国麦当劳汉堡包、肯德基炸鸡的专卖店几乎遍及了世界的各个角落，它以优质的服务、整洁明快的用餐环境，使得可口的快餐口味都享有盛誉。它们的成功有许多相似之处，其中最重要的一点就在于它们都是特许专卖权所有者，并由此获得名声和利益。同时，特许专卖权的购买者们也依靠麦当劳和肯德基的名声，使他们财源滚滚。麦当劳的特许加盟制度，有着自己的一套严格的标准和规范。

分店的建立。每开一家分店，麦当劳总部都要自行派员选择地址，组织安排店铺的建筑、设备安装和内外部装潢及设计。

特许费用。特许经营者一旦与公司签订合同，必须先付一笔总额为 2.25 万美元的特许权使用费，其中一半用现金支付，另一半以后上交。此后，还需每年上交公司一笔特许权使用费和房产租金，前者为年销售额的 3%，后者为年销售额的 8.5%。

合同契约规定。特许权合同使用期为 20 年。公司对特许店经营者还负有以下责任：在公司举办的汉堡包大学培训员工，该大学位于伊利诺斯州埃尔格罗夫镇；协助经营、管理咨询、公共关系、负责广告宣传、财务咨询，以及提供人员培训所需的各种阅读材料、教具和设备等；向特许店供货时提供优惠。

货物分销。麦当劳公司不是直接向特许店提供食物原料、餐具，而是与专业供销公司签订合同，再由它们向各个分店直接供货。

麦当劳主要采取了以下三种方式在海外发展连锁店：一是直营方式。即公司直接投资海外，设立分店。二是特许经销。即公司或子公司将经销权授予特许人，由特许人开店经营。三是联合投资。即公司投资 50% 或 50% 以下，其他股权则由当地人投资。

麦当劳快餐店不仅开在市中心，也向郊区发展；不仅开在高速公路旁，也向公园、大学校园、军营等人员密集区域渗透。

（3）联盟战略，也是品牌繁衍的新型策划。除了前面论述的可口可乐和麦当劳的品牌繁衍方式以外，世界品牌的繁衍还有其他途径，其核心仍然是合作与借力，利益均沾。我们概括起来可称其为联盟战略。

第一，战略联盟的趋势与类型。关于战略联盟，理论界和产业界并没有一个明确的界定。它一般是指两个或两个以上的企业间或者特定事业、职能部门间的联合或合作关系。建立战略联盟已成为诸多世界品牌扩充市场实力的重要途径。战略联盟一般包括两种方式，即紧密型和松散型。紧密型战略联盟是指以兼并和收买为主的较牢固的联合方式，企业之间的结合程度较高。专家认为，企业间的合作效果会随着企业间结合程度的增高而增加，从这个意义上说，兼并与购买可以获得最大的效益。另外，紧密联合的结果，常会因过度重视投资风险而限制了联盟关系，从而使合作效果下降。松散型战略联盟是指以联合开发、技术、生产及市场合作、合资办厂等形式为主的联合方式，企业之间结合的程度相对较低。

第二，全方位的合作。松散型战略联盟有多种多样的合作方式，有商标合作、技术合作和市场开发合作。种种迹象表明，世界品牌的繁衍已离不开大企业之间的合作。世界品牌企业合作的领域是广泛的，各方企业也品尝到了合作的甜头。这种世界品牌的繁衍方式将会保留下去。

4. 互联网时代的品牌战略

互联网时代是真正有实力的品牌支配世界市场的时代。特别是在市场界线扩大的

B2C 领域，企业必须要以品牌为中心，转换经营模式。下面介绍几种信息时代企业制胜的品牌战略：

（1）独占鳌头的策略。在互联网时代，很难像原来那样有多个品牌共存，唯有"全球第一"的品牌才能在市场上长久地生存下去。消费者可以从全球范围内挑选自己最喜欢的品牌产品。品牌排行榜将迅速传向全世界，使最具实力的品牌人气也旺起来。

（2）定做产品的方法。批量销售的方式将改变。今后企业将根据每位顾客（包括以公司为单位的顾客）的喜好和需求为其定做产品，并使定做产品的市场价值有明显增加。将来的供给体制将变成少量多品种型，以最低的成本、最短的时间向顾客提供定做产品会成为各个企业的竞争目标。

（3）让消费者掌握主导权的方式。由于消费者通过互联网可以自由地从全世界获取所需的市场信息，使市场运作的主导权从生产厂家转向消费者。消费者可以通过收发电子邮件的方式，就各个品牌相互交换意见。人们将步入消费者自由选择品牌和企业的时代，价格的决定权也转向了消费者一方。

（4）一对一的服务模式。信息技术使生产厂家掌握顾客个人信息和与顾客对话成为可能。企业将通过互联网以单个顾客为对象，解答消费者提出的疑问，提供令消费者满意的产品。企业将在产品上体现顾客的个人价值，为单个顾客提供具有较高市场价值的"新奇独特的服务和产品"。企业还将为顾客建立"个人购买履历"，并以此为依据生产"个性化产品"和提出"相关购买建议"，因而较高的品牌价值也将由此产生。

（5）感性化外观设计技巧。今后单纯从功能上体现产品的差异将越来越难。产品的差异化将由产品本身转向信息附加值。如何在产品的外观设计上突出感性魅力，从而吸引消费者的眼球，这一点是非常重要的。为此，产品开发部门应面向消费者，利用女性工作人员特有的感性，让她们以女性的独特眼光进行产品的外观设计，从而赋予品牌更多的特有的感性魅力。

（6）灵活运作的技巧。售前根据生产厂家的情况制定的销售计划已经很难实现。生产厂家通过与消费者多次对话，不断对产品进行修改和更换，这种适应消费者状况型市场运作方式将取代销售计划。在这种市场运作方式下，生产厂家之间的竞争表现在接到消费者的订单后，根据订单上的要求，尽可能在短时间内制成产品并送达消费者手中。其中，生产厂家在继续与现有顾客保持关系的同时，还要及时把握顾客需求的变化，为生产新的产品做准备。

（7）开放式经营的模式。改变企业的封闭式经营，具有专长的各个企业之间跨越行业和国境，进行开放式的战略合作。

（8）双向联系的好处。企业单方面与顾客联系的状况将迅速改变。今后，企业只向特定消费者提供产品目录的限定顾客时代将会到来。由于信息技术的全面应用，为与消费者建立对话联系，企业将在互联网上设置有关品牌的主页招揽顾客。消费者可以运用检索软件，选择适合于自己的产品和服务。此外，通过双向联系，企业还可以随时了解消费者的追加要求，尽可能满足他们的需要。这种机动灵活的经营方式将会吸引更多的消费者实现消费意愿。

（9）直接销售的方式。原来经过中间流通环节的经营规模将逐步缩小。取而代之的则是生产厂家与消费者直接对话，向每个顾客提供事先预定的商品和服务，这种直接交易将增加。使今后既具有与消费者直接接触的渠道，又具有品牌专利等知识产权的企业将对市场发挥支配作用。

（10）全球市场。今后只以一个国家为销售对象的市场运作方式将行不通，取而代之的是可以在全球范围内同时展开经营的市场运作方式。企业将通过全球的媒体，向所有消费者推销自己的品牌。此举将成为创造世界知名品牌的关键举措。

（四）品牌的推广策划方案

1. 品牌的推广一般有以下几种形式：

通过广告推广。广告是对企业品牌的一种投资行为。如果企业家们的广告意识不创新，将影响其品牌形象的树立和提升。

第一，创新广告媒介。在知识经济的推动下，各行业的技术创新广泛出现，企业可以选择更多更新的媒体进行广告宣传。多媒体技术成为广告宣传的主导，随着网络日益渗入我们的生活，伴随电脑、互联网、直播卫星等的普及和广泛应用，广告媒介的数字化已经成为新经济时代的主流。各种新媒介，尤其是网络媒介已经成为广告界的新宠，传统广告媒介的运作模式也完全被颠覆了。这使现代广告也具有了一些新的特点：

广告受众的高度细分化。在互联网上，具有相同兴趣和关注同一个议题的人们聚集成一个群体受众，这种受众外部边界明显，形成了特定的消费者群。在互联网的帮助下，企业可以针对这部分人制定广告策略，高度锁定这部分顾客。

广告传播方式的互动性。在多媒介技术的支持下，人们可以通过电子邮件、聊天室与消费者进行即时交谈，回答消费者的咨询，可以进行一对一的广告诉求及沟通。另外，企业可以利用这种广告速度快、人性化强的特点，进而树立消费者的品牌忠诚度，从而促进销售。

互联网上的广告不分时间、地点和距离远近，商家足不出户就能把广告做到全世界。

第二，广告媒介的创新策略。广告媒介策略是指根据产品的市场定位，对广告媒介进行选择及相互搭配运用的一种策略。在日常生活中，人们常常根据自己的兴趣、职业、文化程度和所属的社会阶层来选择媒介，这种不同的媒介接触方式对广告效果的影响很大。因此，要想正确地选择媒介必须弄清楚消费者的生活习惯及其接触媒介的习惯。广告对象与媒介越接近，广告效果越好。如一些世界级品牌的产品，它们的消费对象主要是高收入阶层，如果在一本针对高收入者的时尚生活类杂志上刊登平面广告，就可能比电视广告更有效、更省钱。所以在实施广告宣传时，不应当只使用一种广告媒介，而应当采用多种媒介，不断强化广告印象，增强广告效果。时效性产品的广告攻势则可以通过电视广告，再配以网络媒介及POP广告来完成。

2. 把握品牌的市场切入点

品牌不是天生的，最初入市时都是无名小卒，市场上没有它们的席位，竞争中也没有它们的优势。它们不能像已占领市场的老品牌那样，能对进攻和防御两种策略进行选择，它们无阵地可防，无城池可守，只剩进攻一条路了。

向哪儿进攻？一般有两大市场：一是有空白的新市场，需要去创造；二是被占的老市场，需要去强攻。前者虽不会遇到对手抵抗，但创建新城池也并非易事；后者虽有建好的城池，但想要从别人手中夺下必定会异常艰苦。对前者一般采取"钻空子"的策略，对后者则采取"钉钉子"的方法。

（1）"钻空子"：创造新市场的顶级品牌。是开创一个新的市场角落，还是做旧有市场的分享者，这是顶级世界品牌与非顶级世界品牌的一个重要区别。在鼎级世界品牌中，无论是 20 世纪初上市的品牌产品，还是 20 世纪中期出现的品牌，几乎运用的都是"钻空子"的战略。

第一，创造开拓市场的高手。当前随着社会的发展和人类的进步，人们的需求已发生了翻天覆地的变化，市场更是趋于无限制的发展。在连日常生活都无法保障的情况下，人们最需要的无非是粗茶淡饭，土布草鞋；生存有了基本保障后，人们才开始追求鸡鸭鱼肉，绫罗绸缎……如今，人们渴望购买并消费的是数字彩电、高档组合音响、豪华轿车、花园别墅等。这种变化，除了人本身欲望的驱使之外，还由于厂商们能够不断推出新的产品。具体地说，一些品牌厂家在不断地创造着新的需求与市场，即创造世界上还没有的产品来引发消费者的需求。

由童话组成的乐园——迪斯尼，在世界品牌排行榜中稳居一席。沃尔特·迪斯尼以他非凡的想象力创造了米老鼠、唐老鸭等许多动画形象，他的动画片以神奇的魅力和丰富的想象吸引着全世界的观众。

迪斯尼瞄准了人人都需要的娱乐业市场，并且用童话的独特感染力创建了举世闻名的迪斯尼乐园。在乐园之中，大雪山的惊险、小人国的神奇、古城堡的恐怖、艾丽丝的梦幻等，都使人们在娱乐中获得了知识。父母与子女能在一起共度欢乐时光，老师与学生在这里能发现理解与教育的新途径，老人们能重温过去的好时光，年轻人能尝到未来挑战的滋味。

迪斯尼乐园包含了历史、现实与未来，充满了浪漫与神奇，是独一无二的。创始人找到了一个巨大的市场空白点，而别人却很难在这个点上再有所发挥，因为，他们把这个乐园几乎发展到了完美的程度。

当今世界，天天都有奇妙的发明。似乎到了一按电钮就有新产品问世的时代。许多品牌厂家不断地变换角度，不停地推出新产品，使那些反应稍有迟钝的厂家无力模仿。因为当你模仿出一个新产品，还未来得及喘口气，下一个新产品又问世了。

当今社会，变化已成为这个世界的主流律动，厂商们正是利用这种变化来开辟新的生存空间，创造新的世界品牌。

第二，有效的入市方式。新产品的切入点应放在市场开创方面而非市场分享层面上。这就是有效的竞争法则或叫作入市法则。

拥有正常智力的人，都应当具备寻找"市场分享机会"的能力。他们先是分析现存市场，模仿某一畅销产品，然后设计出能在市场上取得一席之地的崭新产品。其战略宗旨，是从本行业的其他公司那里赢得市场份额。这是不少中小公司常用的战略，但不利于创造品牌。

实际上，任何产品进入市场都面对着两种饱和。在通常情况下是多供给的饱和，即许多竞争者都生产同一种产品，并吸引着新竞争者的加入。市场趋势主要表现为竞争者之间的市场争夺。市场属于众多竞争者所有。但在少数情况下是无需求的饱和，即无生产无需求，市场处于零点饱和状态。因而当某一厂家要推出新产品时，等于创造了一种新的供给，要使其成功必须创造新的需求。谁创造了新的需求，谁就会首先成为这种需求的最大受益者，谁就会在占有市场份额上处于优势地位。

人们对各种商品的需求都可以归纳为某种欲望。换句话说，商人们拥有无穷无尽的创造产品的空间，来满足消费者各种各样的需求。

人们无法对不存在的产品产生需求，但这并不等于他们没有潜在需求。小汽车、电视机、洗衣机等多种产品问世后，马上就打开了人们需求的闸门。不创造需求，就不会有新产品不断的诞生。

市场开创战略与市场分享战略不同。市场分享战略的目标是与人分享市场份额，手段是运用做广告、促销、定价和分销等促销组合；顾客兴趣在于价格和可否获得产品，获胜者则常常是拥有雄厚资金的厂商。

市场开创战略的目标就是开辟自己的新市场，手段是运用应用技术、培育市场并打好行业基础以及创造新的标准，顾客兴趣在于新的需求的满足，获胜者往往是革新最快、创造力最强的公司，它们的目光只集中于将来，而并非过去。

（2）"楔钉子"则可以分享旧市场的次级品牌。正像一个家庭中的孩子只有一个老大一样，每个行业中的霸主也只能有一位。第一，令人羡慕；领先，十分主动。然而，并不是每个企业都能占据龙头地位。从市场容纳度和实际意义两方面来看，分享市场也是创造品牌的绝佳途径之一。

先入市的企业已部分或全部地占领了市场，后起企业想再加入，必须寻求市场缝隙，像楔钉子一样挤进市场。挤入市场不是硬碰硬，而是需要以己之长，克人之短；同时，取得成效后，不可轻易转移目标，而应集中兵力，进一步完善自身特色。这也是后起品牌给我们提供的宝贵启示。

第一，恰当选择分销路线。新产品在切入市场时，选择分销路线是重要一环。分销渠道不畅或不相适应，新产品是不可能成长为品牌产品的。纵观世界品牌，在入市时有直线型和曲线型两种分销渠道。

直线型。通过自我销售创品牌。"山中无老虎，猴子称大王"。尽管产品分销的主力军是各种类型的中间商，但在某些领域里，中间商这只"老虎"还没有涉足的地方，厂商这只"猴子"可以自我称为"分销之王"，在创造出一系列独特分销方式的同时，也造就了一个个多彩纷呈的世界知名品牌。

自我销售有种种方法，诸如电视销售、电话销售、邮购销售、上门推销和租赁柜台销售等。上述几种方式，都可以创造品牌。但是邮购销售、电话销售、电视销售等有专业化独立的优势，因此在这里我们着重研究一下上门推销和租赁柜台的方式。

雅芳成名之谜就是上门推销。上门推销也叫作直接销售，它是从几个世纪以来的行商发展演变而成的，由推销员进行挨门挨户地推销。

雅芳公司最初无法打入正规的百货商店，所以他们在不得已的情况下选择了挨门挨户推销其化妆品的方法。这种被迫选用的古老方法，使雅芳化妆品走入美国的千家万户，波及了世界的各个角落。与其说雅芳化妆品有名，倒不如说是雅芳小姐更有名。正是上门推销这种分销形式使雅芳成为了世界品牌。

雅芳的推销组织结构犹如一座金字塔。每个主妇推销员负责的地区以 300 个为限，主妇推销员之上为女性代理人，负责对 100～200 名主妇推销员进行监督和训练。而女性代理人的顶头上司是地区经理，通常是由雅芳公司的男性职员担任。最高领导由雅芳公司的会长和董事长担任。

为了调动主妇推销员的积极性，主妇推销员还可以从推销化妆品收入中得到 40% 的优厚报酬。同时公司还定期组织推销竞赛，其中成绩优异者还可得到各种奖励。

上门推销对于创造品牌保健品、化妆品、特制品等具有较好的销售效果。

华歌尔创名之路——在百货商店租柜台。使他们创造了销售额每年递增 20% 的纪录，成为世界品牌。华歌尔的名声是自己卖出来的，主要是靠在百货商店租用专柜。日本华歌尔的社长冢本幸一认为百货商店是都市化的象征，由于人口集中于都市，都市发展不仅会带动百货商店发展，而且衣料又是百货商店销售的主要商品。另外，女性顾客的购买动机与购买地点有着密切的关系，特别是衣着类。妇女挑选衣着的场所仍以百货商店的专门柜台为中心，因而租借百货商店一块宝地会效果良好。果然他大获成功。

在世界许多著名的百货商店之中，都有租借柜台的名厂、名品、品牌商。我国也出现了百货商店出租柜台热，一些国内时装品牌商抓住时机，打入百货商店，建立了自己的品牌。同时，也有的厂商盲目承租百货商店柜台，与一些个体商贩并排而立，不仅未创出品牌反而损害了自己的品牌形象。

时装走红之道——自办专卖店。专卖店是专业品牌商店的一种形式，它的特征是品牌生产厂商自设店铺，专门售卖自有品牌的产品。世界品牌时装，在他们切入市场之初以及后来扩展市场都往往借助于自办专卖店形式。

世界著名的专卖店通常都是由时装品牌厂商开办的。巴黎是世界品牌时装的荟萃之地，自然成为品牌时装店云集的都市。这里有皮尔·卡丹、香奈儿、克里斯蒂·迪奥等时装专卖店。服装大师们借助于名牌专卖店，会很快地将新款式时装推向市场，并及时获得顾客反馈，随时追逐市场潮流。

因此，有人说，要想创造时装品牌，成为时装大师，就必须开办一个属于自己的专卖店。

当然，明智的时装品牌创造者们，不仅都借助于自办专卖店提高知名度，而且也常常在豪华百货商店、购物中心租用柜台。这样双管齐下，很快就提高了他们的知名度。

曲线型。中间商销售自创品牌。生产商并不是专门的销售商。中间商对市场需求和消费者偏好更为熟悉，在促销方面也有着丰富的经验，特别是某些中间商在市场上和消费者心目中具有较高的声誉和威望，使自己的企业成为明星企业。因此，生产商在创造品牌过程中，完全可以借用"名店"的品牌来大造声势，提高知名度，顺利打开市场。

当然，并不是每一个生产商都能轻易找到理想的中间商。然而有些生产商物色中间商毫不困难，比如福特汽车公司就轻易为其"埃德塞尔"牌汽车招募了 1200 多家经销商。相反，有些生产商厂却找不到满意的中间商。例如，当初宝丽莱公司创办时，竟然无法说服摄影器材商店经营其新型的照相机，而只能被迫送到大型综合商场销售。小食品商也难以找到食品杂货商来销售自己的产品。因此，寻找合适的中间商的确是一件艰苦而又复杂的工作。

但是，不管寻找中间商难易如何，企划人员都必须对中间商的从业年限、经营的其他产品、发展和利润、偿还声誉和能力进行评估。选择中间商，必须评估其经营其他产品的种类和性质，以及销售规模和人员素质。选择可以独家经销的百货商店，还必须评价该店的位置、顾客类型和发展潜力等。

综合型。以多条腿走路的方式创品牌。即直线型与曲线型分销路线，这主要是从分销渠道的长度方面来选择的；综合型分销路线，涉及分销渠道的宽度方面。这个宽度是依据在某一层次经手该产品的中间商数量来决定的。如果一种产品在某一层次通过尽可能多的中间商去供应尽可能宽阔的市场，这种分销渠道称为宽渠道；如果能通过的中间商少，就称为窄渠道；如果只通过一个中间商，就称为超窄渠道。世界品牌在入市时，采用哪一种类型渠道经销的都有。

宽渠道。宽渠道又称为密集分销。这种方法往往需要利用许多批发商和零售商。一般日常需用的品牌方便商品采取这种销售方式。例如，小食品、品牌酒、牙膏和洗衣粉等。宝洁公司的产品大多采取这种类型的经营方式。宽渠道的特征是费用大成本高。通过全国性广告推销其产品，促销费用几乎全都由生产者承担，零售商对从任何地方都能买到的品牌产品，是一般不会花钱去作广告宣传的。但宽渠道辐射面广，影响大，容易使品牌产品迅速让人知晓并使顾客乐于尝试消费。

窄渠道。窄渠道又称为选择性分销。品牌生产者并不是把品牌产品出售给所有的零售商，而是只选择少数几个供货。一般对价格较高、选择性较强的品牌产品采取这种形式。比如，电器、品牌手表和服装等。高档白兰地、威士忌等品牌也常采用这种类型销售。采用窄渠道分销，可使品牌厂家得到相应的市场覆盖率，并且比宽渠道更易于控制，成本也较低。

超窄渠道。超窄渠道又称独家销售，即在一个特定的区域内，只通过一个零售商或一个工业用品批发商出售产品。例如，品牌汽车、家庭用具以及家用整套娱乐用品品牌常采用这种形式。比如美国加州冷饮的成功，就在于他们只选择无所不在的啤酒销售商进行分销，他们可以把冷饮分销到每一个小店。在批发环节是超窄渠道；在零售环节，是宽渠道。麦当劳、肯德基等快餐店的经销也采用的是超窄渠道。

独家经销可密切厂家和商店的关系，并保证零售商有一定存货量，厂家能控制销售价格，还能规定降价的幅度和时间。

第二，借势造势。攻占一座城池，需要选择突破口，然后才能选择进军路线。在进攻之前和进攻过程中还需要适时造势，长己方士气，震撼敌方军心。同样新产品切入市场，也离不开借机造势的过程。造势的直接效用是使消费者理解品牌、偏爱品牌，逐渐认识品牌地位。

用广告开道，以攻心为上。新产品入市，绝大多数都离不开广告宣传的配合。

利用公关助推，借助名牌传播声誉。尽管广告在新产品入市时的作用很大，但局限性也会越来越明显。主要原因是各种广告已使人们目不暇接，几百万元的广告投入常常如石沉大海。一些品牌产品的入市成功，往往都不同程度地借用公关手段，来引起新闻效用，迅速地提高其品牌的知名度。

借名人来扬名。名人常常有众多崇拜者，受到大众的喜爱，他们中有的是在人们心目中留下了深刻的记忆，有的是在影响着人们的生活方式。一个刚刚上市的新产品，默默无闻，但借着名人的知名度可以较快地进入市场销售渠道。

借品牌的声誉扬名。俗话说，大树底下好乘凉。品牌就像一棵大树，上市的新品就像一个个乘凉人，追逐品牌，从一个切入点将自己的品牌与著名品牌联系起来，会收到预想不到的连带效果。

两"鸡"相斗出名。若干年前，在北京东四十字路口开办了一家美国肯德基炸鸡店，起初生意红红火火，顾客络绎不绝。上海荣华鸡店采取正面进攻战略，特意买下与之相对的地皮，开办了一家与之相对的荣华鸡店，两"鸡"虎视眈眈，引起了新闻界的注意，广泛地进行报道，使荣华鸡一下子就出了名，常常被人与肯德基相提并论。结果并未出现两败俱伤，反而引来了大批顾客。

攀可口可乐高枝。可口可乐出名后，一些后起的饮料商也想方设法借助其名声，来提高自己的身价。

百事可乐捷足先登，先是从命名上就大胆地借用"可乐"二字，容易使人认为可口可乐又推出了新产品。可口可乐提出抗议，反而提高了百事可乐的知名度。但谁也不能否认，百事可乐是在可口可乐的光彩照耀下成长的。

七喜汽水一上市，就高喊着："非可乐也"。明着是想把自己从可乐队伍中拉出来，而实际上又自然而然地让新闻界和消费者把它与可口可乐联系起来。否则何必说"非可乐也"，只说"我是汽水"就够了。正是把它与可口可乐联系起来，它才很快提高了自己的知名度，占领了一定的市场份额。

总而言之，产品上市之初，或是与名人联系起来，或是与品牌联系起来，大都能顺利地启动市场。名人经常消费的商品，往往会成为品牌；常与品牌产品一起被人们议论的品牌，久而久之也就成为品牌的一员了。

灵活促销，短兵相接。常有一种不正确的看法："品牌何用促销？"然而，不促销，何来品牌？品牌不是从天而降，而是促销的结果。即使成为了世界顶级品牌，各品牌厂家们也丝毫没削弱促销活动。比如可口可乐、麦当劳、奔驰、宝马、万宝路、人头马等，这里强调的是入市时的促销活动。

限量销售。促销是促进销售，卖更多的东西。而限量销售，则是抑制人们的购买欲望，使其欲望受到一定压抑，从而促使其产生更强烈的购买动机，加强客户对该品牌产品的偏爱度。同时，人为地造成某些商品只有一部分特殊的人能享有，自然地也会提升它们的身价。因此，这是一种反向的促销方法，多被一些品牌产品在上市之初采用。

劳斯莱斯轿车从一开始就是限量生产、限量销售，以便使人产生望尘莫及之感，最终登上了豪华车的顶端。该车因其大部分零件都是手工制作，拒绝现代全自动生产系统。所以，名气虽大，效率不高，月产仅为60多辆。购买者必须预订排队等候，经过商家严格筛选才能成为劳斯莱斯的主顾，才能拥有一辆劳斯莱斯轿车。拥有这样一辆车是许多富豪、政界首脑、演艺明星的梦。

法拉利轿车也采取了同样的方法。法拉利公司主要生产跑车和赛车，为保证信誉，他们也采取定量配销策略，年产量仅为300辆。每辆车的生产都是在接到合同后才开始生产的，买主付款后，必须等数月才能得到心爱的跑车。配销量是按国家和地区分配的，美国年配销量为 300 部，亚太地区年配销量也仅有 30 部。这样做使法拉利跑车在市场上炙手可热，身价倍增。车主常常为皇室成员、贵族、商业巨子和明星，这也在客观上提高了品牌身价。

灵活销售。每个企业都想在入市之时一鸣惊人，但不能个个如愿。因为这需要遇到机会并抓住机会，巧妙地利用它。有些品牌产品，在入市时往往是靠偶然机会成名的，但也有些品牌产品是靠创造机会成功的，因而在品牌销售中，灵活性显得尤其重要。

赠送样品是在顾客购买商品以前，免费向顾客赠送部分样品，来为顾客介绍产品的性能、特点和使用方法等。这既可以使顾客得到免费试用的样品，以此刺激他购买，又可以起到广告宣传的作用。例如，宝洁公司生产的"飘柔"洗发护发液问世后，厂家向广州市 81 万户市民赠送了试用品，三个星期后，"飘柔"在广州市民中的知名度已达 94%，免费试用样品使广州人迅速地接受了"飘柔"，其销售量也直线上升。该公司生产的玉兰油护肤品，在刚打入北京市场时，也是通过极负责任的居委会，免费发送给适龄小姐和太太们试用的，一夜之间就引起了强烈反响，知名度大大提升。因此，有人说宝洁的品牌是送出来的。

当然，灵活销售的方法还有许多，诸如入市前一周的优惠销售、实行完善的售后服务、有奖销售等，都曾成为一些品牌产品切入市场经销时的辅助手段。

文化销售。广告的增加和公关活动的普及，使消费者越来越难以产生应有的正向反应，甚至不可避免地对广告和公关活动产生了一种逆反心理。针对这种现象，一些品牌产品在入市时，有意不直接推出自己的产品，而是以一种文化营养给予者的身份出现，事实证明效果颇好。

纵观世界品牌产品，大都与文化有着千丝万缕的联系，商家借助文化完成自我形象的塑造，最终成为特色明显的顶级品牌。例如可口可乐的美国文化、百事可乐的新一代文化，比如麦当劳的温情文化、万宝路的牛仔文化、骆驼香烟的东方文化、白兰地的田园文化等。毋庸置疑，文化销售是新产品上市的最好切入点之一。这也往往是品牌与非品牌的区别之处。

3. 品牌的市场扩展策略

人们在分析当今世界品牌的行销过程时，常常会看到它们已遍布市场的各个角落，实现了其最大程度的市场覆盖率。然而，这种结果并非是一步到位的。在切入市场的初始阶段，企业往往采用集中营销策略，选取一个点进行重点开拓。一旦切入市场，站稳了脚跟，企业常常采取差异营销策略，进行多方面的市场扩展，最终实现品牌产品行销全球的战略目标。

世界品牌的成功之路，为我们提供了市场扩展的策划思路。

（1）将气球吹大的内部膨胀策略。如果只知道扩展市场而不知道从内部进行实力扩充的企业，最终不可能达到扩展市场的目标。扩展市场，需要从品牌企业的内部延伸开始。具体地说，包括品牌延伸、企业延伸。其核心是将提供给市场的这块蛋糕——产品做大，就像你先把一个气球吹大，然后再考虑多吹几个气球的问题。

第一，品牌延伸的策略。首先要弄清楚品牌决策策划。在品牌决策策划过程中，应先确定产品要不要品牌。如果要品牌，就需解决品牌归属问题，即：是用自创品牌，还是用中间商的品牌，还是购买使用他人的品牌？我们更为关心的是自创品牌，因为自创品牌的延伸策划是内部膨胀策划的重要内容。

纵向延伸。就是采取单一家庭品牌拓展策略。公司生产的若干产品皆使用一致的品牌名，使品牌纵向延伸至众多新开发的产品。如统一食品、索尼电器等都采用的是这种策略。统一企业的产品皆冠以"统一"：统一肉臊面、统一沙拉油、统一蜜豆奶等。

创一个自己的牌子。要创一个自己的牌子，就需要选择一个自己的品牌，简单易记；在商业活动中，要固守着它，不能因一时之利而放弃自己的品牌，要逐渐使其成为著名的品牌。

向其他产品延伸。如果原有品牌在市场上失败了，就必须放弃品牌延伸策略。相反，如果原有品牌取得了成功，就可以利用这一成功品牌向新产品延伸。其好处是使新产品一下子就能成为被顾客认可的品牌，天生就拥有了知名度和美誉度，有利于将自己的品牌切入市场取得成功。

诸多世界品牌公司都采用单一品牌策略，最为典型的是飞利浦和三菱等公司，几乎没有其他牌号。一些著名的法国白兰地公司、时装公司、化妆品公司也常运用此种延伸策略。这样容易使本公司的产品形成集合力量，对市场形成较大的冲击力。

横向延伸。就是把多个品牌的拓展的策略，即公司生产的产品使用若干个品牌名。这在世界品牌中也较常见。下面我们分几种形式进行具体说明。

个别品牌策略。即一种产品使用一个品牌名。其好处是不会因个别品牌失败而影响整个产品线的产品销售；同时，一家公司推出多个品牌，会给人造成该企业实力雄厚的感觉，有利于树立企业形象品牌。但其缺点也是非常明显的，单个品牌宣传费用昂贵，而一起进行宣传，品牌印象又不深。因此，不少品牌厂家的众多品牌，常常是相继推出的。尽管有些厂家同时推出多个品牌，但存活下来的却为数不多。比如，与555香烟同时出笼的就有111，222，333……999等9个品牌，唯独555存活下来了。

尽管如此，英美烟草公司的品牌已经达到300多种，著名的有555、肯特和希尔顿等。

"烟草巨子"菲利普·莫里斯公司拥有诸多顶级的世界品牌，诸如万宝路被称为"世界第一烟"，维珍妮在女性烟中排名第一。该公司共有140多种品牌的香烟。

宝洁公司和一些著名饮料公司一样也是运用个别品牌策略的高手。宝洁公司的著名品牌有飘柔、海飞丝、碧浪、汰渍等；可口可乐公司的著名品牌有可口可乐、芬达、皇廷、飞雪、雪碧、阳光；百事可乐公司的著名品牌有七喜、美年达、百事可乐、全新美国激浪汽水等。

分类家族品牌策略。就是指按产品类别分别命名品牌的策略。这既有利于企业不断扩大产品经销线，推出新产品或新品牌；也有利于消费者购买时清醒地选准想要的商品。因此，不少品牌产品企业都会采用这种品牌延伸策略。

美国西尔斯百货商店常推出自己的品牌，并对不同大类的商品采取不同的品牌。他们分别以Kerrybrook、Kenmore、Homart为品牌应用于家用电器、妇女时装和家庭用品系列。

有些品牌公司，用企业名称加个别品牌名称的方法。从企业名称的一致性上看，属于前面提到的单一品牌策略；但如果后加的个别品牌名称是按产品类别命名的，也属于家族分类品牌之列，例如味全公司推出的乳酸饮料分为味全亚当和味全夏娃两大类。比如，日本丰田汽车公司的系列汽车命名，皆有差异，又都与"冠"字有关。起初的是皇冠，随后是太阳的花冠——卡洛娜，接着又推出了花之冠——可乐拉。无论字形，还是词意，都有联系，并将其置于丰田统一品牌之下，并使消费者产生联想，加深印象。

采用家族分类品牌策略时，应注意其适用范围和营销方法选择。对同类产品采用同一品牌，对不同类商品采用差别品牌；同档次产品可以考虑同一品牌，不同档次产品用不同品牌；目标市场相同可以使用相同品牌，目标市场不同可以用于差异性品牌；所选择的零售商相似（分销渠道相似）可以考虑用同一品牌，否则可以用差异性分类品牌。

多品牌策略。是指在同一种产品上使用两个或两个以上的品牌，以达到相互竞争，互相促进的目的。

采用多品牌策略有诸多好处：一是便于抢占店铺的陈列空间，多一个牌子，就会在柜台上多占一个位子，挤掉一个他厂的竞争品牌；二是能够吸引流动购买者，对于一些日用品，消费者的品牌忠诚度还不是很强烈，有的人偏好变换品牌，多品牌会吸引他们购买；三是能够引入竞争机制，使企业内部各品牌员工相互竞争，以提高工作效率；四是能有效扩展市场空间，使厂商在不同的细分市场上，都能拥有吸引特定消费者需求的商品；五是有助于取代老化的品牌，给顾客以新的形象，是逐渐淘汰旧品牌的好方法；六是便于加大竞争力度，保护原有品牌，使其成为主品牌的附属品牌，汇聚整体力量。

进行多品牌策划时，需考虑诸多相关因素。一是新品牌能否获得预计的理想销售量，因为零售店不会容许不赚钱的商品长期占据其有限的陈列空间，因为达不到一定的销售量，只能被淘汰；二是新品牌能从对手那里夺回多大市场份额，如果夺回的销量远远大于自家兄弟品牌失去的销量，就可以推出，否则必须放弃；三是投资回报率是否划算，因为新品牌需增加多种推广费用，如果实现理想销量付出的推广费过大，也不必勉强为之；四是新品牌上市时要有一个说法，或是独特配方，或是新一代产品，或是迎合新的潮流，等等。

纵观世界品牌，各自的品牌延伸策略差异很大，因此，很难笼统断定谁优谁劣，而应根据市场及企业自身情况进行谨慎细致地选择。

第二，企业延伸策略。据统计，世界80%以上的品牌产品源自规模较大的公司，而行业集中化的公司则造就了最著名的世界品牌。因此，企业是世界品牌的创造者，那些规模较大、专业性较强的公司是世界品牌的诞生地。企业延伸的深度与广度，决定着创造品牌的等级。

深度延伸。品牌企业的发展，大多经历过一个发展误区。它们常常是在某一个行业中成名的，成名以后就过于自信地向多种行业扩展，直至自己原有的品牌变得平庸和危机四伏。

"攥紧拳头"即只生产一类产品。公司会集中于某一个产品领域，进行全力拓展，是造就品牌的一种惯用方略。可口可乐作为世界品牌中的品牌，而作为其品牌拥有者的可口可乐公司，其产品领域却相当有限。可口可乐公司基本上是饮料公司，它一直领导着世界的软饮料行业，产品行销至多个国家和地区，其全球特许装瓶厂已逾1400家，可口可乐及其系列产品，占据全世界软饮料市场销售量的45%，成为世界最畅销的饮料。集中精力于饮料行业的深入发展，是可口可乐保持不败的原因之一。法国白兰地公司、百事可乐公司、诸多的世界名车公司，以及富士、麦当劳、柯达、肯德基等，都是集中一类产品进行深入市场拓展的品牌公司。

有限扩张。即生产相关的二三类产品。人们的消费不是唯一的，而是综合性的，常常在两类或几类商品之间发生内在的连带性，而在生产和销售上也极为相似。一些企业在这些产品领域进行相关的有限扩展，也会创造出著名品牌。最为典型的是时装品牌与香水品牌的联姻。诸如克里斯蒂·迪奥、香奈儿、莲娜·丽姿等都是因时装而成为品牌的。由于高档时装是叫好不叫座的行业，即易于成名却不利于发财，因此，借用已成名的品牌向着相关赚钱行业扩展，是最佳选择。香水与时装有着天然的联系，都能美化人们的外表，因而是最佳选择。香水行业常会带来300%的利润。时装与香水，在行业发展中互补短长。世界上几乎没有什么高档品牌时装不经营香水。

"伸开巴掌"。即生产多类产品。尽管今天的某些品牌已经归属于一些综合性公司，但并不是综合性的产物。一方面是自创品牌，即在公司初期专业化经营时，集中某一行业创造的知名品牌。另一方面是收购品牌企业，将现成的品牌产品及生产系统买断。万宝路品牌拥有者菲利普·莫里斯公司，就是除经营烟草外，还经营啤酒、房产、食品（卡夫）、财务信贷等。从事多类产品经营，既不利于品牌保护，也不利于品牌创造。

广度延伸。种种迹象表明，世界品牌等级并不是完全与企业规模成正比的，但也不是没有关系。在世界100家大企业中，包括了70%以上的世界品牌；在世界500家大企业中，却包括了80%以上的世界品牌。但是在前100位排名中，却找不到可口可乐公司、劳斯莱斯公司的影子，但谁也不能够否认可口可乐、劳斯莱斯是世界著名的品牌。

大规模受益。纵观世界品牌，大多属于大型或巨型规模的企业所有。过去，规模常与实力相关。一个企业规模较大，一方面说明其历史悠久，知名度的提高已经过相当长时间的努力，有了一定的品牌基础；另一方面说明该企业财富、资源、资本充裕，有可能将一个无名的品牌用金钱垒积为品牌。这也许是大企业拥有著名品牌较多的原因。

小企业争宠。从企业的发展经历中可以看到，品牌与企业规模的联系越来越少。专家们认为，如果一个企业除了规模，没有其他竞争优势的话，规模并不能为其提供长期的保障。而对于具有竞争优势的企业来说，缺乏规模丝毫不妨碍其发展。未来世界品牌的创造将不取决于规模，而取决于竞争优势。产品特色、市场定位难以保持长久，但技术秘密、文化内涵等附加值优势较易长久保持。如可口可乐、麦当劳、迪士尼会有永久的魅力。规模不大的小企业更容易形成自己的特色优势。

（2）多吹几只气球实施外部扩展策略。再用力吹一只气球也不可能很大，充气膨胀过多，就会爆炸。发展的方法，是多吹几只气球，从外部进行扩充。对于品牌产品或企业来说，内部膨胀的目的是为了外部扩展，即在空间上开拓市场。

第一，战略性扩展的策略。世界品牌在初入市场时，通常是在某一重点进攻，取得成效后再向另一个点进攻，把两点连成一线，接着攻下第三点形成面。各点向广度延伸，最终布满各个角落。这种打点法可叫作碉堡战。

碉堡的选择与建立。在营销战中，碉堡战具有普遍适用性，它可以使竞争者花费较少的投入，取得尽可能大的扩展效果；它可以集中营销兵力于主要的市场点，使其成为市场扩展的重要支柱。

打点法的一般顺序是：先由点到线，再由线到面，最终形成包围圈。具体地说，先打第一点，再打第二点，然后再作出连接这两点的线。在打第三点时，将三点连接即形成面积。可见，打出第三点以后，就形成了包围圈。当然扩展市场的打点不是天上掉下块石头，仅能把地砸个坑，而是落入水中，激起扩展的涟漪，将每个点的涟漪交融才能形成真正的包围圈。并不是任何市场点都能激起涟漪，所以应用打点法，点的选择是至关重要的，如果连续打点均不起涟漪，那么市场氛围难以形成，意味着市场扩展的失败。世界品牌常用的方法是先在本土打点，第二点是选择美国或欧洲，第三点是向日本或第三世界国家扩展。

这个点是营销战中的制高点。它可能已经被占领，也可能没有被占领。前者我们叫作黑点，后者我们叫作白点。

企划人员在打白点时相对容易，在打黑点时就相对困难些。就像可乐"点"，虽已被可口可乐公司部分占领，但总是处在百事可乐公司的猛烈进攻之中。

扩大市场的目的是提高市场占有率，而不是单纯地增加点数。专家指出，仅以点来掌握占有率，最多也不会有一成的占有率；以线来掌握，最多也只能掌握两成的市场占有率；以面积掌握时，才能掌握三成以上的市场；要掌握到安全的四成市场，就必须有能形成包围态势的面积。

碉堡战的进攻与防御。碉堡战往往不是没有对手的自由进攻，而是常会有对抗发生，需要采取一定的策略才能进行扩展。

躲避策略。即在还没有做好充分准备之前，先不去惊动那些竞争力较强的对手，以免引火烧身。至少不要过早地与对手面对面地直接竞争，不要毫无防卫地参与到激烈的竞争之中。躲避不是逃跑，而是保护自己，等待时机成熟时再进攻。

进攻策略。即企业经过一定时期的市场扩展后，实力与气势大大超过了竞争对手，就可以由躲避策略改为进攻策略，冲出自己的碉堡，向竞争对手的碉堡发起进攻了。这样可以用逐渐缩小竞争对手的地盘的办法来扩大自己的市场份额。

包围策略。当企业向竞争对手发起正面进攻时，必然会引起对手的反击，为了应对这种反击，进攻方需要采取包围策略，使对手无反击之力。包围策略是指在产品、价格、分销、促销等多方面使自己的企业取得优势，使对手难以做到全方位地进行反击。

迂回策略。核心是不与竞争者正面交手，通过自己广阔的市场视野，去寻求没有或少有竞争者的市场，这便于更好地保护自己。具体方法有：把产品打进新开辟的市场，开发对手没有的新产品等。

游击策略。商战中的游击战术不是大的进攻计划，影响范围也比较小，通常是弱者采取的策略。它是从不同的位置和角度给对手以间歇性和小型的打击，目的是通过骚扰对手，使其陷入混乱，让对手搞不清另一次打击将出现在哪里。

碉堡战中的各种对抗策略，并不全是互相排斥的，可以在不同的战场采取不同的策略，也可以在不同的时机运用不同的竞争杠杆。品牌企业并没有一味地追求某种策略，而是根据实际情况，自然而然地加以选用。它们没有片面模仿别人的做法，而是努力注入自身色彩，形成自己机动灵活的战略战术。

第二，非商业性的扩展策略。诸多世界品牌在进行空间扩展时，往往带有很大的非商业性，使其所切入并扩展的新市场悄悄地打开，使目标消费者在毫无防备的心理状态下接受陌生的品牌。这种方法在扩展异地市场时常被使用。

美军成了可口可乐的推销员。在第二次世界大战期间，可口可乐公司就坚持每天给每个美国军人一杯可口可乐，只需 5 美分。这不仅使可口可乐深深扎根于美国军民的生活中，巩固了美国的市场，而且使可口可乐随美军走过欧洲、跨进日本，开辟了第二点、第三点。后来美军撤退以后，可口可乐却留了下来，建立了自己的滩头堡，成了战后国外许多地方能买得到的首批美国产品之一。

可口可乐的顺利扩展，全在于巧妙的策划。

可口可乐不是以商人姿态，而是以爱国者姿态出现的，它首先赢得了美军的喜爱。不管士兵在任何地方作战，都有简易的装瓶厂跟随。可口可乐技师被授予与他们在公司薪金水平相适应的荣誉军衔，被称为可口可乐上校。战时士兵对可口可乐的巨大需求，导致地下市场价格飞涨。在第二次世界大战档案中充斥着要是没有足够的可乐将会发生何种灾难的描述。可口可乐成了战争中的功臣，是最具知名度的爱国者。

可口可乐利用了第二次世界大战的机会点。战争时期，美军以援军的身份可以自由地进出欧洲和日本，特别是在欧洲所建的可口可乐工厂战后依然存在。实际上是战争帮助了可口可乐在全世界推广。在战争期间，生产饮料必需的食糖是实行配额的，但由于可口可乐以军用品的面目出现，因此成了唯一不受食糖配额限制的软饮料，使其知名度和普及率大大高于其他竞争对手。

可口可乐不是以商人面目而是以消费者面目出现的，因为美军不仅是推销员，而且是可口可乐的消费者。因此，可口可乐当时扩展市场不必在市场上与竞争对手大肆厮杀，或是在商店里你争我夺，而是首先影响了消费者。他们让消费者知道可口可乐而不知如何才能买到它，或者是不能很容易地得到它。战争一结束，和平一实现，当然就会有许多人偏爱可口可乐。可见，利用美军——这一特殊推销员打开市场可谓精妙绝伦。

白兰地广泛传播文化火种。人们总是习惯于将科涅克白兰地同当地文化联系起来，因为，它们每次打开一个崭新市场时都是靠文化开道的。文化使科涅克白兰地变得高雅、友善，充满温情，人们总是笑眯眯地欢迎它们入港，更不会产生丝毫的抵抗了。

送给美国总统的寿礼。美国和法国历来有互赠礼品的历史。比如自由女神像就是法国政府送给美国政府庆祝独立 100 周年的礼物，后来美国也曾回赠一尊自由女神像给法国。送寿礼似乎在情理之中。

走进中国的文化使者。中国几乎是白兰地最后开辟的市场，却成为它最大的市场。它们切入中国之时，几乎都先瞄准了具有欧洲情调的中国第一大城市——上海，它们不是以商人的形象出现，而是以文化使者的身份介入上海市场的。尽管人们也到处可见法国白兰地的广告，但常常没有看一般广告的那种戒备心理。它们的广告画面、广告语，常常给人一种文化享受之感。诸如马爹利在宣传造势上结合古典音乐，采用非商业场合的文化环境，突出典雅与高贵。路易老爷展示了古老的宫殿式建筑，并通过举办各种酒会和大型文化活动，突出了极好的企业形象。

当然，非商业性的市场扩展还会有更为广阔的空间，远远不只可口可乐和白兰地采用的这几种方法。例如，体育品牌（阿迪达斯、耐克等）多是通过体育明星借助于赛事将其传播开来的；时装和化妆品品牌更多的是通过时装发布会、名人享用而扩展市场的；汽车扩展市场的方法是举办产品博览会；富士、柯达扩展市场的妙招是摄影艺术展览或大赛。总而言之，非商业性的市场推广活动无处不在，效果也日趋明显。

第三，商业性扩展策略。即直接运用分销、广告、销售促进等手段进行扩展。尽管其商业特征明显，但容易造成声势，迅速赢得消费者。世界品牌的扩展，常常是商业性和非商业性的扩展方式结合运用的。

分销扩展策划。从实质内容上看，市场扩展是消费者购买量的增加；但从形式上看，却是分销渠道的扩充。利用现成的分销渠道，进行市场渗透，是诸多世界品牌的成功之路。

施放诱饵：使可口可乐进入中国市场。就可口可乐将市场扩展至中国市场，除了巨大的广告投入外，还有分销策划上的配合。广告并不等于切入，而分销活动的开始运作，才标志着已经切入了某一市场。可口可乐进入中国市场时，就首先向经销商投放了一个巨大的诱饵，即免费向中国的几家粮油进出口公司提供可乐饮料的装瓶设备。条件只有一个，需要购买可口可乐公司的原浆。真相当于天上掉馅饼，大大地激发了中国经销商的积极性，从而很快地打开了市场。市场打开后，可口可乐公司选择中国有实力的公司合资开办可口可乐装瓶厂，组建分销公司，顺利而又迅速地使可口可乐饮料遍布街巷及国内各地市场。

优化代理：索尼产品入美国时。现代市场已经进入营销时代，好的产品与创意要求有好的分销渠道，才能打进并占领异地市场。分销渠道由各个分销商组成，分销商类似于中国古老的驿站，它们对商品转移起着重要作用。因而使得索尼公司运用的分销术异常成功。

寻求仙人指路。20世纪中期在美国纽约做生意的日本人很多，一般的企业在分销上往往依赖在美国设有办事处的日本大贸易商。但索尼公司另辟蹊径，他们却在寻求地道的美国代理商。因为，他们没有找到一家了解索尼产品和策略的日本公司。相反，一个美国代理商却对跨国事业极感兴趣，并为索尼公司的最终成功提供了帮助，他把美国介绍给索尼公司，又把索尼公司介绍给美国。他熟悉美国的商业实务、分销路径及其相关法律。

分销量适当。索尼公司总是将分销量与产量能力协调起来，不盲目地增加产量。一个美国商人拥有150家连锁商店，对收音机的需求量很大，而且不要求在产品上打上自己连锁店的名字，他只让索尼提供5000台、1万台、3万台、5万台以及10万台的报价。盛田昭夫并没有被大宗订货冲昏头脑，因为当时索尼年产量仅为1万台，如果订单数额过大，必然要扩大生产规模、增加员工，进行大量投资，这是很有风险的。因此，盛田昭夫画了一条U形曲线，5000台为一般价格，是曲线起点；1万台给折扣，是曲线的底端；3万台的价格开始回升，10万台的价格就高出许多。最终美国商人只订购了1万台。使索尼公司稳稳当当地进入了美国市场。

广告轰炸策划。广告宣传铺天盖地，虽然产生正向效应的为数不多，但它仍是产品扩展新市场的利器。有人曾经预言：有广告，不一定就产生世界品牌；但如果没有广告，就不可能产生世界品牌。

巨大的广告开支。一般而言，人们对一个广告重复看 7 遍，才能留下一定的印象。但真正树立起信任度和美誉度，则仍然需要非常大的广告投入。就拿中国市场来说，在前几年 100 万元广告费能使一个品牌成名并畅销。现在情况大为不同了，广告的资金效益率大为减少，消费者抵御广告的心理得到进一步强化，广告信息量膨胀使某个品牌广告很难鹤立鸡群，媒体费用也翻着筋斗地上涨，一些产品每年的广告投入远远超过 1000 万元，结果在市场上还是不死不活。因而世界品牌在扩展新市场时的广告投入是十分巨大的。

可口可乐因此被某些人称为"钱堆起来的品牌"，它平均每年花费在商标上的广告费高达 1.84 亿美元。每当扩展一个新的市场，总是伴随着宏大的广告创意策划和巨额的广告费用开支。许多世界品牌进入中国时，都无一例外地伴随着巨大的广告资本投入。

入乡要随俗。不少世界品牌在向中国市场扩展时，就采用了入乡随俗的广告创意。

比如日本的名车广告"车到山前必有路，有路必有丰田车"；"有朋自远方来，请您乘坐三菱牌"，早已成为脍炙人口的广告名句，它们借用中国俗语，敲开了中国市场之门。法国白兰地人头马的广告词"人头马一开，好事自然来"，与名车广告也有异曲同工之妙。

万宝路当初在切入香港市场时，其粗犷的牛仔广告形象曾经一落千丈。生活在大都市里的香港人对骑着骏马、驰骋于原野的牛仔形象反应冷淡。公司及时地进行入乡随俗的整改，重新推出的形象仍是一身牛仔打扮，但却男气十足，他年纪稍轻，精修边幅，在香港拥有土地和汽车。使香港牛仔的广告取得了成功。

创意要独特。世界品牌产品都拥有独特个性，广告宣传也必须形成自己特有的风格，吸引那些追求新奇特的消费者。

德国贝克啤酒的广告词——"喝贝克，听自己的"，起初让人费解。但它很快却让人们熟知并喜欢了。因为它倡导了一种个性文化：尊重自己的意愿，而不随波逐流。这恰恰是当今社会人们实现自我价值的要求之一。

马爹利 XO 在中央电视台经常播出的广告词是——"干邑艺术，似火浓情"，展现出奉献干邑艺术的永恒理念。

各种名车广告更是强调自己的独特个性。如庄严的奔驰、舒适的宝马、富贵的劳斯莱斯、高速的法拉利等。

价格策略选择。价格对于产品上市与市场扩展有都着重要的影响。当年，可口可乐就是凭借"5 分钱喝一小瓶"取得成功的；后来百事可乐又是凭借着"5 分钱喝一大瓶"挤进市场的。近几年，美国高露洁牙膏牙刷登陆中国市场，尽管起初广告投入巨大，但因其价位偏高，入市极为不顺，不得不采取优惠促销手段进行补救。可见，对于日常用品来说，只有低价进入市场扩展才是有效的，日常用品的品牌创造必须采取价格因素的低向策略。

然而对于非日常用品，例如化妆品、时装、汽车、烟、酒、电器等，价格因素等似乎并不重要，而商品独特性却常使附加值增大。因此，世界品牌中的大多数是高价。品牌总是与优质联系在一起的，而且高价能增强消费者的信赖，并给消费者带来明显的利益和安全感。

当然，价格高至何种程度，取决于人们对产品附加价值的认可和广告投入程度。人们往往愿意用高价购买广告中的产品，而非广告产品只能付低价，非日常用品品牌更是这样。

世界品牌的扩展策划，除了市场的内部、外部空间扩展外，还有时间的延续。时间延续是守住碉堡的问题，是品牌成名后如何继续扩大和保持品牌形象的问题。

4. 优秀产品给品牌平添魅力

雀巢咖啡的商标值85亿美元，百威啤酒的商标值102亿美元，可口可乐的商标值2244亿美元。还有人断言，如果可口可乐公司一夜之间所有财产全都荡然无存，仅凭商标即可重振雄风。这就是"名牌效应"。

"名牌效应"实质是社会公众在选择商品或企业时，对名牌商品或名牌企业的产品更偏爱、更容易接纳和感兴趣。名牌能使人产生愉悦感、信任感、可靠感和安全感，它一旦在人们心目中确立，就能够保持其相对的稳定性，而不会为企业一时经营的好坏所左右。人们对名牌的关注、信任与追求以及对驰名商标的忠诚感，是社会公众中普遍存在的一种特有的心理现象。企业经营者如果能很好地把握此种心理现象，全面实施名牌战略，在市场竞争中很是有益：正所谓"商品竞争，名者胜"。

名牌是良好的企业形象的缩影，是产品优质的证明；名牌是时尚的聚焦，是身价的标识，是企业的无形资产。世界上顶尖的公司都有自己的闪亮品牌。

（1）名牌给顾客带来不少附加值。有时这种附加值甚至超过了产品本身的价值。其主要表现有以下四个方面。

保护自己。一般来说，消费者是按遗憾最小原则来作出购买决策的。消费者对最小限度的遗憾的关心超过对最大限度满足的关心。通常，消费者在多种选择机会面前，更多估计的是可能会发生的最坏情形，并使最坏结果发生的可能性趋向最小，这是人类的一种自我防卫的本能。

展现自己。即通过消费者的购买行为（包括购买和对货物的外露），能让其他人知道自己是谁，是个什么样的人。如眼镜、首饰、手表、服装、金笔、香烟乃至打火机等都能体现顾客特性，由于这些产品具有象征或表达能力的意义，使消费者能表现出与众不同的个性。如耐克鞋、永不磨损的雷达表，其售价分别为同类产品的数十倍乃至数百倍。购买这类名牌产品，用户不仅是追求质量，而且更是为了能够自我表现。名牌产品是消费者能够显示自己个性、提升自己品位、显示自己身份的标志。比如在香港，罗尔斯罗伊斯和JACUAR到处可见；在台湾，3000美元一套的英格兰名瓷和猫王（PRESLEY）唱片一样好卖；请人吃饭，喝酒都必喝法国的MARTELL或英国的Acklabel。讲究"面子"实际上是为满足消费者自我表现的欲望。

维护自己。即通过某种消费方式来增加自尊感，以及获得他人对自己的尊重的行为。动机理论认为，人们的生活是相互竞争的，一个人总想取得某种控制权和支配权，这或许是人的本性使然。此外，人们还希望得到他人对自己所采取的消费行为的鼓励和赞美，这也是人的正常心理需要。如果夸一个人"有眼力"、"有运气"、"有风度"，这个人肯定会一帆风顺。"名牌"能使人感觉良好，如台湾可丽柔公司的名牌产品"爱顾乳液"的广告语便是"你并没有愈来愈老"，"你是愈来愈娇"！这种"名牌"所赋予的新价值正是切中了女性"爱我娇容"、"惜青春芳华逝去"的自我保护心理的要害。名牌在这时又变成了能使消费者自我感觉良好的"魔术师"。日本野村研究所研究员上野明在其经济学名著《未来经营力》中说：当顾客选购像汽车之类的高档的耐久消费品时，是否是名牌往往成为促使顾客选购哪种汽车的重要因素。例如，丰田汽车公司之所以能够确保自己企业在汽车业界的首席地位，是因为丰田汽车公司通过"招牌方式"的经营管理手段，使社会公众了解到，丰田汽车公司是一家值得信赖严格要求"降低成本"与实行"质量管理"的公司。消费者往往会觉得，由世界上管理最合理的工厂制造出来的车辆，故障率当然较低，乘坐起来也必定较舒适，况且万一车辆发生故障，丰田汽车公司还拥有良好的售后服务，丰田汽车公司的推销员服务最为热心，车辆卖出去之后，总要定期访问顾客，其服务态度深获用户好评，用户这边更是争相传颂。丰田公司的这种做法，既向消费者展现了一个名牌产品独特的魅力，又让消费者有了拥有名牌产品应有的自豪感。

自我协调。消费者在进行一次较重大的购买行为之前或之后，都可能会感到不协调，常常会问自己："我买对了，还是买错了？"这种担忧往往会形成不协调的感觉。但如果买的是名牌产品，人们在购买产品时不仅可以用这品牌消除自己的疑问，而且还能产生一种荣耀的自我满足感。比如，有100多年历史的化妆品公司——旁氏公司，其旁氏面霜原本很有名，为了开拓美容品市场，他们还针对消费者的这一心理特征，打出广告树立名牌形象："你可以在所有的时候愚弄某些人。你也可以在某些时候愚弄所有的人。可是你不可能愚弄每个人长达123年之久。"这将帮助用户在作出购买决定时进行自我心理协调。这里，名牌又充当了消费者犹豫或产生矛盾冲突时的"调解人"。

（2）马太效应，可以给企业带来福音。《马太福音·第25章》说："因为所有的还要给他，叫他有余；没有的，连他所有的，也要夺过来。"著名科学家、社会学家默顿以此说明支配着科学界在荣誉分配、科学思想交流、科学基金资助等方面的规律。它显示：在科学界荣誉情景具有增强作用，总是能加强过去的趋势。人们在给予奖励时，总是要给那些曾经出了名的人，即便其成果已经得到大量褒奖，但还要加重。而对那尚未出名的科学家，却过多地加以控制，这就是默顿发现所谓提示社会合力奥秘的马太效应。用这种效应去支配奖金的分配，使已取得成绩的科研中心总是得到奖金，形成累积优势，人为造成英才的集中。同样，这种效应也支配着企业的市场竞争规律越有声誉的企业或产品，越能获得更多的效益，然而这些好处恰恰又能产生并维持企业或产品更大更好的声誉。

马太效应可以说就是"穷者愈穷，富者愈富"。名牌企业或名牌产品也遵循这样的规律。因为，名牌一旦获得社会的承认，多种机会也会冲着产生名牌的企业滚滚而来。

人才。人总是希望能在一个让自己的才能得到尽情发挥的地方工作。一般人们认为，名牌企业拥有一流的科研水平，灵活的用人制度和较高的物质待遇等，这样，名牌企业对人才就拥有了极大的吸引力。企业如果拥有了杰出人才，也就相当于给企业未来的发展注入了强大的活力。

资金。银行"嫌贫爱富"是出了名的，有了"名牌"担保，企业筹集资金也就不难了。"名牌"是赢得银行家、投资者信任的保证。

政府。有了名牌的桂冠，政府的各项政策自然为"名牌"多开绿灯，使名牌企业将获得更多的发展机会。所以说，"名牌"是赢得政府支持的最简捷的途径之一。

新闻媒介。新闻传播媒介本身便是制造"名气"的特别工厂。"名牌"的一举一动，都紧紧地吸引着嗅觉灵敏的记者、编辑。从某种意义上说，是新闻界左右着整个社会舆论，它们对社会经济、政治局势的变化具有独特的作用。这样，通过新闻媒介牵线搭桥，"名牌"也就可以获得更多与社会公众沟通的机会。

股东。随着企业管理体制的改革，股份制已成为现代企业改革的一个明确的方向。名牌企业具有获得股民青睐、提高企业自身筹资能力的"造血功能"。对股东而言，他们追求的无非是利和名。利，也就是红利和股票转手带来的收益。公司经营得好，年度红利自然也就多。而股票转手带来的收益，也是按照公众对股票发行企业的发展情况所造成的股价升值获得的。在这里，良好的人才素质、优良的公司信誉、先进的生产设备、一流的产品、高质量的服务和成功的管理理念等都是公司经营状况的决定因素。货币持有者往往按照这些因素来判断未来的红利状况，或者该公司的股市行情，这样，拥有"名牌"的企业一般都能获得货币持有者的青睐。另一项影响股东的因素就是："名"。对股票持有者而言，一旦他购买了某公司的股票，他就成了该公司的所有者之一，一种权利意识也就伴随而生。因此，是否能够满足这种权利意识，在很大程度上就成了左右股东们手中所有股票稳定与否的决定性因素。而名牌企业牌子越响，也就越能满足股东们的这种权利感，他们一般都以握有著名公司的股票，或成为名牌企业的股东而自豪。

社区。企业的社区关系是企业与周围相邻的机关、旅馆、医院、学校商店、公益事业单位以及居民等的相互关系。这种关系虽然与企业没有发生直接的经济、业务联系，但对企业的自下而上与各个方面的发展有着重大的影响，是企业外部经营环境的重要组成部分。名牌企业的精神可以帮助企业在社区树立良好的形象，进而争取到社区公众的理解、合作与支持。

在市场经济大潮中，名牌企业或产品有着顽强的拼搏力，强大的生命力，极具市场竞争优势，很受市场青睐。全面实施"名牌战略"是企业充分利用马太效应，创造市场竞争优势不可缺少的手段。

（3）强大的名牌激励效应。一般有如下几个方面：

名牌能使名牌的生产者感到自身的成果在社会上的意义，使全体员工感到自己在这里能干一番事业，能实现自我价值，人人都需要有满足感和和谐的内部环境。有了这样的内部环境，就能最大限度地发挥人的潜力，充分调动人的积极性、主动性和创造性，并从而形成一流的企业精神。

企业的名牌能鼓舞员工的士气。英国名将蒙哥马利说："在战争中，士气是唯一最重要的因素。"商场如战场，在市场竞争中，企业员工如果有士气，同样也会形成企业强大的凝聚力、向心力、战斗力，从而在激烈的市场竞争中获胜，赢得市场份额。松下电器公司每天早上 8 点，近 10 万名松下员工一起高唱公司之歌。末段歌词中："为了让国际名牌的标志，远播世界各地，大家步伐整齐。松下电器，团结的力量真神奇！"激昂嘹亮的《松下进行曲》把全体松下员工的心聚在一起，而"国际牌"这一名牌标志，更是对全体员工士气的鼓舞。

名牌能激励名牌的生产者更重视产品质量，精益求精，以保持其声誉。质量是"名牌"的生命。盖洛普民意测验显示："大多数用户只要对产品质量满意，就愿意多花点钱……一双比普通质量好的鞋，他们仍然愿意多花一倍的钱。"成功的名牌企业往往都把保证产品质量放在极其重要的地位，因为他们明白，一次小小的疏忽、一次略微的马虎，都会给企业声誉带来损失，都会让虎视眈眈的竞争对手觉得有机可乘。

名牌能激励名牌的生产者按照顾客要求不断提高质量标准。名牌树立起来后，企业仍不能安心坐享"名牌"所带来的滚滚利润，必须警惕可能被众多的竞争对手挤下来的情况发生。而对枕戈待旦的"名牌"来说，不断提高质量水平，便成为其有效地防止竞争者获利的有力武器。美国著名管理学家托马斯·彼得斯说得好：用户都愿意为更高级的尤其是最优的质量水准花较多的钱，而且提供优质产品的厂商将生意兴隆、财源广进，提供最优质量产品或服务的机会还能够鼓励所有部门的工人为之而奋斗；没有什么产品能够永远保持质量领先地位，因为新进入本行业的厂家在不断地按照顾客要求重新确定质量标准。

（4）用名牌为企业营造光环。人们在判断人或事物时，往往有一种倾向，首先把人或事物分成"好的"和"不好的"两部分。当一个人或一种事物被列为"好的"一类时，一切好的品质便会强加在这个人或事物的上面。相反，如果一个人或一事物被归为"不好的"一类时，一切不好的品质又都将强加在他或它上面。这些就是光环效应的体现。

迪安和瓦尔斯特做过一项专门的调查，他们选取了一批不同人的照片，将其分成很好看、不好看、一般 3 个小组，并设计了一份调查表，上面列有社会地位、职业和民族、结婚的可能性、配偶的能力、生活的幸福等栏目。他们把照片和调查表抽样寄出，请人看看照片，并就表上的各个项目予以评估。结果是，照片好看的那一组，获得的评价也最好，照片不好看的那一组，获得的评价最差。这可能是因为"照片好看"的，人们就会对其产生良好的印象并给予肯定的评价和共鸣；而"照片不好看"的，人们就对其产生不好的印象并给予否定的评价，这也许是人的一般心理特性。这种调查，用具体的统计资料说明和支持了光环效应的原理。

名牌实际上就是为企业营造的光环，它能有效地影响着社会公众对企业及其产品价值的看法和评价。

一个企业或一种产品，究竟哪些特征能帮助企业或产品增强"光环"效应，引起社会公众产生良好的印象和肯定的评价呢？对产品来说，能树立"光环"的特征主要有：①质量精良；②价格公平合理；③功能健全有效；④款式独特新颖；⑤包装美观大方；⑥品牌名称易于认读、辨别和记忆；⑦品牌标志寓意深刻、引人注目；⑧产品有利于人类生态环境的改善和发展；⑨产品售后服务周到且质量好；⑩顺应时代潮流等。

对企业来说，马克思认为，令人感到满意的企业形象应该具有如下特征：①有革新表现；②正在成长；③有现代气息的；④在研究、开发方面表现突出；⑤受到顾客广泛欢迎；⑥盈利多；⑦经营有方；⑧有多种经营策略；⑨能满足消费者的需要；⑩能和邻居友好相处；⑪与原料供应企业关系良好；⑫竞争光明正大；⑬尽力改善社会环境；⑭培养出有才能有素质的经理人员；⑮关心吸收、合并问题，坚守独立；⑯没有劳资纠纷；⑰有公认为优秀的雇佣者；⑱愿意资助教育和艺术事业；⑲致力于贸易；⑳在重要的诉讼中能取胜；㉑制造出优异产品等。这些特征，根据国情、时代等的不同而有了较大的变化。

日本日经广告研究所曾经举行过大范围的企业形象调查，结果显示，人们所期望的企业形象有如下特点：①技术精湛熟练；②热心新产品开发；③有传统文化性；④亲切并使顾客易于接近；⑤宣传广告做得好；⑥市场主导性高；⑦具有发展前途；⑧产品稳定性好；⑨顺应市场大潮流；⑩具有整洁美好的形象；⑪研究、开发力量旺盛；⑫强大的有海外竞争力；⑬有积极向上的精神；⑭公司风气良好；⑮富有现代感；⑯经营管理者素质优秀；⑰对顾客服务周到耐心；⑱认真对待消费者提出的所有问题；⑲企业经营规模大；⑳销售网络健全等。

通过企业广告树立企业形象，可以帮助企业发挥"光环"效应。沃尔夫在其广告课题目录中，列出了几项树立企业形象的企业广告的表达要求：①要表现出企业是最好的雇佣者或市民、邻居；②要大力宣传盈利回馈社会、愿为公益服务的企业形象；③要完善地表现出企业职工的工作作风；④在业务内容上，大力介绍令人感兴趣和与众不同的事实；⑤要表现出企业所从事产业的重要性，以及企业为发展这一产业所做的贡献；⑥表明本企业在同行业中的主导地位（或独特性）；⑦表明企业在科研、新产品开发方面的优秀业绩（技术上的优势）；⑧表明业务内容，如产品与服务、规模大小、领域、多方面的促销活动等；⑨把特定的产品及其特殊优点（精密度、耐用性等）的产品和企业联系起来；⑩说明对各销售商的援助方式；⑪表明在劳资争议中企业的立场；⑫要批驳诋毁企业形象的反面宣传；⑬改善企业的业务及社会环境；⑭表现企业的进步举措；⑮要表现出企业是在高度成长中的企业；⑯要表现出企业是信得过的投资对象等。

不论采取哪一种方法，都有可能会出现认识上的偏差。但是，"光环效应"似乎也是一种"自然"的现象。众所周知，宇宙中的事物，都是可以"两分"的，比如人分男女、数分奇偶、电荷分正负、产品分优劣等。同样，人或物的品质也可以简单地分为"好"或"不好"。人的大脑对信息的编码处理，也是透过每个脑细胞的"明"或"暗"来形成它的"电网"，一旦这种"电网"形成后，就存储在人们大脑的记忆装置中，当与人或事物初次相遇时，通过外表观察后，就会开始对这个人或物产生印象。由于人们认识到这个人或物在他的目标建立中没有多大关系，而且此刻又不能获得关于这个人或物的更多信息，因而人们可能对他或它就不予注意。而为了把这个人或物应付过去，人们就凭这个初步印象（好或不好），用类推或联想的方法，把存储在大脑中有关人或物的品质（好的或不好的）的编码住外输出，从而作出对这个人或物的基本判断。这就是"光环效应"之所以广泛存在并产生奇效的深层心理因素。企业名牌战略能把握住社会公众的这一心理倾向，对强化名牌意识、全面实施名牌战略是有很大裨益的。

5. 打造世界名牌，为超速崛起开创新路

企业创造名牌是一项长期、复杂而艰巨的系统工程。创业者必须用自己战略的思考方式、战略的手法，才能找到创造名牌的有效途径。

（1）全面领先，争创第一。在现今传播媒介众多（产品爆炸、信息爆炸、广告爆炸）的社会趋势下，一个企业，一种产品要想广泛、深入地进入公众心里，难度越来越大。然而，"第一"却是企业品牌进入公众心里的捷径。它有两层含义：其一，良好的"第一印象"；其二，"敢为天下先"的气魄。心理学家认为，一个人或一种事物最先给人留下的印象有强烈的根基性。人们能熟知许多"世界之最"，但世界之二、之三是什么？却很少有人知晓，这就是"第一"对人的强烈影响，它是一种使人"铭记于心不能消除的"心理现象。同理，如果一个企业在最初或是某个动作程序之初给公众留下了良好印象，或在某方面领先于他人，那么，这"第一"就会强烈地影响公众对这个企业的认识，以及对企业以后所作所为的评价。企业争取到的"第一"，尤其是良好企业的"第一印象"，是企业及其产品名声远扬的"突破口"，也是企业宝贵的无形财富。

为了适应日趋激烈的市场竞争，企业争取"第一"的名牌战略，其中最重要的一环就是争创驰名商标，利用驰名商标拓展市场，提高其经济效益。

树立创驰名商标的战略意识。企业有无树立争创驰名商标的战略思想，直接关系到企业的命运。

选择商标要注重显著性、独创性，并重视开发商标文化的经济价值。

（2）集中一切力量参与市场竞争。兵家十分看重攻击敌方要害，在企业竞争中也一样，要集中一切力量，选准突破口。美国企业战略学家威廉·A.科恩说："企业战略就是合理分配各种资源，以实现在决定时间、决定地点的差别优势……"为了实现高效率，这些资源必须集中，以便优于它们优势的简单相加，这就是任何一个成功企业的战略基本点。集中，就意味着取得竞争优势；分散，则必然在竞争中处于不利地位。

日本战略管理学者大前研一认为："当资金、人力和时间像今天这样珍贵的时候，把有限的资源集中用在能使企业获得成功的关键功能领域是非常重要的。如果仅仅像竞争对手那样调配资源就不会产生竞争优势。如果你能确定你的工业部门的成功的关键领域，并将资源正确地组合调配给它们，你就有可能使自己处于一个真正有竞争优势的地位。"这就是大前研一所谓的"KFS"法，也就是说企业在所择定的经营领域（或目标市场）里寻找成功的关键因素，然后密集配置资源使自己处于竞争优势的方法。也可以说，是企业在本产业开发经营过程中获得成功的关键要素和方法。它以市场需求为导向，开发特定的经营领域，以便更有优势地与竞争对手争夺顾客。大前研一指出，有以下几点是企业家必须注意的：

必须明确界定营运范围。

在各种可能的方案策略中，只有少数可以选用；一旦做了选择之后，就应该大胆而积极地部署人力、技术和资金，把资源集中运用到自己所做的选择上。一个公司如果能在所选定的领域中取得优势，成功的概率也会大大增加。这就是成功与不成功的企业差别越来越大的原因。

企业环境中发生作用的力量，必须运用因果律去推断未来最可能出现的情形，并且要简单而清晰地陈述出来。

只要最初的策略选择所依据的基本假说维持不变，管理阶层则必须坚持所选择的策略。当情况改变时，就必须做相应改变，甚至改变企业原来的基本方向。

企业应根据自己的资源决定其策略步骤，不能急切地朝四面出击。它必须避免步子跨得太快、太远。

战略集中这一企业战略原则不仅应用于企业的经营方面，也同样适用于名牌产品的创造、开发、生产以及树立名牌形象的整个过程。一个企业、一种产品都含有一定的目标公众（或消费者），这些对象在消费层次、文化层次等方面都有自己的特征。企业或产品创名牌面对复杂、众多的目标公众，想要谋求从投入到产出的最佳效益，不能搞"一种模式"或盲目轰炸，而应准确分析目标公众的特点。寻找和把握张扬企业或产品名声的契机，集中企业公关的优势力量，努力向同类目标公众"攻关"，争取做到速战速决，一鸣惊人（轰动效应）。

（3）巧妙运用持久战略。无论是名牌之形成，还是名牌在竞争过程中的消长，都要求创名牌或保名牌者不断开拓，打"持久战"。持久是种积累的要领，它是经过名牌形象的产生、成长、成熟等过程才能达到的目标。所以，名牌形象不可能一蹴而就，有的则需要几年、几十年甚至上百年的艰苦努力。比如，"柯达"、"松下"、"可口可乐"、"丰田"等能成为世界名牌中的名牌，实在是几代人辛勤劳作之结晶。

战略持久策略运作的依据是以下几点：

塑造企业名牌形象的过程就是其逐渐成长的过程，尤其是名牌的信誉、名牌的质量、名牌的含金量（科技含量）等要素的形成，绝不是一日之功，必须经过"持久"的企业投入才行。如果说产品广告和推销主要是考虑眼前效益的话，那么，企业树立名牌形象则主要着眼于长远利益。美国市场营销专家的研究显示：许多产品要花费数十年时间才能在市场上打开销路，树起自己的名牌形象。例如，勒斯物·克里默液体洗发香波历时 8 年，米努特快餐历时 18 年，施乐复印机历时 15 年，西尔斯兄弟公司的速溶咖啡历时 22 年，自动洗衣机历时 12 年。显然，名牌的创立过程是一个不断扩大美誉度、知名度的过程。这一过程需要遵循"战略持久"方案，要想在众多同类的产品中赢得竞争优势，就万万不可急功近利。

名牌形象的塑造犹如逆水行舟，不进则退。社会心理学家认为，公众对组织是非常健忘的。如果公众对企业及其产品的信息较长时间无法获知，他们很快就会忘了企业及其产品。因此这一客观现实要求企业创造名牌形象必须打"持久战"，做好长期竞争准备。

竞争对手的名牌形象态势强大或逐渐强大，对己方企业或产品形象将构成明显威胁，不进行"持久"的公关投入就有被竞争对手击垮并挤出市场的危险。

名牌形象处于绝对优势状况下，为了获取"投入产出"的最佳效益，适当分散公关资源，经常下点"小雨点"，"让公众忘不了企业"是很合算的。

（4）借助他人之力，获取全面领先的地位。随着市场竞争的愈来愈激烈，企业之间的品牌形象竞争也日益加剧。怎样围绕企业名牌战略和目标公众的需要来策划、开发企业品牌形象，已经成为关系到企业名牌战略成败以及企业能否在激烈的市场竞争中求得生存与发展的重要问题。在企业品牌形象树立过程中，谁能科学、有效地把握"运势"原理，赢得比竞争对手更高、更强、更优的企业品牌形象之"势"，谁就能够在企业品牌形象竞争中争取主动。根据"运势"原理，企业品牌形象策划"运势"的具体操作策略有以下几点：

"适势"。即以企业或产品的"势"来适应环境已存在或变化之态"势"。如以优良产品（服务）满足市场需要，树立良好的企业品牌形象赢得公众好感，同竞争对手广交朋友，谋求企业与社会共同繁荣等都属企业品牌形象策划"适应形势"的具体表现。日本"经营之神"松下幸之助在谈其经营经验时说："本来社会上所存在的一切东西，都是为社会共同的目的而存在的，或者说是为了社会上某类人之共同利益而存在的，所以用这种观点理解各类事物的话，则'你的公司就是我的'。相反，'我的公司也是你的公司'……以此为出发点，便可互相激励、适应、和谐，共同创造繁荣之社会。"松下幸之助的"我的公司也是你的公司"这种相互帮助"适势"的思想很得人心，无论是对合作者还是对竞争对手，或者是对塑造企业形象者来说都是一种高明的"运势"策略，通过"适势"可以争取更多的支持者和朋友，为企业赢得良好公众关系之优势。

"用势"。即把握企业品牌形象策划制胜时机，利用各种手段，尤其是广告传播手段充分显示企业品牌形象在竞争方面的绝对优势，以增强企业及其产品对内外部公众的感召力和影响力。

"借势"。即在企业品牌策划"运势"过程中，借助客观环境之有利态势，张扬企业及其产品的知名度、美誉度。企业名牌战略"借势"有一重要策略："借名扬名"。无论是"第一印象"刺激度，还是目标公众对品牌的接受度和选择度，均比未借名宣传者的效果好得多。尤其是利用现代名人扬名至少有两大优势：一是名人的身后都有大批人在支持，社会大众出于对心中偶像的崇拜和尊敬，自然会对名人为之服务的企业也产生一种爱屋及乌的感情；二是借名人扬名也是企业的一块金字招牌，它能够直接而鲜明地反映出企业的经济实力、经营理念及其所处的社会地位和市场竞争优势。

势之转化。即发挥自身主观能动性，努力将本企业之劣势转化为优势或相对优势。

势之控制。是说控制竞争对手之势，为我所用，其基本策略是："战略结盟"。现代社会就是一个战略结盟的时代。尽管实业界竞争激烈，各自观点也不同，但在这一点上却几乎无人否认。要想操纵变幻莫测的市场，控制竞争对手之势并能做到为我所用，团结一致并加入战略结盟是简便而可行的道路。美国的许多大公司，均已化敌为友。而一向自视不凡的日本各大公司现在也迅速地把走上战略结盟之路作为"寻求优势"的战略基石。如东芝"控制他人之势、用他之势"的战略结盟，一方面使它顺利地渡过了日本经济停滞的严峻时期，另一方面也使东芝获得了数字时代许多最重要和最有前途的技术，并为东芝产品及公司形象扩展注入了新的活力。

（5）投对手所好，攻心为上。消费者的行为直接影响了产品的销量，消费者有选择某种产品或不选择某种产品的权利。这一权利指向决定了任何企业都必须以消费者的需求为导向。所以"攻下消费者的心"是企业最佳的制胜策略。哈佛管理学院特德·莱维特教授认为："所有的力量都应该满足顾客需要，无论如何，企业的目的就是吸引和保住顾客。为此目的，你得会做使顾客愿意与你打交道的一切工作。与此相关的其他道理都是由此而派生的。"福特汽车公司经过长期的探索也得出结论：按照福特汽车公司的文化传统，我们主张经营公司应该有一个中心目标，那就是为我们的投资赚取利润。可现在我们已经懂得了还有另外一个中心：为顾客服务——如果你真能把这当成中心，那么利润也会源源而来。你当然得控制好成本，保证好质量，其他相关的事情也得做好。但是企业务必要记住，顾客是我们一切努力的中心对象。可见"攻心"确实是争取竞争优势、创立名牌的最佳谋略。

围绕"攻心"谋略，企业创立名牌的具体策略主要有以下几种：

投其所好。在市场竞争中，要赢得用户，便要瞄准消费者需求，投其所好。即努力适应消费需要，投其所好的关键是瞄准市场，先期进入，全力迅速占领地盘，并借以树立名牌形象。

出奇制胜。《幸福》杂志曾对来自美国最大的 500 家企业的 500 位经理人做了一个调查，调查报告显示：人们普遍认为，创造性对于生意成功是很关键的。而支持生意成功的创造性表现之一就是出奇制胜。出奇的关键是出人意料，突破常规、常法、常识等思维定式。神经学家认为："当外界刺激信号没有变化时，脑细胞停止反射活动。只有在这种刺激信号变化时，才能引起脑细胞的反射。这种变化越是出人意料，脑细胞的反射也就越强。"企业品牌企划的根本目的在于通过向目标公众传递特定的企业品牌形象刺激信号（如企业产品信息，企业品牌视觉识别信息等），能够引起目标公众强烈的反应（了解、认同、接纳等），从而使企业在目标公众心目中树立良好的企业品牌形象。设身处地为顾客着想，充分表达对消费者的真诚，既能吸引人看，又能打动人心，还能赢得消费者的心，从而在消费者心目中树立起更加完善的企业品牌形象。

"三度"合一。即知名度、美誉度和指名度的和谐统一。指名度是指企业的产品被公众点名购买的概率，它同市场占有率有很大相关性。越是出名的品牌，被指名购买的机会就越多。但在多数情况下，"三度"常常错位，这是有可能使企业陷入品牌形象认同危机的一个重要原因。在企业品牌形象竞争中，人们对知名度、美誉度格外看好，不少企业想方设法制造知名度、美誉度，这种精神实在可贵，但企业不能只为制造知名度而制造知名度。企业制造知名度是为了提高"指名度"或"市场占有率"。一个企业无论知名度、美誉度有多高，如果"指名度"或"市场占有率"低，那么这样的知名度、美誉度就没有多少实际价值。为此，企业在确立品牌形象战略时，一方面要全面实施名牌战略，加强技术、质量、品种攻关，以名牌产品占领市场；另一方面也要加强管理，提高效率，设法给公众更多的"实惠"，争取达到知名度、美誉度与指名度"三度"合一的境界。

饥渴战术。人们往往对名牌都有一种欲求心理，如果名牌太普及，那作为名牌的高贵也就丧失了。所以，企业在实施名牌战略时，应该严格控制名牌的产量，使消费者长期处于"饥渴"状态，从而激发出消费者购买名牌的欲望，维护名牌的身价。法国维也登公司是家有 100 多年历史的老牌企业，生产的 LV 皮包名扬世界，畅销不衰。这家公司一反通常做法，不是大量生产名牌皮包，而是有意识地保持其在市场上供不应求的态势。其名牌策略就是"饥渴战术"，讲究有节制地发展生产，使消费者保持一定的饥渴态势，维持其供不应求的紧俏地位，并且有意识地利用消费者求高档、求紧俏、求名、赶时髦的心理因素，使产品知名度、美誉度日益提高。企业对高档名牌产量加以限制，宁少勿多，宁缺勿滥，才能使相应层次的消费者始终处于"饥渴"状态，这不但可以保持产品"物以稀为贵"的地位，维持其抢手的消费势头，而且可以使企业在生产经营上实现良性循环。

以变应变。一是由于企业内外环境的变化，企业的经营方式、市场定位、经营战略、产品定位及企业组织机构设置等都可能发生比较大的变化，因而企业的品牌形象也不可能是固定不变的，而应当随着企业内外环境的变化而变化。企业品牌形象也应随着社会公众价值观的变化而变化。二是企业品牌形象的个性化。一方面可以防止竞争对手仿效、跟随，排除竞争对手对品牌的干扰；品牌形象个性化有助于社会公众辨别、了解、认同本企业的品牌形象。三是塑造企业美。随着人类的文明进步，人们对"美"日益重视，也就是常说的"企业美"、"环境美"。社会经济的发展，使人们逐渐开始重视对"美"的投资。企业美的塑造既是提升企业及品牌形象的有效手段，也是企业适应企业生态环境，提高企业竞争优势的重要策略。

第十九章　营销价格与管理企划

一、价格企划概述

（一）价格企划的含义

商品的销售价格，历来都是商品经销者和消费者都非常关注的问题。在日益复杂的市场竞争环境中，企业的价格企划显得非常重要。价格企划与通常所说的定价是两个既相互联系又有区别的概念。所谓企业定价是指，在市场经济条件下，企业定价是价值规律发挥作用的必然要求，企业必须根据商品成本和市场的供求情况，在本企业经营目标的制约下制定出商品的销售价格，以获得一定的经济效益。价格企划的过程必然包括定价的过程，价格企划是运用有关的定价方法、定价策略，如需求定价法、成本定价法、竞争定价法等方法，习惯定价法、声誉定价法、渗透定价法等策略，来确定产品销售价格的一个过程。对于企业来说，选择什么样的定价策略和方法，需要企划主管根据本企业的实际情况和市场发展情况综合分析，并作出决策。因此，所谓价格企划就是企划主管为了实现一定的营销目标，而协助处理企业内部各种价格关系的活动。

（二）价格企划的意义

1. 价格企划有利于实现企业长期经营目标

价格企划的重要性来自于价格在企业经营中的重要地位。价格是企业营销组合的重要组成部分，是营销组合若干变量中最直接、最有效的一个变量，它直接决定着企业的产品是否能为消费者所接受、产品需求量的高低、产品市场竞争力的强弱以及企业的利润水平等因素。价格是企业市场营销组合中最为活跃的因素，价格因素与其他因素之间存在着密切的联系，与其他因素既相互依存，又相互制约。因而企业能否实现长期的经营目标，与企业的价格企划有着紧密的联系。

2. 价格企划有利于为企业营造长期竞争优势

企业价格企划的重要性在于运用价格手段对企业经营的成败有着重要的影响。很多企业的实践表明，价格不仅仅是构成企业经营活动的财务效果的重要因素，产品销售价格的高低直接关系到企业能获得销售收益的多少，而且价格也是决定企业经营活动市场效果的主要因素。消费者的满意度、市场占有率的高低、企业形象、消费者接受新产品的程度等都与价格有着直接的联系。因此，科学的价格企划既是企业其他经营手段获得成功的有力条件，也是企业营造长期竞争优势的重要条件。

3. 价格企划有利于企业缓解巨大的价格竞争压力

随着科技的发展，产品和服务的多样化迫使企业在产品定价上也必须相应实行多样化策略。在现代企业中，价格通常是企业之间竞争的主要手段，企业每时每刻都面临着巨大的价格竞争压力。企业可以通过价格企划协调好市场扩展、行业紧缩、消费者结构变化、利率变化、政府干预等多种因素之间的关系，从而在一定程度上减轻了企业的压力。

(三) 价格企划的原则

1. 价格企划的目的性

价格企划必须遵循目的性原则。比如说，如果企业为了保持原有的市场占有率，或原产品已经失去了市场优势，为了清存货物，企业通常采取拼价策略，并往往会一拼到底，直到将竞争对手击垮；如果企业为了推出新产品，或为了尽快收回投资，就应该用撇脂定价法。做企划时既应注意前期高价投入的时机和节奏，又要注意后期跟随者进入市场时降价转移风险的节奏。总而言之，价格企划方案必须同企业的发展目标相一致，使企业能够通过价格企划达到预期的目的。

2. 价格企划要有新颖性

价格企划应该做得新颖独特，这样在具体实施时才能先发制人，达到有效目的。企业产品的定价并不是固定不变的，企业的价格企划也不只是单纯以降价为研究对象，而是应当具体问题具体分析。如果企业产品有明显竞争力，价格企划应该集中在对提高产品附加值的研究上。如改变产品包装、质量或款式等，不断拉动价格上升，以获得更大的价格利润空间；如果行业总市场向卖方市场过渡，企业在价格企划时应重点考虑提价及其相关的有效措施。

3. 价格企划要有应变性

企业产品的价格必须保持一定的稳定性，只有这样才有利于赢得广大消费者的信任与支持。但是，企业产品的定价也要因时而动，只要选择了合适的时机，企业就仍然能利用价格因素直接获利或实现排斥竞争者的目的。

(四) 影响产品定价的主要因素

影响产品定价的因素很多也很复杂，企业在进行价格决策时必须充分考虑各种因素，具体问题具体分析。

1. 成本因素

成本因素是影响产品定价最基本、最主要的因素。在一般情况下，成本因素确定是产品价格的最低经济界限。企业要想获得利润，其价格的制定就必须高于成本。当然，销售量的大小对产品成本会带来一定的影响，但在销售量比较确定的情况下，价格若低于成本，企业就会亏。只有在比较特殊的情况下，才能允许把价格定得低于成本。价格企划的目的就是为了避免亏损和取得收益的最大化。

一般来说，企业的成本有：

（1）固定成本，是指企业投入不随生产和销售收入的变化而变化的成本。如固定资产折旧、厂房、设备、管理人员工资等。

（2）变动成本，是指企业投入随着生产水平的变化而变化的成本，如动力、燃料、原材料、生产工人工资及直接管理费用等。

固定成本和变动成本之和被叫作全部成本。当企业制定价格或调整价格时，就必须考虑在一定的生产和销售过程中所需的全部成本。

（3）边际成本，是指每增加或减少一个单位产量所造成的成本变动数额。通常来说，边际成本的变动与固定成本无关，在产量增加初期，边际成本可能呈下降趋势，低于平均成本，导致平均成本下降；当超过一定限度时，则高于平均成本，会造成平均成本的上升。

（4）机会成本，是指企业为完成某一项经营活动而不得不放弃另外一项经营活动的方式，被放弃的另一项经营活动所应该取得的收益就是某一项经营活动的机会成本。

企业在具体定价时以何种成本为依据是定价决策的主要内容。企业在核定产品成本时，应该以社会平均成本作为参考标准，这样，既有利于使产品的市场价格体系建立在价值的基础上，也有利于促使生产者不断改善经营管理水平，提高劳动生产率，降低劳动消耗，争取做到个别成本低于社会成本。

企业必须审慎地监督好成本核算。如果企业生产成本和销售产品的成本大于竞争对手，那么企业则不得不设定较高的价格或减少应有的利润，从而使自己处于竞争劣势。

2. 市场结构的因素

企业定价的自由程度会随着不同的市场类型发生变化，在不同的市场结构情形和竞争状态下，企业对市场价格的影响力是不同的，这就需要企业用不同的定价策略来面对。一般来说，按竞争程度的不同市场结构可划分为：

（1）市场的完全竞争。是指市场上拥有的为数众多的同质商品的买者和卖者，其中每个人的销售份额和购买份额相对于整个市场的总购买量和总销售量来说是微不足道的，每个买者和卖者都是市场价格的被动接受者，对市场价格没有任何控制能力。在完全竞争状况下，市场由众多企业经营者进行均质商品交易，如小麦、铜、金融证券等的销售者和购买者组成。没有哪个购买者或销售者有能力来影响现行市场产品价格。销售者无法将其价格定得高于现行价格，因为购买者能以现行价格买到产品，而且要多少有多少。销售者的定价也不能低于市场价格，否则销售者会一无所获。在完全竞争的市场中，产品开发、定价、市场营销调研、广告及促销活动几乎起不到什么作用或根本不发挥什么作用。实际上完全竞争在多数情况下只是一种理论现象，在实际市场中并不完全存在。如果出现完全竞争的市场环境，企业就可以采用随行就市的定价策略。

（2）市场的垄断竞争。是一种介于完全竞争与完全垄断之间的市场状态。由于市场是由众多按照一系列价格而不是单一市场价格进行交易的购买者和销售者组成的。系列价格产生的原因是购买者能够看到销售者产品之间的差异，并且愿意为这些差异支付不同的市场价格。因此，也就构成了垄断因素和竞争因素并存的市场状态。在这种市场状态下，多数企业都会积极主动地影响市场价格，而不只是价格的被动接受者。企业在制定价格时，应当认真地分析研究竞争对手的价格和价格策略，积极配合相关的营销方案，并形成科学的价格决策，以掌握核心竞争优势。一般而言，产品的差异化和宣传上的个性化是企业获得市场价格影响力的重要依据。在垄断市场竞争中，企业受到竞争对手营销策略的影响则相对较小。

（3）市场上的寡头垄断。是指少数几家企业控制了整个市场的产品生产和销售的一种市场情形。在寡头垄断的条件下，市场由几个对各自的定价和营销策略高度敏感的销售者组成，各个寡头之间相互影响、相互依存，任何一个寡头企业调整价格都会立即影响其他竞争对手的定价策略。如果一家钢铁公司将价格砍掉10%，购买者很快就会转向这位供应商。其他钢铁生产者必须以降低价格或增加服务来作出反应。寡头垄断者从来也不能确定通过降价也能得到那些永久性的东西。相反，当一个寡头垄断者抬高价格时它的竞争对手或许并不会跟着抬高价格。该寡头垄断者就不得不取消涨价，否则会把顾客推向竞争对手。相对来说，在寡头垄断的市场背景下，整个行业的市场价格较为稳定，价格调整通常都是通过协商作出统一行动的。

（4）完全市场垄断。是指整个行业中只有一个卖主的市场情形。在完全垄断的市场条件下，由于排除了所有的竞争因素，垄断企业控制了整个行业的生产和销售，因此，垄断企业可以控制和操纵市场价格。完全垄断者可以是政府垄断（如美国邮政管理局），可以是私人受控垄断者（如能源公司），也可以是私人非控垄断者，在这三种情况下定价各不相同。政府垄断者可以有各种定价标准，它可以设定低于成本的价格，因为该产品对于无力支付整个成本的购买者很重要；或者设定的价格只能用来弥补成本，或者可用来创造良好的收益，甚至还可以抬高价格来减少消费费用。对于受控的垄断者来说，政府允许企业设定"公平收益"率，并允许企业维持或可能会在必要的时候的扩展经营。非控垄断者也可以自由设定价格，只要得到市场认可即可。出于多种因素考虑，他们并不总是设定最高限度的价格。在实际生活中，由于政府的干预、消费者的抵制以及商品间的替代关系，实际上完全垄断市场的情况几乎并不存在。

3. 市场需求因素

市场需求对价格的制定有着重要的影响。需求与价格的关系可以用市场需求潜力与需求价格的弹性反映。市场需求潜力是指在一定的价格水平上，市场需求可能达到的最高水平。如果某种商品的供应量一定，当需求量增加时，价格就会上升；反之，则下降。如果某种商品的需求量一定，当供给量增加时，价格会下降；反之，则会上升。在其他条件都不变的情况下，商品价格越高，则需求表现出减少趋势；反之，则增加。因此，企业所制定的价格高低将影响企业产品的销售，进而也影响企业销售目标的实现。

需求价格弹性是指因价格变动而引起需求的相应变动率。一般而言，需求弹性大的产品，由于需求对价格变动十分敏感，轻微的价格变动都会导致销售量迅速增长，因而宜采用低价位策略，以产生"薄利多销"的效应；而需求价格弹性小的产品，由于需求对价格变动并不十分敏感，企业降低价格并不能迅速扩大销售量，因此可以采用高价格策略。

因此，企业必须了解市场需求对于价格的变动将如何作出反应。需求价格的弹性取决于拟定的价格变动的大小和方向。对于企业而言，首先，必须对一定范围内的价格变动引起足够的重视，它会明显影响企业的产品销量；其次，销价与提价的作用是完全不同的，而这种作用又随着价格弹性系数的不同而有所差异；最后，长期的需求价格弹性和短期的价格弹性是有区别的。其中长期要比短期更富有弹性，原因是一种新产品提价后，选择新的供应商需要花费时间，顾客可能继续向原来的企业购货，但他们最终还是有可能转向其他的供应厂商。

4. 市场竞争者因素

在市场需求价格规定了一个最高限额，成本在为价格规定了一个最低限额的同时，竞争者的价格和可能的价格反应会对企业的价格决策产生极其重要的作用。影响企业定价策略的重要外部因素是竞争对手的成本、价格及竞争对手对该企业可能会作出的反应。如果企业向市场所提供的产品与竞争对手提供的产品属于无差别产品，那么竞争对手的价格对企业定价必然产生约束，企业定价只有在低于竞争对手的价格的情况下，企业才能赢得价格竞争力。如果企业的产品与竞争对手的产品相比属于差异性产品，而且企业的产品所表现出来的优点非常突出，那么就可以制定比竞争对手更高的价格。相应地，如果企业产品的质量比竞争对手的产品质量差的话，企业只能选择低价策略。由于竞争影响定价，企业要做好定价，必须充分了解竞争对手的情况。要了解主要竞争对手来自于何方，实力如何，定价策略是怎样的等。

5. 消费者的购买心理因素

顾客的消费行为也是影响企业定价的另一个重要因素。不同类型的消费者由于其购买目的不同，对价格的敏感程度也有所不同。

（1）集团消费者的价格心理因素。集团消费者由于代表企业从事采购，因此，他们对产品的价格因素考虑得较少，他们更关心的是产品所表现出来的属性和利益、职权范围、购买总金额预算、规章制度和批办手续之间的差距等。

（2）中间商的价格心理因素。中间商的购买目的是为了盈利，他们所看重的首先是产品有没有销路，在多大程度上有销路；其次是产品的利润究竟有多大空间，也就是说购进与销售的差额是多少，至于这一产品在市场上的最终价格如何，并不是他们要考虑的因素，只要消费者能够接受，他的利益则主要反映在进销的差价上。因此，他们与供货商讨价还价的目的不是为了帮助消费者获得一个低的价位，而主要是通过差价来多获得利润。

（3）消费者的价格心理因素。

一般消费者的质量价格心理。一般而言，消费者往往把产品的价格看成是产品的质量指数，在价格质量规律的作用下，企业经常把价格的高低当作判断产品质量好坏的标准。

消费者的价值观念实践。不同的消费者具有不同的思想觉悟，不同的文化素质，不同的收入和不同的社会地位等。这样，就很容易形成不同的消费标准和价值标准。即使是对同一种产品，不同的消费者对其需求价格的弹性也是不同的。企业在定价时必须考虑到这种由于价值观念不同而带来的价格弹性的差异性。

消费者的价格折射心理因素。不同的消费者使用不同的产品，产品及品牌与消费者身份之间有着一定的相关性。因此，消费者往往把所购产品的价格高低，看成是对自己社会地位、名誉与声望的折射和价值尺度。在实践中，很多消费者都有互相攀比的心理，某一产品一旦在市场上有了一个较好的形象，或者符合消费者的心理标准，企业就可以及时对产品的价格进行合理调整。

6. 国家相关经济法律法规和政策因素

任何国家都有自己的经济政策和相关的法律法规，对市场物价的高低都有相应的调整和限制方式。同时，各国还利用金融、货币、生产、市场、海关等手段，间接调节产品价格。在进行国际贸易时，各国政府对价格的限制更为明显，企业应了解所在国对输入货物时的限制，并以此作为自己制定价格的依据。在国际市场上，垄断企业经常采用各种手段对价格进行合理调节。他们利用竞争，通过限制或扩大产品生产和销售量，巧妙地利用库存和其他方式，形成为己所需的供求关系，以此来调节价格。我国政府历来重视价格问题，先后制定和出台了一系列的物价方针和政策。如稳定物价的方针、实行等价交换和缩小剪刀差的政策、落实按质论价政策、农产品收购保护价及粮食顺价销售政策等。价格政策作为国家直接干预市场的一种重要杠杆，虽然不是固定不变的，它还有一个阶段性调整的过程，但对于企业来说，在有关政策实施期间，对企业的定价是一个重要的约束。

二、产品定价方法

定价方法是指企业为了在目标市场实现定价目标，而给产品制定一个基本价格或浮动范围的方法。在现代企业制度中，影响价格的因素比较多，但企业在制定价格时必须考虑成本、需求和竞争三个方面的因素。

（一）成本导向定价法

成本导向定价法是企业以产品成本为基础，侧重于成本因素而相对不注重需求和竞争因素的一种定价方法。由于企业所采用的成本项目和所需求利润的指标不同有四种方法。

1. 成本加成定价法

成本加成定价法是一种较常用的以成本核算为中心的定价方法，其特点是在成本上加上一个标准加价百分比，也就是所说的加成成本。例如，某电器零售商向制造商购买烤面包电炉，每台购价是 20 美元。而在商店中的零售价为 30 美元，这就在成本上加上了 50% 的加成。该零售商的毛利就是 10 美元。如果该商店每出售 1 台烤面包电炉的经营成本为 8 美元，则该零售商的净利润为 2 美元。标准加成公式为：

$$P = C（1 + R）$$

式中：P——单位产品的价格；

　　　C——单位产品成本；

　　　R——成本加成率。

一般而言，在行业内同类商品的加成率是比较固定的，尤其是零售行业表现得更突出。例如，美国百货公司通常对烟草制品的加成率定为 20%，书籍定为 34%，服装定为 41%，照相机定为 28%，一般装饰品为 40%。在我国，很多商品的加成率也已形成一种习惯，因而采用成本加成定价法的企业也很多。

严格地说，按习惯比例加成作为定价方法，并不是最合理完善的。从市场营销的观点来看，任何一种忽略需求和竞争对手价格的定价方法，无论是从短期还是从长期来衡量，都不可能使企业获得最大利润。尽管一些企业也成功地运用了加成定价法，但还是有一些企业遇到了困难。钢铁制造商纽科公司曾经运用加成定价法获得了巨大成功。该公司的总经理说："我们定价的依据是每天 24 小时运转工厂所需要的成本。"这一策略成功的主要原因是，纽科公司以极低的成本使它能够设定比竞争对手低得多的价格，与此形成鲜明对照的是：零售商"坟地"里埋葬的全都是那些在竞争对手已采用折扣定价法后仍然坚持用标准加成定价法的企业。

尽管成本加成定价法依然存在着一定的不合理因素，但它还是现代企业最常用的定价方法之一，主要原因是：

（1）由于计算成本比估计需求更有把握，所以企业通常采用成本导向作为定价的策略，这样可以在一定程度上简化产品定价工作；

（2）如果同行业的加成比例接近，制定出来的价格就会相差不多，企业相互之间的竞争和摩擦也就不会太过于激烈；

（3）成本加成定价相对来说对买卖双方是更加公平合理的。

2. 目标收益定价法

目标收益定价法是根据企业的总成本和计划的总销售量，并以此为基础把价格定在能够补偿所需的成本费用并能完成一定的成本利润率的价格水平上。这种方法的实质是将利润看作成本的一部分来定价。具体方法为：企业先确定一个预期的销售量，然后推算出在这个预期销售量下的总成本，接下来还要根据企业的营销目标和市场条件制定出企业的目标收益率，最后再计算出产品的价格。

例如：某企业的生产能力为年产10000部，预计在下一周期的开工水平为80%，则企业在下一周期的生产产量为：$10000 \times 80\% = 8000$（部），假如产品可销率为100%，则可出售8000部；若生产8000部产品的总成本为50万元，如果企业决定的成本利润率为20%，则目标利润为：$50 \times 20\% = 10$（万元），按照目标收益率定价法计算，每部产品销售价应该为：（50万元 + 10万元）÷ 8000部 = 75元/部。

采用目标收益定价法一般要经过以下步骤：一是企业应该先根据各项指标要求，计算出生产该产品的总成本；二是预测下一周期的开工水平，并求出产量；三是根据市场情况，预测出产品的销售率；四是确定成本利润率，并求出目标利润；五是利用公式进行计算：

目标价格 = （总成本 + 目标利润）/预测销售量

目标收益法是一种简便易行的方法。其优点是目标明确，计算方便，并可预计企业的利润。在销售状况比较稳定和产品销售量易于预测的市场条件下可以广泛采用。但其不足之处在于，它是一种根据产品销售量倒过来推算价格的定价行为，而价格本身又很有可能影响销售量。比如说在上面的例子中，75美元的价格对于售出8000部商品，其价格定得不是太高就是太低。因此，企业在运用目标收益法时，应该估计需求函数，也就是算出不同价格下可能卖出的商品数量，并估计出需求曲线和收益率和总投资20%之间的制约关系，从而使价格和销售量保持统一，这样就可以避免因价格确定而销售量实现不了预期目标的情况发生。

3. 损益平衡定价法

损益平衡定价法也叫保本定价法，是采用盈亏平衡的原理确定价格的一种方法。即在假定企业生产的产品全部可销的情况下，确保企业既不会亏损也不会盈利的最低产品价格。

计算公式是：

单位产品售价 = 固定成本 ÷ 保本点的销售量 + 单位产品的变动成本

有时还得考虑税率问题。

例如：某企业年产 10000 件产品，假定销售率为 100%，固定成本为 100 万元，单位产品的变动成本为 50 元，产品的价格最少应该定为多少企业才不至于亏本？

根据公式可得出：单位产品售价 = 100 万元 ÷ 10000 件 + 50 元 = 150 元/件

如果因市场等因素影响，每件产品必须降价 20 元，税率为 10%，其他条件不变的话，企业生产多少件产品才不至于亏本呢？

根据公式可得出：

保本点的销售量 = 100 万元 ÷（150 – 20）×（1 – 10%）= 7000 件

也就是说企业生产 7000 件才不亏损。

采用损益平衡定价法的好处就在于企业可以在较大范围内灵活把握价格水平，并且比较容易操作。但运用这种定价法时，企业生产的该产品应该以能全部销售出去为前提条件。事实上，按损益平衡定价法制定出来的价格是一种无利润的保本销售的价格标准。在一般情况下，企业不会出此下策，但在市场不景气的临时困难时期，保本经营总是比停产的损失要小。因而，损益平衡法是一种非常时期的特殊定价策略。

4. 边际贡献定价法

边际贡献定价法，又叫边际成本定价法或变动成本定价法。它是指企业仅计算其变动成本，不计算其固定成本，而是以预期的边际贡献来补偿固定成本，从而获得收益的定价方法。所谓的边际贡献是指价格中超过变动成本的部分，也就是为企业增加一个产品的销售量，所获得的收入减去边际成本的数值。当企业不景气时，如果企业按原价格已经无法出售它的产品，只能采用降价策略，但这时的价格必须包含一部分边际贡献，以便企业在其全部补偿了变动成本后还剩下一定的余额，用来补偿一部分固定成本，从而减少亏损。

例如：某企业生产 100 万件产品，全部变动成本 60 万元，固定成本 40 万元，每件产品的平均变动成本为 0.60 元，平均固定成本为 0.4 元，在正常情况下，企业的定价必须高于 1 元，否则企业就会亏本。但是因为各种原因，现在保本价也难以销售。考虑到停产并不能减少企业的固定成本支出，企业这时可以采用边际贡献定价法。比如说，如果产品能以大于 0.6 元的单价出售，企业就能获得一定的边际贡献，以补偿一部分固定成本支出，从而减少损失。如定价为 0.7 元，企业可获 10 万元的边际贡献；如定价为 0.8 元，则边际贡献是 20 万元。虽然这两种价格仍然没有使企业摆脱亏损的败局，但与停产相比（亏损 40 万元）却要好得多了。

（二）需求导向定价法

需求导向定价法，是指企业主要以市场上对产品的需求强度和消费者对产品价值的理解程度为基础进行定价的一种定价方法。需求导向定价法比较注重消费者需求因素，而相对不注重成本和竞争因素对定价的影响。

1. 理解价值定价法

理解价值定价法，又叫作觉察价值定价法，是根据消费者所理解的某种商品的价值，或者说是以消费者对产品价值的认识程度来决定产品价格的一种定价方法。

在现代企业中，越来越多的企业已经开始把它们的价格建立在消费者对产品的认知价值程度上，因为随着科技的迅速发展，生产力得到了大幅度的提高，许多产品定价的关键，不再只是单纯地去考虑卖方的成本，而是还要注重了解买方对所需产品的价值认知程度。

企业在利用理解价值定价法时，主要是利用市场营销组合中的非价格因素向买主进行示范，使他们对商品形成一种较高的坐标理念，然后再根据这种观念制定价格。这种价值模式的形成对产品的价格水平和加快产品市场接纳速度非常重要。比如说，如果企业想推出一种新产品，首先要做的就是通过各种渠道向消费者宣传、展示这种产品，然后通过调查等方式了解消费者的期望价格；在此基础上，企业还应该了解经销该产品的经销商的成本加成情况及其他费用额度，从而准确地推算出该产品的出厂价格；其次，结合成本标准，充分考虑一些其他因素，研究所拟定的产品价格的可接受性，然后制定出该产品的最终价格。

理解价值定价法体现了现代产品定位的思想，采用理解定价法制定价格虽然是比较科学可行的。但是，采用这种方法定价时一定要对买主的觉察价值估测得比较准确。如果估测过高，则造成因定价过高而不适销；如果估价过低，则会使企业在参照成本核定时觉得无利可图而失去市场机会，或者由于定价过低而影响企业的整体经济效益。

2. 区分需求定价法

区分需求定价法，是针对同一产品面对不同的顾客需求时采用不同价格的一种定价方法。在这里，同一产品的价格差异并不是因为产品成本的不同而引起的，而主要是由于消费者需求的差异所引起的。事实上，这种价格差异的基础是：顾客的购买心理、产品样式、顾客需求、地区差别以及时间差别等。采用这种方法定价，通常是以该产品的历史定价为基础的，根据市场需求变化的具体情况，在一定幅度内变动产品价格。这种方法的具体实施通常有以下四种方式：

（1）对不同的消费者，应当给予不同的价格。如会员制下的会员与非会员的价格差别；比如学生、教师、军人与其他顾客的价格差别；新老顾客的价格差别；国外消费者与国内消费者的价格差别等。可以根据不同的消费者群体的购买能力、购买目的、购买用途的不同，制定出不同的价格。

（2）不同地理位置价格也不同。不同地区由于消费者收入水平的差异可以制定不同的价格标准，同种产品在不同的国家和不同的地区也可以制定不同的价格标准。例如班机与轮船上由于座位与舱位对消费者的效用不同而价格不一样；电影院、戏剧院或赛场由于观看的效果不同而价格也不一样。

（3）对式样不同的产品，制定出不同的价格。质量和规格相同的产品，虽然成本不同，但企业在定价时，并不是根据成本不同按比例定价，而是按外观和式样的不同来定价。这里定价方法所考虑的真正因素是不同外观和式样对消费者的吸引程度。比如说，营养保健品中的普通装、礼品装及特惠装三种不同的包装，虽然产品内涵和质量一样，但价格却相差很大。

（4）因季节、时间的不同而制定出不同的价格。在实践中我们经常可以看到，同一产品在不同时间段里的效用是完全不同的，因而顾客的需求强度也是不同的。企业可以根据这些差别制定出不同的价格。比如销售有淡季和旺季的产品，旺季对消费者的满足程度高，淡季对消费者的满足程度低，因而可以在旺季制定高价，在淡季制定低价。再比如说，一些服务行业有高峰期和低峰期，在高峰期可以制定高价，在低峰期可以制定低价。

实行区分需求定价法的企业，必须具备以下几个重要条件：

第一，执行的不同价格不会导致本企业以外的企业在不同的市场间进行套利。

第二，顾客在主观上或心理上确实认为产品价格可能存在差异。

第三，必须符合国家的相关法律法规和地方政府的相关政策。

第四，市场能够细分，且各细分市场也具有不同的需求弹性。

（三）竞争导向定价法

竞争导向定价法，是指主要以竞争对手的价格为定价依据，相对而言并不注重成本和需求因素的一种定价方法。

1. 竞争参照定价法

竞争参照定价法，是指企业在制定价格时，参照竞争对手的价格，并且以其为基础，来考虑本企业产品价格的一种定价方法。一般有以下三种形式：

（1）本企业产品的价格与竞争对手的产品价格仍基本相同。

（2）高于竞争对手的价格定价。如果本企业的产品和竞争对手的产品相比有较为明显的竞争优势或买主愿意付出高于竞争对手产品的价格来购买该产品，就可以采用这种方法。这种方法具体是指在竞争对手价格的基础上，提高本企业产品的价格水平，以高价格谋取利润。

（3）低于竞争对手的价格定价。如果竞争对手不会实施价格报复或企业有能力抵御竞争对手可能实施的价格报复，就可以采用这种定价方法。这种定价方法的好处是企业可以稳定或提高本企业产品的市场占有率，迅速扩大产品的市场份额。

2. 流行水平定价法

流行水平定价法，又称随行就市定价法，这是企业最常用的一种竞争定价法，也是最简单的一种定价方法。具体是指企业把本行业的平均价格水平当作企业的定价标准的一种定价方法。事实上，这种方法是按竞争产品的现行价或相似价来定价的。相对来说，这种方法比较适合于那些近似完全竞争型的商品。在近似完全竞争的条件下，企业也已无力影响整个市场。如果企业定价低于行业水平，企业的利润就会白白流失，企业的市场份额也不能够扩大；如果企业定价高于行业水平，产品就有可能滞销。因此，采用这种方法定价的企业可以在一定程度上降低风险。同时，采用这种定价方法在一定程度上还缓解了企业之间的相互竞争和排挤，相对来说这对于一些中小企业是比较有利的。

但是，采用这种方法并不意味着在任何情况下产品的价格都必须要与竞争者保持一致。事实上，生产同一类产品的不同企业，由于企业内部诸多因素的影响，产品的质量、服务的水平等都不可能完全相同，因此，在产品定价上还是有一定差别的。如果企业的产品质量好、服务好、顾客满意度高，并且在这些方面都能得到顾客的认可，企业就可以采用高价经销策略。

3. 密封投标定价法

这是一种比较典型的竞争定价方式，主要是在工程进行招投标时采用的一种定价方法。买方企业不预先制定价格，而是只能引导卖方竞争，并最终选择有利价格成交的方法。通常而言，在对设备制造、建筑施工、项目设计等产品或劳务进行采购时经常采用这种招标方法。采用这种方法主要有下列三个步骤：

（1）招标。由买方公布招标内容，并提出征求商品或劳务的具体条件，从而引导卖方按照招标内容和对产品或劳务的要求参加投标。

（2）投标。卖方根据招标公告的内容和要求，结合自己的实际情况综合考虑成本、盈利以及竞争者可能的报价，要买方在规定的截止日期内，将愿意承担的价格以密封方式提出。

（3）开标。买方在招标期限内，要积极认真地选标，全面审查卖方的技术力量、工作性质、投标报价、资本大小、工程质量、生产经验、信誉高低等，以此来权衡选择承包商，并确定到期开标。

很显然，企业标价越低，中标的可能性就越大，但标价仍然有一个最低界限。如果企业报价低于成本就会造成亏损；如果报价太高可能不会中标。所以，参加投标的企业应当计算出期望利润，然后根据最高期望利润定价。期望利润要依据不同方案估计的中标率和利润率来计算。

三、阶段定价策略

阶段定价策略是根据产品生命周期中不同阶段的质量、成本、产量、供求变化等特征，结合商品的自然属性所采取的不同的价格策略。阶段定价策略的目的在于加强企业产品的综合竞争力，为企业的最大利益服务，从而真正形成企业的核心竞争优势和提高长期竞争力。

（一）投入期的定价策略

投入期的定价策略也称为新产品的定价策略。一般而言，产品在这个阶段时技术和经营上有一定的优势，但产量少，成本相对较高，消费者也对其不认同。在这种情况下，定价可以采用如下策略：

1. 撇脂定价策略

撇脂定价策略是指企业对效能较大、质量较高的新产品制定较高的价格的定价策略。其特点是要在竞争者进入市场之前，在最短的时间内把钱大量赚回。英特尔公司是市场撇脂定价方法的最初使用者。当英特尔公司开发出一种新的电脑芯片时，如果该芯片有优于竞争芯片的特点，那么英特尔就会设定较高的价格。这一定价对一些细分市场而言正好值得购买装有这一芯片的电脑。当最初的销售量下降时，或者竞争对手开发出类似的芯片时，英特尔也会降低芯片价格，以便更多地吸引对价格敏感的新顾客层。

撇脂定价法的实施是不以实现最大的销售量为目标的。比如以苹果公司销售最为成功的 iPad 产品为例：苹果公司的第一款 iPad 零售价高达 399 美元，但是对于大部分的"苹果迷"来说，虽然是高价位产品，但是愿意花钱购买的却还是大多数，于是苹果的撇脂定价获得了重大成功。紧接着，苹果为了"撇到更多的脂"，在不到半年的时间里又为消费者推出了一款容量更大的 iPad，并将其定价为 499 美元，结果依然取得了重大的撇脂定价成功。

苹果公司每推出一款新产品，都要提前在广大消费者心中铺垫出无限的好奇与期待，并且在将新产品正式投入市场时，对相关产品定以高价位，然而高价位的苹果产品虽然能够让很多的消费者望而却步，但却没有真正地降低苹果产品的销售收入，高价位的苹果产品会让更多的"苹果迷"更加坚定地认为苹果品牌是高端大气上档次的产品，不仅迅速地在市场上畅销起来，而且吸引来了越来越多的"苹果迷"积极地加入，在给苹果公司带来了更多忠实顾客的同时也为苹果公司创造了巨大销售收入，极大地推动了苹果公司的发展。而且，苹果公司在一款产品销路甚好的时候，又积极开发出具有更多功能的新一代产品，并将之前的产品予以降价销售，快速地为消费者让利，这样的销售方式和销售策略，使苹果公司在产品市场处于并未饱和的状态下，又掀起了另一轮苹果产品热销浪潮，即为当前的产品拓宽了销售渠道，吸引了更多以前因价格望而却步的人，同时又促使"苹果迷"积极地更新换代，让苹果公司在其产品的销售中"撇到了更多的脂"，尽快地获得资金的回收与利润的回报。

采用此方法的好处是企业可以在短期内回收对新产品的投资，并成为市场领先者，当产品逐渐被消费者广泛接受，当大量竞争者涌入时，根据市场情况的变动，及时地改变策略实行降价也比较容易，不会给企业造成多大的损失。弊端在于高价位带来了高风险，一旦产品的品质不能为消费者所认可，产品无法在市场上推广，而且因价格高，利润率高，往往刺激大量竞争者加入，加剧了竞争程度，也缩短了产品的生命周期。

采用撇脂定价策略一般应满足以下条件：①产品的需求价格弹性较小；②新产品具有明显优势，拥有专利权或技术秘密，使竞争者在短期内无法推出类似产品；③新产品对顾客有巨大吸引力；④市场需要量大，或企业的生产能力有限，短期内不能满足客户要求。

2. 渗透价格策略

渗透价格策略与撇脂定价策略正好相反，它是以新产品上市时以微利、无利甚至亏损价向市场推出，来吸引大批买主并赢得较大的市场份额，而后再逐步将价格提高到一定水平，从而赢得利润和市场份额的一种策略。采用这种方法最初是先设定最低价，以便迅速和深入地进入市场，从而快速吸引大量的购买者并赢得较大的市场份额。较高的销售额能够降低成本，从而使企业进一步降价。比如，戴尔和盖特惠公司采用市场渗透定价策略，通过低成本的邮购渠道销售高质量的电脑产品。它们的产品呈现销售量直线上升的趋势，而此时通过零售商店销售的康柏、IBM、苹果和其他竞争对手根本无法和他们的价格相比。沃尔玛和其他折扣零售商也采取了市场渗透定价法。他们以低价来换取高销售量，高销售量会导致更低的成本，而这又反过来使折扣商能够保持持续低价。

渗透定价策略的不足是风险性大。如果销售量达不到预期水平，企业就会出现严重亏损的情况。另外采用渗透定价策略意味着企业收回投资的时间比较长，因而需要企业有足够的资金储备。

一般来说，渗透定价策略比较适合需求价格弹性大、生命周期长的产品，从某种意义上来说，只有实力较强的企业才有能力和财力操作这一方式。此外，采用这种方法要求市场必须对价格有高度的敏感性，以便使低价格能有效促进市场增长，同时，生产销售成本必须随着销售量的增加而减少。

3. 满意价格策略

满意价格策略是介于撇脂价格策略和渗透价格策略之间的价格策略。所以又叫中间价格策略，该策略是指企业将新产品价格定在高价与低价之间，兼顾生产者、经营者和消费者的利益，使三者均能实行满意的价格策略。采用这种策略的目的在于使企业从长期稳定的销售增长中获得平均利润。实行满意价格策略的长处在于：有利于维护消费者的利益。实行满意价格策略既可以避免因高价带来的风险，又可以防止由微利给生产经营者带来的损失，使企业能够在一个相对稳定的市场环境中获得平均利润；有利于市场物价总水平的大致稳定。采用这种方法的不足之处在于：该策略是将产品消极地推向市场，而不是由产品积极地参与到市场竞争中，属安逸性价格策略，因此，它通常不能使企业灵活地适应瞬息万变的产品经销市场环境。

4. 先发制人的定价策略

先发制人的定价策略就是把竞争者排除在市场之外的策略。这种策略的具体做法如下，首先把新产品的初始价格定得很低，甚至低于原始成本，迅速抢占市场份额，在市场上占领有利地位；其次一旦市场地位基本巩固时，迅速提高产品价格，而此时竞争对手由于缺少足够的市场而不可能轻易采取跟进策略。采用这种策略的主要问题是，提高产品价格时，往往会失去一部分市场，有时还会遇到意想不到的阻力。

（二）成长期的定价策略

企业处于成长期时，产量迅速提高，销售量也稳步上升，成本也随之不断下降，商品质量逐步改进，市场竞争者较少，这时企业往往采取目标利润价格策略。

目标利润定价策略是指企业在对产品技术和经济性能、消费者需求弹性和购买习惯、代用品数量、竞争对手等做全面分析的前提下，根据预计投资目标利润率制定相应的产品价格的策略。

一般而言，假如企业占有相对稳定的市场，而且竞争对手相对较少，企业就可以采用这种定价方法，确保获得目标投资收益，并随着销量的增加而实现利润总额的增长。

（三）成熟期定价策略

企业处于成熟期时，由于产量、质量、市场份额都已经实现了一定的目标，企业定价的主要目标就是要维持和扩大市场份额，在一定程度上尽可能排除竞争对手的干扰，因此企业在这一时期往往采取竞争价格策略。

竞争价格策略是指企业通过制定低于同类产品价格的价格，维护和扩大市场份额的定价方法。企业采用竞争定价策略时，关键在于确定降价幅度。如果价格降得过低，虽然能排除竞争者，但有可能会导致企业亏损；如果降价幅度太小，则不能给竞争对手形成足够的压力，也无法保证销售量目标的实现。因此，企业在产品的成熟期内实行竞争价格策略时，必须对企业内外的各种情况进行综合分析，从而制定出合理的价格。

（四）衰退期定价策略

企业进入衰退期时，由于企业市场份额逐渐萎缩，使其产品销售量逐渐下降，而产品成本也逐渐提高，这时企业产品的竞争力较弱，因而企业为延长产品的寿命，必须采取合适的定价策略。

1. 驱逐定价策略

驱逐定价策略是指企业故意把价格降到大大低于无利可图的程度，从而最大化地将竞争者驱逐出市场，以便实现进一步抢占市场份额的目的，从而延长产品寿命，实现其最后阶段的经济效益。

2. 维持价格策略

维持价格策略是企业继续保持产品在成熟期时的价格。一般而言，采用维持价格策略的商品多为生活必需品或重要的生产资料，这类商品在各个周期内的价格比较平稳，利润高低变化不大。这种策略有利于保持企业在消费者心目中的形象，但也可能会失去一部分市场。

四、其他价格策略

（一）系列产品定价

系列产品通常是指在消费上具有一定替代性或互补性的一组产品。这时企业可以利用产品之间的替代关系或互补关系，去制定其相应的价格策略。

1. 替代品定价策略

替代品是指用途基本相同，可相互替代的产品。由于这类产品之间存在着替代关系，消费者在选购商品时往往会对产品价格比较注重。因此，企业在对产品定价时需要综合考虑，有可能会有意抬高或降低某种产品的价格，以便把消费者引向企业真正需要推销的产品方面，这也是采用替代品定价策略的主要原则。

2. 互补品定价策略

互补品定价策略，又叫作产品组合定价策略，是指企业为扩大销售，对同时生产或经营的两种或两种以上相互关联、相互补充的商品，统一进行定价，以促进销售的一种定价方法。在互补品中，以价值高且使用寿命相对较长的产品为主件；而价值低且使用寿命相对较短的产品为辅件。一般来说，企业针对主件采用的是低价位策略，而针对辅件采用的是高价位策略。采用这种定价策略的企业，其主导产品必须具有一定的知名度和市场竞争力，否则，不但不能促进辅件的销售，还可能让竞争对手从中抓住机会，从而给企业带来不良后果。

一个企业如果生产或经营两种或两种以上有相关点的产品时，可针对消费者希望价格便宜的心理需求，采取这种策略。

3. 分级定价策略

分级定价策略是指企业将所属产品按某种标准分成若干等级，并针对不同的等级采取不同的定价方式的一种定价策略。采用分级定价策略的好处是可以满足不同层次消费者的需要，消费者的选择余地比较大，同时，采用分级定价也可以使得企业在一定程度上扩大市场份额和销售量。

（二）心理定价策略

心理定价策略主要是鼓励人们作出感情购买而不是理性购买行为的一种策略。心理定价策略主要是零售商针对消费者的低价心理而采取的价格策略。

1. 奇数定价策略

奇数定价又称非偶数定价。很多现象证明，对于日用品，奇数价格比偶数价格更对消费者具有吸引力。偶数价格常常给消费者一种不平衡的印象，容易使他们认为产品质量高，价格昂贵。

2. 尾数定价策略

尾数定价又称非整数定价。对于日用品，消费者一般习惯上乐于接受和喜欢尾数价格，而不喜欢整数价格。同样一件商品以 99.6 元出售，其效果要好于以 100 元出售。虽然两者只是相差 0.4 元，但在消费者的心理上则产生了不同的效应。事实上，商品价格上的微小差别，往往会对犹豫不决的消费者产生不同的效果。从消费者的角度而言，尾数价格和整数价格的心理概念是不同的。1 元的商品，给消费者的概念是"元"，而 0.96 元的商品给消费者的概念是"角"。消费者从心理上就会认为后者比前者便宜了很多。

3. 整数定价策略

整数定价是有意将商品的价格定为整数，以显示商品的高品质和高质量。这是一种针对消费者求名和自尊心理而采取的定价策略，这种定价策略往往会用在给礼品类商品的定价上。

4. 声望定价策略

声望定价是指将产品的定价人为地定在一个高价位上，以此提高产品的声望和质量形象。声望定价的购买者，不在乎价格的多少，而在所采用商品是否能显示其身份和地位，而且商品的品牌和价格能够达到其炫耀的目的。有的医生说，如果药方花钱不多，病人就会埋怨，很显然，这些病人衡量药品的效力是以其价格来定的。采用这种定价方法的典型商品有香料、酒、汽车和珠宝等。

5. 习惯定价策略

习惯定价策略是按照消费者的习惯来制定价格。日常消费品的价格，通常在消费者心目中已形成一种习惯性标准，符合其标准的价格能被顺利接受；偏离其标准的价格则易于引起疑虑；高于习惯价格则常被认为是不合理的涨价；若低于习惯价格又会使消费者怀疑产品是否货真价实。因此，这类商品价格要力求稳定，避免因价格波动带来不必要的损失。在必须变价时，应同时采用改换包装或品牌等措施，避开习惯价格对新价格的抵触心理，引导消费者逐步适应新的习惯价格。

（三）薄利多销和厚利限销定价的策略

1. 薄利多销定价策略

薄利多销定价策略是企业为增加利润总额，故意降低产品价格的一种定价策略。实施薄利多销策略的好处在于，虽然单位产品利润低于平常水平，但由于销售价格降低，使得产品销量迅速增加，多销促进多产、多产又推动单位商品的成本降低，企业纳税后的销售收入增量如果大于成本费用增量，不仅弥补了单位商品利润量的减少，而且增加了企业的总利润，有利于企业扩大市场份额和提高企业整体竞争力。薄利多销定价策略不仅可以使消费者以比较理想的价格买到产品，而且可以使企业的利润最大化。薄利多销的策略一般适用于社会需求量大，资源较丰富、生产技术和工艺较易于掌握，生产有潜力，供给与需求弹性较大的产品。

2. 厚利限销定价策略

厚利限销定价策略是指企业对资源稀缺、严重供不应求的商品实行厚利、限制销量、抑制需求、调节供给以获取高额利润的一种定价策略。

在国外大企业中，厚利限销定价策略是垄断资本为获取高额垄断利润时普遍采用的一种定价策略。处于垄断地位的大企业，凭借一定的资源和技术优势对市场进行垄断，调节需求、控制供给，并以此谋求高额利润。但是，由于高利润必然导致激烈的市场竞争，因此从长远来看，并不能真正使企业实现利润的最大化。

在我国，厚利限销定价策略适用的范围是：

（1）使用稀缺资源进行生产的非生活必需品，如珠宝玉器、金银首饰、手工刺绣等；

（2）对消费者身心健康有不良影响，而又不能采取简单的行政和法律手段硬性禁止和限制的消费品，如烟、烈性酒等；

（3）具有较大心理价值和观赏价值的声望性商品，如文物、字画、古玩等。

（四）地理定价策略

地理定价策略是一种在价格上灵活地反映和处理商品在交易过程中装卸、运输、仓储、保险等多种费用的价格策略。这种定价策略的主要表现有以下几种：

1. 产地价格定价策略

产地价格也称"离岸价格"。主要是指卖主在自己门前交货后，货物所有权即归买主所有，而且由买者承担全部运费和运输中的所有风险，卖主只承担货物装上运输工具之前的有关费用。采用这种定价方法，一方面做好了供货方的定价工作，另一方面也使需求方有了更多的自主选择的权利。

2. 单一到货价格定价策略

单一到货价格是指买主无论身处何方，都向卖主支付同样的价格。单一到货价格定价策略实际上只是把运费作为一种附加服务看待，一般适用于运输费较少的商品。企业采取这种策略虽然相对风险较大，但从长远来看，有利于企业吸引顾客，并顺利地开拓市场。

3. 产品运费补贴价格

这种价格是指企业对距离较远的买主，在运费上给予适当的补贴。采用这种定价策略实际上是要求制造商与买主共同分担运输费用，把地区运输费用之间的差额吸收了，所以又叫运输吸收价格。

（五）折扣定价策略

企业为了报答顾客的某些购买行为，常常会采用折扣的形式对消费者进行让利，也就是说企业会对其基本价格进行适当调整，这些价格调整被称为折扣或让利。

1. 现金折扣策略

现金折扣是对及时付清账款的消费者的一种价格折扣。比如说"3/10，净60"，意思是，应在60天内付清的货款，如果在成交后10天内付款，给予3%的现金折扣。现金折扣的主要目的就是为了改善现金周转和减少欠款及避免坏账损失。

2. 数量折扣策略

数量折扣是指企业对大量有意购买的顾客给予的一种折扣。一般来说，顾客的购买数量越大，企业给予的折扣也就越大。数量折扣又分为累计数量折扣与非累计数量折扣两种。累计数量折扣是指顾客在企业规定的一定时期内，购买商品的数量达到一定数量或一定金额时，企业应当按照总量大小分别给予不同的折扣；非累计折扣是指企业规定当顾客一次性购买某种商品达到一定数量或一定金额时，企业给予的现金折扣优惠。

3. 交易折扣策略

交易折扣是指企业向履行了某种功能，如推销、储存和账务记载的销售渠道成员所提供的一种折扣。一般而言，企业会根据渠道销售商所承担的责任、风险和作用的不同，相应给予不同的价格折扣。

4. 季节折扣策略

季节折扣是企业向某些购买非时令商品和服务的消费者所提供的一种折扣。企业采用季节折扣可以加快资金周转和产品流通，可以减轻库存费用，减少时间风险。

5. 折让策略

折让，又叫津贴或补贴，是企业对作出额外贡献者的一种价格补偿。折让有推广折让、免费服务折让和特约优惠折让三种方式。

6. 表面折扣

表面折扣在商业中有时叫作"原价—现价定价"，是一种假定的对比定价。"原价888元，现价666元"是一个例子。合法的折扣当然是毫无疑问的，但当一种定价策略仅提供一个模糊的折扣时，就是不道德的，甚至应该是违法的。

表面折扣在大型零售商中用得较多，他们以 10%～40% 的折扣范围出售 93% 的各种产品。为了阻止这种表面的折扣，加拿大有关部门曾要求零售商在折扣出售前寄来至少6个月的基础价款。

（六）促销定价策略

产品的促销定价策略是指企业暂时将其产品价格定得低于目录价格，有时甚至低于产品成本的一种定价策略。促销定价有多种形式，超级市场和百货商店往往会用某类或某几种商品作为牺牲品来招揽顾客，希望他们购买其他有正常加成的产品。销售者在某些特殊时节还可以用特殊事件定价来吸引更多的顾客。比如，每到一月份便对亚麻布制品实行促销定价，以吸引疲惫的圣诞节购物者重返商店消费。对于在规定期限内从经销商那儿购买产品的顾客，制造商有时会为他们提供现金回扣；由制造商直接把回扣交给顾客。这种方法尤其在小器具生产商、汽车制造商中间十分流行。

（七）职业定价策略

产品的职业定价策略是指企业对某些特殊领域或某些拥有高技能和经验的顾客所使用的一种定价策略。职业定价也依照道德标准，不能向顾客漫天要价。医疗行业中这种例子比较多，例如一些提供医疗服务的专家，他们的收费不应该直接与提供服务的时间发生联系，也不应该牵扯到某些具体的情况，更不能不考虑工作中涉及的问题而按标准收费。

（八）价格调整策略

公司处于一个动态变化的环境中，为了开拓市场，抢占市场份额也为了追求利润的最大化，企划主管根据市场变化进行价格调整，其定价方法有发动降价与发动提价两种，同时还应考虑市场对价格调整的反应，包括顾客和竞争者的反应。

1. 发动降价的策略

有几种情况可能导致企业考虑降价，即使这样也可能引发一场价格战争，降价也是势在必行的。

一种情况是过剩的生产能力。这里是指企业要有追加的营业额，然而通过增强推销、产品改进或其他可供选择的措施并不能达到自己的销售目的。许多公司抛弃了"追随领导者定价法"而转向"灵活的定价法"，以促进他们的销售。但是，价格变更的发起者都将面临一场价格战，因为竞争者都要先设法保住自己的市场份额。

另一种情况是由于面临激烈的价格竞争而正在下降中的市场份额。公司或者从使其成本低于竞争者开始，或是发动降价以期望扩大企业的市场份额，从而依靠较大的销量，以降低成本。但降低策略也存在下列高风险：

（1）低质量误区。消费者会认为欲购产品质量低于售价高的竞争者质量，国产彩电几次价格战，反而形成了"国外彩电才是优质产品"的错误认识。

（2）脆弱的市场占有率误区。低价能买到市场占有率，但是买不到市场的忠诚度，顾客也会转向另一家价格更加低的公司。

（3）浅钱袋误区。因为售价高的竞争者具有雄厚的现金储备，它们也能使产品降价并能持续更长时间。价格调整策略是企业在经济衰退期间不得不考虑降低价格，因为在困难时期，消费者减少了他们的费用。公司可能会有一些反应，如表 19-1 所示。

表 19-1　价格调整策略

策略选择	原　因	结　果
1. 维持价格和依据认知价值，筛选顾客	公司有很多忠实的顾客，愿将自己的低收入顾客让给竞争对手	市场份额缩小，利润随之降低
2. 提高价格和消费者的认知价值	提价可以补偿上涨的成本，提高产品质量，使高价合理	市场份额缩小，保持利润增长
3. 维持价格，提高消费者的认知价值	维持价格，提高消费者的认知价值，可节约资金	市场份额缩小，使短期利润下降，长期利润上升
4. 部分降价，提高消费者的认知价值	必须对顾客降价，但又强调产品的价值有所提高	保持市场份额，使短期利润下降，长期利润上升
5. 大幅度降价，保持消费者的认知价值	约束和减少产品价格竞争	保持市场份额，使短期利润下降
6. 大幅度降价，降低消费者的认知价值	约束和减少价格竞争，保持利润率增长	保持市场份额，保持售货盈利，使长期利润下降
7. 保持价格，降低消费者的认知价值	削减营销开支，控制成本增高	市场份额缩小，保持售货盈利，使长期利润下降
8. 引入一个经济模式	给市场以它想要的东西	某些人会同类相残，但是总量会增高

2. 发动提价的策略

一个成功的提价策略能增加相当大的利润。例如，如果一家公司制定的单价是 10 元，销售了 100 个单位，成本是 970 元，利润是 30 元占销售额 3%。提价 10 分（1%），就会增加利润 33.3%，而销售量不变。

引起提价的一个主要因素是通货膨胀，与生产率增长不相适应的成本提高，不仅会压低利润幅度，同时还会导致公司定期地提高价格。在预料要发生进一步的通货膨胀和政府的价格控制时，公司提高的价格常常比成本的增加得要多，这种价格被称为预期价格。公司由于担心成本飞涨而对向顾客作长期的价格约定而犹豫不决。

引起提价的另一个因素是供不应求。当一个公司不能满足它所有的顾客需要时，它可能提价，可能对顾客限额供应，或者两者均用。提高"实际"价格虽有几种方法，但每种方法对顾客产生的影响却不同，是常用的提价方法有以下四种：

（1）采取延缓报价。即公司决定到临近交货时才可制定最终价格。

（2）使用价格自动调整条款。公司要求顾客按当前价格付款，并且要支付交货前由于通货膨胀引起增长的全部或部分费用。合同中的价格自动调整条款规定，根据某个规定的物价指数如生活费用指数计算出应提高价格。在施工时间较长的工业工程方面，许多合同中都有价格自动调整表格供参考。

（3）分别处理产品价目。公司为了保持其产品价格，将先前提供的免费送货与安装的产品分解为各个零部件，并分别对单一的或多个的构件定价出售。许多饭馆也已把按餐定价转为按用菜项目定价。

（4）减少折扣。公司减少常用的现金和数量折扣，指其销售人员不得为了争取业务不按目录价格报价。旅游淡季时，如果团体人数较多，旅行社经常向团队提供数量折扣，但在旺季时则没有。

公司还可以决定它是否一次性地大幅度提价还是小幅度地多次提价。比如，美国萨普卡特商店是一家著名的理发连锁商店，它的经理在想，是现在立即从 100 元提高到 120 元，还是今年先提价到 110 元，明年再提价到 120 元。一般而言，顾客喜欢的是有规律地小量提价而不是大幅度涨价。

在把涨价转嫁给顾客时，公司应该避免留下价格骗子的印象。公司还需要考虑谁将承担这个提价。顾客的记忆会长久保持，在市场疲软时，他们会一起反对价格骗局。

为了避免这种现象发生，需要某些技术，即不要忘记围绕着任何一次价格上涨必须存在一种公正的意义，在事情变化前，先通知顾客，以便他们事先采购以减少冲击，偏高的涨价应当向顾客作出合理的解释，首先使用不引人注目的价格技术时，包括取消折扣、限量供应、削减低利润产品产量等。对于长期项目合同或投标运用有关条款调整价格，如调价的基础以确认的价格指数为标准。

公司还有其他方法可以不必通过提价便可弥补高额成本或满足大量需求。切实可行的方法有以下几种：

（1）缩小产品的尺寸、规格和型号；

（2）创造崭新的经济品牌；

（3）虽压缩产品分量，但价格不变；

（4）使用便宜的材料或配方做代用品；

（5）改变或者减少服务项目，如取消安装费用、免费送货；

（6）使用价格较为低廉的包装材料，促销更多的包装产品，以降低包装的相对成本；

（7）减少或者改变产品特点，以降低成本。

3. 对价格变化的应有反应

任何价格变更都将引起购买者、竞争者等的反应，有时企业并非希望主动进行价格调整，但由于竞争者主动调整价格，他们也被迫进行价格调整。

（1）顾客对市场的反应。顾客经常在价格变动后提出质疑。一次降价能够作出下面几种解释：这种产品将被最新型号所替代；这种产品有某些缺点，销售情况不好；这个公司在财务方面有些问题，它可能不会继续经营下去因而不能供应未来需要的零配件；这产品的价格甚至还会进一步下跌，等待观望是合算的；或者这种产品的质量已经下降。

如果这种产品是非常"热门"的，或者，这种产品代表了一种非同寻常的优良价值。那么，提价通常会阻碍销售，也可能给买方带来某些积极的意义。

顾客对非常值钱的或者经常购买的产品价格一般是比较敏感的，而他们对自己不经常购买的某些少量的产品几乎不注意它们的较高价格。有些购买者通常对某产品的购买、操作和售后服务的总费用比对这一产品的价格关心得多，倘若顾客能确定产品的总寿命成本是较低的，卖主就能赚取比竞争者更多的钱却依然能做成这笔生意。

（2）市场竞争者的反应。一家打算变更价格的公司必须要考虑到竞争者的反应。在那些企业数量少、产品同质、买者信息灵通的地方，竞争者是很可能会作出应有的反应。

公司怎样才能预计到它的竞争者们可能作出的反应呢？如果公司面对一个强大的竞争者，那么这些竞争者的反应能从两点优势上估计出来。一个优势点是假定竞争者对价格变更以一种既定的方式作出反应，在这种情况下，他的反应能够被预计。另一个优势点是假定竞争者把每一次价格变更作为一种新的挑战，并且在这时根据当时的自身利益作出反应。在这种情况下，公司将要了解此时竞争者的自身利益在什么地方。要调查竞争者的财务状况、最近的销售量与生产能力、忠诚的顾客和公司目标等有关情况。如果竞争者有一个市场份额目标，他很可能要跟进这个价格变更。如果他有一个获取最大利润的目标，他就可能在某引进策略上作出反应，例如提高广告预算或改进产品质量等。

由于对一个公司的降价，竞争者可能作不同的解释，使问题复杂化。竞争者可能会推测公司正试图悄悄地夺取市场，可能推测公司因经营情况不佳而企图增加销售量；或者，公司希望整个行业降价以刺激总需求。

（3）对竞争者价格变化的反应。公司怎样对由竞争者发动的价格变动作出反应呢？在有一个同质产品的市场中，公司如果不跟进降价，大多数买者会到价格最低的竞争者那里去购买。当一家公司在同质的产品市场上提高它的价格时，其他公司也可能不跟进；如果提价对全行业将有好处，它们就会照做。但是，如果有一个公司认为它或本行业不会获得好处，它的固执会使市场主导者取消这次提价。

在异质的产品市场上，一个公司对竞争者的价格变更具有更多的选择自由。公司可以考虑下面的问题：

为什么竞争者要变动这个价格？它是想悄悄地夺取市场，利用过剩的生产能力，来适应成本的变动状况，还是要主导一个行业范围内的价格变动？

竞争者计划做这个价格变动是临时的还是长期的措施？

如果本公司对此不作出反应，本公司的市场份额和利润将会发生什么样的变化？其他公司是否将对此作出反应？

对于每一种可能发生的反应，竞争者与其他企业的回答可能是什么？

企划主管常常面临由那些市场份额较小的公司为努力取得市场份额而进行的降价。如利用价格，中国联通攻击了中国移动，美的攻击了格兰仕。企划主管还面临着充斥市场的低价位的竞争品牌的挑战。品牌领导者在这方面有以下五种选择。

第一，维持原价格。企划主管可以维持原来的价格和利润幅度，当他认为：①如果降低价格，则会失去很多利润；②企业不会失去很多的市场份额；③必要时，会重新获得市场份额。企划主管感到他能抓住好的顾客，而放弃一些较差的顾客留给其他竞争者。反对维持原价的理由是当竞争者的销售量提高他会获得更大的自信心，而推销人员会变得士气低落，企划主管将会失去比原预期的更多的市场份额。这会使企划主管恐慌，也采用降低价格的方式去重新获得市场份额，并发现这样要比预期更困难，代价更大。

第二，维持原价和增加价值。企划主管可以改进他们的产品、服务和信息沟通。企业经营者发现维持原价和花钱去改进他所提供的产品要比降价和以较低毛利来经营划算得多。

第三，降价。企划主管可以降低自己的价格，以达到竞争者价格的水平。他们这样做是因为：①成本将随着数量增加而下降；②因为本市场对价格的敏感，将增加很多的市场份额；③一旦失去市场份额，就要使尽全力去重新获得尽量多的市场份额。这个行动在短期内会减少企业的利润。

第四，在提高价格同时改进产品质量。企划主管可以提价并引入一些新品牌商品去包围那些参与竞争的品牌商品。

第五，在企业经营的产品中增加廉价品种，或者另外创造一个廉价品牌。柯达推出了低价位的季节性胶卷，称作游戏时间。美乐啤酒也推出低价啤酒，其品牌仍然能红遍市场。

最好的反应需要根据情况而变化。公司必须考虑产品所处生命周期的阶段，了解它在公司的产品业务组合中的重要地位，明确竞争者的意图和资源，感觉市场对价格和质量的敏感度，通晓数量成本的关系，找准公司可供选择的各种机会。

在价格变动的时候，深入分析公司可供选择的方案并不一定是可行的。竞争者可能已经花费了相当多的时间准备这个方案，但是公司可能不得不在几小时或几天内作出决定性的反应。大约仅有一种办法可以缩短经营者价格反应的决策时间，那就是预计对可能发生的竞争者的价格变动准备相应的反应措施。了解一个竞争者降价，公司能够利用的价格反应程度。应付价格变动的反应程序最适合这样的行业，即频繁发生价格变动的行业和对迅速作出反应至关重要的行业。在肉类包装、木材和石油业中都能发现这类例子。

第二十章　营销组织与计划企划

一、营销组织与设计原则

美国管理学家小阿尔福雷德·钱德勒在其《战略与结构》一书中明确提出：战略决定结构。一般来说，企业在选定了目标市场、确定了营销目标，并以此制定了相应的经营策略之后，便需要进行营销组织设计的工作，如果企业拟使用自己的营销队伍来实施营销活动的话，高效率的营销组织体系则是确保营销工作得以顺利高效完成的基础与保障，也是能顺利展开营销管理工作的基础。

（一）组织的本质

无论是营销队伍的建设还是其他为了达到某一目的而共同努力的团体组织结构，他们都有一种控制和协调机制。除组织结构外，管理者还可以通过其他机制指导企业营销管理行为，其中较重要的包括报酬计划、培训计划、监督技巧等内容，不过，在这些机制中组织结构是最有力的机制，因为它先于其他机制设立，而且组织机构的缺陷将降低人员遴选、培训、报酬以及其他方面的管理控制和指导工具的作用。

所以，作为一种控制机制，通过组织结构指导公司（有时是营销队伍）实施战略规划，以实现企业营销和营销队伍目标。如果营销队伍未能实现其目标，往往是因为组织结构妨碍了营销队伍战略规划的有效实施。

举例来说，假定一家公司的营销目标是要在下一年度将市场份额提高15%，公司主要的营销战略是重点客户的营销额要比上一年提高20%。但是，营销队伍的组织结构却又使每个营销代表的努力单薄地均匀地分在每个客户上，而不顾客户规模大小，没有大客户经理负责全国性客户的营销。在这种组织结构下，我们很难想象公司能够顺利实施其战略。

那么什么是组织呢？

组织是关于一群人活动的安排或运行机制，目的是使各利益相关者一起活动的效果优于单个人单独活动的效率。

公司如果发现现存的组织结构不适应贯彻其营销理念，那么公司的营销和营销工作就将会发生组织性变动。营销理念的一个支点就是所有营销活动都能够做到有组织地整合和协调。

近年来，我国许多公司都在重新组建其营销组织，以适应不断变化的需要。许多公司正在围绕客户进行重组。正如现在流行的观点：如果你要成为一家客户导向的公司，那么你就必须由外到内、以消费者为中心来设计营销组织，而不是以产品为中心来设计自己的营销组织。

组织变化趋于更为平滑的组织结构，在这类组织中，各种活动之间的协调比起自上而下的控制更为重要。同时，营销人员往往是为特定客户服务的客户中心型和跨职能团队的成员，之所以发生这样的变化是因为公司正在改变和他们供应商做生意的方法。

所谓营销组织，简单地说，就是企业营销部门的组织，它是企业内部从事营销工作的人、事、物和信息、资金的有机结合，也是通过统一协调行动实现企业既定的营销目标。

营销组织设计是营销战略规划的一项重要内容。在日趋激烈的竞争环境中，企业逐渐意识到：只有建立完善的营销网络体系，保持畅通高效的营销渠道，才能有力地配合企业整体营销活动，才能使企业在竞争中取胜。无论哪一家企业都希望自己的产品能够迅速、有效、顺利地到达消费者手中，并且能够及时了解市场及消费者的有关动向，同时保证公司相关政策能够及时传达及实施，然而要做到以上几点，组织模式的选择是至关重要的。

(二) 营销组织设计的影响因素

组织模式的选择受企业财务状况、产品特性、人力资源、消费者及竞争对手等因素的影响。因此，企业应依据自己的实力及企业发展规划，量力而行，精心"排兵布阵"，以期用最小的管理成本，获得最大的收益。

企业在进行营销组织设计时还应该考虑到一些主要的因素，如图 20-1 所示。

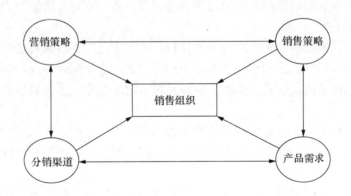

图 20-1 营销组织设计时应考虑的主要因素

1. 营销策略
(1) 营销目标和占有市场份额目标。
(2) 市场细分及其产品定位。
(3) 营销方式传播策略。
2. 营销策略
(1) 市场的覆盖目标。
(2) 营销量与营销额目标。

（3）顾客的有关情况。

3. 分销渠道

渠道所属市场情况。

4. 产品需求

产品营销对营销人员的一般要求。

（三）营销组织设计原则

对外，企业的营销组织机构的规模及形式直接关系到如何提高企业为顾客提供优良服务的能力和水平；对内，组织机构的形式直接影响到每一位营销人员在机构中所担任的角色及营销人员之间的相互合作与联系，也影响到营销人员在企业中所发挥的工作效益。

具体来说，企业在实际进行营销组织设计时应体现以下几个原则：

1. 营销组织应能支持企业目标的实现

营销组织存在的必要性是因为企业需要依靠营销组织部门来实现企业既定的营销目标，这是进行营销组织设计的近期目标，长期目标是营销组织的发展能适应企业目标的发展，营销组织能在长期的营销工作中支撑未来目标的实现。这可以从两个方面来体现，一是效率问题，二是成本问题，二者的完美结合才能使营销工作达成好的效果。

企业经营的目的是通过吸引满意的顾客来获得利润回报的。在吸引满意顾客的同时，企业必须维持与现有顾客的关系，这样企业才能够继续生存和持续发展。而要实现这一个目标，企业则需要建立一个高效的营销组织，一个能够满足顾客的需求和能够为顾客提供满意服务的营销组织。要努力实现这一点，就必须要求营销组织能够高效率地运转。

高效率的营销组织不一定就能保证高效益，除了满足顾客的需要之外，还得考虑营销组织的经营成本问题。营销组织如果太小的话，就可能影响到为顾客提供优良服务的效率和能力；但过于庞大的营销组织，也会一方面增加经营成本，另一方面降低公司的工作效率。

营销组织设计要么是以最低的可能成本为顾客提供尽可能最好的服务，要么是在为顾客提供最好的服务的同时尽可能地降低成本，两者都是为了实现最大营销业绩和效益的目标。

长远来说，企业营销组织的设计还必须考虑企业未来目标的实现，也就是说，在设计营销组织时要具有战略眼光，要考虑企业的发展战略和营销战略，要考虑企业未来将要面对的市场竞争状况，要考虑营销队伍素质与能力的现状与提升程度等因素。例如，可能短时期内在某个地区设立分公司或办事处的成本太高，效率太低，但是长远来看是为了实现企业在该地区营销战略的目标，适应该地区营销市场的需要。从这个角度来看，营销组织的设计要在短期和长期目标之间取得平衡，因为这是一个动态的发展过程。

一般情况下，营销组织规划与设计要超前于企业实际一两年。"一二三原则"是可以被一些企业借鉴的，即营销组织设计要满足企业当年实现营销目标的需要，要满足企业未来一年发展的需要，还要考虑两年后企业的发展状况。近些年来，随着我国市场经济的深入，企业的发展速度也越来越快，因此，要求企业营销组织设计要迈小步、不停步，要有足够的韧性来应对不断变化的市场与竞争。

2. 营销组织设计要考虑到营销管理的跨度与幅度

很简单，即考虑营销组织应该设立多少个层次，每一个层次每个经理或负责人能管理多少人数，这就是营销组织设计的管理跨度与幅度问题。这两个问题彼此相关，假定营销队伍规模既定，那么管理幅度越大，管理层次就越小，需要的管理人员也就越少。前面提到过营销组织设计是一个动态的发展过程，那么，从营销组织的管理跨度与幅度静态来看可能是不均衡的或是不合理的，正是因为这种近期的不合理才有可能实现长期的合理性。

营销组织的管理跨度与幅度应该怎样才是最优的，对此尚没有统一的看法。管理层次越少，营销管理者就越容易接近营销人员，也越能接近所服务的顾客和市场，就越有利于营销管理者和营销人员之间的有效沟通，有利于企业与顾客之间的沟通，也能使经理人员更有效地控制营销人员的行为，从而使企业更有效地服务顾客。但是，像这种扁平型的组织结构实际上也限制了相关的沟通和控制，因为管理层次少，管理幅度就大，沟通控制也不会像想象中的那么好。如果从成本角度来进行分析，虽然管理幅度较大，但因为管理人员数量较少，管理成本就相对较低，但是与此相对应的是这种过大的管理体制会造成管理质量的下降，从而引起工作效率和效益的下降。

要决定营销管理者应该管理多少个营销人员，应设立几个营销管理层次，需要考虑很多因素，比如说企业所在的行业及其习惯，比如营销队伍的整体素质和经验，竞争的需要，企业发展的阶段，企业顾客的类型，产品营销的复杂程度等因素都值得仔细思量。相对来说，当营销工作复杂时，每个营销人员的表现对企业利润的影响很大，当营销人员报酬高且具有职业化特点时，管理幅度就可以小一些，而管理层次却应当大一些。换句话说，管理工作越困难越重要，就应当给营销人员更多的支持和监控。在营销组织的较高层次，管理幅度通常则小一些，以便高层次的经理人员能有更多时间从事分析和决策。管理层次越高，工作越复杂，所需要提供的组织也就越多。

每一位经理或经理人所能用于管理其下属的时间和精力都是有限的，一般情况下每一位经理大约管理 8~10 位营销人员较为恰当。

3. 营销组织设计应能满足因事设岗、专业化分工、统一协作的体制

营销组织设计的目标是通过企业对营销人员的活动进行安排来实现企业的经营目标。营销组织的整体营销目标必须分解到每个营销区域、每个营销人员、每个企业顾客以及每个营销计划时期上才能做到有的放矢。

专业化分工能提高效率，这是众所周知的道理，对营销活动进行专业化分工时应当回答下列问题：什么是最好的分工形式？营销组织是按顾客、产品、地区还是按营销职能来划分？设计营销组织的每一项基础都有其优缺点，都是根据实际情况来寻找最优模式的，因此，最好的选择是在综合考虑各种因素的情况下再进行决定。在实际工作中会出现这样一种情况，有些营销工作非常简单直接，如果再进行专业化分工的话并不能给企业带来收益，这就说明专业化分工达到了临界点。

尽管因事设岗、因岗设人做起来简单，但许多企业在具体操作上仍然存在不少问

题。企业要为一定的营销活动设计某个岗位，而不应当过多地考虑现任人员的能力和其他一些非客观的因素。企业一旦设计出理想的营销组织结构，就要根据岗位的需要进行招聘、选拔、培训营销人员，使他们努力达到岗位职能的要求。当然，完全避免因人设岗、因岗设事在许多企业虽很难做到，但原则还是要遵守的。

营销组织作为一个团队，决不能因为专业化分工而使工作协调困难。要做到营销工作的协调一致，还需要关注以下三个问题：首先，营销活动应当与顾客需求保持一致；其次，营销活动要与企业其他部门的活动保持协调；最后，营销组织内部各项活动也要保持协调一致。

当然，在现实中，平地起高楼式地设计营销组织是很少的，绝大多数情况是在保持已经存在着的营销组织机构的基础上进行调整与发展。这样，还需要对现有营销组织进行分析与评估，评估的内容包括：是否能支撑起企业未来的发展；是否能适应产品市场的变化与竞争的发展；是否能够发挥最好的工作效率；是否能产生最好的营销效果；现有的营销组织结构是否合理；是否能满足顾客的需求与顾客需求的变化；是否能满足企业未来发展的需要；等等。

4. 组织必须稳定而不失弹性

组织应当像一棵树，既要有牢固的根系，同时又要保持足够的弹性，以保证其不会被强风折断。组织的稳定性意味着组织应当拥有训练有素的经理人员在需要时可以替换；组织的弹性更多的是指短期市场情况，诸如因季节性波动需求而需要大量员工时，组织应转包旺季期间的一些工作或者雇用临时性营销人员来运送新产品样品。

5. 组织结构应当体现营销导向

在设计营销组织时，管理者必须首先关注市场和营销队伍建设。经理必须具有满足市场需求，服务消费者所必需的营销策略和市场营销经验，并以此为基础来建立组织结构。

6. 各种活动都应平衡协调好

好的平衡并不意味着所有的组织单位一律平等。平衡只是意味着不使某一单位相比其他单位显得过分重要，正如不能因为强调进攻而忽视防守一样。在营销管理中，必须在某些方面保证做到有效的协调。

例如：

营销——生产：营销活动可以提供准确的预测，生产则能提供可靠的生产进度。

营销——财会：两者的协调体现在控制营销成本和制定信用政策上。

营销——广告：广告能吸引可能的客户，促进营销。

7. 发挥非正式组织在营销组织框架内的主导作用

健康的组织具备自我调整能力。通过组织自身的架构，组织可以以最小的代价完成其目标任务。

正式组织的健康由非正式组织结构来维持。非正式组织结构说明了公司工作的实际完成情况，不是按照正式组织结构表所设计的应当如何完成目标工作的程序来做的。

下面的例子表明了非正式组织结构的运作。营销内勤打开一封客户投诉信，如果按正式组织结构图所示，内勤应该把信交给营销管理者，然后再由营销管理者将这一信息按公司内部的金字塔型组织结构传递到营销部门和会计部门的经理那里。经理再通过自上而下的营销渠道将投诉反馈到相关的发单部门负责人手中，而相应的答复信息又要按相反的路径传送到营销内勤那里，这时营销内勤才能给予客户相应的解释。也许这一过程听来好笑，大多数组织也确实不会如此。取而代之的是非正式组织结构发挥作用。营销内勤可能只需打个电话或走几步到发单部门的职员那里去了解事情的来龙去脉。

非正式组织也赋予了组织时间优先原则以更多的意义。比方说，一名员工只能有一个上级。这很合理。然而，非正式组织增强了这一原则的操作性和灵活性。实际上，我们有许多上级，他们有权力控制营销人员不同的活动。

二、营销组织部署与完善

（一）营销组织的模式

从企业的诸种营销管理模式看，一般可分为四种组织模式。

1. 区域型组织模式

按地区划分营销区域是最常见的营销组织模式之一。相邻营销区域的营销人员由同一名营销管理者来领导，而营销管理者又向更高一级的营销管理者负责，图 20 - 2 表明了按地区规划的组织模式。

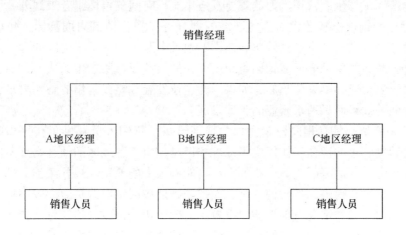

图 20 - 2 区域型组织模式

区域型营销组织的优点：

（1）地域集中，费用较低；

（2）人员集中，便于管理；

（3）在区域内有利于迎接挑战；

（4）地区经理权力相对集中，决策速度较快；

（5）营销人员与当地顾客容易建立起关系网络；

（6）营销人员与顾客是一对一接触，顾客服务方式比较统一。

区域型营销组织的缺点：

（1）分公司权力较大，不利于协调与统一；

（2）不能应对全国性连锁企业的经营需要；

（3）技术上还不够专业，不能适应种类多、技术含量高的产品。

区域型营销组织的适用企业：

（1）产品的性能不太复杂；

（2）顾客分布的地域广阔与分散；

（3）企业所经营的产品单一或相近；

（4）面对顾客的数量众多。

金汤宝公司是家食品零售业的供应商，它原来的组织模式是按其产品种类来划分的，结果，往往是一家零售店被多次访问，这样一来企业的营销费用很高。另外随着市场竞争的日益激烈，零售商受当地促销活动影响很大。所以金汤宝确定针对不同地区的营销状况，成立以地区划分的组织模式，取消部门经理，增设品牌经理，并赋予基层经理充分的权力，增加了各个地区竞争力及产品竞争力，取得了很好的效果。

在按区域规划组织设计时，企业还要考虑以下几个主要的因素：

（1）地区区域和市场状况。一般企业都会按照行政区划来进行区域市场的划分。但近几年来，有些企业的区域市场划分开始采用按城市远近来划分，或根据每个区域的顾客密度均衡、工作量或营销潜力的规模及最小旅行时间等指标组合来划分。

（2）地区营销规模和营销潜力。区域的划分可以按营销潜力或营销工作内容来加以界定。每种划分方法都会遇到效率和成本的两难课题。如果某个地区的营销规模足够大，设置分公司或办事处等区域营销组织所带来的效益超过所产生的成本，那么，就可以考虑设置分公司或办事处。当然，如果因为企业发展战略或营销战略的要求，也可暂时不考虑短期的效果而只追求企业的长远发展。

（3）营销评估。具有相同营销潜力的地区给每个营销人员提供了获得相同收入的机会，也给营销管理的评估工作提供了标准。但是，由于各地区的顾客密度不同，所以具有相同营销潜力的地区因为其面积的大小可能有很大的差别。被分派到大城市的可能用较小的努力就可获得较高的营销业绩，而被分到地域广阔而购买潜力较小地区的营销人员在付出同样努力的情况下却只能取得较小的营销业绩，或者需要付出较大的努力才能取得相同的业绩，这就要求我们在进行营销评估时考虑这个因素。类似的因素还有企业先开发区域与后开发区域的差别。

2. 产品型组织模式

产品型组织模式是按一种产品或一组相关产品的种类来划分的。一般情况下，技术含量高的产品已经采用这种组织模式，如图 20-3 所示。

产品型组织模式的长处：

（1）生产与营销联系密切，产品供货及时。

（2）营销队伍与相关的生产线相联系，便于掌握与产品相关的技术、营销技巧及产品的使用、维护、保养知识，有利于培养营销专家。

产品型组织模式的短处：

（1）营销成本高。

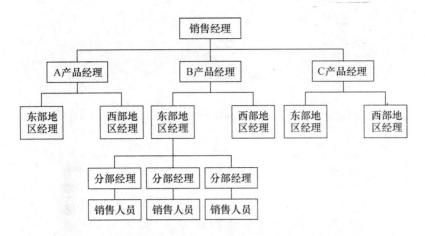

图20-3 产品型组织结构模式

(2) 可能会出现多名营销人员服务一个客户的情况。

(3) 因为地域重叠，会造成工作重复。

产品型组织模式适用的企业：

(1) 产品的性能比较复杂。

(2) 企业经营的产品种类较多，并且产品性能差异很大。

(3) 客户分属不同的行业，行业差异大。

根据不同的特点，产品型组织模式可以演化成按产品品牌划分的组织模式。一些生产多种产品并且每种产品又采用不同品牌的企业一般会采用按不同品牌来管理产品的营销组织模式。

采用按品牌划分的营销组织模式的企业，一般是由一位品牌经理负责一组类似而又同属于一个品牌的产品的营销与营销工作。品牌经理除了负责该品牌的营销工作之外，常常还需要负责该品牌的产品推广、广告、产品开发等工作。这种营销组织的模式对于那些产品品种多而且产品品牌对产品营销又非常重要的行业来说的确是一种很好的模式。

3. 顾客型组织模式

对不同的顾客营销相同的产品，因为顾客的需求不同，营销人员所需要掌握的知识也不尽相同。企业采取按顾客类型来规划与设计组织模式，便于营销人员集中精力服务于各种类型的顾客，从而成为服务于某类顾客的专家。图20-4表明按顾客类型规划的组织模式。

顾客型组织模式的长处：

(1) 便于建立与客户的紧密联系；

(2) 专人负责重要客户，可以更好地满足顾客需要；

(3) 为新产品开发提供新的思路；

(4) 可以减轻营销渠道的摩擦。

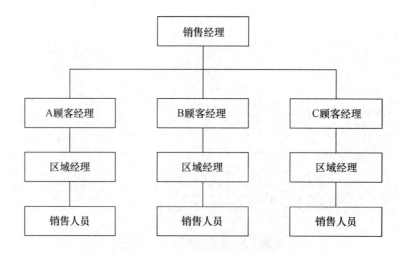

图 20 - 4 顾客型组织结构模式

顾客型组织模式的短处：

（1）由于营销区域重叠，造成工作重复，营销费用高；

（2）营销人员熟悉所有产品，培训费用高；

（3）因为营销人员离职带来的负面影响。

顾客型组织模式适用企业：

（1）客户的经销网点虽分散，但采购集中，如连锁超市；

（2）产品的营销量集中于一些采购量大的主要客户上。

依照顾客类型组织营销力量是营销观念和市场细分的自然延伸。当营销人员专门服务于某一类顾客时，他就有可能深入了解了这些顾客的需求，从而使营销管理者可以针对顾客的不同需求对营销人员进行有关专业知识的培训。只有在某类顾客达到足够规模时采取顾客型营销组织模式才有意义。

按行业来进行划分也是一类按顾客类型划分的营销组织模式，如胶卷行业可以分为普通胶卷、工业用胶卷和医用胶卷、军用胶卷等，这几个行业对胶卷的需求大不一样，营销方法也不一样，必须按其所属行业类型来进行划分。

4. 职能型组织模式

营销人员不可能擅长于所有的营销活动，但有可能成为某一类营销活动的专家，基于这种思路，有些公司采用职能型组织模式。由于这种模式管理费用大，因此，经济实力小的公司不应采用；规模较大的公司，由于营销队伍庞大，很难协调不同的营销职能，大多采用这种模式。吉列公司采用按职能划分组织模式，一个部门负责营销产品及协调产品的价格、促销、展示及分销的有关问题；另一个部门负责辅助零售商，检查他们的商品展示，协助他们营销系列产品，图 20 - 5 说明按职能来划分的组织模式。

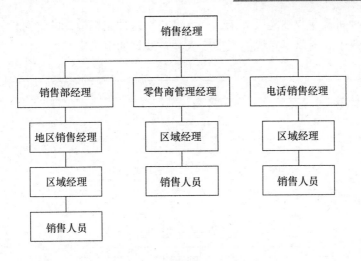

图 20 - 5　职能型组织模式

职能型组织模式的长处：

（1）有利于积极培养营销专家。

（2）分工较明确。

职能型组织模式的短处：

（1）费用较多。

（2）营销活动缺乏灵活性，责任不够明确。

职能型组织的适用企业：

（1）企业所经营的产品需要提供大量的售后服务工作，然而售前、售中和售后服务工作所需要的工作技能又有所不同。

（2）营销工作可以按营销内容的不同进行分解。

职能型营销组织模式可以按新客户和老客户来分别组织营销人员，即把营销队伍分成两类，一类专门从事寻找和发现新客户，以拓展业务为主；另一类专门负责维护和服务老客户，以维持业务为主。

近几年来随着电子媒介的发展，有的企业开始把营销队伍分为两类，一类是户内电话营销人员，一类是户外现场营销人员。以下这些营销活动比较适合电子营销或电话营销（网络直销、电话直销等）：①在现场营销人员直接接触顾客之前，试探性地确认潜在顾客，企业可以通过电子媒介开展营销活动或促销活动；②当顾客遇到困难时，企业可通过电子媒介迅速地向顾客提供更优质的服务；③向现场营销人员难以顾及的市场（如偏远地区或经济性不划算的客户）提供服务；④对具有新闻价值的创新和新科技信息进行迅速传播。

电子媒介营销的增长速度很快，主要有两个原因：一是因为顾客集中采购的增加，特别是常规采购以及替代品和供应商数量的增多，使营销人员为顾客节约时间的愿望越来越迫切。二是因为户内营销人员与户外营销人员的结合能极大地提高企业的营销效率。

5. 围绕大客户规划的组织模式

有些公司的经营业绩主要是由几个大客户来支撑，因此，这些公司便成立了专门的机构用大量的时间及专业技能服务于这些大客户，这种组织模式的针对性强，不需过多的管理和营销费用。图20-6说明了围绕大客户规划的组织模式。

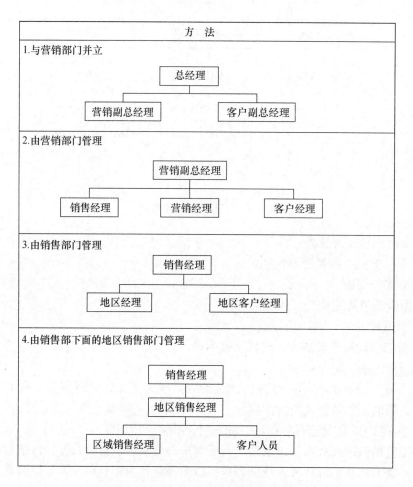

图20-6 围绕大客户规划营销组织模式

6. 营销组织模式的综合与集中

当企业在一个广阔、复杂的区域向许多不同类型的顾客推销多种产品时，很明显，以上各种组织模式都不太适用，这时，需要综合以上各种营销组织模式的特点，企业一般以按地区—产品、地区—行业、行业—产品、产品—职能、行业—职能等项目来进行组织模式的设计，其目的是发挥以上各种组织模式的长处，并克服其所存在的不足，这类组织模式的适应性和灵活性较强，但稳定性却较差，多重领导间容易产生冲突。

随着时代的发展，营销组织模式也出现了集中的趋势，即营销组织结构扁平化、营销功能多样集中化，顾客只需面对一名营销人员就可以让客户得到完全满意的解决方案。如在惠普公司，市场营销管理者已经发现几乎所有的顾客都想购买惠普公司的所有产品。为了方便顾客的购买，惠普公司设立了一个新职位：客户业务经理。客户业务经理的主要职责是为顾客提供服务，它"集成功的营销人员、咨询顾问和业务经理于一身"。由于客户业务经理的收入不但与营销收入挂钩，而且还与顾客的满意程度挂钩。因此，他们一定能做到以顾客为中心来开展工作。

7. 总结

在建立营销组织时，不考虑地区因素的情况而建立的营销组织几乎是不存在的，无论采用何种营销组织模式，最终营销组织单位的分布大多是根据地区因素而确定的。

营销组织的模式应随着企业的发展和市场状况的改变进行适当调整，以适应市场行情的需要，为顾客提供更好的服务。不同的营销部门可能有不同的组织结构模式，但其基本模式是相似的。为了提高营销效率、降低成本、发挥营销组织的整体优势，企业必须要根据自己的产品、规模、市场经营等实际情况，建立起与之相适应的组织模式与管理体系，并要分工明确，做到责、权、利的匹配，使企业能够协调、持续、快速地发展壮大起来。

营销组织模式并不是静态不变的，它会随着企业战略的变化而变化，也就是说，一定时期内企业应该选择以何种营销组织模式来实现既定的营销目标。随着互联网技术的发展及应用，营销组织虚拟化的趋势会越来越明显。这种虚拟化并不是说不存在营销组织，只是说它在物理存在状态下会出现一些新的形态、新的特点。

（二）营销组织的发展

在企业中，营销部门与其他部门既有联系又有区别。从历史的角度来看，营销组织和营销管理部门在企业长期发展过程中的关系是不断变化着的。它的这一变化过程可以划分为四个阶段。

1. 简单的营销部门

任何一个企业如果想要顺利地进行其经营活动，就都必须具备四种基本的功能，即融资功能（通常所说的财务能力）、生产功能（通常所说的生产制造技术）、营销功能（即向顾客提供产品和服务）和会计功能（即记录企业经营活动过程），这些不同的功能又由不同的部门来负责。营销的功能由一名管理营销的副总经理或营销管理者领导。该副总经理或营销管理者既要负责管理营销队伍，还要直接从事某些推销活动。如果企业需要进行市场调查或做广告，这些工作也由经理营销的副总经理或营销管理者负责处理。这一阶段的营销组织机构状况，如图20-7所示。

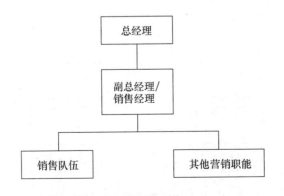

图20-7 简单营销部门阶段的组织结构

2. 营销部门兼有其他附属功能

随着企业经营的不断扩大，企业需要更经常的、持续的、有专门经验的营销调研、广告及顾客服务功能部门。在这种情况下，营销部门所负责的功能开始增多。管理营销的副总经理可能会雇用一名营销主任，负责对各种非营销功能的规划与管理。此时，营销管理开始得到企业重视，但是，企业营销部门的重点应该还是营销工作，这一阶段的组织结构，如图20-8所示。

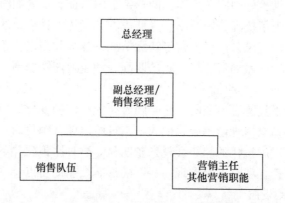

图20-8　营销部门兼有其他附属功能阶段的组织机构

3. 相对独立的营销部门

企业的不断发展使其市场营销的其他职能，如新产品开发、营销调研、广告和营销促进、顾客服务的重要性等都须得到发挥，当然，营销组织的规模也就会随之扩大。尽管如此，营销副总经理还是把大部分的时间和精力放在营销队伍的建设上。但营销主任会提出种种理由，要求增加用于其他营销活动的费用预算。终于，企业会觉得设立一个相对独立于营销副总经理或营销管理者的营销部门对企业是有好处的，如图20-9所示。营销部门由管理营销的副总经理或营销管理者领导，营销副总经理（营销管理者）和另一营销副总经理（营销管理者）一同向总经理负责。在这个阶段，销售和营销是企业组织机构里应当紧密合作的两个相互独立的、平等的职能部门。

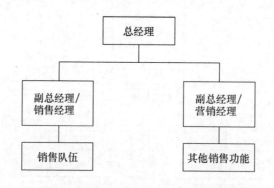

图20-9　出现独立营销部门阶段的组织结构

4. 现代营销部门

尽管销售副总经理（销售管理者）和营销副总经理（营销管理者）的工作应当步调一致，但实际上他们之间的关系常常带有相互竞争和互不信任的色彩。销售副总经理（销售管理者）不甘愿让销售队伍在企业中的重要性有所降低，而营销副总经理（营销管理者）则寻求在扩大非营销队伍的功能方面取得更大的权力。销售副总经理（销售管理者）倾向于追求短期目标，并全神贯注于实现当前的销售任务，因为他要完成企业设定的销售目标。营销副总经理（营销管理者）则倾向于努力实现长期目标，致力于从满足顾客长远需求出发来规划和制定最完善的产品和营销策略，因为他要设计企业未来的发展。

如果销售活动和营销活动之间冲突太大，企业可以将销售活动置于营销副总经理（营销管理者）的管理之下，也可以交由销售副总经理（销售管理者）来处理，也可以把销售活动和营销活动统一交由一个人管理。当然，由营销副总经理（营销管理者）来管理企业的销售活动和营销活动更能应对激烈的市场竞争，并由此形成了现代营销部门的基础，如图 20 - 10 所示。

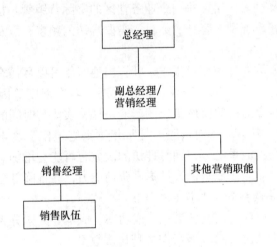

图 20 - 10　现代营销部门阶段的组织结构

从上述结构的发展演化来看：

（1）销售职能先于营销职能产生，是企业最原始的基本职能，故先有销售管理后有营销管理。

（2）销售管理是营销管理的基础。只有销售管理有效，营销管理的功能才能实现。因此，二者在为实现企业目标上是一致的，所以企业在实际运作中可以在某些条件和情况下将这二者等同起来。

（3）从现代营销观念的角度来看，销售管理应服从于营销管理。

（三）划分具有相同业绩潜力的业务辖区

1. 衡量业务潜力的指标

在决定每个业务辖区的界限及人力时，营销管理者所要做的第一件事，便是要找出可以用来衡量业务辖区营销潜力的指标。许多产业印刷品厂、协会以及政府单位都有这一方面的信息。

新屋建盖数目与营销数字，可以提供给家具业者及租赁行业作参考。消费者的购买力指标或工业购买力指标都可以用来衡量各种产品的营销潜力。

《业务行销管理杂志》登载的《年度购买力调查报告》，包括了各洲、各国的人口、户数、各区域、零售业营销额，以及有效购买收入。只要找到适合的政府机关或是特定产业内的统计资料，便可以直接取得这些数据。

2. 计算出营销人员所需的营销潜力

找出合适的衡量指标之后，下一步则是要确定：企业需要多少的业绩量才能"养"一位营销人员。

举例来说，如果某公司在该市场区域拥有1%的市场占有率，一位营销人员的损益平衡点（含分配的固定费用）是200万元的收益，那么在该业务辖区必须要产生2亿元的收益才能负担一位营销人员。

3. 检查现有辖区的各种信息

检查一下今年以及过去一年，每一个业务辖区的实际营销额。接下来，检查每一业务辖区内现有及潜在客户类型、客户的数目、需要拜访的频率，以及营销人员每日拜访的能力及工作量。

使用每一位营销人员的拜访客户报告，计算出他每年可以拜访客户的总次数。可以拜访的客户次数会因为客户形态、产业、营销形态、客户密度等因素的不同而有所不同。营销人员可拜访客户的次数就像工厂的产能一样，实体与时间的限制让这样的数字每年的变化维持在10%以下。然而，假如是某年营销组织作了适当的调整，运用电子商务与网站，或是加入其他系统等，则可拜访的次数有可能会增加。科技的提高永远不会取代营销人员，但它却能协助营销人员提升营销能力，并且降低公司成本。

4. 进行客户分级并调整营销人员业务辖区

下一步，要按照客户现有及业务潜力、成功率、成本等因素分为A、B、C三级。A级客户需要最多次数的拜访，而C级所需的拜访次数最少。

一位营销人员将即时资料库软件给石油交易商的营销人员，必须要拜访商品交易商、银行、代理商、退休金计划小组以及国际能源公司。商品交易商的营销及服务的成功概率高，成本低，需求量也最大，因此被视为A级客户，银行则被分为C级客户。

该公司有3位营销人员，每人每天可以拜访4位客户，一年总计是880次。除此以外，每一位营销人员都应当在每周拜访2~3位潜在客户，1年约为100位。营销管理者使用表20-1所示的营销人员时间分配规划表，来计划每位营销人员的工作量。第一位营销人员拥有15个A级客户、30个B级客户及45个C级客户；第二位营销人员拥有20个A级客户、40个B级客户及60个C级客户；第三位营销人员负责25个A级客户、50个B级客户及70个C级客户。营销人员应该每月拜访A级客户一次（1年12次），每两个月拜访B级客户一次（1年6次），另外需要每季拜访C级客户一次（1年4次）。

表 20 - 1 营销人员时间分配规划表

业务代表姓名：_____

业务辖区：_____

在此类别中的 客户总数	每一类客户每年的 拜访次数	在此类别中所需的 拜访总次数
A = _____	× = _____	= _____
B = _____	× = _____	= _____
C = _____	× = _____	= _____

总计_____

加上拜访潜在客户的次数：_____

加上服务性质的拜访：_____

每年实际所需拜访次数：_____

每天/每周拜访次数：_____

营销人员预计每年拜访次数：_____

与实际所需拜访次数之差异：_____

　　现有及潜在客户的数字可以从客户那边取得，也可以从产业同业工会文件、印刷品、电话簿或是政府机关发布的资料中找寻相关数据，还可以使用网络来搜寻这些资料，大部分这一类的资料都可以在网上取得。

　　以上数据加上公司要求每年拜访 100 位潜在客户，我们可以分别得出这 3 位营销人员每年必须拜访的次数：第一位营销人员总计是 640 次，第二位是 820 次，第三位则是 980 次。根据以上数字，可以得知，第一位营销人员的"利用率"只有 73%，第二位是 93%，第三位则是 111%。假如这三个业务辖区的营销潜力相差不多，那么公司可以考虑将第三位营销人员的部分客户交给第一位营销人员来运作。

　　5. 辖区调整后的注意事项

　　当营销管理者调整辖区时，一定有人获利而有人失利。表现得好，辖区却反遭缩减，很有可能引起营销人员的不满，甚至挂冠而去。因此在调整时，要尽可能地告诉那位营销人员他可以因此获得的好处：减少其在外奔波的时间，有更多时间去服务重要客户，拥有更多的休闲机会，或是做更具挑战性的开发工作，等等。谨慎解释调整的原因，并且以感性的方式来肯定这位营销人员，同时也可以考虑将其营销业绩的某个百分比划归给原有的营销人员。

　　对小型公司来说，在设定业务辖区范围时，除了要考虑公司本身的通路选择和营销组织形态之外，营销人员的需求及他们的人脉资源也必须要纳入思考范围。小型公司具有较高的弹性，可以让营销管理者尝试用新的不同的方式进行辖区的规划，甚至可以将营销人员居住区域、个人特质、个人需求及其相关好恶通通考虑进去。

　　另外，尽管不同国家、地区、城市的购买能力以及潜在客户数目和营销额等情报都可由相关的信息中获得，但业务辖区的划分可能不会按照这样的区分方式。高速公路、河流、桥梁、地下隧道及山脉都是天然而成的实体区隔。

三、营销计划含义与制定

(一)　营销计划的定义

简单地说，营销计划就是直接实现营销收入的整个过程的计划。所以说，营销计划实际上就是营销的收入计划。具体地说，营销计划是根据营销预测，设定营销收入的目标额，同时为了能够具体地达到该目标，需要对营销任务进行再分解。另外还要编制营销预算，决定未来某个时期内的营销数量和金额。营销计划具有经营计划先驱者的特点，由于营销计划内容决定着企业的性质与方向，所以，对此必须从各个角度进行全面地分析判断，切忌仅凭直觉来设计计划。

营销计划的内容主要包括以下四项：

(1) 编制营销预算计划；

(2) 营销计划的实施程序；

(3) 决定营销收入的目标额度；

(4) 分配营销任务。

(二)　营销增加率的定义

营销增加率，又称营销成长率，是今年营销实绩与去年营销实绩的增加比率，亦即今年与去年实绩之比。其计算公式如下：

$$成长率 = \frac{今年销售实绩}{去年销售实绩} \times 100\% \qquad 或，1 - \frac{今年销售实绩}{去年销售实绩} \times 100\%$$

一般而言，决定营销增加率是比较简便的，主要是由决策层作出决定并下达指标。但如果计算精确的营销增加率，就需要从分析过去几年的增加率着手，利用趋势分析来推定下年度的增加率，进而计算出平均增加率，其计算方法如下：

$$平均增加率 = \sqrt[n]{\frac{今年销售实绩}{基年销售实绩}}$$

n 值的计算方法是：以基年（基准年）为 0，然后计算出今年等于基年的第 n 年，如果是第 3 年，则 n 为 3 年。有时，也以经济成长率或业界成长率来代替营销增加率，但无论采用哪种方法，均需运用下列公式计算出营销收入的目标值。

下年度的营销收入 = 今年营销实绩 × 成长率

(三)　营销计划在企业经营中占有重要的地位

如果说，在卖方市场出现以前的早期时代，也就是当社会处于只要制造产品就可进行营销的时代，人们总是把资金计划当作营销计划，也就是说，一旦拥有一定资金能力就可保证销出商品，那么当社会发展到以卖方市场为主导的时代时，情况就会发生变化。由于市场已经趋于饱和状态，这时虽有足够的生产能力，但如果不能维持一定的营业营销量，仍然无法维持较强的生产能力。因此，为保证经营的顺利进行，营销的重要性就越来越明显，由此也就产生了市场调查与产品计划。这是因为随着社会的飞速发展和竞争的日益激烈，任何企业都不能仅凭感觉进行经营，凡事必须进行缜密周详的计划。企业制定有计划的行动方案，是其在经营中能否取胜的必备法宝。

一般而言，生产计划、营销计划和资金计划构成了企业的经营计划的三大支柱，其中营销计划可随着时代的发展而不断发生变化。今天它已经构成了经营计划的中心内容。从历史角度来看，企业发展过程虽然是以制造产品为基础而发展起来的，但现在所强调的经营计划的出发点则是需要能够预测出市场能否接受企业所生产的商品或服务的程度，然后在此基础上再进一步掌握市场的需求动向。

生产计划是以库存计划中介结合营销目标而制定的。至于其中的资金计划，则是随着生产计划的改变而改变的。当生产能力无法实现营销目标时，企业就需要增加设备投资。如果生产能力过剩就需要采取相应的对策加以调整。这些都是需要以原有的设备为基础的，生产能力需要与营销能力相适应，所以就必须制定长期的经营计划。

（四）制定营销计划要注意期限

制定营销计划，首先需要认真细致地分析市场，也就是预测市场需求状况，以准确掌握整个业界的动态，然后根据整个业界的预测值来进行营销预测。在此基础上，根据营销预测值、企业经营者、部门经理和推销人员所提供的营销额等情况，进行综合判断，进而确定下年度的营销收入目标。为了保证顺利实现营销目标，有必要对营销额进行再分配。营销额分配的中心问题在于"产品"的分配，以此为核心而逐次决定"地域"和"部门"的分配额，然后再进一步具体分配到每个推销人员，其目的是为了能够顺利地实现营销目标。细分营销目标额以后，再按月份分配，拟定每个月的目标额。公司按营销目标，编制实施营销计划，并成立营销组织。最后，再参考营销收入的营销额分配、目标额、营销费用等，编制营销预算，这是编制营销计划的最后一个环节。

营销计划按其时间的不同，一般可分为长期计划和短期计划两种。通常长期计划为5年，短期计划为1年。一般认为，两种计划及其有关工作虽是互不相干的，但两者必须紧密地结合在一起，因为短期企业计划是下一个长期计划开始前完成年度各项管理计划所必须关注的问题。因此，短期营销计划在所有各主要方面都要与企业的长期计划密切配合。许多企业把完成长期营销计划的进度，作为整个计划循环步骤中的一个重要环节。编制预算的企业，通常需要在每年六月底至少以暂时编制的形式完成长期营销计划，因为这样，对于修订和完善后半年企业发展的短期企业计划，可以留有充分的准备时间。长期营销计划一般按年度总金额编制，而短期营销计划则需在年度中按季或按月编制。长期营销计划是利用产品的宽泛分类，通常按固定币值预测，这种预测需要对市场潜力进行深入细致的分析，其中包括同业预测、人口的变动、企业预测等内容。企业预算要受到社会发展总体趋势和政府的基本政策和策略的影响，这些策略的落实是推进政府建立的长期目标的预定行动。因此它也代表着政府希望利用可控制的变数来作出规划，并利用无法控制的变数的方法，来控制企业的未来发展。长期性的管理策略会涉及开拓市场的方向、提高生产能力、扩展或改变营销的渠道、产品售价政策、新产品的开发、现有产品的改良、成本形态等。管理策略决定的影响，是以判断的方法带给企业长期营销计划的。因此，从预测的角度，企业在长期营销计划中可运用三种模式：一般经济的预测模式、规定同业营销总额的预测模式和确定本企业的市场潜力的单独营销模式。

短期营销计划是关于时间水平的一个最普遍的方法，是企业在一年中的营销计划。开始可以以季为单位进行数字分配，然后再将每一季度的计划按月分配。每月或每季终了时，营销计划应当作重新调整和预测，加入未来一个月或一个季度的预测，同时将刚结束的一个月或一个季度的数字减去。这样一来，营销计划可以经常按月或按季进行分析和修正。短期营销计划通常包括为每类主要产品和每组产品所编制的详细计划或预测。短期市场预测一般以实物单位和营销金额编制，不必用作物价水平变动的调整。短期营销计划为了控制的需要，是按市场责任分别编制的，当年预计的物价变动必须纳入营销计划之内。短期营销计划往往涉及广泛的精确统计与数学分析的应用，但是管理判断在企业经营决策中仍占有特别重要的地位。

（五）营销计划的制定要考虑九项内容

一般而言，营销计划的内容至少应当包括以下几点：

（1）成本计划（能用多少钱）。

（2）渠道计划（通过什么销售渠道）。

（3）商品计划（制造什么产品）。

（4）营销单位组织计划（由谁来营销）。

（5）营销总额计划（营销到哪儿、比重怎样）。

（6）促销计划（怎样营销）。

可以看出，在以上的几项内容中，营销总额计划是最主要的。营销计划的内容大致可以涵盖在其中，营销总额计划是营销计划的精华所在，也是营销计划的核心内容。

1. 年度营销的总额计划

编制年度营销总额计划时，通常要参考以下几项内容：

（1）前一年度企业自身和竞争对手的营销业绩。

（2）损益平衡点＝固定费用预测＋计划营销利益÷计划边际利益率×100，计划边际利益率＝100－（变动费用预测÷营销总额）×100。

（3）事业发展计划的营销总额。必须要综合政治、经济、社会变化等资料来拟定事业发展计划的营销总额。要通过召开会议等形式，逐项分析检查计划中所涉及的各项内容。最终所确定的数额是事业发展的基本营销总额计划，而各个营业部门的营销额目标可以酌情提高，可作为该部门的内部目标计划。

2. 以月为单位的营销额度计划

制定以月为单位的营销计划，需要收集和了解过去3年内以月为单位的营销业绩，将过去3年内各月的营销业绩累计起来，再计算出每月的营销比例。这样可以根据每月的营销情况，看出因季节因素的变动而影响该月营销额的变动情况。此后，将过去3年间每月营销比例予以运用，在最后确定的企业营销总额中即可得到每一个月的营销额计划。

3. 商品类营销额计划

根据商品类别制定营销额计划时，一是要明确商品类营销比例。首先，根据去年同月的商品类营销比例和过去3年左右同月的商品类营销业绩，计算出商品类营销比例，从中了解营销较好的商品群和利益率较高的商品群。其次，参考商品营销比例政策调整营销、有关意见和建议、商品需求预测等情况，修改在过去3年间和去年同月的商品群营销比例。最后，以修改过的商品营销比例为基础制定商品类营销额计划。

4. 部门类、客户类营销额计划

搜集整理部门类和客户类的商品营销比例，对前一年同月的部门类和客户类的营销比例进行分析研究，并将实际的部门类和客户类的商品营销比例按照下列三种观点给予调整：

（1）部门类和客户类的营销方略。

（2）参考部门经理和客户动向性的意见。

（3）客户的使用程度、信用状况和竞争对手的竞争关系，以及新拓展的客户目标等。最后用修改后的营销比例计算出客户类和部门类的营销计划额。

5. 营销费用计划

营销固定费用通常应该包括在总的损益计划的营销管理费用中，并需要在年度计划损益中列举出来。营销固定费用一方面需要参考过去的业绩等资料，一方面要列出计划的适当金额。同时，要拟定各月营销变动费用的计划，因为已经编制的以月为单位的营销总额计划是需要按计划完成的，在此基础上必须确定所需的年度变动费用。每个月的营销固定费用计划是将年度总计划金额中的各个固定费用金额给予简单的平均，进而计算出大概的月营销固定费用金额。月营销固定费用计划的项目应包含折旧费、工资和利息费用等。

6. 企业促销计划

企业的产品促销计划主要包括以下内容：

（1）与产品相关的促销计划，其中包括营销系统化、产品的新鲜度、产品的质量管理、卫生和安全性、样本促销、展示会促销、专利权、商品特卖会等。

（2）与营销方法相关的促销计划，比如确定营销点、营销赠品和奖金的支付、招待促销会、掌握节日期间人口聚集处的促销、代理店和特约店的促销、分期付款促销、建立连锁店、营销退货制度等。

（3）与营销人员相关的促销计划，包括行动管理和教育强化、营销竞赛、业绩奖励、团队合作的营销。

（4）广告宣传等促销计划，如 POP（营销点展示）、模特展示、目录、报纸、宣传单、广播电视、海报宣传、杂志广告等。

7. 营销账款回收计划

其主要内容有：

（1）与营销计划并行的客户赊款回收计划要配合以月为单位的营销总额计划同时进行。过去的收款业绩等资料可当作分析参考资料。

（2）要求管理人员控制客户款项的回收是极其重要的。

（3）注重提高客户账款回收率，缩短客户账款积欠天数和数额。然而，回收率的提高仅是使票据到期天数延长并不具有实质性意义，要通过计算切实实现账款积欠天数的缩短。计算公式是：

客户账款积欠天数 =（客户赊款余额 + 本公司收受票据余额）÷日平均营销总额

8. 营销人员行动管理计划

对营销人员的行动管理是十分重要的。要坚持以下三个方面的管理：

（1）每位营销人员自己应该明确未来一个月自己的重点行动目标，并通过文字表达出来。根据行动计划，经理人员要进行经常性的检查、督促，以使计划得到落实。

（2）建立以每周为单位的行动管理制度。在以月为单位的重点行动目标设定后，即可以提出每周的行动管理和努力方向。现代的商业社会，许多的企业活动都是以一"周"为循环单位的，如果每周的管理做得不够完善，营销人员就不会取得好的业绩。

（3）以实际的营业日报表来检查每周计划的执行结果。每天营销人员所呈报的营业日报表，都可以以一周的行动计划为绩效考核标准。只要将行动计划与每天的业绩相对照，营业人员的表现即可一览无余，充分实现营销管理的目的。

9. 部门、分店的损益管理计划

要严格执行部门损益制度。也就是对每个部门、分店、科（室）等单位的损益标准和其相对应的业绩及其完成率都有一个十分清楚的了解和掌握。而且要尽量以利润为中心的方式进行计算，把所属部门和分店本身的变动费用和固定费用区分开来，从该部门或分店营销总额中扣除利益是最简单的计算方法。然而实践中却很难执行，只能尽量采用最公平且不引起各部门争论的方法。将达成率的情况当作损益的评价标准。

（六）制定营销计划需要两种基本资料

1. 外界资料

外界资料的收集，并通过对这些资料的分析，进而判断当时的经济动态、市场与工商业的一般动态、业界动态等。尤其必须注意的是，有关市场需求量的资料，要按照产品、地域、月份等分别去收集。

2. 内部资料

内部资料主要是以营销资料为重点，尤其是预测营销方面的资料更为重要。可按照下列方法，从"质"和"量"两个方面做准备。

（1）有关"质"方面的资料。主要是指用以分析营销情况的变化、营销实绩内容、营销政策的实施结果等，其中尤以营销负责人在营销活动中所得到的市场情报最为重要，是定量式分析不可或缺的资料，也是营销计划所必需的参考资料来源。因此，企业必须注意与客户建立起良好的关系，从中不断获得各种市场信息资料：

营销政策实施结果的信息资料。以此作为企业拟定重点市场政策、制定分配政策、充实营销条件时的重要参考资料。

有关市场与其他同行业企业经营动向的信息资料。

有关产品普及度和市场占有率变化方面的信息资料。

顾客名录（本企业与其他企业）的信息资料。

分析营销报告有关数据所得到的信息资料。

（2）有关"量"方面的资料。

一定营销额的资料：应该区分成金额和产品数量两种，其中产品数量方面的资料，越详细越好。可运用下列分类方法加以收集整理：顾客、部门、产品、地域、营销方式、营销途径、推销员、交易条件等。同时，也应尽量按照月份收集统计出各种资料。

对有关营销费用的资料进行分类、收集和统计。

有关营销利益的资料。按照顾客、产品、地域、部门等类别，加以分类、收集和统计。

收集有关应收账款及应收票据的收回资料。

收集有关存货的资料。

收集有关推销员的访问实绩。

（七）制定营销计划需注意的问题

制定营销计划应以企业策略、企业目标、营销预测等因素为基础。在此基础上制定符合企业发展实际的营销计划，其中主要包括：广告计划、营销计划的实施、推销费用计划和市场营销计划等。

营销计划的基本目标是确定企业对于未来的营销收入。为此根据以下几个方面的内容可以作出较为准确的判断，其内容包括：企业目标的影响；企业的现有资源环境；长期和短期的管理策略。这一目标确定后，可以通过管理来完成，所谓管理就是要在一定的时间内达成目标的行动，也就是达到营销计划中的一定目标。企业目标所涉及的内容是广泛的，根据这些目标制定营销计划，必须以管理策略为基础，判断出企业实现目标的能力和水平。营销预测的提供是在确定情况的假设下，现有顾客需求的技术性预测。推广、广告和推销费用计划为达成包括最终产品，也就是营销计划营业额所必需的资源的预定投入。市场营销计划反映着营销量和营销工作中从企业资源预定投入所产生的营销收入预计。总而言之，整体营销计划本质上代表着整体企业计划中产生收入的部分。营销计划包括三个子计划，即市场营销计划、推广和广告计划、推销费用计划。

营销计划的构成因素并不是依照一定的先后顺序展开的，应该视具体情况而定。有的营销计划在一些方面是需要有先后顺序的，但在其他方面必须协调共进。广泛的企业目标和策略的推动，通常应在计划步骤的初期进行；营销预测的发展，应在计划循环的早期进行。同时，也需要推动推广广告计划、推销费用计划、市场营销计划。因这三个子计划中的每一个计划对其他两个计划都会产生重要影响，只有当这三个分计划实现协调一致的发展时，我们才可以说，营销计划已经实现。

1. 目标和策略

这是任何企业经营管理都必须给予特别重视的一个重要问题。在制定企业的目标和策略时，必须充分重视营销功能，并且能够做到把计划前提说明书发至有关责任人的手中，作为计划程序的基本步骤之一。

2. 营销预测

营销预测与营销计划具有不同的特点，它是企业在一定时间范围的并有一定的基本假设的情况下对潜在顾客需要的一种技术性的预测。当企业对营销预测进行判断，拟订策略当作资源投入的承诺、管理承诺，并采取行动的目的，是为了实现营销目标，这时的营销预测就转变为预测计划。因此，营销与营销计划两者包含着相同的营业量，有时也并不都如此。这一区分让我们知道，营销预测是代表一项可以用于发展整体营销计划的重要分析步骤或活动。典型的营销预测由技术人员进行合理编制，应用许多精密的分析方法，如数学模式、指数平均、趋势适应、相关分析、作业研究等技术。营销预测是近些年来最重要的一项成果，它为复杂的营销预测分析提供了一种精密而可靠的策略，而且可以减少营销预测的风险。今天营销预测的中心问题是分析中所使用的适用的历史的资料的积累、分类和利用。

3. 发展营销计划

整体的营销计划，包含市场营销计划、推广和广告计划、推销费用计划。市场营销计划往往被称为营销预测，可用数字表示每一分支机构的营销数量和金额。一般而言，在短期或年度营销计划中，通常包含一年并对长期营销计划中的当前部分给予特别关注。短期营销计划的中心目的不是要评估或预测将来的营销数量，而是要发展这一计划，不但需要确定业务努力的方向，还需要制定一个切实可行的短期营销计划，需要企业市场管理者为此付出努力，特别是经理营销的人员。营销计划通过审核后，营销部门要按照营销计划采取有效的措施和步骤，努力实现营销计划中规定的营销额和成本费用目标。短期营销计划的发展，涉及有关组织的责任、产品和时间等许多问题。一个完备的市场营销计划除了表示全年的营销收入外，还应表示出按组织机构、营销地区、季度或月份、产品类别等区分营销数字。一个中等以上规模的企业，其完整的市场营销计划除总表外，还应包含许多详细的附表。

从确定企业目标、企业策略和营销预测开始，负责营销的经理，就应当在所属部门负责人的协助下，开始运作营销计划的实施工作。营销管理者在负责整个的营销工作的前提下，同时重点负责发展计划的推广和广告计划，并计算出详细成本。因为这些资料形成了整个营销活动预算的基础。营销管理者也需要以这样的方式来发展营销费用的计划，这些计划涉及支持市场营销计划所需要获得的订单和应付订单的成本。一般来说，应由营销管理者向总经理委员会提交一份完整的营销计划。营销计划要由总经理委员会确定，通常一份完整的营销计划先给予暂时的核准，然后将有关各部分分送给其他部门经理，以此作为整体计划的基础。向总经理委员会提交的营销计划的一个重要补充就是由财务或预算经理领导编制的一份快速报表，报表将广泛地反映营销计划的可能利润和潜力所在。之所以要求快速报告须由财务经理领导和部门完成这一任务，是因为它能够更好地适应对完成营销量所发生的其他成本的广泛预测。通常应采取较广泛的"成本—营销量—利润分析"的形式。这一由财务经理领导所作的初步的利润预测只是一个估计，只有在等其他工作计划完成和批准后，这项预测才可能会被更为详细的预测所取代。

（八）营销计划的决定可采用两种方式相结合的策略

确定营销计划的方式有两种，即"分配方式"和"上行方式"。分配方式是一种自上而下的做法，即从经营最高阶层起，往下一层层分配营销计划值的方式。由于这种方式属于传统观念下"理当如此"的方式，所以是一种演绎式的确定法。上行方式是先由第一线的推销人员评估出营销计划值，然后再一层层往上呈报，此种方法属于归纳式的方法。由于二者各具优点，所以不易判断二者优劣。分配方式的特点是处于第一线的人员缺乏对计划的积极参与感，不易将上级所决定的计划变成自己的计划。而上行方式的不足则在于部属所预估的结果，不一定符合整个企业的目标，所以，往往无法被采纳。

企业究竟采用何种方式，主要应该以内部情况而定。①高阶层对第一线了如指掌，而位处组织末梢的推销人员，也深深信赖高阶层者。②第一线负责营销人员信赖拟定计划者，且唯命是从。③第一线负责营销人员能以整个企业的立场，分析自己所属区域，且预估值是在企业营销计划的许可范围内。

①和②两种情况可以采用分配方式，而③则适用上行方式。

无论采用何种方式，制定营销计划时，都需有良好的体制作保证：一方面，最高阶层对营销目标应有明确的观念；另一方面，也要认真观察第一线人员对目标的反应。双管齐下，然后再确定下年度的计划。但是在实际制定营销计划时，可能会产生以下两种情况：一是营销分配计划是否可以立即落实。二是上行方式的计划，是否可以被上级认可。如果分配方式可以立即实施的话，则可通过计算机迅速算出按产品、顾客、推销人员、部门、月份等类别的分配指数，然后，再将营销收入的目标值输入计算机，这样便可编制营销计划了。

营销收入目标值，就是源于分配指数的，以一层层分配方式而得，所以在整个分配过程中，不可能百分之百地满足客户的各种需求。因而到组织末端，更要具体的合乎实际，否则就难以实行。另外，由于上行方式的计划，不一定能符合企业的整体需求，所以，在"分配计划可能实现之前"和"上行计划被认可且成为经营计划之前"则需要反复进行修正。

由于上述方式耗费人力多，所以如果想节省人力而使计划更具效益，就需同时进行"分配计划"与"上行计划"，二者相互密切协调，而制定实施计划。如图 20 – 11 所示。

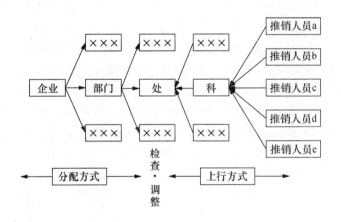

图 20 – 11　分配方式与上行方式的关系

如果营销组织可区分成部门、处、科、推销人员等几个阶层，先根据最高阶层所提的基本方案，然后再编制到处级为止的计划草案。这一个计划草案的形态，就是将最高阶层的基本方案，逐步分配给各处的形态。如果这一计划草案的内容，是以一年为期限的产品营销目标，如 A 产品的营销指标价格为 15000 元，且营销数量为 20000 个，则可估计各负责区域的营销额；然后将各科人员所报的预估数，呈报给处级单位以作拟定计划的参考资料。科和推销人员在估计营销额时，必须参考过去的实绩，否则就会失去应有的意义。这时，处长的位置最重要，应对"上级所交予的计划草案"，与"下级所呈报的营销预估值"加以对照比较、检查与协调。因为处长处于中间地带，不仅详知营销的实绩，也深知高阶层的意图，所以，最宜于调节"计划草案"与"营销估计值"之间的差异。例如，当营销额估计过于乐观时，处长就必须会同各科长及推销人员，分析各市场区域的动向，借此修正营销计划。此时，处长就需站在营销管理者的立场上，负责调整计划草案与营销估计方案。另外，如果处级单位的调整，依然无法解决问题时，就需由部门经理出面协调。如果情况较恶劣，部门单位协调仍没有结果时，则唯有会同最高阶层者，作整个公司的全面调整了。

（九）制定营销计划要考虑价格政策

一个完备的营销计划，包含许多政策性问题和其他相关的因素，它表现为对管理决策的一个整体综合。所以，营销管理者需要对此从多方面进行考虑和研究，并从中进行选择，如终止产品、新产品、营销成本的限度、营销人力的规模、营销地区的扩大或收缩、定价、广告等。完整的营销计划除了广告费用、营销费用、市场营销计划外，还包含营销人员的工作方案和组织，以及其他协调工作的了解。这种了解对于有效率地开展营销工作，并以最小的成本实现最大的营销潜力是极为重要的。事实上，许多方面的结合都是可能的。这也预示着在营销计划中利用精密的现代科学技术的重要性，以避免其中的一些人为因素，达到营销计划的公正、客观、合理、科学。

售价政策是营销计划中的一个重要组成部分。售价与营销量是互相联系的。因为营销量与售价不可避免地会联系在一起，所以每个企业的管理者实际上都面临着一个非常复杂的问题，一方面是需要曲线的估计，另一方面是在不同售价情况下营销量的变动程度。再一个就是单位成本曲线，这一曲线是随着生产数量的变化而变动的。因此，"售价—成本—数量"的关系处理会直接影响到企业应该采取的管理策略。

在决定售价策略时，有一个非常明显但又常常容易被人忽略的问题，就是如何深入地分析售价和营销量两者之间的对比关系。一般而言，售价的增加如果不至于引起营销量的变动时，可采用纳税前的利润金额来表示；反之，营销量的增加如果不至于引起售价的提升，则税前利润要以产品单位售价与每单位变动成本的差额来表示。比如，一家企业在处理营销产品与售价关系时所采取的巧妙策略，最初的营销计划显示的售价是每单位产品售价2元，可能营销量为5000，其相关成本中3000元为固定成本、4000元为变动成本。企业领导层的初步结论认为，这一营销计划不符合企业的发展目标，所以他们考虑：一是售价是否不变，二是增加售价10%，三是营销量增加10%。为了方便起见，假定以上两种策略中每种都可应用。三种不同情况的一个简单直接的分析方法，如表20-2所示。

表20-2 售价与营销量的对比关系

	第一种情况（最初售价）	第二种情况（售价增加10%）	第三种情况（营销量增加10%）
单位（个）	5000	5000	5500
单位售价（元）	2.00	2.20	2.00
营销收入（元）	10000	11000	11000
成本（元）			
固定（元）	3000	3000	3000

	第一种情况（最初售价）	第二种情况（售价增加 10%）	第三种情况（营销量增加 10%）
变动（元）	4000	4000	4400
总成本（元）	7000	7000	7400
税前利润（元）	3000	4000	3600

　　凡富有经验的营销管理人员都十分清楚，远低于竞争同业的售价策略，不仅会给本企业带来一定的负面影响，也会在某种范围内对同行业产生影响。售价策略的最佳方式是在实施一个符合实际的营销计划时，营销人员要深入地参与其中。售价分析不但要注意到与成本的关系，还要注意到与直接竞争对手和地理区域的关系。一般而言，售价必须与所提供的产品品质及市场关系相协调。在对售价进行认真而科学、详细分析的基础上，要多听取营销人员的意见和建议。在有些情况下，营销部门的经理和营销人员最适宜于评估一定产品的预期售价变动情况对实际营销的影响。

　　实践中，也有根据产品的变动成本而不是根据企业的总成本特性来制定营销策略的。经济学家比较倾向于这种策略，但在实际工作中却发现这种策略的运用会带来一种不正常的现象。在某种情况下，超过生产和营销变动成本的产品收入会显示出企业总利润的增加，但这种策略往往容易忽视的是它对市场和同行业的长期的冲击。通过例子可说明这一点。假定某个企业出售某一产品的每单位售价为 50 元，每项售出 1000 个。在生产 1000 个产品时的固定成本为每单位 25 元，变动成本为每单位 20 元，企业的获利为 5000 元。再假定有人提出一个售价策略以适应新顾客的要求，他愿意付出每单位产品 30 元的价格购买 500 个产品。再假定企业的设备可满足生产 1500 个产品的需要。这一状况表明假定与新顾客签订协议，企业的总净利变为 10000 元，如表 20 - 3 所示。

表 20 - 3 　根据变动成本制定售价策略情况比较

	目前行情	新顾客	总的状态
每单位售价（元）	50	30	
营销量（个）	1000	500	1500
总营销收入（元）	50000	15000	65000
成本（元）			
固定（元）	25000		25000
变动（元）	20000	10000	30000
总成本（元）	45000	10000	55000
税前净利（元）	5000	5000	10000

　　这一状况的有关分析是以下面的情况为前提条件的：一是现有市场将承担所有的固

定成本；二是新协议对现有市场的营销量和售价都不至于发生影响。如果第二点假定是完善的，无论从短期还是长期来说，这一营销策略都是适合的，否则就不一定是个很好的售价策略。

（十）产品类别是制定营销计划的一个重要问题

在制定和实施营销计划时，如何提供售出产品的数量和类别是一个十分重要的问题。无论是长期计划还是短期计划都应反映出新产品的类别、应淘汰的旧产品类别，以及创新产品的组合等。产品组合是指两种以上产品间的数量关系。假如已售出 1000 个产品 R 和 2000 个产品 S，下年度的营销计划预计营销 1200 个 R 和 1800 个 S。在两个产品中总营销量虽然都是 3000 个，但是产品组合的计划已经被改变。假如长期营销计划包括产品类别的改变，这项改变的时机则仅作为一种广泛的规定，在下年度进行的产品改变时应当引起领导层的特别关注，并且列入短期计划。因此，在实施年度营销计划时，领导层必须设定有关产品类别发展及其营销进度的具体而明确的办法，具体的如：将要推出哪类产品？新产品何时才能够供货？何类产品将停止生产以及从何时做起？产品的品质和式样有何种改变？等等。这些政策性的决定都与长期和短期营销计划具有极为密切的关系，对企业在其他方面的计划产生着重要的影响。此外，对财务、营销地区扩展、生产能力等问题也必须给予充分重视，最重要的是做好协调。这里需要说明的是，营销计划的基本目标，应为增加长期性的利润而不是短期性的利润。某些短期决策很明显的是可以增加利润的，但从长期的角度来看并不一定对企业的发展有利。对此如果不加以注意，无疑会影响到长期目标的实现。

（十一）制定营销计划的八个步骤

综合起来看，营销计划的制定一般要经过如下的步骤，如图 20 - 12 所示。

1. 市场状况的分析

必须对当前市场状况、竞争对手以及产品、营销渠道和促销工作等，进行详细的分析，在此基础上，市场营销调研部门开始进行营销预测。这种预测要求调研部门必须和其他部门相互配合。

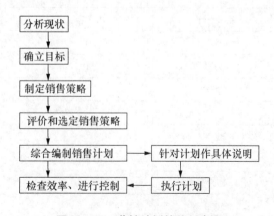

图 20 - 12　营销计划的编制步骤

2. 确定营销目标

营销部门应当把前一计划期的执行情况、对现状的分析和预测结果三者结合起来，提出下一计划周切实可行的营销目标。确定的方法是：一是以过去的业绩为中心。根据营销预测状况和营销增长率来确定。二是以市场为中心。根据市场占有率、市场扩大率和客户购买率来确定。三是以生存条件为中心。根据总资产纯益率、纯益目标值、所需要的成本来确定。四是其他方法，如根据各种估计、新政策、营销人员提供的情报、各种基准值来确定等。

3. 制定完善的营销策略

确立目标以后，企业各部门要制定出几个可供选择的营销策略方案，以便从中进行评价选择。

4. 评估和选定营销策略

评估各部门提出的营销策略方案，权衡利弊，从中选择最佳方案。

5. 综合编制完整的营销计划

由负责营销的副总经理负责，把各部门制定的计划汇集在一起，经过统一协调，编制每一产品包括营销量、定价、广告、渠道等策略的计划。简要地综合每一产品的营销计划，形成公司的整体营销计划。

6. 需对计划加以具体说明的事项

实现目标的行动，应分为以下几个具体步骤：

（1）注明每个步骤之间的相关顺序；

（2）确定每个步骤由谁负责；

（3）确定每一步骤需要哪些资源；

（4）每一步骤需要多长时间；

（5）确定每部分的完成期限。

凡是与计划有关的情况，都应当尽量说明，如：

（1）以金额表示企业营销量的大小；

（2）企业目前的市场占有率是多少；

（3）预期的营销量的金额是怎样的；

（4）广告费用多少；

（5）零售费用多少；

（6）总的市场活动成本是多少；

（7）营销成本占营销收入的比例应当是多少；

（8）企业的毛利是多少；

（9）企业的毛利占营销收入的比例是多少。

7. 执行营销计划

计划一经确定，各部门就必须按照预定的战略策略执行，以求实现营销目标。

8. 检查效率，进行控制

在执行计划过程中，要按照一定的评估和反馈制度，了解和检查计划的实施情况，评估计划的效率，也就是分析计划是否能正常执行。通常，市场会出现意想不到的变化，甚至会发生意外事件，如歉收、战争等。营销部门要及时修正计划，或改变战略策略，以适应新的变化。

四、选择营销计划的方法

（一）制定营销计划的因素

为了预测营销情况和编制营销计划，可以有许多方法。这些方法中从比较精确的统计方法到经验方法，范围十分广泛，但没有一种方法是对所有企业都能够适合的。所以，各企业的营销计划必须与整体的企业环境特性相配合，同时要经常对该计划加以修订和完善，以使企业的成长和管理需要相一致。在选择制定营销计划时，应考虑的主要因素有以下几点：

（1）企业的特性。有些企业在某地经营，有的则在一个区域，或全国，或在世界范围经营。企业的规模、性质、产品的种类、制造方法等都是制定营销计划的影响因素。此外，营销的渠道与方法也不应该忽略。个别企业的其他特殊性质显然对营销计划的选择也有影响，而且这些因素也十分复杂。

（2）有关成本。制定并实施营销计划的成本，因各企业和方法的不同而有所不同。在选择方法时，有关成本与希望达到的正确程度、营销计划的运用范围的相关关系都必须认真考虑。

（3）人员的使用。人员的使用往往是一个决定性的因素。科学方法的运用需要由经过专门训练的人员来完成，同时也需要对执行时间作出合理的安排。作为一般性的前提，必须规定执行时间，因为这是管理人员的重要职责之一。使用和培训技术较高的人员可以更圆满地完成营销计划的各个方面的分析工作，是一项很重要的工作内容。

（4）管理经验。在企业计划与控制的最初阶段，常常希望用简单的方法来完成营销计划，但随着人的思维的发展、企业领导者对营销计划的理解不断深入、企业的进步，营销计划的方法也随之发展。计划越来越严密，程序越来越严格，责任分解也越来越细。

（5）时间范围。制定并实施一个短期营销计划，与一般适合于实施长期计划预测的方法有所不同。虽然有许多方法是共通的，但它们之间还是存在着区别，所运用的方法也不可能千篇一律。

（二）营销市场调查计划的制定

营销调研要取得预期的效果，就必须有一个完整的、切实可行的计划。一般而言，营销计划的制定包括六个方面的内容。

1. 认真分析市场情况

主要是针对一个地区、一个企业或一种商品，找出他们在企业市场营销中出现的问题，然后对症下药，寻求解决问题的办法。一般采用初步情况分析和非正式调查两种方法，将调研的问题减少或缩小到一定范围，以便最后确定其调研内容。

2. 确定调研的目标

企业要从自己的战略目标出发，根据企业内外部条件的变化及调研目标要求达到的程度，确定调研目标。调研目标主要回答为什么调研，希望得到怎样的结果等问题。同时，企业还要相应地确定调查地点、对象、方法等，以便进行调查表的设计。

3. 确定调研的项目

这是营销调研计划的基本内容。企业可以根据其调研目标指定调研项目。调研项目的基本内容包括：

（1）资料来源。包括：第一手资料，是指企业通过调查直接从生产企业、消费者、中间商和竞争者等方面收集到的最初的资料；第二手资料，是指企业通过查阅有关的资料或通过专业的信息服务机构所获得的资料。

（2）需要收集些什么资料和数据。

（3）获得资料并可以证实资料的准确性。

4. 选择收集资料的方法

这是实现调查目的的基本手段。企业应该根据不同的调研项目来采用不同的调查方法，以获得最好的调查效果。因为资料的来源很多，所以企业必须从优选优。一般来说，调查的基本方法可以分为观察法、询问法、实验法和消费者固定样本连续法等四种方法。

5. 预算调研的经费

企业采取不同的调查方案和调查方法，其调查费用也不一样。企业营销调研的目的是为了提高企业的经济效益，如果调查费用过高，就会得不偿失，造成浪费。因此，企业必须结合调研要求达到的效果从严控制调研经费的开支。

6. 对调研计划的评估

市场调研计划确定后，经理部门应对该计划进行评估，评估的内容通常包括调查目的是否符合要求，调查项目是否完整，调查方法是否实用，是否易于操作，时间和费用是否合理等多个方面的内容。

（三）营销调查计划的实施和控制

营销计划制定完毕并经管理部门审批之后，就直接进入计划的实施和控制阶段，这个阶段的主要任务是组织和培训调查人员、资料的收集、资料的分析和整理以及编写调查报告四个方面的内容。

1. 组织并培训调查人员

企业应当根据调查的任务和范围，确定调查人员的多少并对参加调查人员的素质和业务能力进行评估和考核。然后组织专业培训，集中进行学习。主要是让调查人员明确掌握调查的任务、内容、方法和步骤等。

2. 有关资料的收集

收集的目的是要找到能够帮助达到调查目标的任何有用信息。在实地收集资料时，企业应当加强对调查人员的监督。否则，收集的资料将会由于没有按照调研计划去执行而半途而废。因此，在调查过程中，企业管理者必须经常检查和监督资料的收集人员，同他们保持密切的联系。

3. 有关资料的分析和整理

调研的作用在于获得有用信息，但由于企业所得的信息往往是片面的、分散的，甚至是不真实的。对此企业必须能够整理分析所得资料，去粗取精，去伪存真。这样才能真实地反映调查事物的内在联系和本质。从而准确地预测出其发展趋势，体现调研的价值。

4. 编写调查报告

调查报告一般有两种形式：专题报告和综合报告。调查报告应该对关键的资料作一个简要的总结，并能对调研过程、资料和结论作出详细的解释说明。

营销调研计划是企业实行正确营销决策的基础，是制定企业营销计划的重要依据，也是实现有效营销控制的重要条件。令人遗憾的是，尽管每个企业都明白营销调研计划的重要性，但似乎很少有企业能够正确地实施、控制计划执行过程。也有许多企业误把一些与计划有关的工作程序认为是营销调研计划，这种方法可能在短期内有效，但很难把营销中所有要素当成一个有意义的整体来进行通盘考虑。

（四）市场调查计划表

表 20－4　市场调查计划表

调查目标	
考虑因素	
方法设计	
预定进度	
使用人力	
预算	

（五）同业产品市场价格调查表

表 20 – 5　同业产品市场价格调查表

_____年____月___日

品名	规格	品牌	单位	价格来源根据（发票或经办人）	对价格的分析
说明					

营业经理：　　　　　　　　　　　　　　　　　　　　　　制表：

（六）竞争产品调查表

表 20 – 6　竞争产品调查表

营销地区	品牌	型号	价格	性能	情报来源	备注

审核	主任		经理		副经理		制表日期	

制表人：　　　　　　　　　　　　　　　　　　　　　　　编号：

五、营销计划的具体实施

(一) 营销指标的分配

当营销计划确定以后，要将营销指标有计划地分配到各区域、各部门、每个营销人员。在这一过程中需要把握好以下几个方面的内容：

(1) 进行"平等"、"公平"的营销指标分配。一般而言，营销指标的分配，比责任区域的责任分配会更加敏感。针对推销人员营销指标的分配主要有两种方法：一是平等法；二是公平法。平等和公平严格说来并没有太大的差异。平等分配是指所有的推销人员，都应该承担一定的营销任务。公平分配则是指根据区域、客户特性的不同，而编制不同的分配指标。前者无论所负责的区域、客户如何，推销人员都承担同样的指标，如果他的客户没有达到应该达到的指标时，可由指标较高的推销人员的客户助其补足差额，尽可能地让所有的推销人员平均分配营销计划。后者则把推销人员个人的推销能力、从前所负责区域的特性、客户的特性都给予了通盘考虑。有希望完成较高指标者，可以分配给较高的营销指标；不能完成较高指标者，可以分配给较低的营销指标。在这种情况下，负责较高营销指标的推销员，虽然让人觉得具有较强的营销能力，但事实并非如此。比如，一家营销工业材料的公司，对于熟练的、确实掌握多家 A 级客户者，并不要求开发新客户或开发不同业种，而是以既有的重复订单为基础，设定较高的计划指标。相反，对于观念新、活动积极的优秀推销人员则降低计划指标，让他们致力于开发新客户，其中还包括开发不同业种。这种分配制度的构想来自于"根据推销人员和客户特性的不同，计划指标当然也要随着改变"的想法，所以被称作公平的分配法。

(2) 责任分配后的例外事件的处理。即使责任分配已经确定，也会出现一些例外事件。例如，某推销员的责任区，有的分公司虽拿到订单，营销发票却由总公司统一开出，这就变成了负责总公司推销人员的业绩数字。或是，经他人介绍的新客户属于他人的责任区，但因客户的介绍，也必须去进行拜访。在这种情况下，责任分配是营销部门确定的规则。因此必须按照制度办事。但推销人员如果是"例外"，导致营销意愿不高时，则该问题就不能忽视。以前者为例，经过努力才能拿到订单，营销额却归功于负责总公司的推销人员，这种情况会导致接单者意愿下滑，营销管理者不能不引起重视。为了防止这种情况的发生，需要通过公司的内部管理加以解决。具体的做法是在公司内设置分配标准，让营销数字算给接单的推销人员。这个方法是根据推销员的营销比重，分别按照不同的比例分配。

(3) 慎重对待新进人员的责任分配。作为营销管理者，要能够向推销人员提供扩大客户的经验和方法，教给推销能力和水平较差的营销人员提高营销业绩的技巧和方法。同时，还要不断创新探索一些方法，加强内部管理。在这个过程中，就必须要灵活运用分配制度，把它当作一种刺激推销员的有效手段。因此，在实施责任分配时，必须慎重，同时要有所创新，让推销员以一种责任感努力去完成所分配的任务，这是解决问题的关键策略之一。

(4) 新开拓市场与既有市场的区别。随着商品的专业化和客户要求水平的提高，各个企业都不能只满足于已有的传统营销方式。如果不加以创新，就有可能被淘汰出局。任何一个营销管理者，都在思考如何拓展新的营销方向。因此，营销部门可以把推销人员分成两组，负责不同的方面。一组为巩固既有的客户和商品，负责现有市场的业务；另一组则负责即将展开的新市场，开拓新客户，为今后的开展做好基础性工作。换句话说，就是把现有市场和新市场的责任分开，不但能够保持目前的营销额，还能够拓展新的业务。

针对新市场的责任分配，更是一个十分重要的课题。担当新市场开发任务的推销人员，如果能按照公司的目标去执行，公司的业绩应该会得到不断的提升。然而，大部分的发展，却让营销管理者感到作难，也就是说随着时间的推移，其营销额却不见明显增加。推销人员事实上也在努力工作，仍不见实际效果。形成这种状况的原因，不是推销人员不努力，而是负责新市场开发的推销人员，把自己的工作放到了一边。

（二）具体实施营销计划

营销指标分配完成后，各负责人需要确切掌握月份、地域、顾客等具有不同特性的产品营销收入预算情况，其目的是确立月营销目标。确定月营销目标之后，等于是确定了具体的行动目标，所以针对这一目标，再制定行动计划。营销计划的实施，主要是为了制定行动计划。但事先要确立以下几个方面的指导思想：

（1）有关营销策略的指导思想。

（2）有关重要市场发展的指导思想。

（3）有关营销产品及其服务的指导思想。

（4）有关交易条件及付款条件的指导思想。

实现营销收入，需要通过市场活动，也就是市场营销的方式达到，而市场活动则需要通过推销人员的访问活动实现目标。所以，营销计划的实施的中心，可以说就是访问计划。

访问计划的设定有一定的程序，如将每天访问的预定数，累加成每月的预定数。然而这种访问计划与目标值的相关度极为脆弱。所以，确定每天的访问计划时，需要采取由大到小的方式，从年计划到月计划，然后再到周计划直至每天的访问计划预定数。在这个过程中，再逐渐加入具体的活动内容。如：

（1）月计划：除了营销收入目标值之外，还要确定访问准顾客计划与月访问计划。

（2）周计划：根据月计划制定周计划值，决定一周之内应该访问的准顾客，并且确定具体的行动方向，比如在一个星期的某一天应访问哪些地方等。

（3）日计划：在访问的前一天，从周计划中先挑选出应访问的准顾客，然后再配合周计划，制定每天的行动指标。

这样，计划一经确定，每个人、每天的目标就相当明确了，知道自己需要怎么做和做什么。在确定访问计划之前，需要先确定每月的可能访问数，以及每一个准顾客的访问频率。这里的访问数包括访问户数和次数。由于每月的访问数和所负责的区域的特性、业种、推销的商品等的不同而有所不同。所以说并没有标准数值可循，需要根据过去的实绩和市场特性来决定。以营销汽车为例，可决定访问次数为 400 次，户数为 250家。如果是以服装厂商为例，则可决定 80 次的访问量和 50 个户数。可依据总平均成交的可能度、管理密度来确定月访问频率。比如耐用消费品的营销，可按交易成交的希望度，将准顾客分为 A、B、C 三级。A 级是很可能在 30 天内成交的顾客；B 级是很可能在 2~3 个月内成交的顾客；C 级是很可能在本年度内成交，或是需要继续访问的准顾客。

管理密度不是指对企业内部的人事管理，而是对营销对象的管理。例如，以产业需求者为对象时，顾客多为批发业者、制造业者、零售业者。这时，就需要用管理密度来保持营销量。可以将管理对象分为 A、B、C 三级，重要管理对象为 A 级、普通管理对象为 B 级、可有可无的管理对象为 C 级等级别。访问频率可因可能成交度和管理密度的不同而异。可能成交度与管理密度越高，访问频率也就越高，因而即每月、每个准顾客的访问次数也就越多。

访问计划内容的计算方法与可能成交度的计算方法相同。假设 C 客户访问频率＜可能成交度时的访问频率。以上情况虽然以数值表示访问计划内容，但数值后面仍要以实体为依据。选定准客户之后，可利用表 20 - 7 的访问计划表，确定月访问计划，同时，用各种符号表示访问内容。其中，事先已经确定的事项，可用红色标记，并用蓝色或黑色填写实际行动之后的结果。最后，再用月访问实绩表来整理访问结果，以此测知各种管理密度情况下的访问业绩。

表 20 - 7　月访问计划表

地区负责人：

日期 ＼ 客户名称	A 伟力工业公司		B 顶峰企业		C 北方企业	
	预定	实际	预定	实际	预定	实际
1						
2						
3	○	○				
4						
5					○	○
6						
7			○	×		
8						
9						
10						
11						
12	○	○				
13						
14						
15				△		
16						
17						
18	◎	◎				

续表

日期＼客户名称	A 伟力工业公司		B 顶峰企业		C 北方企业	
	预定	实际	预定	实际	预定	实际
19						
20						
21						
22		●				
23						
24						
25	※	※			◎	◎
26						
27						
28						
29						
30						
31						
访问结果		5		2		2

说明：○为促销，◎为成交，※为收回账款，●为交货，×为抗议，△为其他。

第二十一章　营销渠道与管理企划

一、营销渠道概述

通俗地讲，渠道就是产品从制造商手中传递到消费者手中，所经过的各中间商连接起来的通道。

1. 营销渠道的特点

（1）每一条分销渠道的起点都是制造商，终点是通过生产消费和个人生活消费能实际上改变商品的形状、使用价值和价值的最终消费者或用户。

（2）分销渠道是由参加商品流通过程的各种类型的机构（如农民等生产者、制造商，各种类型的批发商、零售商以及其他买主和卖主等）组成的，通过这种机构网络，商品才能上市营销，从生产者流向消费者和用户手中。

（3）在商品从生产者流向最后消费者或用户的流通过程中，最少要转移商品所有权一次，即制造商将其产品直接营销给最终消费者或用户，而且不经过任何中间商（制造商→消费者）。

但一般情况下，制造商要通过一系列中间商才能将其产品转卖商品所有权几次。例如，制造商→批发商→零售商→消费者，这是直接转移商品所有权；制造商→代理商→批发商→零售商→消费者。制造商通过代理商转卖，这是间接转移商品所有权，因为代理商对商品没有所有权，只是代客买卖，将商品所有权从制造商手中转移到其他中间商手里。

2. 营销渠道的成员

分销渠道中包含着一系列相互联系、相互合作的组织和个人。从组织的角度来看，渠道成员首先应包括制造商、用户和消费者，但这两个方面常常被人们忽视。首先，是制造商制造产品或提供劳务，他们是分销渠道的起点，因而必不可少。其次，从用户和消费者来看，他们的存在形成了渠道的终端和界面，是商品在渠道中运行的终点和接受者，因而也应当是商品分销渠道不可分割的组成部分；而不同的消费者和用户，由于其在消费偏好、支付能力、地理分布等许多方面存在着差异，因而决定了渠道的结构和活动形式出现差异。

渠道成员还应包括批发商、零售商、代理商等中间商。制造商一般都将部分营销工作授权给中间商进行操作。这种授权也就意味着放弃对产品营销方法和营销对象的部分控制，这样一来，制造商似乎把自己的命运交给了中间商。从原则上说来，制造商有充分的自由把产品直接卖给最终顾客，然而中间商却至今依然存在。这其中必定有某些无法否认的优势和必要性，主要是由于制造商从事直接营销活动的财力不足、身份不合、利益不足以及效率不高，即使网络发展到今天依然如此。

对于一个生产企业来说，其营销渠道的基本成员，如图 21 – 1 所示。

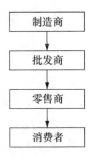

图 21 – 1 营销渠道的基本成员

制造商是指生产产品或提供服务的企业，一般是企业自身。作为品牌产品的创造者之一，制造商广为人知并且被认为是渠道的源头。

与制造商直接相连的零售商，他们是渠道中最接近消费者的一个界面。零售商利用种种购物环境把不同制造商生产的各种产品提供给消费者。在许多正常营销渠道中，零售商是主导力量，它们决定了如何组织和运作整个分销过程的相关步骤。

批发商虽是渠道的主导，但最近几年，因为许多零售商和制造商之间的纵向一体，批发商的作用似乎在减弱，在渠道中的作用并不像制造商和零售商那样有明显效果。

消费者是整个渠道的终点。制造商、批发商和零售商的诸多努力都是为了满足消费者的需要，实现产品的营销，从而最终实现各自的盈利目标。因此，消费者的类型、购买行为、购买特征等都是它们关注的焦点。

渠道中的每个成员所承担的职责、营销任务和服务对象是不相同的。制造商的产品营销机构一般都控制着一些大型的直接用户和批发商；而批发商面对的却是一些零售商或部分专业用户；代理商面对的则是一些批量较小的用户和小型零售企业，它们往往因为批量较小而无法直接和厂商或大型批发商进行交易；零售商则是要面对大量的、零散零求型的用户和众多的消费者。

二、营销渠道建设

（一）渠道建设的方法

整合系统要素，重构系统功能，建立渠道快速应变和良性发展的机制，才是变被动为主动的关键。集成战略可以说就是渠道建设的方法论。

1. 集成战略的含义

集成一词在 IT 界的使用频率最高，而此处集成的含义是指通过对系统相关要素的优化整合以及动态协调，使整体功能发生质的变化。简而言之，就是 $1 + 1 > 2$。所谓集成战略，其核心就是用系统的、集成的观念指导营销渠道的建设，通过营销渠道各种资源要素之间的互补与交融，提升营销渠道的市场快速渗透力和竞争效益，从而促进营销活动的有效性、协调性和持续性。集成战略把营销渠道视为企业乃至整个经济环境大系统中的一个子系统，因而考察、明确渠道要素的确是战略制定、战略实施的基础和前提。

使用何种类型中间机构取决于目标市场的服务产出要求和渠道交易成本。公司必须挑选能促进其长期利润增长的类型。

2. 营销渠道系统的要素

不同的渠道组织形态有着不同的分布和组成，但其功能要素却基本相同。它们可以粗略地归纳为：产品研究和开发、供应商利益和策略、物流组织的利益和策略、物流组织流程和运行规则、物流组织的专业化素质以及用户的需求、有关方面的认同感和满意度等。这些要素之间相互作用、相互制约，往往是构成营销渠道系统要素的中心部分。

（1）专营性分销。它是严格地限制经营本公司产品或服务的中间商数目，适用于生产商想对再售商进行大量的服务水平和服务售点的控制。一般来说，专营性的再售商不再经营竞争品牌。

（2）选择性分销。利用一家以上，但又不是让所有愿意经销的中间商都来经营某一种特定产品。一些已建立信誉的公司，或者新公司，都利用选择性分销来吸引经销商。选择性分销能使经营者获得足够的市场覆盖面，与密集性分销相比具有较大的控制力降低成本。

（3）密集性分销。其特点是尽可能多地使用商店营销的商品或劳务，当消费者要求在当地能大量、方便地购买时，密集性分销就至关重要。

3. 集成战略的筹码

集成战略主要由以下几个相互补充、相互交融的部分构成：

（1）整体优化。要使渠道系统各方面的要素综合运行，实现耦合聚变，放大其功能和优势。其首要的运行机制是整体优化。当前，企业营销实践的复杂程度前所未有。面对问题的思考方法，很容易陷入"按下葫芦浮起瓢"的尴尬境地之中。必须面向全局，从系统要素、结构和环境等角度综合分析和解决问题。如 HP 公司在新形势下为实现"渠道升级"而实施的"资源事例战略"，就是十分明智的举措。当然，其中还要特别注意以知识为核心的活性要素的作用，以此来带动其他要素功能的改善，这也是对 IT 业渠道建设的特殊要求。不少业界知名公司纷纷加强了对渠道建设的知识培训与提升力度。要尽可能地保障、激发知识要素在渠道中的推动作用。同时，还要善于发现和利用系统弱点和缺失以及失控和无序资源，不断寻求增强渠道系统完整、动态调适及有序演化的新途径。在此基础上，还要最大限度地发挥主观能动性，实施对市场环境的反作用力，努力使之呈现出有利于渠道系统建设整体优化的态势。

（2）合作联盟。这在业界已是相当普遍的现象，即把互动联盟作为渠道建设的一项重要内容，通过优势互补，营造系统集成增势的效果，从而强化渠道竞争力。这主要包括以下几个方面的内容：

增强渠道系统的联盟意识和良性互动。供应商和渠道商从利益共同体发展为命运共同体，人们已经深深地认识到：渠道本身就是一个战略联盟。其中，服务意识、服务内容、服务手段等在联盟运行中起着关键的作用。供应商的服务从产品研发开始，通过对渠道的全面支持，最终到达用户，并以获得用户的认同为宗旨；渠道商的服务要同时面向供应商和客户，对供应商要提供市场信息、收集用户反馈等；对于用户则要确保用户的最大满意度。这个服务的链条会使渠道联盟更加稳固，使供应商、渠道商和用户之间的合作关系大大紧密。

拓宽渠道，就是要加大与外界的战略联盟。"多赢"策略的实现，必须要借助与外界的有效结盟。与消费者结盟，可以更好地识别并满足消费者的需求；与其他生产商、供应商结盟，可以争取降低供应成本，增加市场触角，减轻企业自身技术开发的压力，如业界盛行的 OEM 就当属此列；与科研机构结盟，能够获得人才、技术优势；与政府结盟，尤能获得人力、财力支援，加大产品的市场影响力；还应该重视与竞争对手的结盟，要准确识别与竞争对手之间的最主要差异，以此为基础来确定合作范围和程度，便于联手开拓市场。

（3）互动联盟。这是一项能够极大提升渠道优势的动态工程，只有通过多方协调，发挥彼此的资源优势，才能实现延伸市场触角、分散市场风险、扩大优势范围的目的，实现共生共荣，协同推进，多方长远受益的共赢局面。

（4）模糊控制。当前企业营销渠道系统的各要素之间正越来越多地相互渗透，特别是集成运作本身也要打破系统原有的界限，很多问题变成了亦此亦彼的综合体，解决起来颇为棘手。因此，我们要运用模糊理论的思想，对系统演化作出正确的分类、判断和控制。

首先，要对渠道系统中大量似是而非、亦此亦彼的模糊事件进行抽样调查，作聚类分析，之后再确定各要素之间的集成程度。企业不妨就营销渠道系统的协调程度向量，经常作一些抽样统计、建模及相应的定性或定量分析，以便对渠道系统实施准确判断和科学控制。其次，在尽可能地保障渠道系统协调度的基础上，进一步建立预警和报警系统。发现潜在隐患并且及时制定和实施综合防范与调整措施；对于已出现的问题，要及时予以改进或整治，避免付出更大的代价。建立预警、报警系统，目的是通过阶段性的协调、整治，确保渠道运作由一个均衡状态平稳过渡到另一个均衡状态。

其次，还要注意战略柔性化的问题。目前，以知识经济为特征的信息时代已经到来，科技、知识、人的智慧、灵感和经验等软性因素在渠道建设中的重要性日益凸显。传统的刚性渠道运作模式越来越不合时宜，企业需要从战略目标制定、规则调整到战略实施都能贯彻柔性化的理念，这样才能在渠道运作中表现出很强的应变弹性，能够使渠道管理切换敏捷且成本低廉。因而，对于分销、直销、连锁等渠道组织模式孰优孰劣的争议，并无多大的意义。关键在于渠道是否能够发挥自身优势，形成集成运作机制以保障企业良性发展。在渠道建设过程中，如果过分追求精确往往容易陷入僵化境地，而模糊控制则成为确保渠道运作灵活、避免"渠道冲突"的有效手段。

（5）高效沟通。相对来说，营销管理者更深谙信息及信息沟通的价值。这个"信息沟通"，包括观念、知识、文化、商务等方面的沟通。在集成战略中，营销管理者要实现高效沟通机制，就需要注意以下几个方面：

观念现代化：渠道商、合作伙伴乃至用户的参与是渠道良性发展的群众基础。在当今传统与现代观念激烈碰撞的改革时代，观念现代化便成了"参与合理性"的关键。营销管理者要把促进观念更新当作自己的一个重要使命，同时还要充分利用学界、传媒和政府的能力，在渠道和用户中普及、推广现代观念。观念的现代化是营造高效沟通机制的重要思想前提。

文化整合化：在渠道集成对象的结合过程中，不可避免地会伴随着文化的输出、输入、交换或冲突。营销渠道本身也是一个包含多重文化的整体系统。集成战略强调内外集成，定会引起不同文化之间、地域文化之间、企业文化之间的交流或交锋。如果这些文化之间存在着相互冲突或抵触，将给集成效果带来极大的负面影响。只有对不同的文化进行系统整合，增进其亲和度，探寻其契合点才能使渠道文化资源变成优势。

信息数字化：在网络渠道日益广布、渠道沟通成本成为商家竞争焦点之一的今天，渠道沟通的数字化已是大势所趋。戴尔直销能引发"渠道风暴"，关键是其产品消费的个性化和沟通的顺畅快捷。促进信息沟通的数字化，是渠道建设的当务之急。

（二）激励渠道成员

对于中间商必须不断地给予激励，以督促其出色地完成任务，促使他们加入渠道的条件本身就含有某种激励的因素，但这必须靠培训、监督和鼓励等工作来补充。对于企业而言，不仅要通过中间商营销产品，而且也要向他们推销企业的理念。

要激励渠道成员创造出最佳业绩，就必须首先了解中间商的需要和愿望。了解中间商需要的关键是通过对中间商实行监控、进行市场调研等方法不间断地收集有关的定期信息资料。生产商经常批评中间商"由于没有强调某一品牌，或者由于推销员的产品知识很差，或不利用供应商的广告材料、忽略某些顾客，甚至因其记录保存系统很粗糙，乃至连品牌都无从查找"。然而，生产商眼中的这些不足之处，从中间商的观点来看却是可以理解的。

生产商在如何处理他们与中间商关系的问题上，做法各不相同，但大致可分为两种：合作与分销规划。

大多数生产商认为解决问题的办法是设法得到中间商的合作。他们可能采取软硬兼施、威胁利诱的胡萝卜加大棒的方式。

企业可以用于激励中间商的因素包括如下内容：

1. 中间商积极的因素

（1）给予较高的利润。

（2）在交易中予以特殊照顾。

（3）利用奖金、回扣等额外酬劳吸引中间商。

（4）合作广告并给予补助。

（5）发放展览津贴。

（6）开展有奖营销竞赛。

2. 中间商消极的因素

（1）威胁会减少利润。

（2）推迟交货时间。

（3）终止关系。

这种方法的缺点是生产商其实并没有认真研究中间商的需要、问题、长处和短处，而是根据相互的刺激反应混合使用各种激励因素。

经验较为丰富的公司则应与分销商建立长期的合作关系，公司对于市场覆盖率、产品可获量、市场开发、招揽客户、技术指导，应有明确的设想。公司要得到分销商对这些政策的赞同，并按照他们遵守这些政策的情况付给报酬。比如公司不是直接付给25%的营销佣金（返利或回扣），而是按下列规定支付：

（1）如何保持适当的存货水平付给5%。

（2）如何完成营销定额再付给5%。

（3）如何向顾客有效服务再付给5%。

（4）如何正确报告顾客购买水平再付给5%。

（5）如何适当管理应收账款再付给5%。

分销规划是最先进的方法，建立一套有计划的、实行专业化管理的、垂直的市场营销系统，必须把厂商与分销商二者的需要结合起来。生产商在市场营销部门内设立分销商关系规划处，其任务是为了了解分销商的需要并便于制定营销计划，以帮助每一个分销商尽可能以最佳方式经营。这种与分销商共同规划营销目标、存货水平、场地与形象化的营销计划、营销人员的训练要求，以及广告宣传与促销计划的方法，其目的在于把分销商首先从购买方（通过与供应商的敌对关系）获取利润的想法，转变到认为他们是复杂的垂直营销系统的一部分，赖以从对方获取利润。

（三）渠道合作、冲突和竞争

在各种营销渠道之内以及他们之间，存在着程度不同的合作。

1. 渠道间的合作

渠道合作通常是同一渠道各垂直系统成员中的主要任务。渠道合作体现为相互利益结合在一起的不同厂商之间的联盟。生产商、批发商和零售商互相补充彼此的需要，他们的合作产生的利润一般要比每一参与者单独经营所得到的利润大得多。依靠他们的合作能更有效地了解、服务和满足目标市场。

2. 渠道冲突

虽然从道理上讲，渠道合作将增进各方面的利益，但现实中经常发生的却是渠道冲突。当渠道内的成员争取其自身利益最大化时，就有可能损害其他成员的利益。引起冲突的原因主要有以下几种：

（1）目标不一致。生产商可能希望通过降低价格来追求迅速的发展，而经销商则会希望通过高价赚取利润。

（2）角色的权利不明确。比如 IBM 公司经由自己的营销人员向客户营销个人电脑，而其特许经销商也力主营销给大客户。因区域界线、赊销政策等陷于混乱，从而引起冲突。

（3）感知不同。分销商会认为生产商的一些做法是想要代替其位，其实情况并非如此。

（4）互相依赖的程度。独家经销商比如汽车经销商对汽车生产商的依赖性就较强。

渠道成员之间互相依赖的程度越大，发生冲突的可能性也就越大。

目前我国许多企业都对渠道冲突的问题头疼不已，深受其害，但却苦于无解决良策。下面对这一问题产生的原因作一简单的分析。

（1）渠道设计缺乏良好的策划。许多企业在拓市初期，盲目发展客户，一不问客户信誉，二不管客户数量，谁愿意经销就给谁经销。这样做的结果必然是短期内营销效益有较大提高，但过一段时间同一层次内的各中间商就会为争夺顾客相互打仗，于是使各商家之间竞相降价、跨区域营销等问题层出不穷。

（2）缺乏对渠道的管理。许多企业的营销部门和市场部门不了解中间商是怎样做生意的，不了解中间商的库存情况和营销能力，因此对渠道中出现的问题不能及时掌握，或即使发现了对方也会推得一干二净，从而难以解决他们之间的冲突。

（3）公司的渠道政策和营销政策不合理。由于运输政策与对中间商奖励政策制定得不合理导致的渠道冲突比比皆是。可以毫不客气地说，有些公司制定的政策就是为了鼓励中间商随意瞎搞。

（4）公司内部管理不善。实际上，有些企业的渠道冲突与公司业务员和中间商内外勾结，为了自身利益损坏公司和其他中间商利益的行为有很大关系。

了解了渠道冲突产生的原因，找到相应的解决办法就会比较容易。不过根本的一点是，如果企业能够采取科学的方法设计并管理渠道，渠道冲突一定会大大减少，从而处于一个可以控制的范围内。

当然，也应该清醒地认识到，渠道冲突基本上是不可避免的，所以为了提高分销效益，企业也许应该从根本上考虑到分销战略的变化。

渠道冲突可以分为横向冲突和纵向冲突两种。横向内部冲突是指发生在渠道内同一层次的成员或厂商之间的冲突，如某公司在北京市的一些经销商抱怨该城市的其他经销商通过违反公司政策的降价抢夺了他们的生意。在此情况下，企业必须制定明确可行的政策，并且迅速采取行动控制此类冲突。

纵向渠道冲突是指同一渠道内不同层次之间的利益冲突。比如，我国许多家电大公司在近几年开始采取用自己的营销队伍直接面向零售商和顾客的做法，这就不可避免地和原有的各种经销商发生冲突。

纵向渠道冲突的解决机制有以下几种：

（1）渠道主导者的领导。如果一个渠道成员取得了领导地位并赢得了其他成员的信任，他可能就奠定了减少冲突的可能性和更快解决冲突的基础。

（2）超常目标。当渠道成员认识到出现危及生存的外部共同威胁时，他们便可以更充分地合作。

（3）协同工作。渠道成员如能经常聚会、组成顾问委员会和互相交换工作人员，冲突便可明显减少。

（4）调解和仲裁。建立有调解和仲裁等职能的行政管理机制，可在他们之间发生争端时提供解决的办法。

3. 渠道竞争

渠道竞争是渠道关系的另一方面，这是指厂商和中间商之间由于服务于同一目标市场而引起的相互之间的正常竞争。

横向营销渠道内部竞争发生在同一渠道层次内并在同一市场寻求营销机会的竞争者之间。如百货公司、折扣商店和商品专卖店向消费者营销家用电器时展开的竞争就是这样。竞争的结果使消费者在购买产品、价格和服务等方面都有较大的选择余地。

渠道系统竞争是服务某一市场的各个不同的整个系统之间的竞争。例如，食品消费者是由传统的营销渠道、批发商直属的零售店、公司连锁店、一般零售店和食品专卖店等不同经销商服务的，每一经销商都会有自己忠诚的追随者，但全部食品业的市场占有率将会随着时间推移而转向那些最能满足顾客需求的经销商。

从营销管理者的角度来说，有必要协调好渠道成员之间的关系，从而令每个渠道成员满意。在管理有强烈冲突的渠道时，营销管理者需要有很强的谈判能力、人际关系和谐促进能力和沟通技能。

一般来说，管理和解决冲突有四种方法：

（1）说服。营销管理者可以通过说服方式改变其他渠道成员与焦点问题相关的观点或决策标准，从而能够有效地管理冲突。其目的是促使大家朝着共同目标努力。

（2）解决问题。营销管理者努力找到一种能够满足每一个渠道成员决策标准的解决方案，解决问题尤其需要各方高度的信任及合作。

（3）谈判。各渠道成员讨价还价，谈判是一种以一方得益引起另一方损失的调节方法，也就是说，一渠道成员得到的，正是另一渠道成员失去的。

（4）仲裁和调解。这是一种表明各渠道成员为达成一个可共同接受的方案的努力失败后采取的方法。

除上述一般方法外，管理和解决渠道成员冲突还有一些特殊方法，如敏感性培训、任务共享及共同目标设定等。这些方法要求渠道成员间互相信任和参与，即参与一种所谓的伙伴关系营销。

（四）修改营销渠道

营销管理者不仅要对营销渠道运行状况进行策划，而且还要对其修改情况进行策划。当消费者的购买方式发生变化、市场扩大、产品进入生命周期的成熟阶段、新的竞争者加入和全新的经营策略出现时，我们必须对原有营销渠道进行修改。

通常对营销渠道进行修改主要从三个层次进行：

1. 增加或剔除个别渠道成员

对此，营销管理者要进行定量分析。看用与不用该中间商将会对企业的利润目标产生多大的影响。一家汽车生产企业作出剔除一个经销商的决策时，应减去这个经销商的营销量，同时还要对此举将对其他经销商的营销额可能造成的增加或减少作出准确的评估。

2. 增加或剔除某些市场渠道

有时生产企业意欲辞掉所有营销额低于一定金额的中间商。例如，美国国际收割机公司在一段时间内，大约5%的经销商的每年营销卡车不过三四辆，而公司付给他们的费用额远大于他们的营销量的费用占比。因此，剔除这样的经销商是必然的，除非公司是一个慈善机构。不过剔除这些中间商会对企业整个营销渠道系统产生较大的影响：

（1）单位产品的生产成本将会增加，因为制造费用和管理费用将被分摊在较少的产品（卡车）上。

（2）部分设备会被闲置起来，造成有限资源的人为浪费。

（3）这些市场上的有些生意会转到其他竞争者手中，增加了竞争企业的经营实力。

（4）会引起渠道成员一定的不稳定情绪。其他经销商也会产生不安全感。

3. 选定全新的营销渠道

企业经营的产品都有生命周期，在不同的周期阶段，其特点不尽相同，没有任何一种营销渠道在所有的产品生命周期内都被确信可一直保持竞争的优势地位。起初采用者可能愿意通过增值高的渠道来购买，但后来购买者愿意转向低成本渠道购买。例如，办公室用的小型复印机起初是经由生产企业的直接营销人员营销的，后来又经由办公室设备经销商营销，再后来是通过大型综合商场营销的，而现今在国外，则由邮购公司营销。

坚持利用有独立代理商的保险公司和利用有独立经销商的汽车公司正面临来自新的低成本渠道的竞争，而他们不愿改变营销渠道的固执态度最终将自毁前程。

下面以经销小包装商品和时装的渠道成员为例，说明在产品生命周期不同阶段的渠道变化情况：

（1）引入期。新产品或新款式通常先经由专业的渠道（诸如业余爱好者商店、妇女装饰品小商店）进入市场。这种渠道能够发现流行趋势并能吸引早期的经销商和购买者。

（2）迅速成长期。随着购买者的兴趣日趋浓厚，高营销额渠道便会出现（如专用连锁商店、百货公司），这些渠道也提供服务，但不如先前的渠道提供的多。

（3）成熟期。随着营销额增长缓慢下降，一些竞争者便会将其产品转入低成本渠道（如大型综合商场）营销。

（4）衰退期。当产品营销衰退期开始时，成本更低的渠道（如邮购商店、大减价商店）便会应运而生。

最早期的渠道带有创建市场的意味：这些渠道的成本高，因为它们必须寻找市场机会和教育消费者。

紧随其后出现的渠道则必须扩大市场和提供充分的服务。在成熟期，许多购买者希望成本降下来，并且喜欢光顾低增值价值的渠道。对于余下来的潜在购买者来说，也只能靠创造增值价值极低的渠道来争取服务了。

三、营销渠道管理

（一）市场定位与细分

1. 区域定位和市场细分

在了解了区域市场的一般特征的基础上，营销管理者应该建立如下认识：

（1）并非所有区域市场都是适合企业生存发展的"风水宝地"；

（2）并非任何区域市场都可以随意进入或要立即进入或需全力进入；

（3）区域市场本来就有大小之分，也就存在企业营销资源能否与之适应的问题；

（4）区域市场有市场特性与消费特性的不同，也有营销方式和营销策略的不同。

明白了上述道理，企业至少可以知道：应有针对性地选择与其和企业当前实际条件相适合的区域市场目标。然而区域市场千差万别、各具特色，哪些是企业合适的目标呢？这就有必要把整体市场进行划分归类，找出其差异性，归纳出相似性，为最终选择目标市场提供正确可靠的依据。具体划分方法如下：

（1）以市场距企业所在地的远近为依据可划分为：本地市场，即以企业所在省（市）为中心的市场范围；外地市场，即企业所在省（市）以外的市场范围。

（2）以市场地域特性相似或相近的地区为依据可划分为：东北市场（黑、吉、辽、内蒙古）、西南市场（云、贵、川、渝）、华东市场（苏、浙、皖、沪）、华南市场（粤、琼、闽、桂）等。

（3）以城市规模的大小为依据可划分为：一级市场（如顶级城市北京、上海、广州等）；二级市场（如省级城市郑州、济南、南京、昆明、深圳等）；三级市场（如地区城市保定、洛阳、温州、佛山等）；四级市场（如县乡城镇顺义区、丰润县、汤阴县等）。

2. 选择区域市场

那么，什么样的区域市场是企业当前较合适的市场目标呢？一般来说，所选区域市场目标应具备以下条件：

（1）市场容量和潜力较大（人口总量大，购买力强，需求程度高等）；

（2）区位优势比较明显（经济基础结构完善，市场发育优良）；

（3）竞争态势比较明朗（如产品有竞争力，竞争环境良好等）。

同时，所选区域市场目标还应满足以下要求：

（1）市场份额最大化，即所选区域市场能使企业的投入与产出成正比，并力争在主客观条件相适应的前提下实现市场份额的最大化，产生较好的经济效益和社会效益。

（2）营销资源对等化，即企业应充分考虑其当前实际（比如：产品特性、资金储备、人员素质等），量其所有、尽力而为；目标区域的数量不宜过多，地域跨度也不宜过大，范围也不宜太广。

根据上述条件及要求，区域市场的选择可按如下思路进行：

（1）选择产品可能适销对路的市场区域。是指产品特性能够适应广大目标顾客物质与精神的需求，能够实现分销通路的高度畅通。这就要求企业从其产品特性出发，寻找区域目标市场。

（2）选择条件相似的市场区域。是指地域跨度不同但区域市场的外部环境和内部制约因素基本相似。市场条件相近有助于企业找到产品的目标市场，并可能运用已经成功的营销经验。如红牛功能饮料就选择了当今生活节奏加快、生活方式时尚的各大中城市为目标区域，在同类产品中奠定了它"市场领导者"的地位。

（3）选择就近便利的区域。顾名思义就是选择附近便利的市场目标，就近就便的区域首推本地市场及其周边市场。因其占尽"天时、地利、人和"之先机，因而众多企业在拓市之初便视其为"根据地"而重点开拓之。

3. 市场定位

区域市场目标选定后，还需要依据具体区域市场的地位、作用准确定位，以明确各自的市场定位，以分清主次轻重：

（1）把产品可能适销对路的区域定位为准入市场，并将其作为候选对象以供最后选定，有的可能选中，有的可能待选，有的甚至不选。

（2）把准入市场中凭借企业当前营销能力可以进入的区域市场定位为首选市场。

（3）将首选市场中可能创造局部优势的区域市场定位为重点市场，企业应当全力开拓。

（4）把重点市场中可以起到辐射带动作用的区域市场定位为中心市场，企业应当充分发挥其优势努力拓展。

（5）把上述市场以外的区域定位为次要市场，企业当前无须全力开拓，但可有针对性地培育市场，以便从中选择目标客户。

（6）要在上述定位选择的基础上，形成明晰的区域市场推广战略方针，以指导营销实践。"立足本地，主攻××，先内后外，由点及面，抓两头（终端、通路），两手硬（促销、管理），稳扎稳打，步步推进"，这就是企业在区域市场推广过程中应当坚持的重要策略。

4. 市场策略

面对激烈的市场竞争，每一个营销管理者都不能回避的一个问题就是市场策略问题。可以说能否正确对自己的市场作出正确定位，决定着企业未来发展的道路是通向胜利的光明还是遭遇失败的噩运。下面对这一问题进行探讨。

（1）"三一"理论与占有率的目标管理。如果在市场竞争中竞争双方战斗力的较量在局部战中发展到了3:1，概率战中达到1.732，那么弱者反败为胜已不可能。把该比值范围称为射程距离，当两个竞争对手之间市场占有率之比超过射程距离时，弱方应立即放弃经营，保存实力，并另辟蹊径。该模式还提供了市场占有率的目标和管理指标，包括市场的上限目标、下限目标和相对安全指标。上限目标为73.88%，此时不论对手的个数和实力，占有率平均在该公司的射程距离之外，所以该指标就构成市场独占条件。26.12%是市场占有率的下限目标，即使此时公司的市场占有率名列榜首，也极不稳定，随时有受到进攻的可能，它是劣势的上限。当市场占有率达到41.7%时，企业进入相对安全期，这是各企业参与竞争的首要目标。

（2）第一位主义。在射程距离内，为提高市场占有率，企业必须尽力达到第一位置。这包括：第一位的商品，如新产品或差异化产品；第一位的零售订货率，这是流通战略中最重要的步骤；第一位地域，即将市场细分后，逐个击破，从各区域的第一进而追求整体占有率的第一。根据蓝氏法则，强者与弱者实施战略的优先顺序不同。实力弱的公司宜开展局部战，方向为区域→进货率→商品，先限定区域作为据点，将易销商品集中，以地域进攻为首要条件。而实力较强的企业，其战略顺序正好相反，方向为商品→进货率→区域，即以有力的商品作为战略武器，展开大规模总体进攻，击垮弱者支配的地域，从而最终实现第一位地域。这种根据实力决定战略排序的方法，已被国外众多企业广泛运用。

表21-1与表21-2分别是市场营销的市场区域差异分布表和竞争力度的区域差异分布表，利用此表可以了解本公司在某一市场的优势地位。

表 21－1　市场营销的市场区域差异分布表

区域 项目	区域 1	区域 2	……	区域 N
需求量				
成长性				
本公司营销量				

表 21－2　竞争力度的区域差异分布表

区域 项目	区域 1	区域 2	……	区域 N	品牌数量
品牌占有率					
品牌首位度					
本公司位次					

（二）可能影响通路选择的因素

通路的选择必须要根据营销的形态、客户需求的形态、营运相关事项、产品或服务的类型、需要控制的区域市场以及企业的资金、成本等。确定每一年都要针对上述因素进行审视，并确认是否有哪些因素已经改变、在通路的选择上是否需要调整，这些事项大都是互有关联的。

1. 营销的形态

某些营销形态会让公司自然选择直接营销人员，或是其他间接营销组织和通路伙伴。营销人员对营销的影响力越大，公司越应该采用直接营销团队。若要针对重复购买型的客户进行"关系式营销"，则会利用通路伙伴。

大部分的营销管理者都在利用不同的组织，来执行不同的任务需求。举例来说，如果想要客户名单，找外部的直销公司或是网站可能最有效率；而这些客户资料最好找独立的电话销售公司来做验证，等到名单找到并经过验证之后，其中最具潜力的客户应该由公司的营销人员指定专人进行拜访；而潜力较小的客户，则可以由通路伙伴的营销人员分别进行拜访。

2. 客户需求的形态

客户的特性也会影响到营销组织。如果客户群多且分散，又常常只需要小量的订单，利用外部间接营销组织比较有效率。如果自己公司的目标客户是产业的主导品牌或是创新者而非跟随者，他们可能会坚持要有公司直接营销人员与他们接洽有关事宜。

如果要进入一个自己不熟悉的新市场区域，自己可能需要找一个有经验的通路伙伴。通路伙伴可以更有效率地完成处理信用及承担风险的任务。自己必须分析客户需求及通路功能需求，以便选择出最适当的通路。

自己可能在原始设备制造商市场利用公司的直接营销人员，另外在补充市场利用存货通路商。当自己的客户需要一次购足的产品组合，而自己只有其中几项产品；或是自己的客户只需要少量的产品而自己却能提供大量产品，此时自己便需要找通路伙伴来协助自己满足客户需求。

在雇用及培训营销人员时，必须要选择适当的通路伙伴、架构部署、规模及时间安排，以便为公司的客户提供最优服务，同时也要考虑营销及服务的成本，以及成功的可能性有多高。如机器维护、物流、保证或运送需求等，这些条件由通路伙伴提供可能会比较有效率些。

3. 营运的相关事项

各项营运的相关事项包括了存货、维修、备料、机器设备、设备架设、设计、服务、程式撰写、客户培训、安全维护、即时货物运送、信用服务等，这些因素都会影响到通路的选择。谁可以较有效率地提供这些服务？哪些服务是客户重视的，哪些服务可以忽略不提供？自己必须要针对公司及通路伙伴所提供的每一项服务进行价值评估。

4. 产品或服务的类型

异质性高的产品有较多的差异性（生化科技或顾问业等），针对这一类产品，公司自然会选择直属营销人员来进行营销。同质性高的产品（钢模铸造等）较难看出差异性，公司针对这一类产品，自然会选择通路伙伴来进行营销。

5. 需要控制的区域以及企业的资金、成本

高毛利的产品或服务倾向使用公司直属的营销团队来进行营销，而低毛利的产品或服务则倾向于使用通路伙伴来进行营销。营销人员对新产品或服务的营销具有很大的影响力，因此使用直接营销团队效果最好，而生命周期快要结束的"夕阳产品"，则交给通路伙伴等间接营销团队来进行营销会比较有效率。如果自己想要严格控制产品价格或顾客的需求，或自己需要第一线提供更多的营销情报及客户意见反馈，那么公司直属营销团队将比较充分地满足自己的需求。

因为大部分的营销组织都拥有一种以上的营销模式、产品、客户及市场，有关作业注意事项与控制的需求各不相同，因此综合式的营销通路最为流行。通常这些通路之间会彼此竞争，并且造成冲突，公司最好事先作好规划处理。为了避免通路伙伴专攻大客户，而忽略中小型的客户，自己必须妥善设计奖励制度，针对不同的产品、营销模式、客户而有不同的酬金制度，以确定奖励到"对"的客户。

决定通路形态的最后一个要素是针对不同的可行方案进行预算。一般来说，组织都会依照业绩来给付佣金，通路伙伴的变动费用一般会维持在公司收益的某一个百分比上。许多刚开始的公司会先使用通路伙伴，这是因为佣金的给付是依照营销人员的业绩来计算的，而且也不需要负担其他补贴费用或其他福利。但是当这些公司逐渐迈向成长期或成熟期时，会发现要在此时改变为综合式通路形态或自主聘用营销人员，都变得比较困难。

一位营销管理者给他的推销员（用金制计薪）打气说："你们这是在替自己干，因此一定要积极，要力争击倒别人，只有胜利者才配留在我们团体中。"这就是他所推崇的忠诚。因此没有一个人会一味地替别人做掩护和支援。人人都在设法掠夺别人的生意，客户感受到无情的压力，这一部门被认为是一群海盗。人力流动率高得吓人，而营销管理者却觉得这并没有什么不好。人力流动频繁正表示留下来的都是最适合的人，而

且新人最肯拼命干。

（三）建设增值渠道

对于渠道和营销管理者来说，增值既是挑战，也是机遇。增值就要下苦功夫，需要内外兼修提升综合实力。对内，渠道商要优化管理运作，控制成本；对外，要能为客户提供更为全面、更具增值性的服务。这不仅需要渠道商自身的努力，而且需要厂商的扶助。而增值带给渠道与营销管理者的回报也是丰厚的，在获得更大利润空间的同时亦可使企业抢占财富的制高点。

1. 渠道、用户、供应商间的新三角关系

"以客户为中心"的理念证明了在买方市场中把握客户的能力对企业而言是至关重要的。无论是渠道，还是厂商，都在更进一步地去了解客户，以期第一时间掌握客户需求信息，并以此为基础为客户提供具有针对性的产品、方案和服务，以此抢占市场先机，并与客户建立长期稳固的关系。

在这种背景下，传统的线状渠道合作模式已受到了强烈的冲击。线状渠道模式结构简单，易于管理，但其在把握客户方面却存在着明显的弊端。由于其距离过长导致客户信息、产品和服务的传递速度慢，且不可避免地在传递过程中出现衰减。因此，使得客户难以得到及时、高质量的服务；厂商难以及时、准确地获得客户信息，并据此进行策略调整，因而造成客户流失；渠道也难以获得有针对性的营销管理者的资源支持，同时，企业面对客户日益提升的服务需求也显得力不从心。显然，传统的渠道合作模式的确需要改革。

营销管理者贴近客户，以及"渠道扁平化"的策略，虽然给渠道商带来了一定的压力，但事实上，也使营销管理者在贴近用户的过程中，更进一步地认识到了渠道的价值。要通过完善、及时的服务维系庞大的客户群体，不借助渠道之力营销管理者将举步维艰。因此，在新型的合作关系中，渠道仍然是重要的一环。提升渠道的增值能力也同样是提升新型合作关系的一个主要环节。

新型的合作关系应该是什么结构？对于这一问题，仁者见仁，智者见智。因而网状结构、环状结构都有人在尝试。但可以肯定的是，客户、渠道和营销管理者是这一新型合作关系的三个支点。因此，也许三角结构也是一个理想的选择。三点中的任意两点都具有直接的联系，可以保证客户信息产品与服务的迅速传递，且在运作管理层面并不过于复杂。而三角形本身也具有最稳固的结构。当然，对于这种新型合作关系，不同的企业要根据自身特点灵活掌握并加以利用。

2. 赚的是毛利，省的是纯利

提升利润空间，要从开源和节流两个层面同时入手。渠道商不仅要学会赚钱，还要学会省钱。赚的是毛利，省的是纯利。这一议题形象地说明了开源节流对于渠道建设的重要性。

提高管理运作效率，建立合理的营销体系，这是渠道商必须去苦练的内功。同时，这对于渠道商来说不但可以实现控制成本的目的，而且还能优化其高效的运作管理，也有利于更敏锐地把握财富商机。

利用 IT 信息技术优化运作管理，这同样也是渠道商开源节流的一大法门，它会为赢得客户信任增加筹码。利用 IT 技术提升增值能力，这一话题正是目前渠道和营销管理者都极其关注的焦点。这既是渠道自身的迫切需求，也是营销管理者为支持渠道商发展所不能忽视的。而更重要的是，渠道自身的 IT 建设也蕴藏着巨大的商机。事实上，渠道成为营销管理者 ERP、CRM、HR 等系统的首批用户已有不少先例。渠道不仅成为了营销管理者产品方案的直接用户，而且其增值能力的提升也给营销管理者带来了长期的财富驱动力。

3. 新产品，新机会

"多个产品多条路。"对于成熟的品牌和产品，渠道商虽然在运作上已是轻车熟路，但却面临着几近无利可图、缺乏市场空间的尴尬。特别是在产品竞争类似的市场环境里，新产品就如同为市场带来了一股清新的空气，给渠道商带来了更多的选择。更多更广的利润与市场空间，加之营销管理者适当的渠道策略和资源支持，使渠道对于新品牌、新产品趋之若鹜也就不足为奇了。

而对于营销管理者来说，新品牌、新产品要迅速进入和占领市场，渠道的支持显得更加重要。这就需要营销管理者就品牌、产品本身的卖点、特点，利润与市场空间，以及相关的渠道策略与渠道商进行充分的沟通，以获得渠道商的支持。

作为渠道活动第一品牌的 SPF 在营销管理者和渠道中坚力量间搭建了一座便于沟通的桥梁，使双方能够以最便捷的形式共同把握由新品牌、新产品带来的财富商机。

4. 市场无情，服务有价

变幻莫测的市场环境极为严酷，缺乏竞争力的渠道必将被淘汰。而竞争力本身也在随着客户需求的变化而变化。因而单纯依靠产品和营销实力的竞争已不足以支撑渠道商与营销管理者的生存发展。服务已成为衡量企业竞争力的新标准。

成熟的客户不再仅仅把眼光局限于产品质量、性能和价格。客户更关注的是渠道与营销管理者能否提供及时、完善、层次丰富的服务，以保障其 IT 系统的正常应用和投资回报率的提高。因此，如何提升服务能力成为了竞争的焦点，提升渠道服务能力也刻不容缓。

渠道和营销管理者共同关注服务的另一主要原因在于服务不仅是维系客户的最有力手段，也是获得财富的源泉。当前客户对待服务的态度正在改观，客户意识到了服务的价值并愿意为其支付费用。而渠道和营销管理者也发现，服务的利润并不比营销利润差，而且服务还有可挖掘的利润空间更具有拓展性。

但在服务时代的初期，还有许多的问题尚待解决，比如客户的服务需求、服务的标准如何、服务的价格体系怎样等。因此，渠道与营销管理者需要通过更多地碰撞激起灵感的火花，服务的先行者将在未来更接近财富的源泉。

（四）选择经销商的方法

1. 多种选优法

在选择经销商时，不论是通过朋友介绍的、交易会认识的，还是自己亲自到市场考察了解的，都一定要多选择几家，不能没有标准地以为拿钱就是好的。如某营销管理者在东北市场就曾经犯过这样的错误，有一个经销商看好他们生产的品牌，拿出 80 万元现款要买断区域市场经销权，但是，他没有终端营销网络和管理的经验。而另外一家有非常成熟的网络，但在付款方式上无法与该企业达成一致，企业最终和第一家签约，结果这个经销商用了两年的时间才将 80 万元的货卖完，不仅自己赔了钱，也使企业失去了开发区域市场的机会。

2. 以自己的品牌和产品线为基础，确定应该选择何种类型的经销商

如果该企业产品线长、品种多，且以中低档为主，那么选择有实力、经营时间长的批发型经销商可能更合适。因为中低档系列产品进入市场，必须有大量的广告和促销措施相配合，这需要经销商具有过硬的二三级分销的批发能力。相反，如果品牌和品种比较单一、产品定位比较高，那么选择终端型的经销商就比较适宜。但是，也要注意其代理的产品品牌的多少、目标客户是否有冲突、厂家的综合实力以及它在市场上的运营能力。

3. 对拟选经销商的评估

大部分营销管理者只对经销商作简单的判断，特别是主管人员个人的意见对企业系统地评价和考核经销商影响很大，干扰了营销管理者对经销商作出客观公正的评价。为防止这种情况发生，营销管理者应制定量化的评价系统，从定性和定量两方面对经销商进行客观、全面的考评评估。

经销商也并非越大越好，正如恋爱对象不一定非得要财大气粗的道理一样，这里有一个适度和经销商能力的问题。情况通常是：产品在大经销商那里，不能引起足够的重视，而那些具有发展潜能的中等经销商，却深知营销管理者为他提供的不仅仅是利润，更是美好的发展前景。选择和培养这类经销商是明智之举，因为这些人往往是真正的合作伙伴。

经销商的定量分析表、定性分析如表 21 - 3、表 21 - 4 所示。

表 21 - 3 定量分析表

考核因素	定量分析指标	权重
地域覆盖	二三级分销商以及零售商的质量、数量	
业务范围	业务范围的吻合度、代理品牌冲突性、种类多少	
公司规模	近三年的营销额、利润	
员工素质	员工的学历、文化素质以及培训状况	
产品结构	代理产品的价位、档次等的合理程度	

表 21 - 4 定性分析表

考核因素	定性分析指标	权重
企业文化	行为准则和价值观念	
经营管理水平	管理制度及其执行情况，管理者的综合素质	
员工精神状态	员工流动比率、工作态度	
公司的成长性	各项业务的营销经营状况	

（五）管理经销商

如果说选择好经销商是"婚姻"的开始，那么这场"婚姻"能否长久保持并开花结果，其关键就是对经销商的管理。经销商是帮助企业营销产品、联系市场、为企业挣钱的重要环节。因而对经销商管理的好坏直接关系到企业市场战略的实施，以及最终合作双方能否获利实现"双赢"。

但是在实际工作中，很多企业的经销商管理做得很差，一方面是没有认识到经销商管理的重要性，另一方面是在经销商管理方面，缺乏真正系统性的策略规划和必要的技术监督。这里就如何有系统地做好经销商管理作一探讨。

1. 谁最值得自己去管

对于经销商的分类，不同的企业有不同的标准。按照经销商对待产品的态度，可将经销商分为品牌忠诚经销商、品牌转移经销商和无品牌忠诚经销商三类。经销商管理的重点，就是培养对本企业产品忠诚的经销商和首先使用者。

在经销商管理中，按经销商购买产品金额进行分级，就是把全部经销商按购买金额的多少，划分为A、B、C三级。A级，大经销商，购买金额大，经销商数量少；C级，小经销商，购买金额少，经销商数量多；B级，一般经销商，介于A、C两级经销商之间。管理的重点是抓好A级经销商，照顾B级经销商。

将经销商依年度营销额的多少顺序排列，以顺序累计营销额，然后计算出累计营销额对总营销额的构成比，分别以经销商名称和累计构成比为横纵坐标制图。

以累计营销额构成比的65%、85%为分割点，企业也可根据不同情况自己制定分割点，一般来说以A、B、C分级的分割点为：10%——A级、20%——B级、70%——C级。

营销管理者只有让所有A级经销商非常满意，让B级经销商满意，让部分C级经销商逐渐提高满意度，放弃5%的C级拉后腿的经销商，如此企业的经销商管理工作就做得比较完美了。

表 21 – 5　重要客户诊断表

客户评估项目	现有客户	正开发客户	拟开发客户
客户名称			
客户地点			
客户营销能力			
目前主销产品			
营销本公司产品的有利条件			
营销本公司产品的不利条件及应对措施			

2. 用数据库"导航"

要做好"经销商管理"，必须建立经销商档案资料，实行"建档管理"。"建档管理"是将经销商的各项资料加以记录、保存、分析、整理、应用，借以巩固经销商同营销管理者的关系，从而提升经营业绩的管理方法。其中，编制"经销商资料卡"是一种常用工具。

编制"经销商资料卡"的用途及好处：可以区别现有顾客与潜在顾客；便于寄发广告信函；利用经销商资料卡可安排收款、付款的顺序与计划，了解每个经销商的营销状况，掌握其交易习惯；当营销人员请假或辞职时，接替者可以为该经销商继续服务；在安排时间计划时，利用经销商资料卡可以制定高效率的具体访问计划；可以完全了解经销商的状况及交易结果，进而促进与其合作；根据经销商资料卡，对信用度低的经销商缩小交易额，对信用度高的顾客增大交易额，便于企业制定具体的营销政策。

（1）营销管理者要善于利用"经销商资料卡"。营销管理者应关注经销商资料的建档工作，并学会利用（或监督营销人员利用）"经销商资料卡"。

下面是营销管理者善于利用经销商资料卡增加业绩的一些方法：每周至少检查每位营销人员的经销商资料卡一次；提醒营销人员在访问经销商前按规定参考资料卡的内容；要求营销人员出去访问客户只携带要访问的经销商资料卡；要求营销人员访问回来时应交回"经销商资料卡"；在每月或每季终了时，区域经理应分析经销商资料卡，并以其作为调整营销人员营销方式的参考。应参考"经销商资料卡"的实际交易业绩，拟定"年度区域营销计划"；将填写经销商资料卡视为评估该营销人员绩效的一个重要项目；业务经理更应提醒自己经常与营销人员讨论前一天（或数天前）经销商的交易成果；检查营销、收款是否平衡，有无逾期未收货款等。

动态管理。"经销商资料卡"建立后不能置之不理，否则就会失去其价值。要通过调整剔除已经变化的资料，及时补充新的资料，在档案上对经销商的变化进行跟踪，使经销商管理保持动态性。应从众多的经销商资料中找出重点经销商。这里不仅要包括现有经销商，而且要包括未来经销商和潜在经销商。这样可以为选择新经销商、开拓新市场提供资料，也为市场的拓展创造良机。

表 21-6 经销商资料卡

客户 要素类别		A 客户					B 客户				
		1分	2分	3分	4分	5分	1分	2分	3分	4分	5分
开发能力	1. 营销人员人数										
	2. 营销人员素质										
	3. 教育培训										
	4. 每一个营销人员的营销额										
	5. 每一个营销人员的毛利										
	6. 营销管理水平										
	7. 客户数										
	8. 客户水平										
	9. 与客户的联系程度										
	10. 每一客户的平均营销额										

客户 要素类别		A 客户					B 客户				
		1分	2分	3分	4分	5分	1分	2分	3分	4分	5分
服务	11. 促销、共同营销										
	12. 广告、宣传										
	13. 送货										
	14. 售后服务										
	15. 投诉处理										
	16. 库存										
与本公司关系	17. 去年年度交易额										
	18. 目前的市场占有率										
	19. 扩大营销的能力										
	20. 本公司产品库存金额										
合　计											
综合评价											

灵活运用。经销商资料收集管理的目的是为了在营销过程中加以利用，所以，应以灵活的方式及时提供给营销人员及相关人员，使静态资料变成动态材料，从而提高经销商管理效率。

专人负责。由于许多经销商资料是不能外流的，只能供内部使用，所以要搞好经销商管理应制定具体的制度和办法，由专人负责管理，严格控制、管理好经销商情报资料的利用和借阅工作。

（2）组织经销商系列化。如何管理好众多经销商是一项十分重要细致的工作。组织经销商系列化，就是这样一种化繁为简、行之有效的管理方法。具体操作时，可使用以下两种不同的工具。

经销商的业绩好坏，主要是通过营销卡记录表现出来的，只有有了营销记录，才能及时了解每个经销商的营销，掌握营销工作的进展情况。在营销工作做得比较到位的情况下，营销部门应针对每个经销商每月制定一份营销计划，用以指导经销商有序地开展工作。营销计划主要包括营销目标（品种、数量、规格）、进度计划、营销支援等内容。营销记录既是经销商营销的最基础的资料，也是最有用的资料。主要内容有：进货时间、进货品种、规格、数量、金额、欠款情况、结账情况等。这些内容要求有详细记录，有明细，有合计、累计，还能够同计划进度作比较。通过营销记录，可以知道产品的营销情况和市场成长的快慢，并以此区分经销商的优劣，从而有针对性地采取措施，并为今后制定完整计划奠定基础。

由于受到管理技术和管理思想的影响，我们做营销记录，往往只能跟踪到总经销一级，如果条件允许的话，我们可以将营销记录跟踪到二批甚至三批、零售终端和消费者，跟踪得越深入，对管理越有帮助，越便于企业总结经验。在经销商资料管理中，采用手工方法的缺陷是工作量大，又无法及时统计查询，因而大大降低了资料的使用价值。如果采用计算机管理，便于将信息价值发挥到最大限度。还可以采用电子地图技术，将经销商的各种信息在地图上准确标示出来，增强了信息的时效性和便捷性。

3. 建立经销商预警机制

经销商预警机制就是将经销商管理中发现的一些异常现象，纳入预警处理程序，使各方面予以关注，及时调查分析原因给予解决，将问题最终消灭在萌芽状态。

公司在经销商资信管理方面给每位经销商设定了一个授信额度，当经销商的欠款超过授信额度时，就应当发出警告，并对此经销商进行调查，分析问题原因，并及时追回欠款，避免出现真正的风险。

根据营销记录资料，当经销商的进货进度和计划进度、进货频率、同期进货量相比有所下降时，都应发出警告，并通知有关人员对此情况进行调查，找出原因，并拿出相应的解决办法，防止造成损失。

公司应在经销商档案中记录每一笔营销费用，当发现营销费用攀升或超出费用预算时应发出警告，并及时终止，作出相应的调整，防止造成费用流失。

根据营销记录资料，当经销商不再进货时即被视为经销商流失，就应当即发出预警，使公司能够及时进行调查，并采取对策，以防止经销商再度流失。

根据营销人员汇报的情况，当经销商发生重大变故，比如被盗、分家、车祸、重病等情况时，即发出预警，有关部门应关注此经销商的进一步变化，以防止出现风险。

预警管理同经销商基础资料管理密切相关，我们可以利用电脑设计一套自动信息管理程序，能及时针对经销商资料发出预警，从而大大提高经销商管理的效率。

4. 健全的合同管理

大多数公司的合同管理都不健全，从而给经销商管理带来了不应有的麻烦。合同是在经销商管理中最有约束力的法律文件，是营销管理的法律依据。

应要求所有与区域营销机构有业务往来的经销商都签署合同。没有制度约束，就很难将营销计划落实到实际工作中。同时规范合同的签署程序，确保合同的严肃性、科学性，堵塞漏洞。

编制标准、规范的合同文本。标准的合同应该至少包含这样一些内容：

（1）标的：商品的品种、品牌、数量、规格、价格等；

（2）质量要求；

（3）发送：送货时间、收货地点、运输方式、费用支付方式等；

（4）验收；

（5）经营权限：所属经营级别、总经销、分销、区域划分、品种划分、年限划分等；

（6）结账方式：注明转账或现金；

（7）经销政策：返利、年奖金额、促销方式、广告、人员费用等；

（8）订、退货方式及时间；

（9）违约责任及纠纷处理的规定；

（10）签约时间、地点及生效期；

（11）甲乙双方标准名称、详细地点、联系方式、法人代表、签约代表、账号、开户行名、税务证号等。

在拟订标准合同时，一要考虑实际内容、文字处理，二要考虑美观。将文件制作得规范漂亮一些，能展示公司形象。合同必须由专人保管，这是因为它一方面涉及商业秘密，另一方面也便于使用。只有由专人分门别类建立档案，集中保管，才能保证合同的完整性、严肃性。

5. 市场运作的管理

如果缺乏对经销商市场运作的管理，即使是现款现货的交易，也可能面临着经销商及市场的丢失，而代销业务则存在更多的风险。所以，对经销商管理的核心就是对其市场运作的过程的管理，它包括以下几点：

（1）信息系统的管理。就是对市场信息的收集、分析、整理的过程。它既包括区域市场的社会环境、人文环境、消费需求、偏好度等基本市场信息，也包括竞争对手的产品、价格、市场渠道、广告等策略。通过营销信息系统的建立，我们能及时了解市场动态，并能与经销商共同制定和调整行销策略。

（2）策略执行的管理。区域市场营销策略虽然是由经销商与企业共同制定的，但策略的贯彻执行主要靠经销商。而一个经销商往往经营许多种品牌，且产品品种多，比如其中既有白酒，也可能有红酒、啤酒、饮料，既可能代理自己的品牌，也可能代理其他的品牌，而且经销商兴趣点也无时无刻不在发生着变化。有些经销商当着企业老总或营销管理者的面说得挺好，但回过头来执行时有可能是另外一套。在市场运作中经常会看到这样一些现象：促销、营销人员的投入比合同约束少；企业投入的促销品挪用到其他品牌上；使二三级经销商的返利不能到位；低价"窜货"或者不执行企业的价格政策等。因此必须对经销商的执行策略进行有效的管理。

（3）动态的评估考核。经常性地对经销商市场运行动态进行考核和评估，并建立评估标准，有利于及时发现经销商在市场运作过程中存在的问题和困难，以便及时沟通和解决，有效地防范风险。营销管理者可根据自己的市场战略和产品，对营销计划中各项指标在市场开拓中所占的比重进行量化考核，对经销商市场运营情况进行定期评估，以便及时发现经销商在经营中存在的问题和不足，促使营销管理者与之建立良好的合作关系，实现供销市场的"双赢"。

6. 巡视与沟通

同经销商沟通的目的就是为了加强经销商同企业的联系，提高经销商参与营销的积极性。

实施"巡视管理"是营销管理者针对经销商的一种非常重要、行之有效的管理方法。因为巡视管理的实质是经常倾听经销商的意见和建议，与经销商保持密切接触，所以有效的巡视离不开有效的沟通。

营销管理者要制定对经销商的拜访计划，并依据计划定期或不定期地对经销商进行拜访，收集意见，了解情况，有效消除企业同经销商的隔膜。其中座谈会就是一种非常有效的沟通形式，如果有可能每月搞一次，一定会有很大的收获。

建立沟通体制应当日常化、制度化，作为经销商管理的一项日常工作来抓，确保沟通工作的有效展开。

有效倾听的策略有：

（1）反馈性归纳。即经常性地把对方谈话的内容加以总结并征求意见，如"你刚才说的话是这个意思吗？"这也说明巡视管理者对经销商的观点要慎重考虑，并使经销商有重申和澄清其本意的机会。

（2）理解对方。在倾听经销商所谈内容的同时能充分理解经销商的感情。

（3）避免争论。当经销商在讲一些原本没有道理的事情时，不要急于纠正。首先在谈话开始的时候要尽量避免谈那些有分歧的问题，而是多强调那些双方看法一致的问题。其次，要采用有效倾听的沟通方式。

沟通有许多种方式，概括起来，主要有走出去、请进来和利用通信的三种工具。深入到经销商中间，倾听他们一些真实的看法、想法。定期把经销商请来参加讨论会、联欢会、订货会。认真处理经销商来函来信，及时消除经销商疑虑；并安装免付费用的"热线"投诉电话来处理经销商的抱怨。

7. 辅导经销商

营销管理者不仅要给经销商以鱼，还要让经销商掌握钓鱼的方法。同理营销管理者不但要让经销商赚钱，而且要教会经销商赚钱的方法。营销管理者要支持和帮助经销商发展，经销商的经营管理水平提高了，营销能力增强了，当然自己产品的营销量也就会随之而上升了。

经销商管理的优劣最终还要落实到经销业绩上，经销商的业绩体现在分销的深度和广度上。分销管理就是给经销商提出分销目标，制定分销计划，并协助经销商实现分销目标。

分销的主要对象是二批经销商和零售店，目的是扩大市场占有率，扩大和消费者的接触面，增加购买机会，尽最大可能扩大分销的深度和广度。分销管理要求在分销工作中做好分销商建档工作，给所有的分销商建立档案，并做好营销记录，制定拜访计划，并同分销商建立友好关系。

广告促销是营销活动中最基本的营销方式，并伴随着整个营销过程，也是营销费用的大头，因而应认真管理。管理的重点是制定活动计划和费用预算，所有活动都要制定计划，待公司批准后方可执行，并严格按照预算支付费用，谨防出现广告促销费用成为"无底洞"的现象。在开展广告促销活动之前一定要考虑效果，谨防无效果的广告促销。事后应进行考核，如果效果不好，应当追究当事人责任，保证广告促销的严肃性，活动方案和考评结果要保存在经销商的档案中。

在这种过程中，适当地对经销商进行培训是很有必要的。

由于经销商往往经营多个厂家的产品，在经营过程中很难只对一个品牌注入更多的精力。要想使自己的品牌多一些销量，人员车辆的支援是对经销商的最有效的支持。在实际工作中，还得根据实际情况决定是派营销人员，或是派业务经理，还是在当地招助销员。派车辆一定要考虑好费用问题，尽量争取能共同分担费用。每个公司的人员和车辆都是有限的，因而一定要将有限的人员和车辆用在最需要的场合，而不是到处乱派。

8. 售后服务管理

售后服务管理的主要目的在于解决经销商的后顾之忧。因为市场变化很快,或者因为对市场把握不准,经销商经常有需要退货或换货的时候。对于经销商的这种要求,没有特殊情况,都应无条件满足。根据经销商的不同情况,规定不同的退换货时间,以防止不良经销商的恶意退换货行为。

经销商往往不具备产品的维修服务能力,企业应提供这方面的支持。在产品的营销过程中,会出现包装破损等现象,应根据实际情况予以调换。

忽视经销商投诉,会导致经销商的抱怨,在管理中应将受理经销商投诉纳入日常工作,由专人负责。对于投诉事件要作详细记录,并进行相关调查,然后由有关领导批示处理意见,最后通知经销商结果。不论处理得如何,都应及时给经销商反馈信息,最应忌讳投诉没有下文,这样会造成投诉升级。对所有投诉记录都应保存完好,并存档备查。

经销商管理的核心是制度化、规范化、日常化、专人负责。只有这样才能使管理策略落实到实际工作中去,也才能真正管理好经销商。

(六)渠道如何激励

营销管理者必须激励和管理好渠道上每个层次的中间商,而在对消费者举办促销活动时,更需要各级成员的积极响应与支持配合才能取得成功。

1. 对区域总代理、总经销进行促销激励

(1)营销目标奖励。营销管理者事先需设定一个营销目标,如果客户在规定的时间内达到了这个目标,则按先前的约定给予奖励。为兼顾不同客户的经销能力,可分设不同层级的营销目标,其奖励额度也应逐渐递增,促使中间商向更高营销目标冲刺。

(2)阶段性促销奖励。为了提高某一段时间内的销量或特定目标,厂家也会开展阶段性的促销奖励活动。如在营销淡季为激发批发商进货,给予一定的优惠奖励;或在营销旺季来临之前采取这种促销方式,以得到最大的市场份额。

2. 对区域二级批发商进行促销激励

营销管理者除了对一级批发商设计了促销奖励外,还对二级批发商进行短期的阶段性促销奖励,以加速产品的流通和商家分销能力。

为避免阶段性促销可能带来的混乱,应当尽量将奖励考核依据立足于"实际销货量",在活动开始时前对各批发商的库存量进行盘点,再加上活动期间的进货量,最终减去活动结束时剩余的库存量,以此计算出该客户活动期间的实际销量。

3. 对终端售点进行促销激励

除了要鼓励批发商的经销积极性,还应该激励零售商,发挥他们进货、销货的积极性。如提供一定数额的产品进场费、货架费、堆箱陈列费、人员促销费、POP 张贴费、店庆赞助费、年终返利额、商店 DM 的赞助等。

另外,有计划地把促销产品直接分配到区域内的各个零售店,一方面可将货源直接落实到终端售货点,另一方面可以造成有限数量的促销气氛,也不失为一个策略性的措施。

4. 激励渠道成员互相配合开展针对消费者的促销活动

如果不做针对消费者的促销，厂家在渠道的投入力度再大恐怕也难有成效，渠道成员会要求厂家多做广告，甚至以广告的投放量作为标准来衡量是否经销自己的产品。这实际上给新品牌的市场投入带来了很大的困难。

不少大型零售商场对缺乏知名度的品牌并不欢迎，即使肯付进场费也未必同意进货。营销管理者之间交易谈判的耗时冗长，甚至会打乱厂家原定的上市计划，造成厂家极为被动的局面。

事实上，除非厂家的竞争对手不是很强大，而且自己有足够的营销费用能摆脱中间商开展直销，否则厂家的针对消费者的促销活动仍需要得到渠道成员积极的配合。

5. 掌握渠道激励的尺度

（1）奖励的费用。由于产品的利润不同、行业的竞争激烈程度也不同，因此，没有什么统一不变的规划，需要分析竞争者的具体情况，结合自身营销策略而制定。不过，有一些基本原则可以借鉴：一般对经销商的奖项设置最好不要用现金或直接使用本产品，以免致使价格混乱，影响中间商的积极性，并使营销受到影响；而对于零售超市的奖励，现金实在是最具吸引力的。当然，厂家的奖项设计如能为其商店进一步带来营业额，自然是更受欢迎的了。

（2）促销的评估。正是因为厂家投资于中间商的促销费用呈日益上升之势，常常占据了相当大的比重，因此对中间商促销的评估工作就显得越发重要。它包括：对中间商促销活动的设计能力，营销员执行、监控及协助促销的能力，中间商促销的投资回报率，以及促销活动对产品在渠道市场上的控制力等。

但是，由于对中间商促销的管理难度相对较大，要做到正确的效果评估，还需有一套完善的系统的支持。另外，该系统还应具备相应的制约性，以避免经销商与公司内部人员恶意联合，钻促销设计的漏洞。

对中间商的促销必须作为厂家整体营销计划的一部分，当营销管理者在制定营销策略和设计对消费者促销方式时就应该把它规划进去。营销管理者应尽力避免处于被动应对状态，否则，要绕开渠道成员的阻力去实现市场目标将会疲于奔命，甚至会破坏企业的健康发展。

四、渠道问题的解决

（一）铺底多少货合适

在业界经常流传着这样一句话，"不代销是等死，代销是找死"。在市场开拓初期的企业，想让经销商做到现款现货几乎是不可能的，尤其是对中小型企业和不知名的品牌而言。所以，代销或者给予经销商一定数量的铺底货是必不可少的。而大多数企业经常把跑货、呆死账归结于代销，试想有哪一个经销商愿意拿自己的钱进货，并且去经销一个不知名的品牌，然后再代销给商场或其他零售场所呢？所以，代销本身并没有错，关键问题：一是给予经销商合理的铺底货或者授信额度；二是通过营销报表定期验核授信额度，防范风险。

1. 授信额度的测算

营销管理者在开发一个新市场时，可通过初期调研了解该市场所有的超市、商场、便民店等终端客户的规模、数量等基本情况，以此为基础，就能根据产品的目标客户确定基本的铺货对象，并决定铺货数量，从而基本计算出第一次铺货的数量，明确该市场经销商的铺货量。经销商销货额度确定后必须按合同执行，通过此方法确定的授信额度经销商一般会无话可说。

2. 营销报表的运用

由于产品定位、营销季节和市场周期的不同，确定的经销商授信额度也会不断发生变化。比如，对于白酒行业，夏季时由于白酒整体营销量的下降，就要降低授信额度，而伴随着元旦、春节前市场营销量的急剧增加，额度就要提高；在市场导入期，由于终端客户的营销量有限，铺货数量、金额比较低，可以给经销商比较低的授信额度，而随着产品市场进入成熟期，终端客户的铺货量增加，经销商的授信额度也就应相应扩大……这一系列问题为营销管理者的决策增加了一定难度，所以，必须掌握经销商的产品流向、营销及回款报表。要做到这一点，从合作开始就应当与经销商签订合同，建立营销的周、月报表制度，及时了解营销动态。

铺货时必须注意以下几点：

（1）区分"铺货"与"实销"。商品离开厂家，卖出去之前属于"铺货"，售出之后叫"实销"。"铺货量"与"实销量"之间虽然存在明显的对应关系，但二者并不总是同步的。

（2）正确把握铺货的"度"。一般情况下，在一定的时段内，总是"铺货"在前，"实销"在后。"铺货量"是否越大越好？如何把握？这取决于"铺货量"的边际效应。

在商品投放市场的起始阶段，加大"铺货量"，可以推动"实销量"增加。"铺货量"的增加部分与"实销量"的增加部分是同步的，此时，"铺货量"的边际效应增加；市场逐渐饱和时，"铺货量"增加的那一部分，对"实销量"的影响越来越小，此时，"铺货量"的边际效应减少。

当超过市场的容量时，加大"铺货量"，不仅对经销商没好处，反而会给厂家带来更大的损失，此时，"铺货量"的边际效应出现负值，即负效应。因为商品过多地滞留在流通环节，因保管不善会造成变质、损坏的可能性增加；经销商也会因产品占据库房的问题而对其逐渐失去好感；在货架上的商品长时间搁置，给消费者造成无人问津的现象，反而会抑制客户的购买欲望。因此必须根据"铺货量"边际效应的变化，科学安排"铺货"的数量。因"铺货"滞后、量少而影响实销，固然令人遗憾，但问题也不难解决；重要的是克服"铺货量"的负效应。"铺货量"边际效应的变化说明：加大"铺货量"并不一定能增加"实销量"。实际上，在特定的时段内暂停或减少"铺货"，"实销量"并不会因此减少（经销商有库存）。根据消费者心理，在产品得到市场一定的认可之后，甚至可以有意识地使产品"断档"，使消费者产生该产品不错、紧俏的心理印象；然后再大批量上市，又使消费者产生焕然一新的感觉，使"铺货量"的增加产生最大的边际效应。

（3）及时掌握"实销量"的变化。在一定时期内，产品的"实销量"应该相对稳定，因为它受市场客观条件的制约，不像"铺货量"那样可以随意调整。它是产品在市场上实际占有份额的反映，是同类产品、替代品等各种力量对比和制约的结果。力量对比因素有：厂家的营销能力、广告力度、产品质量等；制约条件包括产品对当地市场消费者的适应程度等，比如当地儿童喜欢甜的口味，酸、辣食品的营销阻力就会相对大些。

另外，对"实销量"也有一个在主观上能否及时统计和正确分析的问题。人们对"实销量"的认识往往有一个过程，营销人员应当努力缩短这个过程，客观条件变化，会导致实销量或"起"或"落"。如果认识过程太长，得到各种统计数字迟缓，因而得到的信息可能是过时的信息，这样既无法采取正确的对策，也无法避免已经或将要发生的损失。例如，人们在盛夏酷暑，喜欢吃新鲜瓜果，瓜果的供应正好数量充足、价廉、品种多，此时，干、酥、脆的小食品"实销量"就会下降，而迟到的统计数字却反映实销量上升的趋势，如果加大"铺货量"，铺出去的干、酥食品有很多会因天热变质。又比如，竞争对手通过降价、有奖营销、改变口味、增加品种等措施扩大了销量，此时，如果也采取与对手类似的方法，竞争对手很可能又会出台其他举措，使自己总是处于被动的地位。

（4）努力实现"铺货量"与"实销量"的同步。"铺货量"在生产与实销之间，应服从于"实销量"，重点放在与"实销量"和谐共振上，因此要注意以下几点：

"铺货量"的提前量要适度。从经验看，"铺货量"不宜超过实销量的20%，"铺货量"的加大时机比"实销量"增加以提前半个月左右为宜。

充分认识产品的生命周期。一个产品历经开发、生长、成熟、衰退几个阶段，一般会有若干个"实销量"波动周期，不要把两种周期混为一谈。批量生产初期，新产品以崭新的面目出现，经销商不会拒绝尝试，消费者感到新鲜，"铺货量"的边际效应较高，但是不能过于乐观。当"实销量"长时间疲软，如果不是属于产品质量与营销策略的问题，就表示着产品进入衰退期，要加快产品的更新换代。

以"实销量"的变化调整营销策略。产品质量有保证，"铺货"及时、适度，而"实销量"却仍然上不去时，要么是竞争对手采取了新的促销方法，要么是市场出现了变化。此时，营销人员应当及时分析和调整营销策略。

正确把握"铺货量"使"铺货量"与"实销量"同步，才能使销量稳步上升，并步入良性循环。

（二）用好市场代表

在实际业务操作中，我们经常听到市场代表的这样一些事：在市场运行中，市场代表形同虚设，既不能协助经销商开发市场，又不能即时反馈经销商的动态信息，甚至欺上瞒下，轻者使公司策略不能很好地贯彻执行；重者与经销商串通一气，盲目扩大铺底货款和授信额度，以此欺骗公司。所以，对经销商管理的一个重要环节就是对公司市场代表的管理。企业必须在坚持经销商管理原则的前提下，一是对市场代表的岗位责任、作业方式等进行明确和量化的考核，并进行定期的培训，特别是加强针对市场运作和授信额度的管理和考核；二是市场代表必须和经销商市场人员共同铺货、回访、结账，特别是二三级分销商和A级终端零售商。在营销中有78：22法则，即78%的客户创造了

22%的营销业绩，而22%的客户为自己带来78%的利润，所以，要及时了解大客户的营销。另外，市场代表和经销商的营销人员、财务人员、库管等要保持良好的关系，以利于及时了解经销商的经营状况。

虽然制定的考核指标可通过市场代表定期返回到公司进行分析，但市场部人员和营销管理者也应该定期回访客户，了解反馈信息的真实性以及市场动态，因为变化是市场永恒的主题。任何好的管理制度、考核评估系统如果不能长期得到执行就形同虚设，而在实际运行中，大部分企业却很难坚持。海尔有个"不简单理论"，即"什么叫不简单，如果把一件简单的事情千百次做好，这就叫不简单"，这其实就是海尔管理的精髓理念，也是其他企业必须学习的地方。

（三）解决渠道窜货

在诸多渠道冲突中，窜货也是渠道运作发生病变比较典型的现象，因而必须引起高度重视。

1. 渠道痼疾——窜货

窜货，又称倒货或冲货，是经销网络中的公司分支机构或中间商受利益驱动，使经销商的产品跨区域营销，造成价格混乱、市场倾轧，严重影响厂商声誉的恶性经营现象。有关窜货现象的类型、产生原因、表现及危害，如表21-7所示。

表21-7 窜货的类型、产生原因、表现及危害

	窜货的类型、产生原因、表现及危害
类型1	1. 恶性窜货：经销商为牟取非正常利润，蓄意向非辖区倾销货物
	2. 自然性窜货：一般发生在辖区临界处或物流过程中，非经销商故意而为
	3. 良性窜货：所选择的经销商流通性很强，货物经常流向其他非目标市场
类型2	1. 同一市场内部的窜货：如甲乙相互倒货，或将货物倒出市场的行为
	2. 不同市场之间的窜货：主要是两个同级别的总经销商之间相互倒货或同一公司不同分公司在不同市场上倒货的行为
	3. 交叉市场之间的窜货：经销区域重叠的窜货
产生原因	1. 为多拿回扣，抢占市场
	2. 在营销区域割据中，市场发育不均衡，某些市场趋向饱和，供求关系失衡
	3. 供货商给予中间商不同的优惠政策
	4. 供应商对中间商的销货情况把握不准
	5. 辖区销货渠道不畅，造成积压，厂家又不予退货，经销商只好拿到畅销市场营销
	6. 由于运输成本不同，自己提货，成本较低，有窜货空间
	7. 由于厂家规定的营销任务过高，迫使经销商去窜货
	8. 市场报复，目的是恶意破坏对方市场，往往发生在厂家换客户阶段，或因厂家违约，这是最恶劣的
表现	1. 分公司为完成营销指标，取得业绩，往往将货营销给需求量大的兄弟分公司，形成分公司之间的窜货
	2. 中间商之间的窜货：甲乙两地供求关系不平衡，货物可能在两地低价抛售，走量流转
	3. 为减少损失，经销商低价倾销过期或即将过期的产品，此举往往损害消费者的利益
	4. 更为恶劣的窜货现象是经销商将假冒伪劣产品与正品混同营销，掠夺市场份额

	窜货的类型、产生原因、表现及危害
危害	1. 一旦价格混乱，将使中间商利润从中受损，导致中间商对厂家产生不信任感，对经销其产品失去信心，甚至拒售 2. 供应商对假货或窜货现象监控不力，地区差价悬殊，使消费者因怕假货、怕吃亏上当而不敢问津 3. 损害品牌形象，使先期的投入无法得到合理回报 4. 竞争品牌可能会乘虚而入，取而代之

2. 解决窜货，顺畅渠道——暗返利 + 稳固分销结构

解决窜货，要做到使经销商在营销产品的同时，不知道自己的实际利润，这就是所说的暗返利：同一经销商在不同时段，不同产品的利润不同；同样不同经销商在同一时段，同一产品的利润也不相等。

经销商和分销商必须以产品的出厂价来营销产品，他们的利润主要是暗返利和渠道促销产生的价格差。暗返利是借鉴"即开型"彩票，在每个季度（可选用一个时间段），厂家和经销商、分销商签订返利合同，其中返利的数字必须用黑色遮住。签约时，经销商和分销商都不知道返利的具体数字，在结算返利时，经销商和分销商都有资格知道返利是多少。经销商和分销商的返利都应由厂家支付。

再说明一下渠道暗支持。必须明确规定，经销商要服从厂家规定的订货时间，如规定每月的 5 日、15 日、25 日为下单日，下单程序为：分销商—经销商—厂家。下单之前，厂家先通知经销商和分销商此次有渠道活动的产品，并且通知对批发商应该怎样执行（表 21 - 7 中的渠道促销，但是不能说明经销商和分销商自身享受的渠道待遇）。在产品由公司配送到经销商处的同时，由公司的营销人员和经销商签订"渠道暗支持"的通知；在产品由经销商配送到分销商的同时，也由营销人员签订"渠道暗支持"的合同。渠道暗支持可以由厂家以现金的方式补偿，也可以在结算后以货物补偿。

暗返利及渠道暗支持由市场部门科学地制定，同时要求区域机构的终端人员严格管理经销商和分销商，必须保证渠道活动的正常执行。以上是暗返利和稳固分销的介绍，这么做的好处有：不仅仅制止了窜货，而且使渠道更加顺畅；增加大经销商和分销商的利润，在这个时候的分销商都相当于以往意义上的经销商，从而刺激了营销，打击了竞争产品和同类产品，价格也更加稳定。

（四）终端系统的跟进

实践证明，做好终端系统的跟进对产品营销具有独特的促进作用。

1. 终端组织结构的建立与维护

（1）终端组织结构的建立。建立怎样的组织结构？是承包制，还是经理负责制？是面对不同的终端设立不同的管理小组还是统一进行组织管理？组织结构建立的核心是必须使营销队伍处于高度的运动状态——必须能够对各类终端作出迅速的反应，必须能够及时、准确地保证品牌在终端中的优越地位，必须能够迅速地实施各种促销计划，必须在执行的环节过程中得到良好的监控。

（2）组织结构需要怎样的营销人员。大部分产品经销商的营销队伍素质不高，仅仅能充当送货员或者联络员的作用。在零售业态大变革的市场，这种营销人员的角色已经过时，已经不适应市场的要求，也更不适应服务的要求。

（3）需要多少营销人员。营销人员的数量是依据市场网络以及市场发展的实际情况来确定的。营销人员的数量不在多，在于精干、细致，并具备良好的执行能力。

（4）找到一个好经理，就成功了一半。营销管理者是实施经销商营销队伍组织管理的关键。一个有经验、有水平的经理在日常工作中能够更好地理解区域市场，能够对企业的品牌管理、营销方案做到理解透彻，从而在实际工作中演化为具体的执行细则，分解各项任务和指标，并注重对各项任务、指标的考核和评估，将对终端市场产生重要的影响。

2. 抢滩登陆

进入一个区域市场，铺货是必不可少的一个环节，也是关系到该产品是否能够尽快进入一个良性的轨道的重要步骤。通过"铺货"将厂家的产品由上游经销商迅速流向下游零售店，使得产品的流通及营销速度加快，充分发挥"推式战略"的功能。对新产品而言，"铺货"即是抢滩登陆。

（1）上市前的准备。市场调研：作为一个企业，在每款新产品投产前都会有一个全面的宏观的市场调研，而区域市场在新产品上市铺货前同样要进行市场调研，以便于制定切实可行的区域市场策略。调查的内容包括：同类产品价格及市场策略，媒体广告投放计划，促销活动及营销策略，并充分了解同类产品的营销状况，分析产品的市场优势和劣势，同时能够对营销前景进行合理的预测。市场计划的制定：根据市场调研及评估，制定详细的市场计划，包括给经销商及零售商的供货价格、铺货优惠等，并制定具体的广告及促销计划。经销商告知：在新产品上市前应当充分地了解自己的产品，并将新产品的市场计划及营销政策予以告知，同时听取他们的意见和建议，以便取得经销商的支持，通过对市场前景的准确预测和细致探讨，尽可能地树立经销商对新产品的信心。要货计划：根据经销商的铺货计划，确定每一个客户的要货量，对经销商辐射不到的终端需根据情况自行铺货，并预估铺货产品数量，然后再拟订具体要货计划。

（2）员工的培训及铺货准备。在新产品铺货前，有关营销人员必须进行必要的产品知识培训及考核，使他们充分了解和熟悉产品的功能特性，然后，在终端开始进行产品信息的宣传及铺货预告。同时进行铺货终端的选择，并订定各区域的铺货计划，编制铺货计划表，内容包括：铺货城市（或区域）、拟铺货终端数量、终端名称、铺货联系人、电话、拟铺货数量等。

（3）铺货的实施及工作跟进。订铺货跟进，如表21-8所示。

表21-8　订铺货跟进表

终端名称	铺货日期	铺货数量	收货人	营销情况	补单记录	效果评估

在铺货的同时，要进行产品的宣传工作，包括利用POP、告示牌等。产品陈列应醒目，并尽量靠近强势品牌，以提高关注度。对营业员要进行必要的产品知识介绍，还可

选择在部分零售商终端进行小型的促销活动。

（4）营业员的培训。①店堂培训。可在铺货的同时进行，或选择营业员不忙的时候进行，时间不宜太长，且讲解简单明了为好；还可进行营业员的有奖答题活动，使营业员能尽快地了解新产品的特性。②集中培训。在铺货后 1~2 周内进行为宜，此时，经过一段时间的营销实践，营业员已经对该产品有了一个感性的认知度，因此可提高培训效果。参加培训的人员以铺货终端营业员为主，也可邀请部分未铺货终端柜组长和营业员参加。地点可根据培训人数的多少，选择在宾馆会议室或电影院等地，培训可以利用投影、幻灯、VCD 或 SO 盘等形式进行产品知识介绍，结合有奖答题及趣味游戏以提高营业员的现场参与性。

（5）延伸铺货及补单。①根据铺货后的营销跟进情况，确定延伸铺货计划，并不断发展新的铺货终端。②随时进行跟进补货，避免出现已铺货终端的缺货或断货现象，并及时兑现经销商的铺货奖励或铺货优惠，以使新产品在零售终端有一个良好的开始。

3. 促销手段要灵活、巧妙，贴近生活

在现代激烈竞争的市场环境中，任何企业都必须面对或强或弱的竞争对手，除了在产品、渠道、价格上具有竞争力外，在促销这一环节上也需要保证其领先地位，才能实现"锦上添花"，对产品营销起到应有的辅助作用。

社区终端直接面对消费者，因而针对消费者的促销非常重要，手段和方式要灵活，具有较强的吸引力是促销成功与否的关键。如随产品附赠与使用产品密切相关的小物件无疑也是吸引消费者的一个好方法。

4. 终端宣传要有针对性

社区终端直接面对消费者，广告资源的利用率非常高，品牌的展示效果非常好，所以做好社区终端的宣传是极其重要的。

第二十二章 营销预算与成本企划

一、营销预算概述

（一）营销预算的定义

营销预算是为解决公司营销活动中费用方面的问题，它把费用与营销目标的实现联系起来。营销预算是一个财务计划，它包括完成营销计划的每一项步骤所需要的费用，以保证公司营销利润的实现。

营销预算是在营销预测完成后才进行的。营销目标被分解为各个层次的子目标，一旦这些子目标确定后，其相应的营销费用也就被确定下来。营销预算和营销预测的执行保证了预测期间利润的实现。

营销预算的基本过程，如图 22 - 1 所示。

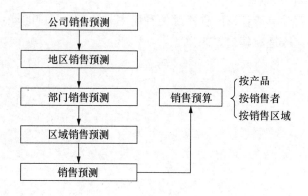

图 22 - 1　营销预算的基本过程

（二）营销预算的作用

1. 计划作用

营销费用预算是营销过程中主要的计划和控制工具。它对营销计划中不同项目的费用提供具体的数字化指导，使营销人员可以在一定的营销费用内来实现营销目标，从而保证企业利润的实现。但是如果环境有了变化，就需要营销管理者调整预算以争取各种营销机会，保证公司长期目标的实现。

2. 协调作用

营销管理者利用营销预算可以协调各个方面的活动。营销活动需要费用，然而费用又是有限的，因此为了合理地使用费用，需要协调各部门关系，使有限的费用发挥最大的作用。

3. 控制作用

营销预算可以增强营销人员的责任感。营销目标与营销费用的对照可以衡量营销任务完成的质量，有助于准确评价营销计划的优缺点，有利于营销管理者识别问题，及时采取正确的行动。

4. 心理作用

通常营销人员注重更多的是营销量，而不是利润，营销预算可以使二者的重要性都体现出来。如果预算设计合理，可以激励营销人员争取利润大的客户，努力营销利润高的产品。

二、营销预算内容

营销费用总是以实现利润为基础的，因此它存在一个可容许的限度，所以了解预测期间营销收入、销货成本、把握营销费用与营销利润的关系，在确定营销费用时可以更加客观合理。

（一）营销费用的分类与构成

营销费用是指在营销过程中发生的为实现营销收入而支付的各项费用，其种类很多，可按其发生的时间、费用特性和业务项目等进行分类。

按照发生时间的先后，营销费用可分为售前费用、售中费用和售后费用。其中售前费用包括市场调研费用、广告费用、公关费用、培训费用，以及为这些售前活动而支付的人员报酬；售中费用包括包装费用、储存费用、差旅费、订货会费用、推销人员报酬以及宣传材料印刷费用等；售后费用包括维修材料费用、售后信息处理、用户培训费用等。

根据费用本身的特性，按其与营销量的关系划分，营销费用又可分为固定营销费用和变动营销费用。固定营销费用即不随营销量而变化的费用，如营销机构固定资产折旧费、营销人员工资等。变动营销费用是随着营销量变化而变化的费用，如包装费、佣金、运输费等。

按照业务项目，营销费用还可分为公关费用、广告费用、业务费用、营销人员报酬、营销物流费用、售后服务费用。这种分类与会计报表相一致，营销总费用就是各业务项目费用之和。由于按此分类易于计算，大多数企业均按此给预算营销费用分类，但在每一业务项目中又需依据各项费用的特性，分别计算出固定费用和变动费用。

根据营销过程涉及的各项业务内容，营销费用的构成，如图 22-2 所示。

1. 营销人员报酬

营销人员报酬是营销费用的重要组成部分，报酬水平的高低以及报酬形式或其构成的不同直接影响着营销活动的最终效果。营销人员报酬通常由基本工资、奖金（包括佣金和利润提成）、福利（包括保险）、特殊奖励等构成，其中基本工资和福利属于固定费用，奖金和津贴属于变动费用，按业务量比率提取。

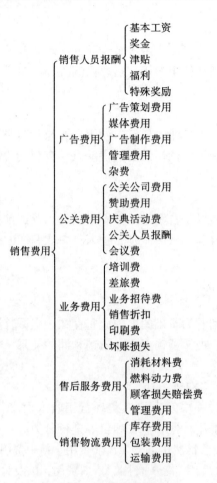

图 22 - 2　营销费用的构成

2. 广告费用

广告是树立企业形象、增强企业竞争能力、扩大营销的重要手段，也是当前许多快速流转品企业营销费用的主体。广告费用是企业用于广告活动中的各种费用，包括媒体费、制作费、广告策划费用、管理费及杂费等。

3. 公关费用

公关活动也是一种主要的营销工具，由于它具有新闻价值，可信度高，因而其实施效果有时甚至超过广告。公关活动的形式是灵活多样的，所需费用也千差万别，多少不一。一般来说，将公关费用分为公关人员报酬、赞助费用、公关公司费用、会议费用（新闻发布会、展览会）、庆典活动费等。

4. 业务费用

业务费用是指营销人员从事具体业务工作所需的费用，它一般包括差旅费、培训费、会议费、坏账损失、印刷费、业务招待费、营销折扣与折让等。

5. 售后服务费用

售后服务费用一般包括消工资及附加费、耗材料与燃料动力费、顾客损失赔偿费和部分管理费等。

6. 营销物流费用

如果企业没有将物流外包，则营销物流费用一般包括库存费用、运输费用和包装费用等。

（二）营销收入预算

这里的营销收入，实质上是以销货净额为主，营销净额＝营销收入－营销退回与折让。所以，另需设立退货与折让的预算。如果将减价（相当折让）列入营销收入的项目中，就需设立退货预算，以决定营销净额预算，如图22－3所示。

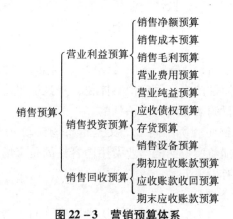

图22－3 营销预算体系

由于营销净额预算已经决定，所以先出退货预算，然后再求营销收入预算。其中，退货预算值的求法是根据退货率的趋势决定退货率，然后再求出退货预算值、退货率与退货额及营销收入，求法如下：

退货率＝（退货额÷营销收入）×100%

退货额＝营销收入×退货率

营销收入＝营销净额×（1－退货率）

（三）营销成本预算

根据营销数量乘以每单位产品的制造成本（或每单位商品的购成成本），可得营销成本。

如表22－1所示，比较营销成本计划与实绩值，用以作为对营销部门的实绩评价。另外，只有采用公司内的转账价格为营销成本才能知道营销部门、制造部门的业绩，即可立即算出营销部门与制造部门的毛利，各为36与6，显示营销部门借助制造部门的力量而实现了毛利目标值。

表22－1 营销成本预算表

	计划	实绩	营销	制造
营销收入	200	196	196	260
营销成本	160	154	160	154
营销毛利	40	42	36	6

在此基础上，需先用公司内的转账价格，乘以营销计划数量，再求出营销成本预算。

另外，按地域分别编订营销成本预算时，由于各地域的包装费用不一致，于是导致每单位产品制造成本不同的情况，所以，在决定地域分别营销成本之前，必须调查清楚产生成本的原因。

（四）营销毛利预算

从营销收入预算减去营销成本预算，即可求出营销毛利预算。在确定营销毛利预算之前，应先检查营销毛利是否足以抵偿企业所需的一切费用。另外，尚需依产品别、地域别及部门别，求出毛利贡献度以便订立计划。

（五）营业费用预算

在订立营业费用预算之前，首先需表明营销收入目标的内容，或实现目标所需的营销方针，通过营销配额来使营销收入目标值具体化，并且按照营销方针明示营销活动内容，甚至营业费用也是依营销活动内容而估计的。

营业费用的定义因广狭而有所不同，广义是指市场活动（营销）成本，而狭义则指营销部门的费用。一般损益所说明的营业费用内容指的是市场活动成本。

决定营业费用的方法有以下五种：

1. 以过去实绩为准的方法

本法最实际且最简单，但不应完全依靠过去的实绩，而不考虑到下年度可能实施的新政策。

2. 依据营销收入或营销毛利目标值的方法

这是根据营业费用与营销收入的比率，或营业费用与毛利的比率，来评估营业费用的方法。

3. 从纯益目标倒算的方法

确定营销收入目标值与纯益目标值之后，就可据此决定总成本，总成本中的营销成本是经由本企业与供应厂商的关系，或营销单位与制造部门的关系而自然决定的。由于一般管理费用属于固定成本，所以，用总成本减去固定成本与营销成本，就可求出营业费用的范围。

4. 依是否随营销收入而变化的决定法

有些营业费用随营销收入的增减而常有变更，有的则大多固定在某数值上。可用 $y = a + bx$ 的算式来表示二者的关系，将营销收入目标值代入 x 中，即可求出营业费用。

另外，亦可将各种营业费用，分为固定费用与变动费用两种，然后再依变动费用求出变动费用率，最后求出营业费用：

营业费用 =（固定营销费用 + 销货收入）× 变动的营销费用率

5. 依据单位数量求算的方法

这是以营销数量单位（如每车、每吨等）的营业费用为标准，借以估计出总营业费用的方法。

采用本法时，若单位名称因品种而异，就需按照品种别来估计营业费用，然后再求出总营业费用。

最后，营业费用的估计值，是配合着各种费用项目的个别估计值及总范围而决定的。

个别估计各种营业费用时，确认营业费用项目，是前提条件。掌握各营业费用时，最适用的是按照发生形态去理解营业费用。其代表性项目有：

（1）变动营业费用：营销条件费、广告宣传费、促销费、运费、交际费等。

（2）固定营业费用：营业部门的人事费、租金、折旧费、保险费等。

下面介绍几种较具代表性的项目估计：

（1）营销条件费。这是交易时所发生的费用，如以旧换新损失、营销折旧损失、扣除利息减价等。如汽车的营销就是最典型的例子，营销条件费完全随着营销收入的增减而变动，可以每单位数量，或费用与营销收入的比率为基准来决定。等营销收入目标值决定之后，即可估计出营销条件费，但请注意：应该考虑业界动向与目标，然后再作最后的决定。

（2）用金费用。又称提成、营销奖金。习惯上按照营销收入的多寡来决定，属于变动成本的性质，所以，应视其与营销收入的关系来决定。佣金费用的确定基准有两种：即营销数量与营销金额。

（3）运费。是指营销运费，因运交商品给顾客而产生的费用。其中，多以汽油费用等变动费用为主，这些运费可与地域、月份、产品的营销计划相配合而估计，但一般多根据费用与销货收入的比率或每一物量单位的费用来估计。

（4）广告费。有关广告费的估计法，有下列几种：销货收入汇率法、实绩标准法、竞争者对抗法、销货单位法、纯益汇率法、付款能力法等。至于何种方法最优，则视企业的具体情况而异。另外，广告费用虽具有变动成本的特征，但由于媒体不同，有时必须事先决定一年为期的订约额。一年为期的订约额，就属于固定成本的性质。

（5）促销费用。印制目录、赠品费、邮费、推销员的训练费用等一般都要分别估计。

（6）人事费。估计人事费用时首先要考虑下年度的调薪率（下年度与今年之比）。人事费指的是营销人员的人事费，只要不是采用绝对的提成或佣金制度，就可视为固定成本。

（7）折旧费用。这是来源于有形固定资产的费用，需按照各个单位一一估计然后再决定费用总额。本折旧费用属于纯粹的固定成本性质。

（8）其他营业费用。交际费、水电费、保险费、旅费、交通费等，除需参考过去的资料之外，尚需考虑未来的使用状况，分别加以估计。

估计汇总上述各种费用项目，与营业费用容许的范围相比较，倘若在容许限度之内，当然没什么问题。即使是稍微超越若干，也还可以补救，但如果超出得太多，就要采取相应措施了。

缩减费用时，应避免缩减和促销有关而且直接能影响营销收入的费用，如营销活动所需的汽油费、营销人员的差旅费等。因这些费用与未来的发展有密切的关系，故缩减时应谨慎考虑，如避免删减工作人员的人事费，宜从不直接影响促销费用的项目着手缩减。

（六）经营纯益预算

营销毛利减去营业费用，等于营业纯益，故估计营业费用之后，应重新确认营业纯益，预测是否能够达到预定的金额。

按地域、产品、部门，与适用之别掌握营业纯益，如此即可求出营业纯益贡献度，其效用与营销毛利贡献度一样，都有利于制定计划与评价。

在营销部门中，营业纯益是考核该部门业绩的一项标准，所以可将营业纯益视为贡献利益。

（七）应收账款的回收预算与存货预算

1. 应收账款的回收预算

现实中可能就是没有应收账款，就不会有营销。即使实现了营销收入，如果没有回收等额的资金，企业的经营仍然无法正常运转，所以，只要营销收入预算存在一天，就必须有应收账款的回收预算计划。

回收应收账款的工作主要是营销部门的责任，至于回收后的账务处理，则属于会计部门的工作。

只要确定了付款的条件标准，即可与月别营销预算相配合，相应订立应收账款的回收计划。

2. 存款预算

存货预算是指制定产品或商品的库存计划，存货因内容的不同，而分为下列三种：意外的存货——滞销商品；预料中的存货——营销所需的存货；为调整营销与生产关系所需的存货。

库存的产生主要是为了利于营销。不良库存多因滞销而产生，尤其是看重流行性的产业。不良的库存，足以严重影响到企业的经营步骤。凡存货额超过预算值，都可看作营销情况不佳，此时，营销部门需要比较存货预算与实值，以确定该部门的责任。当存货额超过存货预算时，说明库存过量，这就需要大量的周转资金，说明有相当于存货成本价值的资金被冻结。

存货计划可作为营销计划与生产计划的桥梁。待完成各产品的月别营销预算之后，即可以此制定存货计划，最后再制定适合的生产计划，换言之，由于初期存货加本期购货，再减去期末存货之后的余额，等于营销成本。同理，该月营销数量加月底存货数量减去月初存货数量等于生产完成量或批购数量。

但有时，由于生产能力、库存、市场情况三者相互矛盾，以致影响存货数量，而产生了营销与生产的调整性库存。这种性质的存货不是属于营销部门的库存，而是属于生产部门或采购部门的库存。冰淇淋就是最佳的例子，夏季与冬季的营销数量有着天壤之别。以生产部门的立场而言，当然希望生产量越稳定越好，所以，就有提前生产及提前库存的情形出现。

三、确定营销预算

某项营销预算的水平取决于其在公司营销组合中的重要性，在许多公司营销部门是唯一实现收入的部门，这些收益也影响着其他部门的活动，所以，营销部门的预算常常具有优先权。一般来说，只有当营销预算确定后，营销活动的具体内容才可以逐步实行起来。

营销管理者总是试图用各种方法确定营销预算水平。有时用一种方法无法精确说明营销预算时可采用多种方法配合使用的方式。

1. 最大费用法

总费用减去其他部门的费用，余下的全部当作营销预算。这个方法最大的缺点在于费用偏差太大，在不同的计划年度，营销预算也不同，不利于营销管理者制定计划。在实际应用过程中最大费用法会引发很多问题，因此很少被应用。

2. 营销百分比法

用这种方法表示营销预算时，最常用的做法是用去年的费用与营销百分比再和今年的营销的计算来确定营销预算，另外一种做法是把最近几年的费用÷营销百分比加权平均，将其结果作为今年的营销预算。

营销百分比法往往忽视了公司的长期目标，这不利于公司大胆开拓市场。例如，公司为增加营销额需要增加新的营销人员，但在短期内这种决策的效果显示不出来，有可能增加了费用和营销百分比，为了不影响短期业绩，许多公司可能不增加营销人员。但从长期来看，增加人员可以提高营销量，扩大占有率，有可能降低费用和营销百分比。有时只重视短期目标有可能导致营销量下降，费用下降，而费用下降带动营销量下降的恶性循环，因此还需要有更为灵活大胆的预算管理方法。

3. 同等竞争法

同等竞争法是以行业内主要竞争对手的营销费用为基础来制定的。同意用这种方法的营销管理者都认为营销成果取决于竞争实力，采用这种方法必须对行业及竞争对手有充分的了解，做到这点是需要及时得到大量的行业及竞争对手的信息资料，但通常情况下得到的信息资料都是反映往年的市场及竞争水平状况，如2014年发表的购买力指数可能实际上是2012年的信息，所以用这种做法分配营销预算有时不能实现同等竞争的目的。

4. 边际收益法

边际收益即是每增加一位营销人员所获得的收益。由于营销潜力的存在，随着营销人员的增加，其收益会越来越少，而每个营销人员的费用又是大致不变的，因此存在一个问题，如果再增加一个营销人员，其收益和费用接近，再增加营销人员，其费用反而比收益要大。边际收益法要求营销人员的边际收益大于零。边际收益法也有一个很大的缺点，在营销水平、竞争状况和市场其他因素变化的情况下，要确定营销人员的边际收益实在是很困难的。

5. 任务—目标法

任务—目标法是一个非常有用的方法。它可以有效地分配实现目标的每一项任务。以下举例说明任务—目标法的用法。

如果公司计划实现营销额140000000时的营销费用为5000000，其中，营销水平对总任务的贡献水平如果是64%，那么，用于营销人员努力获得的营销收入 = 140000000 × 64% = 89600000，那么，$\dfrac{\text{费用}}{\text{每销售量}} = \dfrac{500000}{89600000} \times 100\% = 5.6\%$，

假设广告费用为 2000000，则广告对总任务的贡献水平为 25.6%。

由于广告实现的营销收入 = 140000000 × 25.6% = 35840000。

$\dfrac{\text{广告的费用}}{\text{销售率}} = \dfrac{2000000}{35840000} \approx 5.6\%$

在这种情况下，两种方式对任务的贡献是一致的。

否则，例如广告的收益低，公司可以考虑减少广告费用，增加人员营销费用。

任务目标法要求数据充分、准确，因而管理工作量较大，但由于它直观易懂，所以很多公司使用这种方法。

四、预算编制方法

在此仅介绍三种预算编制方法。

（一）弹性预算

所谓弹性预算就是在编制费用预算时考虑到预算期间业务量可能发生的变动，编制出一套能适应多种业务量的费用预算，以便分别反映不同业务量情况下所应开支的成本费用额度。由于这种预算是随着业务量的变化作机动调整，本身具有弹性，所以叫作"弹性预算"或"变动预算"。

弹性预算与按固定业务量水平编制的预算相比有两个显著的特点：一是弹性预算是按预算期内某一相关范围内的可预见的多种业务量水平确定不同的预算额，从而扩大了预算的适用范围，便于预算指标的及时调整。二是弹性预算是按成本的不同形态分类列示的，便于在预算期终了时将实际指标与实际业务量相对应的预算额进行对比，使预算执行情况的评价与考核建立在一个更加客观和可比的基础上，能更好地发挥预算的控制作用。

由于未来业务量的变动会影响到收入、成本费用和利润等多个方面，因此，弹性预算从理论上说是适用于全面预算中与业务量相关的各种预算的，但从实际的角度来看，则主要用于编制弹性成本预算和弹性利润预算，一般采用成本预算后利润预算的顺序进行编制。下面以成本的编制预算为例，说明其编制程序。

首先是确定某一相关范围，并预计在未来期间内业务量水平将在这一相关范围内变动。弹性预算的业务量范围应视企业或部门的业务量变化情况而定，一般情况下，可定在正常生产能力的 70%～110%，或以历史上的最高业务量或最低业务作为其上下限。当然，如果企业正处于快速发展阶段，则因视具体情况而定。

其次是要选择业务量的计量单位。编制弹性预算要选用一个最能代表本部门生产经营活动状况的业务量计量单位。比如以手工操作为主的车间就应选用人工工时作为业务量的计时单位。

接下来是按照成本形态分析的方法将企业的成本分为固定成本和变动成本两大类，并算出成本函数。

最后再确定预算期内各业务量水平的预算额。

表 22 – 2 是 DDY 公司变压器的弹性营销费用预算。

表 22 – 2　DDY 公司变压器的弹性营销费用预算

项目	单位变动营销费用	预计营销量（台）			
		50	60	70	80
变动营销费用（元）					
运输费（元）	300	15000	18000	21000	24000
售后服务费（元）	100	5000	6000	7000	8000
招待费（元）	1000	50000	60000	70000	80000
差旅费（元）	300	15000	18000	21000	24000
奖励（元）	500	25000	30000	35000	40000
固定营销费用（元）					
人员工资（元）	150000	150000	150000	150000	
折旧费用（元）	10000	10000	10000	10000	
杂费（元）	30000	30000	30000	30000	
营销费用合计（元）	300000	322000	344000	366000	

（二）零基预算

零基预算也叫作"以零为基础的编制计划和预算的方法"，它最初是由美国德州仪器公司的彼得·派尔在 20 世纪 60 年代提出来的，目前已广泛被西方国家采用，作为费用预算的一种主要方法。

其他编制费用预算的方法一般都是以基期的各种费用项目的实际开支数为基础，然后再对预算期间可能会使各费用项目发生变动的有关因素加以仔细考虑，最终确定出它们在预算期间应增减的数目。如果编制费用预算是在现有基础上增加一定的百分率，就叫作"增量预算法"，同理，如果是在现有基础上减少一定的百分率，就叫作"减量预算法"。

零基预算法与传统的增量和减量预算法截然不同，它的基本原理是：对于任何一个预算期，任何一种费用项目的开支数，不是从原有的基础出发，即根本不考虑基期的费用开支状况，而是一切以零为起点，从实际需要与可能出发，逐项审核各种费用开支的必要性、合理性以及开支数额的大小，从而确定各项费用的预算数。零基预算法一般有以下三个步骤：

（1）要求各部门的所有员工根据本企业预算期内的战略目标和各部门的具体任务仔细讨论预算期内需要发生哪些费用项目，并对每一费用项目编写一套方案，列出费用开支的目的，以及需要开支的数额。

（2）对每一费用项目实行"成本—效益分析"，将其所用与所得进行对比，用来对各个费用开支方案进行评估，然后把各个费用开支方案在权衡轻重缓急的基础上分成若干层次，排出先后顺序。

（3）按照上一步骤所确定的层次与顺序结合预算期间可运用的资金来源分配资金，落实预算。

零基预算由于冲破了传统预算方法的框框限制，以"零"为起点来观察分析所有费用开支项目，确定预算金额，因而具有以下优点：一是可以合理有效地进行资源分配，将有限的经费用在必要之处；二是可以充分发挥各级管理人员的积极性和创造性，促使各预算部门精打细算，量力而行，合理使用资金，提高资金的利用效果；三是特别适用于产出较难辨认的服务性部门预算的编制与控制。然而，由于一切支出均要以零为起点进行分析与研究，因而编制预算的工作量很大，费用较高，而且评级和资源分配具有主观性，因而容易引起部门间的矛盾。

（三）滚动预算

前面介绍的两种营销预算编制方法通常是定期（如1年）编制的，其优点是与会计年度相契合，便于预算执行结果的考核与评估，但是，这种定期预算也有一定的缺陷：一是定期预算多是在其执行年度开始前的两三个月进行，难以预测预算期的某些活动，特别是对预算期的后半阶段，一般只能提出一个较为笼统的预算，从而给预算的执行带来不少困难。二是预算中所规划的各种经营活动往往是在预算期内发生了变化，而定期预算却不能及时调整，从而使原有的预算显得不适合。三是在预算执行的过程中，由于受预期的限制，使管理人员的决策视野局限于剩余的预算期间的活动，从而不利于企业长期持续地发展。

滚动预算又叫作永续预算或连续预算，其基本特点是预算期是连续不断的，须始终保持一定的期限（如1年）。凡预算执行过1个月后，即根据前一月的经营成果结合执行中发生的新情况，对剩余的11个月的预算加以修订，并自动后续1个月，重新编制新一年的预算。就是这样逐期向后滚动，连续不断地以预算的形式规划未来的经营活动。

滚动预算的要点在于预算期与会计年度相分离，始终保持12个月或四个季度的预算。与传统的定期预算相比，滚动预算具有以下特点：一是可以保持预算的连续性与完整性，使有关管理人员能从动态的预算中把握企业的未来，了解企业的总体规划和近期目标；二是可以根据前期预期执行的结果，结合各种新的变化信息，不断调整或者修订预算，从而使预算与实际情况更适应，有利于充分发挥预算的指导和控制作用；三是可以使各级管理人员始终保持对未来12个月甚至更长远的营销活动作出周密的考虑和规划。当然，采用滚动预算法的工作量较大，成本相应也较高。

五、编制营销预算的步骤模式

像编制营销计划一样，营销预算的方式也有两种：自上而下的方式和自下而上的方式。但两种方式的优缺点也像编制营销计划时所显示出来的一样，因此，很多公司也是同时采用两种方法进行比照，使营销预算更加有利于公司目标及营销任务的实现。

自上而下制定营销预算时，经理人员会考虑到公司战略及目标，在进行了营销预测以后，对公司可以运用的费用有了一个大概的了解，然后再根据要实现的目标和要进行的活动，选择一种或多种决定营销预算水平的方法草拟预测方案，分配给各个部门执行。

自下而上制定营销预算时，营销人员总是根据上一年度的预算结合今年的营销配额，用通常惯用的方法计算出营销预算结果，提交给营销管理者。

应该看到，营销预算也是为实现公司战略目标而操作的，而公司的战略目标是需要根据环境的变化而调整的，因此，营销预算也不是一成不变的，应当随着市场状况的变化而改变，抓住市场机遇，使营销预算不仅是针对企业营销的一项约束条件，而且也是作为企业迎接挑战的武器。

六、营销成本控制

（一）营销费用预算控制概述

营销费用的控制是当前企业营销管理的一个重要课题，有的企业缺少对营销费用的计划与控制，出现了营销增长 10% 而营销费用也增加 10% 甚至更多的现象。从经济学角度来看，营销费用属于交易费用的范畴，也可以说是微观意义上的交易费用，即企业从事每笔交易所需的费用。从会计学的角度来看，营销费用属于期间费用的范围。期间费用就是与一定期间相联系的费用，包括营销费用、管理费用和财务费用。营销费用是指在营销过程中发生的费用，它与生产产品的数量没有什么联系，未来的收益情况也不明确，如企业支付的广告费用究竟在今后哪个会计年度获得收益是难以确定的。所以在会计处理上营销费用不计入成本，均采用发生期立即确认的原则，即在发生期末将"产品营销费用"账户余额转到"本年利润"账户。

营销费用是支撑营销活动的前提，现在越来越多的企业认为营销费用不仅仅是一种支出，而且还是一种投资。比如，营销人员的报酬是一项开支，但他们也是企业的资产，企业在他们身上投资得越多，越表现在对营销人员培训的资金投入上，体现出他们在本企业工作经验的价值，如辞职的替代费用以及企业为留住他们而提供的各种福利和额外津贴。同样，广告也是企业的一种投资行为，今天投入的广告费用在将来的某一段时期是能够得到回报的。

随着企业经营活动的市场化程度的不断提高，企业营销活动更趋向于建立以营销管理者为中心的系统性组织，营销费用的绝对值正在呈现递增趋势是毫无疑问的。

营销费用的增加是客观存在的。当今市场竞争日趋激烈，企业对市场的依赖程度越来越高，企业营销活动的中心地位逐步形成，使得营销环节的投入越来越大，因而"酒香也怕巷子深"，企业的广告费用、人员推广费用与日俱增。从产品本身来看，产品整体概念中的延伸产品即附加服务和附加利益增多了。产品服务方式的增加，如送货上门、安装、培训等，势必增加营销费用的比重。从消费者的角度来看，近几年生活水平不断提高，消费观念、消费心理和消费方式等都发生了很大的变化，消费者愿意花钱享受购物环境及精美包装，愿意通过广告以更少的时间购到称心的商品，这些变化也直接导致了营销费用的增加。当然，整体收入水平的提高和企业追求营销业绩的增长都大大提升了营销人员的薪酬水平。

但是，有些营销费用的增长也还是由一些不合理现象所造成的。如不公正的竞争环境、企业营销人员的不规范行为等，这也是营销费用控制的主要方面。

（二）营销费用管理的程序

营销费用管理可以看作是一项系统工程，从编制营销预算开始，到售后的统计分析，都需要对营销费用进行管理。营销费用管理涉及整个营销活动的方方面面，它大体上可以分为以下几个步骤：

1. 建立营销费用管理制度

制度是管理的基础，营销工作自由度高，营销费用难以准确估计和审核，因此，制定相应的营销费用管理制度来规范营销环节各部门人员的行为是非常必要的。在制度比较健全的企业里，营销费用管理制度通常包括营销人员报酬制度、公关费用管理制度、差旅费用管理制度、培训费用管理制度、广告费用管理制度、仓储费用管理制度、招待费用管理制度、应收账款管理制度、折扣折让制度、售后服务费用管理制度等。

2. 进行营销费用预算

根据市场调研，了解竞争对手营销费用的预算与构成，结合本企业历年的营销费用统计资料与年度计划的经营目标，采取科学合理的预算方法，编制出计划年度营销费用的预算方案，并视每一营销活动对实现营销收入贡献度的大小分配营销费用。

3. 对营销费用的控制

营销费用管理应贯穿于营销过程的始终，对每一项营销费用的支出应依据营销费用管理制度进行动态管理。不同营销费用项目其数额大小不一，控制的效益也不相同，因此，在实际上可按照突出重点，兼顾一般的原则，重点掌控重要的营销费用支出。

4. 对营销费用的执行情况进行分析

一定时期后，将营销费用的实际支出情况与预算方案进行比较，计算出偏差大小，分析偏差产生的原因，并将分析结果当作下一个年度计划编制费用预算的基础。

（三）营销费用的控制细则

节省营销费用最高效的方法是注重提高工作的有效性及针对性。分析市场，寻找最有希望的市场区域及客户，进行有针对性地拜访是提高效率的可行方法，另外，采用新的营销方法（如电话营销等）来降低费用，同时了解客户习惯，如客户什么时间开营销会议，什么时间与之交易成交机会大一些等，避免访问时间与客户接待时间的冲突，使访问无效。营销预算的制定有助于提高营销人员的利润意识，使成本发生的可控性增强，有利于实现企业利润目标的最大化。

有的企业还把营销费用控制与营销人员的薪酬进行挂钩，把对营销费用的控制程度作为一项考核指标。

（四）营销费用规范控制

营销管理者及营销人员应当每月对自己负责的费用进行监督，填写费用报表和进行偏差分析，及时发现问题，并采取有效措施。如营销人员费用过高时，可以用调整访问路线、降低住宿标准等方法，如表 22 - 3 所示。

表 22 - 3　区域费用估计表

1. 主要计量区域：

2. 计划营销量：

3. 住宿费：

4. 餐饮费：

5. 租车费：

6. 杂费：

7. 娱乐费：

8. 其他费：

9. 促销费：

10. 总费：

11. 所有计量费：

12. 总个区域计划费用：

13. 百分比：

14. 薪金费：

15. 所有区域费用：

16. 实际区域费用：

第二十三章　营销指标与评估企划

一、营销指标概述

(一) 营销指标管理

所谓营销指标管理，就是通过营销指标体系的设定、营销指标体系的实施控制和营销指标体系的结果评估（营销业绩评估）来对营销工作进行有效管理的一套营销管理系统。为了能够更好地说明、解释营销指标管理，下面对营销指标管理的一些特点进行阐述与介绍。

1. 营销指标管理是过程与结果并重的一套营销管理系统

（1）需要说明的是营销指标管理是一套有关营销管理的系统。同营销人员管理、营销业务管理、营销渠道（通路）管理一样，营销指标管理有较为完整的管理方法、管理对象、管理工具等，虽然营销指标管理的管理方法与管理工具都仍在完善过程当中，但这并不妨碍营销指标管理自成为一个系统。当然，营销指标管理是在营销管理实务中逐渐发展起来的，其理论框架及方法论也正在发展当中，把营销指标管理自夸成一个系统确实有点过大之嫌。需要注意的是，在我国营销管理实务当中，许多企业都迫切需要用有效的营销管理系统来指导实际的营销管理工作，为了便于从理论上的说明和营销管理人士的实际工作需要，便把营销指标管理与营销人员管理、营销业务管理、营销渠道（通路）管理人为地进行分割，分门别类地自成系统，这只是为了更好地与实际相吻合。

营销指标管理的管理对象很明确，就是营销指标，它可以大致分为定量化营销指标和定性化营销指标。营销指标管理的管理方法与管理工具并没有真正形成自己的体系，它们更多的是借鉴了人力资源管理、绩效管理等领域中的一些管理方法与管理工具，一方面反映了营销指标管理在营销管理实务中的发展现状，另一方面也反映了不同管理内容、管理方法或管理工具的普遍性和管理的共性。

（2）需要明确指出的是营销指标管理是过程与结果并重。营销业绩评估是以结果为导向的，尤其是在实际营销管理当中，营销提成、绩效工资，甚至营销回扣等都是众所周知的内容。可以毫不夸张地说，在营销工作中，短期行为或短线行为仍然十分普遍，而且其形成原因似乎也是刚性的。如果企业不关注营销业绩，或者短期内不是十分关注营销业绩，那么企业生存就会出现危险，更无从谈发展与壮大。如果关注短期营销业绩，以结果为导向来引导营销管理工作，后果就会是使营销工作当中的不规范行为丛生甚至难以控制，进而对企业的发展造成莫名的巨大危害。利弊两方面对于从事实际营销管理工作的人来说都很清楚，但如何根治却不是那么简单，说起来简单做起来难，这也就是营销指标管理这本书编著的主要原因。在营销指标管理中，不仅仅关注最终的结果，而是把历史营销业绩作为重要的反馈信息来指导营销指标的设立和营销目标的确定，这会影响营销计划的制定，进而成为营销指标的构成与影响因素，分析哪些营销活动或营销工作有利于营销指标的实现或营销目标的完成，并通过定期的、制度性的评估予以强化，真正实现结果与过程的并重。

（3）需要说明的是，营销指标管理在营销管理实务中还处在不断发展过程当中，也的确需要理论上进行完善甚至是修订。作为一套营销管理系统，跟随营销管理实务的发展而发展是营销指标管理不变的规律。

2. 营销指标管理的目标是通过有效管理来支持营销目标实现的

营销指标管理的终极目标是支持营销目标的完成，具体而言表现在以下三点：

（1）能更好地制定合理的营销指标。营销指标无论是从定量和定性角度划分，还是从财务和非财务角度划分，在营销管理实务中，对具体企业的具体发展阶段而言，营销指标的个数是确定的，而且希望是越少越好，这样实施管理才有可能做到经济可行。例如，对初创企业来说，设定 8 ~ 10 个营销指标就可能显得略多一些，而对于大型企业就可能显得略少了一些。确定营销指标的个数只是一个方面，还有一个很重要的方面就是某个营销指标的大小，如设定某地区某年的营销目标是 1 万件，这个营销指标合理否？这很难说，它既取决于市场整体环境和竞争状况，又取决于营销区域的大小，也取决于企业未来在该区域的营销活动力度或营销活动的强度，还取决于该区域营销人员的努力程度。不过，考虑到信息不对称状况在管理当中的普遍存在，对于营销管理人员和营销人员而言，双方很容易对这个具体的营销指标大小的合理性形成不同的看法，往往是营销人员认为营销指标偏大，而营销管理者认为营销指标偏小，这是营销管理实务中普遍存在的现象。如何解决呢？仅从营销管理一方而言，更重要在于如何收集更多的信息，如何从这些信息中通过分析来改变所存在的信息不对称状况，从而与营销人员就营销指标大小的合理性达成共识。

（2）帮助营销人员提高营销活动和营销工作的效率。营销工作是在特定的约束条件下寻求最优。一种最优是在给定的营销费用限额追求营销业绩的最大化，另一种最优是在实现既定的营销目标的情况下追求营销费用的最小化，这两种优化选择都假定营销人员在最大程度上发挥了效率，其实不然。现实中营销人员往往并不能保证效率最大化，一方面是主观态度因素，这需要其他管理工具、管理方法来解决；另一方面是知识能力因素，也就是营销人员并不太清楚哪些活动、哪些工作会更好地实现目标。现实情况是营销人员大多是经验占主导，无法应对日益激烈的市场竞争，无法应对快速变化的消费需求，结果使营销人员老化速度加快。从营销管理角度来看，最有效的办法与措施之一就是引导营销人员该做哪些有效工作从而提高营销活动的效率，而营销指标管理能提供完整的营销指标体系，告诉营销人员每一项具体的营销指标的影响因素，以及哪些营销活动、营销工作对其有影响，甚至影响程度是多大，也就是帮助营销人员明确哪些营销活动对具体的营销指标是有效率的，哪些营销活动相对而言是效率次优的，进而帮助营销人员更快更好地完成和实现既定的营销目标。

（3）帮助营销管理者更好地实施营销管理工作。营销管理工作并不简单，这不仅在于营销人员大都被授权在外地具体执行既定的营销策略有时"将在外君命有所不受"，而且在于营销工作的结果表现为营销目标与具体营销管理工作的过程化之间的矛盾。前面提到过营销指标管理注重于过程与结果并重，可以丰富营销管理的内容，强化营销管理的过程控制，以过程保障来促进结果或目标的实现，从而能更有效地帮助营销管理者实施营销管理工作。

通过设定合理的营销指标，也包括通过营销指标的分解来帮助营销人员提高营销效率，同时帮助营销管理者更好地实施营销管理工作，使营销指标管理能有效地支持营销目标的实现。

3. 营销指标管理应当是一个完整的信息反馈过程

营销指标管理主要包括三项内容：营销指标体系的设立、营销指标体系的实施控制和营销指标体系的结果评估。

营销指标体系的结果评估从某种程度上说就是营销业绩评估，主要是对既定营销目标的完成情况进行优劣评判，评估结果是营销指标（体系）设立的一个重要参考依据，作为一期营销指标管理过程的反馈信息重新纳入到营销指标管理过程当中去。如果营销指标完成结果与所设定的营销指标差距过大，则表明需要考虑更多情况来重新设定营销指标；如果营销指标完成结果与所设定的营销指标差距不大，就需要在剔除营销人员个人努力程度之后再考虑是否加大（或缩小）营销指标大小或丰富（或简化）营销指标体系。当然，如果企业目标发生改变或市场竞争情况发生变化，那么营销指标体系同样需要重新设定。

营销指标的体系设定通常包括以下三个要点：一是需要制定哪些营销指标；二是这些营销指标的权重（即相对重要程度）；三是各个营销指标的大小。企业营销管理需要哪些营销指标取决于企业目标（或是战略目标或是营销目标）到底怎样。例如，如果企业想提升在市场中的影响力，吸引更多的消费者接触或消费该企业的产品，那么，显然要了解市场占有率指标、营销量指标等。多个营销指标的权重（或相对重要程度）则取决于企业在某期间内的目标取向或目标所在。例如，如果企业想通过抢占市场来谋求未来更大的发展，那么，企业可能得牺牲短期盈利目标来追求市场占有率的迅速扩大。再如，如果企业应收账款过大需要及时处理，那么应收账款指标就相应显得十分重要。从一个侧面可以这么讲，企业需要什么就可以制定相对应的营销指标，关注什么就说明与之相对应的营销指标的权重（重要程度）就大，而具体某个营销指标的大小则须因营销区域、营销客户、营销时间跨度等而定，通常是根据历史分析、市场预测得出一般性的看法，同时再结合营销预算大小来予以平衡确定。

营销指标体系的实施控制是保证营销指标体系得以贯彻实施的具体措施，如果实施控制得当，就能达到预期的营销目标，相应的营销指标体系的结果评估所需要的数据也就可以自然而然得到。不过，在营销管理实务当中，营销指标体系的实施控制很难予以具象化，其中可以做的是营销指标分解与营销分析。营销指标分解往往是在营销计划制定过程中就须同时完成，营销分析则是定期对所收集来的数据进行分析，从而对营销指标的执行情况进行适当调控，通常营销业绩评估的前提就是营销分析。

由此可见，营销指标管理是一个完整的信息反馈过程，三个环节相互支持，互为依存，互为前提，互为基础，从而足以保证营销指标管理成为一套有效的营销管理系统。

4. 营销指标管理是营销组织全员参与的一项管理工作

全员参与首先是落实营销指标管理以人为本管理理念的前提。关心、服务营销人员是以人为本，开发营销人员的人力资源潜力也是以人为本，让营销人员参与到管理当中来还是以人为本。以人为本是一种理念，反映在具体营销指标管理工作中来就是邀请营销人员参与营销目标或营销指标的制定，然后采取有效措施帮助营销人员实现既定的营销目标。

全员参与不只是邀请营销人员开个座谈会，提提意见，搞搞民主，而是要真正给予营销人员决策做主的机会和权力，让他们能在实施自己制定的方案、计划时获得一种满足感和自豪感。全员参与更不是让营销人员自己给自己设套，让营销人员自己难为自己。实际上，让营销人员为自己、为大家的共同目标而自觉努力比起完成别人交代的任务能更好地满足营销人员的心理需求。另外，让营销人员充分参与到营销指标管理中来才有可能将营销人员的个人职业生涯发展（或事业发展）和工作目标有机结合起来，实现个人目标、团队目标和组织目标三者之间的整合，进而实现个人业绩、团队业绩和组织业绩三者的统一，从而实现个人价值和企业价值的同一化最优化。

为了保证所有营销人员全员参与到营销指标管理当中来，企业需要采取有效的管道或渠道切实方便营销人员参与进来，如在年度营销会议上拿出专门的时间来讨论营销指标管理工作，或者是在企业内部网络上开辟讨论区让营销人员随时参与进来，还可以通过企业内刊让营销人员有了解最新的进展和发表自己见解的空间，等等，不一而足。总之，全员参与的前提需要创造一种氛围，特别是要营建一种开放的氛围，还有就是需要从制度上予以根本保证，而且这种制度保证还应该是长期的。

另外，营销人员全员参与营销指标管理还表现在营销人员能够按企业要求收集、提交各类信息等方面上，以及主动促进营销团队内部有效沟通的实现上。

当然，营销指标管理的特点还有很多，对营销指标管理的认知也是见仁见智，在此我们列出营销指标管理的四大特点，如表 23 - 1 所示。

表 23 - 1　营销指标管理的四大特点

序号	营销指标管理的主要特点
1	营销指标管理是过程关注与结果并重的一套营销管理系统
2	营销指标管理的目标是通过有效管理来支持营销目标的达成
3	营销指标管理是一个完整的信息反馈过程
4	营销指标管理是营销组织全员参与的一项系统管理工作

（二）营销指标管理能让谁受益

管理的目标是为了追求效益，也就是能使得实施管理所产生的成本小于或不大于实施管理所产生的收益。如果管理带来的收益大于管理成本，就可叫作有效的管理。同样，营销指标管理既要追求效益或营销业绩的提升，又要追求有效的营销指标管理。

随着我国企业管理水平的提升，许多企业开始追求管理的规范化，在营销管理领域也是如此，其突出特点就是各种报表比较多，且都十分规范，可实施结果却并不太令人满意。如国内某大型保健品公司为了提升管理水平而聘请了几位高级经理，上任伊始就大力倡导规范化，城市营销管理者每月就需提交近二十种报表，结果是导致产生了无穷无尽的管理官僚。造成这种现象的原因虽是多方面的，但其中一个原因就是企业误以为规范化的管理就是有效的管理，而事实上是规范化管理不一定是有效的管理，因为规范化管理并不是有效管理的前提条件，只是规范化管理有可能可以促进管理效率的提高或管理效益的提升。当规范化管理的要求与企业员工现实条件不相匹配时，规范化管理带来的往往是管理官僚化的泛滥。

推动实施营销指标管理自然会有更多的日常管理工作，管理成本自然也就会上升，但其效益也是能一目了然的，在此，我们更多的是讨论营销指标管理能让哪些利益团体受益。

1. 营销指标管理可以帮助营销人员更有效地开展营销工作

前面已经提到过，营销指标管理的目的就是支持营销目标的实现。在企业中，营销人员最终担负着营销目标的完成与实现，从这个角度来看，推动实施营销指标管理能有效地支持营销人员的具体营销工作。

深入分析，营销指标管理对营销人员的支持主要表现在如何帮助营销人员提升营销效率上。营销指标管理可以完整地提供营销指标体系，并尽可能详细介绍这些营销指标的具体情况与分解情况，特别是营销指标的构成及其影响因素，这样，营销人员就能够很明确地知道哪些营销工作最具效率与效益。

在实施营销指标管理的企业当中，营销人员的精神需求满足得到了更大程度的提升。按马斯洛的需求层次理论来说，简单地把营销人员视为完成指令工作的机械人或经济人并不能让营销人员获得更高层次的满足。在营销指标管理中，营销人员的参与程度增加，可使英雄露颖，小试锋芒，从而使他们受尊重的欲望和自我实现的需求可在一定程度上得到满足，进而可以加强营销人员队伍的维系，提高营销人员的忠诚度。

另外，大力实施营销指标管理可以让营销人员获得更多的职业发展机会。在科学的营销指标管理过程中，营销人员的个人价值能得到完全的发挥和释放，团队合作所接受的培训与知识积累也相应会有大幅提高，这些都有助于营销人员的长远发展和职业生涯规划，特别是科学的评估能选优奖优，为人力资源的绩效评估提供参考。

2. 营销指标管理可以帮助营销管理人员提高营销管理效率

罗伯特·狄伦施耐德曾说："各式各样的管理者，尤其是企业的最高管理者，都发现权力正从手中一点一点地消失。他们不再像以前那样，从墙上摘下宝剑，像一名复仇天使那样在众人面前挥舞。"可以说管理者放下令箭的时候，他才开始解放自己。权力不是用来掌控在手中，而是用来应用的，尤其是授权应用。当前的营销管理实践也表明，授权、引导营销人员开展工作就足够了，而不需要天天向营销人员絮絮叨叨讲这讲那，毕竟营销人员不只是营销管理者手脚的延伸，企业雇用的也不只是营销人员的简单体力劳动。

在营销指标管理中，营销人员不再是被动的接受者，而是积极主动地参与其中，与营销管理人员一道探讨营销指标体系的构成，讨论未来应该关注哪些营销指标，如何完成这些营销指标，并能及时把实际操作实施中的信息反馈给营销管理人员，这样，营销管理人员不是推动营销人员向前进，也不是强压营销人员工作，而是引导、推动营销人员不断进取，不断完善，不断突破，也就是常说的"不强按牛头喝水"。正是由于营销人员的这种主动参与，营销管理人员向下传达目标指令或要求时就不是简单的上传下达了，也就不需要反复解释，也不会遇到什么掣肘或反对的情况了，这样，营销管理工作会更顺畅，营销管理人员的营销管理效率也就自然提高了。

随着营销指标管理的实施，相应的培训与管理手段能进一步促进营销人员能力的提高。一般而言，被管理对象的能力越高，素质越高，对管理人员的要求也就越高，相应的管理效率也就会越高，因此，营销指标管理的实施一定能促进营销管理效率的提高。

3. 营销指标管理可以有效地促进营销团队绩效的提高

有效的营销指标管理应该是能够促进营销团队绩效提升的管理方式，这主要表现在两点。一是营销指标管理通过降低内部交易成本而提升营销管理效率。企业之所以称为企业，是以其内部的契约来替代市场契约，我们都知道，市场契约是要发生费用产生成本的，比如寻找供应商、商务谈判等都会发生成本，同样，企业内部的契约也会产生费用、产生成本，比如部门之间的磨合或员工之间的配合，因此，降低内部交易成本能有效地促进绩效的提升。实施营销指标管理能有效地降低营销系统内部的交易成本，同时也能提高效率，从两个不同侧面都能提升营销团队的绩效。二是营销指标管理能够最大限度地激发营销人员的主观能动性，提升营销人员个体的平均营销能力与效率。如果营销人员的主观能动性越强，投入到营销活动中的有效工作时间就越多，在单位营销时间营销效率一定的情况下，增加营销时间一定会提升营销团队绩效。同理，营销能力越强，营销效率就越高，在同等营销时间的情况下，营销人员个体的平均营销能力与效率的提升自然也会提高营销团队的绩效。

不过，需要注意的是，营销指标管理也会产生一些管理成本，因为要求营销人员提交的信息和数据会增加，各类营销报表也会增多，甚至还会设立专门的部门（如营销运营部）或设置专职岗位来承担相应的工作。在营销管理实务中，企业不妨把营销指标管理融入日常营销管理工作当中，规定合理的流程，使之形成制度化，并辅之持续的培训，这样就可以通过规范性操作与管理来降低相应的成本。不过，在导入营销指标管理的过程中，企业可以因繁就简，逐渐丰富管理方式，不需要追求一步到位，循序渐进往往是提高管理水平的必由之路。

4. 营销指标管理还可以帮助渠道客户开拓生意

在面向渠道客户的营销架构中，小河满大河才能盈，渠道客户业务生意目标的实现才有可能保证生产企业营销目标的实现，这样，在营销计划中企业通常会把营销计划分解到每个渠道客户，并采取有效措施帮助渠道客户消化或转售所采购的产品，也可以说，企业不只是简单地把产品出售给渠道客户，而应当帮助渠道客户进一步营销产品，否则就会出现在渠道客户手中增加大量的社会库存（尽管企业出货很多，库存很少，但社会库存很大），这并不能算完成真正的营销，只是企业库存转移到了社会库存而已，所以，企业一方面需要管理渠道客户，主要是对零售价格的整合和产品进一步流向的管理，保障市场的规范；另一方面企业需要提升对渠道客户的服务质量，帮助渠道客户把产品向下一级渠道推进，帮助渠道客户做好向下一级渠道客户的服务，帮助渠道客户开展市场拓展工作，帮助渠道客户制定合理的采购批量和库存计划等。

近年来，物流技术的发展推动了许多企业简化渠道环节，不过，这种发展趋势并不会使渠道客户消失，更多的是促进渠道客户的功能转型，直接营销还只是适合某些产品或某些特定营销场所，要使所有产品实现直接营销在可预见的未来是无法实现的。营销指标管理就是致力于通过营销指标的设立与分解所获得的信息来加强与渠道客户的关系，帮助渠道客户开拓市场，从而从源头上保证企业营销的实现与展开。

如果企业从事直接营销，那么，推销行为或个人推销行为占到主体地位，但仍然存在客户这个营销对象，这时，只需把营销指标管理的相关运作方式加以转化即可。

（三）建立营销指标体系

1. 营销指标体系举例

为了便于说明，我们先行介绍 ZPD 公司 A 产品 2012 年所采用的营销指标体系，如表 23-2 所示。

表 23-2　ZPD 公司 A 产品 2012 年的营销指标体系

对象：华北地区

营销指标	权重（%）	大小	备注
营销量	40	15000 件	
市场占有率	5	10	
年末客户数	5	200	
前 20% 客户占营销量的比重	10	80	
回款率	30	100	
产品知识考核	5	100 分	年末由公司考核，由人力资源部门进行评估并予以支持
营销汇报评估	5	100 分	区域营销管理者年末进行评估
合计	100		

在评估营销业绩时，只需对该区域营销团队（或营销人员）的营销完成情况与营销指标大小相比较，计算得到营销指标达成率之后再分别乘以权重（即重要程度），就可以获得最终的评估结果。例如，ZPD 公司华北区营销团队年末营销的完成情况，如表 23-3 所示。

表 23-3　ZPD 公司 A 产品 2012 年末的营销业绩评估

对象：华北地区

营销指标	权重（%）	大小	实际完成情况	营销指标达成率（%）	营销业绩评估结果
营销量	40	15000 件	20000 件	133.4	0.5330
市场占有率	5	10	8	80	0.0400

续表

营销指标	权重（％）	大小	实际完成情况	营销指标达成率（％）	营销业绩评估结果
年末客户数	5	200	250	125	0.0625
前20％客户占营销量的比重	10	80	60	75	0.0750
回款率	30	100	80	80	0.2400
产品知识考核	5	100 分	80 分	80	0.0400
营销汇报评估	5	100 分	70 分	70	0.0350
合计	100				1.0255

得到营销业绩评估的最终结果之后，ZPD 公司就可以用这个结果与其他营销区域的结果进行比较。从上述结果来看，最终营销业绩评估结果 1.0255 大于 1，说明华北区域营销团队的业绩表现高出了年初公司制定的目标，这是一个大概念，能对该营销团队的营销业绩进行简单的总体判断，即华北区域营销团队的营销业绩不错。但仔细分析我们可以看出，营销量这个指标的大小确定的不太合理，在年初估计市场容量是 15000 件÷10％=150000 件，而到年末该区域的整体营销量应该是 20000÷8％=250000 件，这说明市场容量被大大地低估了（估计市场容量只有实际市场容量的 60％），说明营销量指标定得太小了（来年需要提高市场容量预测的准确程度），或者说需要综合分析市场占有率和营销量这两个指标才有可能会得到更进一步的结果。

进一步分析我们可以看到，尽管年末客户数高出预期目标，但其中大客户所占的比重并不高，这说明该区域并没有完全贯彻实施公司总部要求重点维护大客户的策略（在营销指标体系中设定了"前20％客户占营销量的比重"这一指标），而是通过开发新客户实现最终的营销目标。考虑到回款率低于预期，ZPD 公司需要进一步分析应收账款是否来源于新开发的客户。如果是，就需要着重考虑在下一年度中小客户的应收账款控制，在营销指标体系的构建上就应该增加营销回款率这一指标的权重（重要程度），比如说从 30％提高到 50％。

通过以上简单分析表明该区域营销团队尽管在总体上实现了公司预定的营销目标，但这种目标完成的质量并不太高，分析的结果能为第二年营销指标体系的构建提供足够的参考资料，可以知道应该调整哪些指标，怎样调整。

2. 建立营销指标体系的原则

没有规矩不成方圆，有了建立营销指标体系的原则，就可以帮助营销管理人员建立营销指标体系。一般而言，建立营销指标体系的原则有以下六点：

（1）以企业目标为导向。管理什么就考核什么，企业需要什么就提供什么，就相应建立与之适应的营销指标体系。建立营销指标体系要以企业目标为导向，也要以实现企业目标为最终归宿，要充分反映企业发展对建立营销指标体系的要求。例如，企业需要控制营销的财务风险，就必须提高营销回款率在营销指标体系中的权重。企业如果需要迅速占领市场，那么，营销量指标和市场占用率指标的权重（重要程度）就不仅要大，而且这两项指标也要大。企业如果想控制营销价格，就必须在建立营销量指标的基础上设定营销额指标，最好的办法是重视营销额指标而淡漠营销量指标，这在工程类企业中更是普遍。

通常，企业目标也存在于动态变化过程当中，一般企业都是设定一个较长期的战略发展目标（如三年战略目标），为了实现这个战略发展目标，需要进一步分解为年度目标，这个年度目标就是建立营销指标体系的重要标准或准绳。

（2）以激励营销人员努力方向为目标。请记住，营销指标体系不是对营销人员"围、追、堵"的法宝，而应当定位在支持营销人员（营销团队）完成既定的营销目标上，因此，营销指标体系不应该限制营销人员积极发挥的圈圈，而应以激励营销人员努力实现营销目标为方向。

营销人员老化现象是营销人员管理当中难以解决的一个问题，通过事业发展来激励营销人员能促使营销人员从一座营销高峰迈向另一座营销高峰，因此，营销指标体系不仅需要不断调高营销指标的大小（量方面的考虑），还要不断丰富营销指标的内容（质方面的考虑）。比如，在企业发展初期，营销指标的内容可能只是考虑营销量等这些简单的指标，而在企业成熟发展阶段，营销指标内容可能会考虑到顾客满意度、品牌价值等这些复杂的指标，这样做既从指标上丰富了营销内容，又增强了对营销人员的挑战性，相应地也会提高营销人员对营销工作的兴奋感。

（3）长期的动态变化与短期的稳定相结合。营销指标体系应该是动态变化的，其变量主要是企业所处的发展阶段、企业目标的变化、竞争对手的反应等。一般而言，如果市场结构越是稳定，企业发展阶段越是成熟，则营销指标体系相对就会变化小一些；如果市场发展迅速，企业处于快速发展阶段，营销指标体系的变化就会大一些。不过，为了便于营销人员理解与操作，在短期内营销指标体系还是以比较稳定一些为好，通常在一个营销年度内营销指标体系最好保持稳定不变。一则便于营销人员具体把握；二则能坚定营销人员的信心。毕竟政策不断发生变化会对营销人员的工作积极性带来很多的不利影响。

换个角度来说，营销指标体系长期不变会不利于营销人员和企业的发展，这是因为如果营销指标体系长期稳定不变，那么营销人员就只会在惯性的推动下开展营销工作，进而淡化环境及竞争的变化，对营销工作失去热情，营销人员出现老化现象。更重要的是企业在不同年份的营销目标是在动态变化当中的，如果营销指标体系不随之发生变动，那就不能支持企业目标的实现。在现实中许多企业的营销指标体系往往是多年不变，造成的一个结果就是营销人员有足够的能力与企业讨价还价，或者存在许多不规范的地方。

（4）操作简便性与管理科学性相结合。营销指标体系是供给营销部门、营销人员使用的，一定要操作简便。营销指标体系过于复杂，一则会加大营销部门、营销人员的理解难度，二则在具体营销操作过程中也不易于把握，还有一个更重要的原因就是营销相对而言是短期效用很明显的一种活动，营销人员希望自己的工作努力能被观察到，能立竿见影般地看到成效，因此，在建立营销指标体系的过程中一定要考虑到可操作性，最好能充分地征求营销人员的意见。

但是，在强调可操作性的同时也不能忽略管理科学性。在营销管理实务中，企业常常容易犯的三个错误就是：一是所建立的营销指标体系过于精细，营销指标管理的成本过高，导致管理缺乏效益，需要强调的是所有管理的核心就是投入产出比。二是所确定的营销指标体系内容相互重叠，较难把握，比如说设定了营销成本、营销额与营销费用率三个指标（其中营销费用率本来就是营销成本与营销额的比值），可以说是多此一举。三是营销指标的大小定得过高，看似科学但不堪一击，因营销人员无法完成而得不到营销管理者的支持，这就需要提高市场预测的精确程度。

（5）普遍性与具体个性化相结合。营销指标体系是为整个营销部门而服务的，因此，应该具有足够的普遍性，这样，营销指标体系就不是许多个例的大汇总。普遍性的营销指标体系具体来说有以下三个好处：一是体现公平性，不会引起营销人员的争议与不满。二是便于比较分析评估，为营销业绩评估提供了基准。三是便于管理，普遍性的事情才可以通过规范管理来降低管理费用及其成本。

不过，通常营销指标是与营销区域挂钩的，对于许多处于快速成长期的中国企业而言，目前很重要的目标就是将区域性产品推广到全国进行营销，有的区域营销基础较好，有的区域营销才刚刚起步，这样，由于在不同营销区域企业的战略目标不同，营销基础也不同，所以拓展营销的难度也不一样，因此，在建立营销指标体系的过程中，不仅要考虑到不同营销区域营销指标的内容不同，还要考虑到不同营销区域同一营销指标的大小与权重的差异，所以，在普遍性的基础上企业还需要考虑营销指标体系的具体个性化表现，主要是要考虑营销区域的划分。原则上在营销区域划分中就会考虑到市场容量、营销基础、客户开发难度等因素，尽量消除营销区域的差异。

（6）过程与结果并重。营销指标管理是一个过程与结果并重的管理系统，强调通过对这一过程的控制来实现最终的目标，在建立营销指标体系时重提过程与结果并重只是为了进一步强调，或者强化这一观念。

3. 营销指标体系的 SMART 原则

建立营销指标体系一定要避免目标过于单一，如果只设定一个营销量或营销额指标，结果是营销人员会绕开其他方面，片面追求营销额，而这样的营销指标体系是不科学的。在绩效管理上有一个通用的 SMART 原则，在营销指标体系建立中也可以拿来做借鉴参考。

（1）S（Specific）明确性原则，指营销指标体系中的各项指标要有对应的明确的营销活动内容或工作内容，不能笼统而使营销人员无法予以区别。如客户访问次数指标，这个指标就很明确，与对应的营销活动就息息相关。

（2）M（Measurable）可衡量性原则，指营销指标体系应该是数量化或者是行为化的，有可感性验证这些指标的数据或信息是可以获得的，而不能采取一些无法评估的营销指标。如营销量指标，这个指标的大小可以通过营销统计获得，营销人员和营销管理人员都可以很方便地进行比较和分析。

（3）A（Attainable）可操作性原则，指营销指标在营销人员的努力下完全可以完成。避免设定过高或过低的营销指标，如果营销指标大小是营销人员无法完成的，那么，营销人员会产生抵触心理，进而对营销指标熟视无睹，从而无法达成目标。

（4）R（Relevant）相关性原则，指营销指标是实实在在的，可以被证明和观察的。

（5）T（Time – Defined）时限性原则，注重营销指标设定的营销时间跨度，显然，一年和一月的营销指标大小有很大的区别。

4. 建立营销指标体系的方法

有了建立营销指标体系的原则，企业大多会确定选择一些营销指标，但是，如何确定营销指标的权重（重要程度）与大小也是一项挑战。在营销业务管理的营销目标界定当中，会有详细的方法介绍如何确定营销目标的大小，在这里我们还是简要介绍一下建立营销指标体系的定性方法与定量方法。

（1）定性方法。建立营销指标体系的定性方法主要有三种：

第一，高级经理意见法。这是根据营销管理者（经营者与营销管理者为中心）或其他高级经理的经验与直觉，通过一个人或所有参与者的平均意见得到营销指标体系的一种方法。

营销管理者通常积累了丰富的营销管理经验或从事过多年的营销工作，对市场、对竞争者有足够的了解，因此，会在原有营销指标体系的基础上进行自己的补充与丰富。对强势营销管理者来说，营销指标体系往往是其贯彻营销策略的主要工具。

高级经理意见法不需经过精确的设计即可简单迅速地建立起一套营销指标体系，操作起来也比较简单，能充分体现企业目标在营销指标体系中的指导作用，保证企业目标的顺利实现。不过，这种定性方法的最大缺点在于行政命令意味较浓，并不能保证得到全部营销人员的支持，有时还会有失偏颇。

在营销管理实务中，通过高级经理意见法来确定营销指标体系时营销指标内容与权重的情况会多一些。

第二，营销人员意见法。这是汇总营销人员的各种意见而建立的一套营销指标体系。营销人员最贴近市场，对产品是否畅销、滞销比较了解，对产品花色、规格、品种、式样的需求等都比较了解，对营销指标的大小有足够的发言权，更重要的是营销人员是负责落实营销指标体系的主体，因此，许多企业都是通过听取营销人员的意见来推测某些营销指标的大小和权重的。

营销人员意见法比较简单明了，容易操作，能充分调动营销人员参与营销指标管理的积极性，而且营销人员对企业所确定的营销指标大小往往比较有信心去完成。不过，在一般情况下，根据营销人员意见的推测所得到的营销指标体系必须经过进一步修正完善才能利用，这是因为营销人员可能对企业的总体规划缺乏了解，或者是对全局市场的把握有所欠缺，或者是受知识、能力或兴趣影响而对营销指标体系的认识有所偏颇。例如，如果涉及具体的营销指标大小，有些营销人员会为了能超额完成营销指标而故意压低预测数字，这样会导致总体营销指标偏小，不利于企业积极拓张与发展。另外，营销人员不太乐于接受规范的营销指标管理，更倾向于营销指标简化，这样也不太有利于科学管理和规范管理的实行和推广。

第三，模仿跟随法。这是指企业模仿采用行业竞争领先企业的营销指标体系，并根据企业自身的实际情况进行一些调整。例如，在碳酸饮料市场上，两大可乐公司是针尖对麦芒的竞争，相对来说，百事可乐公司就可以参考可口可乐公司的情况予以挑战，有时甚至是可口可乐公司关注什么，百事可乐公司就想努力超过或赶上。

当然，获得行业竞争领先企业的营销指标体系的方式一定要合理合法。随着市场化程度的进一步深入，行业内各企业间的相互学习将会进一步加强。

（2）定量方法。主要用于计算推测营销指标的权重（重要程度）与大小。

营销指标体系中的权重（重要程度）就是各个营销指标在特定营销跨度内对企业的重要性，反映出企业未来的关注要点。一般而言，营销指标体系中各指标的重要程度加总应该是100%，这样便于比较与计算。

二、营销费用指标

营销费用是企业的现金支出，是企业支出较大的一块，也是企业容易管控不得力之处，因此，无论什么时候，营销费用指标都是营销指标管理乃至营销管理的主要内容。

在保证营销费用足够支撑实现营销量或营销额指标的前提下，节省营销费用就是提高营销利润，而且营销费用往往是营销管理中的黑洞，现实中常常是营销量或营销额大幅度攀升，与此同时营销费用狂涨，企业因而无法保证利润的增长，因此，明晰营销费用指标，强化营销指标管理是加强营销费用管理的重要前提和条件。

（一）营销费用的分类与构成

营销费用是在营销过程中发生的、为实现营销收入而支付的各项费用，其种类很多，我们可按其发生的时间、费用特性和业务项目进行分类。

按照发生时间的先后，营销费用可分为售前费用、售中费用和售后费用。售前费用包括市场调研费用、广告费用、公关费用、培训费用，以及为这些售前活动而支付的人员报酬。售中费用包括储存费用、订货会费用、差旅费、包装费用、推销人员报酬以及宣传材料印刷费用等。售后费用包括维修材料费用、售后信息处理、用户培训费用等。

按照费用本身的特性，与其业务量的大小，营销费用又可分为固定营销费用和变动营销费用。固定营销费用即不随营销量的变化而变化的费用，如营销人员工资、营销机构固定资产折旧费等。变动营销费用是随营销量变化而变化的费用，如运输费、包装费、佣金等。

按照业务项目，营销费用还可分为营销人员报酬、公关费用、业务费用、广告费用、售后服务费用、营销物流费用。这种分类与会计报表相一致，营销总费用即各业务项目费用之和。由于按此分类易于计算，所以大多数企业均按此分类预算营销费用，但在每一业务项目中又需依据各项费用的特性，分别计算固定费用和变动费用。

根据营销过程涉及的各项业务内容，营销费用的构成如图23-1所示。

1. 营销人员报酬

营销人员报酬是营销费用的重要组成部分，报酬水平的高低以及报酬形式或构成的不同直接影响着营销活动的最终效果。营销人员报酬通常由基本工资、福利（包括保险）、奖金（包括佣金和利润提成）、特殊奖励等构成，其中基本工资和福利属固定费用，奖金和津贴属于变动费用，按营销量的比率提取。

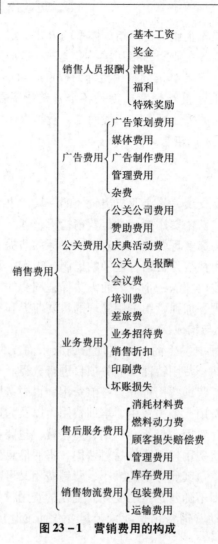

销售费用 ⎰
　　销售人员报酬 ⎰ 基本工资
　　　　　　　　　　奖金
　　　　　　　　　　津贴
　　　　　　　　　　福利
　　　　　　　　　　特殊奖励
　　广告费用 ⎰ 广告策划费用
　　　　　　　　媒体费用
　　　　　　　　广告制作费用
　　　　　　　　管理费用
　　　　　　　　杂费
　　公关费用 ⎰ 公关公司费用
　　　　　　　　赞助费用
　　　　　　　　庆典活动费
　　　　　　　　公关人员报酬
　　　　　　　　会议费
　　业务费用 ⎰ 培训费
　　　　　　　　差旅费
　　　　　　　　业务招待费
　　　　　　　　销售折扣
　　　　　　　　印刷费
　　　　　　　　坏账损失
　　售后服务费用 ⎰ 消耗材料费
　　　　　　　　　燃料动力费
　　　　　　　　　顾客损失赔偿费
　　　　　　　　　管理费用
　　销售物流费用 ⎰ 库存费用
　　　　　　　　　包装费用
　　　　　　　　　运输费用

图 23 - 1　营销费用的构成

2. *广告费用*

广告是树立企业形象、提升竞争能力、扩大营销量的重要手段，也是当前许多快速流转品企业营销费用的主要构成部分。广告费用是企业用于发布广告活动中的各种费用，包括广告策划费用、制作费、媒体费、管理费及杂费等。

3. *公关费用*

公关活动也是一种主要的营销工具，由于它具有新闻价值，加上可信度高，因而其成本效果有时甚至超过广告。公关活动的形式是灵活多样的，所需费用也千差万别，多少不一。通常我们将公关费用分为公关公司费用、赞助费用、公关人员报酬、庆典活动费、会议费用（新闻发布会、展览会）等。

4. *业务费用*

业务费用是指营销人员从事具体业务工作所需的费用，它一般包括差旅费、会议费、培训费、业务招待费、坏账损失、营销折扣与折让、印刷费等。

5. 售后服务费用

售后服务费用一般包括消耗材料与燃料动力费、工资及附加费、顾客损失赔偿费和部分管理费用等。

6. 营销物流费用

如果企业没有将物流外包，则营销物流费用通常包括库存费用、包装费用和运输费用。

（二）确定营销费用指标

有些企业是在预算管理中对营销费用指标进行判定，采取硬预算的形式对营销费用进行管理与控制，即企业根据以往的营销费用支出情况以及未来营销目标确定一个营销费用总额，然后再由营销部门进行分解。在营销指标管理中，我们侧重介绍营销费用指标确定的原则和确定方法。

1. 营销费用指标大小确定的原则

知道了营销费用的构成与分类之后，确定营销费用指标大小有四个原则：

（1）保证支持营销目标的完成。营销费用的存在主要是为了支持营销目标的完成，是保证营销目标实现的一项投资，因此，保证有足够的营销费用、支持营销目标的实现是确定营销费用指标大小的第一原则。通常我们是在制定营销计划的过程中确定营销目标，每个营销目标都与对应的营销预算相适应，做到营销目标与营销费用相适应，一个为收入，一个为支出，收支对应，支出乃是投资，是为了保证收入回流的前提。

（2）节约原则。营销费用是现金支出，节约营销费用就是相应地提高利润，因此，营销费用指标大小的确定要贯彻节约原则。必须花的要考虑是否能少花，可花可不花的最好是不花，不必花的一定不要花，然后把这些经验反推到营销预算当中。

（3）效率原则。除勤俭节约之外，企业还应当考虑如何提高营销费用的使用效率。在营销费用大小不变的情况下，提高营销费用的利用效率也就相当于提高了营销收入。同理，营销费用的效率提高，在保证支持相同营销目标完成的情况下也就意味着营销费用的少支出。

（4）分解到位原则。把营销费用分解到每一个营销人员、每一项营销活动、每一个渠道客户身上，这样才能做到有的放矢，取得成效。

2. 营销费用指标大小的确定方法

营销管理人员（营销管理者）在确定营销预算水平时，采用何种方法应当根据企业的历史、产品的特点、营销组合的方式和市场的开发程度等诸多方面因素加以确定。各企业采用的预算方法各种各样，这里介绍几种常用的方法。供营销管理人员（营销管理者）根据实际情况加以选择。

（1）量力而行法。尽管这种方法没有正式定义，但不少企业确实在一直采用，即企业确定营销费用指标大小的依据是他们所能拿得出的资金数额，或者说是一种硬预算的方法，也就是说有多少钱就办多少事。比如，某企业今年就只有100万元的流动资金用于营销，那么，企业就需要根据这100万元来进行营销费用指标大小的分解。这种方法是在企业总费用中减去其他部门的费用，余下的全部当作营销费用进行预算。

企业根据其财力情况来决定营销费用开支的多少并没有错，但应看到，营销费用不仅仅是成本支出，而且是一项投资，因而没有足够的投资企业营销目标就很难完成，那么就谈不上什么发展了。量力而行法适应于一般财力的企业，是一种比较谨慎的营销投资行为，但此法还要考虑到市场供求出现变化时的应变方式。

（2）营销费用率百分比法。是指根据特定营销额（当期或预测数）的百分比或售价的一定比率来计算营销费用指标的大小，其计算公式为：

营销费用＝目标营销额×营销费用率

例如，预测 2013 年 HS 电脑公司的营销额将实现 10 亿元，营销费用的比率为 22%，这样，2013 年该公司的营销费用指标大小为 2.2 亿元。用这种方法计算营销费用指标大小时，最常用的做法是用上年的费用与营销百分比，结合预算年度的预测营销量来确定营销费用的指标大小。另外一种做法是把最近几年营销费用的百分比进行加权平均，将其结果作为预算年度的营销费用指标大小。

营销费用率百分比法是最常用的也是最容易经过管理高层认可的一种营销费用指标大小的确定方法。当然，不同的企业对营销百分比有不同的考虑，这不但要视企业所在的行业及其成熟程度来确定，而且还要参考企业的战略目标定位。一般来说，食品行业、保健品行业、饮料行业等快速消费品行业相对来说营销百分比的比率较高，而家电、房产、汽车等耐用消费品等营销百分比的比率却相对较低。

使用营销费用率百分比法来确定营销费用指标大小的优点主要有：一是暗示营销费用将随着企业的营销现金流的大小而变化，这可以促使那些注重财务的高级管理人员认识到企业所有类型的费用支出都与总收入的变动有着密切关系。二是可促使企业管理人员根据单位营销费用成本、产品售价和营销利润之间的关系去考虑营销管理问题。三是有利于保持竞争的相对稳定，因为只要各竞争企业都不约而同地同意让其营销费用随着营销额的某一百分比而变动，就可以避免卷入激烈的广告战或促销战。

使用营销百分比方法来确定营销费用指标大小的缺点主要有：一是把营销收入当成了营销费用支出的"因"而不是"果"，本应是营销费用支持营销收入，现在倒成了有了营销收入才有营销费用，这难道不是本末倒置。本应是增加营销费用支持营销收入增长，却因营销收入不景气而压缩营销费用。二是用营销费用率百分比法确定营销费用指标大小实际上是基于可用资金的多少，而不是基于"市场机会"的发现与利用，因而可能失去了有利的市场营销机会。三是用此法确定营销费用将导致营销费用随每年的营销波动而增减，从而与长期营销策略或营销战略相矛盾。四是营销费用率百分比法不能提供选择这一固定比率或成本的某一比率，而是随意确定一个比率。五是营销费用率百分比法不是依据不同的产品或不同的地区确定不同的营销费用，而是所有的营销费用都按同一比率分配预算，看似公平却形成了不合理的平均主义。

（3）竞争对等法。是以行业内主要竞争对手的营销费用指标大小为基础来计算企业自身的营销费用指标大小。具体的计算方法分为两种：一是市场占有率法，计算公式是：

营销费用＝$\dfrac{竞争对手销售费用}{竞争对手预期市场占有率}$×本企业预期市场占用率

二是增减百分比法，计算公式是：

营销费用＝（1±竞争对手营销费用增减率）×上年本企业营销费用

使用竞争对等法的前提是竞争对手的做法是正确的。比如，北京双鹤制药厂的胃药产品就紧随竞争对手之后（而且使用针锋相对的广告），与竞争对手展开面对面竞争，效果显著。同意用竞争对等法确定营销费用指标大小的营销管理者都认为营销效果取决于竞争实力，使用这种方法必须对行业及竞争对手有充分地了解，做到这点需要及时得到大量的行业及竞争对手的资料，但通常情况下得到的资料反映的是以往年度的市场及竞争状况，是一种后向的并非是前瞻的，所以竞争对等法并不能保证完全达到同等竞争的目的。

许多企业（尤其是在寡头垄断竞争或竞争垄断的市场中）愿意比照竞争对手的营销费用开支状况决定本企业营销费用的开支，以保持竞争上的优势。比如，在市场营销管理实践中，不少企业都喜欢根据竞争对手的广告预算来确定自己的广告预算，造成与竞争对手旗鼓相当、势均力敌保证对等的局势。如果竞争对手的广告预算确定为1百万元，那么本企业为了与它拉平，也将广告预算确定为1百万元甚至更高。美国奈尔逊调查公司的派克汉（J. O. Peckham）通过对40多年的统计资料进行分析，得出结论：要确保新上市产品的营销额达到同行业平均水平，其广告预算就必须相当于同行业平均水平的1.5～2倍。这一法则通常称为派克汉法则。

采用竞争对等法的前提条件是：一是企业必须能够明白竞争对手确定营销费用大小的可靠信息，只有这样才能随着竞争对手营销费用预算的波动而调高或调低。二是竞争对手的营销费用预算能表示企业所在行业的集体智慧，或者可以说竞争对手的做法是科学的和理智的。三是维持竞争均势能避免各企业之间的广告战和促销战。

不过，事实上上述前提条件很难完全具备。这是因为：一是企业没有理由相信竞争对手所采取的营销费用指标大小确定方法比本企业的方法更科学。二是各企业的营销人力资源、品牌信誉、资源、机会与目标并不一定相同，可能会相差很多，因此某一企业的营销费用指标预算不一定值得其他企业模仿。三是即使本企业的营销费用指标大小与竞争对手势均力敌，也不一定能够使全行业的营销费用支出稳定。

（4）任务目标法。前面介绍的几种方法都是先肯定一个总的营销费用指标大小，然后再将营销费用预算总额分解给不同的产品或地区。比较科学的程序步骤应该是：首先，明确营销目标；其次，决定为实现这一目标而必须执行的工作任务；最后，估算执行这种工作任务所需的各种费用，这些费用的总和就是营销费用指标大小。上述确定营销费用指标大小的方法，就是任务目标法。

任务目标法的基本假设前提就是想干多少事就必须花多少钱，也就是说，要实现多大的营销目标就需要相应的营销费用指标来予以支持。以下举例说明这种方法。

【例】HS电脑公司2012年的营销额为8亿元，营销费用为1.76亿元，公司要求2013年营销额突破10亿元，考虑到家用品牌电脑市场已经比较成熟，各种费用增幅变化不大，可以不予考虑，因此，计算出2013年该公司营销费用指标的大小为2.2亿元，即，$\frac{1.72亿}{8亿} \times 10亿 = 2.2亿$。有时还会选用其他指标来进行计算。从根本上来说，这种方法必须找到一个或多个相关变量，然后根据分析相关性进行预测。

对任务目标法的改进就是投入产出法。任务目标法是在一定时间内营销费用与营销额的比较。但有时有些费用投入后，其效应在当期还显示不出来（如广告），则无法真实反映费用营销量比率，投入产出法不是强调时间性，而是强调投入与产出的真实关系，因此在一定程度上克服了任务目标法的缺点。

（三）计算营销费用率指标

1. 营销费用率指标

在此仅介绍三个营销费用率指标：

（1）营销毛利率。也称毛利率，是企业的营销毛利和营销收入净额的比率，它的计算公式为：

$$营销毛利率 = \frac{销售毛利}{销售收入净额} \times 100\%$$

公式中营销毛利是企业营销收入净额与营销成本的差额，营销收入净额是指在产品营销收入中扣除营销退回、营销折扣与折让后的净额。营销毛利率则反映了企业营销成本与营销收入净额的比例关系，毛利率越大，说明在营销收入净额中的营销成本所占比重越小，企业通过营销获得利润的能力就越强。

下面举例说明，ZPD 公司 2012 年度的损益表，如表 23-4 所示。

表 23-4　ZPD 公司 2012 年度的损益表　　　　　单位：万元

项　目	本月数（略）	本年累计数
一、主营业务收入		8720.00
减：折扣与折让		200.00
主营业务收入净额		8520.00
减：主营业务成本		4190.40
主营业务税金及附加		676.00
二、主营业务利润		3653.60
加：其他业务利润		851.40
减：营销费用		1370.00
管理费用		1050.00
财务费用		325.00
三、营业利润		1760.00
加：投资收益		63.00
补贴收入		
营业外收入		8.50
减：营业外支出		15.50
四、利润总额		1816.00
减：所得税		556.00
五、净利润		1260.00

根据上表的数据得到 ZPD 公司 2012 年度的营销毛利率为：

$$营销毛利率 = \frac{8250.00 - 4190.40}{8520.00} \times 100\% = 50.82\%$$

这说明 ZPD 每 100 元的营销收入可以为该公司提供 50.82 万元的毛利。

（2）营销净利率。这是企业净利润和营销收入净额的比率，其计算公式为：

$$营销净利率 = \frac{净利润}{销售收入净额} \times 100\%$$

营销净利率表明了企业净利润占营销收入的比例，它可以评估企业通过营销赚取利润的能力。营销净利率表明企业每百元营销净收入可实现的净利润是多少。该比率越高，企业通过营销获取收益的能力就越强。还是以表 23-4 的数据为例，得到 ZPD 公司 2012 年度的营销净利率为：

$$营销净利率 = \frac{1260.00}{8520.00} \times 100\% = 14.79\%$$

从计算可知，ZPD 公司的营销净利率为 14.79%，说明每 1 百元的营销收入可为公司提供 14.79 元的净利润。评价企业的营销净利率时应比照企业历年的指标，从而判断出企业营销净利率的变化趋势。但是，营销净利率受行业特点影响较大，因此，还应当结合不同行业的具体情况进行分析。

（3）营销成本费用净利率。是企业净利润与营销成本费用总额的比率，其计算公式为：

$$营销成本费用净利率 = \frac{净利润}{销售成本费用总额} \times 100\%$$

这一比率不仅可以评价企业对营销成本费用的控制能力和经营管理水平，还可评估企业获利能力的高低。

2. 量本利分析在营销费用指标管理中的应用

（1）量本利分析法概述。这是依据营销量、营销成本与利润之间的相互关系，测量三者之间变量关系的分析方法。

量、本、利三者之间的关系应该是：营销收入与营销成本之间的差额为利润（或亏损）。量、本的变动影响利润的增减，要使利润有所增加，必须变动营销量和成本。营销成本包括固定成本和变动成本两类。固定成本不随营销量的增减而变动，但每个单位产品的固定成本随着营销量的增减而变动。变动成本随着营销量的增减而增减，而每个单位产品的变动成本不变。

在使用量本利分析法时，必须注意其四个基本假定：

第一，成本特性分析的假定，即要求将全部成本划分为变动成本和固定成本。

第二，相关范围及线性假定，即要求在一定时期和一定业务量范围内，成本水平和单价水平总是保持不变，具体表现为：一是固定成本总额的不变性和单位变动成本的不变性，使得在相关范围内的成本函数表现为线性方程 $y = a + bx$。二是单价也不因营销业务量变化而变化，使在相关范围内，营销收入也表现为线性方程式 $z = Px$。实际上，无论固定成本、单位变动成本还是单位单价都有可能受到业务量的影响。

第三，产销平衡和品种结构稳定假定，即要求生产经营单一品种的企业生产的产品可以营销出去，而且产品的品种结构可以用营销额比重表示。

第四，变动成本法假定，即要求产品成本的核算是以变动成本法为基础的。

（2）量本利分析法在营销费用管理中的应用。营销费用按和营销量的关系分为变动营销费用和固定营销费用。变动营销费用是指费用总额会随营销量的变动而成正比例变动，比如营销佣金等。固定营销费用是指费用总额不受营销量变动增减变化的影响，如折旧、保险费、营销人员工资等。还有一类混合营销费用，这类费用在营销费用总额中所占的比重不小，如运输费等。混合营销费用是指费用总额随着营销量增减变化而相应变化，但并不与营销量保持严格的比例关系。

量本利的基本公式是：

净利 = 营销收入 – 变动成本 – 固定成本

进行量本利分析要求必须将混合费用进行分解，分解的结果是将混合费用分解为变动费用和固定费用。为此，可以建立营销费用的公式：

$Y = a + b \cdot x$

式中：y——营销费用；

　　　a——营销费用中的固定费用总额；

　　　b——营销费用中的单位变动费用；

　　　x——营销量。

目前，营销费用在企业的总成本中所占比重越来越大，下面介绍营销费用变动对企业保本点的影响，我们很容易得出结论：单位变动营销费用单独变动时，保本点将会向同方向变动。

显然，单位营销费用量增加，企业变动成本水平升高，保本点上升；单位变动营销费用降低，保本点随之下降。保本点升高对企业来说是不利的，说明单位产品盈利能力降低，需要营销更多的产品才能保本。下面举例说明。

TT 公司产品单价为 20 万元，单位变动生产成本是 10 万元，固定制造费用每年为 7000 万元，单位变动营销费用是 5 万元，固定营销费用为每年 5000 万元，固定管理费用每年为 3000 万元，我们可以计算得 TT 公司的保本营销量为 3000 台，即：

$$保本营销量 = \frac{固定成本}{单价 - 单位变动成本}$$

$$= \frac{7000 + 5000 + 3000}{20 - (10 + 5)} = 3000 \text{ 台}$$

保本营销额为 6 亿元，即：

保本营销额：20 万元/台 × 3000 台 = 60000 万元 = 6 亿元

如果由于运费等调整，每台产品营销费用增加 2 万元，其他条件不变，这样 TT 公司的保本营销量就是 5000 台，即：

$$保本营销量 = \frac{固定成本}{单价 - 单位变动成本}$$

$$= \frac{7000 + 5000 + 3000}{20 - (10 + 5 + 2)} = 5000 \text{ 台}$$

保本营销额为 10 亿元，即：

保本营销额：20 万元/台 × 5000 台 = 100000 万元 = 10 亿元

也就是说，单位变动营销费用增加了 2 万元，则企业保本量从原来的每年 3000 台（6 亿元）变动到 5000 台（10 亿元）。

固定变动费用变动对保本点的影响也是如此，当固定费用单独变动时，保本点向同方向变动，计算在这里就不作介绍了。

不过，单位变动营销费用及固定营销费用对利润的影响是反向的，即这两项费用越高，其他条件不变，企业的利润越小；这两项费用越低，企业的利润越大。我们还是举例说明。在上例中，如果企业的预计营销量为 4000 台，则企业的利润为 5000 万元，即：

净利 = 20 × 4000 − （10 + 5） × 4000 − 15000 = 5000（万元）

如果企业的变动营销费用增加 2 万元/件，则企业就亏损 3000 万元，即：

净利 = 20 × 4000 − （10 + 5 + 2） × 4000 − 15000 = 3000（万元）

经过进一步分析我们知道，由于单位变动营销费用每台增加 2 万元，企业的保本营销量已经不再是 3000 台而是 5000 台，而预计营销量为 4000 台，显然低于保本营销量 1000 台，则企业肯定要亏损。亏损额由未达到保本点的差额 1000 台所造成，1000 台的贡献毛利为 3000 万元，所以亏损为 3000 万元。

从上述分析我们可以看出，营销费用和利润的关系是反向变动的，所以企业要想提高利润，就必须合理地降低营销费用。当然，前面已经提到过，营销费用并不是越低越好，对于有利于提高企业营销量，有利于增加企业盈利的合理费用支出还是要保障，但对于浪费现象则要坚决杜绝。

3. 营销费用率水平

营销费用率是衡量营销费用指标大小的一个重要标尺，其计算公式是：

$$营销费用率 = \frac{销售费用}{销费收入} \times 100\%$$

有学者抽样研究证明各个行业营销费用率的平均水平都是逐年增长的，如表 23 - 5 所示。当然，还有一个重要结论就是不同行业的营销费用率水平是不同的，或者说差异很大，相对来说，家庭日用品行业的营销费用率水平要高一些，在市场竞争激烈的情况下，家庭日用产品类的大多数企业的营销费用率都在 1.5% 以上（如洗发水），这可能是由于该行业的广告与推广成本较高的缘故。

表 23 - 5　营销费用率分行业和年度的平均水平　　　　　（%）

行业类型＼年份	2009	2010	2011	2012	2013
轻工食品行业	1.001	1.653	2.874	3.689	2.192
家庭日用品行业	1.474	1.928	3.705	4.050	3.956
原材料加工行业	0.822	1.290	1.720	3.552	2.239
工业产品行业	1.451	1.684	2.750	4.023	2.353

另外，通过研究发现，从统计学意义上看，规模大的企业的营销费用率倾向于比规模小的企业的营销费用率低。这可能说明较大的企业相对于较小的企业在市场竞争力方面有一定规模优势，表现在市场营销努力方面就是营销费用率相对较低。从理论上来说，市场营销努力本身应该有其规模效应，例如，大企业能向相同或类似市场生产营销多品种的产品，而无须再用较小企业那么多的努力。因此较大企业应尽量挖掘企业在市场营销方面的规模优势，从而节省费用。至于营销费用率与企业盈利能力之间关系的研究并没有得出可以令人信服的结论，因此，可以说营销费用率与企业盈利能力之间的关系并不是十分密切，只是单一地提高营销费用率水平并没有太大的必要。

三、营销量或营销额指标

营销量或营销额指标是最常用的一类营销指标，在营销指标体系中其权重因企业不同而有所区别，在本节中我们重点介绍怎样确定营销量或营销额指标的大小，以及如何将其进一步细化与分解，这种分解和细化的过程就是支持营销人员实现目标的一个过程。

（一）如何得到营销量或营销额指标的大小

正是因为营销量或营销额指标是营销指标管理当中最基础的一个指标，因此，在营销计划管理（营销预测）中对此有详细的介绍，在此，只根据营销指标管理的要求对营销量或营销额指标大小的确定进行介绍。

1. 营销量或营销额指标在企业目标体系中的地位

企业只要从事营销工作，就要有营销成果，那么，自然就会有营销量或营销额。没有失去营销的产品，即使其品质最好，特点再鲜明，对企业经营也是没有什么效果。

一般，营销目标量由营销目标所决定，而营销额或营销量指标是营销目标的最主要构成，企业大多是依据营销目标来设定营销额或营销量指标的。

2. 营销额或营销量指标的确定方法

在确定营销额或营销量指标前，通常需要先进行营销预测。营销预测是指估计在未来特定时间跨度内，整个产品或特定产品的营销数量与营销金额。营销预测是在充分考虑未来各种影响因素的基础上，结合本企业的营销业绩，通过一定的分析方法提出符合实际的营销目标。

通常来说，在进行营销预测时，企业大都会关注市场规模、市场潜量、营销潜量和营销预测这四个主要的指标。市场规模（Market Size）是指在某一段时期内（通常为一年）内，在不考虑价格等营销行为和竞争活动的情况下，一个特定市场所能够消费的商品总量。某一行业商品在一定的时间里，在此特定市场上最大的营销量就是市场潜量（Market Potential）。而营销潜量（Sales Potential）则是指市场潜量的一个子集，指在这一时期内某企业所能获得的最大营销量。企业的实际营销是营销潜量的一个子集。

营销额或营销量指标确定的六种方法：

（1）预期营销增长率确定法。营销成长率减去1就是营销增长率（如果是负数就取绝对值），营销增长率就是预期下一年度（下一季度）营销额或营销量是本年（本季度）营销额或营销量的比率。营销增长率的计算公式就是：

$$营销增长率 = \frac{明年销售额或销售量}{今年销售额或销售量} \times 100\% - 1$$

营销增长率的确定相当简单，往往根据企业目标的要求由企业高层管理人员下达指标：明年营销额最少增长 50%。此时就不需要任何计算了，使用上述的数值即可。但若想计算精确的营销增长率，就须从过去几年的营销增长率着手，利用趋势分析推算下一年度的营销增长率，再求出平均营销增长率。如果企业连续几年的增长比较平稳，所处市场较为成熟，企业未来短期内不会有太大的变动时可以经计算得到比较符合实际的平均营销增长率。得到营销增长率后便可应用下述公式计算出营销额或营销量指标的大小。

明年营销额（量）指标大小 = 本年营销额（量）指标大小 × （营销增长率 + 1）

（2）预期目标市场占有率确定法。市场占有率是指在一定时期内，企业所生产的产品在其市场上的营销量或营销额所占同类产品营销总量或营销总额的比重，其计算公式一般为：

$$市场占有率 = \frac{本企业某种产品的销售额（或销售量）}{本期该产品市场销售总额（或销售总量）} \times 100\%$$

应用预期目标市场占有率来确定营销额或营销量需要通过营销需求预测计算出市场的营销额或营销量的总值，然后用这个总值乘以预期目标市场占有率即可得到营销量或营销额指标的大小，其计算公式为：

明年营销额（量）指标大小 = 明年营销总额（量）指标大小 × 预期目标市场占有率

（3）市场扩大率确定法。这是依据企业希望其在市场的地位扩大多少来决定营销额或营销量指标大小的方法。公式如下：

$$市场扩大率 = \frac{预期明年市场占有率}{本年市场占有率} \times 100\%$$

这样明年营销额或营销量指标的计算公式就是：

明年营销额（量）指标大小 = 本年营销总额（量）指标大小 × 市场扩大率

（4）根据盈亏平衡点确定法。当营销额等于营销成本时，企业营销活动就达到盈亏平衡。盈亏平衡时相对应的营销额公式推导如下：

营销额 = 成本 + 利润

营销额 = 变动成本 + 固定成本 + 利润

营销额 = 变动成本 + 固定成本（损益为 0 时）

营销额 − 变动成本 = 固定成本

变动成本随营销额（或营销数量）的增减而变化，故可通过变动成本率，来求出每单位营销额的增减率：

变动成本率 = 变动成本 ÷ 营销额

营销额（X） − 变动成本率（V） × 营销额（X） = 固定成本（F）

可利用上述公式导出下列盈亏平衡点公式：

营销额（X） × [1 − 变动成本率（V）] = 固定成本（F）

损益平衡表上的营销额（XO）=固定成本（F）÷[1-变动成本率（V）]

得到营销额指标大小之后，然后根据产品价格反推得出营销量指标大小。

（5）经费倒算确定法。企业经营的各项活动，当然是无法避免产生人事费、折旧费等营业费用，至于"纯利"更是和企业的生死攸关。有关企业的一切营销成本、营业费用、纯利等均源自营销毛利，二者的关系甚为密切，因而介绍此种是用来抵偿各种费用的营销额法。

营销额指标大小=（投入营销费用+预期纯利润）÷（1-销货毛利率-变动成本率）

其中，

$$营销毛利率 = \frac{销售毛利}{销售额} \times 100\%$$

$$变动成本率 = \frac{变动成本}{销售额} \times 100\%$$

毛利率一般根据上一年或同行业数据计算，而变动成本率也是根据以往的资料进行计算。同样是得出营销额指标后反推计算得出营销量指标大小。

（6）营销人员申报确定法。这是逐级累积第一线营销人员的申报，用来计算企业营销额目标值的方法。由于第一线营销人员（如推销员、业务人员等）最了解营销情况，所以，通过他们的估计而申报的营销额必然是最能反映当前状况，而且是最有可能实现的营销额。当然，如果第一线营销人员的总预估值和经营者的预测一致的话最为理想。许多富有经验的营销管理者经常采用这种方法，尽管经过营销人员申报确定营销目标的方法比较稳定，但在一个有丰富经验的营销队伍中，营销人员掌握了多种确定营销目标的定量计算方法，在此基础上，营销管理者依据营销人员申报的数据不但可以确切知道未来年度营销目标完成的预期情况，也能对营销人员的信心、态度等方面作出一个大致的判断。

3. 客户的 ABC 划分法与盈利能力划分法

客户划分是依据营销量或营销额指标确定的一项重要内容，这是因为最终的营销量或营销额指标最终是由客户所做到的。考虑到企业资源是有限的这样一个现实，企业营销资源无法满足支撑服务客户所有的要求，因此，有必要对客户进行划分，向最有价值的客户提供优质服务。

从理想的角度而言，企业应该用同一标准对待所有客户，不应该存在把客户分为三六九等，区别对待的情形，而现实情况恰恰相反，企业经营的目的就是赢利而不是搞希望工程，所以必须将客户按价值分成不同的等级和层次，只有这样企业才能把有限的时间、精力、财力用到高价值客户身上，根据 20/80 原则这些高价值客户创造的价值通常是企业利润的 80%，只有找到这些最有价值的客户，提高他们的客户满意度，远离负价值客户，企业才会永远充满生机，事实证明，试图让所有客户满意是不可能的，也没有哪个企业能够做到。下面介绍两种客户划分方法。

（1）客户 ABC 划分法。ABC 具体分类步骤如下：

第一步：将客户按业绩量大小顺序排列，从第一名排到最后一名。

第二步：将全部客户的进货金额累计起来。

第三步：其累计的总金额在 55% 以内的客户称为 A 级客户；其累计总金额在 55% ~85% 的客户称为 B 级客户；其累计总金额在 85% ~100% 的客户称为 C 级客户。在理论上，最标准的形态是："A 级客户：B 级客户：C 级客户" 的金额比 = "A 级客户：B 级客户：C 级客户" 的家数比，也可记为 55%：30%：15% = 55：30：15，在此种标准型态下，也就是每一家客户的进货金额都相同。因此，效率最高，风险最小。当然，这是不可能做到的事，只能尽量与这种情形接近。

下面举例进行说明。将客户依年度营销额的大小顺序排列，以顺序累计营销额，然后计算出累计营销额对总营销额的构成比如表 23 - 6 所示，分别以客户名和累计构成比为横纵坐标，如图 23 - 2 所示。

表 23 - 6 客户年度营销额

客户名称（公司）	外营销额（万元）	占营销总额比（%）	累计营销额（万元）	占营销总额比（%）
一	350	35	350	35
二	270	27	620	62
三	100	10	720	72
四	75	7.5	795	79.5
五	54	5.4	849	84.9
六	30	3.0	879	87.9
七	25	2.5	904	90.4
八	25	2.5	929	92.9
九	20	2.0	949	94.9
十	20	2.0	969	96.9
十一	10	1.0	979	97.9
十二	10	1.0	989	98.9
十三	6	0.6	995	99.5
十四	5	0.5	1000	100
……				
合计	1000			

从累计营销额构成比的 65%、85% 为分割点，当然，企业也可根据情况自己制定分割点。

企业只有让所有 A 类客户非常满意，让 B 类客户满意，让部分 C 类客户逐渐提高满意度，放弃其中 5% 的 C 类拉后腿的客户，那么企业的客户管理工作就做得比较完善了。

客户 ABC 分析法大有用处。通过客户 ABC 分析，就能知道本公司当前 "营销通路" 绩效的优劣。有时，公司亦可把客户 ABC 分析作为规划巡回路线的根据之一。例如，A 级客户每月拜访 3 次，B 级客户每月拜访 2 次，C 级客户每月拜访 1 次。

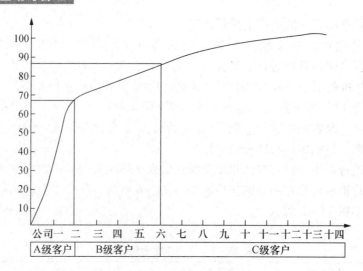

图 23 - 2　客户 ABC 划分

（2）客户盈利能力划分法。认为客户的价值不仅仅是客户当前的盈利能力，也包括企业将从客户一生之中获得的贡献流的折现净值。把企业所有客户的这些价值加总起来，把它叫作顾客资产或客户资产（Customer Equity）。举例说明什么是客户资产。比如，假设某企业有两名客户 A 和 B。客户 A 每年仅能为企业利润带来 100 元的贡献，但它 10 年内都是企业的客户。客户 B 今年能为企业利润带来 200 元的贡献，但他明年就不是该企业的客户了。A 客户折现的终身价值是 650 元（注意，由于要折现，A 客户的终身价值小于 10 年贡献的总和 10 × 100 = 1000 元。）B 客户折现的终身价值是 200 元，也即今年的贡献额。因此，该企业的客户资产价值是 650 + 200 = 850 元。

在 20 世纪 80 年代，当服务质量成为管理者津津乐道的话题时，许多企业不断努力，尽可能地服务好每位客户，因而闻名一时。对那些向顶级客户营销的公司来说这种策略也许是对的，但是，当大多数企业实施这种策略时，这种策略的不是之处也就一览无遗了。

如今，企业开始认识到并不是所有客户都值得花力气去吸引和维系的，于是开始改变服务理念。例如，联邦快递公司（FedEx）改变了其营销理念，根据客户的盈利能力把客户分为好客户、不好的客户和坏客户。联邦快递公司现在不是用同一方式对所有客户进行营销，而是对好客户进行营销，还努力把不好客户变成好客户，并且尽量使坏客户不再上门。

同样，作为美国第六大银行的 First Union 银行，其客户服务中心应用了一个叫作"爱因斯坦（Einstein）"的数据库系统，这套系统能在电脑屏幕上用颜色标注客户的种类。绿色标注的客户能为银行带来盈利，需要给予他们额外的客户服务，而红色标注的客户会给银行带来亏损，不用给予特殊的服务，如支票退票就不予办理。这看起来与 20 世纪 80 年代服务质量名言"客户永远都是对的"相违背，但它俨然成为企业较有效的服务策略。

这些企业发现并不需要同等对待所有的客户。企业要与许多客户做生意的成本太高，这些客户没有多少可能为企业带来盈利，即使长期来看也是如此。尽管企业想向所有客户提供优质服务，但他们发现要满足（当然不可能超出）所有客户的愿望既不现实，也不经济。所以，大多数情况下企业应该疏远甚至"远离"某些客户（这也许会受到质量信奉者的反对）。尽管质量信奉者会对不以尽可能好的方式服务客户不屑一顾，但是，在许多情况下企业和客户都能获得更多的价值。

企业可以根据盈利能力把客户分成四个层级，如图23-3所示。

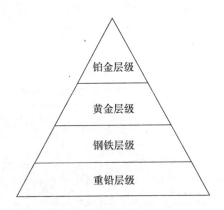

图23-3　客户盈利能力划分

（1）铂金层级。铂金层级客户是指那些盈利能力最强的客户，典型的是产品的重度用户，他们对价格并不十分敏感，愿意花钱购买，愿意试用新产品，对企业比较忠诚。

（2）黄金层级。黄金层级与铂金层级不同，这个层级的客户希望价格折扣，也没有铂金层级客户那么忠诚，所以他们的盈利能力没有铂金层级客户那么高。但他们也许是重度用户，他们往往与多家企业而不是一家企业做生意，从而能降低他们自身的风险。

（3）钢铁层级。钢铁层级包含的客户数量很大，能消化企业的产能，但他们的消费支出水平、忠诚度、盈利能力都不值得企业去特殊对待。

（4）重铅层级。重铅层级客户不能给企业带来盈利。他们的要求很多，超过了他们的消费支出水平和盈利能力对应的要求，有时他们是问题客户，常向他人抱怨，消耗企业的资源。

尽管表面上这种层级划分很容易理解，但是它与航空公司（如泛美航空公司）按乘坐次数来细分市场不大一样。有两点是显然不同的。一是在客户金字塔模型中，是盈利能力而不是以使用次数决定客户层级的划分。二是较低客户层级实际上是把要求不同的客户整合在一起。企业要么改变客户行为，即通过增加客户的消费支出从而改善客户的盈利能力，要么改变企业的成本构成，通过降低成本来使客户可以为企业带来盈利。

（二）分解营销量或营销额指标

在营销指标管理中，需要把各项营销指标逐步分解到各营销区域、各营销人员、各客户，同时需要考虑营销时间跨度。HS 电脑公司是一家家用品牌电脑制造厂商（案例中的数据经过处理，只为了举例说明方便，请勿对号入座），为了进一步提高营销管理水平，2012 年 11 月开始推行营销指标管理。

【例】我国的家用品牌电脑市场比较特殊。电脑厂商方面，惠普、IBM、东芝等品牌的主要精力都在笔记本电脑上，国内家用电脑市场几乎被国内品牌所垄断。消费者方面，购买人群的突出特点是"买品牌电脑的人不懂电脑，正是因为不懂电脑才要买品牌电脑"，消费驱动则主要是被注重教育的学生家庭所拉动，主要集中在收入较高的大中城市，相应家用品牌电脑市场的旺季在寒暑假，尤以暑假为重。从常规来看，一年当中几个旺季的营销量比重如表 23 - 7 所示。

表 23 - 7　家用品牌电脑的营销淡旺季

	旺季大致起始时间	时间长度（天）	营销量（%）
暑期假期（含国庆节）	6. 16 ~ 10. 16	120	42
寒假假期（含春节）	1. 25 ~ 2. 25	30	14
五一长假	4. 25 ~ 5. 10	25	10
其他时间		185	34
合计		360	100

HS 电脑公司生产经营规模不太大，依靠专卖店（自有专卖店、加盟联营专卖店、商场专店、电器大卖场专店等）进行营销。目前营销主要集中在北京地区、华东地区（南京、苏锡常一带等）、东北地区（沈阳、大连和哈尔滨等）、华北地区（石家庄、保定、秦皇岛等）、西北地区市场（重庆、西安等）也有一些营销，正致力于开拓华中地区市场（武汉、长沙等）。从 2011 年起，为了顺应电器大卖场（国美电器、苏宁电器等纷纷进入家用品牌电脑市场）的发展，HS 电脑公司单独成立了一个渠道部门面向电器大卖场客户提供服务。表 23 - 8 列出了 HS 电脑公司近 5 年来的营销量情况。

表 23 - 8　2008 ~ 2012 年 HS 电脑公司的营销量情况

（台）

年份	营销总量	北京地区	华东地区	东北地区	华北地区	西北地区	电器大卖场
2008	19266	15830	1443	256	1560	177	—
2009	38056	31205	1984	788	3679	400	—
2010	51876	43573	2732	1651	3256	664	—
2011	75440	59901	5002	2007	3854	1098	3578
2012	102450	76889	6980	2453	4653	1430	10045

由于北京市场是 HS 电脑公司总部所在地，也是该公司的主要营销区域，因此，该公司成立了专门负责北京区域市场的北京营销部，该部下属有 7 名营销人员，分别是赵一、郑二、张三、李四、王五、冯六、屠七，这 7 名营销人员分管北京的各大城区：朝阳区、海淀区、东城区、西城区、崇文区、宣武区、北京其他区域，这七名营销人员近二年的营销量大致情况，如表 23－9 所示。

表 23－9　2010～2012 年 HS 电脑公司北京区域市场各营销人员的营销量情况

（台）

地区 年份	北京区域 市场	赵一 朝阳区	郑二 海淀区	张三 东城区	李四 西城区	王五 崇文区	冯六 宣武区	屠七 其他
2010	43573	9826	12987	5344	6723	3240	2240	3213
2011	59901	12900	17932	6204	9982	3529	3871	5483
2012	76889	15034	25327	6809	10902	4100	5121	9596

在这些营销人员当中，屠七的营销量增长很快，前景较为看好，主要是北京郊区家用电脑的普及率正在迅速提升，这名营销人员所负责的营销区域内 2012 年有 5 家专卖店（昌平店、丰台店、通州店、密云店、大兴店），预计 2013 年 4 月份再开一家新店（怀柔店），现有这 5 家专卖店近 3 年的营销情况，如表 23－10 所示。

表 23－10　2010～2012 年 HS 电脑公司屠七营销人员下月客户的营销量情况

（台）

地区 年份	合计	昌平店	丰台店	通州店	密云店	大兴店
2010	3213	1501	603	1009	—	—
2011	5483	2482	824	1722	455	—
2012	9596	3801	1254	2592	1278	631

下面分别按营销区域、营销人员、客户和营销时间跨度对营销量或营销额进行分解。当然，不同企业在营销指标管理中对营销量和营销额的分解方式会有所不同。

1. 按营销区域分解营销量或营销额指标

按营销区域划分来构建营销组织是最常见的一种营销组织管理方法，因此，在营销指标管理中，仍是先行介绍按营销区域对营销量或营销额指标进行分解的方法。

对企业来说，营销目标相对容易确定，通常是企业高层管理人员根据企业发展要求及市场竞争情况来进行确定。例如，HS 电脑公司高管经过研究认为 2013 年该公司电脑营销量力争突破 14 万台，这个数字就可理解为 HS 电脑公司 2013 年的营销量指标。

根据 HS 电脑公司 2012 年营销区域来看，大致可以把渠道分解为北京地区、华东地区、东北地区、华北地区、西北地区、电器大卖场，而且 2013 年 HS 电脑公司想拓展华中地区市场，预计2013年4月在华中地区的湖北武汉市建设一个自有专卖店。综合各方面的情况分析，2013年HS电脑公司的主要营销区域还是北京地区。不过，北京市近几年家用品牌电脑营销一直都在快速发展，即将步入成熟期，2013年估计还会平稳增长，只不过更新需求会进一步扩大，市场占有率也会进一步提高。电器大卖场尽管与传统渠道营销有所矛盾，但营销增长迅速，在家用品牌电脑市场中的份额会进一步增加，需要着力培养，除巩固2012年发展的国美电器和大中电器之外，2013年还需要与苏宁电器建立战略合作关系。考虑到竞争情况，预计在西北地区HS电脑公司的营销量会有更大的增长，华北地区由于市场基础扎实，2013年仍会有所增长，华东地区由于竞争激烈，增长速度会有所放慢，东北地区由于消费不太旺，增长前景仍不太明朗。

将以上情况反映到营销指标管理当中，就会得到以下信息：

（1）2013年营销量指标是14万台，比2012年增长37%（实际预期增长率为36.65%，为了便于计算，将增长率精确成37%）。

（2）北京地区家用品牌电脑的总体营销量会平稳增长，且HS电脑公司的营销量会随着行业的发展而发展，考虑到北京区域市场是电脑公司的主要营销区域，因此要保持相对市场占有率不能下滑，这样增长幅度就不能低于该地区的行业增长率。

（3）华东地区从公司营销策略上考虑可容许其增长速度低于行业增长速度和HS电脑公司的平均增长速度。

（4）东北地区市场预计在2013年仍不太景气，因此，在对该区域市场上的增长速度不能期望太高。

（5）华北地区由于市场基础扎实，2013年仍会进一步对市场进行渗透，重点在于辅助各专卖店拓展下游客户工作，估计其营销增长速度会进一步加快。

（6）西北地区的营销量增长速度预计会高于37%。

（7）电器大卖场在家用品牌电脑市场中的份额会进一步扩大，其营销量也会迅速增长。

（8）华中地区刚刚开始，要求其2013年营销量争取达到1000台。转化成数学语言就是：

2013年营销量指标大小 $TS = 140000$ 台；

HS电脑公司营销量增长率 $i = 37\%$；

HS电脑公司在北京地区的营销量增长率 $i_{北京} \leqslant 37\%$；

HS电脑公司在华东地区的营销量增长率 $i_{华东} \leqslant 37\%$；

HS电脑公司在东北地区的营销量增长率 $i_{华北} \leqslant 37\%$；

HS电脑公司在华北地区的营销量增长率 $i_{华北} \geqslant 37\%$；

HS电脑公司在西北地区的营销量增长率 $i_{西北} \geqslant 37\%$；

HS电脑公司在电器大卖场市场上的营销量增长率 $i_{电器大卖场} \geqslant 37\%$；

HS电脑公司华中地区的营销量增长率 $TS_{华中}$ 是1000台。

建立数学方程，得到：

$$MaxZ = TS_{北京} + TS_{华东} + TS_{华北} + TS_{西北} + TS_{东北} + TS_{电器大卖场} + TS_{华中} - TS$$

$$s.t. \begin{cases} TS_{北京} = i_{北京} \times 76889 \\ TS_{华东} = i_{华东} \times 6980 \\ TS_{东北} = i_{东北} \times 2453 \\ TS_{华北} = i_{华北} \times 4653 \\ TS_{电器大卖场} = i_{电器大卖场} \times 10045 \\ TS_{西北} = i_{西北} \times 1430 \\ TS_{华中} = i_{华中} \times 1000 \\ i_{华中} \leqslant 37\% \\ i_{东北} \leqslant 37\% \\ i_{华东} \leqslant 37\% \\ i_{华北} \geqslant 37\% \\ i_{电器大卖场} \geqslant 37\% \\ i_{西北} \geqslant 37\% \end{cases}$$

下面分别预计 HS 电脑公司在各区域市场上的营销量增长率。

近四年来北京地区 HS 电脑公司的营销量增长率分别是 97.40%（2009 年）、39.63%（2010 年）、37.47%（2011 年）、28.36%（2012 年），考虑到 HS 电脑公司在该区域市场上的发展还比较平稳，整体市场也比较平稳，因此，HS 电脑公司在北京市场上的营销量增长率会在 28% 左右。

同理可得到 HS 电脑公司在东北市场上的营销量增长率小于 22%。

可得到 HS 电脑公司在华东市场上的营销量增长率会小于 37%。

可得到 HS 电脑公司在华北市场上的营销量增长率会大于 37%。

可得到 HS 电脑公司在西北市场上的营销量增长率会大于 37%。

可得到 HS 电脑公司在电器大卖场市场上的营销量增长率会大于 100%。

进一步对上述方程的约束条件进行了更细一步的界定，使该方程变为：

$$MaxZ = TS_{北京} + TS_{华东} + TS_{华北} + TS_{西北} + TS_{东北} + TS_{电器大卖场} + 1000 - 130000$$

$$s.t. \begin{cases} TS_{北京} = i_{北京} \times 76889 \\ TS_{华东} = i_{华东} \times 6980 \\ TS_{东北} = i_{东北} \times 2453 \\ TS_{华北} = i_{华北} \times 4653 \\ TS_{电器大卖场} = i_{电器大卖场} \times 10045 \\ TS_{西北} = i_{西北} \times 1430 \\ TS_{华中} = i_{华中} \times 1000 \\ i_{华中} \leqslant 28\% \\ i_{东北} \leqslant 22\% \\ i_{华东} \leqslant 37\% \\ i_{华北} \geqslant 37\% \\ i_{电器大卖场} \geqslant 100\% \\ i_{西北} \geqslant 37\% \end{cases}$$

通过模拟仿真可以得到各营销区域的可能增长率，其结果如表 23 – 11 所示。计算机模拟可以得到多种情况，最后采用人机交互的方式不断缩小选择范围，然后与各区域的实际情况进行对照，选择一个最符合实际情况的营销指标结果就行，实际中采用的一种组合情况如表 23 – 12 所示。

表 23 – 11　HS 电脑公司 2013 年各区域营销量增长率可能情况

（台,%）

营销量增长率可能情况	营销总量	北京地区	华东地区	东北地区	华北地区	西北地区	电器大卖场	华中地区
1	36.65	23.6	20.3	34.5	74.1	123.8	109.1	—
2	36.65	19.6	18.9	26.4	63.3	109.8	148.9	—
3	36.65	15.8	24.6	30.5	57.9	146.9	138.9	—
4	36.65	27.5	13.2	22.3	71.9	46.9	99.1	—
5	36.65	20.9	16.0	18.2	93.4	109.8	128.95	—
…								

表 23 – 12　HS 电脑公司 2013 年各区域营销量指标

	营销总量	北京地区	华东地区	东北地区	华北地区	西北地区	电器大卖场	华中地区
2012 年（台）	102450	76889	6980	2453	4653	1430	10045	—
营销量增长率（%）	36.65	23.6	20.3	34.5	74.1	123.8	109.1	—
2013 年指标大小	140000	95000	8400	3300	8100	3200	21000	1000

在这里需要说明的是，营销指标管理实务中可能不会涉及这么复杂，也不会如此复杂地进行计算，营销管理者大多会根据营销目标的确定方法来决定营销量指标的大小。还有一点也要值得注意，已有历史营销记录的营销区域大多根据营销增长率来确定营销量指标的大小，而新开辟营销区域的营销增长率无法计算，往往是营销管理者直接下达营销量指标大小。应该说人自身的"模糊性"往往能很快搜寻到次优的边际效果，理论上计算这么复杂只是为了帮助决策之用。如果方法得当，工具到位，计算很快就可以完成。

营销管理者在得到营销量指标大小之后会根据营销单价来给出营销额指标的大小。有时，为了鼓励营销人员尽力去占领市场，营销管理者往往只会给出营销量指标，然后再根据内部核算价格折算成营销额指标。

2. 按营销人员分解营销量或营销额指标

在介绍完如何根据营销区域分解营销量指标之后，再依据案例来按营销人员分解营销量指标。在北京地区营销量指标在 2013 年的增长率是 23.6%，营销量指标大小是 95000 台，现在需要把这一营销量指标大小分解到 HS 电脑公司北京区域市场的 7 名营销人员头上。

　　具体计算方法在此不用介绍了，请读者参照按营销区域分解营销量指标的方法进行分解，在此只是给出具体实务中 HS 电脑公司的分解结果，如表 23 - 13 所示。

表 23 - 13　2013 年 HS 电脑公司北京区域市场各营销人员的营销量指标

（台，%）

地区 年份	北京区域 市场	赵一 朝阳区	郑二 海淀区	张三 东城区	李四 西城区	王五 崇文区	冯六 宣武区	屠七 其他
2010	43573	9826	12987	5344	6723	3240	2240	3213
2011	59901	12900	17932	6204	9982	3529	3871	5483
2012	76889	15034	25327	6809	10902	4100	5121	9596
2013	95000	18000	28000	9800	13000	5700	6500	14000
营销量增长率	23.6	19.7	11.1	43.9	19.2	39.0	26.9	45.9

3. 按客户分解营销量或营销额指标

　　在此我们对 HS 电脑公司北京区域市场营销人员屠七的营销量指标进行进一步分解，分解到其各个客户头上。在此只介绍实际操作中的具体情况，表 23 - 14 就是 2013 年 HS 电脑公司北京区域市场营销人员屠七的营销量指标。

表 23 - 14　2013 年 HS 电脑公司北京区域市场营销人员屠七的营销量指标

（台，%）

地区 年份	合计	昌平店	丰台店	通州店	密云店	大兴店	怀柔店
2012	9596	3801	1254	2592	1278	631	—
2013	14000	5000	2100	3500	1800	1000	600
营销量增长率	45.9	31.5	67.5	35.0	40.8	58.5	—

　　针对每个客户来确定营销量或营销额指标大小是营销指标管理中最关键的一步，只有这样，才能把企业的营销目标分解或落实到具体的目标客户身上，才能实现营销活动的有的放矢，才能切切实实地帮助营销人员去达成营销目标。在此过程中，应重点关注渠道客户分销或转售企业产品的价格、目标营销区域，渠道客户对终端营销的管理与支持，以及企业产品在渠道客户中的地位与盈利状况，营销管理者同营销人员不妨反问自己以下这几个问题：

　　（1）渠道市场下游有多少个客户？

　　（2）这些客户预期能产生多少营销额？

　　（3）这些客户需要哪些支持？他们最关注什么？

　　（4）渠道客户把产品往下游流动时的价格是多少？货一般都流向哪些地方？

（5）企业自身产品在渠道客户心目中的地位如何？盈利状况如何？是否是主打产品？

（6）如果不是主打产品，渠道客户未来是否愿意把企业产品作为主打产品？或者是在什么样的条件下愿意把企业产品作为主打产品？

（7）是否需要提升产品在渠道市场客户中的地位？

（8）是否需要提升渠道客户分销或转售企业产品的利润空间？

（9）渠道客户是否愿意关注企业产品在终端的陈列与展示，或者是货架空间的管理？

与企业把营销量或营销额指标按渠道客户进行分解一样，在营销指标管理当中，营销人员需要帮助渠道客户把营销量或营销额指标进一步分解到终端或下一级客户，这样做既能确保货畅其流，更能防止渠道冲货和窜货的现象的发生。现实中有些企业只知道把产品从自己库房搬出去了，但产品真正营销到什么地方却不甚清楚，有时其实只是企业库存变成了社会库存而已。

对渠道客户的价格控制也是营销指标管理的重要内容。如果两地运价不同导致营销价格不一致且不会发生窜货现象时可以适当保证零售价格的差异，或者针对不同区域市场采取有差异的价格政策，否则在一个大市场中，企业需要控制产品在终端零售的价格的相对统一，这就要求营销人员能够说服、劝解渠道客户控制价格。

协助渠道客户做好零售终端的营销管理工作也很重要，这些工作包括陈列与展示、货架空间管理、终端营销人员激励、终端营销人员培训等。产品从零售终端真正营销出去，营销工作才可以暂时告一段落。

另外，还需要采取各种方法争取渠道客户对产品的支持，这就需要考察企业产品在渠道客户心目中的地位，比如营销额占渠道客户的比例是多少，盈利或利润占渠道客户总利润的比例是多少，单位产品的利润空间如何，渠道客户是否看好企业产品的发展前景，等等。一般而言，如果得到了渠道客户的大力支持，企业产品的营销前景就会越来越好。

正因为营销是一种商业活动或生意，因此，营销人员还需要考虑渠道客户的利益关注点，是需要营销区域更大一点，还是需要利润空间更大一点，还是需要支持更多一点。

随着我国市场化进程的深入，以及零售大客户的发展，近些年来我国渠道的变革与转型是越来越快。无论如何，渠道客户（特别是批发客户）不会随着零售客户砍价实力的加强而迅速消亡。相反，批发商会随着职能转型而承担相应的责任，从而赢得足够的生存与发展空间，但要做到企业与终端消费者完全直接对接、企业与零售客户完全直接对接近期内在中国大陆市场还不太现实。不过，企业发展或行业发展有先有后，有的行业，有的产品或有的企业可能会走得快一些，甚至有的产品就适合直接营销。

总而言之，企业越往前发展，对渠道客户的规范化管理与服务也就会越来越多。在营销指标管理实务中不排除企业有些短期的暂时的应对之道，但只有规范化、市场化去运作，以服务渠道客户的理念去开展营销指标管理工作，才会确保营销目标能真正实现。这一切的前提是企业在营销指标管理中以服务营销人员为始，这也是营销指标管理的一个基本观点：企业服务营销人员，营销人员服务渠道客户，渠道客户服务最终消费者，这样才能实现最终使消费者购买产品，渠道客户积极进货，营销人员超额完成任务的良好局面。

上面分别介绍了根据营销区域、营销人员、渠道客户来对营销量指标或营销额指标进行分解，一般来说，营销量指标或营销额指标大小的确定可采用自上而下、自下而上两种方法；自上而下是指营销管理层下达营销指标量的大小，然后逐级进行分解，上述举例就是采用的这种方法。自下而上则是由一线营销人员逐级上报，然后汇总得到企业的营销量指标大小。无论怎样，在确定营销量指标大小的时候要考虑以下这些多个因素：区域购买力指数；区域产品营销的历史；各产品的促销时间；各产品的市场目标；各产品的广告及其投放力度；每个区域前50名客户（或前10名客户）的收支分析；营销人员及区域收支分析；产品和产品组合收入分析。

而决定营销量或营销额指标大小的基准则是：企业历史营销量或营销额；预期营销量或营销额；营销人员历史营销量或营销额；营销预测；营销活动目标；目标区域市场的营销潜力；企业目标；竞争者预期情况；营销报告；企业政策；区域特点；消费者特点市场研究等。

（三）产品组合指标如何与营销量或营销额指标相结合

有的企业向市场提供的产品种类较多，例如，彩电产品按型号分为21英寸、25英寸、29英寸、35英寸等，还可分为普通彩电和等离子彩电等，这样一来彩电产品就有几十种之多，这些不同产品面对的目标消费群存在着差异，不同产品的盈利状况不同，在企业营销目标中的地位也不同，有的是为了保证企业利润的，有的是为了阻击竞争对手的，有的是着力培育以备未来发展的，有的是为了发挥产能的，各种情况应有尽有，反映到营销指标管理当中就是不同产品在营销量或营销额指标中的大小就有不同的考量，这就有了产品组合指标如何与营销量或营销额指标结合的问题。

1. 产品组合与波士顿矩阵

（1）产品组合。当一企业向市场提供多种产品时，其全部产品的结构或构成包括产品线和产品项目。所谓产品线（Product Line）是指满足同类需要的，而规格、款式、档次有区别的一组密切相关的产品项目。它们以类似的方法发挥作用，售给同类顾客群，通过同一类型的营销渠道营销，或者售价在一定的幅度内变化。所谓产品项目（Product Item）是产品线中一个明确的产品品种，可以按尺寸、价格、外形等属性进行区分，也可依据品牌区分。

企业的产品组合包括四个因素：产品宽度、产品长度、产品深度和产品相关性。其中，产品宽度是指企业产品线的数目，比如，宝洁公司的产品宽度有洗涤剂、牙膏、香皂、除臭剂、果汁、润肤液等。产品长度是指在一条产品线中所包括的产品项目的数量，产品深度是指在产品线中每种产品的花色品种和规格的数量，产品相关性是指各种产品线在最终用途、生产条件、营销渠道及其他方面相互联系的程度。下面列出宝洁公司的产品组合，如表23-15所示。

表 23 – 15 宝洁公司的产品组合

产品组合长度					
洗涤剂	牙膏	香皂	除臭剂	果汁	润肤液
象牙雪	格利	象牙	秘密	橘山	奇异
结拂	佳洁士	佳美	确信	阳光乐	诺克西玛
汰渍	彻底	拉瓦	雪山	奥莉油	
欢乐	登奎尔	柯克斯		得克森	佳美
欢乐		风趣		林肯	雨树
奥克雪多		舒肤佳		思碧农场	热带褐
德洗		海岸			贝蒂丝丽
小瀑布		奥莉油			
象牙水					
圭尾					
黎明					
碧浪					
艾拉					
勇敢者 3 号					
液体汰渍					

（2）波士顿矩阵。产品组合只是为了更好地对企业自身产品进行分析与归类，但各种产品在企业中的地位与作用则有待于用波士顿矩阵（Boston Consulting Group，BCG）来进行分析。波士顿矩阵根据市场增长率和相对市场占有率把产品分成四类，如图 23 –4 所示。

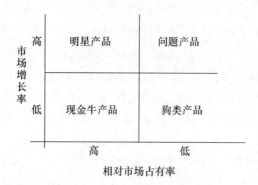

图 23 –4 波士顿矩阵

明星产品（Star）是指具有高市场增长率和高相对市场占有率的产品。这种产品在初期通常需要大量现金来支持其快速地增长，不过，其增长速度终究会随着行业市场增长率的放缓而减慢，进而变成现金牛产品。

现金牛产品（Cash Cow）是指市场增长率低但相对市场占有率高的业务或产品。这类产品只需少量的投资就可维持其高市场占有率，能为企业赚取大量的利润，因而可以支持其他需要投资的产品。

问题产品（Question Mark）是指行业市场增长率高但相对市场占有率低的产品。如果仅是维持现有的市场占有率，也需要大量的现金予以支持，更别说提高市场占有率了。企业管理层必须认真考虑哪些问题产品应投资培养成明星产品，哪些问题产品应加以缩减或淘汰。

狗类产品（Dog）是指行业市场增长率和相对市场占有率都比较低的产品，它也许能自给自足，但不大可能为经营者提供大量的现金收入。

通过波士顿矩阵分析，企业大致了解了现有产品对企业的贡献程度及未来可能采取的营销策略和营销管理，这些策略方面的信息是营销指标管理中确定各产品营销量或营销额指标大小的重要前提。

2. 产品组合指标与营销量或营销额指标的结合

产品组合指标反映的是企业产品的相对重要程度，还是采用 HS 电脑公司为例进行说明。鉴于家用品牌电脑市场主要由英特尔公司（Intel）的推动，把中央处理器（CPU）当作产品种类划分的基本参数，因此，在该市场上中央处理器（CPU）的速度就是产品分类的标准。2012 年暑期家用品牌电脑市场的主导产品是 1.8G 产品，1.5G 和 1.7G 的产品在暑期旺季之前也有大量销售，1.8G 以下的产品属于快速清仓产品，2012 年寒假的主导产品是 2.1G 产品，结合 HS 电脑公司三大系列产品（V 系列是时尚型，R 系列是经典型，T 系列是雅致型），现实中 HS 电脑公司 2012 年的产品组合营销量指标，如表 23 – 16 所示。

表 23 – 16　2012 年 HS 电脑公司的产品组合营销量指标

系列 / 型号	V 系列	R 系列	T 系列	合计
1.5G	1258	4120	1061	6439
1.7G	2908	7211	1231	11350
1.8G	9023	15668	4210	28901
2.0G	5937	8002	1982	15921
2.1G	7329	10532	3012	20873
2.5G	3244	3988	1301	8533
特价机	0	10433	0	10433
合计	29699	59954	12797	102450

这样我们可以计算得到 HS 电脑公司的产品组合指标，如表 23 – 17 所示。

表 23 – 17 2012 年 HS 电脑公司的产品组合指标

（%）

型号 \ 系列	V 系列	R 系列	T 系列	合计
1.5G	1.23	4.02	1.03	6.28
1.7G	2.84	7.04	1.2	11.08
1.8G	8.81	15.29	4.11	28.21
2.0G	5.80	7.81	1.93	15.54
2.1G	7.15	10.28	2.95	20.38
2.5G	3.17	3.89	1.27	8.33
特价机	0	10.18	0	10.18
合计	28.99	58.52	12.49	100

这是根据营销量指标大小反推来计算产品组合指标的方法，也可以通过产品组合指标和营销目标来计算营销量指标大小。

产品组合指标如果与价格策略相连，就可得到产品组合定价；产品组合定价对企业达成自己的目标大有益处。

3. 带货营销

（1）带货营销通常是指渠道成员以畅销产品来带动其他赚钱的非畅销产品销售的一种营销行为。为了带动赚钱但不畅销产品的营销，经销商通常采取的手段是把畅销产品的价格放低，并以此作为诱饵，带动赚钱但不畅销产品的营销，从而实现自身整体利益最大化的目的。如果想简单地理解带货营销，我们也可以把带货营销称为"搭便车"，在国际贸易领域里对应的专业名词是"猪驮"。

好销的产品不赚钱，赚钱的产品不好销，这一直是令经销商头痛的事情。经销商为了解决这个矛盾，一些"聪明"的经销商就"以好销的产品来带动赚钱的产品的营销"。在带货营销中，"好销的产品"一般是指知名大品牌已进入成熟期的产品，也正因为是在市场成熟期阶段的非常畅销，在通路环节参与竞争的经销商和零售商就比较多，通路环节的利润也就越来越薄，几乎接近"卖穿"，从而出现"产品虽然好销，但不赚钱"的局面。"赚钱的产品"通常是中小企业的新产品，一方面为了打开市场新产品留给通路环节的利润比较高，另一方面因为参与经营的经销商和零售商比较少，价格不会很快透明，所以经销商和零售商都有丰厚的利润可赚。但因中小企业在市场上缺少知名度，产品并不好销，所以出现"产品虽然赚钱，但不好销"的局面。这里所指的"新产品"并不一定是新开发出来的产品，只要此产品没有在这个区域市场营销过，那么它对于这个区域市场来说就是新产品。

（2）带货营销的分类。在实际营销当中，带货营销有时比较普遍。为了更好地理解带货营销，我们根据带货动机、带货产品、带货价格、带货方法对带货营销进行分类，如表 23 – 18 所示。

表 23 – 18　带货营销的分类

分类指标	分类结果
带货动机	为争夺下级客户而操作的带货营销 为推销利润大的产品而需要带货营销 产品供不应求时乘机带货营销 既能赚返利又能赚价差的带货营销
带货产品	寻找同类竞争产品带货营销 非竞争产品的带货营销
带货价格	需降价型带货营销 不降价式带货营销
带货方法	强制性带货营销 隐蔽性带货营销

根据带货动机可把带货营销分为以下四种：

第一，为争夺下级客户而操作的带货营销。走量、畅销产品通常进入了市场成长期或成熟期，经销商之间的竞争较为激烈。在激烈竞争中为了争夺下级客户，有些经销商干脆把本来利润就不大的畅销品的价格完全降下来，微利甚至无利营销，以此来吸引下级客户进货并维持与下级客户的长期合作关系。那么损失的利润怎么办呢？当然是由所带动的其他赚钱产品的丰厚利润来弥补了。

第二，为推销利润大的产品而带货营销。畅销产品虽然销量大，但单位盈利率低，新上市的产品虽然销量不大，但经销商的单位盈利率相当可观。为了赚取更大的利润，经销商会接手经销一些利润大的新产品。新产品的利润空间虽然大，如果销量过小同样无钱可赚，那应该如何来提升销量呢？经销商的策略一般是以强势品牌带动弱势品牌，以走量产品带动赚钱产品，牺牲走量产品的微薄利润，舍小求大，通过带货营销拉动获利大的产品营销，从而获得更高的经营总利润。

第三，产品供不应求乘机带货营销。当畅销产品或部分品种供不应求时，该产品就成了紧俏商品，手中有货的经销商就会奇货可居，乘机搭卖利润大的产品。畅销的原因可能是因为营销渠道过窄，导致市场供货量小于市场的需求量，也可能是因为营销旺季，产品供不应求或者部分品种断货，还有可能是因为区域市场之间供货量不平衡，有的区域市场产品供应不足，而有的区域市场产品供应却相对饱和。

第四，既赚返利又赚差价的带货营销。一方面，畅销品厂家给经销商定的销售任务都较高，经销商为了完成销量任务，愿意降低价格来"跑量"，以便完成厂家的销售任务，从而在年终拿到厂家的返利，当厂家实行按级返利的政策时更是如此。另一方面，在畅销产品的价格降下来"跑量"的同时，又可带动赚钱产品的营销。这样，一来可以通过畅销产品"跑量"来拿到返利，二来可以赚取利大产品的丰厚利润，真可说是一箭双雕。

根据带货的产品分类，带货营销可分为两种：

第一，同类竞争产品带货营销是指用来带货的畅销产品与被带销的产品属于同类竞争产品。例如，用畅销的可口可乐来带动某一知名度不高的碳酸饮料的营销。这种带货营销对畅销产品来说往往是致命的，因为在整个营销渠道里只是把畅销产品当作一种产品组合出现，并不是作为利润点出现，这样，为了谋取利润，经销商愿意主动地促销或带货营销同类竞争产品。

第二，非竞争产品带货营销是指用来带销的畅销产品与被带的产品不属于同类竞争产品。比如，用畅销的金龙鱼植物油来带动某一知名度不高的碳酸饮料的营销。这类带货营销可归属于经销商的产品组合策略。

根据带货的价格分类，带货营销可分为两种：

第一，降价式带货营销是指有意压低畅销产品的价格，以此为诱惑，来带动其他赚钱的非畅销产品的营销，这是最常见的带货营销方式。经销商采取降价式带货营销通常是畅销品存在一定的利润空间，或者是有销量返利，而且下级客户对该产品存在价格弹性。

第二，非降价式带货营销是指进行带货营销时，没有降低用来带销的畅销产品的价格，通常分为以下两种情况：一种情况是用来带货的畅销品的市场供货量小于市场需求量，因市场上货源紧缺，畅销品成了紧俏产品，无须降价就具有足够的带货能力。另一种情况是赠送型带货，即没有直接把用来带销的畅销产品的价格降下来，而是采用赠送畅销产品的方式。比如，若用畅销的可口可乐来带动某一知名度不高碳酸饮料的营销，可口可乐的价格不变，经销商的下级客户每进10件可口可乐就赠送1件可口可乐，条件是必须搭进去5件某一知名度不高的碳酸饮料。

根据带货的方法分类，带货营销可分为两种：

第一，强制性带货营销是指用来带货的畅销产品与被带的非畅销产品具有明确的数量比例。比如，若用畅销的可口可乐来带动某一知名度不高的碳酸饮料的营销，经销商的下级客户每进10件可口可乐就必须搭进5件某一知名度不高的碳酸饮料。

第二，隐蔽性带货营销是指不作硬性带货要求，没有明确的带货比例，主要依靠经销商对其下级客户的影响力。大部分掌握了畅销产品经销权（特别是区域独家经销权）的经销商，通常都有成熟的营销网络，与下级客户也建立了长期的业务关系，不需要制定明确的带货比例就具有足够的带货能力。

（3）巧用带货营销。知晓了带货营销的分类，我们也就大致了解了经销商带货营销的运作内情。了解这些知识对经销商的上游（制造厂商）来说有何意义呢？

对于畅销产品来说，企业在营销管理过程中需要关注经销商的这种带销行为。尽管带货营销承认了本企业产品领先的市场地位，但带货营销毕竟是借用本企业产品的优势来带动其他产品的营销，因此，在尽可能的情况下应当予以制止，最好的办法是在经销协议中予以规定，或者是在采用坎级价格体系或按级返利政策时加以严格控制。

对于非畅销产品来说，企业在营销管理过程中可以考虑借鸡生蛋，这对大多数中小企业来说都有借鉴意义。具体做法是给出渠道市场（经销商）足够的利润空间，发挥渠道市场（经销商）的主观能动性，借力使力。

如果企业自己的产品自成系列，有的畅销，有的不畅销，带货营销又有什么意义呢？可以考虑的是用畅销产品带动自己不畅销产品的营销。这种带货营销并不是百试百灵，企业要想搞好带货营销，还应该注意以下三个关键点：

第一，只选择一个主打产品进入市场，以优势产品带动其他产品。比较现实的做法是先用一个最具优势的主打产品来撕开市场入口，打通渠道，站稳脚跟，以建立起初步的营销网络，锁定第一批经销商。然后再将其他产品有计划、有步骤地进行渗透，顺着主打产品打开的销路，借助经销商的支持迅速到达消费终端，从而带动整个产品的系列营销。

第二，带货比例一定要合理。通过畅销产品带货，带货比例不要太大，最好不要超过20%。如果带货比例过大，尽管有经销商的积极推荐，但其下线经销商和零售商感觉风险太大，难以接受，而且极容易造成终端消化不了进而产生滞销的局面。

第三，需要注意控制产品的流向。深做透市场的准则是集中优势兵力，各个击破市场，对于目前无力顾及、暂不准备启动的区域市场就不要考虑带货营销。另外，对于用来带货的产品来说，因其是畅销产品，它所覆盖和辐射的市场区域经常会远大于企业现阶段准备做深做透的区域。如果特意控制产品的流向，这些产品很可能就会大量流向企业目前无力顾及的区域市场，从而给后阶段的市场推广带来风险。

四、顾客满意度指标

众所周知，顾客是上帝。

为什么顾客是上帝呢？国外研究表明，如果提升顾客满意度，那么企业的盈利会相应提高。也就是说，顾客满意度与企业投资回报率之间存在着正相关关系。据调查，如果顾客满意度平均每年提高1个百分点，5年内企业的资产回报率将提高11%。可以说，把顾客视作上帝也是经销商利益所在。因此，在企业经营过程中，需要把顾客满意作为提升效益的主要手段。

如果上帝不满意呢？

显然，如果顾客不满意，企业不仅仅丢失了一次生意，还有可能永远失去这位顾客，令这位顾客不再上门光顾，甚至会导致这位顾客向其他人抱怨，从而使企业失去更多的顾客。

企业存在的唯一目的就是吸引顾客。市场竞争就是顾客竞争，争取和维持顾客是企业生存和发展的使命。营销的核心思想就是通过顾客满意来获得盈利，所以，顾客满意或顾客满意度是极其重要的。

（一）顾客满意与顾客满意度

1. 顾客满意与顾客满意度的由来

什么是顾客满意？这一思想来源于20世纪80年代瑞典斯堪的纳维亚航空公司的"服务与管理"的观点，他们认为企业利润的增长首先取决于服务的质量。这种把服务引入管理的观念传入美国时，正值美国兴起研究日本崛起之谜，那时如何提高美国的国际竞争力已成为热门话题，为此，里根政府专门设立了国家质量奖，在其评定的指标中，有60%直接与顾客满意度有关。

顾客满意度最早也来源于瑞典，一般用顾客满意度指数来进行评估。1989年，瑞典在全球首个测评和公布了全国的顾客满意度指数CSI（Customer Satisfaction Index）。

其后，1992年，美国开始测量用户满意度指数，并在1994年公布了全美顾客满意度指数ACSI（American Customer Satisfaction Index），并把它当作一种经济质量指标，用于对整个国家经济产出的质量进行评估。我国上海市出租汽车管理部门从1999年开始开展乘客满意度指数测评，开创了我国一个城市建立行业顾客满意度指数CSI的先河。2000年，清华大学经济管理学院和国家质量技术监督局又共同承担了国家科技部软课题研究项目"中国用户满意度指数构建方法研究"，同时也正在构建国家级用户满意度指数CCSI（Chinese Customer Satisfaction Index）。

2. 顾客与顾客满意

（1）顾客是指产品和服务的接受者，包括所有与企业的接触者。购买产品和服务的是顾客，没有购买产品的是不是顾客呢？当然是，谁能说在商店里没有购物的人就不是顾客呢？这样顾客就有了现实顾客和潜在顾客（或准顾客）之分。我们把购买产品或服务的称为现实顾客，而把没有购买产品或服务的称为潜在顾客，不过，值得注意的是，并不是所有的潜在顾客都有可能转化为现实顾客，也不是所有的现实顾客未来还会继续购买你的产品而永远成为现实顾客。

如果进一步细分顾客，情况又会更加复杂。在购买角色细分中，可把顾客分为看门者、影响者、决策者、实际购买者、实际使用者等，尤其是在B2B商业运作过程中更是如此。比如，一幢大楼准备安装中央空调系统，整个购买过程就非常复杂，购买角色也会很多。在B2C市场中也是这样，如居民购买住房，甚至父母买婴儿尿布也很复杂，父母是购买决策者和实际购买者，但婴儿是实际使用者。

在全员营销（内部营销）中，企业的员工也是产品和服务的接受者，所以他们也是顾客的组成部分，被称为内部顾客。

营销实务中，各行各业对顾客的称呼也不大一样，有的用"用户"，有的用"客户"，有的用"消费者"，一般可以这样来界定：消费品对应的是消费者，工业品对应的是用户，服务行业（如银行等）对应的是客户，我们在本书中统将其称为顾客。

（2）顾客至关重要，有关顾客的说法也很多，如：顾客是上帝、顾客永远是对的、顾客是企业的衣食父母、顾客是公司的总裁、顾客是企业存在的基础、顾客是企业的利润的来源等，不胜枚举，对这些观念各企业或多或少都有很多认知，不过，知道是一回事，做到是另一回事。

顾客是企业的资产，也是企业的重要资产。2001年度安达信公司（当时还没有面临被解散的境地）在《Cracking the Value Code》一书中，把顾客资产、组织资产、金融资产、实物资产、人力资产当作公司的五大资产构成。随着全球经济向服务经济转型，顾客资产在企业中的重要性也是越来越大。瑞典斯堪的纳维亚航空公司说："看一下我们的资产负债表，在资产方面，你可以看到多少架飞机值多少钱。但是，你错了！在资产方面，我们应该填的内容是，去年我们的班机共有多少愉悦的乘客。因为这才是我们的资产——对我们的服务感到满意并会再来买票的乘客。"

顾客同时也是企业的重要信息资源。企业的经营方式、市场营销、产品开发的观念和经验从书本上是学不来的。顾客是最好的老师，顾客的经验、知识、欲望和需求是企业重要的资源。根据美国的一项调查，成功的技术革新和民用新产品中有60%～80%

来自顾客的建议。

当然，更重要的是顾客是企业利润的源泉。企业的本质特征不是慈善机构，是盈利性组织，企业需要能够带来利润的顾客。不过，并不是所有顾客都能为企业带来利润。在为企业带来利润的这些顾客当中，大部分利润常常又来源于少部分顾客，即 20/80 原理，所以，企业要区分对待，必要时清除那些不能为企业带来盈利的顾客，而重点关注那些终身盈利顾客。有研究表明，开发一个新顾客的成本是维持一个老顾客的 2 ~ 6 倍，而流失一个顾客就等于是在减少企业的利润。通用汽车公司曾经计算出一个忠诚的顾客一生对通用公司的价值高达 40 万美元。根据赖克海德和萨瑟的理论，一个企业顾客流失率如果降低 5%，其利润会增加 25% ~ 85%。

（3）顾客重要，顾客满意也很重要，那么，如何让顾客满意呢？让顾客满意的根本在于质量，包括产品质量和服务质量，为此也相应要求内部的员工质量，这也是质量营销兴起的缘故。

质量和顾客满意的关系密不可分。质量应是使顾客满意的质量，质量指标应以顾客满意度为评价基础。以前，所有经济属于供不应求的状态，厂家认为质量就是用设定好的一套程序来控制产品和服务符合标准即可。当今已是一个物质充裕的时代，顾客有更多的选择权，企业必须深刻认识到改进产品质量与服务质量和令顾客满意是一体两面的问题。顾客满意必须从个人观念的改变开始，每个人都要清楚让顾客满意并不是一个口号，而是每个人在为企业服务过程中做人做事的基本态度。企业内每个员工要常常省问自己：你真正了解自己的顾客吗？我们的顾客是谁？为顾客设想了什么？为顾客做了哪些？是否虚心倾听、解决顾客的抱怨？是否在不断地进行改善，以满足顾客的需求呢？顾客是否非常满意我们的产品与服务呢？

顾客是产品（商品）的使用者，因产品不同、价格高低不同及服务需求不同而有不同的满意感，但下列基本需求是共同的：

产品功能必须符合顾客需要，比如保险箱的基本产品功能是防止被非法打开，这个产品功能必须能够符合顾客的需要。要不就会出现笑话："我们优质保险箱从 20 层高楼掉下仍会安然无恙。"

价格不能完全以卖方的成本加利润来决定，而应考虑其合理性及消费市场的购买力、竞争性等能满足顾客需要才可行。价格不是产品的成本，而是顾客的承受力。

服务的好坏是营销的重要环节，如果没有完善良好的售前、售后服务制度，企业就会在激烈的市场竞争中难以生存下去。

顾客自我保护意识不断增强，若企业没有对自己的产品负责到底（特别是安全问题），企业将无法获得顾客的信赖，也就不能使其满意。

质量问题及适当的使用寿命是保证获得顾客满意的首要条件。

现代产品不但要满足顾客对产品的实用性需求，而且还需要满足顾客的价值观。因为顾客的购买动机虽然还是以实用为主，但仍有不少顾客是为了满足其意识形态的价值感来选购商品的。如出高价购买名牌、风格个性化、多样化及特殊化的商品，大都是由于重视品位价值的价值观所驱使的。有些购买动机，事实上只是为了满足一下自己虚荣心而已。

3. 顾客满意度

顾客满意度是指顾客对企业所提供的产品、服务等的满意程度。在目前主流的绩效管理平衡记分卡（BSC）中，顾客层面的指标是四大指标之一，其指标框架如图 23－5 所示：

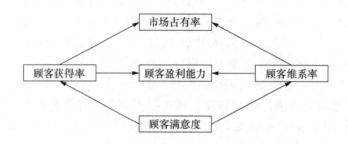

图 23－5　平衡记分卡中顾客层面的评价指标

顾客满意度首先取决于企业所提供的产品及服务的质量，从企业所提供的产品与服务质量来看，顾客所关心的事情有四类，即企业提供产品和劳务的时间、质量、成本和售后服务，其中时间是指企业按顾客的要求及时交货的时间，可用一定时期内产品的交货及时率这一指标来进行评价，它的计算公式如下：

$$交品交货及时率 = \frac{本期产品及时交货的次数}{本期产品及时交货的总次数} \times 100\%$$

质量是指产品的质量等级，可用产品达标率和合格率来表示，成本是指顾客应支付的费用成本，售后服务是指产品的售后保修、维修等服务及服务质量等。

从顾客满意度的表现形式来看，只有在顾客对购买公司或企业的产品完全满意的情况下，才能保持顾客对公司的忠诚、维持顾客和获得新顾客。从这一角度来考虑，顾客维持率和顾客获得率用于表明顾客满意度的两项重要指标。

顾客维持率是指一定时期内保留或维持同老顾客的业务关系比较，它的计算公式如下：

$$顾客维系率 = \frac{企业当期顾客数或业务量 - 企业期新增顾客数或业务量}{企业上期顾客数或业务量} \times 100\%$$

一般而言，顾客维持率越高越好，但对顾客维持率的降低应作具体分析。

顾客获得率是指一定时期内公司或企业吸引及赢得新顾客或业务的比例，其计算公式如下：

$$顾客获得率 = \frac{企业当期新增顾客数或业务量}{企业上期顾客数或业务量} \times 100\%$$

公式中所涉及的老顾客、新顾客数量及业务量可从营销部门的有关记录中得到。应该说，顾客维持率、顾客获得率和产品交货及时率越高，顾客满意度也就越高。

一个顾客对待企业的态度可能算不了什么，但所有顾客对企业态度的总体感觉就决定了企业产品的营销状况，也就决定了企业的生存与发展。现实中往往是 1 个不满意的顾客会抵消 100 个企业满意顾客的努力，这就是 100 - 1 = 0。同样，如果顾客对企业整体服务中的一项或产品的某个部分不满意，那么，他可能会否定企业的所有服务。满意顾客对企业的好处显然在于每位非常满意的顾客会将其满意的意愿告诉至少 12 个人，其中大约有 10 个人在产生相同需求时会光顾该企业；相反，一位非常不满意的顾客会把不满告诉至少 20 个人，这些人在产生相同需求时几乎不会光顾被批评的企业。这些是行为意义上的顾客满意度，经济意义上的顾客满意度在于如何通过顾客满意度来提高企业的盈利水平。

（二）评估顾客满意度

顾客满意是指向顾客提供的服务超过顾客期望。通过连续性或非连续性的顾客满意度调查，可以获取顾客对特定服务的满意度、未满足需求、再次购买率与推荐率等指标的评估。顾客满意度调查能够对企业当前服务的质量进行量化评估，并通过因素重要性推导模型判断服务中亟须改进的因素，以此当作企业改善服务质量、维护并扩大现有顾客群的基础。

1. 顾客满意评估的重要性

（1）为什么要进行顾客满意度调查。进入 21 世纪后，人们不再满足于基本的生活需要，而是更加注重具有个性化和人情味的产品和服务。具有一定战略眼光的企业，越来越重视顾客的兴趣和感受，他们时刻关注顾客需求的变化，及时与顾客沟通，并迅速采取相应市场策略，以满足不断变化的消费需求。在激烈的市场竞争中，企业必须尽快转向真正的顾客理念和营销理念，使经营重点转移到为顾客服务和提高顾客忠诚度为中心，并在经营管理过程中着眼于建立长久的竞争优势。为此，企业各部门需要相互合作、共同设计和执行有竞争力的顾客价值传递系统，以适应满意顾客的需要，在顾客满意方面做好工作，并由此进一步提升顾客的美誉度和忠诚度。

研究表明，开发一个新顾客的成本相当于维护一个老顾客的 5～10 倍。随着加入世贸组织后服务行业壁垒的打破，中国的服务市场竞争日趋激烈。市场的边界、价格战的底线逐渐凸显，而顾客的需求却似乎永无止境。对所获得服务感到失望的顾客虽依然沉默，但却有机会选择别的服务供应商。对所有在服务上存在激烈竞争的企业，提供较竞争对手更好的服务是企业占领市场、赢得顾客的关键所在。但是，由于服务产品的无形性和时间性，如果得不到来自顾客的反馈，任何服务承诺都只是企业的一种单向的善良愿望。判断当前服务中存在的主要问题，并非旨在使顾客的抱怨降至最低，而是尽可能多地让顾客有良好的条件与渠道来提出真实意见的机会，以使企业知道在哪些方面需要改进，最终使失望的顾客获得满意。建立在对顾客科学抽样从而获得代表性结果基础上的顾客满意度调查就是一种对服务质量进行评估的效果显著的管理工具。

（2）顾客满意度调查的好处。有利于评估比较企业过去与目前经营质量水平，并有利于分析竞争对手与本企业之间的差异。

了解顾客的真实想法，发现顾客的潜在要求，明确顾客的需求和期望。

检查企业是否实现了顾客满意和提高顾客满意度，这将有利于制定新的质量改进和经营发展战略与目标，提升企业的盈利能力。

明确为达到顾客满意，企业在今后应该做什么，是否应该转变经营战略或经营方向。

通过顾客满意度衡量把握商业机会明确，未来的需求或期望是企业最大的商业机会。

是否有这么多的好处就必须进行顾客满意度衡量呢？答案是：NO！进行顾客满意度衡量的关键是通过衡量满意度，并提升企业顾客满意度，从而使顾客成为企业的忠诚顾客。

2. 顾客满意评估的步骤

顾客满意度指数严格来说是一个指数体系，包括顾客满意得分、企业的顾客满意度指数和国家级顾客满意度指数。通常来说，消费者在使用产品（包括有形产品和服务）以后，都会根据自己的实际消费经验对产品作出一个比较全面的评价，并在此评价的基础上形成对该产品的态度，也就是满意或不满意的态度。

如果我们用定量化的方法把市场上所有消费者对某个产品的满意程度一一测量出来，再进行统计分析计算，那就可以得出一个反映市场上所有消费者对该产品满意程度的数值，也就是顾客的满意得分。测量一个企业不同产品的顾客满意得分，然后再按照一定的计算方法来计算企业的顾客满意得分。企业各种产品的顾客满意得分和企业顾客满意得分就构成了该企业的顾客满意度指数。

顾客满意度指数能够反映各种层次的顾客满意情况。从微观层次上来看，可以有行业或公司层次上的顾客满意度指数；从宏观层次上来看，可以有国家或地区级的顾客满意度指数。通常来说，国家级顾客满意度指数是由不同层次的顾客满意得分构成的，层次多少由国家的经济规模和经济构成的复杂程度而定。结构越复杂、经济规模越大，顾客满意度指数包含的层次也就越多。在这里只介绍企业顾客满意度指数的评估步骤。

第一步：问题及顾客界定。

工作的任务是明确企业顾客满意度评估的对象即顾客是谁，以及研究顾客满意度的目的及目标。通过这一步，企业需要确定评估对象与评估方法等内容。具体可设计如下这些问题：

（1）企业的顾客是谁？

（2）有多少这样的顾客？

（3）是否有一个顾客数据库？

（4）顾客如何分层或如何划分？

（5）向顾客提供哪些服务？

（6）企业的目标顾客是哪些？

（7）企业的现实竞争对手是什么？未来可能还有哪些潜在竞争对手？

（8）企业的强项和弱项分别是什么？

（9）有何种因素影响顾客的购买行为？

第二步：定性研究。

通过对顾客和企业内部员工进行访谈，以及二手资料的收集，了解如下问题：

（1）就某项服务而言，哪些因素对顾客来说很重要？

（2）顾客和员工认为公司在这些方面的表现如何？

（3）认为竞争对手在这些方面做得怎样？什么因素阻碍了公司在这些方面的发展？

第三步：定量研究。

对消费者的定量调查是顾客满意度测评的关键部分。定量研究的基本步骤如下：

（1）需要界定调查对象的范围，以及在何处可以获得有效的样本总体，用什么抽样方法能够使选中的样本更具代表性。

（2）确定用何种访问方法。一般来说，在拥有调查对象数据库的情况下，电话访问能够快速得到结果，对调查时间要求不高、邮寄问卷调查在问卷较长的情况下比较适用，而入户和定点访问在难以获得有效样本总体的情况下能使抽样更具控制性。

（3）问卷的设计和试调查。试调查是检验问卷的试金石。

（4）对调查员的遴选和培训。

（5）调查实地执行。在调查执行过程中要特别强调访问质量和执行质量的监督。

（6）调查问卷如何进行回收和复核。

（7）问卷的编码录入和统计分析。

第四步：撰写调查报告。

通过对定性和定量调查结果的分析，撰写调查报告。企业可以依此评估调查结果，确定需要采取行动的方向，制定如何改进计划和营销策略。

第五步：调查结果应用。

定量研究跟踪顾客满意度调查在连续进行时才能收到最好的效果。因此建立一个跟踪系统是至关重要的，满意调查可以跟踪并显示随着时间的变化，顾客在某些低于标准的因素方面和竞争对手做得比较好的方面是不是取得了进步和改善。

3. 顾客满意评估的数据收集

（1）如何收集顾客满意度数据。大多数顾客满意衡量工作都是通过调查进行的。调查可以是书面或口头的问卷、电话或面对面的访谈，以及焦点小组座谈会和拦截访谈等形式。

问卷调查法。这是最常用的数据收集方法。调查法中通常包含很多问题或陈述，需要被调查者根据预设的表格选择问题后面的相应答案。有些调查法要求被调查者以开放的方式回答问题，从而能够更详细地说明他们的想法。这两种方法都很管用，都能够提供关于顾客满意水平的有价值的信息。调查法使顾客从自身利益出发来评估企业的服务质量、顾客服务工作。使经营者了解顾客满意水平。

在具体操作中，可以使用多种形式和设计方案进行调查，其中的关键是使接受调查的人觉得轻松友好、容易理解和易于回答。同时，不要把调查做得太长，因为人们在宽泛的调查中会失去兴趣，尤其当"拦截"他们获取答复时。假如你采用邮寄式调查，那么这将比个人拦截更有机会使被调查者填完篇幅较长的问卷。人们发现在家或在办公室里更有时间，如果他们对你的企业更感兴趣，就会花时间协助你完成调查。

调查问卷设计成功的关键之一是问题设计要做到问所必问。另外问题应该只包含一个观点或属性。在设计问题时保证问题简单，每个问题只限于一个主题。然后，问足够多的问题，以获得希望从顾客那里得到有用的信息，以评估顾客对服务满意的真实意见与水平。

另外，还要注意调查问题的回答。对于问题的回答可以是开放式的，也可以是封闭式的，后者往往是某种量化表。当被调查者看到一个调查问卷时，能从问题或陈述的开头就可以说出答案的类型。对封闭式问题的每一个答案都要规定一个刻度或权重，并且无论何时何地在同一个调查中都使用同样的等级刻度或权重。

电话调查。成功地进行电话调查，需要遵守下列五点基本原则：

第一，问题简洁明了。在电话调查中，被调查者都是在听你的问题或陈述，所以一定要保证问题和答案通俗易懂。

第二，准备一个范本。向所有电话调查员提供同一个范本。这个范本的内容包括：调查员在顾客拿起电话后应该如何自我介绍，如何向被调查者提问题，如何响应顾客的回答，当顾客跑题时应该怎样将顾客引回正题，怎样使顾客不挂断电话以完成调查，以及怎样感谢顾客提供的帮助等。

第三，易操作性。调查员必须能够迅速记下顾客对问题的回答，并能够紧接着进入下一个问题。答案的形式必须易于回答，这样调查员就不会张冠李戴，才不能把答案放错位置，或者当作另一个问题的答案。

第四，培训调查员。在培训合格之前，绝不要让他们接触一个顾客，让他们首先采访你，直到让你感到满意为止！

第五，感谢顾客。调查之初，当顾客同意接受调查时，电话调查员就应当表示感谢；调查进行之中，当询问了几个问题之后，电话调查员也应当表示感谢；调查结束之时，电话调查员更应当表示感谢。

焦点小组座谈会。该法在市场调查中得到广泛应用，但是必须记住，焦点小组座谈会的价值受制于特定小组的特定参加者。因此，为了使焦点小组座谈会获得的资料信息更充分、更有效，焦点小组座谈会应邀请有各种代表性的顾客，他们有着不同的购买习惯，他们对服务质量的看法和满意水平也各不相同。

焦点小组座谈会的主持人至关重要，因为主持人是座谈会话题引导和深入的主导者，是发掘参与者内心真实想法的分析师。

面访（包括入户访问、拦截式访问）。入户访问的要求比较高，要求知道所有顾客的住址，另外，入户访问的访问成本是最高的。拦截式访问是指当顾客离开或进入一个商业区域时，调查者拦住顾客，并开始询问顾客问题。顾客是被"拦截"的对象。拦截式访问可以是书面调查，也可以是口头访谈，或二者兼而有之。

顾客满意度调查的数据收集还有一些其他方法，请读者参考有关市场调查或社会学、市场研究、心理学方面的有关书籍。

（2）顾客满意度的衡量工具。数据收集后要进行整理分析，常用的衡量顾客满意度的工具有：

检查表是一种简单易用的工具，用来了解和调查特定劣质事件出现的频率，或顾客不满和顾客满意的情况发生次数。表中一栏列出调查对象，其他栏列出调查所需时间。然后，收集每一调查区域的数据资料，并在时间阶段栏中标注记号。

帕累托图通过若干直方形表示问题发生的频率，帮助找到顾客满意和质量方面的问题。这些直方形也帮助企业确定要解决哪些问题以及解决的先后顺序。通过帕累托图，很容易发现那些表面上的小问题往往会造成事实上的大问题，它们尤其要引起调查者的高度重视。帕累托图建立在数据收集方法基础上，比如检查图、频率分析和现场观察等。

与帕累托图相似，直方图也是一种垂直的直方形图。但是有一个基本的区别是：直方图列举的是连续数据的分布状态，而帕累托图描述的是一个程序、产品、服务的特征。

流程运行图是一种线形图，它是将收集到的数据（衡量单位）按照特定的流程顺序标记在图上。也可以在运行图上加一条直线，表示所有衡量数据的平均水平。

标杆可以是该企业最主要的竞争者，可以是该企业所处的产业的平均水准，也可以是该企业所处产业的世界级的优秀企业。将标杆企业的数据和企业的数据在同一张图上进行对比分析，可以很方便地得出企业目前的顾客满意度水平。

（3）顾客满意影响因素指标举例。对于许多企业自己评估的顾客满意度来说，重点在于界定顾客满意度因素的指标，在这里我们以某大型超市的顾客满意度调查为例进行说明。该超市在进行顾客满意度调查时考虑了以下这些指标：

产品价值方面的指标，如货品款式评价、价格接受程度、货品的安全情况、货品质量评价、货品种类是否齐全等。

环境价值方面的指标，如场地清洁状况、陈列货品整齐状况、购物环境舒适情况、浏览货品是否方便、休息场所的要求等。

服务价值方面的指标，如营业人员业务水平及专业知识、收银取货是否快捷、营业人员服务态度、送货安装维修制度等。

形象价值方面的指标，如员工仪容仪表、员工精神面容、企业信誉评价、品牌形象评价等。

附加价值方面的指标，如投诉意见、建议管理、处理情况、退换货情况、是否会继续购买、交通是否方便、是否会推荐他人光顾等。

4. 实现顾客满意的途径

企业既要不断争取新顾客，开辟新市场，提高市场占有率，又要稳定市场占有率，保持现有顾客。然而，在企业实际的经营运作中，常常是一方面大批新顾客源源而来，另一方面又是许多现有顾客悄悄离去。这就是西方营销界所称的"漏桶"现象。根据统计表明，企业每年要流失10%～30%的顾客，平均每5年要流失一半的顾客。企业要防止顾客流失，堵住"漏桶"，培养长期的顾客忠诚的关键就是要提高和实现高度的顾客满意度。

公司可能流失80%极不满意的顾客，40%有些不满意的顾客，20%无意见的顾客和10%的一般满意的顾客，但是，公司只会流失1%～2%高度满意的顾客。高度满意和愉悦制造了一种对品牌情绪上的共鸣，而不仅仅是一种理性偏好，正是这种共鸣造就了高度的顾客忠诚。施乐公司的高层领导相信，高度满意或欣喜的顾客价值是满意顾客价值的10倍。一个高度满意的顾客比一个满意的顾客留在施乐公司的时间更长和购买更多的产品。高度的顾客满意不仅能培养高度的顾客忠诚，而且高度满意的顾客还能成为企业的"传道者"，为企业传递有利的人际传播和口碑，从而影响其他顾客的购买行为。根据美国消费者事务办公室的调查，一个高度满意的顾客会告诉另外的5个人。据美国汽车业的调查显示，一个高度满意的顾客会引起8笔潜在生意，其中至少有一笔成交。所以，公司应努力超越顾客期望值，而不只是仅仅满足顾客。

（1）通过提高顾客让渡价值来提升顾客满意度。提高顾客满意度的一般方法就是提高顾客的让渡价值，也就是提高总顾客价值与总顾客成本之间的差额。

所谓顾客让渡价值，就是指总顾客价值与总顾客成本之差。总顾客价值就是顾客从某一特定产品或服务中获得的一系列利益，它包括服务价值、人员价值、产品价值、形象价值等。顾客总成本也就是说顾客为了购买一件产品或服务所耗费的精神、体力、时间和所支付的货币资金等，顾客总成本包括时间成本、货币成本、精神成本和体力成本，如图23-6所示。因为顾客在购买产品时，总希望把有关成本（包括时间、货币、精神和体力等）降到最低限度，而同时又希望从中获得更多的实际利益，以使自己的需要得到最大限度的满足，所以，顾客在选购产品时，通常从价值与成本两个方面进行比较分析，从中选择价值最高、成本最低，即以顾客让渡价值最大的产品作为优先选购的对象。

图23-6 顾客让渡价值

按照顾客让渡价值理论，要想提高顾客满意度要么提高总顾客价值，要么降低总顾客成本，或者两者同时实施。归根结底就是企业要加强产品、服务以及形象，这就要求企业要持续不断创新，因为企业之间的较低级的价格战越演越激烈，而较高级的质量战和被认为是对顾客最有价值的高水平的服务战也开始了。

（2）实现高度顾客满意的新途径。提升顾客满意度还有一些新途径，在此只作简要介绍。

过程论认为顾客满意度的提高是一个过程，顾客是在和企业的接触过程中慢慢提高满意度的，因此企业应着眼于与顾客接触的每个过程，在每个过程当中采取措施提高顾客的满意度。

企业提高顾客满意的过程可分为获得、同化、巩固和补救四个环节，如图23-7所示。所谓"获得"就是争取潜在顾客的关注并尝试购买自己的产品或服务，从而获得与顾客接触的机会。所谓同化就是利用顾客对企业的初始体验的机会，进一步加强与顾客的联系，在情感上对顾客进行同化，从而争取顾客的好感和满意。所谓"巩固"就是企业在情感同化的基础上进一步强化顾客在理念上对企业的认同和行为上的满意。在提高顾客满意度的过程中，企业提供的服务总是难免有误的，服务失误可能伤害了顾客的情感，必然会引起顾客的不满和投诉，满意度也就大大下降。但是企业假如能及时进行补救和补偿，如通过免费、道歉、送礼物、提供额外的服务等办法向顾客真诚表达自己的歉意，就可以重新赢得顾客的满意。

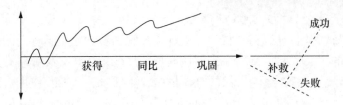

图 23 – 7　顾客满意的过程论

三维质量理论是美国哈佛教授 DrKano 提出的。他依据产品或服务质量对提高顾客满意度的不同作用将质量分为三种，即基本质量、预期质量和愉悦质量，如图 23 – 8 所示。

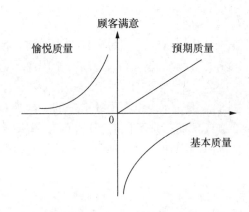

图 23 – 8　三维质量理论

基本质量就是顾客对所有同类产品或服务的最基本的质量要求，如果企业不能满足这个要求就没有资格进入该类产品或服务的市场。满足基本质量还不能提高顾客的满意度，但假如不足则会降低顾客的满意度。

预期质量也就是说顾客认为要达到他的满意水平而提出的质量要求，满足预期质量能提高顾客的满意度。企业可依据广告向顾客传达一种预期，这种预期与顾客的实际体验之间的差距就是顾客的预期质量，所以，不能一味地提高顾客的期望，而应致力于缩小这种差距。

愉悦质量是出于顾客意料之外的能使他们高兴的质量。对企业来说最有价值也是最能提高顾客满意度的做法就是提高愉悦质量，给顾客一个意外的惊喜。假如顾客感到惊喜，那么顾客满意度就会大幅提升。

体验营销论。营销大师菲利普·科特勒对顾客满意的定义清楚地表示顾客满意是产品认知绩效与购买者经验的函数。顾客对产品的认知绩效来源于企业所做的各种宣传，而购买者的经验则是企业购买以及消费者的整体感受和评价。体验营销是以"创造市场"为核心理念，运用顾客体验模式和顾客一起共同锁定市场。这个理论系统的运用恰好能让企业打破找不到满意的顾客的困境，从而培养高度忠诚的顾客。

体验营销包括五个方面，即感觉营销、感受营销、思维营销、行动营销和关系营销。感觉营销的目的是通过视觉、触觉、听觉、味觉和嗅觉建立感官上的体验。感受营销是要触动顾客的内心情感，目的在于创造愉悦的体验，从对某品牌略有好感到而产生强烈的偏爱。行动营销意在影响人们的身体体验、生活方式和相互作用。通过提高人们的生理体验，展示做事情的其他方法（如在批发市场和工业市场上）和另一种生活方式来丰富顾客的生活。关系营销包含感受、感觉、思维和行动营销的成分，但它超越了"增加个人体验"的私有感受，把他人和文化、个人与他理想中的自我联系了起来。关系营销利用的是个人完善自我的愿望和被其他个体正确看待的需求，它把个人与更广泛的社会体系联系起来，从而建立了强有力的品牌关系。

五、品牌价值指标

（一）品牌价值的含义

一般说来，在市场经济中，凡能给经济行为人带来或增加收益的东西，都可以被看成该行为人的一项资产，当然货币化品牌也不例外。对于厂商或企业来说，品牌是一项能带来利润的资产。

品牌价值从概念到评估方法都是近些年从国外引进的，国外对品牌价值的研究重点在于品牌在交易过程中的价值或预期未来可以获得的价值。国内有些学者对品牌价值的内涵比较关注，试图从交易价值和内在价值这种类似于价格与价值之间的关系入手来研究品牌价值。

诸多企业追求品牌，追求品牌价值的提升，究竟这是为什么呢？一个企业如果拥有了知名品牌，不仅可以为该企业带来竞争优势，更多的是产生了一些综合效应。首先，由于其在顾客群体中享有较高水平的品牌知名度和忠诚度，企业的营销成本会大大降低，单位产品的成本降低意味着利润的增加。比如，万艾可（伟哥）在中国大陆没有上市就被媒体爆炒，相当于投放了成千万上亿元的品牌宣传费用，从而大大降低了该产品在中国大陆市场的营销成本。其次，因为客户希望分销商与零售商长期经营这种品牌，生产企业便可与之进行利益分配上的制约与协调，使生产企业有充分的主动权，防止商业垄断。比如，康师傅方便面近几年在一些区域市场推广店招合作广告，帮助零售商制作广告。再次，由于该品牌具有较高的认知品质，企业可以在定价时考虑比同行产品更高的价格，利润空间的余地可以更大。通常来说，品牌价值高的产品其价格可以比同类产品高出许多。最后，由于该品牌具有高信誉度，企业就更容易地开展品牌扩展、运作市场战略和扩充产品线。

（二）品牌价值的评估方法

法国有句格言："世界上最珍贵的礼物就是估计事物真实价值的能力。"品牌价值评估经过多年的发展已日趋成熟。正是因为品牌价值是一种评估，因此，根据评估对象不同、评估时间不同、评估目的不同等而会出现不同的结果。这里只是介绍品牌价值的评估方法。具体而言，品牌价值评估的方法有三大类：

（1）Interbrand 品牌价值评估法是目前国际上主流的一种品牌价值评估方法。Interbrand 是一家全球领先的品牌咨询公司，采取 13 年前自身首创的方法对企业的品牌价值进行计算，它所评估的企业品牌已超过 2500 个。Interbrand 公司与美国《商业周刊》合作发布的品牌评估结果最为权威，已经得到许多金融人士和市场营销人士的认可，这些人士来自包括银行、评估机构、广告机构、审计人员、会计事务所、证券交易所、管理顾问、税务机关及其他政府单位等。

（2）会计法。品牌价值评估的会计法主要有三种：

第一，成本法。品牌价值评估的成本法还可进一步细分为两种：历史成本法和重置成本法。不管哪种成本法，其基本思路是还原品牌培养、建设的过程，是一种后向的价值评估方法，侧重于已经花了多少钱，即在品牌上的投资有多少。值得注意的是，在品牌上的投资已经是沉没成本，这些成本可能有价值，也可能没有什么价值，企业应当考虑的是如何把品牌价值与具体的业务或产品相结合，让品牌价值发挥应有效益。

历史成本法是依据品牌资产的购置或开发的全部原始价值估价，基本思路是汇总品牌创立至今用在品牌上的投资支出是多少。最直接的做法是计算对该品牌的投资，包括广告、促销、研究、设计、创意、开发、分销等。不过，历史成本法不好计算品牌的投资，这是因为营销费用本身就无法予以分解，我们很难说明白在一块钱的广告费用当中有几分钱是用于品牌的，有几分钱是用于产品营销推广的。品牌的成功归功于企业各方面的配合与努力，有产品质量的功能，有品牌宣传的效益，因而我们很难计算出真正的历史成本。

重置成本法是按品牌的现实重新开发创造成本，减去其各项损耗价值来确定品牌价值的方法。其基本计算公式为：品牌评估价值＝品牌重置成本×成新率。成新率是反映品牌的现行价值与全新状态重置价值的比率。一般采用专家鉴定法和剩余经济寿命预测法。后者的公式为：

$$品牌成新率 = \frac{剩余使用年限}{已使用年限 + 剩余使用年限} \times 100\%$$

在这里需要注意的是，品牌原则上不受使用年限的限制，但受年限折旧因素的制约，不过它不同于技术类无形资产的年限折旧因素。前者主要是经济性贬值（外部经济环境变化）和形象性贬值（品牌形象落伍）的影响，后者主要是功能性贬值（技术落后）的影响。

第二，市价法。品牌价值无论怎样计算，假如有人花钱购买，那么这个收购价格就是品牌价值的市价。一般而言，发生品牌归属的转移时常常会有品牌价值的市价，但在交易之前仍需要通过有效的品牌价值评估方法进行估算。一般是委托中立的第三方通过市场调查，选择几个或一个与评估品牌相类似的品牌作为比较对象，分析比较对象的成交价格和交易条件，进而对比估算出品牌价值。参考的数据有知名度、形象、市场占有率、偏好度等。这与房地产的估价比较类似，隔壁左右两套住房，基本可以假定出售单价一致，然后再考虑其他一些情况予以估算。

公开、公平、活跃的市场和可以用来比照的交易参照物是使用市价法的前提，不过，这两个条件常常很难满足。品牌交易只是偶尔发生的，更谈不上能找到可用来比照的交易参照物。在现实中，市价法往往通过买卖双方的砍价实力所决定，或者是供求关系来确定。

第三，收益法。投资品牌在于期望品牌未来能为企业带来收益，所以，前瞻性地关注品牌价值应该关注品牌价值是否能予以物化，是不是能为企业带来超额利润。收益现值法是指通过估算被评估品牌的未来收益并折算成现值，借以确定品牌价值的一种方法。

收益法大多采用的现金流折现法，在不投资的情况下，预期品牌价值在未来一段使用年限内所产生的价值现值加上期末的终值，未来的收益用品牌价值形成的超额利润替代。如果存在继续投资，就应相应予以扣除。这样，品牌价值评估收益法的计算公式是：

$$品牌价值 = \sum_{t=1}^{n} A_t(1+i) + \frac{V}{(1+i)^n} - \sum_{t=1}^{n} I_t(1+i)$$

其中：

A_t 是未来第 t 年品牌价值所形成的超额利润；

V 是品牌终值；

I_t 是未来第 t 年在品牌上的投资。

不过，在收益法的计算公式中，品牌终值、折现率等几个变量都不容易确定的。

（3）品牌资产评估法。这是对传统会计学方法的挑战。它试图克服使用财务指标的不足。因为品牌属于长期性投资，但成本分析、边际报酬、营销量、利润以及资产回报率等指标多半是短期性数据，而且都是"自给自足"的。以短期性指标评估品牌绩效，往往会对品牌投资决策造成某种伤害。

品牌价值的品牌资产评价法有多种流派，下面只是介绍拉斯特（Rust）、齐森尔（Zeithaml）、勒门（Lemon）等人的观点。在这三人合著的《Driving Customer Equity》（《驾驭顾客资产》，张平淡译，企业管理出版社）这本书中，他们把价值资产、品牌资产和维系资产合称为顾客资产。品牌资产可定义成品牌独特属性的营销效果，也就是说，由于品牌名称或其他品牌要素的原因，从而导致有品牌特征的产品/服务与没有品牌特征的同样产品/服务的营销效果不同，这些都与品牌资产有关……品牌资产代表了附加在产品上的"附加价值"，是品牌营销以往投资的结果。

品牌资产有怎样的作用呢？首先，品牌是一块磁铁，它能吸引新顾客。通过树立品牌的知名度和美誉度，企业能发现和吸引新的潜在顾客。其次，品牌是顾客记住产品的"标记卡"。对现有顾客来说，品牌能使顾客记住企业的产品和服务，并确保顾客能持续地回忆起这个企业。最后，品牌是顾客与企业的情感纽带。与品牌关系很深的顾客也许会用心地与该品牌融为一体。从广义上讲，品牌资产代表企业成功影响顾客对产品/服务主观评价的程度，即有赢得顾客的心的能力。品牌资产好似包含着顾客对问题"我愿意把这个品牌作为我自身的一部分吗"的答案。在与可口可乐的常年的竞争中，百事可乐曾是这种观念的忠实奉行者。就在前几年，百事掀起了"新一代"的活动，后来可口可乐公司的健怡可乐也采取了这种策略，两者都致力于提醒顾客记住产品的品牌。

那么什么时候品牌资产比较重要呢？有以下四种情况；首先，低参与度、购买过程简单的购买行为。许多产品，尤其是经常购买的包装消费品（饮料），他们的购买决策是低参与度的，通常是习惯性的购买。在如此情况下，企业更容易建立品牌资产。其次，当产品经常露给别人看时。当顾客购买的是一些可能被他人关注的产品/服务时（如服装），企业就有机会提升品牌资产。假如他人会注意顾客所购买产品或服务的品牌，那么，顾客就会更多地考虑品牌与顾客自我感觉的适应程度。再次，当产品的消费体验能从一个人传到另一个人或从一代传到下一代时，对于许多产品和服务而言，消费体验包括许多方面，不仅涉及消费者，也涉及其他人。宝洁公司的成功也是这样，它把父亲/母亲对佳洁士牙膏的忠诚传递到儿子/女儿身上。最后，当消费前很难评估产品/服务的质量。许多产品和服务是可以"买前试用"的，或者在购买之前很容易评估其质量属性的，这时消费者就只能指名品牌购买了。

品牌资产的三个推动要素是：顾客的品牌认知度、顾客对品牌的态度、顾客对品牌道德的感觉。对品牌资产的每个推动要素而言，顾客对品牌都有感觉，即使他从未购买过该品牌的产品，认识到这点也是很重要的。所以，品牌资产能影响现在购买该品牌的顾客、过去购买过该品牌但现在购买竞争品牌的顾客，以及那些从未购买过该品牌的人。

六、营销指标评估

管理什么就评估什么。在营销指标管理中，营销指标评估占据着重要地位，不仅在于营销指标评估能为营销指标体系的设定提供有益的参考依据，而且还在于营销指标评估能确定营销指标的实施完成情况。在营销指标管理实务中，营销指标是由营销人员来具体完成并实现的，所以，在这本书中我们也只介绍营销指标评估在营销系统当中的应用，特别是在主流评估方法中的应用。

在营销指标管理中必须涉及营销绩效评估（营销绩效管理）。在营销实务中，常常把营销绩效评估（营销绩效管理）与营销指标评估等同起来。在营销指标管理系统中，营销指标评估就是营销指标体系结果评估。评估的结果不仅是对既定营销目标的完成情况进行评估，也是营销指标体系设定的重要输入参考数据，作为一期营销指标管理过程的反馈信息重新纳入到营销指标管理过程中去。假如评估表明结果与目标的差距很大，那么就有可能需要考虑是否重新设定营销指标体系。

（一）营销指标评估的一般程序

通常来说，营销指标评估工作大致要经历制定营销指标评估计划、确定评估标准和方法、收集数据、分析评估、结果运用五个步骤。

（1）制定营销指标评估计划。为了保证营销指标评估顺利进行，必须事先制定计划，在明确评估目的的前提下，有目地地选择评估的对象、确定评估的内容和时间。

（2）确定评估的标准和方法。营销指标评估必须有标准，没有标准也就无法进行评估，这些标准通常可分为绝对标准和相对标准。绝对标准如营销额、营销量、回款额等以客观数字为依据，而不以考核者或被考核者的个人意志为转移的标准。所谓相对标准，如在评选优秀营销人员时，规定10%的营销人员可选为各级先进，于是采取相互比较的方法，此时每个人既是被比较的对象，又是比较的尺度，所以标准在不同群体中往往就有区别，而且不能对每一个营销人员单独做出"行"与"不行"的评价。营销指标评估的方法有许多，大多借鉴绩效评估方法，后面有更详细的介绍。

（3）收集数据。营销指标评估是一项复杂、长期的工作，也是常规性的例行工作，对于作为评估基础的数据收集工作要求很高。在这方面，成熟的经验是注重长期地跟踪、随时收集相关数据，使数据收集工作形成一种制度，可主要依靠营销信息管理和市场调查分析提供的各类数据并将其当作营销指标评估的基础。

（4）分析评估。这一阶段的任务是根据评估的目的、标准和方法，对所收集的数据进行分析、处理、综合。

（5）结果运用。营销指标评估得出评估结果并不意味着评估工作的结束，还需要把营销指标评估的结果反馈到营销指标设定的环节当中，也需要把评估中发现的不足反馈到营销指标体系实施控制的环节中去，另有一些方面的内容应该反馈到人力资源部门，作为评估营销人员的薪酬的依据。

（二）营销指标评估的方法

通常，人们对业绩好坏的判断是通过比较形成的，常用的比较形式有：一是与过去比较。如果现在取得的成绩或成果比过去大，说明业绩向好的方向转变，我们关注增长率就是这个缘故。二是与预期目标（计划）比较。如果所取得的成绩或成果达到了预期目标则说明业绩好。三是与特定参照群体比较。假如某个企业以同行业平均水平为参照物，只要达到同行业平均水平则说明业绩好，如果超过同行业平均水平，就说明业绩显著。四是与所花费的代价比较。任何成绩或成果的获取（所得）都需要一定精力、时间、财力或物力（所费），假如所得小于所费，就不合算。反之，假如所得大于所费则有业绩，所得大于所费的数额越大，成绩也就越显著。总而言之，业绩评估就是通过比较分析方法对特定主体行为所产生的业绩（成绩或成果）加以判断的过程。

营销指标评估属于业绩评估的范畴，所以，其评估形式和评估方法可参考相关的绩效评估理论的形式和方法。绩效评估的方法有很多，有比较性的评估方法如交替排序法、配对比较法、直评法、强制分布法等，有绝对标准式的评估方法如行为描定等级评价法、图尺度评价法、行为观察法等，有基于结果的评估方法如绩效标准法、直接指标法、目标管理法（MBO）、成就记录法等。在这里介绍图尺度评价法、关键事件法、配对比较法、强制分布法和360度绩效考核法。在接下来的内容中将分别介绍关键业绩指标、平衡记分卡和目标管理法在营销指标评估中的应用状况。

1. 配对比较法

配对比较法使排序型的营销指标评估法变得更为有效。配对比较法的基本做法是将每一位营销人员按照所有的评估要素与其他员工进行比较，然后再汇总得到最终结果。

如果需要对 HS 电脑公司北京区域营销部的 7 位营销人员进行工作绩效评价，那么，在运用配对比较法时首先需要列出一张表，如表 23－19 所示，其中要标明所有需要被评估的营销人员姓名以及需要评估的所有工作要素。然后将所有营销人员根据某一类要素进行配对和比较，然后用"＋"（好）和"－"（差）标明谁好一些，谁差一些。最后，将每一位员工得到的"好"的次数相加。

表 23－19　配对比较法在营销指标评估中的应用

姓名	赵一	郑二	张三	李四	王五	冯六	屠七
赵一		＋	＋	－	－	－	－
郑二	－		＋	＋	＋	＋	－
张三	－	－		－	－	－	＋

续表

姓名	赵一	郑二	张三	李四	王五	冯六	屠七
李四	+	-			-	-	-
王五	+	-	+	+		，+	+
冯六	+		+	+			-
屠七	+	+	-	+		+	

从表 23 - 19 可以看出，王五获得"好"的次数最多，有 5 个，因此，就可以认为王五的营销能力在 7 位营销人员当中是最好的。配对比较法在实际应用中不太复杂，有较为普遍的应用价值。

2. 图尺度评价法

图尺度评价法是目前最简单、运用最普遍的工作绩效评价方法之一，可引入营销指标的评估当中。图尺度评价法通常是依据工作任务职责列举出一些绩效构成要素（如"数量"、"质量"），还会列举出跨越范围很宽的工作绩效等级（从"非常优异"到"不令人满意"）。在进行工作绩效评价时，首先针对每一个营销人员从每一项评价要素中找出最符合其绩效状况的分数，然后将每一位营销人员所得到的所有分值进行加总，即得到最终的工作绩效评价结果。

营销指标评估的图尺度评价法的优点有：易于理解；尺度的建立比较容易；可以通过对分值的详细表述减少一些评分时的发散误差；可以对同一层次的被评估对象进行比较。

营销指标评估的图尺度评价法也有不足之处，主要涉及一些定性因素，对打分者在心理学和人类行为学方面知识的要求较高；不能完全消除主观成分。

3. 关键事件法

关键事件法是由 J. C. Flannagan 于 1954 年发展起来的，其原则是认定员工与职务有关的行为，并选择其中最关键、最重要的部分来评估其结果。关键事件法首先从领导、员工或其他熟悉职务的人那里收集一些职务行为的事件，然后，描述"特别好"或"特别坏"的职务绩效。

关键事件法的使用具体方法如下：首先将下属员工在平时的工作中表现出来的特别突出的优秀绩效或者特别突出的恶劣绩效记录下来，然后再在一个预先确定下来的时间与员工进行讨论和审核。

关键事件法考虑了职务的静态特点和动态特点。对每一事件的描述内容包括：员工的特别有效或多余的行为，关键行为的后果，导致事件发生的原因和背景，员工自己能否支配或控制上述后果。在大量收集这些关键事件之后，我们可以对他们作出分类，并总结出职务的行为要求和关键特征。关键事件法既能获得有关职务的静态信息，也可以了解职务的动态特征。

在营销指标管理中，最好将关键事件法与每年年初制定的营销指标结合起来，如表 23 - 20 所示，ZPD 公司的营销人员的关键职责就是不断地开发新客户。

表 23 - 20　用关键事件法对 ZPD 公司营销人员的营销指标实施情况进行评估

职责目标	目　标	关键事件
开发更多的客户	2011 年把现有客户从 100 名增加到 300 名	建立了一套客户访问的标准流程 客户访问成功率从 30% 提高到 50%；平均每月的客户访问次数从 30 次提高到 50 次
维持客户，争取有客户更多订货	原有客户的订货量增加 50%	原有客户的订单规模扩大了 1 倍 客户满意度提升了 20 个百分点

　　关键事件法的主要优点是研究的焦点集中在职务行为上，因为行为是可观察的、可测量的。同时，通过这种职务分析可以确定行为的任何可能的利益和作用。但关键事件法也存在两大不足之处：一是比较费时，需要花大量的时间去搜集那些关键事件，并要加以概括和分类；二是关键事件的定义是显著的对工作绩效有效无效的事件，但是，这就遗漏了平均绩效水平或是对平均绩效水平无法进行正确评估。而对具体工作来说，最重要的一点就是要描述"平均"的职务绩效。利用关键事件法，对中等绩效的员工就难以涉及，所以全面的职务分析工作就不能很好地完成。

　　4. 强制分布法

　　强制分布法这种评价方法一般是提前确定准备按照一定的比例将评价对象分别分布到每一个工作绩效等级上去。例如，我们可按以下比例原则来确定被评价者的工作绩效分布：

　　绩效最高的 20%；

　　绩效较高的 20%；

　　绩效一般的 30%；

　　绩效低于要求水平的 20%；

　　绩效很低的 10%。

　　也就是说，假如评估对象为 10 名营销人员，那么，有 2 名营销人员将被评定为"绩效最高"，另有 2 名被评定为"绩效较高"，有 3 名营销人员将被评定为"绩效一般"，另有 2 名将被评定为"绩效低于要求水平"，还有 1 名营销人员将被评定为"绩效很低"。

　　在实际操作过程中，我们可以首先将准备评价的每一位被评价对象的姓名分别写在一张小卡片上，然后再依据每一种评价要素进行评价，最后根据评价结果将这些被评价者的卡片放到相应的工作绩效等级上去。

　　（三）360 度绩效考核

　　1. 360 度绩效考核概述

　　传统的绩效评价系统通常是基于目标管理思想的。目标管理有许多优点，往往由上级来评估下级营销人员的绩效，但是缺少对组织内其他人员的考量。上级真正观察到下属工作的时间其实是很少的，有的学者认为只有 10% 左右。在很多情况下，除了一些具体指标的完成情况之外，上级往往不能给下属提供足够的反馈。上下级之间的私人情感往往对下级的绩效评价存在着重大的影响。轻行为而重结果，这样容易导致员工不惜代价去追求短期硬指标的实现，而忽视了许多有利于长远目标实现的行为。

360 度绩效评价反馈系统就是由评估对象的同事、上级、下级和（或）内部客户、外部客户以及本人担任考评者，从四面八方对评估对象进行全方位的评价，再通过反馈程序以此达到改变行为、提高绩效等目的，也称为多评估者评价系统或多源反馈系统。与传统的一些绩效评估方法相比，360 度绩效评价反馈方法从多个角度来反映营销人员的工作，使结果更加客观、公正、全面和可靠，特别是对负反馈过程的重视，使绩效评估起到"镜子"的作用，并且提供了相互学习和交流的机会。与此同时，360 度绩效考核也对企业人力资源管理工作者的能力提出了更高的要求。一是收集和整理的信息数量将大大增加；二是管理人员与人力资源管理人员的反馈能力直接关系到绩效评价反馈系统的效能；三是绩效评价的内容和形式设计要复杂得多。

从信息加工过程的角度，我们可以勾画出一个 360 度绩效评估反馈过程模型，如图 23 - 9 所示。

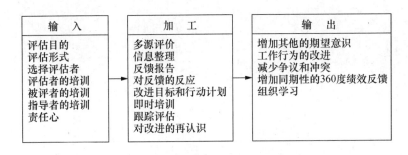

图 23 - 9 360 度绩效评价反馈过程

从图 3 - 59 可以看出，360 度绩效反馈过程是一个"系统工程"，包括确定评价目的和评价方式，进行各种相关培训，多源评估和收集评价信息，进行反馈以及事后培训等环节，各个环节之间又是互动的。从其输出结果来看，360 度绩效反馈过程更注重员工组织学习和将来发展，与当前人力资源管理的发展潮流相一致。

2. 如何开展 360 度绩效考核

每个企业都可以根据自身情况来设计各自的绩效考核策略，但大体上可以遵循以下五个步骤：

（1）定义企业战略。360 度绩效考核应该能够反映企业的战略，因此有一个清楚、能真正反映企业愿景的战略是至关重要的。现实中许多企业看似有明确的企业战略，但往往是名不副实。

（2）在企业内部就战略目标达成共识。因为种种原因，企业内部可能会对战略目标有不同的意见，但无论怎样必须在企业的长远发展目标上达成一致意见。另外，应将360 度绩效考核每一个方面的目标数量控制在合理的区间内，仅仅对那些影响企业成功的因素进行测评与考核，一些非关键成功因素完全可以剔除掉。

（3）选择和设计测评指标。目标一旦确定，下面的任务就是判断这些目标是否达到指标。指标必须能够准确反映每一个特定目标，以使通过 360 度绩效考核所收集到的反馈信息具有可靠性。在设计指标时，不应该采用过多的指标，也不要对那些员工无法控制的指标进行测评。

（4）制定实施计划。360 度绩效考核要求各层次的管理人员参与考核，这样，制定计划不仅可以保证评估过程非常有效，同时又要确保评估过程得到有效贯彻。也可以将 360 度绩效考核的指标与企业的数据库或管理信息系统相连，在全企业范围内运用。

（5）监测和反馈。每隔一段时间，就要向最高经理人员（或评估负责人）报告 360 度绩效考核的测评情况。在对设定的指标进行过一段时间的测评，并认为已经达到目标时，就要设定新的目标或对原有目标设定新的指标。

参考文献

1. ［美］休格曼著，杨紫苏、张晓丽译：《文案训练手册》，北京：中信出版社，2011年。

2. 孟韬、毕克贵编著：《营销策划：方法、技巧与文案》，北京：机械工业出版社，2012年。

3. 陈建中、吕波编著：《营销策划文案写作指要》，北京：中国经济出版社，2011年。

4. 范兰德主编：《公司策划文案金典》，北京：中国计划出版社，2006年。

5. 陈建平、杨勇、张健编著：《企划与企划书设计》，北京：中国人民大学出版社，2000年。

6. 张保忠、岳海翔著：《最新企业常用文书－公司文案与范文分析》，北京：中国言实出版社，2006年。

7. 胡利杰、田宇编著：《营销执行：中国营销经理和咨询顾问的案头工具》，北京：企业管理出版社，2010年。

8. 李毅心编著：《营销策划经理岗位培训一本通》，北京：北京工业大学出版社，2013年。

9. 许颖等主编：《营销策划》，上海：华东师范大学出版社，2014年。

10. 许建民主编：《营销策划》，北京：北京大学出版社，2012年。

11. 唐虹主编：《服装商品企划》，北京：化学工业出版社，2014年。

12. 雷鸣雏主编：《中国策划教程》，北京：企业管理出版社，2004年。

13. 李俊英编著：《企划部》，北京：电子工业出版社，2013年。

14. 罗伟钊、胡晓阳编著：《企划专员岗位培训手册》，广州：广东经济出版社有限公司，2011年。

15. 程淑丽编著：《企划管理职位工作手册》，北京：人民邮电出版社，2012年。

16. 杨惠卿著：《成功企划真简单》，北京：机械工业出版社，2012年。

17. 朱培立、王光辉编著：《企业策划理论与实务》，北京：机械工业出版社，2004年。

18. 谭俊华主编：《营销策划》，北京：清华大学出版社，2014年。

19. 周鸿、杨琳主编：《企业策划理论与实务》，北京：人民邮电出版社，2007年。

20. 孙德禄编著：《营销策划经理岗位培训手册》广州：广东经济出版社有限公司，

2011 年。

21. 余洁、朱江、李颖编著：《房地产营销策划与执行》，北京：化学工业出版社，2013 年。

22. 朱华锋著：《中国市场营销策划》，合肥：中国科学技术大学出版社，2013 年。

23. 丁兴良、孙晓著：《战略营销策划》，北京：经济管理出版社，2012 年。

24. 程爱学主编：《市场总监》，北京：北京大学出版社，2005 年。

25. 周理弘编著：《公司主管实务全书》，北京：中国致公出版社，2007 年。

26. 企划王著：《企划高手不告诉你的 47 个提案技巧》，北京：化学工业出版社，2012 年。

27. 赵光忠主编：《企划主管才干增长阶梯》，北京：中国经济出版社，2005 年。

28. 姚常晓编：《时间管理》，北京：北京工业大学出版社，2002 年。

29. 宋振杰著： 《自我管理：经理人九大能力训练》，北京：北京大学出版社，2006 年。

30. MBA 核心课程编译组编译：《企划经理》，北京：九州出版社，2002 年。

31. 肖刚主编：《现代企业经营决策学》，北京：中国经济出版社，2002 年。

32. ［日］天野畅子著，李青译：《不说话就赢的企划术：打造必胜商用文本》，北京：世界图书出版公司，2011 年。

33. 张培弛编著：《领导七术》，北京：中国商业出版社，2006 年。

34. 金和编著：《实用领导艺术》，北京：中国纺织出版社，2007 年。

35. 肖胜方主编： 《新编常用企业管理制度全书》，北京：中国法制出版社，2014 年。

36. 唐虹主编：《服装商品企划》，北京：化学工业出版社，2014 年。

37. 吴振兴主编：《企划经理工作手册》，哈尔滨：哈尔滨出版社，2006 年。

38. 杨琴主编：《企划经理日智》，北京：机械工业出版社，2006 年。

39. 戴国良著：《企划案管理实务：企划案构想、撰写到执行的最完整指南》，汕头：汕头大学出版社，2005 年。

40. 黄治苹著：《企划圣经》，北京：电子工业出版社，2011 年。

41. 谭俊华主编：《营销策划》，北京：清华大学出版社，2014 年。